**Kohlhammer**

# Arbeitsrecht

begründet von

**Dr. jur. Hans Brox (†)**
Bundesverfassungsrichter a. D.
weiland Professor der Rechte an der Universität Münster

fortgeführt von

**Dr. jur. Dres. h. c. Bernd Rüthers**
em. o. Professor der Rechte an der Universität Konstanz,
vormals Richter am Oberlandesgericht

und

**Dr. jur. Martin Henssler**
o. Professor der Rechte an der Universität Köln

20., überarbeitete Auflage

Verlag W. Kohlhammer

20. Auflage 2020

Alle Rechte vorbehalten
© W. Kohlhammer GmbH Stuttgart
Gesamtherstellung: W. Kohlhammer GmbH, Stuttgart

Print:
ISBN 978-3-17-035533-0

E-Book-Formate:
pdf:   ISBN 978-3-17-035534-7
epub:  ISBN 978-3-17-035535-4
mobi:  ISBN 978-3-17-035536-1

Dieses Werk einschließlich aller seiner Teile ist urheberrechtlich geschützt. Jede Verwendung außerhalb der engen Grenzen des Urheberrechts ist ohne Zustimmung des Verlags unzulässig und strafbar. Das gilt insbesondere für Vervielfältigungen, Übersetzungen, Mikroverfilmungen und für die Einspeicherung und Verarbeitung in elektronischen Systemen.
Für den Inhalt abgedruckter oder verlinkter Websites ist ausschließlich der jeweilige Betreiber verantwortlich. Die W. Kohlhammer GmbH hat keinen Einfluss auf die verknüpften Seiten und übernimmt hierfür keinerlei Haftung.

# Vorwort zur 20. Auflage

Das Arbeitsrecht ist eine äußerst dynamische Materie. Die Hektik der Gesetzgebung und der richterlichen Rechtsfortbildung hat in der Zeit seit Erscheinen der Vorauflage nicht abgenommen. In kurzen Abständen regelt die Gesetzgebung mehrfach das Gegenteil der letzten „Reform", zum Teil erzwungen durch den Einfluss des Europarechts, zum Teil aber auch bedingt durch geänderte rechtspolitische Bewertungen, wie das Beispiel der Arbeitnehmerüberlassung zeigt. Neue Herausforderungen stellen sich aufgrund der Digitalisierung und des Einzuges der Plattformökonomie im Arbeitsrecht.

Die Materie ist daher unübersichtlich, oft widersprüchlich, kompliziert und teilweise nicht mehr zeitgemäß. Die Normsetzer (Gesetzgebung, Arbeitsgerichte, Tarifparteien) finden sich in dem selbstgeschaffenen Dickicht und in den dickleibigen Kommentierungen dazu oft selbst nicht mehr zurecht. Dieses knapp gefasste Lehrbuch wendet sich an die vielen Leser, die eine kurze, klare und zuverlässige Information über die Grundzüge des deutschen Arbeitsrechts auf dem neuesten Stand wünschen. Die zahlreichen Eingriffe des nationalen und des europäischen Gesetzgebers sind eingearbeitet, ebenso die erneut vielfach geänderte Rechtsprechung des Bundesarbeitsgerichts und die – aus deutscher Sicht oft überraschende – Rechtsprechung des Europäischen Gerichtshofs.

Arbeitsrecht ist zu einem sehr großen Teil von der Arbeitsgerichtsbarkeit geschaffenes und in besonderer Weise „politisches" Recht. Neben der schlichten Information über die geltende Rechtslage werden daher auch der rechtspolitische Hintergrund und die Folgewirkungen der arbeitsrechtlichen Normsetzungen in den Blick genommen.

Wir haben uns die Bearbeitung in der Weise geteilt, dass wir für den Gesamttext gemeinsam die Verantwortung tragen. Für die wertvolle Hilfe bei der Anfertigung und Korrektur des Manuskripts danken wir herzlich den derzeitigen und ehemaligen wissenschaftlichen Mitarbeiterinnen und Mitarbeitern am Kölner Institut für Arbeits- und Wirtschaftsrecht Frau Christiane Pickenhahn, Frau Charlotte Flory, Frau Sarah Fröhlingsdorf, Herrn Kai-Martin Gohmert, Herrn Sebastian Krülls, Herrn Fabian Loriais, Frau Julia Pommerening und Herrn Jacob Wewetzer.

Die Leser und Benutzer des Werkes bitten wir wie bisher um kritische Hinweise und Anregungen.

Konstanz/Köln im März 2020
Bernd Rüthers     Martin Henssler

E-Mail:
bernd.ruethers@uni-konstanz.de
inst-awr@uni-koeln.de

# Vorwort zur ersten Auflage (1967)

Das Arbeitsrecht gewinnt in Studium und Praxis immer größere Bedeutung. Diese Entwicklung verlangt nach einer entsprechenden Ausbildung aller, die sich mit arbeitsrechtlichen Fragen zu befassen haben. Dabei werden die Bemühungen, das Arbeitsrecht kennen- und verstehen zu lernen, unerwarteten Schwierigkeiten begegnen. Das ist vor allem auf die vielfältigen Besonderheiten dieses Rechtsgebiets zurückzuführen. Hier soll dieses Heft helfen. Es ist für den Lernenden geschrieben, der sich mit den Grundbegriffen des Arbeitsrechts vertraut machen will.

Mit dieser Darstellung soll der Anfänger an Hand von praktischen Beispielen in das Arbeitsrecht eingeführt werden. Das kann nur gelingen, wenn er die angeführten Gesetzesstellen sorgfältig liest und die Fälle selbstständig durchdenkt. Ohne ständige Benutzung einer Textsammlung arbeitsrechtlicher Gesetze kann das Heft daher nicht mit Gewinn durchgearbeitet werden.

Aus pädagogischen Gründen ist das Schwergewicht auf eine Darstellung des einzelnen Arbeitsverhältnisses im Gesamtzusammenhang des Arbeitsrechts gelegt worden. Dabei werden in Rechtsprechung und Schrifttum behandelte Streitfragen bewußt nicht erörtert. Denn diese Einführung hat nur das Ziel, das Verständnis des Anfängers für arbeitsrechtliche Fragen zu wecken und das dazu erforderliche Grundwissen zu vermitteln.

# Inhaltsverzeichnis

Vorwort zur 20. Auflage .................................... V
Vorwort zur ersten Auflage (1967) .......................... VII
Abkürzungsverzeichnis ...................................... XIX
Schrifttum ................................................. XXV

**Kapitel 1: Das Arbeitsrecht und das Arbeitsverhältnis** ........... 1

**A. Arbeitsrecht** ............................................ 1
    I. Begriff/Entstehung/Aufgaben ........................... 2
        1. Begriff ............................................ 2
        2. Arbeitsrecht und Industriegesellschaft .............. 2
        3. Arbeitsrecht als Reflex der Wirtschaftsformen und Staatssysteme ............................................ 3
        4. Der Zusammenhang von Staatsverfassung, Wirtschaftsverfassung und Arbeitsrechtsordnung ......................... 3
        5. Eigentumsverfassung und Arbeitsrecht ................ 4
        6. Arbeitsrecht und Rechtspolitik ...................... 5
        7. Grenzen der individuellen Vertragsfreiheit .......... 6
        8. Vom Rechtsstaat zum Richterstaat? ................... 7
    II. Einschränkung der Vertragsfreiheit durch den Staat ..... 7
    III. Vertragsfreiheit und Tarifvertrag ..................... 9
    IV. Schutz des Arbeitnehmers durch die Betriebsverfassung .. 10
    V. Mitwirkung von Arbeitnehmervertretern in Gesellschaftsorganen . 10
    VI. Rechtsschutz ........................................... 11

**B. Arbeitsverhältnis** ....................................... 11
    I. Voraussetzungen und Parteien des Arbeitsverhältnisses ... 12
        1. Voraussetzungen .................................... 12
        2. Parteien ........................................... 17
    II. Besondere Arbeitsverhältnisse .......................... 20
        1. Berufsausbildungsverhältnis ......................... 21
        2. Die Beschäftigung von Jugendlichen ................. 22
        3. Nebenbeschäftigungsverhältnis/Mehrere Beschäftigungsverhältnisse ........................................... 22
        4. Zeitarbeit .......................................... 23
        5. Mittelbares Arbeitsverhältnis ....................... 24
        6. Gruppenarbeitsverhältnis ............................ 25
        7. Teilzeitarbeitsverhältnis ........................... 25

## Inhaltsverzeichnis

|  |  |  |  |
|---|---|---|---|
|  |  | 8. Job-Sharing (§ 13 TzBfG) | 27 |
|  |  | 9. Probearbeitsverhältnis | 28 |
| C. | Arbeitnehmerähnliche Beschäftigungsverhältnisse |  | 28 |
|  | I. | Der Begriff der arbeitnehmerähnlichen Person | 28 |
|  | II. | Heimarbeiter und Hausgewerbetreibende | 29 |
|  | III. | Handelsvertreter | 29 |
|  | IV. | Freier Mitarbeiter | 30 |
|  | V. | Franchisenehmer | 30 |

### Kapitel 2: Die rechtlichen Grundlagen des Arbeitsverhältnisses ..... 31

- A. **Internationales Recht** ..... 31
  - I. Völkerrechtliche Vereinbarungen ..... 32
    1. Übereinkommen der IAO ..... 32
    2. Europäische Menschenrechtskonvention und Europäische Sozialcharta ..... 33
  - II. Das Recht der Europäischen Union ..... 33
    1. Geschichtliche Entwicklung ..... 34
    2. Vorrang des Unionsrechts ..... 35
    3. Die starke Rolle des EuGH ..... 36
    4. Rechtsquellen ..... 37
    5. Bislang erlassene Richtlinien ..... 39
- B. **Nationales Recht** ..... 41
  - I. Überblick über die Rechtsquellen ..... 42
  - II. Richterrecht im Arbeitsrecht ..... 43
  - III. Verhältnis der Rechtsquellen zueinander ..... 44
    1. Arbeitsvertrag ..... 44
    2. Gesetzliche Bestimmungen ..... 44
    3. Kollektivvereinbarungen ..... 48
  - IV. Weitere Rechtsgrundlagen für Rechte und Pflichten der Arbeitsvertragsparteien ..... 50
    1. Arbeitsvertragliche Einheitsregelung ..... 50
    2. Betriebliche Übung ..... 52
    3. Weisungsrecht des Arbeitgebers ..... 53
- C. **Grenzüberschreitende Rechtsbeziehungen** ..... 55
  - I. Anwendungsbereich und Grundsätze ..... 55
  - II. Arbeitnehmer-Entsendegesetz (AEntG) ..... 57
  - III. Prozessuales ..... 58

### Kapitel 3: Die Begründung des Arbeitsverhältnisses ..... 59

- I. Abschluss des Arbeitsvertrags ..... 60
  1. Einigung ..... 60
  2. Form ..... 62
  3. Geschäftsfähigkeit ..... 64
  4. Stellvertretung ..... 64

|     |      |                                                                                   |     |
| --- | ---- | --------------------------------------------------------------------------------- | --- |
|     | 5.   | Beteiligung des Betriebsrates/Sprecherausschusses                                 | 65  |
| II. | Mängel des Arbeitsvertrags und ihre Folgen                                             | 65  |
|     | 1.   | Nichtigkeits- und Anfechtungsgründe                                               | 65  |
|     | 2.   | Rechtsfolgen                                                                      | 69  |
| III.| Die Inhaltskontrolle von arbeitsvertraglichen Klauseln                                 | 71  |
|     | 1.   | Allgemeines                                                                       | 71  |
|     | 2.   | Prüfungsaufbau                                                                    | 72  |
|     | 3.   | Inhaltskontrolle einzelner Vertragsklauseln                                       | 74  |
| IV. | Vertragsanbahnung                                                                      | 76  |
|     | 1.   | Schadensersatz wegen Verschuldens bei Vertragsschluss                             | 76  |
|     | 2.   | Sonstige Ansprüche                                                                | 77  |

## Kapitel 4: Die Pflichten des Arbeitnehmers ........ 78
- I. Arbeitspflicht .................. 78
  1. Schuldner ................. 78
  2. Gläubiger ................. 79
  3. Art der Arbeitsleistung ........ 79
  4. Ort der Arbeit ............. 80
  5. Zeit der Arbeit ............. 81
- II. Sonstige Pflichten des Arbeitnehmers ...... 87
  1. Handlungspflichten .......... 88
  2. Unterlassungspflichten ........ 89
  3. Pflichten aus besonderen Vereinbarungen – Fortbildungsverträge .............. 95
- III. Rechte des Arbeitgebers bei Pflichtverletzungen des Arbeitnehmers .................. 95
  1. Klage auf Erfüllung .......... 96
  2. Verweigerung der Lohnzahlung/Zurückbehaltungsrecht .... 97
  3. Schadensersatzanspruch ....... 98
  4. Einschränkung der Arbeitnehmerhaftung (sog. Arbeitnehmerhaftungsprivileg) ........ 100
  5. Betriebsbußen ............. 107
  6. Kündigung ............... 108

## Kapitel 5: Die Pflichten des Arbeitgebers ......... 109
- I. Lohnzahlungspflicht ............. 109
  1. Der gesetzliche Mindestlohn ..... 110
  2. Arten des Lohnes ........... 112
  3. Lohnzahlung .............. 117
  4. Lohnsicherung ............. 118
- II. Diskriminierungsverbote – Allgemeines Gleichbehandlungsgesetz 120
  1. Übersicht und Grundlage einzelner Diskriminierungsverbote 120
  2. Allgemeines Gleichbehandlungsgesetz ... 120
  3. Weitere Diskriminierungsverbote .... 125
  4. Allgemeiner arbeitsrechtlicher Gleichbehandlungsgrundsatz . 127

# Inhaltsverzeichnis

  III. Sonstige Pflichten des Arbeitgebers .................... 130
    1. Schutzpflichten („Fürsorgepflichten") ................ 130
    2. Beschäftigtendatenschutz ........................ 132
    3. Beschäftigungspflicht ........................... 134
    4. Pflicht zur Urlaubsgewährung..................... 135
    5. Pflicht zur Vergütung einer Arbeitnehmererfindung....... 135
    6. Pflicht zur Altersversorgung ...................... 135
  IV. Rechte des Arbeitnehmers bei Pflichtverletzungen des Arbeitgebers ............................................. 140
    1. Klage auf Erfüllung ............................. 141
    2. Zurückbehaltungsrecht........................... 141
    3. Schadensersatzanspruch ......................... 142
    4. Besonderheiten bei Personenschäden als Folge von Arbeitsunfällen...................................... 144
    5. Kündigung .................................... 146

**Kapitel 6: Die Folgen unverschuldeter Arbeitsausfälle** ............. 147
  I. Der Grundsatz „Ohne Arbeit keinen Lohn" und seine Durchbrechungen............................................ 147
  II. Vorübergehende Verhinderung des Arbeitnehmers........... 148
    1. Voraussetzungen............................... 149
    2. Rechtsfolgen .................................. 150
  III. Krankheit des Arbeitnehmers........................... 150
    1. Voraussetzungen............................... 151
    2. Anzeige- und Nachweispflichten ................... 153
    3. Rechtsfolgen .................................. 154
  IV. Annahmeverzug des Arbeitgebers....................... 156
    1. Problematik................................... 156
    2. Voraussetzungen............................... 156
  V. Betriebs- und Wirtschaftsrisiko......................... 157
    1. Problematik................................... 158
    2. Risikoverteilung................................ 158
  VI. Gesetzliche Arbeitsfreistellungen ....................... 161
    1. Mutterschutz.................................. 161
    2. Elternzeit..................................... 162
    3. Urlaub....................................... 163
    4. Sonntage und gesetzliche Feiertage ................. 169
    5. Weitere Einzelfälle ............................. 169

**Kapitel 7: Die Beendigung des Arbeitsverhältnisses** .............. 171
**A. Überblick über die Beendigungsmöglichkeiten** ............... 171
**B. Kündigung** .......................................... 171
  I. Ordentliche Kündigung............................... 172
    1. Kündigungserklärung........................... 172
    2. Kündigungsfristen ............................. 176

# Inhaltsverzeichnis

|  |  | 3. | Vertragliche und gesetzliche Kündigungsverbote | 179 |
|---|---|---|---|---|
|  |  | 4. | Anhörung des Betriebsrats/Sprecherausschusses | 184 |
|  | II. | Individueller Kündigungsschutz nach dem Kündigungsschutzgesetz. | | 185 |
|  |  | 1. | Entwicklung und rechtspolitische Bewertung | 186 |
|  |  | 2. | Geltungsbereich des KSchG | 188 |
|  |  | 3. | Soziale Rechtfertigung der ordentlichen Kündigung | 189 |
|  |  | 4. | Kündigungsschutz und AGG | 205 |
|  |  | 5. | Einhaltung der Klagefrist | 206 |
|  | III. | Außerordentliche Kündigung | | 209 |
|  |  | 1. | Grundsatz | 209 |
|  |  | 2. | Ausschluss und Erschwernis der außerordentlichen Kündigung | 210 |
|  |  | 3. | Unabdingbarkeit | 210 |
|  |  | 4. | Kündigungserklärung | 211 |
|  |  | 5. | Anhörung des Betriebsrats/Sprecherausschusses | 211 |
|  |  | 6. | Beachtung der Klagefrist gem. § 4 KSchG | 211 |
|  |  | 7. | Kündigungsgrund | 211 |
|  |  | 8. | Ausschlussfrist des § 626 Abs. 2 BGB | 216 |
|  |  | 9. | Verzicht und Verzeihung | 218 |
|  |  | 10. | Umdeutung | 218 |
|  |  | 11. | Schadensersatz wegen verschuldeter Kündigung | 218 |
|  | IV. | Sonderfälle | | 219 |
|  |  | 1. | Verdachtskündigung | 219 |
|  |  | 2. | Druckkündigung | 220 |
|  |  | 3. | Änderungskündigung | 221 |
|  | V. | Kündigungsschutzklage | | 223 |
|  |  | 1. | Erfordernis einer Kündigungsschutzklage | 223 |
|  |  | 2. | Entscheidung des Arbeitsgerichts | 224 |
|  |  | 3. | Abfindungsanspruch des Arbeitnehmers bei Klageverzicht | 226 |
|  |  | 4. | Weiterbeschäftigungsanspruch | 227 |
| C. | **Sonstige Beendigungsgründe** | | | 228 |
|  | I. | Aufhebungsvertrag | | 228 |
|  | II. | Anfechtung | | 230 |
|  | III. | Zeitablauf | | 230 |
|  |  | 1. | Teilzeit- und Befristungsgesetz | 230 |
|  |  | 2. | Zwingende Schriftform | 230 |
|  |  | 3. | Kalendermäßige Befristung | 231 |
|  |  | 4. | Zweckbedingte Befristung | 233 |
|  |  | 5. | Rechtsfolgen unwirksamer Befristungen | 233 |
|  |  | 6. | Das Ende befristeter Arbeitsverhältnisse | 234 |
|  | IV. | Eintritt einer auflösenden Bedingung | | 234 |
|  | V. | Tod des Arbeitnehmers | | 235 |
|  | VI. | Freiwilliger Dienst des Arbeitnehmers bei der Bundeswehr | | 235 |
|  | VII. | Gerichtliche Entscheidungen | | 236 |

## Inhaltsverzeichnis

|  |  |  |  |
|---|---|---|---|
| | VIII. | Altersgrenzen | 236 |
| | IX. | Keine Beendigungsgründe | 236 |
| | | 1. Tod des Arbeitgebers | 237 |
| | | 2. Rechtsgeschäftlicher Betriebsübergang | 237 |
| | | 3. Betriebsstilllegung, Insolvenz des Arbeitgebers | 244 |
| D. | Pflichten anlässlich der Beendigung des Arbeitsverhältnisses | | 245 |
| | I. | Pflichten des Arbeitgebers | 245 |
| | | 1. Informationspflicht und Freizeit zur Stellensuche | 245 |
| | | 2. Erteilung eines Zeugnisses | 246 |
| | | 3. Auskunftserteilung | 247 |
| | | 4. Sonstige Arbeitspapiere | 247 |
| | II. | Pflichten des Arbeitnehmers | 248 |
| | | 1. Verschwiegenheitspflicht | 248 |
| | | 2. Einhaltung von Wettbewerbsverboten | 248 |

**Kapitel 8: Das Koalitionsrecht** .................................................. 250
    I.  Bedeutung und Begriff der Koalition .................................. 251
        1.  Bedeutung ...................................................................... 251
        2.  Begriff ............................................................................ 251
    II.  Verfassungsrechtlicher Schutz der Koalitionsfreiheit ........... 253
        1.  Individuelle Koalitionsfreiheit ....................................... 254
        2.  Kollektive Koalitionsfreiheit ........................................... 256
        3.  Schranken der Koalitionsfreiheit .................................... 258
        4.  Rechtsschutz .................................................................. 259
    III.  Das Verbandsrecht der Koalitionen ..................................... 260
        1.  Gewerkschaften ............................................................. 260
        2.  Arbeitgeberverbände ..................................................... 262
        3.  Sozialpartner im europäischen Arbeitsrecht .................. 262

**Kapitel 9: Das Tarifvertragsrecht** ................................................ 264
    I.  Vertragsschluss ...................................................................... 266
        1.  Willenseinigung ............................................................. 266
        2.  Form des Vertrags ......................................................... 266
        3.  Stellvertretung ............................................................... 267
    II.  Tarifvertragsparteien ............................................................ 267
        1.  Tariffähigkeit ................................................................. 267
        2.  Tarifzuständigkeit .......................................................... 270
    III.  Normativer Teil des Tarifvertrags ........................................ 271
        1.  Arten der Normen ......................................................... 271
        2.  Wirkungen der Normen ................................................ 273
        3.  Tarifgebundenheit ......................................................... 279
        4.  Schuldrechtliche Bindung kraft arbeitsvertraglicher Bezugnahme ............................................................................ 284
        5.  Geltungsbereich der Normen ....................................... 285
        6.  Tarifkonkurrenz und Tarifpluralität .............................. 286

|     | IV. | Schuldrechtlicher Teil des Tarifvertrags . . . . . . . . . . . . . . . . . . . | 288 |
| --- | --- | --- | --- |
|     |     | 1. Friedenspflicht. . . . . . . . . . . . . . . . . . . . . . . . . . . . . . . . . . . . | 289 |
|     |     | 2. Durchführungspflicht. . . . . . . . . . . . . . . . . . . . . . . . . . . . . . | 290 |
|     | V.  | Beendigung des Tarifvertrags . . . . . . . . . . . . . . . . . . . . . . . . . . | 290 |

## Kapitel 10: Das Arbeitskampfrecht . . . . . . . . . . . . . . . . . . . . . . . . . . . . . 292

|     | I.   | Begriff und Arten des Arbeitskampfes. . . . . . . . . . . . . . . . . . . . | 294 |
| --- | --- | --- | --- |
|     |      | 1. Begriff. . . . . . . . . . . . . . . . . . . . . . . . . . . . . . . . . . . . . . . . . . | 294 |
|     |      | 2. Arten. . . . . . . . . . . . . . . . . . . . . . . . . . . . . . . . . . . . . . . . . . . | 295 |
|     | II.  | Rechtmäßigkeit des Arbeitskampfes . . . . . . . . . . . . . . . . . . . . . | 297 |
|     |      | 1. Rechtsgrundlagen. . . . . . . . . . . . . . . . . . . . . . . . . . . . . . . . . | 298 |
|     |      | 2. Verfassungsrechtliche und tarifrechtliche Grenzen des Arbeitskampfes. . . . . . . . . . . . . . . . . . . . . . . . . . . . . . . . . . . . . . . | 298 |
|     |      | 3. Allgemeine Grundsätze rechtmäßiger Kampfführung und Staatsneutralität. . . . . . . . . . . . . . . . . . . . . . . . . . . . . . . . . . . | 302 |
|     |      | 4. Besondere gesetzliche Kampfverbote . . . . . . . . . . . . . . . . . . | 309 |
|     | III. | Folgen des Arbeitskampfes. . . . . . . . . . . . . . . . . . . . . . . . . . . . . | 312 |
|     |      | 1. Folgen des Arbeitskampfes für die kampfbeteiligten Arbeitgeber und Arbeitnehmer . . . . . . . . . . . . . . . . . . . . . . . . . . . . . . | 312 |
|     |      | 2. Folgen des Arbeitskampfes für die kämpfenden Verbände. . . | 316 |
|     |      | 3. Folgen des Arbeitskampfes für Drittbetroffene . . . . . . . . . . . | 318 |
|     |      | 4. Arbeitskampf und Mitbestimmung des Betriebsrats . . . . . . . | 320 |

## Kapitel 11: Das Recht der betrieblichen Mitbestimmung . . . . . . . . . . . 322

| A. | Betriebsverfassung . . . . . . . . . . . . . . . . . . . . . . . . . . . . . . . . . . . . . . . . | 324 |
| --- | --- | --- |
|     | I. Geltungsbereich des BetrVG. . . . . . . . . . . . . . . . . . . . . . . . . . . . | 326 |
|     |     1. Räumlicher Geltungsbereich. . . . . . . . . . . . . . . . . . . . . . . . . . | 326 |
|     |     2. Sachlicher Geltungsbereich. . . . . . . . . . . . . . . . . . . . . . . . . . . | 326 |
|     |     3. Persönlicher Geltungsbereich . . . . . . . . . . . . . . . . . . . . . . . . | 329 |
|     | II. Träger der Betriebsverfassung . . . . . . . . . . . . . . . . . . . . . . . . . . | 331 |
|     |     1. Betriebsrat. . . . . . . . . . . . . . . . . . . . . . . . . . . . . . . . . . . . . . . . | 331 |
|     |     2. Betriebsversammlung . . . . . . . . . . . . . . . . . . . . . . . . . . . . . . | 340 |
|     |     3. Sonstige Träger der Betriebsverfassung . . . . . . . . . . . . . . . . . | 341 |
|     |     4. Koalitionen in der Betriebsverfassung . . . . . . . . . . . . . . . . . | 342 |
|     |     5. Arbeitnehmer in der Betriebsverfassung. . . . . . . . . . . . . . . . | 344 |
|     | III. Allgemeine Grundsätze und die Formen der Zusammenarbeit. . . | 345 |
|     |     1. Allgemeine Grundsätze. . . . . . . . . . . . . . . . . . . . . . . . . . . . . | 345 |
|     |     2. Formen der Zusammenarbeit . . . . . . . . . . . . . . . . . . . . . . . . | 347 |
|     |     3. Sanktionen . . . . . . . . . . . . . . . . . . . . . . . . . . . . . . . . . . . . . . | 353 |
|     | IV. Beteiligungsrechte des Betriebsrats . . . . . . . . . . . . . . . . . . . . . . | 353 |
|     |     1. Stufen der Beteiligungsrechte . . . . . . . . . . . . . . . . . . . . . . . . | 353 |
|     |     2. Beteiligung in sozialen Angelegenheiten . . . . . . . . . . . . . . . | 354 |
|     |     3. Beteiligung in personellen Angelegenheiten. . . . . . . . . . . . . | 366 |
|     |     4. Beteiligung in wirtschaftlichen Angelegenheiten . . . . . . . . . | 376 |
|     | V. Betriebsverfassungsrechtliche Mitbestimmung außerhalb des BetrVG. . . . . . . . . . . . . . . . . . . . . . . . . . . . . . . . . . . . . . . . . . . . | 381 |

## Inhaltsverzeichnis

|  |  | 1. | Sprecherausschussgesetz | 381 |
|---|---|---|---|---|
|  |  | 2. | Personalvertretungsrecht | 383 |
| B. | Europäische Betriebsverfassung | | | 384 |
|  | I. | Entstehungsgeschichte und Zweck des EBRG | | 384 |
|  | II. | Geltungsbereich des EBRG | | 385 |
|  |  | 1. | Räumlicher Anwendungsbereich | 385 |
|  |  | 2. | Sachlicher und persönlicher Anwendungsbereich | 385 |
|  | III. | Bildung des Europäischen Betriebsrats | | 386 |
|  |  | 1. | Der EBR kraft Vereinbarung | 386 |
|  |  | 2. | Der EBR kraft Gesetzes | 386 |
|  | IV. | Struktur und Aufgaben des gesetzlichen Europäischen Betriebsrats | | 387 |
|  |  | 1. | Zusammensetzung und innere Ordnung | 387 |
|  |  | 2. | Zuständigkeit und Mitwirkungsrechte | 387 |
|  | V. | Grundsätze der Zusammenarbeit und Schutzbestimmungen | | 388 |

## Kapitel 12: Unternehmensmitbestimmung . . . . . . . . . . . . . . . . . . . . . 389

| A. | Begriff und Entwicklung | | | 389 |
|---|---|---|---|---|
| B. | Betroffene Unternehmen | | | 390 |
| C. | Mitbestimmung nach dem Mitbestimmungsgesetz 1976 | | | 391 |
|  | I. | Allgemeines | | 391 |
|  | II. | Zusammensetzung und Organisation des Aufsichtsrats | | 392 |
|  | III. | Die Befugnisse des mitbestimmten Aufsichtsrates | | 393 |
| D. | Mitbestimmung nach dem Drittelbeteiligungsgesetz | | | 395 |
| E. | Mitbestimmung in der Montanindustrie | | | 396 |
| F. | Mitbestimmung in der Europäischen Aktiengesellschaft (SE) | | | 397 |
|  | I. | Rechtsquellen | | 397 |
|  | II. | Arbeitnehmerbeteiligung | | 398 |
| G. | Mitbestimmung bei grenzüberschreitenden Verschmelzungen (MgVG) | | | 399 |

## Kapitel 13: Digitalisierung der Arbeitswelt . . . . . . . . . . . . . . . . . . . . . 401

| A. | Einleitung | | | 401 |
|---|---|---|---|---|
| B. | Besonders betroffene Bereiche | | | 403 |
|  | I. | Neue Erwerbsformen („Crowdwork") | | 403 |
|  |  | 1. | Phänomen des Crowdwork | 403 |
|  |  | 2. | Arbeitsrechtliche Einordnung | 403 |
|  |  | 3. | Crowdworker als arbeitnehmerähnliche Person oder Heimarbeiter? | 405 |
|  | II. | Entgrenzung von Arbeitszeit und Arbeitsort | | 406 |
|  |  | 1. | Arbeitszeitflexibilisierung | 406 |
|  |  | 2. | Arbeitsortflexibilisierung (Mobile Office) | 408 |

# Inhaltsverzeichnis

**Kapitel 14: Die Arbeitsgerichtsbarkeit** .................. 410
  I. Aufbau der Arbeitsgerichtsbarkeit .................. 410
    1. Arbeitsgericht .................. 411
    2. Landesarbeitsgericht. .................. 411
    3. Bundesarbeitsgericht. .................. 411
  II. Zuständigkeit der Gerichte für Arbeitssachen .................. 412
    1. Sachliche Zuständigkeit .................. 412
    2. Örtliche Zuständigkeit .................. 415
    3. Folgen der Anrufung eines unzuständigen Gerichts .................. 415
  III. Urteilsverfahren. .................. 415
    1. Partei- und Prozessfähigkeit sowie Prozessführungsbefugnis . 416
    2. Postulationsfähigkeit. .................. 416
    3. Verfahrensablauf und Urteil .................. 417
    4. Rechtsmittel .................. 418
    5. Ausschluss von Urkunden- und Wechselprozess .................. 419
    6. Zwangsvollstreckung .................. 419
  IV. Beschlussverfahren. .................. 420
    1. Beteiligten- und Prozessfähigkeit sowie Antragsbefugnis .... 420
    2. Postulationsfähigkeit. .................. 421
    3. Verfahrensablauf und Entscheidung. .................. 421
    4. Rechtsmittel .................. 422
    5. Zwangsvollstreckung .................. 422

**Kapitel 15: Der Aufbau bei der Lösung eines arbeitsrechtlichen Falles** . 423
**A. Urteilsverfahren** .................. 424
  I. Lohnzahlungsklage .................. 424
    1. Prüfung der Zulässigkeit. .................. 424
    2. Prüfung der Begründetheit .................. 426
  II. Kündigungsschutzklage .................. 430
    1. Prüfung der Zulässigkeit. .................. 430
    2. Prüfung der Begründetheit bei Ausspruch einer ordentlichen Kündigung .................. 432
    3. Prüfung der Begründetheit bei Ausspruch einer außerordentlichen Kündigung .................. 436
    4. Folgen bei Begründetheit der Klage. .................. 438
**B. Beschlussverfahren** .................. 439
  I. Prüfung der Zulässigkeit .................. 439
  II. Prüfung der Begründetheit. .................. 440

Stichwortverzeichnis .................. 441

# Abkürzungsverzeichnis

| | |
|---|---|
| a. A. | andere Ansicht |
| a. a. O. | am angegebenen Ort |
| abgedr. | abgedruckt |
| abl. | ablehnend(er) |
| ABl. | Amtsblatt |
| ABlEG | Amtsblatt der Europäischen Gemeinschaften |
| ABlEU | Amtsblatt der Europäischen Union |
| Abs. | Absatz |
| AcP | Archiv für die civilistische Praxis |
| a. E. | am Ende |
| AEntG | Arbeitnehmer-Entsendegesetz |
| a. F. | alte Fassung |
| AFG | Arbeitsförderungsgesetz |
| AG | Aktiengesellschaft/Arbeitgeber |
| AGB | Allgemeine Geschäftsbedingungen |
| AGBG | Gesetz zur Regelung des Rechts der Allgemeinen Geschäftsbedingungen |
| AGG | Allgemeines Gleichbehandlungsgesetz |
| AiB | Arbeitsrecht im Betrieb |
| AktG | Aktiengesetz |
| AltersteilzeitG | Altersteilzeitgesetz |
| amtl. | amtlich |
| AN | Arbeitnehmer |
| Anm. | Anmerkung |
| AP | Arbeitsrechtliche Praxis |
| APS | Ascheid/Preis/Schmidt, Kündigungsrecht, 4. Aufl., 2012 |
| ArbG | Arbeitsgericht |
| ArbGG | Arbeitsgerichtsgesetz |
| AR-Blattei | Arbeitsrecht-Blattei |
| ArbRAktuell | Arbeitsrecht Aktuell |
| ArbRGegW | Das Arbeitsrecht der Gegenwart |
| ArbnErfG | Gesetz über Arbeitnehmererfindungen |
| ArbPlSchG | Arbeitsplatzschutzgesetz |
| ArbSchG | Arbeitsschutzgesetz |
| ArbStättV | Arbeitsstättenverordnung |
| ArbZG | Arbeitszeitgesetz |
| arg e | Argument aus |
| Art. | Artikel |
| ASiG | Gesetz über Betriebsärzte, Sicherheitsingenieure und andere Fachkräfte für Arbeitssicherheit |
| Aufl. | Auflage |
| AÜG | Gesetz zur Regelung der gewerbsmäßigen Arbeitnehmerüberlassung |
| AuR | Arbeit und Recht |
| AVG | Angestelltenversicherungsgesetz |

## Abkürzungsverzeichnis

| | |
|---|---|
| AZO | Arbeitszeitordnung |
| BAG | Bundesarbeitsgericht |
| BAT | Bundesangestelltentarifvertrag |
| BB | Betriebs-Berater |
| BBiG | Berufsbildungsgesetz |
| Bd. | Band |
| BDA | Bundesvereinigung der Deutschen Arbeitgeberverbände |
| BEEG | Bundeselterngeld- und Elternzeitgesetz |
| Beil. | Beilage |
| BErzGG | Bundeserziehungsgeldgesetz |
| BeschFG | Beschäftigungsförderungsgesetz v. 26.4.1985 |
| BetrAV | Betriebliche Altersversorgung |
| BetrAVG | Gesetz zur Verbesserung der betrieblichen Altersversorgung |
| BetrVG | Betriebsverfassungsgesetz vom 15.1.1972 |
| BetrVG 1952 | Betriebsverfassungsgesetz 1952 |
| BfA | Bundesversicherungsanstalt für Angestellte |
| BGB | Bürgerliches Gesetzbuch |
| BGBl. | Bundesgesetzblatt |
| BGH | Bundesgerichtshof |
| BGHSt | Entscheidungen des Bundesgerichtshofs in Strafsachen |
| BGHZ | Entscheidungen des Bundesgerichtshofs in Zivilsachen |
| BImSchG | Bundesimmissionsschutzgesetz |
| BinnenschifffahrtsG | Binnenschiffahrtsgesetz |
| BlStSozArbR | Blätter für Steuerrecht, Sozialversicherung und Arbeitsrecht |
| BMAS | Bundesministerium für Arbeit und Soziales |
| BMWA | Bundesministerium für Wirtschaft und Arbeit |
| BPersVG | Bundespersonalvertretungsgesetz |
| BRAO | Bundesrechtsanwaltsordnung |
| BSchG | Beschäftigtenschutzgesetz |
| BSG | Bundessozialgericht |
| Bsp. | Beispiel |
| BT-Drucks. | Bundestags-Drucksache |
| BUrlG | Bundesurlaubsgesetz |
| BVerfG | Bundesverfassungsgericht |
| BVerfGE | Entscheidungen des Bundesverfassungsgerichts |
| BVerwG | Bundesverwaltungsgericht |
| BVerwGE | Entscheidungen des Bundesverwaltungsgerichts |
| BZRG | Bundeszentralregistergesetz |
| bzw. | beziehungsweise |
| DB | Der Betrieb |
| DDR | Deutsche Demokratische Republik |
| ders. | derselbe |
| DFB | Deutscher Fußball-Bund |
| DGB | Deutscher Gewerkschaftsbund |
| d. h. | das heißt |
| dies. | dieselbe(n) |
| DM | Deutsche Mark |
| DrittelbG | Drittelbeteiligungsgesetz |
| DRK | Deutsches Rotes Kreuz |
| DTV | Deutscher Taschenbuch Verlag |
| DVO | Durchführungsverordnung |
| EBR | Europäischer Betriebsrat |
| EBRG | Europäisches Betriebsrätegesetz |

## Abkürzungsverzeichnis

| | |
|---|---|
| EFZG | Entgeltfortzahlungsgesetz |
| EG | Europäische Gemeinschaft/Vertrag zur Gründung der Europäischen Gemeinschaft |
| EGBGB | Einführungsgesetz zum Bürgerlichen Gesetzbuch |
| EGV | Vertrag zur Europäischen Gemeinschaft (in der Fassung vor dem Vertrag von Amsterdam) |
| EignungsübungsG | Eignungsübungsgesetz |
| Einl. | Einleitung |
| Einzelh. | Einzelheiten |
| EMRK | Europäische Menschenrechtskonvention |
| ErfK | Erfurter Kommentar |
| ESC | Europäische Sozialcharta |
| EStG | Einkommensteuergesetz |
| EU | Europäische Union |
| EuGH | Europäischer Gerichtshof |
| EuGVO | Verordnung (EG) Nr. 44/2001 des Rates v. 22.12.2000 über die gerichtliche Zuständigkeit und die Anerkennung und Vollstreckung von Entscheidungen in Zivil- und Handelssachen |
| EuZW | Europäische Zeitschrift für Wirtschaftsrecht |
| e.V. | eingetragener Verein |
| EWG | Europäische Wirtschaftsgemeinschaft |
| EWGV | EWG-Vertrag |
| EWR | Europäischer Wirtschaftsraum |
| EzA | Entscheidungssammlung zum Arbeitsrecht |
| EzA-SD | EzA-Schnelldienst |
| f. | folgende |
| FA | Finanzamt |
| ff. | fortfolgende |
| FS | Festschrift |
| GbR | Gesellschaft bürgerlichen Rechts |
| gem. | gemäß |
| GewO | Gewerbeordnung |
| GG | Grundgesetz |
| GK | Gemeinschaftskommentar |
| GK-BetrVG | Gemeinschaftskommentar zum Betriebsverfassungsgesetz |
| GK-BUrlG | Gemeinschaftskommentar zum Bundesurlaubsgesetz |
| GmbH | Gesellschaft mit beschränkter Haftung |
| GmbHR | GmbH-Rundschau |
| grds. | grundsätzlich |
| GS | Großer Senat/Gedächtnisschrift |
| GVG | Gerichtsverfassungsgesetz |
| HAG | Heimarbeitsgesetz |
| HandwO | Handwerksordnung |
| HGB | Handelsgesetzbuch |
| h. L. | herrschende Lehre |
| h. M. | herrschende Meinung |
| Hrsg. | Herausgeber |
| hrsgg. | herausgegeben |
| Hs. | Halbsatz |
| HWK | Henssler/Willemsen/Kalb, Kommentar Arbeitsrecht, 7. Aufl., 2016 |
| IAO | Internationale Arbeitsorganisation |
| i. d. F. | in der Fassung |

## Abkürzungsverzeichnis

| | |
|---|---|
| IG | Industriegewerkschaft |
| ILO | International Labour Organisation |
| InsO | Insolvenzordnung |
| IPRax | Praxis des Internationalen Privatrechts |
| i. S. | im Sinne |
| i. V. m. | in Verbindung mit |
| | |
| JA | Juristische Arbeitsblätter |
| JArbSchG | Jugendarbeitsschutzgesetz |
| Jura | Juristische Ausbildung |
| JuS | Juristische Schulung |
| JZ | Juristenzeitung |
| | |
| KAPOVAZ | kapazitätsorientierte variable Arbeitszeit |
| Kfz | Kraftfahrzeug |
| KG | Kommanditgesellschaft |
| KindArbSchV | Verordnung über den Kinderarbeitsschutz |
| KR | Gemeinschaftskommentar zum Kündigungsschutzgesetz, 11. Aufl., 2016 |
| krit. | kritisch(e)(r)(n) |
| KSchG | Kündigungsschutzgesetz |
| | |
| LAG | Landesarbeitsgericht |
| LAGE | Entscheidungen der Landesarbeitsgerichte |
| LFZG | Lohnfortzahlungsgesetz |
| lit. | litera |
| LKW | Lastkraftwagen |
| | |
| m. | mit |
| m. a. W. | mit anderen Worten |
| MDR | Monatsschrift für deutsches Recht |
| MgVG | Gesetz über die Mitbestimmung der Arbeitnehmer bei einer grenzüberschreitenden Verschmelzung |
| MiLoG | Gesetz zur Regelung eines allgemeinen Mindestlohns (Mindestlohngesetz) |
| Mio. | Million(en) |
| MitbestErgG | Gesetz zur Ergänzung des Montan-Mitbestimmungsgesetzes |
| MitbestG | Mitbestimmungsgesetz von 1976 |
| m. Nachw. | mit Nachweisen |
| Montan-MitbestG | Montan-Mitbestimmungsgesetz |
| MTM | Methods Time Measurement |
| MünchArbR | Münchener Handbuch zum Arbeitsrecht |
| MünchKomm | Münchener Kommentar zum Bürgerlichen Gesetzbuch |
| MuSchG | Mutterschutzgesetz |
| m. w. Nachw. | mit weiteren Nachweisen |
| | |
| Nachw. | Nachweise |
| NachwG | Nachweisgesetz |
| n. F. | neue Fassung |
| Nipperdey | Nipperdey I Arbeitsrecht, Textsammlung |
| NJ | Neue Justiz |
| NJW | Neue Juristische Wochenschrift |
| Nr. | Nummer |
| NStZ | Neue Zeitschrift für Strafrecht |
| NZA | Neue Zeitschrift für Arbeits- (und Sozial)recht |
| NZA-RR | Neue Zeitschrift für Arbeitsrecht, Rechtsprechungsreport |

# Abkürzungsverzeichnis

| | |
|---|---|
| NZG | Neue Zeitschrift für Gesellschaftsrecht |
| NZS | Neue Zeitschrift für Sozialrecht |
| öAT | Zeitschrift für das öffentliche Arbeits- und Tarifrecht |
| OHG | Offene Handelsgesellschaft |
| OT | ohne Tarifbindung |
| PersVG | Personalvertretungsgesetz |
| PSA | Personalserviceagentur |
| RdA | Recht der Arbeit |
| Rdnr. | Randnummer |
| RGBl. | Reichsgesetzblatt |
| RGZ | Entscheidungen des Reichsgerichts in Zivilsachen |
| Rspr. | Rechtsprechung |
| RVO | Reichsversicherungsordnung |
| s. | siehe |
| S. | Seite |
| SAE | Sammlung arbeitsrechtlicher Entscheidungen |
| SchwbG | Schwerbehindertengesetz |
| SE | Societas Europaea |
| SEBG | SE-Beteiligungsgesetz |
| SeemG | Seemannsgesetz |
| SGB | Sozialgesetzbuch |
| SGG | Sozialgerichtsgesetz |
| Slg. | Sammlung |
| sog. | sogenannte (n, r, s) |
| SprAuG | Sprecherausschußgesetz |
| st. Rspr. | ständige Rechtsprechung |
| StGB | Strafgesetzbuch |
| str. | streitig |
| StVG | Straßenverkehrsgesetz |
| StVollzG | Strafvollzugsgesetz |
| StVZO | Straßenverkehrs-Zulassungsordnung |
| TVG | Tarifvertragsgesetz |
| TzBfG | Teilzeit- und Befristungsgesetz |
| u. | und |
| u. a. | unter anderem |
| u. E. | unseres Erachtens |
| UNO | Vereinte Nationen |
| Urt. | Urteil |
| u. U. | unter Umständen |
| UWG | Gesetz gegen den unlauteren Wettbewerb |
| v. | vom, von |
| VersR | Versicherungsrecht |
| vgl. | vergleiche |
| VO | Verordnung |
| WahlO | Wahlordnung |
| WRV | Weimarer Verfassung des Deutschen Reichs vom 11.8.1919 |
| zahlr. | zahlreich(e)(en) |
| z. B. | zum Beispiel |

# Abkürzungsverzeichnis

| | |
|---|---|
| ZfA | Zeitschrift für Arbeitsrecht |
| ZGS | Zeitschrift für das gesamte Schuldrecht |
| ZIP | Zeitschrift für Wirtschaftsrecht |
| zit. | zitiert |
| ZPO | Zivilprozessordnung |
| z. T. | zum Teil |
| ZivildienstG | Zivildienstgesetz |
| ZZP | Zeitschrift für Zivilprozess |

# Schrifttum

**Allgemeines Schrifttum:**

| | |
|---|---|
| *Boemke* | Studienbuch Arbeitsrecht, 2. Aufl., 2004 |
| *Brox/Henssler* | Handelsrecht, 22. Aufl., 2016 |
| *Brox/Walker* | Allgemeiner Teil des BGB, 43. Aufl. 2019 |
| *Brox/Walker* | Allgemeines Schuldrecht, 44. Aufl., 2020 |
| *Brox/Walker* | Besonderes Schuldrecht, 44. Aufl., 2020 |
| *Brox/Walker* | Zwangsvollstreckungsrecht, 11. Aufl., 2018 |
| *Däubler* | Das Arbeitsrecht, Bd. 1, 16. Aufl., 2006; Bd. 2, 2. Aufl., 2009 |
| *Dütz/Thüsing* | Arbeitsrecht, 24. Aufl., 2019 |
| *Erfurter Kommentar zum Arbeitsrecht* | 20. Aufl., 2020 |
| *Erman* | Bürgerliches Gesetzbuch, 15. Aufl., 2017, §§ 611–630 |
| *Etzel* | Arbeitsrecht, 3. Aufl., 2005 |
| *Gamillscheg* | Arbeitsrecht I, Arbeitsvertrags- und Arbeitsschutzrecht, 8. Aufl., 2000 |
| *Gamillscheg* | Kollektives Arbeitsrecht, Bd. I, 1997 |
| *Gotthardt* | Arbeitsrecht nach der Schuldrechtsreform, 2. Aufl., 2003 |
| *Haberkorn* | Arbeitsrecht, 13. Aufl., 2009 |
| *Hanau/Adomeit* | Arbeitsrecht, 14. Aufl., 2007 |
| *Holzer* | Arbeitsrecht (Examenskurs für Rechtsreferendare), 9. Aufl., 2010 |
| *Henssler/Prütting* | Bundesrechtsanwaltsordnung, 5. Aufl., 2019 |
| *Henssler/Willemsen/Kalb* | Arbeitsrecht Kommentar, 8. Aufl., 2018 |
| *Hromadka/Maschmann* | Individualarbeitsrecht, 7. Aufl., 2018 |
| *Hromadka/Maschmann* | Kollektivarbeitsrecht, 7. Aufl., 2017 |
| *Jauernig* | Bürgerliches Gesetzbuch, 17. Aufl., 2018 |
| *Junker* | Grundkurs Arbeitsrecht, 19. Aufl., 2020 |
| *Kasseler Handbuch zum Arbeitsrecht* | Band 1 und 2, 2. Aufl., 2000 |
| *Krimphove* | Europäisches Arbeitsrecht, 2. Aufl., 2001 |
| *Lieb/Jacobs* | Arbeitsrecht, 9. Aufl., 2006 |
| *Löwisch/Caspers/Klumpp* | Arbeitsrecht, 12. Aufl., 2019 |
| *Michalski* | Arbeitsrecht, 7. Aufl., 2008 |
| *B. Müller/F. Preis* | Arbeitsrecht im öffentlichen Dienst, 7. Aufl., 2009 |
| *Münchener Handbuch zum Arbeitsrecht* | Band 1 und 2, 4. Aufl., 2018; Band 3 und 4. Aufl., 2019 |
| *Münchener Kommentar zum Bürgerlichen Gesetzbuch* | Band 2, 8. Aufl. 2019, §§ 241–432; Band 4, 8. Aufl., 2019, §§ 611–630 |
| *Otto* | Arbeitsrecht, 4. Aufl., 2008 |

# Schrifttum

| | |
|---|---|
| *Palandt* | Bürgerliches Gesetzbuch, 79. Aufl., 2020 |
| *Preis* | Der Arbeitsvertrag, Handbuch der Vertragspraxis und -gestaltung, 5. Aufl., 2015 |
| *Preis/Temming* | Arbeitsrecht, Praxis-Lehrbuch zum Individualarbeitsrecht, 6. Aufl., 2019 |
| *Preis/Greiner* | Arbeitsrecht, Praxis-Lehrbuch zum Kollektivarbeitsrecht, 5. Aufl., 2019 |
| *Reichold* | Arbeitsrecht – Lehrbuch nach Anspruchsgrundlagen, 6. Aufl., 2019 |
| *Rüthers/Stadler* | Allgemeiner Teil des BGB, 19. Aufl., 2017 |
| *Rüthers* | Arbeitsrecht und politisches System, 1. Aufl., 1973 |
| *Sachs* | Grundgesetz Kommentar, 8. Aufl., 2018 |
| *Schaub* | Arbeitsrechts-Handbuch, 18. Aufl., 2019 |
| *Schwab* | Arbeitsrecht-Blattei – Systematische Darstellungen (Loseblattsammlung) |
| *Soergel* | Bürgerliches Gesetzbuch, Band 4/1, 12. Aufl., 1997, §§ 611–630 |
| *Staudinger* | Kommentar zum BGB, §§ 611–613, 2015; §§ 613a–619a, 2016; §§ 620–630, 2016 |
| *Waltermann* | Arbeitsrecht, 19. Aufl., 2018 |
| *Willemsen/Hohenstatt/ Schweibert/Seibt* | Umstrukturierung und Übertragung von Unternehmen, 5. Aufl., 2016 |
| *Wörlen/Kokemoor* | Arbeitsrecht, 13. Aufl., 2019 |
| *Wollenschläger* | Arbeitsrecht, 3. Aufl., 2010 |
| *Zöllner/Loritz/Hergenröder* | Arbeitsrecht, 7. Aufl., 2015 |

## Zum Arbeitnehmerschutzrecht:

| | |
|---|---|
| *Ascheid/Preis/Schmidt* | Kündigungsrecht, Großkommentar zum gesamten Recht der Beendigung von Arbeitsverhältnissen, 5. Aufl., 2017 |
| *Backmeister/Trittin/Mayer* | Kündigungsschutzgesetz mit Nebengesetzen, 4. Aufl., 2009 |
| *Baeck/Deutsch/Winzer* | Arbeitszeitgesetz, 4. Aufl., 2020 |
| *Etzel/Bader/Fischermeier u. a.* | Gemeinschaftskommentar zum Kündigungsschutzgesetz und zu sonstigen kündigungsschutzrechtlichen Vorschriften (KR), 11. Aufl., 2016 |
| *Birk* | Gemeinschaftskommentar zum Entgeltfortzahlungsrecht, (Loseblattsammlung) |
| *Buchner/Becker* | Mutterschutzgesetz und Bundeserziehungsgeldgesetz, 9. Aufl., 2020 |
| *Cramer* | Schwerbehindertengesetz, Kommentar, 6. Aufl., 2011 |
| *Däubler/Bertzbach* | Handkommentar Allgemeines Gleichbehandlungsgesetz, 4. Aufl., 2018 |
| *Dornbusch/Wolff* | Kündigungsschutzgesetz – Kommentar zum Kündigungsschutzgesetz und zu den Nebengesetzen, 2. Aufl., 2008 |
| *Dorndorf/Weller/Hauck* | Heidelberger Kommentar zum Kündigungsschutzgesetz, 4. Aufl., 2000 |
| *Ernst/Adlhoch/Seel* | SGB IX (Loseblattsammlung) |
| *Feldes/Fraunhoffer/ Rehwald/Westermann/Witt* | Schwerbehindertenrecht, 15. Aufl., 2020 |
| *Gallner/Mestwerkdt/Nägele* | Handkommentar Kündigungsschutzgesetz, 6. Aufl., 2018 |
| *Geyer/Knorr/Krasney* | Entgeltfortzahlung – Krankengeld – Mutterschaftsgeld (Loseblattsammlung) |

# Schrifttum

| | |
|---|---|
| *Giesen/Kersten* | Arbeit 4.0, 2018 |
| *Großmann/Schimanski/ Löschau* | Gemeinschaftskommentar zum Sozialgesetzbuch – GK-SGB IX (Loseblattsammlung) |
| *Herkert/Töltl* | Berufsbildungsgesetz (Loseblattsammlung) |
| *Linck/Krause/Bayreuther* | Kündigungsschutzgesetz, 16. Aufl., 2019 |
| *Kaiser* | Die Entgeltfortzahlung an Feiertagen und im Krankheitsfall, 17. Aufl., 2004 |
| *Kittner/Däubler/Zwanziger* | Kündigungsschutzrecht, 11. Aufl., 2020 |
| *Knopp/Kraegeloh* | Berufsbildungsgesetz, 5. Aufl., 2005 |
| *Knopp/Kraegeloh* | Jugendarbeitsschutzgesetz, 4. Aufl., 1985 |
| *Kunz/Henssler/Brand/ Nebeling* | Praxis des Arbeitsrechts, 6. Aufl., 2018 |
| *Lakis* | Jugendarbeitsschutzgesetz, 8. Aufl., 2018 |
| *Lakies /Malottke* | Berufsbildungsgesetz, 6. Aufl., 2018 |
| *Löwisch/Schlünder/Spinner/ Wertheimer* | Kommentar zum Kündigungsschutzgesetz, 11. Aufl., 2018 |
| *Marienhagen/Künzl* | Entgeltfortzahlungsgesetz (Loseblattsammlung) |
| *Meisel/Sowka* | Mutterschutz und Erziehungsurlaub, 5. Aufl., 1999 |
| *Müller-Wenner/Winkler* | SGB IX Teil 2 – Schwerbehindertenrecht, 2. Aufl., 2011 |
| *Neumann* | Urlaubsrecht, 12. Aufl., 2000 |
| *Neumann/Biebl* | Arbeitszeitgesetz, 16. Aufl., 2012 |
| *Neumann/Fenski/Kühn* | Bundesurlaubsgesetz, 11. Aufl., 2016 |
| *Schellhöh/Weber* | Berufsbildungsrecht (Loseblattsammlung) |
| *Schmitt* | Entgeltfortzahlungsgesetz, 8. Aufl., 2018 |
| *Sowka* | Kölner Praxiskommentar zum Kündigungsschutzgesetz, 4. Aufl., 2012 |
| *Stahlhacke/Preis/Vossen* | Kündigung und Kündigungsschutz im Arbeitsverhältnis, 11. Aufl., 2015 |
| *Weyand/Schubert* | Das neue Schwerbehindertenrecht, 2. Aufl., 2002 |
| *Zmarzlik/Anzinger* | Jugendarbeitsschutzgesetz, 5. Aufl., 1998 |
| *Zmarzlik/Zipperer/Viethen* | Mutterschutzgesetz, 9. Aufl., 2005 |

## Zum Recht der betrieblichen Altersversorgung:

| | |
|---|---|
| *Berenz* | Gesetzesmaterialien zum Betriebsrentengesetz, 2003 |
| *Blomeyer/Rolfs/Otto* | Betriebsrentengesetz, 7. Aufl., 2018 |
| *Höfer* | Gesetz zur Verbesserung der betrieblichen Altersversorgung (Loseblattsammlung) |
| *Karst/Cisch* | Betriebsrentengesetz, 15. Aufl., 2018 |
| *Schoden* | BetrAVG – Betriebliche Altersversorgung, 2. Aufl., 2003 |

## Zum Betriebsverfassungs- und Personalvertretungsrecht:

| | |
|---|---|
| *Altvater u. a.* | Bundespersonalvertretungsgesetz, 10. Aufl., 2019 |
| *Däubler/Kittner/Klebe/ Wedde* | Betriebsverfassungsgesetz, 17. Aufl., 2020 |
| *Edenfeld* | Betriebsverfassungsrecht, 4. Aufl., 2014 |
| *Etzel* | Betriebsverfassungsrecht, 8. Aufl., 2002 |
| *Fitting/Engels/Schmidt/ Trebinger/Linsenmaier* | Betriebsverfassungsgesetz, 30. Aufl., 2020 |
| *Glaubrecht/Halberstadt/ Zander* | Betriebsverfassung (Loseblattsammlung) |
| *Gnade/Kehrmann/ Schneider/Klebe* | Betriebsverfassungsgesetz, 10. Aufl., 2002 |

# Schrifttum

| | |
|---|---|
| Hess/Worzalla/Glock/ Nicolai/Rose/Huke | Betriebsverfassungsgesetz, 10. Aufl., 2018 |
| v. Hoyningen-Huene | Betriebsverfassungsrecht, 6. Aufl., 2007 |
| Ilbertz/Widmaier/Sommer | Bundespersonalvertretungsgesetz, 14. Aufl., 2018 |
| Löwisch/Kaiser | Betriebsverfassungsgesetz, 7. Aufl., 2017 |
| Lorenzen/Etzel/Gerhold | Bundespersonalvertretungsgesetz (Loseblattsammlung) |
| Reich | Bundespersonalvertretungsgesetz, 2001 |
| Richardi | Betriebsverfassungsgesetz mit Wahlordnung, 16. Aufl., 2018 |
| Stege/Weinspach/Schiefer | Betriebsverfassungsgesetz, 9. Aufl., 2002 |
| Wiese/Kreutz/Oetker/Raab/ Weber/Franzen/Gutzeit/ Jacobs | Gemeinschaftskommentar zum Betriebsverfassungsgesetz, Bd. I und II, 11. Aufl., 2018 (GK-BetrVG) |
| Wlotzke/Preis | Betriebsverfassungsgesetz, 4. Aufl., 2009 |

## Zum Mitbestimmungsrecht:

| | |
|---|---|
| Fitting/Kleinsorge/Schubert | Mitbestimmungsgesetz, 5. Aufl., 2017 |
| Freis/Kleinefeld/Kleinsorge/ Voigt | Drittelbeteiligungsgesetz, 2004 |
| Kleinsorge | Neuregelungen im Mitbestimmungsgesetz mit Wahlordnungen, 2002 |
| Nagel/Freis/Kleinsorge | Beteiligung der Arbeitnehmer im Unternehmen auf der Grundlage des europäischen Rechts, 2. Aufl., 2010 |
| Habersack/Henssler | Mitbestimmungsgesetz, 4. Aufl., 2018 |
| Raiser/Veil/Jacobs | Mitbestimmungsgesetz und Drittelbeteiligungsgesetz, 6. Aufl., 2015 |

## Zum Tarifvertragsrecht:

| | |
|---|---|
| Berg/Kocher/Schumann | Tarifvertragsgesetz und Arbeitskampfrecht, 6. Aufl. 2018 |
| Däubler | Kommentar zum TVG, 4. Aufl., 2016 |
| Fuchs/Reichold | Tarifvertragsrecht, 2. Aufl., 2006 |
| Jacobs/Krause/Oetker/ Schubert | Tarifvertragsrecht, 2. Aufl., 2013 |
| Kempen/Zachert | Tarifvertragsgesetz, 5. Aufl., 2014 |
| Löwisch/Rieble | Tarifvertragsgesetz, 4. Aufl., 2017 |
| Stein | Tarifvertragsrecht, 1997 |
| Wiedeman | Tarifvertragsgesetz, 8. Aufl., 2019 |

## Zum Arbeitskampfrecht:

| | |
|---|---|
| Rüthers/Höpfner | Arbeitskampfrecht, 3. Aufl., 1920 |
| Bünger | Der verhandlungsbegleitende Warnstreik, 1996 |
| Däubler (Hrsg.) | Arbeitskampfrecht, 4. Aufl., 2018 |
| Gamillscheg | Kollektives Arbeitsrecht, Band I, 1997 |
| Kissel | Arbeitskampfrecht, 2002 |
| Kittner | Arbeitskampf – Geschichte, Recht, Gegenwart, 2005 |
| Latzel/Picker | Neue Arbeitswelt, 2014 |
| Löwisch | Arbeitskampf- und Schlichtungsrecht, 1997 |
| G. Müller | Arbeitskampf und Recht, 1987 |
| Otto | Arbeitskampf- und Schlichtungsrecht, 2006 |

# Schrifttum

**Zur Arbeitsgerichtsbarkeit:**

| | |
|---|---|
| *Ascheid/Bader/Dörner* | Gemeinschaftskommentar zum Arbeitsgerichtsgesetz (Loseblattsammlung) |
| *Germelmann/Matthes/ Prütting* | Arbeitsgerichtsgesetz, 9. Aufl., 2017 |
| *Grunsky/Waas/Benecke/ Greiner* | Arbeitsgerichtsgesetz, 8. Aufl., 2014 |
| *Hauck/Helml/Biebl* | Arbeitsgerichtsgesetz, 4. Aufl., 2011 |

**Übungsliteratur:**

| | |
|---|---|
| *Haberkorn* | 600 Fragen und Antworten aus dem Arbeitsrecht, 4. Aufl., 2003 |
| *Michalski/Westerhoff* | Arbeitsrecht – 50 Fälle mit Lösungen, 7. Aufl., 2020 |
| *Oetker* | 30 Klausuren aus dem Individualarbeitsrecht, 11. Aufl., 2020 |
| *Oetker* | 30 Klausuren aus dem Kollektiven Arbeitsrecht, 9. Aufl., 2016 |
| *Richardi/Annuß* | Arbeitsrecht, Fälle und Lösungen nach höchstrichterlichen Entscheidungen, 7. Aufl., 2000 |
| *Wank* | Übungen im Arbeitsrecht, 3. Aufl., 2002 |

**Textsammlungen:**

| | |
|---|---|
| *Kittner* | Arbeits- und Sozialordnung, 45. Aufl., 2020 |
| *Nipperdey* | Arbeitsrecht (Loseblattsammlung) |
| Textausgabe Arbeitsgesetze, dtv, 96. Aufl., 2020 | |

# Kapitel 1: Das Arbeitsrecht und das Arbeitsverhältnis

**Fälle:**
a) Der bei der Kleiderfabrik Neue-Kleidung GmbH beschäftigte Schneider S verlangt die Vergütung für den Monat Januar. Nach Feierabend hat S an drei Tagen bei der Familie A Kleidungsstücke geflickt und an anderen Tagen dem B aus einem von diesem beschafften Stoff einen Maßanzug geschneidert. Bei welchem Gericht muss S die Vergütungen einklagen?

b) Frau F verkauft im Gemüseladen ihres Ehemannes M und verlangt dafür Lohn. M will wissen, ob er die Geldbeträge, die er seiner Frau zahlt, als Betriebsausgaben vom Einkommen absetzen darf und ob Lohnsteuer und Sozialversicherungsbeiträge entrichtet werden müssen. Wie ist es, wenn zwischen den Ehegatten ein Arbeitsvertrag geschlossen worden ist?

c) Die Rote-Kreuz-Schwester S, die in einem von ihrer Schwesternschaft betriebenen Krankenhaus tätig ist, kandidiert für den Betriebsrat. Der Wahlvorstand meint, die Schwester sei keine Arbeitnehmerin, sondern Vereinsmitglied des DRK.
   Wie wäre ihre Rechtsstellung, wenn sie in einer von einem privaten Betreiber unterhaltenen Klinik aufgrund eines Gestellungsvertrages eingesetzt würde?

d) Die Fernsehreporterin R wird vom Sender S als freie Mitarbeiterin beschäftigt. Als S kündigt, meint R, sie genieße Kündigungsschutz nach dem KSchG, weil sie Arbeitnehmerin sei.

## A. Arbeitsrecht

**Schrifttum:** *Däubler*, Arbeitsrecht in globalisierter Wirtschaft, in: Festschrift Küttner, 2006, S. 531; *Hanau*, Entwicklungslinien im Arbeitsrecht, DB 1998, 68; *Herrmann*, Kollektivautonomie contra Privatautonomie – Arbeitsvertrag, Betriebsvereinbarung und Mitbestimmung, NZA 2000, 14; *Janßen*, Arbeitsmarktflexibilisierung in der Sozialen Marktwirtschaft, 2005; *Loritz*, Die Wiederbelebung der Privatautonomie im Arbeitsrecht, ZfA 2003, 629; *Oetker*, Die Ausprägung der Grundrechte des Arbeitnehmers in der Arbeitsrechtsordnung der Bundesrepublik Deutschland, RdA 2004, 8; *Picker*, Privatautonomie und Kollektivautonomie, in: Picker/Rüthers (Hrsg.), Recht und Freiheit, 2003, S. 25; *Rüthers* (Hrsg.), Der Konflikt zwischen Kollektivautonomie und Privatautonomie im Arbeitsleben, 2002; *ders.*, Die heimliche Revolution vom Rechtsstaat zum Richterstaat, 2014; *Söllner*, Arbeitsrecht im Spannungsfeld zwischen Gesetzgeber und Arbeitsgerichtsbarkeit, NZA 1992, 721; *Thüsing*, Arbeitsrecht zwischen Markt und Arbeitnehmerschutz, NZA 2004, 2576; *Wank*, Arbeitnehmer und Selbstständige, 1988; *Zöllner*, Der kritische Weg des Arbeitsrechts zwischen Privatkapitalismus und Sozialstaat, NJW 1990, 1.

## I. Begriff/Entstehung/Aufgaben

### 1. Begriff

**2** Das Arbeitsrecht ist ein Rechtsgebiet mit besonderer Faszination: Die Dynamik seiner Entwicklung, seine Praxisrelevanz, seine hohe sozialpolitische und wirtschaftliche Bedeutung heben es von vielen anderen Rechtsmaterien ab. Für den Großteil der Bevölkerung gestaltet es Existenzgrundlage und Lebensumstände, für Juristen bietet es ein außerordentlich breites Betätigungsfeld: Eine eigene Gerichtsbarkeit, die Arbeitsgerichtsbarkeit, eine eigene Fachanwaltsbezeichnung „Fachanwalt für Arbeitsrecht", Einsatzmöglichkeiten in Arbeitsverwaltungen, Gewerkschaften, Verbänden und Unternehmen – und zwar nicht nur in Rechtsabteilungen, sondern auch im Personalbereich – veranschaulichen diese Vielfalt. Für Studierende ist das Arbeitsrecht damit attraktiv nicht nur als besonders lebendiges Grundlagenfach mit hoher Examensrelevanz, in dem sich zudem viele schuldrechtliche Fragen vertiefen lassen, sondern auch als Schwerpunktfach mit der Aussicht auf überdurchschnittliche – und krisenfeste – Berufschancen. Ziel dieses Lehrbuches ist es, Lernenden und Praktikern nicht nur die Grundkenntnisse des Arbeitsrechts zu vermitteln, sondern ihnen auch den Reiz dieses spannenden Rechtsgebietes nahe zu bringen.

**3** Nüchtern betrachtet lässt sich Arbeitsrecht definieren als die Summe der Rechtsnormen, die sich auf die in abhängiger, weisungsgebundener Tätigkeit geleistete Arbeit beziehen. Sie wird von unselbstständigen „Arbeitnehmern" geleistet, die ihren „Arbeitgebern" vertraglich vereinbarte Dienste schulden. Die *Arbeitnehmer* geben also ihre Arbeit als geschuldete Leistung. Der Arbeitnehmerbegriff des § 611a BGB (Rdnr. 57 ff.) ist Hauptbegriff und zugleich Anknüpfungspunkt für das gesamte Arbeitsrecht.

**4** Im Arbeitsrecht geht es maßgeblich um Macht (Wer hat das Sagen im Betrieb und Unternehmen, in der „Arbeitswelt"?) und um Geld (Welche Entgelte stehen den Arbeitnehmern zu? Wer trägt die notwendigen Aufwendungen?). Um die Gestaltung des Arbeitsrechts wird daher zu allen Zeiten, heute überwiegend in einem institutionalisierten Prozess organisierter Interessen, leidenschaftlich gerungen.

### 2. Arbeitsrecht und Industriegesellschaft

**5** Das gegenwärtige Arbeitsrecht als Regulierungsinstrument aller aus weisungsgebundener Tätigkeit entstehenden „Arbeitsbeziehungen" zwischen den individuellen und den kollektiv organisierten „Arbeitsmarktparteien" (Arbeitnehmer und Arbeitgeber sowie ihre Verbände oder Repräsentanten) geht auf die entwickelte Industriegesellschaft des 20. Jahrhunderts zurück. Zu deren industriell organisierter Massenproduktion – also auch zu den damit vorgegebenen Belastungen an Fließbändern und durch ähnliche Arbeitsbedingungen – gibt es im Interesse der Überlebensbedürfnisse der wachsenden Weltbevölkerung keine prinzipiell humanere Alternative. Eine Diskussion über Sinn und Unsinn der Industriegesellschaft erübrigt sich, da sich diese Entwicklung in einer globalisierten Welt nicht rückgängig machen lässt. Das Arbeitsrecht ist ein notwendiger Bestandteil jeder modernen Gesellschaft; das gilt unabhängig von den weltanschaulichen Vorverständnissen und systemleitenden Prinzipien der jeweiligen Verfassungsordnung.

## 3. Arbeitsrecht als Reflex der Wirtschaftsformen und Staatssysteme

Das staatliche Arbeitsrecht ist ursprünglich als Arbeitnehmerschutzrecht entstanden. Die Verelendung breiter Schichten im Zuge der Industrialisierung führte im 19. Jahrhundert zu legislativen Maßnahmen, weil das soziale Elend des „vierten Standes", der Arbeiterschaft, die Interessen und die Stabilität der gesamten staatlichen Ordnung zu gefährden drohte.

Die umfangreiche Geschichte des Arbeitsrechts in Deutschland ist ein eigenständiges, ungemein fesselndes Gebiet der Rechtsgeschichte, vielleicht besser: einer „Unrechtsgeschichte", auf das hier nur verwiesen werden kann. Zwei historische Feststellungen sind für das zutreffende Verständnis des Arbeitsrechts besonders zu beachten.

Das Arbeitsrecht ist in seiner geschichtlichen Entwicklung regelmäßig ein Eckstein und Spiegel des jeweilig bestehenden politischen Herrschaftssystems. Es gibt kein „unpolitisches" Arbeitsrecht. Seine Epochen werden von den jeweils etablierten Staatsformen und Herrschaftsideologien bestimmt. Nach den jeweils gültigen Verfassungsprinzipien unterscheiden wir sehr unterschiedliche Arbeitsrechtsordnungen („Arbeitsverfassungen") im Kaiserreich, in der Weimarer Republik, im Nationalsozialismus, in der DDR und in der Bundesrepublik Deutschland. Die Staatsverfassung prägt die ihr zugehörige Arbeitsverfassung vor. Arbeitsrecht ist eine abhängige Variable des etablierten politischen Systems (Rüthers, Arbeitsrecht und politisches System, 1973). Heute wird das Arbeitsrecht zunehmend weltweit als ein Baustein und Teilsystem der sozial ausgestalteten Marktwirtschaft verstanden und fortentwickelt.

Die Abhängigkeit vom politischen System wird anschaulich am Beispiel des inzwischen 100 Jahre alten Betriebsverfassungsrechts: Jedem Wechsel der Staatsverfassung in Deutschland folgte bald eine neue gesetzliche Betriebsverfassung (WRV 1919: BetriebsräteG 1920; NS-Staat 1933: Gesetz zur Ordnung der nationalen Arbeit 1934; Erste Verfassung der DDR 1949: Beseitigung der frei gewählten Betriebsräte durch zentral gesteuerte Betriebsgewerkschaftsorganisationen 1950; Grundgesetz 1949: Betriebsverfassungsgesetz 1952, novelliert 1972 und 2001). Parallele Entwicklungen lassen sich auch in anderen europäischen Ländern beobachten, etwa in Italien (Henssler, in FS 100 Jahre Betriebsverfassung, 2020, S. 173 ff.).

## 4. Der Zusammenhang von Staatsverfassung, Wirtschaftsverfassung und Arbeitsrechtsordnung

Das Grundgesetz prägt durch zahlreiche Einzelbestimmungen, vor allem durch die Grundrechte aus den Art. 1, 2, 3, 4, 5, 9 Abs. 3, 12, 14 und 15 GG, in einem verfassungsrechtlichen Ordnungsrahmen die Arbeitsrechtsordnung vor. Die Verfassungsgarantien aus Art. 9 Abs. 3 GG wirken auf das Arbeitsrecht und die gesamte Privatrechtsordnung ein (positive und negative Koalitionsfreiheit, Daseins- und Betätigungsrecht der sozialen Koalitionen, Einrichtungsgarantien der Tarifautonomie und des Arbeitskampfes). Die übrigen genannten Grundrechte haben eine mittelbare Drittwirkung über die Generalklauseln des Zivilrechts (§§ 138, 157, 242, 826 BGB). Die Auffassung, dass die Grundrechte mit Ausnahme von Art. 9 Abs. 3 GG im Privatrecht nur „mittelbar" im Sinne einer objektiven Wertordnung wirken, hat sich auch im Arbeitsrecht durchgesetzt (BAG (GS) NZA 1985, 702; 1986, 643). Zur Bindung der arbeitsrechtlichen Normsetzer (insbesondere der Tarifparteien) an die Grundrechte vgl. Rdnr. 120, 659.

Zwischen dem Arbeitsrecht und der Wirtschaftsordnung besteht ein unlösbarer Zusammenhang (vgl. dazu Zöllner, NJW 1990, 1). Das Arbeitsrecht kann in seinen umfassenden Steuerungsaufgaben nur als Baustein und Teilbereich der jeweiligen „Wirtschaftsverfassung" verstanden werden. Unter Wirtschaftsverfassung ist die Summe aller Normen (nicht nur der verfassungsrechtlichen) zu verstehen, welche den Einsatz der Produktionsmittel und die Verteilung der im Wirtschaftsprozess erzeugten Güter regeln (so Zöllner/Loritz/Hergenröder, § 1 II). Der fundamentale Zusammenhang zwischen Staatsverfassung, Arbeits- und Wirtschaftsverfassung wird in den meisten Lehrbüchern des Arbeitsrechts nicht oder nur am Rande erwähnt. Das geht auf die Fortschreibung eines alten Missverständnisses in der Rspr. des BVerfG zurück. Das Gericht stellte in seiner Entscheidung zum Investitionshilfegesetz (BVerfGE 4, 7, 17 f.) die These auf, das Grundgesetz sei „wirtschaftspolitisch neutral". Im Mitbestimmungsurteil wurde diese Aussage bekräftigt (BVerfGE 50, 290, 336 f.). Der Irrtum ist offensichtlich. Das Grundgesetz garantiert in Art. 9 Abs. 3 die staatsfreie Tarifautonomie (und zwar nicht nur deren Kernbereich!) und (als Hilfsinstrument derselben) die Arbeitskampffreiheit. Staatsfreie Tarifautonomie und Arbeitskampffreiheit gibt es aber nur in marktwirtschaftlichen Ordnungen (Rüthers, Arbeitsrecht und politisches System, 1973, S. 16 f.).

**10** In der Bundesrepublik ist das Arbeitsrecht ein Grundpfeiler der Wirtschaftsordnung, die als „soziale Marktwirtschaft" ausgestaltet ist. Damit ist eine Ordnung gemeint, in der die Kräfte des Marktes sich nicht völlig frei und unkontrolliert entfalten können, sondern in welcher der Staat („Sozialstaat" Art. 20 Abs. 1; 28 Abs. 1 GG) Rahmenbedingungen und Grenzen der marktwirtschaftlich zu treffenden („privaten") Entscheidungen festlegt, um so die sozialen Folgewirkungen des freien Marktes zu berücksichtigen und verträglich zu gestalten.

### 5. Eigentumsverfassung und Arbeitsrecht

**11** Eine wichtige, unverzichtbare Grundlage der marktwirtschaftlichen Ordnung ist das private Eigentum an den Produktionsmitteln, wie es im Grundgesetz (Art. 14, 15) garantiert ist. Die jeweilige Eigentumsordnung hat weitreichenden Einfluss auf die Grundstruktur des Arbeitsrechts in all seinen Teilbereichen (Arbeitsvertrag, Betriebsverfassung, Tarifautonomie und Mitbestimmung). Das private Eigentum an den Unternehmen, also an den Arbeitsstätten, bewirkt eine wirtschaftliche und rechtliche Vormachtstellung des Arbeitgebers, die durch das Arbeitnehmerschutzrecht – sei es staatlich oder durch die Tarif- oder Betriebsparteien – kompensiert wird. Andererseits ergibt sich aus dem Privateigentum auch eine ökonomische und rechtliche Schranke der arbeitsrechtlichen Schutzgesetzgebung.

**12** Das GG spricht in Art. 9 Abs. 3 insoweit konsequent von der Wahrung und Förderung der Arbeits- und Wirtschaftsbedingungen durch die Verbände am Arbeitsmarkt. Es ist zu beachten, dass die Arbeitsbedingungen der Arbeitnehmer zugleich Wirtschaftsbedingungen der Arbeitgeber und beide ökonomisch untrennbar miteinander verknüpft sind. Hieraus ergibt sich, dass arbeitsrechtlicher Sozialschutz nur insoweit dauerhaft gewährleistet ist, als er aus der real vorhandenen Produktivität des Wirtschaftsprozesses finanziert werden kann (Rüthers, in: Festschrift E. Wolf, 1985, S. 565). Die Entstehungsgeschichte des modernen Arbeitsrechts im 19. Jahrhundert, als es darum ging, die „Proletarier" vor weiterer Verelendung zu schützen, hat dazu geführt, den einzigen oder doch damals zutreffend vorrangigen Zweck des Arbeitsrechts im Schutz der abhängigen Arbeitnehmer gegen die übermächtigen Arbeitgeber zu sehen. Diese Sicht wird heute der Vielfalt der ordnungspolitischen Aufgaben des Arbeitsrechts nicht mehr gerecht.

Das Arbeitsrecht erfüllt in entwickelten Industriegesellschaften mehrere zentrale Aufgaben: **13**
- Es schützt die im Regelfall (jedoch nicht immer) sozial schwächeren und wirtschaftlich unterlegenen Arbeitnehmer im Sinne von Mindeststandards, vor allem in den individualrechtlichen Beziehungen des Einzelarbeitsvertrags.
- Es schafft durch die kollektivrechtlichen Institutionen der Betriebsverfassung (Betriebsautonomie), der Unternehmensmitbestimmung und der Tarifautonomie die Voraussetzungen eines fairen Ausgleichs und einer Harmonisierung der gegensätzlichen und der gemeinsamen kollektiven Interessen der Arbeitsmarktparteien.
- Es fördert eine möglichst reibungs- und konfliktarme und effektive Produktion von Waren und Dienstleistungen im Interesse der Wettbewerbsfähigkeit der nationalen Wirtschaftsstandorte und der Sicherung eines ausreichenden Wachstums als Grundlage möglichst hoher Beschäftigungsraten.
- Es sichert die Stabilität der Gesellschafts- und Staatsordnung durch die rechtliche Kanalisierung schichtspezifischer Interessengegensätze der Arbeitsmarktparteien.

Arbeitsrecht ist nach allem ein besonders „systemnahes", politisches Recht. Sein Geltungsbereich erfasst und beeinflusst einen großen und für die politische Entwicklung besonders bedeutenden Teil der Bevölkerung in den Industrie- und Dienstleistungsgesellschaften, die – als Folge der weit fortgeschrittenen Arbeitsteilung einerseits und Unternehmenskonzentration andererseits – zu Recht als „Arbeitnehmergesellschaften" bezeichnet werden. Das kollektive soziale und ökonomische Schicksal dieser Großgruppe der Bevölkerung wird in jedem Industrieland maßgeblich vom Arbeitsrecht beeinflusst. **14**

## 6. Arbeitsrecht und Rechtspolitik

Aus den geschilderten Verknüpfungen des Arbeitsrechts mit der jeweiligen Staats- und Wirtschaftsordnung folgt, dass es für diese Rechtsdisziplin keinen fertigen Endzustand geben kann. Es ist niemals „abgeschlossen", sondern wird von den zuständigen Normsetzern (Gesetzgebung, Tarif- und Betriebsparteien, Arbeitsgerichtsbarkeit) fortlaufend den sich wandelnden technischen und ökonomischen Fakten sowie den wechselnden gesellschaftlichen und politischen Zielen („Sozialidealen") angepasst. **15**

Daraus erklärt sich, dass der permanente, nicht selten mit politischer Leidenschaft geführte „Kampf ums Recht" (Jhering, Der Kampf um's Recht, 20. Aufl., 1921) im Arbeitsrecht seit jeher eine besondere Aktualität hat, verursacht durch sehr unterschiedliche materielle Interessen und weltanschauliche Vorverständnisse der Arbeitsmarktparteien. Es gibt kein wertfreies oder weltanschauungsfreies Arbeitsrecht.

Die Besonderheit der Rechtspolitik im Arbeitsrecht besteht darin, dass sie im Vergleich zu anderen Rechtsdisziplinen in einem außergewöhnlichen Umfang von der Arbeitsgerichtsbarkeit geleistet wird. Das BAG wie auch die Landesarbeitsgerichte werden dadurch, dass wichtige Materien überhaupt nicht gesetzlich geregelt sind (Arbeitnehmerhaftung, Koalitionsrecht, Arbeitskampfrecht) und dass das vorhandene Gesetzesrecht oft veraltet, widersprüchlich und von Generalklauseln durchsetzt ist, zu den „eigentlichen Herren des Arbeitsrechts" (Gamillscheg, AcP 164 (1964), 385, 388). Aus Dienern des Gesetzes sind einflussreiche Gestalter der **16**

Arbeitsrechtsordnung – mit gelegentlich schwankenden Regelungszielen und -ergebnissen – geworden (zum Selbstverständnis des BAG als Ersatzgesetzgeber, wenn die Gesetzgebung untätig bleibt, vgl. für das Arbeitskampfrecht BAG (GS) AP Nr. 43 zu Art. 9 GG Arbeitskampf = RdA 1971, 185; BAG AP Nr. 64 zu Art. 9 GG Arbeitskampf; NZA 1984, 393; 1988, 846). Kritisiert wird diese Machtposition, wenn veränderte Vorstellungen zur Rechtspolitik entgegen der Rspr. des Großen Senats unter Verletzung der Vorlagepflicht (§ 45 Abs. 2, 4 ArbGG) durchgesetzt werden, so etwa, wenn der „ultima-ratio"-Grundsatz und die Kampfparität im Arbeitskampfrecht nahezu vollständig liquidiert werden (BAG NZA 1988, 846; BAG JZ 2010, 254 m. Anm. Rüthers/Höpfner; kritisch dazu Henssler, Festschrift Wank, 2014, S. 136, 148).

**17** Die von den politischen Parteien betriebene Politisierung der Arbeitsgerichtsbarkeit – nicht zuletzt bei der Besetzung wichtiger Richterstellen – wird durch die in vielen Bundesländern anzutreffende Ressortierung der Arbeitsgerichte außerhalb der Justiz- oder Rechtspflegeministerien und die Normsetzungsfreude der letztinstanzlich entscheidenden Gerichte maßgeblich gefördert (vgl. auch Rdnr. 20 ff.).

### 7. Grenzen der individuellen Vertragsfreiheit

**18** Das Arbeitsrecht ist als *Arbeitnehmerschutzrecht* entstanden; es dient auch heute vornehmlich dem Schutz des Arbeitnehmers. Für den Arbeitnehmer ist der Arbeitsvertrag (Rdnr. 39 ff.), den er mit dem Arbeitgeber (Rdnr. 63) schließt, regelmäßig ein besonders wichtiges Rechtsgeschäft: Der Arbeitnehmer stellt dem Arbeitgeber seine Arbeitskraft zur Verfügung; von dem Arbeitsentgelt hat er seinen und seiner Familie Lebensunterhalt zu bestreiten. Deshalb ist er darauf angewiesen, dass er einen entsprechenden Lohn erhält, seine Gesundheit durch die Arbeit nicht gefährdet wird und ihm sein Arbeitsplatz möglichst erhalten bleibt. Das könnte der Arbeitnehmer – theoretisch – durch entsprechende Vereinbarungen im Arbeitsvertrag mit dem Arbeitgeber erreichen. Denn es steht den Vertragsparteien frei, die Vertragsbedingungen auszuhandeln. Dabei werden die Parteien, die widerstreitende Interessen verfolgen, durch gegenseitiges Nachgeben zu einem Ausgleich gelangen, der von beiden regelmäßig als gerecht empfunden wird. Der Grundsatz der Vertragsfreiheit funktioniert aber nur dann, wenn sich ungefähr gleich starke Partner gegenüberstehen. Das ist gerade beim Arbeitsvertrag nicht der Fall, weil der Arbeitnehmer regelmäßig der schwächere Teil ist und deshalb auf den Inhalt des Vertrags nicht in gleicher Weise wie der Arbeitgeber Einfluss nehmen kann.

**19** Die Geschichte des 19. Jahrhunderts zeigt, dass die Arbeitgeber gerne die billigsten Arbeitskräfte (Kinder, Jugendliche, Frauen) einstellten, übermäßig lange Arbeitszeiten sowie Hungerlöhne vereinbarten; oftmals wurde im Arbeitsvertrag festgelegt, dass der Arbeitnehmer Waren abnehmen musste, die zu überhöhten Preisen auf den Lohn angerechnet wurden (Trucksystem). Der Arbeitnehmer war nur formell frei darin, ob er das Angebot des Arbeitgebers annahm; in der Sache blieb ihm nichts anderes übrig, als auf die Arbeitsbedingungen des Arbeitgebers einzugehen. Nicht zu Unrecht hat man die Vertragsfreiheit daher als Vogelfreiheit des Arbeitnehmers bezeichnet. Zur geschichtlichen Entwicklung des Arbeitsrechts vgl. MünchArbR/Richardi, § 2.

Einen Ausgleich der potentiellen Unterlegenheit der Arbeitnehmer versucht das Arbeitsrecht auf verschiedenen Wegen zu erreichen: durch die Einschränkung der Vertragsfreiheit beim Arbeitsvertrag, die Anerkennung von Kollektivvereinbarungen sowie die Beteiligung der Arbeitnehmer an den Entscheidungsprozessen im Betrieb und im Unternehmen.

### 8. Vom Rechtsstaat zum Richterstaat?

Die Bundesrepublik Deutschland hat, trotz mehrerer vergeblicher Anläufe und einer ganzen Reihe von Entwürfen, bis heute kein Arbeitsgesetzbuch, nicht einmal ein Arbeitsvertragsgesetz (MünchArbR/Fischinger, § 5 Rdnr. 1 ff.; vgl. aber den Diskussionsentwurf eines Arbeitsvertragsgesetzes, Henssler/Preis, NZA 2007, Beil. zu Heft 21 sowie Rdnr. 123). Die Gesetzgebung begnügt sich mit kurzatmig konzipierten, oft nachlässig formulierten und kurzfristig novellierten Einzelgesetzen. Das gilt auch für den in das BGB eingefügten § 611a, der – etwa mit Blick auf die Bedeutung der Eingliederung des Beschäftigten in den Betrieb – mehr Fragen aufwirft als er beantwortet.

Die Scheu oder Funktionsunfähigkeit der Gesetzgebung gegenüber einer arbeitsrechtlichen Gesamtkodifikation und die daraus sich ergebenden Lücken führten zwangsläufig (wegen des Rechtsverweigerungsverbotes) zu einem Übergang umfassender Normsetzungsaufgaben auf die Arbeitsgerichtsbarkeit. Das geltende deutsche Arbeitsrecht ist bis heute trotz vieler ausufernder Detailregelungen zu einem wesentlichen Teil Richterrecht, wie Franz Gamillscheg es bereits in den 60er Jahren des vergangenen Jahrhunderts festgestellt hat: „Das Richterrecht ist unser Schicksal!" (AcP 164 (1964), 385 ff.).

Angesichts dieser Tatsache führt die lapidare Feststellung der h. M., Richterrecht sei keine Rechtsquelle, es habe „nur faktische, keine rechtliche Bindungswirkung" (MünchArbR/Fischinger, § 6 Rdnr. 32 f.; Picker, JZ 1988, 1 ff., 69 ff.), zu Fehlvorstellungen (näher Rüthers/Fischer/Birk, Rechtstheorie, 11. Aufl. 2020, Rdnr. 235–258). Wer das geltende deutsche Arbeitsrecht sucht, wird es vielfach nur als Richterrecht finden. Die Bindungswirkung der Entscheidungen letzter Instanz für die Untergerichte ist prozessrechtlich im Ergebnis stärker gewährleistet als die Gesetzesbindung. Rechtsfragen, zumal solche der Normsetzungskompetenz, sind immer auch Machtfragen. Seit langem sind wichtige Teile der arbeitsrechtlichen Normsetzung vom Parlament durch Untätigkeit an das BAG delegiert worden, wie insbesondere beim Streikrecht sehr deutlich wird.

## II. Einschränkung der Vertragsfreiheit durch den Staat

Das Arbeitsrecht hält am Grundsatz der Vertragsfreiheit fest (vgl. § 105 Satz 1 GewO). Wegen der besonderen Schutzbedürftigkeit der Arbeitnehmer wird die Vertragsfreiheit aber vom Staat durch nicht abdingbare Gesetze eingeschränkt.

a) Vertragsfreiheit bedeutet zunächst *Abschlussfreiheit*. Danach ist jeder frei darin, ob und mit wem er einen Vertrag schließt. Das kann dazu führen, dass bestimmte Personengruppen nur schwer einen Arbeitsplatz finden. Dem wirken gesetzliche Vorschriften entgegen.

So darf der Arbeitgeber einen Bewerber bei der Begründung des Arbeitsverhältnisses z. B. nicht wegen seines Geschlechts benachteiligen (§§ 7, 1 AGG). Das SGB IX sieht vor, dass private und öffentliche Arbeitgeber (mit mindestens 20 Arbeitsplätzen) gegenüber dem Staat verpflichtet sind, auf wenigstens 5 % der Arbeitsplätze Schwerbehinderte zu beschäftigen (vgl. §§ 71 ff. SGB IX).

**24** b) Vertragsfreiheit bedeutet auch die *Freiheit der inhaltlichen Gestaltung* des Vertrags. Beide Parteien sind in der Lage, den Inhalt des Vertrags frei zu bestimmen. Das kann – insbesondere bei einem Überangebot von Arbeitskräften – zu Arbeitsbedingungen führen, die weder dem Entgeltschutz noch dem Gesundheitsschutz oder dem Kündigungsschutz des Arbeitnehmers Rechnung tragen. Das soll durch zwingende gesetzliche Bestimmungen verhindert werden.

**25** (1) *Entgeltschutz:* Lange Zeit kannte das deutsche Arbeitsrecht keinen Entgeltschutz im Sinne eines staatlichen Mindestlohnes. Vorübergehend sollte er durch das mit Gesetz v. 22.4.2009 reaktivierte Mindestarbeitsbedingungengesetz (MiArbG) gesichert werden, da die Bundesregierung durch Rechtsverordnung in bestimmten Wirtschaftszweigen, in denen die Tarifbindung nur schwach ausgeprägt war, Mindestentgelte festsetzen konnte. Praktische Bedeutung hat das MiArbG indes nicht erlangt. Mit Inkrafttreten des Mindestlohngesetzes (MiLoG) am 16.8.2014 hat sich die Rechtslage grundlegend geändert: Nunmehr hat jeder Arbeitnehmer Anspruch auf Zahlung eines Arbeitsentgelts mindestens in Höhe des Mindestlohns durch den Arbeitgeber (vgl. § 1 Abs. 1 MiLoG). Dieser beträgt seit 1.1.2020 brutto 9,35 Euro je Zeitstunde (näher Rdnr. 313). Daneben tritt eine Vielzahl branchenspezifischer Mindestlöhne, die aufgrund von nach dem Arbeitnehmerentsendegesetz (AEntG) erlassenen Rechtsverordnungen für alle Arbeitgeber verbindlich sind. Bei Arbeitsausfall etwa durch Krankheit behält der Arbeitnehmer kraft zwingenden Gesetzes (vgl. EFZG; Rdnr. 433 ff.) unter bestimmten Voraussetzungen seinen Entgeltanspruch.

**26** (2) *Gesundheitsschutz:* Ihm dienen z. B. die gesetzlich festgelegte Höchstarbeitszeit (vgl. etwa § 3 ArbZG), der gesetzliche Anspruch auf Erholungsurlaub (BUrlG), die Bestimmungen zum Schutze der arbeitenden Jugend (JArbSchG), die Vorschriften zum Schutze der erwerbstätigen Mutter (MuSchG; Rdnr. 466 ff.), die Pflicht des Arbeitgebers zur Krankenfürsorge bei Aufnahme des Arbeitnehmers in die häusliche Gemeinschaft (§ 617 BGB) und zu Schutzmaßnahmen (ArbSchG, § 618 BGB, § 62 HGB) sowie zahlreiche Unfallverhütungsvorschriften. Der Regeneration der Arbeitskraft dient der bezahlte Erholungsurlaub, auf den nach dem Bundesurlaubsgesetz jeder Arbeitnehmer in jedem Kalenderjahr einen Anspruch hat (Rdnr. 471 ff.).

**27** (3) *Kündigungsschutz:* Weil der Arbeitsplatz regelmäßig die einzige Erwerbsquelle des Arbeitnehmers ist, soll er durch das Kündigungsschutzgesetz (Rdnr. 541 ff.) besonders gesichert werden. Danach kann das Arbeitsverhältnis, das länger als sechs Monate bestanden hat, vom Arbeitgeber in Betrieben mit mehr als zehn Arbeitnehmern nur unter besonderen Umständen wirksam gekündigt werden (§§ 1 Abs. 1, 23 Abs. 1 Satz 2, 3 KSchG). Deutschland zählt damit weltweit zu den Ländern mit dem am stärksten ausgeprägten Kündigungsschutz.

**28** c) Der arbeitsrechtliche Sozialschutz hat ökonomische Funktionsgrenzen. Die unlösbare Verknüpfung des Arbeitsrechts mit der Wirtschaftsordnung kann gegenläufige Wirkungen entfalten. Das gilt vor allem dort, wo die Vertragsfreiheit der Arbeitgeberseite unterschiedliche Gestaltungsmöglichkeiten gibt, etwa zwischen der Schaffung neuer Arbeitsplätze oder der Investition in anderen Bereichen (Automation, Auslandsproduktion, Verzicht auf erhöhten Umsatz). Schon Friedrich Engels hat darauf hingewiesen, dass die Gesetze der ökonomischen Organisation der Gesellschaft mächtiger sind als alle juristischen Gesetze (Karl Marx/Friedrich

Engels, Werke, Bd. 19, 1962, S. 251). Wer das nicht beachtet, mag Wunschvorstellungen idealen Arbeitsrechtsschutzes rechtlich normieren, bewirkt aber evtl. das Gegenteil des Gewollten, wie z. B. negative Auswirkungen auf den Arbeitsmarkt. Der Arbeitsrechtsschutz muss, wenn er wirksam werden soll, diese Doppelwirkung beachten. Normativer Sozialschutz verursacht dort, wo er von ökonomischen Gesetzmäßigkeiten durchkreuzt wird, bisweilen mehr Schaden als Nutzen.

d) Die *richterliche Inhaltskontrolle i. S. einer Billigkeitskontrolle* ist im Arbeitsrecht seit jeher ein wichtiges Instrument zum Ausgleich unterschiedlicher struktureller Machtpositionen der Arbeitsvertragsparteien. Die Arbeitsgerichtsbarkeit hat im Verlauf der Entwicklung des Arbeitsrechts zunehmend für sich die Befugnis in Anspruch genommen, Einzelvertragsklauseln, arbeitsvertragliche Einheitsregelungen, aber auch Betriebsvereinbarungen darauf zu überprüfen, ob ihr Inhalt in schwerwiegender Weise gegen Gerechtigkeitsgrundsätze verstößt (BAG AP Nr. 8 zu § 242 BGB Ruhegehalt – Unverfallbarkeit; NZA 1994, 937). Als Rechtsgrundlage diente lange Zeit in erster Linie § 315 BGB. Seit im Zuge der Schuldrechtsreform die früher für das Arbeitsvertragsrecht geltende Bereichsausnahme vom AGB-Recht aufgehoben wurde (§ 310 Abs. 4 BGB), sind die Möglichkeiten der Inhaltskontrolle von Vertragsklauseln massiv ausgeweitet worden. Seither unterliegen nahezu alle Arbeitsverträge (Ausnahme: Arbeitsverträge mit Führungskräften), weil vom Arbeitgeber vorformuliert, der AGB-rechtlichen Inhaltskontrolle nach den §§ 305 ff. BGB (Rdnr. 205 ff.). Obwohl arbeitsrechtliche Besonderheiten (§ 310 Abs. 4 Satz 2 BGB) zu berücksichtigen sind, hat die Rechtsprechung seither eine Vielzahl früher als unbedenklich angesehene Vertragsklauseln beanstandet.

## III. Vertragsfreiheit und Tarifvertrag

Einseitig zum Nachteil des schwächeren Arbeitnehmers wirkende Ergebnisse werden vermieden, wenn beim Vertragsschluss auf der Arbeitnehmerseite nicht der einzelne Arbeitnehmer, sondern eine Vereinigung der Arbeitnehmer steht. Das ist beim Tarifvertrag (Rdnr. 775 ff.) der Fall. Hier führt das Prinzip der Vertragsfreiheit in aller Regel zu gerechten Ergebnissen, da annähernd gleich starke Parteien den Tarifvertrag schließen und diesen notfalls durch Arbeitskampf (Rdnr. 864 ff.) erzwingen können.

Existenz und Betätigung der Gewerkschaften, zu denen sich die Arbeitnehmer im Wege der Selbsthilfe zusammengeschlossen haben, sind heute verfassungsrechtlich geschützt. Art. 9 Abs. 3 GG gewährleistet allen Arbeitnehmern die Freiheit, sich zu ihnen zusammenzuschließen. Die Gewerkschaften treten den Arbeitgebern und den gleichfalls durch Art. 9 Abs. 3 GG geschützten Arbeitgeberverbänden als ebenbürtige Partner gegenüber; sie schließen mit diesen den Tarifvertrag ab. Die Normen des Tarifvertrags wirken wie ein Gesetz unmittelbar und zwingend auf den Arbeitsvertrag ein (§§ 1, 3, 4 TVG; Einzelh.: Rdnr. 804 ff.).

Beispiel: In einem Verbandstarifvertrag einigen sich der Arbeitgeberverband A und die Gewerkschaft G für eine bestimmte Tätigkeit (Entgeltgruppe) auf einen Stundenlohn von 16,- Euro. Ein Arbeitgeber, der dem Verband A angehört, vereinbart im Arbeitsvertrag mit einem in der Gewerkschaft G organisierten Arbeitnehmer einen Stundenlohn von 14,50 Euro. Zwingende Wirkung des Tarifvertrags: Die Lohnvereinbarung von 14,50 Euro wird verdrängt. Unmittelbare Wirkung des Tarifvertrags: Der Tariflohn von 16,- Euro tritt an die Stelle der einzelvertraglichen Vereinbarung (§ 4 Abs. 1 Satz 1 TVG; Rdnr. 805), wird aber nicht Bestandteil des Einzelarbeitsvertrags.

**32** Die Vertragsfreiheit der Parteien des Arbeitsvertrags wird durch den Tarifvertrag jedoch insoweit nicht eingeschränkt, als die einzelvertragliche Abmachung für den Arbeitnehmer günstiger ist als die tarifliche Regelung (§ 4 Abs. 3 TVG; Günstigkeitsprinzip; Rdnr. 807 ff.).

Im Beispielsfall würde ein arbeitsvertragliches Entgelt von 17,– Euro/Stunde nicht durch den Tarifvertrag verdrängt.

### IV. Schutz des Arbeitnehmers durch die Betriebsverfassung

**33** Verträge gibt es auch auf der betrieblichen Ebene; so kann der Betriebsrat mit dem Arbeitgeber eine Betriebsvereinbarung (§ 77 BetrVG; Rdnr. 1059 ff.) über Arbeitsbedingungen sowie über betriebliche Fragen schließen. Die inzwischen 100 Jahre alte Betriebsverfassung ist eine der wichtigsten Säulen des deutschen Arbeitnehmerschutzsystems. Weltweit hat kein demokratisch legitimiertes Vertretungsorgan der Arbeitnehmer mehr zwingende Mitbestimmungsrechte als der deutsche Betriebsrat. So muss er bei allen wichtigen Maßnahmen des Arbeitgebers in sozialen, personellen und wirtschaftlichen Angelegenheiten beteiligt werden (Rdnr. 1079 ff.).

Beispielsweise besteht bei den in § 87 Abs. 1 BetrVG aufgeführten sozialen Angelegenheiten ein Mitbestimmungsrecht (Rdnr. 1084 ff.). Der Arbeitgeber kann also eine dort genannte Maßnahme (z. B. Änderung des Beginns der täglichen Arbeitszeit, die Anordnung von Kurzarbeit oder von Überstunden) nicht einseitig vornehmen; sondern muss zuvor die Zustimmung des Betriebsrats einholen. Anderenfalls ist die Maßnahme unwirksam.

### V. Mitwirkung von Arbeitnehmervertretern in Gesellschaftsorganen

**34** Weltweit führend ist Deutschland auch im Bereich der sog. Unternehmensmitbestimmung. Das zum 1.7.2004 in Kraft getretene Drittelbeteiligungsgesetz (BGBl. 2004 I, S. 974) und die Mitbestimmungsgesetze (MitbestG 1976, MontanmitbestimmungsG) sehen eine Beteiligung von Arbeitnehmervertretern in den Aufsichtsorganen von Kapitalgesellschaften vor (Rdnr. 1194 ff.), wobei in den großen Gesellschaften mit mehr als 2000 Arbeitnehmern sogar die Hälfte der Aufsichtsratsmitglieder von den Arbeitnehmern gewählt werden. Mitbestimmungsrechtliche Regularien gibt es nach dem SEBG auch für die supranationale Gesellschaftsform der Europäischen Aktiengesellschaft (SE) (Rdnr. 1217 ff.) und nach dem MgVG auch für Unternehmen, die aufgrund einer grenzüberschreitenden Verschmelzung entstehen. Diese Formen der Unternehmensmitbestimmung dienen ebenfalls – wenn auch mittelbar – dem Schutz der Arbeitnehmer. Die Arbeitnehmervertreter stehen nicht – wie der Betriebsrat – dem Arbeitgeber gegenüber, sondern sind Mitglieder des Kontrollorgans (bei der SE eventuell auch des Verwaltungsorgans) des Unternehmens. Sie entscheiden also auch über solche Fragen, welche Arbeitnehmerinteressen nicht unmittelbar berühren. Sie stellen aber sicher, dass bei allen Entscheidungen (etwa Standortentscheidung) auch die Belange der Belegschaft berücksichtigt werden.

## VI. Rechtsschutz

Rechtsschutz wird im Arbeitsrecht durch die eigenständige Gerichtsbarkeit in Arbeitssachen gewährt. Einzelheiten zum arbeitsgerichtlichen Verfahren: Rdnr. 1253 ff. **35**

Im **Fall a** ist der Monatslohn als Anspruch aus dem bestehenden Arbeitsverhältnis mit der GmbH nicht beim Amts- oder Landgericht, sondern beim Arbeitsgericht einzuklagen (§ 2 Abs. 1 Nr. 3a ArbGG).

## B. Arbeitsverhältnis

**Schrifttum:** *Gerber*, Die Scheinselbstständigkeit im Rahmen des Einzelarbeitsvertrages, 2005; *Grobys*, Abgrenzung von Arbeitnehmern und Selbstständigen, NJW-Spezial 2005, 81; *Henssler*, Fremdpersonaleinsatz durch On-Site-Werkverträge und Arbeitnehmerüberlassung – offene Fragen und Anwendungsprobleme des neuen Rechts, RdA 2017, 83; *Hromadka*, Arbeitnehmer oder freier Mitarbeiter?, NJW 2003, 1847; *Richardi*, Der Arbeitsvertrag im Licht des neuen § 611a BGB, NZA 2017, 36; *Schirdewahn*, Die vier zentralen Begriffe des Arbeitsrechts, 2005; *Schwarze*, Arbeitnehmerbegriff und Vertragstheorie, ZfA 2005, 81; *Wank*, Der Arbeitnehmer-Begriff im neuen § 611a BGB, AuR 2017, 140; *ders.*, Von Honorarärzten und Piloten – Der Beschäftigtenbegriff in der BSG-Rechtsprechung, RdA 2020, 110.

Das Arbeitsrecht gilt für Arbeitsverhältnisse und für deren Vertragsparteien, nämlich Arbeitnehmer (Rdnr. 57 ff.) und Arbeitgeber (Rdnr. 63 f.). Seit der Einführung des § 611a BGB im Jahr 2017 sind diese zentralen Begriffe, welche den Geltungsbereich des Arbeitsrechts festlegen, erstmals gesetzlich definiert. **36**

Der Gesetzgeber hat im Zuge der Kodifikation zentrale Leitsätze aus Entscheidungen des BAG zum Arbeitnehmerbegriff zusammengefasst (kritisch zur Neuregelung *Richardi*, NZA 2017, 36 ff.): Demnach wird durch den Arbeitsvertrag der Arbeitnehmer im Dienste eines anderen zur Leistung weisungsgebundener, fremdbestimmter Arbeit in persönlicher Abhängigkeit verpflichtet. Das Weisungsrecht kann dabei Inhalt, Durchführung, Zeit und Ort der Tätigkeit betreffen – weisungsgebunden ist damit jeder, der im Wesentlichen frei seine Tätigkeit gestalten und seine Arbeitszeit bestimmen kann. Der Grad der persönlichen Abhängigkeit hängt auch von der Eigenart der jeweiligen Tätigkeit ab. Für die Feststellung, ob ein Arbeitsvertrag vorliegt, bedarf es einer Gesamtbetrachtung aller Umstände. Maßgeblich ist die tatsächliche Vertragsdurchführung, und nicht die Bezeichnung der Vertragsparteien.

An der bisherigen Rechtslage wollte der Gesetzgeber mit der Kodifikation nichts ändern, weshalb die ältere Rechtsprechung und Literatur fast uneingeschränkt verwertbar bleiben. Der Reformgesetzgeber kann sich daher die Lösung bestehender Probleme des Arbeitnehmerbegriffs nicht auf die Fahne schreiben. Angesichts einer sich rapide ändernden Arbeitswelt erscheint es anachronistisch, mit den statischen Grundsätzen der Rechtsprechung das „Alles-oder-Nichts"-Prinzip der Arbeitnehmereigenschaft im BGB zu perpetuieren. Die neuartigen Beschäftigungsformen der Digitalbranchen erfordern ein neues Modell der arbeitnehmerähnlichen Personen mit variablem Schutzniveau, denn viele Betroffene eint der Wunsch nach mehr Autonomie und Selbstbestimmung im Kontext zunehmender Entgrenzung von Arbeitszeit und Arbeitsort. Der hergebrachte Dualismus Arbeitnehmer – Selbstständiger kann der modernen Arbeitswirklichkeit zunehmend nicht mehr gerecht werden (näheres zur sog. Arbeit 4.0 Rdnr. 1229 ff.).

Gelegentlich werden Merkmale des Arbeitsverhältnisses bzw. des Arbeitnehmerbegriffs auch in Einzelvorschriften gesondert für deren Geltungsbereich festgelegt (§ 1 Abs. 2 EFZG, § 2 BUrlG, § 84 Abs. 1 Satz 2 HGB, §§ 2 Abs. 2, 18 ArbZG, § 5 BetrVG).

**37** Das Arbeitsverhältnis beruht auf einem Arbeitsvertrag nach § 611a BGB, der Arbeitsvertrag ist ein privatrechtliches Dauerschuldverhältnis und Sonderfall des Dienstvertrags. Der Arbeitnehmer verpflichtet sich gemäß § 611a Abs. 1 Satz 1 BGB gegenüber dem Arbeitgeber, weisungsgebunden vertraglich vereinbarte, fremdbestimmte Dienste zu leisten. Er steht aufgrund seiner Weisungsgebundenheit in persönlicher Abhängigkeit zum Arbeitgeber. Der Arbeitgeber verpflichtet sich nach § 611a Abs. 2 BGB, das vereinbarte Arbeitsentgelt zu zahlen.

**38** Die fortdauernde Unbestimmtheit der Zentralbegriffe des Arbeitsrechts (Arbeitsverhältnis, Arbeitnehmer, Arbeitgeber) führt in der Praxis weiterhin zu Unsicherheiten und Streitigkeiten darüber, ob auf konkrete Beschäftigungsverhältnisse Arbeitsrecht (z. B. Kündigungsschutz) anwendbar ist oder nicht. Bisweilen werden Dienstleistungsverhältnisse, die der Sache nach Arbeitsverhältnisse darstellen, von den Vertragsparteien bewusst anders bezeichnet und konstruiert, um die Anwendbarkeit arbeitsrechtlicher Schutzvorschriften zu umgehen (z. B. langfristige, abhängige Beschäftigung „freier Mitarbeiter", Franchise-Verträge, Werkverträge, Scheinselbstständigkeit). Die Neuregelung des § 611a BGB soll mit der Legaldefinition des Arbeitsverhältnisses in Abs. 1 Satz 1 bis 4 und durch den Vertragstypenzwang des Abs. 1 Satz 5 eine Abgrenzbarkeit erleichtern und derartige Praktiken beenden. Da die Norm lediglich die bisherige Rechtsprechung wiederholt, ist ihr Mehrwert allerdings gering (dazu *Wank*, AuR 2017, 140 ff.). Allerdings ist dem Gesetzgeber zu konzedieren, dass es einer gewissen Offenheit des Begriffs bedarf, um neue Entwicklungen erfassen zu können, wie sie derzeit etwa in Form von Crowd- und Clickwork entstehen.

## I. Voraussetzungen und Parteien des Arbeitsverhältnisses

### 1. Voraussetzungen

**39** (1) Ein Arbeitsverhältnis setzt zunächst den Abschluss eines *privatrechtlichen Vertrags* voraus. Fehlt er, scheidet ein Arbeitsverhältnis aus, selbst wenn unselbstständige Dienste geleistet werden. Deshalb gehören die Rechtsverhältnisse folgender Personengruppen *nicht* zu den Arbeitsverhältnissen:

(a) *„Unfreie"* (z. B. Strafgefangene, Sicherungsverwahrte) arbeiten grundsätzlich aufgrund eines öffentlich-rechtlichen Verhältnisses (vgl. § 37 StVollzG; BAG AP Nr. 18 zu § 5 ArbGG 1953; OLG Hamburg NStZ 2016, 239).

Das Arbeitsrecht passt für sie nicht. Sie können z. B. nicht kündigen, keinen Betriebsrat wählen. Strafgefangene sind selbst dann keine Arbeitnehmer, wenn sie während des Strafvollzugs in einem Privatbetrieb arbeiten (BAG AP Nr. 18 zu § 5 BetrVG 1972), soweit es sich nicht um ein freies Beschäftigungsverhältnis nach § 39 Abs. 1 Satz 1 StVollzG handelt (LAG Baden-Württemberg NZA 1989, 886).

**40** (b) *Beamte, Richter und Soldaten* leisten zwar Arbeit im Dienste eines anderen, nicht aber aufgrund eines privatrechtlichen Vertrags, sondern aufgrund eines öffentlich-rechtlichen Dienst- und Treueverhältnisses, das durch einen Verwaltungsakt (§ 35 VwVfG) begründet wird (vgl. Art. 33 Abs. 4, 97, 12a GG). Für sie gelten

die Beamten- und Richtergesetze des Bundes und der Länder bzw. das Soldatengesetz. Eine Ausnahme hiervon sieht § 5 Abs. 1 Satz 3, Abs. 3 Satz 3 BetrVG vor, wonach Beamte, die in privatrechtlich organisierten Betrieben tätig sind (z. B. Deutsche Telekom AG, Deutsche Bahn AG) betriebsverfassungsrechtlich als Arbeitnehmer gelten.
Beispiel: Die Justizsekretärin ist Beamte, der Justizangestellte ist Arbeitnehmer.

(c) *Familienangehörige* des Arbeitgebers sind zum Teil kraft Gesetzes zur Arbeitsleistung verpflichtet und insoweit nicht Arbeitnehmer: Kinder (§ 1619 BGB) sowie der Ehegatte (wegen Beistandspflicht gem. § 1353 Abs. 1 Satz 2 BGB). Das gilt regelmäßig auch dann, wenn nahe Angehörige mitarbeiten, die dazu gesetzlich nicht verpflichtet sind, oder wenn gesetzlich verpflichtete Angehörige über diese Verpflichtung hinaus tätig sind. Jedoch kann bei Vorliegen besonderer Umstände die Auslegung ergeben, dass ein Arbeitsvertrag gewollt ist. Dann ist der Angehörige auch Arbeitnehmer (beachte aber § 5 Abs. 2 Nr. 5 BetrVG; Rdnr. 996). **41**

(d) Sog. *„Ein Euro-Jobber"*, d. h. Arbeitsuchende, die im öffentlichen Interesse liegende Arbeiten verrichten und hierfür nach § 16d Abs. 7 Satz 1 SGB II zusätzlich zum Arbeitslosengeld II eine Mehraufwandsentschädigung erhalten, sind keine Arbeitnehmer. Grundlage der Arbeit ist ein Verwaltungsakt, so dass kein privatrechtlicher Vertrag geschlossen wird (vgl. ausdrücklich § 16d Abs. 7 Satz 2 Hs. 1 SGB II). Gemäß § 16d Abs. 7 Satz 2 Hs. 2, Satz 3 SGB II sind aber die Arbeitsschutzvorschriften, das BUrlG und die Grundsätze über die Haftungsbeschränkung im Arbeitsverhältnis entsprechend anzuwenden. **42**

Im **Fall b** handelt es sich um eine familienrechtlich begründete Mitarbeit. Dann entfallen Lohnsteuer und Sozialversicherungsbeiträge; die an F gezahlten Beträge sind keine Löhne, sondern private Entnahmen und deshalb steuerlich nicht abzugsfähig. Ist aber ein Arbeitsvertrag geschlossen, hat F als Arbeitnehmerin z. B. Anspruch auf Lohn und Urlaub. Die Löhne sind als Betriebsausgaben steuerlich abzugsfähig; Lohnsteuer und Sozialversicherungsbeiträge sind zu zahlen.

(2) Es muss die Leistung von *Diensten* geschuldet sein; der Arbeitsvertrag stellt also einen Unterfall des *Dienstvertrages* dar. Dieser ist ein gegenseitiger Vertrag, in dem sich der eine Teil zur Leistung der versprochenen Dienste und der andere zur Gewährung der vereinbarten Vergütung verpflichtet (§ 611 Abs. 1 BGB bzw. § 611a Abs. 2 BGB). **43**

Der Arbeitsvertrag ist deshalb von anderen Verträgen zu unterscheiden, bei denen es sich nicht um Dienstverträge handelt:

(a) Der *Auftrag* (§ 662 BGB) richtet sich auf eine *unentgeltliche* Geschäftsbesorgung, während beim Arbeitsvertrag die Arbeitsleistung gegen Entgelt erbracht wird. Werden jedoch unentgeltliche Dienste in abhängiger Stellung geleistet, können Arbeitnehmerschutzvorschriften gleichwohl entsprechend anzuwenden sein. Fehlt eine Vereinbarung über die geschuldete Vergütung, so schließt dies ebenfalls die Anwendbarkeit des Arbeitsrechts nicht zwingend aus. Vorrangig ist vielmehr zu prüfen, ob nicht gemäß § 612 Abs. 1 BGB eine Vergütung als stillschweigend vereinbart gilt, weil die Dienstleistung nach den Umständen nur gegen eine Vergütung zu erwarten ist. **44**

(b) Beim *Werkvertrag* (§ 631 BGB) ist der Unternehmer „zur Herstellung des versprochenen Werkes" gegen Vergütung verpflichtet; geschuldet wird ein *bestimmter* **45**

**51** Beispiele für einen selbstständigen Dienstvertrag: Vertrag zwischen Arzt und Patient über die Heilbehandlung, zwischen Rechtsanwalt und Mandant über die Vertretung in einem Rechtsstreit, zwischen Architekt und Bauherrn über die Bauaufsicht; Handelsvertretervertrag (§ 84 Abs. 1 HGB, Brox/Henssler, Handelsrecht, Rdnr. 235).

Beispiele für einen Arbeitsvertrag: Vertrag zwischen Assistenzarzt und Krankenhaus; Vertrag zwischen einem Rechtsanwalt, der in der Rechtsabteilung eines Unternehmens tätig ist, und dem Unternehmer (sog. Syndikusanwalt; dazu Henssler/Prütting/Prütting, BRAO, 5. Aufl., 2019, § 46 Rdnr. 11 ff.); Vertrag zwischen Lizenzfußballspieler und dem Fußballverein (BAG NJW 1982, 788); Vertrag eines kaufmännischen Angestellten (Handlungsgehilfen, vgl. § 59 HGB, Brox/Henssler, Handelsrecht, Rdnr. 237); Vertrag einer Cutterin bei einer Rundfunkanstalt (BAG NZA 2013, 903).

Im **Fall a** ist der Lohn für Januar (aus dem Arbeitsvertrag) beim Arbeitsgericht (§ 2 Abs. 1 Nr. 3 ArbGG), der Lohn für die Flickarbeit und für den Maßanzug (jeweils aus einem Werkvertrag) beim Amtsgericht einzuklagen.

**52** Für das Vorliegen eines Arbeitsverhältnisses kommt es nicht auf eine wirtschaftliche, sondern auf eine persönliche Abhängigkeit an (BAG AP Nr. 117 zu § 611 BGB Abhängigkeit; BGH NZA 2002, 1086).

Beispiele: Der Inhaber einer kleinen Wäscherei arbeitet seit einigen Jahren nur noch mit einem großen Hotel zusammen. Von diesem ist er zwar wirtschaftlich abhängig; für einen Arbeitsvertrag fehlt es jedoch an einer persönlichen Abhängigkeit (vgl. BAG AP Nr. 37 zu § 611 BGB Abhängigkeit bezügl. Kantinenpächter). Die wirtschaftliche Abhängigkeit kann dazu führen, dass einzelne Arbeitsgesetze anzuwenden sind (sog. arbeitnehmerähnliche Personen; vgl. Rdnr. 88). Der Chefarzt eines Krankenhauses ist hinsichtlich seiner ärztlichen Tätigkeit nicht an Weisungen (etwa des Krankenhausträgers) gebunden; er ist aber von den im Krankenhaus getroffenen organisatorischen Maßnahmen abhängig. Deshalb ist ein Arbeitsvertrag zu bejahen (BAG AP Nr. 24 zu § 611 BGB Ärzte, Gehaltsansprüche; NZA 2000, 427). Allerdings erklärt das Arbeitsrecht ausdrücklich bestimmte Schutzvorschriften für unanwendbar auf Chefärzte, so § 18 Abs. 1 Nr. 1 ArbZG für das Arbeitszeitrecht.

Ob die Fernsehreporterin Arbeitnehmerin oder freie Mitarbeiterin ist (**Fall d**), hängt nicht davon ab, wie die Vertragsparteien ihr Rechtsverhältnis bezeichnen; entscheidend ist der Grad der persönlichen Abhängigkeit. Erwartet der Vertragspartner eine ständige Dienstbereitschaft, verfügt er über die Arbeitszeit wie ein Arbeitgeber, ist die Mitarbeiterin in ihrer Entscheidung über die Ablehnung einzelner Aufträge nicht frei, so spricht das für einen Arbeitsvertrag (vgl. etwa BAG AP Nr. 12, 21, 26, 35 zu § 611 BGB Abhängigkeit). Allerdings haben die Gerichte bei der Entscheidung, ob ein Arbeitsvertrag mit der Rundfunkanstalt vorliegt, die Einwirkung des Grundrechts der Rundfunkfreiheit (Art. 5 Abs. 1 Satz 2 GG) zu berücksichtigen; dieses erstreckt sich auf das Recht, dem Gebot der Vielfalt der zu vermittelnden Programminhalte auch bei der Auswahl, Einstellung und Beschäftigung derjenigen Rundfunkmitarbeiter Rechnung zu tragen, die bei der Gestaltung der Programme mitwirken (BVerfGE 59, 231; BAG RdA 2000, 361 mit Anm. Rüthers).

**53** Mit dem durch die Indizien der Weisungsgebundenheit und – allerdings nur eingeschränkt – demjenigen der Eingliederung in den Betrieb konkretisierten Kriterium der persönlichen Abhängigkeit lassen sich viele Fälle sachgerecht zuordnen. Im Wirtschaftsleben bilden sich aber ständig neuartige Betätigungsformen heraus, bei denen die klassischen Abgrenzungskriterien versagen.

Beispiele: Ein EDV-Spezialist erstellt in Kundenbetrieben für die elektronische Datenverarbeitung Programme; er nimmt die einzelnen Aufträge entgegen, richtet sich aber bei deren Erledigung zeitlich nach den Wünschen der Kunden. – Ein Projektleiter soll innerhalb einer bestimmten Zeit eine zusätzliche Fertigungsstraße einrichten. Hinsichtlich der Organisation der Arbeit wird ihm freie Hand gelassen.

Hier verliert die Weisungsgebundenheit hinsichtlich Arbeitszeit und Arbeitsausführung an Bedeutung. Im Fall des EDV-Spezialisten besteht zudem nur eine lockere Bindung an den

Betrieb; es fehlt die räumliche Einbindung in eine fremdbestimmte Arbeitsorganisation; er benötigt zur Erledigung der Aufträge allein sein Fachwissen. – Andererseits unterliegen auch Selbstständige Weisungen ihres Vertragspartners (z. B. der Rechtsanwalt bei der Frage, ob Berufung eingelegt werden soll, oder der Werkunternehmer hinsichtlich der Ausführung des Werkes, vgl. § 645 Abs. 1 Satz 1 BGB). Schwierig ist die Abgrenzung insbesondere bei Soloselbstständigen, die nicht ihrerseits Mitarbeiter beschäftigen.

Auch Scheinselbstständige sind Arbeitnehmer. Es geht dabei um Tätigkeiten, die nur scheinbar selbstständig ausgeübt werden, während es sich in Wirklichkeit um weisungsgebundene Arbeit handelt (dazu Wank, DB 1992, 90; Gerber, Die Scheinselbstständigkeit im Rahmen des Einzelarbeitsvertrages, 2005). Im Wirtschaftsleben ist bereits seit längerem die Tendenz zu beobachten, einzelne Glieder der Produktionskette oder sie umlagernde Bereiche (Reinigung, Bewachung, Transport, Lagerhaltung, Auftragsbeschaffung) auszugliedern, teils werden die Tätigkeiten sogar ehemaligen Arbeitnehmern wegen ihrer betriebsspezifischen Kenntnisse übertragen, allerdings im Rahmen eines selbstständigen Dienstvertrages oder Werkvertrages. **54**

Beispiele: Ein LKW-Fahrer mietet von seinem bisherigen Arbeitgeber den von ihm gefahrenen LKW und führt für diesen nun als „Selbstständiger" Frachtaufträge aus. Ein Weinhersteller verpachtet „selbstständigen" Weinhändlern fertig eingerichtete Ladenlokale; in den Verträgen verpflichten sich die Weinhändler, Richtlinien über das Warenvertriebssystem, die Preisgestaltung, Buchführung bis hin zu bestimmten Ladenöffnungszeiten einzuhalten (vgl. BAG NZA 1991, 141). **55**

Diese Personen sind formal als Selbstständige tätig. Sie übernehmen nicht selten auch ein echtes unternehmerisches Risiko. Dem steht aber wegen der engen Vorgaben des Vertragspartners kein nennenswerter eigener Gestaltungsspielraum gegenüber, der ein Auftreten am Markt und damit eine echte Gewinnchance zuließe. Die unternehmerische Organisationsgewalt verbleibt vielmehr bei dem Vertragspartner.

Kann z. B. der EDV-Spezialist ohne weiteres einzelne Aufträge ablehnen, spricht dies gegen eine Arbeitnehmerstellung. Auch bei für eine Plattform tätigen Crowdworkern wird es wegen der fehlenden Leistungspflicht regelmäßig an der Arbeitnehmereigenschaft fehlen (LAG München NZA 2020, 316). Ist ein Produktionsleiter zur Erledigung des Auftrags auf die Arbeitgeberorganisation (Arbeitnehmer, Arbeitsgerät) angewiesen, fehlt dagegen die einen Selbstständigen kennzeichnende eigene Organisationsgewalt; er ist Arbeitnehmer. Bei dem LKW-Fahrer und den Weinhändlern ist darauf abzustellen, ob sie auch für andere Auftraggeber tätig werden, werbend am Markt auftreten, über eine eigene Organisation (sächliche, persönliche, immaterielle Betriebsmittel) verfügen und ihnen bei der Erledigung der Aufträge hinsichtlich Kalkulation und Gestaltung so viel Spielraum verbleibt, dass eine unternehmerische Gewinnchance besteht.

Kein Arbeitsvertrag ist regelmäßig der (gesetzlich nicht geregelte) *Franchisevertrag*. Der Franchisenehmer ist zwar häufig an ein ins Einzelne gehendes Organisations- und Marketingkonzept des Franchisegebers gebunden und insoweit dessen Überwachungs- und Weisungsrecht unterworfen. Er wird aber im eigenen Namen und für eigene Rechnung tätig und ist deshalb typischerweise Selbstständiger (Einzelheiten: Horn/Henssler, ZIP 1998, 598). Die umfassenden Kontrollrechte des Franchisegebers können allerdings im Einzelfall eine so starke wirtschaftliche und sogar persönliche Abhängigkeit des Franchisenehmers begründen, dass dieser zumindest als arbeitnehmerähnliche Person (BAG NZA 1999, 53; vgl. Rdnr. 91), wenn nicht gar als Arbeitnehmer anzusehen ist (BAG NZA 1997, 399; 1997, 1126; BGH NZA 2000, 390; BGHZ 140, 11). **56**

## 2. Parteien

### (1) Arbeitnehmer

Arbeitnehmer ist derjenige, der zur Arbeitsleistung aufgrund eines Arbeitsvertrags nach § 611a BGB verpflichtet ist. **57**

(a) Lange Zeit war es üblich, die Arbeitnehmer in *Angestellte* und *Arbeiter* zu unterteilen. Nach der Verkehrsanschauung bestand der Unterschied im Wesentlichen darin, dass der Angestellte *überwiegend geistige*, der Arbeiter *überwiegend körperliche* Arbeit leistet (BAG AP Nr. 65 zu §§ 22, 23 BAT). Durch das Gesetz zur Organisationsreform der gesetzlichen Rentenversicherung vom 9.12.2004 wurden die früher für Angestellte zuständige BfA und der Verband der Deutschen Rentenversicherungsträger als Spitzenverband der 26 bis dato für die Arbeiter zuständigen Landesversicherungsanstalten zu der Deutschen Rentenversicherung Bund zusammengefasst. Im Sozialversicherungsrecht ist damit die Trennung von Arbeitern und Angestellten aufgegeben (vgl. § 127 SGB VI).

58 Auch *arbeitsrechtlich* kommt der Unterscheidung zwischen Arbeitern und Angestellten heute keine Bedeutung mehr zu. Nachdem die früher bestehenden Unterschiede im Bereich der Kündigungsfristen und der Entgeltfortzahlung im Krankheitsfall beseitigt worden waren, wurde im Zuge der Reform der Betriebsverfassung 2001 auch die ehemalige Proporzregelung für die Vertretung im Betriebsrat aufgehoben.

59 Sofern einzelne Rechtsnormen (insbesondere Tarifverträge) Arbeiter und Angestellte weiterhin ungleich behandeln, ist im Hinblick auf Art. 3 Abs. 1 GG zu prüfen, ob hierfür ein sachlicher Grund besteht. Allein der Status als Arbeiter oder Angestellter rechtfertigt jedenfalls keine unterschiedliche Behandlung (BAG NZA 2005, 1418; BVerfG NZA 1997, 1339). Als möglicher Differenzierungsgrund für kürzere Arbeiterkündigungsfristen in Tarifverträgen wird z. B. die personalwirtschaftliche Flexibilität im produktiven Bereich anerkannt (BAG NZA 1994, 221). Dagegen ist im Bereich der betrieblichen Altersversorgung grundsätzlich keine Differenzierung möglich (BAG NZA 2004, 321).

60 Zu den Angestellten gehören die *leitenden Angestellten*. Sie sind Arbeitnehmer; denn sie erbringen ihre Arbeitsleistung aufgrund eines Arbeitsvertrags. Die leitenden Angestellten nehmen jedoch eine Sonderstellung ein. Sie üben in gewissem Umfang Arbeitgeberfunktionen aus (z. B. der Prokurist und der Personalchef) und werden daher insbesondere im kollektiven Arbeitsrecht anders behandelt als die übrigen Arbeitnehmer (vgl. z. B. § 5 Abs. 3, 4 BetrVG; das SprAuG; §§ 3 Abs. 1 Nr. 2, 15 Abs. 2 Nr. 2 MitbestG; § 22 Abs. 2 Nr. 2 ArbGG; § 16 Abs. 4 Nr. 4 SGG). Wegen ihrer gehobenen sozialen Stellung und ihrer besonderen Fähigkeiten sind sie nicht in gleicher Weise schutzbedürftig wie reguläre Arbeitnehmer (vgl. z. B. § 18 Abs. 1 Nr. 1 ArbZG); Kündigungsschutz genießen allerdings grundsätzlich auch sie (zu Einschränkungen vgl. § 14 Abs. 2 KSchG; Rdnr. 551). Dagegen zählen sie im DrittelbG nach § 3 Abs. 1 nicht als Arbeitnehmer, sind also bei den Wahlen zum Aufsichtsrat weder aktiv noch passiv wahlberechtigt.

61 Die Gesetze enthalten keinen einheitlichen Begriff des leitenden Angestellten. Leitender Angestellter im Sinne des BetrVG ist nach Ansicht des BAG derjenige, der spezifisch unternehmerische (Teil-)Aufgaben von besonderer Bedeutung für den Bestand und die Entwicklung des Betriebes mit erheblichem eigenen Entscheidungsspielraum wahrnehmen kann (BAG AP Nr. 22 zu § 5 BetrVG 1972; BAG NZA 1986, 484; 1995, 1645); der Gesetzgeber hat in § 5 Abs. 3 und 4 BetrVG versucht, den Begriff zu präzisieren (dazu Rdnr. 998). Nicht zu den leitenden Angestellten gehören etwa Vorstandsmitglieder einer Aktiengesellschaft oder Geschäftsführer einer GmbH. Diese Organmitglieder stehen – jedenfalls in aller Re-

gel – in keinem persönlichen Abhängigkeitsverhältnis (Rdnr. 63), sind also überhaupt keine Arbeitnehmer.

(b) Die *berufliche Gliederung* der Arbeitnehmer richtet sich *nach der Art der geleisteten Arbeit*. Für die so unterschiedenen Arbeitnehmer gilt eine Reihe von Besonderheiten. Die vielfach nur historisch zu erklärenden Sonderregeln wurden in den letzten Jahren zunehmend aufgehoben. **62**

Kaufmännische Arbeitnehmer sind diejenigen, die im Handelsgewerbe zur Leistung kaufmännischer Dienste eingestellt sind. Die für sie unmittelbar einschlägigen Regelungen in den §§ 59 ff. HGB sind allerdings weitgehend analog auf alle Arbeitnehmer anzuwenden (dazu Heymann/Henssler/Michel, HGB, vor § 74 Rdnr. 7).

Schiffsbesatzungen (SeeArbG, BinnenschifffahrtsG) bestehen aus Schiffsoffizieren (§ 6 SeeArbG) und Besatzungsmitgliedern (§ 3 SeeArbG; Besonderheiten: §§ 114 ff. BetrVG). Der Kapitän nimmt eine Sonderstellung ein (§ 5 SeeArbG). Das Arbeitsverhältnis bezeichnet das SeeArbG als „Heuerverhältnis" (§ 28 SeeArbG).

Für den Arbeitsschutz der im Bergbau Beschäftigten gelten das Bundesberggesetz sowie landesgesetzliche Regelungen. Arbeitnehmer des öffentlichen Dienstes stehen in einem Arbeitsverhältnis mit einer juristischen Person des öffentlichen Rechts (Körperschaft, Anstalt, Stiftung des öffentlichen Rechts). Es bestehen besondere Tarifverträge, etwa der Tarifvertrag öffentlicher Dienst (TVöD – früher BAT). An die Stelle des Betriebsverfassungsrechts tritt das Personalvertretungsrecht (Personalvertretungsgesetze des Bundes und der Länder).

Auf die Arbeitsverhältnisse der Arbeitnehmer im kirchlichen Dienst finden wegen der durch Art. 140 GG i. V. m. Art. 137 WRV verbürgten Selbstverwaltungsgarantie der Kirche weite Bereiche des staatlichen Arbeitsrechts keine Anwendung (Einzelh.: Richardi, Arbeitsrecht in der Kirche, 8. Aufl., 2020, S. 15 ff.; ders. NZA 2012, 1393; Fischermeier, RdA 2014, 257; zum Streikrecht vgl. Richardi, RdA 2014, 42). Soweit die Weltanschauung kirchlicher Arbeitnehmer für die ausgeübte Tätigkeit keine herausgehobene Bedeutung hat (so etwa bei Ärzten in kirchlich getragenen Krankenhäusern, vgl. BAG NZA 2019, 901), dürfen sie gleichwohl nicht aufgrund unterschiedlicher Konfessionen mit besonderen moralischen Anforderungen belegt werden.

Sonstige Arbeitnehmer sind alle diejenigen, die nicht zu einer der vorgenannten Gruppen gehören (z. B. Angestellte eines Rechtsanwalts, Krankenpfleger, Hausgehilfin). Für sie gibt es keine Spezialregelungen.

**(2) Arbeitgeber**
(a) **Person des Arbeitgebers.** Arbeitgeber ist der Vertragspartner des Arbeitnehmers im Arbeitsvertrag. Als Arbeitgeber wird bezeichnet, wer mindestens einen Arbeitnehmer beschäftigt (BAG NZA 1999, 539). Jede natürliche und juristische Person (z. B. Aktiengesellschaft) sowie rechtsfähige Personengesellschaft (§ 14 Abs. 2 BGB, z. B. OHG, KG, PartG, GbR) kann Arbeitgeber sein. **63**

Allerdings ist eine juristische Person nicht in der Lage, das Weisungsrecht gegenüber dem Arbeitnehmer auszuüben, da sie nicht handlungsfähig ist. Für sie müssen ihre Organe handeln. Die Leiter eines Unternehmens müssen dagegen stets natürliche, geschäftsfähige Personen sein, die zugleich die Arbeitgeberfunktionen ausüben. Nicht ausgeschlossen ist, dass sie aufgrund ihrer Abhängigkeit von den Gesellschaftern gleichwohl Arbeitnehmer sind (etwa der Fremdgeschäftsführer einer GmbH). Häufig sind die Organmitglieder aber von der Geltung arbeitsrechtlicher Vorschriften ausgeklammert (vgl. § 14 Abs. 1 KSchG, §§ 5 Abs. 2 Nr. 1, 2 BetrVG, § 5 Abs. 1 Satz 3 ArbGG).

Beispiele: Aktiengesellschaft – Vorstand, GmbH – Geschäftsführer, offene Handelsgesellschaft – Gesellschafter, aber auch: Kind – gesetzlicher Vertreter, Schuldner – Insolvenzverwalter, Erbe – Nachlassverwalter.

**64** **(b) Arbeitgeber, Betrieb und Unternehmen.** Der Arbeitgeber ist vielfach auch Leiter des Betriebes und des Unternehmens.
Der „Betrieb" ist gegenüber dem „Unternehmen" grundsätzlich der engere Begriff. Unter einem *Betrieb* versteht man die organisatorische Einheit, innerhalb derer der Inhaber allein oder in Gemeinschaft mit seinen Mitarbeitern mit Hilfe von sachlichen und immateriellen Mitteln bestimmte arbeitstechnische Zwecke unmittelbar fortgesetzt verfolgt. Dagegen ist das *Unternehmen* die organisatorische Einheit, mit welcher der Inhaber einen entfernteren wirtschaftlichen oder ideellen Zweck verfolgt.
Beispiele: Zwei Betriebe, der eine für Karosseriebau, der andere für Motorenbau, gehören zu einem Unternehmen (Herstellung von Kraftfahrzeugen); die Großbank ist das Unternehmen, ihre Filialen sind die einzelnen Betriebe. – Das einzige Lebensmittelgeschäft eines Kaufmanns ist sowohl Betrieb als auch Unternehmen, das gleiche gilt für die Kanzlei eines Rechtsanwalts. Ausnahmsweise können mehrere Unternehmen sogar einen gemeinsamen Betrieb bilden, wenn sie sich (zumindest stillschweigend) zu einer gemeinsamen Führung des Betriebs verbunden haben und der Einsatz der Arbeitnehmer von einem einheitlichen Leitungsapparat gesteuert wird (Beispiel: gemeinsame Forschungsabteilung mehrerer Unternehmen). § 1 Abs. 2 BetrVG enthält zwar keine gesetzliche Definition, wohl aber eine Vermutungsregelung für das Vorliegen eines solchen „Gemeinschaftsbetriebs".

**65** Arbeitsrechtlich sind die Begriffe Betrieb und Unternehmen vor allem in folgenden Fällen bedeutsam:
Der Betriebsbegriff ist die Grundlage der „Betriebsverfassung" (Rdnr. 988 ff.). In *Betrieben* werden Betriebsräte gewählt (vgl. § 1 BetrVG); die Größe des Betriebes entscheidet u. a. über die Zahl der zu wählenden Betriebsräte und die Anzahl der Freistellungen (z. B. in §§ 1, 9, 38 BetrVG). In der Praxis ist oft zweifelhaft, ob es sich bei einem Betriebsteil um eine selbstständige Einheit handelt, die einen eigenen Betriebsrat wählt (vgl. § 4 BetrVG u. BAG NZA 1987, 708). Nach § 3 Abs. 2 TVG gelten die Rechtsnormen des Tarifvertrags über betriebliche und betriebsverfassungsrechtliche Fragen für alle Betriebe, deren Arbeitgeber tarifgebunden sind (z. B. Bestimmungen über Anwesenheitskontrollen, Rauchverbot, Kurzarbeit).

**66** Individualarbeitsrechtlich sind die Anwendbarkeit des KSchG (§§ 1 Abs. 2, 23 Abs. 1 Satz 2, 3 KSchG), der allgemeine Kündigungsschutz (§ 23 Abs. 1 Satz 1 KSchG) und die Sozialauswahl (§ 1 Abs. 3, 4 KSchG) auf den Betrieb bezogen.

**67** Bei einem *Unternehmen* mit mehreren Betriebsräten ist ein Gesamtbetriebsrat zu errichten (§ 47 BetrVG; dazu BAG AP § 47 BetrVG 1972 Nr. 18); bei Unternehmen mit mehr als hundert Arbeitnehmern ist ein Wirtschaftsausschuss zu bilden (§ 106 BetrVG). Für bestimmte Unternehmen sind Arbeitnehmervertreter in Gesellschaftsorganen (insbesondere Aufsichtsräten) vorgesehen (Rdnr. 1031 ff.). Das Kündigungsschutzgesetz kann nur eingreifen, wenn das Arbeitsverhältnis in demselben Betrieb oder Unternehmen ohne Unterbrechung länger als sechs Monate bestanden hat (§ 1 Abs. 1 KSchG). Eine Weiterbeschäftigungsmöglichkeit in einem anderen Betrieb des Unternehmens ist ebenfalls zu berücksichtigen (§ 1 Abs. 2 Satz 2 Nr. 1b KSchG).

## II. Besondere Arbeitsverhältnisse

**Schrifttum:** *Blanke/Schüren/Wank/Wedde,* Neue Beschäftigungsformen, 2002; *Braun,* Arbeitsrechtliche Rahmenbedingungen der Nebenbeschäftigung, ArbuR 2004, 47; *Bruns,*

BB-Rechtsprechungsreport zur Teilzeitarbeit, BB 2010, 956; *Flohr*, Franchise-Nehmer: Arbeitnehmer oder selbstständiger Absatzmittler?, DStR 2003, 1622; *Forst*, Null-Stunden-Verträge, NZA 2014, 998; *Franken*, Individualrechtliche Fragen der Gruppenarbeitsverhältnisse, 2005; *Hanau*, Poolsystem und Abrufarbeit als flexible Arbeitszeitmodelle, in: Gedächtnisschrift Heinze, 2005, S. 321; *Henssler/Höpfner*, Änderungsschutz für Teilzeitbeschäftigte im öffentlichen Dienst, in: Festschrift Bauer, 2010, S. 433; *Körner*, Neue Betriebsratsrechte bei atypischer Beschäftigung, NZA 2006, 573; *Lakies*, Rechte und Pflichten in der Berufsausbildung, 2005; *Lembke*, Der Einsatz von Fremdpersonal im Rahmen von freier Mitarbeit, Werkverträgen und Leiharbeit, NZA 2013, 1312; *ders.*, AÜG-Reform 2017 – Eine Reformatio in Peius, NZA 2017, 1; *Löw*, Job-Sharing: Flexibilisierungsmodell mit Zukunft?, AuA 2006, 592; *Mastmann/Offer*, Ausgewählte Probleme der Leiharbeit, AuA 2005, 330; *Mühlmann*, Flexible Arbeitsvertragsgestaltung – Die Arbeit auf Abruf, RdA 2006, 356; *Peter*, Nebentätigkeiten von Arbeitnehmern, 2006; *Ritter/Rudolf*, Der befristete Arbeitsvertrag unter besonderer Berücksichtigung des Teilzeit- und Befristungsgesetzes, in: Festschrift 25 Jahre ARGE ArbR im DAV, 2006, S. 367; *Seel*, Gesetzlicher Anspruch auf Teilzeitarbeit – Was sind die Rechtsgrundlagen und Voraussetzungen?, JA 2011, 608; *Thüsing/Beden*, Als „gleichwertig" festgesetztes Arbeitsentgelt im Sinne von § 8 IV 2 Nr. 1 AÜG, NZA 2018, 404; *Wank*, Teilzeit, Befristung, Leiharbeit und Scheinselbstständigkeit, 2005.

In den folgenden Fällen handelt es sich um Arbeitsverhältnisse, die jedoch gewisse Besonderheiten aufweisen. Das ebenfalls erwähnte Berufsausbildungsverhältnis ist kein Arbeitsverhältnis im eigentlichen Sinn, diesem aber durch § 10 Abs. 2 BBiG weitgehend angenähert. **68**

### 1. Berufsausbildungsverhältnis

Das Berufsausbildungsverhältnis wird im Berufsbildungsgesetz (BBiG) geregelt. Der Auszubildende schließt mit dem Ausbildenden einen Berufsausbildungsvertrag, auf den die für den Arbeitsvertrag geltenden Vorschriften anzuwenden sind, soweit sich aus dem Sinn des Ausbildungsvertrags und dem BBiG nichts anderes ergibt (§ 10 Abs. 2 BBiG). Dieser Vertrag dient – im Unterschied zum Arbeitsvertrag – vornehmlich dem Ausbildungszweck (vgl. § 14 Abs. 2 BBiG). Hieraus erklärt sich auch, dass gemäß § 22 Abs. 3 MiLoG der Mindestlohn nicht geschuldet ist. Früher waren Auszubildende regelmäßig Jugendliche. Das hat sich grundlegend verändert. Wegen der verlängerten Schulzeiten und des hohen Anteils an Abiturienten und Fachabiturienten sind heute 72 % aller Auszubildenden Erwachsene (BT-Drucks. 13/5494, S. 14). Das Jugendarbeitsschutzgesetz ist damit im Rahmen von Berufsausbildungsverhältnissen häufig nicht anwendbar. **69**

Der Berufsausbildungsvertrag bedarf keiner Form; jedoch hat der Ausbildende den wesentlichen Inhalt schriftlich niederzulegen und eine Ausfertigung der Niederschrift dem Auszubildenden und dessen gesetzlichem Vertreter auszuhändigen (vgl. § 11 BBiG). Ein Verstoß des Ausbildenden gegen § 11 BBiG stellt eine Ordnungswidrigkeit nach § 102 Abs. 1 Nr. 1 u. 2 BBiG dar, die mit einer Geldbuße nach § 102 Abs. 2 BBiG geahndet werden kann. **70**
Zum Schutz der Auszubildenden sind bestimmte Vertragsvereinbarungen nichtig (§ 12 BBiG). Besondere Anforderungen werden an die persönliche und fachliche Eignung der Ausbildenden sowie an die Eignung der Ausbildungsstätte gestellt (§§ 27 ff. BBiG). Der Auszubildende ist für die Teilnahme am Berufsschulunterricht und an Prüfungen freizustellen (§ 15 BBiG); für diese Zeit ist die Vergütung fortzuzahlen (§ 19 Abs. 1 Satz 1 Nr. 1 BBiG). Für die Probezeit wird eine Mindest- und eine Höchstgrenze bestimmt (§ 20 Satz 2 BBiG). Das Berufsausbildungsverhältnis endet mit dem Ablauf der vereinbarten Ausbildungszeit (§ 21 Abs. 1 Satz 1 BBiG) oder – sofern dies früher erfolgt – mit Bestehen der Abschlussprüfung (§ 21 Abs. 2 BBiG). Eine Kündigung, die schriftlich auszusprechen ist (§ 22 Abs. 3

BBiG), ist während der Probezeit ohne Einhaltung einer Kündigungsfrist zulässig (§ 22 Abs. 1 BBiG). Nach der Probezeit kann sie nur noch aus wichtigem Grund binnen zwei Wochen nach Bekanntwerden des Grundes erklärt werden. Sie muss in diesem Fall begründet werden. Der Auszubildende kann binnen vier Wochen kündigen, wenn er die Berufsausbildung aufgeben oder sich für eine andere Berufstätigkeit ausbilden lassen will (Einzelh.: § 22 BBiG).

## 2. Die Beschäftigung von Jugendlichen

**71** Das Zweite Gesetz zur Änderung des Jugendarbeitsschutzgesetzes, das am 1.3.1997 in Kraft getreten ist (BGBl. 1997 I, S. 311), hat die vorher verstreuten Vorschriften über den Schutz von Jugendlichen am Arbeitsplatz zusammengefasst und das Verbot der Kinderarbeit auf Personen bis zur Vollendung des 15. Lebensjahres ausgedehnt. Kinder ab 13 Jahren dürfen nun allerdings mit Einwilligung ihrer Erziehungsberechtigten „leichten und für Kinder geeigneten Beschäftigungen" nachgehen (§ 5 Abs. 3 JArbSchG), während früher für diese Altersgruppe nur bestimmte Tätigkeiten (z. B. Zeitungsaustragen) erlaubt waren. Konkretisiert sind die in § 5 Abs. 3 JArbSchG umschriebenen leichten Beschäftigungen in der Kinderarbeitsschutzverordnung vom 23.6.1998 (KindArbSchV, BGBl. 1998 I, S. 1508).

Aus historischer Sicht ist bemerkenswert, dass der gesetzliche Schutz von Kindern vor unzumutbaren Arbeitsbedingungen den Anfang des gesetzlichen Arbeitnehmerschutzrechts bildete (vgl. das preußische „Regulativ über die Beschäftigung jugendlicher Arbeiter in Fabriken" vom 6.4.1839, abgedruckt bei Kaufhold, AuR 1989, 225, 228). Ungeachtet des erreichten hohen Standards bestehen bis heute – etwa im Bereich des Leistungssports – Schutzlücken; Missbräuche der Erziehungsberechtigten wie der Trainer sind in manchen Bereichen (Eiskunstlauf, Kunstturnen, Schwimmen) immer wieder zu beobachten (vgl. Walker (Hrsg.), Kinder- und Jugendschutz im Sport, 2001).

## 3. Nebenbeschäftigungsverhältnis/Mehrere Beschäftigungsverhältnisse

**72** Der Arbeitnehmer kann neben seinem (Haupt-)Arbeitsvertrag weitere Arbeitsverträge schließen. Eine solche traditionell als Nebentätigkeit bezeichnete Beschäftigung, bei der es sich regelmäßig um ein Teilzeitarbeitsverhältnis (Rdnr. 83) handeln wird, ist grundsätzlich zulässig (Art. 2 Abs. 1, 12 GG). Die Zunahme neuer Beschäftigungsformen bringt es mit sich, dass häufig nicht mehr eindeutig zwischen einer „Haupt-" und einer „Neben"-Beschäftigung unterschieden werden kann. Sieht der einzelne Arbeitsvertrag eine erforderliche Genehmigung des Arbeitgebers vor, so hat der Arbeitnehmer darauf grundsätzlich einen Rechtsanspruch, muss die weitere Tätigkeit aber anmelden. Kollidiert die weitere Tätigkeit mit dienstlichen Interessen des (Haupt-)Arbeitgebers, so kann dieser die Genehmigung verweigern (BAG AP Nr. 5 zu § 611 BGB Nebentätigkeit). Eine Nebentätigkeit kann auch durch Gesetzesvorschrift, Tarifvertrag, Betriebsvereinbarung oder Arbeitsvertrag (ganz oder teilweise) verboten sein (BAG AP Nr. 5 zu § 611 BGB Nebentätigkeit). Der Arbeitnehmer hat in diesem Fall dennoch Anspruch auf die Zustimmung des Arbeitgebers, wenn die weitere Tätigkeit betriebliche Interessen des Arbeitgebers nicht beeinträchtigt (BAG NZA 2002, 965).

**73** Eine Beschäftigung während des Urlaubs, die dem Urlaubszweck widerspricht, ist untersagt (§ 8 BUrlG). Die Summe der Arbeitszeiten der verschiedenen Arbeitsverhältnisse darf die gesetzliche Höchstarbeitszeit nicht überschreiten (vgl. §§ 3, 7 ArbZG). Schwarzarbeit (Tätigkeit, ohne die gesetzlichen Abgaben abzuführen; Vollzeittätigkeit während der Arbeitslosigkeit) ist verboten (Gesetz zur Bekämpfung der Schwarzarbeit und illegalen Beschäftigung vom 23.7.2004, BGBl. I S. 1842). Auch die aus dem Arbeitsvertrag folgende Pflicht des Arbeitnehmers zur Rücksichtnahme auf die Interessen seines Arbeitgebers (z. B. Erhaltung der

Arbeitskraft; Wettbewerbsinteressen) kann der Übernahme einer weiteren Beschäftigung entgegenstehen.

### 4. Zeitarbeit

Beim sog. Leiharbeitsverhältnis stellt der Arbeitgeber den Arbeitnehmer mit dessen Einverständnis (§ 613 Satz 2 BGB) für eine bestimmte Zeit einem anderen zur Arbeitsleistung zur Verfügung. Dieser andere („Entleiher") erhält damit Arbeitgeberfunktionen. Denn er hat während der Dauer dieser „Leihe" den Anspruch auf die Arbeitsleistung; ihm steht das Weisungsrecht zu; ihn treffen auch die Schutzpflichten gegenüber dem Arbeitnehmer. Andererseits bleibt das Arbeitsverhältnis mit dem „Verleiher" bestehen; dieser ist weiterhin zur Lohnzahlung verpflichtet. Einzelheiten ergeben sich aus den getroffenen Abmachungen. Der Begriff Leiharbeit ist bei näherer Betrachtung völlig verfehlt, weil er den Arbeitnehmer zum verleihbaren Gegenstand degradiert; besser ist daher der Begriff der „Zeitarbeit". Von Seiten der Gewerkschaften wird bewusst der abwertende Begriff der Leiharbeit verwendet, während die Branche selbst von Zeitarbeit spricht. Eine pauschale Abwertung vernachlässigt, dass die Zeitarbeit empirisch nachweisbar positive Effekte für den Arbeitsmarkt hat.

74

Bei einem echten Zeitarbeitsverhältnis wird der Arbeitnehmer nur vorübergehend „ausgeliehen" (z. B. ein Baggerführer mit dem für kurze Zeit vermieteten Bagger). Beim unechten Zeitarbeitsverhältnis dagegen wird der Arbeitnehmer (z. B. eine Schreibkraft) von einem Zeitarbeitsunternehmen schon mit dem Ziel eingestellt, ihn gewerbsmäßig an andere zu überlassen (Arbeitnehmerüberlassung). Die gewerbsmäßig betriebene Arbeitnehmerüberlassung, auf die sich auch international tätige Großfirmen spezialisiert haben, kann zu besonderen Schutzbedürfnissen der „verliehenen" Arbeitnehmer führen. Dieser Wirtschaftszweig hatte sich, nicht zuletzt verursacht durch die engmaschigen Regulierungen des deutschen Arbeitsrechts und durch den Versuch, den hohen Arbeitskosten bestimmter Tarifbereiche zu entgehen, relativ stark ausgeweitet. Aktuell liegt sein Anteil in Deutschland allerdings bei lediglich 2 %, ist also relativ gering. Den europaweit aus dem Anwachsen der Zeitarbeit entstehenden Problemen wollen die Richtlinien 91/383/EWG (ABl. vom 29.7.1991 Nr. L 206/19) sowie 2008/104/EG (ABl. vom 19.11.2008 Nr. L 327/9) und auf nationaler Ebene das mehrfach, zuletzt 2017 grundlegend novellierte Arbeitnehmerüberlassungsgesetz (AÜG) begegnen.

75

Der deutsche Gesetzgeber sah in der Leiharbeit, nachdem er sie jahrzehntelang als eher unerwünschte Entwicklung sehr restriktiv behandelt hat, für eine gewisse Zeit sogar eine Lösung der Arbeitsmarktprobleme. So wurden im Zuge der sog. Hartz-Gesetze verschiedene Anreize geschaffen, um die Beschäftigung von Arbeitslosen über sog. Personalserviceagenturen (PSA) und Zeitarbeitsfirmen zu erleichtern (dazu Wank, RdA 2003, 1, 6 ff.). Auch wurde die Möglichkeit eröffnet, durch Tarifverträge von dem Grundsatz „equal pay" bzw. „equal treatment", also der Gleichbezahlung und -behandlung der überlassenen Arbeitnehmer mit der Stammbelegschaft, abzuweichen. Zuletzt wurden die Anforderungen an die Leiharbeit wieder kontinuierlich erschwert. Nachdem die Umsetzung der Richtlinie 2008/104/EG im Jahr 2011 bereits zu einer Re-Regulierung beitrug (dazu Hamann, RdA 2011, 321), wurde das Arbeitnehmerüberlassungsgesetz mit Wirkung zum 1.4.2017 in wesentlichen Teilen novelliert (dazu Lembke, NZA 2017, 1). Der Gesetzgeber verfolgte mit der Reform 2017 das Ziel, die Zeitarbeit auf ihre Kern-

76

funktionen zurückzuführen. So wurde in § 1 Abs. 1b AÜG zum Schutz der Arbeitnehmer eine (tarifdispositive) Überlassungshöchstdauer von 18 Monaten festgelegt. Nach ersten Bewertungen der beteiligten Akteure führt diese Maßnahme jedoch nicht zu signifikant besseren Übernahmechancen der eingesetzten Arbeitnehmer. Demnach erleichtert die Höchstüberlassungsdauer selten eine dauerhafte Anschlussbeschäftigung beim Entleiher, sondern führt in der Regel allenfalls zur Vereinbarung eines befristeten Arbeitsvertrages. Im Vergleich zu der sichereren unbefristeten Beschäftigung bei einem Zeitarbeitsunternehmen finden sich die Betroffenen so in tatsächlich prekären Beschäftigungsverhältnissen wieder.

**77** In § 1 Abs. 1 Satz 1 AÜG ist mit der Novelle 2017 erstmals eine Definition der Arbeitnehmerüberlassung enthalten. Zeitarbeit liegt vor, wenn Arbeitgeber als Verleiher Dritten (Entleihern) Arbeitnehmer (Leiharbeitnehmer) im Rahmen ihrer wirtschaftlichen Tätigkeit überlassen. Satz 2 präzisiert, dass Arbeitnehmer zur Arbeitsleistung überlassen werden, wenn sie in die Arbeitsorganisation des Entleihers eingegliedert sind und seinen Weisungen unterliegen. Sind die Voraussetzungen der Zeitarbeit gegeben, bedarf der Verleiher nach dem AÜG einer Erlaubnis der Bundesagentur für Arbeit (§§ 1 ff. AÜG). Bei unerlaubter Überlassung sind sowohl der Überlassungsvertrag zwischen Verleiher und Entleiher als auch der Arbeitsvertrag des Arbeitnehmers mit dem Verleiher unwirksam (vgl. § 9 Nr. 1 AÜG); zum Schutz des Arbeitnehmers wird jedoch ein Arbeitsvertrag mit dem Entleiher fingiert (§ 10 Abs. 1 Satz 1 AÜG).

**78** Der Verleiher hat die üblichen Arbeitgeberpflichten, der Entleiher vornehmlich Schutzpflichten gegenüber dem Arbeitnehmer (vgl. § 11 Abs. 6 AÜG). Im Baugewerbe ist die Arbeitnehmerüberlassung gem. § 1b AÜG eingeschränkt, weil in diesem Bereich besonders schwerwiegende Missstände festgestellt wurden. Die Arbeitnehmerüberlassung zwischen verschiedenen Unternehmen desselben Konzerns ist gem. § 1 Abs. 3 Nr. 2 AÜG in der Regel – mit Ausnahme weniger Vorschriften – nicht an den Maßstäben des AÜG zu messen (Konzernprivileg). Von dem Grundsatz „equal pay" gibt es gem. § 8 AÜG nur noch in begrenztem zeitlichem Umfang die Möglichkeit tariflicher Abweichung. Ein Tarifvertrag kann für bis zu 9 Monate nach der Überlassung abweichende Arbeitsbedingungen vorsehen. Alternativ können die Tarifvertragsparteien eine stufenweise Heranführung an ein gleichwertiges Entgelt vereinbaren, die jedoch nach spätestens 15 Monaten ihren Abschluss finden muss. Die Festlegung, welches Entgelt „gleichwertig" ist, obliegt dabei den Tarifvertragsparteien (hierzu Thüsing/Beden, NZA 2018, 404).

**79** Auf die zunehmende Stärkung der Position der Leiharbeitnehmer durch den Gesetzgeber reagierte die Praxis u. a. mit dem grundsätzlich unbedenklichen Abschluss von Werkverträgen mit Fremdpersonal. Dieses Vorgehen birgt allerdings Risiken: Kommen die Gerichte im Falle einer Überprüfung zu dem Ergebnis, dass die Arbeitnehmer des Werkunternehmers in den Betrieb des Auftraggebers eingegliedert und dort weisungsgebunden, und deshalb gem. § 1 Abs. 1 Satz 2 als Leiharbeitnehmer anzusehen sind, greift § 10 Abs. 1 Satz 1 AÜG mit der Folge, dass ein Arbeitsverhältnis mit dem (Schein-)Werkbesteller fingiert wird. Im Zuge der Novelle 2017 wurde in § 1 Abs. 1 Satz 5, 6 AÜG eine Kennzeichnungs- und Konkretisierungspflicht aufgenommen, um Vermeidungsstrategien einzuschränken. Eine Evaluation des AÜG ist für den Zeitraum ab 2020 geplant, aufgrund der vorgesehenen Dauer von 26 Monaten kann mit einer Veröffentlichung der Ergebnisse erst für das Jahr 2022 gerechnet werden.

## 5. Mittelbares Arbeitsverhältnis

**80** Gestattet der Arbeitgeber (AG) seinem Arbeitnehmer (M), dass dieser seinerseits zur Erfüllung seiner Pflichten aus dem Arbeitsvertrag andere Arbeitnehmer (AN) einstellt, indem er im eigenen Namen mit diesen Arbeitnehmern Arbeitsverträge schließt, und verfährt M so, dann bestehen nach h. M. außer dem Arbeitsvertrag im Verhältnis AG – M weitere Arbeitsverhältnisse M – AN (vgl. BAG AP Nr. 57 zu § 611 BGB Abhängigkeit). Zwischen AG und den AN liegt dagegen kein (echtes)

Arbeitsverhältnis vor; man spricht von einem mittelbaren Arbeitsverhältnis. Kennzeichen des mittelbaren Arbeitsverhältnisses ist, dass sich ein Arbeitnehmer gegenüber einem Mittelsmann, der selbst Arbeitnehmer eines Dritten ist, zur Leistung von Arbeit verpflichtet, wobei die Arbeit tatsächlich mit Wissen des Dritten unmittelbar für diesen geleistet wird (BAG AP Nr. 1 zu § 611 BGB Hausmeister). Zwischen AG und den AN steht M als Mittelsperson (Zwischenperson); M ist also sowohl Arbeitnehmer (gegenüber AG) als auch Arbeitgeber (gegenüber AN).

Beispiel: Die Rundfunkanstalt (AG) schließt mit dem Orchesterleiter (M) als Arbeitnehmer einen Arbeitsvertrag und sichert die Finanzierung des Orchesters zu. Der Orchesterleiter sucht die Musiker für das Orchester selbst aus, stellt sie im eigenen Namen ein und entlässt sie (vgl. BAG AP Nr. 2, 3 zu § 611 BGB Mittelbares Arbeitsverhältnis).

**81** Das mittelbare Arbeitsverhältnis ist im Sozialversicherungsrecht entwickelt worden, um den mittelbaren Arbeitgeber (AG) zur Beitragspflicht heranzuziehen. Arbeitsrechtlich sind die Arbeitgeberfunktionen aufgespalten: Die Mittelsperson hat ihren Arbeitnehmern (AN) gegenüber die Pflicht zur Entgeltzahlung und das Weisungsrecht. Auch der mittelbare Arbeitgeber hat Fürsorgepflichten gegenüber den AN; er kann der Mittelsperson – als seinem Arbeitnehmer – Weisungen auch in Bezug auf deren Arbeitnehmer erteilen. Einzelheiten ergeben sich aus den getroffenen Vereinbarungen.

### 6. Gruppenarbeitsverhältnis

**82** Beim Gruppenarbeitsverhältnis sind mehrere Arbeitnehmer zu einer Arbeitsgruppe zusammengefasst. Stellt ein Arbeitgeber mehrere Arbeitnehmer ein, die sich zur gemeinsamen Arbeitsleistung zu einer Gruppe zusammengeschlossen haben, spricht man von einer *Eigengruppe* (z. B. Musikkapelle). Ein Vertragsverhältnis besteht i. d. R. nur zur Gruppe (ErfK/Preis, § 611a BGB Rdnr. 169). Fasst der Arbeitgeber mehrere bei ihm beschäftigte Arbeitnehmer mit jeweils eigenständigen Arbeitsverträgen zu einer Gruppe zusammen, handelt es sich um eine *Betriebsgruppe* (z. B. Akkordkolonne). Für sie sieht das BetrVG besondere Mitbestimmungsregelungen vor (vgl. §§ 28a, 87 Abs. 1 Nr. 13 BetrVG).

Nach der jeweils getroffenen Vereinbarung richtet es sich, ob das einzelne Mitglied der Gruppe oder nur die Gruppe einen Entgeltanspruch hat. Einer Eigengruppe (z. B. einem Heimleiterehepaar) kann in der Regel nur gemeinsam gekündigt werden; der Kündigungsgrund braucht aber nur in einer Person zu liegen (vgl. BAG AP Nr. 1 zu § 611 BGB Gruppenarbeitsverhältnis).

### 7. Teilzeitarbeitsverhältnis

**83** Ein Teilzeitarbeitsverhältnis ist gegeben, wenn der Arbeitnehmer nur für eine kürzere als die betriebsübliche Wochenarbeitszeit beschäftigt ist (§ 2 Abs. 1 Satz 1 TzBfG). Dagegen erfolgt bei der Kurzarbeit eine vorübergehende Herabsetzung der vereinbarten Arbeitszeit (Rdnr. 247 ff.). Beim befristeten Arbeitsverhältnis ist die Dauer des Arbeitsvertrags begrenzt (Rdnr. 682 ff.).

**(1) Arten von Teilzeitarbeit**
Teilzeitarbeit wird unter verschiedenen Aspekten gesetzlich gefördert. Sie gilt als ein Instrument zur Förderung der Beschäftigung und der Vereinbarkeit von Familie und Erwerbstätigkeit (Teilzeit- und Befristungsgesetz vom 21.12.2000). Daneben soll durch Altersteilzeitarbeit (Rdnr. 87) älteren Arbeitnehmern ein gleitender Übergang vom Erwerbsleben in die Altersrente ermöglicht werden (Altersteilzeitgesetz vom 23.7.1996).

### (2) Normale Teilzeitarbeit

**84** **(a) Begriff.** Teilzeitbeschäftigte sind Arbeitnehmer, deren regelmäßige Wochenarbeitszeit kürzer ist als diejenige vergleichbarer Vollzeitbeschäftigter (§ 2 Abs. 1 Satz 1 TzBfG – lesen!). Es gilt ein Diskriminierungsverbot (§ 4 Abs. 1 TzBfG): Teilzeitarbeitnehmer dürfen wegen der Teilzeitarbeit nicht ohne sachliche Gründe anders (schlechter) behandelt werden als Vollzeitarbeitnehmer. Teilbare geldwerte Leistungen des Arbeitgebers sind ihnen mindestens anteilig zu gewähren (Weihnachtsgeld, Urlaubsgeld, Jahresvergütungen etc.).

**85** **(b) Rechtsanspruch auf einseitige Verringerung der Arbeitszeit.** Ein Arbeitnehmer, dessen Arbeitsverhältnis länger als sechs Monate bestanden hat, kann unter bestimmten Voraussetzungen einseitig verlangen und durchsetzen, dass seine vertraglich vereinbarte Arbeitszeit dauerhaft verringert wird. Nach weiteren zwei Jahren kann der Arbeitnehmer eine erneute Verkürzung seiner Arbeitszeit verlangen (zu den Einzelh. vgl. § 8 TzBfG). Mit Wirkung zum 1.1.2019 hat der Gesetzgeber einen Anspruch auf sog. „Brückenteilzeit", d. h. auf eine zeitlich begrenzte (ein bis fünf Jahre) Verringerung der Arbeitszeit geschaffen, der den Arbeitnehmern unter gewissen Voraussetzungen (mindestens 46 Beschäftigte) zusteht (§ 9a TzBfG). Anders als verschiedene spezialgesetzliche Teilzeitansprüche (BEEG, PflegeZG oder FPfZG) sind die Ansprüche aus §§ 8, 9a TzBfG nicht von einem bestimmten Sachgrund auf Seiten des Arbeitnehmers abhängig. Der Arbeitgeber kann die gewünschte Verkürzung der Arbeitszeit nur ablehnen, wenn „betriebliche Gründe" dem entgegenstehen. Im Übrigen hat er ihr zuzustimmen (§ 8 Abs. 4 TzBfG). Die Darlegungs- und Beweislast für „betriebliche Gründe" liegt beim Arbeitgeber. Unter gewissen Umständen kann sich eine Fiktion der Zustimmung nach § 8 Abs. 5 Satz 2, 3 TzBfG ergeben. Arbeitnehmer, die von ihrem Recht auf Verringerung der vertraglich vereinbarten Arbeitszeit Gebrauch machen, dürfen deswegen weder benachteiligt noch gekündigt werden (§§ 5, 11 TzBfG).

**86** Die gesetzlichen Regelungen sind rechtspolitisch diskussionswürdig. Es verstößt einerseits gegen den Grundsatz der Vertragstreue („pacta sunt servanda"), wenn eine Vertragspartei sechs Monate nach Abschluss eines Dauerschuldverhältnisses einseitig und ohne besondere Rechtfertigung eine schwerwiegende Veränderung der vereinbarten Hauptleistungspflicht verlangen und gegen den Willen der anderen durchsetzen kann. Auch verfassungsrechtlich bestehen gegen diesen Eingriff in die Abschlussfreiheit (die Verkürzungsvereinbarung wird zum Zwangsvertrag für den Arbeitgeber) Bedenken (Richardi/Annuß, BB 2000, 2201). Das BAG hat die zunächst deutlich zu weit gehende instanzgerichtliche Rspr. korrigiert (BAG AP Nr. 3 zu § 8 TzBfG) und zu Recht den unternehmerischen Gestaltungsfreiraum im Organisationsbereich betont (s. auch BAG NZA 2004, 921). Überzeugend erscheint es, dem sachgerechten gesetzgeberischen und gesellschaftlich gewünschten Ziel, die Vereinbarkeit von Familie und Beruf zu fördern, bei der Auslegung der Vorschriften Rechnung zu tragen. Dies kann insbesondere dadurch geschehen, dass die Beweisanforderungen an den Arbeitgeber hinsichtlich der entgegenstehenden betrieblichen Gründe je nach Interesse des Arbeitnehmers variieren: Ist der Wunsch der Arbeitnehmerin von familiärem Interesse getragen, sind dem Arbeitgeber höhere organisatorische Anstrengungen zuzumuten. Andernfalls verringern sich dessen Beweisanforderungen (vgl. LAG Köln NZA-RR 2013, 512).

## (3) Altersteilzeit

Die Altersteilzeitarbeit soll älteren Arbeitnehmern einen gleitenden Übergang in das Rentnerdasein ermöglichen (§ 1 Abs. 1 ATZG). Zugleich will das hierzu verabschiedete Altersteilzeitgesetz die Renten- und Arbeitslosenversicherung von den hohen Kosten der über viele Jahre hin praktizierten Frühverrentung älterer Arbeitnehmer durch die Tarif-, Betriebs- und Arbeitsvertragsparteien entlasten. Eine staatliche Förderung gab es ursprünglich auf zwei Ebenen: Arbeitgeber, die auf dem frei gewordenen Arbeitsplatz einen Arbeitslosen oder einen Auszubildenden nach Abschluss der Ausbildung einstellten, erhielten zum einen Förderleistungen der Bundesagentur für Arbeit (§ 1 Abs. 2, § 4 ATZG). Zum zweiten können Aufstockungsleistungen (§ 3 Abs. 1 ATZG) steuer- und damit beitragsfrei gezahlt werden. Während die erste Förderungsform seit dem 31.12.2009 ausläuft, stellt § 1 Abs. 3 ATZG klar, dass die Privilegierung durch § 3 Nr. 28 EStG (Steuerfreiheit der Aufstockungsbeträge), die gem. § 1 Abs. 1 Nr. 1 SvEV (Sozialversicherungsentgeltverordnung) die Beitragsfreiheit in der Sozialversicherung nach sich zieht, auch für Arbeitnehmer erhalten bleibt, die ihre Altersteilzeit erst nach dem 31.12.2009 beginnen.

## (4) Arbeit auf Abruf (§ 12 TzBfG)

Arbeitgeber und Arbeitnehmer können vereinbaren, dass der Arbeitnehmer seine Arbeitsleistung entsprechend dem Arbeitsanfall zu erbringen hat (Arbeit auf Abruf). Hierdurch wird das Wirtschafts- bzw. Beschäftigungsrisiko zum Teil auf den Arbeitnehmer verlagert (BAG NZA 2006, 423). Die Vereinbarung muss die Dauer der wöchentlichen und täglichen Arbeitszeit festlegen. Fehlt eine solche Vereinbarung, so gelten (seit 1.1.2019) wöchentlich 20 oder täglich drei Stunden in Folge als vereinbart (§ 12 Abs. 1 Satz 3, 4 TzBfG; BAG NJW 2014, 3471). Über eine mindestens viertägige Ankündigungsfrist soll dem Arbeitnehmer die Planung seines Arbeitseinsatzes erleichtert werden. Mit der Pflicht zur mindestens dreistündigen Beschäftigung wird die Belastung durch nur kurze oder nicht zusammenhängende Arbeitseinsätze gemindert. Die Abrufarbeit, auch KAPOVAZ (kapazitätsorientierte variable Arbeitszeit) genannt, hatte zunächst in der Praxis geringe Bedeutung. Die Rspr. des BAG zur Arbeit auf Abruf (BAG NZA 2006, 423) ermöglicht es allerdings, dieses Instrument zur stärkeren Flexibilisierung von Arbeitsverhältnissen zu nutzen (dazu Kiene, Arbeit auf Abruf, 2010). Die zum 1.1.2019 erfolgte Reform des § 12 TzBfG schränkt diese Möglichkeiten allerdings wieder etwas ein.

## 8. Job-Sharing (§ 13 TzBfG)

Von Job-Sharing spricht man, wenn der Arbeitgeber zwei oder mehrere Arbeitnehmer auf einem (Vollzeit-)Arbeitsplatz einsetzt. Es handelt sich um Teilzeitbeschäftigte in einem Gruppenverhältnis.

Die Parteien können z. B. vereinbaren, dass der eine Arbeitnehmer vormittags, der andere nachmittags oder jeder von ihnen jeden zweiten Arbeitstag ganztägig arbeitet. Will einer von ihnen etwa eine ganze Woche lang nicht arbeiten, muss er mit dem anderen übereinkommen, dass dieser während dieser Zeit arbeitet.

Trotz der Freiheit bei der Wahl der Arbeitszeit sind die Beschäftigten Arbeitnehmer, weil sie vom Arbeitgeber persönlich abhängig sind.

Bei Ausfall eines Arbeitnehmers sind die anderen in die Arbeitsplatzteilung einbezogenen Arbeitnehmer zu seiner Vertretung nur aufgrund einer für den einzelnen Vertretungsfall getroffenen Vereinbarung verpflichtet. Eine generelle Verpflichtung zur Vertretung kann vorab nur für den Fall eines dringenden betrieblichen Erfordernisses vereinbart werden. Scheidet ein in die Arbeitsplatzteilung einbezogener Arbeitnehmer aus, darf der Arbeitgeber deswegen einem anderen Arbeitnehmer nicht kündigen (§ 13 Abs. 1 u. 2 TzBfG).

### 9. Probearbeitsverhältnis

90 Vor dem Abschluss eines Arbeitsvertrags können beide Seiten ein Interesse daran haben, die Eignung und Neigung des Arbeitnehmers für die vorgesehenen Arbeitsaufgaben zu erproben. Das geltende Recht eröffnet dafür verschiedene Gestaltungsmöglichkeiten:
- Abschluss eines unbefristeten Arbeitsverhältnisses mit gleichzeitig vereinbarter, anfänglicher, befristeter Probezeit. Sie beträgt in der Regel, nicht zuletzt im Hinblick auf § 1 Abs. 1 KSchG, sechs Monate. Wird diese Probezeit nicht als Mindestvertragsdauer vereinbart, so kann das Arbeitsverhältnis während der Probezeit von beiden Seiten mit einer Frist von zwei Wochen gekündigt werden (§ 622 Abs. 3 BGB).
- Abschluss eines befristeten Probearbeitsverhältnisses. Sachgrund und Zweck der kalendermäßigen Befristung ist die Erprobung (§ 14 Abs. 1 Nr. 5 TzBfG). Die Befristung bedarf der Schriftform (§ 14 Abs. 4 TzBfG). Das befristete Probearbeitsverhältnis endet mit dem Ablauf der vereinbarten Frist. Eine ordentliche Kündigung innerhalb der vereinbarten Frist ist nur möglich, wenn dies vereinbart wurde (§ 15 Abs. 3 TzBfG).

## C. Arbeitnehmerähnliche Beschäftigungsverhältnisse

**Schrifttum:** *Bodem,* Abwicklung gescheiterter freier Mitarbeiterverhältnisse aus arbeits-, sozial-, steuer- und strafrechtlicher Sicht, ArbRAktuell 2012, 213; *Rebhahn,* Arbeitnehmerähnliche Personen – Rechtsvergleich und Regelungsperspektive, RdA 2009, 236; *Reiserer,* Wege aus dem Arbeitsverhältnis in die Selbstständigkeit, in: Festschrift 25 Jahre ARGE ArbR im DAV, 2006, S. 545.; *Schubert,* Der Schutz arbeitnehmerähnlicher Personen, 2004; *Willemsen/Müntefering,* Begriff und Rechtsstellung arbeitnehmerähnlicher Personen: Versuch einer Präzisierung, NZA 2008, 193.

### I. Der Begriff der arbeitnehmerähnlichen Person

91 Es gibt Rechtsverhältnisse, die keine Arbeitsverhältnisse darstellen; dennoch befindet sich eine der beiden Vertragsparteien wegen ihrer wirtschaftlichen Abhängigkeit von einem Unternehmer in einer ähnlichen Lage wie ein Arbeitnehmer. Das kann dazu führen, dass diese Personen in bestimmten Bereichen ebenso schutzbedürftig sind wie die Arbeitnehmer. An die Stelle der persönlichen Abhängigkeit tritt die wirtschaftliche Unselbstständigkeit (BAG AP Nr. 12 zu § 611 BGB Arbeitnehmerähnlichkeit). Diese Beschäftigten werden als *arbeitnehmerähnliche Personen* bezeichnet und Arbeitnehmern im Sinne des Bundesurlaubsgesetzes (§§ 2, 12 BUrlG), des Allgemeinen Gleichbehandlungsgesetzes (§ 6 Abs. 1 Nr. 3 AGG), des Pflegezeitgesetzes (§ 7 Abs. 1 Nr. 3 PflegeZG); des Arbeitsgerichtsgesetzes (§ 5 Abs. 1 Satz 2 ArbGG und des Tarifvertragsgesetzes (§ 12a TVG) gleichgestellt. Eine Legaldefinition des Arbeitnehmerähnlichen kennt § 12a TVG, der ihn für Personen verwendet, die „wirtschaftlich abhängig und vergleichbar einem Arbeitnehmer sozial schutzbedürftig" sind. Traditionell werden die Heimarbeiter, die Handelsvertreter und die Freien Mitarbeiter zu den Arbeitnehmerähnlichen ge-

zählt. Insgesamt ist der arbeitsrechtliche Schutz dieser Personengruppe gesetzlich nur sehr gering ausgeprägt. Insbesondere genießen ihre Mitglieder weder Kündigungsschutz noch Entgeltfortzahlung im Krankheitsfall. Eine Inhaltskontrolle der Dienst- oder Werkverträge gem. §§ 305 ff. BGB findet hingegen statt; außerdem ist der besondere Diskriminierungsschutz des AGG anwendbar (vgl. § 6 Abs. 1 Nr. 3 AGG). Im Einzelfall umstritten ist die analoge Anwendung konkreter arbeitsrechtlicher Vorschriften (dazu HWK/Thüsing, § 611a BGB Rdnr. 125).

Eine arbeitnehmerähnliche Person kann als im sozialversicherungsrechtlichen Sinn „Selbstständig Tätiger" in vollem Umfang rentenversicherungspflichtig sein (§ 2 Satz 1 Nr. 9 SGB VI). Mit Blick auf die fortschreitende Modernisierung der Arbeitswelt steht das Arbeitsrecht vor der Herausforderung, angemessene Regelungen für Arbeitskräfte anzubieten, die sich aufgrund der Art ihrer Beschäftigung weder als Arbeitnehmer noch eindeutig als Selbstständige qualifizieren lassen. Hierzu bietet es sich an, das Recht der arbeitnehmerähnlichen Personen maßvoll auszubauen (dazu Rdnr. 1243).

## II. Heimarbeiter und Hausgewerbetreibende

Für die Heimarbeiter und die Hausgewerbetreibenden enthält das Heimarbeitsgesetz Vorschriften über Arbeitszeit, Gefahren, Entgelt- und Kündigungsschutz (§§ 10 f., 12 ff., 17 ff., 29 f. HAG). Ergänzend sieht das EFZG für Heimarbeiter im Krankheitsfall einen Anspruch auf einen Zuschlag zum Arbeitsentgelt vor (§ 10 EFZG).

a) *Heimarbeiter* ist, wer in selbstgewählter Wohnung oder Betriebsstätte allein oder mit Familienangehörigen im Auftrag von Gewerbetreibenden gewerblich arbeitet und die Verwertung der Arbeitsergebnisse dem Gewerbetreibenden überlässt (vgl. § 2 Abs. 1 HAG). Das BetrVG fingiert, dass Heimarbeiter als Arbeitnehmer des Betriebes gelten, für den sie in der Hauptsache arbeiten (§ 5 Abs. 1 Satz 2 BetrVG).

b) Der *Hausgewerbetreibende* unterscheidet sich vom Heimarbeiter dadurch, dass er (höchstens zwei) fremde Hilfskräfte oder Heimarbeiter beschäftigt, wobei er „selbst wesentlich am Stück mitarbeitet" (vgl. § 2 Abs. 2 HAG).

Das Heimarbeitsrecht hat in den vergangenen Jahrzehnten massiv an Bedeutung verloren. Heute fallen lediglich noch ca. 20.000 Beschäftigte unter dieses Gesetz. Möglicherweise stellt jedoch das Urteil des BAG aus dem Jahr 2016 einen gewissen Wendepunkt dar (NZA 2016, 1453). Das Gericht hat – allerdings in einem eher atypisch gelagerten Fall – die Anwendbarkeit des HAG auf einen seit längerem für ein Unternehmen tätigen Softwareentwickler bejaht. Das Heimarbeitsrecht ist so in den Fokus der Überlegungen zur arbeitsrechtlichen Behandlung neuartiger, digitaler Beschäftigungsmöglichkeiten gerückt (sog. Arbeit 4.0., hierzu Rdnr. 1240 ff.).

## III. Handelsvertreter

Der Handelsvertreter ist selbstständiger Kaufmann (vgl. § 84 Abs. 1 HGB) und daher kein Arbeitnehmer. Darf er nur für einen Unternehmer tätig werden (sog. Einfirmenvertreter, vgl. § 92a HGB) und hat er in den letzten sechs Monaten durchschnittlich nicht mehr als 1.000,– Euro monatlich verdient, sind für seine

Rechtsstreitigkeiten mit dem Unternehmer die Arbeitsgerichte zuständig (vgl. § 5 Abs. 3 ArbGG).

### IV. Freier Mitarbeiter

**96** Sofern es sich bei einem als „Freier Mitarbeiter" bezeichneten Beschäftigten nicht aufgrund persönlicher Abhängigkeit um einen Arbeitnehmer handelt (**Fall d**; Rdnr. 52), wird er doch häufig jedenfalls wirtschaftlich vom Unternehmer abhängig sein, weil er im Wesentlichen nur für ihn tätig ist und das bei ihm verdiente Entgelt seine Existenzgrundlage bildet. In diesem Fall sind die oben (Rdnr. 91) genannten Vorschriften auf sein Vertragsverhältnis anwendbar.

### V. Franchisenehmer

**97** Die bislang genannten, schon seit langem anerkannten Gruppen der Arbeitnehmerähnlichen sind um den Franchisenehmer zu ergänzen. Sowohl das BAG (AP Nr. 37 zu § 5 ArbGG 1979) als auch der BGH (BGHZ 140, 11) haben die Arbeitnehmerähnlichkeit dieser Vertriebspartner mit einer pauschalen Begründung bejaht (im Übrigen oben Rdnr. 56).

# Kapitel 2: Die rechtlichen Grundlagen des Arbeitsverhältnisses

Das Arbeitsverhältnis unterliegt heute nicht mehr allein oder auch nur vorrangig nationalem Arbeitsrecht. Es herrscht eine Gemengelage von internationalen (teils supranationalen) (Rdnr. 100 ff.) und nationalen (Rdnr. 121 ff.) Rechtsregeln. Der Begriff „Internationales Arbeitsrecht" kann zwei Bedeutungen haben. Er bezeichnet zunächst jenen Teil des Völkerrechts, der die zwischenstaatlichen Vereinbarungen von sozialen Schutznormen für Arbeitnehmer behandelt. Das sind insbesondere die zahlreichen Übereinkommen der Internationalen Arbeitsorganisation (Rdnr. 100 f.). Dieser auch als supranationales Arbeitsrecht bezeichnete Teil des Arbeitsrechts gilt über die Grenzen eines Staates hinaus. Als Arbeitskollisionsrecht wird jene Teildisziplin des (deutschen) internationalen Privatrechts bezeichnet, die die Frage behandelt, welches nationale Arbeitsrecht auf Arbeitsverhältnisse mit Auslandsberührung anzuwenden ist (Rdnr. 161 ff.). In den letzten Jahrzehnten hat das Recht der Europäischen Union im Arbeitsrecht erheblich an Bedeutung gewonnen und durchdringt heute weite Teile des nationalen Arbeitsrechts. Die Klärung offener Rechtsfragen erfolgt daher häufig nicht mehr in Erfurt (BAG), sondern in Luxemburg beim EuGH.

98

## A. Internationales Recht

**Schrifttum:** *Däubler/Kittner/Lörcher* (Hrsg.), Internationale Arbeits- und Sozialordnung, 2. Aufl., 1994; *Däubler/Zimmer* (Hrsg.), Arbeitsvölkerrecht: Festschrift für Klaus Lörcher, 2013; *Henssler/Braun* (Hrsg.), Arbeitsrecht in Europa, 3. Aufl., 2011; *Lörcher*, Die Normen der Internationalen Arbeitsorganisation und des Europarats – Ihre Bedeutung für das Arbeitsrecht der Bundesrepublik, AuR 1991, 97; Münchener Handbuch zum Arbeitsrecht/Oetker, 4. Aufl., 2018, § 12; *Nußberger*, Auswirkungen der Rechtsprechung des Europäischen Gerichtshofs für Menschenrechte auf das deutsche Arbeitsrecht, RdA 2012, 270.; *Preis/Sagan*, Europäisches Arbeitsrecht, 2. Aufl., 2019; *Schlachter/Heuschmid/Ulber* (Hrsg.), Arbeitsvölkerrecht, 1. Aufl., 2019.

**Fälle:**
a) Arbeitgeber H schließt mit M einen Arbeitsvertrag auf Grundlage einer nationalen Vorschrift, die eine sachgrundlose Befristung für alle Arbeitnehmer ab dem 52. Lebensjahr vorsieht. M ist der Meinung, die Vorschrift verstoße gegen Europarecht.

99

b) Das Arbeitsverhältnis des Arbeitnehmers A, der bislang bei der tarifgebundenen metallverarbeitenden X-GmbH beschäftigt war, ist im Zuge eines Betriebsübergangs nach § 613a Abs. 1 BGB auf den Erwerber, die nicht tarifgebundene Y-AG, übergeleitet worden. Der Arbeitsvertrag des A enthält eine sog. Bezugnahmeklausel, in der auf die Tarifverträge der (regionalen) Metallindustrie in der jeweils gültigen Fassung verwiesen wird. Die Y-AG wendet zwar den Tarifvertrag der Metallindustrie zum Zeitpunkt der Betriebsübernahme an, weigert sich aber unter Hinweis auf ihre fehlende Tarifgebundenheit, die nächste Tariflohnerhöhung an A weiterzugeben. Zu Recht?

## I. Völkerrechtliche Vereinbarungen

### 1. Übereinkommen der IAO

**100** Die Übereinkommen der Internationalen Arbeitsorganisation (IAO = International Labour Organisation = ILO) sind völkerrechtliche Vereinbarungen, die von den Organen der IAO beschlossen werden. Die IAO, eine selbstständige Sonderorganisation der UNO mit Sitz in Genf, verfolgt das Ziel, Mindeststandards für die Arbeitsbedingungen aller Arbeitnehmer zu sichern (vgl. Präambel der Verfassung der IAO, abgedr. bei Nipperdey, Nr. 1081). Die Übereinkommen entfalten eine innerstaatliche Bindungswirkung erst dann, wenn sie vom Mitgliedstaat im Gesetzgebungsverfahren ratifiziert worden sind. Inwieweit einzelne Arbeitnehmer, Gewerkschaften oder Arbeitgeber aus ratifizierten Übereinkommen der IAO unmittelbar subjektive Rechte herleiten können, ist umstritten (dazu Lörcher, AuR 1991, 97, 102 ff.). Das BAG lehnt dies ab (BAG NZA 1998, 1072).

**101** Die Bundesrepublik hat von den z. Zt. 189 Übereinkommen der IAO 85 ratifiziert, wovon 59 in Kraft sind (abrufbar unter www.ilo.org/berlin/arbeits-und-standards/lang--de/index.htm). Bedeutsam sind folgende Übereinkommen (alle Abkommen sind im Internet abrufbar unter „http://www.ilo.org/dyn/normlex/en/f?p=NORMLEXPUB:12000:0::NO::P12000_INSTRUMENT_SORT:1"):

a) Das Übereinkommen Nr. 87 über die Vereinigungsfreiheit und den Schutz des Vereinigungsrechts vom 9.7.1948 ist das wichtigste Übereinkommen und steht an erster Stelle der acht sog. Kernarbeitsnormen („core labour standards"). Danach hat jedes Mitglied innerstaatliche Regelungen zu treffen, die den Arbeitnehmern und den Arbeitgebern gleichermaßen das Recht einräumen, ohne vorherige Genehmigung Organisationen nach eigener Wahl zu bilden und ihnen beizutreten. Weiterhin muss sichergestellt sein, dass diese Organisationen ihre Tätigkeit frei von behördlichen Eingriffen selbst regeln können. Bei der Bestimmung des Inhalts dieser Koalitionsfreiheit, die in Deutschland durch Art. 9 Abs. 3 GG gesichert ist (Rdnr. 740 ff.), und bei der Anwendung einschlägiger Normen dürfen die im Übereinkommen Nr. 87 vorgesehenen Rechte nicht geschmälert werden. Problematisch und vielfach von den ILO-Kontrollorganen kritisiert ist das deutsche Verbot des Arbeitskampfes für Beamte mit nicht hoheitlichen Tätigkeiten.

b) Das Übereinkommen Nr. 135 über Schutz und Erleichterungen für Arbeitnehmer im Betrieb v. 23.6.1971 schützt Arbeitnehmervertreter im Betrieb gegen jede Benachteiligung einschließlich Kündigung (vgl. § 20 BetrVG und § 15 KSchG i. V. m. § 103 BetrVG; dazu Rdnr. 526, 614). Nach der Rspr. des BAG sind Wahlbewerber bei nichtiger Betriebsratswahl allerdings nicht nach den genannten nationalen Vorschriften geschützt; darin liege kein Verstoß gegen das Übereinkommen (BAG NZA 1986, 753).

c) Das Übereinkommen Nr. 111 über die Diskriminierung in Beschäftigung und Beruf v. 25.6.1958 verbietet Diskriminierungen aufgrund von Rasse, Hautfarbe, Geschlecht, Glaubensbekenntnis, politischer Meinung, nationaler Abstammung, sozialer Herkunft und verpflichtet die Mitgliedstaaten, jegliche Diskriminierung auf diesem Gebiet auszuschalten. Dem tragen z. B. Art. 3 GG und das Allgemeine Gleichbehandlungsgesetz (AGG) Rechnung (vgl. Rdnr. 173 ff., 187 ff.).

d) Das Übereinkommen Nr. 132 über bezahlten Jahresurlaub v. 24.6.1970 sichert u. a. einen Mindestjahresurlaub von drei Wochen, einen Anspruch auf Teilurlaub, schränkt die Teilbarkeit des Urlaubs ein und gewährleistet die Übertragbarkeit des Urlaubsanspruchs sowie dessen Abgeltung. Dem entspricht das BUrlG (dazu Rdnr. 471 ff.).

e) Das Übereinkommen Nr. 3 über die Beschäftigung der Frauen vor und nach der Niederkunft v. 29.11.1919 enthält ein Beschäftigungsverbot von sechs Wochen vor und nach der Geburt, Unterstützungsleistungen während dieses Zeitraums und ein Kündigungsverbot. Diese Rechte sind durch das MuSchG abgesichert (vgl. Rdnr. 466 ff.).

## 2. Europäische Menschenrechtskonvention und Europäische Sozialcharta

Die Europäische Menschenrechtskonvention (EMRK) und die Europäische Sozialcharta (ESC), die der Europarat in Straßburg verabschiedet hat, sind ebenfalls völkerrechtliche Vereinbarungen mit arbeitsrechtlich bedeutsamen Regelungen (vgl. Nipperdey, Nr. 1150, 1152). Beide haben in Deutschland (einfachen) Gesetzesrang (str. für die ESC, offen lassend BAG NZA 1984, 393; dagegen Konzen, JZ 1986, 157), jedoch gewährt einzig die EMRK subjektive Rechte. Sofern innerstaatliche arbeitsrechtliche Bestimmungen Auslegungsprobleme aufwerfen, ist diejenige Lösung zu wählen, die den Vorschriften der EMRK und der ESC am ehesten gerecht wird (völkerrechtsfreundliche Auslegung).

Nach Art. 11 Abs. 1 EMRK haben alle Menschen das Recht, sich frei mit anderen zusammenzuschließen. Dazu gehört die Befugnis, zum Schutz ihrer Interessen Gewerkschaften zu bilden und diesen beizutreten (dazu Nußberger, RdA 2012, 270).

Die ESC enthält in Teil 2 Regelungen zum individuellen und kollektiven Arbeitsrecht. Danach sind die Vertragsstaaten u. a. gehalten, die wirksame Ausübung des Rechts auf Arbeit und auf berufliche Bildung zu gewährleisten. Sie müssen auf gerechte, sichere und gesunde Arbeitsbedingungen sowie auf ein gerechtes Arbeitsentgelt hinwirken. Ferner haben sie sich für den Schutz von Kindern, Jugendlichen, Frauen, Behinderten und Wanderarbeitnehmern einzusetzen. Im Bereich der kollektiven Arbeitsbedingungen sind gem. Art. 5 ESC die Vereinigungsfreiheit und gem. Art. 6 ESC das Recht auf Kollektivvereinbarungen zu gewährleisten. In Art. 6 Nr. 4 ESC ist das Streikrecht genannt, das in der Diskussion um eine gerechte Arbeitskampfordnung Bedeutung erlangt hat, zumal es vom EGMR in die Auslegung der Vereinigungsfreiheit des Art. 11 EMRK einbezogen wird (EGMR NZA 2010, 1423; vgl. Brox/Rüthers, Arbeitskampfrecht, Rdnr. 124).

Art. 6 EMRK gewährleistet auch für das Arbeitsrecht den Anspruch auf ein faires Gerichtsverfahren innerhalb angemessener Zeit. Die Bundesrepublik ist durch den EGMR wegen der Verletzung von Vorschriften der EMRK wiederholt verurteilt worden, zum Beispiel zur Zahlung von Schmerzensgeld wegen einer Verfahrensdauer von fünf Jahren vor einem Sozialgericht oder wegen des unzureichenden Schutzes von sog. Whistleblowern (EGMR NZA 2011, 1269).

## II. Das Recht der Europäischen Union

**Schrifttum:** *Di Fabio,* Nationales Arbeitsrecht im Spannungsfeld von Grundgesetz und Grundrechtecharta, RdA 2012, 262; *Franzen,* Privatrechtsangleichung durch die Europäische Gemeinschaft, 1999; *Fuchs/Marhold,* Europäisches Arbeitsrecht, 5. Aufl., 2017; *Hanau,* Die Europäische Grundrechtecharta – Schein und Wirklichkeit im Arbeitsrecht, NZA 2010, 1; *Henssler,* Arbeitsrecht der Europäischen Union, in Henssler/Braun (Hrsg.), Arbeitsrecht in Europa, 3. Aufl., 2011, S. 1; *Höpfner,* Die systemkonforme Auslegung, 2008; *ders.,* Voraussetzungen und Grenzen richtlinienkonformer Auslegung und Rechtsfortbildung, JbJZRWiss 2009, 73; *Höpfner/Rüthers,* Grundlagen einer europäischen Methodenlehre, AcP 209 (2009), 1; *Kokott,* Auslegung europäischen oder Anwendung nationalen Rechts?, RdA 2006, Beil. 6; *Preis,* Verbot der Altersdiskriminierung als Gemeinschaftsgrundrecht – Der Fall Mangold und seine Folgen, NZA 2006, 401; *ders./*

*Sagan*, Europäisches Arbeitsrecht: Grundlagen – Richtlinien – Folgen für die deutsche Rechtspraxis, 2. Aufl., 2019; *Riesenhuber*, Europäisches Arbeitsrecht, 2009; *Schubert/Jerchel*, Die Entwicklung des europäischen Arbeitsrechts 2011/2012, EuZW 2012, 926; *Thüsing*, Europäisches Arbeitsrecht, 3. Aufl., 2017.

**104** Dem Recht der Europäischen Union kommt arbeitsrechtlich immer größere Bedeutung zu, weil das Unionsrecht zunehmend das nationale (Arbeits-)Recht überlagert.

## 1. Geschichtliche Entwicklung

**105** Die Europäische Union war zu Beginn 1957 eine Wirtschaftsgemeinschaft, eine Sozial- und Arbeitspolitik war daher nicht vorgesehen. Die Grundfreiheiten der jetzigen Art. 45, 49, 56 AEUV, welche die Freizügigkeit der Arbeitnehmer sowie die Niederlassungs- und Dienstleistungsfreiheit regeln, zielten ursprünglich nicht auf den sozialen Schutz der Arbeitnehmer, sondern auf Integration und Durchdringung der nationalen Märkte. Konkrete Bestimmungen zum Arbeitsrecht fanden sich nur in den jetzigen Art. 157, 159 AEUV (Art. 141, 143 EG a. F.). Das hat sich in der Zwischenzeit grundlegend gewandelt. Die Union hat sich zum Ziel gesetzt, eine Sozialunion zu verwirklichen (Art. 3 EUV), und ihre Befugnisse zur Rechtsetzung kontinuierlich ausgebaut. Einen ersten Schritt zur Realisierung einer solchen Sozialunion stellten ab 1974 die rechtlich unverbindlichen sozialpolitischen Aktionsprogramme dar.

Die Sozialpolitik (Art. 151 ff. AEUV) besitzt heute einen großen Stellenwert. Von Bedeutung ist insbesondere Art. 153 AEUV, der eine Vielzahl von Kompetenzen zum Richtlinienerlass für Regelungen des Arbeitslebens vorsieht. Im Jahr 1989 verabschiedete der Rat die Gemeinschaftscharta der sozialen Grundrechte der Arbeitnehmer (nicht zu verwechseln mit der ESC; Rdnr. 102). Sie enthält eine Reihe von sozialen Schutzpositionen wie z. B. den Schutz von Kindern und Jugendlichen, älteren und behinderten Arbeitnehmern oder die Anhörung und Mitwirkung der Arbeitnehmer. Ihr kam keine rechtliche Verbindlichkeit zu, sie formulierte aber die politischen Ziele der Gemeinschaft und war Grundlage für weitere Aktionsprogramme, die über Richtlinien umgesetzt wurden.

Die nächste Phase der Entwicklung wurde 1992 durch den Vertrag von Maastricht eingeläutet. Dem Vertrag war das Protokoll über die Sozialpolitik (sog. Sozialabkommen, abgedr. in RdA 1993, 234) beigefügt, das durch den Vertrag von Amsterdam vom 2.10.1997 in den EG-Vertrag überführt wurde und heute in Art. 151–161 AEUV verortet ist.

Der am 1.12.2009 in Kraft getretene Vertrag von Lissabon brachte eine grundlegende Überarbeitung des Europäischen Primärrechts: aus dem EG-Vertrag wurde der Vertrag über die Arbeitsweise der Europäischen Union (AEUV), die Säulenstruktur der Union wurde abgeschafft. Seither gibt es nur noch eine einheitliche, mit Rechtspersönlichkeit ausgestattete Europäische Union. Am selben Tag wurde zudem die Charta der Grundrechte der Europäischen Union (GR-Charta, vgl. Nipperdey, Nr. 856) für die Union und die Mitgliedstaaten rechtsverbindlich. Sie enthält einen umfassenden Katalog von Grundrechten und Grundsätzen, wobei erstere subjektive Rechte begründen und letztere die Mitgliedsstaaten bei der Durchführung des Unionsrechts leiten. Neben den aus dem Grundgesetz bekannten Freiheitsrechten umfasst sie insbesondere ein „Recht, zu arbeiten" (Art. 15 Abs. 1 GR-Charta), einen „Schutz bei ungerechtfertigter Entlassung" (Art. 30 GR-Charta), ein „Recht auf gesunde, sichere und würdige Arbeitsbedingungen" und auf „bezahlten Jahresurlaub" (Art. 31 GR-Charta) sowie verschiedene Diskriminierungsverbote (Art. 21 GR-Charta).

Das Arbeitsrecht der EU setzt sich aus *primärem* und *sekundärem* Unionsrecht zusammen. **106**

Primärrecht sind die Gründungs- und Änderungsverträge der Europäischen Union, zuletzt also der Vertrag von Lissabon, mit Anhängen und Protokollen, die auch die Rechtsetzungskompetenzen in der Union regeln.

Sekundärrecht sind die von den Normsetzungsorganen der Union erlassenen Regelungen, vor allem die *Verordnungen* und die *Richtlinien*. Die Verordnungen gelten in den Mitgliedstaaten unmittelbar und zwingend; sie verdrängen entgegenstehendes nationales Recht. Die Richtlinien geben verbindliche Regelungsziele vor, die von den Mitgliedstaaten durch Gesetzgebung und Rspr. noch umzusetzen sind (vgl. Art. 288 AEUV), unter gewissen Voraussetzungen aber auch unmittelbare Wirkungen entfalten können (Rdnr. 114).

## 2. Vorrang des Unionsrechts

Das Verhältnis von Unionsrecht zum nationalen Recht ist nach wie vor nicht in allen Einzelheiten geklärt. Unsicherheiten ergeben sich aufgrund der unterschiedlichen Stellungnahmen des Europäischen Gerichtshofes (EuGH) und des BVerfG. Der EuGH hat schon früh das EU-Recht als eigenständige Rechtsordnung mit Vorrang vor nationalem Recht angesehen. Das BVerfG behält sich allerdings vor, das Unionsrecht im Kollisionsfall an den tragenden Prinzipien des Grundgesetzes zu überprüfen, *solange* ein wirksamer Grundrechtsschutz durch das Unionsrecht nicht gesichert ist (BVerfGE 37, 271; 73, 339 – „Solange"-Rspr.). Das Gericht sieht diesen Schutz derzeit als gewährleistet an (BVerfGE 102, 147 – Bananenmarkt-Beschluss), begründet ihn aber – anders als der EuGH – aus der nationalen verfassungsrechtlichen Ermächtigung. Die damit verbundenen Streitfragen können hier dahingestellt bleiben. Beide Auffassungen stimmen darin überein, dass im Falle einer Kollision die europarechtlichen Vorschriften Anwendungsvorrang besitzen (EuGH NJW 1963, 974 – „van Gend & Loos"; NJW 1964, 2371 – „Costa/ENEL"; BVerfGE 73, 339; 89, 155). Danach sind europarechtswidrige nationale Vorschriften zwar nicht unwirksam, aber unanwendbar (näher ErfK/Wißmann, Vorbemerkung zum AEUV, Rdnr. 39 ff.). Eine Vorlage an das BVerfG gem. Art. 100 Abs. 1 GG ist unzulässig, weil sich das Verwerfungsmonopol des BVerfG auf die Unvereinbarkeit nationaler Vorschriften mit dem GG beschränkt (dazu Wißmann, DB 1989, 1922, 1924; a. A. Wackerbarth/Kreße, EuZW 2010, 252 ff.). Der Vorrang des Unionsrechts gilt sowohl gegenüber staatlich gesetztem Recht einschließlich des nationalen Verfassungsrechts, als auch gegenüber dem Richterrecht und Tarifverträgen. Ist eine nationale Rechtsvorschrift unionsrechtskonform auszulegen, bleibt sie anwendbar. Bei mehreren Auslegungsmöglichkeiten ist diejenige zu wählen, die dem Unionsrecht entspricht (ausf. Höpfner, Die systemkonforme Auslegung, 2008, S. 216 ff., 249 ff.). **107**

Beispiele: Das Nachtarbeitsverbot für Arbeiterinnen gem. § 19 AZO, aufgehoben durch das ArbZG, verstieß gegen die Richtlinie 76/207/EWG, weil es allein für Frauen galt (vgl. EuGH AP Nr. 28 zu Art. 119 EWG-Vertrag für die dem deutschen Recht entsprechende französische Regelung). § 1 Abs. 3 Nr. 2 LFZG a. F., der Teilzeitbeschäftigte von der Lohnfortzahlung ausschloss, war mit Art. 141 EG a. F. (heute Art. 157 AEUV) unvereinbar (BAG NZA 1992, 259). § 14 Abs. 3 TzBfG a. F. hielt der EuGH in seiner Mangold-Entscheidung für gemeinschaftsrechtswidrig (EuGH NJW 2005, 3695; ebenso EuGH NJW 2010, 427 „Kücükdeveci"; dazu eingehend Rdnr. 358 f.); der Begriff „entlässt" in § 17 KSchG ist nach der EuGH-Rspr. in Sachen „Junk" als „kündigt" zu verstehen (EuGH NJW 2005, 1099). Mindestregelungen des Unionsrechts stehen einer für den Arbeitnehmer günstigeren nationalen Rechtsvorschrift in der Regel nicht entgegen.

### 3. Die starke Rolle des EuGH

**108** Art. 267 AEUV sieht, um eine europarechtskonforme Rechtsanwendung zu sichern, ein Vorabentscheidungsverfahren vor. Danach können und gegebenenfalls müssen nationale Gerichte dem EuGH Fragen zur Auslegung des Unionsrechts vorlegen, bevor sie selbst entscheiden. Das vorlegende Gericht ist dann an die Entscheidung des EuGH gebunden. Die Vorlagepflicht ist in Deutschland zusätzlich durch das Verfassungsgebot des gesetzlichen Richters (Art. 101 Abs. 1 Satz 2 GG) abgesichert. Nichtvorlagen können daher mit einer Verfassungsbeschwerde vor dem BVerfG gerügt werden (BVerfG NZA 2015, 375; NZA 2010, 439).

Als letzte Instanz beansprucht der EuGH eine ausgedehnte Normsetzungskompetenz für das Unionsrecht, speziell auch für das europäische Arbeitsrecht. Seine Entscheidungen können – wie die bereits angesprochenen Entscheidungen in Sachen „Mangold", „Kücükdeveci" und „Junk" gezeigt haben – tief in gewachsenes nationales Arbeitsrecht eingreifen und dieses verdrängen (Bauer/Arnold, NJW 2006, 6; Henssler/Strick, ZAP 2006, 189). Seine nicht selten „ausufernde, seine Kompetenzen überschreitende Rspr." hat bisweilen das Vertrauen in die Weisheit des EuGH nicht gestärkt (Gamillscheg, Arbeitsrecht I, 8. Aufl., 2000, S. 19, 355), sondern stieß auf lebhafte Kritik, etwa die Entscheidungen „Paletta" (EuGH NJW 1992, 2687; 1996, 1881), „Christel Schmidt" (EuGH NJW 1994, 2343) und „Mangold" (EuGH NJW 2005, 3695, vgl. dazu Bauer, NZA 2005, 800; Gerken/Rieble/Roth/Stein/Streinz, „Mangold" als ausbrechender Rechtsakt, 2009). So muss die Gesamtwürdigung des europarechtlichen Einflusses auf das deutsche Arbeitsrecht eher zurückhaltend ausfallen, obwohl nicht geleugnet werden kann, dass insbesondere im Bereich der Gleichberechtigung von Mann und Frau wichtige Anstöße „aus Europa" gekommen sind.

Der Anwendungsvorrang des Unionsrechts erfasst auch das Richterrecht.

**109** Beispiele: Nach der früheren Rspr. des BAG berechtigte eine wahrheitswidrig verneinte Frage nach einer bestehenden Schwangerschaft den Arbeitgeber dann zur Anfechtung des Arbeitsvertrags wegen arglistiger Täuschung, wenn sich nur Frauen beworben hatten (vgl. Rdnr. 195 f.). Das verstieß gegen die Richtlinie 76/207/EWG (EuGH NJW 1991, 628). Daraufhin hat das BAG seine Rspr. aufgegeben (BAG NZA 1993, 257; vgl. Rdnr. 195 f.).

Obwohl deutsche Rote-Kreuz-Schwestern nach deutschem Recht Vereinsmitglieder und damit keine Arbeitnehmerinnen sind, müssen sie nach Auffassung des EuGH im Falle ihrer Überlassung an eine private Klinik als Zeitarbeitnehmerinnen im Sinne des AÜG eingestuft werden (EuGH NZA 2017, 41 „Ruhrlandklinik gGmbH"). Grund hierfür ist die Auslegungskompetenz des EuGH für den Arbeitnehmerbegriff in Art. 3 Abs. 1 lit. a) RL 2008/104/EG (Arbeitnehmerüberlassungsrichtlinie), die durch das deutsche AÜG umgesetzt wird.

Die Auslegung von § 14 Abs. 1 Satz 2 Nr. 3 TzBfG durch das BAG, wonach bei permanentem Vertretungsbedarf (wie er bspw. in Großbetrieben durchweg vorkommt) ein die Befristung erlaubender Sachgrund vorliegen kann, ist dagegen europarechtskonform (EuGH NZA 2012, 135 „Kücük"). Missbräuchen ist durch Einzelfallprüfungen anhand von § 242 BGB vorzubeugen (BAG NZA 2012, 1359).

## 4. Rechtsquellen

Wie dargestellt (Rdnr. 106) wird das Recht der EU in primäres und sekundäres Unionsrecht unterteilt. Wichtiger für das Arbeitsrecht ist aber die Unterscheidung unionsrechtlicher Normen nach ihrer Geltungsweise: Es gibt *unmittelbar* und *mittelbar* geltendes Unionsrecht. **110**

**a) Unmittelbar geltendes Unionsrecht.** Das unmittelbar geltende Unionsrecht findet ohne einen mitgliedstaatlichen Umsetzungsakt direkt auf die Rechtsbeziehungen der Unionsbürger Anwendung, so dass sie sich vor den Gerichten auf diese Vorschriften berufen können. Eine solche Wirkung hatte der EU-Vertrag zunächst nur für Verordnungen vorgesehen. Der Europäische Gerichtshof hat aber auch bestimmten Vorschriften des primären Unionsrechts unmittelbare Geltung zugesprochen (grundlegend EuGH NJW 1963, 974 „van Gend & Loos"), wenn sie hinreichend klar und bestimmt sowie unbedingt sind. Arbeitsrechtlich bedeutsame Normen des AEUV mit unmittelbarer Wirkung sind: Art. 157, 45, 49, 56 AEUV. Sie regeln den Grundsatz des gleichen Entgelts für Männer und Frauen, die Freizügigkeit, die Niederlassungs- und Dienstleistungsfreiheit. Daneben hat der EuGH im Rahmen der Rechtsfortbildung allgemeine Grundsätze des Unionsrechts entwickelt, die auf der Ebene des Primärrechts anzusiedeln sind und ebenfalls unmittelbare Geltung beanspruchen. Als ein solcher Grundsatz gilt das Verbot der Diskriminierung wegen des Alters (EuGH NJW 2005, 3695 „Mangold"; NJW 2010, 427 „Kücükdeveci"). Diese Rechtsfortbildung und ihre Herleitung sind zumindest zweifelhaft. Der EuGH hat hier seine im AEUV geregelten Kompetenzen überschritten. Seine pauschale Annahme einer gemeinsamen Verfassungstradition der Mitgliedstaaten, die am Unionsrecht vorbei die Verwerfung nationaler gesetzlicher Vorschriften rechtfertigen soll, ist nicht begründet. Das Ergebnis des EuGH ist zudem sach- und zweckwidrig. Es bewirkt genau jene Altersdiskriminierung, die es verhindern soll (näher Rdnr. 357 f.). Schließlich ist mit der Normierung der GR-Charta die Reichweite des unionsrechtlichen Grundrechtsschutzes abschließend bestimmt, sodass kein Bedarf für weitere richterliche Rechtsfortbildungen besteht (näher ErfK/Wißmann, Vorbemerkung zum AEUV, Rdnr. 10). **111**

Verordnungen auf dem Gebiet des Arbeitsrechts finden sich bislang selten. Von gewisser Bedeutung sind die VO (EU) Nr. 492/2011 über die Freizügigkeit der Arbeitnehmer in der Union, insbesondere Art. 7 Abs. 4, und die VO (EU) Nr. 883/2004 über die Koordinierung der Systeme der sozialen Sicherheit in der Union. Die zum 25.5.2018 in Kraft getretene Datenschutz-Grundverordnung (DS-GVO) enthält zwar keine spezifischen Arbeitnehmerdatenschutzregelungen, erlaubt jedoch den Mitgliedstaaten durch die Öffnungsklausel des Art 88 DSGVO nur in engen Grenzen, eigenständige Vorschriften im Beschäftigungskontext zu erlassen. Die Rechtmäßigkeit der Datenverarbeitung im Arbeitsverhältnis bestimmt sich seither nach dem neu gefassten § 26 BDSG und der DSGVO (Düwell/Brink NZA 17, 1081). **112**

Im **Fall a** (Rdnr. 99) ist die Befristung des Arbeitsvertrags unwirksam. Die nationale Vorschrift im Befristungsrecht (entspricht § 14 Abs. 3 TzBfG a. F.) verstößt nach Rspr. des EuGH gegen das primärrechtliche Verbot der Altersdiskriminierung und ist damit nicht anwendbar. Der Arbeitsvertrag gilt unbefristet fort (vgl. § 16 Satz 1 TzBfG). **113**

Im Fall b musste nach der bisherigen Rechtsprechung des BAG die Y-AG aufgrund der Bezugnahmeklausel auch die Tariflohnerhöhung gewähren (vgl. etwa BAG NZA 2007, 956). Der EuGH vertritt dagegen die Auffassung, dass Klauseln, die dynamisch auf nach dem

Zeitpunkt des Übergangs verhandelte und abgeschlossene Kollektivverträge verweisen, mit Art. 3 RL 2001/23/EG und Art. 16 GR-Charta **nur** vereinbar und gegenüber dem Erwerber durchsetzbar seien, wenn dieser sowohl einvernehmliche als auch einseitige Anpassungsmöglichkeiten hat (EuGH NZA 2013, 835 – „Alemo Herron"; EuZW 2017, 512 – „Asklepios"). Das BAG hat die Rechtsprechung des EuGH übernommen (BAG NZA 2018, 255), dabei allerdings mit fragwürdiger Begründung eine einseitige Anpassungsmöglichkeit nach deutschem Recht bejaht, obwohl eine Änderungskündigung des Arbeitgebers in solchen Fällen nach den strengen Rechtsprechungsgrundsätzen praktisch ausgeschlossen ist.

**114**  b) **Mittelbar geltendes Unionsrecht.** Das europäische Arbeitsrecht basiert im Wesentlichen auf Richtlinien. Rechtsgrundlage vieler arbeitsrechtlicher Regelungen ist Art. 153 AEUV. Er enthält die wichtigsten arbeitsrechtlichen Kompetenzen der Union:
Im ordentlichen Gesetzgebungsverfahren (sog. Mitentscheidungsverfahren, Art. 289 Abs. 1, 294 AEUV) können das Europäische Parlament und der Rat auf Vorschlag der Kommission Richtlinien zur Verbesserung der Arbeitsumwelt, der Arbeitsbedingungen, der Unterrichtung und Anhörung der Arbeitnehmer, der beruflichen Wiedereingliederung und der Chancengleichheit von Männern und Frauen beschließen. Einstimmigkeit ist im Rat für Richtlinien über die soziale Sicherheit, den Schutz der Arbeitnehmer bei Beendigung des Arbeitsverhältnisses, die Vertretung und kollektive Interessenwahrnehmung und die Beschäftigungsbedingungen von Drittstaatlern erforderlich (Art. 153 Abs. 2 UA 3 AEUV). Ausschließlich dem nationalen Gesetzgeber vorbehalten bleiben Regelungen zum Arbeitsentgelt, dem Koalitionsrecht und dem Arbeitskampfrecht (Art. 153 Abs. 5 AEUV; vgl. aber EuGH NZA 2008, 124 „Viking"; NZA 2008, 159 „Laval").

**115**  Richtlinien wirken anders als Verordnungen nicht unmittelbar. Sie verpflichten allein die Mitgliedstaaten zur Umsetzung in nationales Recht (vgl. Art. 288 Abs. 3 AEUV). Dabei sind die Mitgliedstaaten hinsichtlich der Form und Mittel der Umsetzung frei. Viele Richtlinien sind allerdings so detailliert, dass nur eine nahezu wörtliche Umsetzung in Betracht kommt. Das hat nicht nur für den Gestaltungsspielraum des nationalen Gesetzgebers Folgen, sondern auch für die Rechte, die der Einzelne aus der Richtlinie herleiten kann. Ist eine Richtlinie derart präzise, dass sich aus ihr unmittelbar Rechte ableiten lassen, und ist der Mitgliedstaat mit der Umsetzung in Verzug, kann sich der Einzelne ausnahmsweise direkt auf sie berufen (EuGH NJW 1970, 2182 „Grad/FA Traunstein"; zuletzt EuGH NZA 2014, 193 „AMS", Rdnr. 31). Diese nachträgliche unmittelbare Wirkung gilt nach der Rspr. des EuGH allerdings nicht im Verhältnis zwischen zwei EU-Bürgern (horizontale Drittwirkung), sondern nur (vertikal) im Verhältnis des Bürgers zum Mitgliedstaat (EuGH NZA 2014, 193 „AMS", Rdnr. 36; EuGH NJW 1986, 2178 „Marshall"; NJW 1994, 2473 „Faccini Dori"). Nach Ablauf der Umsetzungsfrist können Richtlinien daher im Verhältnis zu öffentlichen Arbeitgebern unmittelbar Rechte und Pflichten erzeugen (EuGH NZA 2014, 193 – „AMS"; dies gilt auch für privatrechtlich betriebene öffentliche Stellen, vgl. EuGH v. 10.10.2017 – C 413/15 „Farell"). Bei verspäteter Umsetzung ist der Mitgliedstaat zum Ersatz entstandener Schäden verpflichtet (EuGH NJW 1992, 165 „Francovich"). Nicht abschließend geklärt ist, inwieweit sich zwischen Privaten Reflexwirkungen der Unanwendbarkeit staatlicher Verbote wegen Richtlinienwidrigkeit dadurch ergeben, dass sich ein Bürger auf die nicht ordnungsgemäße Umsetzung einer Richtlinie auch gegenüber staatlichen Stellen berufen kann, zu denen keine arbeitsrechtliche, sondern eine hoheitliche Beziehung besteht (vgl. EuGH NJW 2001, 1847 „Unilever Italia";

dazu Gundel EuZW 2001, 153, 154 ff.; EuGH 14.10.2010 – C 428/09). Beispiele bieten nationale Beschäftigungsverbote. Verstoßen sie gegen eine Richtlinie, stellt sich die Frage, ob der Arbeitgeber sich auf das nationale Verbot berufen darf, um einen Arbeitnehmer nicht zu beschäftigen, oder ob sich der Arbeitnehmer auf das nationale Recht berufen darf, um zu dieser Zeit nicht arbeiten zu müssen (vgl. EuGH NZA 1992, 393). Beim Verstoß gegen einen unmittelbar anwendbaren Rechtsgrundsatz hat der EuGH solche Reflexwirkungen auf das Verhältnis Privater (in diesem Fall: Unwirksamkeit der Befristung) gebilligt (NJW 2005, 369 „Mangold"; NJW 2010, 427 „Kücükdeveci"; vgl. Rdnr. 357 f.), dies zuletzt aber eingeschränkt (EuGH NZA 2014, 193 „AMS").

In jedem Fall wirken sich Richtlinien über das Gebot der richtlinienkonformen Auslegung auf das nationale Recht aus. Die Arbeitsgerichte sind gehalten, das nationale Recht und vor allem die Umsetzungsvorschriften im Lichte der Richtlinie auszulegen (st. Rspr. des EuGH, vgl. EuGH NZA, 193 „AMS"; EuGH NZA 2004, 1145 „Pfeiffer"). Das gilt, unabhängig davon, ob das auszulegende deutsche Recht schon vor oder erst nach Inkrafttreten der Richtlinie erlassen wurde (Höpfner/Rüthers, AcP 209 (2009), 1, 25 ff.), ab Inkrafttreten des Umsetzungsgesetzes, bzw. bei nicht rechtzeitiger Umsetzung mit Ablauf der Umsetzungsfrist (vgl. BGH ZIP 1998, 1084; EuGH NZA 2001, 1377 „Finalarte"; ausnahmsweise gebietet aber das Frustrationsverbot schon vorher eine richtlinienkonforme Auslegung, vgl. EuGH NZA 2006, 909). **116**

### 5. Bislang erlassene Richtlinien

Im Vordergrund der europäischen Richtliniengesetzgebung stand zunächst die Verwirklichung des Grundsatzes der Gleichbehandlung von Männern und Frauen. Dieses Ziel verfolgen vor allem folgende Richtlinien: **117**

- Die Lohngleichheitsrichtlinie (Richtlinie 75/117/EWG vom 10.2. 1975) erstreckt den Grundsatz der Lohngleichheit – über den jetzigen Art. 157 I AEUV hinaus – auf Arbeiten, die als gleichwertig anerkannt sind.
- Die Gleichbehandlungsrichtlinie (Richtlinie 76/207/EWG vom 9.2.1976; geändert durch die Richtlinie 2002/73/EG vom 23.9.2002) verfolgt das Ziel der Gleichbehandlung von Männern und Frauen beim Zugang zur Beschäftigung, zur Berufsbildung, zum beruflichen Aufstieg sowie bei den Arbeitsbedingungen. Ihre Umsetzung durch die ursprüngliche Fassung des § 611a BGB (inzwischen im AGG aufgegangen) hielt der EuGH in zwei Entscheidungen nicht für ausreichend (EuGH NJW 1984, 2021; NJW 1991, 628; vgl. auch Rdnr. 220). § 611a und b BGB wurden daraufhin mit Wirkung zum 1.9.1994 durch das Zweite Gleichberechtigungsgesetz nach einem langwierigen Gesetzgebungsverfahren verschärft. Die Gleichbehandlungsrichtlinie Soziale Sicherheit im Betrieb (Richtlinie 86/378/EWG vom 24.7.1986) erstreckt den Gleichbehandlungsgrundsatz auf die betrieblichen Systeme der sozialen Sicherheit. Darunter fallen alle Zusatz- oder Ersatzleistungen zur bestehenden gesetzlichen Sozialversicherung (z. B. bei Krankheit, Invalidität, Alter, Vorruhestand, Arbeits- oder Berufsunfällen, Arbeitslosigkeit).
- Die Gleichbehandlungsrichtlinie zur Beweislast (Richtlinie 97/80/EG vom 15.12.1997).
- Die Richtlinie 2006/54/EG vom 5.7.2006 fasst die vorgenannten Richtlinien zur Gleichbehandlung von Frauen und Männern zusammen. Sie trat am 15.8.2009 in Kraft.

Einem allgemeinen Diskriminierungsschutz dienen zwei Richtlinien aus dem Jahr 2000: die Richtlinie 2000/43/EG v. 29.6.2000 zur Anwendung des Gleichbehandlungsgrundsatzes ohne Unterschied der Rasse oder der ethnischen Herkunft und die Richtlinie 2000/78/EG v. 27.11.2000 zur Festlegung eines allgemeinen Rahmens für die Verwirklichung der Gleichbehandlung in Beschäftigung und Beruf bezüglich der Merkmale Religion, Weltanschauung, Behinderung, Alter und sexuelle Ausrichtung. Diese Richtlinien sind im Jahr 2006 nach einer langen Diskussion durch das Allgemeine Gleichbehandlungsgesetz (AGG) in nationales Recht umgesetzt worden (dazu Kamanabrou, RdA 2006, 321).

**118** Für das Individualarbeitsrecht bedeutsam sind ferner folgende Richtlinien (zu den Texten s. jeweils die DTV-Textsammlung Europäisches Arbeitsrecht):
- Informations- und Konsultationspflichten des Arbeitgebers gegenüber den Arbeitnehmervertretern und den nationalen Behörden sieht bei Massenentlassungen (mindestens 10 Arbeitnehmer in 30 Tagen) die Richtlinie 98/59/EG vom 20.7.1998 vor. Sie ist durch Änderung des § 17 KSchG umgesetzt worden (vgl. Rdnr. 534 ff.).
- Die Richtlinie zum Betriebsübergang (Richtlinie 2001/23/EG v. 12.3.2001) dient der Wahrung der Arbeitnehmerrechte beim Übergang von Unternehmen, Betrieben, Unternehmens- oder Betriebsteilen. In das deutsche Recht ist die europäische Vorgabe durch § 613a BGB transformiert worden (dazu Fall b, Rdnr. 113; Einzelh.: Rdnr. 704 ff.).
- Die Insolvenzrichtlinie (Richtlinie 80/987/EWG vom 20.10.1980, geändert durch die Richtlinie 2002/74/EG v. 23.9.2002, neu gefasst durch die Richtlinie 2008/94/EG v. 22.10.2008) verfolgt die Sicherung von Arbeitnehmeransprüchen bei Zahlungsunfähigkeit des Arbeitgebers. Die deutschen Regelungen über das Insolvenzgeld (§§ 165 ff. SGB III; Rdnr. 345) sowie über den Insolvenzschutz bei der betrieblichen Altersversorgung (§§ 7 ff. BetrAVG; Rdnr. 401) tragen der aktuellen Richtlinienfassung Rechnung (zur alten Richtlinienfassung s. EuGH NJW 2003, 2371).
- Die Richtlinie 91/533/EWG über die Pflicht des Arbeitgebers zur Unterrichtung des Arbeitnehmers über die für seinen Arbeitsvertrag oder sein Arbeitsverhältnis geltenden Bedingungen vom 14.10.1991 (Nachweisrichtlinie) verpflichtet den Arbeitgeber, den Arbeitnehmer spätestens zwei Monate nach Aufnahme der Arbeit über die wesentlichen Punkte des Arbeitsverhältnisses schriftlich zu informieren; umgesetzt durch das NachwG vom 20.7.1995.
- Vorgaben für die täglichen und wöchentlichen Mindestruhezeiten, Ruhepausen sowie wöchentliche Höchstarbeitszeiten enthält die Richtlinie 2003/88/EG. Sie löst die Richtlinie 93/104/EG über bestimmte Aspekte der Arbeitszeitgestaltung ab. Diese hatte aktuelle Auswirkungen für die Beurteilung des ärztlichen Bereitschaftsdienstes als Arbeitszeit (dazu EuGH: NZA 2000, 1227 – Simap; dazu Litschen, NZA 2001, 1355; vgl. auch Rdnr. 242 ff.).
- Die Richtlinie über den Arbeitsschutz bei befristeter Beschäftigung und bei Leiharbeit vom 25.6.1991 (Richtlinie 91/383/EWG) will die befristet Beschäftigten und Leiharbeitnehmer beim Sozialschutz den anderen Arbeitnehmern gleichstellen (dazu Däubler, NZA 1992, 579 f.). Die Richtlinie 2008/104/EG (ABl. vom 19.11.2008 Nr. L 327/9) gibt darüber hinaus europaweit einheitliche Mindeststandards für die Arbeitsbedingungen von Leiharbeitnehmern vor. Im Bereich der befristeten Arbeitsverhältnisse und der Teilzeitarbeit sind ferner die Richtlinien 97/81/EG und 1999/70/EG zu beachten. Ihrer Umsetzung dient das TzBfG.
- Die Mutterschutzrichtlinie vom 19.10.1992 (Richtlinie 92/85/EWG) schafft einheitliche Mindestbedingungen für die Zeit der Schwangerschaft und während des Mutterschaftsurlaubs. Dazu gehören ein 14-wöchiger, bezahlter Mutterschaftsurlaub, ein Kündigungsverbot während dieses Zeitraums (Rdnr. 466 ff.) und die Freistellung Schwangerer von der Nachtarbeit.
- Die sog. Entsenderichtlinie vom 16.12.1996 (Richtlinie 96/71/EG), ergänzt durch die Richtlinie zur Durchsetzung der Richtlinie 96/71/EG vom 15.5.2014 und die Richtlinie

18/957/EU vom 28.6.2018, verfolgt das Ziel, ein Mindestniveau von Arbeitsbedingungen für die aus anderen Ländern entsandten Arbeitskräfte zu gewährleisten. Die Thematik ist durch den Einsatz wesentlich niedriger entlohnter ausländischer Bauarbeiter in anderen Mitgliedstaaten aktuell geworden. Die Richtlinie dient primär dem Schutz der entsandten Arbeitnehmer. Faktisch gibt sie durch die Garantie von Mindestarbeitsbedingungen für Ausländer dem Schutz der inländischen Arbeitnehmer und Unternehmen vor einem „Sozialdumping" am Arbeitsmarkt den Vorrang vor dem Prinzip der Freizügigkeit und des freien Wettbewerbs (Cornelissen, RdA 1996, 329; Deinert, RdA 1996, 139). Im Ergebnis werden damit in Hochlohnländern Marktzutrittsschranken für Unternehmen aus ärmeren Mitgliedländern mit billigeren Arbeitskräften errichtet. Das Arbeitnehmerentsendegesetz vom 26.4.2009 setzt die Richtlinie um. Es sieht vor, dass allgemein verbindliche Tarifregelungen in bestimmten Branchen auch für ausländische Arbeitgeber und ihre im Inland beschäftigten Arbeitnehmer gelten. Die Richtlinie 18/957/EU vom 28.6.2018 muss bis zum 30.7.2020 umgesetzt werden. Wichtigste Änderungen ergeben sich bei der Ermittlung der Entlohnung sowie durch die Anwendbarkeit sämtlicher Arbeitsbedingungen des Ziellandes nach zwölfmonatiger Entsendung.
- Umfassend harmonisiert wurde auch der gesamte Bereich des Arbeitsschutzes. Hierzu dienen die Rahmenrichtlinie 89/391/EWG vom 12.6.1989 und zahlreiche spezielle Richtlinien.

### Den Bereich des kollektiven Arbeitsrechts betreffen insbesondere:
- Die Richtlinie über die Einsetzung Europäischer Betriebsräte wurde am 22.9.1994 (Richtlinie 94/45/EG) vom Ministerrat verabschiedet und zum 6.6.2011 durch die Richtlinie 2009/38/EG ersetzt. Sie dient der grenzüberschreitenden Unterrichtung und Anhörung der Arbeitnehmer in gemeinschaftsweit operierenden Unternehmen und Konzernen (zur Umsetzung der Richtlinie durch das EBRG Rdnr. 1179 ff).
- Die Richtlinie 2001/86/EG über die Arbeitnehmermitbestimmung in der Europäischen Aktiengesellschaft (Societas Europaea, SE) wurde durch das SEBG umgesetzt. Sie verhindert eine Flucht aus einer weitreichenden nationalen Form der Unternehmensmitbestimmung – etwa der deutschen paritätischen Mitbestimmung (Rdnr. 1217) – durch Gründung einer SE (dazu Henssler, in: Festschrift Ulmer, 2002, S. 193; ders., in: Gedenkschrift Heinze, 2005, S. 333).
- Die Richtlinie 2002/14/EG gibt den Mitgliedstaaten auf, Regelungen für das Recht auf Unterrichtung und Anhörung der Arbeitnehmer zu treffen (dazu Reichold, NZA 2003, 289).

Alle Richtlinien sind im Internet unter „eur-lex.europa.eu/de/index.htm" kostenfrei abrufbar.

Eine Besonderheit europäischer Gesetzgebung auf dem Gebiet des Arbeitsrechts ist der soziale Dialog (Art. 154 f. AEUV). Die Kommission muss vor der Unterbreitung von Vorschlägen im Bereich der Sozialpolitik die europäischen Sozialpartner (eigene Organisationen der Gewerkschaften und der Arbeitgeberverbände auf der europäischen Ebene) anhören. Gelingt es den Sozialpartnern, innerhalb von 9 Monaten (Art. 154 Abs. 4 AEUV) eine Vereinbarung über den Gegenstand der geplanten Rechtsetzung zu schließen, so ist diese Vereinbarung die Grundlage für die weitere Rechtsetzungstätigkeit. Auf dieser Grundlage sind zum Beispiel die Richtlinien 97/81/EG über Teilzeitarbeit und 1999/70/EG über befristete Arbeitsverträge ergangen. Erreichen die Sozialpartner keine Einigung, fällt die Gesetzgebungskompetenz wieder an die EU-Organe zurück.

## B. Nationales Recht
**Schrifttum:** *Forst*, Betriebliche Übung, custom and practice, usage d'entreprise – Gibt es ein ius commune betrieblicher Regelsetzung durch regelhaftes Verhalten in Europa?,

ZfA 2013, 167; *Gamillscheg,* Die Grundrechte im Arbeitsrecht, 1989; *Höpfner,* Vertrauensschutz und Richterrecht, RdA 2006, 156; *Löwisch,* Die Freiheit zu arbeiten – nach dem Günstigkeitsprinzip, BB 1991, 59; *Pauly,* Aktuelle Rechtsentwicklungen zur betrieblichen Übung, AuR 2013, 249; *Richardi,* Der Arbeitsvertrag im Zivilrechtssystem, ZfA 1988, 221; *ders.,* Die Betriebsvereinbarung als Quelle des Arbeitsrechts, ZfA 1992, 307; *Söllner,* Die Bedeutung des Art. 12 GG für das Arbeitsrecht, AuR 1991, 45; *Waltermann,* Die betriebliche Übung, RdA 2006, 257; *ders.,* Rechtsquellenfragen der Betriebsvereinbarung mit Blick auf den Tarifvertrag, in: Festschrift v. Hoyningen-Huene, 2014, S. 549 ff.

**Fälle:**

**121** a) Ein Arbeitnehmer will wissen, welcher Lohn und wie viel Urlaub ihm zustehen, ob er im Betrieb rauchen darf und ob er beim Verlassen des Betriebes seine Tasche kontrollieren lassen muss.

b) In einem Arbeitsvertrag heißt es: „Das Arbeitsverhältnis erlischt, wenn die Arbeitnehmerin heiratet oder einer Gewerkschaft beitritt." Ist diese Klausel gültig?

c) Im Arbeitsvertrag wird eine tägliche Arbeitszeit von 11 Stunden vereinbart. Der Arbeitnehmer meint, er brauche dennoch nur acht Stunden zu arbeiten.

d) Im Tarifvertrag ist ein Weihnachtsgeld in Höhe eines halben Monatsgehalts festgelegt. Der zum Arbeitgeberverband gehörende Arbeitgeber hat mit dem organisierten Arbeitnehmer X (Monatsgehalt: 2.000,– Euro) ein Weihnachtsgeld von 400,– Euro, mit dem ebenfalls organisierten Arbeitnehmer Y ein solches in Höhe eines ganzen Monatsgehalts vereinbart. Der nichtorganisierte Arbeitnehmer Z verlangt das tarifliche Weihnachtsgeld.

e) Ein Arbeitnehmer verlangt den Lohn, der sich aus einer Betriebsvereinbarung ergibt und der den Tariflohn übersteigt.

f) Die Stadtwerke S-GmbH erlaubt ihren Arbeitnehmern, die Privatfahrzeuge auf dem Betriebshof zu parken, sofern sie eine formularmäßige Erklärung unterschreiben, wonach die Haftung wegen Beschädigung der Privatfahrzeuge ausgeschlossen ist. Als der Pkw des N dort beschädigt wird, verlangt dieser von S Schadensersatz. S beruft sich auf den Haftungsausschluss.

g) Ein Arbeitgeber hat in den letzten vier Jahren freiwillig ein Weihnachtsgeld von 400,– Euro gezahlt. Im fünften Jahr bleibt die Zahlung aus, so dass der Arbeitnehmer X das Weihnachtsgeld einklagt. Auch der Arbeitnehmer Y, der erst seit einem halben Jahr im Betrieb arbeitet, verlangt Weihnachtsgeld.

h) Ein Arbeitgeber hatte sich in allen Arbeitsverträgen unter Hinweis auf eine betriebseinheitliche Regelung zur Zahlung eines Weihnachtsgeldes von 400,– Euro verpflichtet. Es ist geplant, das Weihnachtsgeld durch Betriebsvereinbarung auf 300,– Euro herabzusetzen.

## I. Überblick über die Rechtsquellen

**122** Wenn festgestellt werden soll, ob dem Arbeitgeber oder dem Arbeitnehmer ein bestimmtes Recht aus dem Arbeitsverhältnis zusteht, so ist vom Arbeitsvertrag (Rdnr. 39 ff.) als dem Begründungsakt des Arbeitsverhältnisses auszugehen.

Daneben gibt es Gesetzesbestimmungen (Rdnr. 129 ff.), die nach dem Willen des Gesetzgebers einer arbeitsvertraglichen Vereinbarung vorgehen (zwingende Gesetzesbestimmungen). Andere gesetzliche Regeln greifen nur dann ein, wenn nichts anderes vereinbart wurde (nachgiebige, dispositive Gesetzesbestimmungen).

**123** Die auf das Arbeitsrecht anwendbaren gesetzlichen Bestimmungen sind weder in einem einheitlichen Arbeitsgesetzbuch (Gesamtkodifikation des individuellen und kollektiven Arbeitsrechts) noch in einem Arbeitsvertragsgesetzbuch (Kodifikation des Individualarbeitsrechts) zusammengefasst. Allein das Individualarbeitsrecht ist auf weit über 30 Einzelgesetze verstreut (BGB, BUrlG, EFZG, KSchG, MuSchG, TzBfG etc.) und dementsprechend intransparent. Zahlreiche Versuche, zumindest das Individualarbeitsrecht zu kodifizieren, sind bisher sämtlich – sei es an der Konzeptlosigkeit der Politik oder dem teils irrationalen Widerstand der Interessenverbände – gescheitert, obwohl Art. 30 Abs. 1 des Einigungsvertrages einen Auftrag für eine Kodifikation enthält. Auch der zuletzt unternommene Anlauf ist – obwohl er von Seiten des Fachpublikums (Anwaltschaft, Richterschaft, Unternehmensjuristen, Hochschullehrer) nahezu uneingeschränkte Unterstützung erfahren hat – bislang an diesen Widerständen gescheitert (vgl. Henssler/Preis, Diskussionsentwurf eines Arbeitsvertragsgesetzes, NZA 2007, Beil. zu Heft 21).

Neben Gesetz und Arbeitsvertrag spielen die Normen der Kollektivvereinbarungen eine große Rolle. Darunter versteht man den Tarifvertrag (Rdnr. 140) und die Betriebsvereinbarung (Rdnr. 141). Soweit diese Normen zwingender Natur sind, gehen sie den arbeitsvertraglichen Bestimmungen vor. Zwingendem Gesetzesrecht dürfen sie dagegen nicht widersprechen. Gegenüber dem Tarifvertrag und dem Gesetz tritt die Betriebsvereinbarung als schwächere Rechtsquelle zurück (vgl. §§ 77 Abs. 3, 87 Abs. 1 BetrVG; § 4 Abs. 1 TVG). **124**

Ist dagegen die Norm einer Kollektivvereinbarung gegenüber dem Arbeitsvertrag nachgiebig (dispositiv), ist sie anwendbar, wenn sich keine entsprechende Regelung aus dem Arbeitsvertrag ergibt. Bei der Konkurrenz verschiedener dispositiver Normen ist wegen ihrer größeren Nähe zum Arbeitsverhältnis die dispositive Bestimmung einer Betriebsvereinbarung vor einer solchen Bestimmung des Tarifvertrags und diese vor einer dispositiven Gesetzesbestimmung zu beachten (HWK/Henssler, Einl. TVG Rdnr. 23 ff.).

Danach ergibt sich grundsätzlich folgende *Rangordnung:* **125**
1. unmittelbar geltendes Recht der Europäischen Union,
2. zwingende Gesetzesbestimmungen,
3. zwingende Tarifvertragsnormen,
4. zwingende Bestimmungen einer Betriebsvereinbarung,
5. Einzelarbeitsvertrag,
6. abdingbare Bestimmungen einer Betriebsvereinbarung,
7. abdingbare Tarifvertragsnormen,
8. abdingbare Gesetzesbestimmungen.

## II. Richterrecht im Arbeitsrecht

Das Richterrecht, besonders das der letzten Instanzen, spielt im nationalen, zunehmend auch im Arbeitsrecht der Europäischen Union eine herausragende Rolle. Die besondere Bedeutung des Richterrechts ergibt sich aus der nur lückenhaften Kodifikation des Arbeitsrechts (Rdnr. 123). Teilgebiete des Arbeitsrechts sind entweder so gut wie gar nicht (Arbeitskampfrecht) oder in äußerst weitgefassten Generalklauseln (z. B. der Kündigungsschutz) geregelt. Das jeweils geltende Arbeitsrecht ergibt sich daher für die Praxis erst aus den Entscheidungen der obersten Gerichte. **126**

Aufgrund des Wandels der technischen, wirtschaftlichen und sozialen Fakten und Strukturen des Arbeitslebens sieht sich die Rspr. der Arbeitsgerichtsbarkeit zu häufigen Kurswechseln gezwungen. Das führt zu einem hohen Maß an Unvorhersehbarkeit der Entscheidungen und zu erheblicher Rechtsunsicherheit bei den Betroffenen. Der außerordentlich hohe Anteil des Richterrechts am geltenden Arbeitsrecht ist im Hinblick auf das Gebot der Gewaltentrennung in Art. 20 Abs. 3 GG auch ein verfassungsrechtliches und nicht zuletzt verfassungspolitisches Problem.

**127** Das Richterrecht stellt nach h. L. keine eigenständige Rechtsquelle dar (vgl. aber Rüthers/Fischer/Birk, Rechtstheorie, 11. Aufl. 2020, Rdnr. 57, 235 ff.), weil durch die richterliche Normsetzung keine die Instanzgerichte bindenden Rechtsnormen i. S. d. Art. 20 Abs. 3, 97 Abs. 1 GG geschaffen werden. Es hat gleichwohl – besonders in den weiten Regelungslücken des deutschen Arbeitsrechts – gesetzesähnliche Funktionen („gesetzesvertretendes Richterrecht").

### III. Verhältnis der Rechtsquellen zueinander

#### 1. Arbeitsvertrag

**128** Für die Rechte und Pflichten von Arbeitnehmer und Arbeitgeber ist zunächst der von ihnen geschlossene Arbeitsvertrag maßgebend. Den Parteien steht es jedoch nicht völlig frei, was sie als Inhalt des Vertrags vereinbaren. Den arbeitsvertraglichen Bestimmungen gehen zwingende gesetzliche und kollektivvertragliche Regeln vor. Dennoch erfolgt die Gestaltung des Arbeitsverhältnisses niemals ausschließlich durch Gesetz oder Kollektivvertrag. Die Begründung des Arbeitsverhältnisses und die Art der zu leistenden Tätigkeit sind der Vereinbarung im Arbeitsvertrag vorbehalten.

> Es kann z. B. nicht aus dem Tarifvertrag entnommen werden, ob eine Arbeitnehmerin die Tätigkeit als Chefsekretärin, Stenotypistin oder Raumpflegerin auszuüben hat. Ist die Art der Tätigkeit im Arbeitsvertrag bestimmt, können sich möglicherweise alle anderen Fragen (z. B. Arbeitszeit, Urlaub, Entgelthöhe, Rauchverbot, Torkontrolle) aus einer Betriebsvereinbarung, einem Tarifvertrag oder aus dem Gesetz ergeben (zu **Fall a**).

#### 2. Gesetzliche Bestimmungen

**129** a) **Verfassung.** Die im Grundgesetz enthaltene objektive Wertordnung wirkt auf alle Bereiche des Rechts und damit auch auf das Arbeitsrecht ein. Die arbeitsrechtlichen Normen müssen verfassungskonform ausgelegt werden; dabei ist das Sozialstaatsprinzip (Art. 20 Abs. 1, 28 Abs. 1 Satz 1 GG) zu beachten, das neben der Berufsfreiheit des Arbeitnehmers (Art. 12 Abs. 1 GG) verfassungsrechtliche Grundlage des Arbeitnehmerschutzrechts ist. Nach der klassischen Theorie der Grundrechte und der Entstehungsgeschichte des Grundgesetzes sollen die Grundrechte den Bürger nur vor der staatlichen Macht schützen, nicht aber Wirkung im Verhältnis der Bürger untereinander entfalten. Die früher vertretene Lehre von der unmittelbaren Drittwirkung der Grundrechte, nach der die Grundrechte unmittelbar auch auf privatrechtliche Rechtsverhältnisse einwirken sollen (vgl. etwa BAG AP Nr. 2 zu § 13 KSchG), ist heute durch die Lehre von der mittelbaren Drittwirkung verdrängt worden (ständige Rspr. seit BAG (GS) AP Nr. 14 zu § 611 BGB). Sie will den Grundrechten als Elementen einer objektiven Wertordnung im Arbeitsrecht nur mittelbar über die Generalklauseln (z. B. §§ 138, 157, 242, 275 Abs. 3, 826 BGB, § 106 GewO) Geltung verschaffen (BVerfGE 7, 198, 206 – „Lüth"). Eine unmittelbare Einwirkung eines Grundrechts auf Rechtsgeschäfte ist aber dann zu bejahen, wenn die Verfassung dies – wie in Art. 9 Abs. 3 Satz 2 GG

– ausdrücklich anordnet. Während man früher verbreitet davon ausging, dass die Tarifpartner nur vom Staat abgeleitete Regelungsbefugnisse haben und daher ebenso wie der staatliche Gesetzgeber bei der Verabschiedung der tarifvertraglichen Rechtsnormen unmittelbar an die Grundrechte gebunden sind (sog. Delegationstheorie), wird heute eine unmittelbare Bindung der Tarifpartner an die Grundrechte zumeist abgelehnt. Ausschlaggebend ist, dass die Tarifparteien keine staatliche Gewalt i. S. v. Art. 1 Abs. 3 GG ausüben (vgl. Rdnr. 778).

**130** Folgende Grundrechtsartikel sind für das Arbeitsrecht besonders bedeutsam:
Die Art. 1 Abs. 1 und 2 Abs. 1 GG gewährleisten als oberste Rechtsgrundsätze der Verfassung den Schutz der Menschenwürde und des allgemeinen Persönlichkeitsrechts. Beide Grundrechte können in der fremdbestimmten Arbeitsorganisation für Arbeitnehmer praktische Bedeutung erlangen (vgl. Rdnr. 377 f.). So ist die arbeitsvertragliche Verpflichtung einer Arbeitnehmerin, sich in einer Peep-Show zur Schau zu stellen, wegen Verstoßes gegen die Menschenwürde nichtig (Art. 1 Abs. 1 GG; § 138 Abs. 1 BGB; vgl. BVerwGE 64, 274). Diese Verfassungsnormen sind für die betriebliche Mitbestimmung durch § 75 Abs. 2 BetrVG konkretisiert. Arbeitgeber und Betriebsrat haben die freie Entfaltung der Persönlichkeit der Arbeitnehmer zu schützen und zu fördern. Eingriffe in diesen Bereich durch betriebliche Kollektivregelungen müssen durch überwiegende Interessen des Betriebes oder der Gesamtbelegschaft gerechtfertigt sein.

Art. 3 Abs. 2 GG (Gleichberechtigung von Mann und Frau) verbürgt für jede Arbeitnehmerin gleichen Lohn bei gleicher Arbeit (BAG AP Nr. 117 zu Art. 3 GG) und verbietet allgemein eine Benachteiligung wegen des Geschlechts (vgl. auch §§ 1, 7 AGG). Mit dem Gleichberechtigungsgrundsatz wäre eine gesetzliche Regelung unvereinbar, die alleinstehenden Frauen mit eigenem Hausstand, nicht aber Männern in gleicher Lage einen Anspruch auf einen Hausarbeitstag gewährt (BVerfGE 52, 369).

**131** Einschränkungen des vorbehaltlos gewährleisteten Schutzes der Glaubens- und Gewissensfreiheit aus Art. 4 Abs. 1 GG ergeben sich für öffentliche und private Arbeitgeber ausschließlich im Wege der praktischen Konkordanz aus kollidierendem Verfassungsrecht. Fragen zur Religionszugehörigkeit im Bewerbungsgespräch sind daher unzulässig; anderes gilt etwa, wenn der Arbeitgeber eine Religionsgemeinschaft oder ein religiöser Tendenzbetrieb ist, der selbst dem Schutzbereich des Art. 4 Abs. 1 GG und des Art. 140 GG i. V. m. Art. 137 Abs. 3 WRV unterfällt. Praktisch bedeutsam sind auch Fragen der Religions- und Bekenntnisfreiheit in Bezug auf Bekleidungspflichten und -verbote. Das Tragen eines muslimischen Kopftuchs durch eine Verkäuferin ist kein Kündigungsgrund und eine entsprechende Weisung ist nicht vom „billigen Ermessen" des Arbeitgebers im Sinne des § 106 Satz 1 GewO gedeckt, weil die Glaubensfreiheit das Interesse des Arbeitgebers an einer einheitlichen Kleiderordnung überwiegt (BAG NZA 2003, 483; BVerfG NZA 2003, 959). In Einzelfällen kann sich aber anderes ergeben:

**132** Nach der Rechtsprechung des EuGH kann die Wahrung der Neutralität des Arbeitgebers im Verhältnis zu seinen Kunden durch das Verbot des „sichtbaren Tragens jedes politischen, philosophischen oder religiösen Zeichens" ein rechtmäßiges Ziel darstellen (EuGH NZA 2017, 373). Kürzlich hat der 10. Senat des BAG dem EuGH in einem Vorabentscheidungsersuchen die Frage vorgelegt, ob ein allgemeines Verbot eines Unternehmens der Privatwirtschaft, auffällige großflächige Zeichen religiöser, politischer und sonstiger weltanschaulicher Überzeugungen am Arbeitsplatz zu tragen, unter Berücksichtigung der Religionsfreiheit nach Art. 10 GR-Charta und der unternehmerischen Freiheit nach Art. 16 GR-Charta gerechtfertigt ist (BAG Vorlagebeschluss v. 30.1.2019 – 10 AZR 299/18 (A)). Aus § 275 Abs. 3 BGB i. V. m. Art. 4 Abs. 1 GG (Freiheit des Glaubens, des Gewissens, des religiösen und weltanschaulichen Bekenntnisses) ergibt sich ein Recht zur Arbeitsverweigerung, wenn der Arbeitgeber dem Arbeitnehmer eine im Rahmen der Arbeitspflicht liegende Tätigkeit zuweist, die der Arbeitnehmer nicht mit seinem Gewissen oder seiner religiösen Überzeugung vereinbaren kann (Beispiele: Ein Drucker weigert sich aus Gewissensgründen, kriegsverherrlichende Schriften zu drucken, vgl. BAG AP Nr. 27 zu § 611 BGB Direktionsrecht m. Anm. Brox; ein Chemiker lehnt die Entwicklung eines Medikaments ab, das im Falle eines Nuklearkrieges zu militärischen Zwecken verwendet werden kann, vgl. BAG NZA 1990, 144; s. auch Henssler, RdA 2002, 129, 131). Als Folge verliert der Arbeitnehmer allerdings wegen § 326 Abs. 1 BGB grundsätzlich – sofern keine anderweitige Beschäftigungsmöglichkeit besteht – seinen Lohnanspruch. Darüber hinaus kommt ggf. eine personenbedingte Kündigung in Betracht (gläubiger Muslim weigert sich, im Getränkemarkt am Verkauf alkoholhaltiger Getränke mitzuwirken, BAG AP Nr. 9 zu Art. 4 GG; zur personenbedingten Kündigung Rdnr. 559).

**133** Art. 5 Abs. 1 GG (Meinungsfreiheit) verbietet etwa nachteilige Maßnahmen des Arbeitgebers gegen einen Arbeitnehmer, der auf Parteikundgebungen eine politische Meinung äußert, die dem Arbeitgeber missfällt. Auch sachliche Kritik am Arbeitgeber ist verfassungsrechtlich geschützt. Allerdings findet das Grundrecht der Meinungsfreiheit seine Schranken im Recht der persönlichen Ehre (des Arbeitgebers) und in den Grundregeln über das Arbeitsverhältnis (vgl. BAG AP Nr. 1 zu § 1 KSchG 1969 Verhaltensbedingte Kündigung). Danach kann der Arbeitgeber bei beharrlicher Störung des Betriebsfriedens – dessen Wahrung eine Nebenpflicht aus dem Arbeitsverhältnis i. S. v. § 241 Abs. 2 BGB ist – durch politische Provokation dem Arbeitnehmer fristlos kündigen (vgl. für Betriebsratsmitglieder § 74 Abs. 2 Satz 3 BGB). Der Schutzbereich der Meinungsfreiheit ist hingegen bei sog. „Schmähkritik", die ausschließlich auf Herabwürdigung zielt und keinen Sachbezug mehr aufweist, gar nicht erst eröffnet (ErfK/Schmidt, GG, Art. 5 Rdnr. 5).

**134** Art. 6 GG (Schutz von Ehe und Familie) verbietet, Ehe und Familie zu beeinträchtigen. Deshalb ist eine Klausel im Arbeitsvertrag, nach der das Arbeitsverhältnis mit der Eheschließung endet (Zölibatsklausel), nach § 138 Abs. 1 BGB i. V. m. Art. 1 Abs. 1 und Art. 2 Abs. 1 GG nichtig (**Fall b**) (zur unzulässigen Kündigung eines katholischen Chefarztes wegen Wiederheirat vgl. jetzt BAG NZA 2019, 901). Sog. Späteheklauseln, durch die eine betriebliche Altersversorgung in Form der Witwerversorgung ausgeschlossen wird, wenn der Arbeitnehmer die Ehe in einem zu hohen Alter abschließt, sind ebenfalls als unzulässige Altersdiskriminierung nichtig (BAG NZA 2015, 1447). Die Grundrechte sind aber – mangels unmittelbarer Drittwirkung – keine Verbotsgesetze i. S. v. § 134 Abs. 1 BGB. Für die Begründung der Nichtigkeit ist deshalb auf die Generalklausel des § 138 Abs. 1 BGB zurückzugreifen, die Raum für die mittelbare Drittwirkung bietet (zur sog. Ausstrahlungswirkung der Grundrechte s. Sachs/Sachs, GG, 8. Aufl., 2018, Vor Art. 1 Rdnr. 32 f.). Besondere Bedeutung hat auch der Schutzauftrag des Mutterschutzes in Art. 6 Abs. 4 GG, der in den geltenden Kündigungsverboten und besonderen Schutzvorschriften des Mutterschutzrechts seine Anwendung findet.

**135** Art. 9 Abs. 3 GG (Koalitionsfreiheit) schützt u. a. die Koalitionsfreiheit des Einzelnen (Rdnr. 750 ff.). Art. 9 Abs. 3 Satz 2 GG enthält die Anordnung einer unmittelbaren Drittwirkung, d. h. das Grundrecht wirkt ausnahmsweise unmittelbar zwischen Privaten. Deshalb ist eine Vertragsbestimmung, nach der das Arbeitsverhältnis bei Eintritt des Arbeitnehmers in eine Gewerkschaft endet, unmittelbar gem. Art. 9 Abs. 3 Satz 2 GG nichtig (**Fall b**).

**136** Das für das Arbeitsrecht neben Art. 9 Abs. 3 GG wichtigste Grundrecht aus Art. 12 Abs. 1 Satz 1 GG gewährleistet das Recht auf freie Wahl des Arbeitsplatzes und die Freiheit der Berufsausübung. Aus ihm kann sich die Nichtigkeit einer Vereinbarung ergeben, die den Arbeitnehmer zur Rückzahlung einer Weihnachtsgratifikation an den Arbeitgeber verpflichtet, wenn er im Folgejahr aus dem Arbeitsverhältnis durch Eigenkündigung ausscheidet (vgl. BAG AP Nr. 75 zu § 611 BGB Gratifikation). Gleichfalls können Klauseln über die Rückzahlung von Ausbildungs- und Fortbildungskosten durch den Arbeitnehmer unzulässig sein (BAG NZA 2003, 559; NZA 2012, 738; NZA 2013, 1419). Auch die Vertragsfreiheit i. R. der Berufsausübung wird nach h. M. von Art. 12 Abs. 1 GG geschützt (sog. Arbeitsvertragsfreiheit), der insofern Art. 2 Abs. 1 GG verdrängt (s. BAG NZA 1994, 937).

Besondere Bedeutung für die Arbeitsrechtsordnung haben ferner die Art. 14, 15 GG, also die Garantie privaten und zugleich sozialgebundenen Eigentums an den Produktionsmitteln (vgl. Rdnr. 11 f.). Die Sozialbindung des Eigentums und das Sozialstaatsprinzip (Art. 20 Abs. 1, 28 Abs. 1 GG) bilden die verfassungsrechtliche Grundlage der weitreichenden Mitbestimmungsrechte der Arbeitnehmer bzw. ihrer Vertreter in der Unternehmens- und Betriebsverfassung (Rdnr. 984 ff.).

**137** **b) Sonstige Gesetze.** Auf das Arbeitsverhältnis können Gesetze und Rechtsverordnungen (= Gesetze im materiellen Sinn; vgl. Art. 80 GG) einwirken. Es gibt zwingende und nachgiebige Gesetze.

(1) *Zwingende* arbeitsrechtliche Gesetzesbestimmungen sind sehr zahlreich; durch sie wird insbesondere der Schutz des Arbeitnehmers erreicht. Der zwingende Charakter einer Norm ist entweder ausdrücklich gesetzlich angeordnet oder ergibt sich aus der Auslegung der Norm. Zwar ist im Zivilrecht nach dem Grundsatz der Privatautonomie grundsätzlich davon auszugehen, dass eine Norm nachgiebig (Rdnr. 127) ist, im Arbeitsrecht ergibt sich der zwingende Charakter jedoch zumeist aus dem Zweck des Arbeitnehmerschutzes.

Beispiele: §§ 617, 618 BGB setzen zwingend Arbeitsbedingungen fest (§ 619 BGB). Die gesetzlichen Verbote bestimmter Arbeiten für Frauen oder Jugendliche schränken die vertragliche Gestaltungsfreiheit ein (z. B. §§ 3 bis 6 MuSchG, §§ 5, 22 ff. JArbSchG).

Wird eine elfstündige tägliche Arbeitszeit zwischen Arbeitgeber und Arbeitnehmer vereinbart (**Fall c**), so verstößt diese Regelung gegen ein gesetzliches Verbot (§ 3 ArbZG, beachte aber die Ausnahmen in §§ 7, 14 und 15 ArbZG) und ist deshalb nichtig (§ 134 BGB). Problematisch ist, dass die Nichtigkeit dieser Arbeitszeitvereinbarung regelmäßig gem. § 139 BGB zur Nichtigkeit des gesamten Arbeitsvertrags führen würde. Da das Arbeitszeitgesetz aber gerade den Schutz des Arbeitnehmers bezweckt, wird in solchen Fällen die Auslegungsregel des § 139 BGB (teleologisch) nicht angewandt. Der Arbeitsvertrag bleibt wirksam; an die Stelle der nichtigen Vereinbarung tritt die regelmäßige gesetzliche Arbeitszeit von täglich acht Stunden (§ 3 ArbZG).

Soweit zwingende Gesetzesbestimmungen dem Schutz des Arbeitnehmers dienen, ist zu prüfen, ob nur eine Abweichung zu Lasten des Arbeitnehmers verboten, eine Besserstellung des Arbeitnehmers dagegen zulässig sein soll. Man spricht dann von *einseitig zwingendem* Gesetzesrecht.

So bestimmt das Bundesurlaubsgesetz einen Mindesturlaub für Arbeitnehmer (§ 3 Abs. 1 BUrlG); eine für den Arbeitnehmer günstigere Regelung (also mehr Urlaub) kann im Arbeitsvertrag ohne weiteres vereinbart werden.

**138** Es gibt schließlich Gesetzesvorschriften, die in dem Sinne zwingend sind, dass sie zwar durch Arbeitsvertrag oder durch Betriebsvereinbarung nicht abbedungen werden können, bei denen aber eine Änderung durch Tarifvertrag auch zuungunsten der Arbeitnehmer zulässig ist. Man spricht von *tarifdispositivem* Gesetzesrecht. Der Gesetzgeber hält in diesen Fällen die Tarifvertragsparteien (also auf der Arbeitnehmerseite die Gewerkschaften) für fähig, solche Abweichungen aus vernünftigen Gründen zu vereinbaren und dabei die Interessen der Arbeitnehmer zu wahren (eingehend Ulber, Tarifdispositives Gesetzesrecht im Spannungsfeld von Tarifautonomie und grundrechtlichen Schutzpflichten, 2010).

Beispiele: § 13 Abs. 1 BUrlG; § 4 Abs. 4 EFZG; § 622 Abs. 4 BGB; § 7 ArbZG.

**139** (2) *Nachgiebige* Gesetzesbestimmungen sind nur insoweit zu berücksichtigen, als nichts Gegenteiliges vereinbart ist. Eine solche Vereinbarung kann in einem Arbeitsvertrag, einer Betriebsvereinbarung oder einem Tarifvertrag getroffen sein (z. B. § 612 Abs. 2 BGB).

### 3. Kollektivvereinbarungen

**140** a) **Tarifvertrag.** Die Normen des Tarifvertrags (Rdnr. 804 ff.) „gelten *unmittelbar* und *zwingend* zwischen den kongruent beiderseits Tarifgebundenen, die unter den Geltungsbereich des Tarifvertrags fallen" (§ 4 Abs. 1 Satz 1 TVG). Tarifgebunden sind beim Verbandstarif (der zwischen einem Arbeitgeberverband und einer Gewerkschaft geschlossen wird) die Mitglieder der beiden Tarifvertragsparteien (§ 3 Abs. 1 TVG; zum Firmentarif: Rdnr. 791).

Im **Fall d** kann der tarifgebundene Arbeitnehmer X von dem tarifgebundenen Arbeitgeber das tarifliche Weihnachtsgeld in Höhe eines halben Monatsgehalts verlangen. Dem Arbeitnehmer Z steht dagegen kein Anspruch auf das tarifliche Weihnachtsgeld zu, da er nicht Mitglied derjenigen Gewerkschaft ist, die den Tarifvertrag abgeschlossen hat. Ein Anspruch könnte sich allenfalls aus einer in den Arbeitsvertrag aufgenommen Bezugnahmeklausel ergeben, die den Inhalt des Tarifvertrages schuldrechtlich für anwendbar erklärt. Hierzu enthält der Sachverhalt aber keine Angaben. Allein der Umstand, dass sie in der Praxis bei tarifgebundenen Arbeitgebern ganz üblich ist, spielt für die Falllösung keine Rolle.

Nach dem Regelungsanliegen des Tarifrechts, die Arbeitnehmer zu schützen, haben die Tarifnormen nur eine einseitig zwingende Wirkung. Deshalb bleiben einzelvertragliche Abmachungen, die für den Arbeitnehmer günstiger als die Tarifnorm sind, vom Tarifvertrag unberührt (= *Günstigkeitsprinzip;* § 4 Abs. 3 TVG).

Im **Fall d** behält Y den einzelvertraglichen Anspruch auf das übertarifliche Weihnachtsgeld in Höhe eines Monatsgehalts.

Ausnahmsweise kann Tarifnormen nur *dispositive* Wirkung zukommen. Das ist z. B. der Fall, wenn durch den Tarifvertrag selbst abweichende Abmachungen zuungunsten des Arbeitnehmers gestattet sind (§ 4 Abs. 3 TVG; Öffnungsklauseln) oder wenn die Tarifnormen infolge ihres Ablaufs ihre zwingende Wirkung verlieren (§ 4 Abs. 5 TVG), so dass abweichende einzelvertragliche Regelungen zulässig sind.

**b) Betriebsvereinbarung.** Die Normen der Betriebsvereinbarung (Rdnr. 1059 ff.) **141** wirken *unmittelbar* und *zwingend*, also wie ein Gesetz, auf die Arbeitsverhältnisse ein (§ 77 Abs. 4 BetrVG). Sie gelten nur für die Arbeitnehmer des jeweiligen Betriebes, allerdings ohne Rücksicht auf deren etwaige Gewerkschaftszugehörigkeit. Obwohl es in § 77 Abs. 4 nicht ausdrücklich angeordnet ist, gilt auch hier das *Günstigkeitsprinzip:* Arbeitsvertragliche Abmachungen, die für den Arbeitnehmer günstiger sind, gehen der Betriebsvereinbarung vor (BAG NZA 2007, 453, 455). Diese kann auch *dispositive* Regeln vorsehen (Öffnungsklauseln, vgl. Rdnr. 140), so dass einzelvertragliche Regeln die Betriebsvereinbarung verdrängen, selbst wenn sie für den Arbeitnehmer ungünstiger sind.

Für das *Verhältnis von Tarifvertrag und Betriebsvereinbarung* ist § 77 Abs. 3 Satz 1 **142** BetrVG zu beachten. Danach können Arbeitsentgelt und sonstige Arbeitsbedingungen, die durch Tarifvertrag geregelt sind oder üblicherweise geregelt werden, nicht Gegenstand einer Betriebsvereinbarung sein (absolute Sperrwirkung). Den Gewerkschaften soll ein Vorrang vor den Betriebsräten eingeräumt und eine Beeinträchtigung oder gar Aushöhlung der verfassungsrechtlich geschützten Tarifautonomie vermieden werden. Ohne § 77 Abs. 3 BetrVG bestünde die Gefahr, dass der Betriebsrat zur „beitragsfreien Ersatzgewerkschaft" würde.

Übersteigt also der Lohn aus einer Betriebsvereinbarung den Tariflohn (**Fall e**), so kann der Arbeitnehmer gleichwohl nur den Tariflohn verlangen. Es gilt nicht etwa die günstigere Regelung der Betriebsvereinbarung; denn sie ist unwirksam. Daran ändert sich auch nichts, wenn aktuell kein Tarifvertrag besteht (§ 77 Abs. 3 Satz 1 BetrVG: „üblicherweise"). Maßgeblich ist in diesem Fall der im Arbeitsvertrag vereinbarte Lohn, enthält auch dieser keine Regelung, so gilt die übliche Vergütung (§ 612 Abs. 2 BGB).

Allerdings kann ein Tarifvertrag den Abschluss ergänzender Betriebsvereinbarungen **143** ausdrücklich zulassen (§ 77 Abs. 3 Satz 2 BetrVG). Ist in einem solchen Fall die Betriebsvereinbarung für den Arbeitnehmer günstiger als der Tarifvertrag, geht sie dem Tarifvertrag vor (Günstigkeitsprinzip; § 4 Abs. 3 TVG).

Außerdem ist nach dem Eingangssatz von § 87 Abs. 1 BetrVG in sozialen Angelegenheiten eine Mitbestimmung des Betriebsrats und damit eine Betriebsvereinbarung nur dann ausgeschlossen, wenn und soweit ein bestehender Tarifvertrag (oder ein Gesetz) tatsächlich eine Regelung vorsieht (näher BAG NZA 1987, 639 sowie Rdnr. 992). Tarifüblichkeit genügt hier also nicht. Mitbestimmungsrechte des Betriebsrats sind immer nur sinnvoll, wenn dem Arbeitgeber ein eigener Regelungsspielraum verbleibt.

**c) Mit dem Sprecherausschuss vereinbarte Richtlinien.** Eine vom Arbeitgeber **144** und dem Sprecherausschuss der leitenden Angestellten (näher Rdnr. 1166 ff.) vereinbarte Richtlinie über Inhalt, Abschluss oder Beendigung von Arbeitsverhältnissen der leitenden Angestellten gilt für die Arbeitsverhältnisse ebenfalls unmittelbar und zwingend, soweit dies zwischen Arbeitgeber und Sprecherausschuss vereinbart ist (§ 28 Abs. 2 Satz 1 SprAuG). Die Richtlinie wirkt dann wie eine Betriebsvereinbarung. Arbeitsvertragliche Abweichungen zuungunsten des Arbeitnehmers sind grundsätzlich nicht möglich (Umkehrschluss aus § 28 Abs. 2 Satz 2 SprAuG).

## IV. Weitere Rechtsgrundlagen für Rechte und Pflichten der Arbeitsvertragsparteien

### 1. Arbeitsvertragliche Einheitsregelung

**145** Unter einer arbeitsvertraglichen Einheitsregelung versteht man eine gleichlautend formulierte Regelung in den Arbeitsverträgen mit den Betriebsangehörigen ohne Rücksicht auf die Besonderheiten des Einzelfalles. Entweder handelt es sich um den Inhalt des Arbeitsvertrags selbst oder um Verweisungen im Arbeitsvertrag auf einseitig gestellte Arbeitsbedingungen (z. B. eine Betriebsordnung). Solche Allgemeinen Arbeitsbedingungen sind mit den Allgemeinen Geschäftsbedingungen vergleichbar. Seit dem 1.1.2002 sind sie am Maßstab des in den §§ 305 ff. BGB geregelten AGB-Rechts zu messen (§ 310 Abs. 4 BGB; Ausnahme: § 305 Abs. 2 und 3 BGB). Die AGB-Kontrolle gilt aber auch außerhalb der Einheitsregelungen für alle vom Arbeitgeber vorformulierten Vertragsbedingungen (Henssler/Moll, AGB-Kontrolle vorformulierter Arbeitsbedingungen, 2. Aufl., 2020; vgl. dazu Rdnr. 205 ff.).

**146** Zum Teil wird von der Einheitsregelung die Gesamtzusage unterschieden. Es handelt sich um eine einseitige ausdrückliche Erklärung des Arbeitgebers an die ganze oder Teile der Belegschaft, zusätzliche Leistungen erbringen zu wollen (BAG NZA 2004, 1099; BAG NZA 2017, 1073). Die Gesamtzusage ist für den Arbeitnehmer also immer günstig.

Beispiele: Zusage eines Weihnachtsgeldes, eines Ruhegeldes durch Anschlag am Schwarzen Brett, Rundschreiben, mündliche Erklärung in einer Betriebsversammlung oder über das Intranet (BAG AP Nr. 247 zu § 611 BGB Gratifikation).

Nach richtiger Ansicht handelt es sich bei der Gesamtzusage ebenfalls um eine arbeitsvertragliche Einheitsregelung. Zwar ist der Inhalt einer Einheitsregelung für den Arbeitnehmer nicht zwangsläufig günstig. Außerdem erfolgt sie nicht einseitig, sondern durch zwei übereinstimmende Willenserklärungen. Jedoch wird eine Gesamtzusage nicht schon durch die einseitige Erklärung des Arbeitgebers wirksam, sondern erst durch die (in der Regel) stillschweigende Annahme durch die Arbeitnehmer nach § 151 BGB (da das Angebot ihnen nur Vorteile bringt, ist der Zugang der Annahmeerklärung hiernach entbehrlich).

**147** Obwohl die arbeitsvertraglichen Einheitsregelungen den Kollektivvereinbarungen ähneln, sind sie dogmatisch dem Einzelarbeitsvertrag zuzuordnen (BAG NZA 1987, 168). Sie werden durch Angebot und Annahme der Parteien des Arbeitsvertrags zu dessen Inhalt. Weil die Vertragsbedingungen in aller Regel jedoch nicht zwischen den Arbeitsvertragsparteien frei ausgehandelt, sondern einseitig vom Arbeitgeber festgelegt werden, unterliegt ihre Wirksamkeit der Inhaltskontrolle nach §§ 305 ff. BGB (ErfK/Preis, § 611a BGB Rdnr. 216).

Im **Fall f** ist der Haftungsausschluss nach allgemeinen zivilrechtlichen Grundsätzen wirksam. Die Einräumung der Parkmöglichkeit auf dem Betriebshof liegt im Interesse der Arbeitnehmer und bringt ihnen Vorteile (z. B. Zeitersparnis, Nähe zum Arbeitsplatz). Außerdem sind die Fahrzeuge beim Parken außerhalb des Betriebshofs einer erhöhten Gefahr der Beschädigung ausgesetzt.

Ist S hingegen aufgrund besonderer Umstände verpflichtet, den Arbeitnehmern eine Parkmöglichkeit zur Verfügung zu stellen, dürfte der Haftungsausschluss selbst bei individualvertraglicher Vereinbarung unwirksam sein. Ist der Haftungsausschluss formularvertraglich erfolgt, ergibt sich seine Unwirksamkeit bereits aus §§ 307 ff. BGB. Der Haftungsausschluss ist nicht mit § 309 Nr. 7 b) BGB vereinbar. Rechtsfolge ist nach § 306 Abs. 2 BGB die Anwendung der gesetzlichen Regelung, also bspw. § 280 BGB (zum Sonderfall einer Beschädigung durch eigene Fahrzeuge des Arbeitgebers BAG NZA 1990, 345).

**148** Bei dem Rangverhältnis zwischen der Einheitsregelung und einer Kollektivvereinbarung (Tarifvertrag, Betriebsvereinbarung) sind zwei Fallgruppen zu unterscheiden:

Eine im Tarifvertrag oder in einer Betriebsvereinbarung enthaltene Leistungsverpflichtung des Arbeitgebers kann nicht durch eine arbeitsvertragliche Einheitsregelung abgebaut werden; denn die Kollektivvereinbarungen sind höherrangig und deshalb nicht durch den Einzelarbeitsvertrag zuungunsten des Arbeitnehmers abdingbar.

**149** Ob im umgekehrten Fall eine arbeitsvertragliche Einheitsregelung durch eine Kollektivvereinbarung mit gleichem Geltungsbereich zu Lasten des Arbeitnehmers geändert werden kann (Fall h), ist seit langem in Rspr. und Schrifttum umstritten. Der Große Senat des BAG (BAG NZA 1987, 168) hatte die Frage im Grundsatz zu Recht verneint, da für das Verhältnis vertraglicher Ansprüche zu den Normen einer nachfolgenden Betriebsvereinbarung das Günstigkeitsprinzip (Rdnr. 1062) gilt. Jedoch stellte die Rechtsprechung unter gewissen Voraussetzungen dem individuellen ein kollektives Günstigkeitsprinzip gegenüber, nach dem es nicht darauf ankommt, ob die Neuregelung in der Betriebsvereinbarung einen einzelvertraglich begründeten Anspruch des Arbeitnehmers verkürzt (so beim individuellen Günstigkeitsvergleich gem. § 4 Abs. 3 TVG). Entscheidend soll es beim kollektiven Günstigkeitsvergleich allein sein, dass die Gesamtheit der Leistungen des Arbeitgebers durch die Betriebsvereinbarung nicht geschmälert wird.

**150** Noch offen ist, ob diese Entscheidungspraxis inzwischen durch die jüngere Rechtsprechung (BAG NZA 2013, 916) zur konkludenten Betriebsvereinbarungsoffenheit von arbeitsvertraglichen Regelungen mit kollektivem Bezug überholt ist. Die Betriebsvereinbarung wird nach dieser vom 1 Senat begründeten Entscheidungspraxis zu einem Gestaltungsmittel, um (starre) individualvertragliche Ansprüche bei einem kollektiven Bezug zugunsten eines einheitlichen betrieblichen Systems abzulösen. Andere Senate (zuletzt BAG NZA-RR 2019, 590 Rn. 21) haben diese Grundsätze auf Gesamtzusagen (BAG NZA 2019, 1076), betriebliche Übungen (BAG NZA 2016, 961) und den Einzelvertrag (BAG NZA 2016, 1327) – mit gewissen Modifikationen – angewandt (zum Ganzen Hoffmann/Köllmann, NJW 2019). In der Praxis wird Arbeitgebern empfohlen, arbeitsvertragliche Regelungen mit kollektivem Bezug generell betriebsvereinbarungsoffen auszugestalten.

In der Literatur sind der kollektive Günstigkeitsvergleich und die gelockerte Auslegung betriebsvereinbarungsoffener AGB kritisiert worden (vgl. Hromadka, NZA 2013, 1061; Preis/Ulber, NZA 2014, 6; Waltermann, RdA 2016, 296). Es sei nicht einzusehen, warum das Günstigkeitsprinzip beim Tarifvertrag eine andere Bedeutung als bei der Betriebsvereinbarung haben soll. Ferner fehle ein überzeugender Grund dafür, dass bei der Betriebsvereinbarung das Privatinteresse des einzelnen Arbeitnehmers hinter der Kollektivregelung zurücktreten soll. Schließlich erforderten das Transparenzgebot des § 307 Abs. 1 Satz 2 BGB und die Unklarheitenregelung des § 305c BGB für die Annahme einer „Betriebsvereinbarungsoffenheit" eine klare vertragliche Grundlage (Creutzfeldt, NZA 2018, 1111, 1119 f.; skeptisch ist daher auch der 4. Senat BAG NZA 2018, 1273, Rn. 55). Berücksichtigt werden sollte allerdings, dass der Weg über eine einvernehmlich mit dem Betriebsrat abgeschlossene Vereinbarung eine sachgerechte Lösung für kollektive Sachverhalte bietet, die auch die Interessen der Arbeitnehmer hinreichend wahrt.

Im **Fall h** ist also der Plan nach der Rechtsprechung durchführbar, da der kollektive Bezug der Einheitsregelung für alle Begünstigten erkennbar war.

## 2. Betriebliche Übung

**151** Eine betriebliche Übung ist die regelmäßige Wiederholung bestimmter Verhaltensweisen des Arbeitgebers, aus denen der Arbeitnehmer schließen kann, ihm solle eine Leistung (z. B. Gewährung zusätzlicher sozialer Leistungen wie Zahlung von Heirats- und Geburtsbeihilfen) auf Dauer gewährt werden (ständige Rechtsprechung, vgl. BAG AP Nr. 88 zu § 242 BGB Betriebliche Übung). Sie ist neben den gesetzlichen und kollektivvertraglichen Normen keine selbstständige Rechtsquelle. Eine derartige Übung kann jedoch Grundlage einer (stillschweigenden) Vereinbarung sein oder zur Auslegung des Arbeitsvertrags herangezogen werden (vgl. BAG AP Nr. 11 zu § 242 BGB Betriebliche Übung; kritisch Henssler, Festschrift 50 Jahre BAG, 2004, S. 683, 684 ff.).

Das Rechtsinstitut selbst gilt mittlerweile als gewohnheitsrechtlich anerkannt, obgleich die dogmatische Herleitung weiterhin umstritten ist. Nach der auch vom BAG vertretenen sog. „Vertragstheorie" stellen die üblich gewordenen Vergünstigungen konkludente Willenserklärungen des Arbeitgebers dar, wobei – wie in der allgemeinen Rechtsgeschäftslehre auch – der tatsächliche Verpflichtungswille des Arbeitgebers nicht entscheidend ist, sondern vielmehr die Frage, ob die Erklärungsempfänger – also die Arbeitnehmer – auf einen Bindungswillen des Arbeitgebers schließen durften (BAG AP Nr. 50 zu § 242 BGB Betriebliche Übung; NZA 2018, 44; AP Nr. 91 zu § 242 BGB Betriebliche Übung m. w. N.; HWK/Thüsing, § 611 BGB Rdnr. 228). Dieses Angebot wird von den Arbeitnehmern stillschweigend und gemäß § 151 BGB ohne Zugangserfordernis angenommen.

**152** Teilweise wird eine Bindung des Arbeitgebers auch aus einer auf § 242 BGB gestützten Vertrauenshaftung hergeleitet (sog. „Vertrauenstheorie"): Die Vertragstheorie wird kritisiert, weil sie den Tatbestand der Willenserklärung überfrachte und die Annahme eines Vertragsschlusses eine reine Fiktion sei (HWK/Thüsing, § 611 BGB Rdnr. 228). Hat einerseits der Arbeitgeber durch sein Verhalten einen Vertrauenstatbestand geschaffen und hat andererseits der Arbeitnehmer auf die Fortsetzung der Übung vertraut und sich darauf eingerichtet, dann ist der Arbeitgeber in Zukunft daran gebunden. Diese Erklärung mag bei einer für die Arbeitnehmer günstigen Übung passen; sie versagt bei einer für die Arbeitnehmer ungünstigen Übung (z. B. Übung, dass die Arbeitnehmer auf Weisung des Arbeitgebers Überstunden leisten).

**153** Hat der Arbeitgeber z. B. regelmäßig ein Weihnachtsgeld gezahlt, ohne dazu verpflichtet zu sein, kann nach der herrschenden Vertragstheorie darin ein Angebot des Arbeitgebers erblickt werden, sich für die Zukunft zu einer solchen Leistung zu verpflichten. Dieses Angebot nehmen die Arbeitnehmer stillschweigend an. Entscheidend ist, ob die Arbeitnehmer das Verhalten des Arbeitgebers als ein solches Angebot auffassen durften. Das ist nicht der Fall, wenn der Arbeitgeber bei Zahlung des Geldes einen entsprechenden, hinreichend deutlichen Vorbehalt („unter Vorbehalt" oder „ohne Anerkennung einer Rechtspflicht", sog. Freiwilligkeitsvorbehalt) erklärt hat. Sind allerdings sowohl die (in der Höhe bestimmten) regelmäßigen Leistungen als auch der Freiwilligkeitsvorbehalt in demselben Formulararbeitsvertrag enthalten, ist dies wegen Widersprüchlichkeit gem. § 307 Abs. 1 Satz 2 BGB unwirksam (BAG NJW 2013, 2844; zur AGB-Kontrolle Rdnr. 205 ff.).

**154** Nach der Rechtsprechung des BAG lässt eine vorbehaltlose Zahlung in drei aufeinander folgenden Jahren regelmäßig einen Rechtsanspruch entstehen (BAG AP

Nr. 26 zu § 611 BGB Gratifikation; **Fall g**); für sonstige Begünstigungen muss im Einzelfall nach Art und Dauer der Leistungen entschieden werden. Raum für eine Anfechtung (Erklärungsirrtum gem. § 119 Abs. 1 BGB) besteht dem BAG zufolge auch dann nicht, wenn der Arbeitgeber bei der Gewährung der Leistung tatsächlich keinen Rechtsbindungswillen für die Zukunft hatte (BAG AP Nr. 6 zu § 611 BGB Gratifikation), denn es handelt sich um einen im Rahmen von § 119 BGB unbeachtlichen Rechtsfolgenirrtum. Etwas anderes gilt nur, wenn die Leistung für den Arbeitnehmer erkennbar nur aufgrund einer irrtümlich angenommenen Verpflichtung erfolgte (vgl. BAG NZA 2013, 40). Den Rechtsanspruch erwirbt auch ein neu in den Betrieb eintretender Arbeitnehmer, wenn er davon ausgehen kann, dass die Weihnachtsgeldzahlung auch für ihn gelten soll (BAG NZA 2002, 527). Unerheblich ist hierbei, ob ihm die bisherigen Zahlungen mitgeteilt oder sie im Betrieb allgemein veröffentlicht wurden, da von dem allgemeinen Erfahrungssatz auszugehen ist, dass solche begünstigenden Leistungen der Belegschaft bekannt werden (BAG AP Nr. 88 zu § 242 BGB Betriebliche Übung). Will der Arbeitgeber das verhindern, kann er mit dem neuen Arbeitnehmer bei Abschluss des Arbeitsvertrags etwas Anderes vereinbaren (zu **Fall g**). Das Gesagte gilt entsprechend auch für eine betriebliche Übung, die für die Arbeitnehmer ungünstig ist (Beispiel: Rückzahlung des Weihnachtsgeldes beim Ausscheiden im ersten Quartal des Folgejahres; vgl. Rdnr. 329 f.).

Nach der Rechtsprechung kann eine formularvertraglich vereinbarte doppelte Schriftformklausel das Entstehen einer betrieblichen Übung unter bestimmten Voraussetzungen verhindern (Einzelheiten bei Rdnr. 180).

Ist eine betriebliche Übung Inhalt des Arbeitsvertrags geworden, so kann ihre Verbindlichkeit grundsätzlich nur durch einverständliche Vertragsänderung, durch Änderungskündigung (Rdnr. 653 ff.) oder aufgrund eines wirksamen Widerrufsvorbehalts beseitigt werden (BAG NZA 2010, 283). Durch betriebliche Übung entstandene vertragliche Ansprüche sind keine Ansprüche „zweiter Klasse". Abgelehnt wird vom BAG seit einer 2009 erfolgten Rechtsprechungskorrektur auch die Möglichkeit, sich durch eine negative betriebliche Übung (Beispiel: dreimalige Nichtleistung einer zuvor gewährten Weihnachtsgratifikation) von einer entstandenen betrieblichen Übung wieder zu lösen (BAG NZA 2009, 601), weil diese gegen § 308 Nr. 5 BGB verstoße. Da die Ansprüche in aller Regel einen kollektiven Bezug aufweisen, kommt nach der Rechtsprechung zur konkludenten Betriebsvereinbarungsoffenheit von Einheitsregelungen (Rdnr. 149) allerdings auch eine Ablösung durch eine Betriebsvereinbarung in Betracht (BAG NZA 2016, 961).

### 3. Weisungsrecht des Arbeitgebers

Der Arbeitnehmer ist dem Arbeitgeber aufgrund des Arbeitsvertrages zur Arbeitsleistung verpflichtet. Arbeitsvertraglich werden allerdings in aller Regel nur Art und Umfang der Arbeit vereinbart; die Einzelheiten der vom Arbeitnehmer zu erbringenden Leistungen ergeben sich aus den vertraglichen Absprachen nicht. Zur Konkretisierung der jeweiligen Pflichten des Arbeitnehmers hat der Arbeitgeber ein Weisungs-, Direktions- oder Leitungsrecht hinsichtlich der Ausführung der Arbeitsleistung (insbesondere hinsichtlich Inhalt, Ort und Zeit der Arbeit sowie Ordnung und Verhalten der Arbeitnehmer im Betrieb; nicht aber Höhe des Entgelts oder Umfang der Arbeitszeit). Rechtsgrundlagen sind § 106 GewO und im Übrigen der Arbeitsvertrag i. V. m. § 315 BGB (BAG NZA 1990, 561).

Beispiele: Anordnung, welche Arbeiten der Arbeitnehmer erledigen muss, Behandlung des Arbeitsgeräts, Verhalten des Arbeitnehmers gegenüber Kollegen, Rauchverbot, Torkontrolle (**Fall a**). Die Weisungen dürfen nicht unbillig, also vor allem nicht willkürlich, sein. Grund für ein Rauchverbot: z. B. Brandgefahr, Schutz der nicht rauchenden Arbeitskollegen vor den Gefahren des Passivrauchens (vgl. auch § 5 Abs. 1 Satz 2 ArbStättV); Grund für eine Torkontrolle: Diebstahlsgefahr. Eine Leibesvisitation darf nicht unnötig lange Wartezeiten verursachen und nicht ehrverletzend sein.

**157** Das Weisungsrecht muss nach billigem Ermessen erfolgen, es hat sich zudem immer im Rahmen der Gesetze, der Kollektivvereinbarungen und des Arbeitsvertrags zu halten; diese gehen also dem Weisungsrecht des Arbeitgebers vor (§ 106 Satz 1 GewO). Für den Arbeitnehmer günstigere Abweichungen von Kollektivnormen sind grundsätzlich zulässig (Preis/Wieg AuR 2016, 314). Bei der Kontrolle des billigen Ermessens hat das Tatsachengericht einen Beurteilungsspielraum (BAG NZA 2017, 152); grundsätzlich sind die beiderseitigen Interessen nach den wesentlichen Umständen des Einzelfalles abzuwägen.

Beispiele: Der Arbeitgeber darf vom Buchhalter nicht verlangen, Urkunden zu manipulieren. Der Pförtner darf nicht angewiesen werden, über die im (Firmen-)Tarifvertrag vorgesehenen Fälle hinaus weitere Torkontrollen durchzuführen. Die als Schreibkraft eingestellte Arbeitnehmerin darf nicht als Vertretung für die ausgefallene Reinigungskraft eingesetzt werden.

**158** Im Einzelfall kann das Weisungsrecht aus § 106 GewO durch Grundrechte des Arbeitnehmers begrenzt sein, etwa durch Art. 4 Abs. 1 GG (vgl. dazu BAG AP Nr. 9 zu Art. 4 GG; Rdnr. 132). Der Arbeitgeber muss auf das Gewissen der Arbeitnehmer jedoch nur Rücksicht nehmen, wenn die zu erledigende Arbeit unproblematisch anderen Arbeitnehmern zugewiesen werden kann. Ist die Weisung allerdings wirksam i. S. v. § 106 GewO, ist der Arbeitnehmer auf sein Leistungsverweigerungsrecht aus § 275 Abs. 3 BGB angewiesen (Rdnr. 122). Auch die Arbeitsunfähigkeit des Arbeitnehmers hindert grundsätzlich das Weisungsrecht des Arbeitgebers hinsichtlich der krankheitsbedingt ausfallenden Haupt- und Nebenleistungspflichten (BAG NZA 2017, 183); nur ausnahmsweise darf der Arbeitnehmer zur Sicherung wichtiger betrieblicher Abläufe und Vorgänge und unter Berücksichtigung seiner krankheitsbedingten Interessen in Anspruch genommen werden. Vielfach, etwa bei der Anordnung von Überstunden, ist das Weisungsrecht des Arbeitgebers durch ein Mitbestimmungsrecht des Betriebsrats eingeschränkt (vgl. § 87 BetrVG; Rdnr. 1088 ff.).

**159** Grundsätzlich kann der Arbeitgeber eine erteilte Weisung wieder zurücknehmen oder ändern (vgl. BAG NZA 2017, 1452). Eine weitere Einschränkung kann sich aber daraus ergeben, dass der Arbeitgeber den Arbeitnehmer über einen langen Zeitraum nur mit bestimmten Aufgaben betraut oder ihn an einem festen Ort einsetzt. Hier konkretisiert sich die Arbeitspflicht auf den Aufgabenbereich oder den Einsatzort. Änderungen kann der Arbeitgeber dann nur noch durch Änderungskündigung (Rdnr. 653 ff.) herbeiführen.

Wie weit das Weisungsrecht des Arbeitgebers reicht, lässt sich nicht allgemein festlegen.

Es muss im Einzelfall anhand des Arbeitsvertrags und der Durchführung des Arbeitsverhältnisses geprüft werden, ob sich eine Anordnung noch im Rahmen des Weisungsrechts hält oder ob bereits eine Änderungskündigung erforderlich ist.

**160** Überschreitet der Arbeitgeber sein Weisungsrecht, darf der Arbeitnehmer nach richtiger Ansicht die zugewiesene Arbeit verweigern; der Arbeitgeber gerät in Annahmeverzug (§ 615 BGB; Rdnr. 449 ff.), wenn er dem Arbeitnehmer keine andere Arbeit zuweist. Dies ergibt sich bereits aus dem Wortlaut des § 315 Abs. 3 BGB (so auch ErfK/Preis, § 106 GewO Rdnr. 7a; diff. Hromadka, NZA 2017, 601 ff., der zwischen unzumutbaren Weisungen i. S. d. § 275 Abs. 3 BGB und „einfach unbilligen", nicht unzumutbaren Weisungen unterscheidet). Nach vormaliger zweifelhafter Ansicht des 5. Senats des BAG sollte der Arbeitnehmer dagegen derartige Weisungen zunächst befolgen müssen, bis die Unbilligkeit durch Urteil rechtskräftig festgestellt ist (BAG NZA 2012, 858). Diese Rechtsprechung wurde nach der Aufgabe durch den 5. Senat (BAG, Beschl. v. 14.9.2017 – 5 AS 7/17) durch den 10. Senat des BAG korrigiert (BAG NZA 2017, 1452): Arbeitnehmer sind demnach nicht – auch nicht vorläufig – an unbillige Weisungen des Arbeitgebers gebunden.

## C. Grenzüberschreitende Rechtsbeziehungen

**Schrifttum:** *Braun/Gröne,* Europäisches IPR des Arbeitsrechts, in Henssler/Braun (Hrsg.), Arbeitsrecht in Europa, 3. Aufl., 2011, S. 59; *Deinert,* Neues Internationales Arbeitsvertragsrecht, RdA 2009, 144; *ders.,* Internationales Arbeitsrecht, Deutsches und europäisches Arbeitskollisionsrecht, 1. Aufl., 2013; *Henssler,* Mindestlohn und Tarifrecht, RdA 2015, 43; *Sittard,* Voraussetzungen und Wirkungen der Tarifnormerstreckung, 2010.

**Fall:**
Monteur A arbeitet seit Beginn seiner Tätigkeit vor 10 Jahren für ein deutsches Großunternehmen in Toronto/Kanada. Da die Niederlassung aus wirtschaftlichen Gründen aufgelöst werden soll, wird dem A von der Unternehmenszentrale in Frankfurt die ordentliche Kündigung des Arbeitsverhältnisses ausgesprochen, ohne dass zuvor der am Frankfurter Firmensitz bestehende Betriebsrat gem. § 102 BetrVG angehört worden ist.

### I. Anwendungsbereich und Grundsätze

Die Regeln des Arbeitskollisionsrechts sind einschlägig, wenn arbeitsrechtliche Fragen mit Auslandsberührung beurteilt werden müssen. Das betrifft vor allem die Fälle, in denen ein ausländischer Arbeitnehmer im Inland oder ein deutscher Arbeitnehmer im Ausland beschäftigt wird. Das deutsche Kollisionsrecht wurde zum 17.12.2009 durch die Verordnung (EG) Nr. 593/2008 vom 17.6.2008 über das auf vertragliche Schuldverhältnisse anzuwendende Recht (Rom I-VO) und die Verordnung (EG) Nr. 864/2007 vom 11.7.2007 über das auf außervertragliche Schuldverhältnisse anzuwendende Recht (Rom II-VO) neu gefasst. Danach können die Arbeitsvertragsparteien grundsätzlich frei bestimmen, welches nationale Arbeitsrecht auf ihr Vertragsverhältnis anwendbar sein soll (Art. 3 Rom I-VO). Eine Grenze für die Wahlfreiheit ergibt sich aus Art. 8 Abs. 1 Rom I-VO. Die Rechtswahl ist unwirksam, soweit dem Arbeitnehmer der Schutz, der ihm durch die zwingenden Vorschriften des Rechts des Staates, das ohne Rechtswahl maßgebend wäre, entzogen würde.

Fehlt eine solche ausdrücklich oder stillschweigend geschlossene Rechtswahlvereinbarung, kommt das Recht des Staates zur Anwendung, in dem der Arbeitnehmer gewöhnlich seine Arbeit verrichtet (Art. 8 Abs. 2 Rom I-VO). Wird er ständig in verschiedenen Ländern tätig, ohne dass sich ein gewöhnlicher Arbeitsort feststellen lässt, richtet sich das Arbeitsverhältnis nach dem Recht des Staates, in dem sich die Niederlassung befindet, die den Arbeitnehmer eingestellt hat (Art. 8 Abs. 3 Rom I-VO). Ausnahmsweise kann auch das Recht eines anderen Staates einschlägig sein, wenn das Arbeitsverhältnis nach den Gesamtumständen zu diesem Staat engere Verbindungen aufweist (Art. 8 Abs. 4 Rom I-VO; vgl. BAG NZA 2008, 761).

**164** Das nach Art. 3 und 8 Rom I-VO anzuwendende Recht gilt grundsätzlich für alle Fragen im Zusammenhang mit der Begründung, Durchführung und Beendigung des Arbeitsverhältnisses (Art. 10 ff. Rom I-VO). Problematisch ist die kollisionsrechtliche Behandlung der öffentlich-rechtlichen Arbeitsrechtsnormen und der Kollektivvereinbarungen: Geht es um die Anwendbarkeit öffentlich-rechtlicher Arbeitsschutzvorschriften (z. B. MuSchG, SGB IX, ArbSchG etc.), sind diese unabhängig vom auf den Arbeitsvertrag anwendbaren Recht auf alle Arbeiten in Deutschland anwendbar. Dies ergibt sich aus § 2 AEntG, der die internationalzwingende Wirkung bestimmter Arbeitnehmerschutzrechte anordnet. Als sog. Eingriffsnormen i. S. d. Art. 9 Rom I-VO müssen diese Vorschriften in Betrieben auf deutschem Boden auch dann beachtet werden, wenn dort nur Ausländer beschäftigt sind. Wird umgekehrt ein Deutscher dauerhaft im Ausland beschäftigt, ist nach dem jeweiligen Normzweck zu differenzieren. So kann z. B. das MuSchG bei der Kündigung (vgl. § 17 MuSchG) Anwendung finden, nicht aber die öffentlich-rechtlichen Vorschriften zum Arbeitsschutz, die nur für in Deutschland belegene Betriebe gelten können.

**165** Für das BetrVG gilt nicht Art. 8 Abs. 1 Satz 2 Rom I-VO, sondern das Territorialitätsprinzip mit einer rein örtlichen Anknüpfung. Daraus folgt, dass alle im Inland tätigen Arbeitnehmer unabhängig von ihrer Nationalität deutschem Betriebsverfassungsrecht unterfallen und zugleich alle in Deutschland tätigen Unternehmen zu seiner Einhaltung verpflichtet sind, selbst wenn sie eine ausländische Rechtsform (z. B. eine britische Ltd.) haben. Für die im Ausland beschäftigten Arbeitnehmer gilt das deutsche BetrVG dagegen grundsätzlich nicht (s. **Fall**). So ist z. B. gemäß § 102 BetrVG der Betriebsrat vor einer Kündigung anzuhören, auch wenn es um ein ausländisches Arbeitsverhältnis (aber eben in einem inländischen Betrieb) geht. Wird allerdings ein bislang im Inland tätiger Arbeitnehmer nur vorübergehend im Ausland eingesetzt, ohne seine Bindung an den inländischen Betrieb zu verlieren, findet auf sein Arbeitsverhältnis auch während der Zeit des Auslandsaufenthalts das deutsche BetrVG Anwendung (BAG NZA 1990, 658: Die Auslandstätigkeit stellt eine sog. „Ausstrahlung" des Inlandsbetriebs dar).

**166** Nicht abschließend geklärt ist die Frage der Anwendbarkeit von Tarifverträgen auf Arbeitsverhältnisse mit Auslandberührung. Gilt ein deutscher Tarifvertrag auch für Arbeitnehmer, deren Arbeitsvertrag ausländischem Recht unterstellt ist (dazu Junker, IPRax 1994, 21)? Das BAG hat dies grundsätzlich abgelehnt (BAG AP Nr. 261 zu § 1 TVG Tarifverträge: Bau). Einzelheiten sind zwischen verschiedenen Senaten des BAG umstritten (s. dazu Thüsing/Müller, BB 2004, 1333). Allerdings sind allgemein verbindliche Tarifverträge im Anwendungsbereich des AEntG (vgl. Rdnr. 147) gem. § 3 Satz 1 AEntG zwingend und gelten damit als Eingriffsnorm i. S. d. Art. 9 Rom I-VO auch für Arbeitsverträge nach ausländischem Recht.

## II. Arbeitnehmer-Entsendegesetz (AEntG)

Werden Arbeiten im Inland von ausländischen Unternehmen mit Arbeitnehmern ausgeführt, die nach den ausländischen Tarifen – die oftmals weit unterhalb der deutschen Löhne liegen – bezahlt werden (z. B. polnische Firmen mit polnischen Bauarbeitern nach polnischen Löhnen in Berlin), weil der Schwerpunkt der Arbeitsverhältnisse trotz der „Entsendung" nach Berlin in Polen liegt, so kann ein Verdrängungswettbewerb für deutsche Unternehmen und Arbeiter entstehen. Das (ökonomisch umstrittene) Arbeitnehmerentsendegesetz verfolgte ursprünglich das Ziel, sicherzustellen, dass für Arbeiten in bestimmten Branchen, die zwingend in Deutschland ausgeführt werden müssen (z. B. muss das Haus in Deutschland gebaut, die Reinigungsarbeit in einem deutschen Gebäude durchgeführt oder ein deutscher Betrieb bewacht werden), einheitliche Arbeitsbedingungen nach deutschen Tarifverträgen gelten sollen. Zu diesem Zweck ermöglichte es die Erstreckung der einschlägigen Tarifverträge auf alle in- und ausländischen Arbeitgeber, die Arbeitnehmer in Deutschland beschäftigen. **167**

Das ursprünglich auf das Bauhaupt- und -nebengewerbe beschränkte AEntG wurde in einem ersten Reformgesetz zunächst auf das Gebäudereinigerhandwerk und Briefdienstleistungen ausgedehnt, bevor mit Gesetz v. 20.4.2009 eine grundlegende Novellierung erfolgte und zahlreiche neue Branchen einbezogen wurden (dazu Sittard, NZA 2009, 346). Nach weiteren Korrekturen ist schließlich mit dem sog. Tarifautonomiestärkungsgesetz vom 11.8.2014 eine Tarifnormerstreckung in grundsätzlich jeder Branche ermöglicht worden, so dass das AEntG heute der Sache nach ein Branchenmindestlohngesetz ist. Die durch Rechtsverordnung erstreckten tariflichen Mindestlöhne überlagern im Sinne eines zweistufigen Systems den allgemeinen Mindestlohn nach dem MiLoG. Das Ziel der Verhinderung eines Verdrängungswettbewerbs über die Lohnkosten ist in den Hintergrund getreten. **168**

Voraussetzung der Tarifnormerstreckung ist gem. § 3 AEntG entweder die – jetzt nur noch im Baubereich mögliche – Allgemeinverbindlicherklärung des jeweiligen Tarifvertrags oder im Regelfall eine Rechtsverordnung. §§ 7, 7a AEntG ermächtigen das Bundesministerium für Arbeit und Soziales durch Rechtsverordnung zu bestimmen, dass die Rechtsnormen des entsprechenden TV auf alle unter den Geltungsbereich dieses TV fallenden und nicht tarifgebundenen Arbeitgeber und Arbeitnehmer Anwendung finden.

Aus rechtspolitischer Sicht ist es problematisch, dass Tarifnormen (anders als bei der Allgemeinverbindlicherklärung gem. § 5 TVG) sogar gegen das Mehrheitsvotum des Tarifausschusses, in dem die Spitzenorganisationen der Arbeitgeber und Arbeitnehmer vertreten sind, auf bisher Tarifungebundene erstreckt werden können (dazu Henssler, RdA 2015, 43). Noch verschärft wird die Tarifnormerstreckung mit Inkrafttreten der Regelungen der Änderungsrichtlinie zur Entsenderichtlinie (Richtlinie (EU) 2018/957) vom 28.6.2018 (Rdnr. 109). Künftig soll ein gesetzlicher Rahmen geschaffen werden, der die Tarifvertragsparteien – unter Beachtung der Tarifautonomie – zur Erstreckung von Entlohnungsvorschriften auf entsandte Arbeitnehmer zwingen soll. Damit werden entsendende Unternehmen zukünftig an sämtliche Vergütungsvorschriften des Aufnahmestaats gebunden.

Die Änderungsrichtlinie strebt darüber hinaus eine Verbesserung der Arbeits- und Lebensbedingungen durch eine Entlastung der entsandten Arbeitnehmer von Reise-, Unterkunfts- und Verpflegungskosten und die Bekämpfung unwürdiger Unterkunftsbedingungen an. Insbesondere dürfen entsendebedingte Kosten und **169** entsprechende Entsendezulagen nicht mehr auf den Lohn angerechnet werden, um so die Höhe des Mindestlohns zu erreichen. Außerdem sollen langzeitentsandte Arbeitnehmer ab einer Entsendedauer von 12 bzw. 18 Monaten unter den umfassenden Schutz der deutschen Arbeitsgesetze einschließlich der allgemein verbindlichen tariflichen Arbeitsbedingungen fallen.

### III. Prozessuales

**170** Wird ein internationalarbeitsrechtlicher Streitfall vor ein deutsches Gericht gebracht, stellt sich die Frage der Zuständigkeit des deutschen Gerichts. Die Zuständigkeit richtet sich grundsätzlich nach dem deutschen internationalen Prozessrecht, also insbesondere dem Arbeitsgerichtsgesetz (ArbGG) i. V. m. den Vorschriften der ZPO (siehe Kap. 12 und 13). In der Praxis häufige Ausnahmen können sich aus völkerrechtlichen Verträgen und insbesondere dem Gemeinschaftsrecht ergeben. Wichtig sind die Zuständigkeitsbestimmungen in den Art. 20 ff. der VO (EU) 1215/2012 (bekannt als „Brüssel Ia"-Verordnung), die zum 10.1.2015 die bis dahin geltende „Brüssel I"-Verordnung abgelöst hat.

# Kapitel 3: Die Begründung des Arbeitsverhältnisses

**Schrifttum:** *Adomeit/Mohr,* Benachteiligung von Bewerbern (Beschäftigten) nach dem AGG, NZA 2007, 179; *Annuß,* Das Allgemeine Gleichbehandlungsgesetz im Arbeitsrecht, BB 2006, 1629; *Bloching/Ortolf,* Schriftformklauseln in der Rechtsprechung von BGH und BAG – Zukunfts- oder Auslaufmodell, insbesondere beim Schutz gegen betriebliche Übungen?, NJW 2009, 3393; *Däubler,* Der gesetzliche Mindestlohn – doch eine unendliche Geschichte?, NJW 2014, 1924; *Grobys,* Einstellung von Arbeitnehmern im Licht des AGG, NJW-Spezial 2/2007, 81; *Hanau,* Das Allgemeine Gleichbehandlungsgesetz (arbeitsrechtlicher Teil) zwischen Bagatellisierung und Dramatisierung, ZIP 2006, 2189; *Husemann,* Die Information über die Schwerbehinderung im Arbeitsverhältnis, RdA 2014, 16; *Jacobs,* Grundprobleme des Entschädigungsanspruchs nach § 15 Abs. 2 AGG, RdA 2009, 193; *Joussen,* Der Vertrauensschutz im fehlerhaften Arbeitsverhältnis, NZA 2006, 963; *Kania/Merten,* Auswahl und Einstellung von Arbeitnehmern unter Geltung des AGG, ZIP 2007, 8; *Pallasch,* Diskriminierungsverbot wegen Schwangerschaft bei der Einstellung, NZA 2007, 306; *Strick,* Die Anfechtung von Arbeitsverträgen durch den Arbeitgeber, NZA 2000, 695; *Wisskirchen/Bissels,* Das Fragerecht des Arbeitgebers bei Einstellung unter Berücksichtigung des AGG, NZA 2007, 169.

**Fälle:**

a) Auf eine Zeitungsanzeige, in der eine GmbH einen Schneidermeister zwischen 30 und 40 Jahren sucht, meldet sich X. Er weist dem Personalchef nach, dass er 35 Jahre alt ist, die Meisterprüfung mit „sehr gut" bestanden und beste Zeugnisse hat. Muss die GmbH ihn beschäftigen?
 Wie wäre es, wenn X Schwerbehinderter ist?

b) Frau F hat sich bei K um eine Einstellung als Kfz-Mechanikerin beworben. K verweist in seinem Ablehnungsschreiben darauf, dass für seinen Betrieb nur männliche Bewerber in Betracht kämen. F verlangt Einstellung, jedenfalls den entgangenen Lohn.

c) Der Tarifvertrag sieht für den Abschluss von Arbeitsverträgen Schriftform vor. Dennoch schließen der zum Arbeitgeberverband gehörende X und der gewerkschaftlich organisierte Y den Arbeitsvertrag nur mündlich. X hält den Arbeitsvertrag wegen Formmangels für nichtig; Y meint, der Vertrag sei gültig und verlangt von X eine schriftliche Fixierung des Arbeitsvertrags.

d) Die 17jährige N ist von ihren Eltern ermächtigt worden, als Näherin zu arbeiten. Sie schließt mit einem Textilunternehmen einen Arbeitsvertrag und tritt der fachlich zuständigen Gewerkschaft bei. Dann kündigt sie bei dem Textilunternehmen, weil es ihr dort nicht gefällt, und verdingt sich bei einer großen Diskothek als DJane. Wirksam?

e) Der Schlossermeister M will seinen 15jährigen Sohn S in die Lehre nehmen. Er möchte wissen, wer den S beim Abschluss des Berufsausbildungsvertrags vertritt.

f) X stellt den Y in seiner Falschmünzerwerkstatt bei elfstündiger täglicher Arbeitszeit ein. Y will nur acht Stunden arbeiten. Mit Recht?
 Wie wäre es, wenn es sich um eine Schlosserwerkstatt handelt?

**171**

g) A hat die B als Kassiererin eingestellt. Nach zwei Monaten erfährt er, dass die B wegen fahrlässiger Körperverletzung im Straßenverkehr/Diebstahls dreimal vorbestraft und nunmehr im siebten Monat schwanger ist. Deshalb ficht A den Vertrag an. Mit Recht? Mit welcher Folge?

Wie wäre es, wenn B vor ihrer Einstellung die in einem ihr vorgelegten Fragebogen enthaltenen Fragen nach Vorstrafen und Schwangerschaft wahrheitswidrig verneint hätte?

h) In einer Stellenanzeige heißt es am Schluss: „Vorstellung erbeten am 1.10. von 9 bis 11 Uhr im Personalbüro unseres Werkes." X, der zu dem Vorstellungstermin angereist ist, verlangt Ersatz der Fahrtkosten, zumal er erfährt, dass er als Bewerber nicht in Betracht kommt.

## I. Abschluss des Arbeitsvertrags

### 1. Einigung

**172** Niemand kann gezwungen werden, überhaupt einen Vertrag oder einen Vertrag mit einer bestimmten Person abzuschließen. Das gilt auch für den Arbeitsvertrag. Dieser besteht – wie jeder andere Vertrag auch – aus inhaltlich übereinstimmenden Willenserklärungen, nämlich Angebot und Annahme (§§ 145 ff. BGB; ErfK/Preis, § 611a Rn. 240; zu den allgemeinen Vertragsvoraussetzungen Brox/Walker, BGB AT, § 8 Rdnr. 1). Das Zustandekommen eines Arbeitsvertrags setzt eine Vereinbarung über die zu erbringende Arbeitsleistung und grundsätzlich auch über die Vergütung voraus (§ 611a Abs. 1 BGB; vgl. Brox/Walker, BS, § 19 Rdnr. 18). Die Arbeitspflicht wird im Einzelnen durch das Weisungsrecht des Arbeitgebers (Rdnr. 156 ff.) näher bestimmt. Sofern die Höhe der Vergütung im Arbeitsvertrag nicht geregelt ist oder sogar überhaupt keine Vereinbarung über eine Vergütung getroffen wurde, ist nach § 612 Abs. 1, Abs. 2 BGB die taxmäßige bzw. übliche Vergütung als vereinbart anzusehen (zur Frage, ob bei angestellten Rechtsanwälten in Großkanzleien die Vergütung von Überstunden erwartbar i. S. v. § 612 Abs. 1 BGB ist, vgl. BAG NZA 2011, 1335). Ist eine Vergütung unterhalb des Mindestlohnanspruchs vereinbart, nicht jedoch die Grenze zur Sittenwidrigkeit erreicht, ist weiterhin § 612 Abs. 2 BGB anwendbar (ERfK/Preis, § 1 MiLoG Rn. 3 c; Däubler, NJW 2014, 1924, 1927). Allerdings ergibt sich, wie bei jedem Arbeitsverhältnis, der Anspruch auf den unabdingbaren Sockellohn in Höhe des jeweiligen Mindestlohnes aus dem MiLoG.

Eine Stellenausschreibung (Zeitungsanzeige im **Fall a**) ist kein Angebot, sondern nur eine Aufforderung an andere, ihrerseits ein Angebot zu machen (*invitatio ad offerendum*); denn es fehlt erkennbar ein Rechtsbindungswille (Brox/Walker, AT, § 8 Rdnr. 2). Demnach gibt der Stellenbewerber das Angebot ab, das angenommen oder abgelehnt werden kann. In **Fall a** steht es also im Belieben der GmbH, das Angebot des X zu akzeptieren oder es abzulehnen.

**173** **a) Ausschreibung.** Schreibt der Arbeitgeber eine offene Stelle durch eine Zeitungsanzeige oder im Betrieb aus, so darf die Ausschreibung niemanden wegen eines in § 1 AGG genannten Merkmales benachteiligen (§§ 11, 7 Abs. 1 AGG), es sei denn, dass eine unterschiedliche Behandlung unerlässlich ist, weil das Merkmal eine wesentliche und entscheidende berufliche Anforderung für die ausgeschriebene Stelle darstellt (§§ 8 ff. AGG, z. B. Sopranistin, Lehrerin für Nachtaufsichtsdienste in einem Mädcheninternat, Herrenmannequin, männliche bzw. weibliche oder altersabhängige Theaterrolle). Diese Ausnahmen sind eng auszulegen. Nach dem BAG ist auch für Gleichstellungsbeauftragte kein bestimmtes Geschlecht erforderlich (BAG NZA 1999, 371; a. A. Hanau, ZIP 2006, 2189, 2198). Ein Verstoß des Arbeitgebers gegen § 11 AGG ist nicht unmittelbar sanktioniert. Er kann jedoch ein Indiz für eine verbotene Benachteiligung nach § 7 AGG sein, die ihrerseits Entschädigungs- und Schadensersatzansprüche gem. § 15 AGG gegen den Arbeitgeber nach sich ziehen kann (hierzu Rdnr. 360). Nicht eingestellte Bewerber haben jedoch keinen Einstellungsanspruch (§ 15 Abs. 6 AGG). Die Entschädigung darf im Falle einer Nichteinstellung zudem drei Monatsgehälter nicht übersteigen, wenn der Bewerber auch bei benachteiligungsfreier Auswahl nicht eingestellt worden wäre (§ 15 Abs. 2 Satz 2 AGG). Die Benachteiligungsverbote des AGG dürfen zu keinem faktischen Kontrahierungszwang führen.

Im **Fall a** hat der Arbeitgeber mit seinem Inserat „Schneidermeister" gegen § 11 AGG verstoßen. Durch den Zusatz „(m/w)" oder durch die Formulierung „Schneidermeister/in" hätte der Arbeitgeber die Ausschreibung (geschlechts-)neutral gestalten können. Die Vorgabe in der Ausschreibung, wonach der sich bewerbende „Schneidermeister" zwischen 30 und 40 Jahre alt sein muss, ist zudem eine unzulässige Diskriminierung wegen des Alters.

**b) Bewerbung.** Die Bewerbung begründet ein vorvertragliches Schuldverhältnis (§ 311 Abs. 2 BGB) zwischen Arbeitnehmer und Arbeitgeber mit beiderseitigen Pflichten, die sich aus den jeweiligen Besonderheiten ergeben, etwa Schutzpflichten, Diskretions-, Offenbarungs- und Kostenerstattungspflichten (Rdnr. 219 f.). **174**

**c) Abschlussgebote können sich aus Gesetz, Kollektivvereinbarung oder Einzelarbeitsvertrag ergeben.** Die Vertragsfreiheit wird durch Abschlussgebote und Abschlussverbote eingeschränkt. **175**

(1) *Gesetzliche* Abschlussgebote bestehen zugunsten besonders schutzbedürftiger Personengruppen. Allerdings ist der Arbeitgeber nicht verpflichtet, das Angebot eines bestimmten Stellenbewerbers anzunehmen.

Eine Sonderform eines gesetzlichen Abschlussgebots enthält z. B. das SGB IX. Danach sind private und öffentliche Arbeitgeber (mit mindestens 20 Arbeitsplätzen) dem Staat gegenüber verpflichtet, auf wenigstens 5 Prozent der Arbeitsplätze Schwerbehinderte zu beschäftigen (vgl. §§ 71 ff. SGB IX); als Druckmittel zum Abschluss von Arbeitsverträgen mit Schwerbehinderten sieht das Gesetz Ausgleichsabgaben (§ 77 SGB IX) und Geldbußen (§ 156 SGB IX) vor. Die Einstellungspflicht besteht als öffentlich-rechtliche Pflicht jedoch nicht gegenüber dem einzelnen Schwerbehinderten. Der schwerbehinderte Bewerber hat also keinen Anspruch gegen einen bestimmten Arbeitgeber auf Abschluss eines Arbeitsvertrags (**Fall a**).

Im **Fall b** hat F wegen § 15 Abs. 6 AGG keinen Einstellungsanspruch (vgl. Rdnr. 187).

(2) Auch in *Tarifverträgen* und *Betriebsvereinbarungen* können Abschlussgebote normiert sein.

Beispiel: Eine tarifvertragliche Klausel verpflichtet tarifgebundene Arbeitgeber, eine bestimmte Anzahl Auszubildender nach erfolgreichem Abschluss ihrer Ausbildung in ein Arbeitsverhältnis zu übernehmen.

Sieht eine Kollektivvereinbarung vor, dass die Arbeitnehmer, deren Arbeitsverhältnis aufgrund eines bestimmten Ereignisses (z. B. durch Kündigung) beendet worden ist, bei nachträglichem Wegfall des Beendigungsgrundes wieder eingestellt werden sollen (sog. Wiedereinstellungsklausel), hat der einzelne Arbeitnehmer einen Anspruch gegen den Arbeitgeber auf Neuabschluss des Arbeitsvertrags.

(3) Schließlich kann sich ein Abschlussgebot aufgrund einer nachwirkenden Pflicht aus einem beendeten *Arbeitsvertrag* ergeben.

Beispiele: Der Arbeitgeber hat einem Arbeitnehmer wegen des Verdachts einer strafbaren Handlung wirksam gekündigt. Stellt sich später die Unschuld des Arbeitnehmers heraus, ist der Arbeitgeber u. U. zur Wiedereinstellung verpflichtet (Einzelh.: Rdnr. 649 f.; allg. zum Wiedereinstellungsanspruch nach wirksamer Kündigung: Oberhofer, RdA 2006, 92). Ein

Wiedereinstellungsanspruch kann sich nach einer betriebsbedingten Kündigung auch daraus ergeben, dass entgegen einer geplanten Betriebsschließung der Betrieb doch fortgeführt wird (BAG AP Nr. 14 zu KSchG 1969 § 1 Wiedereinstellung) oder es zu einem Betriebsübergang kommt (BAG NZA 2009, 29). Bei befristeten Arbeitsverhältnissen besteht grundsätzlich kein Wiedereinstellungsanspruch (BAG NZA 2002, 896). Eine Ausnahme gilt, wenn dem befristet eingestellten Arbeitnehmer – z. B. für den Fall seiner Bewährung – die unbefristete Fortsetzung des Arbeitsverhältnisses in Aussicht gestellt worden ist (BAG NZA 2003, 153).

**176**  d) **Der Wirksamkeit der Einigung kann ein Abschlussverbot entgegenstehen.** Gesetzliche Abschlussverbote bezwecken meist den Schutz bestimmter Personengruppen.

Beispiele: Beschäftigungsverbote für Kinder und Jugendliche (§§ 2, 5, 22 ff. JArbSchG). Aus arbeitsmarktpolitischen Gründen dürfen Ausländer (mit Ausnahme insbesondere von EU-Bürgern) ohne Arbeitserlaubnis der Bundesagentur für Arbeit grundsätzlich nicht beschäftigt werden (§ 284 SGB III, §§ 4 Abs. 3, 18 ff. AufenthG). Besondere Bestimmungen zur Fachkräfteeinwanderung nach §§ 18 ff. AufenthG sind zum 1.3.2020 in Kraft getreten.

Abschlussverbote können auch in einem Tarifvertrag (§§ 1, 4 TVG) enthalten sein. Aus Betriebsvereinbarungen (§ 77 Abs. 3 BetrVG) kann allerdings kein Abschluss, sondern lediglich ein Einstellungsverbot folgen, denn die Regelungskompetenz des Betriebsrats umfasst nicht den Vertragsschluss mit außenstehenden Bewerbern. Das Einstellungsverbot lässt die Wirksamkeit eines abgeschlossenen Arbeitsvertrages unberührt; es gibt dem Betriebsrat lediglich die Möglichkeit, im Rahmen seiner Mitbestimmung die Zustimmung zur Einstellung zu verweigern (§ 99 Abs. 2 Nr. 1 BetrVG; str.; a. A. Fitting, § 99 Rdnr. 278).

Beispiel: Verbot, über eine bestimmte Höchstzahl hinaus Auszubildende einzustellen.

### 2. Form

**177**  a) Grundsätzlich bedarf der Arbeitsvertrag keiner Form; er braucht also insbesondere nicht schriftlich abgeschlossen zu werden. So kann ein Arbeitsvertrag auch konkludent – etwa durch Aufnahme der Tätigkeit – zustande kommen.

Dieser Grundsatz wird durch das NachwG nicht berührt. Zwar hat der Arbeitgeber gem. § 2 Abs. 1 Satz 1 NachwG spätestens einen Monat nach dem vereinbarten Beginn des Arbeitsverhältnisses die wesentlichen Vertragsbedingungen schriftlich niederzulegen, die Niederschrift zu unterzeichnen und dem Arbeitnehmer auszuhändigen. Eine Formvorschrift für den *Abschluss* des Arbeitsvertrags enthält das NachwG jedoch nicht. Die §§ 4, 5 der bis zum 1.8.2022 umzusetzenden Richtlinie 2019/1152 über transparente und vorhersehbare Arbeitsbedingungen der EU zwingen die Mitgliedstaaten den Inhalt und die schriftlichen Vorgaben an den Arbeitsvertrag stark formalisiert neu zu ordnen (dazu Henssler/Pant, RdA 2019, 321, 328).

Eine Verletzung der Pflichten aus dem NachwG berührt nicht die Wirksamkeit des Vertrags; sie kann aber zu einer Schadensersatzpflicht des Arbeitgebers aus § 280 Abs. 1 BGB, insbesondere aus §§ 280 Abs. 1, 2, 286 BGB führen (vgl. BAG NZA 2002, 1096; 2005, 64). Eine Beweislastumkehr zulasten des Arbeitgebers hinsichtlich des Nachweises einer günstigen Vertragsbedingung hat selbst eine Verletzung der Nachweispflicht nicht zur Folge (str.; s. HWK/Kliemt, NachwG Vorb. Rdnr. 41 ff.).

Gem. § 11 Abs. 1 AÜG richtet sich der Nachweis der wesentlichen Vertragsbedingungen für das Leiharbeitsverhältnis nach dem NachwG; eine besondere Regelung für die Vertragsniederschrift für das Ausbildungsverhältnis findet sich in § 11 BBiG. Bei beiden Vorschriften handelt es sich aber nicht um eine durch Gesetz vorgeschriebene schriftliche Form i. S. des § 126 BGB.

b) Soll ein *befristeter* oder *auflösend bedingter* Arbeitsvertrag geschlossen werden, so bedarf nur die entsprechende Befristungs- oder Bedingungsklausel des Vertrags zwingend der Schriftform (§§ 14 Abs. 4 und 21 TzBfG) (ausdrücklich BAG NZA 2017, 638). Fehlt die Schriftform, so gilt der Vertrag als auf unbestimmte Zeit geschlossen, wenn der Arbeitnehmer dies innerhalb von drei Wochen nach dem Ablauf der Frist oder dem Eintritt der auflösenden Bedingung geltend macht, §§ 16, 17, 21 TzBfG.

**178**

c) Sieht für den Abschluss des Arbeitsvertrags ein einschlägiger *Tarifvertrag* die *Schriftform* vor, sind die Regeln über die durch Gesetz vorgeschriebene schriftliche Form (§§ 126, 125 Satz 1 BGB) anwendbar; danach ist der Arbeitsvertrag bei Nichtbeachtung der Form grundsätzlich nichtig.

**179**

Allerdings ist durch Auslegung des Tarifvertrags zu prüfen, ob nach der Vereinbarung der Tarifvertragsparteien die Wirksamkeit des Arbeitsvertrags von der Einhaltung der Form abhängen soll (= konstitutive Bedeutung der Formvorschrift) oder ob die Formvorschrift nur Beweiszwecken dienen soll (= deklaratorische Bedeutung der Formvorschrift). Trifft letzteres zu, so ist auch der formlos abgeschlossene Arbeitsvertrag gültig und jede Partei des Arbeitsvertrags hat gegen den Vertragspartner nur einen Anspruch auf schriftliche Festlegung des Vertrags.

Im **Fall c** ist durch Auslegung des Tarifvertrags zu ermitteln, welche Bedeutung der Schriftform nach dem Willen der Tarifvertragsparteien zukommen soll. Mangels entgegenstehender Angaben ist von einer rein deklaratorischen Bedeutung auszugehen, da in aller Regel durch eine tarifliche Vereinbarung den Arbeitnehmern kein Nachteil entstehen soll.

d) Haben Arbeitgeber und Arbeitnehmer bei den Vertragsverhandlungen die Schriftform des Arbeitsvertrags vereinbart oder ist – was häufiger geschieht – im *Arbeitsvertrag* für dessen Änderungen oder Ergänzungen die *Schriftform vorgesehen*, handelt es sich um eine durch Rechtsgeschäft bestimmte schriftliche Form (§§ 127, 125 Satz 2 BGB). Auch hier kann die Schriftform konstitutive oder nur deklaratorische Bedeutung haben. Selbst wenn zunächst eine konstitutive Wirkung beabsichtigt war, können die Parteien doch diese Vereinbarung über die Form einverständlich aufheben. Das kann auch konkludent erfolgen, sofern die Parteien von der Wirksamkeit des formlos geschlossenen Vertrags oder der formlos vereinbarten Vertragsänderung ausgehen; sie müssen dabei nicht unbedingt an die Schriftformklausel gedacht haben (vgl. BAG AP Nr. 1 zu § 127 BGB; NZA 2007, 801).

**180**

Damit ist die praktische Bedeutung der vereinbarten Schriftform gering. Beruft sich ein Vertragsteil auf eine vom schriftlichen Arbeitsvertrag abweichende Abrede, muss er diese ohnehin beweisen. Änderungen des Arbeitsvertragsinhalts können auch durch konkludentes Verhalten der Vertragsparteien, also formlos zustande kommen. So kann die widerspruchslose Fortsetzung der Tätigkeit durch den Arbeitnehmer nach einem Änderungsangebot des Arbeitgebers als Annahme der Vertragsänderung anzusehen sein, wenn sich ein entsprechender Wille aus dem tatsächlichen Verhalten deutlich ergibt (BAG NZA 2003, 924 = RdA 2002, 233 m. Anm. Franzen). Dies gilt allerdings nur, wenn sich die Änderung unmittelbar im Arbeitsverhältnis auswirkt (BAG NZA 2010, 283).

**181**

Schriftformklauseln in einem Formulararbeitsvertrag, die Vertragsänderungen von der Schriftform abhängig machen (sog. einfache Schriftformklauseln) bzw. zusätzlich die Aufhebung des Schriftformerfordernisses selbst dem Schriftformerforder-

**182**

nis unterwerfen (sog. doppelte Schriftformklauseln), sind wegen Verstoßes gegen § 307 Abs. 1 Satz 1 BGB unwirksam, wenn sie dazu dienen, nach Vertragsschluss getroffene Individualvereinbarungen zu unterlaufen, indem sie beim anderen Vertragsteil den Eindruck erwecken, eine abweichende mündliche Abrede sei entgegen § 305b BGB unwirksam (BAG NZA 2008, 1233). Nach Ansicht des BAG kann aber durch qualifizierte Schriftformklauseln, die ausreichend deutlich machen, dass Individualabreden Vorrang haben, die Vertragsänderung mittels betrieblicher Übung (Rdnr. 151) verhindert werden, da insoweit keine „individuelle" Vertragsabrede vorliegt (BAG NZA 2008, 1233; a. A. ErfK/Preis, § 127 BGB Rdnr. 41a).

### 3. Geschäftsfähigkeit

**183** a) Der Arbeitsvertrag setzt zwei gültige Willenserklärungen voraus. Daran fehlt es, wenn eine Vertragspartei geschäftsunfähig (§§ 104 f. BGB) oder beschränkt geschäftsfähig (§§ 106 ff. BGB) ist.

b) In zwei für den Arbeitsvertrag wichtigen Fällen kennt das Gesetz eine *Erweiterung der Geschäftsfähigkeit*:

(1) Die Bestimmung des § 112 BGB (Brox/Walker, AT, § 12 Rdnr. 42) ist für den minderjährigen *Arbeitgeber* bedeutsam. Ermächtigt der gesetzliche Vertreter mit Genehmigung des Vormundschaftsgerichts den Minderjährigen zum selbstständigen Betrieb eines Erwerbsgeschäfts, so ist der Minderjährige für solche Rechtsgeschäfte unbeschränkt geschäftsfähig, welche der Geschäftsbetrieb mit sich bringt (§ 112 Abs. 1 Satz 1 BGB). Dazu gehört auch der Abschluss von Arbeitsverträgen (vgl. aber §§ 112 Abs. 1 Satz 2, 1643 Abs. 1, 1822 Nr. 7 BGB: Wird der Minderjährige von einem Vormund vertreten, benötigt er für den Abschluss von Arbeitsverträgen mit einer Dauer von mehr als einem Jahr gemäß §§ 112 Abs. 1 Satz 2, 1822 Nr. 7 BGB die Genehmigung des Familiengerichts. Wird er von den Eltern vertreten, kann er derartige Arbeitsverträge allein schließen, da § 1643 Abs. 1 BGB nicht auf § 1822 Nr. 7 BGB verweist.).

**184** (2) Für den minderjährigen *Arbeitnehmer* ist § 113 BGB (Brox/Walker, AT, § 12 Rdnr. 43) wichtig. Danach ist er unbeschränkt geschäftsfähig für den Abschluss, die Aufhebung und die Erfüllung von Arbeitsverträgen, zu deren Eingehung ihn der gesetzliche Vertreter ermächtigt hat.

Im **Fall d** sind der Abschluss des Arbeitsvertrags mit der Textilfabrik und die Kündigung wirksam, da die Minderjährige für diese Geschäfte gem. § 113 Abs. 1 Satz 1 BGB unbeschränkt geschäftsfähig ist. Das gilt auch für den Beitritt zur Gewerkschaft; denn er dient der Erfüllung der sich für N aus dem Arbeitsverhältnis ergebenden Pflichten, da die Gewerkschaft für N unmittelbar die Arbeitsbedingungen aushandelt. Die Ermächtigung deckt jedoch nicht den Abschluss eines Arbeitsvertrags als DJane, da es sich nicht um ein Arbeitsverhältnis derselben Art handelt (vgl. § 113 Abs. 1 Satz 1, Abs. 4 BGB).

Verfügungen über den Arbeitslohn sind von § 113 BGB grundsätzlich nicht gedeckt; Ausnahmen gelten, wenn die Anschaffung in unmittelbarem Zusammenhang mit der Arbeitstätigkeit steht (Beispiel: Kauf eines Mofas, um zur mit öffentlichen Verkehrsmitteln nicht zu erreichenden Arbeitsstelle zu kommen; Anmietung einer Unterkunft, wenn die Arbeitsaufnahme einen Wohnortswechsel bedingt).

### 4. Stellvertretung

**185** Der Abschluss eines Arbeitsvertrags kann sowohl auf der Arbeitgeber- als auch auf der Arbeitnehmerseite durch einen Stellvertreter erfolgen. Das Geschäft wirkt für und gegen den Vertretenen, wenn der Vertreter im Namen des Vertretenen handelt und wenn er Vertretungsmacht hat (§ 164 Abs. 1 Satz 1 BGB). Der Vormund, der Betreuer und der Pfleger bedürfen zum Abschluss von Lehr- und Arbeitsverträgen, die für einen Zeitraum von mehr als einem Jahr geschlossen werden, der Genehmigung des Vormundschaftsgerichts (§ 1822 Nr. 6 u. 7, § 1908i Abs. 1, § 1915 Abs. 1 BGB; vgl. auch schon Rdnr. 183).

Grundsätzlich stehen einer Vertretung des Kindes durch die Eltern bei Abschluss eines Arbeitsvertrages mit den Eltern die Vorschriften der §§ 181, 1629 Abs. 2 Satz 1, 1795 Abs. 1 Nr. 1, Abs. 2 BGB entgegen. Im **Fall e** kann S durch seinen Vater oder seine Mutter aber wirksam vertreten werden, da die gesetzlichen Vertreter gem. § 10 Abs. 3 BBiG vom Verbot des § 181 BGB befreit sind.

### 5. Beteiligung des Betriebsrates/Sprecherausschusses

In Betrieben mit in der Regel mehr als zwanzig nach § 7 BetrVG wahlberechtigten Arbeitnehmern hat der Arbeitgeber vor jedem Abschluss eines Arbeitsvertrags die Zustimmung des Betriebsrats einzuholen (§ 99 Abs. 1 BetrVG; Näheres: Rdnr. 1125 ff.). Die beabsichtigte Einstellung eines leitenden Angestellten ist dem Sprecherausschuss der leitenden Angestellten rechtzeitig mitzuteilen (§ 31 Abs. 1 SprAuG; Rdnr. 1171).

## II. Mängel des Arbeitsvertrags und ihre Folgen

### 1. Nichtigkeits- und Anfechtungsgründe

a) Die *Nichtigkeitsgründe* beim Arbeitsvertrag entsprechen denen bei anderen Rechtsgeschäften. Zu nennen sind beispielsweise Formmangel (Rdnr. 177 ff.), fehlende Geschäftsfähigkeit (Rdnr. 183 f.), Verstoß gegen ein gesetzliches Verbot (§ 134 BGB) und die Sittenwidrigkeit des Vertrags (§ 138 BGB).

(1) *Verbotsgesetz* im Sinne des § 134 BGB (Brox/Walker, AT, § 14 Rdnr. 2 f.) kann jede Rechtsnorm sein. Auch Tarifverträge (vgl. § 4 Abs. 1 TVG) und Betriebsvereinbarungen (vgl. § 77 Abs. 1 BetrVG) fallen nach h.M. unter § 134 BGB. Zu erwähnen sind vor allem Bestimmungen zum Schutze der Arbeitnehmer (z.B. Abschlussverbote, Normen über Höchstarbeitszeit) sowie Strafvorschriften; so ist ein Arbeitsvertrag, der eine wegen eines Berufsverbots nach § 70 StGB untersagte Tätigkeit zum Inhalt hat, unwirksam, da er gegen § 145c StGB verstößt.

Der Arbeitsvertrag über die Herstellung von Falschgeld (**Fall f**; § 146 StGB) ist wegen Gesetzesverstoßes nichtig; X hat also keinen Anspruch auf die Arbeitsleistung des Y. Handelt es sich dagegen um eine Schlosserwerkstatt, ist nur die Vereinbarung über die tägliche Arbeitszeit von elf Stunden (wegen Verstoßes gegen § 3 ArbZG) nichtig. Würde hier die Teilnichtigkeit nach der Auslegungsregel des § 139 BGB zur Nichtigkeit des ganzen Vertrags führen, würde die den Schutz des Arbeitnehmers bezweckende Vorschrift zu dessen Nachteil wirken. Daher wird die Auslegungsregel des § 139 BGB teleologisch nicht angewandt, so dass der Arbeitsvertrag mit der gesetzlich zulässigen Arbeitszeit gültig ist (allgemein Brox/Walker, AT, § 15 Rdnr. 8.). Wäre eine Höchstarbeitszeit im Tarifvertrag vorgesehen und würde der Arbeitsvertrag dagegen verstoßen, träte nach § 4 Abs. 1 Satz 1 TVG die tarifliche Arbeitszeit an die Stelle der Arbeitszeitvereinbarung.

Aus Gründen des Arbeitnehmerschutzes ist (anders als im Verhältnis Werkunternehmer – Besteller, vgl. BGH NJW 2013, 3167) die Vereinbarung von Schwarzarbeit nicht insgesamt wegen Verstoßes gegen § 1 Abs. 2 SchwarzArbG nichtig, sondern nur die Hinterziehungsabrede als solche (BAG NJW 2010, 2604).

**189** (2) Ein Arbeitsvertrag kann *gegen die guten Sitten verstoßen* und insbesondere wegen *Lohnwuchers* (§ 138 Abs. 1 BGB) bzw. eines wucherähnlichen Geschäfts (§ 138 Abs. 2 BGB) nichtig sein. „Nach § 138 I BGB ist ein Rechtsgeschäft nichtig, wenn es nach seinem aus der Zusammenfassung von Inhalt, Zweck und Beweggrund zu entnehmenden Gesamtcharakter mit den grundlegenden Wertungen der Rechts- und Sittenordnung nicht zu vereinbaren ist" (m.w.N. BAG NZA 2016, 1409 Rn. 31). § 138 BGB ist dabei neben § 1 MiLoG anwendbar (ErfK/Franzen, § 1 MiLoG Rdnr. 1; Däubler, NJW 2014, 1924, 1927).

Beispiele: Vorführung des Geschlechtsverkehrs auf der Bühne (BAG AP Nr. 34 zu § 138 BGB). Das BAG hat sich mittlerweile der vom BGH (BGHSt 43, 53) und den Instanzgerichten (LAG Berlin, NZA-RR 1998, 392; LAG Bremen, BeckRS 2008 56018; LAG Rheinland-Pfalz BeckRS 2008 55566) vertretenen Auffassung zum Lohnwucher angeschlossen, wonach ein auffälliges Missverhältnis zwischen Leistung und Gegenleistung i. S. d. § 138 Abs. 2 BGB vorliegt, wenn der vereinbarte Lohn weniger als 2/3 des Tariflohnes beträgt. (BAG NZA 2012, 978; vgl. zur Bestimmung der Sittenwidrigkeit Henssler/Sittard, RdA 2007, 159). Im Fall des Lohnwuchers ist nur die Entgeltvereinbarung, nicht der ganze Arbeitsvertrag nichtig; an die Stelle der vereinbarten tritt die übliche Vergütung (vgl. § 612 Abs. 2 BGB) oder § 1 MiLoG, siehe Rdnr. 172. Allerdings stellt sich das praktische Problem, dass der Arbeitnehmer die subjektiven Voraussetzungen von § 138 BGB (bei Absatz 2 Kenntnis vom Missverhältnis sowie Ausnutzen der Unterlegenheit des Arbeitnehmers, bei Absatz 1 eine verwerfliche Gesinnung) beweisen muss, wenn nicht die übliche Vergütung mindestens doppelt so hoch ist wie die vereinbarte (BAG AP Nr. 67 zu § 138 BGB).

**190** b) Mögliche *Anfechtungsgründe* ergeben sich aus den §§ 119 ff. BGB (Brox/Walker, AT, § 18 Rdnr. 1). Arbeitsrechtlich bedeutsam sind vor allem der Irrtum über eine verkehrswesentliche Eigenschaft der Person und die arglistige Täuschung. Aufgrund der Natur als Dauerschuldverhältnis kann bei einem Arbeitsvertrag eine Anfechtung wegen Treu und Glauben (§ 242 BGB) ausgeschlossen sein, wenn die Rechtslage des Getäuschten im Zeitpunkt der Anfechtung nicht mehr beeinträchtigt ist.

(1) Zu einer Anfechtung nach § 119 Abs. 2 BGB berechtigt ein *Irrtum über eine verkehrswesentliche Eigenschaft des Vertragspartners*. Als Eigenschaften des Arbeitnehmers kommen z.B. dessen Vorbildung, berufliche Fähigkeiten, Gesundheitszustand, Zuverlässigkeit oder Vertrauenswürdigkeit in Betracht. Erheblich ist die Eigenschaft jedoch nur, wenn sie in unmittelbarer Beziehung zum Inhalt des Arbeitsvertrags steht (z.B. HIV-Infektion bei einer Operationsschwester).

Vorstrafen sind keine Eigenschaften des Arbeitnehmers; aber sie lassen auf dessen Eigenschaften schließen. So sprechen im **Fall g** die Vorstrafen wegen Diebstahls für mangelnde Ehrlichkeit; diese Eigenschaft wird bei einer Einstellung als Kassiererin im Verkehr als wesentlich angesehen. Dagegen ist das Verhalten im Straßenverkehr für die Tätigkeit als Kassiererin unerheblich.

Die Schwangerschaft ist keine verkehrswesentliche Eigenschaft im Sinne des § 119 Abs. 2 BGB, da sie kein Dauerzustand ist (BAG AP Nr. 15 zu § 123 BGB; **Fall g**). Ohnehin würde eine Anfechtung dem Sinn des MuSchG widersprechen; denn sie würde zur Entlassung der Schwangeren wegen der Schwangerschaft führen, was das Gesetz (vgl. § 9 MuSchG) gerade verhindern will. Eine Anfechtung wegen Schwangerschaft wäre überdies eine unzulässige Benachteiligung aus Gründen des Geschlechts (§§ 1, 7, 3 Abs. 1 Satz 2 AGG).

Im **Fall g** kann der Vertrag also nur wegen Irrtums über die Ehrlichkeit der B nach § 119 Abs. 2 BGB angefochten werden.

**191** (2) Vor der Einstellung eines Arbeitnehmers wird diesem im Bewerbungsverfahren in der Regel eine Reihe von Fragen vorgelegt. Im Hinblick auf die Anfechtbarkeit des Vertragsschlusses wegen *arglistiger Täuschung* nach § 123 Abs. 1 BGB ist es wichtig, welche Fragen dem Bewerber zulässigerweise gestellt werden dürfen. Es geht also um den Umfang der „Offenbarungspflicht" des Arbeitnehmers, die nur bei zulässigen Fragen besteht. Das sind solche, die mit dem Arbeitsplatz und der zu erbringenden Leistung in einem Sachzusammenhang stehen. Dabei ist das Interesse des Arbeitnehmers an der Wahrung seiner Persönlichkeitsrechte (Art. 2 Abs. 1 i. V. m. Art. 1 Abs. 1 GG) gegen das Interesse des Arbeitgebers (unternehmerische Freiheit, Art. 12 Abs. 1 GG) abzuwägen, sich ein verlässliches Bild über die fachliche und persönliche Eignung des Bewerbers für diesen Arbeitsplatz zu machen.

Der Schutz der Arbeitnehmerinteressen wird dadurch gestärkt, dass Personalfragebögen der erzwingbaren Mitbestimmung des Betriebsrats unterliegen (§ 94 Abs. 1 BetrVG; vgl. Rdnr. 1122).

**192** Ein Anfechtungsrecht wegen *arglistiger Täuschung* setzt zunächst eine Täuschungshandlung voraus. Diese kann in einem positiven Tun (z. B. unwahre Beantwortung von Fragen) oder – wenn eine Pflicht zur Aufklärung gegeben ist (z. B. Verschweigen einer chronischen Krankheit, welche die Arbeitsleistung dauerhaft unmöglich macht) – in einem Unterlassen bestehen. Die Arglist ist im Rahmen des § 123 BGB gleichbedeutend mit vorsätzlichem Handeln.

Die Täuschung muss zudem widerrechtlich sein (Brox/Walker, AT, § 19 Rdnr. 6). Zwar verlangt der Wortlaut des § 123 BGB die Widerrechtlichkeit nur in der Drohungsvariante. Dies liegt jedoch daran, dass der historische Gesetzgeber davon ausging, jede arglistige Täuschung sei widerrechtlich. Die im Folgenden besprochenen Fälle zeigen allerdings, dass eine Täuschung u. U. durchaus gerechtfertigt sein kann, so dass im Wege der teleologischen Reduktion das Merkmal der Widerrechtlichkeit auch im Falle der arglistigen Täuschung zu prüfen ist.

Stellt der Arbeitgeber dem Stellenbewerber vor der Einstellung eine *unzulässige Frage* (z. B. nach im Strafregister bereits gelöschten Vorstrafen), kann der Bewerber die Beantwortung verweigern oder wahrheitsgemäß antworten, also die Vorstrafen angeben; in beiden Fällen wird er regelmäßig die Stelle nicht bekommen. Die Chance, eingestellt zu werden, hat er nur, wenn er die unzulässige Frage wahrheitswidrig beantwortet. Wird er daraufhin eingestellt, kann der Arbeitgeber nicht mit Erfolg wegen arglistiger Täuschung anfechten. Die Anfechtung scheidet aber nicht mangels Arglist (so BAG AP Nr. 2 zu § 123 BGB, AP Nr. 15 zu § 123 BGB) aus. Vielmehr fehlt es an der Widerrechtlichkeit der Täuschung. Der Arbeitgeber darf also nur auf zulässige Fragen eine wahrheitsgemäße und vollständige Antwort erwarten, bei unzulässigen Fragen hat der Arbeitnehmer ein „Recht zur Lüge".

**193** Seit Inkrafttreten des AGG sind Fragen, die an eines der in § 1 AGG aufgeführten Merkmale anknüpfen, in erhöhtem Maße auf ihre Zulässigkeit zu überprüfen (vgl. § 2 Abs. 1 Nr. 1 AGG – Zugang zur Erwerbstätigkeit; dazu Däubler/Bertzbach, AGG, § 7 Rdnr. 20 ff.; Wisskirchen/Bissels, NZA 2007, 169). Fragen nach Diskriminierungsmerkmalen können Indizien i. S. des § 22 AGG sein und somit zu einer Umkehr der Beweislast zulasten des Arbeitgebers bei Entschädigungsansprüchen führen (s. Rdnr. 220). Nach Unterzeichnung des Arbeitsvertrags bestehen weitergehende Fragemöglichkeiten des Arbeitgebers. Ausführlich zu der rechtlichen Ausgestaltung des AGG siehe Rdnr. 374 ff.

**194** Die Frage nach den Vorstrafen einer Kassiererin wegen begangener Vermögensdelikte ist zulässig, nach denen wegen begangener Verkehrsstraftaten dagegen mangels Erheblichkeit für den Arbeitsplatz unzulässig (**Fall g**). Ist die Vorstrafe allerdings nicht in ein Führungszeugnis aufzunehmen (unter anderem Geldstrafe von nicht mehr als 90 Tagessätzen, s. im Einzelnen § 32 Abs. 2 BZRG), so wird dem Arbeitnehmer das Recht in § 53 Abs. 1 Nr. 1 Alt. 1 BZRG zugestanden, solche Verurteilungen auch dem Arbeitgeber gegenüber zu verschweigen (vgl. § 53 BZRG).

**195** Fragen nach einer bestehenden Schwangerschaft wurden zunächst nur unter dem Gesichtspunkt diskutiert, ob dem zur Vertragsfreiheit des Arbeitgebers gehörenden Interesse an einer umfassenden Information über die Stellenbewerberin oder dem aus dem Persönlichkeitsrecht der Bewerberin folgenden Interesse am Schutz ihrer Intimsphäre der Vorrang einzuräumen ist. Das BAG (NZA 1986, 739) vertrat zeitweise eine differenzierende Ansicht: Eine unzulässige geschlechtsbedingte Benachteiligung sollte nur vorliegen, wenn sich auch Männer um denselben Arbeitsplatz beworben hatten, nicht dagegen bei einem rein weiblichen Bewerberkreis, weil dann eine Schwangere nur gegenüber Kandidatinnen desselben Geschlechts benachteiligt werde. Diese Lösung war sachwidrig und führte zudem bei nachträglichen Änderungen im Bewerberkreis zu Schwierigkeiten. Der EuGH hat zutreffend die Frage nach einer bestehenden Schwangerschaft wegen Verstoßes gegen den Gleichbehandlungsgrundsatz nach der Richtlinie 76/207/EWG generell für unzulässig erklärt (EuGH NJW 1991, 628), eine Entscheidungspraxis, der sich das BAG angeschlossen hat (NZA 1993, 257).

**196** Fragen des Arbeitgebers nach einer bestehenden Schwangerschaft sind demnach in aller Regel unzulässig, dürfen also von der Bewerberin wahrheitswidrig verneint werden. Dies gilt erst recht vor dem Hintergrund der restriktiven §§ 1, 7 AGG. § 3 Abs. 1 Satz 2 AGG stellt die ungünstigere Behandlung einer Schwangeren oder Mutter der unmittelbaren Benachteiligung wegen des Geschlechts gleich. Der EuGH hat seine Rspr. auf (für sechs Monate) befristete Arbeitsverträge mit Schwangeren ausgedehnt, die beim Vertragsschluss ihre Schwangerschaft verschweigen. Der Vertrag ist dem EuGH zufolge selbst dann nicht anfechtbar, wenn beim Abschluss bereits feststeht, dass die Arbeitnehmerin während des wesentlichen Teils ihrer Vertragszeit (vier von sechs Monaten) nicht arbeiten kann (EuGH NJW 2002, 123; kritisch Herrmann, SAE 2003, 125). Die Rspr. erscheint nicht abschließend durchdacht, weil sie den eigentlichen Zielen des Gerichts (Schutz von Mutter und Kind sowie Schutz vor Frauendiskriminierung) zuwiderläuft. Schwangere sollten sich danach sofort nach einem befristeten Arbeitsvertrag umschauen. Der EuGH wird mittelbar zum Anstifter für Eingehungsbetrug. Gelingt der Bewerberin ein solcher Vertragsschluss, so erhält sie „Mutterschutzlohn" ohne Arbeitsleistung (Herrmann, SAE 2003, 125, 131). Gleichwohl hat das BAG dem EuGH folgend seine Rspr. ebenfalls verschärft (BAG NZA 2003, 848).

Eine Arbeitnehmerin, die dem Arbeitgeber das Bestehen einer Schwangerschaft mitgeteilt hat, ist verpflichtet, den Arbeitgeber unverzüglich über das vorzeitige Ende der Schwangerschaft zu unterrichten. Das BAG verneint wenig überzeugend einen Schadensersatzanspruch des Arbeitgebers, wenn die Arbeitnehmerin diese Mitteilung schuldhaft unterlässt (BAG NZA 2000, 1157 = RdA 2001, 333 m. krit. Anm. Bittner).

**197** Die Falschbeantwortung einer Frage nach früherer Stasi-Tätigkeit kann eine Anfechtung, jedenfalls aber eine verhaltensbedingte Kündigung rechtfertigen. Das gilt besonders im öffentlichen Dienst. Bei Beamten ist eine solche falsche Antwort sogar strafbar (BGH NJW 1999, 1485). Bei privaten Arbeitgebern gilt dies nur eingeschränkt: Die Frage muss durch das betriebliche Interesse des Arbeitgebers gerechtfertigt sein (BAG NZA 2003, 265), was allenfalls bei Tätigkeiten im sicherheitsrelevanten Bereich oder in Tendenzbetrieben als möglich erscheint, da eine Wiederholung der Stasi-Tätigkeit ausgeschlossen ist (vgl. HWK/Thüsing, § 123 BGB Rdnr. 28 f.).

Die Frage nach einer (bereits ausgebrochenen) AIDS-Erkrankung ist wegen der potentiell bevorstehenden Arbeitsunfähigkeit zulässig; dagegen darf der Arbeitgeber nach einer HIV-Infektion nur dann fragen, wenn von der beruflichen Tätigkeit (z. B. Heilberuf) des infizierten Bewerbers eine besondere Gefahr für andere Personen ausgeht (Richardi, NZA 1988, 74 f.). Das BAG (NZA 2014, 372) geht davon aus, dass auch eine symptomlose HIV-Infektion eine Behinderung i. S. d. § 1 AGG ist, was sich etwa bei einer Kündigung auswirkt. Sie führe zu einer chronischen Erkrankung, die sich auf die Teilhabe des Arbeitnehmers an der Gesellschaft auswirkt. Das gelte so lange, wie das gegenwärtig auf eine solche Infektion zurückzuführende soziale Vermeidungsverhalten und die darauf beruhenden Stigmatisierungen andauern (s. auch Rdnr. 356).

**198** Bei Behinderungen des Arbeitnehmers muss nach der Rspr. unterschieden werden: Die Frage nach einer Behinderung ist nur zulässig, wenn diese die Eignung des Stellenbewerbers für die vorgesehene Tätigkeit beeinträchtigt (BAG NZA 1985, 57). Anders ist es bei Schwerbehinderten. Ist der Stellenbewerber als Schwerbehinderter anerkannt, so knüpfen sich daran für den Arbeitgeber während der gesamten Dauer des Arbeitsverhältnisses bestimmte gesetzliche Pflichten. Diese begründen ein berechtigtes Interesse des Arbeitgebers an der Frage auch dann, wenn sich die Schwerbehinderteneigenschaft auf die vorgesehene Tätigkeit nicht auswirkt. Wird die Frage nach der Schwerbehinderteneigenschaft vom Arbeitnehmer bewusst falsch beantwortet, so rechtfertige dies nach der älteren Rspr. die Anfechtung des Arbeitsvertrags nach § 123 BGB (BAG NZA 2001, 315; zum Ganzen MüKoBGB/Thüsing § 11 AGG Rdnr. 25 f. m. w. Nachw.). Aktuelle Entscheidungen des BAG liegen nicht vor. Zulässig dürfte die Frage jedenfalls dann sein, wenn sie gerade darauf zielt, einen Schwerbehinderten einzustellen. Der Arbeitgeber darf außerdem nach Ablauf von 6 Monaten (dann greift gemäß § 168 ff. SGB IX n. F. der besondere Kündigungsschutz für Schwerbehinderte) nach der Schwerbehinderteneigenschaft fragen, wenn er für eine bevorstehende Kündigung wissen will, ob er diesen besonderen Kündigungsschutz beachten muss (BAG NZA 2012, 555; s. auch Rdnr. 614).

Bei Fragen nach dem Alter ist darauf abzustellen, ob diese auf einem berechtigten Interesse beruhen (vgl. § 10 AGG) oder ob sie diskriminierenden Charakter haben und zu einer unzulässigen Benachteiligung wegen des Alters (§§ 7, 1 AGG) führen.

Im **Fall g** kann A – unter den unter Rdnr. 194 geschilderten Voraussetzungen – wegen wahrheitswidriger Angaben über die Diebstahlsvorstrafen den Vertrag nach § 123 Abs. 1 BGB wegen arglistiger Täuschung anfechten.

## 2. Rechtsfolgen

**199** Nach allgemeinen Regeln bewirkt das Vorliegen eines Nichtigkeitsgrundes die Nichtigkeit des Arbeitsvertrags, während die Anfechtbarkeit nur dann zur Nichtigkeit des Rechtsgeschäfts führt, wenn dieses wirksam, vor allem fristgemäß (§§ 121, 124 BGB), angefochten worden ist (§§ 142 f. BGB). Hinsichtlich der Wirkung der Nichtigkeit (von Anfang an oder nur für die Zukunft) muss im Arbeitsrecht danach unterschieden werden, ob der Arbeitnehmer die Arbeit schon angetreten hat oder nicht.

**200** a) *Vor Antritt der Arbeit* gelten beim Vorliegen eines Nichtigkeitsgrundes die allgemeinen Regeln des BGB. Wird der Arbeitsvertrag angefochten, bevor der Arbeitnehmer die Arbeit aufgenommen hat, bleibt es daher bei der allgemeinen Regel des § 142 Abs. 1 BGB, wonach der angefochtene Arbeitsvertrag als von Anfang an nichtig anzusehen ist und den Beteiligten deshalb keine vertraglichen Ansprüche zustehen.

**201** b) *Nach Antritt der Arbeit* durch den Arbeitnehmer und der damit erfolgten Invollzugsetzung des Arbeitsverhältnisses ist hinsichtlich der Folgen danach zu unterscheiden, ob gem. §§ 119, 123 BGB angefochten worden ist oder ob der Vertrag von vornherein nichtig war.

(1) Eine *Anfechtung* führt grundsätzlich nur zur Nichtigkeit des Arbeitsvertrags vom Zeitpunkt des Zugangs der Anfechtungserklärung an (*ex nunc*). Hat der Arbeitnehmer nämlich bereits Arbeit geleistet, würde die gem. § 142 Abs. 1 BGB (*ex tunc*) auf den Zeitpunkt des Vertragsschlusses zurückwirkende Vernichtung des Rechtsgeschäfts und die damit verbundene Rückabwicklung des Arbeitsverhältnisses nach den Vorschriften über die ungerechtfertigte Bereicherung (vgl. vor allem § 818 Abs. 3 BGB) zu erheblichen Schwierigkeiten und unbilligen Ergebnissen für den Arbeitnehmer führen. Insbesondere die Berechnung eines gemäß § 818 Abs. 2 BGB zu leistenden Wertersatzes für die bis zur Anfechtung geleistete Arbeit erscheint praktisch kaum möglich. Rspr. und Lehre sind sich daher darüber einig, dass nach Antritt der Arbeit eine Anfechtung grundsätzlich nur Wirkung für die Zukunft entfaltet (sog. fehlerhaftes Arbeitsverhältnis). Somit kommt der Anfechtung in diesem Falle eine kündigungsähnliche Wirkung zu.

**202** Ficht der Arbeitgeber zwei Monate nach Arbeitsbeginn an (**Fall g**), bleibt der Arbeitsvertrag für diese zwei Monate bestehen; die Arbeitnehmerin ist also für die vergangene Zeit nicht auf einen Bereicherungsanspruch nach § 812 Abs. 1 Satz 1 Alt. 1 oder Satz 2 Alt. 1 BGB angewiesen, sondern hat einen Lohnanspruch aus dem Vertrag (§ 611a Abs. 2 BGB). Von der Anfechtung an ist der Vertrag vernichtet; danach bestehen zwischen den Beteiligten keine vertraglichen Ansprüche mehr.

Ausnahmsweise kann die Anfechtung lediglich einer einzelnen vereinbarten Arbeitsbedingung dann zulässig sein, wenn allein der angefochtene Teil des Vertrags auf einem Irrtum oder einer arglistigen Täuschung beruht und der Arbeitsvertrag auch ohne den angefochtenen Teil sinnvoll ist. Bei einer solchen Anfechtung entfällt nur der angefochtene Teil des Vertrags – soweit möglich – rückwirkend, während der restliche Teil des Vertrags wirksam bleibt (vgl. BAG AP Nr. 4 zu § 60 HGB).

**203** (2) Bei *Nichtigkeit* des Arbeitsvertrags besteht im Regelfall ein sog. fehlerhaftes Arbeitsverhältnis, nur in besonderen Fällen ist die Nichtigkeit auch für die Vergangenheit zu beachten.

(a) Im Regelfall kann die Nichtigkeit des Vertrags – aus den zur Anfechtung genannten Gründen – nur für die Zukunft berücksichtigt werden. Jede der beiden Parteien ist in der Lage, sich durch einseitige Erklärung vom fehlerhaften Arbeitsverhältnis zu lösen.

(b) Ausnahmsweise gebieten grundlegende Wertungen unserer Rechtsordnung die Beachtung der Nichtigkeit bereits für die Vergangenheit:
So wollen die §§ 104 ff. BGB die nicht geschäftsfähigen Personen schützen. Hat also der nicht geschäftsfähige Arbeitnehmer einen Arbeitsvertrag geschlossen, so ist dieser unwirksam. Vertragspflichten des Arbeitnehmers sind hier auch für die Vergangenheit nicht entstanden. Da die Nichtigkeit des Vertrags wegen mangelnder Geschäftsfähigkeit aber dem Schutz des Nichtgeschäftsfähigen dienen soll,

kann der Arbeitgeber sich nicht auf die Nichtigkeit des Arbeitsvertrags berufen, wenn für den nicht geschäftsfähigen Arbeitnehmer der Lohn für die Vergangenheit, während der er gearbeitet hat, verlangt wird.

Im umgekehrten Fall, in dem ein nicht geschäftsfähiger Arbeitgeber einen Arbeitsvertrag geschlossen hat, muss der Nichtigkeitsgrund der mangelnden Geschäftsfähigkeit zu seinen Gunsten auch für die Vergangenheit berücksichtigt werden, denn der Schutz des nicht geschäftsfähigen Arbeitgebers geht nach der Wertung des Gesetzes den Interessen des Arbeitnehmers vor. Dem Arbeitnehmer stehen also in diesem Fall keine Lohnansprüche aus Vertrag zu (h. M.); er kann wegen der geleisteten Arbeit lediglich Ansprüche aus ungerechtfertigter Bereicherung geltend machen.

Die Nichtigkeit des Arbeitsvertrags ist trotz bereits geleisteter Arbeit auch für die Vergangenheit zu berücksichtigen, wenn der Inhalt des Vertrags gegen ein gesetzliches Verbot (§ 134 BGB; z. B. Fehlen der Approbation bei ärztlicher Tätigkeit, BAG NZA 2005, 1409) oder gegen die guten Sitten (§ 138 BGB) verstößt. Dann entsteht kein fehlerhaftes Arbeitsverhältnis. Hier will die zur Nichtigkeit führende Wertung gerade die Arbeitsleistung und deren Entlohnung verhindern, so dass der Vertrag keine rechtlichen Wirkungen entfalten kann (**Fall f**: Falschmünzerei). Auch Bereicherungsansprüche sind ausgeschlossen (§ 817 Satz 2 BGB).

### III. Die Inhaltskontrolle von arbeitsvertraglichen Klauseln

**Schrifttum:** *Däubler/Bonin/Deinert*, AGB-Kontrolle im Arbeitsrecht, 4. Aufl., 2014; *Gotthardt*, Arbeitsrecht nach der Schuldrechtsreform, 2. Aufl., 2003; *Henssler*, Arbeitsrecht und Schuldrechtsreform, RdA 2002, 129; *Neideck*, Die Einbeziehung von AGB in der Fallbearbeitung, JA 2011, 492; *Preis*, AGB-Recht und Arbeitsrecht, NZA 2006, Beil. 3, 115; *Reim*, Wirksamkeit von Vertragsklauseln in Formulararbeitsverträgen, JuS 2006, 120; *Reiserer*, Freiwilligkeitsvorbehalt und Widerrufsvorbehalt – Immer wieder in neuem Gewand, in: Festschrift v. Hoyningen-Huene, 2014, S. 425 ff.; *Stöhr/Illner*, Die Inhaltskontrolle von Arbeitsverträgen, JuS 2015, 299; *Wank/Maties*, Allgemeine Geschäftsbedingungen in der Arbeitsrechtsklausur, Jura 2010, 1; *Worzalla*, Die Wirksamkeit einzelner Arbeitsvertragsklauseln nach der Schuldrechtsreform, NZA 2006, Beil. 3, 122,; *Zimmermann*, Rechtsfolgen unwirksamer Allgemeiner Geschäftsbedingungen in Arbeitsverträgen, ArbRAktuell 2012, 105.

#### 1. Allgemeines

Seit dem 1.1.2002 sind Formulararbeitsverträge, und das sind nahezu alle Arbeitsverträge, gem. § 310 Abs. 4 Satz 2, 3 BGB grundsätzlich den Regelungen der §§ 305–310 BGB unterworfen. Zuvor galt gem. § 23 Abs. 1 AGBG eine Bereichsausnahme für das gesamte Arbeitsrecht. Obwohl zahlreiche Aspekte gegen eine pauschale Einordnung sprechen (vgl. Henssler, RdA 2002, 129, 133; Lieb/Jacobs, Arbeitsrecht, Rdnr. 144), ist nach der Rspr. des BAG der Arbeitnehmer bei Abschluss des Arbeitsvertrages als Verbraucher i. S. des § 13 BGB anzusehen (BAG NZA 2005, 1111). Diese Einordnung führt zur Erweiterung der Inhaltskontrolle von Arbeitsverträgen nach den Maßgaben des § 310 Abs. 3 BGB (Arbeitsverträge als Verbraucherverträge). Bei vorformulierten Vertragsbedingungen wird gem. § 310 Abs. 3 BGB vermutet, dass sie vom Arbeitgeber gestellt sind, zudem sind die Unklarheitenregel des § 305c Abs. 2 BGB sowie die Inhaltskontrolle gem. §§ 306, 307–309 BGB bereits bei *nur zur einmaligen Verwendung* bestimmten Vertragstexten anzuwenden.

**206** Ist der vorformulierte Arbeitsvertrag als „Allgemeine Geschäftsbedingung" i. S. des § 305 Abs. 1 Satz 1 BGB einzustufen, so weist die rechtliche Überprüfung anhand des AGB-Rechtes auch nach geltendem Recht Eigentümlichkeiten auf. So sind § 305 Abs. 2 und 3 BGB nicht anwendbar. Das Gesetz geht davon aus, dass ein hinreichender Schutz des Arbeitnehmers insoweit über das NachwG sichergestellt ist. Von besonderer Bedeutung für die AGB-Kontrolle ist § 310 Abs. 4 Satz 2 BGB. Danach sind bei der inhaltlichen Überprüfung arbeitsvertraglicher Klauseln die „arbeitsrechtlichen Besonderheiten" angemessen zu berücksichtigen. Was hierunter zu verstehen ist, ist zwar noch nicht abschließend, aber doch weitgehend geklärt. Das BAG (NZA 2004, 727) hat schon früh der im Schrifttum vertretenen engen Auffassung, die nur *innerhalb* des Arbeitsrechts bestehende Besonderheiten (etwa für kirchliche Arbeitsverhältnisse) anerkennen wollte, eine Absage erteilt.

**207** Alle rechtlichen Besonderheiten des Arbeitsrechts können in jedem Fall einen eingeschränkten Prüfungsmaßstab rechtfertigen. So kann eine Vertragsstrafe in einem Arbeitsvertrag entgegen § 309 Nr. 6 BGB wirksam sein, weil der Arbeitnehmer gem. § 888 Abs. 3 ZPO (Rdnr. 275) nicht durch Zwangsgeld oder Zwangshaft zur Arbeitsleistung angehalten werden kann (rechtliche Besonderheit! vgl. Rdnr. 212). Darüber hinausgehend sind auch rein tatsächliche Besonderheiten des Arbeitsrechts, etwa besondere Beweisschwierigkeiten des Arbeitgebers und eine langjährige Praxis, zu berücksichtigen (Henssler, RdA 2002, 129, 138). Diesem weiten Verständnis hat sich die Rspr. angeschlossen (BAG NZA 2006, 746: Anrechnungsvorbehalte sind in arbeitsvertraglichen Vergütungsabreden seit Jahrzehnten üblich und daher (!) eine Besonderheit des Arbeitsrechts). In einer jüngeren Entscheidung hat es das BAG etwa als im Arbeitsrecht geltende rechtliche Besonderheiten angesehen, „dass bei allen im Arbeitsverhältnis vom Arbeitnehmer verursachten Schäden, die bei betrieblich veranlassten Tätigkeiten entstehen, eine Beschränkung der Arbeitnehmerhaftung bzw. privilegierte Arbeitnehmerhaftung „durch entsprechende Anwendung" des § 254 BGB erfolgt" (BAG NZA 2018, 589 Rn. 69; zum Ganzen Henssler/Moll, AGB-Kontrolle vorformulierter Vertragsbedingungen, 2. Aufl., 2020, Rdnr. 36 ff. m. w. N.).

**208** Arbeitsvertragliche Klauseln sind weiterhin dann von jeder Inhaltskontrolle ausgeschlossen, wenn sie lediglich tarifliche Bestimmungen wiedergeben (§ 310 Abs. 4 Satz 3 BGB i. V. m. § 307 Abs. 3 Satz 1 BGB, insofern klarstellend BAG NZA 2018, 1061 Rdnr. 26). Anderenfalls käme es zu einer mittelbaren Tarifzensur, die mit der verfassungsrechtlich garantierten Tarifautonomie nicht zu vereinbaren wäre. Nur anhand der Transparenzkontrolle des § 307 Abs. 1 Satz 2 BGB, nicht dagegen an den sonstigen Maßstäben des AGB-Rechtes überprüfbar sind damit die in Arbeitsverträgen häufigen Bezugnahmeklauseln, sofern sie auf den ganzen (fachlich einschlägigen) Tarifvertrag oder in sich abgeschlossene Teile desselben verweisen (Rdnr. 841 ff). Darüber hinaus findet nach dem wenig präzisen Wortlaut des § 307 Abs. 3 Satz 1 BGB keine Inhaltskontrolle der Hauptleistungspflichten (Arbeitsleistung als solche und Vergütung) statt, da insoweit keine abweichenden gesetzlichen Vorschriften bestehen. Auch hier bleibt daher nur die Transparenzkontrolle, §§ 307 Abs. 3 Satz 2, 307 Abs. 1 Satz 2 BGB.

### 2. Prüfungsaufbau

**209** Die AGB-rechtliche Kontrolle arbeitsvertraglicher Bestimmungen ist danach in folgenden Prüfungsschritten durchzuführen:

1. Ist der Anwendungsbereich der AGB-Kontrolle eröffnet (§ 310 Abs. 1 Satz 1, Abs. 4 BGB)?
2. Liegen allgemeine Arbeitsbedingungen i. S. des § 305 Abs. 1 BGB vor? Keine Verdrängung durch Individualabrede (§ 305b BGB)?
3. Handelt es sich um eine überraschende Klausel im Sinne von § 305c Abs. 1 BGB? Hierbei ist die verwenderfreundlichste, d. h. für den Arbeitgeber günstigste Auslegung zugrunde zu legen. Ist die Klausel nach der arbeitgeberfreundlichen Interpretation für den Arbeitnehmer überraschend, wird sie von vornherein nicht Vertragsbestandteil.
4. Ist die Klausel nicht überraschend, so muss sie für die folgende individuelle Inhaltskontrolle zunächst inhaltlich ausgelegt, also ihre Bedeutung erfasst werden. Die Auslegung erfolgt an dieser Stelle ebenfalls möglichst arbeitnehmerfeindlich, da (wie im AGB-Recht bei verschiedenen Auslegungsalternativen allgemein anerkannt, vgl. MünchKommBGB/Basedow, § 305c Rdnr. 41 ff.) gemäß § 305c Abs. 2 BGB Zweifel bei der Auslegung zu Lasten des Verwenders gehen und daher eine Unwirksamkeit der Klausel nach den §§ 307 ff. BGB wahrscheinlicher wird.
5. Entspricht die Klausel inhaltlich einer tariflichen Regelung oder einer Betriebsvereinbarung (sog. Bezugnahmeklausel)? Bejahendenfalls findet nach § 310 Abs. 4 Satz 3 BGB i. V. m. § 307 Abs. 3 BGB keine Inhaltskontrolle, sondern nur eine Transparenzkontrolle statt. Voraussetzung ist allerdings, dass jeweils die gesamte Kollektivvereinbarung oder zumindest in sich abgeschlossene Teile der Kollektivvereinbarung zum Gegenstand des Arbeitsvertrags gemacht wurden. Dies ist nicht zu verwechseln mit dem Fall, dass eine Kollektivvereinbarung selbst kontrolliert werden soll, was gemäß § 310 Abs. 4 Satz 1 BGB ausgeschlossen ist. Ferner unterfallen Hauptleistungspflichten aus dem Arbeitsverhältnis – etwa das Entgelt – nicht der Inhaltskontrolle (BAG NZA 2004, 597, 603).
6. Ist eines der Klauselverbote gem. §§ 309, 308 BGB oder die Generalklausel des § 307 Abs. 2, 1 BGB (in dieser Reihenfolge!) einschlägig?
7. Ist die Klausel nach 6. an sich unwirksam, so ist in einem weiteren Schritt zu überprüfen, ob ausnahmsweise arbeitsrechtliche Besonderheiten i. S. v. § 310 Abs. 4 Satz 2 BGB der Unwirksamkeitsfolge entgegenstehen. So sind etwa Kurzarbeitsklauseln in Arbeitsverträgen entgegen § 308 Nr. 4 BGB bzw. § 307 Abs. 2 Nr. 1 BGB wirksam, weil sie durch arbeitsrechtliche Besonderheiten gerechtfertigt sind (Rdnr. 206).
8. Führt die AGB-Kontrolle nicht zur Unwirksamkeit der Klausel, ist nun die arbeitnehmerfreundlichste Auslegung zu wählen (wiederum wegen § 305c Abs. 2 BGB).

Im Falle der Unwirksamkeit der Klausel bleibt die Wirksamkeit des Arbeitsvertrags im Übrigen unberührt. An die Stelle der unwirksamen Klausel tritt die gesetzliche Regelung (§ 306 Abs. 1, 2 BGB). Eine Rückführung auf das noch zulässige Maß einer Klausel, sog. *geltungserhaltende Reduktion*, scheidet aus, da der Verwender von allgemeinen Arbeitsbedingungen auch das Risiko der Unwirksamkeit tragen muss und der Vertragspartner des Verwenders den Umfang seiner Rechte und Pflichten bereits aus den AGB ersehen können soll (BAG NZA 2005, 1111). Bei Altklauseln, die vor dem 1.1.2002 vereinbart wurden und der seither neu eingeführten AGB-Kontrolle nicht mehr standhalten, ist die durch ihre Unwirksamkeit entstehende Lücke über die ergänzende Vertragsauslegung zu schließen (BAG

NZA 2005, 465), es ist also zu überlegen, was vernünftige Vertragsparteien vereinbart hätten, wäre ihnen die Unwirksamkeit der Klausel bekannt gewesen. Ist eine Arbeitsvertragsklausel unter Wahrung ihres Sinnes teilbar (sog. „blue-pencil-test"; Palandt/Grüneberg, § 306 BGB Rdnr. 7), kann dies dazu führen, dass sich die Unwirksamkeit nur auf einen Teil der Klausel bezieht.

**211** Praktiziert hat das BAG eine solche Teilrettung etwa bei Stichtagsklauseln, die für die Gewährung einer Sonderzuwendung/Prämie durch den Arbeitgeber auf ein „ungekündigtes Arbeitsverhältnis" zu einem bestimmten Termin abstellen. Arbeitnehmer, denen betriebsbedingt gekündigt wurde, erhalten somit keine Leistung. Hier lässt sich nach Ansicht des BAG die Klausel durch schlichte Streichung des Wortes „ungekündigt" teilweise aufrechterhalten (BAG NZA 2009, 783; vgl. ferner Rdnr. 215).

### 3. Inhaltskontrolle einzelner Vertragsklauseln

**212** Aufgrund der geschilderten Einbeziehung von Arbeitsverträgen in die AGB-Kontrolle war strittig geworden, inwiefern *Vertragsstrafenvereinbarungen* mit Arbeitnehmern gem. § 309 Nr. 6 BGB unwirksam sind. Das BAG (NZA 2004, 727) hält Vertragsstrafen in Arbeitsverträgen weiterhin nicht grundsätzlich für unzulässig (vgl. Rdnr. 206). Die fehlende Vollstreckbarkeit der Verpflichtung zur Arbeitsleistung gem. § 888 Abs. 3 ZPO ist als Besonderheit des Arbeitsrechts im Sinne des § 310 Abs. 4 Satz 2 BGB anzuerkennen (Henssler, RdA 2002, 129, 138); überdies wird dem Arbeitgeber im Falle einer andernfalls notwendigen Klage auf Schadensersatz der Beweis eines Schadens kaum möglich sein. Relevant ist dies beim Nichtantritt der Arbeit oder der vorzeitigen Beendigung des Vertrages ohne Einhaltung der Kündigungsfrist. Anwendbar bleibt die Inhaltskontrolle von Vertragsstrafenvereinbarungen anhand der Generalklausel (§ 307 BGB). Eine unangemessene Benachteiligung des Arbeitnehmers kann sich bei einem Missverhältnis zwischen der Pflichtverletzung und der Höhe der Vertragsstrafe ergeben. So darf die Vertragsstrafe den während der Kündigungsfrist möglichen Verdienst nicht übersteigen.

**213** Praktisch bedeutsam ist die Inhaltskontrolle sog. Änderungsvorbehalte, die eine Flexibilisierung von Arbeitsbedingungen ermöglichen sollen. Regelmäßig gezahlte Leistungsbestandteile dürfen grundsätzlich nicht unter den *Vorbehalt der Freiwilligkeit* gestellt werden, da der Ausschluss des Rechtsanspruchs die synallagmatische Verknüpfung der Leistungen beider Vertragsparteien löst und damit den Arbeitnehmer unangemessen benachteiligt (BAG NZA 2007, 853). Anders verhält es sich bei Sondervergütungen (z. B. Weihnachtsgeld, Urlaubsgeld). Auch bei ihrer Zusage muss allerdings das Transparenzgebot des § 307 Abs. 1 Satz 2 BGB beachtet werden. Sagt ein Arbeitgeber einem Arbeitnehmer in einem von ihm vorformulierten Anstellungsvertrag ausdrücklich zu, jedes Jahr ein Weihnachtsgeld in bestimmter Höhe zu zahlen, ist es widersprüchlich, wenn der Arbeitgeber die Zahlung des Weihnachtsgeldes in derselben oder in einer anderen Vertragsklausel an einen Freiwilligkeitsvorbehalt bindet (BAG NJW 2013, 2844).

**214** Der Arbeitgeber kann sich außerdem im Sinne eines *Widerrufsvorbehalts* das Recht vorbehalten, einzelne Vertragsbedingungen einseitig zu ändern (Bsp.: Widerruf von Gratifikationen) oder Tariflohnerhöhungen auf Sonderzuwendungen anzurechnen (Anrechnungsvorbehalte). AGB-rechtlich sind hier die §§ 308 Nr. 4, 307 BGB einschlägig (BAG NZA 2005, 465; Henssler, RdA 2002, 129, 138). Dem BAG zufolge darf der widerrufliche Anteil von 25–30 % der Gesamtvergütung nicht übersteigen; ferner darf der Widerruf nur bei Vorliegen eines Sachgrundes ausgeübt werden, der sich der Vereinbarung entnehmen lassen muss. Die Ausübung des Widerrufsrechts muss schließlich billigem Ermessen (§ 315 BGB) entsprechen (BAG AP Nr. 5 zu § 620 BGB Teilkündigung).

Üblich sind in Arbeitsverträgen aus Gründen der Rechtssicherheit und des Rechtsfriedens seit Jahrzehnten vertraglich vereinbarte *Ausschlussfristen*. Die Kautelarpraxis kennt *ein-* und *zweistufige* Ausschlussfristen. Bei der erstgenannten muss der Anspruch innerhalb einer bestimmten Frist gegenüber dem Arbeitgeber geltend gemacht werden. Bei zweistufigen Ausschlussfristen ist nach erfolgloser außergerichtlicher Geltendmachung auf einer zweiten Stufe eine Klageerhebung erforderlich (näher HWK/Roloff, Anh. §§ 305–310 BGB Rdnr. 8). Wegen Verstoßes gegen § 307 Abs. 1 Satz 1 BGB sind *einseitige* Ausschlussfristen, die lediglich für den Arbeitnehmer gelten, unwirksam (BAG NZA 2006, 324). *Zweiseitige* Ausschlussfristen, die also Arbeitnehmer *und* Arbeitgeber gleichermaßen treffen, können grundsätzlich in Formulararbeitsverträgen vereinbart werden (BAG NZA 2005, 1111). Jedoch ist für jede Stufe eine Mindestfrist von drei Monaten zu beachten.

Zweistufige Ausschlussklauseln sind wegen § 310 Abs. 4 Satz 2 BGB nicht gemäß § 309 Nr. 13 BGB unwirksam (BAG NZA 2005, 1111). Überdies beeinträchtigt die Unwirksamkeit der zweiten Stufe, die eine zu kurze Frist für die gerichtliche Geltendmachung vorsieht, die Wirksamkeit der ersten Stufe nicht, wenn die Klausel teilbar ist und auch ohne die unwirksame Regelung weiterhin verständlich und sinnvoll bleibt (BAG NZA 2008, 699). Es handelt sich hierbei um eine Ausnahme vom Verbot der geltungserhaltenden Reduktion, sog. „Blue-Pencil-Test" (vgl. Rdnr. 210).

Enorme praktische Bedeutung für die Vertragsgestaltung hat ein aktuelles Urteil des BAG, in dem das Gericht Verfallklauseln wegen eines Verstoßes gegen das Transparenzgebots gem. § 307 Abs. 1 Satz 2 BGB für unwirksam erklärt, wenn sie den gesetzlichen Mindestlohn erfassen und nach Entstehung des Mindestlohnanspruchs nach § 1 Abs. 1 MiLoG am 1.1.2015 vereinbart wurden (BAG NZA 2018, 1619, 1619). Das BAG hat gleichzeitig hervorgehoben, dass das Transparenzgebot statisch zu verstehen ist, sodass Klauseln, die bei Vertragsschluss dem Transparenzgebot genügt haben, nicht durch nachträgliche Gesetzesänderungen intransparent werden (BAG NZA 2018, 1619, 1622). Das Transparenzgebot und das AGB-rechtliche Verbot der geltungserhaltenden Reduktion sind damit zumindest bei Altverträgen neben § 3 Satz 1 MiLoG anwendbar.

Der formularmäßige *Verzicht auf eine Kündigungsschutzklage* hält nach Auffassung des BAG ohne eine kompensatorische Gegenleistung des Arbeitgebers der Inhaltskontrolle nach § 307 Abs. 1 Satz 1 BGB nicht stand. Die unangemessene Benachteiligung des Arbeitnehmers liegt in dem Versuch des Arbeitgebers, seine Rechtsposition ohne Rücksicht auf die Interessen des Arbeitnehmers zu verbessern, indem er dem Arbeitnehmer die Möglichkeit einer gerichtlichen Überprüfung der Kündigung entzieht (BAG NZA 2008, 219).

Weitere typische Bestandteile von Formulararbeitsverträgen bzw. Aufhebungsverträgen sind *Schriftformvereinbarungen* (Rdnr. 180) sowie *Ausgleichsquittungen* (Rdnr. 341).

Große praktische Bedeutung haben sog. Stichtagsklauseln, bei denen vom Arbeitgeber gewährte Vergünstigungen daran gekoppelt werden, dass der Arbeitnehmer zu einem bestimmten Stichtag noch in einem (ungekündigten) Arbeitsverhältnis steht. Der Arbeitgeber will auf diese Weise in der Vergangenheit betriebstreue

Arbeitnehmer belohnen und Anreize für künftige Betriebstreue setzen. Das BAG hat die Anforderungen an solche Klauseln kontinuierlich verschärft. Soll mit der Sonderzuwendung neben der Betriebstreue auch die bereits geleistete Arbeit vergütet werden (sog. Mischcharakter), sind selbst solche Klauseln, die auf den 31.12. des jeweiligen Bezugsjahres abstellen, nach § 307 Abs. 1 BGB unwirksam (BAG NJW 2014, 1466; weitere Einzelheiten bei Henssler/Moll, AGB-Kontrolle vorformulierter Vertragsbedingungen, 2. Aufl., 2020, S. 57 ff.).

## IV. Vertragsanbahnung

### 1. Schadensersatz wegen Verschuldens bei Vertragsschluss

**219** Mit der Aufnahme von Vertragsverhandlungen entsteht zwischen den Beteiligten ein Schuldverhältnis im Sinne von § 311 Abs. 2 BGB mit Pflichten aus § 241 Abs. 2 BGB. Die schuldhafte Verletzung der Sorgfaltspflichten führt zu einer Haftung nach § 280 Abs. 1 i. V. m. §§ 311 Abs. 2, 241 Abs. 2 BGB. Eine solche Haftung kann sich vor allem aus der Verletzung von Aufklärungs-, Offenbarungs-, Mitteilungs- (vgl. § 81 BetrVG), Obhuts- und Verschwiegenheitspflichten ergeben.

Beispiele: Der Arbeitgeber informiert den Bewerber nicht über die Eigenart des Arbeitsplatzes, die besondere Anforderungen an den Arbeitnehmer stellt. Er weist ihn nicht darauf hin, dass er unmittelbar vor der Insolvenz steht. Er behauptet wahrheitswidrig, der Betriebsrat habe der Einstellung schon zugestimmt. Gibt der Bewerber darauf seine bisherige Stellung auf, hat der Arbeitgeber ihm den dadurch entstehenden Schaden zu ersetzen. Schadensersatzpflichtig ist der Arbeitgeber auch dann, wenn durch sein Verschulden oder das seiner Erfüllungsgehilfen (§ 278 BGB) die eingereichten Bewerbungsunterlagen verschwinden oder beschädigt werden.

Der Bewerber muss einen seinem Arbeitgeber entstandenen Schaden ersetzen, wenn er etwa eine Stelle annimmt, für die er gänzlich ungeeignet ist.

Wirbt der Arbeitgeber den Arbeitnehmer aus einem ungekündigten, bestandsgeschützten Arbeitsverhältnis ab, so kann er diesem gegenüber eine Aufklärungspflicht haben, wenn der zu besetzende Arbeitsplatz absehbar unsicher ist und eine betriebsbedingte Kündigung während der Probezeit droht (ArbG Wiesbaden NZA-RR 2002, 349).

**220** Besonderheiten ergeben sich, wenn ein Bewerber unter Verletzung des Benachteiligungsverbots (§ 7 AGG) nicht eingestellt worden ist. In diesem Fall kommen Ansprüche nach § 15 AGG in Betracht (dazu Deinert, DB 2007, 398).

Entsteht dem Bewerber aus der Diskriminierung ein Schaden, ist dieser – verschuldensabhängig – vom Arbeitgeber nach § 15 Abs. 1 AGG zu ersetzen. Die bestqualifizierte benachteiligte Person kann ferner nach § 15 Abs. 2 Satz 1 AGG – verschuldensunabhängig – eine angemessene, in der Höhe nicht begrenzte Geldentschädigung verlangen. Ein Anspruch auf Einstellung besteht hingegen nicht (§ 15 Abs. 6 AGG). Die Herleitung eines Einstellungsanspruchs aus allgemeinem Schadensersatzrecht (§ 249 BGB) wird durch § 15 Abs. 6 AGG ausdrücklich ausgeschlossen. F kann daher im **Fall b** ihre Einstellung nicht verlangen (näher Horcher RdA 2014, 93). Die übrigen Bewerber, die auch bei ordnungsgemäßer Auswahl nicht eingestellt worden wären, können nach § 15 Abs. 2 Satz 2 AGG eine Entschädigung in Höhe von maximal drei Monatsgehältern fordern. Die Geltendmachung der Ansprüche ist nach Abs. 4 fristgebunden. Eine Klage vor einem Arbeitsgericht muss gem. § 61b ArbGG innerhalb von drei Monaten nach Geltendmachung erhoben werden. Gem. § 15 Abs. 5 AGG sind Ansprüche aus sonstigem Rechtsgrund nicht ausgeschlossen. Damit bleibt weiterhin Raum für Ersatzansprüche aus § 823 Abs. 1 BGB wegen schwerwiegender Verletzung des allgemeinen Persönlichkeitsrecht (so BAG NZA 2010, 159) sowie aus § 823 Abs. 2 BGB i. V. m. § 7 Abs. 1 AGG, sofern man annimmt, § 7 Abs. 1 AGG sei ein Schutzgesetz i. S. d. § 823 Abs. 2 BGB (str.).

Allerdings gilt die Ausschlussfrist des § 15 Abs. 4 AGG auch für deliktische Ansprüche (BAG NZA 2012, 1211).

**221** Im Rahmen der gesplitteten Beweislastverteilung des § 22 AGG, wie sie auch aus dem Bereich der Produkthaftung bekannt ist, hat der Arbeitnehmer Indizien zu beweisen, die eine Benachteiligung wegen des Geschlechts vermuten lassen. Den Arbeitgeber trifft dann die volle Beweislast dafür, dass der Auswahlentscheidung keine nach dem AGG unzulässige Diskriminierung zugrunde lag (s. BAG NZA 2010, 280; Windel, RdA 2007, 1). Der abgelehnte Bewerber kann grundsätzlich keine Auskunft über die stattdessen erfolgte Einstellung und die der Auswahl zugrunde liegenden Kriterien verlangen. Ein solcher Anspruch besteht nur ausnahmsweise dann, wenn er schlüssig darlegt, allein auf diese Weise eine Diskriminierung nach § 7 AGG entsprechend der Beweislastregel des § 22 AGG beweisen zu können (BAG NZA 2014, 224).

## 2. Sonstige Ansprüche

**222** a) Der Bewerber hat gegen den Arbeitgeber einen Anspruch auf Ersatz seiner *Vorstellungskosten*, wenn ihm Reisekostenersatz zugesagt worden ist. Hat ihn der Arbeitgeber zur Vorstellung aufgefordert, ohne die Frage der Kostenübernahme anzusprechen, steht dem Bewerber analog § 670 BGB ein Anspruch auf Ersatz der Aufwendungen zu, die er den Umständen nach für erforderlich halten durfte (BAG NZA 1989, 468; näher zum Anspruch aus § 670 BGB analog Rdnr. 382). Das gilt selbst dann, wenn der Bewerber letztlich nicht eingestellt wird.

Einer Zeitungsanzeige, in der um eine Vorstellung gebeten wird (**Fall h**), kann vernünftigerweise nicht entnommen werden, dass der Arbeitgeber einer unübersehbaren Zahl von Bewerbern die Kosten ersetzen will.

**223** b) Der Stellenbewerber hat einen Anspruch auf *Vernichtung des Personalfragebogens*, den er anlässlich einer erfolglosen Bewerbung ausgefüllt hat (Abwehranspruch aus dem allgemeinen Persönlichkeitsrecht, § 1004 Abs. 1 Satz 1 BGB analog). Etwas anderes soll nur dann gelten, wenn der Arbeitgeber ausnahmsweise ein berechtigtes Interesse daran hat, die mitgeteilten Daten aufzubewahren (vgl. BAG NZA 1984, 321). Ein berechtigtes Interesse kann in der Abwehr von Ansprüchen aus § 15 AGG zu sehen sein. Nach § 311 Abs. 2 i. V. m. § 241 Abs. 2 BGB kann der Stellenbewerber vom Arbeitgeber die Bewerbungsunterlagen herausverlangen.

# Kapitel 4: Die Pflichten des Arbeitnehmers

**224** Aufgrund des Arbeitsvertrags ist der Arbeitnehmer gem. § 611a Abs. 1 Satz 1 BGB in erster Linie zur Arbeitsleistung verpflichtet (Rdnr. 225 ff.). Darüber hinaus obliegen ihm wegen der personenrechtlichen Elemente des Arbeitsvertrags eine Reihe von Verhaltenspflichten (Rdnr. 252 ff.). Pflichtverletzungen des Arbeitnehmers berechtigen den Arbeitgeber zu Gegenmaßnahmen (Rdnr. 273 ff.).

## I. Arbeitspflicht

**Schrifttum:** *Petrak,* Kurzarbeit, NZA-Beilage 2010, 44; *Preis,* Unbillige Weisungsrechte und überflüssige Änderungskündigungen, NZA 2015, 1; *Schlegel,* Grenzenlose Arbeit, NZA-Beilage 2014, 16; *Singer/Schiffer,* Sanktionen für Schlechtleistungen von Arbeitnehmern, JA 2006, 833; *Waltermann,* Risikozuweisung nach den Grundsätzen der beschränkten Arbeitnehmerhaftung, RdA 2005, 98; *Wahlig/Jeschke,* Betriebsbedingte Kündigung versus Kurzarbeit, NZA 2010, 607; *Wank,* Facetten der Arbeitszeit, RdA 2014, 285; *Wulff,* Überstunden und Mehrarbeit, AiB 2008, 311.

**Fälle:**

**225** a) Ein Arbeiter bleibt drei Tage lang der Arbeit fern, um als Zuschauer am Fußballspiel seines Heimatvereins im Ausland teilnehmen zu können. Er schickt seinen Bruder, der statt seiner die Arbeit verrichten soll, wozu dieser auch bereit und geeignet ist. Der Arbeitgeber lässt den Bruder nicht arbeiten und zahlt für die drei Tage keinen Lohn.

b) Eine Unternehmerin will während ihres Urlaubs ihre Haushaltshilfe gegen deren Willen ihrer Nachbarin zur Verfügung stellen.

c) Da an einer Baustelle ein Maurer und ein Hilfsarbeiter ausgefallen sind, ordnet der Arbeitgeber an, dass ein auf einer anderen Baustelle arbeitender Maurer und ein Zeichner aus dem Büro vorübergehend dort einspringen. Mit Recht?

d) Laut Tarifvertrag beträgt die wöchentliche Arbeitszeit 40 Stunden. Der Arbeitgeber und der Betriebsrat vereinbaren, dass montags bis donnerstags je neun Stunden, freitags vier Stunden und samstags überhaupt nicht gearbeitet werden soll. Ein Arbeitnehmer meint, die Arbeit während der neunten Stunde sei gesetzlich nicht erlaubt, jedenfalls stehe ihm eine Mehrarbeitsvergütung dafür zu.

**226** Der Arbeitnehmer ist nach § 611a Abs. 1 Satz 1 BGB „zur Leistung weisungsgebundener, fremdbestimmter Arbeit in persönlicher Abhängigkeit" verpflichtet. Diese schuldrechtliche Verpflichtung zur Arbeitsleistung wird – allgemein formuliert – dann erfüllt, wenn der richtige Schuldner dem richtigen Gläubiger die richtige Leistung am richtigen Ort zur richtigen Zeit erbringt.

### 1. Schuldner

**227** Der Arbeitnehmer hat die Arbeit „im Zweifel in Person zu leisten" (§ 613 Satz 1 BGB). Daraus folgt: Regelmäßig besteht eine *persönliche* Arbeitspflicht. Ein Arbeitnehmer ist also nicht berechtigt, einen Ersatzmann zur Arbeit zu schicken (zu **Fall a**).

Der Arbeitgeber kann deshalb die Ersatzkraft ablehnen, ohne dass er in Annahmeverzug (§§ 293 ff. BGB) gerät. Er braucht im **Fall a** für die drei Tage keinen Lohn zu zahlen (§§ 275 Abs. 1, 326 Abs. 1 BGB, vgl. Rdnr. 277); vom Arbeitnehmer kann er den Schaden ersetzt verlangen, der ihm durch den Arbeitsausfall entstanden ist (§§ 280 Abs. 1, 3, 283 BGB; Rdnr. 279).

**228** Andererseits ist der Arbeitnehmer auch nicht verpflichtet, bei Unmöglichkeit der Erfüllung seiner Arbeitspflicht (z. B. bei eigener Krankheit) einen Ersatzmann zu stellen. Allerdings können die Parteien *Abweichungen* von der Regel des § 613 Satz 1 BGB *vereinbaren* („im Zweifel"), etwa die Gestattung der Arbeitsplatzteilung („Job-Sharing, vgl. § 13 TzBfG).

*Stirbt der Arbeitnehmer,* so geht die Verpflichtung zur Arbeitsleistung nicht nach §§ 1922, 1967 BGB auf den Erben über. Das folgt aus dem Grundsatz der persönlichen Arbeitsleistung.

Daraus ergibt sich auch, dass der Erbe nicht berechtigt ist, den Arbeitsplatz des Erblassers einzunehmen. Arbeitet er mit Willen des Arbeitgebers anstelle des Verstorbenen, ist ein neuer Arbeitsvertrag konkludent abgeschlossen.

Auch im Falle der vertraglich zulässigen Erfüllung der Arbeitspflicht durch einen Dritten kommt i. d. R. durch Auslegung ein unmittelbarer Arbeitsvertrag zwischen Arbeitgeber und Drittem zustande (HWK/Thüsing, § 611a BGB Rdnr. 130 ff.).

### 2. Gläubiger

**229** Der Anspruch auf die Arbeitsleistung ist nach § 613 Satz 2 BGB „im Zweifel nicht übertragbar". Der Arbeitgeber kann also seinen Arbeitnehmer *nicht an einen anderen Arbeitgeber abgeben* (**Fall b**).

Auch hier können die Arbeitsvertragsparteien *etwas anderes vereinbaren.*

Ungeachtet des Prinzips der Unübertragbarkeit des Arbeitsleistungsanspruchs kann ein Arbeitnehmer gegenüber seinem Arbeitgeber verpflichtet werden, für einen Dritten tätig zu werden. Beim echten Arbeitsvertrag zugunsten eines Dritten (§ 328 BGB; Brox/Walker, AS, § 32 Rdnr. 1 ff.) stellt z. B. der Sohn (als Vertragspartei) für seine alte Mutter eine Haushaltshilfe ein. Der Sohn muss den Lohn zahlen; der Mutter stehen in Abweichung zu § 613 Satz 2 BGB der Anspruch auf die Arbeitsleistung und insoweit auch das Weisungsrecht zu. Beim Leiharbeitsverhältnis (Rdnr. 74 ff.) stellt der Arbeitgeber den Arbeitnehmer einem anderen zur Verfügung, auch hier kommt ein echter Vertrag zugunsten Dritter zustande (MHdB ArbR/*Schüren* § 145 Rdnr. 91). Dieser hat den Anspruch auf die Arbeitsleistung und damit verknüpft das Weisungsrecht gem. § 106 GewO.

**230** Davon zu unterscheiden sind die Tatbestände, in denen anstelle des bisherigen Arbeitgebers *eine andere Person in die Position des Arbeitgebers einrückt.* Stirbt der Arbeitgeber, treten seine Erben nach §§ 1922, 1967 BGB in die Arbeitsverhältnisse ein (Rdnr. 703). Geht ein Betrieb oder Betriebsteil aufgrund eines Rechtsgeschäfts auf einen neuen Inhaber über, tritt dieser nach § 613a Abs. 1 BGB in die bei Betriebsübergang bestehenden Arbeitsverhältnisse ein (Rdnr. 704 ff.). In beiden Fällen wird der neue Arbeitgeber Gläubiger des Anspruchs auf die Arbeitsleistung.

### 3. Art der Arbeitsleistung

**231** Die Art der Arbeitsleistung, die der Arbeitnehmer zu erbringen hat, ergibt sich aus dem Arbeitsvertrag und den sonstigen rechtlichen Grundlagen (Gesetz, Kollektivvereinbarung; Rdnr. 93 ff.); nur in diesem Rahmen ist Raum für das Weisungsrecht des Arbeitgebers aus § 106 GewO (Rdnr. 156 ff.). Insbesondere der arbeitsvertraglich festgelegte Aufgabenkreis, welcher etwa aus einer „kurzen Charakterisierung oder Beschreibung" der zu leistenden Tätigkeit besteht (vgl. § 2 Abs. 1 Satz 2 Nr. 5 NachwG), begrenzt das Weisungsrecht. Ob die ursprünglich allgemein festgelegte Arbeitspflicht durch langjährige Ausübung auf bestimmte Tätigkeiten konkretisiert werden kann, wird unter verschiedener dogmatischer Anknüpfung von der Rechtsprechung und Literatur geprüft. Sofern die Rechtsprechung hier auf eine konkludente Vertragsänderung abstellt (§ 311 Abs. 1 BGB), bedarf es eines besonderen Umstandsmoments als Ausdruck der Selbstbindung des Arbeitgebers (§§ 133, 157 BGB), sodass eine fiktive Erwirkung kraft Vertrauensschutzes (§ 242 BGB) nicht ausreicht.

Im **Fall c** muss der Maurer der Weisung des Arbeitgebers folgen, da er nach dem Arbeitsvertrag zu Maurerleistungen verpflichtet ist, die üblicherweise an wechselnden Baustellen zu erbringen sind. Beim Zeichner dagegen soll die vereinbarte Beschäftigungsart geändert werden; der als Zeichner beschäftigte Arbeitnehmer ist grundsätzlich nicht zu Handlangerdiensten verpflichtet, es sei denn, dass der Arbeitgeber nach dem Arbeitsvertrag berechtigt ist, ihn bei bestimmten betrieblichen Bedürfnissen auch anders zu verwenden.

**232** Die Frage, ob der Arbeitgeber vom Arbeitnehmer eine *andere als die vereinbarte Arbeit* fordern kann, wenn eine besondere Abrede fehlt, wird regelmäßig zu verneinen, in Notfällen dagegen eher zu bejahen sein. So kann der Zeichner bspw. bei einem nahenden Hochwasser zur Mithilfe bei der Sicherung der Räume verpflichtet werden (**Fall c**). Im Einzelfall muss der Grundsatz von Treu und Glauben (§ 242 BGB; § 106 GewO) sowie die vertragliche Nebenpflicht zur Rücksichtnahme auf die Interessen und Rechtsgüter des Arbeitgebers (§ 241 Abs. 2 BGB) entscheiden (Rdnr. 256). Dabei ist vor allem darauf abzustellen, ob dem Arbeitnehmer eine solche Änderung der Arbeitspflicht nach billigem Ermessen zumutbar ist (§ 106 Satz 1 GewO); die Arbeit muss den körperlichen und geistigen Fähigkeiten des Arbeitnehmers entsprechen (z. B. Rücksichtnahme auf Schwerbehinderte, § 106 Satz 3 GewO). Sind diese Voraussetzungen erfüllt, können dem Arbeitnehmer in extremen Sonderfällen, wie der Corona-Pandemie, vorübergehend auch an sich vertragsfremde Arbeiten übertragen werden.

### 4. Ort der Arbeit

**233** Auszugehen ist von § 269 BGB. Danach ist zunächst maßgebend, ob ein Ort für die Arbeitsleistung vereinbart (z. B. im Arbeitsvertrag, Tarifvertrag; vgl. § 2 Abs. 1 Satz 2 Nr. 4 NachwG) oder ob er aus den Umständen oder der Art des Schuldverhältnisses zu entnehmen ist; regelmäßig ist die Arbeit im *Betrieb* des Arbeitgebers zu erbringen. Es liegt damit entgegen dem gesetzlichen Grundfall des § 269 BGB (Holschuld) eine Bringschuld des Arbeitnehmers vor. Hat der Arbeitgeber mehrere Betriebe, entscheidet er vorbehaltlich des arbeitsvertraglich festgelegten Inhalts und Orts der Leistungspflicht nach § 106 GewO auf der Grundlage seines Weisungsrechts, in welchem Betrieb der Arbeitnehmer eingesetzt wird (BAG NZA 2006, 1149; NZA 2011, 631). Aus § 106 GewO folgt also eine bundesweit unbeschränkte örtliche Versetzungsmöglichkeit, wenn keine Festlegung oder Konkretisierung des Arbeitsorts im Arbeitsvertrag erfolgt ist (Preis/Genenger, NZA 2008, 969, 971). Eine solche Einschränkung des Arbeitsorts kann, selbst bei Bestimmung eines Orts der Arbeitsleistung im Vertrag, durch einen ausdrücklichen vertraglichen Vorbehalt (Versetzungsklausel) verhindert werden; eine Versetzungsklausel in Allgemeinen Geschäftsbedingungen stellt lediglich die Wirkung des § 106 GewO klar und ist somit wirksam (BAG NZA-RR, 2014, 181, Rdnr. 19).

Das Weisungsrecht bestimmt sich also auch für den Leistungsort nach der Aufgabenbeschreibung im Vertrag. Ist ein Arbeitnehmer für den Kundendienst des Arbeitgebers eingestellt worden oder soll er nach der Art seiner Tätigkeit auch Dienstreisen antreten, so erfüllt er bei den Kunden, bzw. an wechselnden Einsatzorten seine Arbeitspflicht gegenüber dem Arbeitgeber.

Für *Betriebsverlegungen* gibt es keine abschließende gesetzliche Regelung. Inwieweit derartige Änderungen von der Zustimmung des Betriebsrats abhängig sind, ergibt sich aus den §§ 111 ff. BetrVG (Rdnr. 1151 ff.). Unabhängig davon richtet sich die Frage, ob der Arbeitnehmer bei einer Betriebsverlegung an der neuen Betriebsstätte arbeiten muss, vor allem danach, inwieweit hieraus wesentliche Erschwerungen für seinen Arbeitsweg folgen. Ist dem Arbeitnehmer die Arbeit am neuen Betriebsort nicht zuzumuten, so behält er grundsätzlich auch ohne Weiterarbeit seinen vertraglichen Lohnanspruch; die notwendige Betriebsverlegung gibt dem Arbeitgeber aber regelmäßig einen Grund zur (Änderungs-)Kündigung (Rdnr. 653 ff.). Andererseits kann auch der Arbeitnehmer – etwa zur schnellen Klärung der Verhältnisse – kündigen.

Für eine Versetzung des Arbeitnehmers an einen anderen als den vertraglich *festgelegten* Arbeitsort gelten die gleichen Grundsätze, die unter Rdnr. 231 f. für die Änderung der vertraglich vereinbarten Art der Arbeitsleistung dargestellt wurden. Der Arbeitgeber kann sie also nicht einseitig über sein Direktionsrecht anordnen, sondern muss entweder eine einvernehmliche Vertragsänderung erreichen oder aber eine Änderungskündigung aussprechen, deren Zulässigkeit nach §§ 1, 2 KSchG an strenge Voraussetzungen gebunden ist. Erleichterungen gelten, wenn der Arbeitsvertrag eine Versetzungsklausel (etwa für alle Betriebe des Unternehmens des Arbeitgebers) vorsieht. In Unternehmen mit in der Regel mehr als 20 wahlberechtigten Arbeitnehmern unterliegt die Versetzung (beachte die Legaldefinition in § 95 Abs. 3 BetrVG) der Mitbestimmung des Betriebsrats (vgl. § 99 BetrVG; Rdnr. 940 ff.).

### 5. Zeit der Arbeit

Die tariflichen Jahressollarbeitszeiten sind im internationalen Vergleich außerordentlich verschieden. Sie betrugen im Jahr 2018 (Quelle: Eurofound [European Foundation for the Improvement of Living and Working Conditions; https://www.eurofound.europa.eu/publications/report/2019/working-time-in-the-eu]) in

| Frankreich | 1602 Stunden |
|---|---|
| Dänemark | 1635,4 Stunden |
| Schweden | 1662,11654,7 Stunden |
| **Deutschland** | **1666,3 Stunden** |
| **EU 15-Staaten** | **1687 Stunden** |
| Norwegen | 1687,5 Stunden |
| Tschechien | 1694,8 Stunden |
| Niederlande | 1695 Stunden |
| Finnland | 1702,4 Stunden |
| Italien | 1702,4 Stunden |
| Slowakei | 1707,7 Stunden |

| | |
|---|---|
| Spanien | 1712,3 Stunden |
| **EU-Durchschnitt** | **1714,1 Stunden** |
| Großbritannien | 1716,8 Stunden |
| Österreich | 1722,7 Stunden |
| Zypern | 1732,8 Stunden |
| Belgien | 1755,6 Stunden |
| Malta | 1776 Stunden |
| Portugal | 1780,9 Stunden |
| Luxemburg | 1788,8 Stunden |
| Kroatien | 1792 Stunden |
| Irland | 1801,8 Stunden |
| **Neumitglieder (13)** | **1803,1 Stunden** |
| Lettland | 1816 Stunden* |
| Rumänien | 1816 Stunden* |
| Slowenien | 1816 Stunden* |
| Bulgarien | 1824 Stunden* |
| Ungarn | 1832 Stunden* |
| Polen | 1832 Stunden* |
| Griechenland | 1840 Stunden |
| Litauen | 1840 Stunden* |
| Estland | 1848 Stunden* |
| Schweiz (2018) | 1459 Stunden |
| USA (2018) | 1786 Stunden |
| Japan (2018) | 1680 Stunden. |

\* In diesen Mitgliedsstaaten findet keine tarifliche Arbeitszeitregelung statt, sodass für die Wochenarbeitszeiten der gesetzliche Rahmen von 40 Stunden eingreift.

**236** Hierbei ist die Zahl der durchschnittlichen Urlaubstage und der durch Feiertage entfallenden Arbeitstage eingeschlossen – auch insoweit nimmt Deutschland eine vordere Stellung ein. Deutlich wird anhand der Übersicht der Zusammenhang zwischen Arbeitsrecht und Wirtschaftsordnung mit den daraus folgenden Gestaltungs- und Steuerungsproblemen. In einem aktuellen Urteil hat der EuGH entschieden, dass die Mitgliedstaaten der Europäischen Union die Arbeitgeber zur Einrichtung eines objektiven, verlässlichen und zugängigen Systems zur Messung der geleisteten täglichen Arbeitszeit verpflichten müssen (EuGH NZA 2019, 677 m. Anm. Ubber). Nur so könne die Einhaltung der Ruhe- und Höchstarbeitszeiten sowie der Gesundheitsschutz der Arbeitnehmer sichergestellt werden. Welche Aufzeichnungspflichten den Arbeitgeber zusätzlich zu den bestehenden Arbeitszeiterfassungssystemen (z. B. § 17 MiLoG, § 2a SchwarzArbG, § 16 Abs. 2 Satz 1 ArbZG, § 80 Abs. 2 BetrVG) treffen, hat der EuGH den Mitgliedstaaten nicht vorgegeben.

Hinsichtlich der Arbeitszeit sind mehrere Fragen voneinander zu trennen: Zunächst geht es darum, wann der Arbeitnehmer mit der Erfüllung seiner Arbeitspflicht zu beginnen hat (z. B. Arbeitsantritt am 1. Dezember). Ferner ist bedeutsam, wie lange der Arbeitnehmer (täglich, wöchentlich, monatlich) arbeiten muss. Außerdem kommt es auf Beginn und Ende der täglichen Arbeitszeit an.

Die Regel des § 271 Abs. 1 BGB ist arbeitsrechtlich wenig ergiebig, da die Arbeitsleistung in ständiger Wiederkehr zu erbringen ist. § 271 Abs. 2 BGB passt für den Arbeitsvertrag deshalb nicht, weil eine Vereinbarung über den Zeitpunkt des Arbeitsantritts eine frühere Arbeitsaufnahme ausschließt.

Wenn im Folgenden von Arbeitszeit gesprochen wird, ist damit die Zeit vom Beginn bis zum Ende der Arbeit ohne Ruhepausen gemeint (vgl. § 2 Abs. 1 ArbZG).

a) *Regeln über die Arbeitszeit* finden sich in zahlreichen gesetzlichen Bestimmungen, Tarifverträgen und Betriebsvereinbarungen, seltener in Einzelarbeitsverträgen. Nur innerhalb der dadurch gezogenen Grenzen spielt das Weisungsrecht des Arbeitgebers eine Rolle (z. B. Bestimmung des Beginns und/oder Endes der täglichen Arbeitszeit; zum Mitbestimmungsrecht des Betriebsrats: § 87 Abs. 1 Nr. 2, Abs. 2 BetrVG; Rdnr. 911). **237**

(1) Die *gesetzlichen Regeln* zur Arbeitszeit dienen dem Schutz des Arbeitnehmers. Sie sind öffentlich-rechtliche Normen, enthalten Straf- und Bußgeldvorschriften für den Arbeitgeber und wirken über § 134 BGB auf die getroffenen Vereinbarungen ein (Rdnr. 137). Der Verstoß gegen das ArbZG hat aber nur die Teilnichtigkeit der verbotenen Vereinbarungen zur Folge, darüber hinaus bleiben die Arbeitszeitvereinbarungen im Rahmen des gesetzlich Zulässigen wirksam (BAG NZA 2017, 58). **238**

Beispiele: Das ArbZG bestimmt eine regelmäßige Höchstdauer von acht Stunden Arbeitszeit je Werktag (§ 3 ArbZG; vgl. aber Rdnr. 241). Zulässig ist eine Verlängerung auf bis zu 10 Stunden, wenn innerhalb eines Ausgleichszeitraums von sechs Kalendermonaten oder innerhalb von 24 Wochen im Durchschnitt acht Stunden werktäglich nicht überschritten werden. § 7 ArbZG lässt von diesem Grundsatz zahlreiche Ausnahmen zu. Das ArbZG ermöglicht alle bekannten Arbeitszeitformen (z. B. Gleitzeitarbeitszeit) und lässt genügend Raum für die Entwicklung neuer Arbeitszeitmodelle.

Sonderregelungen enthalten §§ 4 ff. MuSchG für werdende und stillende Mütter und die §§ 8 ff. JArbSchG für Jugendliche.

(2) *Tarifverträge* können gem. § 7 ArbZG die regelmäßige gesetzliche Höchstgrenze der täglichen Arbeitszeit erweitern, müssen jedoch die dort festgeschriebenen Grenzen beachten. Fast immer legen Tarifverträge die Zeitdauer der täglichen (wöchentlichen) Arbeitspflicht fest (z. B. 37,5-Stunden-Woche). Gem. § 1 Abs. 1 TVG können die Tarifvertragsparteien auch den Beginn und das Ende der täglichen Arbeitszeit sowie der Pausen festlegen; jedoch wird davon in der Praxis wenig Gebrauch gemacht, da diese Fragen kaum für alle Betriebe einheitlich zu lösen sind. Deshalb überlässt man die Regelung meist einer Betriebsvereinbarung. **239**

(3) *Betriebsvereinbarungen* können die *Dauer* der Arbeitszeit nur dann wirksam regeln, wenn ihnen nicht die Sperrwirkung des § 77 Abs. 3 BetrVG entgegensteht, d. h. wenn die Frage nicht üblicherweise durch Tarifvertrag geregelt wird oder bereits geregelt ist (Satz 1), es sei denn ergänzende Betriebsvereinbarungen sind durch eine Öffnungsklausel des Tarifvertrags ausdrücklich zugelassen (Satz 2). Soll dagegen die *Lage* der Arbeitszeit auf betrieblicher Ebene geregelt werden, so können Arbeitgeber und Betriebsrat entsprechende Betriebsvereinbarungen schließen **240**

und sie sogar über die Einigungsstelle gegenüber dem anderen Betriebspartner erzwingen (§ 87 Abs. 1 Nr. 2, Abs. 2 BetrVG; z. B. Einführung der gleitenden Arbeitszeit; Rdnr. 1091).

**241** b) Bei der *Ermittlung der Arbeitszeit* im konkreten Fall ist zu unterscheiden, welche Vereinbarungen erlaubt und welche tatsächlich getroffen worden sind.

(1) Die *erlaubte Arbeitszeit* ergibt sich aus den gesetzlichen Regeln über die Höchstgrenze. Sie beträgt im Regelfall acht Stunden werktäglich (§ 3 ArbZG). Dabei geht das ArbZG von der 6-Tage-Woche (auch der Samstag ist ein Werktag!) und folglich von einer 48 Stundenwoche aus. Bei der heute vielfach üblichen 5-Tage-Woche ist damit eine tägliche Arbeitszeit von 9,6 Stunden zulässig, ohne dass es einer Kompensation innerhalb eines Ausgleichszeitraums bedarf. Überschreitungen der Höchstarbeitszeiten sind nach § 7 ArbZG und in den besonderen Fällen der §§ 14, 15 ArbZG möglich. Sofern Vereinbarungen die Höchstgrenzen missachten, sind sie (nur) insoweit nichtig (vgl. Rdnr. 137).

Das ArbZG enthält keine Regelungen der Mehrarbeit (Überschreitung der gesetzlichen täglichen Arbeitszeit) und Überstunden (Überschreitung der einzel- oder tarifvertraglichen Arbeitszeit). Die Vergütung zusätzlicher Arbeit ist allein Gegenstand freier Übereinkünfte in Arbeits- oder Tarifvertrag.

Im **Fall d** ist die Arbeit aufgrund der Betriebsvereinbarung während der neunten Stunde montags bis donnerstags erlaubt (§ 3 Satz 2 ArbZG). Es kommt allein darauf an, dass im Durchschnitt 8 Stunden werktäglich innerhalb des für den Betrieb gewählten Ausgleichzeitraums und am Tag 10 Stunden nicht überschritten werden. Eine Mehrarbeitsvergütung kann sich nur aus einzelvertraglichen oder kollektiven Vereinbarungen ergeben. Eine Überstundenvergütung kommt nicht in Betracht, da ja keine Überstunden geleistet wurden (vgl. aber Rdnr. 246).

**242** Ein in manchen Berufssparten wichtiges Sonderproblem bildet die arbeitszeitrechtliche Einordnung des Bereitschaftsdienstes, der Arbeitsbereitschaft und der Rufbereitschaft (vgl. ErfK/Wank, § 2 ArbZG Rdnr. 20 ff.). Bereitschaftsdienst ist die Zeitspanne, während derer der Arbeitnehmer, ohne dass er unmittelbar am Arbeitsplatz anwesend sein muss, sich für Zwecke des Betriebs an einem vom Arbeitgeber bestimmten Ort, innerhalb oder außerhalb des Betriebs aufzuhalten hat, damit er ggf. seine volle Arbeitstätigkeit sofort aufnehmen kann (vgl. Baeck/Deutsch, § 2 ArbZG Rdnr. 41).

Als Folge einer Entscheidung des EuGH (NJW 2003, 2971) war der deutsche Gesetzgeber gezwungen, das ArbZG zu ändern, mit der Folge, dass nunmehr auch der Bereitschaftsdienst – bspw. eines Arztes, der sich im Krankenhaus für Notfälle bereithält – als normale Arbeitszeit gilt. Der Bereitschaftsdienst ist seither in § 7 Abs. 1 ArbZG der Arbeitsbereitschaft (vgl. Rdnr. 244) gleichgestellt worden.

**243** Von dieser arbeitszeitrechtlichen Einstufung zu trennen ist die Vergütung des Bereitschaftsdienstes. Eine Pflicht zur Gleichbehandlung von Bereitschaftsdienst und gewöhnlicher Arbeitszeit besteht insoweit nicht (BAG NZA 2009, 272). Allerdings soll nach Auffassung des BAG der Mindestlohn geschuldet sein (BAG NZA 2016, 1332; bestätigt in BAG NZA 2018, 32; BAGE 150, 82; kritisch Wank Anm. zu BAG AP Nr. 2 zu § 1 MiLoG; Thüsing/Hütter, NZA 2015, 970).

**244** Unter Arbeitsbereitschaft wird die Zeit der wachen Achtsamkeit im Zustand der Entspannung verstanden (BAG NZA 2007, 155). Von der Vollarbeit unterscheidet sie sich nur durch den Grad der Inanspruchnahme. Die Arbeitsbereitschaft ist ebenfalls grundsätzlich Arbeitszeit.

Dagegen ist die Rufbereitschaft keine Arbeitszeit im Sinne des Arbeitszeitrechts. Darunter ist die Verpflichtung des Arbeitnehmers zu verstehen, für den Arbeitgeber jederzeit erreichbar zu sein, um auf Abruf die Arbeit *alsbald* aufnehmen zu können. Der Arbeitnehmer ist während der Rufbereitschaft in der Wahl seines Aufenthaltsortes frei (vertiefend zur Abgrenzung von Arbeitszeit und arbeitsfreier Zeit Baeck/Deutsch, § 2 ArbZG Rdnr. 27 ff.). Ist der Arbeitnehmer allerdings zur Arbeitsaufnahme *innerhalb kürzester Zeit* verpflichtet, handelt es sich auch dann um Bereitschaftsdienst, wenn er seinen Aufenthaltsort frei wählen kann (EuGH NZA 2018, 293).

Aktuelle arbeitszeitrechtliche Fragestellungen ergeben sich auch bzgl. der Anwendung vorhandener Arbeitszeitvorschriften im Kontext der Digitalisierung der Arbeit („Arbeit 4.0, siehe Rdnr. 1229 ff.).

**245** (2) Die vom Arbeitnehmer *geschuldete Arbeitszeit* ergibt sich aus den einzel- oder kollektivvertraglichen Vereinbarungen. Sieht der Tarifvertrag eine Arbeitszeit von täglich sieben Stunden vor, ist der Arbeitnehmer nur zu dieser Arbeitsleistung verpflichtet, obwohl das Gesetz eine längere Arbeitszeit zulässt. Arbeitet der Arbeitnehmer noch eine achte Stunde, handelt es sich um Überarbeit (auch Überstundenarbeit, Überschichten genannt). *Überarbeit ist also die Arbeit, welche die für dieses Arbeitsverhältnis normale Arbeitszeit überschreitet.* Eine Pflicht des Arbeitnehmers zur Leistung von Überstunden besteht grundsätzlich nur bei entsprechender vertraglicher Vereinbarung (zur Inhaltskontrolle von Überstundenabreden vgl. BAG NZA 2016, 487). Ausnahmen gelten in Not- und Katastrophenfällen (ArbG Leipzig NZA-RR 2003, 365) bzw. in den Fällen des § 14 ArbZG.

Die Nachweisrichtlinie der EG aus dem Jahr 1991 (vgl. Rdnr. 118) verpflichtet den Arbeitgeber zur Information des Arbeitnehmers darüber, ob und unter welchen Bedingungen er auf bloße Anordnung des Arbeitgebers zur Leistung von Überstunden herangezogen werden kann (EuGH NJW 2001, 955). Das NachwG erwähnt eine entsprechende Nachweispflicht zwar nicht explizit; da es sich um eine wesentliche Arbeitsbedingung handelt, ergibt sich die Verpflichtung aber aus § 2 Abs. 1 Satz 1 NachwG.

**246** Die Vergütung von Überarbeit ist häufig in Tarif- oder Arbeitsverträgen vorgesehen, zumal eine gesetzliche Regelung fehlt. Da Überarbeit ebenso wie die normale Arbeitsleistung nur gegen Entgelt zu erwarten ist, ergibt sich ein Vergütungsanspruch trotz fehlender kollektiv- oder einzelvertraglicher Regelung in der Regel aus § 612 Abs. 1, 2 BGB. Es kommt dann auf die Umstände des Einzelfalls an: Erfolgt die Grundvergütung arbeitszeitbezogen, spricht viel für eine stillschweigende Vereinbarung i. S. d. § 612 Abs. 1 BGB (BAG NZA 2012, 861). Anders liegt es, wenn die Grundvergütung unabhängig von der geleisteten Arbeitszeit gezahlt wird (BAG NZA 2012, 145) oder bei Diensten höherer Art (BAG NZA 2011, 1335; ausführliche Darstellung bei ErfK/Preis, § 611 BGB Rdnr. 486 ff.) und ausgleichenden Provisionen (BAG NZA 2012, 1147). Eine anwaltliche Mitarbeiterin einer Anwaltskanzlei kann mangels entsprechender Vergütungserwartung damit grundsätzlich keine Bezahlung von Überstunden verlangen. Ob im Einzelfall sogar ein besonderer Zuschlag zu zahlen ist, richtet sich nach der Betriebs- oder Branchenüblichkeit.

Bestimmt der Tarifvertrag nur die wöchentliche Arbeitszeit, so steht dem Betriebsrat hinsichtlich der Verteilung der Arbeitszeit auf die einzelnen Wochentage ein Mitbestimmungsrecht zu (§ 87 Abs. 1 Nr. 2 BetrVG; Rdnr. 1091).

**247** c) *Kurzarbeit* ist die *vorübergehende Herabsetzung der vereinbarten Arbeitszeit bei entsprechender Minderung der Entgeltansprüche des Arbeitnehmers.* Sie tritt regelmäßig als kollektive Maßnahme zur Kompensation vorübergehender konjunktureller Arbeits- und Entgeltausfälle und zur Vermeidung von Arbeitslosigkeit ein, sodass hier der Grundsatz durchbrochen wird, dass der Arbeitgeber das wirtschaftliche Risiko allein trägt. Gerade in Deutschland ist sie ein wichtiges arbeitsmarktpolitisches Mittel, um in Krisenzeiten, wie in der Finanzkrise 2008 oder der Corona-Pandemie 2020 ein schnelles Anwachsen der Arbeitslosigkeit durch betriebsbedingte Kündigungen zu vermeiden. Die Befugnis zur Einführung von Kurzarbeit folgt nie aus dem Direktionsrecht des Arbeitgebers, sondern bedarf grundsätzlich einer Vereinbarung mit dem Arbeitnehmer (individualarbeitsrechtliche Ebene) und unterliegt in betriebsverfassten Betrieben dem Mitbestimmungs- und Initiativrecht des Betriebsrats gem. § 87 Abs. 1 Nr. 3 BetrVG (Rdnr. 1093). Wird sie vom Arbeitgeber (z. B. wegen Auftragsmangels) einseitig angeordnet, so führt das nicht zu einer Suspendierung der Arbeitspflicht mit entsprechender Lohnkürzung; vielmehr gerät der Arbeitgeber in Annahmeverzug (§ 615 BGB; vgl. BAG AP Nr. 2 zu § 615 Kurzarbeit). Um nicht den vollen Lohn zahlen zu müssen, werden daher Kurzarbeitsklauseln vereinbart.

**248** (1) *Kurzarbeitsklauseln* finden sich zunächst in *Tarifverträgen*. Sie sehen Tatbestände vor, bei deren Vorliegen Kurzarbeit kraft Weisung (§ 106 GewO) eingeführt werden kann. Streitig ist, ob es sich dabei um eine Inhaltsnorm (Rdnr. 798) oder – so die überwiegende Meinung – um eine betriebliche Norm (§ 3 Abs. 2 TVG; Rdnr. 801) handelt. Im ersten Fall würde die Klausel nur gegenüber den organisierten Arbeitnehmern, im zweiten Fall auch gegenüber den (nicht organisierten) Außenseitern wirken.

Für den Fall, dass es sich um eine Inhaltsnorm handeln sollte, wird in der Praxis das missliche Ergebnis, dass nur die organisierten und nicht alle Arbeitnehmer betroffen sind, dadurch vermieden, dass der Tarifvertrag über sog. Bezugnahmeklauseln (Rdnr. 841 f.) schuldrechtlicher Inhalt auch der Arbeitsverträge mit den Außenseitern wird.

**249** (2) Die Kurzarbeit kann auch durch eine *Betriebsvereinbarung* näher geregelt werden (§ 87 Abs. 1 Nr. 3 BetrVG; Rdnr. 1093; BAG AP Nr. 1 zu § 615 BGB Kurzarbeit, sehr str.; a. A. zum Beispiel Lobinger, RdA 2011, 76; umfangreiche Nachweise bei GK-BetrVG/Wiese § 87 BetrVG Rdnr. 363). Kommt keine Einigung zwischen Arbeitgeber und Betriebsrat zustande, entscheidet die Einigungsstelle (§ 87 Abs. 2 BetrVG; Rdnr. ??? ff.). Die Betriebsvereinbarung hat unmittelbare und zwingende Wirkung für die Arbeitsverhältnisse aller Betriebsangehörigen (§ 77 Abs. 4 Satz 1 BetrVG; Rdnr. ???), sofern sie mindestens die Bestimmung von Beginn und Dauer der Kurzarbeit, die Regelung der Lage und die Verteilung der Arbeitszeit sowie die Auswahl der betroffenen Arbeitnehmer deutlich regelt (BAG AP Nr. 142 zu § 615 BGB). Sie wirkt nach h. M. auch zu Lasten der Arbeitnehmer, da sich anders – also bei der Möglichkeit eines individuellen Widerspruchs einzelner Arbeitnehmer – eine Kurzarbeit im Betrieb gar nicht sinnvoll realisieren ließe. Über eine entsprechende Betriebsvereinbarung kommt es somit zu einer Verschlechterung der individualarbeitsrechtlichen Position des einzelnen Arbeitnehmers.

**250** (3) Schließlich sind auch *einzelvertragliche Vereinbarungen* über die Kurzarbeit und die entsprechende Minderung der Vergütung möglich (zur Inhaltskontrolle von Kurzarbeitsklauseln LAG Berlin NZA-RR 2011, 65). Die Anordnung der Kurzarbeit unterliegt auch hier der Mitbestimmung des Betriebsrats. Gehen die Arbeitnehmer auf eine Vereinbarung nicht ein, so bleibt dem Arbeitgeber in betriebsratslosen Betrieben nur die Möglichkeit einer Änderungskündigung (Rdnr. 503, 653 ff.).

(4) Kurzarbeit wird in wirtschaftlichen Krisenzeiten als Instrument zur Vermeidung von Kündigungen eingesetzt und aus diesem Grund sogar nicht selten vom Betriebsrat initiiert. Die gesetzlichen Voraussetzungen für die **Gewährung von Kurzarbeitergeld** in Höhe von 60–67 % des entgangenen Nettolohnes durch die Bundesagentur für Arbeit sind in den §§ 95 ff. SGB III geregelt. Die Gewährung von Kurzarbeitergeld setzt danach einen erheblichen Arbeitsausfall mit Entgeltausfall voraus, der auf wirtschaftlichen Gründen oder einem unabwendbaren Ereignis beruht, vorübergehend sowie nicht vermeidbar ist und einen in § 96 Abs. 1 Nr. 4 SGB III näher beschriebenen Mindestumfang aufweist. In Abgrenzung zu betriebsorganisatorischen Gründen sind wirtschaftliche Gründe, die die Auszahlung von Kurzarbeitergeld rechtfertigen, nur solche, die im Zusammenhang mit dem allgemeinen Wirtschaftsprozess stehen. Kurzarbeit ist grundsätzlich auf sechs Monate begrenzt (§ 104 Abs. 1 SGB III); liegen jedoch außergewöhnliche Verhältnisse auf dem Arbeitsmarkt vor, kann sie durch Rechtsverordnung auf bis zu 24 Monate ausgedehnt werden (§ 109 Abs. 1 Nr. 2b SGB III). Hiervon wurde in der jüngeren Vergangenheit mehrfach Gebrauch gemacht.

Auch während der Kurzarbeit ist der Ausspruch betriebsbedingter Kündigungen möglich. Den Arbeitgeber trifft allerdings eine erhöhte Darlegungslast, wenn er die Kündigungen auf den Beschäftigungsrückgang stützt, der ihn bereits zur Einführung von Kurzarbeit veranlasst hatte.

## II. Sonstige Pflichten des Arbeitnehmers

**Schrifttum:** *Brammsen,* Die EU-Know-how-Richtlinie 943/2016, §§ 17 ff. UWG und das geplante Geschäftsgeheimnisstrafrecht (§ 23 GeschGehG-RegE), wistra 2018, 449; *Dilling,* Der Schutz von Hinweisgebern und betroffenen Personen nach der EU-Whistleblower-Richtlinie, CCZ 2019, 214; *Eufinger,* Rechtliche Aspekte Compliance-indizierter Sanktionsmaßnahmen im Arbeitsverhältnis, RdA 2017, 223; *Fischermeier,* Kündigungen wegen Loyalitätspflichtverletzungen kirchlicher Arbeitnehmer, RdA 2014, 257; *ders.,* Meinungsfreiheit im Arbeitsrecht, in: Festschrift Buchner, 2009, 219; *Gerdemann,* Revolution des Whistleblowing-Rechts oder Pfeifen im Walde? Der Richtlinienvorschlag der Europäischen Kommission zum Schutz von Whistleblowern, RdA 2019, 16; *Göpfert/Landauer,* „Arbeitsstrafrecht" und die Bedeutung von Compliance-Systemen: Straftaten „für" das Unternehmen, NZA-Beilage 2011, 16; *Hauschka/Moosmayer/Lösler* (Hrsg.), Corporate Compliance – Handbuch der Haftungsvermeidung im Unternehmen, 3. Aufl., 2016; *Schwarze,* Wettbewerbsverbot – Karenzentschädigung, JA 2016, 230; *Ulber,* Whistleblowing und der EGMR, NZA 2011, 962; *Woerz/Klinkhammer,* Arbeitsrechtliche Regelungen zur Beschränkung von Nebentätigkeiten, ArbRAktuell 2012, 183.

**Fälle:**

a) Ein Prokurist und Filialleiter bemerkt aus Unachtsamkeit nicht, dass ein Arbeitnehmer mehrmals Arbeitsgeräte stiehlt. Er stellt fest, dass ein anderer Arbeitnehmer falsche Spesenabrechnungen abgibt; dennoch veranlasst er nichts. Vom Arbeitgeber deshalb zur Rechenschaft gezogen, weist der Prokurist darauf hin, dass sich aus dem Arbeitsvertrag keine Verpflichtung zur Überwachung der Mitarbeiter und Anzeige von Pflichtverletzungen ergebe.

b) Ein Büroangestellter einer politischen Partei tritt außerdienstlich als Wahlredner für eine andere Partei auf und boxt als Amateur in einem Boxverein. Sein Vorgesetzter verlangt von ihm, beides zu unterlassen.

c) Der Einkäufer E des Arbeitgebers lässt sich von dem Anbieter V 5.000,- Euro versprechen, wenn es zum Abschluss eines großen Lieferungsgeschäfts kommt. Als der Arbeitgeber davon erfährt, will er den E auf der Stelle entlassen und von ihm Zahlung des erlangten Geldes verlangen. E macht geltend, auch ohne die Zusage von 5.000,- Euro hätte er mit V den Vertrag abgeschlossen, da dieser die für den Arbeitgeber günstigsten Vertragsbedingungen angeboten habe. Im Übrigen habe er das Geld noch nicht erhalten; zudem verfalle es dem Staat.

**253** Lange Zeit wurden Gehorsams- und Treuepflichten als die sonstigen Pflichten des Arbeitnehmers genannt. Als Gehorsamspflicht bezeichnete man die Pflicht des Arbeitnehmers, den Weisungen des Arbeitgebers nachzukommen. Man sah sie zu Unrecht als Kehrseite des Weisungsrechts des Arbeitgebers (Rdnr. 156 ff.) an. Dieses Weisungsrecht ist indes kein Forderungsrecht, dem eine (Gehorsams-) Pflicht des Arbeitnehmers entspricht. Vielmehr dient die Weisung der Konkretisierung der (im Arbeitsvertrag enthaltenen) Pflichten des Arbeitnehmers. Befolgt der Arbeitnehmer eine zulässige Weisung des Arbeitgebers nicht, so verletzt er seine arbeitsvertragliche Pflicht (meist die Arbeitspflicht). Einer besonderen Gehorsamspflicht bedarf es nicht.

**254** Wie bei jedem Schuldverhältnis (§ 241 Abs. 2 BGB) ergeben sich auch beim Arbeitsverhältnis Pflichten zur gegenseitigen Rücksichtnahme, die über den Austausch vermögenswerter Leistungen (Arbeit und Lohn) hinausgehen. Der Umfang dieser Pflichten richtet sich unter anderem nach der Art des Schuldverhältnisses; sie erlangen beim Arbeitsverhältnis gesteigerte Bedeutung, da hier eine auf Dauer angelegte persönliche Bindung der Vertragsparteien besteht. Die Pflicht zur Rücksichtnahme des Arbeitnehmers bezeichnet man vielfach als Treuepflicht, die entsprechende Pflicht des Arbeitgebers als Fürsorgepflicht. Dem veralteten und zudem missverständlichen Begriff der Treuepflicht sind indes die allgemein gehaltenen Bezeichnungen „Nebenpflichten" oder „Rücksichtnahmepflichten" vorzuziehen.

**255** Wie weit die Verhaltenspflicht (Interessenwahrungspflicht) im Einzelfall geht, kann nicht allgemein gesagt werden. Entscheidend kommt es vor allem auf die Stellung des Arbeitnehmers im Betrieb an. Je größer das dem Arbeitnehmer eingeräumte Vertrauen ist, desto höhere Anforderungen sind an seine Pflicht zur Rücksichtnahme auf die Interessen des Arbeitgebers zu stellen. Einzelne Verhaltenspflichten sind – nicht abschließend – in Spezialvorschriften angesprochen (z.B. §§ 60 f. HGB). Die Pflicht zur Wahrung schutzwürdiger Arbeitgeberinteressen umfasst gewisse Handlungspflichten und zudem eine Reihe von Unterlassungspflichten.

### 1. Handlungspflichten

**256** Der Arbeitnehmer ist verpflichtet, die mit dem Arbeitsverhältnis zusammenhängenden berechtigten Interessen des Arbeitgebers nach besten Kräften wahrzunehmen. Daraus folgt etwa die Pflicht des Arbeitnehmers, die in seinem Arbeitsbereich drohenden Schäden (sog. Schadensabwendungspflicht; z.B. Fehler an Maschinen oder Material) anzuzeigen und gegenüber dem Arbeitgeber richtige Angaben zu machen (z.B. keine falsche Spesenabrechnung, keine falsche Entschuldigung bei Dienstversäumnis). Bei personenbezogenen Anzeigepflichten (z.B. berechtigte Frage nach einer Schwerbehinderung im Vorfeld einer Kündigung, BAG NZA 2012, 555) sind auch nach Einstellung die allgemeinen Grenzen des Fragerechts zu beachten (Rdnr. 191 ff.). Auch die Verpflichtung zu Gesundheitsuntersuchungen ist an dem Interesse des Arbeitnehmers an der Wahrung seiner Intimsphäre und körperlicher Unversehrtheit zu messen; außer dem Falle verpflichtender Vorsorgeuntersuchungen (z. B. Arbeitsmedizin im Lebensmittelgewerbe) besteht regelmäßig keine allgemeine Pflicht zur Duldung von Gesundheitsuntersuchungen (a. A. BAG AP Nr. 68 zu § 1 KSchG 1969; wie hier ErfK/Preis § 611a BGB Rdnr. 746).

Im Einzelfall kann allerdings problematisch sein, ob der Arbeitnehmer überhaupt Überwachungs- und Anzeigepflichten hat. Inwieweit z. B. Verfehlungen anderer Arbeitnehmer anzuzeigen (sog. *internes Whistleblowing*) sind, hängt entscheidend von der Stellung des Arbeitnehmers im Betrieb und von der Art der Verfehlung ab. Im Zuge der aktuellen Diskussion um bessere Korruptionsbekämpfung und um die sog. „Compliance" als Aufgabe der Unternehmensleitung haben diese Pflichten an Bedeutung gewonnen, wobei die Umsetzung (ausländischer) Compliance-Systeme durchaus mit mitbestimmungs- und datenschutzrechtlichen Fragen verbunden ist (dazu Küttner/Kreitner, Personalbuch 2019, Stichwort Compliance A.4.; Groß/Platzer, NZA 2017, 1097).

Ein Werkmeister ist eher zur Anzeige verpflichtet als ein Hilfsarbeiter. Diebstähle sind eher anzeigepflichtig als das Schlafen während der Arbeitszeit. Wesentlich kann auch sein, ob es sich um eine einmalige Handlung oder um mehrmalige Taten handelt. – Im **Fall a** ist der Prokurist und Filialleiter zur Überwachung und Anzeige verpflichtet, auch wenn davon nichts im Arbeitsvertrag steht. Die Pflicht ergibt sich schon aus seiner Stellung im Betrieb.

## 2. Unterlassungspflichten

**a) Unterlassungspflichten im Allgemeinen.** Der Arbeitnehmer ist verpflichtet, alles zu unterlassen, was den mit dem Arbeitsverhältnis zusammenhängenden berechtigten Interessen des Arbeitgebers zuwiderläuft, er muss also die Arbeits- und Betriebsmittel sorgfältig behandeln und sich gegenüber seinen Kollegen sozialverträglich verhalten (Grundsatz des betrieblichen Ordnungsverhaltens). Dem Arbeitnehmer ist es z. B. nicht gestattet, einen Arbeitskollegen abzuwerben, so dass dieser vertragsbrüchig wird, oder andere Mitarbeiter zu veranlassen, ihre Pflichten aus dem Arbeitsvertrag nicht oder nur schlecht zu erfüllen. Der Arbeitnehmer darf nicht den Betriebsfrieden stören, den Konkurrenten des Arbeitgebers Betriebsgeheimnisse preisgeben, kreditschädigende Äußerungen (auch wenn sie wahr sind) über den Arbeitgeber abgeben oder andere Arbeitnehmer diskriminieren und belästigen (§§ 1, 3, 7 Abs. 3 AGG) oder „mobben". Vermehrt werden solche Unterlassungspflichten in sog. Ethikrichtlinien zusammengefasst, welche die oftmals schwer zu bestimmenden Nebenpflichten konkretisieren (dazu BAG NZA 2008, 1248 „Honeywell").

**257**

Aktuell praxisrelevant ist der private Gebrauch des Internetanschlusses während der Arbeitszeit. Durch die nicht gestattete Internetnutzung verletzt der Arbeitnehmer jedenfalls ab einem erheblichen zeitlichen Umfang seine Hauptleistungspflicht (BAG NZA 2007, 922: „exzessiv" und nicht nur „minutenweise"; NZA 2013, 27). Der Arbeitnehmer kann auch mangels einer klarstellenden Nutzungsregelung nicht darauf vertrauen, der Arbeitgeber werde eine solche Nutzung tolerieren. Besonders pflichtwidrig stellt es sich dar, wenn der Arbeitnehmer in großem Umfang Daten herunterlädt und damit die Gefahr von Viren oder anderen Störungen hervorruft oder eine Rufschädigung des Arbeitgebers in Kauf nimmt (z. B. Aufsuchen pornografischer Inhalte, BAG NZA 2007, 992). Überwachungsmaß-

**258**

nahmen des Arbeitgebers greifen jedoch in das Recht des Arbeitnehmers auf informationelle Selbstbestimmung ein und bedürfen einer umfassenden Interessenabwägung (vgl. EGMR NZA 2017, 1443 – Bărbulescu). Der Arbeitgeber sollte eindeutig darauf hinweisen, unter welchen Voraussetzungen, in welchem Umfang und zu welchem Zweck er Kontrollen der Internetnutzung durchführt. Auch kann er klarstellen, dass gespeicherte Dateien als „dienstlich" gelten, sofern sie nicht eindeutig als „privat" gekennzeichnet werden. Unter diesen Voraussetzungen sind zur Beschränkung der Privatnutzung etwa die vorübergehende Speicherung und stichprobenartige Kontrolle des Browserverlaufs (BAG NZA 2017, 1327) oder das Einsehen von nicht als „privat" ausgewiesenen Dateien und E-Mails auch in Abwesenheit des Arbeitnehmers (EGMR NZA 2018, 1609 – Libert; LAG Hessen NZA 2019, 130; BAG NZA 2019, 893) zulässig. Nicht zu rechtfertigen ist hingegen der Einsatz eines Keyloggers (BAG NZA 2017, 1327).

**259** Besondere Loyalitätsobliegenheiten des Arbeitnehmers gegenüber dem Arbeitgeber können vertraglich vereinbart werden oder sich aus der Arbeitsaufgabe ergeben. Auch das Recht auf freie Meinungsäußerung kann im Wege der Wechselwirkung durch die Nebenpflichten des Arbeitnehmers in gewissem Umfang beschränkt sein. Das gilt etwa für kirchliche Bedienstete, die nach ihrem Arbeitsvertrag an der Glaubensverkündigung ihrer Religionsgemeinschaft teilnehmen oder in anderer Funktion auf deren Glaubwürdigkeit zu achten haben, und zwar auch in ihrer privaten Lebensführung (vgl. Richardi, Arbeitsrecht in der Kirche, 8. Aufl., 2020, § 6 III Nr. 3). So darf etwa eine Arbeitnehmerin, die in einem evangelischen Kindergarten tätig ist, nicht in der Öffentlichkeit für eine andere Glaubensgemeinschaft mit abweichenden religiösen Lehren werben (BAG NZA 2001, 1136; zum Verhältnis des auf Art. 140 GG gegründeten Sonderarbeitsrechts der Kirchen zum Europarecht vgl. Schliemann, NZA 2003, 407). Ähnliche Pflichten können sich für Arbeitnehmer in „Tendenzunternehmen" (z. B. Redakteure bestimmter Medien, Angestellte von Parteien, Gewerkschaften etc.) ergeben. Zu beachten ist jedoch die mittelbare Drittwirkung von Art. 5 Abs. 1 GG auf das Arbeitsverhältnis bei der Auslegung der Generalklauseln der §§ 241 Abs. 2, 242 BGB (Rdnr. 129 ff.), weshalb die berechtigten Interessen des Arbeitgebers (z. B. Loyalitätspflicht) und die Meinungsfreiheit des Arbeitnehmers stets abzuwägen sind. Praxisrelevant sind kritische Äußerungen des Arbeitnehmers über sein aktuelles oder ehemaliges Arbeitsumfeld, z. B. auf Bewertungsportalen und den sozialen Netzwerken (dazu Hinrichs/Hörts, NJW 2013, 648); für Formalbeleidigungen und bewusst wahrheitswidrige, ehrverletzende Behauptungen darf trotz technischer Beweisschwierigkeiten kein Raum bleiben.

**260** Aktuell und oft grundrechtsrelevant sind auch Kleidungspflichten oder -verbote, z. B. das Verbot des Tragens eines islamischen Kopftuchs in einer kirchlichen Einrichtung (Rdnr. 131; BAG NZA 2014, 1407) oder im Einzelfall das generelle Verbot religiöser Symbole (EuGH NZA 2017, 373; EuGH-Vorlage des BAG, NZA 2019, 693).

**261** Was der Arbeitnehmer im Einzelfall zu unterlassen hat, hängt von der Art seiner Tätigkeit und der Art des Betriebes ab. Danach beurteilt sich auch die Frage, ob der Arbeitnehmer ausnahmsweise in seinem außerdienstlichen Verhalten Zurückhaltung üben muss.

Der Hilfsarbeiter kann es sich gegenüber seinem Arbeitgeber leisten, an jedem Wochenende sturzbetrunken in der Öffentlichkeit zu erscheinen, der Sparkassenleiter dagegen nicht. Konsumiert ein Fernfahrer vor Dienstantritt Alkohol und kann er daher nicht vorschriftsmäßig sein Fahrzeug lenken, verletzt er seine Arbeitspflicht (dienstliches Verhalten). Politisches Engagement außerhalb des Betriebes ist dem Arbeitnehmer grundsätzlich gestattet. Aber auch der Arbeitsplatz muss keine apolitische Enklave sein, vielmehr sind politische Diskussionen und einfache parteipolitische Betätigung im Betrieb zulässig, sofern sie den Arbeitsablauf nicht stören (vgl. ErfK/Schmidt Art. 5 GG, Rdnr. 33 f.). Hingegen hat der Arbeitnehmer in einem Tendenzbetrieb (vgl. § 118 BetrVG) inner- und außerdienstlich alles zu unterlassen, was mit der Tendenz des Betriebes nicht in Einklang steht (**Fall b**). Auch Gewerkschaften benötigen gelegentlich den Tendenzschutz, den sie in ihren rechtspolitischen Programmen oft beseitigt sehen möchten. So rechtfertigte beispielsweise nach Auffassung des BAG die Mitgliedschaft einer DGB-Rechtsschutzsekretärin im „Kommunistischen Bund Westdeutschland" deren Kündigung wegen Verstoßes gegen die Pflicht zur Tendenztreue (BAG AP Nr. 2 zu § 1 KSchG 1969 Verhaltensbedingte Kündigung; vgl. auch BVerfGE 100, 214). Angestellte im öffentlichen Dienst sehen sich in besonderer Weise zur Neutralität verpflichtet, soweit sie als Hoheits- oder Amtsträger nach Außen auftreten. Grundsätzlich (Ausnahme etwa Profifußballer wegen der Verletzungsgefahr) darf kein Arbeitgeber seinem Arbeitnehmer das Amateurboxen verbieten (**Fall b**). Eine allgemeine arbeitsvertragliche Pflicht zu gesundheitsförderndem Verhalten existiert nicht. Eine andere Frage ist es, ob der Arbeitgeber Entgeltfortzahlung leisten muss, wenn der Arbeitnehmer wegen einer beim Boxen erlittenen Verletzung arbeitsunfähig wird (Rdnr. 438).

**b) Einzelne Unterlassungspflichten. – (1) Verschwiegenheitspflicht.** Der Verrat eines Geschäftsgeheimnisses ist nach §§ 23 Abs. 1 Nr. 3, 4 Abs. 2 Nr. 3 GeschGehG strafbar, wenn der Arbeitnehmer es zu Zwecken des eigenen oder fremden Wettbewerbs, aus Eigennutz, zugunsten eines Dritten oder in der Absicht, dem Inhaber des Geschäftsbetriebes Schaden zuzufügen, entgegen einer Verpflichtung, das Geschäftsgeheimnis nicht offenzulegen und während der Geltungsdauer des Beschäftigungsverhältnisses offenlegt (Geheimnisverrat); der Arbeitnehmer macht sich dem Arbeitgeber gegenüber schadensersatzpflichtig (§ 23 Abs. 1 GeschGehG i. V. m. § 823 Abs. 2 BGB). Das Gesetz zur Umsetzung der Richtlinie (EU) 2016/943 zum Schutz von Geschäftsgeheimnissen vor rechtswidrigem Erwerb sowie rechtswidriger Nutzung und Offenlegung (GeschGehG) vom 26.4.2019 setzt die Richtlinie vom 8.6.2016 in nationales Recht um und übernimmt die Regelungen der §§ 17–19 UWG a. F. „Geschäftsgeheimnis" ist in § 2 Nr. 1 GeschGehG legaldefiniert. Es darf *erstens* weder allgemein bekannt oder ohne weiteres zugänglich sein und muss daher von wirtschaftlichem Wert sein; *zweitens* muss es Gegenstand von den Umständen nach angemessenen Geheimhaltungsmaßnahmen durch ihren rechtmäßigen Inhaber sein; *drittens* muss ein berechtigtes Interesse an der Geheimhaltung bestehen. Die Offenlegung eines Geschäftsgeheimnisses gegenüber der Arbeitnehmervertretung genießt gem. § 5 Nr. 3 GeschGehG einen Tatbestandsausschluss, wenn dies zur Erfüllung ihrer Aufgaben erforderlich ist. Einschränkungen der Verschwiegenheitspflicht können sich entsprechend der Rechtsprechung zum § 17 UWG a. F. aus der Reichweite dessen ergeben, was ein „berechtigtes wirtschaftliches Interesse" an der Geheimhaltung darstellt. Vertragliche Konkretisierungen bzw. Erweiterungen der Verschwiegenheitspflicht sind daher nur beschränkt zulässig; sog. *„Catch all-Klauseln"*, die pauschal zur Geheimhaltung sämtlicher während der Tätigkeit bekannt gewordener Betriebsvorgänge verpflichten, können eine unangemessene Benachteiligung oder eine sittenwidrige

Vertragsbindung sein (vgl. ErfK/Preis § 611a BGB Rdnr. 713 f.). Darüber hinaus folgt aus der Pflicht zur Rücksichtnahme, dass der Arbeitnehmer nicht berechtigt ist, überhaupt Geschäfts- und Betriebsgeheimnisse anderen mitzuteilen. Zu diesen Geheimnissen gehören z. B. technisches Know-how, Kundenlisten, Warenbezugsquellen, nicht aber bereits übliche Verfahren und allgemein bekannte Tatsachen. Zur Verschwiegenheitspflicht nach Beendigung des Arbeitsverhältnisses s. Rdnr. 736.

**263** (2) „**Bestechlichkeit**". Ein Arbeitnehmer macht sich strafbar, wenn er z. B. als Einkäufer im geschäftlichen Verkehr von einem Lieferanten Vorteile fordert, sich versprechen lässt oder annimmt, um diesen gegenüber den Mitbewerbern zu bevorzugen (*passive* Bestechlichkeit); das ergibt sich aus § 299 Abs. 1 StGB. Über diese strafrechtliche Bestimmung hinaus verletzt der Arbeitnehmer seine vertraglichen Rücksichtnahme- und Loyalitätspflichten, wenn er sich bestechen lässt. Auch das Gewähren von Schmiergeldern an Dritte (*aktive* Bestechung), sowie die unvollendete Schmiergeldannahme, die lediglich die Gefahr eines Interessenkonflikts zum Arbeitgeber begründet, stellen eine Verletzung des Korruptionsverbots dar.

**264** Im **Fall c** handelt es sich um das Versprechen eines Schmiergeldes; es wird in der Erwartung versprochen, E werde bei der Vergabe des „Auftrages" nicht objektiv nach den Interessen des Arbeitgebers entscheiden. Da E jedenfalls nach außen gegenüber V den Eindruck erweckt hat, die Schmiergeldzahlung werde seine Entscheidung beeinflussen, kommt es nicht darauf an, ob E wirklich bereit war, sich bei der Vergabe des Auftrages von sachfremden Erwägungen leiten zu lassen oder ob dem Arbeitgeber tatsächlich ein Schaden entstanden ist. E kann fristlos entlassen werden (vgl. BAG AP Nr. 65 zu § 626 BGB). Er hat keinen Anspruch auf Zahlung des versprochenen Geldes, da die Vereinbarung des Schmiergeldes unabhängig von Verstößen gegen gesetzliche Verbote jedenfalls wegen Sittenwidrigkeit nichtig ist (§ 138 Abs. 1 BGB). Sofern er es erhalten hat, muss er es dem Arbeitgeber herausgeben. Das folgt entweder aus § 667 BGB („aus der Geschäftsbesorgung erlangt"; so RGZ 99, 31; BGHZ 38, 171) oder aus §§ 687 Abs. 2 Satz 1, 681, 667 BGB (Angemaßte Eigengeschäftsführung: „fremdes Geschäft als sein eigenes (geführt), obwohl er weiß, dass er nicht dazu berechtigt ist"; so BAG AP Nr. 1 zu § 687 BGB). Die Konkurrenz zwischen dem Anspruch des Arbeitgebers auf Herausgabe der Schmiergelder und Einziehungsrecht des Staates wird nach der Neufassung der strafrechtlichen Vermögensabschöpfung seit dem 1.7.2017 nicht mehr zugunsten des privatrechtlichen Anspruches gelöst. Eine Einziehung erfolgt nunmehr gem. § 73 Abs. 1 StGB ungeachtet der Ansprüche Dritter, die Vollstreckungsbehörde hat jedoch anschließend gem. § 459h StPO eingezogene Gegenstände an den anspruchsberechtigten Verletzten zurückzuübertragen (Schönke/Schröder/Eser/Schuster, Strafgesetzbuch, 30. Aufl., 2019, Vor § 73 Rdnr. 9). Der Arbeitnehmer ist grundsätzlich nicht gehalten, den Arbeitgeber unaufgefordert über einen Bestechungsversuch eines Dritten zu informieren (HWK/Thüsing, § 611a BGB Rdnr. 367; str.).

**265** (3) **Wettbewerbs- und Nebentätigkeitsverbot.** Gesetzlich ist das Wettbewerbsverbot nur für Handlungsgehilfen (§§ 60 f. HGB) geregelt. Gemeint sind damit nach aktuellem Sprachgebrauch kaufmännische Angestellte, die somit ohne Einwilligung des Arbeitgebers weder ein Handelsgewerbe betreiben noch im Handelszweig des Arbeitgebers Geschäfte machen dürfen, soweit sie als Wettbewerber auftreten (BAG AP Nr. 4, 10 zu § 60 HGB). Die Regelung ist über ihren Wortlaut hinaus auf alle sonstigen Arbeitnehmer übertragbar (BAG NZA 2015, 429). § 61 HGB kennt für Fälle des Verstoßes gegen § 60 HGB eine eigenständige Anspruchsgrundlage für Ersatzansprüche des Arbeitgebers, welche u. U. ein Eintrittsrecht in die Konkurrenzgeschäfte begründet. Oft werden Vereinbarungen über Wettbewerbsverbote getroffen. Selbst wenn weder eine vertragliche noch eine gesetzliche

Regelung besteht, kann sich aus der Pflicht des Arbeitnehmers zur Rücksichtnahme nach § 241 Abs. 2 BGB ein solches Verbot ergeben. Da der Arbeitnehmer alles zu unterlassen hat, was den Arbeitgeber schädigen könnte, darf er jedenfalls solange keine Konkurrenztätigkeit ausüben, wie das Arbeitsverhältnis besteht. Zu Konkurrenzverboten für die Zeit nach Beendigung des Arbeitsverhältnisses Rdnr. 737.

Grundsätzlich erlaubt sind dem Arbeitnehmer dagegen sonstige Nebentätigkeiten, **266** die unter dem Schutz von Art. 12 Abs. 1 GG stehen. Dabei sollen einfache (Neben-)Tätigkeiten ohne Wettbewerbsbezug, die allenfalls zu einer untergeordneten wirtschaftlichen Unterstützung des Konkurrenzunternehmens führen, nicht von dem Wettbewerbsverbot erfasst werden (z. B. bloße Hilfstätigkeiten eines Zeitungszustellers; BAG NZA 2010, 693). Vertragliche Beschränkungen setzen ein berechtigtes Interesse des Arbeitgebers voraus. Gesetzliche Schranken ergeben sich aus dem ArbZG (Rdnr. 241) und aus § 8 BUrlG (Rdnr. 477).

**(4) Verbot von Anzeigen gegen den Arbeitgeber (Whistleblowing).** Ob der **267** Arbeitnehmer befugt ist, den Arbeitgeber wegen der Verletzung geltenden Rechts bei Behörden anzuzeigen, hängt von den Umständen des Einzelfalles ab. Das Vertrauen des Arbeitgebers, von seinem Arbeitnehmer nicht angezeigt zu werden bzw. keinen Geheimnisverrat zu erleiden, ist gegen das Informationsbedürfnis außerbetrieblicher Stellen bzw. das allgemeine Interesse an der Aufklärung von Verstößen oder gar Straftaten abzuwägen. Das BVerfG steht mit Recht auf dem Standpunkt, dass eine Sanktionierung von Arbeitnehmern, die ihren staatsbürgerlichen Pflichten – etwa als Zeugen – nachkommen, nicht mit rechtsstaatlichen Grundsätzen zu vereinbaren wäre (BVerfG NZA 2001, 888; Müller, NZA 2001, 424). Auch den Interessen der Allgemeinheit an der Aufdeckung von Verstößen und Missständen misst das BAG Bedeutung zu (BAG NZA 2017, 703). Zivilrechtliche Folgen in Form einer Kündigung dürfen dem Arbeitnehmer daher grundsätzlich nur drohen, wenn er wissentlich oder leichtfertig falsche Angaben macht. Die gutgläubige Erstattung einer Anzeige, deren Inhalt sich im Nachhinein als falsch herausstellt, schadet hingegen für sich genommen nicht. Im Falle leichtfertig falscher Angaben kann es dem Arbeitnehmer zugutekommen, wenn er subjektiv von der Berechtigung der Anschuldigungen überzeugt war (BAG NZA 2014, 250) oder wenn er einem nicht vermeidbaren bzw. nicht verschuldeten Irrtum unterliegt (BAG NZA 2017, 703). Parallel zu den Wertungen des GG ist zu beachten, dass Art. 10 EMRK (Freiheit der Meinungsäußerung) auch am Arbeitsplatz und auch in privatrechtlichen Arbeitsverhältnissen gilt. Nach der Rechtsprechung des EGMR ist die Kündigung eines Arbeitnehmers wegen einer Strafanzeige ein Art. 10 EMRK verletzender Eingriff in das Recht auf Freiheit der Meinungsäußerung, wenn sie nicht „gesetzlich vorgesehen" ist, ein berechtigtes Ziel i. S. von Art. 10 Abs. 2 EMRK verfolgt und „in einer demokratischen Gesellschaft notwendig" ist, um dieses Ziel zu erreichen.

Besondere Bedeutung erlangt der Schutz von Whistleblowern durch die Tatbe- **268** standsausnahme des § 5 Nr. 2 GeschGehG, nach der die Offenlegung von Geschäftsgeheimnissen zur Aufdeckung einer rechtswidrigen Handlung oder eines beruflichen oder sonstigen Fehlverhaltens (sog. „illegales Geheimnis") privilegiert ist, wenn sie dem Schutz des allgemeinen öffentlichen Interesses dient. Inwiefern diese überschießende Umsetzung der Geheimnisschutz-Richtlinie (Rdnr. 262) die bestehenden arbeitsrechtlichen Grundsätze bei Anzeigen gegen den Arbeitgeber abändert, bleibt abzuwarten. Überdies hat der Rat der Europäischen Union am 7.10.2019 die neue Richtlinie zum Schutz von Personen, die Verstöße gegen das Unionsrecht melden („Whistleblower-Richtlinie"), verabschiedet. Die Richtlinie setzt sich zum Ziel, für die Meldung von Unionsrechtsverstößen sichere Kanäle bei den öffentlichen und privaten Arbeitgebern (*internes Meldeverfahren*, Art. 7 bis 9 Whistleblower-Richtlinie) sowie bei entsprechenden Behörden (*externes Meldeverfahren*, Art. 10 bis 14 Whistleblower-Richtlinie), einzurichten. Außerdem sollen gutgläubige Hinweisgeber vor der Preisgabe ihrer Identität, vor Repressalien aus dem beruflichen Umfeld sowie vor Haftung geschützt werden. Eine Umsetzung ins nationale Recht muss bis Oktober 2021 erfolgen.

Beispiele: Unterrichtung der Ausländerbehörde und der Sozialversicherungsträger über Schwarzarbeit illegal eingereister Ausländer; Anzeige des Arbeitgebers bei der Gewerbeaufsicht wegen fortlaufenden Verstoßes gegen die vorgeschriebenen Lenk- und Ruhezeiten im Güterkraftverkehr; Einschaltung der Berufsgenossenschaft wegen Außerachtlassung von Sicherheitsvorschriften auf der Baustelle; Mitteilung an die Polizei über Abkippen von Giftmüll in einem stillgelegten Steinbruch.

Auch kann sich in besonders relevanten Bereichen ein Melderecht der Arbeitnehmer aus den Spezialgesetzen ergeben, so z. B. §§ 13, 27 AGG, § 17 Abs. 1 Satz 1 ArbSchG, oder für Finanzinstitute § 4d Abs. 1 FinDAG, § 25a Abs. 1 Satz 6 Nr. 3 KWG. Auch hier wird allerdings oft das berechtigte Interesse des Arbeitgebers an einem vorrangigen innerbetrieblichen Hinweis geschützt.

**269** Trotz seiner Pflicht, die Interessen des Arbeitgebers zu wahren, ist der Arbeitnehmer nicht generell gehalten, sich zunächst innerbetrieblich um Abhilfe zu bemühen. Eine vorherige innerbetriebliche Meldung und Klärung ist unter Beachtung des Verhältnismäßigkeitsprinzips unzumutbar, wenn der Arbeitnehmer Kenntnis von Straftaten erhält, durch deren Nichtanzeige er sich selbst einer Strafverfolgung aussetzen würde (§ 138 StGB), bei denen es sich um schwerwiegende oder vom Arbeitgeber selbst begangene Straftaten handelt oder eine Aufforderung nicht rechtzeitig zur Abhilfe führen würde. Dagegen obliegt dem Arbeitnehmer nach bisheriger Rspr. bei Straftaten eines Mitarbeiters die vorherige Information seines Arbeitgebers, insbesondere wenn der Arbeitgeber selbst der Geschädigte ist (BAG NZA 2004, 427). Auch der EGMR (NJW 2011, 3501) hat in der Rechtssache *Heinisch* betont, dass Informationen wegen der Pflicht des Arbeitnehmers zu Loyalität und Vertraulichkeit zunächst dem Vorgesetzten gegeben werden müssen. Nur wenn das nicht möglich ist, kann der Arbeitnehmer als letztes Mittel damit an die Öffentlichkeit gehen. Angesichts dieser Rechtsprechung sowohl der nationalen Arbeitsgerichte als auch des EGMR erscheint der Verzicht auf eine unternehmensinterne Abhilfeversuche in § 5 Nr. 2 GeschGehG fragwürdig. Auch wenn eine solche Erleichterung aus Sicht der Hinweisgeber zu begrüßen wäre, muss unter primärrechtskonformer Auslegung des Ausnahmetatbestands an einer Abwägung aller berührten Interessen festgehalten werden (Ohly, GRUR 2019, 441).

**270** Die das Anzeigerecht stützenden grundrechtlichen Wertungen und die Gewissensfreiheit nach Art. 10 EMRK müssen im Wege der praktischen Konkordanz in einen möglichst schonenden Ausgleich mit dem Schutz der Reputation und des Ansehens des Arbeitgebers im wirtschaftlichen Verkehr sowie (speziell bei der Offenbarung von Geschäftsgeheimnissen) mit dem Eigentumsrecht (Art. 17 Abs. 2 EU-GrCh, Art. 14 Abs. 1 GG) oder der unternehmerischen Freiheit (Art. 16 EU-GrCh, Art. 12 GG) gebracht werden. Dieser Konflikt darf nicht pauschal zulasten des Unternehmers gelöst werden (vgl. zu Art. 5 lit. b der Geheimnisschutz-Richtlinie, Schmitt, RdA 2017, 365). Abweichend von dem vorhergehenden Entwurf des Europäischen Parlaments, der sogar ein deutlich abgestuftes Meldesystem vorsah (intern – extern – öffentlich), sieht bedauerlicherweise auch die Whistleblower-Richtlinie vom 7.10.2019 keinen Grundsatz der vorrangigen innerbetrieblichen Klärung vor. Vielmehr besteht nach Art. 7 und 10 Whistleblower-Richtlinie keine Hierarchie zwischen den einzurichtenden internen und externen Meldekanälen; Hinweisgebern wird bloß „empfohlen", zunächst interne Kanäle zu nutzen.

Nach derzeitiger Rechtslage ist der Arbeitnehmer grundsätzlich nicht berechtigt, Presse, Rundfunk oder Fernsehen einzuschalten. Sein berechtigtes Interesse erschöpft sich darin, auf Abstellung der Gesetzwidrigkeiten hinzuwirken. Der sachgerechte Weg ist in der Regel die Einschaltung der zuständigen staatlichen Behörden, wenn eventuell zumutbare innerbetriebliche Abhilfeversuche gescheitert sind. Demgegenüber sieht § 5 Nr. 2 GeschGehG keine solche Einschränkung des Adressatenkreises vor. Ob sich neben öffentlichen Stellen auch die Presse zur „Aufdeckung" von Missständen eignet, ist unter Abwägung der berührten Interessen durch primärrechtskonforme Auslegung zu beurteilen. Hier ist *de lege feranda* Art. 15 Whistleblower-Richtlinie zu beachten, der als dritte Form der Meldung die *Offenlegung* von Informationen, also das öffentliche Zugänglichmachen z. B. gegenüber der Presse, vorsieht, wenn auf eine interne oder externe Meldung keine geeigneten Maßnahmen ergriffen werden oder wenn dies im öffentlichen Interesse ist. Entscheidend soll die Motivation des „Whistleblowers" sein: Erfolgt die Anzeige ausschließlich, um dem Arbeitgeber zu schaden, ist es unerheblich, ob der Verdacht sich später als falsch oder als wahr herausstellt (BAG NZA 2004, 427, 430 f.). Eine von der Geheimnisschutz-Richtlinie geforderte „Absicht, das öffentliche Interesse zu schützen", hat der Gesetzgeber zu Unrecht nicht in § 5 Nr. 2 GeschGehG aufgenommen.

### 3. Pflichten aus besonderen Vereinbarungen – Fortbildungsverträge

Im Rahmen von Arbeitsverhältnissen werden häufig mit Arbeitnehmern vom Arbeitgeber finanzierte Berufsfortbildungsmaßnahmen vereinbart (näher Küttner/Poeche, Personalbuch 2019, Stichwörter Fortbildung, Rückzahlungsklausel). Daraus entstehen wechselseitige Sonderpflichten. Der Arbeitgeber übernimmt in der Regel die Fortbildungskosten in der Absicht, die fortzubildenden, besser qualifizierten Arbeitnehmer für eine bestimmte Zeit an seinen Betrieb zu binden. Deshalb sehen die vertraglichen Absprachen regelmäßig Rückzahlungsklauseln für den Fall vor, dass der Arbeitnehmer das Unternehmen gegen den Willen des Arbeitgebers vorzeitig verlässt. Auf die detailreichen Grundsätze, welche die Rspr. zur Zulässigkeit einer solchen Einschränkung der Kündigungsfreiheit des Arbeitnehmers entwickelt hat, kann hier nur verwiesen werden (vgl. nur aus jüngerer Zeit BAG ArbRAktuell 2016, 530; BAG NZA 2013, 1361; Bettinghausen, NZA-RR 2017, 573).

## III. Rechte des Arbeitgebers bei Pflichtverletzungen des Arbeitnehmers

**Schrifttum:** *Deinert,* Mankohaftung, RdA 2000, 22; *Fritz,* Haftungsbegrenzung bei Führungskräften, NZA 2017, 673; *Günther/Nolde,* Vertragsstrafenklauseln bei Vertragsbruch – Angemessene und abschreckende Strafhöhe, NZA 2012, 62; *Hanau,* Altes und Neues zur arbeitsrechtlichen Haftungsbeschränkung, ZfA 2018, 65; *Henssler,* Arbeitsrecht und Schuldrechtsreform, RdA 2002, 129; *Joussen,* Der persönliche Anwendungsbereich der Arbeitnehmerhaftung, RdA 2006, 129; *Pallasch,* Einschränkung der Arbeitnehmerhaftung für betriebliche Tätigkeiten, RdA 2013, 338; *Schwab,* Haftung im Arbeitsverhältnis – 1. Teil: Die Haftung des Arbeitnehmers, NZA-RR 2016, 173; *ders.,* Die Mankohaftung des Arbeitnehmers, NZA-RR 2017, 7; *Walker,* Haftungsvereinbarungen im Arbeitsrecht unter besonderer Berücksichtigung der Schuldrechtsreform, in: Festschrift Canaris, 2007, 1503; *Waltermann,* Besonderheiten der Haftung im Arbeitsverhältnis, JuS 2009, 193.

**Fälle:**

273  a) Ein Arbeitnehmer erscheint während der Karnevalszeit zwei Tage nicht zur Arbeit; am dritten Tag macht er infolge Übermüdung laufend Fehler, so dass Arbeitsmaterial vergeudet wird. Was kann der Arbeitgeber tun?

b) Wer trägt die Beweislast, wenn der Arbeitnehmer behauptet, er sei an beiden Tagen ohne sein Verschulden an der Arbeitsleistung gehindert gewesen, der Arbeitgeber dies jedoch bezweifelt?

c) Der Fahrer einer Baumaschine verursacht infolge ganz leichter Fahrlässigkeit einen Unfall, bei dem die Maschine beschädigt und ein Fußgänger verletzt werden. Welche Ansprüche bestehen?

d) N verursacht mit dem nicht kaskoversicherten Reisebus seines Arbeitgebers G einen Verkehrsunfall, weil er trotz roter Ampel in einen Kreuzungsbereich einfährt. G verlangt von N 55.000,– Euro Schadensersatz für den zerstörten Reisebus. N meint, er hafte nur auf den Selbstbeteiligungsanteil einer Kaskoversicherung, höchstens jedoch auf den Betrag eines dreifachen Monatsverdienstes.

e) Im Fall d ist der Reisebus an die Bank B sicherungsübereignet. Nachdem G zahlungsunfähig geworden ist, nimmt die B den N in Anspruch. N meint, er hafte auch der B gegenüber nur beschränkt.

f) Ein Arbeitnehmer, der trotz eines Rauchverbots mehrfach im Betrieb rauchend angetroffen worden ist, wird von einem betrieblichen Gericht mit einer Strafe von 50,– Euro belegt; diesen Betrag zieht der Arbeitgeber ihm vom Lohn ab. Rechte des Arbeitnehmers?

274  Die Verletzung einer Arbeitnehmerpflicht liegt nur dann vor, wenn der Arbeitnehmer unbefugt etwas unterlässt, was er aufgrund des Arbeitsverhältnisses tun muss, oder wenn er unbefugt etwas tut, was er zu unterlassen hat.

Beispiele für unbefugtes Unterlassen: Der Arbeitnehmer bleibt dem Arbeitsplatz fern (**Fall a**) oder erscheint zwar, arbeitet aber nicht; er erscheint später oder entfernt sich früher. Dagegen liegt eine befugte Nichtleistung vor, wenn der Arbeitnehmer z. B. Urlaub hat oder an einem rechtmäßigen Streik teilnimmt (Näheres: Rdnr. 934).

Beispiele für unbefugtes Tun: Beschädigung von Arbeitsgerät, Annahme von Schmiergeldern, Ausplaudern von Geschäftsgeheimnissen.

Liegt einer Pflichtverletzung des Arbeitnehmers vor, kommen für den Arbeitgeber folgende Reaktionsmöglichkeiten in Betracht:

## 1. Klage auf Erfüllung

275  Der Arbeitgeber kann gegen den Arbeitnehmer vor dem Arbeitsgericht (§ 2 Abs. 1 Nr. 3a ArbGG) auf Erfüllung klagen und ein Urteil erstreiten, das den Arbeitnehmer zu einem bestimmten Tun oder Unterlassen verurteilt. Aus einem Urteil auf Arbeitsleistung ist allerdings eine Zwangsvollstreckung nicht möglich (§ 888 Abs. 3 ZPO), wenn es um eine unvertretbare Handlung geht (= die nicht von einem Dritten anstelle des Schuldners vorgenommen werden kann; § 888 Abs. 1 Satz 1 ZPO). Bei einer vertretbaren Dienstleistung (= die auch von einem Dritten vorgenommen werden kann) ist der Dienstberechtigte vom Prozessgericht auf An-

trag zu ermächtigen, die Handlung auf Kosten des Dienstverpflichteten vornehmen zu lassen (§ 887 ZPO). Die h. M. sieht allerdings in der Arbeitsleistung stets eine unvertretbare Handlung und wendet deshalb in Arbeitsverhältnissen immer § 888 Abs. 3 ZPO an (vgl. Brox/Walker, ZVR, Rdnr. 1077, 1066).

Bei einer Verurteilung zur Arbeitsleistung ist der Arbeitnehmer auf Antrag des Arbeitgebers „zugleich für den Fall, dass die Handlung nicht binnen einer bestimmten Frist vorgenommen ist, zur Zahlung einer vom Arbeitsgericht nach freiem Ermessen festzusetzenden Entschädigung zu verurteilen" (§ 61 Abs. 2 Satz 1 ArbGG).

Ist der Arbeitnehmer zur Unterlassung (z. B. keine Konkurrenzgeschäfte zu tätigen) verurteilt worden, dann sind bei Zuwiderhandlungen gegen ihn vom Arbeitsgericht auf Antrag des Arbeitgebers Ordnungsmittel (Ordnungsgeld oder Ordnungshaft) zu verhängen (§ 890 ZPO; Brox/Walker, ZVR, Rdnr. 1092 ff.).

Da im Arbeitsrecht häufig schnell Rechtsklarheit erzielt werden muss (Beispiel: Entscheidung über kurzfristigen Urlaubsantrag des Arbeitnehmers), besteht ein großes praktisches Bedürfnis für einen vorläufigen Rechtsschutz in Form einer einstweiligen Verfügung (§ 62 Abs. 2 ArbGG; vgl. auch § 85 Abs. 2 ArbGG; §§ 935 ff. ZPO; Brox/Walker, ZVR, Rdnr. 1579 ff.). Dieses summarische Eilverfahren darf nicht nur zur Sicherung, sondern in begrenzten Ausnahmefällen sogar zur vorläufigen Befriedigung des Gläubigers führen, wenn von diesem wesentliche Nachteile abgewendet werden sollen (= Leistungsverfügung). **276**

Der Erlass einer solchen einstweiligen Verfügung setzt einen Verfügungsanspruch und einen Verfügungsgrund voraus. Verfügungsanspruch muss ein materiell-rechtlicher Anspruch auf ein Tun (z. B. die Arbeitsleistung zu erbringen) oder auf ein Unterlassen (z. B. ein Geschäftsgeheimnis nicht preiszugeben) sein; die entsprechenden Voraussetzungen müssen vom Arbeitgeber als Antragsteller dargelegt und glaubhaft (§ 294 Abs. 1 ZPO) gemacht werden. Ein Verfügungsgrund ist gegeben, wenn die einstweilige Verfügung nötig ist, um von dem Antragsteller wesentliche Nachteile abzuwenden, wenn also Eilbedürftigkeit besteht. Da die Leistungsverfügung endgültige Verhältnisse schafft, sind bei ihr an die Darlegung und Glaubhaftmachung des Verfügungsgrundes strenge Anforderungen zu stellen.

## 2. Verweigerung der Lohnzahlung/Zurückbehaltungsrecht

Bei der Arbeitsleistung handelt es sich um eine absolute Fixschuld, da die versäumte Arbeitsleistung nicht nachholbar ist (vgl. BAG NZA 2015, 1460). Wird die Arbeit nicht zur vereinbarten Zeit geleistet, tritt zeitgleich Unmöglichkeit gem. § 275 Abs. 1 BGB ein. Der Arbeitgeber wird gem. § 326 Abs. 1 Satz 1 Hs. 1 BGB von seiner Verpflichtung frei, die Gegenleistung (Lohnzahlung) zu erbringen. („ohne Arbeit keinen Lohn", vgl. **Fall a**: Der Arbeitnehmer macht zwei Tage „blau"). Auf ein Zurückbehaltungsrecht kommt es dann nicht mehr an. Auch eine rückwirkende Begründung des Arbeitsverhältnisses nach § 311a Abs. 1 BGB führt nicht zu einer nachträglichen Durchführbarkeit der Arbeitsleistung (BAG NZA 2016, 691). Bei vom Arbeitnehmer nicht verschuldeten Leistungshindernissen können sich allerdings Ausnahmen von § 326 Abs. 1 BGB aus §§ 615, 616 BGB ergeben (Rdnr. 427 ff.). Ist der Arbeitgeber für das Leistungshindernis verantwortlich, behält der Arbeitnehmer seinen Lohnanspruch bereits nach § 326 Abs. 2 Satz 1 Hs. 1 BGB (BAG NZA 2016, 293; NZA 2017, 124). **277**

Kann die versäumte Arbeitsleistung ausnahmsweise nachgeholt werden (bloße Leistungsverzögerung), steht dem Arbeitgeber gem. § 320 Abs. 1 Satz 1 BGB ein Zurückbehaltungsrecht zu, bis der Arbeitnehmer seine Arbeitsleistung erbringt. Teilweise widersprechen eine generelle Einordnung als absolute Fixschuld und der damit einhergehende Ausschluss jeglicher Nachleistungsmöglichkeiten der heutigen (deutlich flexibleren) Realität des Arbeitslebens, ohne dass die Rechtsprechung diesen veränderten Rahmenbedingungen Rechnung trägt. Eine Nachholbarkeit kann sich im konkreten Falle aus vertraglichen Vereinbarungen und der Ausformung des Arbeitsverhältnisses ergeben, z. B. bei Gleitarbeitszeit oder Arbeitszeitkonten (vgl. ErfK/Preis, § 611a BGB Rdnr. 677; HWK/Thüsing, § 611a BGB Rdnr. 545). Die Pflicht zur Arbeitsleistung steht mit der Lohnzahlungspflicht im Gegenseitigkeitsverhältnis, so dass § 320 BGB greift (Brox/Walker, AS, § 13 Rdnr. 12 ff.). Regelmäßig ist der Arbeitnehmer vorleistungspflichtig (§ 614 BGB), so dass der Arbeitgeber am Ende des Monats (typischer Zeitpunkt der Entgeltauszahlung) von seinem Zurückbehaltungsrecht Gebrauch machen kann.

**278** Bei einer Schlechtleistung des Arbeitnehmers (**Fall a**: Fehler am dritten Tag) scheidet § 320 BGB schon deshalb aus, weil der Arbeitnehmer die Leistung – wenn auch schlecht – erbracht hat. Der Arbeitnehmer schuldet gerade keinen bestimmten Erfolg (vgl. Rdnr. 45). Eine Abgrenzung zwischen Schlechtleistung und Nichtleistung ist in Einzelfällen schwierig, z. B. bei Langsamarbeit, Bummelei und unerlaubten Pausen, die auch als Nichtleistung erachtet werden könnten; im Zweifel ist bei unverschuldeter Schlechtleistung aufgrund der strengen Folgen des § 326 Abs. 1 Satz 2 BGB eine Nichtleistung abzulehnen (vgl. ErfK/Preis, § 611a BGB Rdnr. 684). Der Arbeitgeber ist auch nicht befugt, die Vergütung entsprechend zu kürzen; eine Minderung des Entgelts, wie sie vom Gesetz bei Kauf, Miete und insbesondere beim Werkvertrag (§§ 634 Nr. 3, 638 BGB) vorgesehen ist, kennt das Dienst- und Arbeitsvertragsrecht nicht. Hier ist der Anspruch auf Entgelt nicht erfolgs-, sondern tätigkeitsbezogen.

Das schließt jedoch nicht aus, dass eine Lohnminderung bei Schlechtleistung (ausdrücklich oder stillschweigend) vertraglich vorgesehen werden kann. So wird z. B. bei Akkordlöhnen häufig vereinbart, dass nur mangelfreie Stücke vergütet werden. Bei Akkordlöhnen ist das Mitbestimmungsrecht des Betriebsrats nach § 87 Abs. 1 Nr. 11 BetrVG zu beachten (vgl. Rdnr. 1107).

Hat der Arbeitnehmer die Mangelhaftigkeit *verschuldet* und ist er deshalb dem Arbeitgeber gem. § 280 Abs. 1 BGB schadensersatzpflichtig (**Fall a**: Ersatz des schuldhaft vergeudeten Materials; Rdnr. 280), kann der Arbeitgeber mit seinem Schadensersatzanspruch gegen den Lohnanspruch aufrechnen. Im Ergebnis kommt es damit zu einer Lohnminderung (Grenze: § 394 Satz 1 BGB, §§ 850 ff. ZPO).

### 3. Schadensersatzanspruch

**279** Der Arbeitgeber kann vom Arbeitnehmer Ersatz des Schadens verlangen, der ihm durch eine *schuldhafte* Pflichtverletzung des Arbeitnehmers entstanden ist. Im Grundsatz gilt auch im Arbeitsrecht das Leistungsstörungsrecht der §§ 280 ff. BGB, dessen Zentralbegriff die Pflichtverletzung ist. Unter einer Pflichtverletzung wird jedes Abweichen vom vertraglichen Pflichtenprogramm verstanden. § 280 Abs. 1 Satz 1 BGB stellt alle Formen der vom Schuldner zu vertretenden Pflichtverletzung gleich, erfasst also grundsätzlich neben der Schlechtleistung auch die verspätete Leistung (vgl. aber § 280 Abs. 1, 2 i. V. m. § 286 BGB) und die Nichtleistung (vgl. aber für den Fall des Schadensersatzes statt der Leistung § 283 BGB).

**a) Schuldhafte Nichtleistung.** Da im Falle schuldhafter Nichtleistung des Arbeitnehmers in der Regel Unmöglichkeit vorliegt (absolute Fixschuld), folgt der Schadensersatzanspruch in diesen Fällen aus § 280 Abs. 1 Satz 1, Abs. 3 i. V. m. § 283 BGB.

Beispiele: Der Arbeitgeber musste während der unentschuldigten Abwesenheit des Arbeitnehmers eine Aushilfe beschäftigen und dieser ein höheres Entgelt zahlen. Die Differenz zwischen diesem höheren Entgelt und dem Lohn, den der säumige Arbeitnehmer erhalten hätte, ist der Schaden des Arbeitgebers.

Hat der Arbeitnehmer ohne wichtigen Grund fristlos den Arbeitsvertrag gekündigt, und hat der Arbeitgeber, nachdem der Arbeitnehmer der Arbeit ferngeblieben ist, eine neue Arbeitskraft per Zeitungsanzeige gesucht, so stellt sich die Frage, ob der Arbeitgeber vom Arbeitnehmer die Inseratskosten verlangen kann. Entscheidend ist, ob zwischen der Verletzung der Norm (vertragliche Pflicht zur Arbeitsleistung) und dem Schaden (Kosten des Inserats) ein innerer Zusammenhang besteht. Daran fehlt es hier; denn die Kosten wären auch entstanden, wenn der Arbeitnehmer sich durch fristgerechte Kündigung von seiner Arbeitspflicht gelöst hätte (rechtmäßiges Alternativverhalten; Brox/Walker, AS, § 30 Rdnr. 16). Der Arbeitnehmer muss dem Arbeitgeber nur den Schaden ersetzen, der durch die überstürzte Vertragsbeendigung entstanden ist, jedoch bei Einhaltung der Kündigungsfrist nicht eingetreten wäre (sog. Verfrühungsschaden; vgl. BAG AP Nr. 7 zu § 276 BGB Vertragsbruch).

**b) Schuldhafte Schlechtleistung.** Im Falle schuldhafter Schlechtleistung ist der Arbeitnehmer aus § 280 Abs. 1 Satz 1 BGB schadensersatzpflichtig („Schadensersatz neben der Leistung").

Beispiele: Vergeudung von Material (**Fall a**), Beschädigung von Arbeitsgerät, zu langsames Arbeiten, Verletzung der Verschwiegenheitspflicht oder des Wettbewerbsverbots, Nichtbefolgung berechtigter Weisungen des Arbeitgebers.

**c) Verschuldensmaßstab.** Nach § 280 Abs. 1 Satz 2 BGB greift die Schadensersatzpflicht nur, sofern der Arbeitnehmer die Pflichtverletzung zu vertreten hat. Wie von jedem Schuldner sind auch vom Arbeitnehmer grundsätzlich Vorsatz und Fahrlässigkeit zu vertreten (§ 276 Abs. 1 Satz 1 BGB). Fahrlässigkeit liegt vor, wenn der Arbeitnehmer die im Verkehr erforderliche Sorgfalt außer Acht lässt (§ 276 Abs. 2 BGB). Deren Maß richtet sich danach, welche Sorgfalt gerade für die Tätigkeit, die der Arbeitnehmer auszuüben hat, für erforderlich gehalten wird. Die sog. Haftungsprivilegierung des Arbeitnehmers (Rdnr. 283 ff.) hat mit dem Verschulden selbst nichts zu tun und wird daher bspw. in Klausuren bei der Prüfung des „Vertretenmüssens" auch nicht angesprochen.

**d) Beweislast (§ 619a BGB).** Nach § 280 Abs. 1 Satz 2 BGB trägt der Schuldner die Beweislast, wenn er behauptet, er habe die Pflichtverletzung nicht zu vertreten. Von diesem Grundsatz sieht § 619a BGB für das Arbeitsrecht eine praktisch bedeutsame Ausnahme vor. Danach muss der Arbeitgeber als Anspruchsteller neben den sonstigen Voraussetzungen seines Schadensersatzanspruchs auch beweisen, dass der Arbeitnehmer schuldhaft gehandelt hat – er muss also sowohl die Pflichtverletzung als auch das Vertretenmüssen des Arbeitnehmers beweisen (vgl. BAG NZA 2015, 1517). Dem Gesetzgeber geht es darum, die Grundsätze der beschränkten Arbeitnehmerhaftung auf der Ebene der Darlegungs- und Beweislast zu sichern. Da sich das Arbeitnehmerhaftungsprivileg aber nur auf Schlechtleistungen, Nebenpflichtverletzungen (§ 241 Abs. 2 BGB) und u. U. vorvertragliche Pflichtverletzungen des Arbeitnehmers bezieht, ist der Wortlaut des § 619a BGB, der alle Schadensersatzansprüche betrifft, zu weit gefasst. Entgegen der Rspr. des BAG (BB 2007, 221) erscheint es sachgerecht, die Beweislastumkehr auf Fälle der Nichtleistung (Unmöglichkeit) und der verzögerten Leistungserbringung nicht anzuwenden (MünchKomm/Henssler, § 619a BGB Rdnr. 49 f.). Der Arbeitgeber hat hier nämlich keine aus seiner Organisationsgewalt folgenden überlegenen Erkenntnismöglichkeiten, so dass kein Anlass besteht, vom allgemeinen Schuldrecht abzuweichen. Auch bei deliktischen Ansprüchen eines Dritten gegen den Arbeitnehmer und bei Pflichtverletzungen ohne Bezug zur betrieblichen Tätigkeit entfällt der Bedarf zur Sicherung der privilegierten Arbeitnehmerhaftung, sodass eine teleologische Reduktion des § 619a BGB gerechtfertigt ist (vgl. ErfK/Preis, § 619a BGB Rdnr. 4).

Im **Fall b** hat nach hier vertretener Auffassung somit entgegen § 619a BGB der Arbeitnehmer zu beweisen, dass er das Fernbleiben von der Arbeit nicht zu vertreten hat. Dies würde auch gelten, wenn der Arbeitnehmer bspw. seinen Dienstwagen nicht zurückgibt.

### 4. Einschränkung der Arbeitnehmerhaftung (sog. Arbeitnehmerhaftungsprivileg)

**283** a) **Rechtsgrund für eine Haftungsbeschränkung.** (1) Nach allgemeinem Schuldrecht müsste der Arbeitnehmer bei jedem Verschulden, also selbst bei leichtester Fahrlässigkeit, dem Arbeitgeber den von ihm verursachten Schaden voll ersetzen, auch wenn dessen Höhe die Leistungsfähigkeit des Arbeitnehmers weit übersteigt. Diese Belastung des Arbeitnehmers wurde schon seit langem insbesondere bei solchen Arbeiten als unbillig empfunden, bei deren Erfüllung geringfügige Verstöße gegen die erforderliche Sorgfalt nicht unwahrscheinlich sind. Dem Arbeitnehmer sollte nicht ein Versehen angelastet werden, das jedem einmal passieren kann. Gerade in einer technisierten Arbeitswelt gibt es vermehrt Tätigkeiten, bei denen man – etwa wegen ihrer Dauer oder wegen ihrer Wiederholung – mit einem geringfügigen Nachlassen der Aufmerksamkeit typischerweise rechnen muss. Darüber hinaus ist zu berücksichtigen, dass der Arbeitgeber durch seine Organisationsgewalt Einfluss auf die Risiken im Betrieb nimmt, der Arbeitnehmer daher Schadensrisiken ausgesetzt ist, die im Verantwortungsbereich des Arbeitgebers liegen.

Beispiel: Der Arbeitnehmer verursacht durch eine Unaufmerksamkeit im Straßenverkehr an dem von ihm gefahrenen Lkw des Arbeitgebers einen Schaden.

Außerdem kann das Verschulden des Arbeitnehmers zu einem unverhältnismäßig hohen Schaden führen, durch dessen Ersatz der Arbeitnehmer der Gefahr eines wirtschaftlichen Ruins ausgesetzt ist.

Beispiel: Ein einziger Fehlgriff an einer kompliziert zu bedienenden und teuren Maschine zerstört diese.

**284** (2) Als Folge dieser arbeitsrechtlichen Besonderheiten wird seit Langem eine Haftungsbeschränkung sowohl dem Grunde als auch der Höhe nach von weiten Teilen der Arbeitsrechtswissenschaft und der Rspr. befürwortet, ihre überzeugende dogmatische Herleitung blieb dagegen zunächst umstritten.

(3) Im Grundsatz anerkannt ist das Arbeitnehmerhaftungsprivileg seit dem Grundsatzbeschluss des Großen Senats des BAG vom 25.9.1957 (AP Nr. 4 zu §§ 898, 899 RVO). Um ein Kriterium zur Begrenzung der Haftung des Arbeitnehmers gegenüber dem Arbeitgeber zu gewinnen, stellte die Rspr. allerdings zunächst den Gedanken der sog. „schadensgeneigten Arbeit" bzw. „gefahrgeneigten Arbeit" in den Vordergrund: Danach sollte eine Haftungsbeschränkung nur dann in Betracht kommen, wenn die ausgeübte Tätigkeit so geartet war, dass selbst dem sorgfältigsten Arbeitnehmer aufgrund der allgemeinen menschlichen Unzulänglichkeit Fehler unterlaufen konnten.

**285** (4) Insbesondere wegen seiner Unschärfe blieb dieses Merkmal der „Gefahrgeneigtheit" als Abgrenzungskriterium zwischen einem speziellen arbeitsrechtlichen und dem schärferen allgemeinen zivilrechtlichen Haftungsregime vielfältiger Kritik ausgesetzt, die schließlich der Große Senat des BAG (NZA 1994, 1083) in seinem Beschluss vom 27.9.1994 aufnahm.

**286** **b) Voraussetzungen für eine Haftungsbeschränkung.** Die aktuelle Rspr. stellt zu Recht nicht mehr auf die Gefahrgeneigtheit der Arbeit ab. Vielmehr wird die nach dem Verschuldensgrad abgestufte Privilegierung nur noch an die Voraussetzung der „betrieblichen Veranlassung" der Tätigkeit geknüpft. Als betrieblich veranlasst gelten solche Tätigkeiten, die dem Arbeitnehmer ausdrücklich von dem Betrieb und für den Betrieb übertragen sind, die er im Interesse des Betriebs ausführt oder die in nahem Zusammenhang mit dem Betrieb und seinem betrieblichen Wirkungskreis stehen. Das Merkmal stellt sicher, dass der Arbeitgeber nicht mit dem allgemeinen Lebensrisiko des Arbeitnehmers belastet wird (Gegenbeispiel: BAG NZA 2015, 1057).

**287** Vollständig hat die Gefahrgeneigtheit der Arbeit freilich ihre Bedeutung nicht verloren. Sie wird vielmehr weiterhin bei der nach § 254 BGB analog vorzunehmenden Abwägung der beiderseitigen Interessen berücksichtigt. Mit der Aufnahme des § 619a BGB in das Recht des Dienstvertrags (dazu MünchKomm/Henssler, § 619a BGB Rdnr. 10) hat der Gesetzgeber diese Grundsätze mittelbar gebilligt.

**288** Die Haftungsbeschränkung begünstigt grundsätzlich alle Arbeitnehmer, auch Arbeitnehmer in einem Leiharbeitsverhältnis, soweit es um Schadensersatzansprüche des entleihenden Arbeitgebers geht (BGH VersR 1978, 819), sowie Auszubildende (BAG NZA 2015, 1057). Nicht abschließend geklärt ist, ob sich auch leitende Angestellte (vgl. Rdnr. 60), arbeitnehmerähnliche Personen (vgl. Rdnr. 91) oder Organe einer Gesellschaft (z. B. GmbH-Geschäftsführer) auf die Haftungsbeschränkung berufen können (vgl. MünchKomm/Henssler, § 619a BGB Rdnr. 16 ff.; Fritz, NZA 2017, 673). Bei den ersten beiden Gruppen wird man dies nicht generell ausschließen können. Gesellschaftsorgane werden dagegen nicht erfasst (s. auch § 43 GmbHG als Maßstab; a. A. Bachmann, ZIP 2017, 841). Diskutiert wird derzeit, ob sich aus der Rechtsprechung des EuGH zur Einordnung von Fremdgeschäftsführern als Arbeitnehmer i. S. d. unionsrechtlichen Arbeitnehmerbegriffs (EuGH NZA 2015, 861) auch insoweit zwingend eine Erstreckung des Privilegs ergibt (vgl. Hanau, ZfA 2018, 65).

**289** **c) Umfang der Haftungsbeschränkung.** Der Umfang der Haftungsbeschränkung richtet sich nach dem Abwägungsergebnis, zu dem man gelangt, wenn man in entsprechender Anwendung des § 254 BGB dem Verschulden des Arbeitnehmers die auf Billigkeitserwägungen beruhende Risikozurechnung des Arbeitgebers gegenüberstellt. Richtiger Prüfungsstandort für die Grundsätze der privilegierten Arbeitnehmerhaftung ist wegen der Anknüpfung an ein „Mitverschulden" des Arbeitgebers der haftungsausfüllende Tatbestand. Das Ergebnis der Abwägung hängt maßgeblich vom *Grad des Verschuldens* des Arbeitnehmers ab.

**290** In letzter Zeit ist in der Rspr. nach jahrzehntelangen, z. T. abrupten Kurswechseln eine gewisse Konsolidierung eingetreten. Die zentralen Anwendungskriterien können nunmehr als gesichert gelten, wenn auch im Einzelfall weiterhin Einord-

nungsschwierigkeiten bestehen. Das BAG (BAG AP Nr. 137 zu § 611 BGB Haftung des Arbeitnehmers) hat sie wie folgt zusammengefasst:
- Vorsätzlich verursachte Schäden hat der Arbeitnehmer in vollem Umfang zu tragen.
- Grobe Fahrlässigkeit des Arbeitnehmers führt zwar grundsätzlich ebenfalls zu dessen Alleinhaftung, jedoch ist eine Haftungserleichterung zu seinen Gunsten nicht ausgeschlossen, sondern von einer Abwägung im Einzelfall abhängig. Insbesondere bei hohen Schäden kommt es danach zu einer Schadensteilung (näher Rdnr. 292).
- Bei normaler Fahrlässigkeit hat der Arbeitnehmer den Schaden anteilig zu tragen. Ob und ggf. in welchem Umfang er zum Ersatz verpflichtet ist, richtet sich im Rahmen einer Abwägung der Gesamtumstände, insbesondere von Schadensanlass und Schadensfolgen, nach Billigkeits- und Zumutbarkeitsgesichtspunkten. Primär ist auf den Grad des dem Arbeitnehmer zur Last fallenden Verschuldens, die Gefahrgeneigtheit der Arbeit, die Höhe des Schadens, die Versicherbarkeit des Risikos, die Stellung des Arbeitnehmers im Betrieb und die Höhe seines Arbeitsentgelts abzustellen. Inwieweit persönliche Umstände des Arbeitnehmers, wie etwa die Dauer der Betriebszugehörigkeit, sein Lebensalter, seine Familienverhältnisse sowie das bisherige Verhalten des Arbeitnehmers in der Abwägung heranzuziehen sind, ist streitig. Teilweise werden sie als sachfremd eingestuft, da es am Bezug zur konkreten Pflichtverletzung fehlt (vgl. HWK/Krause, § 619a BGB Rdnr. 36).
- Ist der Schaden auf leichteste Fahrlässigkeit zurückzuführen, haftet der Arbeitnehmer gar nicht (**Fall c**).

Zu beachten ist, dass nach der Rspr. bei einer vorsätzlichen Pflichtverletzung der Vorsatz – entgegen allgemeiner schuldrechtlicher Grundsätze – den Eintritt des Schadens umfassen muss (BAG AP Nr. 122 zu § 611 BGB Haftung des Arbeitnehmers), wenn es bei der Alleinhaftung des Arbeitnehmers verbleiben soll. Bei fahrlässiger Verursachung des Schadens muss sich das Verschulden ebenfalls nicht nur auf die Pflicht-, Rechtsguts- oder Schutzgesetzverletzung, sondern auch auf den eingetretenen Schaden beziehen (BAG AP Nr. 122 zu § 611 BGB Haftung des Arbeitnehmers). Das hat gravierende Auswirkungen: Setzt sich der Arbeitnehmer willentlich und wissentlich über ein Verbot des Arbeitgebers hinweg und entsteht dabei ein Schaden, den der Arbeitnehmer nicht verursachen wollte, greift nur die Haftung wegen fahrlässigen Handelns (kritisch HWK/Krause, § 619a BGB Rdnr. 28; Hanau, ZfA 2018, 65), so dass der Schaden anteilig zu tragen ist.

**291** Verschuldet der Arbeitnehmer als Fahrer eines betriebseigenen Kraftfahrzeugs fahrlässig einen Unfall, kann beim innerbetrieblichen Schadensausgleich zu Lasten des Arbeitgebers ins Gewicht fallen, dass dieser für das Fahrzeug keine Kaskoversicherung abgeschlossen hat. Dazu ist der Arbeitgeber dem Arbeitnehmer gegenüber zwar nicht verpflichtet; ihn trifft aber in der Regel eine Obliegenheit, durch eine solche Versicherung den Schaden zu begrenzen. Kommt er dieser Obliegenheit nicht nach, kann das dazu führen, dass der Arbeitnehmer nur in Höhe einer Selbstbeteiligung haftet, die beim Abschluss einer Kaskoversicherung zu vereinbaren gewesen wäre (BAG NZA 1988, 584).

Im **Fall d** müsste N selbst bei Abschluss einer Kaskoversicherung mit einer Inanspruchnahme durch die Versicherung rechnen, weil er grob fahrlässig gehandelt hat (vgl. § 81 Abs. 2 VVG, s. aber auch BGH NJW 2003, 1118 f.). Deshalb muss sich G die fehlende Kaskoversicherung von N nicht entgegenhalten lassen.

**292** Hat der Arbeitnehmer den Schaden grob fahrlässig verursacht, ist er dem Arbeitgeber grundsätzlich zum Schadensersatz in voller Höhe verpflichtet (BAG NZA 2013, 640). Grob fahrlässig handelt, wer die im Verkehr erforderliche Sorgfalt in außergewöhnlichem Maße verletzt und dasjenige unbeachtet lässt, was sich jedem aufdrängen muss. Allerdings kann eine unbeschränkte Ersatzpflicht im Einzelfall zu einer ungerechten Risikoverteilung führen und deshalb unbillig sein. Ausnahmsweise kommt daher auch bei grober Fahrlässigkeit eine Quotelung in Betracht (BAG AP Nr. 122 zu § 611 BGB Haftung des Arbeitnehmers), insbesondere wenn der Arbeitslohn in einem deutlichen Missverhältnis zum Schadensrisiko der Tätigkeit steht (BAG NZA 1999, 263). Wann ein solches grobes Missverhältnis besteht, wurde nie abschließend geklärt, es besteht nach Ansicht des BAG jedenfalls nicht, wenn der Schaden niedriger ist als drei Bruttomonatsgehälter (BAG NZA 2002, 612). Auch kann der Arbeitgeber das Schadensrisiko durch eigenes Verhalten erhöht oder das vom Arbeitgeber zu tragende Betriebsrisiko sich in einer grob fahrlässigen Schädigung realisiert haben.

Beispiele: Der Arbeitgeber weist den erst seit kurzem bei ihm beschäftigten Arbeitnehmer an, eine komplizierte Druckmaschine allein zu bedienen. Infolge eines grob fahrlässigen Bedienungsfehlers wird die Maschine schwer beschädigt. Reparatur und Produktionsausfall verursachen einen Schaden von über 100.000 Euro. – Im **Fall d** ist die Haftung des N trotz grober Fahrlässigkeit aufgrund des Missverhältnisses zwischen Arbeitsentgelt und Haftungsrisiko zu beschränken, um eine lebenslange Verschuldung des N zu verhindern.

**293** Nach der älteren Rechtsprechung schied eine Aufteilung des Schadens aus, wenn der Arbeitnehmer vorsätzlich oder „mit besonders grober (gröbster) Fahrlässigkeit" gehandelt hat (so BAG NZA 1998, 310). Eine Schutzbedürftigkeit grob fahrlässig handelnder Arbeitnehmer wird z.T. wegen der Restschuldbefreiung der §§ 286 ff. InsO verneint (Fischinger/Hofer, NZA 2017, 349; kritisch Hanau, ZfA 2018, 65). In jüngeren Entscheidungen hält das BAG allerdings auch im Falle „gröbster" Fahrlässigkeit eine Haftungsmilderung für möglich (BAG NZA 2011, 345), so dass sich die Frage stellt, ob sich diese gesonderte Fallgruppe nicht in der Praxis erledigt hat. Eine pauschale Begrenzung der Arbeitnehmerhaftung auf eine Höchstsumme (z.B. den einfachen oder dreifachen Monatsverdienst) ergibt sich aus dem geltenden Recht nicht (BAG NZA 2013, 640; zu **Fall d**).

**294** Ist ein vertraglicher Schadensersatzanspruch des Arbeitgebers gegen den Arbeitnehmer nach diesen Grundsätzen eingeschränkt oder ganz ausgeschlossen, so steht dem Arbeitgeber auch kein weitergehender Anspruch aus unerlaubter Handlung (§ 823 Abs. 1 BGB: fahrlässige widerrechtliche Eigentumsverletzung) zu. Es gilt der Grundsatz, dass eine strengere Haftung aus unerlaubter Handlung nicht greift, wenn die vertragliche Haftung beschränkt ist (Brox/Walker, BS, § 52 Rdnr. 39). Die Grundsätze der beschränkten Arbeitnehmerhaftung sind somit auf deliktische Ansprüche zu übertragen. Als zwingendes Arbeitnehmerschutzrecht sind sie außerdem nicht zu Lasten des Arbeitnehmers abdingbar (BAG NZA 2004, 649; a. A. ErfK/Preis, § 619a BGB Rdnr. 11 m.w.N.).

**295** Im Falle der von der privilegierten Arbeitnehmerhaftung umfassten Schädigung des Arbeitgebers kann sich das (klausurrelevante) Problem der „gestörten Gesamtschuld" stellen. Verursacht ein Arbeitnehmer einen Schaden des Arbeitgebers zusammen mit einem Dritten, haften sie normalerweise als Gesamtschuldner nach § 840 Abs. 1 BGB, sodass der Arbeitgeber gem. § 421 Satz 1 BGB wahlweise Schadensersatz von einem der Schuldner verlangen kann und zwischen den Schuldnern ein Rückgriffsverhältnis nach § 426 BGB entsteht. Kann sich aber der Arbeitnehmer gegenüber dem Arbeitgeber auf seine Haftungsprivilegierung berufen, weil er etwa nur leicht fahrlässig handelte, entsteht schon keine Gesamtschuld und der Ausgleich nach § 426 BGB schlägt fehl. Wenn der Arbeitgeber den Schaden bei dem Dritten liquidiert, entfiele demnach dessen Regressmöglichkeit mit der Folge, dass das Haftungsprivileg des Arbeitnehmers zu Lasten des unbeteiligten Dritten wirkt. Dieses Ergebnis ist freilich nicht mehr von den Umständen der betrieblich veranlassten Tätigkeit gerechtfertigt. Die h. M. löst diesen Dreipersonenkonflikt, indem sie den Anspruch des Arbeitgebers gegen den Drittschädiger von vornerein um den Verschuldensanteil des Arbeitnehmers kürzt (MünchKomm/Heinemeyer, § 426 BGB Rdnr. 68). Diese Lösung ist vorzugswürdig, weil sie im Ergebnis die Grundsätze der privilegierten Arbeitnehmerhaftung zulasten des Arbeitgebers erhält.

**296** **d) Haftung für Personenschäden des Arbeitgebers.** Eine besondere Regelung enthält § 105 Abs. 2 SGB VII für durch einen Arbeitnehmer verursachte Personenschäden seines Arbeitgebers (zur Parallelregelung bei Arbeitskollegen des Arbeitnehmers s. Rdnr. 305). Die Haftung des Arbeitnehmers ist insoweit grundsätzlich auf vorsätzliche Schädigungen beschränkt. Die Regelung entspricht der eingeschränkten Haftung des Arbeitgebers nach § 104 SGB VII bei von ihm selbst verursachten Personenschäden seiner Arbeitnehmer (s. dazu Rdnr. 414 ff.).

**297** **e) Mankohaftung.** Ein spezielles Haftungsrisiko für Arbeitnehmer entsteht, wenn sie im Rahmen ihrer Arbeitsaufgaben Warenlager, Kassenbestände, Gerätschaften und ähnliches zu verwalten haben. Das Arbeitnehmerhaftungsprivileg ist vom Grundsatz her auch in diesem Bereich („Mankohaftung") anzuwenden. Für Fehlbestände haftet der Arbeitnehmer nach den vorstehend dargelegten Grundsätzen deshalb nur eingeschränkt. Die Obhutsleistung ist betrieblich veranlasst, so dass die Voraussetzungen für die Anerkennung der Haftungsbeschränkung gegeben sind. Kann der Arbeitnehmer bestimmte Gegenstände, die er zu verwahren hatte, nicht herausgeben, weil sie fehlen (Anspruchsgrundlage ist also §§ 280 Abs. 1, 3, 283 BGB), so kommt es für die Verteilung der Darlegungs- und Beweislast darauf an, ob der Arbeitnehmer Alleinbesitzer i. S. v. § 854 BGB war. Dies setzt voraus, dass der Arbeitnehmer alleinigen Zugriff auf die Sachen hat und diese eigenwirtschaftlich verwalten kann. In diesem Fall greift § 619a BGB nicht, vielmehr muss der Arbeitnehmer nachweisen, dass er sein Unvermögen, den anvertrauten Gegenstand zurückzugeben, nicht zu vertreten hat. Diese Ausnahme zu § 619a BGB ist gerechtfertigt, weil die darzulegenden und zu beweisenden Tatsachen – anders als sonst im Arbeitsrecht – in der Sphäre des (alleinbesitzenden) Arbeitnehmers liegen (a. A. ErfK/Preis, § 619a BGB Rdnr. 29 f.). War der Arbeitnehmer dagegen nur Besitzdiener i. S. v. § 855 BGB, so bleibt es bei der Beweispflicht des Arbeitgebers gem. § 619a BGB. Kommt ein Diebstahl durch Dritte in Betracht, so ist zu prüfen, ob und in welchem Grad der Arbeitnehmer seine Sorgfaltspflicht verletzt hat. Insoweit ist die Verantwortlichkeit des Arbeitgebers für seine Betriebsorganisation zu berücksichtigen (zur Beweislast MünchKomm/Henssler, § 619a BGB Rdnr. 52 f.).

**298** Auch im Bereich der Mankohaftung können die Grundsätze über den innerbetrieblichen Schadensausgleich nicht zu Lasten des Arbeitnehmers vertraglich abgeändert werden (BAG NZA 2000, 715). Die vertragliche Vereinbarung strengerer

Haftungsmaßstäbe (sog. „vertragliche Mankohaftung") ist jedoch wirksam, wenn dem Arbeitnehmer ein gleichwertiger Ersatz in Form einer speziellen Mankovergütung als Gegenleistung gewährt wird und seine Mankohaftung auf die Höhe dieser Vergütung beschränkt ist (BAG NZA 1999, 141). Im Ergebnis erhält der Arbeitnehmer auf diese Weise die Chance einer zusätzlichen Vergütung für die erfolgreiche Verwaltung eines Waren- oder Kassenbestandes.

**f) Folgen bei Schädigung eines Dritten.** (1) Hat der Arbeitnehmer bei einer betrieblichen Tätigkeit den Schaden eines Dritten verursacht (Verletzung des Fußgängers in **Fall c**), so ist er dem Dritten nach Deliktsrecht (z. B. nach §§ 823 Abs. 1, 249 BGB) schadensersatzpflichtig. Der Arbeitnehmer kann sich gegenüber dem Dritten nicht mit Erfolg darauf berufen, dass ihn nur leichte Fahrlässigkeit treffe. Die Privilegierung des Arbeitnehmers ist nur im Verhältnis zum Arbeitgeber, nicht aber im Verhältnis zu unbeteiligten Dritten, denen weder die Personalhoheit noch sonstige Organisationsgewalt zusteht, gerechtfertigt (BGH NJW 1994, 852, 853 ff.). Andernfalls würde der Arbeitsvertrag praktisch zu einem – unzulässigen – Vertrag zu Lasten Dritter.

Der *innerbetriebliche Schadensausgleich* führt aber dazu, dass der Arbeitnehmer, der den Schaden des Dritten ersetzt hat, bei seinem Arbeitgeber Regress nehmen kann, soweit er ihm nach den Grundsätzen der beschränkten Arbeitnehmerhaftung nicht ersatzpflichtig wäre, wenn der Arbeitgeber selbst der Geschädigte wäre.

Sofern im Innenverhältnis zwischen Arbeitgeber und Arbeitnehmer eine Einschränkung der Arbeitnehmerhaftung in Betracht kommt und sich daraus eine (vollständige oder teilweise) Beteiligung des Arbeitgebers an der Schadensersatzleistung ergibt, hat der vom geschädigten Dritten auf Schadensersatz herangezogene Arbeitnehmer einen Anspruch, dass der Arbeitgeber ihn von der Haftung gegenüber dem Dritten freistellt (= *Freistellungsanspruch*); dies geschieht regelmäßig durch Leistung an den Dritten. Die Grundlage für den Freistellungsanspruch sieht die Rspr. in der Fürsorgepflicht des Arbeitgebers (vgl. BAG NZA 1989, 181). Überzeugender erscheint eine analoge Anwendung von § 670 i. V. m. § 257 BGB, handelt es sich doch bei der Schädigung eines Dritten in Ausübung einer betrieblich veranlassten Tätigkeit um einen mit der Arbeitsleistung in Zusammenhang stehenden risikotypischen Begleitschaden (vgl. auch Rdnr. 412).

Im **Fall c** schuldet der Führer der Baumaschine dem Fußgänger nach § 823 Abs. 1 BGB uneingeschränkt Schadensersatz. Da ihn aber nur leichteste Fahrlässigkeit trifft und es sich um eine betrieblich veranlasste Tätigkeit handelt, hat er gegen seinen Arbeitgeber Anspruch auf Freistellung und nach eigener Leistung des Schadensersatzes an den Geschädigten einen Erstattungsanspruch gegen den Arbeitgeber.

Der Freistellungsanspruch des Arbeitnehmers gegen den Arbeitgeber ist an den geschädigten Dritten abtretbar und von diesem pfändbar (BAG AP Nr. 37 zu § 611 BGB Haftung des Arbeitnehmers). Auf diese Weise kann ein Geschädigter, der – etwa wegen der Entlastung des Arbeitgebers (§ 831 Abs. 1 Satz 2 BGB) – keinen eigenen Anspruch gegen den Arbeitgeber hat, gleichwohl gegen diesen vorgehen; der Freistellungsanspruch verwandelt sich in einen Zahlungsanspruch (vgl. BAG AP Nr. 37, 45 zu § 611 BGB Haftung des Arbeitnehmers).

Aus Sicht des Arbeitnehmers unbefriedigend ist seine Rechtsstellung im Falle der Insolvenz seines Arbeitgebers; denn dann wird sich der Dritte an den Arbeitnehmer halten (**Fall e**). Dessen Freistellungs- oder Ersatzanspruch gegen den Arbeitgeber ist aber wertlos, so dass es letztlich bei der vollen Haftung des Arbeitnehmers bleibt. Zum Teil wird im Schrifttum deshalb gefordert, die deliktische Haftung gegenüber Dritten im Wege richterlicher Rechtsfortbildung (vgl. Rdnr. 126 f.) entweder ganz oder jedenfalls für die Schäden an Betriebsmitteln auszuschließen, die im Eigentum eines Dritten stehen (vgl. Baumann, BB 1990, 1833; Eberlein, BB 1989, 624 f.; ähnlich für Fälle, in denen der Dritte Betriebsmittel stellt, z. B. beim Leasing, HWK/Krause, § 619a BGB Rdnr. 60: Der Betriebsmittelgeber geht bewusst ein erhöhtes Schadensrisiko ein und zieht aus der Überlassung einen wirtschaftlichen Nutzen.). Entsprechende Vorschläge scheitern jedoch daran, dass die geltende Rechtsordnung keine tragfähigen Wertentscheidungen für eine Einschränkung der Arbeitnehmeraußenhaftung enthält (BGH NZA 1990, 97); die Haftungsbeschränkung des Arbeitnehmers gegenüber dem Arbeitgeber hat ihre Grundlage in den Besonderheiten des Arbeitsvertragsrechts. Allerdings ist zu prüfen, ob sich aus einer zwischen dem Arbeitgeber und dem Dritten bestehenden Vertragsbeziehung nicht im Wege der (ergänzenden) Vertragsauslegung eine Haftungsbeschränkung zugunsten des Arbeitnehmers ergibt.

**302** Hatte der Arbeitgeber mit dem geschädigten Dritten zuvor eine Haftungsbeschränkung oder einen Haftungsausschluss vertraglich (z. B. durch Allgemeine Geschäftsbedingungen) vereinbart, so würde diese Vereinbarung leer laufen, wenn der Dritte einen Schadensersatzanspruch gegen den Arbeitnehmer geltend macht und der Arbeitgeber den Arbeitnehmer von diesem Anspruch freistellen müsste. Dieses unbefriedigende Ergebnis lässt sich vermeiden, wenn man der Haftungsvereinbarung Wirkungen zugunsten des Arbeitnehmers beimisst, mit der Folge, dass der geschädigte Dritte dann keinen Anspruch gegen den schädigenden Arbeitnehmer hat. Diese Auslegung dient dem Arbeitnehmer, der keinem Schadensersatzanspruch ausgesetzt ist, vor allem aber dem Arbeitgeber, dessen Haftungsvereinbarung mit dem Dritten sonst durch einen Freistellungsanspruch unterlaufen werden könnte (vgl. BGH NJW 1962, 388).

**303** Ist der Arbeitgeber dem geschädigten Dritten ebenfalls ersatzpflichtig (z. B. aus §§ 831, 833 BGB), so haften Arbeitgeber und Arbeitnehmer nach § 840 Abs. 1 BGB als Gesamtschuldner (Brox/Walker, BS, § 51 Rdnr. 13). Im Innenverhältnis gilt § 426 Abs. 1 BGB. Die Grundsätze über die Einschränkung der Arbeitnehmerhaftung bestimmen „etwas anderes" im Sinne dieser Vorschrift. Damit wird die in § 840 Abs. 2, 3 BGB vorgesehene Schadensverteilung verdrängt. Der Arbeitnehmer haftet bei leichtester Fahrlässigkeit im Innenverhältnis überhaupt nicht; er kann vom Arbeitgeber – wie bereits erwähnt – Freistellung oder Ersatz verlangen. In allen anderen Fällen richtet sich der Freistellungs- oder Ersatzanspruch des Arbeitnehmers nach dem Umfang seiner Haftung im Verhältnis zum Arbeitgeber. Das hilft dem Arbeitnehmer wiederum dann nicht, wenn der Arbeitgeber zahlungsunfähig ist.

**304** Handelt es sich um einen Kraftfahrzeugunfall (**Fall d**), so hat die kraft Gesetzes abzuschließende Haftpflichtversicherung für Schadensersatzansprüche gegen Arbeitgeber und Arbeitnehmer einzutreten.

**305** (2) Ist der geschädigte Dritte in demselben Betrieb wie der Schädiger beschäftigt (z. B. Arbeitskollegen, die an derselben Maschine eingesetzt werden), so sind Ansprüche des Dritten auf Schadensersatz wegen *Personenschäden* grundsätzlich nach §§ 105 Abs. 1, 104 SGB VII ausgeschlossen (Einzelh. Rdnr. 356 ff.). Für Sachschäden gelten keine Besonderheiten. Der schädigende Arbeitnehmer hat im Rahmen der beschränkten Arbeitnehmerhaftung einen Freistellungsanspruch gegen seinen Arbeitgeber.

**g) Vertragsstrafen.** Ein Fehlverhalten des Arbeitnehmers kann zusätzlich mit einer Vertragsstrafe (vgl. § 339 BGB) sanktioniert werden. Vertragsstrafenvereinbarungen sind ungeachtet der Regelung in § 309 Nr. 6 BGB auch in vorformulierten Arbeitsverträgen möglich, weil sie durch arbeitsrechtliche Besonderheiten i. S. von § 310 Abs. 4 Satz 2 BGB gerechtfertigt sind. Zu den Grenzen vgl. Rdnr. 206, 212. **306**

## 5. Betriebsbußen

**Schrifttum:** *Heinze*, Zur Abgrenzung von Betriebsbuße und Abmahnung, NZA 1990, 169; *Walker*, Zur Zulässigkeit von Betriebsbußen, in: Festschrift Kissel, 1994, S. 1205.

Zur Ahndung von Verstößen gegen die betriebliche Ordnung (z. B. Zuspätkommen, Nichtbeachtung von Unfallverhütungsvorschriften) oder von strafbaren Handlungen im Betrieb (z. B. Diebstahl, Manipulation der Zeiterfassungsgeräte) können „Betriebsgerichte" eingerichtet werden, die meist paritätisch von der Arbeitgeberseite und vom Betriebsrat besetzt sind. Denkbare Strafen sind: Verwarnung, Verweis, Geldbuße. Eine gesetzliche Regelung solcher Betriebsbußen fehlt, so dass vieles streitig ist. Ihre praktische Bedeutung ist deutlich zurückgegangen. Die Rspr. (BAG AP Nr. 1 zu § 56 BetrVG Betriebsbuße; AP Nr. 1 zu § 47 BetrVG) und ihr folgend die h. L. (z. B. GK-BetrVG/Wiese, § 87 Rdnr. 236 ff. m. w. Nachw.) bejahen die Zulässigkeit von Betriebsbußen als Ausfluss der autonomen Gewalt der Betriebspartner. Die Arbeitnehmer werden im Allgemeinen eine Betriebsbuße dem Verlust des Arbeitsplatzes durch Kündigung des Arbeitgebers oder bei einer Straftat eine „private" Strafe einer Verurteilung im gerichtlichen Strafverfahren vorziehen. **307**

Bedenklich ist die Ahndung von Straftaten durch ein Betriebsgericht. Zwar wird dieses nicht anstelle des ordentlichen Gerichts tätig, so dass kein Verstoß gegen das staatliche Rechtsprechungsmonopol (vgl. Art. 92, 101 Abs. 1 Satz 2, 103 Abs. 3 GG) vorliegt; denn das Strafverfahren wird durch einen Spruch des Betriebsgerichts rechtlich nicht ausgeschlossen. Tatsächlich aber wird das Strafverfahren verhindert; der beschuldigte Arbeitnehmer wird vielfach mit allem einverstanden sein, um nur nicht vor einem ordentlichen Gericht angeklagt zu werden.

Keine Bedenken bestehen gegen Betriebsbußen bei bloßen Ordnungsverstößen. Sie können als Verwarnungen und Verweise erfolgen. Eine Entlassung kann dagegen nur mit einer (fristlosen) Kündigung durch den Arbeitgeber erreicht werden. Die Verhängung einer (Geld-)Buße durch das Betriebsgericht setzt eine Rechtsgrundlage (Arbeitsvertrag, Tarifvertrag, str. für Betriebsvereinbarung, vgl. ErfK/Müller-Glöge, § 345 BGB Rdnr. 5) voraus. Geldbußen bis zur Höhe eines Tagesverdienstes dürfen nicht zugunsten des Arbeitgebers geleistet werden, sondern müssen betrieblichen Sozialeinrichtung oder sonstigen sozialen Zwecken zufließen (vgl. GK-BetrVG/Wiese, § 87 BetrVG Rdnr. 261, a. A. Richardi BetrVG/Richardi, § 87 BetrVG Rdnr. 240). Das Verfahren hat rechtsstaatlichen Regeln (z. B. rechtliches Gehör, Zulassung einer Vertretung, Grundsatz „ne bis in idem") zu entsprechen. Außerdem muss der Betriebsrat eingeschaltet werden (vgl. § 87 Abs. 1 Nr. 1 BetrVG; Rdnr. 910). **308**

Von der Betriebsbuße ist die Abmahnung (Rdnr. 569 ff.) zu unterscheiden. Eine Abmahnung stellt die Ausübung des Gläubigerrechts bei Vertragsverletzungen jeg- **309** licher Art dar (vgl. auch § 314 Abs. 2 BGB). Die Betriebsbuße ist dagegen nur bei Verstößen gegen die Betriebsordnung zulässig. Sie reicht in ihren Folgen über die Wahrnehmung von Gläubigerrechten hinaus, indem zusätzliche Sanktionen (z. B. Geldbuße, Beförderungssperre) vorgesehen sind. Da die Einhaltung der betrieblichen Ordnung zu den vertraglichen Arbeitnehmerpflichten gehört (vgl. Rdnr. 257 ff.), hat der Arbeitgeber bei einem regelwidrigen Verhalten des Arbeitnehmers die Wahl zwischen Betriebsbuße und Abmahnung. Bei der Abmahnung ist der Arbeitgeber nicht auf die Zustimmung des Betriebsrats angewiesen. Ob er eine Betriebsbuße verhängt oder eine Abmahnung ausgesprochen hat, richtet sich nicht in erster Linie nach der Bezeichnung der Maßnahme (z. B. als Rüge, Missbilligung, Verweis oder Abmahnung); entscheidend ist vielmehr, ob der Arbeitgeber unter Berücksichtigung der dem Arbeitnehmer erkennbaren objektiven Begleitumstände eine zusätzliche Sanktion verhängen wollte (vgl. BAG NZA 1990, 193).

**310** Im **Fall f** kann der Arbeitnehmer die einbehaltenen 50,- Euro gegen den Arbeitgeber einklagen. Beruft dieser sich auf den Spruch des Betriebsgerichts, muss das Arbeitsgericht die Rechtsgrundlage für die Buße und die rechtsstaatlichen Mindestvoraussetzungen nachprüfen. Das gilt auch für die Tatsachenermittlung, wenn der Arbeitnehmer den vom Betriebsgericht festgestellten Sachverhalt bestreitet. Behält der Arbeitgeber die 50,- Euro ein, anstatt sie sozialen Zwecken zuzuleiten, ist die Geldbuße unzulässig.

### 6. Kündigung

**311** Pflichtverletzungen des Arbeitnehmers können die Unzumutbarkeit der Fortsetzung des Arbeitsverhältnisses für den Arbeitgeber nach sich ziehen (vgl. die Übersicht bei MünchKomm/Henssler, § 626 BGB Rdnr. 132 ff.). Dann kommt eine fristgemäße verhaltensbedingte (Rdnr. 564 ff.), notfalls eine fristlose Kündigung des Arbeitgebers aus wichtigem Grund (§ 626 BGB) in Betracht (Rdnr. 612 ff.).

# Kapitel 5: Die Pflichten des Arbeitgebers

Der Arbeitsvertrag verpflichtet den Arbeitgeber gem. § 611a Abs. 2 BGB in erster Linie zur Lohnzahlung (Rdnr. 312 ff.). Daneben kommen sonstige Pflichten, vor allem Schutzpflichten, in Betracht (Rdnr. 347 ff.). Vertragsverletzungen des Arbeitgebers lösen Rechte des Arbeitnehmers aus (Rdnr. 401 ff.). **312**

## I. Lohnzahlungspflicht

**Schrifttum:** *Barczak,* Mindestlohngesetz und Verfassung, RdA 2014, 290; *Bayreuther,* Der gesetzliche Mindestlohn, NZA 2014, 865; *Boemke,* Lohnanspruch (§ 611 I BGB) und Mindestlohn (§ 1 MiLoG), JuS 2015, 385; *ders.,* Die Entstehung des Lohnanspruchs des Arbeitnehmers (§ 611 Abs. 1 BGB), RdA 2016, 141; *Däubler,* Der gesetzliche Mindestlohn – doch eine unendliche Geschichte?, NJW 2014, 1924; *Dommermuth-Alhäuser/Heup,* Anrechnung von Trinkgeld auf den Mindestlohn?, NZA 2015, 406; *Greiner,* Die Praktikantenregelung in § 22 MiLoG, NZA 2016, 594; *Heiden,* Grenzen der Entgeltvariabilisierung am Beispiel zielvereinbarungsgestützter Vergütung, DB 2006, 2401; *Henssler,* Mindestlohn und Tarifrecht, RdA 2015, 43; *Koch-Rust/Kolb,* Mindestlohn auch für dual Studierende?, NZA 2015, 402; *Lembke,* Der Mindestlohnanspruch, NJW 2016, 3617; *Picker/Sausmikat,* Ausnahmsweise Mindestlohn? – Das MiLoG und die Praktikanten, NZA 2014, 942; *Sittard,* Das MiLoG – Ein Ausblick auf die Folgen und anstehende Weichenstellungen, NZA 2014, 951; *ders./Sassen,* Ein Jahr Mindestlohn – ein Update, NJW 2016, 364; *Sura,* Anrechnungsmöglichkeiten und Berechnungsgrundlagen von anderweitigen Entgeltelementen bei Erfüllung des gesetzlichen Mindestlohns, BB 2018, 437; *Viethen,* Mindestlohn für alle: materiell-rechtliche Probleme der Neuregelung, NZA-Beilage 2014, 143; *Vogelsang/Wensing,* Mindestlohn ohne Arbeit – Gilt das MiLoG auch für Entgeltschutzansprüche, NZA 2016, 141; *Weigert,* Die Anrechenbarkeit von Vergütungsbestandteilen auf den gesetzlichen Mindestlohn, NZA 2017, 745; *Wobst,* Mindestlohn und Trinkgeld, RdA 2016, 110.

**Fälle:**
a) Jura-Student J absolviert ein von der Studienordnung seiner Universität vorgegebenes sechswöchiges unbezahltes Praktikum beim Rechtsamt der Stadt S. Er meint, ihm stünde aufgrund des gesetzlichen Mindestlohns zumindest eine Entlohnung von 9,35 Euro pro Stunde zu. **313**

b) In einem Tarifvertrag wird der Stundenlohn erhöht. Der im Akkord arbeitende Arbeitnehmer meint, dadurch erhöhe sich automatisch auch sein Akkordlohn.

c) Der tantiemeberechtigte Leiter des Verkaufs (L) und ein Arbeitnehmer (A) einer Aktiengesellschaft scheiden zum 1.4. aus. Am 1.5. legt die Gesellschaft die Jahresbilanz vor und zahlt gleichzeitig eine Gratifikation an ihre Arbeitnehmer. L verlangt seine Tantieme, A die Gratifikation.

d) Ein angestellter Vertriebsmitarbeiter vermittelt für seinen Arbeitgeber ein Geschäft. Der Arbeitgeber lehnt den Vertragsschluss ab, um den Arbeitnehmer zu ärgern, und verweigert insoweit auch eine Provisionszahlung.

## 1. Der gesetzliche Mindestlohn

**314** Nach § 611a Abs. 2 BGB ist der Arbeitgeber verpflichtet, dem Arbeitnehmer den vereinbarten Lohn zu zahlen. Die Höhe des Lohnes ergibt sich vielfach aus einem Tarifvertrag (Rdnr. 775 ff.), nur in Ausnahmefällen aus einer Betriebsvereinbarung (§ 77 Abs. 3 BetrVG; Rdnr. 988 ff.). Greift keine kollektivvertragliche Regelung, so ist die arbeitsvertragliche Entgeltvereinbarung maßgebend. Fehlt auch sie, ist die übliche Vergütung geschuldet (§ 612 Abs. 2 BGB). Staatliche Mindestlöhne waren in der Bundesrepublik lange Zeit unbekannt. Seit dem 1.1.2015 gilt nunmehr ein allgemeiner gesetzlicher Mindestlohn für alle Arbeitnehmerinnen und Arbeitnehmer. Die Regelung basiert auf der Erkenntnis, dass die Tarifautonomie in Zeiten abnehmender Tarifbindung allein nicht mehr existenzsichernde Löhne garantieren kann. Überdies soll verhindert werden, dass der Wettbewerb zwischen Unternehmen über die Zahlung möglichst geringer Löhne anstatt über bessere Produkte und Dienstleistungen stattfindet.

Anspruchsgrundlage ist § 1 Abs. 1 Mindestlohngesetz (MiLoG). Derzeit gilt gemäß § 1 Abs. 2 MiLoG eine Mindesthöhe von 9,35 Euro je Zeitstunde. Erhöhungen (oder ggf. Senkungen) erfolgen per Rechtsverordnung durch die Bundesregierung auf Basis der Vorschläge der in regelmäßigen Abständen tagenden Mindestlohnkommission. Sie besteht aus einem neutralen Vorsitzenden sowie Vertretern von Arbeitgebern, Gewerkschaften und Wissenschaft. Durch dieses Verfahren wird verhindert, dass die Anpassung der Höhe des Mindestlohns eine rein politische Entscheidung wird, was insbesondere in Wahljahren zu Fehlentwicklungen führen könnte (im Einzelnen vgl. §§ 4–12 MiLoG).

**315** Nach einhelliger Auffassung kann ein Arbeitgeber den Anspruch auf den gesetzlichen Mindestlohn durch Leistung der vertraglich vereinbarten Bruttovergütung erfüllen i. S. d. § 362 Abs. 1 BGB (vgl. BAG NZA 2017, 378 Rdnr. 18 ff.). Schwierigkeiten bereitet dagegen die Anrechnung anderer Lohnbestandteile auf den gesetzlichen Mindestlohn. Insoweit hat das BAG nach „normzweckorientierter Auslegung" entschieden, dass ein umfassender Entgeltbegriff zugrunde zu legen ist, wonach grds. alle im Synallagma stehenden Geldleistungen des Arbeitgebers den Mindestlohnanspruch des Arbeitnehmers begründen können. Insoweit sind auch Sonderzahlungen auf den Mindestlohnanspruch anzurechnen, vgl. BAG NZA 2016, 1327. Nach Auffassung des BAG kommt eine Anrechnung von Sonderleistungen auf den Mindestlohnanspruch allerdings nur in Betracht, sofern die Grundvergütung nicht bereits den Mindestlohnanspruch vollständig erfüllt hat (BAG NZA 2017, 1598 Rdnr. 21; vgl. BeckOK-ArbR/Greiner § 1 MiLoG Rdnr. 28). Anderenfalls ist die Sonderzahlung neben der Grundvergütung (vollständig) zu gewähren. Arbeitsvertraglich vereinbarte Sonn- und Feiertagszuschläge sind grds. mindestlohnwirksam und nicht zusätzlich zum gesetzlichen Mindestlohn geschuldet, vgl. BAG, NZA 2018, 781. Der Mindestlohnanspruch kann zudem nicht durch solche Zahlungen an den Arbeitnehmer erfüllt werden, die keine Gegenleistung für geleistete Arbeit sind (vgl. BAG NZA 2018, 53) ebenso wenig durch Zahlungen, die auf einer speziellen gesetzlichen Zweckbestimmung (wie z. B. ein Nachtzuschlag nach § 6 Abs. 5 ArbZG) beruhen (vgl. BAG NZA 2016, 1327 Rdnr. 32; BAG NZA 2017, 1598 Rdnr. 19); siehe auch EuGH („Sähköalojen ammattiliitto"), NZA 2015, 345; Preis, Individualarbeitsrecht, Rdnr. 1271, m. w. N.). Probleme bereitet in diesem Zusammenhang auch die Anrechnung von sog. „Anwesenheitsprämien". Das BAG (NZA 2018, 525) hat ihre Anrechenbarkeit bejaht, wenn sie **als prozentualer Anteil des** (Tarif-)Entgelts zusätzlich zum Monatsentgelt **pro tatsächlich geleisteter Arbeitsstunde** gezahlt werden (ähnlich schon BAG NZA 2017, 1598 Rdnr. 19 ff.; dazu Sura, BB 2018, 437).

Umstritten ist die Anrechnung von Trinkgeldern auf den Mindestlohn. Während eine Mindermeinung die Anrechnung von Trinkgeldern auf den Mindestlohn generell für unzulässig hält (Däubler, NJW 2014, 1924, 1926; Berndt, DStR 2014, 1878, 1881; a. A. Wobst, RdA 2016, 110), wofür auch die Steuerfreiheit von Trinkgeldern gem. § 3 Nr. 51 EStG sprechen könnte, plädieren große Teile des Schrifttums für eine differenzierte Betrachtung: Bei besonderer arbeitsvertraglicher Vereinbarung können Trinkgelder grundsätzlich als Teil des Arbeitsentgeltes angesehen werden. Denn der Arbeitgeber verschafft dem Arbeitnehmer die Gelegenheit zur Erlangung des Trinkgelds, was in Branchen, in denen die Trinkgelder durchaus lukrativ sind, als Sachbezug eingeordnet werden kann (hierzu Dommermuth-Alhäuser/Heup, NZA 2015, 406). Selbstverständlich muss auch dann gewährleistet werden, dass der Mindestlohnanspruch eingehalten wird. Die Anrechenbarkeit bejaht wurde beispielsweise im Fall von sog. „Tronc"-Systemen in Spielbanken (vgl. schon BAG NZA 1999, 387; BeckOK-ArbR/Greiner, Stand 1.3.2018, § 1 MiLoG Rn. 61 f.; HWK/Thüsing, § 611a BGB, Rdnr. 298; ErfK/Preis, § 611a BGB, Rdnr. 508). Von anrechenbarem Arbeitsentgelt ist auch dann auszugehen, wenn die Zahlung nicht freiwillig durch Dritte erfolgt, sondern der Arbeitgeber im Vorhinein ein sog. „Bedienungsgeld" auf den normalen Preis aufschlägt, das immer vom Dritten bezahlt werden muss (ErfK/Preis, § 611a BGB, Rdnr. 507). Entscheidend ist demnach die konkrete Ausgestaltung des Arbeitsvertrages. **316**

Politisch umstritten war während des Gesetzgebungsverfahrens zur Einführung des MiLoG, für welche Beschäftigten der Mindestlohn gelten bzw. nicht gelten soll. Ausnahmen und Übergangsregelungen finden sich in §§ 22, 24 MiLoG. Hinsichtlich der Praktikanten wurde ein Kompromiss gefunden, der einerseits Unternehmen nicht von der Vergabe von Praktika abschrecken und andererseits dem Missbrauch von Praktika Einhalt gebieten soll. Hiernach haben Praktikanten grundsätzlich Anspruch auf Zahlung des Mindestlohns, es sei denn, es handelt sich bspw. um Schulpraktika oder studienbegleitende Pflichtpraktika. Damit gilt der Mindestlohn z. B. nicht für die praktischen Studienzeiten im Rahmen der juristischen Ausbildung (näher Greiner, NZA 2016, 594; Koch-Rust/Kolb, NZA 2015, 402). **317**

In Fall a) hat J daher gemäß § 22 Abs. 1 Nr. 1 MiLoG keinen Anspruch auf Gewährung des Mindestlohnes.

Im Schrifttum wird die Verfassungsmäßigkeit der Herausnahme von Jugendlichen aus dem Anwendungsbereich des MiLoG bezweifelt. Schwierigkeiten werden vor allem im Hinblick auf Art. 3 Abs. 1 GG sowie der Frage der Altersdiskriminierung inklusive deren Rechtfertigung nach Art. 6 der RL 2000/78/EG bzw. § 10 AGG gesehen. Der gesetzgeberische **Zweck der Herausnahme** von Jugendlichen aus dem Anwendungsbereich des MiLoG ist es, Fehlanreize zur Nichtaufnahme einer Ausbildung zu vermeiden. Höhere Arbeitslöhne im Verhältnis zu den niedrigen Ausbildungsvergütungen könnten Jugendliche davon abhalten, eine Ausbildung zu absolvieren. Kritiker halten dem entgegen, dass die Altersgrenze von 18 Jahren willkürlich oder jedenfalls zu niedrig sei (dazu BeckOK/Greiner, Stand 1.3.2018, § 22 MiLoG, Rdnr. 43–52). Eine unmittelbar gegen § 22 Abs. 2 MiLoG gerichtete Verfassungsbeschwerde wurde vom BVerfG unter Verweisung auf den fachgerichtlichen Rechtsweg durch Nichtannahmebeschluss abgewiesen (BVerfG NZA 2015, 866).

**318** Keine Anwendung findet das MiLoG auch auf Langzeitarbeitslose in den ersten 6 Monaten einer neuen Beschäftigung, § 22 Abs. 4 MiLoG. Da befürchtet wird, dass Langzeitarbeitslose absichtlich für maximal 6 Monate angestellt werden, um den Mindestlohn zu umgehen, war diese Regelung bis Mitte 2016 zu evaluieren. Bereits 2016 sollte geprüft werden, ob sie tatsächlich hilft, Langzeitarbeitslosen eine Brücke in den Arbeitsmarkt zu bauen. Die BReg. sieht vorerst keinen gesetzgeberischen Handlungsbedarf, da von § 22 Abs. 4 MiLoG nur im geringen Umfang Gebrauch gemacht werde, während der Bundesrat gerade auf diesen Umstand seine Forderung stützt, die Vorschrift aufzuheben (BR-Drucks. 130/17).

**319** Für die Fallbearbeitung ist zu beachten, dass jeder Arbeitnehmer nunmehr Mindestlohnempfänger ist. Auch der besser entlohnte Arbeitnehmer hat also einerseits einen gesetzlichen Anspruch auf den Mindestlohn und nur im darüber hinausgehenden Bereich einen individual- oder kollektivvertraglichen Anspruch auf das den Mindestlohn übersteigende Entgelt. Wichtig ist dies etwa bei der Verjährung, bei Verzicht oder bei der vertraglichen Beschränkung der Geltendmachung der Entgeltansprüche. Der Anspruch auf den gesetzlichen Mindestlohn unterliegt der Regelverjährung, vertragliche Einschränkungen sind insoweit unwirksam, § 3 Satz 1 MiLoG. Ausschlussfristen müssen, sofern sie nach Inkrafttreten des MiLoG vereinbart wurden, den Mindestlohn ausdrücklich ausnehmen (Rdnr. 215). Vergütungsabreden, die eine Entlohnung unter dem Niveau des MiLoG vorsehen, sind gem. § 3 Satz 1 MiLoG nichtig. Die Wirksamkeit des übrigen Arbeitsvertrages bleibt davon unberührt. Bei Unterschreiten des gesetzlichen Mindestlohns steht dem Arbeitnehmer jedoch gem. § 3 MiLoG ein Differenzanspruch zu (st. Rspr., jüngst BAG NZA 2018, 53 Rn. 13). Zu den neben dem MiLoG zu beachtenden Branchenmindestlöhnen nach dem AEntG vgl. Rdnr. 167 ff.

### 2. Arten des Lohnes

**320** a) *Geldlohn – Naturallohn.* (1) Der Arbeitgeber ist nach § 107 Abs. 1 GewO verpflichtet, dem Arbeitnehmer das Arbeitsentgelt in Euro zu berechnen und auszuzahlen. Die Leistungsform ist – unter Berücksichtigung des Mitbestimmungsrechts des Betriebsrats aus § 87 Abs. 1 Nr. 4 BetrVG – grundsätzlich frei gestaltbar (z. B. Barzahlung, Scheck, Banküberweisung).

**321** (2) *Naturallohn* ist Lohn in der Form von Sachbezügen (z. B. Wohnung, Kleidung, Kost, Brennmaterial). Seine Bedeutung ist heute gering. Er bildet regelmäßig nur einen kleinen Teil der im Wesentlichen in Geld geschuldeten Arbeitsvergütung. Die Gewährung von Sachbezügen durch den Arbeitgeber unterliegt den Beschränkungen des § 107 Abs. 2 GewO. Danach darf die Anrechnung der Sachbezüge insbesondere den pfändbaren Teil des Arbeitsentgelts nicht übersteigen. Ob der gesetzliche Mindestlohn nur durch Zahlung von Geld erfüllt werden kann oder auch unter Anrechnung von Sachbezügen, ist streitig (für Anrechnung ErfK/Franzen, § 1 MiLoG, Rdnr. 6; a. A. Riechert/Nimmerjahn, § 1 MiLoG, Rdnr. 79 ff.).

Als Sonderformen des Naturallohnes kommen Nebenleistungen des Arbeitgebers in Betracht, etwa ein Dienstwagen, der auch privat genutzt werden kann, „Deputate" aus der Produktion des Arbeitgebers (üblich im Brauereigewerbe: „Haustrunk"), Personalrabatte auf Erzeugnisse des Unternehmens („Jahreswagen" in der Automobilindustrie). Vergünstigungen dieser Art werden steuerrechtlich und sozialversicherungsrechtlich nach speziellen Vorschriften zum Arbeitsentgelt gerechnet (vgl. Küttner/Thomas, Personalbuch 2020, Stichwort Sachbezug B.I.1.). Eine weitere Form des Arbeitslohns ist die Beteiligung der Arbeitnehmer am Unternehmen, sog. Investivlohn. Die Beteiligung erfolgt überwiegend durch Belegschaftsaktien oder GmbH-Anteile.

**b) Zeitlohn – Akkordlohn.** Die Vergütung des Arbeitnehmers kann sich nach der Dauer der geleisteten Arbeitszeit (Zeitlohn) oder nach ihrem Ergebnis (Akkordlohn) richten. Die Art der Lohnermittlung folgt aus den getroffenen Vereinbarungen (beachte auch § 87 Abs. 1 Nr. 10, Abs. 2 BetrVG; Rdnr. 922). **322**

(1) Der *Zeitlohn* berechnet sich nach Lohnbemessungsperioden (z. B. Stundenlohn, Monatsgehalt). Für einen bestimmten Zeitraum wird also eine im Voraus fest bestimmte Lohnsumme gezahlt, unabhängig davon, wie hoch die Arbeitsleistung tatsächlich zu bewerten ist.

Beispiel: Verpflichtet sich der Arbeitgeber zur Zahlung eines Stundenlohns von 15 Euro in der Erwartung, der Arbeitnehmer werde in einer Stunde 10 Stücke eines Produkts herstellen, so ändert sich an der Lohnhöhe nichts, wenn der Arbeitnehmer nur fünf oder mehr als 10 Stück in der Stunde gefertigt hat.

(2) Beim *Akkordlohn* richtet sich die Höhe der Entlohnung nach dem erbrachten Arbeitsergebnis. Es gibt zwei Berechnungsarten: **323**

Beim *Geldakkord* wird für eine bestimmte Leistung (z. B. je Stück) ein bestimmter Geldbetrag festgesetzt, den der Arbeitnehmer erhalten soll. Man spricht auch von einem Stückpreis und demgemäß von einem Stückakkord. Der Lohn des Arbeitnehmers wird berechnet, indem man die Zahl der erbrachten Leistungen (= Stückzahl) mit dem pro Leistungseinheit festgesetzten Preis (= Stückpreis) vervielfacht.

Beispiel: A soll bei normaler Arbeitsleistung in der Stunde 15 Euro verdienen. Kann er bei dieser Normalleistung 10 Stück je Stunde herstellen, so hat jedes Stück einen Wert von 15 Euro/10 = 1,50 Euro. Stellt A in einer Stunde jedoch 12 Stück her, hat er 12 × 1,50 Euro = 18 Euro/Stunde verdient, also einen höheren Stundenlohn als bei einem Zeitlohn.

Lohn = Zahl der erbrachten Leistungen (Zahl der Stücke) × Stückpreis

Beim *Zeitakkord* wird dem Arbeitnehmer nicht Geld, sondern Zeit (Zahl der Minuten) gutgeschrieben. Diese wird berechnet, indem man die Zahl der erbrachten Leistungen mit der Normalzeit für ein Stück vervielfacht. Diese Normalzeit ist die Zeit, in der ein normaler Arbeitnehmer bei normalen Verhältnissen ein Stück herstellen kann. Sie kann geschätzt werden (Schätzakkord, Faustakkord oder vom Meister aufgrund seiner Erfahrungen festgesetzter Meisterakkord). Heute ermittelt man die Normalzeiten (– Vorgabezeiten, Zeitfaktor) in aller Regel mit arbeitswissenschaftlichen Methoden; es sind das Refa-System (= Reichsausschuss für Arbeitszeitermittlung), das Bédaux-System (entwickelt von Bédaux), das MTM-System (= Methods Time Measurement) und die Work-Faktor-Berechnung zu unterscheiden (Einzelh.: Schaub/Vogelsang, Arbeitsrechts-Handbuch, 18. Aufl., 2019, § 63 Rdnr. 26 ff.). Die dem einzelnen Arbeitnehmer insgesamt gutzubringende Zeit wird dann mit dem Geldfaktor vervielfacht; dieser ist der für eine Minute festgesetzte Geldbetrag. **324**

Beispiel: Im obigen Fall werden dem A je Stück 60/10 = 6 Minuten gutgeschrieben. Der Wert jeder Minute beträgt 15 Euro: 60 = 0,25 Euro (= Geldfaktor). Erstellt A 12 Stück in einer

Stunde, erhält er 12 × 6 Minuten = 72 Minuten gutgebracht. Sein Lohn beträgt dann 72 × 0,25 Euro = 18 Euro.

Lohn = Zahl der erbrachten Leistungen × Normalzeit × Geldfaktor

**325** Die beiden Beispiele zeigen, dass Geld- und Zeitakkord nur verschiedene Berechnungsarten sind, die zu demselben Ergebnis führen. Der Stückpreis beim Geldakkord entspricht dem Produkt aus Normalzeit und Geldfaktor beim Zeitakkord.

Die Berechnung des Zeitakkords ist für die Praxis vorteilhafter: Stellt sich z. B. heraus, dass die Normalzeit falsch berechnet ist oder ändert sich die Normalzeit, weil eine andere Fertigungsmethode angewandt wird, dann wird nur die Normalzeit entsprechend berichtigt, und der Geldfaktor bleibt davon unberührt. Soll der Lohn erhöht oder herabgesetzt werden, muss nur der Geldfaktor geändert werden, was eine entsprechende Vereinbarung voraussetzt. Beim Geldakkord muss dagegen in allen genannten Fällen der Stückpreis abgeändert werden.

Der Betriebsrat hat bei der Regelung von Akkordsätzen mitzubestimmen; sein Mitbestimmungsrecht erstreckt sich sowohl auf die Ermittlung des Zeitfaktors als auch auf die Festsetzung des Geldfaktors (§ 87 Abs. 1 Nr. 11, Abs. 2 BetrVG; vgl. Rdnr. 923).

**326** Sind in einem Tarifvertrag nur Bestimmungen über Stundenlöhne enthalten und wollten die Tarifvertragsparteien damit keine Regelung über Akkordlöhne treffen, dann beeinflusst eine Tariflohnerhöhung die Akkordlöhne nicht (**Fall a**). Enthält der Tarifvertrag aber eine Verdienstsicherungsklausel (Akkordsicherungsklausel), dann wird dadurch dem Akkordarbeiter – auch bei Zurückbleiben hinter seiner Leistung – der tarifliche Stundenlohn als Mindestverdienst zugesichert (ErfK/Preis, § 611a BGB Rdnr. 394). Üblicherweise werden die Akkorde zu den Stundenlöhnen durch tarifliche Vereinbarungen von *Akkordrichtsätzen* in Beziehung gesetzt. Der Akkordrichtsatz legt fest, welche Vergütung ein im Akkord tätiger Arbeitnehmer für die nach arbeitswissenschaftlichen Methoden zu ermittelnde Normalleistung erhalten soll. Er wird meistens nach dem Zeitlohn der vergleichbaren Arbeitnehmergruppe zuzüglich eines prozentualen Aufschlags bestimmt.

Beispiel: Wird vereinbart, dass der Akkordarbeiter für die Normalleistung einen den Stundenlohn um 15 % übersteigenden Lohn erhält, dann ist im obigen Falle für die Berechnung des Geldfaktors von 17,25 Euro auszugehen; denn: 15 Euro + 15 % (2,25 Euro) = 17,25 Euro.

Wird auf eine solche oder ähnliche Weise der Akkordlohn mit dem Stundenlohn gekoppelt, dann steigt bei einer Erhöhung der tariflichen Stundenlöhne auch der Geldfaktor bei der Berechnung des Akkordlohnes (**Fall a**).

**327** c) **Grundlohn – Lohnzuschläge.** (1) Als *Grundlohn* bezeichnet man das normale Arbeitsentgelt im Unterschied zu den Zuschlägen, die neben dem Grundlohn als besondere Vergütungen aus verschiedenen Anlässen (z. B. wegen besonderer Erschwernisse: Schmutzzulage, Wegegeld) gewährt werden. Diese Aufteilung schließt nicht aus, dass auch der Grundlohn z. B. nach Dienstalter, Familienstand oder Kinderzahl gestaffelt ist.

**328** (2) Als *Lohnzuschläge* (bzw. Sondervergütungen, vgl. § 4a EFZG) kommen vor allem Prämien, Gratifikationen, Provisionen, Tantiemen, Boni und Zulagen in Betracht. Sie werden aufgrund einer Vereinbarung oder freiwillig gezahlt; in beiden Fällen handelt es sich nicht um unentgeltliche Zuwendungen, sondern um Entgeltbestandteile, die also auch dem Entgeltschutz (z. B. Pfändungsschutz; vgl. Rdnr. 343) unterliegen.

(a) *Prämien* sind zusätzliche Vergütungen für eine besonders gute Erfüllung dienstlicher Pflichten. Sie werden meist neben dem Zeitlohn gezahlt, um dem Arbeitnehmer einen Anreiz für einen bestimmten Leistungserfolg zu geben.
Beispiele: Qualitäts-, Ersparnis-, Pünktlichkeits-, Anwesenheitsprämien.

(b) *Gratifikationen* sind *Sonderzuwendungen* aus bestimmtem Anlass. Sie werden als Anerkennung für geleistete Dienste und oft auch mit der Absicht gewährt, den Arbeitnehmer weiterhin an den Betrieb zu binden. Neben diesen Zwecken kann eine zusätzliche Vergütung der im Bezugszeitraum geleisteten Arbeit gewollt sein (sog. Sonderzuwendung mit Mischcharakter: BAG NZA 2014, 368; 2012, 561). Rechtsgrundlagen für eine Gratifikation können ein Tarifvertrag, eine Betriebsvereinbarung, der Einzelarbeitsvertrag, aber auch eine Betriebsübung (vgl. Rdnr. 151 f.) oder der arbeitsrechtliche Gleichbehandlungsgrundsatz (vgl. Rdnr. 371 ff.) sein.

**329**

Beispiele: Weihnachtsgratifikation (zum Rechtsanspruch vgl. Rdnr. 151); 13. Monatseinkommen; Treuegeld für längere Betriebszugehörigkeit.

Was im Einzelfall gewollt ist, ergibt sich in erster Linie nicht aus der Bezeichnung, sondern aus den Voraussetzungen für die Gewährung der Sonderzahlung. Hängt diese von einer bestimmten Dauer der Betriebszugehörigkeit und/oder dem Bestehen des Arbeitsverhältnisses zu einem bestimmten Zeitpunkt ab (sog. Stichtagsregelung), soll die in der Vergangenheit erwiesene Betriebstreue belohnt werden. Ist die Gratifikation rückzahlbar, wenn der Arbeitnehmer zu einem bestimmten Zeitpunkt im Folgejahr selbst kündigt oder aufgrund seines Verhaltens die Kündigung durch den Arbeitgeber veranlasst (sog. Rückzahlungsklausel), soll die Gratifikation einen Anreiz für zukünftige Betriebstreue bieten. Solche Klauseln sind unwirksam, wenn sie den Arbeitnehmer übermäßig lange an den Betrieb binden (vgl. BAG NZA 2003, 1032). Die Vereinbarungen unterliegen der Inhaltskontrolle nach § 307 BGB (BAG NZA 2004, 924; BAG NZA 2008, 40).

Für die Wirksamkeit von einzelvertraglichen Rückzahlungsklauseln hat die Rspr. Grenzwerte entwickelt, bei deren Überschreitung anzunehmen ist, dass der Arbeitnehmer durch die vereinbarte Rückzahlung in unzulässiger Weise in seiner durch Art. 12 Abs. 1 GG garantierten freien Berufsausübung behindert wird (st. Rspr. vgl. BAG NZA 2008, 40).

- Danach dürfen Kleingratifikationen bis zu einem Betrag von 100 Euro brutto überhaupt keiner Rückzahlungsverpflichtung unterworfen werden (BAG NZA 2007, 875).
- Eine am Jahresende zu zahlende Gratifikation, die über 100 Euro, aber unter einem Monatsgehalt liegt, kann den Arbeitnehmer bis zum Ablauf des 31.3. des Folgejahres binden (BAG NZA 2007, 875).
- Nur wenn die Gratifikation einen Monatsverdienst erreicht, ist eine Bindung des Arbeitnehmers über diesen Termin hinaus zulässig (schon: BAG AP Nr. 22 zu § 611 BGB Gratifikation). Hierbei ist für die grundsätzlich drei Monate betragende Bindungsfrist unschädlich, wenn eine Weihnachtsgratifikation bereits im November ausgezahlt wird (BAG AP Nr. 78 zu § 611 BGB Gratifikation).
- Gratifikation von mehr als einem und weniger als zwei Monatsverdiensten: Rückzahlung bei Ausscheiden des Arbeitnehmers im ersten Halbjahr des Folgejahres (BAG AP Nr. 99 zu § 611 BGB Gratifikation).
- Gratifikation von zwei Monatsgehältern: abgestufte Rückzahlungsregelung zulässig (BAG AP Nr. 69 zu § 611 BGB Gratifikation).

Jüngst hat das BAG in Bezug auf die Rückzahlung einer tarifvertraglichen Sonderzuwendung entschieden, dass der Anspruch auf eine Jahressonderzahlung in Tarifverträgen vom Bestand des Arbeitsverhältnisses zu einem Stichtag im Folgejahr abhängig gemacht werden kann. Insoweit liege zwar ein Eingriff in Art. 12 Abs. 1 GG vor, dieser sei jedoch aufgrund des berechtigten Interesses des Arbeitgebers an der Stichtagsregelung gerechtfertigt (vgl. BAG NZA 2018, 1344).

**330** Die zulässige Bindungsdauer, die durch die Pflicht zur Rückzahlung einer Gratifikation für den Fall des Ausscheidens aus dem Betrieb erreicht werden kann, richtet sich nach der Höhe und dem Zeitpunkt der vereinbarten Fälligkeit der Leistung. Dies gilt auch dann, wenn eine als einheitlich bezeichnete Leistung in zwei Teilbeträgen zu unterschiedlichen Zeitpunkten fällig wird (BAG NZA 2003, 1032).

Unwirksam sind pauschale Rückzahlungsklauseln, also solche, die keine Voraussetzungen für den Eintritt der Rückzahlungspflicht festlegen und den Zeitraum der Bindung des Arbeitnehmers nicht eindeutig bestimmen.

Ohne Stichtags- und Rückzahlungsklausel ist im Zweifel eine 13. Monatsvergütung gewollt, mit der die im Kalenderjahr geleistete Arbeit zusätzlich vergütet werden soll. Scheidet ein Arbeitnehmer im laufenden Kalenderjahr aus, steht ihm ein seiner Beschäftigungszeit entsprechender anteiliger Anspruch zu (BAG AP Nr. 100 zu § 611 BGB Gratifikation).

Unwirksam sind Sonderzahlungsklauseln mit Mischcharakter, bei denen die Vergütung davon abhängt, ob das Arbeitsverhältnis zu einem Zeitpunkt außerhalb des Bezugszeitraums noch ungekündigt besteht (BAG NZA 2012, 561). Das Gleiche gilt für entsprechende Klauseln, wenn das Arbeitsverhältnis am Jahresende noch bestehen muss. Stellt die Sonderzuwendung zumindest auch Arbeitsentgelt dar (Mischcharakter), entsteht der Anspruch während des Bezugszeitraums entsprechend der zurückgelegten Dauer (BAG NZA 2014, 368). Die weiteren Zwecke treten damit in den Hintergrund.

**331** Ob der Arbeitgeber eine Jahressonderzahlung für Zeiten ohne Arbeitsleistung (z. B. Krankheit, Erziehungsurlaub, unentschuldigte Fehltage) im Bezugszeitraum anteilig kürzen darf (dazu Preis/Preis, Der Arbeitsvertrag, 5. Aufl., 2015, S. 1237 ff.), hängt in erster Linie davon ab, ob eine Kürzungsmöglichkeit vereinbart wurde. Fehlt eine Kürzungsregelung, ist nach der Art der Sonderzahlung zu unterscheiden:

Hat die Zahlung ausschließlich Entgeltcharakter, ist der Arbeitgeber berechtigt, sie anteilig um Zeiten zu kürzen, für die kein Lohnanspruch besteht (z. B. nach Ablauf des sechswöchigen Entgeltfortzahlungszeitraums bei Krankheit, vgl. Rdnr. 433 ff.; bei Elternzeit oder unbezahltem Sonderurlaub), denn die Sonderzahlung ist hier nichts anderes als eine atypisch fällig werdende Vergütung.

**332** Soll mit der Gratifikation ausschließlich die Betriebstreue honoriert werden, kommt es allein auf das Bestehen des Arbeitsverhältnisses im Bezugszeitraum an. Eine Kürzung scheidet aus, sofern das Arbeitsverhältnis bestanden hat (**Fall b**). Bei einer sog. *Anwesenheitsprämie* muss den Arbeitnehmern im Voraus bekannt sein, ob und wie diese bei Fehltagen gekürzt wird. Bei einer als freiwillig deklarierten Weihnachtszuwendung kann der Arbeitgeber in den Grenzen des § 4a Satz 2 EFZG Arbeitnehmer ausnehmen, die im Bezugszeitraum Fehlzeiten hatten (BAG NZA 2002, 1284).

Kürzungsvereinbarungen sind unzulässig, soweit sie einzelne Arbeitnehmergruppen sachfremd und willkürlich benachteiligen (BAG NZA 1991, 763; z. B. Ausschluss von Teilzeitbeschäftigung, vgl. § 4 Abs. 1 Satz 2 TzBfG) oder zwingende Arbeitnehmerschutzrechte unzulässig beeinträchtigen. Weitere Grenzen ergeben sich aus AGB-rechtlichen Besonderheiten (vgl. zum Ganzen Henssler/Moll, AGB-Kontrolle vorformulierter Vertragsbedingungen, 2. Aufl., 2020, Rdnr. 179 ff.).

(c) *Provisionen* sind Vergütungen, die nach einem bestimmten Prozentsatz des Wertes der vom Arbeitnehmer vermittelten oder abgeschlossenen Geschäfte berechnet werden. Als Zuschlag werden sie neben einem festen Grundlohn (Fixum) gezahlt. Provisionsabreden in Arbeitsverträgen finden sich hauptsächlich bei Handlungsgehilfen, die für ihren Arbeitgeber Geschäfte abzuschließen oder zu vermitteln haben (§ 65 HGB). **333**

Kommt ein provisionspflichtiges Geschäft aus sachwidrigen Erwägungen des Arbeitgebers nicht zustande (**Fall c**), erhält der Arbeitnehmer gleichwohl die Provision (§§ 65, 87a HGB; Rechtsgedanke des § 162 BGB).

(d) *Tantiemen* sind zusätzliche Vergütungen, die regelmäßig Vorstands- und Aufsichtsratsmitgliedern von Kapitalgesellschaften (vgl. §§ 87 Abs. 1, 113 Abs. 3 AktG), oft auch leitenden Angestellten gezahlt werden. Sie zählen zu den „Vergütungsbestandteilen", die in das Austauschverhältnis „Arbeit gegen Lohn" einbezogen werden. Damit unterfallen Tantiemen dem Arbeitsentgelt und stellen keine Gratifikation dar (BAG 9.9.1998 NZA 1999, 824; a. A. LAG NI 5.7.2002 LAGReport 2003, 65). Ihre Höhe richtet sich nach dem Jahresgewinn des Unternehmens. Möglich ist die Gewährung in Geld, aber auch in Aktien oder in Aktienoptionen. Sie bieten für die Berechtigten Anreize, sich für eine möglichst gewinnbringende Unternehmensführung einzusetzen. In eine ähnliche Richtung zielen die in letzter Zeit insbesondere bei Bankern in die Diskussion geratenen Boni. Je nach Ausgestaltung kann ihre Schwäche darin liegen, dass sie Anreize für nur kurzfristige Ergebnisverbesserungen bieten, zu Lasten einer langfristigen Unternehmensstrategie. **334**

Beim vorzeitigen Ausscheiden eines berechtigten Arbeitnehmers erhält dieser im Zeitpunkt der Bilanzierung einen seiner Arbeitszeit entsprechenden Anteil am Gewinn (**Fall b**). Das ergibt sich auch ohne besondere Abrede aus einer am Zweck der Tantieme ausgerichteten Vertragsauslegung (§§ 133, 157 BGB).

(e) *Zulagen* sind alle übrigen Lohnzuschläge. Sie finden ihren Grund entweder in der Änderung der allgemeinen Lebensverhältnisse (z. B. Teuerung), in den persönlichen Verhältnissen des Arbeitnehmers (z. B. Geburt eines Kindes, Todesfall in der Familie) oder in der besonderen Art seiner Tätigkeit (z. B. bei Schmutz, Gefahr). **335**

(f) Zur *Bezahlung von Mehr- und Überarbeit* vgl. Rdnr. 245 f.

### 3. Lohnzahlung

a) Vom Arbeitgeber an den Arbeitnehmer auszuzahlen ist der *Nettolohn*. Dieser wird ermittelt, indem vom Bruttolohn abgezogen werden: die Lohn- und gegebenenfalls die Kirchensteuer sowie der Solidaritätszuschlag, die Sozialversicherungsbeiträge sowie etwaige Abzüge, die auf privatem Recht (z. B. Abreden über die Einbehaltung von Lohn) beruhen. **336**

Die Lohn-, die Kirchensteuer und der Solidaritätszuschlag, die der Arbeitnehmer zu tragen hat, sind vom Arbeitgeber an das Finanzamt abzuführen. Die Sozialversicherungsbeiträge (zur Kranken-, Pflege-, Arbeitslosen- und Rentenversicherung) sind grundsätzlich vom Arbeitgeber und vom Arbeitnehmer je zur Hälfte aufzubringen (s. aber auch § 58 Abs. 3 SGB XI); die Arbeitnehmeranteile, die dem Arbeitnehmer vom Lohn abgezogen werden, hat der Arbeitgeber zusammen mit seinen eigenen Beiträgen abzuführen. Nicht abgezogen werden Beiträge zur gesetzlichen Unfallversicherung, da sie der Arbeitgeber allein zu tragen hat (Einzelh.: Schaub/Linck, Arbeitsrechts-Handbuch, 18. Aufl., 2019, § 71).

**337** b) *Empfangsberechtigter* des Nettolohnes ist grundsätzlich der Arbeitnehmer, der von ihm Bevollmächtigte oder auch ein Dritter, auf den die Forderung (z. B. durch Abtretung) übergegangen ist.

Der Arbeitgeber wird durch Zahlung an einen minderjährigen Arbeitnehmer nicht von seiner Verpflichtung frei, es sei denn, dass der gesetzliche Vertreter mit einer solchen Zahlung einverstanden ist. Ist der Minderjährige allerdings ermächtigt worden, in Dienst oder Arbeit zu treten (§ 113 BGB; Rdnr. 160), kann der Lohn mit befreiender Wirkung an den Minderjährigen gezahlt werden.

**338** c) Der *Zahlungsort* richtet sich nach § 269 BGB. Ist ein Betriebsrat gewählt, kommt es auf eine eventuell geschlossene Betriebsvereinbarung an (vgl. § 87 Abs. 1 Nr. 4, Abs. 2 BetrVG; Rdnr. 913). Letztlich ist der Sitz des Betriebes der Erfüllungsort (§ 269 Abs. 1, 2 BGB), allerdings ist die bargeldlose Zahlung heute der absolute Regelfall.

**339** d) Die *Zahlungszeit* richtet sich in erster Linie nach der (kollektiv- oder einzelvertraglichen) Vereinbarung (vgl. § 271 Abs. 1 BGB). Da die Vergütung regelmäßig nach Zeitabschnitten (Monatsgehalt) bemessen ist, ist der Lohn nach § 614 Satz 2 BGB erst nach Ablauf der jeweiligen Zeitabschnitte zu zahlen. Bei längeren Zeitabschnitten werden meist monatliche Abschlagszahlungen vereinbart. § 614 Satz 2 BGB ist abdingbar; es wäre im Übrigen auch völlig unpraktikabel, Stundenlöhne stündlich auszuzahlen. Bei kaufmännischen Angestellten („Handlungsgehilfen") hat die Gehaltszahlung spätestens am Monatsende zu erfolgen (§ 64 HGB).

**340** e) *Abrechnung des Arbeitsentgelts.* Nach § 108 GewO ist dem Arbeitnehmer bei Zahlung des Arbeitsentgelts eine Abrechnung in Textform zu erteilen. Die Abrechnung muss mindestens Angaben über Abrechnungszeitraum und Zusammensetzung des Arbeitsentgelts enthalten. Hinsichtlich der Zusammensetzung sind insbesondere Angaben über Art und Höhe der Zuschläge, Zulagen, sonstige Vergütungen, Art und Höhe der Abzüge, Abschlagszahlungen sowie Vorschüsse erforderlich. Die Verpflichtung zur Abrechnung entfällt, wenn sich die Angaben gegenüber der letzten ordnungsgemäßen Abrechnung nicht geändert haben.

**341** f) Über den Empfang des Lohnes hat der Arbeitnehmer dem Arbeitgeber auf dessen Verlangen nach § 368 BGB eine *Quittung* zu erteilen; ein Anspruch auf eine Ausgleichsquittung (gegenseitige Bestätigung der Parteien, keine Ansprüche aus dem Arbeitsverhältnis mehr gegeneinander zu haben; rechtlich kann es sich z. B. um einen Verzicht, einen Erlassvertrag oder auch um einen Vergleich handeln) besteht dagegen nicht. Formularmäßig vereinbarte Ausgleichsquittungen sind einer Inhaltskontrolle anhand der §§ 307 ff. BGB unterworfen. Eine Freistellung nach § 307 Abs. 3 BGB wird eine Ausnahme bilden, da i. d. R. nicht die – kontrollfreie – Vereinbarung über die Hauptleistung im Vordergrund steht, sondern der Charakter als Quittung i. S. d. § 368 BGB (Preis/Bleser/Rauf, DB 2006, 2812).

### 4. Lohnsicherung

**342** Da der Arbeitslohn in aller Regel die einzige Einnahmequelle und damit die Existenzgrundlage des Arbeitnehmers und seiner Familie ist, muss ein bestimmter Teil des Lohnes als Existenzminimum gegenüber pfändenden Gläubigern und gegenüber dem Arbeitgeber gesichert werden. Schutzbedarf besteht auch im Fall der Insolvenz des Arbeitgebers.

**a) Sicherung gegenüber pfändenden Gläubigern.** Der Gläubiger, der aus einem auf Zahlung eines bestimmten Geldbetrages lautenden Vollstreckungstitel vollstrecken will, kann durch das Amtsgericht die Lohnforderung seines Schuldners, die dieser als Arbeitnehmer gegen seinen Arbeitgeber als Drittschuldner hat, pfänden und sich zur Einziehung überweisen lassen (vgl. §§ 829, 835 ZPO). Jedoch ist die Pfändung von Arbeitseinkommen (§ 850 ZPO) nur beschränkt zulässig (§§ 850a–850k ZPO). Die Pfändbarkeit von tariflichen Zulagen hängt vom Charakter der Zulage ab, vgl. BAG NZA 2017, 1548.

Ein bestimmter Teil des Arbeitseinkommens ist unpfändbar. Der Umfang der Unpfändbarkeit richtet sich nach den Unterhaltspflichten des Arbeitnehmers. Verdient der Arbeitnehmer mehr als den pfändungsfreien Grundbetrag, so ist der überschießende Betrag bis auf einen bestimmten Teil pfändbar (Einzelh.: § 850c ZPO).

Wird wegen gesetzlicher Unterhaltsforderungen naher Angehöriger des Arbeitnehmers dessen Lohnforderung gepfändet, so gelten die Pfändungsbeschränkungen nicht. Der Arbeitnehmer muss mit seinen Angehörigen das Letzte teilen; stets ist ihm jedoch so viel zu belassen, wie er für seinen notwendigen Unterhalt und zur Erfüllung seiner sonstigen vor- und gleichrangigen Unterhaltspflichten benötigt (Einzelh.: § 850d ZPO).

Soweit die Lohnforderung nicht der Pfändung unterworfen ist, kann sie auch nicht an einen anderen abgetreten werden (§ 400 BGB).

**b) Sicherung gegenüber dem Arbeitgeber.** Soweit die Lohnforderung der Pfändung nicht unterworfen ist, besteht ein *Aufrechnungsverbot* (§ 394 Satz 1 BGB; Brox/Walker, AS, § 16 Rdnr. 16); der Arbeitgeber kann also nur innerhalb der Pfändungsgrenzen mit einer Gegenforderung aufrechnen. Eine Aufrechnung kann auch einzel- oder kollektivvertraglich ausgeschlossen werden. Bei Formulararbeitsverträgen ist § 309 Nr. 3 BGB zu beachten (HWK/Roloff, § 309 BGB Rdnr. 3).

Der Abzug von Steuern und Sozialversicherungsbeiträgen ist keine Aufrechnung. Das gilt auch für die Einbehaltung eines Lohnvorschusses; denn durch die vorzeitige Zahlung des Vorschusses wurde insoweit bereits der Lohnanspruch getilgt.

Der Arbeitnehmer verdient den Schutz des § 394 BGB nicht, wenn dem Arbeitgeber eine Gegenforderung wegen vorsätzlicher Schädigung durch den Arbeitnehmer zusteht (vgl. BAG AP Nr. 30 zu § 394 BGB). Eine Berufung auf § 394 BGB wäre rechtsmissbräuchlich und daher gemäß § 242 BGB unwirksam.

Auch die *Ausübung eines Zurückbehaltungsrechts* hinsichtlich des Lohnes nach § 273 BGB ist immer dann ausgeschlossen, wenn sie einen der Aufrechnung gleichkommenden Effekt hat und die Aufrechnung unzulässig wäre (Brox/Walker, AS, § 13 Rdnr. 8).

**c) Insolvenz des Arbeitgebers.** Die Insolvenzordnung regelt den Entgeltschutz der Arbeitnehmer im Insolvenzfall des Arbeitgebers in zwei Tatbeständen: Entgeltansprüche, die bei der Eröffnung des Insolvenzverfahrens schon entstanden sind, werden Insolvenzforderungen (§§ 38, 87, 174 ff. InsO). Entgeltansprüche, die nach Verfahrenseröffnung entstehen, werden Masseverbindlichkeiten (§§ 103 Abs. 1, 55 Abs. 1 und 113 InsO), je nach den Umständen nach § 209 Abs. 1 Nr. 2 oder 3 InsO (vgl. § 209 Abs. 2 InsO). Arbeitnehmer sind anders als in der alten Konkursordnung keine privilegierten Insolvenzgläubiger mehr.

Für Entgeltansprüche aus den letzten drei Monaten vor der Verfahrenseröffnung, die im Insolvenzverfahren ausfallen, erhält der Arbeitnehmer aber von der Bundesagentur für Arbeit ein Insolvenzgeld in Höhe der Nettobezüge (§§ 165 ff. SGB III). Sozialplansprüche sind Masseverbindlichkeiten (§ 123 Abs. 2 Satz 1 InsO).

## II. Diskriminierungsverbote – Allgemeines Gleichbehandlungsgesetz

**Schrifttum:** *Eichenhofer,* Diskriminierungsverbote und Vertragsfreiheit, AuR 2013, 62; *Grobys,* Organisationsmaßnahmen des Arbeitgebers nach dem neuen Allgemeinen Gleichbehandlungsgesetz, NJW 2006, 2950; *Lörler,* Zur Diskriminierung als „Ossi" auf dem Arbeitsmarkt, NJ 2010, 278; *Pieper,* Altersdiskriminierung in Stellenausschreibungen, RdA 2018, 337; *Rolfs,* AGG-Hopping, NZA 2016, 586; *Sagan,* Unionaler Diskriminierungsschutz gegen Kopftuchverbote am Arbeitsplatz, EuZW 2017, 457 ff.; *Thüsing/ Stiebert,* Sanktionen einer verbotenen Diskriminierung – Geklärtes und Ungeklärtes zu § 15 AGG, in: Festschrift v. Hoyningen-Huene, 2014, S. 487 ff.; *von Lewinski/de Barros Fritz,* Arbeitgeberhaftung nach dem AGG infolge des Einsatzes von Algorithmen bei Personalentscheidungen, NZA 2018, 620 ff.

### Fälle:

**346** a) Die Arbeitnehmer, die mit dem Rad oder dem Auto zur Arbeit fahren, verlangen vom Arbeitgeber die Bereitstellung von Einstell- und Parkplätzen.

b) Ein Arbeitnehmer, dem aus dem verschlossenen Spind sein Straßenanzug entwendet worden ist, verlangt vom Arbeitgeber den Abschluss einer Diebstahlsversicherung.

c) Der Arbeitgeber gibt durch Anschlag die erstmalige Zahlung eines Weihnachtsgeldes bekannt: Ledige bekommen 150,– Euro, Verheiratete 250,– Euro; ausländische Arbeitnehmer, Teilzeitkräfte und Personen, die noch kein Jahr im Betrieb arbeiten, erhalten nichts.

d) Der Arbeitgeber schickt die Arbeitnehmer, die an einem bestimmten Fließband arbeiten, wegen dringender Reparaturen für drei Tage nach Hause. Arbeitnehmer A will weiterarbeiten, obwohl der Arbeitgeber zur Entgeltfortzahlung für die drei Tage bereit ist.

e) Der Arbeitgeber entzieht einem früheren Arbeitnehmer das vertraglich zugesagte Ruhegeld, weil dieser ihm nach seinem Ausscheiden beleidigende Briefe geschrieben hat.

### 1. Übersicht und Grundlage einzelner Diskriminierungsverbote

**347** Den Arbeitgeber treffen in unterschiedlichem Maße Pflichten zur Gleichbehandlung der Arbeitnehmer. Neben die Diskriminierungsverbote, die dem Arbeitgeber ein Anknüpfen an bestimmte verpönte Kriterien untersagen (Rdnr. 356 ff.), tritt das allgemeine arbeitsrechtliche Gleichbehandlungsgebot (Rdnr. 371 ff.).

**348** Diskriminierungsverbote verwehren dem Arbeitgeber die unterschiedliche Behandlung einzelner Arbeitnehmer aufgrund des jeweils erfassten Kriteriums. Die im deutschen Recht bekannten Verbote beruhen überwiegend auf gemeinschaftsrechtlichen Grundlagen. Dabei wird in den neueren Richtlinien der Katalog des Art. 10 AEUV aufgegriffen, während das Verbot der Diskriminierung wegen des Geschlechts auf der Vorgängernorm des heutigen Art. 157 AEUV, dem Art. 141 EG, beruht. Diskriminierungsverbote finden sich etwa in der betriebsverfassungsrechtlichen, zugunsten des einzelnen Arbeitnehmers aber nicht unmittelbar anwendbaren (BAG AP Nr. 2 zu § 74 BAT) Norm des § 75 Abs. 1 BetrVG, vor allem aber in Art. 3 Abs. 3 GG sowie in Art. 9 Abs. 3 Satz 2 GG.

### 2. Allgemeines Gleichbehandlungsgesetz

**349** Wesentliche Bedeutung kommt dem Allgemeinen Gleichbehandlungsgesetz (AGG) zu, in dessen Mittelpunkt das Diskriminierungsverbot des § 7 AGG steht. Danach dürfen Beschäftigte nicht wegen eines in § 1 AGG genannten Grundes (Rasse, ethnische Herkunft, Geschlecht, Religion oder Weltanschauung, Behinderung, Alter, sexuelle Identität) benachteiligt werden. Mit dem AGG setzte der deutsche Gesetzgeber die europäischen Antidiskriminierungsrichtlinien (2000/43/ EG, 2000/78/EG, 2002/73/EG, 2004/113/EG) in deutsches Recht um. Den sachlichen Anwendungsbereich bestimmt § 2 Abs. 1 AGG. Im Prinzip erfasst das Gesetz sämtliche Vereinbarungen (Arbeitsverträge, Aufhebungsverträge) und Maßnahmen (Weisungen, Kündigungen) im Zusammenhang mit der Begründung, Durchführung und Beendigung des Arbeitsverhältnisses. Vom persönlichen Anwendungsbereich der §§ 7–18 AGG sind Beschäftigte i. S. v. § 6 AGG erfasst. Das Konkurrenzverhältnis zu anderen arbeitsrechtlichen Gesetzen regelt § 2 Abs. 2 bis Abs. 4 AGG.

Gemäß § 12 AGG ist der Arbeitgeber verpflichtet, die erforderlichen Maßnahmen zum Schutz vor Benachteiligung wegen eines in § 1 AGG genannten Grundes (Rasse oder ethnische Herkunft, Geschlecht, Religion oder Weltanschauung, Behinderung, Alter oder sexuelle Identität) zu treffen (dazu Schneider/Sittard, NZA 2007, 654; zum AGG vgl. Rdnr. 151 ff., 167 ff.). Nach § 12 Abs. 1 Satz 2 AGG umfasst dieser Schutz auch vorbeugende Maßnahmen. Mit der Einführung des AGG wurde auch § 75 Abs. 1 BetrVG geändert. Nach der novellierten Fassung haben Arbeitgeber und Betriebsrat darüber zu wachen, dass Benachteiligungen wegen eines in § 1 AGG genannten Grundes unterbleiben.

Der Durchsetzung des Benachteiligungsverbotes nach § 7 AGG dient ein Beschwerderecht der Betroffenen in § 13 AGG. Die Betroffenen haben bei Untätigkeit des Arbeitgebers oder eines Dienstvorgesetzten ferner das Recht, ihre Tätigkeit ohne Verlust ihrer Bezüge einzustellen (§ 14 AGG), soweit dies zu ihrem Schutz erforderlich ist. Ferner enthält das Gesetz ein an § 612a BGB angelehntes Maßregelungsverbot für Arbeitnehmer, die ihre im AGG verankerten Rechte in zulässiger Weise ausgeübt haben (§ 16 AGG).

**(1) Diskriminierung wegen des Geschlechts.** Die Diskriminierung wegen des Geschlechts stellte ursprünglich den Hauptanwendungsfall der – inzwischen nicht mehr vertretenen – Lehre der unmittelbaren Drittwirkung der Grundrechte dar (s. oben Rdnr. 129). Seit den 1970er Jahren ergaben sich wesentliche Impulse bei der Bekämpfung der Diskriminierung aus dem europäischen Gemeinschaftsrecht, die schließlich zur Verabschiedung des AGG führten. Das Diskriminierungsverbot wegen des Geschlechts untersagt die Schlechterbehandlung von Frauen gegenüber Männern sowie Männern gegenüber Frauen. Eine unterschiedliche Behandlung wegen des Geschlechts ist nach § 8 Abs. 1 AGG nur dann zulässig, wenn dieses wegen der Art der auszuübenden Tätigkeit oder der Bedingungen ihrer Ausübung eine wesentliche und entscheidende berufliche Anforderung darstellt, sofern der Zweck rechtmäßig und die Anforderung angemessen ist. An eine solche Ausnahme sind strenge Maßstäbe anzulegen (s. Rdnr. 173).

**350**

Offene unmittelbare Diskriminierungen (§ 3 Abs. 1 AGG) wegen des Geschlechts sind heute selten und haben allenfalls im Bereich der Stellenausschreibungen noch eine gewisse Relevanz (vgl. ArbG Berlin AuR 2014, 295). Praktisch bedeutender sind Fälle der mittelbaren Diskriminierung. Nach § 3 Abs. 2 AGG liegt eine mittelbare Diskriminierung vor, wenn dem Anschein nach neutrale Vorschriften, Kriterien oder Verfahren Personen wegen eines in § 1 AGG genannten Grundes gegenüber anderen Personen in besonderer Weise benachteiligen können, es sei denn, die betreffenden Vorschriften, Kriterien oder Verfahren sind durch ein rechtmäßiges Ziel sachlich gerechtfertigt und die Mittel sind zur Erreichung dieses Ziels angemessen und erforderlich.

**351**

Als Musterbeispiel einer mittelbaren Diskriminierung galt lange Zeit die Ungleichbehandlung Teilzeitbeschäftigter gegenüber Vollzeitbeschäftigten, da regelmäßig mehr Frauen als Männer einer Teilzeitbeschäftigung nachgehen und dieser Umstand auf ihrer Geschlechterrolle beruht. Wegen der Klarstellung in § 4 Abs. 1

**352**

TzBfG bedarf es heute allerdings keines Rückgriffs auf die Konstruktion der mittelbaren Diskriminierung (dazu Rdnr. 368). § 4 TzBfG ist als lex specialis vor § 3 AGG zu prüfen und wird durch das weiterreichende AGG im Übrigen nicht berührt (§ 2 Abs. 3 AGG). Ein aktuelles Beispiel sind Vorschriften über das Erreichen einer bestimmten Körpergröße (EuGH EuZW 2017, 948; LAG Köln AuR 2014, 294). Die Abgrenzung zwischen mittelbarer und unmittelbarer Diskriminierung ist nicht immer eindeutig. Das LAG Hamm hat in dem Fall einer Bewerbungsabsage verbunden mit dem Vermerk „Ein Kind! 7 Jahre alt!" eine mittelbare Diskriminierung wegen des Geschlechts angenommen, da die Betreuung von Kindern im Grundschulalter statistisch nach wie vor hauptsächlich von Frauen geleistet wird (LAG Hamm NZA-RR 2013, 570). Das BAG scheint bei der Auslegung des Vermerks eher einer unmittelbaren Diskriminierung wegen des Geschlechts nach § 3 Abs. 1 Satz 2 AGG (hierzu vgl. auch Rdnr. 363) zuzuneigen (BAG AuR 2014, 437). Während nach der Rechtsprechung des EuGH (NJW 2004, 1440) eine Benachteiligung von Transsexuellen wegen des Geschlechts erfasst wird, zählt das BAG die Transsexualität als solche nicht zu den in § 1 AGG genannten Gründen; sie kann jedoch im Rahmen der in § 1 AGG angeführten Gründe „Geschlecht" und „sexuelle Identität" von Bedeutung sein (BAG DB 2016, 1383). In diesem Kontext hat auch eine aktuelle Entscheidung des Bundesverfassungsgerichts erhebliche Auswirkungen für die Praxis: Danach ist die Regelung des § 22 Abs. 3 Personenstandsgesetz (PStG) insofern unzulässig, als neben dem Eintrag „weiblich" oder „männlich" keine dritte Möglichkeit besteht, ein Geschlecht eintragen zu lassen (BVerfG NJW 2017, 3643). Dies dürfte künftig bei geschlechtsneutralen Stellenausschreibungen zu beachten sein (dazu Bettinghausen BB 2018, 372).

**353** Praktische Relevanz erlangte die mittelbare Diskriminierung schon früh bei Schwangerschaften. Die Entwicklung ist in diesem Bereich durch den EuGH vorangetrieben worden. Das Gericht (NJW 2002, 123; 2003, 1107) lehnt eine Pflicht zur Offenbarung der Schwangerschaft selbst dann ab, wenn die Beschäftigung in einem wesentlichen Teil des befristeten Arbeitsverhältnisses wegen der Schwangerschaft nicht durchgeführt werden kann oder die Elternzeit beendet wird, um das höhere Mutterschaftsgeld zu erlangen (dem EuGH folgend BAG NZA 2003, 848; vgl. Rdnr. 169). § 3 Abs. 1 Satz 2 AGG bewertet eine ungünstigere Behandlung einer Frau wegen ihrer Schwangerschaft sogar als unmittelbare Benachteiligung wegen des Geschlechts. Ein weiteres Beispiel für eine mittelbare, vom EuGH aber gebilligte Benachteiligung ist die Entgelt- bzw. Abfindungsverringerung durch die Inanspruchnahme von Elternzeit (§§ 15 ff. BEEG), die überwiegend bei Frauen eintritt (EuGH AP Nr. 19 zu EWG-Richtlinie Nr. 75/117).

**354** Einen strittigen Diskussionspunkt bildete lange Zeit die Zulässigkeit von Fördermaßnahmen zugunsten des jeweils unterrepräsentierten Geschlechts, die sog. umgekehrte oder positive Diskriminierung. Hier kommt es zu Konflikten zwischen der Gleichbehandlung Einzelner und dem Ausgleich faktischer Nachteile, insbesondere von Frauen. Dass zumindest eine gewisse Förderung möglich ist, zeigen Art. 3 Abs. 2 Satz 2 GG, Art. 157 Abs. 4 AEUV und § 5 AGG. Der Ausgleich dieser widerstreitenden Interessen hat nach der Rspr. des EuGH so zu erfolgen, dass Fördermaßnahmen zwar ergriffen werden, aber nicht zu einer automatischen Bevorzugung des schwächer repräsentierten Geschlechts führen dürfen (EuGH NJW 1997, 3429). § 5 AGG ermächtigt nach der Gesetzesbegründung nicht nur den Gesetzgeber, sondern auch Arbeitgeber, Tarifvertrags- sowie Betriebspartner, positive Maßnahmen zu ergreifen (BT-Drucks. 16/1780, S. 34; str. s. Kamanabrou, NZA 2006, Beil. 3, 138). Eine positive Maßnahme i. S. d. § 5 AGG stellt etwa ein Förderplan dar, wonach Frauen oder Jugendliche bei ihrem beruflichen Werdegang bevorzugt zu behandeln sind.

Das Diskriminierungsverbot gilt auch für Zahlungen aus einer Pensionskasse. Wird etwa der Anspruch auf eine Witwerrente, nicht aber der auf eine Witwenrente an die zusätzliche Bedingung geknüpft, dass der/die Beschäftigte den Unterhalt der Familie überwiegend bestritten hat, so liegt hierin eine unmittelbare Geschlechtsdiskriminierung (BAG NZA 2003, 380 nach EuGH NJW 2001, 3693; vgl. auch EuGH NZA 2002, 1141).

**(2) Diskriminierung Behinderter und Schwerbehinderter.** Das Merkmal „Behinderung" i. S. d. § 1 AGG ist seinem Inhalt nach nicht identisch mit dem der „Schwerbehinderung" aus § 2 Abs. 2 SGB IX. Die Unterscheidung ist dem Umstand geschuldet, dass die Erheblichkeitsschwelle einer Schwerbehinderung für zu hoch erachtet wurde. Unter „Behinderung" ist eine Einschränkung zu verstehen, die insbesondere auf physische, geistige oder psychische Beeinträchtigungen von Dauer zurückzuführen ist, die in Wechselwirkung mit verschiedenen Barrieren ein Hindernis für die Teilhabe des Betreffenden am Berufsleben bilden können (vgl. EuGH NZA 2014, 525, 528; s. aber auch § 2 Abs. 1 SGB IX, der – anders als der EuGH – bereits ab 6 Monaten von einer Behinderung ausgeht). Hiernach kann bspw. auch eine Adipositas im Einzelfall unter den Behinderungsbegriff fallen (EuGH NJW 2015, 391 m. Anm. Sittard). Ein ausdrückliches Diskriminierungsverbot zugunsten schwer behinderter Menschen (vgl. § 2 Abs. 2 SGB IX) findet sich in § 81 Abs. 2 Satz 1 SGB IX, der in seinem Satz 2 auf die Regelungen des AGG verweist.

**(3) Diskriminierung wegen der Staatsangehörigkeit, der Rasse oder der ethnischen Herkunft.** Gemäß § 1 AGG sollen Benachteiligungen aus Gründen der Rasse oder der ethnischen Herkunft verhindert oder beseitigt werden. Unter einer ethnischen Gruppierung sind Bevölkerungsteile zu verstehen, die durch eine gemeinsame Herkunft, eine lange gemeinsame Geschichte, Kultur oder Zusammengehörigkeitsgefühl verbunden sind (BAG NZA 2012, 1345, 1347). Zwar spricht der völkerrechtliche Hintergrund dieses Tatbestandsmerkmals für eine weite Auslegung, gleichwohl fällt die Ablehnung eines Bewerbers unter der Bezeichnung „Ossi" nicht hierunter, da regionale Unterscheidungsmöglichkeiten allein keine voneinander abgrenzbaren Ethnien entstehen lassen (ArbG Stuttgart NZA-RR 2010, 344; a. A. ErfK/Schlachter, § 1 AGG Rdnr. 4a). Mit der Aufnahme des Kriteriums „Rasse" soll nicht die Existenz menschlicher Rassen anerkannt werden. Hintergrund der Regelung ist vielmehr die lückenlose Vermeidung rassistischer Diskriminierungen (Kamanabrou, RdA 2006, 321, 322). Verhindert werden sollen Ungleichbehandlungen aufgrund äußerer Merkmale wie Hautfarbe, Haartrachten oder Körperbau (Annuß, BB 2006, 1629, 1630).

Das AGG nennt als verpöntes Merkmal nicht die Staatsangehörigkeit. Teilweise wird erwogen, das AGG auf Diskriminierungen wegen der Staatsangehörigkeit analog anzuwenden (vgl. Roloff/Lampe, JuS 2007, 354). In seinem Anwendungsbereich schützt indes schon Art. 7 Abs. 4 der Verordnung (EU) Nr. 492/2011 vor Benachteiligungen wegen der Staatsangehörigkeit. Danach sind alle Bestimmungen in Tarif- oder Einzelarbeitsverträgen oder sonstigen Kollektivvereinbarungen betreffend Zugang zur Beschäftigung, Entlohnung und alle übrigen Arbeits- und Kündigungsbedingungen nichtig, soweit sie für Arbeitnehmer, die Staatsangehörige anderer Mitgliedstaaten sind, diskriminierende Bedingungen vorsehen oder zulassen. Daneben enthält Art. 45 Abs. 2 AEUV (Arbeitnehmerfreizügigkeit) ein – nach der Rspr. des EuGH auch für Privatpersonen geltendes – Verbot der Diskriminierung wegen der Staatsangehörigkeit eines Mitgliedstaats (EuGH NZA-RR 2001, 20 = RdA 2001, 180 m. Anm. Weber), das jedoch nur bei grenzüberschreitenden Sachverhalten anwendbar ist. Ein allgemeines Diskriminierungsverbot aufgrund der Staatsangehörigkeit findet sich auch in Art. 18 AEUV, der allerdings nicht unmittelbar zwischen Privaten gilt.

**357** **(4) Diskriminierung wegen des Alters und weitere Diskriminierungsverbote.** § 7 i. V. m. § 1 AGG sehen weitere Diskriminierungsverbote hinsichtlich der Religion, der Weltanschauung oder der sexuellen Identität vor (vgl. dazu ErfK/Schlachter, § 1 AGG Rdnr. 3 ff). Unter letzterem Merkmal versteht man nicht nur die sexuelle Ausrichtung, die als identitätsprägend wahrgenommen wird (Hetero, Homo- bzw. Bisexualität), sondern es wird in einem weiten Verständnis des Begriffes auch ein auf der sexuellen Ausrichtung beruhendes Verhalten umfasst (Annuß, BB 2006, 1629, 1631).

In Umsetzung der Art. 1, 2 der Richtlinie 2000/78/EG verbietet § 7 AGG außerdem eine Diskriminierung wegen des Alters. Der Richtlinie zufolge ist eine solche Diskriminierung grundsätzlich unzulässig, es sei denn, sie verfolgt ein legitimes Ziel und ist verhältnismäßig (Art. 6 RL). Als legitime Ziele werden die Beschäftigungs- und Arbeitsmarktpolitik genannt. Eine auf das Erreichen der Regelaltersgrenze bezogene einzelvertraglich vereinbarte Altersgrenze ist in der Regel sachlich gerechtfertigt und stellt keine Altersdiskriminierung dar (so ständige Rspr. BAG NZA 2016, 695). Mit § 14 Abs. 3 TzBfG a. F. hatte der deutsche Gesetzgeber früher die Befristung von Arbeitsverträgen mit Arbeitnehmern über 52 Jahren pauschal dergestalt erleichtert, dass eine Befristung ab der Vollendung dieses Lebensjahres ohne Einschränkung möglich war, um die berufliche Eingliederung älterer Arbeitsloser zu fördern und deren reale Diskriminierung abzubauen (BT-Drucks. 15/25, S. 40).

**358** Der EuGH hat dies in der Rechtssache „Mangold" für gemeinschaftsrechtswidrig erklärt. Problematisch hieran ist, dass Art. 6 der RL Ungleichbehandlungen aus Gründen der Beschäftigungs- und Arbeitsmarktpolitik zulässt. Stellt man sich auf den Standpunkt, nicht § 14 Abs. 3 TzBfG a. F., sondern die reale Situation am Arbeitsmarkt bewirke die Diskriminierung älterer Arbeitnehmer, kann man zu der Einschätzung kommen, die Entscheidung nehme der nationalen Gesetzgebung die (in der Richtlinie ausdrücklich vorgesehene) Chance, bestehenden Diskriminierungen gesetzlich entgegenzusteuern. Dem EuGH ist aber zu konzedieren, dass in § 5 der von der Richtlinie in Bezug genommenen Rahmenvereinbarung 3 verschiedene Schutzformen für die betroffenen älteren Arbeitnehmer vorgesehen sind, von denen mindestens eine umgesetzt werden muss (Festlegung von Sachgründen, einer Befristungshöchstdauer oder einer Maximalzahl an Verlängerungen). Dies war in § 14 Abs. 3 TzBfG a. F. nicht der Fall, so dass die Annahme seiner Europarechtswidrigkeit i. E. vertretbar erscheint (so auch ErfK/Müller-Glöge, § 14 TzBfG Rdnr. 108).

**359** Das Urteil ist gleichwohl aus methodischer und kompetenzrechtlicher Sicht zu kritisieren. Zum Zeitpunkt der Entscheidung war die Umsetzungsfrist der Richtlinie noch nicht abgelaufen, die Richtlinie daher nicht – erst recht nicht zwischen *Privaten* – unmittelbar anwendbar. Darüber setzte sich der Gerichtshof hinweg, indem er das Diskriminierungsverbot zu einem „allgemeinen Grundsatz des Gemeinschaftsrechts" erhob, der seinen Ursprung in den „gemeinsamen Verfassungstraditionen der Mitgliedstaaten" haben sollte (kritisch Preis, NZA 2006, 401, 406). Der EuGH missachtet damit seine richterliche Gesetzesbindung und das Prinzip der begrenzten Einzelermächtigung der EU. Die Mangold-Entscheidung kennzeichnet in beispielhafter Weise die Risiken eines „europäischen Richterstaates". Sollte der EuGH die hier eingeschlagene Praxis der Anmaßung nicht legitimierter richterlicher Normsetzung fortsetzen, besteht die Gefahr, dass er nicht nur die oberste Revisionsinstanz der Fachgerichtsbarkeiten und oberstes Verfassungsgericht, sondern zugleich oberste Verfassungsänderungsinstanz für die Mitgliedstaaten wird. In der Entscheidung „Kücükdeveci" (EuGH NZA 2010, 85) hat das Gericht seine „Mangold-Rechtsprechung" gleichwohl bestätigt. Auch das Bundesverfassungsgericht scheint einen Konflikt mit dem EuGH vermeiden zu wollen (BVerfG NJW 2010, 3422 „Honeywell").

**(5) Rechtsfolgen eines Verstoßes gegen das Verbot des § 7 AGG.** Verstößt der Arbeitgeber gegen das Benachteiligungsverbot des § 7 AGG, indem er einen Beschäftigten wegen eines in § 1 AGG genannten Grundes benachteiligt, kommen Schadensersatz- bzw. Entschädigungsansprüche des Arbeitnehmers nach § 15 AGG in Betracht (vgl. auch Rdnr. 173, 220). Der Anspruch nach § 15 Abs. 1 AGG ist auf den Ersatz des materiellen Interesses gerichtet und nach h. M. verschuldensabhängig (§ 15 Abs. 1 Satz 2 AGG). Verschulden von Dritten wird über § 278 BGB zugerechnet. Bei immateriellen Schäden steht dem Beschäftigten nach § 15 Abs. 2 AGG sogar ein verschuldensunabhängiger Entschädigungsanspruch zu (ausführlich zur Arbeitgeberhaftung nach dem AGG infolge des Einsatzes von Algorithmen bei Personalentscheidungen von Lewinski/de Barros Fritz, NZA 2018, 620). Gemäß § 15 Abs. 5 AGG bleiben Ansprüche gegen den Arbeitgeber, die sich aus anderen Rechtsvorschriften ergeben, unberührt (z. B. §§ 823, 1004 BGB; BT-Drucks. 16/1780, S. 38). Ansprüche nach § 15 Abs. 1, 2 AGG müssen innerhalb einer Frist von zwei Monaten geltend gemacht werden, sofern keine andere tarifvertragliche Regelung getroffen wurde (§ 15 Abs. 4 AGG). Diese Frist gilt auch für deliktische Ansprüche (BAG NZA 2012, 1211). Gelingt es dem Beschäftigten, Indizien für eine Benachteiligung zu beweisen, kommt ihm die Beweislastumkehr des § 22 AGG zugute (dazu Windel, RdA 2007, 1 ff.). **360**

Problematisch ist der Fall des sog. „AGG-Hoppings". Anders als bei § 15 Abs. 1 AGG ist für eine Entschädigung nach Abs. 2 keine „Besteigung" erforderlich, sodass bewusste Bewerbungen zum Zwecke der Ablehnung und damit zur Geltendmachung eines Entschädigungsanspruchs möglich sind. Bisher löste die deutsche Rechtsprechung dieses Problem über das Merkmal der missbräuchlichen Geltendmachung. Aussicht auf einen Anspruch gem. § 15 AGG haben nur solche Bewerber, die objektiv die Mindestanforderungen an den Arbeitsplatz nicht offensichtlich verfehlen, sodass eine Nichtberücksichtigung einen Nachteil darstellen würde (BAG NZA 2011, 203; NZA 2013, 498). Mittlerweile hat der EuGH eine Vorlagefrage des BAG dahingehend beantwortet, dass eine nicht ernstliche Bewerbung nicht von den EU-Gleichbehandlungsrahmenrichtlinien erfasst wird (EuGH NZA 2016, 1014). Folglich steht dem AGG-Hopper nach dem Gebot der richtlinienkonformen Auslegung kein Entschädigungsanspruch zu. **361**

### 3. Weitere Diskriminierungsverbote

**(1) Diskriminierung wegen der Gewerkschaftsangehörigkeit.** Aus Art. 9 Abs. 3 Satz 2 GG ergibt sich unmittelbar das Verbot der Diskriminierung wegen der Gewerkschaftsangehörigkeit. Danach sind Abreden, die das Recht, zur Wahrung und Förderung der Arbeits- und Wirtschaftsbedingungen Vereinigungen zu bilden, einschränken oder zu behindern suchen, nichtig, hierauf gerichtete Maßnahmen **362**

rechtswidrig (s. Rdnr. 739 ff. zur Koalitionsfreiheit). Ergänzt wird diese Regelung durch § 612a BGB. Danach darf der Arbeitgeber einen Arbeitnehmer bei einer Vereinbarung oder Maßnahme nicht benachteiligen, weil der Arbeitnehmer in zulässiger Weise seine Rechte ausübt. Im Ergebnis bedeutet dies, dass der Arbeitgeber einen organisierten und einen nicht organisierten Arbeitnehmer allein wegen ihrer Organisationsentscheidung jeweils nicht schlechter behandeln darf, weil jeder von ihnen sein Recht auf die positive bzw. negative Koalitionsfreiheit ausübt.

Nicht ausgeschlossen ist dagegen, dass ein gewerkschaftlich organisierter Arbeitnehmer anders als ein nicht organisierter Arbeitnehmer behandelt wird (BAG NZA 2015, 115 „Opel"). Nach Auffassung des BAG hat die Nichtanwendung des arbeitsrechtlichen Gleichbehandlungsgrundsatzes auf tarifliche Regelungen ihren Grund nicht darin, dass der Arbeitgeber den für ihn geltenden normativ wirkenden Tarifverträgen im Sinne einer „fremdbestimmten Normenwirkung" unterlegen wäre und sie lediglich zu erfüllen hätte. Sie erklärt sich vielmehr aus dem Umstand, dass bei Tarifverträgen keine strukturelle Ungleichgewichtigkeit der Verhandlungspartner besteht, sondern von Verfassungs wegen eine Verhandlungsparität vorausgesetzt wird und es deshalb einer Inhaltskontrolle des privatautonomen Handelns des Arbeitgebers nicht bedarf.

**363** Ob Sonderzuwendungen (sog. Streikbruchprämien) an Arbeitnehmer, die sich an einem rechtmäßigen Streik nicht beteiligen und weiterarbeiten, gegen das gesetzliche Maßregelungsverbot des § 612a BGB verstoßen, ist eine Frage des Einzelfalls (Schwarze, NZA 1993, 967). § 612a BGB war schon nach der älteren Rechtsprechung jedenfalls dann nicht verletzt, wenn alle Begünstigten während des Streiks Belastungen ausgesetzt waren, die erheblich über das normale Maß der mit jeder Streikarbeit verbundenen Erschwerungen hinausgehen (BAG NZA 1993, 267; a. A. Rolfs, DB 1994, 1241). In einer jüngeren Entscheidung hat das BAG (NJW 2019, 538) eine Streikbruchprämie sogar als grundsätzlich geeignetes, erforderliches und verhältnismäßiges Kampfmittel des Arbeitgebers eingestuft.

**364** **(2) Gleichbehandlung Teilzeit- und befristet Beschäftigter.** Nach § 4 TzBfG sind Diskriminierungen Teilzeit- und befristet Beschäftigter verboten, es sei denn, dass sachliche Gründe eine unterschiedliche Behandlung rechtfertigen. Insbesondere ist nach § 4 Abs. 1 Satz 2 TzBfG einem teilzeitbeschäftigten Arbeitnehmer Arbeitsentgelt oder eine andere teilbare geldwerte Leistung mindestens in dem Umfang zu gewähren, der dem Anteil seiner Arbeitszeit eines vergleichbaren vollzeitbeschäftigten Arbeitnehmers entspricht. Auch diese Diskriminierungsverbote beruhen auf dem Gemeinschaftsrecht (jeweils § 4 der von den Richtlinien 97/81/EG und 1999/70/EG in Bezug genommenen Rahmenvereinbarungen).

Beispiele: Ausschluss vom Urlaubs- und Weihnachtsgeld (BAG NZA 1991, 346); Ausschluss aus einer Versorgungsordnung (BAG NZA 1993, 215). Auch Jubiläumszuwendungen sind an Teilzeitbeschäftigte zu zahlen, und zwar in voller Höhe, da sie nicht mit der geleisteten Arbeit in Zusammenhang stehen, sondern die Betriebstreue belohnen sollen (BAG NZA 1996, 938). Im **Fall c** verstößt der Arbeitgeber gegen § 4 Abs. 1 TzBfG, indem er den Teilzeitkräften das Weihnachtsgeld nicht anteilig gewährt.

Ergänzt wird das Diskriminierungsverbot durch das Benachteiligungsverbot in § 5 TzBfG, welches dem allgemeinen Maßregelungsverbot des § 612a BGB entspricht. Rechtsfolge eines Verstoßes gegen das Diskriminierungsverbot des § 4 TzBfG ist die Unwirksamkeit der Maßnahme (HWK/Schmalenberg, § 4 TzBfG Rdnr. 18).

## 4. Allgemeiner arbeitsrechtlicher Gleichbehandlungsgrundsatz

**(1) Rechtsgrund und Anwendungsbereich.** Ergänzt werden die Diskriminierungsverbote durch den allgemeinen arbeitsrechtlichen Gleichbehandlungsgrundsatz. Diese Pflicht des Arbeitgebers, die Arbeitnehmer eines Betriebes gleich zu behandeln, verbietet eine unsachliche Benachteiligung einzelner oder mehrerer Arbeitnehmer. Auch eine sachfremde Gruppenbildung kann gegen den Gleichbehandlungsgrundsatz verstoßen (BAG NZA 2007, 221, 222). Es ist also zu prüfen, ob eine Ungleichbehandlung vorliegt, sowie ggf. das Bestehen eines sachlichen Grundes, der diese rechtfertigt. Der Rechtsgrund der Gleichbehandlungspflicht ist bis heute nicht abschließend geklärt. Sie ist z. B. aus dem verfassungsrechtlichen Gleichheitssatz (BAG NZA 1993, 215, 216), aus dem Grundsatz von Treu und Glauben, aus der gem. §§ 315 BGB, 106 GewO geforderten Bestimmung nach billigem Ermessen, aus dem Gemeinschaftsverhältnis der Arbeitnehmer zum Arbeitgeber sowie aus der Fürsorgepflicht hergeleitet worden (s. HWK/Thüsing, § 611a BGB Rdnr. 331). Der arbeitsrechtliche Gleichbehandlungsgrundsatz allein kann keine unmittelbare Rechtsgrundlage für einen Leistungsanspruch bilden, sondern allenfalls den „Zugang" zu einer – gleichbehandlungswidrig – vom Arbeitgeber privatautonom gesetzten Anspruchsgrundlage erschließen (BAG NZA 2015, 115).

(a) Die Gleichbehandlungspflicht gilt grundsätzlich für alle Maßnahmen und Entscheidungen des Arbeitgebers, seien sie für die Arbeitnehmer günstig oder ungünstig.

Beispiele: Gehaltserhöhungen, Arbeitsbefreiung wegen schlechter Witterung, Gewährung von Zulagen, aber auch Anrechnung von Tariflohnerhöhungen auf übertarifliche Vergütung, Anordnung von Kurzarbeit, Kürzung des Weihnachtsgeldes.

(b) Auch im Arbeitsrecht hat die Vertragsfreiheit jedoch Vorrang vor einer Gleichbehandlung aller Arbeitnehmer. Die Vertragsfreiheit gewährleistet, dass die Arbeitsvertragsparteien Arbeitsbedingungen entsprechend ihren Interessen und Bedürfnissen einzeln aushandeln können.

Beispiele: Der Arbeitgeber bietet einem besonders erfolgreichen Außendienstmitarbeiter eine zusätzliche Umsatzbeteiligung sowie eine betriebliche Altersversorgung an; er zahlt einer bewährten Fachkraft einen übertariflichen Lohn. Hier haben die anderen Arbeitnehmer keinen Anspruch auf die Zusatzleistungen; denn der Arbeitgeber verfolgt damit auf das einzelne Arbeitsverhältnis begrenzte Zwecke (Bindung an den Betrieb, Belohnung für besondere Leistungen und Zuverlässigkeit). Zu beachten ist, dass es einen allgemeinen Rechtsgrundsatz „gleicher Lohn für gleiche Arbeit" im deutschen Arbeitsrecht nach der Rechtsprechung des BAG nicht gibt (BAG NZA 2000, 1050).

(c) Nur wenn der Arbeitgeber – ähnlich wie ein staatlicher Gesetzgeber – ein über einen Einzelfall hinausgehendes eigenes „Regelwerk" oder eine eigene Ordnung geschaffen und praktiziert hat, darf er einzelne Arbeitnehmer oder Arbeitnehmergruppen, die unter den von der Regel erfassten Sachverhalt fallen, nicht willkürlich ausschließen (BAG NZA 2015, 115). Es muss sich also stets um eine Maßnahme mit kollektivem Bezug handeln. Die Abgrenzung zu einzelvertraglichen Vereinbarungen ist zuweilen schwierig. Bei der Verwendung von Formularverträgen oder bei einer Inbezugnahme allgemeiner Arbeitsbedingungen im schriftlichen Arbeitsvertrag handelt es sich regelmäßig um Vereinbarungen mit kollektivem Charakter. In den übrigen Fällen kommt es entscheidend auf den Inhalt der getroffenen Vereinbarungen an. Lassen diese ein allgemeines, innerbetriebliches

Prinzip erkennen, ist eine Individualvereinbarung an der vom Arbeitgeber selbst aufgestellten generellen Ordnung zu messen (BAG NZA 1993, 171).

Eine unterschiedliche Behandlung von Angestellten und Arbeitern bei der Gewährung von Weihnachtsgeld ist in aller Regel nicht gerechtfertigt (BAG NZA 2005, 1418). Im **Fall c** ist die Differenzierung nach inländischen Arbeitskräften und ausländischen Arbeitnehmern bei objektiver Beurteilung sachfremd (s. auch Rdnr. 367), während ein Ausschluss der noch nicht lange im Betrieb Tätigen (keine Belohnung von Betriebstreue) und eine Besserstellung der verheirateten Arbeitnehmer (erhöhte Unterhaltslasten) sachlich gerechtfertigt sind.

**368** (d) Der Gleichbehandlungsgrundsatz ist ferner beim *Weisungsrecht des Arbeitgebers* zu beachten. Auch eine Weisung kann eine Maßnahme mit kollektivem Bezug darstellen. Weisungen des Arbeitgebers müssen der Billigkeit entsprechen (vgl. § 106 Satz 1 GewO); sie dürfen Arbeitnehmer insbesondere nicht wegen einer zulässigen Ausübung ihrer Rechte maßregeln (vgl. § 612a BGB).

Beispiele: Nimmt der Arbeitgeber einen Arbeitnehmer von freiwilligen Leistungen oder von der Zuweisung von Überstunden nur deshalb aus, weil dieser sich einer unbezahlten Arbeitszeitverlängerung widersetzt oder nicht bereit ist, auf tarifliche Vergütungsansprüche zu verzichten, so ist dies eine unzulässige Maßregelung nach § 612a BGB (BAG NZA 2002, 1389 = RdA 2003, 119 m. Anm. Kort und BAG NZA 2003, 1139 = RdA 2003, 368 m. Anm. Franzen). Das Weisungsrecht des Arbeitgebers wird dann unsachlich ausgeübt, wenn bei einer Torkontrolle bestimmte Arbeitnehmer besonders häufig und streng untersucht werden sollen, ohne dass bei ihnen ein erhöhter Diebstahlsverdacht gegeben ist. Der Arbeitgeber verstößt gegen das Maßregelungsverbot, wenn er auf den berechtigten Wunsch des Arbeitnehmers nach einem schriftlichen Arbeitsvertrag (vgl. § 2 Abs. 1 und Abs. 4 NachwG) mit einer Kündigung reagiert.

**369** (e) Zweifelhaft ist, ob der Gleichbehandlungsgrundsatz bei *Kündigungen* eingreift (verneinend: BAG AP Nr. 41 zu Art. 9 GG Arbeitskampf = RdA 1970, 60; s. aber auch BAG AP Nr. 73 zu § 2 KSchG 1969 zur Berücksichtigung gleichheitswidriger Auswahlkriterien bei anderen Unwirksamkeitsgründen einer Kündigung).

In aller Regel sind Kündigungsgründe nie völlig identisch. Vielmehr sind stets die besonderen Umstände des Einzelfalles zu berücksichtigen. Sofern mehrere Arbeitnehmer die gleiche Pflichtverletzung begangen haben, dürfte der Arbeitgeber aber bei der herausgreifenden Kündigung eines Arbeitnehmers an den Gleichbehandlungsgrundsatz gebunden sein (HWK/Thüsing, § 611a BGB Rdnr. 340).

**370** (2) **Anwendungsvoraussetzungen für den Gleichbehandlungsgrundsatz.** Zusammenfassend lassen sich folgende Voraussetzungen für die Anwendbarkeit des Gleichbehandlungsgrundsatzes festhalten:
- Kollektiver Tatbestand (Regelaufstellung und Regelbefolgung durch den Arbeitgeber).
- Ungleichbehandlung eines einzelnen Arbeitnehmers oder einer Arbeitnehmergruppe.
- Benachteiligung des betroffenen Arbeitnehmers bzw. der Gruppe.
- Die ungleich behandelten Arbeitnehmer müssen in demselben Unternehmen, nicht dagegen in demselben Betrieb beschäftigt sein (BAG NZA-RR 2010, 541, 544). Außerhalb des Unternehmens – etwa im Konzern – gilt der Gleichbehandlungsgrundsatz nach h. M. dagegen nicht.

- Die Ungleichbehandlung muss auf sachfremden Kriterien beruhen und damit willkürlich sein. Betriebliche Unterschiede können aber einen rechtfertigenden Sachgrund bilden.

**(3) Rechtsfolgen eines Verstoßes.** Nach wie vor nicht abschließend geklärt sind die Rechtsfolgen eines Verstoßes gegen den Gleichbehandlungsgrundsatz. 371

(a) Für die Vergangenheit ist bei einer Benachteiligung ganzer Arbeitnehmergruppen durch Vorenthaltung von Vergünstigungen grundsätzlich kein Leistungsanspruch der benachteiligten Gruppe zu bejahen. Eine Neuverteilung des Gesamtvolumens der Arbeitgeberleistungen unter Beachtung des Gleichbehandlungsgrundsatzes kommt grundsätzlich schon deshalb nicht in Betracht, weil den Begünstigten die erhaltenen Leistungen regelmäßig nicht mehr entzogen werden können. Die Gewährung der gleichen Leistung an alle zu Unrecht schlechter behandelten Arbeitnehmer würde dagegen regelmäßig zu einer Überforderung des Arbeitgebers führen (Beispiel: Rückwirkende Gewährung von Ansprüchen auf eine betriebliche Altersversorgung an bislang ausgeklammerte Teilzeitbeschäftigte). Jedenfalls bei für ihn nicht ohne weiteres erkennbaren Gleichheitsverstößen wäre eine solche Belastung für den Arbeitgeber unzumutbar. So wird auch bei gleichheitswidrigen Gesetzen die Ungleichbehandlung vom BVerfG für die Vergangenheit regelmäßig geduldet und dem Gesetzgeber eine Frist für eine Neuregelung des Sachverhaltes unter Beachtung des Gleichheitssatzes gewährt (vgl. nur BVerfGE 109, 64).

Liegt dagegen nur eine gleichheitswidrige Benachteiligung einzelner Arbeitnehmer vor, so wirkt der Gleichheitsgrundsatz auch für die Vergangenheit anspruchsbegründend. Dem Arbeitgeber kann hier auch für die Vergangenheit zugemutet werden, dass er die Benachteiligung durch Gewährung von Leistungen ausgleicht (zum Ganzen Wiedemann, Die Gleichbehandlungsgebote im Arbeitsrecht, S. 82 ff.).

Im Anwendungsbereich der europarechtlichen Diskriminierungsverbote (z. B. Art. 157 AEUV oder der Gleichbehandlungsrichtlinien) können diese Grundsätze indes nicht unbesehen angewandt werden. Der EuGH (NZA 1990, 771; 2001, 1301) hält bei diskriminierenden Anspruchsausschlüssen (z. B. zusätzliche Anspruchsvoraussetzung für Witwerpension) den Ausschluss für unanwendbar. Dies führt zu einer „Anpassung nach oben", durch die erhebliche Zusatzkosten auf den Arbeitgeber zukommen können (vgl. HWK/Tillmanns, Art. 157 AEUV Rdnr. 29 ff.; zu den Folgen altersdiskriminierender tariflicher Regelungen BAG NZA 2016, 709: Möglichkeit einer Absenkung der Begünstigung für die Zukunft). 372

(b) Für die Zukunft ist zu beachten, dass der Verstoß gegen den Gleichbehandlungsgrundsatz zur Nichtigkeit (§ 134 BGB) der Absprache („Regel") führt, auf deren Grundlage die Begünstigung bislang gewährt wurde (str.; wie hier Lieb/Jacobs, Arbeitsrecht, Rdnr. 109; a. A. ErfK/Preis, § 611a BGB Rdnr. 609). Das BAG verneint eine „Anpassung nach oben", also einen unmittelbaren Anspruch auf Gleichstellung der benachteiligten Arbeitnehmer, jedenfalls dann, wenn es sich bei der begünstigten Gruppe um einen sehr kleinen Teil der Gesamtbelegschaft handelt (weniger als 5 %; BAG NZA 2007, 221, 223). Nach dem Rechtsgedanken des § 139 BGB ist nicht nur die gleichheitswidrige Ausklammerung der benachteiligten Personengruppe nichtig, sondern grundsätzlich die Gesamtvereinbarung. Im Falle einer Gewährung von Vergünstigungen ist der Arbeitgeber damit ver- 373 pflichtet, für die Zukunft eine neue „Regel" unter Beachtung des Gleichbehandlungsgebots aufzustellen. Das bedeutet nicht zwingend, dass er allen Arbeitnehmern im Sinne einer Anpassung nach oben die bislang nur den privilegierten Arbeitnehmern gewährten Leistungen anbieten muss. Er muss jedoch zumindest dasjenige Volumen, das er bislang zur Verfügung gestellt hat, unter Berücksichtigung des Gleichbehandlungsgebotes neu verteilen (sog. „Topftheorie"; vgl. dazu BAG NZA 1992, 749).

## III. Sonstige Pflichten des Arbeitgebers

**Schrifttum:** *Buchner*, Betriebliche Datenverarbeitung zwischen Datenschutz und Informationsfreiheit, in: Festschrift Buchner, 2009, S. 153; *Schwab*, Der Arbeitnehmer als Erfinder, NZA-RR 2014, 281.

### 1. Schutzpflichten („Fürsorgepflichten")

**374** a) Aus dem Arbeitsverhältnis ergeben sich – wie bei anderen Vertragsverhältnissen – Schutzpflichten für die Vertragsparteien. Die den Arbeitgeber treffenden Schutzpflichten sind heute weitgehend gesetzlich geregelt.

Beispiele: Pflicht zur Schaffung sicherer Arbeitsplätze (§§ 618 Abs. 1, 619 BGB, § 62 Abs. 1, 4 HGB, § 3 Abs. 1 ArbSchG), zum Schutz der freien Entfaltung der Persönlichkeit der im Betrieb beschäftigten Arbeitnehmer (§ 75 Abs. 2 BetrVG), zur Unterrichtung des Arbeitnehmers über seine Stellung im Betrieb (§ 81 BetrVG), zur Anhörung des Arbeitnehmers und zur Erörterung der Angelegenheiten, die den Arbeitnehmer betreffen (§ 82 BetrVG), zur Gewährung von Einsicht des Arbeitnehmers in die über ihn geführten Personalakten (§ 83 BetrVG).

**375** Zu erwähnen sind ferner der in zahlreichen Gesetzen und Verordnungen geregelte technische und medizinische Arbeitsschutz (z. B. Arbeitsstättenverordnung, Arbeitsstoffverordnung, Geräte- und Produktsicherheitsgesetz, Arbeitssicherheitsgesetz), die Unfallverhütungsvorschriften der Berufsgenossenschaften (§ 15 SGB VII) sowie der soziale Arbeitsschutz (z. B. ArbZG, JArbSchG, MuSchG). Das Arbeitsschutzgesetz enthält Grundnormen, die für alle Beschäftigungsbereiche gelten.

Soweit gesetzliche Regelungen fehlen, können sich im Hinblick auf die besondere Schutzbedürftigkeit des Arbeitnehmers Schutzpflichten aus dem Arbeitsvertrag in Verbindung mit dem Grundsatz von Treu und Glauben ergeben.

**376** b) Zu den Pflichten des Arbeitgebers gehören auch die *Wahrung und der Schutz der Grundrechte* der Arbeitnehmer im Rahmen des Arbeitsverhältnisses. Zwar ist der Arbeitgeber als Privatrechtssubjekt nicht Grundrechtsadressat, allerdings sind die Grundrechte nach der Lehre von der mittelbaren Drittwirkung der Grundrechte (BAG (GS) AP BGB § 611 Beschäftigungspflicht Nr. 14) bei der Vertragsauslegung bzw. über die Generalklauseln (z. B. § 106 GewO) zu berücksichtigen. Beispielhaft ist etwa auf die Grundrechte aus Art. 4 GG zu verweisen. Der Arbeitnehmer verzichtet mit dem Abschluss des Arbeitsvertrags nicht von vornherein auf diese Grundrechte, selbst wenn er damit rechnen muss, dass die Erfüllung seiner Vertragspflichten mit seinen religiösen Verpflichtungen oder seinem Gewissen kollidieren kann. Andererseits ist der Arbeitgeber nicht verpflichtet, einem Arbeitnehmer im taktgebundenen Schichtbetrieb während der Arbeitszeit spezielle Gebetspausen einzuräumen, wenn dadurch betriebliche Störungen eintreten (LAG Hamm NZA 2002, 675). Ob und inwieweit der Arbeitgeber bei der Ausübung seines Weisungsrechts auf die Glaubensüberzeugungen seiner Arbeitnehmer Rücksicht nehmen muss, ist eine Frage des Einzelfalls (BAG NZA 2011, 1087, zum Kopftuchverbot LAG Nürnberg NZA-RR 2018, 356).

c) Der Arbeitgeber ist zum *Schutz der Person des Arbeitnehmers* verpflichtet; dazu gehört vor allem die Pflicht zum Schutz von Leben und Gesundheit des Arbeitnehmers am Arbeitsplatz (vgl. §§ 617 ff. BGB). Wachsende Bedeutung kommt dem betrieblichen Gesundheitsmanagement (BGM) zu. **377**

Beispiele: Sorge für sichere Arbeitsräume, Zugangswege, Maschinen, Werkzeuge, genügende Beleuchtung, Belüftung, Heizung. Öffentlich-rechtlich bestehen umfangreiche Regelungen in der ArbStättV (BGBl. 2004 I, S. 2179). Zum Nichtraucherschutz s. § 5 ArbStättV, zur Arbeitszeit: BAG NZA 2004, 927.

Für den Fall, dass der Arbeitgeber seine Arbeitnehmer dazu aufruft, sich einer Grippeschutzimpfung zu unterziehen, steht dem Arbeitnehmer kein Schmerzensgeldanspruch aus der unterlassenen Aufklärung über Impfrisiken zu. Eine entsprechende Aufklärungspflicht ergibt sich lediglich aus dem Behandlungsvertrag, der aber allein den (Betriebs-)Arzt verpflichtet. Der Arbeitgeber muss sich mangels eigener Pflicht ein etwaiges Verschulden des Arztes nicht zurechnen lassen, BAG NZA 2018, 708.

Ferner hat der Arbeitgeber die Würde des Arbeitnehmers und seine Persönlichkeitsrechte zu achten und zu schützen. Das ist nach §§ 75 Abs. 2, 80 Abs. 1 Nr. 1 BetrVG eine gemeinsame Pflicht von Arbeitgeber und Betriebsrat. Praktische Bedeutung hat das etwa beim Abhören von Telefongesprächen im Betrieb (BAG SAE 1998, 285 m. Anm. Löwisch/Wallisch). Der Schutz der Persönlichkeit des Arbeitnehmers findet sich nunmehr in § 3 Abs. 3 AGG wieder, der auch den Schutz vor Mobbing umfasst (Rdnr. 411; ErfK/Preis, § 611a BGB Rdnr. 623 m. w. Nachw.). Aus dem Persönlichkeitsrecht des Arbeitnehmers folgt als Nebenpflicht des Arbeitgebers ein allgemeines Schikaneverbot (HWK/Thüsing, § 611a BGB Rdnr. 412). Der Schutz des Persönlichkeitsrechts endet nicht mit dem Arbeitsverhältnis, sondern gilt auch nachvertraglich (zum Erscheinen in einem Werbevideo für den ehemaligen Arbeitgeber BAG NZA 2015, 604). **378**

Verletzt wird das Persönlichkeitsrecht des Arbeitnehmers in der Regel durch eine heimliche Videoüberwachung an seinem Arbeitsplatz. Eine Ausnahme gilt, wenn der konkrete Verdacht einer schweren Verfehlung zu Lasten des Arbeitgebers besteht und die Überwachung das einzige verhältnismäßige Mittel der Aufklärung darstellt. Fehlt die Zustimmung des Betriebsrats nach § 87 Abs. 1 Nr. 6 BetrVG, so folgt daraus kein eigenständiges Beweisverwertungsverbot, wenn der Betriebsrat der Verwendung des Beweismittels und der darauf gestützten Kündigung zustimmt (BAG NZA 2003, 1193; vgl. auch BAG NZA 2004, 1278; dazu Richardi/Korstock, RdA 2005, 381). Gleiches gilt für Taschenkontrollen, die der Mitbestimmung nach § 87 Abs. 1 Nr. 1 BetrVG unterliegen (BAG NZA 2008, 1008). Die prozessuale Verwertung von Ergebnissen einer Spinddurchsuchung, die in Abwesenheit des Arbeitnehmers durchgeführt wurde, ist grds. ausgeschlossen (BAG, NZA 2014, 143). **379**

Weitere Beispiele: Pflicht zur Sicherung personenbezogener Daten; Schweigepflicht hinsichtlich der dem Arbeitnehmer nachteiligen Tatsachen. Damit ein menschenwürdiges, erträgliches Betriebsklima besteht und erhalten bleibt, kann der Arbeitgeber verpflichtet sein, zerstrittene Arbeitnehmer nach Möglichkeit nicht an derselben Maschine einzusetzen oder einen Störenfried notfalls zu versetzen bzw. gar zu entlassen; das kann auch der Betriebsrat im Fall des § 104 BetrVG von ihm verlangen (Rdnr. 1148).

**380** d) Die *Pflicht zur Beachtung der sozialversicherungsrechtlichen Vorschriften* besteht nicht nur gegenüber den Sozialversicherungsträgern, § 28a SGB IV; vielmehr ist der Arbeitgeber dazu auch gegenüber dem Arbeitnehmer verpflichtet, damit dessen Rechte aus der Sozialversicherung nicht beeinträchtigt werden.

Verpflichtet ist der Arbeitgeber insbesondere zur richtigen und rechtzeitigen Anmeldung des Arbeitnehmers zur Sozialversicherung, zur ordnungsgemäßen Beitragszahlung (vgl. auch § 266a StGB) und rechtzeitigen Anzeige eines Betriebsunfalls.

**381** e) Die Pflicht zum *Schutz des Eigentums des Arbeitnehmers* bezieht sich auf die notwendigerweise mitgebrachten Sachen (z. B. Kleidung; nicht etwa wertvoller Schmuck); der Arbeitgeber hat dafür zu sorgen, dass diese Sachen vor Verlust und Beschädigung sicher aufbewahrt werden können; das gilt auch für Fahrzeuge, sofern es sich dabei um Fahrräder oder Mopeds handelt (**Fall a**).

Ob der Arbeitgeber Parkplätze für die Kraftwagen der Arbeitnehmer bereitstellen muss, richtet sich nach den Umständen des Einzelfalles (z. B. vorhandener Raum, Kosten, Zahl der Fahrzeuge, Erforderlichkeit der Autobenutzung und Entfernung des Betriebes von öffentlichen Parkplätzen); stellt der Arbeitgeber einen Parkplatz zur Verfügung, muss er für dessen Verkehrssicherheit sorgen (Einzelh.: BAG AP Nr. 1 ff. zu § 611 BGB Parkplatz). Zum Abschluss einer Diebstahlsversicherung ist der Arbeitgeber nur bei einer besonderen Vereinbarung verpflichtet (**Fall b**).

**382** f) Eine *Pflicht zum Aufwendungsersatz* besteht, wenn der Arbeitnehmer anlässlich der Erfüllung seiner arbeitsvertraglichen Pflichten Aufwendungen tätigt, die entweder vom Arbeitgeber angeordnet oder objektiv erforderlich waren oder die der Arbeitnehmer in verständiger Würdigung der Sachlage im Interesse des Arbeitgebers für erforderlich halten durfte. Die Erstattungspflicht des Arbeitgebers setzt voraus, dass die Aufwendungen nicht bereits durch das Arbeitsentgelt abgegolten sind (Einzelh.: HWK/Thüsing, § 611a Rdnr. 426 ff.). Die ganz h. M. folgert das aus einer analogen Anwendung des § 670 BGB (BAG NZA 1999, 38; dazu Rdnr. 354). Eine planwidrige Regelungslücke liegt vor, da es keinen gesetzlich geregelten verschuldensunabhängigen Aufwendungsersatzanspruch des Arbeitnehmers gegen den Arbeitgeber gibt. Die Interessenlage ist mit der des Auftrags vergleichbar, da sowohl der Beauftragte als auch der Arbeitnehmer in fremdem Interesse tätig werden und über den Einsatz der Arbeitskraft hinaus (nur diese wird vergütet!) keine Vermögensverluste erleiden sollen. Zu den erforderlichen Aufwendungen gehören nicht nur freiwillige Vermögensopfer des Arbeitnehmers, sondern auch unverschuldete, betrieblich veranlasste Vermögensschäden (Rdnr. 412 ff.; näher: Küttner/Griese, Personalbuch 2020, Stichwort Aufwendungsersatz A.3.). Bei Mitverschulden des Arbeitnehmers gelten analog § 254 BGB die Grundsätze über den innerbetrieblichen Schadensausgleich (Rdnr. 283 ff.). Allerdings muss der Arbeitnehmer beweisen, dass er höchstens leicht fahrlässig, jedenfalls aber nicht grob fahrlässig gehandelt hat, da eine erforderliche Aufwendung i. S. d. § 670 BGB nur unter Ausschluss eines bestimmten Verschuldens vorliegen kann (BAG NZA 2011, 406).

### 2. Beschäftigtendatenschutz

**383** Weitere Pflichten treffen den Arbeitgeber im Rahmen des Beschäftigtendatenschutzes. Insoweit sind die Regelungen der ab dem 25.5.2018 anwendbaren EU-Datenschutz-Grundverordnung (DSGVO) sowie ergänzend das BDSG in neuer Fassung zu beachten.

a) **Ausgangspunkt und Rechtsgrundlage.** Den Ausgangspunkt bilden dabei Art. 5 Abs. 1 lit. a, Art. 6 Abs. 1 Satz 1 DSGVO, wonach die Verarbeitung personenbezogener Daten nur rechtmäßig ist, soweit einer der enumerativ aufgezählten Erlaubnistatbestände erfüllt ist (sog. präventives Verbot mit Erlaubnisvorbehalt). Insoweit muss für jede Datenverarbeitung i. S. d. Art. 4 Nr. 2 DSGVO ein gesetzlicher Erlaubnistatbestand gegeben sein. Der wohl für das Arbeitsrecht bedeutendste Erlaubnistatbestand ist in der spezielleren Rechtsvorschrift des § 26 BDSG normiert. § 26 BDSG ist die Generalklausel des Beschäftigtendatenschutzes und regelt die Datenverarbeitung für Zwecke des Beschäftigtenverhältnisses. Nach § 26 Abs. 1 Satz 1 BDSG dürfen personenbezogene Daten eines Beschäftigten verarbeitet werden, wenn dies für die Entscheidung über die Begründung eines Beschäftigtenverhältnisses oder nach Begründung für dessen Durchführung oder Beendigung erforderlich ist. Was „erforderlich" in diesem Sinne ist, ist anhand einer am Verhältnismäßigkeitsprinzip orientierten Einzelfallabwägung zu bestimmen (vgl. BAG NZA 2014, 243 noch zu § 32 Abs. 1 Satz 1 BDSG a. F.). Zu beachten ist, dass das unbestimmte Merkmal der Erforderlichkeit eine Einbruchstelle für eine mittelbare Wirkung der Grundrechte ist. Bei der Abwägung der divergierenden Interessen von Arbeitgeber und Beschäftigten kann die Rechtsprechung des BVerfG zum allgemeinen Persönlichkeitsrecht als Orientierung dienen. § 26 Abs. 6 BDSG stellt darüber hinaus klar, dass die Beteiligungsrechte der Interessenvertretung der Beschäftigten und damit die betriebsverfassungsrechtlichen Vorgaben durch die Normen des BDSG nicht berührt werden.

Daneben kommt Art. 6 Abs. 1 Satz 1 DSGVO als Erlaubnistatbestand in Betracht. Der Unterschied zu § 26 BDSG besteht darin, dass Art. 6 Abs. 1 Satz 1 DSGVO nicht auf Zwecke des Beschäftigtenverhältnisses beschränkt ist. Für das Verhältnis der beiden Normen ist zu beachten, dass Art. 88 DSGVO allein für Beschäftigungszwecke eine Öffnungsklausel darstellt (weiterführende Hinweise in HWK/Lembke, DSGVO Art. 88 Rdnr. 5 ff.). Demzufolge ist § 26 BDSG für Beschäftigungszwecke abschließend. Für beschäftigungsfremde Zwecke ist dagegen auf Art. 6 Abs. 1 Satz 1 DSGVO als allgemeinere Vorschrift abzustellen.

b) **Videoüberwachung im öffentlichen Raum.** § 4 BDSG stellt einen weiteren wichtigen Erlaubnistatbestand dar. Als lex specialis zu § 26 BDSG regelt er die Videoüberwachung im öffentlichen Raum. Im Arbeitsverhältnis ist § 4 BDSG bei der Überwachung öffentlich zugänglicher Arbeitsplätze zu beachten, z. B. bei Verkaufsflächen in einem Supermarkt (vgl. BAG NJW 2012, 3594 zu § 6b BDSG a. F.).

c) **Betriebsvereinbarungen als Rechtsgrundlage.** Soweit Regelungen die Vorgaben des BDSG nicht einhalten, können sie durch eine Kollektivvereinbarung, insbesondere durch eine Betriebsvereinbarung gerechtfertigt sein. Eine solche Möglichkeit sieht § 26 Abs. 4 BDSG ausdrücklich vor (HWK/Lembke, DSGVO Rdnr. 77 ff.). Umstritten ist, ob damit auch eine Abweichung vom Datenschutzstandard der DSGVO zulässig ist und falls ja, welche Möglichkeiten es dabei gibt. Die überwiegende Literaturansicht lehnt entsprechende Abweichungen ab (vgl. Gola/Thüsing/Schmidt DuD 2017, 244; Düwell/Brink NZA 2016, 665 f.). Jedenfalls setzen § 75 Abs. 2 BetrVG und Art. 88 Abs. 2 DSGVO Grenzen.

d) **Einwilligung.** Gemäß § 26 Abs. 2 BDSG kann die Verarbeitung von personenbezogenen Daten aufgrund einer Einwilligung des Betroffenen gerechtfertigt sein. Voraussetzung hierfür ist die freie Entscheidung des Betroffenen. Mit Einführung des § 26 Abs. 2 BDSG hat der nationale Gesetzgeber erstmals ausdrücklich klargestellt, dass eine freiwillige Entscheidung auch im Arbeitsverhältnis prinzipiell möglich ist (zu früheren Zweifeln vgl. NK-BDSG/Simitis, § 4a Rdnr. 62 m. w. N.). Zu beachten sind neben dem Schriftformerfordernis des § 26 Abs. 2 Satz 3 BDSG die erforderliche Belehrung des Arbeitnehmers über den Zweck der Datenverarbeitung (Satz 4) und sein Widerrufsrecht bzgl. der Einwilligung (Art. 7 Abs. 3 DSGVO).

**385**  e) **Rechtsfolgen.** Liegt eine rechtswidrige Datenverarbeitung des Arbeitgebers vor, ist zwischen unterschiedlichen Sanktionsmechanismen zu differenzieren: Neben straf- und ordnungswidrigkeitenrechtlichen Konsequenzen (z. B. § 202 StGB, § StGB, § 206 StGB, § 303a StGB, §§ 42, 84 BDSG, § 148 TKG, sowie Bußgeldern nach Art. 83 DSGVO, §§ 30, 130 OWiG, § 149 TKG) kommen für den Arbeitnehmer zivilrechtliche (spezielle datenschutzrechtliche, aber auch allgemeine schuldrechtliche) Ansprüche gegen den Arbeitgeber in Betracht. Die relevantesten Schadens- und Entschädigungsansprüche finden sich in Art. 82 Abs. 1 DSGVO sowie in § 81 Abs. 1 und Abs. 2 BDSG. Während Art. 82 Abs. 1 DSGVO einen weitreichenden Anspruch auf Schadensersatz bei Verstoß gegen die DSGVO gegen private Stellen eröffnet, gewährt § 83 BDSG dem Betroffenen bei rechtswidriger Datenverarbeitung einen Anspruch gegenüber der verantwortlichen Stelle der öffentlichen Hand. Im Hinblick auf die Rechtsfolgen sind die allgemeinen Regelungen der §§ 249 ff. BGB einschlägig.

**386**  Daneben kann ein Schadensersatzanspruch gem. § 280 Abs. 1 BGB (im vorvertraglichen Schuldverhältnis aus § 311 Abs. 2 BGB) bestehen. Die Einhaltung der datenschutzrechtlichen Vorgaben stellt eine Nebenpflicht des Arbeitgebers i. S. v. § 241 Abs. 2 BGB dar. Durch eine rechtswidrige Datenerhebung, -nutzung oder -verarbeitung verletzt der Arbeitgeber außerdem das allgemeine Persönlichkeitsrecht des Arbeitnehmers, das über § 823 Abs. 1 BGB als sonstiges Recht geschützt ist. Eröffnet ist damit auch der Weg für eine Haftung für immaterielle Schäden gem. § 823 Abs. 1 BGB i. V. m. Art. 2 Abs. 1, 1 Abs. 1 GG. Weitere Ansprüche können sich aus § 823 Abs. 2 BGB i. V. m. Schutzgesetzen des BDSG oder StGB, aus § 824 BGB, § 831 BGB oder auch aus § 826 BGB ergeben (ausführlich Forst, AuR 2010, 106). Schließlich ist an Ansprüche auf Unterlassung, Beseitigung und Gegendarstellung (i. V. m. § 1004 Abs. 1 BGB analog) zu denken.

**387**  Besondere Pflichten treffen den Arbeitgeber zudem bei der Führung von Personalakten, dabei sind bundesdatenschutzrechtliche Belange zu beachten. Der Arbeitnehmer hat gem. Art. 13 f. DSGVO einen Anspruch auf Auskunft über die gespeicherten Daten zu seiner Person. Der Arbeitgeber hat über den Inhalt der Personalakte Stillschweigen zu bewahren. Personalakten dürfen nicht frei zugänglich sein, sondern müssen sorgfältig aufbewahrt werden (BAG AP Nr. 1 zu § 611 BGB Personalakte). Gemäß § 241 Abs. 2 BGB i. V. m. Art. 2 Abs. 1 und Art. 1 Abs. 1 GG hat der Arbeitnehmer auch nach Beendigung des Arbeitsverhältnisses Anspruch auf Einsicht in seine vom ehemaligen Arbeitgeber weiter aufbewahrte Personalakte (BAG DB 2011, 822).

### 3. Beschäftigungspflicht

**388**  Der Arbeitsvertrag begründet nicht nur ein schuldrechtliches Austauschverhältnis von Arbeitsleistung und Lohn. Neben seiner Lohnzahlungspflicht trifft den Arbeitgeber auch eine Beschäftigungspflicht (vgl. BAG AP Nr. 2 ff. zu § 611 BGB Beschäftigungspflicht). Sie findet ihre Grundlage im Recht des Arbeitnehmers auf freie Entfaltung der Persönlichkeit und in der personalen Würde des Arbeitnehmers (Art. 2 Abs. 1 i. V. m. 1 Abs. 1 GG).

Bei Nichtbeschäftigung gerät der Arbeitgeber nicht nur in Annahmeverzug mit der Folge der Lohnzahlungspflicht aus § 615 BGB, sondern verletzt zugleich den Anspruch des Arbeitnehmers auf Beschäftigung. Selbst wenn er den Lohn weiterzahlt, ist der Arbeitgeber nicht befugt, dem Arbeitnehmer eine vertragsgemäße Beschäftigung zu verweigern.

Wichtige Gründe können zur Unzumutbarkeit der Beschäftigung des Arbeitnehmers führen. Sie können in der Person des Arbeitnehmers liegen (z. B. nicht sogleich aufzuklärender Diebstahlsverdacht) oder mit dem Betrieb zusammenhängen (z. B. Auftragsmangel). In diesem Fall ist eine einseitige Suspendierung durch den Arbeitgeber möglich. Der Arbeitgeber braucht den Arbeitnehmer außerdem dann nicht zu beschäftigen, wenn dieser kein Interesse an der Beschäftigung hat. Im Übrigen sind vertragliche Einschränkungen der Beschäftigungspflicht denkbar (zur Suspendierung HWK/Thüsing, § 611a BGB Rdnr. 325 ff.). **389**

Im **Fall d** ist ein wichtiger Grund gegeben, weil die Arbeitsleistung infolge von Reparaturen am Fließband nicht zu erbringen ist. Etwas anderes gilt, wenn die Arbeitnehmer während der Reparatur an einem anderen Fließband beschäftigt werden können.

### 4. Pflicht zur Urlaubsgewährung

Der Arbeitgeber ist verpflichtet, dem Arbeitnehmer bezahlten Erholungsurlaub zu gewähren (dazu Rdnr. 471 ff.). **390**

### 5. Pflicht zur Vergütung einer Arbeitnehmererfindung

Den Arbeitgeber kann bei einer Erfindung des Arbeitnehmers eine Vergütungspflicht treffen. Einzelheiten dieser in der juristischen Ausbildung nicht relevanten Spezialmaterie, mit der auch der arbeitsrechtliche Praktiker selten konfrontiert wird, sind im ArbNErfG geregelt. Auf ihre Darstellung wird im Rahmen des vorliegenden Grundrisses verzichtet (vgl. zur Einführung Küttner/Poeche, Personalbuch 2020, Stichwort Arbeitnehmererfindung A.). **391**

### 6. Pflicht zur Altersversorgung

**Schrifttum:** *Ahrendt*, Zum Schutz vor Diskriminierung in der betrieblichen Altersversorgung durch das AGG, RdA 2016, 129; *Bepler*, Diskriminierungsverbote im Betriebsrentenrecht, in: Festschrift Höfer, 2011, S. 1; *Meinecke/Neumar*, Neuregelungen des Betriebsrentenstärkungsgesetzes ab 1.1.2018, P&R 2017, 245; *Hanau*, Die zu vollendende Reform des Betriebsrentengesetzes, NZA 2016, 577; *Hofelich*, Der neue Arbeitgeberzuschuss zur betrieblichen Altersversorgung: Betriebsstärkung oder -schwächung?, ArbRB 2018, 16; *Rengier*, Bestandsschutz bei Neuregelung der betrieblichen Altersversorgung, RdA 2006, 213; *Schlewing/Henssler/Schipp/Schnitker*, BetrAVG, Loseblatt; *Blomeyer/Rolfs/Otto*, Betriebsrentengesetz, 6. Aufl., 2015; *vom Stein*, Reformimpulse für die betriebliche Altersvorsorge RdA 2015, 272; *Steinmeyer*, Das Allgemeine Gleichbehandlungsgesetz und die betriebliche Altersversorgung, ZfA 2007, 27; *Temming*, Unisex-Tarife in der betrieblichen Altersversorgung? Zu den Auswirkungen des EuGH-Urteils „Test-Achats", BetrAV 2012, 391.

**a) Bedeutung der Altersversorgung.** Scheidet ein Arbeitnehmer bei Erreichen der Altersgrenze bzw. bei Erwerbs- oder Berufsunfähigkeit aus dem Arbeitsverhältnis aus, erhält er normalerweise aus der gesetzlichen Rentenversicherung nach SGB VI eine Rente, die seinen Lebensunterhalt und den seiner Familienangehörigen sicherstellen soll. Da diese gesetzlichen Renten in der Regel deutlich niedriger **392**

als das bisherige Arbeitseinkommen sind, gewähren viele Arbeitgeber ihren (langjährigen) Arbeitnehmern eine freiwillige zusätzliche (betriebliche) Altersversorgung (Ruhegeld, Ruhegehalt, Pension) oder den Hinterbliebenen eines verstorbenen Arbeitnehmers eine Hinterbliebenenversorgung (Witwen, Waisenrente). Ziel des Betriebsrentengesetzes (BetrAVG) ist es, die Ansprüche auf eine solche Altersversorgung auf vielfältige Weise zu schützen, wobei als Themenschwerpunkte die Durchführung der betrieblichen Altersversorgung, die gesetzliche Unverfallbarkeit dem Grunde und der Höhe nach, die Möglichkeit der Abfindung und die Übertragung, der Insolvenzschutz und die Anpassung von laufenden Leistungen (Anpassungsprüfpflicht) Hervorhebung verdienen (zu weiteren Einzelheiten Rdnr. 401. Das Gesetz bezieht sich im Grundsatz auf all jene Versorgungsversprechen, deren Leistungen durch ein biologisches Ereignis (Alter und/oder Invalidität und/oder Tod) ausgelöst werden und die aus Anlass eines Arbeitsverhältnisses erteilt worden sind.

**393** b) **Arten der Altersversorgung.** In der Praxis haben sich verschiedene Formen der Altersversorgung herausgebildet, die allerdings nur unter gewissen Voraussetzungen vom BetrAVG erfasst werden. Das Gesetz unterscheidet einerseits zwischen den in § 1 Abs. 1 und § 1b Abs. 2 bis Abs. 4 BetrAVG angesprochenen unmittelbaren und mittelbaren *Versorgungszusagen* und den sonstigen Formen der betrieblichen Altersversorgung, die in § 1 Abs. 2 BetrVG angesprochen sind.

aa) Versorgungszusagen können zunächst in den folgenden regulären Formen der nach dem Gesetz typischen leistungsorientierten Versorgung abgegeben werden, wobei der Arbeitgeber jeweils für Erfüllung der Zusage einstehen muss, und zwar auch dann, wenn die Durchführung nicht unmittelbar über ihn erfolgt (vgl. § 1 Abs. 1 Satz 2 BetrAVG):

(1) Der Arbeitgeber gibt dem Arbeitnehmer eine *unmittelbare Versorgungszusage* (= *Direktzusage*, § 1 Abs. 1 Satz 2 BetrAVG). Er selbst ist zur Zahlung des Ruhegeldes (der Hinterbliebenenversorgung) an den Arbeitnehmer (dessen Witwe, Waisen) verpflichtet.

(2) Der Arbeitgeber schließt mit einer Lebensversicherungsgesellschaft eine *Lebensversicherung* (Einzel- oder Gruppenversicherungsverträge) zugunsten einzelner, mehrerer oder aller Arbeitnehmer (der Hinterbliebenen) ab (= *Direktversicherung*, § 1b Abs. 2 BetrAVG).

**394** (3) Es besteht eine *Pensionskasse*, § 1b Abs. 3 BetrAVG. Der Arbeitgeber wendet dem Arbeitnehmer (den Hinterbliebenen) einen *Rechtsanspruch* auf Versorgungsleistungen gegen die Kasse zu. Solche Kassen sind rechtsfähige Versorgungseinrichtungen in der Rechtsform von Versicherungsvereinen auf Gegenseitigkeit (VVaG); sie werden als Betriebs, Konzern- oder Gruppenpensionskassen betrieben.

(4) Es besteht eine *Unterstützungskasse*, § 1b Abs. 4 BetrAVG. Auf deren Leistung gibt es *keinen Rechtsanspruch*. Die Rspr. sieht im „Ausschluss eines Rechtsanspruchs" indes nur eine Widerrufsmöglichkeit des Arbeitgebers (BAG AP Nr. 6 zu § 242 BGB Ruhegehalt-Unterstützungskassen). Solche Kassen sind rechtsfähige Versorgungseinrichtungen in der Rechtsform von eingetragenen Vereinen, Stiftungen oder Gesellschaften mit beschränkter Haftung.

**bb) Nach § 1 Abs. 2 BetrAVG** liegt eine betriebliche Altersversorgung im Sinne **395** des Gesetzes außerdem auch in den folgenden fünf Fällen vor:

(1) Mit § 1 Abs. 2 Nr. 1 BetrAVG wird klargestellt, dass auch eine *„beitragsorientierte Leistungszusage"* dann eine betriebliche Altersversorgung i. S. d. Gesetzes ist, wenn sich der Arbeitgeber zur Umwandlung der Beiträge in eine Anwartschaft auf betriebliche Altersversorgung verpflichtet. Der Arbeitgeber sagt hier also zu, Beiträge zu einer Versorgungseinrichtung zu leisten, wobei eine künftige Versorgungsleistung versprochen wird, die ein im BetrAVG angesprochenes biometrisches Risiko zumindest teilweise abdeckt (BAG AP BetrAVG § 1 Nr. 68).

(2) Möglich ist nach § 1 Abs. 2 Nr. 2 BetrAVG auch eine *Beitragszusage mit Mindestleistung*. Der Arbeitgeber verpflichtet sich hier zur Zahlung von Beiträgen zur Finanzierung von Leistungen von Pensionsfonds, Pensionskassen oder Direktversicherungen.

(3) Das am 1.1.2018 in Kraft getretene Betriebsrentenstärkungsgesetz (BRSG) hat mit der Einfügung der Ziff. 2a in Abs. 2 eine tief greifende Änderung gebracht. Ziel der Reform ist die stärkere Verbreitung von bAV-Ansprüchen speziell in klein- und mittelständischen Unternehmen. Darüber hinaus sollen für Arbeitnehmer mit geringeren Einkünften Anreize geschaffen bzw. Hindernisse beseitigt werden, um auch diesem Personenkreis eine zusätzliche Altersversorgung zukommen zu lassen. Die sog. „reine Beitragszusagen" waren zwar vor dem 1.1.2018 schon zulässig, sie unterfielen aber grds. nicht dem Schutz des BetrAVG. Seit der Novellierung haben die TV-Parteien die Möglichkeit, reine Beitragszusagen zu vereinbaren. Mit der Leistung des Beitrags an die Versorgungseinrichtung erfüllt der Arbeitgeber seine Pflicht (pay and forget). Die reine Beitragszusage ermöglicht damit ein kollektives Sparen ohne Garantien (HWK/Schipp § 1 BetrAVG Rdnr. 7 ff.).

(4) Auch die Entgelt- bzw. Gehaltsumwandlung ist eine Form der b-AV, wie § 1 **396** Abs. 2 Nr. 3 BetrAVG klarstellt. Das Gesetz geht konzeptionell von einer arbeitgeberfinanzierten Altersversorgung aus, arbeitnehmerfinanzierte Modelle passen in dieses Konzept daher nur dann, wenn sie auf einer Entgeltumwandlung beruhen. Nicht vom Schutz des BetrAVG umfasst sind dagegen Modelle der Eigenvorsorge durch den Arbeitnehmer (ErfK/Steinmeyer, 20. Aufl., 2020, BetrAVG § 1 Rn. 19).

(5) Das BetrAVG ist schließlich nach § 1 Abs. 2 Nr. 3 BetrAVG auch dann anwendbar, wenn der Arbeitnehmer Beiträge aus seinem Arbeitsentgelt zur Finanzierung von Leistungen der betrieblichen Altersversorgung an einen Pensionsfonds, eine Pensionskasse oder eine Direktversicherung leistet und die Zusage des Arbeitgebers auch die Leistungen aus diesen Beiträgen umfasst.

**c) Rechtsgrundlage.** Wie bei sonstigen arbeitsrechtlichen Ansprüchen sind auch **397** bei der betrieblichen Altersversorgung verschiedene Rechtsgrundlagen denkbar.

(1) Der Arbeitgeber kann sich im *Einzelvertrag* zur Zahlung eines Ruhegeldes verpflichten. Diese Vereinbarung bedarf keiner Form, weil sie weder ein Schenkungs- noch ein Leibrentenversprechen darstellt (§§ 518, 761 BGB). Das Ruhegeld ist zwar kein nachträglich gezahltes Arbeitsentgelt; es wird aber nur im Hinblick auf die früher geleisteten Dienste gewährt und findet deshalb im Arbeitsverhältnis seine rechtliche Grundlage. Bei Vereinbarungen über Ruhegeldzahlungen sind Mitbestimmungsrechte des Betriebsrats aus § 87 Abs. 1 Nr. 8, 10 BetrVG zu beach-

ten. Da der Arbeitgeber die Verpflichtung freiwillig eingeht, kann er die Zahlung des Ruhegeldes an bestimmte Voraussetzungen knüpfen.

Beispiele: Zwanzigjährige Betriebszugehörigkeit (BAG AP Nr. 2 zu § 1 BetrAVG Wartezeit); Höchsteintrittsalter (BAG NZA 1987, 23); Mindestdauer einer Ehe bei Witwenrente (BAG NZA 1988, 158); Mindestalter für Invalidenrente (BAG NZA 1988, 394).

**398** (2) Das Ruhegeld kann ferner in einem *Kollektivvertrag* geregelt sein. Hier kommt in erster Linie eine *Betriebsvereinbarung* in Betracht (§§ 88, 77 BetrVG). Wegen der unterschiedlichen betrieblichen Verhältnisse ist eine Regelung durch einen überbetrieblichen Tarifvertrag nicht üblich; deshalb steht § 77 Abs. 3 BetrVG einer Betriebsvereinbarung nicht entgegen. Gelegentlich wird allerdings eine Ruhegeldregelung in einem *Firmentarifvertrag* (Rdnr. 836) getroffen.

**399** (3) Häufigste Grundlage für die Zahlung eines Ruhegeldes ist eine *arbeitsvertragliche Einheitsregelung* (Gesamtzusage, Pensionsordnung; vgl. Rdnr. 145 ff.).

**400** (4) Schließlich kann sich aus der *Gleichbehandlungspflicht* (Rdnr. 371 ff.; BAG NZA 2016, 820) und aus *betrieblicher Übung* (Rdnr. 151 f.; BAG NZA 1986, 786) ein Ruhegeldanspruch ergeben, wenn ein Arbeitnehmer aus einer Gruppe von Arbeitnehmern willkürlich von der Ruhegeldgewährung ausgeschlossen wird (vgl. § 1b Abs. 1 Satz 4 BetrAVG). Die Frage, ob die Regelungen des AGG auch im Bereich der betrieblichen Altersversorgung Anwendung finden, wurde in der Literatur zunächst kontrovers diskutiert, da der gesetzliche Verweis in § 2 Abs. 2 Satz 2 AGG auf die Geltung des BetrAVG Anlass zu unterschiedlichen Interpretationen gab (vgl. u. a. Rengier, NZA 2006, 1251; Willemsen/Schweibert, NJW 2006, 2583, 2584). Das BAG hat inzwischen klargestellt, dass § 2 Abs. 2 Satz 2 AGG lediglich eine Kollisionsregel zwischen dem AGG und dem BetrAVG enthält. Das AGG gilt demnach trotz der in § 2 Abs. 2 Satz 2 AGG enthaltenen Verweisung auf das Betriebsrentengesetz auch für die betriebliche Altersversorgung, soweit das Betriebsrentenrecht keine vorrangigen Sonderregelungen enthält (BAG NZA 2008, 532; BAG NZA 2009, 489). Da das LPartG seit dem 1.1.2005 grds. eine gleichartige Rechtsstellung von Ehegatten und Lebenspartnern vorsieht, ist die Situation von Lebenspartnern, die ihre Lebenspartnerschaft vor dem 1.10.2017 geschlossen haben, in Bezug auf die Hinterbliebenenversorgung mit der von Ehegatten vergleichbar (BAG NZA 2009, 489).

Altersdiskriminierend ist eine Hinterbliebenenversorgung, die dem Arbeitnehmer nur für den Fall zugesagt wird, dass die Ehe vor Vollendung des 60. Lebensjahres geschlossen wird, sog. Spätehenklausel (BAG NZA 2015, 1447). Die durch die Späteheklausel bewirkte Ungleichbehandlung kann jedoch nach § 10 AGG sachlich gerechtfertigt sein (BAG NZA 2018, 453; NZA 2019, 991; 997; BeckRS 2019, 11986). Ein weiteres Beispiel für einen Verstoß gegen den Gleichbehandlungsgrundsatz ist der Ausschluss von Teilzeitbeschäftigten von der Altersversorgung (BAG NZA 1987, 445), dagegen ist es zulässig, wenn eine betriebliche Altersversorgung ausschließlich Führungskräften gewährt wird (BAG NZA 1987, 449) oder Frührentner ausgeschlossen werden (BAG NZA 1988, 394).

**401** **d) Sicherung der Altersversorgung.** Der Anspruch auf Zahlung des Ruhegeldes entsteht erst, wenn der Arbeitnehmer nach Erfüllung der vorgesehenen Wartezeit aus dem Arbeitsverhältnis ausscheidet; vorher hat er nur eine Anwartschaft auf den Erwerb des Anspruchs. Das BetrAVG sichert die Anwartschaften und die Ansprüche im Interesse der Arbeitnehmer sehr weitgehend.

(1) *Anwartschaften* sind *unverfallbar,* wenn der Arbeitnehmer beim Ausscheiden aus dem Arbeitsverhältnis mindestens 25 Jahre alt ist und entweder die Versorgungszusage für ihn mindestens fünf Jahre bestanden hat oder er sie wegen einer Vorruhestandsregelung nicht erreicht (§ 1b Abs. 1 BetrAVG; weitere Einzelh.: §§ 2 f. BetrAVG). Voraussetzung für die Unverfallbarkeit ist aber, dass der Arbeitnehmer nach der betrieblichen Regelung überhaupt zum Kreis der Versorgungsberechtigten gehört. Noch nicht erfüllte Wartezeiten können nach § 1b Abs. 1 Satz 5 BetrAVG auch noch nach Beendigung des Arbeitsverhältnisses erfüllt werden. Im Fall der Entgeltumwandlung tritt die Unverfallbarkeit sofort ein (§ 1b Abs. 5 BetrAVG).

(2) Bis zum 31.12.2015 musste der Arbeitgeber *alle drei Jahre eine Anpassung* der laufenden Leistungen der betrieblichen Altersversorgung *prüfen und* hierüber nach billigem Ermessen *entscheiden* (§ 16 BetrAVG; dazu Feudner, DB 2005, 50). Seit 1.1.2016 entfällt die Anpassungspflicht bei Pensionskassen (§ 1b Abs. 3 BetrAVG) sowie der Versorgung über eine Direktversicherung (§ 1b Abs. 2 BetrAVG, zur Frage der Rückwirkung s. Diller/Zeh, NZA 2016, 75).

**402**

(3) Die Leistungen der betrieblichen Altersversorgung dürfen nach Eintritt des Versorgungsfalles nicht dadurch gemindert oder entzogen werden, dass andere Versorgungsleistungen an die wirtschaftliche Entwicklung angepasst und angerechnet werden (sog. *Auszehrungsverbot,* § 5 Abs. 1 BetrAVG; Besonderheit: § 5 Abs. 2 BetrAVG).

(4) Bei Zahlungsunfähigkeit (z. B. Insolvenz) des Arbeitgebers hat der Ruhegeldberechtigte einen Anspruch gegen den *Pensionssicherungsverein* (Einzelheiten zur Insolvenzsicherung: §§ 7 ff., 14 BetrAVG).

e) **Erlöschen der Ruhegeldverpflichtung.** (1) Hat sich der Arbeitgeber unter bestimmten Voraussetzungen den *Widerruf vorbehalten,* so ist er bei Vorliegen dieser Umstände in der Lage, einseitig sowohl den bereits entstandenen Ruhegeldanspruch der ausgeschiedenen Arbeitnehmer als auch die Ruhegeldanwartschaft der aktiven Arbeitnehmer zu kürzen oder ganz zu beseitigen (vgl. auch BAG AP Nr. 6 zu § 242 BGB Ruhegehalt-Unterstützungskassen).

**403**

Ist dem Arbeitgeber ein Widerrufsrecht ohne weitere Voraussetzungen eingeräumt, darf der Widerruf jedoch nur nach billigem Ermessen ausgeübt werden (vgl. BAG AP Nr. 162 zu § 242 BGB Ruhegehalt). Das folgt aus dem Zweck der betrieblichen Versorgungszusage und der Schutzbedürftigkeit des Ruhegeldempfängers. Allerdings darf der Widerruf von Leistungen aus einer Unterstützungskasse, auf die kein Rechtsanspruch besteht, nicht von derart strengen Voraussetzungen abhängig gemacht werden, wie sie bei gesetzlich gesicherten Versorgungsansprüchen bestehen (BVerfGE 65, 196, 215 ff.; BAG NZA 1989, 305; vgl. auch BVerfGE 74, 129, 148).

(2) Bei einer *vorbehaltlosen Versorgungszusage* kann der Arbeitgeber von seiner Verpflichtung grundsätzlich nur durch Abänderung der getroffenen Vereinbarungen befreit werden. Das gilt sowohl für den Ruhegeldanspruch als auch für die Ruhegeldanwartschaft.

**404**

Beruht die Verpflichtung des Arbeitgebers auf einer Betriebsvereinbarung, können die Ruhegeldanwartschaften der Arbeitnehmer durch eine nachfolgende Betriebsvereinbarung verbessert oder verschlechtert werden; die jüngere Betriebsvereinbarung geht der älteren vor (BAG NZA 1987, 168: sog. Zeitkollisionsregel). Individuelle Versorgungszusagen können „betriebsvereinbarungsoffen" ausgestaltet werden. Eine verschlechternde Betriebsvereinbarung ist dann kein Verstoß gegen das Günstigkeitsprinzip (HWK/Schipp, Vorb. BetrAVG Rdnr. 141; vgl. auch BAG NZA 2019, 1082), schließlich darf ein System der betrieblichen Altersversorgung nicht erstarren, sondern bedarf einer Anpassung an geänderte Umstände. Beruht die betriebliche Altersversorgung auf einem Tarifvertrag, müssen Eingriffe in bestehende Rechte den Grundsätzen der Verhältnismäßigkeit und des Vertrauensschutzes entsprechen (BAG NZA 2006, 335, 339).

**405** (3) Das Ruhestandsverhältnis kann nach seinem Sinn und Zweck nicht durch ordentliche Kündigung beendet werden. Jedoch ist auch hier – wie bei jedem Dauerrechtsverhältnis – eine *außerordentliche Kündigung* aus wichtigem Grund möglich; man spricht in der Regel von einem Widerruf.

Ob und unter welchen Voraussetzungen dem Arbeitgeber ein Widerrufsrecht zusteht, ist umstritten. Sieht man das Ruhegeld als (aufgespartes) Arbeitsentgelt an, wird ein Widerruf regelmäßig ausgeschlossen sein. Betont man den Fürsorgecharakter der Altersversorgung, dürfte ein Widerruf eher möglich sein.

**406** Das BAG (AP Nr. 7 zu § 1 BetrAVG Treuebruch) stellt darauf ab, ob die Verstöße so schwer wiegen, dass die Berufung auf die Versorgungszusage arglistig erscheint. Dabei trennt es zwischen Verfehlungen während des Arbeitsverhältnisses und solchen danach. Beleidigende Briefe (**Fall e**) rechtfertigen noch keinen Widerruf; zum Widerruf bei einer Konkurrenztätigkeit eines Ruheständlers vgl. BAG NZA 1990, 808. Der Widerruf einer Versorgungszusage kommt dagegen in Betracht, wenn der Arbeitnehmer jahrelang unter Ausnutzung seiner Stellung den Arbeitgeber erheblich geschädigt hat; denn dann erweist sich die erbrachte Betriebstreue rückblickend als wertlos (BAG NZA 1990, 807). Ein Widerruf wegen wirtschaftlicher Notlage scheidet aus (BAG AP Nr. 24 zu § 7 BetrAVG Widerruf).

## IV. Rechte des Arbeitnehmers bei Pflichtverletzungen des Arbeitgebers

**Schrifttum:** *Boemke*, Arbeitsrecht: Betrieblich veranlasste und übernommene Grippeschutzimpfungen – Arbeitgeberhaftung, JuS 2018, 1096; *Krämer/Seiwerth*, Schwerpunktbereich Arbeits- und Sozialrecht: Der Arbeitsunfall, JuS 2013, 203; *Legerlotz*, Die rechtmäßige Verweigerung von Arbeitsleistungen durch den Arbeitnehmer, ArbRB 2017, 157; *Pauken*, Mobbing – So wird es (nicht) gemacht!, ArbRAktuell 2013, 350; *Reipen*, Haftungsprivileg des Arbeitgebers, JuS 2006, 527; *Sasse*, Rechtsprechungsübersicht zum Mobbing, BB 2008, 1450; *Schwab*, Haftung im Arbeitsverhältnis – 2. Teil: Die Haftung des Arbeitgebers, NZA-RR 2016, 230; *Waltermann*, Haftungsfreistellung bei Personenschäden – Grenzfälle und neue Rechtsprechung, NJW 2004, 901; *Waltermann*, Besonderheiten der Haftung im Arbeitsverhältnis, JuS 2009, 193.

**Fälle:**

**407** a) Der Arbeitgeber weigert sich, eine zur Vermeidung von Unfällen notwendige Vorrichtung an einer Maschine anbringen zu lassen. Was kann der an dieser Maschine beschäftigte Arbeitnehmer tun?

b) Der Pförtner überlässt den Schlüssel zum Fahrradabstellraum einem Besucher, der mit dem Fahrrad des Arbeitnehmers N verschwindet. N verlangt vom Arbeitgeber G Schadensersatz. G betont, er habe den Pförtner gut ausgewählt und laufend über seine Pflichten belehrt.

c) Der im Außendienst tätige A benutzt seinen eigenen Pkw gegen Zahlung eines Kilometergeldes für seinen Arbeitgeber G. Bei einer Dienstfahrt verursacht A einen Unfall. Er verlangt von G Ersatz des an seinem Pkw entstandenen Schadens sowie des Rückstufungsschadens, der ihm dadurch entstanden ist, dass er in der Haftpflichtversicherung höhere Beiträge zahlen muss.

d) Durch Unachtsamkeit des Arbeitnehmers N beim Bedienen einer Maschine wird der Arbeitskollege K an der Hand verletzt; außerdem wird die Armbanduhr des K beschädigt. K verlangt vom Arbeitgeber und von N Schadensersatz einschließlich Schmerzensgeld.

Bei einer Pflichtverletzung des Arbeitgebers kommen für den Arbeitnehmer – außer der Beschwerde nach §§ 84 ff. BetrVG bzw. § 13 AGG – folgende Möglichkeiten in Betracht: **408**

**1. Klage auf Erfüllung**

Der Arbeitnehmer kann gegen den Arbeitgeber auf Erfüllung der Vertragspflichten klagen.

a) Die *Lohnzahlungsklage* ist der praktisch häufigste Fall. Sie kommt auch dann in Betracht, wenn der Arbeitgeber z. B. dem pfändenden Gläubiger des Arbeitnehmers zu viel (etwa einen Teil des der Pfändung nicht unterliegenden Lohnbetrages, vgl. Rdnr. 343) gezahlt hat. Dabei ist es unerheblich, ob den Arbeitgeber ein Verschulden trifft. Denn es handelt sich nicht um einen Schadensersatzanspruch des Arbeitnehmers; vielmehr ist insoweit der Lohnanspruch des Arbeitnehmers nicht erfüllt.

Zur Sicherung der Lohnforderungen in der Insolvenz des Arbeitgebers: Rdnr. 345.

b) Auch bei der Verletzung einer *Schutzpflicht* des Arbeitgebers kann der Arbeitnehmer vom Arbeitsgericht die Verurteilung des Arbeitgebers zur Erfüllung begehren. So kann der Arbeitnehmer vom Arbeitgeber verlangen, einen tabakrauchfreien Arbeitsplatz zur Verfügung zu stellen (BAG NZA 2009, 775; vgl. die Regelung in § 5 ArbStättV). **409**

Im **Fall a** kann der Arbeitnehmer beantragen, den Arbeitgeber zur Anbringung der Schutzvorrichtung zu verurteilen. Jedoch ist eine Klage auf Erfüllung der Schutzpflicht oder ein Antrag auf Erlass einer einstweiligen Verfügung allein schon wegen der Belastung des Betriebsklimas wenig praktisch. Regelmäßig wird durch Einschaltung innerbetrieblicher Stellen (Betriebsrat, Sicherheitsingenieur) eine befriedigende Regelung erzielt.

c) Bei Verletzung der *Gleichbehandlungspflicht* kommen Klagen des Arbeitnehmers auf ein positives Tun oder auf ein Unterlassen des Arbeitgebers in Betracht (Rdnr. 348 ff. bzw. 365 ff.). **410**

Werden bestimmte Arbeitnehmer aufgrund einer Weisung des Arbeitgebers bei der Torkontrolle aus unsachlichen Erwägungen besonders häufig und scharf untersucht, so haben sie insoweit einen Unterlassungsanspruch.

d) Auch die Verletzung der *Beschäftigungspflicht* (Rdnr. 388) berechtigt den Arbeitnehmer zur Klage auf Erfüllung (Vollstreckung durch Beugemittel; § 888 Abs. 1 ZPO), in eilbedürftigen Fällen zum Antrag auf Erlass einer einstweiligen Verfügung (§§ 935, 940 ZPO). **411**

**2. Zurückbehaltungsrecht**

Der Arbeitnehmer kann, wenn der Arbeitgeber die geschuldete Vergütung nicht erbringt, die Einrede des nicht erfüllten Vertrags nach § 320 BGB erheben. § 614 BGB, der die Vorleistungspflicht des Arbeitnehmers bestimmt, steht dem nicht **412**

entgegen, da dieser nur für eine Lohnzahlungsperiode vorleistungspflichtig ist. Der Arbeitnehmer behält für den Zeitraum seiner Arbeitsverweigerung seinen Vergütungsanspruch nach §§ 615, 298 BGB.
Bei verhältnismäßig geringfügigen Lohnrückständen steht dem Arbeitnehmer kein Zurückbehaltungsrecht zu (§ 320 Abs. 2 BGB).

**413** Bei Ansprüchen des Arbeitnehmers gegen den Arbeitgeber, die nicht im arbeitsvertraglichen Synallagma stehen (z. B. die Nichterfüllung einer Schutzpflicht, **Fall a**), kann der Arbeitnehmer seine Arbeitsleistung nach § 273 BGB zurückhalten. Die in § 273 Abs. 3 BGB vorgesehene Abwendungsbefugnis des Arbeitgebers durch Sicherheitsleistung ist in diesem Fall abzulehnen, da sie den Schutzpflichten aus § 618 BGB nicht gerecht würde. Der Arbeitnehmer behält seinen Entgeltanspruch nach § 615 BGB, da die Bereitstellung eines ordnungsgemäßen Arbeitsplatzes eine typische Mitwirkungshandlung des Gläubigers ist, die wegen des Fixschuldcharakters der Arbeit auch termingebunden ist.

Ein Verschulden des Arbeitgebers ist hier nicht erforderlich, da der Annahmeverzug kein Verschulden voraussetzt (vgl. § 293 BGB).

Ein weiteres gesetzliches Zurückbehaltungsrecht enthält § 14 AGG in den Fällen, in denen der Arbeitgeber nicht zum Schutz eines Arbeitnehmers vor (sexueller) Belästigung tätig wird (vgl. Rdnr. 374).

Üben mehrere Arbeitnehmer ein ihnen zustehendes, individualrechtlich begründetes Zurückbehaltungsrecht (§§ 273, 320 BGB; § 14 AGG) gemeinsam aus, so ist das äußere Erscheinungsbild des Vorgangs dem eines Streiks ähnlich (vgl. Rdnr. 881).

### 3. Schadensersatzanspruch

**414** a) Ein vertraglicher Schadensersatzanspruch des Arbeitnehmers aus § 280 Abs. 1 BGB setzt eine *zu vertretende (§ 276 Abs. 1 Satz 1 BGB) Pflichtverletzung* des Arbeitgebers voraus, ganz gleich, ob sich die Leistungsstörung als Unmöglichkeit, Schuldnerverzug oder Schlechterfüllung von Haupt- bzw. Verletzung von Nebenpflichten darstellt. Das „Vertretenmüssen" des Arbeitgebers wird nach der allgemeinen Regel des § 280 Abs. 1 Satz 2 BGB vermutet; § 619a BGB betrifft nur den Fall der Arbeitnehmerhaftung, nicht denjenigen der Haftung des Arbeitgebers. Ist der Arbeitgeber eine juristische Person oder eine rechtsfähige Personengesellschaft, so muss er nach § 31 BGB (bei Personengesellschaften § 31 BGB analog) für die Schäden eintreten, die z. B. sein Vorstandsmitglied (bei der Aktiengesellschaft) oder sein Geschäftsführer (bei der GmbH) schuldhaft einem Arbeitnehmer zufügt. Im Übrigen hat der Arbeitgeber nach § 278 BGB für das Verschulden seiner Erfüllungsgehilfen (z. B. Bürovorsteher, Werkmeister, Vorarbeiter, Kolonnenführer im Gerüstbau) einzustehen. Keine Erfüllungsgehilfen sind externe Werkunternehmer und deren Mitarbeiter, die der Arbeitgeber mit der Durchführung von werkvertraglichen Leistungen im Bereich des Betriebes beauftragt hat (vgl. BAG NZA 2000, 1052).

Beispiel: Hat das Lohnbüro den Lohn des Arbeitnehmers fälschlicherweise zu niedrig berechnet, hat der Arbeitnehmer deswegen seine laufenden Ratenzahlungsverpflichtungen nicht erfüllen können und sind ihm deshalb Prozess- und Vollstreckungskosten entstanden, so kann der Arbeitnehmer diesen Schaden als Verzugsschaden (§ 280 Abs. 1, 2 i. V. m. § 286 BGB) vom Arbeitgeber ersetzen verlangen; einer Mahnung bedarf es für den Eintritt des Schuldnerverzuges nicht, da für die Lohnzahlung eine Zeit nach dem Kalender bestimmt ist (§ 286 Abs. 2 Nr. 1 BGB). Im Einzelfall bleibt aber zu prüfen, ob den Arbeitnehmer nicht deshalb ein mitwirkendes Verschulden (§ 254 BGB) trifft, weil er seinerseits bei einer Lohnkürzung nicht nachgefragt hat.

Im Einzelfall kann sich ein Schadensersatzanspruch des Arbeitnehmers auch aus unerlaubter Handlung ergeben (§§ 823 ff., 831 BGB). **415**
Im **Fall b** kann der Schadensersatzanspruch auf schuldhafte Verletzung einer Schutzpflicht gem. §§ 280 Abs. 1, 241 Abs. 2 BGB in Verbindung mit § 278 BGB und auf § 831 Abs. 1 BGB i. V. m. § 823 Abs. 1 BGB (Eigentumsverletzung durch den Verrichtungsgehilfen) gestützt werden. Nur im Rahmen des § 831 BGB kommt es auf den vom Arbeitgeber angebotenen Entlastungsbeweis an (§ 831 Abs. 1 Satz 2 BGB; Brox/Walker, BS, § 48 Rdnr. 6 ff.), nicht dagegen beim vertraglichen Anspruch; hier hat der Arbeitgeber für das Verschulden seines Erfüllungsgehilfen ohne Entlastungsmöglichkeit einzustehen (§ 278 BGB).

In der Rspr. unentschieden und im Schrifttum umstritten ist die Frage, ob ein „*Recht am Arbeitsplatz*" oder ein „*Recht am Arbeitsverhältnis*" als absolutes Recht im Sinne von § 823 Abs. 1 BGB („sonstiges Recht") anzuerkennen ist (Nachw. bei BeckOGKBGB/Spindler, § 823, Rdnr. 195; offen gelassen zuletzt von BAG NZA 2014, 1023 Rn. 26, allerdings ist die Rechtsprechung tendenziell eher zurückhaltend gegenüber einer Anerkennung). Wenn man das bejaht, kämen bei rechtswidrigen Kündigungen, auch Druckkündigungen, des Arbeitgebers Ersatzansprüche gegen den Arbeitgeber und gegen Dritte in Betracht, die eine solche Kündigung durch Druck herbeiführen.

b) Wird ein Arbeitnehmer im Betrieb des Arbeitgebers durch Arbeitskollegen oder Vorgesetzte „gemobbt", so können nicht nur gegen den unmittelbaren Schädiger, sondern auch gegenüber dem Arbeitgeber Ersatzansprüche bestehen. Dieser hat alles zu unternehmen, um Mobbing im Betrieb zu vermeiden. Unter Mobbing versteht man fortgesetzte, aufeinander aufbauende oder ineinander übergreifende, der Anfeindung, Schikane oder Diskriminierung dienende Verhaltensweisen, die nach ihrer Art und ihrem Ablauf im Regelfall einer übergeordneten, von der Rechtsordnung nicht gedeckten Zielsetzung förderlich sind und jedenfalls in ihrer Gesamtheit das allgemeine Persönlichkeitsrecht, die Ehre oder die Gesundheit des Betroffenen verletzen (BAG NZA 2007, 1154; LAG Rheinland-Pfalz NZA-RR 2002, 121; LAG Schleswig-Holstein NZA-RR 2002, 457 s. auch Benecke, RdA 2008, 357). **416**
Führt das Mobbing zu einer Gesundheitsverletzung oder Verletzung der sexuellen Selbstbestimmung, greifen §§ 280 Abs. 1, 253 Abs. 1, 2 BGB i. V. m. § 278 BGB (Gehilfenhaftung). Kommt es als Folge des Mobbings dagegen (nur) zu einer Verletzung des Allgemeinen Persönlichkeitsrechts, greifen lediglich §§ 823, 831 BGB i. V. m. Art. 1 Abs. 1, 2 Abs. 1 GG (verfassungsunmittelbarer Schmerzensgeldanspruch bei gravierendem Eingriff), nicht § 253 Abs. 2 BGB (Erman/Ebert, § 253 BGB Rdnr. 15; Erman/Klass, Anh. § 12 BGB Rdnr. 313). Im Falle einer Kündigung kommen Ersatzansprüche aus § 628 Abs. 2 BGB in Betracht.

c) Ausnahmsweise ist der Arbeitgeber dem Arbeitnehmer *analog § 670 BGB* auch ohne Verschulden zum Schadensersatz verpflichtet (sog. *Gefährdungshaftung*; vgl. bereits Rdnr. 382). Voraussetzung ist, dass der Arbeitnehmer in Ausführung der ihm übertragenen Arbeit einen Schaden erleidet, der auf einer mit der Tätigkeit verbundenen typischen Gefahrenlage beruht (BAG AP Nr. 2 zu § 611 BGB Gefährdungshaftung des Arbeitgebers = RdA 1963, 7 m. Anm. Küchenhoff). Es geht also um solche Schäden, die auf betrieblich veranlassten Tätigkeiten beruhen; Schäden des Arbeitnehmers, die sich als Verwirklichung des allgemeinen Lebensrisikos darstellen (z. B. normale Abnutzung der Kleidung, Beschädigung der Armbanduhr **417** infolge Unachtsamkeit) oder für die der Arbeitnehmer einen Vergütungszuschlag erhält (z. B. Schmutzzulage für besonderen Reinigungsaufwand, Kilometergeld zur Abdeckung der Betriebskosten für dienstlich genutzten Privat-Pkw), sind dagegen nicht ersatzfähig (vgl. BAG AP Nr. 6 zu § 611 BGB Gefährdungshaftung des Arbeitgebers; NZA 1990, 27). § 670 BGB wird hier also praktisch doppelt analog angewandt: Zum einen auf Arbeitsverträge anstelle des Auftrags, zum anderen auf unfreiwillige Vermögensopfer (= Schäden) anstelle freiwilliger Vermögensopfer (= Aufwendungen).

**418** Im **Fall c** kann A von G analog § 670 BGB Ersatz des an seinem Pkw entstandenen Schadens verlangen, weil sich der Unfall als Verwirklichung einer mit der Tätigkeit des A verbundenen typischen Gefahrenlage darstellt. Hätte G dem A ein Dienstfahrzeug zur Verfügung gestellt, hätte G einen Eigenschaden erlitten. Es darf dem G kein Vorteil daraus erwachsen, dass A für die dienstliche Tätigkeit sein eigenes Fahrzeug benutzt (dazu BAG AP Nr. 39 zu § 611 Haftung des Arbeitgebers). Der Schadensersatzanspruch des A ist nicht durch das von G gezahlte Kilometergeld ausgeschlossen; denn damit werden nur die allgemeinen Betriebskosten (Verschleiß an Material, Verbrauch von Schmiermitteln usw.) abgedeckt. Allerdings muss A sich ein etwaiges eigenes Verschulden analog § 254 BGB anrechnen lassen. Hätte A nämlich ein Dienstfahrzeug des G beschädigt, könnte er dem G bei einem bestimmten Grad des Verschuldens (s. die Haftungsgrundsätze bei betrieblich veranlasster Arbeit, Rdnr. 283 ff.) schadensersatzpflichtig sein. Deshalb ist der Schadensersatzanspruch des A in dem Umfang zu kürzen, in dem A dem G bei Benutzung eines Dienstfahrzeugs schadensersatzpflichtig wäre. Die Beweislast dafür, dass sein Anspruch nicht gekürzt wird, trägt der Arbeitnehmer (!), da er über § 670 BGB analog vollen Schadensersatz verlangt, was aber nach dessen Wortlaut nur möglich ist, wenn dies „erforderlich" ist (BAG NZA 2011, 406). Für den vollen Schadensersatz muss der Arbeitnehmer also beweisen, dass er allenfalls leicht fahrlässig gehandelt hat, vgl. zum Ersatz von Unfallschäden bei dienstlichem Einsatz des Privat-Kfz und zur Darlegungs- und Beweislast Dimsic, BB 2018, 376. Dagegen soll der durch Rückstufung in der Haftpflichtversicherung entstandene Schaden regelmäßig nicht zu ersetzen sein, da dieser im Zweifel durch die vereinbarte Zahlung der nach Steuerrecht anerkannten Pauschale abgegolten sei (BAG NZA 1993, 262).

### 4. Besonderheiten bei Personenschäden als Folge von Arbeitsunfällen

**419** **a) Sinn der gesetzlichen Unfallversicherung.** Hat ein Arbeitnehmer infolge eines Arbeitsunfalls (§ 8 SGB VII) einen Personenschaden erlitten, greift die Unfallversicherung ein (§§ 1 ff. SGB VII). Danach bestehen öffentlich-rechtliche Sozialversicherungsansprüche gegen die Berufsgenossenschaft. Das Unfallversicherungsrecht dient einmal dem sozialen Schutz des Arbeitnehmers und seiner Familie, indem es einen vom Verschulden unabhängigen Entschädigungsanspruch gegen eine leistungsfähige Gemeinschaft der Unternehmer einräumt. Zum anderen will es die Schadensersatzpflicht des Unternehmers gegenüber seinen Arbeitnehmern ablösen, um eine betriebliche Konfliktsituation zu vermeiden; zudem trägt der Arbeitgeber allein die Beiträge zur Berufsgenossenschaft. Deshalb kann der Personenschaden eines Arbeitnehmers grundsätzlich nicht gegen den Arbeitgeber und auch nicht gegen eine andere im Betrieb beschäftigte Person geltend gemacht werden (§§ 104, 105 SGB VII; **Fall d**). Dies wird üblicherweise als Haftungsausschluss bezeichnet. Treffender ist allerdings der Begriff der Haftungsablösung, weil dem durch den Arbeitsunfall verletzten Arbeitnehmer nicht mehr der Schädiger haftet, vielmehr erhält er stattdessen die Leistungen der gesetzlichen Unfallversicherung.

**b) Voraussetzungen des Haftungsausschlusses.** (1) Ein *Arbeitsunfall* muss einen *Personenschaden* des Versicherten verursacht haben. Ein Arbeitsunfall ist ein zeitlich begrenztes, von außen auf den Körper einwirkendes Ereignis, das zu einem Gesundheitsschaden oder zum Tod führt und das in einem rechtlich wesentlichen Ursachenzusammenhang („infolge") zur unfallversicherten Tätigkeit steht (§ 8 Abs. 1 SGB VII). Gemeint sind alle betrieblichen Tätigkeiten (§§ 2, 3 oder 6 SGB VII), aber auch solche, die Wege- und Arbeitsgeräteunfällen zugrunde liegen (§ 8 Abs. 2 SGB VII). Zu ersetzen ist jede Vermögensbeeinträchtigung, die durch die Verletzung oder Tötung eines Menschen verursacht wird. Dazu gehören auch die Beerdigungskosten (BAG NZA 1989, 795). 420

Für *Sachschäden* tritt die Unfallversicherung nicht ein; gegebenenfalls hat der Arbeitgeber unter den Voraussetzungen des § 670 BGB (analog) Ersatz zu leisten (**Fall d**: Armbanduhr; s. oben Rdnr. 417 f.).

(2) Ferner muss der Geschädigte zum versicherten Personenkreis gehören, §§ 2 ff. SGB VII. Erfasst sind demnach „Beschäftigte" i. S. v. § 2 Abs. 1 Nr. 1 SGB VII und Personen, die wie Beschäftigte beim Unternehmer tätig werden gem. § 2 Abs. 2 SGB VII (vgl. zu letztem Waltermann, NJW 2002, 1225). Ebenso sind Arbeiter und Angestellte, sowie Auszubildende (BAG NZA 2015, 1057) in den Schutzkreis einbezogen. 421

(3) Der Arbeitsunfall darf vom Arbeitgeber bzw. der im Betrieb tätigen Person *nicht vorsätzlich herbeigeführt* worden sein (§§ 104 Abs. 1, 105 Abs. 1 SGB VII). Bei vorsätzlicher Verursachung des Unfalls tritt nicht die gesetzliche Unfallversicherung ein, sondern der Schädiger haftet selbst für die Personenschäden in vollem Umfang. Vorsatz ist zu bejahen, wenn der Schädiger den Unfall bewusst und gewollt verursacht oder ihn für möglich gehalten und billigend in Kauf genommen hat (bedingter Vorsatz). Der Vorsatz muss jedoch nicht den Eintritt und den Umfang des Schadens mit umfassen (s. HWK/Krause, § 619a BGB Rdnr. 28 m. w. Nachw.; a. A. aber BAG NZA 2003, 436). 422

(4) Schließlich greift der Haftungsausschluss gemäß § 104 Abs. 1 Satz 1 SGB VII nur ein, wenn der Arbeitsunfall nicht auf einem nach § 8 Abs. 2 Nr. 1 bis 4 SGB VII versicherten Weg herbeigeführt worden ist. In derartigen Fällen kann der verletzte Arbeitnehmer – unter Anrechnung der Versicherungsleistungen (§ 104 Abs. 3 SGB VII) – privatrechtliche Schadensersatzansprüche gegen den Schädiger geltend machen. 423

Beispiele: Der Unfall auf dem Wege nach und von der Arbeit (Wegeunfall) ist ein Arbeitsunfall (§ 8 Abs. 2 Nr. 1 SGB VII). Auch wenn der Chef mit seinem Pkw seinen Vorarbeiter auf dem Heimweg anfährt, kann der Arbeitnehmer die Leistungen der gesetzlichen Unfallversicherung beanspruchen; außerdem stehen ihm Schadensersatzansprüche gegen den Chef zu. Nimmt ein Kollege den Arbeitnehmer auf seinem Motorrad zur Arbeitsstelle mit und verschuldet er einen Unfall, kommen außer den Leistungen der Berufsgenossenschaft Schadensersatzansprüche gegen den Motorradfahrer in Betracht.

Dagegen scheiden Schadensersatzansprüche gegen den Arbeitgeber oder andere im Betrieb tätige Personen aus, wenn es sich bei dem Unfall um einen innerdienstlichen Vorgang handelt (BGHZ 145, 311). Dies ist nicht nur beim Verkehr auf dem Werksgelände der Fall (BSG NZA 1989, 533), sondern auch bei sog. Betriebs- oder Arbeitswegen. Mit diesem Begriff werden Wege bezeichnet, die in Ausführung der versicherten Tätigkeit zurückgelegt werden, wie etwa Botengänge, Lieferfahrten oder Dienst- und Geschäftsreisen. Solche Wege und die dabei entstehenden Unfälle stehen mit der versicherten Tätigkeit in einem unmittelbaren inneren Zusammenhang, so dass sie dem Versicherungsschutz des § 8 Abs. 1 SGB VII unterfallen (BGHZ 157, 159; BAG AP Nr. 2 zu § 104 SGB VII, jeweils auch zur Abgrenzung).

**424** c) **Folgen des Haftungsausschlusses.** (1) Es gibt keinen Anspruch wegen des erlittenen Personenschadens gegen den Arbeitgeber und den Arbeitskollegen (**Fall d:** Verletzung der Hand). Auch ein Schmerzensgeldanspruch (§ 253 Abs. 2 BGB), den die gesetzliche Unfallversicherung nicht gewährt, besteht dann nicht (BVerfGE 34, 118, 128 ff.; **Fall d**).

(2) Hat außer dem Arbeitgeber oder dem Arbeitskollegen noch ein nicht betriebsangehöriger Dritter den Unfall verschuldet, kann auch dieser Dritte vom Geschädigten nur insoweit in Anspruch genommen werden, als der Dritte bei Bestehen eines Gesamtschuldverhältnisses zwischen den Schädigern den Schaden im Innenverhältnis zu tragen hätte (Brox/Walker, AS, § 37 Rdnr. 26; BGHZ 61, 51; BGH NJW 2005, 2309). Die Haftung ist nach § 106 Abs. 3 SGB VII außerdem dann ausgeschlossen, wenn Versicherte mehrerer Unternehmen vorübergehend betriebliche Tätigkeiten auf einer gemeinsamen Betriebsstätte verrichten. Eine gemeinsame Betriebsstätte ist auch beim Einsatz eines Leiharbeitnehmers im Entleiherbetrieb gegeben (BGH NZA 2015, 689).

(3) Der Sozialversicherungsträger hat Ersatzansprüche gegenüber dem im Verhältnis zum Geschädigten freigestellten Arbeitgeber bzw. den Arbeitskollegen, sofern sie grob fahrlässig den Arbeitsunfall verursacht haben (§ 110 SGB VII).

### 5. Kündigung

**425** Liegt ein wichtiger Grund vor, kann der Arbeitnehmer das Arbeitsverhältnis fristlos kündigen (§ 626 BGB; Rdnr. 611 ff.). Pflichtverletzungen des Arbeitgebers erfüllen das Merkmal des wichtigen Grundes, wenn dem Arbeitnehmer die Fortsetzung des Arbeitsverhältnisses nicht zumutbar ist (Rdnr. 632). Ist die Kündigung durch ein vertragswidriges Verhalten des Arbeitgebers veranlasst, so hat dieser den durch die Vertragsauflösung dem Arbeitnehmer entstehenden Schaden zu ersetzen (§ 628 Abs. 2 BGB). Der Schadensersatzanspruch umfasst aber nicht die Schäden, die auch im Falle einer ordentlichen Kündigung entstanden wären (BAG AP Nr. 18 zu § 628 BGB).

# Kapitel 6: Die Folgen unverschuldeter Arbeitsausfälle

Verletzt der Arbeitgeber oder der Arbeitnehmer eine Pflicht aus dem Arbeitsvertrag, so löst das die bereits geschilderten Folgen aus (Rdnr. 273 ff., 407 ff.). Jede Nichtleistung des Arbeitnehmers stellt nach dem § 280 Abs. 1 BGB zugrunde liegenden objektiven Verständnis prinzipiell eine Pflichtverletzung dar. Zur Nichtleistung der vereinbarten Arbeit kann es aber auch kommen, ohne dass dem Arbeitnehmer ein Vorwurf zu machen ist, z. B. bei einer Stromsperre oder einer Erkrankung des Arbeitnehmers. In diesen Fällen stellt sich die Frage, ob der Arbeitnehmer endgültig von seiner Arbeitspflicht frei wird und ob er trotz Nichtarbeit seinen Lohnanspruch behält. Im Arbeitsrecht finden sich für die Beurteilung derartiger Arbeitsausfälle sehr verschiedene Grundsätze. Sie ergeben sich einmal aus gesetzlichen Vorschriften, zum anderen aus Regeln, die von Rspr. und Lehre entwickelt worden sind. Soweit der Arbeitnehmer Lohn auch ohne Arbeitsleistung erhält, sind dafür regelmäßig soziale Gründe maßgebend; überwiegen jedoch die Interessen des Arbeitgebers, geht der Arbeitnehmer leer aus. **426**

## I. Der Grundsatz „Ohne Arbeit keinen Lohn" und seine Durchbrechungen

**Schrifttum:** *Fischinger/Straub*, Ohne Arbeit kein Lohn, JuS 2016, 208; *Greiner*, Krankengeld und Entgeltfortzahlung bei Organ- oder Gewebespende, NZS 2013, 241; *Hohenstatt/Krois*, Lohnrisiko und Entgeltfortzahlung während der Corona-Pandemie, NZA 2020, 413; *Kaiser*, Entgelt bei Nichtzuweisung hindernisgerechter Arbeit, RdA 2015, 76; *Koll*, 10 große Irrtümer zur Krankschreibung, Arbeitsunfähigkeit, AiB 2018, 31; *Kühn*, Die Vermeidung prozessualer Risiken bei Zweifeln an der Arbeitsunfähigkeit, NZA 2012, 1249; *Linck*, Offene Fragen des Pflegezeitgesetzes, BB 2008, 2738; *Marburger*, Entgeltfortzahlung im Krankheitsfall, 10. Aufl., 2012; *Plocher*, Entgeltfortzahlung im Krankheitsfall und Handlungsoptionen bei Zweifeln an der Arbeits(un)fähigkeit, DB 2015, 1597; *Stüben/v. Schwanenflügel*, Die rechtliche Stärkung der Vereinbarkeit von Familie, Pflege und Beruf, NJW 2015, 577; *Subatzus*, Beweiswert von EU-Arbeitsunfähigkeitsbescheinigungen: Änderungen durch die EU-VO 1206/01, DB 2004, 1613; *Treichel*, Das Leistungsverweigerungsrecht nach § 275 III BGB im Spannungsfeld von Beruf und Familie, NZA 2016, 459; *Wank*, Das Recht der Leistungsstörungen im Arbeitsrecht nach der Schuldrechtsreform, in: Festschrift Schwerdtner, 2003, S. 247 ff.

**Fälle:**
a) Ein Arbeitnehmer befindet sich in Strafhaft, ein anderer acht Tage in Untersuchungshaft; beide verlangen Lohnfortzahlung. Arbeitnehmerin C kommt nicht zur Arbeit, weil sie aufgrund einer pandemiebedingten Kita-Schließung ihre drei Kinder betreuen muss. Auch C verlangt Lohnfortzahlung. **427**

b) Ein Büroangestellter ist acht Wochen krank. Der Arbeitgeber bestreitet eine Pflicht zur Lohnfortzahlung.

c) Ein Arbeiter ist wegen einer beim Boxen in seinem Boxverein erlittenen Verletzung drei Wochen arbeitsunfähig. Sein Arbeitgeber verweigert für diese Zeit die Lohnzahlung, weil er für die Folgen eines gefährlichen Sports nicht aufzukommen habe.

d) Drei bei der X-GmbH beschäftigte Kegelbrüder melden sich von ihrem alljährlichen Kegelausflug aus Spanien krank. Später legen sie ordnungsgemäß ausgestellte Arbeitsunfähigkeitsbescheinigungen eines spanischen Arztes vor. Die X-GmbH zweifelt die Erkrankungen an und verweigert die Entgeltfortzahlung.

e) Eine Krankenhausschwester ist zwei Tage arbeitsunfähig; ihren Vergütungsanspruch lehnt die Krankenhausleitung ab, da das Arbeitsentgelt nach dem Tarifvertrag erst vom dritten Krankheitstag an weiterzuzahlen sei.

f) Der Arbeitnehmer A ist bei einem Verkehrsunfall verletzt worden. Der Schädiger will den Lohnausfall nicht ersetzen, weil A Lohnfortzahlungsansprüche gegen seinen Arbeitgeber G habe. Dieser verweist den A auf Schadensersatzansprüche gegen den Schädiger.

**428** Wird die Erbringung der Arbeitsleistung unmöglich oder unzumutbar, wird der Arbeitnehmer von seiner Verpflichtung frei (§ 275 Abs. 1–3 BGB). Da die Arbeitsleistung des Arbeitnehmers in der Regel nur zu der vereinbarten Zeit geschuldet ist, handelt es sich um eine absolute Fixschuld (vgl. Rdnr. 277). Folglich tritt im Augenblick der Nichtleistung Unmöglichkeit gem. § 275 Abs. 1 BGB ein (Ebene der sog. Leistungsgefahr). Nach der allgemeinen schuldrechtlichen Regel des § 326 Abs. 1 BGB entfällt zugleich der Lohnanspruch des Arbeitnehmers (Ebene der sog. Gegenleistungs- oder Preisgefahr). § 326 Abs. 1 BGB ist damit der dogmatische Anknüpfungspunkt des Prinzips „Ohne Arbeit kein Lohn". Diese Grundregel gilt allerdings nicht ausnahmslos. Der Arbeitnehmer behält trotz Unmöglichkeit der Arbeitsleistung den Anspruch auf die Gegenleistung (den Lohn), wenn der Arbeitgeber die Unmöglichkeit der Arbeitsleistung zu verantworten hat (§ 326 Abs. 2 BGB), sich im Annahmeverzug befindet (§ 326 Abs. 2, § 615 Satz 1 BGB) oder eine spezielle gesetzliche Regelung dem Arbeitgeber die Gegenleistungsgefahr aufbürdet (z. B. § 616 BGB).

Der Arbeitnehmer ist von seiner Arbeitspflicht z. B. bei Krankheit, Unfall, Stromsperre, Brand frei. Der Unmöglichkeit gleichgestellt sind gem. § 275 Abs. 2 und Abs. 3 BGB Fälle wirtschaftlicher oder persönlicher Unzumutbarkeit; deshalb braucht der Arbeitnehmer etwa am Tag seiner Hochzeit oder der Beerdigung eines nahen Angehörigen seiner Arbeitspflicht nicht nachzukommen. Nach der Grundregel des § 326 Abs. 1 BGB würde dann der Vergütungsanspruch des Arbeitnehmers entfallen.

Die Durchbrechungen des Grundsatzes „Ohne Arbeit kein Lohn" sind von besonderer Relevanz für das Studium und das Examen, da sich bei ihnen die enge Verknüpfung mit dem allgemeinen Schuldrecht zeigt. Wichtig sind vor allem die Sonderregelungen in §§ 615, 616 BGB und § 3 EFZG, nach denen der Vergütungsanspruch aus dem Arbeitsvertrag gem. § 611a Abs. 2 BGB aufrechterhalten bleibt. Bei diesen Vorschriften handelt es sich um Ausnahmen vom Grundsatz des § 326 Abs. 1 BGB.

## II. Vorübergehende Verhinderung des Arbeitnehmers

**429** Nach § 616 Satz 1 BGB behält der Arbeitnehmer seinen Vergütungsanspruch, wenn er durch einen in seiner Person liegenden Grund ohne sein Verschulden für eine verhältnismäßig nicht erhebliche Zeit an der Arbeitsleistung verhindert ist.

## 1. Voraussetzungen

a) Die Arbeitsverhinderung muss ihren Grund in den *persönlichen Verhältnissen des einzelnen Arbeitnehmers* haben. Objektive Hinderungsgründe (z. B. witterungsbedingtes Fahrverbot – BAG AP Nr. 59 zu § 616 BGB; Glatteis – BAG AP Nr. 58 zu § 616 BGB) gehören nicht hierher. Mit persönlichen Gründen muss der Arbeitgeber rechnen; die Vergütungszahlung in solchen Einzelfällen belastet ihn nicht so wie beim Vorliegen eines objektiven Grundes, der viele Arbeitnehmer betreffen kann.

Persönliche Hinderungsgründe sind z. B. eigene Hochzeit, gerichtliche Vorladung, Niederkunft der Ehefrau, nicht aber der Lebensabschnittspartnerin, wenn dies nicht ausdrücklich geregelt ist (BAG NZA 2002, 47), Hochzeit der Kinder, religiöse Feste wie Erstkommunion oder Konfirmation der Kinder, goldene Hochzeit der Eltern, Todesfall oder Begräbnis eines nahen Angehörigen. Auch im Fall der notwendig vom Arbeitnehmer zu leistenden Pflege eines erkrankten Kindes kann ein Anspruch auf bezahlte Freistellung von der Arbeitsleistung gegeben sein; anderenfalls ist der Arbeitnehmer berechtigt, vom Arbeitgeber unbezahlte Freistellung und von der Krankenkasse Zahlung von Krankengeld zu verlangen (Einzelh.: § 44 SGB V). Nach § 2 PflegeZG haben Beschäftigte das Recht, bis zu zehn Arbeitstage der Arbeit fernzubleiben, wenn dies erforderlich ist, um für einen pflegebedürftigen nahen Angehörigen in einer akut aufgetretenen Pflegesituation eine bedarfsgerechte Pflege zu organisieren oder eine pflegerische Versorgung in dieser Zeit sicherzustellen. Das PflegeZG selbst sieht keinen Entgeltfortzahlungsanspruch vor, ein solcher kann sich auch in diesem Fall aber aus § 616 BGB ergeben. Zu beachten ist, dass der Angehörigenbegriff des § 616 BGB enger ist als derjenige des § 7 Abs. 3 PflegeZG und nur Ehepartner, eingetragene Lebenspartner, Kinder, Geschwister oder Eltern umfasst. Für die Kinderbetreuung wegen Schul- und Kita-Schließungen, wie sie im Zuge der Corona-Epidemie im Frühjahr 2020 erfolgten (**Fall a**), wird man trotz des objektiven Auslösers (Pandemie) gleichwohl von einem persönlichen Leistungshindernis aufgrund der elterlichen Sorgepflicht ausgehen müssen (str., vgl. dazu BeckOGKBGB/Bieder, § 616 Rdnr. 15 ff.).

Der Hauptfall persönlicher Arbeitsverhinderung ist die Erkrankung, die allerdings für Arbeitnehmer spezialgesetzlich im EFZG geregelt ist (Rdnr. 433 ff.). Ist der Dienstverpflichtete kein Arbeitnehmer (z. B. freier Mitarbeiter oder GmbH-Geschäftsführer), so richten sich die Folgen einer Erkrankung nach § 616 BGB. Weitere Spezialvorschriften finden sich u. a. in § 37 Abs. 2 BetrVG, § 19 Abs. 1 Nr. 2b BBiG und §§ 3 ff. MuSchG.

Auch die Erfüllung religiöser Pflichten (nicht aber jede religiöse Aktivität an sich) kann zu einem Leistungshindernis i. S. d. § 616 BGB führen (BAG AP Nr. 61 zu § 616 BGB).

b) **Der Arbeitnehmer muss *ohne sein Verschulden* an der Arbeitsleistung verhindert sein.** Schuldhaft ist die Arbeitsverhinderung nach dem Zweck des § 616 BGB lediglich bei einem groben Abweichen von der Verhaltensweise, die ein vernünftiger Arbeitnehmer in seinem eigenen Interesse einhält (vgl. BAG AP Nr. 28 zu § 63 HGB). Dogmatisch handelt es sich nicht um ein Verschulden gegenüber dem Arbeitgeber, sondern um ein „Verschulden gegen sich selbst" (BAG AP Nr. 28 zu § 63 HGB). Nicht das für Schadensersatzansprüche maßgebliche Verschuldensprinzip (§ 276 BGB), sondern die in §§ 254 und 242 BGB verankerten Rechtsgedanken der Mitverantwortung und des *venire contra factum proprium* bilden damit die Grundlage der tatbestandlichen Einschränkung.

Danach entfällt ein Vergütungsanspruch infolge Verschuldens z. B. bei Strafhaft, nicht hingegen bei unschuldig erlittener Untersuchungshaft (**Fall a**). Ausführlich hierzu Kleinebrink, BB 2016, 373.

c) Ob der Zeitraum der Arbeitsverhinderung *verhältnismäßig nicht erheblich* ist, richtet sich nach den Umständen des Einzelfalls, insbesondere nach der Art der

Arbeit und der Dauer des Vertragsverhältnisses im Vergleich zum Zeitraum des Arbeitsausfalles. Folgende Faustregel erscheint angemessen: Bei einer Beschäftigung bis zu sechs Monaten ist eine Zeitspanne von max. drei Tagen angemessen; ist der Arbeitnehmer bis zu einem Jahr (oder länger) beschäftigt, kommt eine Freistellung von einer (zwei) Woche(n) in Betracht. Die Höchstdauer des Leistungsverweigerungsrechts nach dem PflegeZG von zehn Tagen kann je nach den Umständen des Einzelfalls noch als „verhältnismäßig nicht erheblich" angesehen werden. Allgemein dürfte die absolute Obergrenze bei zwei Wochen liegen (Hohenstatt/Krois, NZA 2020, 413, 415). Vielfach enthalten Tarifverträge zeitliche Festlegungen.

### 2. Rechtsfolgen

**432** § 616 BGB führt zur Aufrechterhaltung des Vergütungsanspruchs für den verhältnismäßig nicht erheblichen Zeitraum. Nach h. M. entfällt jedoch jeder Vergütungsanspruch, wenn die Arbeitsverhinderung sich über eine erhebliche Zeit hinzieht, also auch für den Zeitraum, der als nicht erheblich anzusehen ist (BAG [GS] AP Nr. 22 zu § 616 BGB).

Liegen die Voraussetzungen des § 616 Satz 1 BGB vor, behält der Arbeitnehmer seinen Vergütungsanspruch (Lohnausfallprinzip), er muss sich jedoch gemäß § 616 Satz 2 BGB dasjenige anrechnen lassen, was er aus der gesetzlichen Kranken- oder Unfallversicherung bekommt.

### III. Krankheit des Arbeitnehmers

**433** Im Falle der Erkrankung eines Arbeitnehmers folgt die Befreiung von der Arbeitspflicht aus § 275 Abs. 1 oder Abs. 3 BGB. Ist dem Arbeitnehmer die Erbringung der Arbeitsleistung objektiv unmöglich, ergibt sich die Freistellung aus § 275 Abs. 1 BGB; dagegen werden Fälle, in denen der Arbeitnehmer zur Leistungserbringung nicht schlechthin außerstande ist, unter § 275 Abs. 3 BGB gefasst. Rechtlich bedeutsam ist die Unterscheidung, weil sich der Arbeitnehmer im Bereich des § 275 Abs. 3 BGB (Beachte die Konstruktion als Einrede!) entscheiden kann, trotz der Erkrankung zu leisten (dazu Löwisch, NZA 2001, 465). Das Schicksal des Entgeltanspruchs ist für alle Arbeitnehmer einheitlich im Entgeltfortzahlungsgesetz (EFZG) geregelt. Neben der Entgeltfortzahlung bei unverschuldeter Krankheit erfasst dieses Gesetz auch die Vergütungspflicht des Arbeitgebers an Feiertagen und bei Arbeitsunfähigkeit infolge einer Organspende.

Als Ausnahme zu § 326 Abs. 1 BGB ist im Krankheitsfall § 3 EFZG zu prüfen. Der Arbeitnehmer behält danach seinen Anspruch auf Arbeitsentgelt für die Zeit der Arbeitsunfähigkeit bis zur Dauer von 6 Wochen (zum Anspruchsumfang vgl. Rdnr. 445).

Nach der Rechtsprechung des BAG enthält § 3 Abs. 1 Satz 1 EFZG entgegen seines abweichenden Wortlauts keine selbstständige Anspruchsgrundlage, sondern erhält den vertraglichen Vergütungsanspruch aufrecht, der sich aus § 611a Abs. 2 BGB ergibt (noch zu § 611 Abs. 1 BGB siehe BAG 16.1.2001, NZA 2002, 746; MünchKomm/Müller-Glöge, § 3 EFZG, Rdnr. 3). Es ist aber auch gut vertretbar, § 3 Abs. 1 EFZG wortlautgetreu als eigenständige Anspruchsgrundlage zu prüfen (so etwa Staudinger/Oetker, § 616 BGB, Rdnr. 189). In diesem Fall ist dann vorab festzustellen, dass der arbeitsvertragliche Vergütungsanspruch aus § 611a Abs. 2 BGB nach § 326 Abs. 1 Satz 1 BGB entfallen ist.

## 1. Voraussetzungen

**434** Folgende *Voraussetzungen* müssen für einen Anspruch auf Fortzahlung der Arbeitsvergütung im Krankheitsfall erfüllt sein:

a) Es muss ein *Arbeitsverhältnis* bestehen. Hierzu zählt nach § 1 Abs. 2 EFZG auch das Berufsausbildungsverhältnis. Für die in Heimarbeit Beschäftigten enthält das EFZG für die Zahlung im Krankheitsfall und an Feiertagen mit den §§ 10 f. EFZG spezielle Regelungen. Der Entgeltfortzahlungsanspruch entsteht erst nach vierwöchiger ununterbrochener Dauer des Arbeitsverhältnisses (§ 3 Abs. 3 EFZG). Der Arbeitnehmer erhält bis zu diesem Zeitpunkt von seinem Krankenversicherer Krankengeld. Bei einem engen zeitlichen und sachlichen Zusammenhang zwischen bisherigem und neuem Arbeitsverhältnis ist auch eine kurzfristige rechtliche Unterbrechung unschädlich (BAG NZA 2002, 610). Unerheblich ist es, ob der Arbeitnehmer bereits in den ersten vier Wochen erkrankt, denn die Wartezeit des § 3 Abs. 3 EFZG knüpft nur an den Bestand des Arbeitsverhältnisses an, sodass der Arbeitnehmer ab der 5. Woche einen Anspruch aus § 3 EFZG hat.

**435** b) Die *Krankheit* allein muss die *Arbeitsunfähigkeit verursacht* haben (sog. Monokausalität). Krankheit im medizinischen Sinne ist jeder regelwidrige körperliche oder geistige Zustand, welcher der Heilbehandlung bedarf (BAG AP Nr. 52 zu § 1 LohnFG). Zur Arbeitsunfähigkeit führt die Erkrankung, wenn der Arbeitnehmer durch sie gehindert ist, die vertraglich geschuldete Arbeitsleistung zu erbringen, oder wenn er nur unter der Gefahr der Verschlimmerung seines Zustandes arbeiten kann. Ob eine Krankheit im medizinischen Sinne zugleich die Arbeitsunfähigkeit verursacht, hängt also von der Art der Erkrankung und der geschuldeten Arbeitsleistung ab.

Beispiele: Heiserkeit führt bei einem angestellten Chorsänger zur Arbeitsunfähigkeit, nicht dagegen bei einem Bauarbeiter. Die Schreibkraft, die sich einen Finger gebrochen hat, ist arbeitsunfähig, nicht dagegen ein Pförtner. Kommt es zu Fehlzeiten aufgrund einer künstlichen Befruchtung (In-vitro-Fertilisation) gilt: Die Unfruchtbarkeit des Partners ist keine Krankheit der Frau i. S. d. § 3 Abs. Satz 1 EFZG. Entgeltfortzahlung nach § 3 Abs. 1 Satz 1 EFZG wird nur geschuldet, wenn im Rahmen der In-vitro-Fertilisation eine zur Arbeitsunfähigkeit führende Erkrankung auftritt, mit deren Eintritt nicht gerechnet werden musste, vgl. BAG NZA 2017, 240.

Aufgrund der Monokausalität scheidet Entgeltfortzahlung nach dem EFZG aus, wenn das Arbeitsverhältnis ruht, wie bspw. bei § 11 MuSchG. In diesem Falle kann die Krankheit hinweggedacht werden und die Arbeitnehmerin würde dennoch die Arbeitsleistung nicht erbringen können bzw. dürfen. Teilweise hat der Gesetzgeber das Zusammentreffen anderer Ursachen der „Nicht-Arbeit" mit der Krankheit auch gesetzlich geregelt, z. B. § 9 BUrlG (Urlaub); siehe auch § 2 Abs. 2 EFZG zum Verhältnis gesetzlicher Feiertag/Kurzarbeit.

**436** Die Arbeitsunfähigkeit ist **objektiv** zu bestimmen und erfordert eine vom Arzt nach objektiven Maßstäben vorzunehmende Bewertung. Sie richtet sich mithin nicht nach der subjektiven Einschätzung des kranken Arbeitnehmers (BAG 26.7.1989, NZA 1990, 140; ErfK/Reinhard, § 3 EFZG Rdnr. 9).

**437** Ist der Arbeitnehmer aufgrund einer Krankheit nicht mehr zur vollen Arbeitsleistung in der Lage, ist er grundsätzlich nicht zur Erbringung von Teilleistungen verpflichtet. Allerdings muss in solchen Fällen danach differenziert werden, ob die Krankheit den vertragsgemäßen Einsatz des Arbeitnehmers verhindert oder ob ein abgewandelter, aber vertragsgemäßer Einsatz möglich bleibt. Kann der Arbeitnehmer nur noch einzelne Tätigkeiten erbringen oder nur in verringertem Stundenumfang arbeiten, muss der Arbeitgeber ihn trotzdem beschäftigen, wenn im Vertrag des Arbeitnehmers ein entsprechender Spielraum besteht und die nähere Ausgestaltung dem Weisungsrecht des Arbeitgebers unterliegt (BAG NJW 2014, 2303). Schuldet der Arbeitnehmer etwa die Leistung von Früh-, Spät- und Nachtschichten nach Anweisung durch den Arbeitgeber und ist der Arbeitnehmer gesundheitlich zur Nachtarbeit nicht in der Lage, so ist das Ermessen des Arbeitgebers bei der Zuweisung der Arbeit entsprechend reduziert. Sieht der Vertrag dagegen eine Stundenkürzung oder einen Tätigkeitswechsel unter keinen Umständen vor, fehlt es für einen reduzierten Einsatz des Arbeitnehmers an einer normativen Grundlage.

Ist ein vertragsgemäßer Einsatz des Arbeitnehmers ausgeschlossen, ist der Arbeitgeber auch nicht befugt, dem Arbeitnehmer eine andere als die vertraglich vereinbarte Arbeit zuzuweisen, auch wenn der Arbeitnehmer dazu ohne Beeinträchtigung der Genesung in der Lage wäre (sog. Schonarbeit). Die Bestimmung des § 9 EFZG geht hierbei als lex specialis vor (ErfK/Reinhard, § 9 EFZG Rdnr. 2). Dem Arbeitgeber stehen jedoch die Instrumente der Änderungsvereinbarung oder Änderungskündigung (Rdnr. 653 ff.) zur Verfügung.

**438** c) Die krankheitsbedingte Arbeitsunfähigkeit darf *vom Arbeitnehmer nicht verschuldet sein*. Ein solches Verschulden ist – ebenso wie im Fall des § 616 BGB (s. Rdnr. 431) – nur dann anzunehmen, wenn der Arbeitnehmer grob gegen das von einem verständigen Menschen im eigenen Interesse zu erwartende Verhalten verstößt (so bereits zu den Vorläufervorschriften BAG AP Nr. 71 zu § 1 LohnFG).

Beispiele: Grob verkehrswidriges Verhalten im Straßenverkehr, grob fahrlässige Verletzung von Unfallverhütungsvorschriften, Unfall bei der Arbeit infolge Alkoholgenusses (BAG AP Nr. 77 zu § 1 LohnFG), Betreiben einer besonders gefährlichen Sportart (BAG AP Nr. 18 zu § 1 LohnFG). Bisher hat das BAG noch keine Sportart als an sich gefährlich eingestuft, auch nicht Amateurboxen (BAG AP Nr. 42 zu § 1 LohnFG). Im **Fall c** ist der Lohnfortzahlungsanspruch daher nur dann ausgeschlossen, wenn der Arbeitnehmer etwa völlig untrainiert in den Ring steigt, den Unterleibsschutz nicht anlegt oder besonders leichtfertig gegen die anerkannten Regeln des Sports verstößt. Auch das Befahren des Nürburgrings mit dem Motorrad stellt nicht generell einen gröblichen Verstoß gegen § 3 Abs. 1 Satz 1 EFZG (LAG Köln LAGE § 1 LohnFG Nr. 33) dar. Offen bleibt allerdings die rechtspolitische Frage, ob es arbeitsmarktpolitisch sinnvoll ist, die Ausübung risikoreicher Sportarten und Freizeitvergnügen über die Entgeltfortzahlung zu einem Arbeitgeberrisiko zu machen. Eine mögliche Alternative wäre es, dem Arbeitnehmer für die Arbeitsunfähigkeit als Folge besonders gefährlicher Sportarten (z. B. Reiten, Trickski, Drachenfliegen, Extremkletterei etc.) eine private Versicherungspflicht aufzuerlegen und so den Arbeitgeber von arbeitsvertragsfremden Zusatzkosten zu befreien. Bei krankhafter Alkoholabhängigkeit kann nicht ohne weiteres davon ausgegangen werden, dass der Arbeitnehmer sie selbst verschuldet hat (BAG AP Nr. 52 zu § 1 LohnFG; auch **nicht** bei Rückfall BAG NJW 2015, 2444).

Nach h. A. ist es grds. unerheblich, wann und bei welcher Gelegenheit der Arbeitnehmer erkrankt, also grds. auch bei einem zweiten Arbeitsverhältnis. Die Geltendmachung des Entgeltfortzahlungsanspruchs kann aber unter besonderen Umständen, etwa bei verbotener oder vertragswidriger Nebentätigkeit, rechtsmissbräuchlich sein (BAG AP Nr. 38 zu § 1 LohnFG; AP Nr. 62 zu § 616 BGB). Eine weitere Ausnahme kann sich ergeben, wenn der Arbeitnehmer durch die Ausübung einer Nebentätigkeit gegen das Arbeitszeitrecht verstößt, er sich während der Überarbeit verletzt und dadurch arbeitsunfähig wird (BAG AP Nr. 49 zu § 1 LohnFG; ErfK/Reinhard, § 3 EFZG Rdnr. 31).

## 2. Anzeige- und Nachweispflichten

Im Krankheitsfall bestehen für die Arbeitnehmer *Anzeige- und Nachweispflichten*. **439**

a) Wird ein Arbeitnehmer infolge Krankheit arbeitsunfähig, so hat er dem Arbeitgeber die Arbeitsunfähigkeit und deren voraussichtliche Dauer unverzüglich mitzuteilen (§ 5 Abs. 1 Satz 1 EFZG). Dauert die Arbeitsunfähigkeit länger als drei Kalendertage, hat er eine ärztliche Bescheinigung über das Bestehen der Arbeitsunfähigkeit sowie deren voraussichtliche Dauer spätestens am darauf folgenden Arbeitstag vorzulegen. Unabhängig hiervon ist der Arbeitgeber nach § 5 Abs. 1 Satz 3 EFZG berechtigt, diese Bescheinigung schon früher zu verlangen. Dauert die Arbeitsunfähigkeit des Arbeitnehmers länger als in der ärztlichen Bescheinigung vorgesehen, muss er eine erneute Bescheinigung beibringen.

Zur Bekämpfung des von Arbeitgeberseite beklagten Krankfeierns enthält § 5 **440** Abs. 1 Satz 5 EFZG die Regelung, dass die ärztliche Bescheinigung bei gesetzlich versicherten Arbeitnehmern einen Vermerk des Arztes darüber enthalten muss, dass gleichfalls eine Bescheinigung über die Arbeitsunfähigkeit mit Angaben über den Befund und die voraussichtliche Dauer der Arbeitsunfähigkeit an die Krankenkasse übersandt wird. Die Vorschrift korrespondiert mit den deutlich erweiterten Kontrollbefugnissen der Krankenkassen nach § 275 SGB V. Diese können nun schon bei einfachen Zweifeln eine gutachtliche Stellungnahme des Medizinischen Dienstes einholen. Diese Zweifel werden nach § 275 Abs. 1 Nr. 3 lit. b SGB V insbesondere bei auffällig häufigen Mehrfach- oder Kurzerkrankungen, bei häufiger Arbeitsunfähigkeit i. V. m. Wochenenden und Brückentagen oder bei Bescheinigungen durch einschlägig aufgefallene Ärzte vermutet (§ 275 Abs. 1a Satz 1 SGB V). § 106 Abs. 3a SGB V begründet eine Schadensersatzpflicht des Arztes, der grob fahrlässig oder vorsätzlich die Arbeitsunfähigkeit des Arbeitnehmers bescheinigt hat, obwohl die arbeitsmedizinischen Voraussetzungen hierfür nicht vorlagen.

b) Besonderheiten gelten in Bezug auf die Benachrichtigungs- und Bescheini- **441** gungspflicht des Arbeitnehmers, wenn er sich zu Beginn der Arbeitsunfähigkeit im Ausland befindet. Er hat dann den Arbeitgeber – und im Falle der gesetzlichen Krankenversicherung auch die Krankenkasse – über seine Arbeitsunfähigkeit auf dem schnellst möglichen Wege zu informieren (§ 5 Abs. 2 Satz 1 EFZG). Kehrt der erkrankte Arbeitnehmer in das Inland zurück, hat er Arbeitgeber und Krankenkasse hiervon ebenfalls unverzüglich zu unterrichten. Die Pflicht zur Vorlage einer ärztlichen Bescheinigung nach § 5 Abs. 1 EFZG ist hiervon unberührt.

Mit der Vorlage einer ordnungsgemäß ausgestellten Arbeitsunfähigkeitsbescheini- **442** gung erbringt der Arbeitnehmer im Regelfall den *Beweis der Arbeitsunfähigkeit* infolge Krankheit. Die Bescheinigung begründet jedoch keine gesetzliche Vermutung i. S. d. § 292 ZPO für das Vorliegen der Arbeitsunfähigkeit. Ihre Beweiskraft beschränkt sich gem. § 416 ZPO vielmehr darauf, dass die in ihr enthaltenen Feststellungen vom ausstellenden Arzt getroffen worden sind. Für die Tatsache der Arbeitsunfähigkeit spricht lediglich eine tatsächliche Vermutung (Beweis des ersten Anscheins). Wird diese z. B. im Lohnfortzahlungsprozess vom Arbeitgeber durch die Darlegung geeigneter Tatsachen erschüttert, muss der Arbeitnehmer den Beweis für seine Arbeitsunfähigkeit auf andere Weise, z. B. durch Zeugnis des Arztes, der ihn untersucht hat, führen (BAG NZA 1993, 23).

Umstände, die den Beweiswert einer Arbeitsunfähigkeitsbescheinigung erschüttern, können sich ergeben: aus der Bescheinigung selbst (z. B. Rückdatierung, fehlende Unterschrift des Arztes), aus einem Verhalten des Arbeitnehmers vor oder während der attestierten Arbeitsunfähigkeit (z. B. Androhung der Arbeitsunfähigkeit für den Fall der Nichtgewährung eines freien Tages oder im Zusammenhang mit der Ablehnung einer zugewiesenen Arbeit, Barbesuch eines angeblich bettlägerig erkrankten Arbeitnehmers, Missachtung einer vertrauensärztlichen Vorladung), aus sonstigen Umständen (z. B. Erkrankung eines Ehegatten während des gemeinsamen Urlaubs bis zum Urlaubsende des Partners).

**443** Bei Auslandserkrankungen misst das BAG der von einem ausländischen Arzt ausgestellten Arbeitsunfähigkeitsbescheinigung denselben Beweiswert zu, sofern darin zwischen bloßer Krankheit und Arbeitsunfähigkeit verursachender Erkrankung unterschieden ist (BAG NZA 1985, 737). Nach Art. 18 der Verordnung (EWG) Nr. 574/72 ist der Arbeitgeber in tatsächlicher wie rechtlicher Hinsicht an die ärztlichen Feststellungen über Eintritt und Dauer der Arbeitsunfähigkeit gebunden, sofern er den Arbeitnehmer nicht durch einen Arzt seiner, des Arbeitgebers, Wahl untersuchen lässt (EuGH NZA 1992, 735 – Paletta I). Die Verordnung (EWG) Nr. 574/72 hindert den Arbeitgeber allerdings nicht, Nachweise zu erbringen, anhand deren das nationale Gericht feststellen kann, dass der Arbeitnehmer in Wirklichkeit nicht arbeitsunfähig war (EuGH NZA 1996, 635 – Paletta II). Der Nachweis bereitet in der Praxis erhebliche Schwierigkeiten. Der Arbeitgeber ist Betrugsversuchen seiner Arbeitnehmer durch vorgetäuschte Arbeitsunfähigkeit im Ausland fast wehrlos ausgeliefert. Im **Fall d** ist die GmbH zur Entgeltfortzahlung verpflichtet, da sie keine Untersuchung ihrer Arbeitnehmer in Spanien veranlasst hat; eines weiteren Nachweises bedarf es nicht.

In den §§ 1072 ff. ZPO sind die näheren Einzelheiten der EU-VO 1206/01 zur Zusammenarbeit der Mitgliedstaaten auf dem Gebiet der Beweisaufnahme geregelt, durch die die Beweisprobleme des Arbeitnehmers, der im Ausland arbeitsunfähig krankgeschrieben wird, beseitigt wurden.

Der Entgeltfortzahlungsanspruch entsteht unabhängig davon, ob eine Arbeitsunfähigkeitsbescheinigung vorgelegt wird; die Nichtvorlage berechtigt den Arbeitgeber jedoch, die Lohnfortzahlung zu verweigern (§ 7 Abs. 1 Nr. 1 EFZG).

**444** c) Verletzt der Arbeitnehmer schuldhaft seine *Anzeige- oder Nachweispflicht*, ist der Arbeitgeber zur Abmahnung (Rdnr. 569 ff.) berechtigt. Im Wiederholungsfall kommt eine verhaltensbedingte ordentliche Kündigung (Rdnr. 564 ff.) in Betracht (BAG NZA 1993, 17), bei mehrfachen, beharrlichen Pflichtverletzungen sogar eine fristlose Kündigung (MünchKomm/Henssler, § 626 Rdnr. 176). Eine Pflicht zur Vorlage einer *ärztlichen Gesundschreibung* sehen arbeitsrechtliche Vorschriften nicht vor; sie folgt auch nicht als immanente Nebenpflicht aus dem Arbeitsvertrag. Ein Arbeitgeber, der die angebotene Arbeitsleistung am Ende einer Krankheitszeit mit dem Hinweis auf eine fehlende Gesundschreibung ablehnt, gerät daher in Annahmeverzug.

### 3. Rechtsfolgen

**445** a) Liegen die genannten Voraussetzungen vor, sind dem Arbeitnehmer nach § 4 Abs. 1 EFZG 100 % des ihm in der für ihn maßgebenden regelmäßigen Arbeitszeit zustehenden *Arbeitsentgelts fortzuzahlen* (sog. Lohnausfallprinzip). Fortzuzahlen ist das reale Arbeitsentgelt. Es ergibt sich in erster Linie aus dem Arbeitsvertrag im Sinne des „gelebten Rechtsverhältnisses" als Ausdruck des wirklichen Parteiwillens, nicht allein aus dem Vertragstext. Wird regelmäßig eine erhöhte Arbeitszeit abgerufen, so ist diese Ausdruck der vertraglich geschuldeten Leistung (BAG NZA 2002, 439 = RdA 2003, 48 m. Anm. Schmitt). Der Arbeitnehmer hat weder Anspruch auf den Ersatz von Aufwendungen, die wegen seiner Arbeitsunfähigkeit nicht notwendig werden (z. B. Spesenpauschalen) noch sind Überstundenentgelte fortzuzahlen (§ 4 Abs. 1a EFZG).

Fortzuzahlen sind dagegen Zuschläge für Nacht, Sonntags- und Feiertagsarbeit, **446** soweit diese regelmäßig anfallen (Löwisch, BB 1999, 102, 105). Sondervergütungen (Gratifikationen oder Zulagen) an Arbeitnehmer dürfen wegen krankheitsbedingter Fehlzeiten gekürzt werden, allerdings ist die Kürzung der Höhe nach auf 25 % des durchschnittlichen Tagesverdienstes beschränkt (§ 4a Satz 2 EFZG; vgl. BAG NZA 1998, 469).

Besonderheiten ergeben sich bei einer erneuten Arbeitsunfähigkeit des Arbeitnehmers wegen derselben Krankheit (sog. Fortsetzungserkrankung i. S. d. § 3 Abs. 1 Satz 2 EFZG, BAG AP Nr. 25 zu § 3 EFZG): Hierbei werden grundsätzlich alle Fehlzeiten zusammengerechnet, so dass nur ein Anspruch auf Entgeltfortzahlung für insgesamt sechs Wochen besteht. Ausnahmen ergeben sich aus § 3 Abs. 1 Satz 2 Nr. 1, 2 EFZG. Wird der Arbeitnehmer aufgrund einer anderen Krankheit arbeitsunfähig, hat er grundsätzlich einen erneuten Anspruch auf Entgeltfortzahlung für weitere sechs Wochen, es sei denn, die andere Krankheit tritt während der Dauer der ersten Arbeitsunfähigkeit auf (Prinzip der Einheit des Verhinderungsfalls, vgl. BAG AP Nr. 55 zu § 1 LohnFG).

Die Vorschriften des EFZG sind *unabdingbar*. § 4 Abs. 4 EFZG ermöglicht es den Tarifpartnern jedoch, durch Tarifvertrag von den in Abs. 1 bis 3 enthaltenen Regelungen abweichende Bemessungsgrundlagen des fortzuzahlenden Arbeitsentgeltes zu vereinbaren.

In **Fall e** ist der Tarifvertrag unwirksam, da Karenztage die Lohnfortzahlung ganz ausschließen und nicht lediglich eine andere Bemessungsgrundlage darstellen.

b) Der Vergütungsanspruch des Arbeitnehmers wird nicht dadurch berührt, dass **447** der Arbeitgeber aus Anlass der Arbeitsunfähigkeit kündigt (sog. Anlasskündigung, § 8 Abs. 1 Satz 1 EFZG; zur krankheitsbedingten Kündigung vgl. Rdnr. 560). Kündigt der Arbeitgeber aus einem anderen Grund als der Arbeitsunfähigkeit, liegt eine Arbeitnehmerkündigung vor oder endet das Arbeitsverhältnis durch Zeitablauf, endet der Anspruch auf Entgeltfortzahlung mit dem Arbeitsverhältnis.

c) *Hat ein Dritter die Arbeitsverhinderung* durch eine gegen den Arbeitnehmer **448** gerichtete unerlaubte Handlung *schuldhaft verursacht* (z. B. bei einem Straßenverkehrsunfall), stellt sich die Frage nach dem Verhältnis der Ansprüche des Arbeitnehmers gegen den Arbeitgeber auf Entgeltzahlung zu den Schadensersatzansprüchen gegen den Dritten (z. B. gem. § 823 BGB, §§ 7, 18 StVG). Die Entgeltfortzahlungsansprüche sind unabhängig von etwaigen Schadensersatzansprüchen gegen Dritte gegeben; eine Anrechnung sieht das Gesetz nicht vor. Damit wäre der Arbeitgeber der eigentlich Geschädigte, da er Vergütung ohne Gegenleistung zu zahlen hat. Ein eigener Anspruch gegen den Schädiger steht ihm nicht zu, weil dieser ihm gegenüber nicht den Tatbestand einer unerlaubten Handlung erfüllt hat (vgl. Brox/Walker, AS, § 29 Rdnr. 7, § 31 Rdnr. 24). Um dieses rechtspolitisch unbefriedigende Ergebnis zu vermeiden, geht der Schadensersatzanspruch des *Arbeitnehmers* gegen den ersatzpflichtigen Dritten gem. § 6 EFZG kraft Gesetzes auf den Arbeitgeber über, soweit dieser Arbeitsentgelt fortgezahlt und darauf entfallende Arbeitgeberanteile zur Sozialversicherung oder zu Einrichtungen der zusätzlichen Alters- und Hinterbliebenenversorgung abgeführt hat (zu **Fall f**). Insoweit handelt es sich um einen normativen Schaden des Arbeitnehmers (BGHZ 43, 378). Für den Fall, dass der Arbeitnehmer diesen Forderungsübergang schuldhaft verhindert, kann der Arbeitgeber die Lohnfortzahlung gem. § 7 EFZG verweigern.

### IV. Annahmeverzug des Arbeitgebers

**Schrifttum:** *Betz*, Der Vergütungsanspruch des Arbeitnehmers bei unterbliebener oder zu beanstandender Arbeitseinteilung, NZA 2017, 151; *Dimsic*, Wann gerät der Arbeitgeber in Annahmeverzug? – Fehlende Berufserlaubnis, Tätigkeits- und Einsatzverbote, DB 2016, 2175; *Hoff/Hanau*, Annahmeverzug bei flexibler Arbeitszeit, insbesondere bei Arbeitszeitkonten, NZA 2015, 1169; *Krause*, Strömungen des Annahmeverzugs im Arbeitsverhältnis, ZfA 2018, 126; *Pawlak/Lüderitz*, Das Annahmeverzugsrisiko des Arbeitgebers, NZA 2011, 313.

#### 1. Problematik

**449** Kommt der Arbeitgeber (Gläubiger) mit der Annahme der Arbeitsleistung in Verzug, führt dies dazu, dass der Arbeitnehmer (Schuldner) seine Arbeitsleistung nicht erbringen kann (absolute Fixschuld). Gem. § 275 Abs. 1 BGB tritt dann Unmöglichkeit ein. § 615 Satz 1 BGB ordnet für den Fall des Annahmeverzugs als Ausnahme zu § 326 Abs. 1 BGB den Erhalt des Lohnanspruchs an. Die Voraussetzungen des Annahmeverzugs ergeben sich aus den §§ 293 ff. BGB. Praktisch wichtigster Fall des Anspruchs auf Annahmeverzugslohn ist die Situation einer unwirksamen Kündigung. Mangels Beendigung des Arbeitsverhältnisses war und ist der Arbeitgeber verpflichtet, den Arbeitnehmer zu beschäftigen. Hat er dies nicht getan, gerät er in der Regel in Annahmeverzug. Zum Klausuraufbau vgl. Rdnr. 1371 ff.

#### 2. Voraussetzungen

**450** a) Erste Voraussetzung des Annahmeverzugs ist die Berechtigung des Arbeitnehmers zur Erbringung der Arbeitsleistung (*Erfüllbarkeit*, § 271 Abs. 2 BGB).

b) Ferner muss der Arbeitnehmer gem. § 297 BGB *leistungsfähig* und *leistungsbereit* sein.

Annahmeverzug des Arbeitgebers scheidet danach aus, wenn auf Seiten des Arbeitnehmers ebenfalls ein Leistungshindernis (z. B. Krankheit, gesetzliches Arbeitsverbot oder Realisierung des sog. Wegerisikos durch Eisglätte etc.) vorliegt. Die Unmöglichkeit, die gem. § 275 Abs. 1 BGB durch die Nichtleistung eintritt, kann allerdings kein Leistungshindernis i. S. d. §§ 615, 297 BGB darstellen. Ansonsten bliebe § 615 BGB im Arbeitsverhältnis ohne praktische Bedeutung, da der Annahmeverzug regelmäßig an dieser Voraussetzung scheitern müsste. Das „Dogma der Alternativität von Annahmeverzug und Unmöglichkeit" gilt bei § 615 BGB nicht (MünchKomm/Henssler, § 615 BGB Rdnr. 3, 8).

**451** c) Nach § 293 BGB bedarf es eines *Angebots* des Schuldners zur Erbringung der Arbeitsleistung. Grundsätzlich erfordert § 294 BGB ein tatsächliches Angebot. Dieses muss in eigener Person (§ 613 Satz 1 BGB), am rechten Ort, zur rechten Zeit und in der rechten Weise erfolgen, d. h. der Arbeitnehmer muss sich an seinen Arbeitsplatz begeben und die vertraglich geschuldete Leistung anbieten. Unter den Voraussetzungen des § 295 BGB genügt ein wörtliches Angebot. Nach ständiger Rechtsprechung des BAG ist im Falle einer Kündigung durch den Arbeitgeber sogar jedwedes Angebot auf Arbeitsleistung nach § 296 BGB entbehrlich (BAG NZA 1985, 119; NZA 2004, 90). Das Bereitstellen eines funktionsfähigen Arbeitsplatzes und die Zuweisung vertragsgemäßer Arbeit sei eine i. S. von § 296 Satz 1 BGB nach dem Kalender bestimmte Mitwirkungshandlung des Arbeitgebers.

Selbst bei einer Unterbrechung des Annahmeverzugs wegen Krankheit des Arbeitnehmers (vgl. § 297 BGB) soll dem BAG (NZA 1995, 263) zufolge nach Wiedergenesung kein gesondertes Angebot erforderlich sein, wenn der Arbeitnehmer durch Erhebung der Kündigungsschutzklage seine fortbestehende Leistungsbereitschaft verdeutlicht hat (kritisch Münch-Komm/Henssler, § 615 BGB Rdnr. 31a).

Grundsätzlich muss der Arbeitnehmer seine Arbeitsleistung in Person, zur rechten Zeit, am rechten Ort und in der rechten Weise am Arbeitsplatz anbieten, § 294 BGB. Das Angebot einer Tätigkeit in einem Wiedereingliederungsverhältnis i. S. v. § 74 SGB V genügt diesen Anforderungen nicht. Denn das Wiedereingliederungsverhältnis ist nicht Teil des Arbeitsverhältnisses, sondern neben diesem ein Vertragsverhältnis eigener Art (sui generis), BAG NJW 2018, 2147.

**d)** Der Arbeitgeber darf die Leistung des Arbeitnehmers nicht angenommen haben (§ 293 BGB). *Nichtannahme* ist jedes Verhalten, das den Erfüllungseintritt verhindert. Ein Verschulden des Arbeitgebers ist nicht erforderlich. Bei lediglich vorübergehender Annahmeverhinderung ist § 299 BGB zu beachten. **452**

Ob der Arbeitgeber die Leistung nicht annehmen will (Annahmeunwilligkeit) oder nicht annehmen kann (Annahmeunmöglichkeit) ist unerheblich (Münch-Komm/Henssler, § 615 BGB Rdnr. 8). Im Fall der sog. Annahmeunwilligkeit – also wenn der Arbeitgeber die Arbeitsleistung des Arbeitnehmers annehmen kann, aber nicht annehmen will – liegt unstreitig Annahmeverzug nach § 615 Satz 1 BGB vor (näher zur sog. Annahmeunfähigkeit s. ErfK/Preis, § 615 BGB Rdnr. 7).

Bei Konstellationen der Annahmeunmöglichkeit greifen oftmals die Grundsätze der Betriebsrisikolehre (Rdnr. 457). Umstritten ist in diesem Zusammenhang das Verhältnis von § 615 zu § 326 Abs. 2 BGB (vgl. HWK/Krause, § 615 BGB Rdnr. 11). Fast alle Fälle werden sich aber über § 615 Satz 1 oder 3 BGB ohne Rückgriff auf § 326 Abs. 2 BGB lösen lassen. Hat der Arbeitnehmer infolge des Unterbleibens der Arbeitsleistung anderweitigen Zwischenverdienst erworben, muss er sich diesen anrechnen lassen, § 615 Satz 2 BGB (zur Berechnung des Zwischenverdienstes BAG NJW 2016, 1674).

## V. Betriebs- und Wirtschaftsrisiko

**Schrifttum:** *Auktor*, Die Reichweite der Arbeitskampfrisikolehre bei der Mitverursachung des Arbeitsausfalls durch den Arbeitgeber, RdA 2003, 23; *Bauer/Haußmann*, Arbeiten verboten! – Das neue Streikbrecherverbot für Leiharbeitnehmer, NZA 2016, 803; *Gräf/Rögele*, Zusammentreffen von Betriebs- und Wegerisiko, NZA 2013, 1120; *Hohenstatt/Krois*, Lohnrisiko und Entgeltfortzahlung während der Corona-Pandemie, NZA 2020, 413; *Kalb*, Rechtsgrundlage und Reichweite der Betriebsrisikolehre, 1977; *Luke*, § 615 S. 3 BGB – Neuregelung des Betriebsrisikos, NZA 2004, 244; *Reichold*, Betriebsrisiko als „Substratsgefahrtragung", ZfA 2006, 223.

**Fälle:**

a) Infolge eines Brandes im Betrieb ruht die Arbeit für drei Tage. Der Arbeitgeber verweigert insoweit eine Lohnzahlung. Mit Recht? **453**

b) Im Fall a soll ein Arbeitnehmer sich jedenfalls den Verdienst anrechnen lassen, den er während der drei Tage für Aushilfsarbeiten im Geschäft seines Bruders erzielt hat.

c) Aufgrund einer Überschwemmungskatastrophe muss der Betrieb des Arbeitgebers stillgelegt werden, die Arbeitnehmer hätten aber wegen der Überflutung der Straßen den Betrieb ohnehin nicht erreichen können. Stehen ihnen Lohnansprüche zu?

d) Im Zuge der Corona-Pandemie 2020 wird ein bundesweites Betriebsverbot für eine bestimmte Branche verhängt, von dem auch das Unternehmen des Arbeitgebers G betroffen ist. Arbeitnehmer A kann daher von G nicht beschäftigt werden, meint aber gleichwohl einen Lohnanspruch zu haben, da auch dieser Fall dem vom Arbeitgeber zu tragenden Wirtschaftsrisiko zuzuordnen sei. Zu Recht?

## 1. Problematik

**454** Es sind Fälle denkbar, in denen die Arbeit aus betrieblich-technischen Gründen nicht erbracht werden kann oder in denen die Arbeitsleistung zwar technisch möglich, aber wirtschaftlich nicht verwertbar und damit sinnlos ist. Im ersten Fall geht es um das Betriebsrisiko, im zweiten um das Wirtschaftsrisiko.

Beispiele für Betriebsrisiko: Maschinenschaden, Ausfall der Stromversorgung, schlechtes Wetter, Naturkatastrophe, Produktionsverbot, Rohstoffknappheit.

Beispiele für Wirtschaftsrisiko: Absatzmangel, Geldmangel, Unwirtschaftlichkeit.

Das *Wirtschaftsrisiko* als das Risiko der Verwendbarkeit der vertraglichen Leistung ist schon nach allgemeinen Grundsätzen eindeutig dem Arbeitgeber zugewiesen. Die Störung liegt außerhalb des Austauschverhältnisses. Wie bei jedem Austauschvertrag muss der Arbeitgeber als Gläubiger der Sach- bzw. Dienstleistung das Verwendungsrisiko tragen.

**455** Schwierigkeiten bereitet dagegen die Zuordnung des *Betriebsrisikos*. Nähme man bei einer betrieblichen Störung eine nicht vom Arbeitgeber zu vertretende (vgl. § 326 Abs. 2 BGB) Unmöglichkeit an, dann hätte der Arbeitnehmer nach der Grundregel des § 326 Abs. 1 BGB keinen Anspruch auf den Lohn als Gegenleistung. Stellt man dagegen darauf ab, dass der Arbeitgeber die vom Arbeitnehmer ordnungsgemäß angebotene Arbeitsleistung nicht annimmt, dann käme er in Annahmeverzug, der ein Verschulden des Gläubigers nicht voraussetzt (§§ 293 ff., 615 BGB). Mit § 615 Satz 3 BGB hat der Gesetzgeber diese früher umstrittene Frage entschieden und für den Fall des vom Arbeitgeber zu tragenden Betriebsrisikos die entsprechende Anwendung der Sätze 1 und 2 des § 615 BGB angeordnet.

## 2. Risikoverteilung

**456** In welchen Konstellationen den Arbeitgeber überhaupt das Betriebsrisiko mit der Folge seiner Entgeltfortzahlungspflicht trifft, regelt Satz 3 allerdings nicht. Hier greifen die von der Rspr. in einer langjährigen Entscheidungspraxis entwickelten Grundsätze, die jedenfalls in ihren Kernaussagen im Zuge der gesetzlichen Regelung ausdrücklich gebilligt worden sind (BT-Drucks. 14/6857, S. 48; BT-Drucks. 14/7052, S. 204). Sie bilden somit den Ausgangspunkt, an dem sich die rechtliche Beurteilung auch nach geltendem Recht zu orientieren hat.

**457** a) *Grundsätzlich trägt der Arbeitgeber das Betriebsrisiko.* Denn der Arbeitgeber leitet den Betrieb selbstständig, er trägt das wirtschaftliche Risiko, ihm steht auch der erzielte Gewinn zu (BAG AP Nr. 2, 3 zu § 615 BGB Betriebsrisiko). Er muss folglich dafür einstehen, dass der Betriebsorganismus in Funktion bleibt und die Arbeitsmittel zur Verfügung stehen, die dem Arbeitnehmer die Arbeit und damit die Erzielung des Lohnes ermöglichen. Demgemäß trifft den Arbeitgeber das Lohnrisiko vor allem bei technischen und wirtschaftlichen Störungen, wenn der Arbeitnehmer zur Arbeitsleistung fähig und bereit ist.

Kann ein Arbeitnehmer wegen eines vom Kunden seines Arbeitgebers ihm gegenüber erteilten Hausverbots die vertraglich geschuldete Arbeitsleistung nicht erbringen, beruht dies nicht auf betriebstechnischen Umständen, für die der Arbeitgeber gem. § 615 Satz 3 das Ausfallrisiko trägt, vgl. BAG NZA 2017, 125 (Rdnr. 20). Ob dem Arbeitnehmer ein Anspruch auf Annahmeverzugslohn nach § 611a Abs. 2 i. V. m. § 615 Satz 1 BGB zusteht hängt davon ab, ob gem. § 297 BGB ein Unvermögen des Arbeitnehmers vorliegt, der den Annahmeverzug des Arbeitgebers ausschließt. Nach der Wertung des § 242 BGB ist Annahmeverzug dann ausgeschlossen, wenn das Hausverbot auf Gründen beruht, die die Kündigung des Arbeitsverhältnisses rechtfertigen würden.

**458** Im **Fall a** muss der Arbeitgeber für die drei Tage den Lohn zahlen. Allerdings hat der Arbeitnehmer im **Fall b** sich den Verdienst anrechnen zu lassen, den er während der drei Tage für Aushilfsarbeiten erzielt hat; das ergibt sich aus § 615 Satz 2 i. V. m. 3 BGB. Im **Fall d** stellt sich die Frage, ob das Verbot – wie bei einem speziell gegen einen konkreten Betrieb gerichteten behördlichen Betriebsverbot – noch zum Betriebsrisiko des G gehört oder ob hier nicht das allgemeine Lebensrisiko betroffen ist. Für die Zuordnung zum Lebensrisiko spricht, dass A die vertraglich vereinbarten Dienste in Deutschland überhaupt nicht mehr erbringen darf (vgl. Canaris, FS Prölls, S. 21, 39; Hohenstatt/Kois, NZA 2020, 413). Danach bleibt es bei dem Untergang des Lohnanspruchs nach § 326 Abs. 1 BGB, ein Fall des Annahmeverzugs nach § 615 Satz 1 und 3 BGB liegt nicht vor.

**459** Der Lohnanspruch setzt allerdings voraus, dass die Arbeitnehmer ihre Arbeitsleistung (Bringschuld!) dem Arbeitgeber überhaupt tatsächlich anbieten können. Können sie den Betrieb – etwa wegen der Überschwemmung (**Fall c**) – gar nicht erreichen, so kann sich aus § 615 Satz 3 BGB auch kein Lohnanspruch ergeben (dazu MünchKomm/Henssler, § 615 BGB Rdnr. 33). Dass der Betrieb stillgelegt ist, spielt dann keine Rolle mehr. Einen Sachgrund, dem Arbeitgeber auch das Risiko der Unpassierbarkeit der Straßen zuzuordnen, gibt es nicht. Vielmehr liegt das Wegerisiko, z. B. bei einem Fahrverbot wegen Smogalarms, beim Arbeitnehmer.

**460** b) *Gefährdet* die Entgeltfortzahlung die *Existenz* des Betriebes, müssen die Arbeitnehmer das Betriebsrisiko ausnahmsweise (mit)tragen (vgl. BAG AP Nr. 28 zu § 615 BGB Betriebsrisiko). Dabei soll es unerheblich sein, aus wessen Sphäre die Ursache der Störung kommt. Regelmäßig wird der Arbeitgeber allerdings eine Existenzgefährdung schon durch betriebsbedingte (Änderungs-)Kündigungen (Rdnr. 577 ff., 653 ff.) oder die Einführung von Kurzarbeit (Rdnr. 247 ff.), die staatlich gerade in Krisenzeiten massiv gefördert wird, vermeiden können.

Bei Kurzarbeit infolge eines unvermeidbaren vorübergehenden Arbeitsausfalls besteht ein Anspruch auf Kurzarbeitergeld (§§ 95 ff. SGB III) in Höhe von 60–67 % des regulären Lohnes. Im Fall der Arbeitslosigkeit kommt die Gewährung von Arbeitslosengeld in Betracht (§§ 136 ff. SGB III); notfalls greift die Grundsicherung für Arbeitssuchende (SGB II) ein.

**461** c) Besonderheiten gelten bei Betriebsstörungen, die auf *Arbeitskämpfe* zurückzuführen sind. Dem BAG zufolge (AP Nr. 70 zu Art. 9 GG Arbeitskampf = RdA 1981, 124 m. Anm. Otto; AP Nr. 71 zu Art. 9 GG Arbeitskampf = RdA 1981, 130 m. Anm. Otto) soll der Grundsatz, dass der Arbeitgeber das Betriebs- und Wirtschaftsrisiko trägt, bei Störungen, die auf einem rechtmäßigen Streik in einem anderen Betrieb beruhen, nur eingeschränkt gelten. Können die Fernwirkungen eines rechtmäßigen Arbeitskampfes das Kräfteverhältnis der kampfführenden Parteien beeinflussen, sollen beide Seiten das Arbeitskampfrisiko tragen. Für die betroffenen, nicht streikenden Arbeitnehmer bedeutet dies den Verlust der Beschäftigungs- und Vergütungsansprüche für die Dauer der Störung. Maßstab für die Verteilung des Lohnrisikos ist danach der in der Tarifautonomie wurzelnde *Grundsatz der Kampfparität*. Überzeugender ist der Rückgriff auf die unmittelbar einschlägige gesetzliche Wertung des § 160 SGB III (dazu MünchKomm/Henssler, § 615 BGB Rdnr. 119). Nach dem dort verankerten Partizipationsgedanken verlieren die Arbeitnehmer ihren Lohnanspruch nur dann, wenn sie in irgendeiner Weise von dem „fremden" Arbeitskampf profitieren, insbesondere also dann, wenn davon auszugehen ist, dass das Ergebnis der den Arbeitskampf beendenden Tarifeinigung auch für den nur mittelbar betroffenen Betrieb Wirkungen entfaltet (Beispiel: Streik für einen Pilottarifvertrag, der anschließend in dem Tarifgebiet, in dem der Betrieb liegt, übernommen wird).

**462** Noch unklar ist, wie sich die Einführung des § 4a TVG, der gesetzlich die Tarifeinheit innerhalb eines Betriebs („Ein Betrieb ein Tarifvertrag") vorschreibt, auf die Verteilung des Arbeitskampfrisikos im jeweiligen Betrieb auswirkt. Grundsätzlich tragen bei einem Streik der Mehrheitsgewerkschaft alle Arbeitnehmer des bestreikten Betriebs das Arbeitskampfrisiko, so dass bei einem Arbeitsausfall keine Lohnfortzahlungsansprüche bestehen. Den Mitgliedern der Minderheitsgewerkschaft wird aber mit dem Abschluss eines Tarifvertrags durch die Mehrheitsgewerkschaft das Recht genommen, einen eigenen, gültigen Tarifvertrag abzuschließen und zu erkämpfen. Ihnen zusätzlich auch noch das Arbeitskampfrisiko aufzuerlegen, kann nur dann überzeugen, wenn die Minderheitsgewerkschaften am Tarifvertrag der Mehrheitsgewerkschaft teilhaben können, indem ihnen das Recht zugestanden wird, den Tarifvertrag der Mehrheitsgewerkschaft inhaltsgleich zu übernehmen (MünchKomm/Henssler, § 615 BGB Rdnr. 119a). § 4a Abs. 3 TVG sieht ein solches sogenanntes Nachzeichnungsrecht der Minderheitsgewerkschaften zwar vor, es bestehen aber erhebliche Unklarheiten über den Umfang dieses Rechts, etwa wenn der Tarifvertrag Differenzierungsklauseln vorsieht, durch die Mitgliedern der Mehrheitsgewerkschaft ein Vorteil verschafft werden soll (Henssler, RdA 2015, 222, 225). Das BVerfG (NZA 2017, 915) hat in seiner Grundsatzentscheidung zur Verfassungsmäßigkeit des § 4a TVG den Umfang des Nachzeichnungsrechts deutlich ausgeweitet.

**463** d) Das Risiko von Betriebsstörungen und Produktionsausfällen, die nicht durch Arbeitskämpfe, sondern auf andere Weise von Arbeitnehmern herbeigeführt wurden, trägt der Arbeitgeber. Einen allgemeinen Sphärengedanken in dem Sinne, dass die Arbeitnehmer generell das Risiko solcher Störungen zu tragen haben, die aus ihrer Sphäre kommen, kennt das Arbeitsrecht nicht. Insbesondere dann, wenn die Betriebsstörung auf dem Verhalten eines einzelnen Arbeitnehmers beruht (Beispiel: Fahrlässige Brandstiftung durch einen Arbeitnehmer), geht dies nicht zu Lasten der anderen Arbeitnehmer.

**464** e) Teilweise kennt die Praxis *besondere Vereinbarungen* über die Verteilung des Betriebs- und Wirtschaftsrisikos. Da die Grundsätze über die Zuordnung dieser Risiken nicht auf unabdingbaren gesetzlichen Vorschriften beruhen, kann jedenfalls kollektivvertraglich etwas anderes vorgesehen werden.

Tarifliche Bestimmungen über witterungsbedingte Betriebsstörungen finden sich vor allem in der Bauwirtschaft.

## VI. Gesetzliche Arbeitsfreistellungen

**Schrifttum:** *Arnold/Zeh*, Der EuGH und das deutsche Urlaubsrecht – schon wieder Neues aus Luxemburg!, NZA 2019, 1; *Boemke*, Verfall und Vererbbarkeit des Urlaubsabgeltungsanspruchs, JuS 2016, 558; *Höpfner*, Das deutsche Urlaubsrecht in Europa – Zwischen Vollharmonisierung und Koexistenz (Teil 1 und 2), RdA 2013, 16 u. 65; *Jacobs/Münder*, Deutsches Urlaubsrecht im europäischen Wandel, RdA 2019, 332 (Teil 1) und RdA 2020, 13 (Teil 2); *Kalenbach*, Neuregelungen bei der Elternzeit, öAT 2015, 114; *Knorr*, Das neue Mutterschutzgesetz – Bewährtes und Neues im Überblick, WzS 2018, 99; *Lorenz*, 7 wichtige Fragen zum Urlaub, Urlaubsrecht, AiB 2018, 28; *Müller*, Grundzüge des Urlaubsrechts, ZAP 2017, 873; *Seiler*, Das Elterngeld im Lichte des Grundgesetzes, NVwZ 2007, 129; *Sowka*, Elternzeit, P&R 2018, 104; *Suckow/Klose*, Das Bundesurlaubsgesetz unter Luxemburger Auspizien – Europarecht als Probierstein deutschen Urlaubsrechts, Jahrbuch des Arbeitsrechts 49 (2012), 59.

**Fälle:**

a) Maurer N verbringt seinen Jahresurlaub damit, dass er für den Unternehmer U gegen Vergütung Maurerarbeiten durchführt. Als sein Arbeitgeber G davon erfährt, verlangt er von N Unterlassung der Arbeiten. Außerdem soll N das bei Urlaubsantritt gewährte Urlaubsentgelt zurückzahlen. N meint dazu nicht verpflichtet zu sein; jedenfalls stünde ihm dann noch der Urlaub zu. **465**

b) N ist seit Beginn des Jahres 2019 arbeitsunfähig krank. Deshalb kündigt sein Arbeitgeber G zum 31.3.2020. N, der bis zum Ablauf der Kündigungsfrist weiter krank war, verlangt Abgeltung des nicht gewährten Urlaubs für 2019 und 2020.

c) Der von N beantragte Jahresurlaub wird vom Arbeitgeber G grundlos nicht genehmigt. N kann den Urlaub daher vor Beendigung seines Arbeitsverhältnisses nicht mehr nehmen und verlangt Abgeltung des Urlaubs. Noch bevor G zahlt, stirbt N plötzlich. Nun verlangt seine Witwe und Erbin von G „Bezahlung des nicht gewährten Urlaubs". Wäre die Rechtslage anders, wenn N schon während des noch fortbestehenden Arbeitsverhältnisses verstorben wäre, nachdem ihm G den Urlaub grundlos verweigert hatte?

### 1. Mutterschutz

Das Mutterschutzrecht sichert der berufstätigen Frau einen besonderen Schutz in der Zeit vor und nach der Niederkunft. Beschäftigungsverbote gewährleisten, dass die Frau während der Schwangerschaft nicht mit Arbeiten befasst wird, die eine Gefährdung für Leben oder Gesundheit von Mutter und Kind nach sich ziehen können (§ 1 Abs. 1 MuSchG). **466**

Vom Beginn bis zum Ende der Schwangerschaft besteht ein individuelles Beschäftigungsverbot, soweit und solange nach ärztlichem Attest Leben oder Gesundheit der Mutter und ihres Kindes bei fortlaufender Tätigkeit gefährdet ist (§ 16 Abs. 1 MuSchG). Dagegen darf die Frau in den letzten sechs Wochen vor der Entbindung nur mit ihrem ausdrücklichen Einverständnis weiterbeschäftigt werden (§ 3 Abs. 1 MuSchG); in den ersten acht Wochen nach der Entbindung besteht sogar ein absolutes Beschäftigungsverbot (§ 3 Abs. 2 Satz 1 MuSchG). Dieser Zeitraum verlängert sich nach Früh- und Mehrlingsgeburten auf 12 Wochen, bei Frühgeburten zusätzlich um den Zeitraum, der nach § 3 Abs. 1 MuSchG nicht in Anspruch genommen werden konnte (§ 3 Abs. 2 Satz 3 MuSchG).

Für die Zeit des ärztlichen Beschäftigungsverbots gem. § 16 Abs. 1 MuSchG steht der Frau gegen den Arbeitgeber ein Anspruch auf Mutterschutzlohn zu (§ 18 MuSchG). Gemäß § 18 MuSchG ist der Arbeitgeber zur Fortzahlung des bisherigen regelmäßigen Arbeitsentgelts nur dann verpflichtet, sofern kein Anspruch auf Mutterschaftsgeld gem. § 19 MuSchG besteht. **467**

Während des Laufs der Schutzfristen steht der gesetzlich krankenversicherten Frau ein Anspruch auf Zahlung von Mutterschaftsgeld gegen ihre Krankenkasse zu (§ 19 Abs. 1 MuSchG). Durch einen von § 20 MuSchG vorgeschriebenen Zuschuss des Arbeitgebers zum Mutterschaftsgeld soll darüber hinaus der Verdienstausfall ausgeglichen werden, den die Arbeitnehmerin während der mutterschutzrechtlichen Schutzfristen der § 3 MuSchG erleidet, soweit er den Betrag des Mutterschaftsgeldes übersteigt. Eine Arbeitnehmerin soll nicht gezwungen sein, unter Inkaufnahme gesundheitlicher Gefährdungen zum Zwecke der Existenzsicherung arbeiten gehen zu müssen (BAG NZA 2012, 1277). Die Höhe des Zuschusses bestimmt sich nach der Differenz zwischen dem Mutterschaftsgeld (13,00 Euro kalendertäglich) und dem durch die gesetzlichen Abzüge verminderten durchschnittlichen kalendertäglichen Arbeitsentgelt der letzten drei abgerechneten Kalendermonate vor Beginn der Schutzfrist i. S. v. § 3 MuSchG.

**468** Weitere Schutzvorschriften zugunsten der schwangeren Frau enthält § 7 MuSchG. Für ärztliche Untersuchungen hat der Arbeitgeber der Frau bezahlte Freizeit zu gewähren (§ 7 Abs. 1 MuSchG). Absatz 2 verhindert einen Verdienstausfall durch die Einhaltung von Stillzeiten. Zum mutterschutzrechtlichen Kündigungsverbot vgl. Rdnr. 529, 614.

## 2. **Elternzeit**

**469** Seit dem 1.1.2007 gewährt das Gesetz zum Elterngeld und zur Elternzeit – Bundeselterngeld- und Elternzeitgesetz (BEEG) – eine volle oder teilweise Freistellung von der Arbeit, die „Elternzeit" (§§ 15 ff. BEEG) genannt wird, sowie die Zahlung eines Elterngeldes (§§ 1 ff. BEEG). Arbeitnehmerinnen und Arbeitnehmer haben einen entsprechenden Rechtsanspruch, wenn sie während der Elternzeit ein Kind in ihrem Haushalt unter den Voraussetzungen der §§ 1 Abs. 1–7 und 15 Abs. 1–7 BEEG (lesen, weil zugleich ein Musterbeispiel für die Einfachheit und Klarheit moderner deutscher Gesetzgebung!) selbst betreuen und erziehen. Ein Personensorgerecht ist für die Anspruchsinhaber nicht unbedingt erforderlich. Die Elternzeit kann auch anteilig von jedem Elternteil allein oder von beiden gemeinsam genommen werden, und zwar für einen Zeitraum von bis zu drei Jahren für jedes Kind. Beide erwerbstätige Berechtigte können zur selben Zeit für dasselbe Kind die Elternzeit für drei Jahre – nicht also nur für je 1,5 Jahre – in Anspruch nehmen (ErfK/Gallner, § 15 BEEG Rdnr. 5). Vom Anspruch auf Elternzeit zu unterscheiden ist die Frage, ob und für welchen Zeitraum Elterngeld in Anspruch genommen werden kann.

**470** Nach § 15 Abs. 1a BEEG haben auch Großeltern Anspruch auf Elternzeit zur Betreuung ihres Enkelkindes, wenn ein Elternteil des Enkelkindes minderjährig ist oder sich im letzten oder vorletzten Jahr einer Ausbildung befindet, die vor Vollendung des 18. Lebensjahres begonnen wurde und die Arbeitskraft des Elternteils im Allgemeinen voll in Anspruch nimmt. Der Anspruch besteht nur für Zeiten, in denen keiner der Elternteile des Kindes selbst Elternzeit beansprucht. Ansonsten besteht ein Anspruch auf Elterngeld für Verwandte bis zum dritten Grad nur, wenn die Eltern ihr Kind wegen einer schweren Krankheit oder Schwerbehinderung nicht selbst betreuen können (§ 1 Abs. 4 BEEG). Ebenso haben Arbeitnehmer, die ein Kind in Vollzeitpflege aufnehmen, nach § 15 Abs. 1 Nr. 1c BEEG Anspruch auf Elternzeit, sie sind aber nicht Berechtigte Elterngeldbezieher nach § 1 BEEG (zum zeitlichen Umfang und der Berechnung des Elterngeldes s. Richter Elterngeld Plus und Elternzeit, DStR 2015, 366).

Mit Urteil vom 8. März 2018 hat das BSG (NZA 2019, 22) jüngst entschieden, dass Einmalzahlungen wie beispielsweise Heiratsbeihilfen, Urlaubs- und Weihnachtsgeld den Anspruch auf das Elterngeld nicht mindern (vgl. hierzu kritisch Koppenfels-Spies von, NZS 2019, 26).

Vor und während der Elternzeit gilt ein besonderer Kündigungsschutz für die Arbeitnehmer, die Elternzeit verlangt haben (§ 18 BEEG). Die gesetzliche Regelung der Elternzeit bezweckt zweierlei: zum einen soll der Bestand des Arbeitsverhältnisses während der Elternzeit gewahrt werden, zum anderen sollen sich die Eltern ihren Kindern zuwenden können (BAG NZA 2006, 678). Hierzu wurde das BEEG um das sog. Elterngeld Plus ergänzt (BGBl. I 2014, 2325).

### 3. Urlaub

**a) Erholungsurlaub.** Jeder Arbeitnehmer hat in jedem Kalenderjahr Anspruch auf bezahlten Erholungsurlaub (§ 1 BUrlG). Inhalt des Anspruchs ist die Beseitigung der Arbeitspflicht für die Dauer der Arbeitszeit und die Entgeltfortzahlung. Das deutsche Urlaubsrecht ist durch europarechtliche Vorgaben zu einem Mindesturlaub überlagert. Die an sich nur rudimentären europarechtlichen Vorgaben hat der EuGH in den letzten 10 Jahren in einer Vielzahl von Entscheidungen zum Anlass genommen, die nationalen Gerichte mehrfach zu einer Korrektur ihrer bisherigen Rspr. zu zwingen (dazu Arnold/Zeh NZA 2019, 1; Jacobs/Münder, RdA 2019, 332 und RdA 2020, 13).

Die gesetzlichen Vorschriften ergeben sich aus dem „Mindesturlaubsgesetz für Arbeitnehmer" (= BUrlG). Abweichungen von diesen Bestimmungen können zugunsten der Arbeitnehmer vereinbart werden (z. B. Verlängerung des gesetzlichen Mindesturlaubs, Gewährung eines zusätzlichen Urlaubsgeldes). Zuungunsten der Arbeitnehmer sind Einzelregelungen des Gesetzes nur in Tarifverträgen abänderbar; eine Beeinträchtigung des gesetzlichen Anspruchs auf bezahlten Mindesturlaub ist jedoch auch durch Tarifvertrag nicht möglich (§ 13 Abs. 1 BUrlG). Über den gesetzlichen Mindesturlaub kann der Arbeitnehmer weder durch Erlassvertrag noch durch negatives Schuldanerkenntnis verfügen (BAG NZA 1990, 935).

(1) Der *Zweck* des Urlaubs liegt in erster Linie darin, dem Arbeitnehmer Gelegenheit zu geben, sich von den Belastungen der Arbeit zu erholen und damit seine Gesundheit zu erhalten. Daneben bekommt der Arbeitnehmer, der durch die Arbeitsleistung normalerweise in seiner Zeiteinteilung eingeschränkt ist, einen Freiraum zur Selbstverwirklichung. Zur Erreichung dieser Ziele muss der Urlaub grundsätzlich im laufenden Kalenderjahr zusammenhängend gewährt und genommen werden (§ 7 Abs. 2, 3 Satz 1 BUrlG); eine Abgeltung durch Geldzahlung ist nur ausnahmsweise bei Beendigung des Arbeitsverhältnisses zulässig (§ 7 Abs. 4 BUrlG; Rdnr. 482). Erkrankt der Arbeitnehmer während des Urlaubs, so werden die Krankheitstage nicht auf den Urlaub angerechnet (§ 9 BurlG).

(2) *Voraussetzung* des vollen gesetzlichen Urlaubsanspruchs ist allein das sechsmonatige Bestehen des Arbeitsverhältnisses (§ 4 BUrlG); es kommt also nicht darauf an, ob der Arbeitnehmer tatsächlich gearbeitet hat (BAG NZA 1989, 362). Ist diese Wartezeit nicht erfüllt, kommt anstelle des vollen Urlaubsanspruchs ein Teilurlaub in Betracht; der Anspruch geht auf ein Zwölftel des Jahresurlaubs für jeden vollen Monat des Bestehens des Arbeitsverhältnisses (§ 5 Abs. 1 BUrlG). Abzustellen ist dabei auf den Beschäftigungsmonat, nicht etwa auf den Kalendermonat. Es kommt also darauf an, ob das Arbeitsverhältnis über die Dauer eines vollen Monats (§§ 188 Abs. 2, 187 Abs. 1 BGB) bestanden hat. Bruchteile von Urlaubstagen, die mindestens einen halben Tag ergeben, sind auf volle Urlaubstage aufzurunden (§ 5 Abs. 2 BUrlG). Bruchteile von weniger als einem halben Tag sind zu gewähren, also nicht auf Null abzurunden (BAG NZA 1989, 756).

**473** (3) Die *Dauer* des Urlaubs beträgt für alle Arbeitnehmer mindestens 24 Werktage (§ 3 BUrlG), also vier Wochen, da auch der Samstag ein Werktag ist. Dieser Mindestumfang ist durch Art. 7 Abs. 1 der Richtlinie 2003/88/EG vorgegeben. Tarif- und Arbeitsverträge sehen meistens längere Urlaubszeiten vor. Schwerbehinderte und Jugendliche haben Anspruch auf zusätzlichen Urlaub (§ 125 SGB IX, § 19 JArbSchG). Bei Teilzeitbeschäftigten berechnet sich die Urlaubsdauer entsprechend dem Verhältnis zwischen Voll- und Teilzeitarbeit (BAG NZA 1991, 777).

Beispiel (nach HWK/Schinz § 3 BUrlG Rdnr. 28): Arbeitnehmer A arbeitet an einem Wochentag 8 Stunden und an einem weiteren Tag 4 Stunden. Der Urlaub wird tage- und nicht stundenweise berechnet (BAG NZA 1990, 445). Danach ist von einem Verhältnis von 6 Werktagen zu 2 Arbeitstagen auszugehen, so dass A an (24: 6 × 2 =) 8 Arbeitstagen Freistellung verlangen kann. Für A entsprechen 8 Arbeitstage 4 Wochen und damit 24 Werktage.

Auf die Dauer des Urlaubs sind bei einem Arbeitsplatzwechsel die dem Arbeitnehmer bereits vom früheren Arbeitgeber gewährten (oder abgegoltenen) Urlaubstage anzurechnen (§ 6 Abs. 1 BUrlG). Hierüber hat der Arbeitgeber dem Arbeitnehmer auf dessen Verlangen eine Bescheinigung auszustellen (§ 6 Abs. 2 BUrlG).

**474** (4) Die *Festlegung des Urlaubszeitpunkts* erfolgt nicht einseitig durch den Arbeitnehmer; dieser hat kein Recht zur Selbstbeurlaubung (vgl. BAG NZA 1994, 548). Vielmehr legt der Arbeitgeber den Urlaubszeitpunkt fest. Hierzu ist er nicht nur berechtigt, sondern auch verpflichtet (BAG AP Nr. 84 zu § 611 BGB Urlaubsrecht). Allerdings sind bei der Festlegung des Urlaubs die Wünsche des Arbeitnehmers zu berücksichtigen (§ 7 Abs. 1 BUrlG). Vielfach liegen Urlaubslisten aus, in welche die Arbeitnehmer rechtzeitig ihre Urlaubswünsche eintragen können. Stellt der Arbeitgeber einen Urlaubsplan auf, hat der Betriebsrat mitzubestimmen (§ 87 Abs. 1 Nr. 5 BetrVG; Rdnr. 1095).

**475** Ist die Gewährung des Urlaubs im laufenden Kalenderjahr entweder aus dringenden betrieblichen oder aus in der Person des Arbeitnehmers liegenden Gründen nicht möglich, wird der Urlaub in das erste Kalendervierteljahr des Folgejahres übertragen (§ 7 Abs. 3 Satz 2, 3 BUrlG). Hierzu bedarf es keiner (rechtsgeschäftlichen) Übertragungsvereinbarung zwischen Arbeitnehmer und Arbeitgeber. Es genügt vielmehr, wenn die genannten Hinderungsgründe tatsächlich vorliegen (BAG NZA 1988, 245).

Besteht zwischen Arbeitnehmer und Arbeitgeber Streit über den Urlaubsbeginn, so kann der Arbeitnehmer gegen den Arbeitgeber auf Zustimmung klagen oder – in Eilfällen – eine einstweilige Verfügung gegen ihn beantragen. Die Rspr. lässt sowohl Leistungsklagen mit Zeitangaben (Antrag: „Der Beklagte wird verurteilt, den Kläger vom 6. bis 21.8.2019 von der Arbeitsleistung zu befreien". Merke: Die Urlaubserteilung liegt nicht im Ermessen des Arbeitgebers) als auch Leistungsklagen ohne Zeitangabe zu (BAG AP Nr. 3 zu § 6 BUrlG).

**476** (5) Damit der Arbeitnehmer auch während seines Urlaubs seinen Lebensstandard aufrechterhalten kann, ist ihm vor Antritt des Urlaubs das *Urlaubsentgelt* zu zahlen (§ 11 Abs. 2 BUrlG). § 11 BUrlG ist keine Anspruchsgrundlage, sondern nur eine Berechnungsvorschrift für den aus § 611a BGB i. V. m. § 1 BUrlG folgenden Anspruch. Die Höhe des Urlaubsentgelts richtet sich nach dem durchschnittlichen Arbeitsverdienst des Arbeitnehmers in den letzten 13 Wochen (§ 11 Abs. 1 BUrlG; Referenzprinzip), wobei das Entgelt für Überstunden außer Betracht bleibt. Abweichende Regelungen in Tarifverträgen sind möglich (§ 13 Abs. 1 Satz 1 BUrlG).

Unabhängig von der gesetzlichen Regelung im BUrlG zahlen viele Arbeitgeber ein zusätzliches *Urlaubsgeld*. Die Verpflichtung dazu kann sich aus einem Tarifvertrag, einer Betriebsvereinbarung oder aus den Arbeitsverträgen ergeben. Wenn sich das Urlaubsgeld nach der Vergütung bemisst, steht Teilzeitbeschäftigten ein anteiliges Urlaubsgeld zu (vgl. § 4 Abs. 1 Satz 2 TzBfG; BAG NZA 1991, 346). Gewährt der Arbeitgeber ein pauschales Urlaubsgeld, das unabhängig von der Vergütung und damit vom Arbeitsumfang ist, haben Teilzeitbeschäftigte Anspruch auf das volle Urlaubsgeld.

(6) Der Arbeitnehmer ist zwar grundsätzlich in der Gestaltung der Urlaubszeit frei. Ihn trifft insbesondere keine Erholungspflicht. Andererseits ist es ihm jedoch nicht gestattet, während des Urlaubs eine *dem Urlaubszweck widersprechende Erwerbstätigkeit* auszuüben (§ 8 BUrlG). Dieses Verbot dient in erster Linie dem Arbeitnehmer, der sich von der geleisteten Arbeit erholen soll. Es schützt aber auch das Interesse des Arbeitgebers an der Erhaltung der Arbeitskraft des Arbeitnehmers, zumal der Arbeitgeber die Kosten der Freistellung trägt.

**477**

Streitig ist, welche Folgen ein Verstoß gegen § 8 BUrlG auslöst. Teilweise wird angenommen, der Vertrag, den der Arbeitnehmer entgegen dem Verbot des § 8 BUrlG mit einem Dritten schließt, sei nach § 134 BGB nichtig (vgl. Neumann/Fenski, BUrlG, § 8 Rdnr. 7). Jedoch legt das Verbot allein dem Arbeitnehmer und nicht seinem Vertragspartner eine Unterlassungspflicht auf. § 8 BUrlG richtet sich nicht gegen den Inhalt des anderen Vertrags. Das Ziel der Vorschrift, urlaubswidrige Erwerbstätigkeiten zu verhindern, kann durch die allgemeinen Rechtsfolgen bei einer Gesetzesverletzung (z. B. Anspruch auf Unterlassung, Schadensersatz) erreicht werden (vgl. auch BAG NZA 1988, 607). Der Arbeitgeber kann also vom Arbeitnehmer Unterlassung der verbotenen Arbeit sowie Ersatz des ihm daraus entstandenen Schadens (z. B. für die Ersatzkraft des wegen der urlaubswidrigen Tätigkeit erkrankten Arbeitnehmers) verlangen. Dagegen soll ihm kein Recht zustehen, den anderweitig erzielten Verdienst auf die Urlaubsvergütung anzurechnen (BAG NZA 2002, 1055) oder die bereits gezahlte Urlaubsvergütung nach Bereicherungsgrundsätzen zurückzufordern (BAG NZA 1988, 607). Der Urlaubsanspruch ist auch bei verbotswidriger Erwerbstätigkeit im Umfange der Gewährung verbraucht. Denn der Arbeitgeber erfüllt seine Pflicht zur Urlaubsgewährung, indem er den Arbeitnehmer für einen bestimmten Zeitraum gegen Fortzahlung des Entgelts von der Arbeitsleistung freistellt.

**478**

Im **Fall a** kann G von N also nur Unterlassung der Maurerarbeiten für U, nicht dagegen Rückzahlung des Urlaubsentgelts verlangen. Der Urlaubsanspruch des N ist verbraucht.

(7) Wird der Urlaub weder im laufenden Kalenderjahr noch im Übertragungszeitraum gewährt und genommen, führt das zum *Erlöschen des Urlaubsanspruchs* (BAG AP Nr. 4 zu § 7 BUrlG Übertragung; arg. e § 7 Abs. 3 Satz 1–3 BUrlG). Der Urlaubsanspruch kann nur zeitlich begrenzt erfüllt werden; er besteht *im*, und nicht *für* das Kalenderjahr (BAG NZA 1991, 423). Dadurch soll die tatsächliche Gewährung des Urlaubs sichergestellt und zugleich ein dem Urlaubszweck widersprechendes Aufsparen von Urlaubsansprüchen verhindert werden. Allerdings erlangt der Arbeitnehmer im Falle der vom Arbeitgeber zu vertretenden Unmöglichkeit einen Anspruch auf Schadensersatz nach § 280 Abs. 1, 3 i. V. m. § 283 BGB. Ist der Arbeitgeber im Zeitpunkt des Untergangs des Urlaubsanspruchs mit der Erfüllung in Verzug, so haftet er gem. § 287 Satz 2 BGB auch für die durch Zufall eintretende Unmöglichkeit der Urlaubsgewährung (BAG NZA 1997, 507). Da der Arbeitgeber nach § 249 Satz 1 BGB Naturalrestitution schuldet, tritt an die Stelle des ursprünglichen Urlaubsanspruchs ein (Ersatz-)Urlaubsanspruch in gleicher Höhe (BAG NZA 1986, 392). Nur der Rechtsgrund, nicht der Inhalt des Anspruchs, wird damit verändert.

**479**

Der Urlaubsanspruch erlischt unabhängig davon, ob der Arbeitnehmer den Urlaub rechtzeitig gegenüber dem Arbeitgeber geltend gemacht hat und dieser den Urlaub (zu Unrecht)

**480**

nicht gewährt hat, mit Ablauf des Kalenderjahres oder des Übertragungszeitraums wegen Unmöglichkeit (§ 275 Abs. 1 BGB, vgl. BAG AP Nr. 4 zu § 7 BUrlG). Nach der früheren Rechtsprechung des BAG galt dies auch, wenn der Arbeitnehmer den Urlaub unverschuldet (z. B. infolge Krankheit) nicht nehmen konnte (BAG NZA 1989, 2129).

Der EuGH hat diese Rspr. allerdings mit Art. 7 der Richtlinie 2003/88/EG für unvereinbar erklärt. Der Anspruch auf bezahlten Jahresurlaub müsse jedem Arbeitnehmer unabhängig von seinem Gesundheitszustand gewährt werden (EuGH NZA 2009, 135 „Schultz-Hoff"). Das BAG hat daraufhin § 7 Abs. 3, 4 BUrlG im Wege der richtlinienkonformen Rechtsfortbildung teleologisch dahingehend reduziert, dass gesetzliche Urlaubsansprüche nicht erlöschen, wenn der Arbeitnehmer bis zum Ende des Urlaubsjahrs und/oder des Übertragungszeitraums arbeitsunfähig erkrankt ist und den Urlaub aus diesem Grund nicht nehmen konnte (BAG NZA 2009, 538). Als Folge dieser Rechtsprechungsänderung konnte ein erkrankter Arbeitnehmer grundsätzlich unbegrenzt hohe „Urlaubsberge" ansammeln, die der Arbeitgeber entweder gewähren oder abgelten musste (Höpfner, RdA 2013, 16), was in Fällen langjähriger Erkrankungen zu unangemessenen Ergebnissen führen konnte.

Mit einem Fall konfrontiert, in dem ein Arbeitnehmer nach sechs Jahren krankheitsbedingter Arbeitsunfähigkeit Abgeltungsansprüche für den angefallenen Urlaub geltend machen wollte, musste der EuGH seine Rechtsprechung korrigieren bzw. präzisieren. Entgegen den Aussagen der „Schultz-Hoff"-Entscheidung könne ein Urlaubsanspruch nach Ablauf von 15 Monaten nach dem Bezugszeitraum verfallen (EuGH NZA 2011, 1333 „KHS"). Normativer Anhaltspunkt für den Verfall der Urlaubsansprüche war in diesem Verfahren eine tarifvertragliche Regelung, die eine Verfallsfrist von 15 Monaten vorsah. Bei einer am Zweck des Urlaubsanspruchs orientierten Auslegung von Art. 7 der RL 2003/88/EG hat der EuGH diese Regelung als richtlinienkonform angesehen, da der Erholungszweck des Urlaubsanspruchs nicht mehr erfüllt werden könne, wenn der Bezugszeitraum allzu lang zurückliege (EuGH NZA 2011, 1333).

**481** Das BAG hat diese Rechtsprechung unionsrechtskonform auf § 7 Abs. 3 Satz 3 BUrlG übertragen (BAG NZA 2013, 326). Daher verfallen Urlaubsansprüche, die aufgrund dauernder Arbeitsunfähigkeit nicht erfüllt werden können, nunmehr nach § 7 Abs. 3 Satz 3 BUrlG in 15 Monaten nach Ablauf des Jahres, in dem der Urlaub hätte gewährt werden müssen. Davon ausgenommen bleiben einzel- oder tarifvertraglich begründete Urlaubs- und Urlaubsabgeltungsansprüche, die den von Art. 7 Abs. 1 der Richtlinie 2003/88/EG gewährleisteten und von § 3 Abs. 1 BUrlG begründeten Mindestjahresurlaubsanspruch von vier Wochen übersteigen. Diese Ansprüche können die Arbeitsvertragsparteien weiterhin frei regeln. Es ist also möglich, einzelvertraglich den Verfall des übergesetzlichen Urlaubsanspruchs auch für den Fall zu vereinbaren, dass der Arbeitnehmer den Urlaub aufgrund einer Erkrankung nicht nehmen konnte (BAG NZA 2009, 538).

Am 19.2.2019 (NZA 2019, 982) hat das BAG nur wenige Monate nach wegweisenden Urteilen des EuGH (NZA 2018, 1474; NZA 2018, 1612) weitere Vorgaben der europäischen Richter umgesetzt: Urlaubsansprüche verfallen nunmehr nur dann noch „automatisch", wenn der Arbeitnehmer tatsächlich in der Lage war, seinen bezahlten Jahresurlaub zu nehmen. Der Arbeitgeber muss den Arbeitnehmer erforderlichenfalls sogar dazu auffordern, den Urlaub zu nehmen und ihm mitteilen, dass der nicht genommene Urlaub am Ende des maximalen Übertragungszeitraums oder am Ende des Arbeitsverhältnisses verfallen wird. Da der Arbeitgeber die Beweislast für die erfolgte Aufklärung trägt, steht die Praxis damit vor neuen Herausforderungen.

**482** (8) Eine *Urlaubsabgeltung*, also eine Vergütung des nicht in Natur gewährten Urlaubs, ist nur zulässig, wenn und soweit der Urlaubsanspruch wegen Beendigung des Arbeitsverhältnisses nicht mehr erfüllt werden kann (§ 7 Abs. 4 BUrlG). Ein „Abkaufen" des Urlaubs während des Arbeitsverhältnisses ist ausgeschlossen. Dies ist auch durch Art. 7 Abs. 2 der Richtlinie 2003/88/EG („Arbeitszeitrichtlinie") vorgegeben. Endet das Arbeitsverhältnis während der Elternzeit oder wird es im

Anschluss an sie nicht fortgesetzt, wandelt sich der nach § 17 Abs. 2 BEEG übertragene Urlaubsanspruch nach § 17 Abs. 3 BEEG in einen Abgeltungsanspruch um.

**483** Das BAG hat den Abgeltungsanspruch lange Zeit als „Surrogat des Urlaubsanspruchs" verstanden und ihn daher an dieselben Voraussetzungen geknüpft wie den Urlaubsanspruch selbst (BAG NZA 1998, 816). Auch der Abgeltungsanspruch konnte danach nicht entstehen, wenn der Urlaub bei hypothetisch weiterlaufendem Arbeitsverhältnis erloschen wäre (BAG NZA 1986, 132). Außerdem war auch der Abgeltungsanspruch höchstpersönlicher Natur und daher nicht vererblich (Schubert, RdA 2014, 9). Im Anschluss an die „Schultz-Hoff"-Entscheidung des EuGH war diese Surrogatstheorie nicht mehr haltbar, so dass auch das BAG den Abgeltungsanspruch als grundsätzlich vererbbaren Geldanspruch angesehen hat (BAG 2012, 326). Eine Ausnahme sollte dann gelten, wenn der Arbeitnehmer im laufenden Arbeitsverhältnis stirbt, da in diesem Fall nicht das Ende des Arbeitsverhältnisses, sondern der eine juristische Sekunde früher eintretende Tod des Arbeitnehmers die Urlaubsgewährung verhindere und daher ein Abgeltungsanspruch nach § 7 Abs. 4 BurlG gar nicht entstehen könne.

**484** Mit seinen Entscheidungen vom 6.11.2018 hat der EuGH aber auch dieser Einschränkung eine Absage erteilt (dazu Arnold/Zeh, NZA 2019, 1). Das – durchaus nachvollziehbare – Argument, dass der Urlaubszweck der Erholung und Entspannung nach dem Tod des Arbeitnehmers gar nicht mehr realisiert werden kann, überzeugte den EuGH (NZA 2018, 1467 Rdnr. 46) nicht. Er sieht im Abgeltungsanspruch einen rein vermögensrechtlichen Anspruch. Seit der daraufhin ergangenen Entscheidung des BAG (NZA 2019, 829) ist davon auszugehen, dass die Erben einen Anspruch auf Abgeltung des vom Erblasser nicht genommenen Urlaubs auch dann haben, wenn das Arbeitsverhältnis durch Tod des Arbeitnehmers endet. Der Abgeltungsurlaub erfasst auch Zusatzurlaub, wie er beispielsweise schwerbehinderten Menschen zusteht.

Im **Fall b** ist der Urlaubsanspruch für das abgelaufene Jahr 2019 nicht mit Ablauf des Übertragungszeitraums am 31.3.2020 erloschen, weil N den Urlaub wegen der Erkrankung weder im Jahr 2019 noch während des Übertragungszeitraums der ersten drei Monate des Jahres 2020 nehmen konnte. Da der Urlaubsanspruch aufgrund der Beendigung des Arbeitsverhältnisses nicht mehr erfüllt werden kann, kann N Abgeltung des Urlaubs für 2019 und des anteiligen Urlaubs für die Zeit vom 1.1.2020 bis zum 31.3.2020 (§ 5 Abs. 1 c BUrlG) verlangen.

**485** In Arbeits- und Tarifverträgen können für den über den gesetzlichen Mindesturlaub hinausgehenden Urlaub weitergehende Abgeltungsvereinbarungen getroffen werden, etwa die Abgeltung bei fortbestehendem Arbeitsverhältnis (BAG NZA 1993, 29).

**486** Im **Fall c** hatte N gegen G wegen des nicht gewährten Urlaubs einen Abgeltungsanspruch nach § 7 Abs. 4 BUrlG erworben, weil der Urlaub wegen der Beendigung des Arbeitsverhältnisses nicht mehr gewährt werden konnte. Der Abgeltungsanspruch ist ein rein vermögensrechtlicher Geldanspruch und daher gem. § 1922 Abs. 1 BGB auf seine Witwe, die Erbin, übergegangen. Sie kann somit von G Zahlung verlangen. Seit der jüngsten Rechtsprechungskorrektur gilt dies auch dann, wenn N während des noch bestehenden Arbeitsverhältnisses verstorben wäre.

**487 b) Sonderurlaub.** Erteilt der Arbeitgeber dem Arbeitnehmer auf dessen Wunsch Sonderurlaub (z. B. für ein Fest, für private Besorgungen), so ist er nicht zur Lohnzahlung verpflichtet. Man spricht deshalb auch von einer unbezahlten Freistellung oder von unentgeltlicher Freizeit.

Ein Anspruch auf Sonderurlaub besteht nur in Ausnahmefällen, z. B. aufgrund eines Tarifvertrags oder nach besonderen gesetzlichen Vorschriften (Art. 48 Abs. 1 GG; arg. e § 26 Abs. 1 ArbGG). Gewährt der Arbeitgeber dem Arbeitnehmer unbezahlten Sonderurlaub, kann er für diesen Zeitraum keine Kürzung des gesetzlichen Erholungsurlaubs vornehmen. Dem Arbeitnehmer stehen auch für die Zeit, in der das Arbeitsverhältnis ruht, Urlaubsansprüche zu (BAG NZA 2014, 959).

**488** Mit Urteil vom 19.3.2019 (NZA-RR 2019, 565) hat das BAG allerdings ausdrücklich klargestellt, dass ein Arbeitnehmer, der wegen eines vertraglich vereinbarten Sonderurlaubs in einem Kalenderjahr durchgehend nicht gearbeitet hat, keinen Anspruch auf Erholungsurlaub hat.

**489** c) **Bildungsurlaub.** Ein Anspruch auf bezahlten Bildungsurlaub ergibt sich aus Tarifverträgen, aus § 37 Abs. 6, 7 BetrVG sowie aus den (Arbeitnehmerweiterbildungs-) Gesetzen verschiedener Bundesländer (vgl. Nipperdey, Nr. 137a ff.; Gegenüberstellung bei Stege/Schiefer, NZA 1992, 1061).

Die Bundesländer sind befugt, arbeitsrechtliche Regelungen zur Arbeitnehmerweiterbildung zu treffen, da der Bundesgesetzgeber das Recht der Arbeitnehmerweiterbildung nicht abschließend geregelt hat (Art. 70, 72 Abs. 1, 74 Nr. 12 GG). Die gesetzlichen Bestimmungen zur Freistellung der bildungswilligen Arbeitnehmer und zur Entgeltfortzahlung sind mit dem Grundgesetz vereinbar; sie verstoßen nicht gegen Art. 12 Abs. 1 und 3 Abs. 1 GG (BVerfGE 77, 308, 332; dazu Hopfner/Auktor, NZA-RR 2002, 113 ff.). In der Praxis wird von den bestehenden Ansprüchen bedauerlicherweise nur wenig Gebrauch gemacht.

**490** (1) *Anspruchsberechtigt* ist nach den landesgesetzlichen Vorschriften jeder Arbeitnehmer, dessen Beschäftigungsverhältnis mindestens sechs Monate besteht. Die meisten Gesetze setzen ferner voraus, dass das Beschäftigungsverhältnis seinen Schwerpunkt in dem betreffenden Land hat.

(2) Eine Freistellung erfolgt nur zur Teilnahme an einer als förderungswürdig anerkannten und für jedermann zugänglichen *Bildungsveranstaltung*, die der politischen Bildung oder der beruflichen Weiterbildung dient (vgl. BAG NZA 1990, 319). Bestimmte Veranstaltungen gelten kraft Gesetzes als anerkannt; andere bedürfen einer Anerkennung der Eignung durch die zuständige Behörde.

(3) Die *Dauer der Freistellung* ist je nach Bundesland unterschiedlich. Sie beträgt teilweise höchstens zehn Arbeitstage in zwei Kalenderjahren (Berlin, Bremen, Hamburg), teilweise auch fünf Arbeitstage im Kalenderjahr (Baden-Württemberg, Hessen, Niedersachsen, Nordrhein-Westfalen, Saarland, Schleswig-Holstein). Wird an mehr oder weniger als fünf Tagen in der Woche gearbeitet, erhöht oder verringert sich der Anspruch entsprechend.

**491** (4) Das *Freistellungsverfahren* ist in den Landesgesetzen ausführlich geregelt. Erforderlich ist, dass der Arbeitnehmer die Inanspruchnahme und die zeitliche Lage dem Arbeitgeber so frühzeitig wie möglich (zumeist vier Wochen vor Beginn der Veranstaltung) mitteilt. Der Arbeitgeber hat den Bildungsurlaub zu gewähren; er kann ihn für den beantragten Zeitraum nur ablehnen, wenn zwingende betriebliche Belange oder (aus sozialen Gesichtspunkten vorrangige) Urlaubswünsche anderer Arbeitnehmer entgegenstehen.

(5) Dem Arbeitnehmer steht ein *Anspruch auf Fortzahlung des Entgelts* für die Zeit der Weiterbildung zu. Die Höhe richtet sich meist nach dem BUrlG. Der Arbeitnehmer hat den Nachweis zu erbringen, dass er an der Bildungsveranstaltung teilgenommen hat.

### 4. Sonntage und gesetzliche Feiertage

An Sonn- und Feiertagen wird regelmäßig nicht gearbeitet (vgl. §§ 9 ff. ArbZG). Welche Tage in den einzelnen Ländern Feiertage sind, richtet sich nach Landesrecht; bundesrechtlich ist nur der 3. Oktober als gesetzlicher Feiertag festgelegt. Bundesweite Feiertage sind daneben Neujahr, Karfreitag, Ostermontag, 1. Mai, Christi Himmelfahrt, Pfingstmontag sowie der 1. und 2. Weihnachtstag (s. BAG NZA 2005, 882, 883; zu den Feiertagen in den Ländern s. HWK/Schliemann/ Vogelsang, § 2 EFZG Rdnr. 7). An gesetzlichen Feiertagen, die auf einen Werktag fallen, ist den Arbeitnehmern der Arbeitsverdienst zu zahlen, den sie ohne den Arbeitsausfall erhalten hätten (Einzelh.: § 2 EFZG). 492

Arbeitnehmern, die an Sonn- oder Feiertagen arbeiten, wird meistens ein kollektiv- oder einzelvertraglich vereinbarter Feiertagszuschlag oder ein arbeitsfreier Werktag gewährt. Fällt ein gesetzlicher Feiertag in den Erholungsurlaub, so gilt er nicht als Urlaubstag (vgl. § 3 Abs. 2 BUrlG).

### 5. Weitere Einzelfälle

a) **Funktionsträger in der Betriebsverfassung.** Arbeitnehmer, denen betriebsverfassungsrechtliche Aufgaben obliegen (z. B. Betriebsratsmitglieder, Mitglieder des Sprecherausschusses, Vertrauenspersonen der Schwerbehinderten, Sicherheitsbeauftragte), haben Anspruch auf die erforderliche Arbeitsfreistellung, ohne dass ihr Arbeitsentgelt gemindert wird (vgl. § 37 Abs. 2, 3 BetrVG; § 14 Abs. 1 SprAuG; § 96 Abs. 4 SGB IX; § 5 Abs. 3 Satz 2 ASiG). Auch der durch die Beteiligung an Betriebsratswahlen, Betriebsversammlungen, Schulungs- und Bildungsveranstaltungen entstehende Arbeitsausfall berechtigt den Arbeitgeber nicht zu einer Minderung des Arbeitsentgeltes (vgl. §§ 20 Abs. 3 Satz 2, 44 Abs. 1 Satz 2, 37 Abs. 6, 7 BetrVG; § 8 Abs. 3 Satz 2 SprAuG; § 20 Abs. 3 Satz 2 MitbestG). 493

b) **Stellensuche und Berufsschule.** Nach der Kündigung des Arbeitsverhältnisses hat der Arbeitgeber dem Arbeitnehmer gem. § 629 BGB eine angemessene Freizeit zur Stellensuche zu gewähren (Rdnr. 726 f.); hier richtet sich die Lohnfortzahlungspflicht nach § 616 Satz 1 BGB (Rdnr. 431 ff.). § 629 BGB kann bei einem Aufhebungsvertrag mit Auslauffrist analog angewendet werden. Gleiches gilt bei einem noch nicht gekündigten Arbeitsverhältnis, bei dem der Arbeitgeber die Kündigung in Aussicht gestellt hat (ErfK/Müller-Glöge, § 629 BGB Rdnr. 3). Auch zum Besuch der Berufsschule hat der Arbeitgeber den Auszubildenden ohne Verdienstkürzung freizustellen. 494

c) **Pflegezeitgesetz.** § 3 Abs. 1 PflegeZG gewährt Beschäftigten einen Anspruch, sich vollständig oder teilweise von der Arbeitsleistung freistellen zu lassen, um einen pflegebedürftigen nahen Angehörigen in der häuslichen Umgebung zu pflegen. Das gilt allerdings nur dann, wenn der Arbeitgeber mehr als 15 Mitarbeiter beschäftigt. Aus dem PflegeZG selbst ergibt sich für die Dauer der Inanspruchnahme der Pflegezeit kein Anspruch auf Entgeltfortzahlung durch den Arbeitgeber, wohl aber kann sich ein solcher aus der allgemeinen Regelung des § 616 BGB ergeben (Rdnr. 429). 495

**495**

Auch die leistungsrechtlichen Vorschriften der Sozialen Pflegeversicherung sehen keine Ersatzleistung vor, die das entfallene Arbeitsentgelt – zumindest teilweise – ersetzt. Gegebenenfalls kann ein Teil des entfallenen Arbeitsentgeltes, sofern hierfür die gesetzlich geforderten Voraussetzungen vorliegen, im Rahmen der Verhinderungspflege nach § 39 SGB XI ersetzt werden. Ab dem 1.1.2015 wurde das Pflegeunterstützungsgeld als Rechtsanspruchsleistung eingeführt. Sofern Arbeitgeber keine Entgeltfortzahlung während der kurzzeitigen Arbeitsverhinderung leisten, leistet die Soziale Pflegeversicherung (Pflegekasse des Pflegebedürftigen) Pflegeunterstützungsgeld.

# Kapitel 7: Die Beendigung des Arbeitsverhältnisses

## A. Überblick über die Beendigungsmöglichkeiten

Die Beendigung des Arbeitsverhältnisses ist für den Arbeitnehmer in der Regel ein wichtiges Ereignis, weil es seine berufliche und wirtschaftliche Lebensgrundlage betrifft. Das Arbeitsrecht stellt Arbeitgeber und Arbeitnehmer eine Vielzahl von Möglichkeiten zur Verfügung, das von einer oder von beiden Seiten nicht länger gewünschte Arbeitsverhältnis zu beenden. Während die einseitige Lösung durch Kündigung (Rdnr. 497 ff.) den arbeitsrechtlich detailliert geregelten Normalfall darstellt, ist heute in der Praxis aus einer Vielzahl von Gründen (Arbeitsmarktlage, mit der Kündigung verbundene Rechtsunsicherheit, kein Mitbestimmungsrecht des Betriebsrates) die einvernehmliche, also von Arbeitnehmer und Arbeitgeber gemeinsam gewollte Beendigung des Arbeitsverhältnisses der Regelfall. Die auf die Beendigung des Beschäftigungsverhältnisses zielende Einigung der Vertragsparteien kann bereits zum Zeitpunkt der Einstellung vorgelegen haben (rechtstechnisch: Befristung des Arbeitsverhältnisses, Rdnr. 682 ff.) oder erst im Nachhinein erzielt worden sein (arbeitsrechtlicher Aufhebungsvertrag, Rdnr. 677 ff.). Weitere Beendigungstatbestände sind die Anfechtung (Rdnr. 681), der Eintritt einer auflösenden Bedingung (Rdnr. 694 f.), vertraglich vereinbarte Altersgrenzen als Sonderform der Befristung (Rdnr. 700), der Tod des Arbeitnehmers (Rdnr. 697), der Verbleib eines Arbeitnehmers als freiwilliger Soldat bei den Streitkräften im Anschluss an eine Eignungsübung (Rdnr. 698) und die Auflösung des Arbeitsverhältnisses durch gerichtliche Entscheidung (§ 9 KSchG, Rdnr. 665 ff., 699). Keine Beendigungsgründe (hierzu Rdnr. 702 ff.) sind der Tod des Arbeitgebers (Rdnr. 697), ein rechtsgeschäftlicher Betriebsübergang (§ 613a BGB, Rdnr. 704 ff.), eine Betriebsstilllegung (Rdnr. 723) und die Insolvenz des Arbeitgebers (Rdnr. 724). In jüngerer Zeit sind im Kündigungsrecht relativ wenige bemerkenswerte Rechtsentwicklungen zu beobachten, das liegt auch daran, dass das Europarecht, außerhalb des Rechts der Massenentlassung, kaum Vorgaben zu diesem Rechtsgebiet enthält.

**496**

## B. Kündigung

**Schrifttum:** *Ascheid/Preis/Schmidt*, Kündigungsrecht, 5. Aufl., 2017; *Blomeyer*, Aktuelle Rechtsprobleme der Probezeit, NJW 2008, 2812; *Berkowsky*, Kündigungsschutz außerhalb des KSchG – Eine Herausforderung für die Praxis, NJW 2009, 113; *Etzel u. a.*, Gemeinschaftskommentar zum Kündigungsschutzgesetz, 11. Aufl., 2015; *Fuhlrott*, Unangemessene Verlängerung von Kündigungsfristen in Formular-Arbeitsverträgen, NJW 2018, 1139; *Gallner/Mestwerdt/Nägele*, Kündigungsschutzrecht: KSchR, 6. Aufl., 2018; *v. Hoyningen-Hu-*

*ene/Linck,* Kündigungsschutzgesetz, 15. Aufl., 2013; *Lingemann/Steinhauser,* Fallen beim Ausspruch von Kündigungen – Kündigungsbefugnis, NJW 2018, 840; *Stahlhacke/Preis/Vossen,* Kündigung und Kündigungsschutz im Arbeitsverhältnis, 11. Aufl., 2015.

## I. Ordentliche Kündigung

**Fälle:**

**497** a) Der Arbeitgeber G kündigt nach Anhörung des Betriebsrats dem als Schlosser eingestellten Arbeitnehmer N, sofern dieser nicht zur Zufriedenheit des G arbeitet. N hält die Kündigung für unzulässig.

b) Im Fall a wird die Kündigung unter der Bedingung ausgesprochen, dass N nicht die geringer bezahlte Tätigkeit als Pförtner übernimmt.

c) Der Arbeitgeber G kündigt dem Arbeitnehmer N fristgemäß zum nächst zulässigen Termin. N hält die Kündigung für unwirksam, da das Kündigungsschreiben keine Kündigungsgründe und keine genaue Angabe des Beendigungstermins enthält.

d) N hat am 1.10. mit G einen Arbeitsvertrag geschlossen, wonach er am 1.1. des folgenden Jahres die Arbeit als Buchhalter antreten soll. Da er eine bessere Stelle findet, kündigt N das Arbeitsverhältnis am 30.11. zum folgenden Monatsende. G meint, vor der Arbeitsaufnahme sei eine Kündigung generell unzulässig. Hilfsweise macht er geltend, der Vertrag sei erst zum 31.1. kündbar (vgl. § 622 Abs. 1 BGB).

e) Der Arbeitgeber erfährt erst nach der Kündigung von der Schwerbehinderteneigenschaft des gekündigten Arbeitnehmers. Muss er jetzt die Zustimmung des Integrationsamtes (§ 168 SGB IX) einholen und dann noch einmal kündigen?

f) Im Fall c legt N gegen die Kündigung „Einspruch" beim Betriebsrat ein, der sich um eine Verständigung mit dem Arbeitgeber bemüht. Als die Verhandlungen nach vier Wochen endgültig scheitern, erhebt N Kündigungsschutzklage. Der Richter hält das Vorbringen des N wegen Fristablaufs für unerheblich und die Klage für abweisungsreif. Mit Recht?

**498** Die ordentliche Kündigung (§§ 620 Abs. 2, 622 BGB) als Normalfall der Kündigung kommt in erster Linie bei Arbeitsverhältnissen in Betracht, die auf unbestimmte Zeit eingegangen sind (unbefristete Arbeitsverhältnisse). Sie führt dazu, dass der Arbeitgeber aufgrund der Vertragsbeendigung den Anspruch auf die Arbeitsleistung verliert, gleichzeitig aber von seiner Lohnzahlungspflicht entbunden wird. Auf Arbeitnehmerseite entfallen der vertragliche Vergütungsanspruch sowie die Verpflichtung zur Arbeitsleistung. Während der Arbeitnehmer regelmäßig Kündigungsfreiheit in vollem Umfang genießt, wird diese auf Arbeitgeberseite stark eingeschränkt, da die wirtschaftlichen Folgen der Kündigung den Arbeitnehmer in aller Regel stärker treffen als den Arbeitgeber. Das ordentliche Kündigungsrecht des Arbeitgebers unterliegt daher zahlreichen weiteren Einschränkungen, die sich vor allem aus dem Kündigungsschutzgesetz (KSchG) ergeben, das für die meisten Arbeitnehmer gilt (Rdnr. 548 ff.). Daneben bestehen für bestimmte besonders schutzbedürftige Arbeitnehmer noch weitergehende Kündigungsbeschränkungen, die von einer notwendigen behördlichen Mitwirkung bis zu einem völligen Kündigungsausschluss reichen (sog. Besonderer Kündigungsschutz, Rdnr. 523 ff.). Schließlich muss in Betrieben mit Betriebsrat dieser nach § 102 BetrVG vor jeder Kündigung gehört werden (Rdnr. 538 f., 1138 ff.).

### 1. Kündigungserklärung

**499** Die Kündigung ist eine einseitige empfangsbedürftige Willenserklärung eines Vertragspartners, durch die der Wille zur (einseitigen) Beendigung des Arbeitsverhältnisses zum Ausdruck gebracht wird. Die Wirksamkeit dieser Erklärung richtet sich zunächst nach den allgemeinen Vorschriften über die Wirksamkeit einer Willenserklärung (bspw. §§ 104 ff. BGB). Im Einzelnen ist Folgendes zu beachten:

**500** a) Jede Kündigung eines Arbeitsvertrags bedarf nach § 623 BGB zwingend der Schriftform. Nicht ausreichend ist die signierte E-Mail (§ 623 2. Hs. BGB) oder ein Telefax (BAG AP BGB § 623 Nr. 10). Fehlt die Schriftform, ist die Kündigung nichtig (§§ 126, 125 Satz 1 BGB).

Das Schriftformerfordernis erfasst allerdings nur die Kündigungserklärung, nicht jedoch die (ohnehin nicht erforderliche) Angabe von Kündigungsgründen oder die Mitteilung der Kündigungsfrist (MünchKomm/Henssler, § 623 BGB Rdnr. 30a).

**501** b) Aus der Kündigungserklärung muss für den Empfänger *klar und eindeutig* hervorgehen, dass das Arbeitsverhältnis zu einem bestimmten Zeitpunkt beendet werden soll. Denn der Erklärungsempfänger muss sich auf die hierdurch geschaffene Rechtslage einstellen können. Zwar muss das Wort Kündigung in der Erklärung nicht verwendet werden (BAG AP Nr. 1 zu § 620 Kündigungserklärung). Der Kündigungsempfänger muss unter Würdigung der ihm bekannten Umstände nach Treu und Glauben und unter Berücksichtigung der Verkehrssitte die Erklärung aber als einseitige Vertragsbeendigung auffassen (BAG NZA 2017, 502). Das Bestimmtheitserfordernis soll im Interesse des Erklärungsempfängers klare Verhältnisse schaffen; insbesondere muss der Kündigungsadressat erkennen können, zu welchem Zeitpunkt das Arbeitsverhältnis enden soll (BAG NZA 2015, 162; eine Kündigung „zum nächst zulässigen Termin" (**Fall c**) ist hinreichend bestimmt, wenn dem Arbeitnehmer die Dauer der Kündigungsfrist bekannt oder für ihn bestimmbar ist BAG NJW 2016, 1117). Kündigungen sind, wie grds. alle Gestaltungserklärungen, analog § 388 Satz 2 BGB bedingungsfeindlich, sofern dadurch der Empfänger über die Beendigung des Arbeitsverhältnisses im Unklaren bleibt (Brox/Walker, AT, Rdnr. 487). Davon nicht erfasst ist die auflösende Rechtsbedingung i. S. d. § 158 Abs. 2 BGB durch die „hilfsweise" oder „vorsorglich" erklärte Kündigung, falls das Arbeitsverhältnis nicht schon durch einen früheren Tatbestand aufgelöst wurde (BAG NZA 2015, 162). Ist die (z. B. außerordentliche) Kündigung bereits wirksam erfolgt, wird die hilfsweise (ordentliche) Kündigung gegenstandslos.

**502** Erlaubt ist die Beifügung einer Bedingung ausnahmsweise dann, wenn deren Eintritt oder Nichteintritt ausschließlich vom Willen des Kündigungsempfängers abhängt (Potestativbedingung). Hat es der Empfänger in der Hand, den Eintritt der Bedingung herbeizuführen, kann er selbst die Ungewissheit über die Beendigung des Arbeitsverhältnisses beseitigen, bedarf daher keines zusätzlichen Schutzes. Eine einseitige rückwirkende Änderung der Kündigung ist dagegen ebenfalls unzulässig, ihre Rechtswirkungen können erst durch erneutes rechtsgeschäftliches Zusammenwirken beider Parteien rückgängig gemacht oder geändert werden (BAG NZA 2014, 303).

Im **Fall a** hängt der Eintritt der Bedingung nicht nur von der Arbeitsleistung des N, sondern auch von der Einschätzung durch G ab. Eine derartige bedingte Kündigung ist unzulässig (vgl. BAG AP Nr. 1 zu § 626 BGB Bedingung). Gleiches gilt bei folgender Erklärung eines Arbeitgebers: „Die Kündigung wird gegenstandslos, wenn wir neue Aufträge erhalten." (BAG NZA 2001, 1070).

**503** Der Hauptanwendungsfall einer erlaubten bedingten Kündigung ist die sog. *Änderungskündigung* (dazu Rdnr. 653 ff.), mit welcher der Kündigende eine Änderung der Arbeitsbedingungen zu seinen Gunsten erstrebt.

Beispiele: Der Arbeitgeber kündigt für den Fall, dass der Arbeitnehmer sich nicht mit der Übernahme einer anderen als der vereinbarten Arbeit oder einer Herabsetzung des Lohns einverstanden erklärt (**Fall b**). Der Arbeitnehmer kündigt, falls der Arbeitgeber ihm nicht eine Lohnerhöhung gewährt.

**504** c) Ein *Grund* für die Kündigung muss in der Kündigungserklärung normalerweise *nicht angegeben* werden (Wichtige Ausnahmen: § 22 Abs. 3 BBiG, § 17 Abs. 2 Satz 2 MuSchG). Dass die Angabe des Kündigungsgrundes keine Voraussetzung für die Wirksamkeit der Kündigung ist, ergibt sich nicht nur aus dem Schweigen des Gesetzes bzw. indirekt aus § 626 Abs. 2 Satz 3 BGB, sondern vor allem daraus, dass eine ordentliche Kündigung nach dem BGB grundsätzlich keines besonderen Kündigungsgrundes bedarf.

Ist allerdings das KSchG anwendbar (Rdnr. 548 ff.), so hat der Arbeitnehmer ein Interesse daran, den Kündigungsgrund zu erfahren, da er davon seine Rechtsverfolgung abhängig machen wird. Deshalb hat er in analoger Anwendung des § 626 Abs. 2 Satz 3 BGB, der für die außerordentliche Kündigung (vgl. Rdnr. 618) gilt, einen Anspruch auf schriftliche Mitteilung des Kündigungsgrundes.

Genießt also N im **Fall c** Kündigungsschutz, so hat er einen Anspruch auf Mitteilung des Kündigungsgrundes. Die Kündigung ist aber auch ohne Angabe des Kündigungsgrundes wirksam. G macht sich schadensersatzpflichtig, wenn er den Anspruch des N auf Mitteilung des Grundes nicht erfüllt (BAG AP Nr. 24 zu Art. 9 GG). Der Schaden des N kann darin bestehen, dass ihm Prozesskosten durch einen Kündigungsschutzprozess (Rdnr. 660 ff.) entstanden sind, den er bei Kenntnis des Kündigungsgrundes nicht geführt hätte. N ist jedoch nicht so zu stellen, als ob ihm nicht gekündigt worden wäre (BAG AP Nr. 55 zu § 1 KSchG).

**505** Da die Angabe des Kündigungsgrundes keine Wirksamkeitsvoraussetzung ist, kann der Kündigende im Prozess auf Kündigungsgründe zurückgreifen, die er bisher nicht gekannt hat, die aber beim Zugang der Kündigung schon bestanden haben (sog. *Nachschieben von Kündigungsgründen*). Später (nach Zugang der Kündigung) entstandene Gründe können dagegen nur eine neue Kündigung rechtfertigen, weil es für die Wirksamkeit der Kündigung auf den Zeitpunkt des Zugangs der Kündigungserklärung ankommt. Zu Besonderheiten beim Anhörungsrecht eines Betriebsrats s. Rdnr. 539 f.

**506** Über die gesetzliche Regelung hinausgehend kann die Angabe des Kündigungsgrundes durch Tarifvertrag, Betriebsvereinbarung oder Arbeitsvertrag vorgeschrieben sein.

Durch Auslegung ist festzustellen, ob die Angabe des Kündigungsgrundes Wirksamkeitsvoraussetzung sein oder ob nur ein Anspruch auf Mitteilung des Grundes bestehen soll; regelmäßig wird Letzteres gewollt sein.

**507** d) Die Kündigung wird erst dann wirksam, wenn sie dem Vertragspartner *zugeht* (§§ 130–132 BGB). Für die Auslegung der Kündigung sind daher die Verhältnisse zum Zeitpunkt des Zugangs heranzuziehen (BAG NZA 2017, 502). Die Kündigung (in einem Brief) wird regelmäßig mit der Übergabe an den anwesenden Empfänger und bei der Übersendung dann wirksam, wenn die Erklärung in den Machtbereich des Empfängers (z. B. Briefkasten) gelangt ist und mit der Möglichkeit der Kenntnisnahme unter normalen Umständen gerechnet werden kann (Brox/Walker, AT, Rdnr. 149). Der Zugang kann auch unter Inanspruchnahme eines Empfangsboten (bspw. Haushälter/in; geschäftsunfähige Kinder) erfolgen. In diesem Fall wird die Kündigungserklärung in dem Augenblick wirksam, in dem sie dem Empfangsboten ausgehändigt wird. Dies sieht das BAG jedenfalls für den

Fall von in einer gemeinsamen Wohnung lebenden Ehegatten so, da diese nach der Verkehrsanschauung füreinander als Empfangsboten angesehen werden (BAG NZA 2011, 847). Als Empfangsboten eines Untersuchungshäftlings sind auch die Mitarbeiter der Poststelle einer Justizvollzugsanstalt anzusehen, sodass dieser das Risiko der Nichtweiterleitung trägt (BAG NZA 2018, 1335). Lehnt der Empfangsbote die Annahme hingegen aus eigenem Antrieb ab, soll das dem betroffenen Arbeitnehmer nicht zum Nachteil gereichen (BAG NZA 1993, 259 = AP Nr. 18 zu § 130 BGB m. ablehnender Anm. Bickel; anders hiernach, wenn die Annahmeverweigerung auf vorheriger Absprache beruht).

**508** Zugangsfiktionen in Formulararbeitsverträgen verstoßen gegen § 308 Nr. 6 BGB. Unwirksam ist daher eine Klausel, die vorsieht, dass die Erklärung als zugegangen gilt, wenn sie an die letzte bekannte Adresse des Empfängers versandt wurde, auch wenn sie als unzustellbar zurückkommt. Ist im Tarifvertrag, in einer Betriebsvereinbarung oder im Arbeitsvertrag eine Kündigung durch eingeschriebenen Brief vorgesehen, ist eine dennoch per einfachem Brief erfolgende Kündigung wirksam, sofern der Zugang nachgewiesen werden kann. Nur diesen Nachweis soll die besondere Beförderungsabrede gewährleisten (BAG AP Nr. 8 zu § 125 BGB). Ist eine solche Klausel so gefasst, dass sie sowohl Kündigungen durch den Arbeitgeber als auch Kündigungen durch den Arbeitnehmer erfasst, ist sie ohnehin nach § 309 Nr. 13 BGB unwirksam, da sie besondere Zugangserfordernisse vorsieht. Erfasst sie hingegen nur Kündigungen durch den Arbeitgeber, ist sie zulässig, da § 309 Nr. 13 BGB lediglich für Erklärungen gilt, die dem Verwender (also dem Arbeitgeber) oder einem Dritten gegenüber abzugeben sind.

**509** Eine Kündigung durch Einschreibebrief mag für einen später erforderlich werdenden Nachweis empfehlenswert sein; jedoch ist diese Art der Kündigung für den Kündigenden nachteilig, da das Einwerfen des Benachrichtigungszettels durch die Post keinen Zugang herbeiführt (vgl. BAG AP Nr. 4 zu § 130 BGB). Dies kann problematisch sein, wenn ein späterer Zugang eine andere Kündigungsfrist zur Folge hat (s. § 622 Abs. 2 BGB). Holt der Arbeitnehmer den Brief nicht ab, ist ihm die Kündigung nicht zugegangen; musste er allerdings mit einer Kündigung rechnen, liegt eine Zugangsvereitelung vor. Unter der Voraussetzung, dass der Arbeitgeber unverzüglich nach Kenntnis von dem noch nicht erfolgten Zugang erneut eine Zustellung vornimmt, muss der Arbeitnehmer sich in diesem Fall so behandeln lassen, als wäre der Zugang bereits am Tag der Benachrichtigung erfolgt (BAG NZA 1986, 640; BAG NZA 2003, 719; Einzelh.: Brox/Walker, AT, Rdnr. 157 f.).

**510** Gleiches gilt, wenn ein Arbeitgeber das Kündigungsschreiben dem Empfänger im Betrieb mit der erkennbaren Absicht der Übergabe angereicht und der Arbeitnehmer grundlos die Entgegennahme ablehnt (BAG NZA 2015, 1183). Ein an die Heimatanschrift gerichtetes Kündigungsschreiben geht dem in Urlaub befindlichen Arbeitnehmer grundsätzlich nach allgemeinen Regeln mit Einwurf in den Hausbriefkasten zu. Sofern der Arbeitnehmer mit der Kündigung nicht rechnen musste (insb. mangels entsprechender Vorankündigung durch den Arbeitgeber), kann er allerdings Wiedereinsetzung in den vorigen Stand nach § 5 Abs. 1 Satz 1 KSchG verlangen, vgl. Rdnr. 608. Einem Arbeitnehmer, der sich nicht nur vorübergehend (z. B. urlaubsbedingt bis zu sechs Wochen) im Ausland aufhält, ist es aber zumutbar i. S. d. § 5 Abs. 1 Satz 1 KSchG dafür Sorge zu tragen, dass er durch eine Person seines Vertrauens zeitnah vom Zugang eines Kündigungsschreibens in einem von ihm vorgehaltenen Briefkasten Kenntnis erlangt (BAG NZA 2018, 1157).

**511** e) Wird die schriftliche Kündigung durch einen *Vertreter* des Arbeitgebers erklärt, ist sie als einseitiges Rechtsgeschäft unwirksam, wenn der Vertreter keine Vollmachtsurkunde vorlegt und der Arbeitnehmer die Kündigung aus diesem Grund unverzüglich (ohne schuldhaftes Zögern, vgl. § 121 Abs. 1 Satz 1 BGB) zurückweist (§ 174 Satz 1 BGB). Die Einreichung einer Kündigungsschutzklage genügt nicht (BAG NZA 2014, 924; NZA 2016, 1154). Eine Zurückweisung ist ausgeschlossen, wenn der Vertretene den Erklärungsgegner von der Vollmacht in Kenntnis (bspw. durch Rundschreiben) gesetzt hat (§ 174 Satz 2 BGB). Bei Gesamtvertretung sind die vom Arbeitgeber bestimmten Vorgaben zu beachten (wie hier LAG Berlin, BeckRS 2017, 118130, a. A. Müller/Barthel, DB 2017, 2170; Schmitt-Rolfes, AuA 2017, 639); auch findet § 174 BGB gegenüber beiden Vertretern Anwendung (BAG NZA 2015, 159). Bei Vertretungsmacht auf gesetzlicher Grundlage oder organschaftlicher Vertretung ist § 174 BGB hingegen unanwendbar (BAG NZA 2015, 573), nicht aber bei Vertretung einer GbR durch einen Gesellschafter, weil es an einem Register fehlt (BAG NJW 2014, 1587; NZA 2020, 505 (Kündigung durch allein vertretungsberechtigten Gesellschafter im Namen einer GbR); Spelge, RdA 2016, 309). Eine Genehmigung der Kündigung ohne Vertretungsmacht durch den Arbeitgeber schließt § 180 Satz 1 BGB aus. Beanstandet jedoch der Arbeitnehmer die fehlende Vertretungsmacht nicht „bei der Vornahme" (= unverzüglich i. S. v. § 174 BGB), sind die §§ 177 ff. BGB entsprechend anzuwenden (§ 180 Satz 2 BGB; vgl. Lingemann/Steinhauser, NJW 2018, 840).

Eine solche Information über die erteilte Vollmacht kann man, wenn sie nicht ausdrücklich erfolgt, auch annehmen, wenn der Vertreter eine Stellung bekleidet, mit der das Kündigungsrecht in der Regel verbunden ist. Dementsprechend ist die Vorlage einer Vollmachtsurkunde nicht erforderlich, wenn die Kündigung durch den Leiter der Personalabteilung erfolgt (BAG AP Nr. 1, 19, 23, 24 zu § 174 BGB), wohl aber, wenn ein Sachbearbeiter der Personalabteilung die Kündigung erklärt (BAG AP Nr. 2 zu § 174 BGB). Eine Vollmachtsurkunde ist auch dann entbehrlich, wenn der Arbeitgeber bestimmte Mitarbeiter – z. B. durch die Bestellung zum Prokuristen, Generalbevollmächtigten oder Leiter der Personalabteilung – in eine Stelle berufen hat, mit der üblicherweise ein internes Kündigungsrecht verbunden ist (BAG NJW 2014, 3595; BAG AP Nr. 9 zu § 174 BGB).

Der Arbeitnehmer braucht seine schriftliche Kündigungserklärung nicht gegenüber dem Arbeitgeber selbst abzugeben; zu ihrer Entgegennahme sind regelmäßig auch Vorgesetzte, Angestellte des Personalbüros, nicht dagegen untergeordnete Hilfspersonen ermächtigt.

## 2. Kündigungsfristen

**512** Unter der Kündigungsfrist ist die Zeitspanne zu verstehen, die mindestens zwischen dem Zugang der Kündigungserklärung und dem Zeitpunkt der in Aussicht genommenen Beendigung des Arbeitsverhältnisses liegen muss. Häufig kann die Kündigung nur zu einem bestimmten Termin (z. B. Quartalsschluss, Monatsende) erklärt werden.

**513** a) *Gesetzliche Kündigungsfristen* sind in § 622 BGB geregelt. § 622 Abs. 1 BGB sieht für Arbeitgeber und Arbeitnehmer gleichermaßen eine Kündigungsfrist von vier Wochen zum 15. oder zum Ende eines Kalendermonats vor. § 622 Abs. 2 BGB enthält eine Sonderregelung für Kündigungen, die der Arbeitgeber ausspricht. Die Kündigungsfrist beträgt hier in Abhängigkeit von der Dauer des Arbeitsverhältnisses zwischen einem Monat und sieben Monaten, wobei die Arbeit in einem Betrieb oder ein Unternehmen von bestimmter Dauer vorausgesetzt wird (z. B. nicht in einem Haushalt bei Hausangestellten und Hausgehilfen, vgl. ErfK/Müller-Glöge, § 622 BGB Rdnr. 6a; a. A. LAG Baden-Württemberg, NZA-RR 2016, 17; Kocher, NZA 2013, 929). Nach § 622 Abs. 2 Satz 2 a. F. BGB wurden bei der Berechnung der Beschäftigungsdauer Zeiten, die vor Vollendung des 25. Lebensjahres liegen, nicht berücksichtigt. Der EuGH hat die Vereinbarkeit dieser Regelung mit dem Europarecht verneint, da Personen mit gleicher Betriebszugehörigkeit nur wegen ihres Alters unterschiedlich behandelt würden, je nachdem, in welchem Alter sie in den Betrieb eingetreten seien (EuGH NZA 2010, 85 – „Kücükdeveci"). Mit Wirkung zum 1.1.2019 wurde § 622 Abs. 2 Satz 2 BGB daraufhin gestrichen. Der EuGH hat mit dieser Entscheidung seine viel kritisierte Rechtsfortbildung hin zu einem ungeschriebenen gemeinschaftsprimärrechtlichen Altersdiskriminierungsverbot in der Rechtssache Mangold bestätigt (vgl. hierzu Rdnr. 358; zur Kritik an der Rechtsfortbildung des EuGH Bauer/Arnold, NJW 2006, 6). Das BAG sieht gleichwohl die Verlängerung der Kündigungsfristen nach der Dauer der Betriebszugehörigkeit gem. § 622 Abs. 2 Nr. 1–7 BGB auch durch das typischerweise höhere Alter und die damit einhergehende schwierige Arbeitsplatzsuche als gerechtfertigt an (BAG NZA 2014, 1400).

b) *Vereinbarte Kündigungsfristen* sind in bestimmten Grenzen zulässig.

**514**

(1) Einzelvertraglich können kürzere Kündigungsfristen als die des § 622 Abs. 2 BGB grundsätzlich nicht vereinbart werden. Darüber hinaus dürfen auch keine zusätzlichen Kündigungstermine eingeführt werden. Beides ergibt sich mittelbar aus § 622 Abs. 5 Satz 1 BGB, der einzelvertragliche Verkürzungen der Grundkündigungsfrist nur in zwei Einzelfällen ermöglicht. Nr. 1 betrifft den Sonderfall der vorübergehenden Aushilfen, während Nr. 2 eine Verzichtsmöglichkeit für kleinere Unternehmen enthält. Werden unzulässige Kündigungsfristen vereinbart, so tritt an ihre Stelle die gesetzliche Regelung des § 622 Abs. 1 und Abs. 2 BGB. Die nicht abdingbare Grundkündigungsfrist des § 622 Abs. 1 BGB steht allerdings einer vorzeitigen Beendigung des Arbeitsverhältnisses gegen Abfindungszahlung in einem Abwicklungsvertrag nicht entgegen (für den Aufhebungsvertrag s. Rdnr. 677 ff.). Da beide Parteien ein möglichst schnelles Ausscheiden des Arbeitnehmers anstreben, bedarf keine Partei des Schutzes der Mindestkündigungsfrist; der Rechtsgedanke des § 12 KSchG ist anwendbar (BAG NZA 2016, 361).

(2) Eine Verlängerung der gesetzlichen Kündigungsfristen ist einzelvertraglich grundsätzlich möglich (vgl. § 622 Abs. 5 Satz 3 BGB). Aus § 15 Abs. 4 TzBfG (der § 624 BGB als lex specialis vorgeht) ergibt sich jedoch, dass eine Höchstbindungsfrist von fünfeinhalb Jahren besteht. Eine einzelvertragliche Bezugnahme auf tarifliche Kündigungsfristen ist nach § 622 Abs. 4 Satz 2 BGB zulässig. Zudem sind gem. § 4 Abs. 3 TVG einzelvertragliche Abweichungen von tariflichen Beendigungsnormen zulässig, wenn sie für den Arbeitnehmer günstiger sind (zum Günstigkeitsprinzip s. Rdnr. 807 ff.). Somit sind Vereinbarungen von Kündigungsfristen möglich, die zwar einerseits nachteiliger als die gesetzlichen Bestimmungen, andererseits aber günstiger als die Vorschriften des jeweiligen Tarifvertrags sind (ErfK/Müller-Glöge, § 622 BGB Rdnr. 38; MünchKomm/Hesse, § 622 BGB Rdnr. 90). Allerdings sind die Parteien an das Benachteiligungsverbot zu Lasten des Arbeitnehmers gebunden (§ 622 Abs. 6 BGB). Deshalb dürfen die Kündigungsfristen für den Arbeitnehmer nicht länger sein als die Fristen für die Kündigung durch den Arbeitgeber (sog. Grundsatz der Fristenparität). Im Falle eines Verstoßes greifen nicht etwa die gesetzlichen Fristen, sondern es gilt analog § 89 Abs. 2 HGB die jeweils längere Kündigungsfrist (BAG NZA 2005, 1176; NZA 2018, 703). Fristenverlängerungen zu Lasten des Arbeitnehmers unterliegen außerdem einer Inhaltskontrolle nach Maßgabe von § 307 Abs. 1 Satz 1 BGB nach einem individuellen Maßstab und in objektiver Würdigung aller Umstände des Einzelfalles. Dabei ist

**515**

zu prüfen, ob die unzumutbar lange Kündigungsfrist eine unangemessene Beschränkung der durch Art. 12 Abs. 1 GG geschützten Berufsfreiheit darstellt (BAG NZA 2018, 297). Für den Günstigkeitsvergleich zwischen einzelvertraglichen und gesetzlichen oder tariflichen Regelungen sind die vereinbarte Kündigungsfrist und bestimmte Kündigungstermine als Einheit zu betrachten („Ensemble-Vergleich", vgl. BAG NZA 2015, 673). Im Regelfall ist die Regelung mit der längeren Bindungsdauer als die für den Arbeitnehmer günstigere zu sehen (BAG NZA 2015, 673). Von § 622 Abs. 5 Satz 3 BGB unberührt kann der Kündigende überdies freiwillig zu einem früheren Zeitpunkt als dem von der gesetzlichen Kündigungsfrist vorgesehenen Tag die Kündigung erklären. Eine solche vorzeitige Kündigung darf jedoch weder unter einem Vorbehalt stehen, ob und zu welchem Termin sie wirksam sein soll, noch darf sie entgegen § 162 BGB dazu dienen, einen später eintretenden Bestandsschutz zu vereiteln (BAG NZA 2018, 575).

**516** Die arbeitsgerichtliche Rspr. folgert aus § 622 Abs. 6 BGB auch ein Verbot faktischer Kündigungsbeschränkungen, die zwar nicht unmittelbar auf die Wirksamkeit der Kündigung, wohl aber auf den Kündigungsentschluss des Arbeitnehmers Einfluss nehmen, vgl. BAG AP Nr. 12 zu § 622 BGB (Unzulässigkeit einer Vertragsstrafe für den Fall einer fristgemäßen Kündigung) in ausdrücklicher Bestätigung von BAG AP Nr. 9 zu § 622 BGB (Verfall einer vom Arbeitnehmer gestellten Kaution im Fall fristgerechter Kündigung). Diese Billigkeitsrechtsprechung ist seit der Schuldrechtsmodernisierung überholt, weil die Angemessenheit entsprechender Vereinbarungen am Maßstab der §§ 307 ff. BGB zu messen ist (ErfK/Müller-Glöge, § 622 BGB Rdnr. 45: § 622 Abs. 6 BGB als gesetzlicher Grundgedanke).

**517** (3) Tarifvertraglich können alle Kündigungsfristen des § 622 BGB abgeändert werden (vgl. § 622 Abs. 4 Satz 1 BGB; für Beendigungsnormen und sonstige Rechtsnormen der Tarifverträge s. Rdnr. 797 ff.). Mit der Formulierung „abweichende Regelung" sind sowohl Verkürzungen als auch Verlängerungen der Kündigungsfristen gemeint. Auch hier ist jedoch § 622 Abs. 6 BGB anzuwenden. Tarifvertragliche Regelungen müssen nicht der Abstufung der Kündigungsfristen nach Betriebszugehörigkeit entsprechen, weshalb für ältere und jüngere Arbeitnehmer unter grundsätzlicher Beachtung des Art. 3 GG und des AGG im Einzelfall gleiche Regelungen oder eigenständig verlängerte Fristen vereinbart werden können (vgl. BAG NZA 2008, 960; LAG Hamburg, NZA-RR 2018, 375).

**518** c) In *Sonderfällen* ist für die Kündigungsfristen Folgendes zu beachten:

(1) Ist ein Arbeitnehmer *zur vorübergehenden Aushilfe* eingestellt, können kürzere Kündigungsfristen auch einzelvertraglich vereinbart werden; dies gilt jedoch nicht, wenn das Arbeitsverhältnis über die Zeit von drei Monaten hinaus fortgesetzt wird (§ 622 Abs. 5 Satz 1 Nr. 1 BGB).

Die Vereinbarung eines Aushilfsarbeitsverhältnisses besagt allein noch nicht, dass die Kündigungsfrist verkürzt sein soll. Vielmehr ist durch Vertragsauslegung zu ermitteln, ob die Vertragsparteien eine Fristverkürzung gewollt haben. Die Parteien können – mit der Einschränkung des § 622 Abs. 6 BGB – auch verschieden lange Kündigungsfristen vereinbaren.

**519** (2) Ist im Arbeitsvertrag eine *Probezeit* vorgesehen, so ist regelmäßig davon auszugehen, dass eine Kündigung in der (gesetzlichen bzw. tariflichen) Mindestfrist zulässig sein soll (BAG AP Nr. 11 zu § 620 BGB Probearbeitsverhältnis). Die gesetzliche Mindestfrist beträgt für beide Seiten nach § 622 Abs. 3 BGB zwei Wochen, soweit die vereinbarte Probezeit sechs Monate nicht übersteigt. Einzelvertraglich kann auch hier eine längere Kündigungsfrist vereinbart werden oder sich aus der Auslegung des Vertrages ergeben. Für einen durchschnittlichen Arbeitnehmer ist die bloße Vereinbarung der Probezeit neben einer in einer anderen Klausel ausdrücklich genannten, nicht unmissverständlich erst nach dieser Probezeit eintretenden längeren Kündigungsfrist, nicht so zu verstehen, dass vorerst die zweiwöchige Kündigungsfrist des § 622 Abs. 3 BGB gelten soll (BAG NZA 2017, 773). Er darf daher von der längeren Frist ausgehen. Wird eine längere Probezeit vereinbart, gilt nach Ablauf der gesetzlich vorgesehenen sechs Monate die Grundkündigungsfrist des § 622 Abs. 1 BGB.

Zu unterscheiden ist zwischen dem echten befristeten Arbeitsverhältnis, das nach Ablauf der Probezeit endet, und dem unbefristeten Arbeitsverhältnis, das nach Ablauf der Probezeit in ein normales Arbeitsverhältnis übergeht, soweit zuvor nicht gekündigt worden ist. Nur auf das letztgenannte ist § 622 Abs. 3 BGB anwendbar, sofern nicht ausnahmsweise die Kündbarkeit des befristeten Arbeitsverhältnisses vereinbart wurde (für das befristete Arbeitsverhältnis s. Rdnr. 682 ff.). Was gewollt ist, muss durch Auslegung (§§ 133, 157 BGB) der Parteivereinbarung ermittelt werden.

(3) Das Berufsausbildungsverhältnis kann während der Probezeit jederzeit ohne Bindung an eine Kündigungsfrist gekündigt werden (§ 22 Abs. 1 BBiG). Nach der Probezeit kommt nur eine Kündigung aus wichtigem Grund in Betracht (§ 22 Abs. 2 Nr. 1 BBiG). **520**

(4) Eine *Kündigung zwischen Vertragsschluss und Arbeitsaufnahme* (**Fall d**) ist nach allgemeiner Ansicht zulässig (näher Joussen, NZA 2002, 1177). Streitig ist nur, ob die Kündigungsfrist bereits mit dem Zugang der Kündigungserklärung oder frühestens mit dem vereinbarten Zeitpunkt der Arbeitsaufnahme zu laufen beginnt; die Rspr. war uneinheitlich (vgl. BAG AP Nr. 1, 2, 3 zu § 620 BGB), tendiert aber inzwischen dazu, die Kündigungsfrist mit dem Zugang der Kündigung beginnen zu lassen (BAG NZA 2006, 1207). **521**

Die aktuelle Rechtsprechungslinie überzeugt. Soweit nichts anderes vereinbart ist, beginnt die Kündigungsfrist schon mit dem Zugang der Erklärung. Ob der Arbeitnehmer die Arbeit aufgenommen hat, spielt keine Rolle (Joussen, NZA 2002, 1177, 1182). Der Erklärungsempfänger braucht nicht geschützt zu werden; denn er weiß, woran er ist. **522**

Im **Fall d** ist die Kündigung wirksam. Der Vertrag ist zum 31.12. gekündigt worden.

### 3. Vertragliche und gesetzliche Kündigungsverbote

**Schrifttum:** *Bayreuther*, Das neue Mutterschutzrecht im Überblick, NZA 2017, 1145; *Humberg*, Mutterschutzrechtlicher Sonderkündigungsschutz bei künstlicher Befruchtung, NJW 2015, 3410; *Lingemann/Steinhauser*, Alte und neue Fallen beim Ausspruch von Kündigungen – Konsultationsverfahren, NJW 2017, 3694; *Nägele/Berkner*, Das Nachschieben von Kündigungsgründen bei Kündigung von Schwerbehinderten – BAG versus BVerwG, NZA 2016, 19; *Neumann/Pahlen/Majerski-Pahlen*, SGB IX, 13. Aufl., 2018; *Roos/Bieresborn*, MuSchG – BEEG: Mutterschutzgesetz – Bundeselterngeld – Elternzeitgesetz Kommentar, 2. Aufl., 2018.

Will der Arbeitgeber eine ordentliche Kündigung aussprechen, muss er zunächst die Anforderungen, die das Gesetz an eine wirksame Willenserklärung stellt (z. B. Geschäftsfähigkeit, vgl. auch Rdnr. 423 ff.), beachten. **523**

Wie § 13 Abs. 2 KSchG klarstellt, kann eine Kündigung auch nach § 138 BGB unwirksam sein, wenn sie dem Anstandsgefühl aller billig und gerecht Denkenden krass widerspricht. Angesichts der in § 1 KSchG getroffenen Regelung (dazu Rdnr. 522 ff.) kommt eine sittenwidrige Kündigung nur unter besonderen Umständen in Betracht, bspw. wenn die Kündigung aus besonders verwerflichen Motiven wie Rachsucht oder Vergeltung erfolgt (vgl. BAG NZA 1989, 962). Auch der aus § 242 BGB folgende Grundsatz von Treu und Glauben kann zur Unwirksamkeit einer Kündigung führen. Eine zur Unzeit ausgesprochene Kündigung (bspw. in engem zeitlichem Zusammenhang mit Todesfällen naher Angehöriger), die den Arbeitnehmer gerade wegen des Kündigungszeitpunkts besonders belastet, kann treuwidrig und damit rechtsunwirksam sein. Dies setzt jedoch neben der „Unzeit" der Kündigung weitere Umstände voraus, etwa dass der Arbeitgeber absichtlich oder aufgrund einer Missachtung der persönlichen Belange des Arbeitnehmers einen Kündigungszeitpunkt wählt, der den Arbeitnehmer besonders beeinträchtigt (BAG NZA 2001, 890; NZA 2014, 722). In Kleinbetrieben, in denen das KSchG unanwendbar ist, vermittelt § 242 BGB einen Mindest-Kündigungsschutz (Rdnr. 549).

**524** Daneben existiert eine Reihe gesetzlicher Kündigungsverbote. Auch die vertragliche Vereinbarung eines Kündigungsverbots kann Rechtswirkungen entfalten.

**a) Gesetzliche Kündigungsverbote.** Im Gesetz selbst ist eine Vielzahl von Kündigungsverboten verankert. Sie knüpfen z. T. an Sachgründen für die Kündigung, z. T. an der Person des gekündigten Arbeitnehmers an.

(1) Zur ersten Gruppe der sachlichen Ausschlussgründe zählt bspw. das Verbot einer Vergeltungskündigung (§ 612a BGB), einer (ordentlichen) Kündigung eines befristeten Arbeitsverhältnisses (§ 620 Abs. 2 BGB, vgl. auch Rdnr. 693) und einer Kündigung aus Anlass eines Betriebsübergangs (§ 613a Abs. 4 Satz 1 BGB, s. Rdnr. 721). Nach § 11 Satz 1 TzBfG ist die Kündigung eines Arbeitsverhältnisses wegen der Weigerung eines Arbeitnehmers, von einem Vollzeit- in ein Teilzeitarbeitsverhältnis oder umgekehrt zu wechseln, unwirksam.

Nach § 2 Abs. 4 AGG gelten für Kündigungen „ausschließlich die Bestimmungen zum allgemeinen und besonderen Kündigungsschutz". Diskriminierende Kündigungen sind trotz dieses missverständlichen Wortlauts selbstverständlich unzulässig: Die Arbeitnehmer werden neben § 1 KSchG insbesondere durch § 612a BGB und § 138 BGB geschützt. Vertiefend zur Bedeutung des AGG bei Kündigungen s. Rdnr. 599 f.

**525** (2) Persönliche Ausschlussgründe können bspw. geltend machen:
- Vertrauenspersonen der Schwerbehinderten, §§ 177, 179 Abs. 3 SGB IX
- Auszubildende nach Ablauf der Probezeit, § 22 Abs. 2 BBiG
- Immissionsschutzbeauftragte, § 58 Abs. 2 BImSchG
- Abgeordnete, Art. 48 Abs. 2 Satz 2 GG
- Beauftragte für Datenschutz, § 6 Abs. 4 Satz 2 BDSG (ex § 4f Abs. 3 Satz 5 BDSG).

**526** Mitglieder des Betriebsrats sowie der Jugend- und Auszubildendenvertretung genießen ebenfalls einen besonderen Kündigungsschutz. Während ihrer Amtszeit und innerhalb eines Jahres nach Beendigung der Amtszeit ist eine *ordentliche Kündigung* unzulässig (§ 15 Abs. 1 KSchG). Ausnahmen gelten bei Betriebs- oder Betriebsabteilungsstilllegungen, vgl. § 15 Abs. 4, 5 KSchG. Wird ein Betriebsratsmitglied in einer Betriebsabteilung beschäftigt, die stillgelegt wird, ist der Arbeitgeber nach der Rspr. des BAG (NZA 2010, 1288) verpflichtet, die Übernahme des Betriebsratsmitglieds notfalls durch „Freikündigen" (!) eines geeigneten Arbeitsplatzes sicherzustellen. § 15 KSchG will eine pflichtgemäße Wahrung der Arbeitnehmerinteressen gewährleisten, Arbeitnehmer sollen nicht aus Angst um ihre Anstellung vor der Initiierung bzw. Organisation einer Betriebsratswahl oder der

Kandidatur bei einer solchen zurückschrecken. Aus diesem Grund genießen Mitglieder des *Wahlvorstands und Wahlbewerber* den gleichen Schutz bis zur Bekanntgabe des Wahlergebnisses (vgl. § 15 Abs. 3 KSchG), nicht aber Bewerber für das Amt des Wahlvorstands (BAG NZA 2015, 245).

Darüber hinaus wird dem Mitglied der Jugend- und Auszubildendenvertretung eine Weiterbeschäftigung nach Beendigung des Ausbildungsverhältnisses zugesichert (Einzelh.: § 78a BetrVG).

Die *Mitglieder der Sprecherausschüsse* (vgl. Rdnr. 1166 ff.) genießen keinen besonderen Kündigungsschutz, da sie nicht in den Kreis der Amtsträger des § 15 KSchG aufgenommen wurden. Eine Kündigung, die gerade wegen der Tätigkeit als Sprecherausschussmitglied erfolgt, kann aber wegen Verstoßes gegen das Benachteiligungsverbot des § 2 Abs. 3 Satz 2 SprAuG nichtig sein (§ 134 BGB). **527**

(3) In einer Reihe von Fällen knüpft das Gesetz die Wirksamkeit einer Kündigung an die Zustimmung bzw. Zulässigkeitserklärung einer Behörde, ohne ein ausnahmsloses Kündigungsverbot auszusprechen, vgl. § 17 Abs. 2 MuSchG (Mutterschutz), § 18 Abs. 1 Satz 4–6, Abs. 2 BEEG (Elternzeit), § 168 SGB IX (Schwerbehinderung) sowie § 17 KSchG (Anzeigepflicht bei Massenentlassungen; str., ob nicht nur Vollzugsverbot). Die Zustimmung muss grds. jeweils vor Ausspruch der Kündigung eingeholt werden – bei § 17 KSchG gilt dies aufgrund europarechtskonformer Auslegung, obwohl der Wortlaut von Entlassung – also der tatsächlichen Beendigung des Arbeitsverhältnisses – spricht (BAG NZA 2006, 971, vgl. auch Rdnr. 534 ff.). **528**

**aa) Mutterschutz und Elternzeit.** Die Kündigung gegenüber einer Arbeitnehmerin während der Schwangerschaft, bis zum Ablauf von vier Monaten nach einer Fehlgeburt (nach der zwölften Schwangerschaftswoche) und bis zum Ablauf von vier Monaten nach der Entbindung ist gem. § 17 Abs. 1 Satz 1 MuSchG unzulässig, wenn dem Arbeitgeber die Schwangerschaft bzw. Entbindung zur Zeit der Kündigung bekannt war oder ihm innerhalb einer Frist von zwei Wochen nach Zugang der Kündigung mitgeteilt wird (zum Beginn des Sonderkündigungsschutzes bei künstlicher Befruchtung/In-vitro-Fertilisation Schwarze, JA 2015, 786). Das Kündigungsschutzverbot wurde mit der letzten Novelle vom 23.5.2017 (§ 17 MuSchG ist zum 1.1.2018 in Kraft getreten, BGBl. I Satz 1228) nicht nur auf Fehlgeburten (nach der 12. SSW) ausgedehnt, sondern umfasst – neben der Kündigung an sich – auch Vorbereitungsmaßnahmen des Arbeitgebers, die er im Hinblick auf eine Kündigung trifft. Nach der Gesetzesbegründung dient die Erweiterung der Umsetzung der Rechtsprechung des EuGH in der Rs. „Paquay" (EuGH 11.10.2007, C-460/06, EuGH, NZA 2007, 1271) und umfasst etwa Maßnahmen der Suche und Planung eines endgültigen Ersatzes für die betroffene Angestellte. Kündigungsschutz nach dem MuSchG umfasst auch Kleinbetriebe und setzt keine Wartefrist voraus. Die zuständige Behörde kann jedoch ausnahmsweise die Kündigung für zulässig erklären (§ 17 Abs. 2 MuSchG). **529**

Die Nichteinhaltung der Frist ist gem. § 17 Abs. 1 Satz 2 MuSchG unschädlich, wenn sie auf einem von der Arbeitnehmerin nicht zu vertretenden Umstand beruht und die Mitteilung unverzüglich nachgeholt wird. Dementsprechend genügt es, dass die Arbeitnehmerin, die im Zeitpunkt der Kündigung von ihrer Schwangerschaft nichts gewusst hat, dem Arbeitgeber ihre Schwangerschaft unverzüglich nach Kenntniserlangung anzeigt (s. auch BVerfGE 32, 273).

**530** Der Kündigungsschutz nach dem MuSchG wird durch § 18 BEEG ergänzt. Danach darf der Arbeitgeber das Arbeitsverhältnis während der Elternzeit nicht kündigen (Einzelh.: § 18 Abs. 1 Satz 1–3, Abs. 2 BEEG). Die Kündigung kann jedoch auch hier von der zuständigen Behörde für zulässig erklärt werden (§ 18 Abs. 1 Satz 4–6 BEEG). Der Arbeitnehmer kann das Arbeitsverhältnis zum Ende der Elternzeit nur unter Einhaltung einer Kündigungsfrist von drei Monaten kündigen (§ 19 BEEG). Diese Frist ist auch dann einzuhalten, wenn ansonsten kürzere oder längere gesetzliche, tarifliche oder einzelvertraglich vereinbarte Kündigungsfristen gelten.

**531** **bb) Schwerbehindertenschutz.** Gegenüber einem Schwerbehinderten (s. § 2 Abs. 2 SGB IX) oder Gleichgestellten (s. § 2 Abs. 3 SGB IX), dessen Arbeitsverhältnis länger als sechs Monate besteht (vgl. § 173 Abs. 1 Nr. 1 SGB IX), kann eine Kündigung grundsätzlich nur mit vorheriger Zustimmung des Integrationsamtes ausgesprochen werden (§ 168 SGB IX). Außerdem ist zwingend die Schwerbehindertenvertretung zu beteiligen (§ 178 Abs. 2 Satz 3 SGB IX). Die Kündigungsfrist beträgt mindestens vier Wochen (§ 169 SGB IX).

**532** Der Arbeitnehmer kann den Schwerbehindertenschutz allerdings nur geltend machen, wenn zum Zeitpunkt des Zugangs der Kündigung die Schwerbehinderung (vgl. § 2 Abs. 2 SGB IX) nach § 152 SGB IX festgestellt ist oder der Arbeitnehmer zumindest einen entsprechenden Antrag gestellt hat (st. Rspr.; BAG AP Nr. 3, 4 zu § 12 SchwbG; NZA 1992, 23; s. auch § 173 Abs. 3 SGB IX). Ausnahmsweise kann der Sonderkündigungsschutz bereits vor Antragstellung des Schwerbehinderten beim Versorgungsamt eingreifen, wenn die Schwerbehinderung offensichtlich ist (z. B. Blindheit) oder der schwerbehinderte Arbeitnehmer den Arbeitgeber vor dem Ausspruch der Kündigung über seine körperlichen Beeinträchtigungen informiert und über die beabsichtigte Antragstellung in Kenntnis gesetzt hat (BAG NZA 2002, 1145).

Nach h. M. ist eine Kündigung selbst dann gem. § 168 SGB IX i. V. m. § 134 BGB nichtig, wenn es der Arbeitgeber aus Unkenntnis der Schwerbehinderteneigenschaft unterlassen hat, vor Ausspruch der Kündigung die Zustimmung des Integrationsamtes einzuholen, sofern ihn der Arbeitnehmer entsprechend § 4 Satz 1 KSchG innerhalb einer Regelfrist von drei Wochen entsprechend unterrichtet (vgl. BAG NZA 2006, 1035; NZA 2017, 304; ErfK/Rolfs, § 168 SGB IX Rdnr. 6 ff.; **Fall e**). Eine fristgerechte Mitteilung soll dadurch erreicht werden, dass der Arbeitnehmer unter Berufung auf seine Schwerbehinderung innerhalb von drei Wochen nach der Kündigung die Kündigungsschutzklage erhebt (§ 167 ZPO analog; BAG NZA 2011, 411; NZA 2016, 351) oder den Arbeitnehmer entsprechend unterrichtet (BAG NZA 2017, 304), wobei er daneben fristgerecht Klage erheben muss. Dem kann nicht gefolgt werden; denn die schutzwürdigen Belange des schwerbehinderten Arbeitnehmers sind gewahrt, wenn der Arbeitgeber nach Kenntniserlangung unverzüglich die erforderliche Zustimmung einholt.

**533** Die ordentliche Kündigung darf erst nach förmlicher Zustellung des Zustimmungsbescheids des Integrationsamtes erklärt werden (BAG NZA 1992, 503), wobei eine Frist von einem Monat für die Kündigung durch den Arbeitgeber zu beachten ist (§ 171 Abs. 3 SGB IX). Erfolgt die Kündigung ohne vorherige Zustimmung des Integrationsamtes, ist sie gem. § 134 BGB unwirksam (BAG NZA 2016, 473) und wird nicht durch eine später eingeholte Zustimmung geheilt (BAG 2008, 407). Lediglich durch Verstreichenlassen der Klagefrist wird die Kündigung gem. §§ 7, 4 Satz 1 KSchG ausnahmsweise dann wirksam, wenn der Arbeitgeber die

Schwerbehinderung nicht kannte und auch nicht innerhalb von drei Wochen nach Zugang der Kündigung davon Kenntnis erlangt hat (BAG NZA 2008, 1055; ErfK/Rolfs, § 168 SGB IX Rdnr. 13). Gegen die Entscheidung des Integrationsamtes steht der Verwaltungsrechtsweg offen (Einzelh.: BVerwG NZA 1993, 76 bzw. NZA 1993, 123; NZA 2013, 97); über die Wirksamkeit der Kündigung entscheiden die Gerichte für Arbeitssachen. Dabei entfaltet die Zustimmung des Integrationsamtes gem. § 171 Abs. 4 SGB IX für den Kündigungsschutzprozess solange Wirkung, wie sie nicht bestands- oder rechtskräftig aufgehoben worden ist (vgl. BAG NZA 2013, 1373). Wird der Zustimmungsbescheid nachträglich aufgehoben, ist die Kündigung gem. § 134 BGB unwirksam und ein ausgesetztes Kündigungsschutzverfahren analog § 580 Nr. 6 ZPO wiederaufzunehmen (BAG NZA 2013, 1373; BVerwG NZA 2013, 97). Das kann zu einer erheblichen Verzögerung des Kündigungsschutzprozesses führen, wenn die Entscheidung allein noch von der Bestandskraft des Zustimmungsbescheids abhängt. Wegen des berechtigten Interesses beider Arbeitsvertragsparteien an einer schnellen Klärung der Wirksamkeit der Kündigung erscheint dies bedenklich (vgl. zu einem möglichen Lösungsweg BAG NZA 1992, 1073).

**cc) Massenentlassungen.** Will ein Arbeitgeber in Betrieben mit in der Regel mehr als 20 Arbeitnehmern innerhalb von 30 Kalendertagen eine größere Zahl von Arbeitnehmern entlassen, muss er dies zuvor der Agentur für Arbeit schriftlich anzeigen (Anzeigepflicht, § 17 Abs. 1 KSchG). Anschließend läuft eine i. d. R. einmonatige Sperrfrist, während derer Entlassungen nur mit Zustimmung der Agentur für Arbeit wirksam werden (Entlassungssperre, § 18 KSchG). Zugleich muss er den Betriebsrat über die beabsichtigte Entlassung konsultieren und die Stellungnahme des Betriebsrats der Anzeige an die Arbeitsagentur beifügen (Einzelh.: § 17 KSchG). In das Massenentlassungsrecht ist nach der Junk-Entscheidung des EuGH (NJW 2005, 1099) Bewegung gekommen. Danach ist unter „Entlassung" in der Massenentlassungsrichtlinie der EG (98/59/EG) der Ausspruch der Kündigung zu verstehen, eine Auffassung, der sich das BAG inzwischen angeschlossen hat (BAG NZA 2006, 971). Hat der Arbeitgeber Kündigungen ausgesprochen, ohne zuvor die Massenentlassung ordnungsgemäß anzuzeigen (etwa, weil er der Anzeige keine Stellungnahme des Betriebsrats beifügt oder überhaupt kein Konsultationsverfahren durchgeführt hat), so sind die Kündigungen nach § 134 BGB nichtig (BAG NZA 2013, 845; NZA 2013, 966). **534**

Die §§ 17 ff. KSchG dienen – unter Berücksichtigung der Wertungen des EuGH – nicht nur arbeitsmarktpolitischen Zwecken (Zeitgewinn für die Agenturen für Arbeit, um die in größerer Zahl entlassenen Arbeitnehmer anderweitig zu vermitteln), sondern wollen Massenkündigungen insgesamt vermeiden bzw. zahlenmäßig beschränken. **535**

Der Kündigungsschutz des einzelnen Arbeitnehmers nach § 1 KSchG ist hiervon unabhängig. Eine nach §§ 17 ff. KSchG erlaubte Kündigung kann gleichwohl nach § 1 KSchG sozialwidrig sein, umgekehrt kann eine nach § 1 KSchG gerechtfertigte Kündigung gegen §§ 17 ff. KSchG verstoßen. Massenentlassungen fallen in der Regel mit Betriebsänderungen im Sinne der §§ 111 ff. BetrVG zusammen. Neben der Anzeigepflicht nach § 17 KSchG sind daher die Mitwirkungs- und Mitbestimmungsrechte des Betriebsrats bei Betriebsänderungen (Interessenausgleich, Sozialplan, Nachteilsausgleich, Rdnr. 966 ff.) zu beachten.

Die Bundesagentur für Arbeit kann – abgesehen von der Zustimmung zu Entlassungen während der Sperrfrist – dem Arbeitgeber auch gestatten, für die Zeit **536** zwischen dem Eingang der Massenentlassungsanzeige und der Zustimmung der Agentur für Arbeit *Kurzarbeit* (Rdnr. 247 ff.) einzuführen (§ 19 Abs. 1 KSchG). Eine entsprechende Lohnkürzung ist aber erst von dem Zeitpunkt an wirksam, zu dem das Arbeitsverhältnis nach den gesetzlichen (also § 622 BGB) oder vereinbarten (also Arbeits- oder Tarifvertrag) Bestimmungen enden würde (§ 19 Abs. 2 KSchG). Tarifvertragliche Kurzarbeitsregeln gehen vor (§ 19 Abs. 3 KSchG).

537 **b) Vereinbarte „Unkündbarkeit".** In einigen Bereichen ist es üblich, für langzeitig tätige Arbeitnehmer die ordentliche Kündigung vertraglich auszuschließen. Das kann durch Tarifvertrag, Betriebsvereinbarung oder Arbeitsvertrag geschehen. Praktisch bedeutsam sind auch Standortgarantien oder Beschäftigungsgarantien in „Bündnissen für Arbeit", bei denen sich die Arbeitnehmer häufig als Gegenleistung für den Ausschluss der ordentlichen Kündigung verpflichten, für das gleiche Entgelt mehr zu arbeiten (etwa 37,5 Stunden statt 35 Stunden). Der einzelvertragliche Ausschluss der ordentlichen Kündigung ist selbst für einen längeren Zeitraum, ggf. bis zum Lebensende des Arbeitgebers, nicht wegen sittenwidriger Knebelung des Arbeitgebers nach § 138 BGB von vornherein unwirksam (BAG AP Nr. 60 zu § 138 BGB = RdA 2005, 306 mit Anm. Bengelsdorf). Kündigungsverboten in tarifvertraglichen Rationalisierungsschutzabkommen sind aber aufgrund des tariffesten Gebotes der Sozialauswahl Grenzen gesetzt. So ist der tarifliche Ausschluss ordentlicher Kündigungen für ältere Arbeitnehmer im Rahmen der Sozialauswahl dann nicht mehr durch ein legitimes Ziel im Sinne von § 10 Satz 1 AGG, gedeckt, wenn er ein gemäß § 1 Abs. 3 KSchG grob fehlerhaftes Auswahlergebnis zur Folge hätte (BAG NZA 2014, 208; ErfK/Müller-Glöge, § 622 BGB Rdnr. 46). Ein Verbot der Kündigung tarifgebundener Arbeitnehmer ginge zu Lasten der Außenseiter und würde damit gegen die durch Art. 9 Abs. 3 GG geschützte negative Koalitionsfreiheit verstoßen (str., a. A. ErfK/Müller-Glöge, § 622 BGB Rdnr. 47; vgl. auch Rdnr. 753 f.). Der Verlust einer tariflichen Unkündbarkeit stellt nur im Ausnahmefall eine nach dem Grundsatz des Vertrauensschutzes unzumutbare Änderung dar (vgl. BVerfG NZA 2017, 915). Zur Möglichkeit einer außerordentlichen Kündigung bei ausgeschlossener ordentlicher Kündigung sowie zum Verhältnis von tariflichen Kündigungsverboten und dem Gebot der Sozialauswahl vgl. Rdnr. 637.

### 4. Anhörung des Betriebsrats/Sprecherausschusses

538 Nach § 102 Abs. 1 Satz 1 BetrVG ist der Betriebsrat vor jeder Kündigung durch den Arbeitgeber zu hören. Eine ohne Anhörung des Betriebsrats ausgesprochene Kündigung ist, ebenso wie eine fehlerhafte Anhörung nach § 102 Abs. 1 Satz 2 BetrVG, unwirksam (§ 102 Abs. 1 Satz 3 BetrVG; Rdnr. 1138 ff.). Entsprechendes gilt für die Anhörung des Sprecherausschusses bei der Kündigung eines leitenden Angestellten (§ 31 Abs. 2 SprAuG; Rdnr. 1175).

539 Der Arbeitgeber muss dem Betriebsrat gem. § 102 Abs. 1 Satz 2 BetrVG die Gründe der Kündigung mitteilen, welche gem. dem Zweck des Anhörungsverfahrens für dessen Beurteilung der Wirksamkeit der Kündigung relevant sind (z. B. Person des Arbeitnehmers, Umstände der Kündigung, Kündigungsart, Kündigungsfrist). Ziel des Anhörungsverfahrens ist es, den Betriebsrat in die Lage zu versetzen, sachgerecht auf die Willensbildung des Arbeitgebers einzuwirken (BAG NZA 2015, 476). Der Inhalt der Unterrichtung ist subjektiv determiniert, es sind also grds. nur die Umstände mitzuteilen, die für den Kündigungsentschluss des

Arbeitgebers tatsächlich bestimmend waren und die für eine vollständige und zutreffende Sachverhaltserfassung erforderlich sind. Dazu sind einerseits bewusst unrichtige Angaben zu unterlassen und andererseits Angaben über entlastende Umstände auch dann einzubeziehen, wenn der Arbeitgeber diese bei der Kündigung nicht für bedeutsam hält (BAG NZA 2016, 99). Will der Arbeitgeber im Kündigungsschutzprozess Kündigungsgründe, die im Zeitpunkt der Kündigung schon vorlagen, nachschieben (vgl. Rdnr. 505), ist zu beachten, dass der Arbeitgeber diese dem Betriebsrat naturgemäß nicht mitgeteilt haben kann (vgl. § 102 Abs. 1 Satz 2 BetrVG). Im Kündigungsschutzprozess dürfen jedoch grds. nur die dem Betriebsrat mitgeteilten Gründe berücksichtigt werden. Dem Arbeitgeber bei Ausspruch der Kündigung bekannte, aber dem Betriebsrat nicht mitgeteilte Gründe können daher nicht nachgeschoben werden, auch wenn der Betriebsrat der Kündigung aufgrund der ihm mitgeteilten Gründe der Kündigung zugestimmt hat (BAG AP Nr. 22 zu 102 BetrVG 1972; BAG NZA 2016, 287; sog. subjektive Determination).

Möglich bleibt eine Erläuterung bzw. Konkretisierung der ausreichend mitgeteilten Gründe. Sind die Kündigungsgründe, die bei Ausspruch der Kündigung bereits entstanden waren, dem Arbeitgeber erst später bekannt geworden (für die Kenntnis kommt es wie bei § 626 Abs. 2 BGB auf den Wissensstand des Kündigungsberechtigten an, vgl. BAG NZA 2016, 287), dürfen sie im Kündigungsschutzprozess nachgeschoben werden, wenn der Arbeitgeber zuvor den Betriebsrat hierzu erneut angehört hat (entspr. Anwendung des § 102 Abs. 1 BetrVG; BAG NZA 1986, 674; NZA 2013, 1416; str.). Die Fristen aus § 102 Abs. 2 BetrVG müssen dann nicht noch einmal eingehalten werden (ErfK/Kania, § 102 BetrVG Rdnr. 27). Auf eine vor Zugang der Kündigung veränderte Sachlage muss der Arbeitgeber den Betriebsrat hinweisen, bei wesentlichen Änderungen selbst dann, wenn das Anhörungsverfahren bereits abgeschlossen war (BAG NZA 2017, 304).

## II. Individueller Kündigungsschutz nach dem Kündigungsschutzgesetz

**Schrifttum:** *Bauer/von Medem,* Altersdiskriminierende Kündigung im Kleinbetrieb, NJW 2016, 210; *Bayreuther,* Die Leiharbeitnehmer im Kündigungsrecht, NZA 2016, 1304; *Friemel/Walk,* Neues zur Kündigung wegen Schlecht- und Minderleistung, NJW 2010, 1557; *Günther/Frey,* Diskriminierende Kündigungen, NZA 2014, 584; *Henssler/Moll,* Kündigung und Kündigungsschutz in der betrieblichen Praxis, 2000; *Hunold,* Abmahnung und Kündigung wegen Leistungs- und/oder Qualifikationsdefiziten des Mitarbeiters, NZA-RR 2014, 169; *ders.,* Rechtsprechung des BAG zur betriebsbedingten Kündigung auf Grund unternehmerischer Organisationsentscheidung, NZA-RR 2013, 57; *Lingemann/Otte,* Ist die Altersgruppenbildung bei der Sozialauswahl noch zu retten?, NZA 2016, 65; *Lunk/Seidler,* Betriebsbedingte Kündigungen bei anderweitig freien Arbeitsplätzen, NZA 2018, 01; *Meyer,* Kündigungsschutz im Kleinbetrieb oder in der Wartezeit nach der Grundrechtecharta?, NZA 2014, 993; *Rüthers,* Vom Sinn und Unsinn des geltenden Kündigungsschutzrechts, NJW 2002, 1601; *ders./Henssler,* Die Kündigung bei kumulativ vorliegenden und gemischten Kündigungssachverhalten, ZfA 1988, 31; *Rupp,* Das betriebliche Eingliederungsmanagement im Kündigungsschutzprozess, NZA 2017, 361; *Seel,* Betriebsbedingte Kündigung – Ein Leitfaden zur „gerichtsfesten" Vorbereitung, JA 2012, 692; *Simonet,* Notwendigkeit eines Gesetzes zum Schutz von Whistleblowern?, RdA 2013, 236; *Stückmann/Kohlepp,* Verhältnismäßigkeitsgrundsatz und „ultima-ratio-Prinzip" im Kündigungsrecht, RdA 2000, 331; *Temming,* Der arbeitsrechtliche Kündigungsschutz: Zwischen Bestandsschutzkonzeption und Abfindungsrealität, RdA 2019,

102; *Weis,* Die Luxemburger Gretchenfrage oder: Ist § 9 AGG europrechtswidrig, EuZA 2017, 214; *Willemsen,* Verhaltensbedingte Kündigung: Fünf Thesen und fünf Fragezeichen, RdA 2017, 115.

**Fälle:**

**541** a) Der Arbeitgeber G hat durch Aufstellen einer neuen Maschine zehn Arbeitsplätze eingespart. Deshalb kündigt er u. a. dem Arbeitnehmer N „aus dringenden betrieblichen Gründen". N erhebt am nächsten Tag Kündigungsschutzklage und trägt vor, die Rationalisierungsmaßnahme hätte G unterlassen müssen, weil sie nicht die von G erhoffte Kostenersparnis erbringe. Außerdem hätte er (N) nach einer Umschulung in einem anderen Betrieb des Unternehmens weiterbeschäftigt werden können. Abgesehen davon würde eine Reihe von Arbeitskollegen eine Kündigung weniger hart treffen als ihn. Im Prozess streiten sich die Parteien darüber, ob das Vorbringen des N erheblich ist und wer den Beweis zu führen hat.

b) G hat dem N gekündigt, weil dieser mehrmals zu spät gekommen ist. N meint, G habe ihn vor der Kündigung abmahnen müssen. G weist darauf hin, dass er bereits wegen eines Verstoßes gegen das Rauch- und Alkoholverbot abgemahnt habe.

**542** Zwar bedarf die ordentliche Kündigung eines unbefristeten Dauerschuldverhältnisses grundsätzlich keines Kündigungsgrundes (vgl. Rdnr. 504 ff.). Dieser zivilrechtliche Grundsatz der Kündigungsfreiheit wird jedoch zu Lasten des Arbeitgebers im Anwendungsbereich des KSchG erheblich eingeschränkt. Der Gesetzgeber bezeichnet den im ersten Abschnitt des KSchG gewährten Kündigungsschutz als „allgemeinen Kündigungsschutz", weil jeder Arbeitnehmer unabhängig von der Art seiner Tätigkeit und von den persönlichen Voraussetzungen in den Genuss dieser Regelungen kommen kann. Das KSchG bezweckt in erster Linie den Schutz des einzelnen Arbeitnehmers vor dem Verlust seines Arbeitsplatzes. Aus diesem Grund muss eine ordentliche Kündigung durch den Arbeitgeber, die nach den geschilderten allgemeinen zivilrechtlichen Grundsätzen an sich wirksam wäre, zusätzlich „sozial gerechtfertigt" sein (§ 1 KSchG; Rdnr. 552 ff.).

## 1. Entwicklung und rechtspolitische Bewertung

**543** Kündigungsrecht und Kündigungsschutzrecht betreffen verfassungsrechtlich geschützte Positionen beider Parteien eines Arbeitsvertrages. Es entspricht dem Gebot des „sozialen Staates" (Art. 20 Abs. 1, 28 Abs. 1 GG), die Arbeitnehmer vor grundlosen oder willkürlichen Kündigungen des Arbeitgebers zu schützen. Auch die Berufsfreiheit (Art. 12 Abs. 1 GG) des Arbeitnehmers und der Gleichheitsgrundsatz (Art. 3 Abs. 1 GG) gewähren einen Schutz gegen beliebige Kündigungen i. S. einer unbegrenzten Kündigungsfreiheit der Arbeitgeberseite. Zusätzlich kommt das KSchG auch dem Gebot in Art. 30 der Charta der Grundrechte der EU nach, den Arbeitnehmern einen Schutz vor ungerechtfertigter Entlassung zu gewährleisten. Andererseits schließt die Berufsfreiheit des Arbeitgebers wegen der aus ihr folgenden unternehmerischen Entscheidungsfreiheit ein verfassungsrechtlich geschütztes Mindestmaß an Kündigungsfreiheit ein. Dieses wird gewährleistet durch die von Art. 12 Abs. 1 GG geschützte Berufs- und (Arbeits-)Vertragsfreiheit (letztere wird z. T. auch aus Art. 2 Abs. 1 GG hergeleitet) und die Eigentumsgarantie des Art. 14 Abs. 1 GG.

Das Kündigungsschutzrecht hat also die Aufgabe, einen verfassungskonformen Ausgleich zwischen den Arbeitgeber- und Arbeitnehmerinteressen zu verwirklichen (BVerfGE 84, 133). Da der gesetzliche Kündigungsschutz in zahlreichen allgemein gefassten Generalklauseln („Unzumutbarkeit") geregelt ist, obliegt diese Aufgabe in weitem Umfang der Arbeitsgerichtsbarkeit. Sie ist gehalten, diese Generalklauseln und unbestimmten Rechtsbegriffe mit Rücksicht auf die Schutzpositionen beider Seiten verfassungskonform auszulegen und anzuwenden. Dabei hat sie zu bedenken, dass ihre Judikate auch das Geschehen am Arbeitsmarkt steuern.

**544** Das Recht des Kündigungsschutzes ist weit verstreut und kompliziert geregelt. In den beiden prominenten Großkommentaren (Ascheid/Preis/Schmidt, Großkommentar zum Kündigungsrecht; Etzel u. a., Gemeinschaftskommentar zum Kündigungsschutzgesetz) wird die Gesetzesmaterie auf rund 2.500 bzw. fast 3.000 Seiten kommentiert. Die Materie ist, überwuchert von einem Dickicht von Richterrecht des BAG, selbst für Kenner undurchschaubar geworden. Die Rechtsunsicherheit aller Beteiligten und Betroffenen erscheint kaum noch steigerungsfähig, zumal die Rspr. häufigen Schwankungen unterliegt. Vergleicht man Aufwand und Ertrag, so sind sinnvolle Relationen in der Wirtschaft und in der Praxis nicht mehr erkennbar. 2018 wurden in Deutschland um die 1.750.000 Kündigungsschutzprozesse geführt (vgl. https://www.bmas.de/SharedDocs/Downloads/DE/PDF-Statistiken/Ergebnisse-Statistik--Arbeitsgerichtsbarkeit-2018.pdf?__blob=publicationFile&v=2). Sie stellen die Hauptbelastung der Arbeitsgerichtsbarkeit und die Haupteinnahmequelle der Fachanwaltschaft für Arbeitsrecht dar. Der ganz überwiegende Teil dieser Verfahren endet in der ersten Instanz – ohne streitiges Urteil – mit einer Abfindungszahlung für den Arbeitnehmer. Der Kündigungsschutz ist in ein Abfindungsverfahren verwandelt. Kritiker sprechen vom Abfindungshandel.

**545** Die international vernetzte Wettbewerbswirtschaft ermöglicht den nationalen Wirtschaftsordnungen keinen dauerhaften individuellen Kündigungsschutz auf unrentabel gewordenen Arbeitsplätzen. Betriebsbedingte Kündigungen lassen sich zwar auf ihre soziale Rechtfertigung (§ 1 KSchG) hin überprüfen und in ihren Folgen für die Arbeitnehmer abmildern. Verhindern lassen sie sich nicht.

**546** Die Auswirkungen des derzeitigen Systems auf den Arbeitsmarkt sind heftig umstritten. Aussagekräftige Zahlen, die darlegen, inwieweit das KSchG beschäftigungshemmend wirkt, fehlen. Um unsinnige Prozesse vor dem Arbeitsgericht zu verhindern, erscheint es indes sinnvoll, Abfindungslösungen in größerem Umfang als bisher zuzulassen und zu fördern. Konkret würde dies bedeuten, vom bisher bestehenden Bestandsschutzmodell, bei dem eine Kündigung entweder wirksam oder unwirksam ist, zu einem Abfindungsmodell, bei dem ein Arbeitsverhältnis grundsätzlich kündbar ist, zu wechseln.

**547** Einen zaghaften Schritt in Richtung einer solchen Abfindungslösung hat der Gesetzgeber mit der Einführung des § 1a KSchG (vgl. Rdnr. 671 ff.) getan. Bei einer Kündigung wegen dringender betrieblicher Erfordernisse kann der Arbeitnehmer, wenn er auf eine Kündigungsschutzklage verzichtet, einen Abfindungsanspruch in der Höhe eines halben Monatsgehalts für jedes Jahr der Betriebszugehörigkeit erwerben. Der Anspruch entsteht allerdings nur, wenn der Arbeitgeber in der Kündigungserklärung den Arbeitnehmer auf diese Option hinweist (näher Löwisch, BB 2004, 154, 157 f.). Die Regelung soll den tatsächlichen Gegebenheiten der Praxis Rechnung tragen. Da das Bestandsschutzprinzip durch das Abfindungsmodell nicht grundsätzlich abgelöst, sondern nur durch eine Option ergänzt worden ist, bleibt die Diskussion um eine Abkehr vom Bestandsschutzprinzip bei betriebsbedingten Kündigungen zugunsten einer echten gesetzlichen Abfindungsregelung aktuell.

## 2. Geltungsbereich des KSchG

**548** a) Die Vorschriften zum allgemeinen Kündigungsschutz (§§ 1–14 KSchG) gelten seit dem 1.1.2004 erst für Betriebe und Verwaltungen, die in der Regel mehr als zehn Arbeitnehmer beschäftigen, § 23 Abs. 1 Satz 3 KSchG. In einem Betrieb beschäftigt ist, wer „in dessen betriebliche Struktur eingebunden" ist (BAG NZA 2016, 1196). Es kommt auf die Beschäftigungslage an, die zum Zeitpunkt der Kündigung für den Betrieb kennzeichnend ist. Der gekündigte Arbeitnehmer ist daher bei der Berechnung des Schwellenwerts einzubeziehen (BAG NZA 2004, 479), nicht aber zufällig hohe oder niedrige Stellenbesetzungen im Zeitpunkt des Kündigungszugangs. Teilzeitbeschäftigte sind nach § 23 Abs. 1 Satz 4 KSchG nur anteilig zu berücksichtigen. Leiharbeitnehmer sind bei der Bestimmung der Betriebsgröße mitzuzählen, soweit mit ihnen ein regelmäßiger Beschäftigungsbedarf abgedeckt wird (BAG NZA 2013, 726). Die Ausklammerung der Kleinstbetriebe aus dem Geltungsbereich des KSchG ist wegen der engen persönlichen Beziehungen zwischen Arbeitgeber und Arbeitnehmern, die in solchen Betrieben bestehen, wegen der geringeren Belastbarkeit dort und wegen des erforderlichen Schutzes des Mittelstandes verfassungsrechtlich (Art. 3 Abs. 1 GG) unbedenklich (BVerfGE 97, 169; BAG NZA 1990, 724). Allerdings ist § 23 Abs. 1 KSchG verfassungskonform dahingehend auszulegen, dass der Anwendungsbereich der Norm auf Fälle beschränkt ist, für die die Benachteiligung der betroffenen Arbeitnehmer sachlich begründet ist (enge Zusammenarbeit zwischen Arbeitgeber und Arbeitnehmer).

**549** Arbeitnehmer in Kleinstbetrieben sind durch die Herausnahme aus dem KSchG nicht rechtlich schutzlos. Der Sonderkündigungsschutz für Funktionsträger der Betriebsverfassung, für Schwerbehinderte, Schwangere, Mütter und Eltern sowie gesetzliche Kündigungsverbote und allgemeine Benachteiligungsverbote (Rdnr. 524 ff.) greifen auch in diesen Betrieben. Ferner gelten die Grenzen aus den §§ 242 und 138 BGB, die insbesondere bei willkürlichen, diskriminierenden oder auf sachfremden Motiven beruhenden Kündigungen überschritten sind. Bei der erforderlichen Sozialauswahl ist auch in Kleinstbetrieben ein durch Art. 12 Abs. 1 GG gebotenes „Mindestmaß an sozialer Rücksichtnahme" zu wahren (BVerfGE 97, 169; BAG NZA 2001, 833 = RdA 2002, 99 mit Anm. Otto; BAG NZA 2003, 717).

**550** b) Das Arbeitsverhältnis muss beim Zugang der Kündigungserklärung *in demselben Betrieb oder Unternehmen ohne Unterbrechung länger als sechs Monate bestanden haben* (sog. Wartezeit; § 1 Abs. 1 KSchG). Erst nach Ablauf dieser Frist wird der Arbeitnehmer geschützt; vorher soll es dem Arbeitgeber möglich sein, den Arbeitnehmer zu erproben und sich von ihm wieder zu trennen. Abzustellen ist auf den rechtlichen Bestand des Arbeitsverhältnisses und nicht auf die Dauer der tatsächlichen Beschäftigung (BAG NZA 2014, 725), mögen diese auch oftmals deckungsgleich sein. Vorbeschäftigungszeiten als Leiharbeitnehmer sind nicht anzurechnen (BAG NZA 2014, 1083).

Auch während der Wartezeit muss der Arbeitgeber nach ständiger Rechtsprechung des BAG den Betriebsrat nach § 102 BetrVG (Rdnr. 539) sowie die Schwerbehindertenvertretung nach § 178 Abs. 2 SGB IX (Rdnr. 531) beteiligen (BAG NZA 2013, 1412; NZA 2016, 228). Eine Zustimmung des Integrationsamtes nach § 168 SGB IX ist indes wegen § 173 Abs. 1 Nr. 1 SGB IX nicht erforderlich (vgl. Rdnr. 531).

Über den Gesetzeswortlaut hinaus sollen Beschäftigungszeiten aus einem früheren Arbeitsverhältnis mit demselben Arbeitgeber auf die Wartezeit angerechnet werden, wenn die Unterbrechung verhältnismäßig kurz war und zwischen beiden Arbeitsverhältnissen ein enger sachlicher Zusammenhang besteht (BAG AP Nr. 2 zu § 1 KSchG 1969 Wartezeit; BAG NZA 2014, 1083, str.). Dadurch soll verhindert werden, dass durch kürzere Unterbrechungen der Beschäftigungszeit der allgemeine Kündigungsschutz ausgehebelt wird.

Auch Angestellte in leitender Stellung (z. B. Betriebsleiter) genießen nach sechs Monaten Kündigungsschutz (vgl. § 14 Abs. 2 KSchG). Allerdings kann sich der Arbeitgeber von leitenden Angestellten in jedem Fall durch Zahlung einer Abfindung „freikaufen", da der Antrag auf Auflösung des Arbeitsverhältnis gegen Abfindung (vgl. § 14 Abs. 2 Satz 2 i. V. m. § 9 Abs. 1 Satz 2 KSchG; siehe auch § 25a Abs. 5a KWG für Risikoträger im Bankensektor) auch im Falle der Rechtswidrigkeit der Kündigung keiner Begründung bedarf (dazu Rdnr. 667). **551**

Gesetzliche Vertreter von juristischen Personen (z. B. Vorstandsmitglieder einer Aktiengesellschaft, Geschäftsführer einer GmbH) sowie die durch Gesetz, Satzung oder Gesellschaftsvertrag zur Vertretung von rechtsfähigen Personengesellschaften (z. B. OHG, KG) berufenen Personen fallen nicht unter das KSchG (§ 14 Abs. 1 KSchG). Unabhängig von § 14 Abs. 1 KSchG folgt dies oft bereits aus dem Umstand, dass diesen Personen kein Arbeitnehmerstatus zukommt. Doch auch und gerade dann, wenn das Anstellungsverhältnis ausnahmsweise materiell-rechtlich als Arbeitsverhältnis zu qualifizieren wäre, enthält § 14 Abs. 1 Nr. 1 KSchG eine negative Fiktion, wonach Organmitglieder ohne Rücksicht auf eine etwaige Arbeitnehmerstellung vom allgemeinen Kündigungsschutz ausgeschlossen sind (BAG NZA 2018, 358). Ein späteres Wegfallen oder Niederlegen des Amtes nach Zugang der Kündigung ändert nichts an dieser Fiktion. Die Ausnahme aus dem allgemeinen Kündigungsschutz stellt die Organmitglieder nicht schutzlos, vielmehr ist der verfassungsrechtliche Mindestschutz des Arbeitsplatzes durch die zivilrechtlichen Generalklauseln und besondere Kündigungsbeschränkungen gewährleistet (BAG NZA 2018, 358).

Probleme ergeben sich in der Konstellation des „Aufstiegs zum Ausstieg": Leitende Angestellte werden zum Geschäftsführer (eventuell auch in einer Tochtergesellschaft) befördert und anschließend – ohne Kündigungsschutz – gekündigt. Das BAG geht nur noch in seltenen Ausnahmefällen vom „Ruhen" des bisherigen Anstellungsverhältnisses aus (so noch BAG NZA 1987, 845), was zur Folge hätte, dass weiterhin Kündigungsschutz bestünde. Inzwischen prüft es, ob mit Abschluss des Geschäftsführeranstellungsvertrags mit dem Arbeitgeber der vormalige Arbeitsvertrag aufgehoben wurde. Jedenfalls bei schriftlichem Abschluss wird der Arbeitsvertrag konkludent beendet und das Schriftformerfordernis des § 623 BGB eingehalten (BAG NZA 2011, 874; NZA 2013, 54; ErfK/Kiel, § 14 KSchG Rdnr. 6; etwas anderes gilt bei einem schriftlichen Geschäftsführeranstellungsvertrag mit einer vom Arbeitgeber verschiedenen Gesellschaft, BAG NZA 2014, 540).

### 3. Soziale Rechtfertigung der ordentlichen Kündigung

**a) Grundgedanke: Arbeitnehmerschutz vor unbegründeten und willkürlichen Kündigungen.** Weil die Arbeitgeberkündigung einen tiefen Einschnitt in die ökonomische und gesellschaftliche Stellung des Arbeitnehmers bedeuten kann, bindet das KSchG ihre Wirksamkeit an strenge Voraussetzungen, die auf Verlangen des Arbeitnehmers (§ 4 KSchG) gerichtlich überprüft werden (dazu Rdnr. 603 ff., 660 ff.). Erforderlich ist die „soziale Rechtfertigung" der Kündigung (§ 1 Abs. 1 KSchG), die nur dann zu bejahen ist, wenn einer der in § 1 Abs. 2 **552**

KSchG genannten Gründe vorliegt. Zu unterscheiden ist zwischen personen-, verhaltens- und betriebsbedingten Kündigungen.

**553 b) Prüfungsverfahren des BAG.** Das BAG hat – wozu es durch die unbestimmten Rechtsbegriffe gezwungen war – für diese Prüfung ein mehrstufiges Verfahren entwickelt.

**554 (1) Objektives Bestehen eines Kündigungsanlasses bei Zugang der Kündigung.** Es prüft in einem ersten Schritt, ob in einem konkreten Fall ein Kündigungsgrund nach § 1 Abs. 2 Satz 1 KSchG gegeben ist. Voraussetzung ist immer eine Beeinträchtigung des Arbeitsverhältnisses (HWK/Quecke, § 1 KSchG Rdnr. 60), die aber allein noch nicht für die soziale Rechtfertigung der Kündigung ausreicht.

**555 (2) Das Prognoseprinzip.** Als weiteres für alle Arbeitgeberkündigungen gültiges Prinzip verwenden das BAG (z. B. NZA 2002, 1081, 1083) und die h. L. das *„Prognoseprinzip"*. Für die Rechtfertigung einer Kündigung sind die künftigen Auswirkungen vergangener und gegenwärtiger Ereignisse ausschlaggebend. Erforderlich ist daher stets eine Negativprognose dahingehend, dass weitere Störungen der Leistungsbeziehung zu erwarten seien. Dass bei betriebs- und personenbedingten Kündigungen die Frage nach einer möglichen Weiterbeschäftigung eine wichtige Rolle für die soziale Rechtfertigung spielt, ergibt sich bereits aus § 1 Abs. 2 KSchG. Für verhaltensbedingte Kündigungen erscheint es dagegen zweifelhaft, ob aus der Sicht des verständigen Arbeitgebers tatsächlich festgestellt werden kann, dass „Geschehnisse in der Vergangenheit ... an sich noch nichts über die Rechtfertigung der Kündigung" besagen (so Preis, Individualarbeitsrecht, S. 783 f.). Vielmehr sind Fälle denkbar, in denen ein einziges vergangenes Ereignis genügt, etwa wenn der Gekündigte den Arbeitgeber angespuckt oder körperlich misshandelt hat (vgl. auch HWK/Quecke, § 1 KSchG Rdnr. 61; siehe auch zur Entbehrlichkeit einer Abmahnung bei einzelner schwerartiger Pflichtverletzung Rdnr. 572).

**556 (3) Die Verhältnismäßigkeit/„Ultima-ratio"-Prinzip.** Die Kündigung muss darüber hinaus *verhältnismäßig* sein. Zu prüfen ist, ob angesichts aller Umstände des konkreten Falls der für den Arbeitnehmer schwerwiegende Eingriff der Kündigung die *geeignete*, *erforderliche* und *angemessene* Reaktion des Arbeitgebers darstellt.

Das BAG hat diese Verhältnismäßigkeitsprüfung – über den Wortlaut und den gesetzgeberischen Normzweck des KSchG hinaus – zum generell für alle Kündigungen anzuwendenden „ultima-ratio"-Grundsatz (Grundsatz des „letzten Mittels") erhoben (BAG AP Nr. 70 zu § 626 BGB). Die h. L. ist dem gefolgt (v. Hoyningen-Huene/Linck, KSchG, § 1 Rdnr. 201).

Als (zweifelhafte!) Bestätigung wird auch § 2 Abs. 2 Nr. 2 SGB III angeführt (zur Kritik: Rüthers, Beschäftigungskrise und Arbeitsrecht, 1996; ders., NJW 1998, 1433; Franz/Rüthers, RdA 1999, 32). Festzuhalten ist: Eine Verhältnismäßigkeitsprüfung entspricht dem Normzweck des KSchG, die Anwendung des „ultima-ratio"-Prinzips auf alle Kündigungen ist dagegen dem Gesetz ohne weiteres nicht zu entnehmen. Im Einklang mit § 1 Abs. 2 Satz 2 Nr. 1b KSchG steht es, bei personen- und betriebsbedingten Kündigungen einer Änderungskündigung (§ 2 KSchG, s. Rdnr. 653 ff.) den Vorrang vor einer Beendigungskündigung zu geben (BAG NZA 2007, 431). Bestandteil der Verhältnismäßigkeitsprüfung ist an sich auch eine Interessenabwägung (sog. Angemessenheit). Im Rahmen einer Kündigung wird dieses Merkmal aber meist in einem eigenen Schritt geprüft (dazu sogleich Rdnr. 557).

**(4) Interessenabwägung.** Die Entscheidung über die soziale Rechtfertigung einer Kündigung fällt, außer bei § 1 Abs. 2 Satz 2, 3 KSchG (lesen!), in *einer umfassenden Abwägung der Umstände des Einzelfalls*. Deshalb ist als letzter Prüfungspunkt eine Interessenabwägung vorzunehmen. „Absolute" Kündigungsgründe, die eine solche Abwägung erübrigen, gibt es im deutschen Kündigungsrecht nicht. Werden solche vertraglich vereinbart, so sind sie nur als Hinweis zu verstehen, dass die genannten Kriterien nach übereinstimmender Auffassung für den Vollzug (und die Fortsetzung) des Arbeitsverhältnisses besonders wichtig sind. Bei der betriebsbedingten Kündigung bedarf es einer besonderen Interessenabwägung nicht. An ihre Stelle tritt die Sozialauswahl nach § 1 Abs. 3 KSchG. Der Gesetzgeber hat insofern eine eigene Abwägung vorgenommen (vgl. Preis, Individualarbeitsrecht, S. 795).

**c) Die Kündigungsgründe nach § 1 Abs. 2 KSchG.** § 1 Abs. 2 Satz 1 KSchG unterscheidet personen-, verhaltens- und betriebsbedingte Gründe. Die Abgrenzung der drei Rechtfertigungsgründe lässt sich nach folgenden Faustformeln vornehmen:

- *Personenbedingte Gründe*: „Der Arbeitnehmer kann nicht vertragstreu sein, selbst wenn er wollte." Dem Arbeitnehmer fehlt also die für die ordnungsgemäße Erfüllung erforderliche persönliche, gesundheitliche oder fachliche Qualifikation.
- *Verhaltensbedingte Gründe*: „Der Arbeitnehmer könnte, will aber nicht vertragstreu sein." Trotz hinreichender grundsätzlicher Eignung verletzt der Arbeitnehmer hier seine vertraglichen Pflichten, obwohl ihm ein anderes Handeln möglich wäre (steuerbares Verhalten).
- *Betriebsbedingte Gründe*: Hier besteht eine Diskrepanz zwischen Personalbedarf und Personalbestand; im Betrieb des Arbeitgebers steht m. a. W. für die Beschäftigten ein Arbeitsplatz zu wenig zur Verfügung.

Die Unterscheidung bereitet Schwierigkeiten, wenn Mischtatbestände oder kumulative Sachverhalte vorliegen (vgl. Rüthers/Henssler, ZfA 1988, 31). Beispiel: Kündigung einer Verkäuferin wegen Tragens eines „islamischen" Kopftuches nach gewandelter religiöser Überzeugung (BAG NZA 2003, 483 = EzA Nr. 58 zu § 1 KSchG Verhaltensbedingte Kündigung mit Anm. Rüthers). Hier kommen sowohl personen- als auch verhaltensbedingte Gründe in Betracht, die jeweils unabhängig voneinander geprüft werden müssen. Die Entscheidung des BAG, diese Kündigung als sozial ungerechtfertigt anzusehen, wurde durch eine Kammerentscheidung des BVerfG bestätigt (BVerfG NZA 2003, 959, zur verfassungs- und europarechtlichen Zulässigkeit von religiösen Bekleidungsverboten siehe Rdnr. 132).

**(1) Gründe in der Person des Arbeitnehmers.** Eine personenbedingte Kündigung hat zur Voraussetzung, dass der Arbeitnehmer aufgrund seiner persönlichen Fähigkeiten oder Eigenschaften nicht mehr in der Lage ist, künftig seine arbeitsvertraglichen Pflichten zu erfüllen. Ein Verschulden auf Seiten des Arbeitnehmers ist nicht erforderlich. Gründe in der Person sind z. B. mangelnde körperliche oder geistige Eignung, Wegfall der Arbeitserlaubnis nach §§ 4 Abs. 3, 18 AufenthG für einen ausländischen Arbeitnehmer (BAG NZA 1991, 341), Arbeitsverhinderung wegen Haft (BAG NZA 2011, 686; NZA 2013, 1211; NZA 2016, 482: abhängig von Dauer, Art und Ausmaß der betrieblichen Auswirkungen) oder der Verlust der erforderlichen „Berufsausübungserlaubnis" (Führerschein/Fluglizenz; BAG NZA 1996, 819; 1996, 1201; 2016, 941). Sieht sich ein Arbeitnehmer aufgrund eines

Gewissenkonflikts außerstande, bestimmte zu seinem Aufgabenbereich gehörende Arbeiten auszuführen, handelt es sich mit Blick auf Art. 4 Abs. 1 GG nicht etwa um einen verhaltens-, sondern um einen in der Person des Arbeitnehmers liegenden Grund (BAG NZA 1990, 144: Medikamentenforschung für Kriegseinsatz; BAG NZA 2011, 1087: Befüllen von Regalen mit alkoholischen Getränken durch muslimischen Mitarbeiter). In diesen Fällen ist aber stets zu prüfen, ob die Möglichkeit einer anderweitigen Beschäftigung im Betrieb besteht (der Arbeitgeber hat die Gewissensentscheidung im Rahmen der Ausübung billigen Ermessens gemäß § 106 Satz 1 GewO zu berücksichtigen) oder der zeitweilige Ausfall des Arbeitnehmers durch andere Maßnahmen (z. B. Aushilfskraft) überbrückt werden kann.

**560** Sehr strenge Anforderungen sind an die Wirksamkeit einer *Kündigung wegen Erkrankung* des Arbeitnehmers, den in der Praxis wichtigsten Fall der personenbedingten Kündigung, zu stellen. Das gilt vor allem, wenn die Krankheit vom Arbeitnehmer nicht verschuldet und erst recht, wenn sie durch die Arbeitsleistung verursacht worden ist. Besondere Bedeutung kommt nach der Rspr. der Negativprognose zu, denn nur wenn in Zukunft durch die Erkrankung des Arbeitnehmers noch Störungen des Austauschverhältnisses zu erwarten sind, kann eine Kündigung berechtigt sein. Bspw. ist es für eine wirksame Kündigung wegen Alkoholabhängigkeit erforderlich, dass der Arbeitnehmer erfolglos auf die Möglichkeit einer Entziehungskur hingewiesen wurde (BAG NZA 2014, 602). In der Rspr. haben sich folgende Fallgruppen der krankheitsbedingten Kündigung herausgebildet: Kündigung wegen lang andauernder Krankheit (BAG NZA 2007, 1041; NZA 2015, 1249), wegen häufiger Kurzerkrankungen (BAG NZA-RR 2008, 515; NZA 2014, 962; NZA 2015, 612), wegen dauerhafter Leistungsunfähigkeit (BAG NZA 2010, 1234) sowie wegen krankheitsbedingter Minderung der Leistungsfähigkeit (BAG NZA 1992, 1073). Bei häufigen Kurzerkrankungen steht einer negativen Prognose nicht entgegen, dass die Fehlzeiten auf unterschiedlichen Erkrankungen beruhen, zumal verschiedene Erkrankungen auf eine besondere Krankheitsanfälligkeit hindeuten können (z. B. wiederholte Erkältungen, vgl. BAG NZA 2015, 612). Dahingegen lassen Erkrankungen und Verletzungen, denen keine Wiederholungsqualität zukommt (z. B. Unfallverletzung, erfolgreiche Blinddarm- oder Mandeloperation), eine negative Zukunftsprognose nicht zu. Trotz dieser Typisierung ist in jedem Einzelfall eine umfassende Interessenabwägung erforderlich. Eine Kündigung wegen Krankheit ist nur dann sozial gerechtfertigt, wenn dem Arbeitgeber nicht mehr zugemutet werden kann, die von der Krankheit ausgehenden Beeinträchtigungen betrieblicher Interessen (z. B. Störung des Arbeitsablaufs, wirtschaftliche Belastung) noch länger hinzunehmen (BAG NZA 2015, 1249; NZA 2018, 1056). In Fällen, in denen häufige Kurzerkrankungen auf eine Behinderung des Arbeitnehmers zurückzuführen sind (z. B. Adipositas), stellt die Berücksichtigung krankheitsbedingter Fehlzeiten gleichwohl keine mittelbare Ungleichbehandlung wegen dieser Behinderung dar, sofern die hohen Voraussetzungen an die Fehlzeitprognose, das Ausmaß der Beeinträchtigung betrieblicher Interessen und das Erfordernis einer umfassenden Interessenabwägung gewahrt sind (dazu EuGH NZA 2018, 159 – Conejero, mit Anm. Bayreuther, EuZW 2018, 209; BAG NZA 2018, 1056).

**561** Nach der Rspr. des BAG sollen Entgeltfortzahlungskosten, die erheblich über dem für einen Zeitraum von sechs Wochen pro Jahr zu entrichtenden Betrag liegen, eine Kündigung rechtfertigen können (BAG NZA 1989, 923; NZA 2008, 593; NZA 2016, 99; NZA 2018, 1056; ErfK/Oetker, § 1 KSchG Rdnr. 141 ff., mit weiteren Nachweisen). Diese Ansicht führt zu der seltsam anmutenden Konsequenz, dass das für den Arbeitnehmer unverzichtbare Recht auf Entgeltfortzahlung im Krankheitsfall zum Verlust seines Arbeitsplatzes führt (vgl. Preis, DB 1988, 1445). Die tarifliche Belastung des Arbeitgebers mit Zuschüssen zum Krankengeld kann jedenfalls nicht als „kündigungsbegründende" Beeinträchtigung der wirtschaftlichen Interessen des Arbeitgebers anerkannt werden (BAG NZA 2018, 1056, offenlassend, ob die Annahme einer solchen kündigungsbegründenden Belastung eine mittelbare Diskriminierung behinderter Arbeitgeber darstellen würde). – Zu Alkoholabhängigkeit und zu AIDS als Kündigungsgrund vgl. Lepke, DB 2001, 269 und BAG NJW 2014, 2219.

Auf betriebliche Störungen kommt es nicht an, wenn der Arbeitnehmer die geschuldete Arbeitsleistung dauerhaft nicht erbringen kann (BAG NZA 1999, 978, 981; NZA 2015, 1249); dann fehlt es an der erforderlichen Eignung. Zu prüfen ist, ob eine anderweitige, dem Gesundheitszustand des Arbeitnehmers zuträgliche, Weiterbeschäftigung möglich ist (BAG NZA 2015, 612; NZA 2019, 309). Zwar kann der Arbeitgeber u. U. dazu angehalten werden, einen geeigneten, leidensgerechten Arbeitsplatz durch Ausübung des Direktionsrechts freizumachen (BAG NZA 2015, 1249, vgl. § 164 Abs. 4 Satz 1 Nr. 1 SGB IX). Er ist jedoch nicht verpflichtet, für den erkrankten Arbeitnehmer eine besetzte Stelle „freizukündigen", wenn der betroffene Stelleninhaber seinerseits allgemeinen Kündigungsschutz genießt (BAG 2015, 931). Auf eine (an sich zumutbare) Umschulungsmaßnahme kann der Arbeitgeber nur verwiesen werden, wenn anschließend eine entsprechende Beschäftigungsmöglichkeit besteht. Zum Wiedereinstellungsanspruch bei nachträglicher Besserung des Gesundheitszustands vgl. Rdnr. 598.

In der Fallbearbeitung empfiehlt sich bei krankheitsbedingten Kündigungen eine dreistufige Wirksamkeitsprüfung (s. Rdnr. 1352, BAG NZA 2016, 99, NZA 2018, 1056). Auf der ersten Stufe ist zu prüfen, ob der Arbeitnehmer künftig in der Lage sein wird, die geschuldete Arbeitsleistung zu erbringen (Prognoseprinzip). Auf der zweiten Stufe ist eine dauerhafte – also über den Ablauf der Kündigungsfrist hinausgehende – Störung des Arbeitsverhältnisses (also eine erhebliche Beeinträchtigung der betrieblichen Interessen) zu ermitteln, was die Prüfung einer zumutbaren anderweitigen Beschäftigungsmöglichkeit einschließt (sog. „Ultima-Ratio-Prinzip"). Auf der dritten Stufe ist eine umfassende Interessenabwägung vorzunehmen, bei der z. B. auch eine eventuell erhöhte soziale Schutzbedürftigkeit des Arbeitnehmers zu berücksichtigen ist.

Nach § 167 Abs. 2 SGB IX hat der Arbeitgeber, soweit Beschäftigte innerhalb eines Jahres länger als sechs Wochen ununterbrochen oder wiederholt arbeitsunfähig sind, mit der zuständigen Interessenvertretung unter Beteiligung der betroffenen Person zu klären, wie die Arbeitsunfähigkeit möglichst überwunden werden und mit welchen Leistungen oder Hilfen erneuter Arbeitsunfähigkeit vorgebeugt und der Arbeitsplatz erhalten werden kann. Die Durchführung dieses sog. betrieblichen Eingliederungsmanagements (bEM) ist zwar keine formelle Wirksamkeitsvoraussetzung einer krankheitsbedingten Kündigung (BAG NZA 2010, 398; BAG NZA 2011, 992). Im Kündigungsrechtsstreit ergeben sich aber Folgen für die Darlegungs- und Beweislast des Arbeitgebers bei der Feststellung der betrieblichen Auswirkungen von Fehlzeiten (Stufe 2; vgl. BAG NZA 2016, 99, NZA 2019, 309). Die verschärfte Darlegungslast trifft den Arbeitgeber nicht, wenn er den Arbeitnehmer über die Ziele des bEM unterrichtet, dieser aber dessen Durchführung verweigert hat (BAG NZA 2015, 1249; zum Verhältnis zwischen bEM und krankheitsbedingter Kündigung s. auch Kempter/Steinat, NZA 2015, 840).

**(2) Gründe in dem Verhalten des Arbeitnehmers. – aa) Vertragswidriges Verhalten.** Mit der Einräumung des Rechts zur verhaltensbedingten Kündigung will das Gesetz dem Arbeitgeber ermöglichen, auf ein vertragswidriges Verhalten des

Arbeitnehmers auch dort angemessen zu reagieren, wo die Schwelle des wichtigen Grundes zur außerordentlichen Kündigung (§ 626 BGB, dazu Rdnr. 612 ff.) noch nicht erreicht ist. Das BAG (NZA 2012, 607) behilft sich mangels gesetzlicher Vorgaben mit einer – mehr oder weniger aussagekräftigen – allgemeinen Umschreibung. Danach ist eine verhaltensbedingte Kündigung sozial gerechtfertigt, wenn der Arbeitnehmer seine vertraglichen Haupt- oder Nebenpflichten erheblich und in der Regel schuldhaft verletzt hat, eine dauerhaft störungsfreie Vertragserfüllung in Zukunft nicht mehr zu erwarten ist und die Lösung des Arbeitsverhältnisses in Abwägung der Interessen beider Vertragsteile angemessen erscheint.

565 Voraussetzung einer verhaltensbedingten Kündigung ist das Vorliegen eines *vertragswidrigen Verhaltens des Arbeitnehmers*, das zu konkreten Störungen des Arbeitsverhältnisses führt. Verhaltensbedingte Kündigungsgründe sind beispielsweise: Schlechtleistung (auch bei dauerhafter erheblicher Minderleistung durch sog. „low performer", sofern es um Leistungsunwilligkeit geht. Bei Leistungsunfähigkeit kommt dagegen eine personenbedingte Kündigung in Betracht. Die Rspr. legt strenge Maßstäbe an (s. Hunold NZA-RR 2014, 169). Beispiele bieten Bummelei, unberechtigte beharrliche Arbeitsverweigerung (BAG NZA 2016, 417), Abwerbung anderer Arbeitnehmer für einen Konkurrenzunternehmer, diskriminierende Handlungen i. S. v. §§ 1, 3 AGG (z. B. sexuelle Belästigung am Arbeitsplatz, BAG NZA 2011, 1342; NZA 2015, 294), sog. „Stalking" (BAG NZA-RR 2012, 567), ausschweifende private Nutzung des Internets (BAG NZA 2007, 922), Verletzung von Anzeigepflichten im Krankheitsfall (BAG NZA 1990, 433), Verstöße gegen die betriebliche Ordnung (z. B. Nichtbeachtung von Alkohol, Rauchverbot; vgl. BAG NZA 1995, 517), strafbare Handlungen im Zusammenhang mit dem Arbeitsverhältnis (z. B. Diebstahl – auch geringwertiger Sachen, vgl. BAG NZA 2012, 1025 – im Betrieb, Stechkartenbetrug, bewusst falsche Reisekostenabrechnungen oder Manipulation von Akten (BAG NZA 2014, 250, NZA 2014, 965), Störung des Betriebsfriedens durch politische Betätigung mit verfassungsfeindlicher Zielsetzung (BAG NJW 1978, 1874; erst recht im Öffentlichen Dienst, BAG NZA-RR 2012, 43), eigenmächtiger Urlaubsantritt (BAG NZA 2000, 1332), tätliche Auseinandersetzungen (BAG DB 2009, 964), massive Beleidigungen (BAG NZA 2011, 1412), wiederholte Unpünktlichkeit (BAG NZA 1997, 761), beharrlicher Verstoß gegen Mitteilungspflichten über eine Inhaftierung (BAG NJW 2016, 103). Eine Strafanzeige gegen den Arbeitgeber oder Kollegen („Whistleblowing") ist nur dann eine zur Kündigung berechtigende arbeitsvertragliche Pflichtverletzung, wenn der Arbeitnehmer über den Arbeitgeber oder einen seiner Repräsentanten wissentlich oder leichtfertig falsche Angaben gemacht hat (EGMR NZA 2011, 1269; BAG NZA 2017, 703). Erfüllt der Arbeitnehmer seine staatsbürgerlichen Pflichten (Zeugenaussage bei der Staatsanwaltschaft), so darf ihm dies nicht zum Nachteil gereichen (BVerfG NZA 2001, 888; BAG NZA 2004, 427 sowie Rdnr. 267 ff.).

566 Auch im Falle der verhaltensbezogenen Kündigung muss der Arbeitgeber die Möglichkeit der Beschäftigung an einem anderen freien, gegebenenfalls schlechteren Arbeitsplatz prüfen, sofern an diesem anderen Arbeitsplatz nicht weitere Störungen drohen (BAG NZA 2013, 1345; NZA 2014, 965).

567 Liegt keine Verletzung arbeitsvertraglicher Pflichten vor, scheidet eine verhaltensbedingte Kündigung aus. Nur ausnahmsweise kann auch ein *außerdienstliches Ver-*

*halten* (Straftaten, Verkehrsverstöße, rechtsextreme Aktivitäten) eine Kündigung rechtfertigen, wenn es Auswirkungen auf den Betrieb oder das Arbeitsverhältnis hat (BAG NZA 2014, 1197; NZA 2018, 1405). In der Fallprüfung muss unterschieden werden: Liegt in dem außerdienstlichen Verhalten zugleich eine Vertragsverletzung (z. B. Geheimnisverrat; Beleidigung des Arbeitgebers an der Theke), kommt eine verhaltensbedingte Kündigung in Betracht. Stellt das außerdienstliche Verhalten dagegen keinen Vertragsverstoß dar (z. B. Entziehung der Fahrerlaubnis des Berufskraftfahrers; Lohnpfändungen bei einem Bankangestellten infolge unangemessenen Lebensstils), entfällt eine verhaltensbedingte Kündigung; doch ist zu prüfen, ob sich der Arbeitnehmer durch sein außerdienstliches Verhalten als ungeeignet zur ordnungsgemäßen Erbringung der Arbeitsleistung erwiesen hat, so dass ein Recht zur personenbedingten Kündigung besteht (vgl. Rdnr. 559 ff.). Hiervon abgesehen gibt es grundsätzlich keine Pflicht, den Lebenswandel dem Unternehmen entsprechend einzurichten (LAG Hamm ArbuR 2002, 433: Betreiben eines Swingerclubs durch eine Grundschullehrerin bei 70 km Entfernung von der Schule).

Besonderheiten ergeben sich für die Arbeitnehmer in Tendenzbetrieben – also **568** solchen, mit denen der Arbeitnehmer bestimmte, besonders geschützte Zwecke verfolgt (vgl. § 118 Abs. 1 BetrVG) – und im kirchlichen Dienst aufgrund der hier zu bejahenden, besonderen Loyalitätsobliegenheiten (vgl. BAG AP Nr. 2 zu Art. 140 GG; Tillmanns, NZA 2013, 178). Nach Art. 140 GG i. V. m. Art 137 WRV regeln in Deutschland die Religionsgesellschaften ihre Angelegenheiten im Rahmen der für alle geltenden Gesetze selbst. Daraus wurde im Arbeitsrecht bislang ein äußerst weiter Bewertungs- und Entscheidungsspielraum der Kirchen abgeleitet (vgl. BVerfG NZA 2014, 1387). Relevant wurde dies bei der Frage nach der Zulässigkeit von Kündigungen durch einen kirchlichen Arbeitgeber wegen Scheidung sowie Wiederheirat und einem möglichen Verstoß gegen § 9 AGG. Im Anschluss an Entscheidungen des EuGH (NZA 2018, 569 sowie NZA 2018, 1187) geht nunmehr auch das BAG (NZA 2019, 901) davon aus, dass es den Kirchen nicht ohne weiteres erlaubt ist, Beschäftigten je nach deren Konfession unterschiedliche Pflichten aufzuerlegen. Besondere Loyalitätspflichten greifen nur, wenn die Religion oder die Weltanschauung im Hinblick auf die Art der beruflichen Tätigkeit bzw. die Umstände ihrer Ausübung eine solche Anforderung ist, die in Bezug auf das kirchliche Ethos wesentlich, rechtmäßig und gerechtfertigt ist und dem Grundsatz der Verhältnismäßigkeit entspricht. Im Fall der Kündigung eines Chefarztes eines katholischen Krankenhauses wegen Wiederheirat wurde eine entsprechende Loyalitätspflicht verneint (dazu Greiner, NZA 2018, 1289).

### bb) Abmahnung

**Schrifttum:** *Binkert,* Die Rechtsprechung zur Entbehrlichkeit der Abmahnung von verhaltensbedingten Kündigungen, NZA 2016, 721; *Kort,* Anspruch des Arbeitnehmers auf Entfernung der Abmahnung aus der Personalakte wegen bloßen Zeitablaufs, in: Festschrift v. Hoyningen-Huene, 2014, S. 201 ff.; *Ritter,* Die Verdachtsabmahnung, NZA 2012, 19; *Salomon/Rogge,* Funktionen der Abmahnung und Entfernungsanspruch nach „Emmely", NZA 2013, 363; *Schrader,* Abmahnung und „Vertrauenskapital", NJW 2012, 342; *ders./Dohnke,* Abmahnung und Datenschutz, NZA-RR 2012, 617; *Zuber,* Das Abmahnerfordernis vor Ausspruch verhaltensbedingter Kündigungen, NZA 1999, 1142.

(a) Nach dem das Kündigungsschutzrecht beherrschenden Grundsatz der Verhält- **569** nismäßigkeit bzw. dem „Ultima-ratio"-Prinzip (Rdnr. 556) ist eine verhaltensbedingte Kündigung grundsätzlich erst dann gerechtfertigt, wenn der vertragswidrig handelnde Arbeitnehmer zuvor abgemahnt worden ist (BAG NZA 2001, 951, **Fall b**). Der Gesetzgeber hat diesen Grundsatz für alle Dauerschuldverhältnisse in § 314 Abs. 2 BGB verankert. Eine Abmahnung liegt vor, wenn der Arbeitgeber ein bestimmtes vertragswidriges Verhalten des Arbeitnehmers beanstandet (Hinweisfunktion), ihn zu einem zukünftigen vertragsgemäßen Verhalten auffordert (Ermahnungsfunktion) und ihm für den Wiederholungsfall arbeitsrechtliche Konsequenzen androht (Warnfunktion). Wird die Abmahnung – was häufig geschieht – schriftlich ausgesprochen und zur Personalakte genommen, kommt ihr auch eine Dokumentationsfunktion zu.

**570** Aus der Hinweis- und Warnfunktion folgt, dass der abgemahnte und der zum Anlass für die Kündigung genommene Verstoß gleichartig sein müssen. Nur der einschlägig gewarnte Arbeitnehmer weiß, dass er mit einer Kündigung rechnen muss, wenn er erneut in gleicher Weise gegen den Arbeitsvertrag verstößt. Dabei braucht keine Identität der Pflichtverletzungen gegeben zu sein; es reicht aus, wenn diese wertungsmäßig auf einer Ebene liegen, also ein wertungsmäßiger Zusammenhang besteht.

Beispiele: Pflichtverletzungen hinsichtlich der Einhaltung der Arbeitszeit wie Zuspätkommen, vorzeitiges Verlassen des Arbeitsplatzes, unberechtigte Pausen, unentschuldigtes Fehlen; nicht dagegen Zuspätkommen und Verstoß gegen das Rauchverbot (**Fall b**).

**571** Die Abmahnung kann zur Begründung der *Negativprognose* (vgl. Rdnr. 555) herangezogen werden, da ihre Nichtbeachtung für eine Wiederholungsgefahr spricht. Wie viele Abmahnungen einer Kündigung vorausgegangen sein müssen, richtet sich nach dem Einzelfall. Entscheidend sind insbesondere die Schwere der Verstöße und die dazwischenliegende beanstandungsfreie Zeit. Allerdings verliert eine Abmahnung nicht allein wegen Zeitablaufs ihre Wirkung (BAG NZA 2013, 425).

Die Wirksamkeit einer Abmahnung setzt nicht voraus, dass das abgemahnte Verhalten im Wiederholungsfall eine Kündigung rechtfertigen würde (vgl. BAG AP Nr. 7 zu § 611 BGB Abmahnung). Die Abmahnung erfüllt ihre Warnfunktion auch, wenn mehrere geringfügige Verstöße (z. B. ständige Verspätungen) erkennen lassen, dass der Arbeitnehmer nicht gewillt ist, sich vertragstreu zu verhalten. Andererseits können Abmahnungen ihre Warnfunktion einbüßen, wenn der Arbeitnehmer mehrmals nacheinander abgemahnt wird, ohne dass eine Kündigung ausgesprochen wird („leere", nicht mehr ernstzunehmende Drohungen, BAG NZA 2013, 425).

**572** Einer vorherigen Abmahnung bedarf es ausnahmsweise nicht, wenn von vornherein feststeht, dass der mit ihr verfolgte Zweck nicht erreicht werden kann, weil eine Verhaltensänderung in Zukunft nicht zu erwarten steht oder es sich um eine so schwere Pflichtverletzung handelt, dass deren erstmalige Hinnahme dem Arbeitgeber objektiv unzumutbar ist (BAG NZA 2014, 965; BAG NZA 2015, 294). Dies wird zum einen durch § 314 Abs. 2 Satz 2 BGB verdeutlicht, der auf § 323 Abs. 2 Nr. 1 BGB (ernsthafte und endgültige Leistungsverweigerung) verweist. Zum anderen ordnet § 314 Abs. 2 Satz 3 BGB die Entbehrlichkeit der Abmahnung bei Vorliegen besonderer Umstände direkt an.

Beispiele: Der Arbeitnehmer ist erklärtermaßen nicht willens, sein Verhalten zu ändern; das Vertrauensverhältnis der Vertragsparteien ist durch eine schwere Pflichtverletzung (etwa grobe Beleidigung oder Handgreiflichkeit gegenüber dem Arbeitgeber, sexuelle Belästigung einer Kollegin) derart gestört, dass es nicht wiederhergestellt werden kann (BAG AP Nr. 1 zu

§ 626 BGB Arbeitnehmervertreter im Aufsichtsrat). In solchen Fällen ist eine Abmahnung entbehrlich, weil der Arbeitnehmer mit einer (außerordentlichen) Kündigung rechnen musste. Handelt der Arbeitnehmer in der Annahme, sein Verhalten sei rechtmäßig, trägt er grds. selbst das Risiko, dass sich seine Rechtsauffassung als unzutreffend erweist (BAG AP Nr. 272 zu § 626 BGB). Konnte er dagegen mit vertretbaren Gründen annehmen, sein Verhalten sei nicht vertragswidrig oder werde vom Arbeitgeber gebilligt, ist eine Abmahnung erforderlich. Eine Abmahnung erübrigt sich, wenn das Verhalten des Arbeitnehmers erkennen lässt, dass er ein unkalkulierbares Risiko für die Betriebssicherheit darstellt, so etwa, wenn der Zugführer einer U-Bahn mit seinem Pkw in einer Trunkenheitsfahrt mit 2,73 Promille einen Unfall verursacht. Hier muss die Sicherheit der Fahrgäste den Bestandsschutzinteressen des Arbeitnehmers vorgehen (a. A. aber BAG AP Nr. 137 zu § 626 BGB; vgl. auch Rdnr. 636).

**573** (b) Die Abmahnung erfolgt durch eine schriftliche oder mündliche Erklärung gegenüber dem Vertragspartner; sie ist keine Willenserklärung, sondern eine geschäftsähnliche Handlung, auf welche die Bestimmungen über Willenserklärungen entsprechende Anwendung finden (BAG NZA 1985, 124; ErfK/Müller-Glöge, § 626 BGB Rdnr. 30; a. A. KR/Fischermeier, § 626 BGB Rdnr. 269: Willenserklärung). Dabei braucht der Arbeitgeber nicht ausdrücklich eine Kündigung anzudrohen; dem Arbeitnehmer muss aber deutlich werden, dass der Bestand des Arbeitsverhältnisses gefährdet ist (BAG NZA 2013, 425). Neben dem Zugang ist zur Wirksamkeit der Abmahnung grds. auch die Kenntnis des Empfängers von ihrem Inhalt erforderlich, wenn dieser die Kenntnisnahme nicht treuwidrig vereitelt (BAG NZA 1985, 124; AP Nr. 272 zu § 626 BGB).

**574** Die Erteilung einer Abmahnung dient dazu, dem Arbeitnehmer einen begangenen Vertragsverstoß deutlich zu machen. Sie unterliegt daher nicht der Mitbestimmung des Betriebsrats (Rdnr. 309). Zum Ausspruch der Abmahnung ist außer dem Arbeitgeber jeder berechtigt, der aufgrund seiner Aufgabe befugt ist, Weisungen hinsichtlich der Art und Weise der Arbeitsleistung zu erteilen (BAG AP Nr. 1 zu § 626 BGB Nachschieben von Kündigungsgründen).

Eine Frist, innerhalb derer die Abmahnung auszusprechen ist (bspw. diejenige aus § 626 Abs. 2 BGB), besteht nicht. Allerdings unterliegt das Abmahnrecht – wie jedes andere Recht – der Verwirkung (Brox/Walker, AS, § 7 Rdnr. 17). Sie ist zu erwägen, wenn der Arbeitnehmer sich längere Zeit bewährt oder der Arbeitgeber ihn in Kenntnis der Pflichtverletzung gar befördert hat.

Abmahnung und Kündigung schließen einander aus, denn der Ausspruch einer Abmahnung beinhaltet in der Regel den konkludenten Verzicht auf eine Kündigung (BAG NZA-RR 2012, 43). Hat der Arbeitgeber den Arbeitnehmer wegen der Pflichtverletzung bereits abgemahnt, ist daher eine auf denselben Sachverhalt gestützte Kündigung unwirksam. Das soll nach der Rspr. auch gelten, wenn der Abmahnende nicht kündigungsberechtigt war (LAG Hamburg, NZA-RR 2016, 70, a. A. Hunold, ArbR 2016, 341). Dagegen ist der Arbeitgeber nicht gehindert, eine Abmahnung auszusprechen, nachdem eine auf denselben Sachverhalt gestützte Kündigung für unwirksam erklärt worden ist (BAG NZA 1989, 272).

**575** Enthält die Abmahnung unrichtige Tatsachenbehauptungen, die den Arbeitnehmer in seiner Stellung oder seinem beruflichen Fortkommen beeinträchtigen können, hat dieser aus §§ 242, 1004 Abs. 1 Satz 1 BGB analog einen Anspruch auf Zurücknahme der Abmahnung und deren Entfernung aus der Personalakte (BAG NZA 2009, 842). Dagegen ist die Unwirksamkeit einer Abmahnung kein feststellungsfähiges Rechtsverhältnis i. S. v. § 256 Abs. 1 ZPO (BAG NZA 2016, 57). Umstritten ist, ob nach einem gewissen Zeitablauf ein Entfernungsanspruch besteht. Das BAG bejaht dies nur in Ausnahmefällen (BAG NZA 2013, 91; eingehend Kort in: Festschrift v. Hoyningen-Huene, 2014, S. 201 ff.).

**576** cc) In jedem Fall hat der Arbeitgeber vor Ausspruch der verhaltensbedingten Kündigung eine *Interessenabwägung* vorzunehmen (krit. Willemsen, RdA 2017, 115). Den berechtigten Belangen des Arbeitgebers an der Beendigung des Arbeitsverhältnisses müssen die Auswirkungen des Arbeitsplatzverlustes für den Arbeitnehmer gegenübergestellt werden (vgl. Rdnr. 557, 630 ff.).

**577** **(3) Betriebsbedingte Kündigungen.** aa) Betriebsbedingte Kündigungen bildeten in der Vergangenheit in der Bundesrepublik die große Masse der Kündigungen, allerdings zuletzt (vor Beginn der Corona-Krise) mit deutlich abnehmender Tendenz.

bb) Eine betriebsbedingte Kündigung setzt voraus, dass „dringende betriebliche Erfordernisse" einer Weiterbeschäftigung des Arbeitnehmers im Betrieb entgegenstehen (§ 1 Abs. 2 Satz 1 KSchG). Das setzt zunächst eine
- unternehmerische Entscheidung voraus, die
- zum Wegfall von Beschäftigungsmöglichkeiten

geführt hat.

Den Anlass für betriebsbedingte Kündigungen bildet also die Absicht des Arbeitgebers, den Personalbestand des Betriebes oder Unternehmens zu verringern. Es muss ein Überhang an Arbeitskräften vorhanden sein. Der Arbeitgeber ist grundsätzlich nicht gehalten, nicht mehr benötigte Arbeitsplätze und Arbeitskräfte weiterhin zu besetzen bzw. zu beschäftigen (BAG NZA 2015, 101). Bei Ausspruch der Kündigung muss aufgrund einer „vernünftigen betriebswirtschaftlichen Prognose" davon auszugehen sein, dass spätestens zum Zeitpunkt des Ablaufs der Kündigungsfrist keine Beschäftigungsmöglichkeit mehr besteht (BAG NZA 2002, 1205). Es reicht also nicht aus, dass ein Belegschaftsmitglied aus betrieblichen Gründen durch einen leistungsstärkeren, deutlich produktiveren Arbeitnehmer ersetzt werden soll.

Im letztgenannten Fall liegt eine unzulässige sog. Austauschkündigung vor. Der deutsche Bestandsschutz zielt darauf ab, eine solche – im Ausland vielfach erlaubte – Kündigung zu verbieten, selbst wenn sie betrieblich an sich sinnvoll wäre. Von leistungsschwachen Arbeitnehmern kann sich der Arbeitgeber nur über eine personen- oder verhaltensbedingte Kündigung lösen und auch dies nur, wenn der Arbeitnehmer nicht einmal die Mindestanforderungen an den Arbeitsplatz erfüllt. Hintergrund ist, dass ein Arbeitsvertrag den Arbeitnehmer zur Leistung von Diensten, nicht aber zur Leistung von Erfolgen verpflichtet. Die Kündigung eines sog. „low performers" ist also – je nachdem, ob der Arbeitnehmer seine Leistungsfähigkeit tatsächlich ausschöpft (Leistungsunfähigkeit) oder nicht (Leistungsunwilligkeit) – personen- oder verhaltensbedingt, in keinem Fall aber betriebsbedingt (vgl. Rdnr. 565). Die Messbarkeit der Leistungen schwankt naturgemäß von Beruf zu Beruf. Der Rspr. genügt bei quantitativ messbaren Leistungen ein Unterschreiten des durchschnittlichen Leistungsniveaus um 20 % nicht (BAG NZA 2004, 784), im Schrifttum wird ein Unterschreiten von mindestens einem Drittel gefordert (KR/Griebeling, § 1 KSchG Rdnr. 386; zum Ganzen Hunold, BB 2003, 2345; Maschmann, NZA 2006, Beil. 1, 13). Keine unzulässige Austauschkündigung, sondern eine freie unternehmerische Entscheidung liegt vor, wenn der Arbeitgeber nachvollziehbar und willkürfrei die Anforderungsprofile von Stellen ändert und der Arbeitnehmer nicht dem neuen Anforderungsprofil entspricht (BAG NZA 2017, 905). Auch die Fremdvergabe bestimmter Aufgaben an ein Drittunternehmen führt zum tatsächlichen Wegfall des Beschäftigungsbedarfs beim Arbeitgeber und berechtigt somit zu einer betriebsbedingten Kündigung (BAG NZA 2015, 679).

**578** (a) Die Gründe für den Arbeitskräfteüberhang können sich aus *innerbetrieblichen* Umständen (z. B. Rationalisierung, Produktionseinschränkung, Mitarbeit des Betriebsinhabers) oder aus *außerbetrieblichen* Gründen (z. B. Absatzschwierigkeiten, Auftrags- oder Rohstoffmangel, Ausbleiben von Krediten) ergeben (Beispiel: BAG NZA 1990, 65). Sie müssen zur Folge haben, dass das Bedürfnis an der Weiterbeschäftigung eines oder mehrerer Arbeitnehmer auf Dauer entfallen ist.

Nicht erforderlich ist, dass gerade der Arbeitsplatz des gekündigten Arbeitnehmers weggefallen ist; vielmehr genügt es, wenn aufgrund bestimmter Umstände ein Überhang an Arbeitskräften entstanden ist (BAG NZA 1986, 155).

(b) Die Auswahl der geeigneten *unternehmerischen Entscheidungen*, mit denen der Unternehmer seinen Geschäftserfolg anstrebt, unterliegt nach der Rspr. nur eingeschränkt einer arbeitsgerichtlichen Kontrolle, auch wenn seine Maßnahmen zum Wegfall von Arbeitsplätzen führen (BAG NZA 2008, 878). Der Arbeitgeber muss aber Tatsachen vorweisen können, aus denen sich die tatsächliche Umsetzung der unternehmerischen Entscheidung zum Zeitpunkt der vorgesehenen Beendigung des Arbeitsverhältnisses ergibt; sie muss „greifbare Formen" angenommen haben (BAG NZA 2013, 1137; NZA 2015, 679). Hängt der Wegfall des Beschäftigungsbedarfs von unternehmerischen Entscheidungen ab, die bei Zugang der Kündigung noch nicht umgesetzt worden sind, müssen die Absicht und der Wille des Arbeitgebers, die Maßnahmen vorzunehmen und damit Arbeitsplätze wegfallen zu lassen, zu diesem Zeitpunkt abschließend gebildet worden sein (= keine Vorratskündigung, vgl. NZA 2015, 101).

**579**

Bei *innerbetrieblichen Gründen* prüft das BAG nicht, ob solche Maßnahmen notwendig, wirtschaftlich vernünftig, rentabel oder langfristig zweckmäßig sind. Es kommt nicht darauf an, ob die dem Wegfall des Beschäftigungsbedarfs zugrunde liegende unternehmerische Entscheidung ihrerseits dringend war oder die Existenz des Unternehmens auch ohne sie nicht gefährdet gewesen wäre (BAG NZA 2015, 101). Gestützt auf Art. 12, 14 Abs. 1 GG gilt die Autonomie der unternehmerischen Entscheidung. Die Rspr. ist dementsprechend auf eine *Willkürkontrolle* beschränkt (BAG NZA 2008, 878). Im **Fall a** ist das erste Argument des gekündigten N („keine Kostenersparnis") unbeachtlich (vgl. zur Fremdvergabe trotz fehlender Kostenersparnis, BAG NZA 2015, 679).

**580**

Zur Freiheit der unternehmerischen Entscheidung gehört auch die Freiheit der Wahl des betrieblichen Standorts. Eine Änderungskündigung (dazu Rdnr. 663 ff.), die sich aus einer neuen Standortwahl ergibt, ist sozial gerechtfertigt, wenn es dem Arbeitgeber nicht möglich ist, durch andere Maßnahmen zu erreichen, dass ein Vertrieb künftig von einem anderen Standort aus betrieben werden kann (BAG NZA 2002, 696).

Unternehmerische Organisationsentscheidungen können nach ständiger Rspr. des BAG – abgesehen von der Prüfung des kausalen Wegfalls der Beschäftigungsmöglichkeit – nur daraufhin überprüft werden, ob sie offensichtlich unsachlich, willkürlich oder missbräuchlich sind (BAG NZA 2014, 730). Es ist nicht Sache der Gerichte, dem Arbeitgeber eine „bessere" oder „richtigere" Organisation vorzuschreiben (BAG NZA 2015, 679). Für eine unternehmerische Organisationsentscheidung nimmt die Rspr. also eine Vermutung an, dass sie aus sachlichen wirtschaftlichen Gründen getroffen wurde und nicht auf Rechtsmissbrauch beruht (NZA 2015, 101; NZA 2015, 1315). Der Arbeitnehmer trägt die Beweislast für die Behauptung, eine unternehmerische Entscheidung sei missbräuchlich, weil sie offensichtlich unsachlich, unvernünftig oder willkürlich ist (BAG NZA 2014, 730;

**581**

NZA 2015, 101). Eine Unternehmerentscheidung, die zu Kündigungen führt, kann missbräuchlich sein, wenn sie den Kündigungsschutz aushebelt und der weiter bestehende Beschäftigungsbedarf – auch in einer voll eingegliederten rechtlich selbstständigen Organgesellschaft – mit neu einzustellenden Arbeitnehmern befriedigt werden soll (BAG NZA 2003, 549). Das Gleiche gilt, wenn die unternehmerische Entscheidung lediglich als Vorwand dient, um bestimmte Arbeitnehmer aus dem Betrieb zu drängen (BAG NZA 2012, 852). Soll mit der Entscheidung eine Hierarchieebene im Unternehmen abgebaut werden, so muss der Arbeitgeber konkretisieren können, dass der fragliche Arbeitsplatz tatsächlich weggefallen und eine zumutbare Weiterbeschäftigung nicht möglich ist (BAG NZA 2017, 902). Ist die betriebsbedingte Kündigung die Folge einer Betriebsänderung (also bspw. Stilllegungen, Aufspaltungen, Zusammenschlüsse, vgl. § 111 BetrVG), kann ihre Wirksamkeit nicht mit dem Argument verneint werden, der Betrieb habe in den Jahren zuvor erhebliche Gewinne gemacht. Die Entscheidung über das „Ob" von Betriebsänderungen liegt beim Unternehmer. Bei dem Ausgleich der sozialen Folgen für die Belegschaft bestimmt der Betriebsrat über den erzwingbaren Sozialplan mit (Rdnr. 1161). Diese Kompetenzverteilung im BetrVG kann nicht über den Kündigungsschutz richterrechtlich umgebogen werden.

**582** Beruft sich der Arbeitgeber dagegen allein auf *außerbetriebliche Gründe*, prüft das Gericht zusätzlich, ob diese (Konjunkturflaute, Auftragsrückgang, Absatzmangel etc.) tatsächlich vorliegen und ob dadurch Beschäftigungsmöglichkeiten dauerhaft weggefallen sind (BAG NZA 1990, 65; NZA 2012, 852).

**583** Das KSchG gewährleistet also nur einen schwachen Schutz gegen betriebsbedingte Kündigungen, die durch Konjunkturschwächen, Rationalisierungsmaßnahmen, Produktionsumstellungen und Strukturkrisen ausgelöst werden.
(c) Der Arbeitgeber hat im Einzelnen darzulegen und notfalls zu beweisen, welche Gründe (z. B. Arbeitsmangel, Rationalisierung) vorliegen und dass sie die Kündigung bedingen (§ 1 Abs. 2 Satz 4 KSchG; vgl. BAG NZA 2003, 608; **Fall a**).

**584** cc) Die Kündigung muss im Interesse des Betriebs *dringend erforderlich* und *verhältnismäßig* sein (anders als die ihr zugrunde liegende Unternehmerentscheidung, s. Rdnr. 580). Daran fehlt es, wenn weniger einschneidende, aber gleich geeignete Maßnahmen („mildere Mittel", z. B. Abbau von Überstunden, Arbeitsstreckung, Einführung von Kurzarbeit; auch Änderungskündigung; nicht dagegen Arbeitszeitverkürzung für alle Mitarbeiter, da damit in die Arbeitsverträge anderer Arbeitnehmer eingegriffen würde) für den Betrieb tragbar sind. Dies ist Ausfluss des sog. „ultima ratio"-Prinzips (vgl. Rdnr. 556).

**585** Es *darf keine Möglichkeit einer anderweitigen Beschäftigung* im Betrieb oder im Unternehmen bestehen (vgl. § 1 Abs. 2 Satz 2 Nr. 1b, 2b KSchG). Eine Weiterbeschäftigungsmöglichkeit im Konzern ist dagegen grds. irrelevant (BAG NZA 2005, 929; zu Ausnahmen vgl. BAG NZA 2008, 939; NZA 2013, 730). Ebenfalls irrelevant sind mögliche freie Arbeitsplätze im ausländischen Betrieb (BAG JuS 2014, 555 mit Anm. Boemke; NZA 2015, 1457). Die Möglichkeit einer Umsetzung des Arbeitnehmers auf einen anderen freien und vergleichbaren Arbeitsplatz schließt eine Kündigung aus, selbst wenn zur Umsetzung eine zumutbare Umschulung, Fortbildung oder Änderungen der Arbeitsbedingungen erforderlich ist (vgl. § 1 Abs. 2 Satz 3 KSchG; BAG NZA 2014, 1200). Als „frei" sind solche Arbeitsplätze anzusehen, die zum Zeitpunkt des Zugangs der Kündigung, bzw. bis zum Ablauf der Kündigungsfrist unbesetzt sind (BAG NZA 2018, 234). Allerdings darf der Arbeitgeber freie Arbeitsplätze nicht durch eine der Kündigung vorgezogene Stellenbesetzung treuwidrig besetzen (BAG NZA 2017, 1199). Im **Fall a** ist die Kündigung sozialwidrig, wenn die von N behauptete Beschäftigungsmöglichkeit besteht. Der Arbeitgeber ist nicht verpflichtet, durch Organisationsmaßnahmen einen freien Arbeitsplatz zu schaffen oder einen besetzten Platz „freizukündigen", anders ggf. im Falle des Sonderkündigungsschutzes, vgl. Rdnr. 526). Konkurrieren mehrere zu kündigende Arbeitnehmer um eine geringere Anzahl freier Weiterbeschäftigungsmöglichkeiten, muss der Arbeitgeber eine Neubesetzung anhand der Regeln der Sozialauswahl analog § 1 Abs. 3 KSchG vornehmen (BAG NZA 2018, 234, s. Rdnr. 586 ff.). Eine Interessenabwägung findet im Rahmen der betriebsbedingten Kündigung nicht statt; bei der Bewertung „dringender" betrieblicher Erfordernisse für den dauerhaften Wegfall des Beschäftigungsbedarfs kommt es auf zu erwartende wirtschaftliche Vorteile des Unternehmens oder Nachteile des Arbeitnehmers durch den Arbeitsplatzverlust nicht an (BAG NZA 2014, 139; NZA 2016, 33; MHdB ArbR/Kreft, § 115 Rdnr. 41 f.).

Nach § 1 Abs. 2 Satz 2 KSchG ist neben der Möglichkeit der Weiterbeschäftigung des Arbeitnehmers erforderlich, dass der Betriebsrat aus diesem Grunde der Kündigung widersprochen hat. Über den Wortlaut des Gesetzes hinaus ist die Weiterbeschäftigungsmöglichkeit im Interesse des Arbeitnehmers aber nach allgemeiner Auffassung auch zu beachten, wenn kein Betriebsrat besteht oder der Betriebsrat der Kündigung nicht widersprochen hat (vgl. BAG NZA 2014, 730).

**dd) Soziale Auswahl nach § 1 Abs. 3 KSchG.** Gem. § 1 Abs. 3 Satz 1 KSchG soll bei betriebsbedingten Kündigungen die Gerechtigkeit im Verhältnis der Arbeitnehmer untereinander gewahrt werden. Diesem Ziel dient die sog. Sozialauswahl, die darüber entscheidet, welche Arbeitnehmer gekündigt werden. Von mehreren vergleichbaren Arbeitnehmern soll grundsätzlich demjenigen gekündigt werden, der aufgrund seiner „Sozialdaten" am wenigsten auf den Arbeitsplatz angewiesen ist (vgl. BAG NZA 2017, 902). Das heißt zugleich, dass der Arbeitgeber bei betriebsbedingten Gründen nicht die Wahl hat, welchen Arbeitnehmer er kündigt. Zur daraus folgenden Entbehrlichkeit einer Interessenabwägung vgl. Rdnr. 557.

**586**

**(a) Vergleichsgruppe.** Im Rahmen der sozialen Auswahl ist zunächst die Vergleichsgruppe zu bilden. Einzubeziehen sind alle Arbeitnehmer desselben Betriebes (*Betriebsbezogenheit* der Sozialauswahl), deren Funktion auch von dem Arbeitnehmer wahrgenommen werden könnte, dessen Arbeitsplatz weggefallen ist (sog. *horizontale Vergleichbarkeit*). Dies beurteilt sich danach, ob letzterer auf Grundlage seines Arbeitsvertrags auf dem Arbeitsplatz des anderen Arbeitnehmers beschäftigt werden könnte (Direktionsrecht, § 106 Satz 1 GewO) und ob er dem Anforderungsprofil entspricht. Nicht berücksichtigt werden Arbeitnehmer, die eine niedriger oder höher zu bewertende Tätigkeit im Betrieb ausüben (sog. *vertikale Vergleichbarkeit*). Ergibt sich aus dem Vortrag des Arbeitgebers, dass der Kreis der zu berücksichtigenden Arbeitnehmer zu eng gezogen wurde, so spricht eine tatsächliche Vermutung dafür, dass die Sozialauswahl auch im Ergebnis fehlerhaft ist. Hat der Arbeitgeber aber bei einer Massenentlassung nur in Bezug auf einen Arbeitnehmer die Sozialauswahl falsch durchgeführt, können sich nicht alle Gekündigten, sondern nur der Arbeitnehmer darauf berufen, bei dem der Auswahlfehler für die Kündigung ursächlich war (BAG NZA 2018, 234: kein „Domino-Effekt"). Ebenfalls unbeachtlich ist ein Fehler bei der Sozialauswahl, wenn die Kündigung

**587**

den gleichen Personenkreis trifft, der auch bei gesetzeskonformer Auswahl getroffen worden wäre.

**588** Nicht in die Sozialauswahl einbezogen werden Arbeitnehmer, deren ordentliche Kündigung gesetzlich (bspw. durch § 15 KSchG, § 15 Abs. 3 TzBfG) ausgeschlossen ist. Arbeitnehmer, für deren Kündigung die Zustimmung einer Behörde zur Kündigung notwendig ist (z. B. § 17 Abs. 2 MuSchG, § 168 SGB IX, § 18 Abs. 1 Satz 2 BEEG), sind zu berücksichtigen, wenn die Zustimmung erteilt ist oder bis zur Erklärung der Kündigungen vorliegt (vgl. ErfK/Oetker, § 1 KSchG Rdnr. 310). Nach zutreffender Ansicht des BAG sind tarifvertraglich unkündbare Arbeitnehmer nur dann aus dem auswahlrelevanten Personenkreis auszunehmen, wenn die tariflichen Unkündbarkeitsregelungen nicht zu einer grob fehlerhaften Sozialauswahl entgegen § 1 Abs. 4 KSchG führt (BAG NZA 2014, 208). Dies ergibt sich aus einer gesetzes- und verfassungskonformen Auslegung der jeweiligen Tarifvertragsnorm. Um die sozialen Belange der tarifvertraglich nicht geschützten Arbeitnehmer nicht zu mindern, ist auch der ordentlich unkündbare Arbeitnehmer in der Sozialauswahl zu berücksichtigen und ggf. unter den Voraussetzungen des § 626 Abs. 1 BGB zu kündigen.

Weil einzelvertragliche Abreden zur Verbesserung des Kündigungsschutzes bei einzelnen Arbeitnehmern zu einer mittelbaren Verschlechterung der Lage anderer Arbeitnehmer führen können, steht der vertragliche Ausschluss einer ordentlichen Kündigung in einem Spannungsverhältnis zur zwingenden Regelung des § 1 Abs. 3 KSchG. Einzelvertragliche Änderungen sind nach der Rspr. des BAG nur hinzunehmen, wenn sie nicht rechtsmissbräuchlich sind oder eine Umgehung der Sozialauswahl bezwecken sowie von einem sachlichen Grund getragen sind (BAG NZA 2013, 837).

**589** **(b) Kriterien der Sozialauswahl.** Eine betriebsbedingte Kündigung ist trotz eines dringenden betrieblichen Erfordernisses sozial ungerechtfertigt, wenn der Arbeitgeber bei der Auswahl des gekündigten Arbeitnehmers *die Dauer der Betriebszugehörigkeit, das Lebensalter, die Unterhaltspflichten und die Schwerbehinderung* nicht oder nicht ausreichend berücksichtigt hat („Sozialdaten"). Jedes der vier Kriterien ist nach der Gesetzbegründung (BT-Drucks. 15/1204, S. 11) gleichgewichtig. Dies entspricht der Rspr. des BAG, die es abgelehnt hat, eine abstrakte Aussage über die Gewichtigkeit der einzelnen Merkmale vorzunehmen (BAG NZA 2015, 426, dazu Quecke, RdA 2004, 87). Im Rahmen der Bewertung der Kriterien ist lediglich zu berücksichtigen, ob der Arbeitgeber alle ihm bekannten Kriterien ausreichend beachtet hat (so auch in **Fall a**). Im Vorfeld einer Kündigung muss sich der Arbeitgeber über die maßgebenden Sozialdaten informieren, wobei für die Auskunftspflicht des Arbeitnehmers die allgemeinen Grenzen des Fragerechts anzupassen sind (z. B. Frage nach dem Vorliegen einer Schwerbehinderung im Vorfeld einer Kündigung, BAG NZA 2012, 555). Im Prozess kann sich der Arbeitnehmer unter dem Gesichtspunkt widersprüchlichen Verhaltens nicht auf mangelhafte Wertungen berufen, die auf ihm ungünstige Falschangaben seinerseits gestützt waren (BAG NZA 2012, 555).

Bei der Gewichtung der Kriterien im Einzelfall steht dem Arbeitgeber ein Ermessensspielraum zu (BAG NZA 2007, 549; NZA 2013, 837), sodass sich nur deutlich schutzwürdigere Arbeitnehmer mit Erfolg auf einen Auswahlfehler berufen können (BAG NZA 2015, 426). Nicht entscheidend ist, ob das Arbeitsgericht den gleichen Beurteilungsrahmen berücksichtigt oder dieselbe Auswahl getroffen hätte, wenn es eigenverantwortlich soziale Erwägungen hätte anstellen müssen. Die Entscheidung des Arbeitgebers ist nicht an einer nach den Vorstellungen des Gerichts bestmöglichen Sozialauswahl, z. B. nach einer „Punktetabelle" des Gerichts, zu messen (BAG NZA 2015, 426).

Die Darlegungs- und Beweislast für eine scheinbare Fehlerhaftigkeit der Sozialauswahl trifft grundsätzlich den Arbeitnehmer (§ 1 Abs. 3 Satz 3 KSchG) und wird gerichtlich nicht von Amts wegen geprüft. Auf Verlangen des Arbeitnehmers muss der Arbeitgeber ihm die Gründe für die getroffene Auswahl und die Gewichtung der jeweiligen Kriterien mitteilen. Hat der Arbeitgeber gar keine Auswahlüberlegungen angestellt (etwa wegen Verkennung des Betriebsbegriffs), spricht eine von ihm auszuräumende Vermutung für die Sozialwidrigkeit des Auswahlergebnisses. Wurde aber im Ergebnis doch dem sozial stärksten Arbeitnehmer gekündigt, beeinträchtigt das fehlerhafte Prüfverfahren die Wirksamkeit der Kündigung nicht (BAG NZA 2013, 837).

**590**

Wegen des Verbots der Altersdiskriminierung (vgl. Rdnr. 111) ist die europarechtliche Zulässigkeit der Kriterien Alter (unmittelbare Diskriminierung) und Betriebszugehörigkeit (mittelbare Diskriminierung) umstritten (dazu Kamanabrou, RdA 2006, 321, 331). Zumindest ist ihre Kombination, die typischerweise zu einer doppelten Berücksichtigung des Alters führt, problematisch. Das BAG sieht gleichwohl in der Berücksichtigung des Lebensalters als Sozialdatum keine Diskriminierung wegen des Alters, sofern sie im Hinblick auf individuelle Arbeitsmarktchancen (bei älteren Arbeitnehmern typischerweise geringer) und etwaige Versorgungsleistungen erfolgt (BAG NZA 2014, 208; NZA 2017, 902). Hierfür spricht auch, dass im Gegensatz zu § 622 Abs. 2 Satz 2 BGB das Alter nicht das einzige Kriterium ist. Allerdings prüft das BAG die Voraussetzungen der Altersgruppenbildung nach § 1 Abs. 3 Satz 2 KSchG sehr genau (BAG NZA 2015, 1122): Die Beteiligung der einzelnen Altersgruppen an dem Personalabbau hat streng proportional zu erfolgen. Entsprechend dem Sinn und Zweck des Auswahlkriteriums „Lebensalter", im Rahmen der Sozialauswahl Arbeitnehmer mit niedrigeren Aussichten auf ein Ersatzeinkommen zu stärken, kann sich im Einzelfall auch die geringere Schutzwürdigkeit eines älteren Arbeitnehmers ergeben, der im Gegensatz zu Jüngeren bereits Altersrente beziehen kann (BAG NZA 2017, 902). Bei der Berechnung der Betriebszugehörigkeit sind aufgrund von Art. 3 Abs. 2 GG, Art. 157 AEUV die Erziehungszeiten mitzurechnen.

Durch die Begrenzung auf vier Merkmale soll ein höheres Maß an Rechtssicherheit erreicht werden. Das BAG sieht folgerichtig die im Gesetz genannten Kriterien als abschließend an (BAG NZA 2008, 33; zur Einbeziehung anderer Kriterien HWK/Quecke, § 1 KSchG Rdnr. 381).

**591**

**(c) Leistungsträger.** In die Sozialauswahl sind nach § 1 Abs. 3 Satz 2 KSchG (sog. „Leistungsträgerklausel") Arbeitnehmer nicht einzubeziehen, deren Weiterbeschäftigung, insbesondere wegen ihrer Kenntnisse, Fähigkeiten und Leistungen oder zur Sicherung einer ausgewogenen Personalstruktur des Betriebes, im berechtigten betrieblichen Interesse liegt (dazu Wank, RdA 2006, 238 ff.). Ziel der Vorschrift ist es, die *Leistungsfähigkeit des Betriebes* zu erhalten. Prüfungstechnisch ist zu beachten, dass die Arbeitnehmer erst nach Bildung der sozialen Rangfolge wieder von der Sozialauswahl ausgenommen werden. Die Darlegungs- und Beweislast für das betriebliche Interesse an der Herausnahme des Arbeitnehmers aus der Sozialauswahl nach § 1 Abs. 3 KSchG und dessen Weiterbeschäftigung trifft den Arbeitgeber.

**592**

**(1) Persönliche Leistungsfähigkeit.** Ein Freibrief für den Arbeitgeber, diejenigen Arbeitnehmer, die er als Leistungsträger ansieht, aus der Auswahl auszunehmen,

**593**

ist mit § 1 Abs. 3 Satz 2 KSchG nicht verbunden. Die Ausklammerung eines Arbeitnehmers aus der Sozialauswahl stellt eine Ausnahme dar und kommt nur dann in Betracht, wenn es aus der Sicht eines verständigen Arbeitgebers erforderlich ist, die sich aus den vier genannten Kriterien ergebenden Gesichtspunkte und die daraus resultierende soziale Rangfolge zu durchbrechen (Löwisch, BB 2004, 155). Deshalb kommt es zu einer einzelfallbezogenen Interessenabwägung zwischen den betrieblichen Interessen an der Herausnahme des Leistungsträgers und dem Interesse des schutzbedürftigen Arbeitnehmers (BAG NZA 2012, 1040; NZA 2013, 86).

Anwendungsbeispiele:
- Arbeitnehmer mit Spezialkenntnissen
- Arbeitnehmer mit besonders guten Kunden- oder Lieferantenkontakten
- Arbeitnehmer, die für Führungsaufgaben vorgesehen sind.

**594** **(2) Sicherung einer ausgewogenen Personalstruktur.** Nach § 1 Abs. 3 Satz 2 KSchG berechtigen betriebliche Interessen auch dann zu einer Einschränkung der Sozialauswahl, wenn die Ausklammerung eines Arbeitnehmers der Sicherung einer ausgewogenen Personalstruktur dient. Unter der Sicherung der Personalstruktur ist nur der Erhalt derselben zu verstehen, nicht dagegen der erstmalige Aufbau einer solchen ausgewogenen Struktur (vgl. BAG NZA 2001, 601; NZA 2015, 1122; Quecke, RdA 2004, 88). Der Betrieb soll nicht schlechter stehen, als er vorher stand.

Der Begriff der Personalstruktur umfasst nicht nur die Altersstruktur, sondern auch weitere Merkmale wie Art der Vertragsverhältnisse, Berufe, Geschlecht und Ausbildungsstand (BAG NZA-RR 2014, 185). Das schutzwürdige Interesse des Arbeitgebers an der Ausgewogenheit seiner Personalstruktur berechtigt diesen beispielsweise, vorab Altersgruppen zu bilden und anschließend innerhalb dieser Gruppen die Sozialauswahl vorzunehmen. Das BAG sieht hierin ein legitimes Ziel und geht daher von einer Rechtfertigung nach § 10 AGG aus (NZA 2015, 1122; zum Verhältnis von AGG und KSchG vgl. Rdnr. 599 ff.).

**595** **(d) Auswahlrichtlinien (§ 1 Abs. 4 KSchG).** Nach § 1 Abs. 4 KSchG kann in einem Tarifvertrag oder einer Betriebsvereinbarung festgelegt werden, wie die einzelnen Gesichtspunkte nach § 1 Abs. 3 Satz 1 KSchG im Verhältnis zueinander zu bewerten sind. Ist dies geschehen, kann die Bewertung anschließend nur noch auf grobe Fehlerhaftigkeit überprüft werden (= wenn ein evidenter, ins Auge springender schwerer Fehler vorliegt und der Interessenausgleich jede soziale Ausgewogenheit vermissen lässt, BAG NZA 2014, 46). Hierin liegt die praktische Bedeutung der Auswahlrichtlinien (§ 95 BetrVG).

**(e) Interessenausgleich mit Namensliste (§ 1 Abs. 5 KSchG)**

**596** Sind bei einer Kündigung wegen einer Betriebsänderung (§ 111 BetrVG, s. Rdnr. 1151 ff.) die zu kündigenden Arbeitnehmer in einem Interessenausgleich namentlich benannt, so wird das Vorliegen dringender betrieblicher Interessen für die Kündigungen gesetzlich vermutet (BAG NZA 2013, 559). Die soziale Auswahl kann in diesen Fällen gerichtlich nur auf grobe Fehlerhaftigkeit überprüft werden, § 1 Abs. 5 Satz 2 KSchG.

**597** **(f) Rechtsfolge bei Verstoß gegen Auswahlrichtlinie.** Bei einem *Verstoß gegen eine Auswahlrichtlinie* nach § 95 BetrVG und einem deswegen erfolgten form- und fristgerechten *Widerspruch des Betriebsrats* (§ 1 Abs. 2 Satz 2 Nr. 1a KSchG) ist die Kündigung selbst dann unwirksam, wenn sie nach den bisherigen Erörterungen sozial gerechtfertigt wäre.

ee) **Wiedereinstellungsanspruch bei veränderten Umständen.** Die Wirksamkeit einer betriebsbedingten Kündigung kann nachträglich fragwürdig werden, wenn die Gründe, auf die sie gestützt wurde, entfallen. Für die Beurteilung, ob dringende betriebliche Erfordernisse gegeben sind, ist der Zeitpunkt des Zugangs der Kündigungserklärung maßgebend. Es gilt der Grundsatz: „Einmal wirksam, immer wirksam" (Gamillscheg, Arbeitsrecht I, S. 628 f). Das gilt nicht nur für betriebsbedingte Kündigungen (BAG NZA 1999, 1328). Zwei Prüfungsschritte sind voneinander zu unterscheiden: Zum einen wird die Wirksamkeit der Kündigung selbst geprüft und zwar gemessen am Zeitpunkt des Zugangs der Erklärung. Zum anderen kann der gekündigte Arbeitnehmer trotz wirksamer Kündigung einen Wiedereinstellungsanspruch haben, der dogmatisch aus der fortwirkenden Fürsorgepflicht des Arbeitgebers (§ 242 BGB) abgeleitet wird (BAG NZA 2000, 1097; Boewer, NZA 1999, 1121 ff. u. 1177 ff.). Hierbei kommt es auf den Zeitpunkt an, in dem sich die Umstände der Kündigung nachträglich ändern: So hat ein wegen Krankheit wirksam gekündigter Arbeitnehmer keinen Wiedereinstellungsanspruch, wenn die nachträgliche Besserung seines Gesundheitszustandes erst nach Ablauf der Kündigungsfrist eingetreten ist (BAG NZA 2001, 1135). Ergibt sich jedoch durch neue Umstände eine Beschäftigungsmöglichkeit für den Gekündigten noch *vor Ablauf der Kündigungsfrist*, so folgt regelmäßig aus der fortwirkenden Fürsorgepflicht (§ 242 BGB) ein Wiedereinstellungsanspruch. In Kleinbetrieben nach § 23 Abs. 1 Satz 2 bis 4 KSchG sind die vom BAG zum Wiedereinstellungsanspruch entwickelten Grundsätze nicht anwendbar (BAG NJW 2018, 1771).

**598**

### 4. Kündigungsschutz und AGG

Nach § 2 Abs. 4 AGG gelten für Kündigungen ausschließlich die Bestimmungen zum allgemeinen und besonderen Kündigungsschutz. Damit sind neben den §§ 1 bis 14 KSchG bzw. dem Kündigungsschutz über § 242 BGB in Kleinbetrieben die speziellen Kündigungsbestimmungen z. B. in § 17 MuSchG, § 18 BEEG, § 22 Abs. 2 BBiG oder § 168 SGB IX gemeint (Löwisch, BB 2006, 2189). Die missglückte gesetzliche Regelung könnte den Eindruck erwecken, diskriminierende Kündigungen seien zulässig. Oftmals wird deshalb an der Richtlinienkonformität von § 2 Abs. 4 AGG gezweifelt (Preis/Temming, NZA 2010, 185, 192). Richtig ist, dass die europäischen Richtlinien, deren Umsetzung das AGG dient, auch einen wirksamen Schutz vor diskriminierenden Kündigungen verlangen. Diesen Schutz gewährleistet das deutsche Recht allerdings durch den schon bisher bestehenden Kündigungsschutz (s. auch Hamacher/Ulrich, NZA 2007, 657).

**599**

Die Rechtsprechung löst das Problem, indem sie die Diskriminierungsverbote des AGG als Konkretisierungen des Begriffes der „Sozialwidrigkeit" berücksichtigt (BAG NZA 2009, 361; NZA 2012, 1044). § 2 Abs. 4 AGG steht dem nicht entgegen, da diese Vorschrift lediglich verhindern soll, dass aufgrund des AGG neben das bisherige ein „zweites Kündigungsrecht" tritt, also eine besondere „Diskriminierungsklage" neben die Kündigungsschutzklage (BAG NZA 2009, 361). Auch die Sozialauswahl ist entsprechend den Wertungen des AGG auszulegen (vgl. BAG NZA 2017, 1247).

**600**

In Kleinbetrieben kann das Kriterium der Sozialwidrigkeit nicht als Einfallstor für die Diskriminierungsverbote herangezogen werden. Stattdessen greifen die §§ 134, 138, 242, 612a BGB (vgl. Kamanabrou, RdA 2006, 321). Eine Kündigung im Kleinbetrieb oder in der Wartezeit, die aus einem der in § 1 AGG genannten Gründe

**601**

diskriminiert, ist unmittelbar am Maßstab des AGG zu messen und gem. § 134 BGB i. V. m. §§ 7 Abs. 1 Satz 1, 3 AGG nichtig (BAG NJW 2016, 268; NZA 2015, 734; NZA 2015, 1380; hierzu auch Bauer/v. Medem, NJW 2016, 210). Bedeutsam für die richtlinienkonforme Auslegung ist die vom allgemeinen Kündigungsrecht abweichende Beweislastverteilung.

Nach der RL 97/80/EG reicht es bspw. aus, wenn der Arbeitnehmer Tatsachen glaubhaft macht, die das Vorliegen einer unmittelbaren oder mittelbaren Diskriminierung vermuten lassen. Der deutsche Gesetzgeber hat dies in § 22 AGG umgesetzt. Obwohl § 22 AGG auf Kündigungen nicht direkt anwendbar ist, muss diese Beweiserleichterung auch bei vermeintlich diskriminierenden Kündigungen zur Anwendung kommen. Auch ein zusätzlicher Entschädigungsanspruch gem. § 15 Abs. 2 AGG wegen einer diskriminierenden Kündigung wird mittlerweile anerkannt (BAG NZA 2014, 722; NZA 2014, 372). Begründet wird dies mit der von der Rspr. geforderten (EuGH NZA 2007, 1271) abschreckenden Wirkung von Sanktionen bei Verletzung des Diskriminierungsverbots (vgl. ErfK/Schlachter, § 2 AGG Rdnr. 18).

**602** Schwierigkeiten bleiben bei Kündigungssachverhalten, bei denen der Arbeitgeber zwar einen zulässigen Kündigungsgrund vorweisen kann, er sich aber bspw. parallel auf ein in § 1 AGG genanntes Merkmal beruft oder bei einem mehrere Arbeitnehmer betreffenden Sachverhalt nur demjenigen Arbeitnehmer kündigt, der eines der verpönten Merkmale aufweist (vertiefend Diller/Krieger/Arnold, NZA 2006, 887). Über § 138 BGB oder § 612a BGB wird man auch hier zu überzeugenden Lösungen gelangen (so auch BAG NZA 2009, 361).

### 5. Einhaltung der Klagefrist

**603** a) Will der Arbeitnehmer die Unwirksamkeit einer Kündigung geltend machen, ist er nach § 4 KSchG gehalten, *Kündigungsschutzklage* vor dem Arbeitsgericht zu erheben, mit der er beantragt, festzustellen, dass das Arbeitsverhältnis der Parteien durch die (genau zu bezeichnende) Kündigung nicht aufgelöst worden ist (§ 4 Satz 1 KSchG; vgl. Rdnr. 660 ff.).

Die Klage muss innerhalb von *drei Wochen nach Zugang der Kündigung erhoben werden* (§ 4 Satz 1 KSchG). Wird diese Frist versäumt, gilt die Kündigung als von Anfang an wirksam (§ 7 KSchG). Die Heilungsfolgen des § 7 KSchG erstrecken sich auf *alle* Rechtsunwirksamkeitsgründe mit Ausnahme des Schriftformerfordernisses (§ 623 BGB; vgl. § 4 Satz 1 KSchG: „nach Zugang der *schriftlichen* Kündigung"), gehen damit über den Anwendungsbereich des KSchG hinaus. Erfasst wird also nicht nur die Sozialwidrigkeit (vgl. Rdnr. 552 ff.) der Kündigung, sondern auch sonstige Unwirksamkeitsgründe wie die Sittenwidrigkeit oder Verstöße gegen das Anhörungserfordernis des § 102 Abs. 1 BetrVG, den Sonderkündigungsschutz und das Verbot der Kündigung wegen Betriebsübergangs (§ 613a Abs. 4 Satz 1 BGB; dazu Rdnr. 721 f.). Die damit erreichte größere Rechtssicherheit ist zu begrüßen. Nicht anwendbar sind die Klagefrist des § 4 Satz 1 KSchG und die Fiktionswirkung des § 7 KSchG dagegen auf die Eigenkündigung des Arbeitnehmers (BAG NZA 2017, 1524).

**604** Hingegen kann die Nichteinhaltung der Kündigungsfrist (i. d. R. § 622 BGB) auch außerhalb der Klagefrist des § 4 KSchG geltend gemacht werden. Hier will der Arbeitnehmer gerade nicht die Sozialwidrigkeit oder die Unwirksamkeit der Kündigung als solche festgestellt wissen, sondern lediglich den falschen Kündigungszeitpunkt. Dies gilt jedenfalls für den Regelfall, dass es dem Arbeitgeber vor allem um die Kündigung selbst geht und nicht um einen genauen Kündigungstermin, was ggf. durch Auslegung der Kündigungserklärung zu bestimmen ist (BAG NZA

2006, 1405; NZA 2011, 343). Das Gericht wird dann durch Auslegung der Kündigungserklärung (§§ 133, 157 BGB) feststellen, dass die Kündigung mit Wirkung zu dem entsprechend späteren Termin erklärt wurde.

Ein Verstoß gegen § 17 KSchG (Rdnr. 534) muss dagegen innerhalb der Frist des § 4 KSchG vom Arbeitnehmer gerügt werden (ErfK/Kiel § 17 KSchG Rdnr. 39; offen gelassen von BAG NZA 2012, 817).

Bei den allgemeinen rechtsgeschäftlichen Wirksamkeitsvoraussetzungen (Fehlen der Geschäftsfähigkeit, §§ 104 ff. BGB; Mängel der Vertretungsmacht, §§ 164 ff. BGB; Willensmängel, §§ 116 ff. BGB) erscheint die Heilungsfolge des § 7 KSchG zweifelhaft (differenzierend deshalb MünchKomm/Hergenröder, § 4 KSchG Rdnr. 9 ff.). Zumindest, wenn es an der Zurechenbarkeit der Kündigung zum Arbeitgeber fehlt – etwa bei einer Kündigung durch einen Vertreter ohne Vertretungsmacht oder bei der Geschäftsunfähigkeit des Arbeitgebers – entfällt auch (jedenfalls bis zur Genehmigung des Arbeitgebers, siehe Rdnr. 511) dessen Interesse an der durch die Präklusionsfrist bezweckten Rechtssicherheit der Kündigung (vgl. BAG NZA 2009, 1146).

Erhebt der Arbeitnehmer Kündigungsschutzklage, muss er in diesem Rechtsstreit (nicht schon in der Klageschrift) *alle Unwirksamkeitsgründe* vorbringen, § 4 Satz 1 KSchG. Wird seine Klage abgewiesen, so steht fest, dass das Arbeitsverhältnis durch die Kündigung aufgelöst wurde. In einem späteren Prozess kann die Unwirksamkeit der Kündigung nicht mehr geltend gemacht werden. Bei fristgerechter Klageerhebung kann der Arbeitnehmer seine Klage allerdings bis zum Schluss der mündlichen Verhandlung (erster Instanz!) auch auf solche Gründe stützen, die innerhalb der Klagefrist nicht vorgetragen wurden, § 6 KSchG. **605**

§ 23 Abs. 1 Satz 2, 3 KSchG erstreckt den Anwendungsbereich der §§ 4–7 KSchG auf Arbeitnehmer, die in Kleinbetrieben beschäftigt sind. Aus der allgemeinen Formulierung des § 4 KSchG folgt, dass auch Arbeitnehmer, die sechsmonatige Wartezeit des § 1 Abs. 1 KSchG noch nicht erfüllt haben, die Dreiwochenklagefrist beachten müssen. Die Kündigungsklagefrist muss also bei jeder Kündigung eines Arbeitnehmers beachtet werden (zur parallelen Rechtslage bei der außerordentlichen Kündigung Rdnr. 620). **606**

Nach § 4 Satz 4 KSchG läuft die Frist zur Anrufung des Arbeitsgerichts bei Kündigungen, die der Zustimmung einer Behörde bedürfen (vgl. § 17 MuSchG, § 18 BEEG, § 168 SGB IX) erst ab der Bekanntgabe der Entscheidung der Behörde an den Arbeitnehmer. Unterlässt der Arbeitgeber trotz Kenntnis von dem gesetzlichen Sonderkündigungsschutz die Einleitung des behördlichen Verfahrens, kann der Arbeitnehmer bis zur Grenze der Verwirkung Klage erheben (BAG NZA 2011, 854). Dagegen bleibt es bei der Klagefrist des § 4 Satz 1 KSchG, wenn der Arbeitgeber von der Zustimmungsbedürftigkeit nichts wusste, § 4 Satz 4 KSchG also nicht einschlägig ist. Daher hat der Arbeitnehmer dem Arbeitgeber spätestens innerhalb einer Regelfrist von drei Wochen nach Zugang der Kündigung zusätzlich zur fristgemäßen Klageerhebung die den besonderen Kündigungsschutz begründende Eigenschaft anzuzeigen, z. B. seine bereits festgestellte oder zur Feststellung beantragte Schwerbehinderung. Dem steht es gleich, wenn die den besonderen Kündigungsschutz begründende Eigenschaft offensichtlich vorliegt (BAG NZA 2017, 304). Ansonsten verwirkt der Arbeitnehmer den besonderen Kündigungsschutz, sodass die fehlende Zustimmung des Integrationsamtes gem. §§ 4 Satz 1, 7 KSchG geheilt wird. Auch schwangere Arbeitnehmerinnen müssen, sofern nicht die Schwangerschaft dem Arbeitgeber bekannt ist und § 4 Satz 4 KSchG greift, grundsätzlich innerhalb der dreiwöchigen Klagefrist des § 4 Satz 1 KSchG den Unwirksamkeitsgrund nach § 17 MuSchG geltend machen (BAG NZA 2014, 303) und innerhalb von zwei Wochen ihrer Mitteilungsfrist nach § 17 Abs. 1 Satz 1 MuSchG nachkommen. Diese Regelung wird durch § 5 Abs. 1 Satz 2 KSchG ergänzt (zu § 5 Abs. 1 Satz 1 KSchG vgl. Rdnr. 608 ff.). Danach ist **607** die Klage einer Schwangeren nachträglich zuzulassen, wenn diese von ihrer Schwangerschaft aus einem von ihr nicht zu vertretenden Grund erst nach Ablauf der Dreiwochenfrist Kenntnis erlangt hat. Dass keine entsprechende Regelung für Schwerbehinderte und in Elternzeit befindliche Arbeitnehmer geschaffen wurde, erklärt sich aus der Tatsache, dass diese Eigenschaften dem Arbeitnehmer nicht unverschuldet unbekannt sein dürften.

**608** b) Wie dargestellt führt die nicht rechtzeitige Klageerhebung zur Rechtswirksamkeit der Kündigung (§ 7 KSchG). Aus bisheriger Sicht des BAG handelt es sich um eine prozessuale Klageerhebungsfrist mit materiell-rechtlichen Wirkungen (BAG NZA 2009, 692). Dem ist nicht zuzustimmen. Überzeugender ist die Einordnung als materielle Ausschlussfrist (so auch BAG NZA 2018, 1157). Hierfür spricht schon der Wortlaut des § 7 KSchG, wonach die Kündigung bei Verstreichen der Klagefrist als wirksam gilt. Die Nichteinhaltung muss der Richter jedenfalls auch dann beachten, wenn der beklagte Arbeitgeber sich nicht darauf beruft (BAG AP Nr. 7 zu § 3 KSchG). Beide Ansichten haben allerdings zur Folge, dass die Nichteinhaltung der Klagefrist nicht zur Unzulässigkeit der Klage führt, sondern zur Abweisung der Klage als unbegründet (BAG NZA 2018, 1157). Die Frist ist gewahrt, wenn die Klage innerhalb der Frist bei Gericht eingeht und sie dem Arbeitgeber demnächst zugestellt wird (§ 46 Abs. 2 Satz 1 ArbGG i. V. m. §§ 495, 167 ZPO). Eine verspätete Klage ist auf Antrag des Arbeitnehmers nachträglich zuzulassen, wenn dieser trotz aller ihm nach Lage der Umstände zuzumutenden Sorgfalt (z. B. bei schwerer Erkrankung des allein stehenden Arbeitnehmers; ggf. bei Urlaubsabwesenheit, vgl. Rdnr. 508) verhindert war, die Klage rechtzeitig zu erheben (§ 5 Abs. 1 Satz 1 KSchG; vgl. auch die alphabetische Übersicht bei KR/Friedrich, § 5 KSchG Rdnr. 25).

**609** Die Tatsache, dass der Arbeitnehmer gegen die Kündigung zunächst nach § 3 KSchG Einspruch beim Betriebsrat eingelegt und dieser mit dem Arbeitgeber verhandelt hat, hindert den Fristablauf nach § 4 KSchG nicht. Selbst wenn der Arbeitnehmer irrig angenommen hat, die Anrufung des Betriebsrats hemme die Frist, entschuldigt ihn das nicht (**Fall f** (Rdnr. 497): Die Kündigung ist nach § 7 KSchG wirksam und die Klage als unbegründet abzuweisen.). Hat ein Prozessvertreter (z. B. Rechtsanwalt, Rechtssekretär einer Gewerkschaft) das Fristversäumnis verschuldet, wirkt sich der Streit über die Rechtsnatur der Klagefrist (Rdnr. 608) aus: Nach hier vertretener Ansicht braucht sich der Arbeitnehmer das Verschulden seines Prozessvertreters nicht gem. § 85 Abs. 2 ZPO als eigenes Verschulden zurechnen zu lassen. Da es sich bei der Klagefrist des § 4 Satz 1 KSchG um eine materielle und nicht um eine prozessuale Frist handelt, scheitert eine analoge Anwendung von § 85 Abs. 2 ZPO am Fehlen einer planwidrigen Gesetzeslücke: Hätte der Gesetzgeber eine § 85 Abs. 2 ZPO entsprechende Regelung gewollt, hätte es nahe gelegen, diese bei der Novellierung des KSchG im Jahre 1969, als die Streitfrage bekannt war, in das KSchG einzuführen.

**610** Da das BAG die Klageerhebungsfrist nach § 4 KSchG als prozessuale Frist einstuft, rechnet es dem Arbeitnehmer auch das Verschulden i. S. v. § 276 Abs. 2 BGB seines Prozessbevollmächtigten nach § 85 Abs. 2 ZPO zu (BAG NZA 2009, 692; NZA 2012, 413; AP Nr. 19 zu § 5 KSchG; AP Nr. 1 zu § 343 InsO). Folgt man dieser Ansicht, müsste der Arbeitnehmer gemäß § 280 Abs. 1 i. V. m. §§ 611, 675 BGB gegen seinen Prozessbevollmächtigten vorgehen. Die ordentliche Gerichtsbarkeit müsste dann hypothetisch prüfen, ob die Kündigungsschutzklage Erfolg gehabt hätte. Auch wenn dies der Fall sein sollte, ist dieser auf Schadensersatz in Geld gerichtete Anspruch nicht geeignet, den Bestand des Arbeitsverhältnisses zu kompensieren.

**611** Der Antrag auf nachträgliche Klagezulassung ist nur innerhalb von zwei Wochen nach Behebung des Hindernisses zulässig (§ 5 Abs. 3 Satz 1 KSchG); nach Ablauf von sechs Monaten kann der Antrag nicht mehr gestellt werden (§ 5 Abs. 3 Satz 2 KSchG). Bei dieser Frist handelt es sich gleichfalls um eine materielle Ausschlussfrist (str.; vgl. KR/*Friedrich*, § 5 KSchG Rdnr. 11). Denn bei nicht rechtzeitigem Antrag auf nachträgliche Klagezulassung treten dieselben Folgen ein wie bei verspäteter Kündigungsschutzklage ohne Antrag nach § 5 KSchG (vgl. § 7 Hs. 1 KSchG). Deshalb ist auch hier § 85 Abs. 2 ZPO nicht anzuwenden (str.; vgl. KR/*Friedrich*, § 5 KSchG Rdnr. 99 f.).

## III. Außerordentliche Kündigung

**Schrifttum:** *Besgen*, Besonderheiten des Zustimmungsersetzungsverfahrens nach § 103 BetrVG, NZA 2011, 133; *Eufinger*, Rechtliche Aspekte Compliance-indizierter Sanktionsmaßnahmen im Arbeitsverhältnis, RdA 2017, 223; *Fuhlrott*, Sondergeschützte Arbeitnehmer, AuA 2015, 154; *ders.*, Die fristlose Kündigung wegen Vermögensdelikten zwei Jahre nach „Emmely" – eine Bestandsaufnahme, ArbRAktuell 2012, 498; *Husemann*, Zur Berücksichtigungsfähigkeit des Arbeitnehmerverhaltens nach außerordentlicher Kündigung, RdA 2016, 30; *Klein*, Der Kündigungsschutz schwerbehinderter Arbeitnehmer nach dem Bundesteilhabegesetz, NJW 2017, 852; *Kort*, Kündigungsrechtliche Fragen bei Äußerungen des Arbeitnehmers im Internet, NZA 2012, 1321; *Krause*, Freiheit und Bindung des Arbeitgebers bei der außerordentlichen betriebsbedingten Kündigung, RdA 2016, 49; *Plum*, Die Kündigung von mutmaßlichen „Gefährdern" wegen Sicherheitsbedenken, NZA 2019, 497; *Schulte Westenberg*, Die außerordentliche Kündigung im Spiegel der neueren Rechtsprechung, NZA-RR 2016, 337; *Stöhr*, Verdachtskündigung und Druckkündigung, JuS 2010, 1052.

**Fälle:**
a) Eine Arbeitnehmerin entwendet im Betrieb mehrfach Geldbeträge. Zur Rede gestellt, beschimpft sie den Arbeitgeber und zerstört Einrichtungsgegenstände. Als der Arbeitgeber ihr kündigt, erklärt sie ihm, dass sie schwanger sei. Ist die Kündigung wirksam?

b) G hat N fristlos gekündigt, weil dieser mehrmals zu spät gekommen ist. Die fristlose Kündigung sei jedenfalls deshalb berechtigt, weil im Arbeitsvertrag ein dreimaliges Zuspätkommen als wichtiger Grund zur Kündigung vereinbart worden sei. Hilfsweise möge man die fristlose als eine ordentliche Kündigung ansehen.

c) G erfährt von einem einmaligen Spesenbetrug des N und verständigt sofort den Betriebsrat davon, dass er N fristlos zu kündigen gedenke. Als sich der Betriebsrat nach 16 Tagen immer noch nicht geäußert hat, kündigt G fristlos. N hält die Kündigung für unwirksam.

d) Der Arbeitgeber A will dem Betriebsratsmitglied B fristlos kündigen, weil B sein Amt zu politischer Hetze missbraucht. Was ist dem A zu raten?

### 1. Grundsatz

Die außerordentliche Kündigung ist in § 626 BGB geregelt. Unter ihr versteht man die vorzeitige Kündigung aus wichtigem Grund, die jedem Vertragspartner zusteht und bei der eine Kündigungsfrist nicht eingehalten zu werden braucht. Im Gegensatz zur ordentlichen Kündigung ist sie auch bei Arbeitsverhältnissen möglich, die auf bestimmte Zeit eingegangen sind. Sie erfolgt meist, aber nicht notwendig fristlos.

§ 626 BGB garantiert ein unverzichtbares Freiheitsrecht für beide Vertragsteile. Bei extremen Belastungen sind Dauerschuldverhältnisse nach deutschem Recht aus wichtigem Grund immer kündbar, weil die Fortsetzung solcher Dauerrechtsbeziehungen auf vielfältige Weise objektiv unzumutbar werden kann. Kurz gesagt: Niemandem kann zugemutet werden, an Unzumutbarem festzuhalten. Dieser allgemeine Rechtsgedanke kommt auch bei anderen Rechtsgeschäften zum Tragen (§§ 723, 554 BGB) und ist allgemein in § 314 BGB niedergelegt.

## 2. Ausschluss und Erschwernis der außerordentlichen Kündigung

**614** Anders als bei der ordentlichen Kündigung kann es bei der außerordentlichen Kündigung keinen generellen Ausschlusstatbestand, sondern nur eine Einschränkung durch Zustimmungserfordernisse geben. So ist für Schwangere bis zum 4. Monat nach der Entbindung die außerordentliche Kündigung gem. § 17 Abs. 1 MuSchG ausgeschlossen. § 17 MuSchG verbietet jede (also auch eine außerordentliche) Kündigung und greift selbst dann ein, wenn die Schwangere grob gegen ihre Pflichten als Arbeitnehmerin verstoßen hat (**Fall a**; vgl. auch BAG AP Nr. 5 zu § 9 MuSchG). Dasselbe gilt für die Anspruchsberechtigten der „Elternzeit" nach § 18 Abs. 1 Satz 1 BEEG (Rdnr. 530). Was als Verbot formuliert ist, erweist sich jedoch nur als Kündigungserschwerung: In beiden Fällen können die zuständigen Behörden Ausnahmen zulassen (§ 17 Abs. 2 MuSchG, § 18 Abs. 1 Satz 2 BEEG). Die außerordentliche Kündigung eines Schwerbehinderten bedarf gem. §§ 174, 168 SGB IX der vorherigen Zustimmung des Integrationsamtes (vgl. auch Rdnr. 639).

**615** Eine *außerordentliche Kündigung* der in § 15 KSchG genannten Personen (Mitglieder des Betriebsrats, der Jugend- und Auszubildendenvertretung etc.) ist zwar nicht verboten; sie bedarf aber zu ihrer Wirksamkeit der Zustimmung des Betriebsrats (§ 103 Abs. 1 BetrVG). Der Betriebsrat muss dem Arbeitgeber seine Entscheidung analog § 102 Abs. 2 Satz 3 BetrVG unverzüglich, spätestens jedoch innerhalb von drei Tagen mitteilen. Ansonsten gilt die Zustimmung als verweigert. Liegt ein wichtiger Kündigungsgrund vor, muss der Betriebsrat die Zustimmung erteilen. Verweigert er seine Zustimmung zu Unrecht, kann sie auf Antrag des Arbeitgebers vom Arbeitsgericht ersetzt werden (§ 103 Abs. 2 BetrVG). Im Rahmen der Interessenabwägung ist zudem zu berücksichtigen, ob der Funktionsträger gerade in Ausübung seines Amts in Konflikt mit seinen arbeitsvertraglichen Pflichten geraten ist.

Verfahrensmängel im Zustimmungsverfahren nach § 103 BetrVG führen zur Nichtigkeit der außerordentlichen Kündigung, weil diese im Gegensatz zu § 102 Abs. 1, 2 BetrVG einen rechtswirksamen Zustimmungsbeschluss voraussetzt.

**616** Im **Fall d** ist für eine außerordentliche Kündigung die Zustimmung des Betriebsrats oder deren Ersetzung durch das Arbeitsgericht erforderlich. Das wird A wohl kaum erreichen, weil das Verhalten des B gegen seine Amtspflichten als Betriebsratsmitglied, nicht aber gegen seine Pflichten aus dem Arbeitsvertrag verstößt. Betriebsratsmitglieder sollen aus der Übernahme dieses Amtes kein zusätzliches Arbeitsplatzrisiko eingehen. Selbst wenn die Zustimmung zur Kündigung vorliegt, muss A damit rechnen, dass das Gericht im Kündigungsschutzprozess einen wichtigen Grund nach § 626 BGB verneint. Dem A ist also von einer Kündigung abzuraten; ihm bleibt die Möglichkeit, nach § 23 Abs. 1 BetrVG beim Arbeitsgericht den Ausschluss des B aus dem Betriebsrat zu beantragen.

## 3. Unabdingbarkeit

**617** § 626 BGB stellt *zwingendes Recht* dar. Das Kündigungsrecht kann deshalb durch Einzel- oder Kollektivvertrag weder ausgeschlossen noch eingeschränkt werden, weil das zu einer unerträglichen Beeinträchtigung der persönlichen Freiheit des betroffenen Vertragspartners führen würde (MünchKomm/Henssler, § 626 BGB Rdnr. 48). Insbesondere kann das außerordentliche Kündigungsrecht nicht über die gesetzlichen Tatbestände (§§ 168, 174 SGB IX, § 17 Abs. 2 MuSchG) hinausgehend an die Zustimmung Dritter gebunden werden (z. B. Zustimmung der Gewerkschaft, *Berger* NZA 2015, 208). Das Recht zur außerordentlichen Kündigung kann vertraglich auch nicht erweitert werden, weil damit die gesetzlichen Mindestkündigungsfristen umgangen würden (BAG AP Nr. 8 zu § 626 BGB; **Fall b**). Kündigungsgründe können also von den Arbeitsvertragsparteien nicht verbindlich vereinbart werden. Die Begründetheit einer Kündigung wird nach objektiven Maßstäben gerichtlich geprüft. Dabei können allerdings vertragliche Abreden Hinweise dafür geben, welche Verhaltenspflichten von den Arbeitsvertragsparteien beim Vertragsschluss als wichtig angesehen werden. Nach der Rechtsprechung des BAG kann der Arbeitgeber im Falle einer betriebsbedingten Kündigung auch verpflichtet sein, eine Weiterbeschäftigung in Betracht zu ziehen, wenn der Arbeitnehmer einen Sonderkündigungsschutz genießt, der das Arbeitsverhältnis in garantieähnlicher Weise einem Beamtenverhältnis annähert (BAG NZA 2016, 366).

### 4. Kündigungserklärung

Auch die außerordentliche Kündigung muss von einer Vertragspartei der anderen erklärt werden. Im Einzelnen gilt das oben (Rdnr. 499 ff.) zur ordentlichen Kündigung Gesagte (Schriftform, § 623 BGB; Eindeutigkeit) entsprechend. **618**

Die Angabe des Kündigungsgrundes ist auch bei der außerordentlichen Kündigung kein Wirksamkeitserfordernis (Ausnahmen: § 22 Abs. 3 BBiG, 17 Abs. 2 MuSchG, §§ 65, 67 Abs. 2 SeeArbG, einzel- oder kollektivvertragliche Regelungen, dazu BAG AP Nr. 19 zu § 125 BGB). Allerdings muss der Kündigende dem anderen Teil auf Verlangen den Kündigungsgrund unverzüglich schriftlich mitteilen (§ 626 Abs. 2 Satz 3 BGB). Er darf in der Kündigungserklärung auch nicht bewusst falsche Kündigungsgründe angeben. Andernfalls kann er sich schadensersatzpflichtig machen. Ersatzfähig sind alle Aufwendungen, die der Gekündigte erspart hätte, wenn ihm die Kündigungsgründe rechtzeitig bzw. wahrheitsgemäß mitgeteilt worden wären (z. B. Erstattung der Kosten eines Kündigungsrechtsstreits; BAG AP Nr. 65 zu § 626 BGB).

### 5. Anhörung des Betriebsrats/Sprecherausschusses

Wie vor der ordentlichen Kündigung hat der Arbeitgeber auch vor der außerordentlichen Kündigung den Betriebsrat/Sprecherausschuss anzuhören (§ 102 Abs. 1, 2 Satz 3 BetrVG, Rdnr. 1138 ff.; § 31 Abs. 2 SprAuG, Rdnr. 1175). Die Frist (ordentliche Kündigung: eine Woche) verkürzt sich in diesem Fall auf drei Tage (**Fall c**). Allerdings hat der Betriebsrat anders als bei der ordentlichen Kündigung (§ 102 Abs. 3 BetrVG) kein Widerspruchsrecht. **619**

### 6. Beachtung der Klagefrist gem. § 4 KSchG

Beide Parteien des Arbeitsverhältnisses können die Wirksamkeit einer außerordentlichen Kündigung durch das Arbeitsgericht nachprüfen lassen. Ein Arbeitnehmer kann die Kündigung jedoch nur innerhalb der Dreiwochenfrist des § 4 Satz 1 KSchG angreifen; andernfalls wird sie nach § 7 KSchG wirksam (§ 13 Abs. 1 Satz 2 KSchG). Das gilt mit Ausnahme der fehlenden Einhaltung der Schriftform für alle Unwirksamkeitsgründe (vgl. Rdnr. 603 ff.). **620**

### 7. Kündigungsgrund

Nach § 626 Abs. 1 BGB kann jede Vertragspartei aus wichtigem Grund ohne Einhaltung einer Kündigungsfrist kündigen, wenn Tatsachen vorliegen, aufgrund deren dem Kündigenden unter Berücksichtigung aller Umstände des Einzelfalles und unter Abwägung der Interessen beider Vertragsteile die Fortsetzung des Arbeitsverhältnisses bis zum Ablauf der Kündigungsfrist oder bis zur vereinbarten Beendigung des Arbeitsverhältnisses nicht zugemutet werden kann. **621**

**622** a) **Methodik.** § 626 Abs. 1 BGB normiert in Form einer Generalklausel die Voraussetzungen für den wichtigen Grund einer außerordentlichen Kündigung. Bei dem Merkmal des wichtigen Grundes handelt es sich um einen unbestimmten Rechtsbegriff. § 626 Abs. 1 BGB dient der Einzelfallgerechtigkeit und steht daher im Spannungsverhältnis zum Postulat der Rechtssicherheit. In Anlehnung an den revisionsrechtlichen Prüfungsmaßstab ist § 626 Abs. 1 BGB zweistufig zu prüfen. Zunächst ist festzustellen, ob der Kündigungsgrund „an sich" geeignet ist, die außerordentliche Kündigung zu rechtfertigen. Sodann ist eine umfassende Interessenabwägung vorzunehmen. In diesem zweiten Schritt sind alle Umstände des Einzelfalles zu berücksichtigen.

**623** b) **An sich geeignete Kündigungsgründe.** Eine außerordentliche Kündigung aus wichtigem Grund kommt vornehmlich bei einer *schwerwiegenden Verletzung vertraglicher Pflichten* durch eine Vertragspartei in Betracht. Dadurch muss das Arbeitsverhältnis objektiv belastet werden. Die Belastung muss sich in der Zukunft negativ auf das Arbeitsverhältnis auswirken (*Prognoseprinzip*, vgl. dazu Rdnr. 555).

**624** Ein wichtiger Grund setzt nicht notwendigerweise ein Verschulden des Vertragspartners voraus. Auch wenn fristlose Kündigungen in der Praxis am häufigsten auf *verhaltensbedingten* Gründen beruhen, kann auch die Tatsache, dass der Arbeitnehmer zur Fortsetzung der Arbeit unfähig wird, sowohl den Arbeitgeber als auch den Arbeitnehmer zur fristlosen *personenbedingten* Kündigung berechtigen. Selten, aber ebenfalls denkbar sind *betriebsbedingte* Kündigungsgründe. Die Rspr. bejaht einen wichtigen betriebsbedingten Grund in der Praxis nur im Ausnahmefall, wenn der Arbeitgeber wegen eines Ausschlusses der ordentlichen Kündigung andernfalls gezwungen wäre, für Jahre an einem „sinnentleerten" Arbeitsverhältnis festzuhalten (BAG NZA 2014, 895; NZA 2015, 866).

**625** Beispiele: Beharrliche Arbeitsverweigerung (BAG NZA 2014, 533; NZA 2016, 417); wiederholtes Ausbleiben der Lohnzahlung; Ankündigung, zu einem bestimmten Zeitpunkt in der Zukunft krank zu „feiern" (BAG NZA 2009, 779), schwere Verstöße gegen die betriebliche Ordnung oder den Betriebsfrieden, wenn dadurch der Betriebsfrieden bzw. die Betriebssicherheit konkret gefährdet wird (Tragen einer „Anti-Strauß-Plakette" BAG AP Nr. 73 zu § 626 BGB; Verstoß gegen betriebliches Rauchverbot BAG NZA 2013, 425; rechtsextremistische Betätigung LAG Köln NZA-RR 1996, 128; gezieltes Einwirken einer Geschäftsführerin auf Vereinsmitglieder, um die Abwahl des Vorstands zu bewirken BAG NZA 2017, 1332); belegbares Gefahrenpotential des Arbeitnehmers bei einem gesetzlich vorgesehenen besonderen Sicherheitsinteresse des Arbeitgebers (z. B. AtomG; auch aufgrund extremer politischer oder religiöser Ansichten bestehende Terrorgefahr bei sog. „Gefährdern", vgl. Plum, NZA 2019, 497); Surfen im Internet während der Arbeitszeit zu privaten Zwecken in erheblichem zeitlichen Umfang, wenn dadurch arbeitsvertragliche Pflichten (Hauptleistungs- oder Nebenpflichten) verletzt werden (BAG NZA 2006, 98; 2006, 977); Benutzung von Betriebsmitteln zu privaten Zwecken trotz ausdrücklichen Verbots (BAG NZA 2006, 161); Anzeige gegen den Arbeitgeber (sog. „Whistleblowing"), wenn wissentlich oder leichtfertig unwahre Tatsachen vorgetragen werden (LAG Köln NZA-RR 2012, 298); Konkurrenztätigkeit im eigenen Namen oder beim Wettbewerber (BAG NJW 2015, 1403; NZA 2017, 1179); ausländerfeindliche Äußerungen (BAG AP Nr. 26 zu § 626 BGB Verdacht strafbarer Handlung); strafbare Handlungen wie Diebstahl (BAG NZA 1985, 91), Unterschlagung, Sachbeschädigung, Betrug (Spesenbetrug BAG NZA 2008, 636, Fall c; versuchter Prozessbetrug BAG NZA 2015, 429), grobe Beleidigung gegenüber dem Vertragspartner (BAG NZA 2015, 797), Drohung mit einem Amoklauf (BAG NZA 2017, 1605); Unterlassen der unverzüglichen Mitteilung des Entzuges der Fahrerlaubnis eines Kraftfahrers wegen Rauschmittelkonsums (BAG NZA 2016, 1527); unentschuldigtes Fehlen (LAG Hamm LAGE § 611 BGB Persönlichkeitsrecht Nr. 7); Selbstbeurlaubung (BAG AP Nr. 38 zu § 626 BGB Ausschlussfrist); Mobbing (LAG Thüringen NZA-RR 2001, 577); sexuelle Belästigung (BAG NZA 2017, 1121).

**Krankheit** – Kündigt der Arbeitgeber wegen einer lang andauernden Krankheit des Arbeitnehmers fristlos, so ist ein besonders strenger Maßstab anzulegen, da der Arbeitnehmer in diesen Fällen besonders schutzbedürftig ist (vgl. BAG AP Nr. 6 zu § 1 KSchG 1969 Krankheit); regelmäßig dürfte eine ordentliche Kündigung dem Arbeitgeber zumutbar sein (Im Fall von ordentlich unkündbaren Arbeitnehmern: außerordentliche Kündigung mit „Auslauffrist", soweit das Arbeitsverhältnis wegen Arbeitsunfähigkeit auf Jahre „sinnentleert" wäre BAG NZA-RR 2015, 16). Auch Alkoholabhängigkeit kann (nur) bei unkündbaren Arbeitnehmern eine Kündigung nach § 626 BGB rechtfertigen (BAG NZA-RR 2013, 627).

**626**

**Freiheitsstrafe** – Kann der Arbeitnehmer die Arbeitsleistung nicht erbringen, weil er eine Freiheitsstrafe verbüßt, hängt es von Art und Ausmaß der betrieblichen Auswirkungen ab, ob eine außerordentliche Kündigung gerechtfertigt ist (zum Kündigungszeitpunkt bei Freiheitsstrafe von mehr als zwei Jahren BAG NZA 2011, 1084; NZA 2013, 1211; bei langjähriger Strafhaft BAG NZA 2016, 482). Im Falle einer Untersuchungshaft rechtfertigt die fehlende Information über die Inhaftierung und deren voraussichtliche Dauer nur bei Hinzutreten besonderer Umstände eine fristlose Kündigung (BAG NZA 2015, 1180).

**627**

**Entzug der Fahrerlaubnis** – Wird einem Außendienstmitarbeiter anlässlich einer privaten Trunkenheitsfahrt die Fahrerlaubnis entzogen, kommt es darauf an, ob er die Arbeitsleistung trotzdem erbringen kann (z. B. durch Benutzung öffentlicher Verkehrsmittel, Einstellung eines Fahrers auf eigene Kosten).

**Weitere Gründe:** Fehlende Arbeitserlaubnis (BAG AP Nr. 2, 3 zu § 19 AFG), Trunkenheit bei Kraftfahrern (BAG AP Nr. 51 zu § 626 BGB). Kündigung eines ordentlich unkündbaren Arbeitnehmers, der aufgrund gesetzlicher, arbeitsvertraglicher oder tarifvertraglicher Regelung nicht ordentlich kündbar ist, bei Betriebsstilllegung (BAG EzA § 626 n. F. Nr. 141); nach neuerer Rechtsprechung auch bei innerbetriebliche Maßnahmen wie Outsourcing oder Fremdvergabe von Tätigkeiten (BAG NZA 2014, 139, NZA 2015, 1315; siehe hierzu auch Krause, RdA 2016, 49); dagegen nicht bei Betriebsunterbrechung (BAG NZA 1987, 858) oder Insolvenz (BAG NZA-RR 2011, 18; insolvenzrechtliche Sonderregelung in § 113 InsO, lesen!).

Ausführliche Übersichten über wichtige Gründe finden sich bei MünchKomm/Henssler, § 626 BGB Rdnr. 128 ff.

Ebenso wie bei der ordentlichen Kündigung gibt es auch bei der außerordentlichen keine gesetzlich festgelegten (absoluten) Kündigungsgründe (krit. Willemsen, RdA 2017, 115). Geringfügigere Verfehlungen (z. B. Zuspätkommen; **Fall b**) stellen grundsätzlich keinen wichtigen Grund dar. Bei Vermögensdelikten kommt es für die grundsätzliche Eignung als wichtiger Grund i. S. des § 626 Abs. 1 BGB nicht auf die Höhe des Vermögensschadens an, sondern auf die Eignung, das Vertrauensverhältnis zwischen den Arbeitsvertragsparteien zu zerstören.

**628**

In den letzten Jahren wurden aufgrund von in den Medien heftig und kontrovers diskutierten Fällen (Fall: „Emmely" dazu BAG NZA 2010, 1227) in der Literatur und in der öffentlichen Debatte Stimmen laut, die sich für eine fixe Bagatellgrenze von 50 Euro für außerordentliche Kündigungen in Anlehnung an § 248a StGB aussprachen (dafür Klueß, NZA 2009, 337). Diese Ansicht verkennt, dass die Kündigung wegen Vermögensdelikten des Arbeitnehmers gegen den Arbeitgeber keine Sanktion darstellt, sondern der Tatsache Rechnung trägt, dass der Arbeitgeber aufgrund des schwerwiegenden Vertrauensbruches nicht mehr darauf vertrauen kann, dass der Arbeitnehmer sich zukünftig vertragsgemäß verhalten wird. Daher kann nach zutreffender Ansicht des BAG unter bestimmten Umständen

**629**

auch die Entwendung einer geringwertigen Sache (eine Frikadelle, ein Pfandbon oder ein Stück „Bienenstich") eine außerordentliche Kündigung ohne vorherige Mahnung rechtfertigen (BAG NZA 1985, 91; NZA 2011, 571; NZA 2012, 1025; NZA 2015, 621; NZA 2017, 112). Im Ergebnis kommt es hier ganz auf den konkreten Einzelfall an, dessen Besonderheiten dann auf der zweiten Stufe im Rahmen der umfassenden Interessenabwägung zu berücksichtigen sind.

630 c) **Interessenabwägung.** Aufgrund der geringen praktischen Bedeutung der ersten Prüfungsstufe des „an sich" geeigneten Grundes liegt das Hauptproblem bei der Rechtmäßigkeitskontrolle von außerordentlichen Kündigungen in der umfassenden *Interessenabwägung*. Die Interessen des einen Vertragspartners an der sofortigen Beendigung und diejenigen des anderen Teils an der Fortführung des Arbeitsverhältnisses sind gegeneinander abzuwägen.

Bei der Interessenabwägung sind alle Umstände zu berücksichtigen, die einen konkreten Bezug zum Vertragsverhältnis haben (Der EGMR (NZA 2011, 1269) möchte dagegen auch ein öffentliches Interesse an der Information durch einen Whistleblower berücksichtigen).

*Auf Seiten des Arbeitgebers:* Gewicht und Intensität der Vertragsverletzung, Grad des Verschuldens, Störung des Betriebsablaufs, Einmaligkeit oder Wiederholungsgefahr und Beharrlichkeit (BAG NZA 2013, 425), Ausnutzung einer besonderen Vertrauensstellung, bewusstes kollusives Zusammenwirken mit anderen – auch übergeordneten Arbeitnehmern (BAG NZA 2019, 445); Verstoß gegen eindeutig kodifizierte Verhaltenspflichten („Compliance-Richtlinien" vgl. Eufinger, RdA 2017, 223; Rdnr. 252 ff.), Länge der Kündigungsfrist, wirtschaftliche Lage des Unternehmens.

*Auf der Seite des Arbeitnehmers:* Dauer des ungestörten Bestandes des Arbeitsverhältnisses, fehlendes vorwerfbares Verhalten oder Augenblicksversagen (vgl. BAG 2017, 1605), unverschuldeter Rechtsirrtum (z. B. Annahme, nicht zur Arbeit verpflichtet zu sein, BAG NZA 2016, 417; NZA 2017, 394; auch fahrlässig verschuldeter Rechtsirrtum, BAG NZA 2015, 1180), Alter, bisher erworbene Verdienste, soziale Lage, (unterlassene) Möglichkeit eines betrieblichen Eingliederungsmanagements oder eines Präventionsverfahrens (Rdnr. 562), Verlust von Ruhegeldansprüchen etc. (jew. bezogen auf eine Kündigung durch den Arbeitgeber).

631 Auf die subjektive Sicht einer Vertragspartei kommt es indes nicht an (BAG AP Nr. 254 zu § 626 BGB). Keinen Bezug zum Vertragsverhältnis haben die Interessen von Betriebsrat und Belegschaft am Verbleib eines Arbeitnehmers in seiner betriebsverfassungsrechtlichen Funktion (BAG NZA 2018, 240). Auf dieser zweiten Stufe der Prüfung kann auch die geringe Höhe eines eingetretenen Vermögensschadens zugunsten des gekündigten Arbeitnehmers mitberücksichtigt werden. Insbesondere bei Vermögensdelikten, die einen vergleichsweise geringfügigen wirtschaftlichen Schaden verursachen, muss auch das vom Arbeitnehmer in der Zeit einer langjährigen unbeanstandeten Beschäftigung erworbene „Vertrauenskapital" in die Abwägung einbezogen werden. Ebenso kann bei einem geringeren Gewicht der Pflichtverletzung die Annahme naheliegen, dass verlorenes Vertrauen durch künftige Vertragstreue zurückgewonnen werden kann (vgl. BAG NZA 2010, 1227 „Emmely"). Nicht jede unmittelbar gegen die Vermögensinteressen des Arbeitgebers gerichtete Vertragspflichtverletzung stellt daher ohne Weiteres einen Kündigungsgrund dar (vgl. BAG NZA 2010, 1227; offen zum Bestehen einer „Geringfügigkeitsschwelle" BAG NZA 2014, 243).

632 Immer kommt es auf die Umstände des Einzelfalls an. Es muss dem Kündigenden *unzumutbar* sein, das Arbeitsverhältnis bis zum Ablauf der ordentlichen Kündigungsfrist oder bis zum vereinbarten Ende fortzusetzen. So wird es im Falle einer kurzen Kündigungsfrist meist zumutbar sein, statt einer fristlosen eine fristgemäße Kündigung auszusprechen. Ist dagegen eine längere Kündigungsfrist einzuhalten oder ist eine ordentliche Kündigung wegen langer Betriebszugehörigkeit des Arbeitnehmers sogar ausgeschlossen, kann sich dies im Rahmen der Zumutbarkeits-

prüfung auch zu Lasten des Arbeitnehmers auswirken (z. B. bei Wiederholungsgefahr oder andauernden Pflichtverletzungen; BAG NZA 1985, 426; AP Nr. 254 zu § 626 BGB). Allerdings darf auf diese Weise nicht der besondere Bestandsschutz umgangen werden, den die längeren Kündigungsfristen und der Ausschluss des Rechts zur ordentlichen Kündigung regelmäßig bezwecken. Auch vor dem Beginn des Arbeitsverhältnisses liegende, dem Arbeitgeber bei der Einstellung unbekannte Umstände können einen wichtigen Grund zur außerordentlichen Kündigung bilden (BAG NZA 2001, 954).

Wie im Rahmen von § 1 Abs. 2 KSchG sind damit auch im Rahmen der Interessenabwägung der außerordentlichen Kündigung die *drei Grundprinzipien* das Prognoseprinzip, die Verhältnismäßigkeit sowie der „ultima-ratio" Grundsatz zu beachten. Die Prüfung ist damit ähnlich, die nachteiligen Auswirkungen für den Arbeitgeber müssen bei der außerordentlichen Kündigung aber wesentlich schwerwiegender sein als bei der ordentlichen Kündigung. Eine außerordentliche Kündigung ist erst dann zulässig, wenn *mildere Mittel* (z.B. Weiterbeschäftigung zu veränderten, auch schlechteren Bedingungen, Versetzung, Abmahnung (hierzu Rdnr. 569), ordentliche Kündigung) nicht zur Verfügung stehen oder dem Kündigungsberechtigten nicht zumutbar sind (BAG AP Nr. 70 zu § 626 BGB). **633**

*(entfallen)* **634, 635, 636**

Die kumulative Anwendung von „ultima-ratio"-Prinzip und Prognoseprinzip hat zu einer erheblichen Steigerung des Kündigungsschutzes besonders bei verhaltensbedingten Kündigungen geführt und ist umstritten (vgl. Rüthers, NJW 1998, 1433 ff.; Hanau/Rüthers/Preis, NJW 1998, 1889 f.). Gelegentlich hat sie in der Vergangenheit zu Ergebnissen geführt, die nur als skurril bezeichnet werden können (vgl. Rüthers, Beschäftigungskrise und Arbeitsrecht, Frankfurter Institut, 1996, S. 57 ff.). So soll nach Auffassung des BAG auch die Volltrunkenheit eines U-Bahnfahrers im privaten Autoverkehr mit 2,73 Promille Blutalkohol kein wichtiger Grund für eine außerordentliche Kündigung sein (näher Rüthers, NJW 2002, 1601 ff.).

**d) Kündigung unkündbarer Arbeitnehmer.** Auch gegenüber sog. unkündbaren Arbeitnehmern, also Arbeitnehmern, die aufgrund gesetzlicher, arbeitsvertraglicher oder tarifvertraglicher Regelung nicht (ordentlich) kündbar sind, kann eine außerordentliche Kündigung nach § 626 BGB zulässig sein. In der Regel betrifft dies Konstellationen, in denen die ordentliche betriebsbedingte Kündigung durch einen Tarifvertrag ausgeschlossen ist (siehe bereits Rdnr. 623). Die außerordentliche betriebsbedingte Kündigung ist dann allerdings unter Einhaltung der fiktiven ordentlichen Kündigungsfrist und unter Beachtung des für eine ordentliche Kündigung geltenden Anhörungsverfahrens gem. § 102 Abs. 2 Satz 1 BetrVG (Wochenfrist!) zu erklären (sog. Orlando-Kündigung in Anlehnung an die Romanfigur von Virginia Woolf, vgl. Bröhl, in Festschrift Schaub, 1998, S. 55; s. auch BAG NZA 1992, 416, NZA 2013, 730; NZA 2014, 139). Demgegenüber greift die Zustimmungsfiktion des § 174 Abs. 3 Satz 2 SGB IX auch bei außerordentlichen Kündigungen mit notwendiger Auslauffrist ein (BAG NZA 2016, 482). Ausnahmsweise ist eine fristlose Kündigung zulässig, wenn dem Arbeitgeber auch bei einem vergleichbaren ordentlich kündbaren Arbeitnehmer dessen Weiterbeschäftigung bis zum Ablauf der fiktiven Kündigungsfrist unzumutbar wäre (BAG NZA 2017, 394). Aufgrund eines tariflichen oder vertraglichen Kündigungsverbotes sinken in **637**

der Regel zugleich die Anforderungen an eine außerordentliche betriebsbedingte Kündigung. Ein wichtiger Grund liegt in diesen Fällen vor, wenn der Arbeitsplatz des Arbeitnehmers weggefallen ist und der Arbeitgeber ihn auch unter Einsatz aller zumutbaren Mittel nicht weiterbeschäftigen kann (so für tarifliche Unkündbarkeit BAG NZA 2010, 628 zu § 34 TVöD, zur Thematik siehe auch Krause, RdA 2016, 49, sowie Rdnr. 617).

**638** **e) Mögliche Beweisverwertungsverbote hinsichtlich der Kündigungsgründe.**
Dem Arbeitgeber stehen oftmals nur eingeschränkte Erkenntnismöglichkeiten hinsichtlich der an sich geeigneten Kündigungsgründe zu. Häufig versuchen deshalb Arbeitgeber die Kenntnis von Pflichtverletzungen auf anderen Wegen zu erlangen. Insbesondere die verdeckte oder offene Videoüberwachung sowie sog. „Keylogger" kommen dabei zum Einsatz. Sofern ein Beweisverwertungsverbot angenommen wird, dürfen die rechtswidrig erlangten Kenntnisse über die Pflichtverletzung nicht mehr im Rahmen eines gerichtlichen Kündigungsschutzprozesses verwertet werden. Mangels expliziter gesetzlicher Regelung muss hierbei auf die vom BAG entwickelten Grundsätze zurückgegriffen werden. Danach führt ein Verstoß gegen einfaches Recht – wobei zumeist Verstöße gegen das BDSG in Betracht kommen – nicht automatisch zu einem Beweisverwertungsverbot. Es bedarf vielmehr einer Interessenabwägung und einer konkreten Prüfung der Verhältnismäßigkeit. Maßgebliches Kriterium ist dabei, ob gegen den Arbeitnehmer ein begründeter Anfangsverdacht hinsichtlich eines strafbaren Verhaltens oder einer ähnlich schwerwiegenden Pflichtverletzung besteht und die Informationsbeschaffung sowie -verwertung selbst dann nicht unverhältnismäßig ist (BAG NZA 2014, 243). Das Eindringen in die Privatsphäre des Arbeitnehmers überwiegt üblicherweise das Interesse des Arbeitnehmers. Vor diesem Hintergrund war etwa der verdeckte Einsatz eines „Keyloggers" und der damit verbundene Eingriff in das Recht auf informationelle Selbstbestimmung nicht verhältnismäßig (BAG NZA 2017, 1327). Erlangt der Arbeitgeber allerdings durch die rechtswidrige Erkenntnisgewinnung eine andere Informationsquelle, die wiederum eine zulässige Beweiserhebung zulässt, so darf diese verwertet werden.

### 8. Ausschlussfrist des § 626 Abs. 2 BGB

**639** Die Kündigung ist nicht sofort nach Kenntnis des Kündigungsgrundes zu erklären. § 626 Abs. 2 Satz 1 BGB schreibt dafür aber eine Ausschlussfrist von *zwei Wochen* vor.

Die Ausschlussfrist hat den Zweck, dem Kündigungsgegner frühzeitig Gewissheit darüber zu verschaffen, ob das Arbeitsverhältnis fortbesteht oder nicht. Es wäre für diesen eine unzumutbare Unsicherheit, wenn Kündigungsgründe „aufgespart" werden könnten. Zudem besteht nach Ablauf der Ausschlussfrist die Vermutung, dass ein an sich bestehender wichtiger Grund doch nicht so schwer wiegt, um die Fortsetzung des Arbeitsverhältnisses für den Kündigungsberechtigten unzumutbar erscheinen zu lassen.

**640** Die Ausschlussfrist beginnt mit dem Zeitpunkt, in dem der Kündigungsberechtigte Kenntnis von den für die Kündigung maßgebenden Tatsachen erhält (§ 626 Abs. 2 Satz 2 BGB).

Entscheidend ist nicht etwa nur die Kenntnis des Arbeitgebers selbst, sondern die Kenntnis der Person, die im konkreten Fall kündigungsbefugt ist (BAG NZA 2016, 287 Vertretungs- und Zurechnungsnormen eines kündigungsberechtigten Organs; BAG AP Nr. 1 zu § 616 BGB Ausschlussfristen; z. B. Dienststellenleiter; nicht aber einfacher Vorgesetzter mit reinen Aufsichtsfunktionen, BAG AP Nr. 217 zu § 626 BGB; zur Zurechnung der Kenntnis eines

Dritten muss die verspätet erlangte Kenntnis auf einem Organisationsmangel beruhen, BAG NZA 2016, 161). Erforderlich ist aber eine positive und sichere Kenntnis der Tatsachen, die den wichtigen Grund ausmachen (BAG NZA 2015, 621). Eine solche sichere und umfassende Kenntnis der maßgebenden Tatsachen setzt voraus, dass alles in Erfahrung gebracht worden ist, was als notwendige Grundlage für eine Entscheidung über Fortbestand oder Auflösung des Dienstverhältnisses anzusehen ist (BAG NZA 2013, 2425).

Der Lauf der Frist nach § 626 Abs. 2 BGB ist gehemmt, solange der Arbeitgeber Maßnahmen durchführt, die zur Aufklärung des Kündigungssachverhalts notwendig sind (z. B. Anhörung des Arbeitnehmers, wobei diese im Allgemeinen nicht mehr als eine Woche nach Bekanntwerden der Anhaltspunkte stattfinden hat; BAG NZA 2019, 1415) oder Ermittlungen einer anderen Stelle abwartet (z. B. Strafverfahren; BAG NZA 2014, 529). Innerhalb der Frist muss die Kündigungserklärung dem Empfänger zugegangen sein. Nach Ablauf der Frist kann eine außerordentliche Kündigung auf diese Tatsachen nicht mehr gestützt werden; es wird unwiderlegbar vermutet, dass ein möglicherweise bestehender wichtiger Grund nicht mehr geeignet ist, die Kündigung des Arbeitsverhältnisses wegen Unzumutbarkeit der Weiterbeschäftigung zu begründen (BAG AP Nr. 4 zu § 626 BGB Ausschlussfrist).

Die Zweiwochenfrist wird nicht dadurch gehemmt, dass der Betriebsrat angehört werden und dieser seine Bedenken gegen die außerordentliche Kündigung innerhalb von drei Tagen mitteilen muss (§ 102 Abs. 2 Satz 3 BetrVG). **641**

Der Arbeitgeber muss deshalb den Betriebsrat so rechtzeitig informieren, dass ihm nach der Stellungnahme des Betriebsrats noch die Möglichkeit bleibt, innerhalb der Zweiwochenfrist zu kündigen. Im **Fall c** ist die außerordentliche Kündigung verspätet; sie kann nicht auf den Spesenbetrug gestützt werden.

Vor der außerordentlichen Kündigung eines Schwerbehinderten ist binnen zwei Wochen nach Kenntnis der für die Kündigung maßgebenden Tatsachen die Zustimmung des Integrationsamtes zu beantragen (§§ 168, 174 Abs. 1 SGB IX). Ist das geschehen, wird dadurch die Ausschlussfrist des § 626 Abs. 2 BGB gehemmt. Nach Erteilung der Zustimmung muss die Kündigung unverzüglich (vgl. § 121 Abs. 1 BGB) erklärt werden (§ 174 Abs. 5 SGB IX). Der Antrag auf Zustimmung zur Kündigung muss auch in den weiteren Fällen öffentlich-rechtlicher Kündigungsverbote mit Erlaubnisvorbehalt (§ 17 Abs. 2 MuSchG, § 18 BEEG) innerhalb der Ausschlussfrist gestellt werden. **642**

Zweifelhaft ist, ob die Ausschlussfrist das *Nachschieben* von Kündigungsgründen ausschließt. Zulässig kann von vornherein nur das Nachschieben solcher Gründe sein, die schon vor der Kündigung entstanden sind (vgl. zum Nachschieben von Gründen Rdnr. 429). Aus § 626 Abs. 2 Satz 1, 2 BGB folgt nicht, dass ein nachgeschobener Kündigungsgrund innerhalb von zwei Wochen nach seinem Bekanntwerden vorgebracht werden muss. Der Zweck der Vorschrift (dem Kündigungsgegner Gewissheit über den Fortbestand des Arbeitsverhältnisses zu verschaffen) erfordert keine Anwendung auf das Nachschieben von Gründen. Die Ausschlussfrist ist schon dann gewahrt, wenn der Kündigende einen Grund nachschiebt, von dem er *nicht länger als zwei Wochen vor der Kündigung* Kenntnis erlangt hat. Gleichartige Verfehlungen (z. B. Verspätung des Arbeitnehmers) können im Übrigen stets zur Unterstützung des bisherigen Vorbringens nachgeschoben werden (vgl. BAG AP Nr. 65 zu § 626 BGB; Husemann, RdA 2016, 30). Dazu muss eine so enge innere Beziehung zwischen den neuen Vorgängen und den alten Gründen bestehen, dass bei Außerachtlassen der neuen Vorgänge ein einheitlicher Lebensvorgang zerrissen würde (BAG NZA 2015, 429). **643**

## 9. Verzicht und Verzeihung

**644** Die außerordentliche Kündigung ist ausgeschlossen, wenn der Berechtigte auf sein Kündigungsrecht nachträglich verzichtet oder dem anderen Teil seine Verfehlung verzeiht. In beiden Fällen ist Voraussetzung, dass er den wichtigen Grund kennt. Mit dem Ausspruch einer Abmahnung verzichtet der Arbeitgeber in der Regel zugleich auf das Recht zur Kündigung aus den Gründen, wegen derer die Abmahnung erfolgt ist (BAG NZA 2008, 1243). Eine Verzeihung liegt vor, wenn der Berechtigte zum Ausdruck bringt, er wolle die Verfehlung nicht mehr als wichtigen Grund ansehen; das kann auch stillschweigend etwa dadurch geschehen, dass der Berechtigte das Arbeitsverhältnis fortsetzt (vgl. MünchKomm/Henssler, § 626 BGB Rdnr. 50 f.).

## 10. Umdeutung

**645** Eine unberechtigte außerordentliche Kündigung kann unter den Voraussetzungen des § 140 BGB in eine ordentliche Kündigung zum nächst zulässigen Termin umgedeutet werden (BAG AP Nr. 13 zu § 140 BGB). Voraussetzung ist, dass die Umdeutung dem mutmaßlichen Willen des Kündigenden entsprach und dieser Wille dem Gekündigten erkennbar war (BAG NZA 1988, 129). Abzustellen ist dabei auf den Zeitpunkt des Zugangs der Kündigung. Im Regelfall enthält die Erklärung der außerordentlichen Kündigung den erkennbaren Willen, das Arbeitsverhältnis jedenfalls zum nächst zulässigen Termin zu beenden.

Das gilt auch dann, wenn der Arbeitgeber ein vertragswidriges Verhalten des Arbeitnehmers überbewertet hat (**Fall b**). Kündigt der Arbeitgeber jedoch etwa wegen Spesenbetrugs dem A und hat er diesen mit dessen Kollegen B verwechselt, musste A nicht davon ausgehen, der Arbeitgeber habe das Arbeitsverhältnis mit ihm auf jeden Fall beenden wollen. Eine Umdeutung scheidet auch dann aus, wenn der Arbeitgeber eine Kündigung ausdrücklich auf unentschuldigtes Fehlen stützt, obwohl der Arbeitnehmer arbeitsunfähig erkrankt war. Der erkrankte Arbeitnehmer fehlte nicht unentschuldigt und musste deshalb nicht annehmen, dass der Arbeitgeber jedenfalls ordentlich gekündigt hätte, wenn ihm der wahre Sachverhalt bekannt gewesen wäre.

**646** Auch bei der Umdeutung sind die *Beteiligungsrechte des Betriebsrats* zu beachten. In betriebsverfassten Betrieben ist sie daher ausgeschlossen, sofern der Betriebsrat nicht vorsorglich auch zu der im Wege der Umdeutung gewollten ordentlichen Kündigung angehört worden ist (BAG AP Nr. 10, 15 zu § 102 BetrVG). Der Arbeitgeber muss außerdem die längere Äußerungsfrist des § 102 Abs. 2 Satz 1 BetrVG von einer Woche und nicht nur die Dreitagesfrist des § 102 Abs. 2 Satz 3 BetrVG eingehalten haben.

Im **Fall c** ist die in eine ordentliche Kündigung umgedeutete fristlose Kündigung nach § 102 Abs. 1 Satz 3 BetrVG unwirksam. Die Zustimmung zur ordentlichen Kündigung ist auch nicht aufgrund des Schweigens des Betriebsrats gem. § 102 Abs. 2 Satz 2 BetrVG als erteilt anzusehen, weil der Betriebsrat keine Veranlassung hatte, sich mit einer ordentlichen Kündigung zu befassen. Etwas anders gilt nur, wenn der Betriebsrat der Kündigung ausdrücklich und vorbehaltlos zugestimmt hat (BAG AP Nr. 15 zu § 102 BetrVG 1972).

In der betrieblichen Praxis ist es empfehlenswert und üblich, außerordentliche Kündigungen aus wichtigem Grund mit der Erklärung zu verbinden, hilfsweise werde das Arbeitsverhältnis ordentlich und fristgemäß gekündigt.

## 11. Schadensersatz wegen verschuldeter Kündigung

**647** Wird die Kündigung durch ein vertragswidriges Verhalten des Vertragspartners veranlasst, so ist dieser zum Ersatz des durch die Vertragsauflösung entstehenden

Schadens verpflichtet (§ 628 Abs. 2 BGB). Ein solcher Schadensersatzanspruch (z. B. Vergütungsausfall!) ist für den Arbeitnehmer als Kläger zeitlich bis zum Ablauf der Kündigungsfrist einer fiktiven ordentlichen Kündigung begrenzt. Daneben kommt im Anwendungsbereich des KSchG eine den Bestandsverlust ausgleichende Entschädigung entsprechend §§ 9, 10 KSchG in Betracht (BAG NZA 2002, 325; MünchKomm/Henssler, § 628 Rdnr. 56 ff.).

## IV. Sonderfälle

**Schrifttum:** *Bergwit/Vollstädt*, Druckkündigung – Notstand oder Selbstjustiz?, DB 2015, 2635; *Dzida*, Die Einladung zur Anhörung vor Ausspruch einer Verdachtskündigung, NZA 2013, 412; *Eylert*, Die Verdachtskündigung, NZA-RR 2014, 393; *Gilberg*, Statt Tat- und Verdachtskündigung: Die Vertrauenskündigung, DB 2006, 1555; *Hamacher*, Neues zur betriebsbedingten Druckkündigung – Bedrückend?, NZA 2014, 134; *Insam*, Ist die Druckkündigung nur als außerordentliche Kündigung zulässig?, DB 2005, 2298; *Krieger/Deckers*, #metoo – Was tun beim Vorwurf sexueller Belästigung am Arbeitsplatz?, NZA 2018, 1161; *Lembke*, Die Verdachtskündigung in Rechtsprechung und Praxis, RdA 2013, 82; *Niemann*, Änderungskündigung und Änderungsschutzklage: eine Einladung zum Diskurs, RdA 2016, 339; *Schott*, Das Entscheidungsmodell der Änderungskündigung, BB 2009, 1526; *Stoffels*, Die Abänderung mehrerer Arbeitsbedingungen durch Änderungskündigung, NZA 2016, 581; *Toma/Reiter*, Das Schweigen des Arbeitnehmers während der Anhörung zu einer Verdachtskündigung, NZA 2015, 460.

### Fälle:

a) Der Arbeitgeber G hat den Arbeitnehmer N wegen Verdachts eines Werksdiebstahls entlassen. Dann stellt sich heraus, dass der Verdacht unbegründet war. Rechte des N?

b) Der Arbeitgeber G kündigt dem bei ihm als Außendienstmitarbeiter beschäftigten N fristlos, da diesem der Führerschein entzogen worden ist, und bietet ihm gleichzeitig eine Arbeit im Innendienst an. N möchte am liebsten weiterhin im Außendienst tätig sein; hilfsweise will er auch im Innendienst arbeiten. Auf keinen Fall will er bei G ausscheiden und arbeitslos werden. Was soll er tun?

### 1. Verdachtskündigung

Einen rechtsdogmatisch schwer einzuordnenden Sonderfall der Kündigung bildet die Verdachtskündigung, die zwar typischerweise als außerordentliche Kündigung ausgesprochen wird, jedoch nicht auf diese Kündigungsform beschränkt ist. Wird ein Arbeitnehmer einer schwerwiegenden Vertragsverletzung, etwa eines Diebstahls zu Lasten seines Arbeitgebers, verdächtigt, ohne dass der wahre Geschehensablauf mit letzter Sicherheit feststeht, kann der Arbeitgeber ein Interesse daran haben, allein wegen dieses Verdachts das Arbeitsverhältnis zu beenden (**Fall a**), denn Arbeitgeber und Arbeitnehmer müssen sich ein – nach Art des Arbeitsverhältnisses unterschiedliches – Mindestmaß an Vertrauen entgegenbringen können. Entfällt diese Vertrauensgrundlage aufgrund der gegen den Arbeitnehmer sprechenden Verdachtsmomente, kommt eine Vertragsauflösung durch Kündigung in Betracht.

Voraussetzung einer solchen *Verdachtskündigung* (der Arbeitgeber muss die Kündigung ausdrücklich auf den Verdacht einer strafbaren oder vertragswidrigen Handlung stützen!) ist,

- dass das Fehlverhalten, dessen der Arbeitnehmer verdächtigt wird, so schwerwiegend ist, dass es als Kündigungsgrund ausreichte, sofern es tatsächlich vorläge,

- ein dringender Verdacht, der durch objektive Tatsachen gestützt sein muss (dazu BAG NZA 2016, 287),
- Ferner muss der Arbeitgeber weiterhin alles Erforderliche zur Aufklärung des Verdachts getan haben (BAG NZA 2001, 837); insbesondere muss er dem Arbeitnehmer die Möglichkeit zur Äußerung geben (Wirksamkeitsvoraussetzung, BAG NZA 2014, 1015). Der Arbeitnehmer muss nach der Information über die Verdachtsgründe die Möglichkeit haben, diese zu entkräften (BAG NZA 2018, 1405; Eylert NZA-RR 2014, 393).

Art und Umfang der Anhörung bestimmen sich nach den Umständen des Einzelfalles, es sind jedoch keine überzogenen Anforderungen zu stellen (etwa nicht die Anforderungen an die Anhörung des Betriebsrats nach § 102 Abs. 1 BetrVG, BAG NZA 2014, 1015). Die Einladung zur Anhörung ist an keine formalen Voraussetzungen geknüpft (Dzida, NZA 2013, 412; a.A. Eylert NZA-RR 2014, 393), Der Arbeitgeber muss dem Arbeitnehmer nicht ausdrücklich das Bestehen eines Verdachts oder die verdachtsbegründenden Tatsachen mitteilen, sofern diese nach den Umständen objektiv erkennbar sind (BAG NZA 2018, 1405). Dagegen darf dem Arbeitnehmer nicht der Eindruck vermittelt werden, er könne die Kündigung ohnehin nicht abwenden (BAG NZA 2018, 1329). Im Falle einer Folgekündigung bedarf es keiner neuen Anhörung, wenn der Sachverhalt sich nicht erheblich verändert hat (BAG NZA 2019, 893).

Die Weigerung des Arbeitnehmers, an der Sachaufklärung mitzuwirken, ist weder selbst Kündigungsgrund noch führt sie zur Präklusion des entlastenden Tatsachenvortrags im Prozess (ErfK/Niemann, § 626 BGB Rdnr. 178c; a.A. Toma/Reiter, NZA 2015, 460).

**651** Die den Verdacht stärkenden oder entkräftenden Tatsachen können jedenfalls bis zur letzten mündlichen Verhandlung in der Berufungsinstanz vorgetragen werden (BAG NZA 2015, 429). Sie sind grundsätzlich zu berücksichtigen, sofern sie – wenn auch unerkannt – bereits vor Zugang der Kündigung vorlagen (BAG NZA 2016, 287). Ergeht die Verdachtskündigung nicht als außerordentliche Kündigung, besteht keine starre Frist, innerhalb derer der Arbeitgeber das Recht zur ordentlichen Verdachtskündigung ausüben müsste (BAG NZA 2019, 893). Nach Beendigung des Rechtsstreits kann sich ein Wiedereinstellungsanspruch des Arbeitnehmers ergeben (BAG AP Nr. 13 zu § 626 BGB Verdacht strafbarer Handlung, **Fall a**), wenn sich die Unschuld des Arbeitnehmers erweist (offen BAG BeckRS 2017, 123124). Dieser soll zeitlich sogar über das Ende des Kündigungsschutzprozesses hinausreichen. Genauso wie die Einleitung eines staatsanwaltlichen Ermittlungsverfahrens allein noch keinen dringenden Tatverdacht begründet, beseitigt dessen Einstellung den Verdacht noch nicht. Das Arbeitsgerichtsverfahren ist gegenüber dem Strafverfahren vollständig eigenständig. Im Strafverfahren gewonnene Kenntnisse können den Verdacht aber verstärken (BAG NZA 2013, 371). Die in Art. 6 Abs. 2 EMRK verankerte Unschuldsvermutung steht der Zulässigkeit einer Verdachtskündigung nicht entgegen. Sie bindet unmittelbar nur den Richter, der über die Begründetheit der Klage zu entscheiden hat (BAG NZA 2019, 893).

Kein Fall der Verdachtskündigung liegt vor, wenn schon die den Verdacht begründenden Umstände eine Pflichtverletzung darstellen. Der dadurch entstandene weitergehende Verdacht verleiht der Pflichtverletzung nur zusätzliches Gewicht.

### 2. Druckkündigung

**652** Bei der *Druckkündigung*, die in der Praxis ebenfalls überwiegend in der Form der außerordentlichen Kündigung vorkommt, wird der Arbeitgeber von dritter Seite (z.B. von Kunden, Belegschaft, Gewerkschaft) unter Druck gesetzt, einen bestimmten Arbeitnehmer sofort zu entlassen. Hier ist zu unterscheiden: Liegt in der Person des Arbeitnehmers ein wichtiger Grund für eine außerordentliche Kündigung vor, unterliegt das Kündigungsrecht des Arbeitgebers keinen Einschränkungen (sog. „unechte" Druckkündigung). Fehlt dagegen ein wichtiger Grund, ist die dennoch erfolgte („echte") Druckkündigung, eine *betriebsbedingte Kündigung*, die nur wirksam ist, wenn

- der Arbeitgeber sich zuvor schützend vor den Arbeitnehmer gestellt,
- Maßnahmen gegen Diskriminierungen ergriffen und
- ihm schließlich keine andere Möglichkeit bleibt, einen unzumutbaren eigenen Schaden abzuwenden (vgl. BAG NZA 1996, 581; Deinert, RdA 2007, 275, 280).

Hat der Arbeitgeber die Drucksituation selbst in vorwerfbarer Weise herbeigeführt, so kann er sich auf den auf ihn ausgeübten Druck zur Kündigung nicht berufen (BAG NZA 2014, 109). Typische Fälle einer echten Druckkündigung sind Drohungen der Belegschaft mit Streik oder Massenkündigungen oder die Androhung des Abbruchs von Geschäftsbeziehungen für den Fall der Weiterbeschäftigung eines bestimmten Arbeitnehmers.

### 3. Änderungskündigung

**a) Voraussetzungen.** Die *Änderungskündigung* ist primär auf die Änderung des Vertragsinhalts gerichtet und setzt dazu die Auflösung des Arbeitsverhältnisses als Mittel ein. Es handelt sich deshalb um eine Kündigung, welche zugleich mit dem Angebot zur Fortsetzung des Arbeitsverhältnisses zu geänderten Bedingungen verbunden wird. Praktisch bedeutsam ist die Änderungskündigung bei dem Abbau übertariflicher Zulagen, wenn der Arbeitgeber keinen Widerrufsvorbehalt in die Vereinbarung aufgenommen hat, bei der beabsichtigten Vereinheitlichung der Arbeitsbedingungen im Betrieb und namentlich bei Anpassungen an die angemessene Kostenstruktur im Rahmen der Nachwirkung eines Tarifvertrags gem. § 4 Abs. 5 TVG (dazu Rdnr. 826). Einer Änderungskündigung bedarf es nicht, wenn der Arbeitgeber die Arbeitsbedingungen einseitig ändern kann (z.B. durch sein Direktionsrecht oder einen Änderungsvorbehalt, auch „überflüssige" Änderungskündigung genannt; sie ist nach aktueller Rspr. unzulässig BAG NZA 2016, 1461).

**653**

Die Änderungskündigung kann einmal als Kündigung unter der Bedingung erfolgen, dass der Vertragspartner der vorgeschlagenen Änderung des Vertrags nicht zustimmt (§ 158 BGB) oder aber als unbedingte Kündigung, verbunden mit dem Angebot eines Vertragsschlusses zu den abgeänderten Bedingungen. Die zwingende Schriftform nach § 623 BGB gilt auch für die Änderungskündigung, und zwar sowohl für den Ausspruch der (bedingten oder unbedingten) Kündigung als auch für das Angebot des veränderten Vertrags.

**654**

Obwohl § 2 KSchG vom Wortlaut her scheinbar nur die unbedingte Kündigung erfasst, fällt auch die bedingte Kündigung unter die Norm. Dies widerspricht auch nicht der Bedingungsfeindlichkeit der einseitig empfangsbedürftigen Kündigung, da der Bedingungseintritt ausschließlich vom Willen des Kündigungsempfängers abhängig gemacht wird (sog. Potestativbedingung, dazu Rdnr. 502).

Von der Änderungskündigung ist die *Teilkündigung* zu unterscheiden. Mit dieser soll nur ein Teil des Arbeitsvertrags (z.B. die Regelung über Zulagen, Provisionen) aufgehoben werden, während das Arbeitsverhältnis im Übrigen fortbestehen soll. Eine solche Teilkündigung ist unzulässig; denn sie zielt darauf ab, einseitig das Gleichgewicht der vereinbarten wechselseitigen Verpflichtungen aufzuheben (BAG NZA 2017, 1195).

**655**

**656** Auch bei der Änderungskündigung müssen im Anwendungsbereich des KSchG die Voraussetzungen des § 1 KSchG erfüllt sein. Es ist zu prüfen, ob die Änderung der Arbeitsbedingungen (nicht die Beendigung des Arbeitsverhältnisses) sozial gerechtfertigt ist. Die soziale Rechtfertigung der Änderungskündigung wird zweistufig geprüft:
Zunächst ist das Bestehen eines Kündigungsgrundes (§ 1 Abs. 2 KSchG) zu untersuchen. Begründen personen-, verhaltens- oder betriebsbedingte Gründe das Änderungsangebot?

In einem zweiten Schritt wird gefragt, ob der Arbeitnehmer die vorgeschlagenen Arbeitsbedingungen billigerweise hinnehmen muss (Billigkeitskontrolle/ Verhältnismäßigkeitsprüfung).

Hauptanwendungsbereich der Änderungskündigung ist die *betriebsbedingte Änderungskündigung*. Die Änderungskündigung ist als milderes Mittel zur Beendigungskündigung grundsätzlich vom Arbeitgeber vorrangig in Betracht zu ziehen (dazu Rdnr. 556). Die Rspr. (BAG NZA 2018, 440; zum Ganzen Preis, NZA 1995, 241) stellt an betriebsbedingte Änderungskündigungen, die mit dem Ziel der Reduzierung der Personalkosten erklärt werden, ausgesprochen strenge Anforderungen. Erforderlich ist, dass ohne die Kostenreduzierung eine (Teil-)Stilllegung des Betriebes drohe. Faktisch werden damit an eine Änderungskündigung höhere Anforderungen gestellt als an eine Beendigungskündigung (dazu Henssler/Moll-Henssler, Kündigung und Kündigungsschutz in der betrieblichen Praxis, 2000, S. 108).

**657** Bei der betriebsbedingten Änderungskündigung ist wie bei der Beendigungskündigung eine Sozialauswahl vorzunehmen. Dabei kommt es darauf an, welchem Arbeitnehmer die angebotene Änderung der Arbeitsbedingungen am ehesten zumutbar ist. Auch hier sind allein die vier Kriterien des § 1 Abs. 3 KSchG Betriebszugehörigkeit, Unterhaltspflichten, Lebensalter und Schwerbehinderung maßgebend (BAG NZA 2011, 460). Dabei ist nicht nur auf die bisher ausgeübte Tätigkeit, sondern auch auf die Tätigkeit abzustellen, die Gegenstand des Änderungsangebots ist. Vergleichbar und damit in die Sozialauswahl einzubeziehen sind demnach nur solche Arbeitnehmer, die sowohl hinsichtlich ihrer bisherigen als auch der neuen Tätigkeit austauschbar sind (ausführlich HWK/Molkenbur, § 2 KSchG Rdnr. 67 ff.).

**658** b) **Die Reaktionsmöglichkeiten des Arbeitnehmers.** Hat der Arbeitgeber eine Änderungskündigung ausgesprochen, kann der Arbeitnehmer wählen, ob er das Änderungsangebot vorbehaltlos annimmt oder es ablehnt. Im ersten Fall ist der Arbeitsvertrag einvernehmlich geändert; im zweiten Fall kann der Arbeitnehmer innerhalb der Dreiwochenfrist Kündigungsschutzklage (Rdnr. 660 ff.) erheben. Verliert er den Rechtsstreit, ist durch die Kündigung das Arbeitsverhältnis aufgelöst. Das Arbeitsverhältnis ist beendet, weil der Arbeitnehmer auf die vom Arbeitgeber vorgeschlagene zumutbare Änderung des Arbeitsvertrags nicht eingegangen ist.

**659** § 2 KSchG räumt dem Arbeitnehmer (entgegen der allgemeinen Bestimmung des § 150 Abs. 2 BGB) eine dritte Möglichkeit ein: Er kann das neue Angebot unter dem Vorbehalt annehmen, dass die Änderung der Arbeitsbedingungen nicht sozial ungerechtfertigt ist; diesen Vorbehalt muss er innerhalb der Kündigungsfrist, spätestens innerhalb von drei Wochen nach Zugang der Kündigung erklären (§ 2 Satz 2 KSchG). Erhebt er innerhalb der Dreiwochenfrist Klage, geht es in diesem Rechtsstreit nicht darum, ob das Arbeitsverhältnis weiterbesteht oder durch die Kündigung aufgelöst worden ist. Entschieden wird nur die Frage, ob die Änderung der Arbeitsbedingungen sozial ungerechtfertigt ist (vgl. § 4 Satz 2 KSchG). Verliert der Arbeitnehmer diesen Prozess, wird sein Vorbehalt wirkungslos; es gelten die neuen Arbeitsbedingungen. Gewinnt er, so gilt die Änderungskündigung als von Anfang an unwirksam (§ 8 KSchG); es bleibt bei den alten Arbeitsbedingungen. In beiden Fällen behält der Arbeitnehmer seinen Arbeitsplatz.

Im **Fall b** ist die Änderungskündigung als außerordentliche Kündigung ausgesprochen worden. Obwohl § 13 Abs. 1 Satz 2 KSchG nicht auf § 2, § 4 Satz 2 und § 8 KSchG verweist, sind diese Vorschriften auf die außerordentliche Änderungskündigung entsprechend anzuwenden (BAG NZA-RR 2011, 155). Deshalb ist dem N in **Fall b** zu raten, das Angebot innerhalb der Kündigungsfrist, spätestens jedoch innerhalb von drei Wochen nach Zugang der Kündigung unter Vorbehalt anzunehmen (§ 2 Satz 2 KSchG) und Feststellungsklage nach § 4 Satz 2 KSchG zu erheben.

## V. Kündigungsschutzklage

**Schrifttum:** *Hergenröder/von Wickede,* Die Rechtsprechung zur Kündigung mit Abfindungsangebot (§ 1a KSchG), RdA 2008, 364; *Lingemann/Steinhauser,* Der Kündigungsschutzprozess in der Praxis – Weiterbeschäftigungsanspruch, NJW 2014, 3765 (zum allgemeinen Weiterbeschäftigungsanspruch) sowie NJW 2015, 844 (zum betriebsverfassungsrechtlichen Weiterbeschäftigungsanspruch); *Odemer,* Examensprobleme zur Kündigungsschutzklage, JA 2015, 449; *Schwab,* Streitgegenstand und Rechtskraft bei der arbeitsrechtlichen Kündigungsschutzklage, RdA 2013, 357; *Stöhr,* Geltendmachen von Zahlungsansprüchen durch Kündigungsschutzklage?, NZA 2016, 210; *Vossen,* Wahrung der Dreiwochenfrist des § 4 Satz 1 KSchG für Folgekündigungen allein durch bereits anhängige Kündigungsschutzklage?, RdA 2015, 291.

**Fälle:**
a) Arbeitnehmer N, dem verhaltensbedingt gekündigt worden ist, beantragt auch für den Fall, dass seine Kündigungsschutzklage abgewiesen wird, die Auflösung des Arbeitsverhältnisses durch das Gericht und die Zuerkennung einer Abfindung (§§ 9, 10 KSchG).

b) Der Arbeitgeber G kündigt dem Arbeitnehmer N betriebsbedingt. Er unterbreitet ihm ein „Abfindungsangebot gem. § 1a KSchG", bietet dem N aber nur 0,3 Monatsverdienste pro Jahr an. N lässt deshalb die Frist für die Kündigungsschutzklage verstreichen und verlangt von G Zahlung einer „gesetzlichen" Abfindung von 0,5 Monatsgehältern pro Jahr.

### 1. Erfordernis einer Kündigungsschutzklage

Will der Arbeitnehmer die Unwirksamkeit einer Kündigung geltend machen, ist er nach § 4 KSchG generell gehalten, innerhalb von drei Wochen nach Zugang der Kündigungserklärung *Kündigungsschutzklage* vor dem Arbeitsgericht zu erheben, mit der er beantragt, festzustellen, dass das Arbeitsverhältnis der Parteien durch die (genau zu bezeichnende) Kündigung nicht aufgelöst worden ist (§ 4 Satz 1 KSchG; vgl. zur Klagefrist Rdnr. 603 ff. sowie zu den Voraussetzungen der Zulässigkeit Rdnr. 1334 ff.). § 13 Abs. 1 Satz 2 KSchG verweist auch für die außerordentliche Kündigung auf die §§ 4–7 KSchG (Rdnr. 620). Im Kündigungsschutzprozess wird also geprüft, ob die konkret angegriffene Kündigung das Arbeitsverhältnis zum Ablauf der Kündigungsfrist aufgelöst hat (sog. punktueller Streitgegenstandsbegriff). In Rahmen einer Auseinandersetzung zwischen Arbeitgeber und Arbeitnehmer können allerdings auch mehrere Kündigungen hintereinander ergehen, die dann wiederum alle mit einem eigenen und rechtzeitigen Kündigungsschutzantrag angegriffen werden müssten. Um dies zu umgehen, wurde üblicherweise in den ersten Kündigungsschutzantrag der allgemeine Feststellungsantrag aufgenommen, dass „das Arbeitsverhältnis unverändert fortbesteht". Nach neuerer Rechtsprechung kann hingegen nicht mehr ohne weiteres angenommen werden, dass es sich bei diesem Zusatz um einen eigenen Sachantrag und nicht nur eine redaktionelle Bekräftigung handle (BAG NZA 2015, 635).

**662** Zugleich hat das BAG den oben angeführten „punktuellen Streitgegenstandsbegriff" erweitert. Von einem Antrag nach § 4 Satz 1 KSchG ist regelmäßig auch das Begehren umfasst, festzustellen, dass das Arbeitsverhältnis bis zum vorgesehenen Auflösungszeitpunkt noch bestanden hat (sog. „erweiterter punktueller Streitgegenstandsbegriff"). Danach sind zumindest alle nachfolgenden Kündigungen von dem ersten Kündigungsschutzantrag umfasst, die innerhalb der Kündigungsfrist der angegriffenen Kündigung oder zeitgleich mit deren Fristablauf Wirkung entfalten sollen (BAG NZA 2015, 635).

## 2. Entscheidung des Arbeitsgerichts

**663** Die *Entscheidung des Arbeitsgerichts* richtet sich danach, ob es die Wirksamkeit der Kündigung bejaht oder verneint. Gemäß § 1 Abs. 4 Satz 2 KSchG hat der Arbeitgeber die Tatsachen zu beweisen, welche die Kündigung bedingen (dies gilt gem. § 1 Abs. 3 Satz 3 KSchG jedoch nicht für die fehlerhafte Sozialauswahl bei der betriebsbedingten Kündigung).

a) *Klageabweisung:* Hält das Gericht die Kündigung für wirksam, weist es die Kündigungsschutzklage des Arbeitnehmers ab. Damit steht das Gegenteil dessen, was der Arbeitnehmer beantragt hat, fest. Das Arbeitsverhältnis wurde also durch die Kündigung aufgelöst.

**664** b) *Stattgeben der Klage:* Bejaht das Gericht die Unwirksamkeit der Kündigung, so spricht es durch Urteil antragsgemäß aus, dass das Arbeitsverhältnis durch die Kündigung nicht aufgelöst wurde.

Falls der Arbeitgeber den Arbeitnehmer nicht beschäftigt hat, muss er nach § 615 Satz 1 BGB Annahmeverzugslohn (vgl. Rdnr. 449) zahlen; der Arbeitnehmer ist nicht zur Nachleistung verpflichtet. Auf den Lohn muss er sich jedoch nach § 11 KSchG (= Spezialregel zu § 615 Satz 2 BGB) anrechnen lassen, was er durch anderweitige Arbeit verdient, durch Nichtannahme einer ihm zumutbaren Arbeit zu verdienen böswillig unterlassen und infolge der Arbeitslosigkeit an öffentlich-rechtlichen Leistungen (z. B. aus der Arbeitslosenversicherung) erhalten hat. Annahmeverzug gem. § 615 Satz 1 BGB ist auch dann gegeben, wenn der Arbeitgeber dem gekündigten Arbeitnehmer einen auf die Dauer des Kündigungsschutzstreits begrenzten neuen Arbeitsvertrag angeboten hat; allerdings kann in der Ablehnung dieses Angebots durch den Arbeitnehmer ein böswilliges Unterlassen i. S. § 11 Satz 1 Nr. 2 KSchG liegen (BAG AP Nr. 9 zu § 615 BGB Böswilligkeit). Durch die Kündigungsschutzklage wird die Verjährung des Anspruchs auf Annahmeverzugslohn zwar nicht nach § 204 Abs. 1 Satz 1 BGB gehemmt (BAG NZA 2015, 35), etwaige arbeitsvertragliche oder tarifliche zweistufige Ausschlussfristen werden nach neuer Rechtsprechung durch die Bestandschutzklage aber gewahrt (BAG NZA 2013, 101).

War der Arbeitnehmer mit seiner Kündigungsschutzklage erfolgreich, muss er die Arbeit wiederaufnehmen. Ist er inzwischen ein neues Arbeitsverhältnis eingegangen, so kann er binnen einer Woche nach der Rechtskraft des klagestattgebenden Urteils die Fortsetzung des alten Arbeitsverhältnisses durch Erklärung gegenüber dem alten Arbeitgeber verweigern (Einzelh.: § 12 KSchG).

**665** c) *Auflösung des Arbeitsverhältnisses nach §§ 9, 10 KSchG (Gestaltungsurteil):* Kommt das Gericht zu dem Ergebnis, dass die Kündigung das Arbeitsverhältnis nicht aufgelöst hat, kann es, auf Antrag einer der beiden Prozessparteien, durch Urteil das

Arbeitsverhältnis auflösen und den Arbeitgeber zur Zahlung einer angemessenen Abfindung verurteilen (§ 9 KSchG). Der Arbeitnehmer muss dartun, dass ihm die Fortsetzung des Arbeitsverhältnisses (z. B. wegen des Verhaltens des Arbeitgebers nach der Kündigung) nicht mehr zuzumuten ist (§ 9 Abs. 1 Satz 1 KSchG). Stellt der Arbeitgeber den Antrag, muss er Gründe darlegen und beweisen, die eine den Betriebszwecken dienliche Zusammenarbeit mit dem Arbeitnehmer nicht mehr erwarten lassen (§ 9 Abs. 1 Satz 2 KSchG). Der Arbeitgeber kann sich dabei allerdings auch auf die Gründe berufen, auf die er zuvor erfolglos die Kündigung gestützt hat. Er muss dann vortragen, weshalb diese einer weiteren Zusammenarbeit entgegenstehen (BAG NZA 2018, 1131). Der Vortrag des Arbeitgebers muss so beschaffen sein, dass sich das Gericht, wollte es die Auflösung des Arbeitsverhältnisses auf dieses Vorbringen stützen, nicht in Widerspruch zu seiner Beurteilung des Kündigungsgrundes setzen müsste (BVerfG NZA 2005, 41). Der Antrag auf Auflösung durch den Arbeitgeber setzt voraus, dass die Kündigung aufgrund fehlender sozialer Rechtfertigung nach § 1 Abs. 2 KSchG und nicht aufgrund anderweitiger Gründe (z. B. fehlerhafte Betriebsratsanhörung) unwirksam ist.

**666** Das BAG stellt an den für den Auflösungsantrag des Arbeitgebers erforderlichen „wichtigen Grund" besonders strenge Anforderungen. Als maßgeblichen Zeitpunkt der Beurteilung nimmt es daher auch nicht den Ausspruch der Kündigung, sondern die letzte mündliche Verhandlung in der Tatsacheninstanz (§ 9 Abs. 1 Satz 3 KSchG). Dadurch soll schließlich auch (nach dem Prognoseprinzip) ein „inzwischen eingetretener Wandel der betrieblichen Verhältnisse" zu berücksichtigen sein (BAG NZA 2003, 261).

**667** Im Falle eines leitenden Angestellten, der zur selbstständigen Einstellung oder Entlassung von Arbeitnehmern berechtigt ist, bedarf der Antrag des Arbeitgebers auf Auflösung des Arbeitsverhältnisses keiner Begründung (§ 14 Abs. 2 Satz 2 KSchG); das Gesetz geht davon aus, dass nach der Kündigung das Vertrauensverhältnis zwischen dem Arbeitgeber und dem leitenden Angestellten gestört und in der Regel nicht wiederherzustellen ist. Der Arbeitgeber kann sich somit allein durch die Zahlung einer Abfindung aus dem Arbeitsvertrag „freikaufen" (vgl. Rdnr. 472; ähnliches gilt für Risikoträger bedeutender Finanzinstitute, vgl. § 25a Va KWG). Diese Möglichkeit des „Freikaufens" besteht aber nur für sozialwidrige, nicht für aus sonstigen Gründen unwirksame Kündigungen (Rdnr. 665). Stellen alle Prozessparteien – wenn auch aus verschiedenen Gründen – einen Auflösungsantrag, ist eine Begründung ebenfalls entbehrlich (BAG AP Nr. 7 zu § 7 KSchG, a. A. MünchKommBGB/Hergenröder, § 9 KSchG Rdnr. 60 f.).

**668** Im Fall einer (unwirksamen) *außerordentlichen Kündigung* hat nur der Arbeitnehmer die Möglichkeit, die gerichtliche Auflösung des Arbeitsverhältnisses und die Verurteilung des Arbeitgebers zur Zahlung einer angemessenen Abfindung zu beantragen, sofern ihm die Fortsetzung des Arbeitsverhältnisses nicht zuzumuten ist (§ 13 Abs. 1 Satz 3 KSchG). Das Gericht hat für die Auflösung des Arbeitsverhältnisses den Zeitpunkt festzulegen, zu dem die außerordentliche Kündigung ausgesprochen wurde (Zugang oder Fristablauf), § 13 Abs. 1 KSchG. Eine Abfindung kommt auch in Betracht, wenn eine Kündigung gegen die guten Sitten verstößt, nicht aber bei anderen Rechtsunwirksamkeitsgründen, § 13 Abs. 2, 3 KSchG.

**669** Für die Auflösung des Arbeitsverhältnisses hat das Gericht den Zeitpunkt festzusetzen, an dem das Arbeitsverhältnis bei sozial gerechtfertigter Kündigung geendet hätte (§ 9 Abs. 2 KSchG). Mit der Auflösung des Arbeitsverhältnisses ist vom Gericht eine *Abfindung* festzusetzen, deren Höhe normalerweise zwölf Monatsverdienste nicht übersteigen darf (§ 10 Abs. 1 KSchG). Für ältere Arbeitnehmer (keine Altersdiskriminierung wegen § 10 Nr. 6 AGG!), die eine längere Dauer des Arbeitsverhältnisses aufzuweisen haben, kann die Höchstgrenze für die Abfindung 18 Monatsverdienste erreichen (§ 10 Abs. 2 KSchG).

Vielfach werden Kündigungsschutzklagen nur erhoben, um durch einen Vergleich oder durch ein Urteil eine Abfindung zu erreichen. Zur Zahlung einer Abfindung kann das Gericht den Arbeitgeber aber nur dann verurteilen, wenn es zuvor die Unwirksamkeit der Kündigung festgestellt und das Arbeitsverhältnis aufgelöst hat (§ 9 KSchG). Für eine gerichtliche Auflösung des Arbeitsverhältnisses ist kein Raum mehr, wenn dieses schon durch die Kündigung des Arbeitgebers aufgelöst wurde, die Feststellungsklage des Arbeitnehmers also unbegründet ist (**Fall a**).

670 Abfindungen, die der Arbeitgeber anlässlich der Beendigung von Arbeitsverhältnissen zahlt, spielen auch außerhalb der §§ 9, 10 KSchG eine Rolle, etwa bei betriebsbedingten Kündigungen, wenn der Arbeitnehmer auf einen Kündigungsschutzprozess verzichtet (§ 1a KSchG, hierzu unter Rdnr. 671 ff.) sowie bei betriebsverfassungswidrigem Verhalten des Arbeitgebers (§ 113 BetrVG). In der Praxis weitaus bedeutender sind Abfindungen aber im Rahmen von Vergleichsverhandlungen im Kündigungsschutzprozess sowie bei Aufhebungsverträgen, die auf Betreiben des Arbeitgebers geschlossen werden. Bei den Verhandlungen über die Höhe der Abfindung sind dabei aus Arbeitnehmersicht die Anrechenbarkeit der Abfindungszahlungen auf das Arbeitslosengeld (§ 158 SGB III) und die einkommenssteuerrechtliche Behandlung zu berücksichtigen.

### 3. Abfindungsanspruch des Arbeitnehmers bei Klageverzicht

671 a) Bei einer Kündigung des Arbeitgebers, die er auf dringende betriebliche Erfordernisse stützt, erwirbt der Arbeitnehmer nach § 1a KSchG einen Abfindungsanspruch, wenn er auf die Erhebung einer Kündigungsschutzklage verzichtet. Der Anspruch entsteht nur, wenn der Arbeitgeber in der Kündigungserklärung den Arbeitnehmer (schriftlich) auf diese Option hinweist und der Arbeitnehmer die Klagefrist verstreichen lässt. Der Hinweis des Arbeitgebers muss sich neben der Angabe des Kündigungsgrunds (betriebsbedingt) auch auf die Rechtsfolge beziehen, dass der Anspruch auf Abfindung allein davon abhängt, dass der Arbeitnehmer die Klagefrist verstreichen lässt. Nicht notwendig ist die Angabe der Abfindungshöhe. Die Wirksamkeit der Kündigung ist für den Anspruch ohne Bedeutung. Die Höhe der Abfindung beträgt für jedes Jahr der Betriebszugehörigkeit 0,5 Monatsverdienste. § 10 Abs. 3 KSchG gilt entsprechend (näher Löwisch, BB 2004, 154).

672 Der Anspruch auf die Abfindung entsteht mit dem Ablauf der Kündigungsfrist. Die gesetzliche Regelung will gerichtliche Auseinandersetzungen der Arbeitsvertragsparteien vermeiden und den Parteien eine einfache, effiziente und kostengünstige außergerichtliche Option zu einem fairen Interessenausgleich zur Verfügung stellen. Diesem Zweck entspricht es, einem Arbeitnehmer die Abfindung zu versagen, wenn er eine gerichtliche Auseinandersetzung eingeleitet hat (vgl. BT-Drucks. 15/1204, S. 9, 12). Aus diesem Grund entsteht der Anspruch auf Abfindung nicht, wenn der Arbeitnehmer zunächst Kündigungsschutzklage erhoben hat und diese später zurücknimmt, auch wenn nach § 269 Abs. 3 Satz 1 ZPO im Fall der Klagerücknahme der Rechtsstreit als nicht anhängig geworden gilt (BAG NZA 2008, 696). Zudem entfällt der Abfindungsanspruch rückwirkend, wenn der Arbeitnehmer die Zulassung seiner verspäteten Kündigungsschutzklage nach § 5 KSchG beantragt. Die erstrebte zügige außergerichtliche Lösung ist hier nicht erzielt worden, die Intention des Abfindungsangebotes gem. § 1a KSchG mithin fehlgeschlagen (ausführl. Kögel RdA 2009, 358).

b) Ein Abfindungsanspruch kann auch entstehen, wenn die gesetzlichen Voraussetzungen des § 1a KSchG nicht vorliegen. Bietet bspw. ein Arbeitgeber eine geringere als in § 1a KSchG vorgesehene Abfindung an oder unterbreitet er dieses Angebot im Falle einer personenbedingten Kündigung, so kann der Arbeitnehmer dieses Angebot nach allgemeinen Regeln durch Verstreichenlassen der Klagefrist schlüssig annehmen. In diesem Fall ist indes eine Annahmeerklärung erforderlich, deren Zugang u. U. nach § 151 Satz 1 BGB entbehrlich sein kann (ausführl. KR/Spilger, § 1a KSchG Rdnr. 46 ff.). **673**

Im **Fall b** hat N keinen Anspruch auf Zahlung einer Abfindung von 0,5 Monatsgehältern pro Jahr, da man davon ausgehen muss, dass der Hinweis auf die Abfindung die gesetzliche Höhe umfassen muss, wenn der Hinweis ausdrücklich auf § 1a KSchG Bezug nimmt. Dies bedeutet aber nicht, dass N nun leer ausgeht. G hat ein vertragliches Angebot in Höhe von 0,3 Monatsverdiensten pro Jahr unterbreitet. Das Schweigen des N bei Kenntnis des Angebots in Form der Nichterhebung der Kündigungsschutzklage innerhalb der Klagefrist ist als Annahme des Angebotes i. S. v. § 151 BGB zu werten.

c) Rechtspolitisch überzeugt die zum 1.1.2004 eingeführte Regelung des § 1a KSchG nicht. Arbeitgeber machen von der Regelung nur selten Gebrauch. Das Abfindungsangebot nach § 1a KSchG gilt regelmäßig als Ausdruck der Unsicherheit des Arbeitgebers über die soziale Rechtfertigung seiner Kündigung und verkehrt somit seine Zielrichtung. Arbeitnehmer greifen in diesen Fällen erst recht zur Kündigungsschutzklage, um eine höhere Abfindung zu erstreiten, denn ein Unterschreiten des einmal gemachten Angebots wird der Arbeitgeber im Kündigungsschutzprozess nur schwer erreichen können. Stehen die Chancen der sozialen Rechtfertigung der Kündigung hingegen sehr gut, wird ein verständiger Arbeitgeber zunächst keine Abfindung bzw. allenfalls nur eine geringe anbieten. **674**

### 4. Weiterbeschäftigungsanspruch

Ob der Arbeitnehmer während des oft länger dauernden Kündigungsrechtsstreits weiter zu beschäftigen ist, ist gesetzlich nicht abschließend geregelt. § 102 Abs. 5 BetrVG betrifft nur den Spezialfall eines Widerspruchs des Betriebsrats gegen die Kündigung (zum betriebsverfassungsrechtlichen Weiterbeschäftigungsanspruch Rdnr. 1147). Der Große Senat des BAG hat einen darüber hinausgehenden, aus § 242 BGB i. V. m. Art. 1, 2 Abs. 1 GG abgeleiteten *allgemeinen Weiterbeschäftigungsanspruch* in zwei Fällen bejaht (BAG NZA 1985, 702): **675**

- Zum einen ist ein solcher Anspruch gegeben, wenn die Kündigung offensichtlich unwirksam ist, etwa weil das Anhörungsrecht des Betriebsrats nach § 102 Abs. 1 BetrVG oder das Kündigungsverbot des § 17 Abs. 1 MuSchG vom Arbeitgeber missachtet worden ist.
- Zum anderen kann der Arbeitnehmer Weiterbeschäftigung verlangen, sofern ein – erst- oder zweitinstanzliches – Urteil der Kündigungsschutzklage stattgegeben und dieses Urteil (noch) Bestand hat.

In beiden Fällen überwiegt das Interesse des Arbeitnehmers an der tatsächlichen Beschäftigung gegenüber dem des Arbeitgebers an der Nichtbeschäftigung des Arbeitnehmers. Etwas anderes gilt dann, wenn besondere Umstände hinzutreten, die dem Arbeitgeber die Weiterbeschäftigung unzumutbar machen.

Beispiel: Der Arbeitgeber muss befürchten, dass der Arbeitnehmer weiterhin Betriebsgeheimnisse verrät oder Unterschlagungen begeht (BAG NZA 1988, 465).

Nach Ablauf der Kündigungsfrist bis zum Erlass eines erstinstanzlichen Urteils hat der Arbeitnehmer somit keinen allgemeinen Anspruch auf Weiterbeschäftigung. Möchten die Parteien eine Weiterbeschäftigung bis zum Abschluss des erstinstanzlichen Verfahrens vereinbaren, bedarf dies der Schriftform nach § 14 Abs. 4 TzBfG (BAG NZA 2004, 1275). Bei einem

Formverstoß endet der Arbeitsvertrag nach § 16 Satz 1 TzBfG nicht mit Abschluss des Kündigungsschutzprozesses, sondern besteht auf unbestimmte Zeit fort.

## C. Sonstige Beendigungsgründe

**Schrifttum:** *Bauer/von Medem,* Altersgrenzen zur Beendigung von Arbeitsverhältnissen – Was geht, was geht nicht?, NZA 2012, 945; *Fischinger,* Lösungsmöglichkeiten von arbeitsrechtlichen (Aufhebungs-)Verträgen: Widerrufsrecht und „Gebot fairen Verhandelns"; *Fischinger/Reiter,* K. O. für den Befristungsschutz in der Fußball-Bundesliga?, NZA 2016, 661; *Fischinger/Werthmüller,* Der Aufhebungsvertrag im Irish Pub – Die Neuregelungen der §§ 312 ff. BGB und die Widerruflichkeit arbeitsrechtlicher Aufhebungsverträge, NZA 2016, 193; *Lembke/Tegel,* Neues zum Vorbeschäftigungsverbot des Befristungsrechts, NZA 2019, 1029; *Poguntke,* Neue Gestaltungsmöglichkeiten bei der Beschäftigung älterer Arbeitnehmer, NZA 2014, 1372; *Preis/Schwarz,* Reform des Teilzeitarbeitsrechts, NJW 2018, 3673; *Schneider,* Schriftform der Befristungsabrede bei tarifvertraglich überlagerten Arbeitsverhältnissen, RdA 2015, 263; *Stein,* Missbrauchskontrolle bei befristeten Arbeitsverträgen, NJW 2015, 369; *Waltermann,* Weiterbeschäftigung nach der Altersgrenze, NJW 2018, 193.

**Fälle:**

**676** a) Der Arbeitgeber G kündigt dem Arbeitnehmer N schriftlich fristlos wegen Diebstahls. Im Verlauf einer Unterredung sagt N dem G, er nehme die Kündigung an und bitte um seine Papiere. Nach drei Tagen überlegt N es sich anders und will nun gegen die Kündigung vorgehen.

b) Der Arbeitgeber G stellt den Arbeitnehmer N für drei Monate ein. Das Arbeitsverhältnis wird nach Prüfung der Auftragslage mehrfach um jeweils drei Monate verlängert. Nach Ablauf von zwei Jahren lehnt G eine nochmalige Verlängerung ab. N will weiterbeschäftigt werden und erhebt Klage beim Arbeitsgericht.

c) Der Vertrag mit einem Lizenzfußballspieler sieht vor, dass das Vertragsverhältnis vorzeitig beendet sein soll, wenn der Verein vom DFB keine neue Lizenz erhält. Wirksam?

Abgesehen von der Kündigung (Rdnr. 497 ff.) kommen folgende Beendigungsgründe in Betracht:

### I. Aufhebungsvertrag

**677** Die Parteien können jederzeit vertraglich die Beendigung des Arbeitsverhältnisses vereinbaren (vgl. § 311 Abs. 1 BGB). Das Arbeitsverhältnis endet zu dem vereinbarten Zeitpunkt, ohne dass es einer Kündigung bedarf. In dem Abschluss eines Aufhebungsvertrags liegt keine unzulässige Umgehung des KSchG. Denn dem Arbeitnehmer steht es ebenso frei, eine arbeitgeberseitige Kündigung hinzunehmen. Der Vorteil eines Aufhebungsvertrages für den Arbeitgeber ist damit offensichtlich. Die Motivation des Arbeitnehmers auf seinen Kündigungsschutz zu verzichten, kann im Gegenzug aber in der Möglichkeit liegen, eine Abfindung für den Verlust des Arbeitsplatzes auszuhandeln. Denn der Arbeitnehmer hätte bei (rechtmäßiger) Kündigung – entgegen einem weit verbreiteten „Mythos" – keinen Abfindungsanspruch.

Ein Aufhebungsvertrag bedarf nach § 623 BGB zwingend der Schriftform. Zur Schriftform gehört nach § 126 BGB die eigenhändige Unterschrift beider Parteien; gem. § 623 a. E. ist die elektronische Form (126a BGB) ausgeschlossen. Fax und E-Mail scheiden ebenso aus. Zur Kontrolle vorformulierter Aufhebungsverträge vgl. HWK/Roloff, Anh. §§ 305–310 BGB

Rdnr. 8, wobei darauf hinzuweisen ist, dass sich die Inhaltskontrolle der Vertragsaufhebung als Hauptbestandteil der Einigung gem. § 307 Abs. 3 BGB der Inhaltskontrolle entzieht.

**678** Ein Aufhebungsvertrag hat für den Arbeitnehmer oft missliche Folgen, vor allem dann, wenn er vorschnell und unüberlegt abgeschlossen wurde. Neben dem (vermeidbaren) Arbeitsplatzverlust gegen eine nur mäßig ausfallende Abfindung, kann es zu Sperrzeiten beim anschließenden Bezug von Arbeitslosengeld kommen. Daher sehen einige Tarifverträge für den Aufhebungsvertrag neben der Schriftform die Einräumung einer Bedenkzeit und/oder eines befristeten Widerrufsrechts vor. Bestehen solche Regelungen nicht, bleibt dem Arbeitnehmer nur die Möglichkeit der Anfechtung des Aufhebungsvertrags gem. §§ 119, 123, 142 Abs. 1 BGB (dazu BAG NZA 1987, 91; 1996, 1030; 2002, 731). Die Drohung mit einer außerordentlichen Kündigung ist dabei nur dann widerrechtlich und berechtigt den Arbeitnehmer nur dann zur Anfechtung eines Aufhebungsvertrags gem. § 123 Abs. 1 BGB, wenn ein verständiger Arbeitgeber eine solche Kündigung nicht ernsthaft in Erwägung ziehen durfte.

Selbst wenn ein Anfechtungsgrund vorliegt, gerät der beweispflichtige Arbeitnehmer nicht selten in Beweisschwierigkeiten, wenn etwa das Gespräch allein mit dem Arbeitgeber stattgefunden hat. Sofern der Arbeitgeber den Arbeitnehmer ohne Vorbereitung zu einem Gespräch über die Aufhebung des Arbeitsverhältnisses bestellt und er ihm weder die Hinzuziehung eines neutralen Zeugen (z. B. eines Betriebsratsmitglieds) anbietet noch ihm eine Bedenkzeit oder eine Widerrufsmöglichkeit einräumt, kann darin ein Verstoß gegen die ihm aus dem Arbeitsvertrag obliegende Fürsorgepflicht liegen. Das kann in einem späteren gerichtlichen Verfahren über die Beendigung des Arbeitsverhältnisses jedenfalls zu einer Beweiserleichterung führen. Das BAG hat mit wenig überzeugender Begründung die Möglichkeit bejaht, einen Aufhebungsvertrag per schadensersatzrechtlicher Naturalrestitution gem. § 249 BGB wegen Verletzung des Gebots fairen Verhandelns rückabzuwickeln (BAG NZA 2019, 688; zu recht kritisch zur Begründung des BAG Fischinger, NZA 2019, 729). Die Folge ist eine verbreitete Rechtsunsicherheit.

**679** Die §§ 312 Abs. 1 Satz 1, 355 BGB begründen unabhängig von der Frage, ob man mit der BAG-Rspr. den Arbeitnehmer als Verbraucher ansieht (vgl. Rdnr. 205), kein generelles Widerrufsrecht des Arbeitnehmers für arbeitsrechtliche Aufhebungsverträge. Die Vorschriften sind nach ihrem Wortlaut, ihrer Systematik und ihrer Entstehungsgeschichte auf arbeitsrechtliche Aufhebungsverträge nicht anwendbar. Insbesondere fehlt es an einem situationstypischen Überraschungsmoment. Der Arbeitnehmer weiß und rechnet damit, dass die das Arbeitsverhältnis betreffenden Fragen im Betrieb – vertraglich – geregelt werden (BAG NZA 2019, 688). Rechtspolitisch ist dieser Zustand allerdings bedenklich. Bei einem derart essentiellen Vertrag wie dem Aufhebungsvertrag wäre ein begrenztes Widerrufsrecht des Arbeitnehmers ein sachgerechter Beitrag zum Arbeitnehmerschutz (vgl. auch § 134 Abs. 3-6 des Diskussionsentwurfs für ein Arbeitsvertragsgesetzbuch, dazu Rdnr. 123). Ausländische Rechtsordnungen, etwa der französische Code du travail (Art. L. 1237-13: 15 Tage), kennen ein entsprechendes Widerrufsrecht.

Da der Aufhebungsvertrag als gegenseitiger Vertrag i. S. d. § 320 BGB zu qualifizieren ist, kann dem Arbeitnehmer ein Rücktrittsrecht zustehen. Das gesetzliche Rücktrittsrecht aus § 323 BGB ist allerdings regelmäßig (konkludent) ausgeschlossen und hilft den Arbeitnehmer auch nur für den Fall weiter, dass der Arbeitgeber seine Gegenleistung (Zahlung der Abfindung) nicht oder nicht rechtzeitig erbringt.

Im **Fall a** ist aus dem Verhalten des N zwar auf dessen Einverständnis mit der Vertragsbeendigung zu schließen. Wegen der fehlenden Schriftform ist aber kein Aufhebungsvertrag zustande gekommen (§ 623 BGB). N kann gegen die Kündigung gem. §§ 13 Abs. 1, 4 Satz 1 KSchG vorgehen.

Befristung nach § 14 Abs. 2 TzBfG nur dann entgegenstehe, wenn es anlehnend an die Regelverjährungsfrist innerhalb der letzten drei Jahre bestanden hat (BAG NZA 2011, 905 und NZA 2012, 255). Die „verfassungskonforme" Auslegung des BAG wurde im Schrifttum unter dem Gesichtspunkt des Verstoßes gegen die Gewaltenteilung nach Art. 20 Abs. 3 GG kritisiert (vgl. nur Höpfner NZA 2011, 8939). Das BVerfG hat die Kritiker jüngst bestätigt und das „lebenslange" Vorbeschäftigungsverbot für verfassungskonform erklärt (BVerfG NZA 2018, 774). Allerdings könnten die Fachgerichte den Anwendungsbereich von § 14 Abs. 2 Satz 2 TzBfG in verfassungskonformer Auslegung einschränken, soweit das dort angeordnete Verbot unzumutbar ist, weil eine Beschäftigung sehr lange zurückliegt, ganz anders geartet oder von sehr kurzer Dauer war. Im Anschluss an diese verfassungsgerichtliche Vorgabe hat das BAG eine zeitlich sehr lange zurückliegende Vorbeschäftigung bei acht Jahren verneint (BAG NZA 2019, 700), bei 22 Jahren dagegen zutreffend bejaht (BAG NZA 2020, 40). Betont wurde jeweils die Notwendigkeit der Würdigung des konkreten Einzelfalles. Genauere Anhaltspunkte – auch bezüglich der weiteren Varianten – dürften sich erst im Laufe der Zeit als Folge einer sich konsolidierenden Rspr. ergeben.

Nach § 14 Abs. 2 Satz 3 TzBfG kann durch Tarifvertrag die Anzahl der Verlängerungen sowie die Höchstdauer der Befristung abweichend von Satz 1 festgelegt werden (dazu BAG NZA 2015, 821). Diese Möglichkeit der Tarifvertragsparteien gilt allerdings nicht unbegrenzt (BAG NZA 2017, 463, wonach eine bis zur dreifachen Überschreitung der beiden Höchstgrenzen des § 14 Abs. 1 Satz 1 TzBfG möglich ist, also sechs Jahre).

**687** b) Für eine über zwei Jahre hinausgehende Befristungsabrede muss ein sachlicher Grund vorliegen. Eine nicht abschließende („insbesondere") Aufzählung der Sachgründe enthält § 14 Abs. 1 Satz 2 Nr. 1–8 TzBfG. Als weitere Sachgründe sind nur Gründe anzuerkennen, die in ihrem Gewicht den ausdrücklich benannten gleichwertig sind (BAG NZA 2010, 495), d. h. die dem Wertungsmaßstab der geregelten Sachgründe entsprechen (BAG NZA 2014, 150). Schon früher diskutiert wurde ein gesetzlich nicht geregelter Sachgrund für die Befristung von Profifußballern wegen der Branchenunüblichkeit und dem Unterhaltungsinteresse des Publikums (Jungheim RdA 2008, 222). Das BAG (NZA 2018, 703) hat sich jüngst in der Rechtssache „Heinz Müller" auf den Standpunkt gestellt, die Befristung sei durch den sachlichen Grund der Eigenart der Arbeitsleistung (§ 14 Abs. 1 Satz 2 Nr. 4 TzBfG) gerechtfertigt. Gleiches kann für die Befristung eines Schauspielers gelten (vgl. BAG NZA 2018, 229). Im Übrigen gilt: Mit zunehmender Dauer steigen die Anforderungen an den sachlichen Grund für eine Befristung, da der Bedarf für eine Befristung immer stärker erklärungsbedürftig wird.

Das Schriftformerfordernis des § 14 Abs. 4 TzBfG (Rdnr. 584) erfasst nur die Befristungsvereinbarung, nicht also den sachlichen Grund, auf dem sie beruht. Der Sachgrund muss auch nicht Gegenstand der vertraglichen Vereinbarung sein; er ist nur objektive Wirksamkeitsvoraussetzung für die Befristung (BAG NZA 2004, 1333).

**688** Nach der zum 1.5.2007 novellierten Fassung des § 14 Abs. 3 TzBfG (BGBl. I, S. 538) ist die kalendermäßige Befristung eines Arbeitsvertrages ohne sachlichen Grund für eine Dauer von bis zu 5 Jahren zulässig, wenn der Arbeitnehmer zu Beginn des Arbeitsverhältnisses das 52. Lebensjahr vollendet hat und unmittelbar davor mindestens 4 Monate beschäftigungslos (§ 138 Abs. 1 Nr. 1 SGB III) war, Transferkurzarbeitergeld bezogen oder an einer Beschäftigungsmaßnahme nach dem SGB II bzw. SGB III teilgenommen hat. Bis zur Gesamtdauer von 5 Jahren ist auch die mehrfache Verlängerung des Arbeitsvertrages zulässig. Durch die zusätzliche Voraussetzung der vorherigen Beschäftigungslosigkeit trägt der Gesetzgeber der zur Vorgängerregelung ergangenen Mangold-Entscheidung des EuGH (NJW 2005, 3695) Rechnung.

Nach § 14 Abs. 2a TzBfG ist in den ersten vier Jahren nach der Gründung eines Unternehmens die kalendermäßige Befristung eines Arbeitsvertrags ohne Vorliegen eines sachlichen Grundes bis zur Dauer von vier Jahren zulässig; bis zu dieser Gesamtdauer von vier Jahren ist auch die mehrfache Verlängerung eines kalendermäßig befristeten Arbeitsvertrags zulässig. Dies gilt allerdings nicht für Neugründungen im Zusammenhang mit der rechtlichen Umstrukturierung von Unternehmen und für konzernverbundene Unternehmen.

Ist die Befristung an die Zustimmung des Betriebs- oder Personalrats gebunden, so ist eine ohne diese Zustimmung vereinbarte Befristung unwirksam. Die Zustimmung kann nicht nachträglich erteilt werden (BAG NZA 2002, 811). **689**

### 4. Zweckbedingte Befristung

Ein zweckbefristeter Arbeitsvertrag soll enden, wenn der Zweck erreicht ist, d. h. ein bestimmtes Ereignis eingetreten ist. Der Arbeitgeber muss dem Arbeitnehmer schriftlich den Zeitpunkt der Zweckerreichung mitteilen. Der Arbeitsvertrag endet zwei Wochen nach dem Zugang dieser Mitteilung (§ 15 Abs. 2 TzBfG). Zweckbedingte Befristungen können sehr unterschiedliche Gründe haben, etwa die Mitarbeit an bestimmten Arbeitsprojekten (Hausbau, wissenschaftliche Untersuchungen) oder die Vertretung erkrankter Mitarbeiter etc. **690**

### 5. Rechtsfolgen unwirksamer Befristungen

Befristungen, welche die formellen (Schriftform) und materiellen (sachlicher Grund, Zeitgrenze) Voraussetzungen des § 14 Abs. 1–4 TzBfG (lesen!) nicht erfüllen, sind unwirksam. Das BAG lehnt bei fehlender Schriftform eine Nachholung des Formerfordernisses ab (BAG NZA 2005, 575). Das unwirksam befristete Arbeitsverhältnis gilt zwar als auf unbestimmte Zeit abgeschlossen (§ 16 TzBfG). Der Arbeitgeber kann aber frühestens zum (unwirksam) vereinbarten Ende der Befristung ordentlich kündigen. Etwas anderes gilt, wenn die Befristung nur wegen des Mangels der Schriftform unwirksam ist (§ 16 Satz 2 TzBfG). **691**

Der Arbeitnehmer muss die Unwirksamkeit einer Befristungsabrede – ähnlich wie bei der Kündigung, § 4 KSchG – innerhalb von drei Wochen nach dem vereinbarten Fristende durch eine Feststellungsklage dahin geltend machen, dass das Arbeitsverhältnis aufgrund der Befristung nicht beendet sei. Die Erhebung einer allgemeinen Feststellungsklage (§ 256 ZPO), mit der ein Arbeitnehmer die Feststellung begehrt, dass das Arbeitsverhältnis der Parteien über den als letzten Arbeitstag vorgesehenen Zeitpunkt hinaus als unbefristetes Arbeitsverhältnis fortbesteht, genügt diesen Anforderungen nicht. Zu den Einzelheiten siehe § 17 TzBfG.

In jüngerer Zeit häufen sich vor Gericht Klagen gegen die rechtsmissbräuchliche Aneinanderreihung von Befristungen (sog. „Kettenbefristungen"). Hinsichtlich der sachgrundlosen Befristung (§ 14 Abs. 2 TzBfG) betrifft dies Fälle, in denen rechtlich und tatsächlich verbundene Arbeitgeber in bewusstem und gewolltem Zusammenwirken im Wechsel befristete Arbeitsverträge anbieten, um das Anschlussverbot zu umgehen. Hier kann dem letzten Vertragsarbeitgeber durch den Arbeitnehmer § 242 BGB entgegengehalten werden (BAG NZA 2014, 483, BAG NJW 2013, 3465). **692**

Auch im Rahmen der Befristung mit Sachgrund nimmt die Rechtsprechung bei Aneinanderreihung einer Vielzahl von befristeten Arbeitsverträgen zusätzlich zur Prüfung des Sachgrundes eine einzelfallbezogene Missbrauchskontrolle vor. Einen Rechtsmissbrauch muss der Arbeitnehmer aber mit besonderen Umständen belegen. Für die Beurteilung sind insbesondere die Gesamtdauer und Anzahl der in der Vergangenheit mit demselben Arbeitgeber geschlossenen aufeinander folgenden befristeten Verträge maßgeblich (BAG NZA 2017, 382 sowie 1600; EuGH NZA 2012, 135 – „Kücük"). Von Bedeutung kann ferner sein, ob der Arbeitnehmer stets auf demselben Arbeitsplatz mit denselben Aufgaben beschäftigt wird oder ob es sich um wechselnde, ganz unterschiedliche Aufgaben handelt (Kriterium des Dauerbedarfs, EuGH NZA 2014, 475). Auch wenn genaue quantitative Angaben der Einzelfallprüfung nicht gerecht wären, können bisherige Entscheidungen jedenfalls zur groben Orientierung herangezogen werden. So hat das BAG einen Rechtsmissbrauch bei einer Gesamtdauer von 11 Jahren mit insgesamt 13 Befristungen bejaht (BAG NZA 2012, 1351), ihn dagegen bei vier Befristungen in einem Zeitraum von sieben Jahren und neun Monaten verneint (BAG DB 2012, 26). Maßgeblich sind immer die Umstände des Einzelfalls (siehe auch BAG NZA 2015, 928). Kettenbefristungen sind folglich grundsätzlich möglich und nur in besonders gelagerten Einzelfällen rechtsmissbräuchlich (zur Missbrauchskontrolle ausführlich Stein NJW 2015, 369).

### 6. Das Ende befristeter Arbeitsverhältnisse

**693** Befristete Arbeitsverträge enden mit Fristablauf oder Zweckerreichung. Einer Kündigung bedarf es nicht (§ 15 Abs. 1, 2 TzBfG). Die ordentliche Kündigung eines befristeten Arbeitsverhältnisses ist nur zulässig, wenn dies einzelvertraglich oder im anwendbaren Tarifvertrag vereinbart ist (§ 15 Abs. 3 TzBfG). Ist die ordentliche Kündigung vereinbart, gelten die Kündigungsfristen nach § 622 Abs. 2 BGB (vgl. EuGH NZA 2014, 421). Das Recht zur außerordentlichen Kündigung (§ 626 BGB) bleibt selbstverständlich unberührt. Arbeitsverträge, die auf Lebenszeit eines Arbeitnehmers oder auf mehr als fünf Jahre geschlossen sind, können vom Arbeitnehmer nach fünf Jahren mit einer Frist von sechs Monaten gekündigt werden (§ 15 Abs. 4 TzBfG). Wird das Arbeitsverhältnis nach Fristablauf oder Zweckerreichung mit Wissen des Arbeitgebers fortgesetzt, gilt es fortan als unbefristetes, auf unbestimmte Zeit geschlossenes Arbeitsverhältnis, wenn der Arbeitgeber nicht unverzüglich widerspricht oder dem Arbeitnehmer die Zweckerreichung nicht unverzüglich mitteilt (§ 15 Abs. 5 TzBfG).

Eine bei Ablauf der wirksamen Befristung bestehende Weiterbeschäftigungsmöglichkeit löst keinen Wiedereinstellungsanspruch aus, da der Arbeitgeber die Freiheit hat, einen zeitlich begrenzten Beschäftigungsbedarf nur teilweise zu überbrücken (BAG NZA 2002, 896).

### IV. Eintritt einer auflösenden Bedingung

**694** Ein auflösend bedingtes Arbeitsverhältnis endet nach § 158 Abs. 2 BGB ohne Kündigung. Für den Arbeitnehmer bedeutet das, wie bei der wirksamen Befristung, den Wegfall des Kündigungsschutzes. Deshalb stellt das TzBfG an die Vereinbarung auflösender Bedingungen ähnlich strenge Voraussetzungen, wie sie für Befristungsabreden gelten (lies § 21 TzBfG):

- Die Vereinbarung einer auflösenden Bedingung bedarf der Schriftform (§ 14 Abs. 4 TzBfG).
- Sie muss durch einen sachlichen Grund gerechtfertigt sein (§ 14 Abs. 1 TzBfG).
- Der Arbeitgeber muss den Eintritt der auflösenden Bedingung dem Arbeitnehmer schriftlich mitteilen. Das Arbeitsverhältnis endet erst zwei Wochen nach dem Zugang dieser Mitteilung (§ 15 Abs. 2 TzBfG).
- Die ordentliche Kündigung eines solchen Arbeitsverhältnisses ist nur zulässig, wenn das vertraglich oder tarifvertraglich vereinbart ist (§ 15 Abs. 3 TzBfG).
- Die *Rechtsfolgen* unwirksam vereinbarter auflösender Bedingungen entsprechen denen bei unwirksamen Befristungen (§§ 21, 16–20 TzBfG, vgl. Rdnr. 691).

**695** Die Vereinbarung einer auflösenden Bedingung muss von einer zweckbedingten Befristung unterschieden werden. Bei beiden Alternativen hängt die Beendigung des Arbeitsverhältnisses vom Eintritt eines künftigen Ereignisses ab. Es muss deshalb nach der Frage der Gewissheit des Eintritts des künftigen Ereignisses abgegrenzt werden. Bei einer zweckbedingten Befristung ist der Eintritt des Ereignisses gewiss, der Zeitpunkt allerdings nicht. Bei einer auflösenden Bedingung ist bereits ungewiss, ob das künftige Ereignis, das zur Beendigung führen soll, überhaupt eintreten wird. (BAG NZA 2017, 631). Welche Beendigungsform gemeint ist, muss durch Auslegung des Vertragsinhalts ermittelt werden.

**696** Die Wirksamkeit einer Vereinbarung über eine auflösende Bedingung wird nach den Grundsätzen und Wertungsmaßstäben der Befristungskontrolle überprüft (BAG NZA 2003, 611). Als Sachgrund kommt bspw. die Erwerbsunfähigkeit des Arbeitnehmers, die Bewilligung einer Versorgungsrente oder einer Rente wegen Berufsunfähigkeit in Betracht (vgl. BAG NZA 2002, 584). Auch das negative Ergebnis einer ärztlichen Einstellungsuntersuchung wird als zulässige auflösende Bedingung akzeptiert (kritisch allerdings APS/Backhaus, § 14 TzBfG Rdnr. 216). Die auflösende Bedingung darf jedoch nicht dazu dienen, das grundsätzlich vom Arbeitgeber zu tragende Unternehmerrisiko (Beschäftigungsrisiko) einseitig auf den Arbeitnehmer abzuwälzen.

Die Bedingung, dass die Auftragslage sich verschlechtert oder dass die Lizenz versagt wird (**Fall c**), ist unzulässig, weil sie dem Arbeitnehmer den Bestandsschutz für sein Arbeitsverhältnis nimmt, indem sie anstelle einer außerordentlichen Kündigung das Arbeitsverhältnis mit ihrem Eintritt ohne weiteres beendet. Bei Profisportlern und ihren Trainern kommt allerdings ihr Wunsch als Sachgrund in Betracht, wenn das Arbeitsverhältnis auflösend bedingt mit dem Klassenerhalt der Arbeitgeber-Mannschaft verbunden wird, weil ihr berufliches Ansehen von Leistungen auf einem bestimmten Niveau abhängig ist (BAG NZA 2003, 611).

Nach §§ 21, 15 Abs. 2 TzBfG endet das Arbeitsverhältnis frühestens zwei Wochen nach Zugang der schriftlichen Unterrichtung des Arbeitnehmers durch den Arbeitgeber über den Zeitpunkt des Eintritts einer auflösenden Bedingung. Tritt die auflösende Bedingung vor dem Ende dieses Zweiwochenzeitraums ein, endet das Arbeitsverhältnis deshalb erst mit Ablauf der Zweiwochenfrist (BAG NZA 2016, 173).

### V. Tod des Arbeitnehmers

**697** Durch den Tod des Arbeitnehmers wird das Arbeitsverhältnis beendet (vgl. die Wertung der §§ 673, 675 BGB). Das folgt schon daraus, dass die Arbeitsleistung im Zweifel in Person zu erbringen ist (§ 613 Satz 1 BGB; vgl. Rdnr. 227 f.). Noch nicht erfüllte Ansprüche aus dem Arbeitsverhältnis sind – soweit sie nicht höchstpersönlicher Natur sind – vererblich (zur Vererbbarkeit von Urlaubsabgeltungsansprüchen BAG NZA 2019, 835 siehe auch Rdnr. 486).

### VI. Freiwilliger Dienst des Arbeitnehmers bei der Bundeswehr

**698** Das Arbeitsverhältnis endet, wenn ein Arbeitnehmer im Anschluss an eine Eignungsübung, zu der er aufgrund freiwilliger Meldung zwecks Auswahl von freiwilligen Soldaten für die Bundeswehr einberufen ist, bei der Bundeswehr bleibt oder die Übung länger als vier Monate fortsetzt (§ 3 EignungsübungsG).

## VII. Gerichtliche Entscheidungen

**699** In besonderen Fällen kommt auch eine Auflösung des Arbeitsverhältnisses durch gerichtliche Entscheidung in Betracht (z. B. § 9 KSchG, Rdnr. 567 ff.; vgl. auch § 100 Abs. 3 BetrVG, Rdnr. 1137).

## VIII. Altersgrenzen

**700** Eine *gesetzliche* Altersgrenze für Arbeitsverhältnisse existiert nicht. Das Entstehen eines Anspruchs auf eine Altersrente stellt auch keinen personenbedingten Kündigungsgrund dar (§ 41 Satz 1 SGB VI). Allerdings enthalten viele Tarifverträge (vgl. Rdnr. 801), Betriebsvereinbarungen, aber auch Einzelverträge die Regelung, dass das Arbeitsverhältnis mit dem Eintritt des Arbeitnehmers in das Rentenalter endet. Eine solche Vereinbarung stellt keine auflösende Bedingung, sondern eine Höchstbefristung dar (BAG NZA 2008, 1302), für die es eines sachlichen Grundes i. S. d. § 14 Abs. 1 TzBfG bedarf. Ein solcher Grund liegt in den Erfordernissen der betrieblichen Personalplanung und einer vernünftigen Altersstruktur, zumal eine ausreichende Versorgung des Arbeitnehmers durch die gesetzliche Rentenversicherung gewährleistet ist (BAG NZA 2008, 1302, ähnlich EuGH NZA 2010, 1167, der arbeitsmarktpolitische Ziele als Sachgrund akzeptiert). Dies gilt unabhängig davon, wie hoch die Rentenleistungen tatsächlich ausfallen (EuGH NZA 2012, 785). Nach § 41 Satz 2 SGB VI können jedenfalls auf das gesetzliche Renteneintrittsalter abstellende Altersgrenzen wirksam vereinbart werden.

**701** Eine Vereinbarung, die vorsieht, dass das Arbeitsverhältnis schon zu einem Zeitpunkt enden soll, in dem der Arbeitnehmer noch keine Rente wegen Alters beantragen kann, gilt dem Arbeitnehmer gegenüber als auf das Erreichen der Regelaltersgrenze abgeschlossen, es sei denn, dass die Vereinbarung innerhalb der letzten drei Jahre vor diesem Zeitpunkt abgeschlossen oder von dem Arbeitnehmer bestätigt worden ist. Die Arbeitsvertragsparteien können gem. § 41 Satz 3 SGB VI durch Vereinbarung den vereinbarten Beendigungszeitpunkt mehrfach hinausschieben. Für eine solche Befristungsabrede bedarf es keines Sachgrunds nach § 14 I TzBfG (BAG NZA 2019, 523).

Wird insbesondere in Tarifverträgen nicht auf das Renteneintrittsalter, sondern einen früheren Zeitpunkt abgestellt, ist im Einzelfall zu klären, ob berufsspezifische Besonderheiten (insbes. Gesundheits- und Sicherheitsgefahren durch nachlassende körperliche Kondition) die Befristung rechtfertigen. Der EuGH hat tarifliche Altersgrenzen für Flugzeugführer, die die Beendigung des Arbeitsverhältnisses mit Ablauf des Monats vorsehen, in dem der Mitarbeiter das 60. Lebensjahr vollendet, für europarechtswidrig erklärt (EuGH NZA 2011, 1039). Unzulässig ist erst recht eine entsprechende Altersgrenzenregelung für Flugbegleiter (BAG NZA 2010, 1248). Damit dürfte kaum noch Raum für Altersgrenzen bleiben, die nicht an die Rentenbezugsberechtigung anknüpfen.

## IX. Keine Beendigungsgründe

**Schrifttum:** *Bauer/Ernst*, Verwirkung des Widerspruchsrechts nach Betriebsübergang – Rechtssicherheit zu welchem Preis?, NZA 2018, 1243; *Fuhlrott/Oltmanns*, Das Schicksal von Betriebsräten bei Betriebs(teil)übergängen, BB 2015, 1013; *Gaul*, Betriebsübergang: Grenzen der Unterrichtungspflicht in Bezug auf Tarifverträge und Betriebsvereinbarungen, RdA 2015, 206; *Grau/Flockenhaus*, Aktuelle Entwicklungen in der Rechtsprechung zum Betriebsübergang, NZA-RR 2019, 289; *Greiner/Piontek*, Bestandsaufnahme Betriebsübergangsrecht, RdA 2020, 84 (Teil 1) und; *Junker,* Der identitätswahrende Übergang einer wirtschaftlichen Einheit als Voraussetzung des Betriebsübergangs, EuZA 2019, 45; *Latzel,* Unternehmerische Freiheit als Grenze des Arbeitnehmerschutzes – vom Ende dynamischer Bezugnahmen nach Betriebsübergang, RdA 2014, 110; *Lingemann/Weingarth,* Widerspruch zwecklos – Richtlinien zur Verwirkung des Widerspruchsrechts beim Betriebsübergang, DB 2014, 2710, 225; *Steffan,* Das „nachträgliche" Widerspruchsrecht beim Betriebsübergang – eine unendliche Geschichte? NZA 2016, 608; *Wiedemann,* Dynamische Bezugnahmeklauseln und ein Gesetzesvorschlag zur Betriebsübertragung, BB 2016, 1400; *Willemsen,* Erneute Wende im Recht des Betriebsübergangs – ein „Christel Schmidt II"- Urteil des EuGH?, NZA 2009, 289; *ders.,* Erosion des Arbeitgeberbegriffs nach der Albron-Entscheidung des EuGH?, NJW 2011, 1546; *Willemsen/Grau,* Zurück in die Zukunft – Das europäische Aus für dynamische Bezugnahmen nach Betriebsübergang? NJW 2014, 12.

**Fälle:**

a) Betriebsinhaber V verkauft und überträgt seinen Betrieb an K. Dieser stellt den ungelernten Arbeiter A und den Ingenieur I ein. Später ficht V den Kaufvertrag wirksam an; K überträgt ihm den Betrieb zurück. V will nur den I, nicht aber den A übernehmen.

b) V will seinen Betrieb an K veräußern. K verlangt von V, dass dieser zuvor den älteren Arbeiter A entlässt; den übertariflichen Angestellten N will er nur mit dem Tarifgehalt übernehmen. V kündigt deshalb dem A und vereinbart mit N, dass dieser nur noch das Tarifgehalt von K erhält. Nach Betriebsübergabe verlangt A von K Weiterbeschäftigung, N von K Zahlung der übertariflichen Vergütung.

c) Rettungssanitäter R war von 2014 bis 2019 bei V, einem Betreiber von Rettungsdiensten, beschäftigt. Das Einsatzgebiet umfasste die Gemeinde G. 2020 hat E den Rettungsdienst für die Gemeinde übernommen. Die von V eingesetzten Rettungsfahrzeuge nebst medizinischem Inventar übernimmt er nicht, sondern betreibt den Rettungsdienst mit neu angeschafften Fahrzeugen. Er stellt allerdings aufgrund einer bundesweiten Ausschreibung R ein. R meint, es liege ein Betriebsübergang vor, so dass er weiterhin Anspruch auf die von V gewährte betriebliche Altersversorgung habe.

### 1. Tod des Arbeitgebers

Stirbt der Arbeitgeber, führt das regelmäßig nicht zur Beendigung des Arbeitsverhältnisses. Vielmehr treten die Erben des Arbeitgebers im Wege der Gesamtrechtsnachfolge (§§ 1922, 1967 BGB) in die Rechte und Pflichten aus dem Arbeitsverhältnis ein. § 613 Satz 2 BGB steht dem nicht entgegen; denn diese Vorschrift schließt nur die Übertragbarkeit, nicht aber die Vererblichkeit des Anspruchs auf die Dienste aus. Der Grund für die Vererblichkeit der Arbeitgeberstellung liegt darin, dass für die Arbeitnehmer die Art des Betriebs und ihre Tätigkeit zumeist wichtiger sind als die jeweilige Person des Arbeitgebers.

Lediglich dann, wenn die Arbeitsleistung ausschließlich den persönlichen Bedürfnissen des Arbeitgebers dient (Krankenpfleger, Privatlehrer), wird das Arbeitsverhältnis durch den Tod des Arbeitgebers beendet.

### 2. Rechtsgeschäftlicher Betriebsübergang

Der rechtsgeschäftliche Betriebsübergang ist ebenfalls kein Beendigungsgrund. Geht ein Betrieb oder Betriebsteil aufgrund eines Rechtsgeschäfts auf einen neuen Inhaber über, tritt dieser vielmehr im Wege der Einzelrechtsnachfolge nach § 613a Abs. 1 Satz 1 BGB in die bei Betriebsübergang bestehenden Arbeitsverhältnisse ein. Der Vorschrift kommt vor dem Hintergrund der erheblichen Tendenzen zu Umstrukturierungen bzw. Outsourcing erhebliche praktische Bedeutung zu. Ihre

Anwendung zählt zur täglichen Arbeit der in den großen Wirtschaftskanzleien im M & A Bereich tätigen Arbeitsrechtler.

a) Der *Zweck* des § 613a BGB besteht darin, den Bestand der Arbeitsverhältnisse zu schützen, die Mitwirkungsrechte des Betriebsrats über den Betriebsübergang hinaus zu sichern und die Haftung des alten und neuen Arbeitgebers zu regeln. Dabei steht der Bestandsschutz der Arbeitsverhältnisse insgesamt und nicht nur von ausgewählten (leistungsstarken und jungen) Mitarbeitern im Vordergrund.

**705** b) Der Eintritt des Betriebserwerbers in die bestehenden Arbeitsverhältnisse hat zur *Voraussetzung*, dass ein *Betrieb* oder ein *Betriebsteil durch Rechtsgeschäft auf einen anderen Inhaber* übergeht. Als Gründe für einen Betriebsübergang kommen u. a. in Betracht: Die Ausgliederung weniger rentabler Betriebe oder Betriebsteile, die Beschränkung aufs „Kerngeschäft" (z. B. Ausgliederung der Reinigung, Kantine etc.) sowie die Verringerung der (Lohn)kosten aufgrund verschiedener Tarifverträge. Sowohl die Voraussetzungen als auch die Rechtsfolgen des § 613a BGB sind insbesondere durch Rechtsprechung des EuGH geprägt. Das Betriebsübergangsrecht birgt bis heute zahlreiche Abgrenzungsschwierigkeiten.

**706** (1) Ein Betriebsübergang i. S. d. § 613a BGB liegt vor, wenn ein neuer Rechtsträger die *wirtschaftliche Einheit* des Betriebs- oder Betriebsteils unter Wahrung ihrer Identität fortführt (BAG NZA 1998, 249; 2003, 93; 2004, 845). Ein bloßer Wechsel im Gesellschafterkreis einer Personen- oder Kapitalgesellschaft (Beispiele: Kauf aller Geschäftsanteile an einer GmbH – sog. share deal – oder Austritt eines Komplementärs aus einer KG, BAG NZA 2007, 1428) wird von der Norm nicht erfasst. Bei der Überprüfung, ob eine wirtschaftliche Einheit im Sinne eines Betriebs(teils) betroffen ist, sind insbesondere *sieben Kriterien* zu berücksichtigen:

- die Art des betreffenden Unternehmens oder Betriebs,
- der Übergang oder Nichtübergang der materiellen Aktiva (Gebäude, bewegliche Güter),
- der Wert der immateriellen Aktiva (Patente, Know-how, good will) zum Zeitpunkt des Übergangs,
- die Übernahme oder Nichtübernahme der Hauptbelegschaft durch den neuen Inhaber,
- der Übergang oder Nichtübergang der Kundschaft sowie
- der Grad der Ähnlichkeit zwischen der vor und der nach dem Übergang verrichteten Tätigkeit und
- die Dauer einer evtl. Unterbrechung dieser Tätigkeit (EuGH NJW 1999, 1697; BAG NZA 1997, 1050; 1998, 249).

Zu beachten ist, dass die Kriterien des „Sieben-Punkte-Katalogs" nicht kumulativ erfüllt sein müssen, um einen Betriebsübergang anzunehmen. Es kommt vielmehr auf eine *typologische Gesamtbetrachtung* der sieben Kriterien an. Ein Erwerber, der lediglich einzelne Betriebsmittel zur Erfüllung einer von ihm bereits ausgeübten Tätigkeit erwirbt, übernimmt damit noch nicht einen Betriebsteil, sondern bedient sich der Betriebsmittel im Rahmen einer schon vorhandenen Organisation (BAG NZA 1999, 869).

**707** Hinsichtlich des Kriteriums des (Nicht-)Übergangs der materiellen Aktiva hat das BAG früher bei der Fortführung sachmittelintensiver Tätigkeiten durch einen Auftragnehmer mit Betriebsmitteln des Auftraggebers (Beispiel: Kücheneinrichtung eines Kantinenbetreibers; Kontrolleinrichtungen eines im Flughafen tätigen Sicherheitsunternehmens) eine für § 613a BGB relevante Übernahme nur bejaht, wenn der Auftragnehmer über die Betriebsmittel eigenwirtschaftlich, also mit eigenem wirtschaftlichen Nutzen, disponieren konnte (BAG NZA 1998, 552). Diese besondere Anforderung hat das BAG im Jahr 2006 (NZA 2006, 1101) aufgrund einer entgegenstehenden EuGH-Rspr. (NJW 2006, 889 – „Güney Görres") aufgegeben.

Im Hinblick auf das Kriterium der (Nicht-)Übernahme der Hauptbelegschaft ist insbesondere bei Dienstleistungsunternehmen zu beachten, dass die Bedeutung der materiellen, sächlichen Betriebsmittel (Betriebsgrundstücke und Gebäude, Maschinen) heute vielfach in den Hintergrund tritt (sog. betriebsmittelarme Betriebe). Hier kann auch betriebsspezifisches Know-how, über das die Arbeitnehmer verfügen, als das Substrat eines übernommenen Betriebs(teils) zu werten sein. Übernimmt daher ein Erwerber mit einem Auftrag einen Teil der Arbeitnehmer, die diese unternehmerische Aufgabe bislang erfüllt haben und die über dieses Know-how verfügen, so liegt ein Betriebsübergang vor, mit der Folge, dass nunmehr alle Arbeitsverhältnisse auf den Erwerber übergehen (BAG NZA 2015, 1325). **708**

Bei den betriebsmittelarmen Betrieben muss für die Annahme eines Betriebsübergangs ein wesentlicher Teil der Belegschaft übergehen (BAG NZA-RR 2013, 179; kritisch hierzu Schipp, NZA 2013, 238). Beispiel: Fremdvergabe der Betreuung der EDV-Anlagen eines Unternehmens an einen externen Spezialisten unter gleichzeitiger Übernahme eines Teils des bislang mit der EDV-Betreuung befassten Personals.

Aus der ständigen Rechtsprechung des EuGH, wonach der Übergang eine ihre Identität wahrende Einheit im Sinne einer organisierten Zusammenfassung von Ressourcen zur Verfolgung einer wirtschaftlichen Tätigkeit voraussetzt (NZA 1997, 433), wurde bis 2009 geschlossen, dass bei einem Betrieb von einem „identitätswahrenden Übergang" nur die Rede sein könne, wenn beim Erwerber der organisatorische Verbund von personellen, materiellen und immateriellen Betriebsmitteln erhalten bleibe, aus dem sich die jeweilige „Einheit" zusammensetzt. Denn nur in diesem Fall legt sich der Erwerber in ein „gemachtes Bett", was die Rechtsfolgen des § 613a BGB rechtfertigt. Der EuGH hat jedoch inzwischen klargestellt, dass ein Übergang auch dann vorliegt, wenn der übertragene Unternehmens- oder Betriebsteil seine organisatorische Selbstständigkeit nicht wahrt, sofern nur die *funktionelle Verknüpfung* zwischen den *übertragenen Produktionsfaktoren beibehalten* wird und diese es dem Erwerber erlaubt, die Produktionsfaktoren zu nutzen, um derselben oder einer gleichartigen wirtschaftlichen Tätigkeit nachzugehen (EuGH NZA 2009, 251 – „Klarenberg"). Allerdings kann nur dann von einem Betriebsübergang gesprochen werden, wenn die übernommenen Betriebsmittel und/oder Beschäftigten zumindest beim Veräußerer eine abgrenzbare organisatorische wirtschaftliche Einheit, d. h. einen Betriebsteil dargestellt haben (BAG NZA 2012, 504).

Die bloße „Funktionsnachfolge" (also die Auftragsübernahme ohne die Übernahme von betriebsspezifischem Know-how) stellt keinen Betriebsübergang dar (grundlegend EuGH NJW 1997, 2039 – „Ayse Süzen"; bestätigt NZA 2011, 148 – „CLECE S.A."; EuGH NZA 2017, 1379 – „Securitas/ICTS"; BAG NZA 2012, 504; missverständlich noch EuGH NJW 1994, 2343 – „Christel Schmidt"). Es bleibt damit auch nach der jüngeren Rechtsprechung des EuGH dabei, dass die bloße Weiterführung einer gleichartigen Geschäftstätigkeit keinen Betriebsübergang im Sinne von § 613a BGB darstellt. **709**

Beispiel: Übernahme eines Auftrags für die Reinigung eines Krankenhauses, das bislang von einer anderen Reinigungsfirma gereinigt wurde, und Erledigung der Reinigung durch beim

Auftragnehmer schon bislang beschäftigtes Personal. Zur Übernahme eines Rettungsdienstes Rdnr. 710

**710** Letztlich richtet sich die vorzunehmende typologische Betrachtung immer auch nach dem Gegenstand und der Art des Betriebes bzw. des Unternehmens. In Betrieben, die stark von sachlichen Betriebsmitteln abhängig sind (etwa im produzierenden Gewerbe von Maschinen), kommt deren Übertragung entscheidende Bedeutung zu. In den betriebsmittelarmen Betrieben (etwa im Dienstleistungsbereich) richtet sich die Gesamtbewertung danach, ob etwa der Kundenstamm oder die Mehrheit der Arbeitnehmer übernommen wird. An dieser Unterscheidung zwischen arbeitskraft- und betriebsmittelgeprägten Tätigkeiten wird zwar in der jüngeren Rechtsprechung (BAG NZA-RR 2017, 123) weiterhin festgehalten. Zunehmend werden allerdings auch Mischkonstellation anerkannt. So seien etwa bei einem Rettungsdienst (**Fall c**) nicht ausschließlich und allein die materiellen Betriebsmittel – insbesondere die Fahrzeuge – identitätsbestimmend. Die Identität des Rettungsdienstes werde gleichermaßen durch das Rettungspersonal mitgeprägt, das für die ordnungsgemäße Aufgabenerledigung unverzichtbar sei, über eine bestimmte Ausbildung/Qualifizierung verfügen müsse und nicht ohne weiteres durch anderes Personal ersetzt werden könne (BAG NZA-RR 2017, 123 Rn. 34). Sächliche Betriebsmittel und Personal werden also als gleichrangig identitätsprägend eingeordnet, so dass auch beide Komponenten übergehen müssen. Im Ergebnis hat das BAG in **Fall c** dementsprechend einen Betriebsübergang verneint, weil die Rettungsfahrzeuge (neben dem Personal) für die Identität des Betriebes unverzichtbar seien (vgl. auch Greiner/Piontek, RdA 2020, 84 ff.). Der EuGH ist insoweit in seiner jüngsten Rspr. großzügiger und lässt selbst im betriebsmittelgeprägten Betrieb einen Betriebsübergang ohne Übernahme von Betriebsmitteln zu (EuGH NZA 2020, 443; dazu Seidel, NZA 2020, 498). Im konkreten Fall ging es um die Übernahme des Busverkehrs, wobei der Erwerber die Busse aufgrund der gestiegenen technischen Anforderungen nicht übernommen hatte, wohl aber einen wesentlichen Teil der Belegschaft und er außerdem die wesentlichen gleichen Busverkehrsdienste weitergeführt hatte.

**711** Eine *Fortführung* liegt nicht vor, wenn der Betrieb oder Betriebsteil stillgelegt wird. Eine Stilllegung erfordert den ernstlichen und endgültigen Entschluss des Arbeitgebers, die Betriebs- und Produktionsgemeinschaft zwischen ihm und den Arbeitnehmern auf Dauer oder zumindest für einen unbestimmten, aber wirtschaftlich nicht unerheblichen Zeitraum aufzuheben (ständige Rspr. BAG NZA 1997, 251; NZA-RR 2012, 465). Kurzzeitige Unterbrechungen verhindern damit die Annahme eines Betriebsüberganges nicht. Teilweise wird eine drei- bis viermonatige Unterbrechung als Indiz gegen einen Betriebsübergang gewertet, die maßgebliche Dauer der Unterbrechung ist aber abhängig vom Unternehmensgegenstand (so wurde z. B. der Betriebsübergang bei einem Modefachgeschäft trotz neunmonatiger Unterbrechung bejaht, BAG 1997, 1050).

**712** (2) Der Betrieb oder Betriebsteil muss *durch Rechtsgeschäft* übergehen. Damit ist das schuldrechtliche Rechtsgeschäft, nicht die dingliche Übertragung gemeint. Die Vorschrift betrifft vor allem den Verkauf und die Verpachtung eines Betriebs oder Betriebsteils. § 613a BGB setzt nicht voraus, dass der neue Inhaber Eigentum an den Betriebsmitteln, Räumen etc. erwirbt. Er muss nur Nutzungsrechte eingeräumt bekommen und den Betrieb oder Betriebsteil im Sinne der bisherigen arbeitstechnischen Wirtschaftseinheit im eigenen Namen fortführen. Es bedarf auch keiner unmittelbaren vertraglichen Beziehung zwischen neuem und altem Inhaber, der Übergang kann also unter Einschaltung eines Dritten erfolgen (BAG NZA 2015, 97).

Der Begriff des *Rechtsgeschäfts* ist sehr weit zu verstehen. Da es ein Recht am Betrieb oder an einem Betriebsteil nicht gibt, ist der Betrieb als solcher kein Gegenstand, der durch Rechtsgeschäft übertragen werden kann. Rechtsgeschäftlicher Betriebsinhaberwechsel bedeutet, dass die zum Betrieb gehörenden materiellen oder immateriellen Rechte durch besondere Übertragungsakte – und nicht *Gesamtrechtsnachfolge*, bei der der Bestandsschutz der Arbeitsverhältnisse anderweitig sichergestellt ist – auf den neuen Inhaber übertragen werden und der Erwerber damit neuer Inhaber des Betriebs wird (BAG NZA 2003, 318). Unerheblich ist, ob das Rechtsgeschäft unmittelbar zwischen dem bisherigen und dem neuen Betriebsinhaber geschlossen wird oder zwischen dem Erwerber und einem Dritten (z. B. Verpächter; vgl. BAG NZA 1985, 773). Ferner spielt es keine Rolle, ob der Betrieb aufgrund eines einzigen Rechtsgeschäfts oder einer Vielzahl von Rechtsgeschäften auf den Erwerber übertragen wird (BAG NZA 1985, 773); es reicht aus, wenn der Betriebsübergang überhaupt rechtsgeschäftlich veranlasst wurde. Entscheidend ist nur, ob die unterschiedlichen Rechtsgeschäfte darauf gerichtet sind, eine funktionsfähige betriebliche Einheit zu übernehmen.

Der EuGH legt das Merkmal „durch Rechtsgeschäft" so weit aus, dass auch Übernahmen innerhalb der öffentlichen Verwaltung (EuGH NZA 2011, 1077 – „Scattalon"; BAG NZA 2015, 866), Privatisierungen (EuGH NZA 2000, 1279) sowie Reprivatisierungen (EuGH NZA 2010, 1014), die auf gesetzlichen Ermächtigungen beruhen, in den Anwendungsbereich des § 613a BGB fallen. Dies soll jedenfalls gelten, soweit die übertragenen Tätigkeiten sich nicht auf hoheitliche Befugnisse beziehen. Auch das BVerfG (NZA 2011, 400) geht im Falle eines gesetzlichen Arbeitgeberwechsels zur späteren Privatisierung von einem Betriebsübergang aus. Das BAG hat sich dieser Rspr. angeschlossen, so dass dem Merkmal „durch Rechtsgeschäft" faktisch keinerlei Bedeutung mehr zukommt. **713**

Bereits vor der extensiven Auslegung des Begriffs „Rechtsgeschäfts" wurde angenommen, dass es auf die *Wirksamkeit des Rechtsgeschäfts* nicht ankommt. Die Wirksamkeit des Rechtsgeschäfts betrifft nur das Innenverhältnis zwischen Veräußerer und Erwerber. Die Arbeitnehmer, die durch § 613a BGB geschützt werden sollen, haben auf die Wirksamkeit des Rechtsgeschäfts keinen Einfluss und können sie regelmäßig nicht einmal kontrollieren. Deshalb tritt der Betriebserwerber in die bestehenden Arbeitsverhältnisse auch dann ein, wenn das zugrunde liegende Rechtsgeschäft von vornherein unwirksam ist oder später angefochten wird, sofern er nur tatsächlich die betriebliche Leitungs- und Organisationsmacht übernimmt (vgl. BAG NZA 1985, 735; 1992, 217). Sogar auf die Rückübertragung des Betriebs, die wegen Unwirksamkeit des Rechtsgeschäfts erfolgt, findet § 613a BGB Anwendung. Denn auch dieser Betriebsübergang beruht nicht auf einer Gesamtrechtsnachfolge, sondern auf dem ursprünglichen (unwirksamen) Rechtsgeschäft. **714**

Im **Fall a** handelt es sich bei der Rückübertragung von K auf V somit um einen rechtsgeschäftlichen Betriebsübergang i. S. v. § 613a BGB. Deshalb tritt V in die Rechte und Pflichten aus den bei der Rückübertragung bestehenden Arbeitsverhältnissen ein. Er muss demnach die von K neu eingestellten Arbeitnehmer, also auch den A, übernehmen.

Die Veräußerung eines Betriebs durch den Insolvenzverwalter im Insolvenzfall des Arbeitgebers stellt ebenfalls einen rechtsgeschäftlichen Betriebsübergang i. S. d. § 613a BGB dar (BAG NZA 2003, 1027). Der Erwerber haftet jedoch abweichend **715** von § 613a Abs. 2 BGB (vgl. Rdnr. 720) nicht für rückständige Ansprüche der Arbeitnehmer aus den Arbeitsverhältnissen, es sei denn, er hat den Betrieb vor Eröffnung des Insolvenzverfahrens übernommen (BAG NZA 2003, 318). Hier gehen die Verteilungsgrundsätze des Insolvenzverfahrens vor.

**716** c) Der rechtsgeschäftliche Betriebsübergang zieht nach § 613a BGB ein ganzes Bündel von *Rechtsfolgen nach sich.*

(1) Der Erwerber *tritt in die Rechte und Pflichten aus den Arbeitsverhältnissen ein,* die im Zeitpunkt des Übergangs bestehen (§ 613a Abs. 1 Satz 1 BGB).

Das gilt nicht nur für die gegenseitigen Hauptpflichten, sondern auch für Nebenabreden, Verpflichtungen aufgrund einer betrieblichen Übung und Gestaltungsrechte. Soweit sich Rechtsfolgen aus der Dauer der Betriebszugehörigkeit ergeben, zählt die Betriebszugehörigkeit unter dem früheren Betriebsinhaber mit.

Dagegen tritt der Erwerber nicht in die nachvertraglichen Rechtsverhältnisse (z. B. betriebliche Ruhegeldansprüche, Wettbewerbsvereinbarungen) solcher Arbeitnehmer ein, die bei Betriebsübergang bereits ausgeschieden waren. Denn diese Personen stehen nicht mehr in Arbeitsverhältnissen, deren Bestand durch § 613a BGB geschützt werden soll (BAG NZA 1992, 929).

**717** Neben den Arbeitsverhältnissen der (aktiven) Arbeitnehmer gehen aber auch ruhende Arbeitsverhältnisse (z. B. wegen Elternzeit), Berufsausbildungsverhältnisse sowie bereits gekündigte Arbeitsverhältnisse (soweit die Kündigungsfrist noch läuft) durch den Betriebsübergang auf den neuen Inhaber über, nicht hingegen die Dienstverträge mit freien Mitarbeitern sowie Geschäftsführerdienstverhältnisse. Strittig ist der Übergang von Leiharbeitsverhältnissen bei Betriebsübergang des Entleihers. Der Übergang ist nach zutreffender Ansicht grundsätzlich abzulehnen. Der EuGH hat den Übergang nur für den Sonderfall der konzerninternen Arbeitnehmerüberlassung bejaht (EuGH NZA 2010, 1225 – „Albron Catering", dazu auch Willemsen NJW 2011, 1546).

Entscheidend für die Zuordnung ist, ob der Arbeitnehmer in den übergegangenen Betrieb oder Betriebsteil tatsächlich eingegliedert war (BAG NZA 2013, 1007). Die bloß gelegentliche Tätigkeit für einen Betriebsteil genügt nicht (BAG NZA-RR 2013, 6).

**718** (2) Zum Übergang des Arbeitsverhältnisses kommt es nicht, wenn der Arbeitnehmer ihm widerspricht (§ 613a Abs. 6 BGB). Der Gesetzgeber geht davon aus, dass es mit der Würde des Menschen, dem Recht auf freie Entfaltung der Persönlichkeit und dem Recht auf freie Arbeitsplatzwahl (Art. 1, 2, 12 GG) unvereinbar sei, den Arbeitnehmer zu verpflichten, für einen Arbeitgeber zu arbeiten, den er nicht frei gewählt hat (BT-Drucks. 14/7760, S. 20). Der *Widerspruch* muss gem. § 613a Abs. 6 Satz 1 BGB innerhalb eines Monats erklärt werden, nachdem der Arbeitnehmer nach § 613a Abs. 5 BGB ordnungsgemäß über den Zeitpunkt des Übergangs, den Grund für den Übergang, dessen rechtliche, wirtschaftliche und soziale Folgen für die Arbeitnehmer und die hinsichtlich der Arbeitnehmer in Aussicht genommenen Maßnahmen unterrichtet worden ist. Die aktuelle Rspr. des BAG stellt sehr hohe Anforderungen an eine ordnungsgemäße Unterrichtung (BAG NZA 2014, 610). Das ist problematisch, da dann der Lauf der Widerspruchsfrist nicht beginnt, mit der Folge, dass der Arbeitnehmer auch nach längerem Zeitablauf noch über die Erklärung des Widerspruchs in sein altes Arbeitsverhältnis beim Veräußerer zurückkehren kann (zu den Möglichkeiten einer Eingrenzung über das Institut der Verwirkung BAG NZA 2018, 168 und 854 „Sieben-Jahres-Regel"; Gesetzesvorschlag der Einführung einer festen zeitlichen Grenze Henssler/Preis NZA-Beil. 2007, 31).

Der Widerspruch ist eine einseitige empfangsbedürftige Willenserklärung, die den Übergang des Arbeitsverhältnisses ausschließt. Aufgrund ihres rechtsgestaltenden Charakters kann sie nicht widerrufen werden. Auch eine „Aufhebung" durch Vertrag zwischen Arbeitnehmer und Betriebsveräußerer zu Lasten des Betriebserwerbers ist nicht möglich (BAG NZA 2004, 481). Der Widerspruch nach § 613a Abs. 6 BGB **ist** gegenüber dem „neuen Inhaber" oder dem „bisherigen Arbeitgeber" zu erklären; er richtet sich bei mehrfachem Betriebsinhaberwechsel gegen den letzten Übergang des Arbeitsverhältnisses infolge des letzten Betriebsübergangs (BAG NZA 2014, 1074).

(3) Die Auswirkung des Betriebsübergangs auf *Betriebsvereinbarungen und Tarifverträge* richten sich nach § 613a Abs. 1 Satz 2–4 BGB. Danach werden die Rechte und Pflichten, die durch Rechtsnormen eines Tarifvertrags oder einer Betriebsvereinbarung geregelt sind, auf die arbeitsvertragliche Ebene zwischen dem neuen Betriebsinhaber und den Arbeitnehmern transformiert. Sie gelten also nicht normativ weiter. § 613a Abs. 1 Satz 3 BGB erkennt das Interesse des erwerbenden Arbeitgebers an einheitlichen Arbeitsbedingungen an und gibt diesem den Vorrang vor den Bestandschutzinteressen der übernommenen Belegschaft, indem er eine Transformation für den Fall ausschließt, dass die Arbeitsbedingungen beim Erwerber durch Tarifvertrag oder Betriebsvereinbarung geregelt sind. **719**

Nach bisheriger Rspr. des BAG werden die auf die arbeitsvertragliche Ebene überführten kollektivrechtlichen Rechtspositionen nach § 613a Abs. 1 Satz 3 BGB auch zuungunsten der Arbeitnehmer durch Tarifverträge verdrängt, die beim Erwerber gelten (sog. Ablöseprinzip). Die „Scattalon"-Entscheidung des EuGH wird von Teilen der Literatur als Aufgabe des Ablöseprinzips und Hinwendung zum Günstigkeitsprinzip verstanden. Überzeugender erscheint es dagegen, der Entscheidung mit dem BAG (NZA 2019, 922 Rn. 34) kein allgemeines Verschlechterungsverbot zu entnehmen. Zu den (umstrittenen) Einzelheiten vgl. Winter RdA 2013, 36; Greiner/Piontek, RdA 2020. 84. Zudem wurde durch eine Entscheidung des EuGH die Fortgeltung dynamischer Bezugnahmeklauseln nach einem Betriebsübergang in Frage gestellt (EuGH NZA 2013, 835 – „Alemo-Herron"). Nach den folgenden Entscheidungen des EuGH (NZA 2017, 571 – „Asklepios") sowie des BAG (NZA 2018, 25) können die dynamische Bezugnahmeklauseln weiterhin den Erwerber binden (siehe Rdnr. 842).

(4) Nach § 613a Abs. 2 BGB *haftet der bisherige Arbeitgeber* für Verpflichtungen i. S. v. § 613a Abs. 1 BGB, die vor dem Zeitpunkt des Übergangs entstanden sind und vor Ablauf eines Jahres nach diesem Zeitpunkt fällig werden, neben dem neuen Inhaber als Gesamtschuldner (§ 421 BGB). § 613a Abs. 2 BGB regelt damit nur die Haftung des bisherigen Arbeitgebers gegenüber dem Arbeitnehmer. Die Haftung zwischen Veräußerer und Erwerber richtet sich hingegen nach den im Übernahmevertrag geregelten Vereinbarungen bzw. allgemeinen zivilrechtlichen Haftungsregelungen. **720**

(5) Die *Kündigung* des Arbeitsverhältnisses eines Arbeitnehmers durch den bisherigen Arbeitgeber oder durch den neuen Inhaber aus Anlass des Betriebsübergangs ist nach § 613a Abs. 4 Satz 1 BGB unwirksam. Diese Vorschrift stellt klar, dass allein ein Betriebsübergang kein ausreichender Grund für eine betriebsbedingte Kündigung i. S. v. § 1 KSchG (Rdnr. 496 ff.) ist. Darüber hinaus enthält sie einen selbstständigen Unwirksamkeitsgrund (BAG NZA 1985, 593), so dass der erste Abschnitt des KSchG mit Ausnahme der §§ 4–7 keine Anwendung findet (vgl. § 13 Abs. 3 KSchG; Rdnr. 517 ff.). Da § 613a Abs. 1 Satz 1 BGB auch in der Insolvenz des Arbeitgebers gilt, sind selbst Kündigungen des Insolvenzverwalters, die „wegen" des Betriebsübergangs erfolgen, nach § 613a Abs. 4 Satz 1 BGB unwirksam (BAG AP Nr. 34 zu § 613a BGB). Der Insolvenzverwalter kann aber, wie jeder **721**

Betriebsveräußerer, einen Betriebsübergang zum Anlass nehmen, einen bestehenden Personalüberhang über betriebsbedingte Kündigungen abzubauen.

Im **Fall b** ist die Kündigung des A unwirksam; A muss weiterbeschäftigt werden. N hat gegen E einen Anspruch auf Zahlung der übertariflichen Vergütung; denn § 613a Abs. 4 Satz 1 BGB erfasst nach seinem Zweck auch Aufhebungs- und Änderungsverträge, sofern diese vom Betriebsveräußerer oder -erwerber veranlasst sind, um das KSchG zu umgehen (vgl. BAG NZA 1985, 593; 1989, 425).

**722** Ein Widerspruch des Arbeitnehmers (Rdnr. 718) führt dazu, dass das Arbeitsverhältnis mit dem alten Arbeitgeber fortbesteht. Allerdings droht dem Arbeitnehmer im Fall des Widerspruchs regelmäßig die betriebsbedingte Kündigung, da die Arbeitsplätze bei seinem Arbeitgeber aufgrund des Betriebsübergangs weggefallen sind. Im Rahmen der Prüfung der Sozialauswahl hat die frühere Rspr. die Gründe für den Widerspruch des Arbeitnehmers gegen den Betriebsübergang berücksichtigt. Seit die Sozialauswahl auf die Auswahlkriterien Betriebszugehörigkeit, Alter, Unterhaltspflichten, Schwerbehinderung beschränkt wurde, kann der Widerspruch nicht mehr berücksichtigt werden (BAG NZA 2008, 33). Das Kündigungsverbot des § 613a Abs. 4 Satz 1 BGB hilft dem widersprechenden Arbeitnehmer nicht, da seine Kündigung nicht auf dem Betriebsübergang, sondern auf dem Widerspruch beruht (ErfK/Preis, § 613a BGB Rdnr. 106). Widerspricht der Arbeitnehmer dem Übergang des Arbeitsverhältnisses und wird ihm danach vom bisherigen Arbeitgeber mangels Beschäftigungsmöglichkeit gekündigt, ist der Betriebsrat des übergegangenen Betriebes nicht anzuhören (BAG NZA 2015, 889).

### 3. Betriebsstilllegung, Insolvenz des Arbeitgebers

**723** a) Die *Einstellung oder Auflösung des Betriebs* stellt keinen automatisch wirkenden Beendigungsgrund dar. Jedoch kann je nach Sachlage der Arbeitgeber berechtigt sein, das Arbeitsverhältnis außerordentlich oder ordentlich zu kündigen (dazu: BAG NZA 1985, 493; 1991, 891), wobei eine außerordentliche Kündigung regelmäßig nur im Fall von ordentlich unkündbaren Arbeitnehmern gerechtfertigt ist (siehe hierzu Rdnr. 623, 636). Die Kündigung ist bereits zulässig, sobald die Stilllegung bei Zugang der Kündigungserklärung beabsichtigt ist, sodass der Arbeitgeber den ernsthaften und endgültigen Entschluss gefasst haben muss, den Betrieb endgültig und nicht nur vorübergehend stillzulegen (BAG NZA 2013, 1137).

Abgrenzungsfragen zum Kündigungsverbot des § 613a Abs. 4 Satz 1 BGB treten auf, wenn Kündigungen wegen der Stilllegung eines Betriebs ausgesprochen werden, es dann aber später noch zu einer Veräußerung des Betriebs kommt. Das Kündigungsverbot greift, wenn ein Betriebsübergang zwar bis zum Ablauf der Kündigungsfrist noch nicht vollzogen worden ist, dieser aber bereits bei Ausspruch der Kündigungen vom Arbeitgeber geplant war, schon greifbare Formen angenommen hat und die Kündigung aus der Sicht des Arbeitgebers ausgesprochen wird, um den geplanten Betriebsübergang vorzubereiten und zu ermöglichen (BAG NZA 1997, 251). Dabei spricht bei einer alsbaldigen Wiedereröffnung des Betriebs eine tatsächliche Vermutung gegen eine ernsthafte Stilllegungsabsicht (EuGH NZA 2018, 1123).

**724** b) Die *Insolvenz* eines Arbeitsvertragspartners, auch die des Arbeitgebers, beendet das Arbeitsverhältnis nicht. Die Insolvenz des Arbeitgebers löst jedoch ein besonderes Kündigungsrecht des Insolvenzverwalters aus (§ 113 InsO; die Kündigungsfrist beträgt immer drei Monate zum Monatsende, wenn nicht eine kürzere Frist maßgeblich ist).

Führt die Insolvenz des Arbeitgebers zu einer geplanten Betriebsänderung (§ 111 BetrVG), gilt § 125 InsO: Sind Arbeitnehmer, denen gekündigt werden soll, in einem Interessenausgleich (§ 112 Abs. 1 BetrVG) zwischen Insolvenzverwalter und Betriebsrat namentlich bezeichnet, wird vermutet, dass deren Kündigung durch dringende betriebliche Erfordernisse gerechtfertigt ist. Ihre soziale Auswahl kann nur im Hinblick auf Betriebszugehörigkeit, Lebensalter und Unterhaltspflichten und auch insoweit nur auf grobe Fehlerhaftigkeit überprüft werden.

Hat der Betrieb keinen Betriebsrat oder kommt ein Interessenausgleich innerhalb von drei Wochen nach Verhandlungsbeginn nicht zustande, kann der Insolvenzverwalter beim Arbeitsgericht die Feststellung beantragen, dass die Kündigung bestimmter, bezeichneter Arbeitnehmer durch dringende betriebliche Erfordernisse gerechtfertigt ist (§ 126 Abs. 1 InsO).

## D. Pflichten anlässlich der Beendigung des Arbeitsverhältnisses

**Schrifttum:** *Bauer/Diller*, Wettbewerbsverbote, 7. Aufl., 2015; *Ecklebe*, Das Arbeitszeugnis, DB 2015, 923; *Gäntgen*, Die Leistungsbeurteilung im Arbeitszeugnis, RdA 2016, 147; *Höser*, Rechtsprechungsübersicht zu Arbeitszeugnissen – insbesondere zur Bindungswirkung, NZA-RR 2012, 281; *Jüchser*, Auswirkungen des Betriebsübergangs auf den Zeugnisanspruch des Arbeitnehmers nach § 109 GewO, NZA 2012, 244.

**Fälle:**
a) Der Arbeitnehmer N, der sich mit dem Arbeitgeber G auf ein Ende des Arbeitsverhältnisses zum Ende des laufenden Monats geeinigt hat, beantragt bei G Arbeitsbefreiung, um sich bei einem anderen Arbeitgeber vorzustellen. G lehnt das ab, weil § 629 BGB für einen solchen Anspruch eine Kündigung voraussetze.

b) Der Arbeitgeber G schreibt in einem vom Arbeitnehmer N geforderten ausführlichen Zeugnis u. a.: „Er hat drei Werksdiebstähle begangen." N verlangt ein neues Zeugnis ohne diesen Satz.

### I. Pflichten des Arbeitgebers

#### 1. Informationspflicht und Freizeit zur Stellensuche

Nach § 2 Abs. 2 Nr. 3 SGB III ist der Arbeitgeber verpflichtet, den Arbeitnehmer vor der Beendigung des Arbeitsverhältnisses frühzeitig über die Notwendigkeiten eigener Aktivitäten bei der Suche nach einer anderen Beschäftigung sowie über die Verpflichtung unverzüglicher Meldung bei der Agentur für Arbeit zu informieren, den Arbeitnehmer freizustellen und die Teilnahme an erforderlichen Qualifizierungsmaßnahmen zu ermöglichen. Eine Verletzung der Hinweispflicht begründet allerdings keinen Schadensersatzanspruch des Arbeitnehmers (BAG NZA 2005, 1406).

§ 629 BGB verpflichtet den Arbeitgeber, einem Arbeitnehmer nach Ausspruch einer Kündigung auf Verlangen angemessene Zeit zur Suche eines neuen Arbeitsverhältnisses zu gewähren. Nach dem Zweck der Vorschrift ist deren analoge Anwendung auf Arbeitsverhältnisse gerechtfertigt, die aus anderen Gründen (z. B. durch Zeitablauf) enden (**Fall a**). Jedoch besteht der Freistellungsanspruch nur, wenn eine Beendigung des Arbeitsverhältnisses bevorsteht, und nicht schon dann, wenn es dem Arbeitnehmer einfällt, sich nach einer Möglichkeit zur Veränderung umzuschauen.

Für die Zeit der Beurlaubung steht dem Arbeitnehmer ein Anspruch auf Zahlung der Vergütung zu (§ 616 Satz 1 BGB; Rdnr. 429 ff.).

## 2. Erteilung eines Zeugnisses

**728** a) Bei Beendigung des Arbeitsverhältnisses hat der Arbeitgeber jedem Arbeitnehmer auf dessen Verlangen ein schriftliches Zeugnis auszustellen. Das Zeugnis dient dem beruflichen Fortkommen des Dienstpflichtigen. Es ist Bewerbungsunterlage und gleichsam Visitenkarte eines Arbeitnehmers bei der Stellensuche. Dem neuen, potentiellen Arbeitgeber soll es eine möglichst wahrheitsgemäße Unterrichtung über die fachlichen und persönlichen Qualifikationen des Bewerbers ermöglichen.

**729** Der Zeugnisanspruch für sämtliche Arbeitnehmer ist inzwischen nicht mehr im BGB, sondern einheitlich in § 109 GewO geregelt (vgl. für Auszubildende jedoch § 16 BBiG). § 630 Satz 4 BGB enthält eine entsprechende Klarstellung. Erfüllt werden kann der Anspruch nach Wahl des Arbeitnehmers auf zwei verschiedene Arten:

1. Das *einfache* Zeugnis enthält nur Angaben über die Art und die Dauer der Tätigkeit (§ 109 Abs. 1 Satz 2 GewO; vgl. auch § 16 Abs. 2 Satz 1 BBiG), also bspw. nicht über den Grund der Beendigung des Arbeitsverhältnisses.
2. Das *qualifizierte* Zeugnis erstreckt sich auch auf die Führung und die Leistungen des Arbeitnehmers (§ 109 Abs. 1 Satz 3 GewO; vgl. auch § 16 Abs. 2 Satz 2 BBiG).

Sofern der Arbeitnehmer ein berechtigtes Interesse (z. B.: Arbeitgeber stellt dem Arbeitnehmer wegen Absatzrückgangs eine Kündigung in Aussicht) vorweisen kann, hat er zudem einen Anspruch auf Erteilung eines *Zwischenzeugnisses*. Dieser Anspruch folgt nicht aus § 109 GewO, sondern – wenn er nicht tarifvertraglich geregelt ist – aus der Fürsorgepflicht des Arbeitgebers.

Hat der Arbeitgeber ein Zwischenzeugnis erteilt, ist er regelmäßig an den Inhalt des Zwischenzeugnisses gebunden, wenn er ein Endzeugnis erteilt (BAG NZA 2008, 298). Er kann vom Zwischenzeugnis nur abweichen, wenn die späteren Leistungen und das spätere Verhalten des Arbeitnehmers dies rechtfertigen. Dies gilt auch bei einem Betriebsübergang. Regelmäßig ist der neue Arbeitgeber an den Inhalt des vom Betriebsveräußerer erteilten Zwischenzeugnisses gebunden.

**730** Das Zeugnis soll dem beruflichen Fortkommen des Arbeitnehmers dienen; das setzt eine *wohlwollende Beurteilung* durch den Arbeitgeber voraus. Auf der anderen Seite muss das Zeugnis der *Wahrheit* entsprechen. Es darf weder unrichtige oder unbewiesene Tatsachen enthalten noch für die Beurteilung wesentliche Umstände verschweigen. Auch die Formulierung darf beim Leser nicht eine falsche Vorstellung entstehen lassen (vgl. § 109 Abs. 2 GewO). Die häufig anzutreffende Meinung, ein Zeugnis dürfe keine für den Arbeitnehmer ungünstigen Tatsachen enthalten, trifft daher nicht zu. Wäre sie richtig, so wären qualifizierte Zeugnisse weitgehend wertlos.

Fordert der Arbeitnehmer ein qualifiziertes Zeugnis, dann muss er sich eine wahrheitsgemäße ungünstige Beurteilung gefallen lassen (**Fall b**). Ein Anspruch auf eine bestimmte Schlussformel des Zeugnisses („Bedauern, Dank und gute Wünsche") besteht nicht (BAG NZA 2001, 843; NZA 2013, 324). Trotz des Gebots der Klarheit und Eindeutigkeit hat sich in der Praxis eine eigenständige Zeugnissprache entwickelt, deren Feinheiten und Eigentümlichkeiten sich nur dem Eingeweihten erschließen (zum Ganzen MünchKomm/Henssler, § 630 Rdnr. 43 ff.).

**731** b) Ist das Zeugnis *unrichtig*, kann der Arbeitnehmer auf Berichtigung klagen. Hinsichtlich der Darlegungs- und Beweislast gilt eine differenzierende Betrachtungsweise: Sofern der Arbeitnehmer eine durchschnittliche Leistung vom Arbeitgeber bescheinigt bekommen hat, muss der Arbeitnehmer Tatsachen darlegen und beweisen, aus denen sich eine bessere Beurteilung ergeben soll. Hat der Arbeitgeber den Arbeitnehmer dagegen „unterdurchschnittlich" beurteilt, obliegt es dem Arbeitgeber, die seiner Beurteilung zugrunde liegenden Tatsachen vorzutragen und zu beweisen (BAG NZA 2004, 842). In Schulnoten ausgedrückt liegt eine überdurchschnittliche Leistung vor, wenn sie der Schulnote „gut" oder „sehr gut" entspricht. Dies gilt unabhängig davon, welche Schulnoten in den Zeugnissen einer Branche am häufigsten vergeben werden (BAG NZA 2015, 435).

c) Eine schuldhafte Verletzung der Pflicht aus § 109 GewO führt zu einem *Schadensersatzanspruch* des Arbeitnehmers. Erteilt der Arbeitgeber dem Arbeitnehmer wider besseres Wissen ein zu günstiges Zeugnis, läuft er Gefahr, von einem künftigen Arbeitgeber dieses Arbeitnehmers auf Schadensersatz in Anspruch genommen zu werden (§ 826 BGB); u. U. soll eine Haftung auch nach vertragsähnlichen Grundsätzen in Betracht kommen (BGH NJW 1979, 1882). **732**

Der Anspruch auf Zeugniserteilung unterliegt, wie jeder schuldrechtliche Anspruch, der Verwirkung (BAG NZA 2008, 298). Sie setzt voraus, dass der Arbeitnehmer längere Zeit seinen Anspruch nicht geltend macht und dadurch zeigt, dass er dem Zeugnis keine weitere Bedeutung zumisst, sondern auf seinen Anspruch verzichtet. **733**

### 3. Auskunftserteilung

Der Arbeitnehmer kann ein Interesse daran haben, dass sein bisheriger Arbeitgeber über das Zeugnis hinaus einem anderen Arbeitgeber, bei dem er sich beworben hat, Auskunft erteilt. Der Anspruch ergibt sich – wenn nicht schon aus einer getroffenen Vereinbarung – jedenfalls aus nachwirkender Fürsorgepflicht. Der frühere Arbeitgeber soll nach der Rspr. des BAG (AP Nr. 10 zu § 630 BGB) sogar gegen den Willen des Arbeitnehmers befugt sein, einem Dritten eine für den Arbeitnehmer ungünstige wahrheitsgemäße Auskunft zu erteilen, soweit ein berechtigtes Interesse daran besteht. Diese Rspr. vernachlässigt, dass eine derartige Auskunftserteilung eine Verletzung des allgemeinen Persönlichkeitsrechts des Arbeitnehmers darstellt. Der Arbeitgeber hat die Informationen bei der Durchführung des Arbeitsverhältnisses erlangt und schuldet dementsprechende Verschwiegenheit kraft der ihm zukommenden Fürsorgepflicht. Zudem sprechen bei Weitergabe personenbezogener Daten, um die es sich regelmäßig handeln wird, datenschutzrechtliche Bedenken gegen eine Auskunftserteilung ohne Einwilligung des Arbeitnehmers (MünchKomm/Henssler, § 630 Rdnr. 83 ff.). Etwas Anderes kann gelten, wenn der Arbeitgeber zum Widerruf des Zeugnisses berechtigt wäre, bspw. wenn erst nachträglich bekannt gewordene Tatsachen eine abweichende Beurteilung rechtfertigen. **734**

Die Rechtsfolgen einer unrichtigen Auskunft entsprechen denen bei Erteilung eines unrichtigen Zeugnisses.

### 4. Sonstige Arbeitspapiere

Bei Beendigung des Arbeitsverhältnisses hat der Arbeitnehmer gegen den Arbeitgeber ferner Ansprüche auf Aushändigung weiterer Arbeitspapiere, bspw. Urlaubsbescheinigung (§ 6 Abs. 2 BUrlG), die für den Anspruch auf Arbeitslosengeld erhebliche Arbeitsbescheinigung nach § 312 SGB III und die Lohnsteuerbescheinigung (§ 41b Abs. 1 Satz 2 EStG). **735**

## II. Pflichten des Arbeitnehmers

### 1. Verschwiegenheitspflicht

**736** Nach Beendigung des Arbeitsverhältnisses bleibt der Arbeitnehmer zur Verschwiegenheit über Geschäfts- und Betriebsgeheimnisse verpflichtet, wenn dies z. B. im Tarifvertrag bestimmt oder zwischen Arbeitgeber und Arbeitnehmer vereinbart worden ist. Jedoch darf der Arbeitnehmer nicht übermäßig daran gehindert werden, die im Betrieb des Arbeitgebers erworbenen Kenntnisse und Erfahrungen in seinem weiteren Berufsleben zu nutzen (Art. 12 GG). Eine Spezialnorm stellt die Strafvorschrift des § 17 Abs. 2 UWG dar. Sie untersagt es dem ausgeschiedenen Arbeitnehmer, sich zu Zwecken des Wettbewerbs, aus Eigennutz, zugunsten eines Dritten oder mit Schädigungsabsicht ein Geschäfts- oder Betriebsgeheimnis unbefugt zu verschaffen oder zu sichern (Nr. 1). Das Gleiche gilt für die Verwertung von Geheimnissen, die ihm im Rahmen des Dienstverhältnisses anvertraut oder zugänglich gemacht worden sind (Nr. 2).

Ob es darüber hinaus eine Pflicht zum Stillschweigen über Betriebs- und Geschäftsgeheimnisse gibt, ist streitig (bejahend: BGH NJW 1960, 207; vgl. auch BAG NZA 1988, 502). Überzeugend erscheint es danach zu unterscheiden, ob der Arbeitnehmer sich das Wissen aufgrund eigener Leistung angeeignet hat (dann verwertbar) oder ob es sich um besondere Umstände des betreffenden Betriebs (z. B. chemische Zusammensetzung) handelt (dann nicht verwertbar). Die Verschwiegenheitspflicht sowie die allgemeine nachvertragliche Treuepflicht begründen für den Arbeitgeber regelmäßig keinen Anspruch auf Unterlassung von Wettbewerb durch den ehemaligen Arbeitnehmer (BAG NZA 1999, 200).

### 2. Einhaltung von Wettbewerbsverboten

**737** Die Parteien des Arbeitsvertrags können aber für die Zeit nach Beendigung des Arbeitsverhältnisses Wettbewerbsverbote vereinbaren. Solche Konkurrenzklauseln dürfen zu keiner unbilligen Belastung des Arbeitnehmers in der Verwertung seiner Arbeitskraft führen. Die für die kaufmännischen Angestellten geschaffenen handelsrechtlichen Regelungen der §§ 74 ff. HGB werden auf alle Arbeitnehmer angewandt (§§ 110, 6 Abs. 2 GewO). Danach bedarf die Vereinbarung der Schriftform und der Aushändigung einer vom Arbeitgeber unterzeichneten, die vereinbarten Bestimmungen enthaltenden Urkunde an den Arbeitnehmer (§ 74 Abs. 1 HGB). Außerdem ist das Wettbewerbsverbot nur verbindlich, wenn es einen Zeitraum von zwei Jahren nicht überschreitet (§ 74a Abs. 1 Satz 3 HGB) und der Arbeitgeber sich verpflichtet, für die Dauer des Verbots eine Entschädigung zu zahlen, die für jedes Jahr des Verbots mindestens die Hälfte der bisherigen Bezüge betragen muss (Karenzentschädigung gem. § 74 Abs. 2 HGB; BAG NZA 1995, 72).

**738** Wettbewerbsverbote für minderjährige Arbeitnehmer und für Auszubildende sind nicht zulässig (§ 110 GewO i. V. m. 74a Abs. 2 Satz 1 HGB; § 12 BBiG).

Die Rechtsfolgen unwirksamer Wettbewerbsklauseln sind umstritten. Während teilweise angenommen wird, eine unzulässige Klausel führe zur Totalnichtigkeit der Klausel, so dass sowohl das Wettbewerbsverbot als auch der Anspruch auf Karenzentschädigung entfallen (entsprechend § 306 Abs. 1 BGB), wird in jüngeren Entscheidungen von einer geltungserhaltenden Reduktion im Rahmen der rechtlichen Zulässigkeit und damit unter Zubilligung der gesetzlichen Karenzentschädigung des § 74 Abs. 2 HGB ausgegangen (LAG Hamm 18.2.2014 – 14 Sa 806/13; eingehend Koch RdA 2006, 28; Kamann ArbRAktuell 2015, 372). Ist ein nachvertragliches Wettbewerbsverbot etwa mit einer zu gering bemessen Karenzentschädigung vereinbart, so hat der Arbeitnehmer ein Wahlrecht, ob er sich auf dessen Unverbindlichkeit beruft oder sich der Wettbewerbstätigkeit unter Inanspruchnahme der gesetzlichen Entschädigung enthält (BAGE 22, 125; BAG v. 18.1.2000 9 AZR 929/98, BeckRS 2010, 71640). Das Gleiche soll erst recht gelten, wenn überhaupt keine Entschädigung zugesagt wurde (ArbG Berlin v. 20.1.2017 – 28 Ca 12331/16, BeckRS 2017, 106721).

# Kapitel 8: Das Koalitionsrecht

**Schrifttum:** *Bauer/Arnold,* Rote Karte für qualifizierte Differenzierungsklauseln, NZA 2011, 945; *Buchner,* Tarifverträge im Wettbewerb? Tarifpluralität, Tarifeinheit, Allgemeinverbindlichkeit, ZfA 2004, 229; *Däubler/Heuschmid,* Tarifverträge nur für Gewerkschaftsmitglieder?, RdA 2013, 1; *Deinert,* Negative Koalitionsfreiheit – Überlegungen am Beispiel der Differenzierungsklausel, RdA 2014, 129; *Dumke,* Aufdrängen gewerkschaftlicher Informationen auf elektronischem Wege, Ansprüche der Gewerkschaften auf Nutzung betrieblicher E-Mail Adressen und Intranetseiten, RdA 2009, 77; *Greiner,* Rechtsfragen der Koalitions, Tarif- und Arbeitskampfpluralität, 2. Aufl., 2011; *Franzen,* Vorteilsregelungen für Gewerkschaftsmitglieder, RdA 2006, 1; *Henssler,* Firmentarifverträge und unternehmensbezogene Verbandstarifverträge als Instrumente einer „flexiblen", betriebsnahen Verbandspolitik, ZfA 1998, 517; *ders.,* Tarifautonomie und Gesetzgebung, ZfA 1998, 1; *Hromadka,* Gesetzliche Tariföffnungsklauseln – Unzulässige Einschränkung der Koalitionsfreiheit oder Funktionsbedingung der Berufsfreiheit?, NJW 2003, 1273; *ders.,* Eingriff in die Koalitionsfreiheit oder Ausgestaltung der Betätigungsfreiheit?, NZA 2018, 961; *Kluth,* Die Vereinigungs- und Koalitionsfreiheit gern. Art. 9 GG, Jura 2019, 719; *Meyer,* Das Regelungsverhältnis von Verbands- und firmenbezogenem Verbandstarifvertrag im Vergleich zum Haustarifvertrag, NZA 2004, 366; *Poscher,* Die Koalitionsfreiheit als ausgestaltungsbedürftiges und ausgestaltungsfähiges Grundrecht, RdA 2017, 235; *Reuter,* Können verbandsangehörige Arbeitgeber zum Abschluss von Haustarifverträgen gezwungen werden?, NZA 2001, 1097; *Schwarze,* Was wird aus dem gewerkschaftlichen Unterlassungsanspruch?, RdA 2005, 159; *Thüsing,* Verbandsmitgliedschaft und Tarifgebundenheit, ZfA 2005, 527; *ders./Traut,* Zur begrenzten Reichweite der Koalitionsfreiheit im Unionsrecht, RdA 2012, 65; *Wagner,* Die Koalitionsfreiheit im Verfassungs-, Europa- und Völkerrecht, öAT 2019, 227.

**Fälle:**

**739** a) Die bei den Gewerkschaften A, B und C beschäftigten – diesen Gewerkschaften zugleich angehörigen – Arbeitnehmer gründen eine „Gewerkschaft der Arbeitnehmer der A, B und C-Gewerkschaft". Die Gewerkschaft B erklärt daraufhin die Mitgliedschaft bei ihr mit derjenigen in der neu gegründeten Gewerkschaft für unvereinbar und droht den betroffenen Beschäftigten mit fristloser Kündigung. Zu Recht?

b) Die im Betrieb der X-GmbH beschäftigten Arbeitnehmer möchten für ihren Betrieb eine eigene Gewerkschaft gründen, da nach ihrer Ansicht ihre Interessen von der vorhandenen Gewerkschaft nicht nachhaltig genug vertreten werden. Ist das zulässig?

c) Die Gewerkschaft G möchte im Betrieb des B durch gewerkschaftlich organisierte Betriebsangehörige während der Pausen und außerhalb der Arbeitszeit Werbe- und Informationsmaterial sowie die Gewerkschaftszeitung verteilen lassen. Außerdem gibt G Aufkleber mit dem Gewerkschaftsemblem heraus, die von den Arbeitnehmern auf die von B zur Verfügung gestellten Schutzhelme aufgeklebt werden sollen. B ist mit allem nicht einverstanden.

d) Arbeitgeber A vereinbart in Absprache mit dem Betriebsrat mit sämtlichen Beschäftigten aufgrund arbeitsvertraglicher Einheitsregelung eine Unterschreitung des mit der Gewerkschaft B vereinbarten tariflichen Entgeltniveaus um 5 % gegen Zusicherung einer 3-jährigen Beschäftigungsgarantie. Die Gewerkschaft will sich hiergegen wehren.

e) Die Gewerkschaft G will den R, der sich öffentlich zur Anwendung von Gewalt zur Veränderung des politischen Systems bekannt hat, aus der Gewerkschaft ausschließen. R beruft sich auf die durch Art. 9 GG geschützte Koalitionsfreiheit.

f) Nach der Regelung in einem Firmentarifvertrag erhalten Mitglieder der Gewerkschaft G eine Erholungsbeihilfe von 260,– Euro. Im Falle der Zahlung einer gleichartigen Leistung an Nicht-Gewerkschaftsmitglieder sollen die Gewerkschaftsmitglieder unmittelbar einen gleichhohen, zusätzlichen Anspruch erhalten.

## I. Bedeutung und Begriff der Koalition

### 1. Bedeutung

Gewerkschaften und Arbeitgeberverbände, herkömmlich als Koalitionen bezeichnet, wirken in vielfältiger Weise an der Gestaltung der Arbeitsbedingungen mit. Sie haben das Recht, Tarifverträge zu schließen (Rdnr. 785) und Arbeitskämpfe zu führen (Rdnr. 888). Koalitionen werden durch Art. 9 Abs. 3 GG verfassungsrechtlich geschützt und in einer Vielzahl von Gesetzen ist ihre Mitwirkung vorgesehen. **740**

Erwähnt sei nur die Beteiligung der Gewerkschaften im Bereich des Betriebsverfassungs- und des Personalvertretungsrechts (vgl. etwa §§ 2 Abs. 1, Abs. 2, 16 Abs. 2 Satz 1, 17 Abs. 3, 19 Abs. 2 Satz 1, 23 Abs. 1 Satz 1 BetrVG; § 2 Abs. 1 BPersVG) und die Beteiligung der Koalitionen bei der Berufung von ehrenamtlichen Richtern der Arbeits- und Sozialgerichtsbarkeit (§§ 20 Abs. 2, 37 Abs. 2, 43 Abs. 1 ArbGG; §§ 14 Abs. 1, Abs. 3, 35 Abs. 1, 46 Abs. 3 SGG). Vgl. auch § 48 Abs. 1 SGB IV; § 5 Abs. 1, Abs. 5 TVG; §§ 4 f., 22 Abs. 3 HAG. Aktuell sind allerdings bundesweit nur noch 18,5 % der Arbeitnehmer – bei 19,6 % in den alten Bundesländern und 13,4 % in den neuen Bundesländern – gewerkschaftlich organisiert (vgl. Schneider, IW-Kurzbericht Nr. 80/2018). 1980 waren es in der Bundesrepublik noch rund ein Drittel der Arbeitnehmer. Nach einer leicht ansteigenden Tendenz ab dem Jahr 2006 sinkt der Organisationsgrad seit 2015 wieder. Auf Arbeitgeberseite ist der Organisationsgrad mit 30 % knapp doppelt so hoch. Zwar ist der Anteil der in Arbeitgeberverbänden organisierten Unternehmen deutlich höher, jedoch sind inzwischen über 50 % der Verbandsmitglieder sog. OT-Mitglieder. Gleichwohl dürften für die Arbeitsverhältnisse von über 80 % aller Arbeitnehmer Tarifverträge teilweise oder insgesamt maßgeblich sein. Häufig greifen auch die nicht organisierten Arbeitgeber auf die tariflichen Arbeitsbedingungen zurück; außerdem gewähren die organisierten Arbeitgeber regelmäßig die Tarifbedingungen freiwillig auch den nicht organisierten Arbeitnehmern (z. B. über Bezugnahmeklauseln, vgl. Rdnr. 841 f.).

Darüber hinaus wirken die Koalitionen als mächtige Interessengruppen auf die gesamte Wirtschafts- und Sozialpolitik ein; sie beeinflussen massiv Gesetzgebung, Verwaltung und Wirtschaft.

### 2. Begriff

Unter einer Koalition versteht man einen Zusammenschluss von Arbeitgebern oder Arbeitnehmern zur Wahrung und Förderung ihrer Interessen bei der Gestaltung von Arbeits- und Wirtschaftsbedingungen. Von Rspr. und Lehre sind folgende Voraussetzungen für die Anerkennung einer Vereinigung als Koalition entwickelt worden (vgl. Schaub/Treber, Arbeitsrechts-Handbuch, § 188 Rdnr. 12 ff.; HWK/Hergenröder, Art. 9 GG Rdnr. 31 ff.): **741**

a) Es muss sich um einen *freiwilligen Zusammenschluss von Arbeitgebern oder Arbeitnehmern auf privatrechtlicher Grundlage* handeln. **742**

Öffentlich-rechtliche (Zwangs-)Verbände wie z. B. Ärztekammern, Industrie- und Handelskammern sowie Handwerksinnungen sind keine Koalitionen. Den Handwerksinnungen hat das Gesetz allerdings die Tariffähigkeit verliehen (vgl. §§ 54 Abs. 3 Nr. 1, 82 Nr. 3, 85 Abs. 2 Satz 1 HandwO), wobei die gesetzliche Konzeption der Mitgliedschaft in einer Handwerksinnung es ausschließt, dem Innungsmitglied eine Wahlmöglichkeit darüber zu belassen, ob es durch die von der Innung geschlossenen Tarifverträge gebunden sein will (BVerwG NZA 2016, 779).

**743** b) Die Vereinigung muss *auf Dauer angelegt* sein; nur dann kann die der Koalition eingeräumte Autonomie und Normsetzungsbefugnis sinnvoll ausgeübt werden. Zur Gewährleistung der Kontinuität ist eine *körperschaftliche Organisation* erforderlich. Deshalb muss der Bestand der Koalition vom Wechsel ihrer Mitglieder unabhängig, die Bildung eines einheitlichen Willens möglich und die Handlungsfähigkeit nach außen durch Organe gesichert sein. Rechtsfähigkeit ist dagegen nicht erforderlich.

Vereinigungen, die nur auf kurze Dauer angelegt sind (sog. ad-hoc-Koalitionen), haben danach in der Regel keine Koalitionseigenschaft (h. M.; vgl. Schaub/Treber, Arbeitsrechts-Handbuch, § 188 Rdnr. 13). Ein spontaner Arbeitskampf, der durch eine solche ad-hoc-Koalition geführt wird, ist schon deshalb rechtswidrig.

**744** c) Hauptzweck der Vereinigung muss die *Wahrung und Förderung der Arbeits- und Wirtschaftsbedingungen* sein.

Diese Begriffe sind nicht eng auszulegen. Gemeint ist die Gesamtheit der Bedingungen, unter denen abhängige Arbeit geleistet wird und eine sinnvolle Ordnung des Arbeitslebens ermöglicht wird (ErfK/Linsenmaier, Art. 9 GG Rdnr. 23); zu den Wirtschaftsbedingungen sind alle Umstände zu zählen, die für die wirtschaftliche und soziale Lage der Arbeitsvertragsparteien von Bedeutung sind.

**745** d) Es müssen *Gegnerfreiheit* und *Gegnerunabhängigkeit* in personeller, finanzieller und organisatorischer Hinsicht gewährleistet sein (BVerfGE 4, 96; 18, 18; st. Rspr.).

Ein Verband, in dem sich Arbeitgeber und Arbeitnehmer mit den gleichen Rechten zusammengeschlossen haben (sog. Harmonieverband), ist keine Koalition. Er könnte weder die Interessen der Arbeitnehmer noch die der Arbeitgeber mit Nachdruck vertreten.

An der finanziellen Unabhängigkeit fehlt es, wenn eine Vereinigung materiell in erheblichem Umfang von der Gegenseite unterstützt wird. Bedenken gegen die organisatorische Unabhängigkeit können sich ergeben, wenn der sozialpolitische Gegenspieler auf die Gründung des Verbandes und die Ausgestaltung der Satzung Einfluss genommen hat.

e) Umstritten ist, ob eine Koalition *überbetrieblich bzw. unternehmensübergreifend organisiert sein muss*. Da die erforderliche Unabhängigkeit von der Gegenseite und die verfestigte Struktur auch bei einem Zusammenschluss auf der Ebene eines Unternehmens bestehen kann, ist eine unternehmensübergreifende Struktur als Voraussetzung abzulehnen. So wurden in der Vergangenheit eigenständige Gewerkschaften für Bahn und Post als zulässig angesehen. Dagegen ist bei einer lediglich betrieblichen Organisation die Dauerhaftigkeit der Koalition durch die jederzeit mögliche Stilllegung des Betriebes gefährdet. Die enge Betriebsbezogenheit einer Vereinigung ist daher regelmäßig ein Indiz gegen die Koalitionseigenschaft. Im Einzelfall ist darauf abzustellen, ob der Verband hinreichend unabhängig ist, um die Interessen seiner Mitglieder wirkungsvoll vertreten zu können (**Fall b**; vgl. zum Meinungsstand auch Schaub/Treber, Arbeitsrechts-Handbuch, § 188 Rdnr. 18).

**f)** Die Vereinigung muss *vom Staat oder von sonstigen gesellschaftlichen Gruppen unabhängig* sein (*Weisungsfreiheit*). **746**
Gemeint ist damit, dass keine organisatorischen, wirtschaftlichen oder sonstigen Verflechtungen bestehen dürfen, die zu einer Weisungsgebundenheit führen. Eine Neutralität wird dagegen nicht gefordert; eine bestimmte parteipolitische oder konfessionelle Ausrichtung begründet noch keine Abhängigkeit.

**g)** Eine *demokratische Willensbildung* muss gewährleistet sein. **747**
Der Grundsatz demokratischer Willensbildung verlangt eine wirksame Einbeziehung der Mitglieder in den innerverbandlichen Entscheidungsprozess (etwa beim Abschluss von Tarifverträgen, BAG NZA 2008, 1244). Er lässt sich zwar nicht aus dem Gesetz ableiten, folgt jedoch aus dem Umstand, dass die Koalitionen über eine große Verbandsmacht verfügen und ihnen vom Staat erhebliche Gestaltungsmöglichkeiten im Bereich der Arbeits- und Wirtschaftsbedingungen eingeräumt sind.

**h)** Für den Koalitionsschutz nach Art. 9 Abs. 3 GG ist nicht erforderlich, dass die Vereinigung über eine gewisse soziale Macht zur Durchsetzung ihrer Ziele verfügt (vgl. ErfK/Linsenmaier, Art. 9 GG Rdnr. 26). Die *soziale Mächtigkeit* ist nach der Rspr. nur bei der Prüfung bedeutsam, ob die Organisation tariffähig ist (Rdnr. 788). Die Frage der Koalitionseigenschaft ist aber strikt von der Frage der Tariffähigkeit (dazu Rdnr. 786) zu trennen. Nicht jede Koalition ist tariffähig, wohl aber genießt jeder tariffähige Verband grundsätzlich Koalitionsschutz. **748**

## II. Verfassungsrechtlicher Schutz der Koalitionsfreiheit

Art. 9 Abs. 3 GG enthält eine umfassende Gewährleistung der Koalitionsfreiheit. Das Grundrecht wird als „Doppelgrundrecht" bezeichnet, weil es sowohl eine individuelle, den einzelnen Arbeitnehmer und Arbeitgeber schützende Komponente als auch eine kollektive, d.h. die Verbände schützende Komponente aufweist. Insgesamt lassen sich vier Teilgarantien unterscheiden, nämlich die positive und negative Koalitionsfreiheit als Teilelemente der individuellen Koalitionsfreiheit und die Bestands- und die Betätigungsgarantie als Teile der kollektiven Koalitionsfreiheit. Eine weitere Besonderheit dieses Grundrechts ist seine in Art. 9 Abs. 3 Satz 2 GG angeordnete unmittelbare Drittwirkung, es schützt also nicht nur vor Eingriffen des Staates, sondern entfaltet *un*mittelbare Wirkungen im Bereich des Privatrechts. **749**

```
                        Koalitionsfreiheit
                       /                  \
         Individuelle                      Kollektive
        Koalitionsfreiheit              Koalitionsfreiheit
         /          \                    /            \
    Positive      Negative          Bestands-     Betätigungs-
Koalitionsfreiheit  Koalitionsfreiheit  garantie      garantie
```

## 1. Individuelle Koalitionsfreiheit

**750** Das Grundrecht des Art. 9 Abs. 3 GG umfasst in seiner individuellen Komponente die positive und die negative Koalitionsfreiheit.

Das Grundrecht gilt für „jedermann" – Angehörige aller Berufsgruppen, Deutsche wie Ausländer können sich also darauf berufen.

a) Unter der *positiven Koalitionsfreiheit* ist das Recht des Einzelnen zu verstehen, Koalitionen zu gründen, einer bestehenden Koalition beizutreten und in ihr Mitglied zu bleiben. Geschützt ist ferner auch die Teilnahme des einzelnen Mitglieds an der spezifischen Tätigkeit der Koalition, soweit diese Tätigkeit ihrerseits in den Gewährleistungsbereich des Art. 9 Abs. 3 GG fällt (BVerfGE 19, 303, 312; BVerfG NZA 2017, 915; BAG NZA 2019, 402).

Nach Art. 9 Abs. 3 Satz 2 GG sind Abreden, die das Koalitionsrecht einschränken oder zu behindern suchen, nichtig, hierauf gerichtete Maßnahmen rechtswidrig. Daher darf der Arbeitgeber die Einstellung eines Bewerbers nicht von dessen Austritt aus einer Gewerkschaft abhängig machen (BAG NZA 1988, 64). Auch die gezielte Aussperrung nur der organisierten Arbeitnehmer eines Betriebes verstößt gegen deren positive Koalitionsfreiheit (BAG AP Nr. 66 zu Art. 9 GG Arbeitskampf). Demgegenüber wird durch den gegen einen verbandsangehörigen Arbeitgeber um einen Firmentarifvertrag geführten Streik dessen individuelle Vereinigungsfreiheit – jedenfalls nicht generell – verletzt. Seine Freiheit, in dem Verband zu verbleiben oder aus ihm auszutreten, wird nur dann beeinträchtigt, wenn der Arbeitskampf gerade darauf gerichtet ist, den Arbeitgeber zum Austritt aus dem Verband zu veranlassen. In einem solchen Fall kann der Streik eine mit Art. 9 Abs. 3 Satz 2 GG nicht zu vereinbarende Verletzung der positiven Koalitionsfreiheit des einzelnen Arbeitgebers (und zugleich einen unzulässigen Angriff auf den Mitgliederbestand des Arbeitgeberverbands) darstellen (BAG NZA 2003, 734; vgl. Rdnr. 758, 857, 903).

**751** Auch die Arbeitnehmer einer Gewerkschaft können zur Wahrung ihrer Interessen, etwa zum Zweck einer tarifvertraglichen Regelung ihrer Arbeitsbedingungen, einen eigenen Verband gründen (*„Gewerkschaft in der Gewerkschaft"*). Sie sind daran durch ihre Loyalitätsobliegenheiten in einem Tendenzunternehmen nicht gehindert.

Daher bedeutet die Drohung mit der fristlosen Kündigung im **Fall a** eine unzulässige Beeinträchtigung der positiven Koalitionsfreiheit der Arbeitnehmer der B. Kampfmaßnahmen können allerdings durch arbeitsvertragliche und mitgliedschaftsrechtliche Loyalitätspflichten eingeschränkt sein (BAG NZA 1998, 754).

**752** b) Auch die *negative Koalitionsfreiheit* wird durch Art. 9 Abs. 3 GG gesichert (h. M.; BVerfGE 50, 290, 370; BVerfG NZA 2017, 915; BAG AP Nr. 153 zu Art. 9 GG; die Gegenmeinung bezieht sich auf Art. 2 Abs. 1 bzw. 9 Abs. 1 GG, vgl. Gamillscheg, Kollektives Arbeitsrecht I, S. 385 f.). Darunter ist nach h. M. das Recht des Einzelnen zu verstehen, einer Koalition fernzubleiben oder aus ihr auszutreten, ohne deswegen Nachteile in Kauf nehmen zu müssen (sog. „Fernbleiberecht").

Die gesetzlich bewirkte Erstreckung von Tarifnormen auf Außenseiter durch Allgemeinverbindlicherklärung (§ 5 TVG – vgl. Rdnr. 838 ff.), bei Fortwirkung und Nachwirkung von Tarifverträgen (§§ 3 Abs. 3, 4 Abs. 5 TVG – vgl. Rdnr. 826, 831 f.), bei Betriebs- und Betriebsverfassungsnormen (§ 3 Abs. 2 TVG – vgl. Rdnr. 801 f., 836), bei einer auf § 7 bzw. § 7a AEntG beruhenden VO sowie bei sog. Tariftreueregelungen wird von BVerfG und BAG jeweils nicht als Eingriff, zumindest aber nicht als Verstoß gegen die negative Koalitionsfreiheit gewertet (BVerfG 2007, 42; BAG NZA 2000, 948).

**753** Nicht jede Beeinträchtigung der negativen Koalitionsfreiheit führt allerdings zu einer Verletzung von Art. 9 Abs. 3 GG. Wann ein unzulässiger Druck auf die Entschließungsfreiheit des Einzelnen ausgeübt wird, ist nicht immer leicht feststellbar. Die negative Koalitionsfreiheit schließt nicht aus, dass die Koalitionen Mitglieder werben und dabei auf die Vorteile eines Beitritts verweisen sowie auch ansonsten versuchen, ihren Mitgliedern möglichst viele Vorteile zu verschaffen. Soweit es dabei um innerverbandliche Vorteile geht oder allgemein um die Vorteile der Tarifpolitik, an der kraft Gesetzes (vgl. § 3 Abs. 1 TVG; Rdnr. 829 f.) grundsätzlich nur Verbandsmitglieder teilhaben, bestehen im Hinblick auf die negative Koalitionsfreiheit keine Bedenken. Anders ist es jedoch, wenn z. B. Gewerkschaften die Arbeitgeberseite zu tariflichen Klauseln zwingen, wonach den Außenseitern Vorteile vorenthalten oder Nachteile zugefügt werden.

Die – wenn auch nur mittelbare – Beeinträchtigung der Koalitionsfreiheit der Außenseiter durch sog. *Organisationsklauseln*, nach denen der Arbeitgeber nur Gewerkschaftsmitglieder einstellen darf („closed shop"), ist nach allgemeiner Meinung unzulässig. Ebenso verhält es sich mit qualifizierten *Differenzierungsklauseln*, über die gewerkschaftsangehörigen Arbeitnehmern zusätzliche tarifliche Leistungen gewährt werden sollen, die den nicht oder anders organisierten Arbeitnehmern verwehrt bleiben (BAG AP Nr. 13 zu Art. 9 GG). In Form von *Tarifausschlussklauseln* sollen sie verhindern, dass die Außenseiter an tarifvertraglichen Vergünstigungen partizipieren. Als *Spannenklauseln* bzw. *Abstandsklauseln* (**Fall f**) verpflichten sie den Arbeitgeber, die allgemein gewährten Leistungen (Entgelt, Urlaub) jeweils für die der vertragsschließenden Gewerkschaft angehörenden Arbeitnehmer aufzustocken und ihnen dadurch einen bestimmten Vorsprung zu erhalten. Der Unterschied besteht also darin, dass bei Spannenklauseln – im Gegensatz zu Tarifausschlussklauseln – nicht per Tarifvertrag direkt die Arbeitsbedingungen von Außenseitern geregelt werden. Im Ergebnis wirken sie aber ähnlich wie Tarifausschlussklauseln, da dem Arbeitgeber eine Lohngleichstellung der Außenseiter mit den Organisierten rechtlich-logisch unmöglich ist, selbst wenn er zu ergänzenden Leistungen an die Außenseiter bereit ist. Das BAG hält Spannenklauseln zu Recht wegen Überschreitung der Tarifmacht für unzulässig (BAG NZA 2011, 920; zust. Bauer/Arnold, NZA 2011, 945; a. A. Däubler/Heuschmid, RdA 2013, 1).

Aufgrund des andauernden Erosionsprozesses der Gewerkschaften sowie der Erkenntnis, dass die beitragsfreie Mitnahme von gewerkschaftlich erkämpften Vorteilen durch Nichtmitglieder eine erhebliche Belastung für die Gewerkschaften darstellt, werden die Stimmen lauter, die begrenzte Vorteilsregelungen (z. B. in Höhe des Mitgliedsbeitrags) für zulässig halten (vgl. ErfK/Linsenmaier, Art. 9 GG Rdnr. 34; Franzen, RdA 2006, 1). Einfache Differenzierungsklauseln, die die Zugehörigkeit zur tarifschließenden Gewerkschaft lediglich zum Tatbestandsmerkmal eines Anspruches machen, sind nach der Rspr. des BAG verfassungsrechtlich unbedenklich (BAG NZA 2009, 1028). Sie hindern den Arbeitgeber nicht daran, Außenseitern die gleichen Arbeitsbedingungen individualvertraglich zu gewähren. Das zentrale Problem ergibt sich bei solchen tariflichen Regelungen aus den Bezugnahmeklauseln in den Arbeitsverträgen der Außenseiter, die an sich eine Gleichstellung der Außenseiter mit den organisierten Arbeitnehmern bewirken sollen. Das BAG geht unter Missachtung der Unklarheitenregel des § 305c Abs. 2 BGB davon aus, dass die (bloße) arbeitsvertragliche Bezugnahme auf einen Tarifvertrag das dort verankerte Erfordernis der Gewerkschaftszugehörigkeit nicht ersetzt, die Außenseiter also auch über diese individualarbeitsrechtliche Verweisung grundsätzlich keinen Anspruch auf die tarifliche Leistung erwerben. Ausnahmen gelten nur dann, wenn die Bezugnahme ausdrücklich eine Gleichstellung mit den Angehörigen bestimmter Gewerkschaften anordnet. Tarifverträge, die Leistungen nur für zu einem bestimmten Stichtag organisierte Gewerkschaftsmitglieder vorsehen, verletzen, sofern der Stichtag nicht willkürlich gewählt ist, nicht die negative Koalitionsfreiheit von Außenseitern (BVerfG NZA 2019, 112).

Die durch Art. 9 Abs. 3 GG garantierte Freiheit, eine Koalition zu verlassen, darf auch nicht unangemessen durch zeitliche Austrittshindernisse erschwert werden. Daher ist dem Mitglied einer Koalition nach h. M. lediglich eine „mäßige" Kündigungsfrist von maximal sechs Monaten zuzumuten (BGH AP Nr. 25, 33 zu Art. 9 GG). Dies gilt auch für die Kündigung der Mitgliedschaft im Arbeitgeberverband (BGH NJW 2014, 3239). Längere Kündigungsfristen werden damit auf sechs Monate gekürzt. Eine tarifliche Regelung, nach der ein Tarifvertrag ohne Nachwirkung bereits mit der Austrittserklärung des Arbeitgebers und nicht erst mit Ablauf der Kündigungsfrist endet, verstößt nicht gegen die negative Koalitionsfreiheit (BAG NZA 2017, 402).

**756** Die ausdrückliche Verpflichtung des Arbeitgebers in einem Firmentarifvertrag, die Aufrechterhaltung der Mitgliedschaft in einem bestimmten Arbeitgeberverband zu garantieren, verstößt gegen Art. 9 Abs. 3 Satz 2 i. V. m. Satz 1 GG (BAG NZA 2003, 734). Zulässig ist nach dem BAG dagegen ein Streik gegen einen nicht verbandsangehörigen Arbeitgeber trotz eines bestehenden, ungekündigten Firmentarifs, wenn dieser ohne eigenständige Regelungen lediglich auf die jeweils geltenden Verbandstarife verweist. Es sei kein Verstoß gegen das „ultima-ratio"-Prinzip oder die negative Koalitionsfreiheit, wenn dieser Arbeitgeber mit identischen Forderungen in einen Verbandsarbeitskampf einbezogen werde (BAG NZA 2003, 866).

**757** Von der negativen Koalitionsfreiheit, die nach der Rspr. von BVerfG und BAG nur ein Fernbleiberecht garantiert, zu unterscheiden ist die negative Tarifvertragsfreiheit. Sie versteht sich als Recht des Arbeitgebers oder Arbeitnehmers, nicht einem Tarifvertrag unterworfen zu sein, den er nicht selbst als Vertragspartei oder als Mitglied einer den Tarifvertrag abschließenden Koalition legitimiert hat. Sie genießt ebenfalls verfassungsrechtlichen Schutz, der allerdings nicht in Art. 9 Abs. 3 GG verankert, sondern über die durch Art 12 Abs. 1 GG geschützte Arbeitsvertragsfreiheit und das Rechtsstaats- und Demokratieprinzip gewährleistet ist, das über Art. 2 Abs. 1 GG ebenfalls individualschützende Wirkung entfaltet (HWK/Henssler vor § 1 TVG Rdnr. 5). Einschränkung der negativen Tarifvertragsfreiheit sind durch Gesetz oder aufgrund eines Gesetzes zwar möglich, aber nur sofern sie durch Gemeinwohlinteressen gerechtfertigt, sowie geeignet, erforderlich und angemessen sind.

## 2. Kollektive Koalitionsfreiheit

**758** Das Individualrecht, Koalitionen zu gründen und ihnen beizutreten, würde in weiten Teilen entwertet, wenn nicht auch die Koalition selbst in ihrem Bestand, ihrer organisatorischen Ausgestaltung und ihrer Betätigung verfassungsrechtlich geschützt würde. Die h. M. versteht deshalb Art. 9 Abs. 3 GG als ein Doppelgrundrecht (Rdnr. 749).

a) Die Koalition genießt einerseits *Bestandsschutz.* Weder vom Staat noch von anderer Seite darf in die Existenz der Koalition eingegriffen werden.

Ein staatliches Gewerkschaftsverbot wäre daher verfassungswidrig. Wegen des damit verbundenen Eingriffs in die Bestandsgarantie kann sich eine Gewerkschaft aber auch dagegen wehren, wenn ein Arbeitgeber die Einstellung ihrer Mitglieder verweigert (BAG NZA 1988, 64).

Der Bestandsschutz des Verbandes umfasst auch den Erhalt der Mitgliedschaft und deren Zugehörigkeit zum Geltungsbereich der Verbandstarife.

Deswegen kann ein gegen einen verbandsangehörigen Arbeitgeber auf den Abschluss eines Firmentarifvertrags gerichteter Streik dann gegen die kollektive Koalitionsfreiheit verstoßen, wenn der einzelne Arbeitgeber hierdurch aus der Verbandssolidarität gelöst werden soll. Dies ist allerdings dann nicht denkbar, wenn der Verband seine Betätigungsfreiheit weder durch den Abschluss einschlägiger Tarifverträge wahrgenommen hat noch wahrzunehmen beabsichtigt (BAG NZA 2003, 734 = RdA 2003, 356 m. Anm. Buchner; vgl. Rdnr. 750, 857, 903).

b) Geschützt ist auch die *Koalitionsbetätigungsfreiheit.* Der Umfang dieser Gewährleistung ist im Einzelnen noch nicht abschließend geklärt. Im Allgemeinen wird angenommen, dass jedenfalls die Tarifautonomie, das Recht zum Arbeitskampf sowie die Interessenwahrnehmung im Gesetzgebungs- und Gerichtsverfahren, in der Verwaltung und innerhalb der Betriebsverfassung (vgl. Rdnr. 740) garantiert sind. Die Betätigungsgarantie ist entgegen der ursprünglichen Linie der Rspr. von BVerfG und BAG (so etwa noch BAG NZA 1992, 690) nicht auf einen Kernbereich beschränkt, sondern schützt jede koalitionsspezifische Verhaltensweise (BVerfGE 93, 352; BAG NZA 2009, 1028). Nicht geschützt ist dagegen politische Wahlwerbung durch die Koalitionen; es greift Art. 2 Abs. 1 GG (Schaub/Treber, Arbeitsrechts-Handbuch, § 189 Rdnr. 24). Der Schutz der Betätigungsfreiheit ist freilich auch nach Aufgabe der Kernbereichslehre nicht schrankenlos. Jedenfalls zum Schutz anderer verfassungsrechtlich geschützter Rechtsgüter darf auch in die Koalitionsbetätigungsfreiheit eingegriffen werden (Rdnr. 764 ff.). **759**

aa) Tarifautonomie der Koalitionen bedeutet, dass der Staat die *Kernelemente eines Tarifvertragssystems* zur Verfügung stellen muss. Die Koalitionen müssen die ihnen übertragene Aufgabe erfüllen können, in dem von staatlicher Rechtsetzung freien Raum das Arbeitsleben durch Tarifverträge zu ordnen (BAG AP Nr. 24 zu § 2 TVG). Damit einher geht ein Verbot der staatlichen (insbesondere gerichtlichen) Zweckmäßigkeits- und Angemessenheitskontrolle von Tarifverträgen *(Verbot der Tarifzensur).* Nach § 310 Abs. 4 Satz 1 BGB sind Tarifverträge dementsprechend auch keiner AGB-Kontrolle unterworfen. **760**

Tarifverträge stehen Rechtsnormen i. S. v. § 307 Abs. 3 BGB gleich (§ 310 Abs. 4 Satz 3 BGB). Das bedeutet, dass solche arbeitsvertraglichen Klauseln, die – sei es durch Bezugnahme, sei es durch unmittelbare Übernahme – Tarifnormen zum Inhalt des Arbeitsvertrags erheben, mit Ausnahme der Transparenzkontrolle nach § 307 Abs. 3 Satz 2 BGB keiner Kontrolle unterworfen sind. Dies gilt unstreitig bei einer Globalverweisung, d. h. der Inbezugnahme eines kompletten fachlich einschlägigen Tarifvertrags (BAG NZA 2005, 475; ErfK/Preis, § 310 BGB Rdnr. 13 ff.). Aber auch in sich geschlossene Teile von Tarifverträgen sollten kontrollfrei in vorformulierte Arbeitsverträge übernommen werden können (BAG NZA-RR 2009, 593; HWK/Henssler, § 3 TVG Rdnr. 18 m. w. N.). Reine Einzelverweisungen auf isolierte Tarifklauseln bleiben dagegen der Inhaltskontrolle zugänglich (vgl. Rdnr. 208 f.).

bb) Dass auch die *einzelnen Koalitionsmittel,* insbesondere die *Arbeitskampfmittel,* durch Art. 9 Abs. 3 GG geschützt sind, ist schon seit vielen Jahren kaum noch streitig (Rüthers, Streik und Verfassung, 1960). Die kollektive Koalitionsfreiheit gewährleistet Streik und Aussperrung als Angriffs- wie auch als Verteidigungsmittel (BVerfGE 84, 212; 88, 103; vgl. Rdnr. 865 ff.). Ebenso erfasst sind ungewöhnliche bzw. von den Koalitionen neu erfundene Kampfmittel wie sog. Flashmobs, selbst wenn sich betriebsfremde Dritte an ihnen beteiligen (BVerfG NZA 2014, 493). **761**

cc) Schließlich wird aus der Betätigungsgarantie der Koalitionen auch ihr Recht abgeleitet, durch *Mitgliederwerbung* ihren Fortbestand zu sichern und ihre Verhandlungsstärke zu erhöhen (BVerfGE 93, 352). **762**

Daher dürfen die Gewerkschaften vor Betriebs- bzw. Personalratswahlen Wahlpropaganda betreiben und – außerhalb der Arbeitszeiten – Werbe- und Informationsmaterial verbreiten. Nach Auffassung des BAG muss der Arbeitgeber auch den unaufgeforderten Versand von Gewerkschaftswerbung an die betrieblichen E-Mail-Adressen der Arbeitnehmer dulden (BAG NZA 2009, 615). Soweit die Gewerkschaft ihre Werbung auch an die privaten E-Mail-Adressen der Arbeitnehmer adressieren kann, bedarf es dieser Beeinträchtigung des Eigentumsrechts des Arbeitgebers und seines Rechts am eingerichteten und ausgeübten Gewerbebetrieb allerdings nicht (zutreffend Dumke, RdA 2009, 77). Auch das BAG lehnt eine Pflicht des Arbeitgebers ab, die Versendung von Streikaufrufen an die betriebliche Mail-Adresse zu dulden, da der Arbeitgeber andernfalls an der eigenen streikbedingten Schädigung durch die Bereitstellung von Betriebsmitteln mitwirken müsste (BAG NZA 2014, 319, allerdings zur individuellen Koalitionsfreiheit eines Betriebsratsmitglieds). Ein Zutrittsrecht zum Betrieb zwecks Mitgliederwerbung steht jedenfalls zweimal im Jahr auch betriebsfremden Beauftragten der Gewerkschaft zu (BAG NZA 2010, 1365). Es findet seine Schranke in den schutzwürdigen Interessen des Arbeitgebers (störungsfreier Arbeitsablauf, Betriebsfrieden, Geheimhaltung, Vertrauen in die Neutralität einer Arbeitnehmervertretung [hierzu BVerfGE 28, 295], Vertrauen in eine gemeinwohlorientierte Ausführung der Amtsgeschäfte [hierzu BVerfG NZA 2007, 394]). Das Eigentum des Arbeitgebers darf durch Werbemaßnahmen nicht ohne weiteres in Anspruch genommen werden (**Fall c**; nach BAG AP Nr. 30 zu Art. 9 GG sind Gewerkschaftsaufkleber auf vom Arbeitgeber gestellten Arbeitshelmen nur mit dessen Zustimmung zulässig).

**763** c) Das kollektive Koalitionsrecht schützt die Koalitionspluralität, also den Wettbewerb von mehreren Gewerkschaften. Das wird besonders im Fall der Tarifpluralität bedeutsam (Rdnr. 851). Es gibt kein Koalitions- oder Tarifmonopol für Großgewerkschaften. In seiner viel beachteten Entscheidung zur Verfassungsmäßigkeit des am 10.7.2015 in Kraft getretenen Tarifeinheitsgesetz hat das BVerfG mit Blick auf kleinere Spartengewerkschaften den Standpunkt vertreten, dass die Koalitionsfreiheit kein Recht auf absolute tarifpolitische Verwertbarkeit von Schlüsselpositionen und Blockademacht zum eigenen Nutzen vermittele (BVerfG NZA 2017, 915). Art. 9 Abs. 3 GG berechtige daher den Gesetzgeber, die Tarifpluralität einzuschränken und damit in die Koalitionsfreiheit einzugreifen, um Regelungen zum Verhältnis der sich gegenüber stehenden Tarifvertragsparteien zu treffen, die die strukturellen Voraussetzungen dafür schaffen, dass Tarifverhandlungen einen fairen Ausgleich ermöglichen und so zu angemessenen Wirtschafts- und Arbeitsbedingungen führen können. Die Verdrängung eines mit der Minderheitengewerkschaft geschlossenen Tarifvertrages durch den Mehrheitstarifvertrag sei aber nur dann gerechtfertigt, wenn der Schutz der Interessen von im Mehrheitstarifvertrag nicht vertretener Berufsgruppen gewährleistet sei, der Minderheitentarifvertrag keine Leistungen enthalte, deren Verlust die langfristig angelegte Lebensplanung der Beschäftigten berühre, und der Minderheitengewerkschaft ein umfassendes Nachzeichnungsrecht eingeräumt werde. Die Rechtsprechung des BVerfG ist im Schrifttum auf verfassungsrechtliche Bedenken gestoßen (vgl. HWK/Henssler, § 4a TVG Rdnr. 7; eingehend zur Tarifeinheit Rdnr. 851).

### 3. Schranken der Koalitionsfreiheit

**764** Art. 9 Abs. 3 GG enthält keinen ausdrücklichen Gesetzesvorbehalt. Das ist auch nicht überraschend, ist doch nach dem Wortlaut überhaupt nur Freiheit der Bildung einer Koalition geschützt. Mit dem über den klaren Wortlaut weit hinausgehenden extensiven Verständnis des Grundrechts ergibt sich zugleich die Notwendigkeit, eine im Wortlaut naturgemäß ebenfalls nicht angelegte Schrankendogmatik zu entwickeln. Die Koalitionsfreiheit ist kein Spezialfall der allgemeinen Vereinigungsfreiheit und unterliegt daher nicht den Schranken des Art. 9 Abs. 2 GG (BVerfG NZA 2017, 915). Details sind insoweit umstritten. Schranken ergeben sich jedenfalls aus dem Grundgesetz. Zunächst folgt eine grundrechtsimmanente Schranke schon aus der in Art. 9 Abs. 3 Satz 1 GG enthaltenen Zweckbestimmung

(„zur Wahrung und Förderung der Arbeits- und Wirtschaftsbedingungen"). Darüberhinausgehend ist nach ganz h. M. die Betätigungsfreiheit der Koalitionen „jedenfalls" im Sinne praktischer Konkordanz durch die Grundrechte anderer und sonstige Güter von Verfassungsrang begrenzt (BVerfG NZA 2017, 915; NJW 2018, 2695; HWK/Hergenröder, Art. 9 GG Rdnr. 81 ff.; vgl. auch **Fall c**).

Als derartige Schranke mit Verfassungsrang wirken die in Art. 33 Abs. 5 GG gewährleisteten hergebrachten Grundsätze des Berufsbeamtentums (BVerfG NJW 2018, 2695). Auch wenn der persönliche Schutzbereich des Art. 9 Abs. 3 GG Beamte umfasst (BVerfG NJW 1966, 491), ist das in Deutschland geltende Streikverbot für Beamte aus diesem Grund verfassungsgemäß. Etwas anderes folgt auch nicht aus der Rspr. des EGMR zu Art. 11 EMRK (u. a. EGMR NZA 2010, 1425). Im Rahmen einer völkerrechtsfreundlichen Auslegung des Grundgesetzes ist diese Vorgabe möglichst schonend in das vorhandene, dogmatisch ausdifferenzierte nationale Rechtssystem einzupassen. Aufgrund der Besonderheiten des Systems des deutschen Berufsbeamtentums ist das Streikverbot aber jedenfalls nach Art. 11 Abs. 2 EMRK gerechtfertigt (BVerfG NJW 2018, 2695).

Der Staat ist ferner nicht gehindert, Arbeits- und Wirtschaftsbedingungen zur Verwirklichung von Gemeinwohlinteressen durch Gesetz zu regeln, auch wenn er dabei die Tarifautonomie zurückdrängt (BVerfGE 92, 365, 393; Henssler, ZfA 1998, 1). Der Gesetzgeber hat dabei allerdings das Verhältnismäßigkeitsprinzip zu beachten. Das BVerfG hat 1999 die Verfassungsmäßigkeit von Lohnabstandsklauseln nach §§ 275 Abs. 2, 265 Abs. 1 SGB III a. F. bejaht. Gesetzliche Regelungen, die befristet Zuschüsse für Arbeitsbeschaffungsmaßnahmen an die Vereinbarung von untertariflichen Entgelten knüpften, griffen zwar in die Tarifautonomie der Arbeitnehmerkoalitionen ein, könnten aber zur Schaffung zusätzlicher Arbeitsplätze in Zeiten hoher Arbeitslosigkeit gerechtfertigt sein (BVerfGE 100, 271). **765**

Ob eine Gemeinwohlbindung der Koalitionen zumindest bei Wahrnehmung der Tarifautonomie anzunehmen ist, bleibt dagegen strittig (vgl. ErfK/Linsenmaier, Art. 9 GG Rdnr. 80 f.). Die praktische Bedeutung des Meinungsstreites ist gering, da es kaum denkbar ist, dass ein Tarifvertrag wegen Verletzung der Gemeinwohlbindung der Tarifvertragsparteien für nichtig erklärt wird.

### 4. Rechtsschutz

Eine Koalition kann sich gegen rechtswidrige Eingriffe in ihre von Art. 9 Abs. 3 GG gewährleistete kollektive Koalitionsfreiheit mit Hilfe von Unterlassungsklagen wehren. Der Grundrechtsschutz richtet sich nach Art. 9 Abs. 3 Satz 2 GG auch gegen privatrechtliche Beschränkungen, hat also (unmittelbare) Drittwirkung. **766**

Eine Beeinträchtigung der Koalitionsfreiheit der Gewerkschaften kann insbesondere durch sog. „Betriebliche Bündnisse für Arbeit" erfolgen, welche die Verschlechterung einzelner Arbeitsbedingungen gegenüber dem Tarifniveau zur Sicherung der Arbeitsplätze auch für tarifgebundene Arbeitnehmer vorsehen. Von einem Eingriff in die Tarifautonomie kann nur dann gesprochen werden, wenn eine Tarifnorm als kollektive Ordnung verdrängt und damit ihrer zentralen Funktion beraubt werden soll. Das setzt eine betriebliche Regelung voraus, die einheitlich wirken und an die Stelle der Tarifnorm treten soll. Dies kann bei tarifnormwidrigen Betriebsvereinbarungen oder auch bei vertraglichen Einheitsregelungen der Fall sein, wenn diese auf einer Regelungsabrede mit dem Betriebsrat beruhen oder vom Betriebsrat unterstützt werden. Hiergegen steht der Koalition nach der Rspr. des BAG ein Unterlassungsanspruch analog §§ 1004 Abs. 1 Satz 2, 823 Abs. 1

BGB i. V. m. Art. 9 Abs. 3 GG zu (BAG NZA 2011, 1169). Das durch Art. 9 Abs. 3 GG gewährleistete Recht einer von Arbeitnehmern gebildeten Koalition auf gewerkschaftliche Betätigung stellt ein sonstiges Recht i. S. d. § 823 Abs. 1 BGB dar.
Die in Absprache mit dem Betriebsrat getroffene, auf Unterlaufen der Tarifbedingungen gerichtete vertragliche Einheitsregelung in **Fall d** verletzt die Gewerkschaft B in ihrer Koalitionsfreiheit, da sie auch die kongruent tarifgebundenen Arbeitnehmer erfasst, die einen unabdingbaren Anspruch (§ 4 Abs. 1, 3 TVG) auf den Tariflohn haben. Die Gewerkschaft hat daher nach der Rspr. des BAG gegen A einen Unterlassungsanspruch analog §§ 1004 Abs. 1 Satz 2, 823 Abs. 1 BGB i. V. m. Art. 9 Abs. 3 GG. Völlig unproblematisch ist es dagegen, solche „Bündnisse für Arbeit" über Regelungsabreden nur mit den nicht tarifgebundenen Außenseitern zu vereinbaren, wie dies auch in der Praxis häufig geschieht. Die notwendige Umsetzung der nicht normativ wirkenden Regelungsabreden auf der individualvertraglichen Ebene führt letztlich nur zu einer Änderung der schuldrechtlich Bezugnahmeklausel.

### III. Das Verbandsrecht der Koalitionen

#### 1. Gewerkschaften

**767** a) Die Gewerkschaften sind die koalitionsmäßigen Zusammenschlüsse der Arbeitnehmer und in Deutschland als sog. *Einheitsgewerkschaften – also solche, die für alle Arbeitnehmer unabhängig von deren politischer oder weltanschaulicher Überzeugung Heimat sein können* – weltanschaulich und parteipolitisch weitgehend neutral konzipiert. Das Gegenmodell sind die in beinahe allen europäischen Staaten außer Deutschland verbreiteten sog. Richtungsgewerkschaften, die sich einer weltanschaulichen oder politischen Richtung verpflichtet fühlen und davon ausgehen, dass gewerkschaftliche Arbeit nicht wertneutral erfolgen könne (vgl. zur Gewerkschaftslandschaft in Italien Henssler in: Festschrift 100 Betriebsverfassungsrecht, 2020, S. 173). Grundsätzlich steht es den Koalitionen frei, ihren tariflichen Zuständigkeitsbereich selbst zu bestimmen. In der Bundesrepublik Deutschland sind die Gewerkschaften überwiegend nach dem *Industrieverbandsprinzip* organisiert. Das gilt insbesondere für die unter dem Dach des DGB vereinten Gewerkschaften. Danach gehören z. B. alle Arbeitnehmer der metallverarbeitenden Industrie einer einzigen Gewerkschaft an, gleichgültig, ob sie als Schlosser, Elektriker, Kfz-Mechaniker, kaufmännischer Angestellter oder aber als Koch in der Kantine tätig sind. Dies hat den Vorteil, dass für *einen Betrieb* (z. B. der Metallindustrie) regelmäßig nur *eine Gewerkschaft* (die IG Metall) zuständig ist und diese dadurch einen stärkeren Verhandlungsdruck aufbauen kann. Ein von der Gewerkschaft geschlossener Tarifvertrag gilt dann für alle organisierten Beschäftigten des Betriebes.

**768** Neben den DGB-Gewerkschaften gibt es die Gewerkschaften, die sich im ebenfalls nach dem Industrieverband organisierten Christlichen Gewerkschaftsbund Deutschlands (CGB) zusammengeschlossen haben, und darüber hinaus in zunehmenden Maß selbstständige Berufsverbands- bzw. Spartengewerkschaften (Gewerkschaft der Flugsicherung (GdF), Gewerkschaft Deutscher Lokomotivführer (GDL), Marburger Bund, Unabhängige Flugbegleiter Organisation (UFO), Verband angestellter Akademiker und leitender Angestellter der chemischen Industrie (VAA), Vereinigung Cockpit (VC)). Sie nehmen jeweils nur Angehörige der genannten Berufsgruppe als Mitglieder auf. Auch sie sind sämtlich durch Art. 9 Abs. 3 GG in ihrem Daseins- und Betätigungsrecht geschützt.

**769** Der Deutsche Gewerkschaftsbund (DGB), der ca. 6,1 Mio. Arbeitnehmer in Deutschland repräsentiert, ist die größte deutsche Spitzenorganisation auf Gewerkschaftsseite. Im DGB waren seit seiner Gründung 1949 zwischenzeitlich bis zu 17 Einzelgewerkschaften verbunden. Seit Mitte der 90er Jahre kam es – nicht zuletzt aufgrund des allgemeinen Mitgliederschwunds – zu immer neuen Fusionen von Gewerkschaften. Heute sind noch acht Gewerkschaften im DGB zusammengeschlossen. Sämtliche DGB-Gewerkschaften sind – wie sich schon an ihren jeweiligen Namen erkennen lässt – nach dem Industrieverbandsprinzip organisiert (MünchArbR/Löwisch/Rieble, § 159, Rdnr. 26).

| Deutscher Gewerkschaftsbund | | | | | | | |
|---|---|---|---|---|---|---|---|
| IG Bauen Agrar Umwelt | IG Bergbau Chemie Energie | Gewerkschaft Erziehung und Wissenschaft | IG Metall | Gewerkschaft Nahrung Genuss Gaststätten | Gewerkschaft der Polizei | EVG – Eisenbahn- und Verkehrsgewerkschaft | Vereinte Dienstleistungsgewerkschaft (ver.di) |

Nach dem historisch älteren *Berufsverbandsprinzip*, welches den Zusammenschluss von Arbeitnehmern einer bestimmten Berufsgruppe unabhängig von der Branchenzugehörigkeit kennzeichnet, ist eine heute wachsende Zahl von Gewerkschaften organisiert (bspw. der Marburger Bund als Gewerkschaft der angestellten Ärzte). Insbesondere jene Gewerkschaften, die hoch qualifizierte Fachkräfte vertreten (beispielsweise die Pilotenvereinigung Cockpit oder die Gewerkschaft Deutscher Lokomotivführer [GDL]), können aktuell Mitgliederzuwachs verzeichnen. Auch dann, wenn schon ein Tarifvertrag für eine bestimmte Branche mit der jeweiligen DGB-Gewerkschaft besteht, versuchen sie, für ihre Mitglieder zusätzliche Vergünstigungen über Arbeitskämpfe durchzusetzen (näher zur Tarifpluralität Rdnr. 851).

**770**

b) Die Gewerkschaften haben traditionell die *Rechtsstellung* eines *nichtrechtsfähigen Vereins* (nur kurzfristig war die *Vereinte Dienstleistungsgewerkschaft e.V.* [*ver.di*] eine Ausnahme).

**771**

Der Verzicht der Gewerkschaften auf die Eintragung in das Vereinsregister ist nur historisch zu verstehen. Nach dem früheren § 61 Abs. 2 BGB hatte die Verwaltungsbehörde die Möglichkeit, die Eintragung eines Vereins, der sozialpolitische Zwecke verfolgte, abzulehnen. Deshalb stellten die Gewerkschaften keinen Antrag auf Eintragung. Dabei blieb es auch nach Aufhebung der überholten Vorschrift.

Nach § 54 BGB sind die Vorschriften über die bürgerlich-rechtliche Gesellschaft (§§ 705 ff. BGB) auf Gewerkschaften anzuwenden. Aufgrund ihrer körperschaftlichen Struktur behandelt die h. M. die Gewerkschaften schon seit langem weitgehend wie rechtsfähige Vereine. Ihre aktive und passive Parteifähigkeit im arbeitsgerichtlichen Verfahren ist aufgrund § 10 ArbGG gewährleistet. Seit der Anerkennung der Rechtsfähigkeit der Außen-GbR (BGHZ 146, 341) bedarf es insoweit auch für Gewerkschaften keiner Ausnahme mehr (HWK/Hergenröder, Art. 9 GG Rdnr. 94). Zur Vermögensverwaltung haben die meisten Gewerkschaften Vermögens- und Treuhandgesellschaften in der Rechtsform der AG oder der GmbH gegründet. Die Gewerkschaften haften für ihre verfassungsmäßig berufenen Vertreter und Repräsentanten (z.B. Mitglieder der örtlichen Streikleitung) deliktisch analog § 31 BGB. Eine Entlastungsmöglichkeit wie im Falle der Haftung aus § 831 BGB besteht nicht; allerdings ist die Haftung auf das Vereinsvermögen beschränkt.

**772** c) Das allgemeine verbandliche, nur an die Satzung gebundene *Ausschließungsrecht* des Vereins ist in Monopolverbänden und Vereinen mit überragender Machtstellung im wirtschaftlichen und sozialen Bereich modifiziert. Eine Gewerkschaft darf ein missliebiges Mitglied daher grundsätzlich nur dann ausschließen, wenn dieses von grundsätzlicher Gegnerschaft getragene, gewerkschaftsfeindliche Angriffe unternommen oder ein prinzipiell anders geartetes Verständnis von der Rolle der Gewerkschaften im demokratischen Staat hat. Allerdings hat das Bundesverfassungsgericht (BVerfGE 100, 214 = RdA 2000, 99 m. Anm. Reuter) in einer nicht unproblematischen Entscheidung unter teilweiser Korrektur der Rspr. des BGH betont, dass das Selbstbestimmungsrecht der Koalitionen wesentlicher Bestandteil der verfassungsrechtlich geschützten Koalitionsfreiheit sei. Für die Koalitionen sei die Solidarität ihrer Mitglieder und ein geschlossenes Auftreten nach außen von besonderer Bedeutung. Das Auftreten eigener Mitglieder auf konkurrierenden Listen – etwa für die Wahl zum Betriebsrat oder für die Wahl der Arbeitnehmervertreter in die Aufsichtsräte der mitbestimmten Kapitalgesellschaften – würde diesen Eindruck der Geschlossenheit des Verbandes und damit auch die Glaubwürdigkeit der Wahlaussagen der Koalitionen beeinträchtigen. Ein Ausschluss solcher Mitglieder aus der Gewerkschaft sei daher zulässig.

Eine Gewerkschaft kann sich mit satzungsmäßigen Mitteln gegen Störungen und Gefährdungen ihrer Zielsetzung und inneren Ordnung durch Extremisten wehren (**Fall e**; BGH NJW 1973, 35; zum Ausschluss wegen Mitgliedschaft bei den Republikanern siehe BGH NJW 1994, 43).

### 2. Arbeitgeberverbände

**773** a) Die Arbeitgeberverbände sind ebenfalls in der Regel nach dem Industrieverbandsprinzip organisiert; in Ausnahmefällen erfassen sie aber auch verschiedene Branchen (MünchArbR/Löwisch/Rieble, § 159, Rdnr. 49 ff.).

Auf der untersten Stufe der Organisation steht meist der regionale Fachverband eines bestimmten Wirtschaftszweiges. Dieser regionale Fachverband ist häufig Mitglied eines Landesverbandes, in dem noch weitere Branchen zusammengefasst sind. Regional- und Landesverbände können auf Bundesebene zu einem Spitzenfachverband zusammengeschlossen sein (z. B. Gesamtverband der Arbeitgeberverbände der Metall- und Elektro-Industrie e.V., „Gesamtmetall"). Die einzelnen Spitzenfachverbände und die Landesvereinigungen der Arbeitgeberverbände haben sich auf Bundesebene zur Bundesvereinigung der Deutschen Arbeitgeberverbände e.V. (BDA) mit Sitz in Berlin zusammengeschlossen.

In jüngerer Zeit haben sich viele Arbeitgeberverbände für eine OT-Mitgliedschaft geöffnet (OT = Ohne Tarifbindung), so dass die Mitgliedschaft im Verband nicht zwingend mit der Bindung an Tarifverträge einhergeht (dazu Rdnr. 830.). Der Wechsel von einer Vollmitgliedschaft mit Tarifbindung in die OT-Mitgliedschaft ist vielfach mit sehr kurzen Fristen möglich, sog. „Blitzwechsel")

b) Die Arbeitgeberverbände haben regelmäßig die *Rechtsstellung* eines *rechtsfähigen Vereins.*

### 3. Sozialpartner im europäischen Arbeitsrecht

**774** Als Sozialpartner auf europäischer Ebene haben sich der Europäische Gewerkschaftsbund (EGB), die Europäische Vereinigung der Arbeitgeber- und Industrieverbände (bis 2007 „Union des Industries de la Communauté européenne" [UNICE], nunmehr „Businesseurope") und der Europäische Zentralverband der öffentlichen Wirtschaft („European Centre of Employers and Enterprises providing Public services" [CEEP]) herausgebildet. Der AEUV gesteht ihnen Mitwirkungsrechte im Bereich der europäischen Sozialgesetzgebung zu. Nach Art. 154 Abs. 2–4 AEUV sind sie vor der Unterbreitung von Vorschlägen im Bereich der Sozialpolitik von der Kommission anzuhören (sog. „Sozialer Dialog"). Art. 153 Abs. 3 AEUV sieht darüber hinaus vor, dass ein Mitgliedstaat den nationalen Sozialpartnern die Umsetzung von Richtlinien auf dem Gebiet des Arbeits- und Sozialrechts (die Regelungsmaterien sind in Art. 153 Abs. 1 AEUV näher aufgeführt) überlassen kann. Bislang hat der deutsche Gesetzgeber von dieser Vorschrift allerdings noch keinen Gebrauch gemacht.

# Kapitel 9: Das Tarifvertragsrecht

**Schrifttum:** *Bauer,* Empfiehlt es sich für den Gesetzgeber, die Tarifbindung zu stärken?, in: Festschrift für Moll, 2019, S. 33 ff.; *Dieterich,* Die grundrechtsdogmatischen Grenzen der Tarifautonomie, in: Festschrift Wiedemann, 2002, S. 229; *Dieterich/Hanau/Henssler/Oetker/Wank/Wiedemann,* Empfehlungen zur Entwicklung des Tarifrechts, RdA 2004, 65; *Franzen,* Gesetzesbindung im Tarifvertragsrecht, NZA-Beilage 2011, 108; *Gräf,* Tarifpluralität und Tarifeinigkeit nach Betriebs(teil)übergang, NZA 2016, 327; *Henssler,* Tarifautonomie und Gesetzgebung, ZfA 1998, 1; *Höpfner,* Partizipation und Kostenausgleich: Nutzungsentgelt für Tarifverträge, ZfA 2020, Heft 2; *Picker,* Tarifautonomie, Betriebsautonomie, Privatautonomie, NZA 2002, 761; *Rieble,* Tarifvertrag und Beschäftigung, ZfA 2004, 1; *Rüthers* (Hrsg.), Der Konflikt zwischen Kollektivautonomie und Privatautonomie im Arbeitsleben, 2002; *Wiedemann,* Die Gestaltungsaufgabe der Tarifvertragsparteien, RdA 1997, 297.

**Fälle:**

**775** a) 20 Fließbandarbeiter in der Automobilindustrie treten aus der IG Metall aus und gründen eine neue „Gewerkschaft". Kann sie einen Tarifvertrag abschließen?

b) Der Arbeitgeber möchte mit einer für seinen Betrieb zuständigen Gewerkschaft einen Tarifvertrag schließen, obwohl er Mitglied eines Arbeitgeberverbandes ist, dessen Satzung dem einzelnen Mitglied den Abschluss von Tarifverträgen verbietet.

c) Im Arbeitsvertrag sind 30 Tage Urlaub und 10,- Euro Urlaubsgeld pro Tag (= 300,- Euro) vereinbart. Der Tarifvertrag sieht 25 Tage Urlaub und Urlaubsgeld in Höhe von 13,- Euro/Tag (= 325,- Euro) vor. Der Arbeitnehmer verlangt 30 Tage Urlaub und 13,- Euro/Tag (= 390,- Euro) Urlaubsgeld.

d) Der organisierte Arbeitnehmer N klagt ein Jahr nach seinem Ausscheiden aus dem Betrieb des organisierten Arbeitgebers G für den letzten Monat, in dem er bei G gearbeitet hat, den Tariflohn ein. G macht geltend, bei seinem Ausscheiden habe N eine Quittung unterschrieben, wonach ihm keine Ansprüche gegen G mehr zustünden. Außerdem sei im Arbeitsvertrag vereinbart worden, dass Ansprüche spätestens zwei Wochen nach Beendigung des Arbeitsvertrags geltend zu machen seien.

e) Im Verbandstarifvertrag sind u. a. Bestimmungen über die Löhne und genaue Regeln über eine Torkontrolle festgelegt. Der Arbeitgeber G, der dem Arbeitgeberverband angehört, verlangt von dem nichtorganisierten Arbeitnehmer N, dass dieser die tariflichen Regeln über die Torkontrolle beachtet. N, der untertariflich entlohnt wird, möchte wissen, wie er einen Anspruch auf den Tariflohn – möglichst auch für die Vergangenheit – erlangen kann.

f) Der Arbeitgeber G tritt – verärgert über die hohe Lohnsteigerung – unmittelbar nach dem Tarifabschluss aus dem Arbeitgeberverband aus. Deshalb will er den organisierten Arbeitnehmern die neuen Tariflöhne nicht zahlen. Mit Recht?

g) Trotz des Bestehens eines noch laufenden Lohntarifvertrags ruft die Gewerkschaft zum Streik um höhere Löhne auf. Der Arbeitgeberverband möchte wissen, was er tun soll. Die Mitglieder des Arbeitgeberverbandes verlangen von der Gewerkschaft Ersatz des Schadens, der ihnen durch den Arbeitsausfall entstanden ist.

h) Der Arbeitgeber G kümmert sich nicht um den Lohntarifvertrag, den sein Arbeitgeberverband abgeschlossen hat; er zahlt untertarifliche Löhne an die Gewerkschaftsmitglieder, die sich damit abfinden, um ihren Arbeitsplatz nicht zu verlieren. Was kann die Gewerkschaft tun?

Der Tarifvertrag ist ein Vertrag (Rdnr. 780 ff.) zwischen tariffähigen Parteien (Rdnr. 785 ff.) zur Regelung von schuldrechtlichen Rechten und Pflichten der Vertragsparteien (Rdnr. 855 ff.) und zur Festsetzung von Rechtsnormen (Rdnr. 797 ff.; vgl. §§ 1 Abs. 1, 2 Abs. 1, Abs. 3 TVG). Er dient zum einen dem Schutz des Arbeitnehmers, der als Einzelner nahezu machtlos ist (Schutzfunktion wegen struktureller Unterlegenheit, vgl. auch Rdnr. 18 f.) und trägt dazu bei, Lohngerechtigkeit in seinem Geltungsbereich zu erzielen (Verteilungsfunktion). Zum anderen bewirkt er eine Typisierung der Arbeitsverträge, die als Massenverträge aus Vereinfachungsgründen eine gleichmäßige Regelung der Arbeitsbedingungen erforderlich machen (Ordnungsfunktion). Außerdem soll durch den Tarifvertrag erreicht werden, dass während seiner Laufzeit um die in ihm geregelten Fragen kein Arbeitskampf geführt wird (Friedensfunktion). Schließlich tragen Tarifverträge nicht selten zu einer Fortbildung des Arbeitsrechts bei.

**776**

Der Tarifvertrag ist als Instrument der staatsfreien Preisbildung am Arbeitsmarkt der mit Abstand wichtigste Ordnungsfaktor des Arbeitsrechts. Über 80 % aller Arbeitsverhältnisse werden in Deutschland bis heute durch Tarifverträge bestimmt bzw. geprägt (vgl. Rdnr. 740). Derzeit existieren ca. 73.000 gültige Tarifverträge, wobei den Firmentarifverträgen wachsende Bedeutung zukommt. Zum 1.7.2017 (vgl. BMAS, Verzeichnis der für allgemein verbindlich erklärten Tarifverträge, Stand: 1. Juli 2017, S. 3) waren 443 Tarifverträge für allgemein verbindlich erklärt (dazu Rdnr. 838 ff.), mit der Folge, dass auch die Arbeitsverträge der sog. *Außenseiter* (Arbeitnehmer und Arbeitgeber, die nicht Mitglied der tarifvertragsschließenden Koalitionen sind) von den Tarifverträgen normativ erfasst waren (§ 5 Abs. 4 TVG). Der Tarifvertrag regelt wegen des Günstigkeitsprinzips (§ 4 Abs. 3 TVG) nur Mindestarbeitsbedingungen. Er soll die auf der einzelvertraglichen Ebene funktionsschwache Privatautonomie auf der kollektiven Ebene wiederherstellen.

**777**

Diese Funktion kann er nur erfüllen, wenn unter den Tarifparteien ein Mindestmaß an *Verhandlungs- und Kampfgleichgewicht* (*Waffengleichheit*) oder *Kampfparität*) besteht (BAG (GS) AP Nr. 1 zu Art. 9 GG Arbeitskampf). Keine Seite darf der anderen wegen eines dauerhaften Übergewichts ihren Willen aufzwingen können. Nur dann besteht die Vermutung einer „materiellen Richtigkeitsgewähr" der erzielten Tarifabschlüsse, d. h. eines angemessenen Ausgleichs der widerstreitenden Interessen auf Arbeitgeber- und Arbeitnehmerseite (BAG AP Nr. 64 zu Art. 9 GG Arbeitskampf).

Tarifverträge sind ein Teil der Rechtsordnung. Die Regelungsmacht der Tarifparteien ist in doppelter Weise eingeschränkt. Nach Art. 9 Abs. 3 GG gilt sie zum einen nur für die Arbeits- und Wirtschaftsbedingungen ihrer Mitglieder, die sich durch ihren Beitritt der Regelungsmacht unterwerfen. Rechtssetzungsmacht gegenüber Außenseitern haben die Tarifparteien aus sich heraus nicht (BVerfGE 44, 322, 347). Zum anderen sind die Tarifparteien an das höherrangige (nicht tarifdispositive) Recht gebunden (HWK/Henssler, Einl. TVG Rdnr. 22 ff.).

**778**

Eine unmittelbare Grundrechtsbindung der Tarifvertragsparteien ist demgegenüber abzulehnen. Die Tarifautonomie ist als kollektiv ausgeübte Privatautonomie zu verstehen. Tarifverträge sind also das Ergebnis autonomer Rechtsgestaltung

**779**

durch Private (ErfK/Schmidt, Einl. GG Rdnr. 46), so dass für die Vertragspartner nur eine mittelbare Grundrechtsbindung greifen kann (HWK/Henssler, Einl. TVG Rdnr. 15 f.; lehrreich BAG NZA 2004, 1339 = RdA 2005, 177 mit Anm. Dieterich).

## I. Vertragsschluss

### 1. Willenseinigung

**780** a) Wie jeder Vertrag kommt auch der Tarifvertrag durch inhaltlich *übereinstimmende Willenserklärungen* von mindestens zwei Parteien zustande (§§ 145 f. BGB; Brox/Walker, AT, § 4 Rdnr. 10 ff., § 8 Rdnr. 1 ff.). Das Besondere des Tarifvertrags besteht darin, dass Vertragsparteien auf der einen Seite nur Vereinigungen von Arbeitgebern oder einzelne Arbeitgeber und auf der anderen Seite nur tariffähige Vereinigungen von Arbeitnehmern (Gewerkschaften) sein können. Nur tariffähige Parteien sind nach § 2 TVG (Rdnr. 786 ff.) in der Lage, einen Tarifvertrag abzuschließen. Selbst wenn durch den Schiedsspruch einer (vereinbarten oder staatlichen) Schlichtungsstelle ein Tarifvertrag festgelegt wird, so ist dieser nur nach Zustimmung der Parteien bindend.

Aufgrund der normativen Wirkung des Tarifvertrags (§ 4 Abs. 1 TVG) lassen sich die Vorschriften des Allgemeinen Teils des BGB sowie des Allgemeinen Teils des Schuldrechts nicht unbesehen übernehmen. Der Schutz des Vertrauens der normunterworfenen Verbandsmitglieder auf die Wirksamkeit der Tarifnormen verbietet etwa einen Rückgriff auf die Dissensregeln der §§ 154, 155 BGB; gleiches gilt für die Leistungsstörungen nach den §§ 275 ff. BGB. Die Auslegung des schuldrechtlichen Teils des Tarifvertrags richtet sich nach dem verobjektivierten Empfängerhorizont gem. §§ 133, 157 BGB; im Bereich der Tarifnormen gelten dagegen überwiegend (Ausnahme: Lückenfüllung) die Grundsätze der Gesetzesauslegung (str.).

**781** b) Auch wenn es umstritten ist, ob bei *Willensmängeln* die §§ 116, 119, 123 BGB (dafür: Löwisch/Rieble, § 1 TVG Rdnr. 1536; Gamillscheg, Kollektives Arbeitsrecht I, S. 773; dagegen: Wiedemann/Thüsing, § 1 TVG Rdnr. 323) und die Grundsätze über die Störung der Geschäftsgrundlage (§ 313 BGB) überhaupt anwendbar sind (vgl. Löwisch/Rieble, § 1 TVG Rdnr. 1613 ff.), so besteht doch Einigkeit, dass es jedenfalls zu keiner rückwirkenden Nichtigkeit nach § 142 Abs. 1 BGB kommen darf. Eine rückwirkende Vernichtung des Tarifvertrags verbietet sich wegen der Rechtsnormen des Tarifvertrags, die in der Vergangenheit schon auf die Arbeitsverhältnisse eingewirkt haben. Das Vertrauen in Tarifverträge müsste unter einer solchen Rückwirkung leiden.

**782** c) Bei *Teilnichtigkeit* des Tarifvertrags (z. B. Verstoß einer Vertragsbestimmung gegen ein gesetzliches Verbot) ist die Regel des § 139 BGB unanwendbar. Im Interesse des Arbeitnehmerschutzes und zur Vermeidung einer Rechtsunsicherheit bleibt der übrige Teil des Tarifvertrags wirksam.

Nur ausnahmsweise ist der ganze Tarifvertrag nichtig, nämlich dann, wenn der verbleibende gültige Teil des Vertrags allein keine sinnvolle Regelung mehr darstellt (BAG AP Nr. 60 zu § 1 TVG; Wiedemann/Thüsing, TVG, § 1 Rdnr. 328).

### 2. Form des Vertrags

**783** Der Tarifvertrag bedarf der *Schriftform* (§ 1 Abs. 2 TVG). Die Form dient der Klarstellung seines Inhalts. Bei mehrgliedrigen Vereinbarungen (etwa bei dreigliedrigen Standortvereinbarungen zwischen Arbeitgeber, Gewerkschaften und Betriebsrat) soll sie zudem deutlich machen, wer Urheber der einzelnen Regelungskomplexe ist und um welche Rechtsquellen es sich handelt (BAG NZA 2008, 1074). Die Schriftform richtet sich nach § 126 BGB; bei ihrer Nichteinhaltung ist der Tarifvertrag nichtig (§ 125 Satz 1 BGB). Die Form ist auch bei einer Änderung des Tarifvertrags sowie bei der Vereinbarung einer Vertragsverlängerung zu beachten.

Obwohl der Tarifvertrag Rechtsnormen enthält, ist eine Verkündung zur Wirksamkeit des Vertrags nicht erforderlich. Zwar sind Tarifverträge in das beim Bundesministerium für Arbeit und Soziales geführte Tarifregister einzutragen (vgl. §§ 6, 7 TVG) und vom Arbeitgeber an geeigneter Stelle im Betrieb auszulegen (§ 8 TVG); eine Verletzung der genannten Ordnungsvorschriften hat aber keinen Einfluss auf die Gültigkeit des Tarifvertrags (HWK/Henssler, § 6 TVG Rdnr. 7).

### 3. Stellvertretung

Die Tarifvertragspartei kann beim Vertragsschluss durch ihr Organ oder durch einen Bevollmächtigten vertreten werden. Oft sieht die Satzung dafür eine besondere (Tarif-)Kommission vor. **784**

Die Regeln der §§ 164 ff. BGB sind anwendbar (Brox/Walker, AT, § 24 Rdnr. 1 ff.). Ergänzend gelten die Grundsätze der Duldungs- und Anscheinsvollmacht (BAG NZA 2008, 892). Obwohl der Tarifvertrag der Schriftform bedarf, ist diese Form für die Bevollmächtigung nicht erforderlich (§ 167 Abs. 2 BGB). Zur Vertretung durch eine Spitzenorganisation: Rdnr. 792.

## II. Tarifvertragsparteien

**Schrifttum:** *Henssler,* Soziale Mächtigkeit und organisatorische Leistungsfähigkeit als Voraussetzung der Tariffähigkeit von Gewerkschaften, 2006; *Junker,* Die Tarifzuständigkeit als Wirksamkeitserfordernis des Tarifvertrages, ZfA 2007, 229; *Richardi,* Koalitionsfreiheit und Tariffähigkeit, in: Festschrift Wissmann, 2005, S. 159; *Schrader,* Arbeitgeberverbände und soziale Mächtigkeit, NZA 2001, 1337; *Ulber,* Neues zur Tariffähigkeit, RdA 2011, 353; *Wank/Schmidt,* Neues zur sozialen Mächtigkeit und organisatorischen Leistungsfähigkeit einer Arbeitnehmervereinigung – Die Entwicklungslinien der BAG-Rechtsprechung und konkrete Folgerungen, RdA 2008, 257.

Partei eines Tarifvertrags kann nur sein, wer tariffähig (Rdnr. 786 ff.) und tarifzuständig (Rdnr. 796) ist. Dabei können auf jeder Seite des Tarifvertrags auch mehrere Tarifvertragsparteien stehen (mehrgliedriger Tarifvertrag). Tariffähigkeit und Tarifzuständigkeit der Vertragsparteien sind *Wirksamkeitsvoraussetzungen* des Tarifvertrags. Fehlen sie zum Zeitpunkt des Vertragsschlusses bei nur einer der Vertragsparteien, so ist der Tarifvertrag unwirksam. **785**

### 1. Tariffähigkeit

Tariffähigkeit ist die *Fähigkeit, Partei eines Tarifvertrags zu sein.* Sie ist in § 2 TVG geregelt. Über sie – wie auch über die Tarifzuständigkeit – entscheidet das Landesarbeitsgericht im Beschlussverfahren (§§ 2a Abs. 1 Nr. 4, 97 Abs. 2 ArbGG; Rdnr. 1297 ff.). **786**

**a) Tariffähigkeit der Koalitionen.** Nach § 2 Abs. 1 TVG sind *Gewerkschaften* und *Vereinigungen von Arbeitgebern* tariffähig. Voraussetzung ist, dass sie alle Begriffsmerkmale einer Koalition (Rdnr. 741 ff.) erfüllen. **787**

Innungen und Innungsverbände sind keine arbeitsrechtlichen Koalitionen, sondern öffentlich-rechtliche Berufsorganisationen der Handwerker. Dennoch kann der Abschluss von Tarifverträgen zu ihren Aufgaben gehören (§§ 54 Abs. 3 Nr. 1, 82 Nr. 3, 85 Abs. 2 Satz 1 HandwO); das ist verfassungsrechtlich nicht zu beanstanden (BVerfGE 20, 312).

Darüber hinaus müssen weitere Merkmale erfüllt sein:
Erforderlich ist die *Tarifwilligkeit* der Koalition (h. M., HWK/Henssler, § 2 TVG Rdnr. 15). Nach der Satzung des Verbandes muss daher der Abschluss von Tarifverträgen zu den Aufgaben des Verbandes gehören. Denn für die Mitglieder muss erkennbar sein, dass der Verband Tarifverträge schließen kann, deren Wirkungen auch sie treffen würden.

**788** Für die Tariffähigkeit von Arbeitnehmerkoalitionen wird von der Rspr. und der überwiegenden Meinung im Schrifttum zusätzlich eine gewisse *soziale Mächtigkeit* gefordert (BAG NZA 2001, 160; NZA 2006, 1112). Es muss erwartet werden, dass der Arbeitnehmerverband vom Gegner ernst genommen wird, so dass die Regelung der Arbeitsbedingungen nicht einem Diktat der anderen Seite entspringt. Deshalb wird eine Durchsetzungskraft gegenüber dem sozialen Gegenspieler verlangt, die sicherstellt, dass dieser wenigstens Verhandlungsangebote nicht übersehen kann (BVerfGE 58, 233; BAG AP Nr. 25, 30 zu § 2 TVG). Hieran hat weder das Gesetz zur Regelung eines allgemeinen Mindestlohns (MiLoG) noch die Einführung des Tarifeinheitsprinzips in § 4a TVG (vgl. Rdnr. 854) etwas geändert (BAG NZA 2018, 188). Sehr umstritten war und ist in diesem Zusammenhang regelmäßig die Tariffähigkeit von nicht im DGB organisierten Gewerkschaften, denen vorgeworfen wird, über eben diese soziale Mächtigkeit nicht zu verfügen, was angeblich zu – aus Arbeitnehmersicht – verhältnismäßig niedrigen Tarifabschlüssen führe. Diese Vorwürfe treffen in einigen Fällen zu (vgl. die Ausführungen der Vorinstanzen zum Fall BAG NZA 2011, 289, den das BAG aus anderen, unter Rdnr. 671 näher erörterten Gründen entscheiden konnte), in anderen Fällen nicht (für die Tariffähigkeit der Christlichen Gewerkschaft Metall BAG NZA 2006, 1112; Rieble, BB 2004, 885 und Henssler, Soziale Mächtigkeit von Gewerkschaften, S. 25 ff.).

**789** Das im europäischen Ausland überwiegend abgelehnte Kriterium ist verfassungsrechtlich und arbeitsmarktpolitisch höchst problematisch. Günstigere Entwicklungen im Ausland belegen, dass es eine der Ursachen für den geringen Organisationsgrad in Deutschland ist, da es das Entstehen neuer Gewerkschaften und damit die heute unverzichtbare Vielfalt der Gewerkschaftsbewegung massiv behindert. Deutlich geworden ist dies zuletzt bei der Neue Assekuranz Gewerkschaft (NAG), deren Nichtanerkennung durch Instanzgerichte und BAG (LAG Hessen NZA-RR 2015, 482, rkr., die Nichtzulassungsbeschwerde wurde vom BAG (BeckRS 2015, 73320) zurückgewiesen) vom BVerfG ohne jedes Problembewusstsein und ohne Sensibilität für die Krise des deutschen Tarifrechts gebilligt wurde (BVerfG NZA 2019, 16499). Bei ihr bestand nicht einmal ansatzweise der Verdacht, es könnte sich um eine sog. „gelbe Gewerkschaft", also eine arbeitgebernahe Gefälligkeitsgewerkschaft, handeln. Sie kümmert sich vielmehr um die von verdi nur unzureichend wahrgenommenen besonderen Interessen der Beschäftigten im privaten Versicherungsgewerbe.

Im **Fall a** ist die neue Arbeitnehmerkoalition nach h. M. mangels ausreichender sozialer Mächtigkeit (noch) keine Gewerkschaft i. S. d. § 2 Abs. 1 TVG, so dass sie keinen Tarifvertrag abschließen kann.

**790** Die Tariffähigkeit setzt nach h. M. *keine Arbeitskampfbereitschaft* voraus (vgl. BVerfGE 18, 18; MünchArbR/Klumpp, § 232 Rdnr. 39). Ein Verband, dessen Satzung den Arbeitskampf als letztes Kampfmittel ausschließt, kann ebenso wie ein zum Arbeitskampf bereiter Verband in der Lage sein, der Gegenseite gleichgewichtig gegenüberzutreten und die Interessen seiner Mitglieder beim Aushandeln eines Tarifvertrags mit hinreichendem Druck zu vertreten, da ihm auch andere Mittel wie bspw. die Beeinflussung der öffentlichen Meinung zur Verfügung stehen.

**b) Tariffähigkeit des einzelnen Arbeitgebers.** Der einzelne Arbeitgeber ist tariffähig (§ 2 Abs. 1 TVG). Das ermöglicht auch nicht organisierten Arbeitgebern den Abschluss von Firmentarifverträgen. Zugleich kann sich der Arbeitgeber dem Wunsch einer Gewerkschaft nach Abschluss eines Tarifvertrags nicht durch Fernbleiben vom Verband entziehen. Selbst der in einem Arbeitgeberverband organisierte Arbeitgeber bleibt selbst tariffähig (BAG NZA 2001, 1085). Daran ändert sich auch dann nichts, wenn die Satzung des Verbandes den Mitgliedern Tarifabschlüsse verbietet (**Fall b**). **791**

In **Fall b** verstößt der Arbeitgeber durch den Tarifabschluss zwar gegen seine Mitgliedspflichten; es können gegen ihn vereinsrechtliche Sanktionen verhängt werden. Die Gültigkeit des Tarifvertrags scheitert daran aber nicht. Wenn außer diesem (Firmen, Werks, Betriebs- oder Haus-)Tarifvertrag noch ein vom Arbeitgeberverband abgeschlossener (Verbands-)Tarifvertrag besteht, so geht bei einer Tarifkonkurrenz im Einzelnen Arbeitsverhältnis der Firmentarif als sachnähere und damit speziellere Regelung dem Verbandstarif vor (BAG NZA 2001, 788; vgl. auch Rdnr. 850).

**c) Tariffähigkeit der Spitzenorganisationen.** Als Spitzenorganisationen bezeichnet § 2 Abs. 2 TVG *Zusammenschlüsse von Gewerkschaften oder von Vereinigungen von Arbeitgebern.* Sie sind, sofern der Abschluss von Tarifverträgen zu ihren satzungsgemäßen Aufgaben gehört, selbst tariffähig (§ 2 Abs. 3 TVG), können also im eigenen Namen Tarifverträge schließen, obwohl nicht die einzelnen Arbeitnehmer bzw. Arbeitgeber, sondern die Gewerkschaften bzw. Arbeitgeberverbände ihre Mitglieder sind. Der Tarifabschluss einer Spitzenorganisation hat keinen Einfluss auf die Tariffähigkeit der angeschlossenen Verbände. **792**

Der DGB nimmt allerdings seine Möglichkeiten als tariffähige Spitzenorganisation nach seiner Satzung (vgl. §§ 2, 3 der Satzung des DGB) nicht wahr. **793**
Die Spitzenorganisation kann auch im Namen der angeschlossenen Verbände Tarifverträge abschließen (§ 2 Abs. 2 TVG); in diesem Fall braucht sie selbst nicht tariffähig zu sein, da sie nicht Partei des Tarifvertrags werden soll. Erfüllt sein müssen jedoch die Voraussetzungen des § 164 BGB (Rdnr. 784); die Spitzenorganisation muss also im Namen der angeschlossenen Verbände handeln und von diesen bevollmächtigt sein.
In beiden Fällen – Abschluss im eigenen Namen oder in Vertretung der angeschlossenen Verbände – haften für die Erfüllung der gegenseitigen (schuldrechtlichen) Vertragspflichten gesamtschuldnerisch sowohl die Spitzenorganisation selbst (§ 2 Abs. 4 TVG) als auch die angeschlossenen Verbände (§ 2 Abs. 4 TVG und bei Vertretung § 164 BGB).
Auf Arbeitgeber- wie auf Arbeitnehmerseite können auch Tarifgemeinschaften, also Zusammenschlüsse mehrerer Verbände auftreten (vgl. MünchArbR/Klumpp, § 232 Rdnr. 59 f.). Die Terminologie ist uneinheitlich, teilweise wird davon ausgegangen, die Tarifgemeinschaft werde selbst Vertragspartner, teilweise wird sie nur als Koordinationsstelle selbstständiger Arbeitgeber(verbände) eingestuft.

Die eigenständige Tariffähigkeit einer Spitzenorganisation setzt nach der Rspr. des BAG voraus, dass ihr Organisationsbereich mit dem ihrer Mitgliedsgewerkschaften übereinstimmt. In einem für die Praxis sehr bedeutsamen Urteil des BAG (NZA 2011, 289) wurde der Tarifgemeinschaft Christlicher Gewerkschaften für Zeitarbeit und Personal-Service-Agenturen (CGZP) die Tariffähigkeit zum einen deswegen abgesprochen, weil die Mitgliedsgewerkschaften ihre Tarifangelegenheiten je- **794** weils nur für den Bereich der Zeitarbeit übertragen hatten, zum anderen, weil der Organisationsbereich der Mitgliedsgewerkschaften wesentlich kleiner war als derjenige, den die CGZP für sich beansprucht hatte (nämlich den gesamten Bereich der gewerblichen Arbeitnehmerüberlassung). In einem weiteren Urteil hat das BAG (BB 2012, 1471) der CGZP von Anfang an jede Form der Tariffähigkeit abgesprochen, so dass ihre Tarifverträge von Anfang an nichtig waren. In der Praxis führte das – vorbehaltlich der Geltung von Ausschluss- sowie Verjährungsfristen – zu umfassenden Nachzahlungspflichten der betroffenen Zeitarbeitsunternehmen wegen „zu niedrig gezahlter" Löhne sowie Sozialversicherungsbeiträge. Die Nachzahlungspflichten stellen keinen Verstoß gegen das Rückwirkungsverbot dar (BVerfG NJW 2015, 1867). Hier zeigt sich eine weitere Schwäche des deutschen Tarifsystems, da den betroffenen Unternehmen jeglicher Vertrauensschutz in die Wirksamkeit von Tarifverträgen versagt wird. Vor diesem Hintergrund kann es nicht überraschen, wenn sich das deutsche Tarifrecht in der Krise befindet.

**795** Auf Arbeitgeber- wie auf Arbeitnehmerseite können auch Tarifgemeinschaften, also Zusammenschlüsse mehrerer Verbände auftreten (vgl. MünchArbR/Klumpp, § 232 Rdnr. 59 f.). Die Terminologie ist uneinheitlich, teilweise wird davon ausgegangen, die Tarifgemeinschaft werde selbst Vertragspartner, teilweise wird sie nur als Koordinationsstelle selbstständiger Arbeitgeber(-verbände) eingestuft. Treten als Vertragspartner auf einer Seite mehrere Arbeitgeber oder Verbände auf, stellt sich die Frage, ob gleichwohl nur ein einziger Tarifvertrag (Einheitstarifvertrag) oder mehrere inhaltsgleiche Tarifverträge (sog. mehrgliedrige Tarifverträge) zustande gekommen sind. Bedeutsam ist dies etwa für die Kündigung des bzw. der Tarifverträge, da bei Abschluss eines Einheitstarifvertrages dieser nur von allen Vertragspartnern der jeweiligen Vertragsseite gemeinsam gekündigt werden kann. Die Rspr. geht im Zweifel vom Abschluss mehrerer inhaltsgleicher Tarifverträge aus (BAG NZA 2007, 576).

## 2. Tarifzuständigkeit

**796** Die Partei eines Tarifvertrags muss nicht nur tariffähig, sondern auch tarifzuständig sein. Unter der Tarifzuständigkeit ist die aus der Kollektivautonomie der Koalition oder der Privatautonomie des Arbeitgebers folgende Befugnis zu verstehen, Tarifverträge mit einem bestimmten räumlichen, zeitlichen, betrieblich-fachlichen und persönlichen Geltungsbereich abzuschließen. Während der einzelne Arbeitgeber nur für sein Unternehmen tarifzuständig ist, richtet sich die Tarifzuständigkeit der Verbände jeweils nach dem in ihrer Satzung festgelegten Geschäftsbereich. Nur innerhalb dieses Zuständigkeitsbereiches kann der Verband wirksame Tarifverträge schließen (BAG AP Nr. 1 zu § 2 TVG Tarifzuständigkeit).

Das Erfordernis der Tarifzuständigkeit soll helfen, Kompetenzstreitigkeiten zwischen gleichrangigen Verbänden und Tarifkonkurrenzen in den Betrieben zu vermeiden. Hierfür ist allerdings eine Abstimmung der Zuständigkeitsbereiche erforderlich, die weitgehend dadurch garantiert wird, dass Gewerkschaften und Arbeitgeberverbände regelmäßig nach dem Industrieverbandsprinzip organisiert sind (Rdnr. 767, 773). Dementsprechend haben die im DGB zusammengeschlossenen Gewerkschaften nach § 16 der DGB-Satzung bei Abgrenzungsstreitigkeiten ein Schiedsverfahren durchzuführen, über das innerhalb des DGB eine eindeutige Zuständigkeitsverteilung erreicht werden soll (Grundsatz: „Ein Betrieb, eine Gewerkschaft"). Der Schiedsspruch ist gegenüber dem sozialen Gegenspieler verbindlich.

Ist ein Verband nach dem Berufsverbandsprinzip organisiert und ein konkurrierender anderer Verband nach dem Industrieverbandsprinzip, so könnte es bei Zuständigkeitsüberschneidungen zu sog. Tarifpluralitäten (Rdnr. 851) im einzelnen Betrieb kommen. Der in § 4a TVG verankerte Grundsatz der Tarifeinheit vermeidet ein solches Nebeneinander von Tarifverträgen, indem er den Tarifvertrag der „kleineren" Gewerkschaft verdrängt.

## III. Normativer Teil des Tarifvertrags

**Schrifttum:** *Bayreuther*, Funktionsfähigkeit eines Tarifeinheitsgesetzes in der arbeitsrechtlichen Praxis?, NZA 2013, 1395; *Bepler*, Tarifverträge im Betriebsübergang, RdA 2009, 65; *Deinert*, Schranken der Satzungsgestaltung beim Abstreifen der Verbandstarifbindung durch OT-Mitgliedschaften, RdA 2007, 83; *Dieterich*, Flexibilisiertes Tarifrecht und Grundgesetz, RdA 2002, 1; *Dieterich/Hanau/Henssler/Oetker/Wank/Wiedemann*, Empfehlungen zur Entwicklung des Tarifrechts, RdA 2004, 65; *Greiner*, Die Allgemeinverbindlicherklärung von Tarifverträgen zwischen mitgliedschaftlicher Legitimation und öffentlichem Interesse, in: Festschrift v. Hoyningen-Huene, 2014, S. 103; *Henssler*, Unternehmensumstrukturierung und Tarifvertrag, in: Festschrift Schaub, 1998, S. 311; *Henssler/Moll/Bepler*, Der Tarifvertrag, 2. Aufl., 2016; *Höpfner*, Blitzaustritt und Blitzwechsel in die OT-Mitgliedschaft, ZfA 2009, 541; *ders.*, Die unbegrenzte Nachbindung an Tarifverträge, NJW 2010, 2173; *ders.*, Nochmals: Vertrauensschutz bei Änderung der Rechtsprechung zu arbeitsvertraglichen Bezugnahmeklauseln, NZA 2009, 420; *Hromadka* (Stärkerer) Minderheitenschutz bei Tarifkollision, NZA 2019, 215; *Jöris*, Die Allgemeinverbindlicherklärung von Tarifverträgen nach dem neuen § 5 TVG, NZA 2014, 1313; *Konzen/Schliemann*, Der Regierungsentwurf des Tarifeinheitsgesetzes, RdA 2015, 1; *Lakies*, Die Anwendung von Tarifverträgen nach einem Betriebsübergang, ArbRAktuell 2013, 564; *Lobinger*, Ewige Dynamik? Ein Beitrag zur Rezivilisierung arbeitsvertraglicher Bezugnahmeklauseln, in: Festschrift v. Hoyningen-Huene, 2014, S. 271; *Löwisch*, Misslungene Reparatur des Tarifeinheitsgesetzes, RdA 2019, 169; *Nebeling/Arntzen*, Das Günstigkeitsprinzip – Der Tarifvertrag als „Gesamtwerk", NZA 2011, 1215; *Richardi*, Tarifeinheit als Placebo für ein Arbeitskampfverbot, NZA 2014, 1233; *Rieble*, „Blitzaustritt" und tarifliche Vorbindung, RdA 2009, 280; *Robert*, Vereinbarkeit betrieblicher Bündnisse für Arbeit mit dem Günstigkeitsprinzip, 2003; *Schliemann*, Tarifliches Günstigkeitsprinzip und Bindung der Rechtsprechung, NZA 2003, 122; *Willemsen/Hohenstatt u.a.*, Umstrukturierung und Übertragung von Unternehmen, 5. Aufl., 2016; *Willemsen/Krois/Mehrens*, Entdynamisierung von Tarifverträgen nach einem Betriebsübergang, RdA 2018, 151.

Eine Besonderheit des Tarifvertrags besteht darin, dass die Tarifvertragsparteien im Vertrag Rechtsnormen schaffen können, die unmittelbar und zwingend (Rdnr. 680 ff.) auf die zwischen den tarifgebundenen Personen (Rdnr. 829 ff.) bestehenden Arbeitsverhältnisse einwirken (normativer Teil).

### 1. Arten der Normen

Das Gesetz unterscheidet zwischen folgenden Arten von Rechtsnormen (§§ 1 Abs. 1, 4 Abs. 1 TVG):

a) Inhaltsnormen regeln den Inhalt der einzelnen Arbeitsverhältnisse.

Beispiele: Regelungen über Haupt-, Neben- und Schutzpflichten der Arbeitsvertragsparteien wie Entgelt (Zeit- oder Akkordlohn, Höhe, Bemessungsgrundlagen), Zulagen, Weihnachtsgeld, Arbeitszeit (Dauer, Lage), Wettbewerbsverbote, Urlaub und Urlaubsgeld.

b) Abschlussnormen betreffen die Begründung von Arbeitsverhältnissen.

Beispiele: Formvorschriften (etwa Schriftform) für den Abschluss des Arbeitsvertrags, Abschlussverbote (Zahl der Auszubildenden darf nur einen bestimmten Prozentsatz aller Beschäftigten ausmachen), Abschlussgebote (für ältere Arbeitnehmer, Auszubildende, Wiedereinstellung nach Arbeitskampf), Befristungsregeln (str.; die Gegenauffassung ordnet sie als Beendigungsnorm ein).

**800** c) *Beendigungsnormen* regeln das „Ob" und „Wie" der Beendigung von Arbeitsverhältnissen.

Beispiele: Ende des Arbeitsverhältnisses bei Erreichen eines bestimmten Alters (Rdnr. 700), über § 623 BGB hinausgehende Form- oder Begründungserfordernisse, Einschränkung des Rechts zur ordentlichen Kündigung, verlängerte Kündigungsfristen.

**801** d) *Betriebsnormen* behandeln Fragen des Betriebes. Nach dem BAG ist dies der Fall, wenn eine Regelung auf der Ebene des Individualarbeitsvertrags evident sachlogisch unzweckmäßig wäre und deshalb eine einheitliche Regelung auf betrieblicher Ebene für alle Arbeitnehmer – ob organisiert oder nicht – erforderlich ist. Dazu zählen Fragen, die unmittelbar die Organisation und Gestaltung des Betriebes, also der Betriebsmittel und der Belegschaft, betreffen (BAG NZA 2011, 808). Die Einordnung einer tariflichen Regelung als Betriebsnorm ist wegen der damit verbundenen Erstreckung auf Außenseiter (§ 3 Abs. 2 TVG; vgl. Rdnr. 836) wichtig. Im Schrifttum sind Details der Abgrenzung bis heute umstritten (vgl. Dieterich/Hanau/Henssler u. a., RdA 2004, 65, 72).

Als Betriebsnormen hat das BAG eingeordnet: Lehrlingsskalen, qualitative Besetzungsregeln, technische Überwachungseinrichtungen, Torkontrollen, Rauchverbote, Kleiderordnungen und sonstige Maßnahmen zur Ordnung des Betriebes, Auswahlrichtlinien nach § 1 Abs. 4 KSchG, Regelungen zur betrieblichen Altersversorgung. Auch Kurzarbeitsklauseln werden von der h. M. als Betriebsnormen mit der Folge ihrer Geltung nach § 3 Abs. 2 TVG auch für Außenseiter eingestuft.

**802** e) *Betriebsverfassungsrechtliche Normen* behandeln die Rechtsstellung der Arbeitnehmerschaft im Betrieb und deren Organe. Sie ergänzen das BetrVG.

In einigen Fällen (z. B. §§ 3, 38 Abs. 1 Satz 5, 47 Abs. 4, 55 Abs. 4, 72 Abs. 4, 76 Abs. 8, 86, 117 Abs. 2 BetrVG) lässt das Gesetz ausdrücklich eine tarifvertragliche Regelung zu. Darüber hinaus sind Abweichungen in Bezug auf die Organisation der Betriebsverfassung unzulässig. Ebenso unzulässig ist eine Beschränkung der gesetzlichen Mitwirkungs- und Mitbestimmungsrechte des Betriebsrats (vgl. HWK/Henssler, § 1 TVG Rdnr. 53 f.). Umstritten ist, inwiefern die Mitbestimmungsrechte des Betriebsrats erweitert werden dürfen. Eine von der gesetzlichen Regelung abweichende Zusammensetzung des Aufsichtsrats kann im Tarifvertrag nicht wirksam vereinbart werden, weil durch ihn nicht in die Organisation der Gesellschaft eingegriffen werden kann.

**803** f) *Normen über gemeinsame Einrichtungen der Tarifvertragsparteien* sind die Regeln über die Errichtung, Erhaltung und Benutzung einer solchen Einrichtung sowie über die Rechte und Pflichten der Arbeitgeber und der Arbeitnehmer gegenüber der Einrichtung (§ 4 Abs. 2 TVG). Dies ist eine Besonderheit, da Tarifverträge ansonsten nur auf das Arbeitsverhältnis selbst und nicht auf Beziehungen zu Dritten einwirken.

Gemeinsame Einrichtungen sollen Aufgaben wahrnehmen, zu deren Erfüllung der einzelne Arbeitgeber finanziell und organisatorisch nicht in der Lage wäre. Beispiele für gemeinsame Einrichtungen: Lohnausgleichs-, Urlaubs-, Versorgungskassen, Wohlfahrtseinrichtungen, Fortbildungsstätten; praktisch bedeutsam ist die SOKA-BAU, die Urlaubs-, Lohnausgleichs- und Zusatzversorgungskasse der Bauindustrie, die auf für allgemein verbindlich erklärten Tarifverträgen beruht.

Beispiele für normative Regelungen: Verpflichtung der einzelnen Mitglieder des Arbeitgeberverbandes zur Finanzierung einer Lehrwerkstatt, Ordnung der Benutzung eines Erholungsheimes, Festlegung der Satzung einer Pensionskasse.

## 2. Wirkungen der Normen

**a) Unmittelbare und zwingende Wirkung.** Aus § 4 Abs. 1 Satz 1 TVG ergibt sich die grundsätzlich unmittelbare und zwingende Wirkung von tarifvertraglichen Normen. **804**

(1) Die *unmittelbare Wirkung* bedeutet, dass die Norm automatisch das einzelne Arbeitsverhältnis erfasst. Die Tarifnorm wirkt – wie andere Rechtsnormen auch – auf den Arbeitsvertrag ein, ohne dass es auf die Kenntnis oder gar auf die Billigung der jeweiligen Norm durch die Parteien des Arbeitsvertrags ankommt.

Beispiel: Der Arbeitsvertrag enthält keine Bestimmung über die Zahlung eines Weihnachtsgeldes. Der später abgeschlossene Tarifvertrag sieht ein Weihnachtsgeld vor. Er wirkt wie ein Gesetz unmittelbar auf den Arbeitsvertrag ein, so dass ein Weihnachtsgeldanspruch besteht, selbst wenn der tarifgebundene Arbeitgeber und der tarifgebundene Arbeitnehmer vom Inhalt des Tarifvertrags nichts wissen.

(2) Die *zwingende Wirkung* bedeutet, dass die Norm nicht durch eine Vereinbarung im Arbeitsvertrag zum *Nachteil* des Arbeitnehmers abbedungen werden kann (§ 4 Abs. 1, 3 TVG). Eine solche Vereinbarung ist im Regelfall nur unanwendbar, was zur Folge hat, dass sie grundsätzlich wieder aufleben kann. Nur ausnahmsweise ist eine dem Tarifvertrag entgegenstehende arbeitsvertragliche Vereinbarung nichtig (§ 134 BGB). Ob Nichtigkeit eintritt, muss durch Auslegung des Tarifvertrags ermittelt werden (Bsp.: Ein Tarifvertrag will sittenwidrige Vertragsbestimmungen untersagen; vgl. ErfK/Franzen, § 4 TVG Rdnr. 3). **805**

Beispiel: Der Arbeitsvertrag enthält eine Bestimmung über ein Konkurrenzverbot des Arbeitnehmers; der Tarifvertrag verbietet Konkurrenzklauseln. Da die Konkurrenzklausel des Arbeitsvertrags gegen die zwingende Norm des Tarifvertrags verstößt, ist sie unwirksam. Dabei ist es gleichgültig, ob der Arbeitsvertrag vor oder nach Beginn der Tarifwirkung abgeschlossen wurde. Sobald die von den Tarifvertragsparteien festgelegte Tarifwirkung eintritt, entfällt die dem Tarifvertrag widersprechende Bestimmung des Arbeitsvertrags.

Regelmäßig treten die unmittelbare und die zwingende Wirkung einer Tarifnorm zusammen ein.

Beispiel: Der tarifgebundene Arbeitgeber vereinbart mit dem tarifgebundenen Arbeitnehmer im Arbeitsvertrag einen untertariflichen Lohn. Die arbeitsvertragliche Lohnvereinbarung ist wegen Verstoßes gegen die Tarifnorm unanwendbar (= zwingende Wirkung), und die tarifliche Lohnvereinbarung tritt an die Stelle der arbeitsvertraglichen Vereinbarung (= unmittelbare Wirkung).

Einschränkungen für die Normsetzungsbefugnis der Tarifparteien und für die Wirkung tariflicher Normen können sich aus dem Tendenzschutz eines Betriebes oder Unternehmens ergeben (etwa für Parteien, Presseverlage oder Wissenschaftsbetriebe, vgl. Löwisch/Rieble, § 1 TVG Rdnr. 806 ff.).

**b) Nachgiebigkeit.** § 4 Abs. 3 Alt. 1 TVG räumt die Möglichkeit nachgiebiger Tarifnormen ein. Vom Tarifvertrag abweichende Abmachungen zuungunsten des Arbeitnehmers sind zulässig, *„soweit sie durch den Tarifvertrag gestattet sind"*. Erforderlich ist also eine entsprechende (ausdrückliche oder konkludente) Vereinbarung im Tarifvertrag (sog. Zulassungs- oder Öffnungsklausel). **806**

Beispiele: Bei bestimmten Gruppen von weniger leistungsfähigen Arbeitnehmern ist nach dem Tarifvertrag eine arbeitsvertragliche Vereinbarung untertariflicher Entlohnung zulässig. – Ergibt die Auslegung des Tarifvertrags, dass die festgelegte Arbeitszeit als Höchstarbeitszeit gemeint ist, ist damit eine arbeitsvertragliche Vereinbarung über eine geringere Arbeitszeit mit entsprechend geringerem Lohn möglich.

**807** **c) Günstigkeitsprinzip. – (1) Grundlagen.** Nach dem Sinn des Tarifrechts, die Arbeitnehmer zu schützen, haben die Tarifnormen nur eine einseitig zwingende Wirkung. Eine Beschränkung der Privatautonomie der Arbeitnehmer durch tarifvertragliche Bestimmungen ist dann nicht gerechtfertigt, wenn die kollektive Regelung für sie ungünstiger ist als die individualvertraglich ausgehandelte. Deshalb bleiben einzelvertragliche Abmachungen, die für den Arbeitnehmer günstiger als die Tarifnorm sind, vom Tarifvertrag unberührt (§ 4 Abs. 3 Alt. 2 TVG), auch wenn der Tarifvertrag eine Abweichung nicht vorsieht.

> Beispiel: Die arbeitsvertragliche Vereinbarung eines übertariflichen Lohnes wird durch die tarifvertragliche Regelung nicht berührt; Tariflöhne sind Mindestlöhne.

**808** Das Günstigkeitsprinzip greift ein, wenn die Regelung im Arbeitsvertrag für den Arbeitnehmer objektiv günstiger ist als die des Tarifvertrags. Die Frage, wann eine „Änderung der Regelungen *zugunsten* des Arbeitnehmers" vorliegt (§ 4 Abs. 3 Alt. 2 TVG), ist im Gesetz nicht geregelt. Es handelt sich um einen auslegungsbedürftigen unbestimmten Rechtsbegriff.

Unstreitig sind die meisten Inhalts- und Beendigungsnormen einem Günstigkeitsvergleich zugänglich. Bei Abschlussnormen ist dies umstritten, zum Teil wird zwischen Geboten und Verboten differenziert. Bei Betriebsnormen und betriebsverfassungsrechtliche Normen ist die Anwendbarkeit des Günstigkeitsprinzips ebenfalls umstritten; sie wird aber mittlerweile überwiegend bejaht (Wiedemann/Wank, § 4 TVG Rdnr. 447 m.w. Nachw.).

**809** Die Problematik des Günstigkeitsprinzips lässt sich nur dann präzise erfassen, wenn deutlich zwischen dem *Vergleichsgegenstand* (Welche Bestimmungen des Tarifvertrags und des Arbeitsvertrags werden miteinander verglichen?) einerseits und dem *Vergleichsmaßstab* (subjektiver oder objektiver, individueller oder kollektiver Vorteil?) andererseits unterschieden wird (vgl. HWK/Henssler, § 4 TVG Rdnr. 36 ff.).

**810** **(2) Vergleichsgegenstand.** In Bezug auf den Vergleichsgegenstand geht das BAG vom sog. *Sachgruppenvergleich* aus. Dieser bezieht sich allein auf die verschiedenen Normen, nicht auf die Lebensumstände, wie sie ohne die Abmachung bestünden. Weder sollen ausschließlich einzelne Bestimmungen des Tarif- und des Arbeitsvertrags miteinander verglichen werden, noch soll ein undifferenzierter Gesamtvergleich – etwa aller materiellen Arbeitsbedingungen – stattfinden. Ausgehend vom Maßstab eines verständigen Arbeitnehmers sind vielmehr solche Regelungen einander gegenüberzustellen, die in einem inneren „sachlichen" Zusammenhang stehen (BAG NZA 1999, 887). Unzulässig ist es danach, sachlich zusammengehörende Regelungen auseinander zu reißen, um eine Sammlung günstiger Arbeitsbedingungen zu erreichen, die über den in Tarif- und Arbeitsvertrag vorgesehenen – ausgewogenen – Regelungszusammenhang hinausgehen (Kein „Rosinenpicken", vgl. etwa BAG AP Nr. 35 zu § 4 TVG: Zuschläge und Stundenentgelt). Im Zweifel ist die abweichende Abmachung schon dann nicht günstiger für den Arbeitnehmer, wenn sie in nur einem Punkt zu einer Verschlechterung gegenüber dem Tarifvertrag führt.

Im **Fall c** stehen die Regelung zur Dauer des Urlaubs und zur Höhe des Urlaubsgeldes in einem Sachzusammenhang. Deshalb darf der Arbeitnehmer aus Tarif- und Arbeitsvertrag nicht jeweils die für ihn günstigere Regelung wählen. Das Gesamtpaket der arbeitsvertraglichen Urlaubsregelung (30 Tage bezahlter Urlaub und 300,– Euro Urlaubsgeld) ist für den

Arbeitnehmer objektiv günstiger als die des Tarifvertrags (25 Tage bezahlter Urlaub und 325,- Euro Urlaubsgeld). Das geringfügig höhere Urlaubsgeld wird durch die höhere Anzahl der Urlaubstage überkompensiert. Deshalb geht erstere vor, so dass dem Arbeitnehmer nur ein tägliches Urlaubsgeld von 10, – Euro zusteht. – Sieht derselbe Tarifvertrag dagegen bei der Geburt eines Kindes eine höhere Beihilfe als der Arbeitsvertrag vor, so kann der Arbeitnehmer die tarifliche Beihilfe verlangen, da zwischen der Urlaubsregelung und der Beihilfe kein innerer Zusammenhang besteht. Die Frage nach dem Vergleichsgegenstand betrifft unmittelbar das Konzept des Sachgruppenvergleichs.

**811** Im Schrifttum wird der Vergleichsgegenstand zum Teil auf die vertraglichen Einzelregelungen (Däubler/Deinert, TVG, § 4 Rdnr. 720 ff.) beschränkt, zum Teil seine Ausweitung auf das gesamte vertragliche Synallagma gefordert (Nebeling/Arntzen, NZA 2011, 1215). Auch wenn man sich der letztgenannten Erweiterung nicht generell anschließen will, so ist doch zu bedenken, dass die Tarifvertragsparteien frei bestimmen können, welche der vertraglichen Regelungen im Austauschverhältnis und damit im Sachzusammenhang stehen. Ausgangspunkt des Günstigkeitsvergleichs sind die nach dem erkennbaren Willen der Vertragsparteien miteinander verbundenen Regelungen. Den Tarifvertragsparteien steht es danach frei, sogar das ganze arbeitsvertragliche Synallagma als Vergleichsgegenstand zu vereinbaren.

**812** Im Zentrum der Diskussion stand lange Zeit die Frage, ob es zulässig ist, Verschlechterungen etwa beim Arbeitsentgelt oder der Wochenstundenzahl gegen eine Garantie des Fortbestehens des Arbeitsverhältnisses für einen gewissen Zeitraum aufzuwiegen. Solche, oft auf Betriebsebene getroffenen, „*Bündnisse für Arbeit*" sollen durch Senkung der Personalkosten den Fortbestand der Arbeitsplätze sichern. In Unternehmen, die aufgrund der wirtschaftlich angespannten Situation die tariflichen Arbeitsbedingungen nicht mehr verkraften können, werden solche Beschäftigungspakte im Einvernehmen von Arbeitgeber, Arbeitnehmern und regelmäßig auch Betriebsrat auf Ebene des Arbeitsvertrags, durch Einheitsregelungen (Rdnr. 145 ff.), aufgrund von Regelungsabreden (Rdnr. 1007 ff.) oder – soweit nach § 77 Abs. 3 BetrVG zulässig (Öffnungsklausel) – durch Betriebsvereinbarung (Rdnr. 1059 ff.) geschlossen. Das BAG hat in einer vielbeachteten Entscheidung (BAG NZA 1999, 887 „Burda") in konsequenter Fortführung seiner Sachgruppen-Rspr. die Verschlechterung tariflicher Entgelt- und Arbeitszeitbestimmungen durch vertragliche Einheitsregelung gegen eine Beschäftigungsgarantie als nicht durch das Günstigkeitsprinzip gerechtfertigt angesehen. Es sei methodisch unmöglich, die Regelungen, die thematisch unterschiedliche Gegenstände betreffen (sicherer Arbeitsplatz versus unbezahlte Mehrarbeit), miteinander zu vergleichen („Äpfel mit Birnen").

**813** Die vollständige Ausklammerung von Überlegungen der Arbeitsplatzsicherheit aus dem Günstigkeitsvergleich berücksichtigt jedoch die Interessen der Arbeitnehmer nur unzureichend und geht zudem an den wirtschaftlichen Realitäten des Arbeitsmarktes vorbei (Buchner, NZA 1999, 897, 901 f.; a. A. Dieterich, RdA 2002, 1). Aus dem Günstigkeitsvergleich dürfen jedenfalls nicht sämtliche individuellen Vereinbarungen ausgeklammert werden, die bei Unterschreitung bestimmter tariflich garantierter Mindestarbeitsbedingungen dem einzelnen Arbeitnehmer einen konkreten individuellen, die Arbeitsplatzsicherheit betreffenden Vorteil zusichern (Beispiel: Ausschluss einer individuell drohenden betriebsbedingten Kündigung). Anderenfalls kommt es zu einer Bevormundung der Arbeitnehmer durch den

Tarifvertrag auch dort, wo sie keines Schutzes bedürfen und auch keine Einschränkung ihrer privatautonomen Entscheidung wünschen.

**814** (3) **Vergleichsmethode (objektiv-individueller Maßstab).** Die Vergleichsmethode betrifft im Rahmen des § 4 Abs. 3 TVG vornehmlich die Frage, ob die Günstigkeit für den Arbeitnehmer subjektiv oder nach einem objektiven Maßstab zu bestimmen ist. Gegen eine streng subjektive Vergleichsmethode spricht, dass damit jede – freiwillige – individualvertragliche Abrede zu einer Durchbrechung der Tarifbindung führen müsste. Jede untertarifliche Bezahlung eines neu eingestellten, zuvor arbeitslosen Arbeitnehmers müsste für zulässig erklärt werden. Damit würden das durch Art. 9 Abs. 3 GG geschützte Recht der Tarifparteien, durch Tarifvertrag Mindestarbeitsbedingungen festzulegen, wie auch der durch § 4 Abs. 3 TVG bezweckte Arbeitnehmerschutz unterlaufen. Nur wenn bei *objektiver Betrachtung* der vom Tarifvertrag abweichenden Vereinbarung diese für den Arbeitnehmer vorteilhaft ist, kann davon ausgegangen werden, dass kein Druck der Arbeitgeberseite für die Vereinbarung bestimmend war, sie vielmehr eine autonome Entscheidung des Arbeitnehmers widerspiegelt (vgl. HWK/Henssler, § 4 TVG Rdnr. 38 f.). Mit der h. M. ist danach zu fragen, ob sich die abweichende Vertragsklausel aus Sicht eines verständigen Arbeitnehmers bei objektiver Betrachtung günstiger darstellt als die tarifvertragliche Bestimmung (vgl. Wiedemann/Wank, TVG, § 4 Rdnr. 497 ff.). Eröffnet die vertragliche Vereinbarung dem Arbeitnehmer eine Wahlmöglichkeit hinsichtlich der zu vergleichenden Arbeitsbedingungen, so ist sie als die dem Arbeitnehmer günstigere Regelung anzusehen (BAG NZA 1990, 816). Ist die arbeitsvertragliche Regelung nur günstigkeitsneutral, bleibt es bei der tariflichen Regelung.

**815** Im Rahmen des Vergleichsmaßstabes stellt sich die weitere Frage, ob für die Beurteilung der Günstigkeit auf die Interessen des einzelnen Arbeitnehmers oder auf diejenigen der gesamten Belegschaft oder bestimmter Arbeitnehmergruppen abzustellen ist. Geht es um die Abweichung von tariflichen Bestimmungen, die Individualrechte des Arbeitnehmers begründen, muss allein auf sein Interesse abgestellt werden, auch wenn die abweichende Abmachung in einer kollektiven Regelung getroffen wird. Geht es dagegen um (etwa in Betriebsnormen enthaltene) kollektive Rechte, ist das Kollektivinteresse entscheidend (vgl. Däubler/Deinert, TVG, § 4 Rdnr. 724 ff.).

Maßgeblicher Zeitpunkt für die Beurteilung der Günstigkeit ist der Moment, in dem sich die zu vergleichenden Regelungen erstmals gegenüberstehen, da ein ständig fortzusetzender Günstigkeitsvergleich zu einer permanenten Rechtsunsicherheit führen würde.

**816** d) **Verhältnis von Tarifvertrag und übertariflichen Leistungen.** Bestimmt eine tarifvertragliche Klausel, dass übertarifliche Leistungen bei einer Verbesserung der tariflichen Leistungen durch einen neuen Tarifvertrag angerechnet werden (sog. *Anrechnungsklausel*), so verstößt diese Klausel gegen das zwingende Günstigkeitsprinzip; der Tarifvertrag soll Mindest-, nicht aber Höchstbedingungen festlegen (vgl. BAG AP Nr. 8 zu § 4 TVG Effektivklausel).

Es ist Sache der Parteien des Arbeitsvertrags, eine Vereinbarung darüber zu treffen, ob übertarifliche Leistungen von einem Tarifvertrag „aufgesogen" werden sollen (BAG AP Nr. 13 zu § 4 TVG Übertarifliche Lohn- und Tariflohnerhöhung). Sofern das bei der Auslegung unklar bleibt, kann eine tarifliche Anrechnungsklausel als Auslegungsregel helfen.

Praktisch bedeutsamer ist der umgekehrte Fall, da von Gewerkschaftsseite bei Abschluss eines neuen Tarifvertrags häufig Wert darauf gelegt wird, dass die Tariflohnerhöhung auch auf die arbeitsvertraglich vereinbarte übertarifliche Entlohnung „durchschlägt". Der übertariflich gezahlte Lohn soll durch den neuen Tariflohn nicht aufgesogen werden; vielmehr soll der effektiv gezahlte Lohn um die Differenz zwischen dem bisherigen und dem neuen Tariflohn aufgestockt werden. Deshalb wird im neuen Tarifvertrag etwa vereinbart: „Die Arbeitnehmer erhalten die Differenz zwischen altem und neuem Tariflohn zu ihrem Effektivlohn". Sofern mit der Klausel gemeint ist, dass der (aufgestockte) Effektivlohn jetzt als (unabdingbarer) Tariflohn zu zahlen ist, ist eine solche *allgemeine Effektivklausel* oder *Effektivgarantieklausel* unzulässig (BAG AP Nr. 2 zu § 4 TVG Effektivklausel). **817**

Es liegt nicht in der Macht der Tarifparteien, die verschieden hohen, in den Arbeitsverträgen individuell vereinbarten Löhne als tarifliche Mindestlöhne festzulegen. Wenn mit der Klausel zwar eine Aufstockung gemeint ist, es den Parteien des Arbeitsvertrags aber überlassen bleiben soll, den übertariflichen Lohn bis auf den tariflichen wieder abzubauen, spricht man von einer *begrenzten Effektivklausel*. Auch diese wird von der Rspr. im Ergebnis zu Recht als unwirksam angesehen (BAG AP Nr. 7, 15 zu § 4 TVG Effektivklausel m. Anm. Brox/Müller), denn die Tarifparteien greifen dadurch unzulässigerweise in die Gestaltungsmacht der Arbeitsvertragsparteien ein.

Als zulässig angesehen werden dagegen *Besitzstandsklauseln*, die dem Arbeitgeber die Ausübung eines eventuell bestehenden Widerrufsrechts hinsichtlich einer übertariflichen Leistung aus Anlass der Tariflohnerhöhung untersagen sowie *Verdienstsicherungsklauseln*, die bezwecken, dem auf einen geringer bezahlten Arbeitsplatz umgesetzten leistungsgeminderten Arbeitnehmer das bisherige Einkommen zu sichern (BAG AP Nr. 9, 15 zu § 4 TVG Effektivklausel). Auch insoweit gilt indes, dass die Tarifparteien zwar Mindestarbeitsbedingungen regeln können, darüber hinaus aber keine Befugnis haben, in die einzelvertragliche Gestaltungskompetenz von Arbeitgeber und Arbeitnehmer einzugreifen (HWK/Henssler, § 1 TVG Rdnr. 115). Die genannten wirkungsgleichen Klauseln sind daher ebenso wie Effektivklauseln unzulässig. **818**

**e) Unverbrüchlichkeit.** Zum Schutz des Arbeitnehmers können entstandene tarifliche Rechte ohne Beteiligung der Tarifvertragsparteien nicht (etwa durch Verzicht, Verwirkung) eingeschränkt oder ausgeschlossen werden; sie sind unverbrüchlich (§ 4 Abs. 4 TVG). Dadurch wird die zwingende Wirkung der Tarifnormen verstärkt. Entgegen dem Wortlaut der Vorschrift folgt aus dem Schutzzweck der Norm, dass sie nur den Arbeitnehmer, nicht dagegen den Arbeitgeber vor einem Verlust tariflicher Rechte schützt (HWK/Henssler, § 4 TVG Rdnr. 52 f.). **819**

(1) Ein *Verzicht* auf entstandene tarifliche Rechte ist nur in einem von den Tarifparteien gebilligten Vergleich zulässig (§ 4 Abs. 4 Satz 1 TVG). Der in einem ohne Einwilligung der Tarifparteien geschlossenen Vergleich enthaltene Verzicht ist – unabhängig vom Zeitpunkt des Zustandekommens des Vergleichs – unwirksam (§ 134 BGB). **820**

Auch ein gerichtlicher Vergleich, in dem der Arbeitnehmer etwa auf einen Teil seines Tariflohns verzichtet, bedarf zur Wirksamkeit der Zustimmung der Tarifparteien. Streiten Arbeitnehmer und Arbeitgeber aber in einem Prozess, in dem es um Zahlung rückständigen Lohns geht, nur über tatsächliche Fragen (z. B. über die Zahl der geleisteten Überstunden), so ist ein Vergleich auch ohne Zustimmung wirksam (teleologische Reduktion von § 4 Abs. 4

Satz 1 TVG). Hätte nämlich der Arbeitnehmer im Rechtsstreit die vom Arbeitgeber aufgestellte Behauptung (z.B. über eine nur geringere Zahl von Überstunden) nicht bestritten (und damit praktisch auf tarifliche Rechte verzichtet), wäre das gleiche Ergebnis im Urteil erzielt worden, ohne dass die Tarifparteien zugestimmt hätten.

Ein Verzicht auf tarifliche Lohnansprüche in einer Ausgleichsquittung (**Fall d**) ist ebenfalls nichtig.

**821** Die Nichtigkeitsfolge des § 4 Abs. 4 TVG trifft jede Verfügung des Arbeitnehmers, die zu einem Verlust der tarifvertraglichen Rechte oder – wegen der im Ergebnis gleichen Wirkung – zum Verlust ihrer Durchsetzbarkeit führt. Unzulässig sind daher auch Erlassvertrag, negatives Schuldanerkenntnis, Stundung oder eine Vereinbarung der fehlenden Einklagbarkeit der tariflichen Rechte (Wiedemann/Wank, § 4 TVG Rdnr. 740).

**822** (2) Der Schutz der Arbeitnehmer vor dem Verlust tariflicher Rechte wird durch § 4 Abs. 4 Satz 2 TVG ergänzt, der die *Verwirkung* von tariflichen Rechten ausschließt.

Bei übertariflichem Lohn kommt also eine Verwirkung nur hinsichtlich des über dem Tariflohn liegenden Betrages, nicht aber hinsichtlich des Tariflohns in Betracht.

**823** (3) Im Arbeitsleben besteht insbesondere für den Arbeitgeber ein starkes Bedürfnis, bereits vor Eintritt der regelmäßigen Verjährung tariflicher Ansprüche seiner Arbeitnehmer Sicherheit darüber zu erlangen, ob er mit deren Geltendmachung rechnen muss oder nicht. Da ihm der Einwand der Verwirkung verwehrt ist (Rdnr. 822), kommt den sog. *Ausschlussfristen* in der Praxis große Bedeutung zu. Sie knüpfen den Fortbestand tariflicher Ansprüche an ihre Geltendmachung innerhalb – regelmäßig recht kurzer – Zeiträume nach ihrer Fälligkeit, führen also zum Erlöschen des Anspruchs und sind vom Gericht von Amts wegen zu beachten (so die h. L.: vgl. Wiedemann/Wank, TVG, § 4 Rdnr. 718 ff.).

Ausschlussfristen sind für Arbeitnehmer gefährlich, da sie häufig nur unzureichend über deren Existenz und Bedeutung informiert sind. Auch § 2 Abs. 1 NachwG bewirkt nur einen unzureichenden Schutz, da diese Vorschrift zwar einen Hinweis auf einen schuldrechtlich oder normativ geltenden Tarifvertrag verlangt, nicht jedoch eine Information über eine einzelne gefährliche Klausel wie etwa eine tarifliche Ausschlussfrist. Unterbleibt sogar die nach § 2 Abs. 1 NachwG erforderliche Basisinformation, so greift die Ausschlussfrist gleichwohl (BAG NZA 2012, 750). Der Arbeitgeber ist jedoch nach § 280 Abs. 1 BGB wegen Verletzung einer vertraglichen Nebenpflicht zum Ersatz des hieraus entstehenden Schadens verpflichtet, wobei dem Arbeitnehmer die „Vermutung des aufklärungsrichtigen Verhaltens" (dazu Palandt/Grüneberg, BGB, § 280 Rdnr. 39) hilft.

**824** Tarifliche Ausschlussfristen unterliegen nach § 310 Abs. 4 Satz 1 BGB keiner AGB-rechtlichen Inhaltskontrolle. In vorformulierten Arbeitsverträgen enthaltene Ausschlussklauseln sind dagegen an den Maßstäben des AGB-Rechtes zu messen (vgl. dazu Rdnr. 215). Wegen § 4 Abs. 4 Satz 3 TVG können arbeitsvertraglich vereinbarte Ausschlussfristen allerdings keine tariflichen Ansprüche erfassen.

Im **Fall d** ist die arbeitsvertragliche Ausschlussfrist wegen Verstoßes gegen § 4 Abs. 4 Satz 3 TVG unwirksam, soweit sie sich auf tarifliche Ansprüche bezieht.

**825** (4) Da einer – nach § 202 BGB grundsätzlich möglichen – vertraglichen *Abkürzung der Verjährungsfrist* wirtschaftlich die Wirkung einer Ausschlussfrist zukommt (zur dogmatischen Abgrenzung Wiedemann/Wank, TVG, § 4 Rdnr. 815 f.), ist auch sie analog § 4 Abs. 4 Satz 3 TVG ausgeschlossen. Zulässig sind nur tarifliche, nicht aber arbeitsvertragliche Vereinbarungen über die vorzeitige Verjährung tariflicher Ansprüche.

**f) Nachwirkung.** Ist der Tarifvertrag (durch Zeitablauf, Kündigung oder Aufhebungsvertrag) abgelaufen, gelten seine Rechtsnormen weiter, bis sie durch eine andere Abmachung ersetzt werden (§ 4 Abs. 5 TVG). Der Tarifvertrag behält weiterhin seine unmittelbare, verliert aber seine zwingende Wirkung. Zulässig sind jetzt also kollektiv- oder individualvertragliche Abmachungen, die zuungunsten des Arbeitnehmers vom Tarifvertrag abweichen. Der nachwirkende Tarifvertrag bildet keinen Mindeststandard mehr. Entgegen dem Wortlaut („Abmachung") ist nach ganz h. M. auch eine Änderungskündigung möglich, sofern im Falle der Anwendbarkeit des KSchG die Voraussetzungen der §§ 1, 2 KSchG erfüllt sind. § 4 Abs. 4 TVG (Rdnr. 819 ff.) ist nicht mehr anwendbar.  826

Zweck der Norm ist es zu verhindern, dass das Arbeitsverhältnis durch den Wegfall der tariflich bestimmten Arbeitsbedingungen inhaltsleer bzw. durch die dispositiven Gesetzesbestimmungen oder einseitige Arbeitgeberweisungen ausgefüllt wird. Zum Schutz des Arbeitnehmers werden daher die bisherigen tariflichen Regelungen für eine Übergangszeit dispositiv erhalten (Überbrückungsfunktion). Streitig ist, ob die Nachwirkung ihre Grundlage im Tarifvertrag selbst oder in einer gesetzlichen Anordnung hat (vgl. HWK/Henssler, § 4 TVG Rdnr. 7 f.).

Die Nachwirkung erfasst grundsätzlich alle tariflichen Bestimmungen. Daher können nicht nur Inhaltsnormen, sondern auch Normen über betriebliche und betriebsverfassungsrechtliche Fragen und gemeinsame Einrichtungen nachwirken (HWK/Henssler, § 4 TVG Rdnr. 10).

Nach h. M. kommt es auch bei einem Verbandsaustritt nach Ablauf der Nachbindungsfrist des § 3 Abs. 3 TVG (Rdnr. 831) und bei für allgemein verbindlich erklärten (Rdnr. 838 ff.), aber beendeten Tarifverträgen zur Nachwirkung (BAG NZA 2009, 687; vgl. Wiedemann/Wank, TVG, § 4 Rdnr. 361 ff.). Verlieren Tarifverträge ihre Wirkung nicht durch Ablauf, sondern durch sonstige Umstände (etwa durch Herauswachsen des Betriebes oder Unternehmens aus dem Geltungsbereich des Tarifvertrags oder Auflösung einer Tarifvertragspartei; dazu BAG AP TVG § 3 Nr. 36 m. krit. Anm. Höpfner), wird § 4 Abs. 5 TVG analog angewandt (BAG NZA 1998, 484).  827

Nach ständiger Rspr. des BAG erstreckt sich die Nachwirkung nach § 4 Abs. 5 TVG nicht auf erst im Nachwirkungszeitraum begründete Arbeitsverhältnisse, denn eine „Überbrückung" sei in diesem Fall nicht erforderlich (zuletzt BAG NZA 2008, 886, wobei im konkreten Fall eine Nachwirkung aufgrund eines zuvor bestehenden Ausbildungsverhältnisses dennoch angenommen wurde; a. A. die wohl h. L. – vgl. Wiedemann/Wank, TVG, § 4 Rdnr. 354 ff. m. w. Nachw.).

### 3. Tarifgebundenheit

Tarifverträge können unabdingbare Wirkung nur gegenüber Tarifgebundenen entfalten. Wer tarifgebunden ist, kann nicht von den Tarifvertragsparteien festgelegt werden, sondern ergibt sich aus dem Gesetz (§§ 3, 4 Abs. 1, Abs. 2, 5 Abs. 4 TVG).  828

**a) Tarifgebundenheit kraft beiderseitiger Verbandszugehörigkeit.** Nach § 4 Abs. 1 Satz 1 TVG gelten Tarifnormen zwischen *beiderseits Tarifgebundenen*. (1) Beim *Verbandstarif* sind diejenigen Arbeitgeber und Arbeitnehmer tarifgebunden, die *Mitglieder der Tarifvertragsparteien* sind (§ 3 Abs. 1 TVG); der Arbeitgeber muss dem vertragsschließenden Arbeitgeberverband, der Arbeitnehmer der betref-  829 fenden Gewerkschaft angehören. Es genügt folglich nicht, dass der Arbeitnehmer Mitglied irgendeiner Gewerkschaft ist; vielmehr muss er Mitglied gerade jener Gewerkschaft sein, die einen Tarifvertrag entweder direkt mit dem Arbeitgeber (Firmentarif) geschlossen hat oder mit dem Arbeitgeberverband (Verbandstarif), dem der Arbeitgeber angehört (sog. kongruente Tarifbindung).

Im **Fall e** steht dem N mangels Gewerkschaftszugehörigkeit ein Anspruch auf den Tariflohn nicht zu. Das Gleiche gilt, wenn N etwa bei einer anderen Gewerkschaft, die diesen Tarifvertrag nicht abgeschlossen hat, organisiert ist (Beispiel: Der Koch in der Kantine der Zentrale der Daimler-Chrysler AG ist Mitglied der Gewerkschaft NGG, während Daimler-Chrysler (nur) im Arbeitgeberverband Metall organisiert ist, der aber keinen Tarifvertrag mit der NGG geschlossen hat. Hier greift für das Arbeitsverhältnis normativ überhaupt kein Tarifvertrag.). Tritt N der Gewerkschaft, die Tarifvertragspartei ist, bei, so hat er vom Zeitpunkt des Beitritts an Anspruch auf den Tariflohn.

Die Tarifgebundenheit *beginnt* mit dem Erwerb der Mitgliedschaft bei der Tarifvertragspartei. Eine im Einverständnis des Verbandes erfolgte Rückdatierung des Eintritts auf einen früheren Zeitpunkt hat nur eine verbandsrechtliche, aber keine tarifrechtliche Bedeutung. Die gesetzlich festgelegte Tarifgebundenheit kann nicht durch eine private Vereinbarung erweitert werden.

Die Verbandssatzung kann dem Arbeitgeber gestatten, auch während laufender Tarifverhandlungen mit sofortiger Wirkung aus dem Arbeitgeberverband auszutreten (sog. *Blitzaustritt*), sofern dadurch das Verhandlungsergebnis der Tarifvertragsparteien nicht verfälscht wird. Hierfür muss der Austritt für die gegnerische Gewerkschaft in einer Weise transparent gemacht werden, dass diese darauf in den Tarifverhandlungen reagieren kann (BAG NZA 2008, 946; krit. Höpfner, ZfA 2009, 541).

**830** Umstritten war lange Zeit die Zulässigkeit sog. „OT-Mitgliedschaften" (ohne Tarifbindung; vgl. schon Rdnr. 773). Hier werden einzelne Arbeitgeber Mitglied des zuständigen Arbeitgeberverbandes, ohne sich jedoch der Tarifbindung zu unterwerfen. Die OT-Mitgliedschaft, die sich inzwischen enormer Beliebtheit erfreut, ist für Arbeitgeber interessant, die zwar die Vorteile der Verbandsmitgliedschaft schätzen, an den vom Verband abgeschlossenen Tarifvertrag aber nicht gebunden sein wollen. Die verfassungskonforme Auslegung des § 3 Abs. 1 TVG im Lichte der negativen Koalitionsfreiheit gebietet es, als „Mitglied" im Sinne dieser Vorschrift nur diejenigen Arbeitgeber anzusehen, die sich mit dem Beitritt freiwillig der Tarifbindung unterwerfen wollen (vgl. HWK/Henssler, § 3 TVG Rdnr. 5), was bedeutet, sog. „OT-Mitgliedschaften" zuzulassen. Das BAG hat diese gebilligt. Ein Arbeitgeberverband könne in seiner Satzung die Möglichkeit einer Mitgliedschaft ohne Tarifgebundenheit vorsehen. Arbeitgeber, die von dieser Möglichkeit Gebrauch machen, seien keine Mitglieder gem. § 3 Abs. 1 TVG (BAG NZA 2008, 1366). Bei ihnen fehle es an der Legitimation für die Erstreckung der Tarifnormen auf die von ihnen geschlossenen Arbeitsverträge. Die Verbandssatzung muss jedoch gewährleisten, dass nicht tarifgebundene Mitglieder keinen maßgebenden Einfluss auf tarifpolitische Entscheidungen haben (BAG NZA 2010, 105; BAG AP Nr. 56 zu § 3 TVG; Höpfner, ZfA 2009, 541). Für den sog. „Blitzwechsel" in die OT-Mitgliedschaft gelten dieselben Maßstäbe wie für den Blitzaustritt (Rdnr. 829; BAG NZA 2012, 1372).

**831** Die Tarifgebundenheit *endet* erst mit dem Ende des Tarifvertrags (§ 3 Abs. 3 TVG), also nicht schon dann, wenn der einzelne Arbeitgeber oder Arbeitnehmer aus seinem Verband austritt. Während der Nachbindung gem. § 3 Abs. 3 TVG gilt der Tarifvertrag unverändert weiter. Eine Konsequenz hieraus ist, dass ein beim ausgetretenen Arbeitgeber beschäftigter Arbeitnehmer auch während des Zeitraumes zwischen Austritt und Beendigung des Tarifvertrags der den Tarifvertrag abschließenden Gewerkschaft mit der Wirkung einer beidseitigen Tarifbindung beitreten kann (BAG NZA 2012, 281). Die Vorschrift will Missbräuche sowie praktische Schwierigkeiten verhindern und der Rechtssicherheit dienen. Ein erst nach dem Ausscheiden geschlossener neuer Tarifvertrag bindet das ausgeschiedene Mitglied dagegen nicht.

Im **Fall e** kann N also einen Tariflohnanspruch für die Vergangenheit nicht dadurch erreichen, dass er rückwirkend der Gewerkschaft beitritt. – Im **Fall f** muss G auch nach seinem Austritt aus dem Arbeitgeberverband die neu vereinbarten Tariflöhne den organisierten Arbeitnehmern zahlen.

Die Kombination der Nachwirkung des Tarifvertrags (§ 4 Abs. 5 TVG, vgl. Rdnr. 826 f.) mit seiner Fortgeltung auch bei Verbandsaustritt des Arbeitgebers (§ 3 Abs. 3 TVG, vgl. Rdnr. 831) bewirkt, dass dem Arbeitgeber ein Ausscheiden aus seiner einmal eingegangenen Tarifbindung massiv erschwert ist. Er kann das Ende seiner Tarifgebundenheit nach seinem Austritt oftmals weder beeinflussen noch absehen. Das BVerfG sieht in der so weitgehenden Fortgeltung des Tarifvertrags für ausgeschiedene Verbandsmitglieder keine Verletzung der negativen Koalitionsfreiheit (BVerfG NZA 2000, 947). Da die Nachbindung insbesondere bei Manteltarifverträgen mit langer Laufzeit für den Arbeitgeber mitunter sehr belastend wirken kann, mehren sich die Stimmen im Schrifttum, die eine zeitliche Begrenzung fordern (Henssler, Festschrift Picker, 2010, S. 987, 994: analog § 613a Abs. 1 Satz 2 BGB auf ein Jahr; ähnlich: Rieble, Arbeitsmarkt und Wettbewerb, Rdnr. 1557; Wiedemann/Oetker, TVG, § 3 Rdnr. 102; Bepler, Gutachten 70. DJT, S. B 53: zwei Jahre; Höpfner, NJW 2010, 2173, 2177: in Anlehnung an §§ 736 Abs. 2 BGB, 160 HGB auf fünf Jahre). Das BAG hat solchen Beschränkungen de lege lata eine Absage erteilt (BAG NZA 2010, 53; krit. Willemsen/Mehrens, NZA 2010, 307) und darauf verzichtet, einen Beitrag zur Stärkung der massiv schwindenden Attraktivität der Tarifbindung für Arbeitgeber zu leisten.

**(2) Tarifrechtliche Folgen eines Betriebsübergangs.** Einen Weg, um eine unerwünschte Tarifbindung abzustreifen und zugleich die langen Weitergeltungszeiträume der §§ 3 Abs. 3, 4 Abs. 5 TVG zu vermeiden, bietet § 613a Abs. 1 Satz 2 BGB, wonach die zwingende Tarifgeltung spätestens nach einem Jahr endet. Die tarifrechtlichen Folgen eines Betriebsübergangs (vgl. Rdnr. 704 ff.) richten sich allerdings nur dann nach § 613a Abs. 1 Satz 2–4 BGB, wenn es zu keiner normativen Weitergeltung der bestehenden Tarifregelungen gekommen ist (BAG NZA 2002, 517). Dies ist bspw. der Fall, wenn der Betriebserwerber aufgrund Mitgliedschaft in demselben Arbeitgeberverband ebenfalls an den beim Veräußerer geltenden Tarifvertrag gebunden ist.

Zu beachten ist, dass der Betriebserwerber aufgrund eines Betriebsübergangs nicht automatisch in die mitgliedschaftliche Stellung des Veräußerers eintritt. Ein solcher Automatismus kommt wegen der verfassungsrechtlich verbürgten negativen Koalitionsfreiheit (Art. 9 Abs. 3 GG) und der höchstpersönlichen Natur der Vereinsmitgliedschaft (§ 38 BGB) weder bei einer Einzel- noch bei einer Gesamtrechtsnachfolge in Betracht (Willemsen/Hohenstatt/Schweibert/Seibt, Teil E Rdnr. 94).

Kommt es zu keiner unmittelbar kollektivrechtlichen Fortgeltung der Tarifnormen, sind die Regeln des § 613a Abs. 1 Satz 2–4 BGB anwendbar. § 613a Abs. 1 Satz 2 BGB schützt das Bestandsschutzinteresse der Arbeitnehmer, indem er die Fortwirkung der tarifvertraglichen Rechte und Pflichten als „Inhalt des Arbeitsverhältnisses" einordnet und sie einer einjährigen Änderungssperre unterwirft, welche nur nach Maßgabe des Satzes 4 durchbrochen werden kann.

835 Um einen Ausgleich des Bestandsschutzinteresses der Arbeitnehmer mit dem Interesse des Arbeitgebers an einheitlichen Arbeitsbedingungen in seinem Unternehmen zu gewährleisten, tritt diese Folge nach § 613a Abs. 1 Satz 3 BGB jedoch nicht ein, wenn die tarifvertraglichen Rechte und Pflichten beim Erwerber durch andere Kollektivnormen geregelt sind. Nach h. M. ist für diese „Ablösung" der bisherigen Tarifnormen eine *kongruente Tarifbindung* von Erwerber und übernommenen Arbeitnehmern erforderlich, d. h. der Erwerber bzw. sein Arbeitgeberverband muss einen Tarifvertrag mit der Gewerkschaft abgeschlossen haben, deren Mitglieder auch die übernommenen Arbeitnehmer bereits sind oder durch Beitritt werden (st. Rspr., vgl. BAG NZA 2001, 1318).

Konkurriert nach einem Betriebsübergang ein individualvertraglich in Bezug genommener Tarifvertrag mit einem normativ geltenden Tarifvertrag, so ist dieses Verhältnis nach Maßgabe des Günstigkeitsprinzips aufzulösen (BAG NZA 2008, 364).

836 **b) Tarifbindung beim Firmentarifvertrag.** Bei einem *Firmen- oder Haustarifvertrag* schließt ein *einzelner Arbeitgeber* mit der zuständigen Gewerkschaft einen Vertrag (§ 2 Abs. 1 TVG). Hier sind dieser Arbeitgeber und seine bei der Gewerkschaft organisierten Arbeitnehmer tarifgebunden (§ 3 Abs. 1 TVG).

Bei einem Betriebsübergang infolge Gesamtrechtsnachfolge (etwa einer Verschmelzung nach dem UmwG) kommt es zu einer unmittelbaren kollektivrechtlichen Fortgeltung eines beim Veräußerer bestehenden Firmentarifvertrags (BAG NZA 2010, 51). Dies ist bei einer Einzelrechtsnachfolge nicht der Fall, so dass hier grundsätzlich § 613a BGB anwendbar ist (vgl. BAG NZA 2010, 238).

837 **c) Betriebliche und betriebsverfassungsrechtliche Normen.** Bei tariflichen Normen über *betriebliche* oder *betriebsverfassungsrechtliche Fragen* (Rdnr. 801 f.) genügt die *Tarifgebundenheit des Arbeitgebers*; ist sie gegeben, gelten diese Normen für den Betrieb dieses Arbeitgebers (§ 3 Abs. 2 TVG), also auch für die dort beschäftigten nichtorganisierten Arbeitnehmer. Sinn und Zweck der Normen ließen sich nicht erreichen, wenn ihre Geltung nur auf die organisierten Arbeitnehmer beschränkt bliebe.

Die Regeln über die Torkontrolle gelten im **Fall e** also auch für den nicht organisierten N.

**d) Gemeinsame Einrichtungen.** Auch *gemeinsame Einrichtungen* der Tarifvertragsparteien (Rdnr. 803) sind im Verhältnis zu den tarifgebundenen Arbeitgebern und Arbeitnehmern selbst tarifgebunden (§ 4 Abs. 2 TVG). So darf etwa ihre Satzung nicht zuungunsten der Arbeitnehmer vom Tarifvertrag abweichen.

838 **e) Allgemeinverbindlicherklärung.** Durch die *Allgemeinverbindlicherklärung* erfassen die Normen des Tarifvertrags in dessen Geltungsbereich auch die bisher *nicht tarifgebundenen Arbeitgeber und Arbeitnehmer* (§ 5 Abs. 4 TVG). Dadurch sollen die tarifungebundenen Arbeitnehmer geschützt und in Zeiten nachlassender Konjunktur verhindert werden, dass der tarifgebundene Arbeitgeber bei der Einstellung nichtorganisierte Arbeitnehmer den organisierten vorzieht, um untertarifliche Arbeitsbedingungen vereinbaren zu können. In der Praxis spielt die letztgenannte Befürchtung allerdings eine geringe Rolle, da der Arbeitgeber vor der Einstellung wegen Art. 9 Abs. 3 GG nicht nach der Gewerkschaftszugehörigkeit

fragen darf (zuletzt BAG NZA 2010, 41; zum Fragerecht bei Tarifverhandlungen vgl. BAG NZA 2015, 306). Durch die Allgemeinverbindlicherklärung werden die Außenseiter nach der umstrittenen Rspr. des BVerfG nicht in ihren Grundrechten (insbesondere positive und negative Koalitionsfreiheit) verletzt (BVerfGE 44, 322 allgemein und 55, 7 für Tarifverträge, die gemeinsame Einrichtungen der Tarifvertragsparteien regeln).

Die Rechtsnatur der Allgemeinverbindlicherklärung war lange Zeit umstritten (vgl. Schaub/Treber, Arbeitsrechts-Handbuch, § 205 Rdnr. 6 f.). Das BAG geht bislang von der Doppelnatur der Allgemeinverbindlicherklärung aus. Gegenüber den Tarifparteien sei sie Verwaltungsakt, gegenüber den Außenseitern staatliche Mitwirkungshandlung an der Rechtssetzung der Verbände (BAG NZA 1990, 781; a. A. Schaub/Treber, Arbeitsrechts-Handbuch, § 205 Rdnr. 7).

**839** Zuständig für die Allgemeinverbindlicherklärung ist das Bundesministerium für Arbeit und Soziales. Voraussetzung ist, dass die Allgemeinverbindlicherklärung im öffentlichen Interesse geboten erscheint. Außerdem bedarf es des Einvernehmens des Tarifausschusses, eines paritätisch mit Vertretern der Spitzenorganisationen der Arbeitgeber und Arbeitnehmer besetzten Ausschusses (§ 5 Abs. 1 Satz 1 TVG; zu den Einzelh. des Verfahrens: § 5 TVG nebst DVO). Einvernehmen bedeutet, dass die Mehrheit der Ausschussmitglieder zustimmen muss. Gegen den Willen der Bundesvereinigung der Arbeitgeberverbände (BDA) als der Spitzenorganisation der Arbeitgeber kann es somit einen allgemein verbindlich erklärten Tarifvertrag i. S. v. § 5 TVG nicht geben. Geringer ist die Bedeutung des Tarifausschusses dagegen bei der Erstreckung eines Tarifvertrages durch Rechtsverordnung nach dem AEntG (dazu Rdnr. 147 ff., 716). Ein aktuelles Verzeichnis der für allgemein verbindlich erklärten Tarifverträge findet sich auf der Internet-Seite des BMAS.

Über die Wirksamkeit einer Allgemeinverbindlicherklärung entscheidet das Landesarbeitsgericht im Beschlussverfahren (§§ 2a Abs. 1 Nr. 5, 98 Abs. 2 ArbGG; Rdnr. 1087 ff.).

Im **Fall e** hätte N Anspruch auf den Tariflohn, wenn der Tarifvertrag für allgemein verbindlich erklärt würde.

**840** Die Funktion der Allgemeinverbindlicherklärung, tarifliche Mindeststandards von Arbeitsbedingungen auch für nicht tarifgebundene Arbeitsvertragsparteien verbindlich festzulegen, wird nach dem Arbeitnehmerentsendegesetz dazu benutzt, zugleich den Einsatz niedrig entlohnter ausländischer Arbeitnehmer durch ausländische Arbeitgeber in Deutschland einzuschränken (vgl. Rdnr. 167). Auch den ausländischen Arbeitnehmern müssen danach die deutschen Tariflöhne gewährt werden. Nach §§ 7, 7a AEntG kann auch eine Rechtsverordnung des BMAS bzw. der Bundesregierung unter gegenüber der Allgemeinverbindlicherklärung erleichterten Bedingungen die Tarifnormerstreckung auf Nicht- und Andersorganisierte anordnen (vgl. Henssler, RdA 2015, 43, 53 ff.). Diese Erstreckung der RVO ist im Anwendungsbereich des AEntG seit der Reform durch das Tarifautonomiestärkungsgesetz 2014 sogar der Regelfall (Rdnr. 147 ff.).

Ebenfalls durch eine Rechtsverordnung kann das Bundesministerium für Arbeit und Soziales bestimmen, dass die von Gewerkschaften und Arbeitgeberverbänden vorgeschlagenen tariflichen Mindeststundenentgelte für die Arbeitnehmerüberlassung als verbindliche Lohnuntergrenze auf alle in den Geltungsbereich der Verordnung fallenden Arbeitgeber sowie Leiharbeitnehmer Anwendung finden (§ 3a Abs. 2 AÜG). Anders als nach § 5 TVG und §§ 7, 7a AEntG wird hier nicht ein vorhandener Tarifvertrag durch Rechtsverordnung auf andere Adressaten erstreckt, vielmehr wird ein bloßer Vorschlag über Mindestentgelte durch Rechtsverordnung übernommen. Die Möglichkeiten der staatlichen Erstreckung von Mindestarbeitsbedingungen auf Außenseiter sind damit insgesamt in den letzten Jahren massiv erweitert worden (kritisch Bauer, FS Moll, 2019, S. 33).

## 4. Schuldrechtliche Bindung kraft arbeitsvertraglicher Bezugnahme

**841** In vielen Arbeitsverträgen finden sich heute unterschiedlich ausgestaltete Verweisungen auf Tarifverträge. Diese bewirken keine normative Geltung der Tarifnormen für das Arbeitsverhältnis, sondern führen lediglich zu ihrer Einbeziehung auf arbeitsvertraglicher Ebene (h. M., vgl. HWK/Henssler, § 3 TVG Rdnr. 27 m. w. Nachw.). Sowohl bei den organisierten als auch bei den nichtorganisierten Arbeitnehmern entfalten sie konstitutive, d. h. anspruchsbegründende Wirkung (BAG NZA 2003, 1207). Unterscheiden lassen sich: (1) Bezugnahmeklauseln, die statisch auf einen bestimmten Tarifvertrag in einer bestimmten Fassung verweisen (statische Bezugnahme; Beispiel: Es gelten die Bedingungen des Tarifvertrags der Metall- und Elektroindustrie NRW in der Fassung vom 2.5.2020), (2) Bezugnahmeklauseln, die rein zeitlich dynamisch auf einen bestimmten Tarifvertrag in seiner jeweils geltenden Fassung verweisen („kleine dynamische" Bezugnahme; Beispiel: Es gelten die Bedingungen des Tarifvertrags der Metall- und Elektroindustrie NRW in seiner jeweils gültigen Fassung) und (3) Verweisungsklauseln, die auf den jeweils für den Betrieb geltenden bzw. für den Arbeitgeber bindenden Tarifvertrag in seiner zeitlich jeweils aktuellen Fassung Bezug nehmen („große dynamische" Bezugnahme; Beispiel: Es gelten die Bedingungen des jeweils für den Betrieb einschlägigen Tarifvertrags in seiner jeweils gültigen Fassung). Der tarifgebundene Arbeitgeber will nicht nur mit einer großen dynamischen, sondern auch mit einer kleinen dynamischen Bezugnahmeklausel typischerweise einheitliche Arbeitsbedingungen für organisierte und nichtorganisierte Arbeitnehmer im Betrieb bzw. Unternehmen sichern (Gleichstellungszweck). Die Verwendung derartiger Klauseln kann außerdem Arbeitnehmer von einem Gewerkschaftsbeitritt abhalten, da sie ohnehin an den Vorteilen der Tarifabschlüsse partizipieren.

**842** Das BAG folgerte lange Zeit aus dem Gleichstellungszweck von kleinen dynamischen Bezugnahmeklauseln, dass diese Klauseln im Fall des Verbandsaustritts des Arbeitgebers entsprechend der tarifrechtlichen Lage (vgl. §§ 3 Abs. 3, 4 Abs. 5 TVG), aber entgegen ihrem Wortlaut nur noch statisch auf die zur Zeit des Verbandsaustritts geltenden Tarifverträge verweisen (BAG NZA 2003, 1207). Tariflohnerhöhungen, die in später abgeschlossenen Tarifverträgen vereinbart wurden, mussten damit vom Arbeitgeber nicht mehr gewährt werden. Ebenso sollte die Verweisung im Falle eines Betriebsübergangs nur statisch auf die beim Veräußerer geltenden Tarifverträge verweisen, wenn nicht der Erwerber an dieselben Tarifverträge gebunden war (BAG NZA 2002, 513). Für alle Arbeitsverträge, die ab dem 1.1.2002 (Einbeziehung des Arbeitsrechts in die AGB-Kontrolle) geschlossen wurden, hat das BAG diese arbeitgeberfreundliche Rechtsprechung aber aufgegeben (BAG NZA 2006, 607; NZA 2007, 965; krit. zur Wahl des Stichtags Höpfner, NZA 2008, 91; ders., NZA 2009, 420). Die Unklarheitenregel des § 305c Abs. 2 BGB verbiete es, vorformulierte Bezugnahmeklauseln entgegen ihrem Wortlaut als Gleichstellungsabreden auszulegen. Gleichstellungsabreden bleiben danach zwar möglich; der Gleichstellungszweck muss aber in oder außerhalb der Vertragsurkunde deutlich zum Ausdruck kommen (vgl. Sittard/Ulbrich, ZTR 2006, 458; Hanau, RdA 2007, 180). Folge dieser Rechtsprechungsänderung ist es, dass die früher ganz üblichen Klauseln („es gilt der Tarifvertrag der Metall- und Elektroindustrie NRW in seiner jeweils gültigen Fassung") im Falle eines Verbandsaustritts des Arbeitgebers zu einer fortdauernden dynamischen Bindung an den bisherigen Tarifvertrag führen. Diese Klauseln sind daher seither aus der Kautelarpraxis verschwunden.

Aufgrund einer Entscheidung des EuGH (EuGH NZA 2013, 835 – „Alemo-Herron") war eine Diskussion darüber aufgekommen, ob die neue Rechtsprechungslinie des BAG im Fall eines Betriebsübergangs europarechtskonform ist. Der EuGH erklärte eine Klausel, die dynamisch auf nach dem Übergang des Betriebes verhandelte und geschlossene Kollektivverträge verweist, für unzulässig, wenn der Arbeitgeber nicht die Möglichkeit hat, an den Verhandlungen über die nach dem Übergang abgeschlossenen Kollektivverträge teilzunehmen. Hiermit werde der Wesensgehalt der unternehmerischen Freiheit in unzulässigem Maße beeinträchtigt. Während Teile der Literatur vom Ende der dynamischen Bezugnahme nach Betriebsübergang ausgingen (u. a. Latzel, RdA 2014, 110; Willemsen/Grau, NJW 2014, 12), interpretierten andere das Urteil als Einzelfallentscheidung zum englischen Recht, die auf das deutsche Recht nicht übertragbar sei (Forst, DB 2013, 1847; Hessisches LAG 10.12.2013 – 8 Sa 538/13). Als Reaktion auf diesen Meinungsstreit hat das BAG 2015 den EuGH um eine Vorabentscheidung zur Vereinbarkeit seiner Auslegung als dauerhaft dynamische Bindung an den in der Klausel genannten Tarifvertrag mit dem Unionsrecht ersucht (BAG BB 2015, 1651). Der Gerichtshof hat daraufhin klargestellt, dass eine wirksame dynamische Bindung voraussetzt, dass das jeweilige nationale Recht sowohl einvernehmliche als auch einseitige Anpassungsmöglichkeiten für den Erwerber vorsieht (EuGH NZA 2017, 571 – „Asklepios"). Hierauf aufbauend hat das BAG zuletzt seine Rechtsprechung mit Verweis auf die Möglichkeiten einer Vertragsänderung und einer Änderungskündigung bestätigt (BAG NZA 2018, 255). Angesichts der extrem strengen Anforderungen an eine Änderungskündigung bestehen aber erhebliche Zweifel, ob das deutsche Recht wirklich den Anforderungen des EuGH genügt (Willemsen/Krois/Mehrens, RdA 2018, 151).

**5. Geltungsbereich der Normen**

Die Rechtsnormen des Tarifvertrags gelten zwischen „den beiderseits *Tarifgebundenen*, die unter den *Geltungsbereich* des Tarifvertrags fallen" (§ 4 Abs. 1 Satz 1 TVG). Wer tarifgebunden ist, bestimmt das TVG abschließend. Tarifgebunden sind beim Verbandstarif die Mitglieder der den Tarifvertrag schließenden Verbände. Beim Firmentarifvertrag (Rdnr. 836) gehört der Arbeitgeber keinem Verband an, ist aber durch den Tarifvertragsschluss unmittelbar selbst tarifgebunden. Eine von Mitgliedschaft (Verbandstarif) bzw. Vertragsschluss (Firmentarif) unabhängige Tarifbindung existiert nur in den Fällen der staatlichen Tarifnormerstreckung (§ 5 TVG und §§ 1, 3 AEntG). Der Geltungsbereich definiert den konkreten Anwendungsbereich eines Tarifvertrags und richtet sich nach den Vereinbarungen der Tarifvertragsparteien. Diese können bestimmen, dass tarifliche Normen einen bestimmten räumlichen, zeitlichen, betrieblichen, fachlichen oder persönlichen Geltungsbereich haben sollen.

a) Der *räumliche* Geltungsbereich legt fest, in welchem Raum (Tarifgebiet) die Normen gelten.

Beispiele: Soll ein Tarifvertrag, der zwischen einem für ganz NRW zuständigen Arbeitgeberverband und einer ebenfalls für NRW zuständigen Gewerkschaft abgeschlossen worden ist, nach der ausdrücklichen Vereinbarung der Tarifvertragsparteien nur für Westfalen gelten, so kann der Arbeitnehmer nicht das tarifliche Weihnachtsgeld verlangen, wenn er bei einem Arbeitgeber in Köln arbeitet. Denn Köln gehört nicht zum räumlichen Geltungsbereich dieses Tarifvertrags. Daran ändert sich auch dann nichts, wenn der Tarifvertrag für allgemein verbindlich erklärt worden ist; denn dadurch wird zwar die Tarifgebundenheit erweitert (Erstreckung auf Außenseiter), nicht aber der (räumliche) Geltungsbereich (vgl. § 5 Abs. 4 TVG). Schließen die genannten Landesverbände einen Tarifvertrag, der keine Bestimmung über den räumlichen Geltungsbereich enthält, so ist davon auszugehen, dass der räumliche Geltungsbereich sich auf das Land NRW erstreckt.

**846** b) Der *zeitliche* Geltungsbereich sagt aus, in welchen zeitlichen Grenzen die Normen des Tarifvertrags auf die Arbeitsverhältnisse einwirken. Er deckt sich, sofern nichts Besonderes vereinbart ist, mit der Dauer des Tarifvertrags. Auch eine Rückwirkung von Tarifverträgen ist – in den Grenzen des aus dem öffentlichen Recht bekannten Rückwirkungsverbots – zulässig (HWK/Henssler, § 1 TVG Rdnr. 132 ff.). Zudem kann vorgesehen werden, dass bestimmte normative Vorschriften erst später auf den Arbeitsvertrag einwirken oder schon vor Ablauf des Tarifvertrags außer Kraft treten sollen.

In der Praxis häufige Gestaltung: Ein am 15.4. abgeschlossener Tarifvertrag sieht vor, dass eine Lohnerhöhung von 4 % zurückwirkend seit dem 1.1. gelten und eine weitere von 2,5 % erst am 1. Januar des nächsten Jahres eintreten soll.

**847** c) Da jedenfalls die großen unter dem Dach des DGB zusammengeschlossenen Gewerkschaften nach dem Industrieverbandsprinzip (Rdnr. 767, 773) organisiert sind, werden die Tarifverträge normalerweise für alle Betriebe des von der Gewerkschaft vertretenen Wirtschaftszweiges (Branche) abgeschlossen (sog. Branchentarifverträge). Die Tarifvertragsparteien können jedoch den *betrieblichen* Geltungsbereich auch enger bestimmen.

Beispiel: Die Gewerkschaft Nahrung, Genuss, Gaststätten schließt mit dem Arbeitgeberverband für Brauereien und Handelsmälzereien einen Tarifvertrag nur für die Brauereien.

Bei sog. Mischbetrieben kommt es für die Tarifgeltung auf den Hauptzweck des Betriebs an. Dieser richtet sich danach, mit welchen Tätigkeiten die im Betrieb beschäftigten Arbeitnehmer überwiegend befasst sind (BAG NZA 1988, 317), also nicht nach wirtschaftlichen oder handelsrechtlichen Gesichtspunkten. Ggfs. muss für jeden einzelnen Arbeitnehmer die Tätigkeit festgestellt und sodann durch Addition der betriebliche Schwerpunkt ermittelt werden.

**848** d) Der *fachliche* Geltungsbereich bestimmt, für welche Tätigkeiten bestimmte Normen gelten sollen. Regelmäßig sehen Tarifverträge Lohn- und Gehaltsgruppenkataloge je nach dem Schwierigkeitsgrad der Arbeit vor. Ist der fachliche Geltungsbereich nicht geregelt, gilt der Tarifvertrag für alle organisierten Arbeitnehmer, die in den der Branche unterfallenden Betrieben beschäftigt sind.

Beispiele: Tarifvertrag für Arbeiter, Tarifvertrag für (kaufmännische oder technische) Angestellte.

**849** e) Der *persönliche* Geltungsbereich stellt auf bestimmte persönliche Eigenschaften ab.

Beispiele: Lebensalter, Familienstand, Leistungsfähigkeit. Teilweise geht der persönliche Geltungsbereich in dem fachlichen Geltungsbereich auf, so etwa, wenn eine bestimmte Ausbildung oder Prüfung vorausgesetzt wird.

### 6. Tarifkonkurrenz und Tarifpluralität

**850** a) Eine *Tarifkonkurrenz* liegt vor, wenn *ein und dasselbe Arbeitsverhältnis* von den Normen mehrerer Tarifverträge erfasst wird, die wenigstens teilweise dieselben Sachbereiche regeln (letzteres str.).

Beispiele: Regelung desselben Sachbereichs in einem Firmen- und einem Verbandstarifvertrag; doppelte Gewerkschaftsangehörigkeit; nicht jedoch das Zusammentreffen eines kraft Verbandsmitgliedschaft oder Allgemeinverbindlichkeit und eines aufgrund arbeitsvertraglicher Bezugnahme geltenden Tarifvertrags (so BAG NZA 2009, 151 mit Lösung über das Günstigkeitsprinzip u. die h. L., vgl. Wiedemann/Wank, TVG, § 4 Rdnr. 276). Da die Bezugnahme nur schuldrechtliche Wirkungen hat, kann sie keine Normenkonkurrenz begründen. Vielmehr ist das Günstigkeitsprinzip anzuwenden.

Das BAG löst solche Tarifkonkurrenzen über den *Grundsatz der Tarifeinheit*, demzufolge nur *ein Tarifvertrag im Betrieb* gelten soll. Verhindert werden muss, dass mehrere sich eventuell widersprechende Regelungen in einem Arbeitsverhältnis gleichzeitig zur Anwendung kommen. Die 2010 erfolgte Rechtsprechungs-Änderung (vgl. Rdnr. 726) bezog sich ebenso wie die daraufhin erfolgte Neuregelung in § 4a TVG lediglich auf den Fall der Tarifpluralität (näher HWK/Henssler, § 4a TVG Rdnr. 8 ff.), ließ daher die Regelung der Tarifkonkurrenz grundsätzlich unberührt. Haben die Tarifpartner den vorrangig anzuwendenden Tarifvertrag nicht festgelegt, ist die Tarifkonkurrenz nach dem Prinzip der Spezialität aufzulösen. Gültigkeit kann danach nur derjenige Tarifvertrag beanspruchen, der dem Betrieb räumlich, betrieblich, fachlich und persönlich am sachnächsten steht und deshalb den Erfordernissen und Eigenarten des Betriebs und der darin tätigen Arbeitnehmer am besten gerecht wird (BAG NZA 2003, 632). Sind beide betroffenen Tarifverträge fachlich und räumlich in gleicher Weise einschlägig, kommt es auf die Anzahl der unmittelbar kongruent tarifgebundenen Arbeitnehmer an.

Beispiele: Nach dem Spezialitätsprinzip verdrängt etwa ein Firmentarifvertrag einen mit derselben Gewerkschaft geschlossenen Verbandstarifvertrag (selbst wenn er für die Arbeitnehmer wie im Fall eines Sanierungstarifvertrages ungünstigere Regelungen enthält), der Tarifvertrag eines untergeordneten Verbandes denjenigen eines übergeordneten Verbandes oder ein räumlich engerer Tarifvertrag den räumlich weiteren.

**851** b) Eine *Tarifpluralität* liegt vor, wenn der *Betrieb* des Arbeitgebers vom Geltungsbereich verschiedener Tarifverträge erfasst wird, an die der Arbeitgeber gebunden ist, während auf die einzelnen Arbeitnehmer je nach Tarifbindung nur einer der Tarifverträge anzuwenden ist. Im Ergebnis gelten also für unterschiedliche Arbeitsverhältnisse verschiedene Tarifverträge.

**852** Beispiel: Der Arbeitgeber schließt mit zwei verschiedenen Gewerkschaften Tarifverträge. Denkbar sind solche Konstellationen bei einem betrieblichen Nebeneinander einer DGB-Gewerkschaft (z. B. IG Metall) und einer Christlichen Gewerkschaft (z. B. CGM) sowie dort, wo eine nach dem Industrieverbandsprinzip organisierte Gewerkschaft auf eine Berufsgewerkschaft trifft. Die Bedeutung der letztgenannten Fallgruppe wächst, da berufsverbandlich ausgerichtete Gewerkschaften (Beispiele: Marburger Bund, Pilotenvereinigung „Cockpit" (VC) oder Gewerkschaft Deutscher Lokomotivführer (GDL)) verstärkt günstigere Arbeitsbedingungen für ihre besonders durchsetzungsfähigen Mitglieder erkämpfen. Kommt es zu einem Nebeneinander von allgemein verbindlichem und kraft Verbandszugehörigkeit geltendem Tarifvertrag, so können sowohl Tarifpluralität im Betrieb als auch Tarifkonkurrenzen in einzelnen Arbeitsverhältnissen entstehen.

**853** Nach der früheren Rspr. des BAG sollte auch der Fall der Tarifpluralität über das Prinzip der Tarifeinheit gelöst werden. Gemäß dem Spezialitätsprinzip wurde einheitlich nur derjenige Tarifvertrag angewendet, der dem Betrieb räumlich, fachlich und persönlich am sachnächsten stand (BAG AP Nr. 28 zu § 4 TVG Tarifkonkurrenz = NZA 2003, 632). Die Rechtsprechung war einer breiten Kritik in der Literatur ausgesetzt, da der Gedanke der Tarifeinheit den Wettbewerb zwischen den Gewerkschaften verzerre und Berufs- und Spartengewerkschaften unter Verletzung von Art. 9 Abs. 3 GG gegenüber den DGB-Gewerkschaften benachteilige. Als Reaktion auf diese verbreitete Kritik hatte das BAG in einem vielbeachteten

Urteil (BAG NZA 2010, 1068) seine Rechtsprechung aufgegeben. Fälle der Tarifpluralität seien nicht nach dem Prinzip der Tarifeinheit aufzulösen, vielmehr könnten durchaus mehrere Tarifverträge im selben Betrieb nebeneinander gelten. Eine unterschiedliche Behandlung der Arbeitnehmer je nach Gewerkschaftszugehörigkeit sei dem Arbeitgeber zumindest bei Inhalts, Abschluss- und Beendigungsnormen zumutbar und von ihm organisatorisch zu bewältigen.

**854** Als Reaktion auf die vergleichsweise hohe Streikbereitschaft von nach dem Berufsverbandsprinzip organisierten Koalitionen hat die Bundesregierung daraufhin das Tarifeinheitsgesetz auf den Weg gebracht, das am 10.7.2015 in Kraft getreten ist. Hiernach soll der Rechtsstand, der vor dem o. g. Urteil des BAG bestand, per Gesetz in allerdings modifizierter Form wiederhergestellt werden. Seither gilt: Überschneiden sich in einem Betrieb mehrere Tarifverträge, gilt ausschließlich der Vertrag derjenigen Gewerkschaft, die in diesem Betrieb die meisten Mitglieder hat. Zwar betrifft die Neuregelung vordergründig nur das Verhältnis konkurrierender Tarifverträge, im Kern geht es allerdings darum, Arbeitskämpfe kleinerer Gewerkschaften einzudämmen. Die Gesetzesbegründung geht davon aus, dass Tarifverträge, die ohnehin keine Geltung entfalten, auch nicht erstreikt werden können, da sinnlose Streiks unzulässig sind. Verfassungsrechtlich bestanden im Schrifttum ähnliche Bedenken, wie sie bereits gegen die alte BAG-Rspr. vorgebracht wurden: Die Koalitionsfreiheit aus Art. 9 Abs. 3 GG werde unverhältnismäßig beschnitten, da kleineren Gewerkschaften die Möglichkeit genommen wird, die Arbeits- und Wirtschaftsbedingungen ihrer Mitglieder durch Tarifvertrag zu regeln (ausführlich Konzen/Schliemann, RdA 2015, 1; Henssler, RdA 2015, 222; HWK/Henssler, § 4a TVG, Rdnr. 3). Das u. a. von den Berufsgewerkschaften angerufene BVerfG hat diese Bedenken nur teilweise geteilt (BVerfG NZA 2017, 915). Es bestätigte 2017 die grundsätzliche Vereinbarkeit von § 4a TVG mit dem Grundgesetz, forderte allerdings eine für kleinere Gewerkschaften günstige Interpretation und darüber hinaus eine gesetzliche Korrektur, um sicherzustellen, dass auch die Interessen der im Mehrheitstarifvertrag nicht vertretener Berufsgruppen hinreichend berücksichtigt werden (kritisch zur Entscheidung: HWK/Henssler, § 4a TVG Rdnr. 7). Die erforderliche Gesetzesänderung nahm der Gesetzgeber mit einem minimalistischen Eingriff in den Gesetzestext des § 4a Abs. 2 Satz 2 Hs. 2 TVG vor. Ob hierdurch die Vorgaben des BVerfG hinreichend umgesetzt wurden, ist zweifelhaft (Hromadka NZA 2019, 215; Löwisch, RdA 2019, 169).

### IV. Schuldrechtlicher Teil des Tarifvertrags

**Schrifttum:** *Feudner*, Durchsetzung von Tarifverträgen durch die Gewerkschaften, BB 2007, 266; *Rieble/Klebeck*, Tarifvertragliche Meistbegünstigung, RdA 2006, 65; *Stamer*, Die Relativität der Friedenspflicht, ArbRAktuell 2010, 646.

**855** Der Tarifvertrag enthält nicht nur Rechtsnormen; er regelt zudem – wie jeder andere schuldrechtliche Vertrag auch – Rechte und Pflichten der (Tarif-)Vertragsparteien (§ 1 Abs. 1 TVG). Durch die schuldrechtlichen Abreden werden nur die Tarifvertragsparteien verpflichtet und nicht auch deren Mitglieder, da es sich insoweit um einen unzulässigen Vertrag zu Lasten Dritter handeln würde. Demgegenüber können die Mitglieder einer Tarifvertragspartei aus den schuldrechtlichen Bestimmungen berechtigt sein, wenn insoweit ein Vertrag zugunsten Dritter (§ 328 BGB) vorliegt; ihnen kann außerdem ein vertraglicher Schadensersatzanspruch zustehen, wenn ein Vertrag mit Schutzwirkung für Dritte zu bejahen ist.

Die wichtigsten schuldrechtlichen Pflichten der Tarifvertragsparteien sind die Friedens- und die Durchführungspflicht. Diese beiden Pflichten sind dem Tarifvertrag immanent, müssen also nicht ausdrücklich geregelt werden (vgl. Rdnr. 856, 861).

## 1. Friedenspflicht

Der Tarifvertrag soll einen Arbeitskampf beenden oder verhindern. Aus dem Sinn des Tarifvertrags als „Friedensvertrag" folgt für die Tarifvertragsparteien eine Friedenspflicht auch dann, wenn diese im Tarifvertrag nicht ausdrücklich vereinbart worden ist (BAG NZA 2007, 1055). Unter der Friedenspflicht versteht man die Pflicht der Tarifvertragsparteien, während der Laufzeit des Tarifvertrags von Kampfmaßnahmen keinen Gebrauch zu machen sowie auf Mitglieder einzuwirken, die von sich aus einen Arbeitskampf durchführen (Rdnr. 898). Die Pflicht trifft nur die Tarifvertragspartei, nicht deren Mitglieder. Der einzelne Arbeitnehmer ist also selbst keiner Friedenspflicht unterworfen. Allerdings ist ein Streik, an dem sich der einzelne Arbeitnehmer beteiligt, nur dann rechtmäßig, wenn er von einer Gewerkschaft geführt wird. Nicht gewerkschaftlich organisierte, sog. „wilde" Streiks sind rechtswidrig (Rdnr. 888), so dass auch der einzelne Arbeitnehmer nicht nach Belieben während der Dauer eines geltenden Tarifvertrages streiken kann. 856

a) Der *Umfang des Kampfverbots* richtet sich danach, ob nur die jedem Tarifvertrag immanente relative Friedenspflicht besteht oder eine absolute Friedenspflicht vereinbart worden ist. 857

(1) Die *relative* Friedenspflicht soll den vereinbarten Inhalt des Tarifvertrags schützen; deshalb sind während der Laufzeit des Vertrags Arbeitskämpfe zur Änderung der im Tarifvertrag festgelegten Arbeitsbedingungen verboten. Allerdings können Sachmaterien in einem Tarifvertrag auch negativ in dem Sinne festgelegt sein, dass der Tarifvertrag bewusst auf eine Regelung verzichtet (Löwisch/Rieble, § 1 TVG Rdnr. 1202).

Bei Bestehen eines Lohntarifvertrags verstößt die Gewerkschaft gegen die relative Friedenspflicht, wenn sie zum Streik um höhere Löhne aufruft (**Fall g**). Zulässig wäre dagegen ein Streik, mit dem etwa die tarifliche Regelung eines Bildungsurlaubs angestrebt wird, den der Tarifvertrag bislang nicht vorsieht.

(2) Die *absolute* Friedenspflicht verbietet während der Laufzeit des Tarifvertrags jegliche Arbeitskämpfe, also auch solche, die um tariflich bislang nicht geregelte Ziele geführt werden. Diese Friedenspflicht ergibt sich nicht schon aus dem Sinn des Tarifvertrags, sondern setzt eine entsprechende Vereinbarung voraus, die allerdings nur sehr selten getroffen wird. 858

b) Der *Inhalt der Friedenspflicht* besteht einmal in einer Pflicht der Tarifparteien zu einem *Unterlassen;* ihnen ist es verboten, einen Arbeitskampf anzudrohen oder zu veranstalten, die Mitglieder dazu anzustiften oder dabei zu unterstützen. Zum anderen enthält die Friedenspflicht eine Pflicht der Tarifvertragsparteien zu positivem *Tun,* nämlich auf die Mitglieder einzuwirken, einen Arbeitskampf nicht zu beginnen bzw. einen gleichwohl geführten zu beenden. 859

Diese arbeitskampfbezogene Einwirkungspflicht ist eine Handlungspflicht. Sie wird erfüllt, wenn die Tarifvertragspartei auf ihre Mitglieder mit den Mitteln des Verbandsrechts einwirkt; die zu treffenden Maßnahmen ergeben sich aus der Satzung des Verbandes (z. B. Mahnung, 860

Verweis, Ausschluss). Der Verband haftet der Gegenseite nur, wenn er seiner Einwirkungspflicht schuldhaft zuwiderhandelt; er garantiert aber nicht für den Erfolg seines Handelns, wenn dies nicht ausnahmsweise im Tarifvertrag ausdrücklich vereinbart worden ist.

Im **Fall g** kann der Arbeitgeberverband von der Gewerkschaft Erfüllung der Friedenspflicht (also Unterlassen der Streikaufrufe und der Durchführung des Arbeitskampfes) verlangen. Sofern ihm durch den Arbeitskampf ein Schaden entstanden ist, steht dem Verband ein Schadensersatzanspruch aus § 280 Abs. 1 BGB wegen schuldhafter Vertragsverletzung zu. Schließlich kommt eine Kündigung des Tarifvertrags aus wichtigem Grund (Verletzung der Friedenspflicht) gemäß § 314 BGB in Betracht. Auch die Arbeitgeber als Mitglieder der Tarifvertragspartei haben einen vertraglichen Schadensersatzanspruch gegen die Gewerkschaft, weil die schuldrechtlichen Bestimmungen des Tarifvertrags, insbesondere über die Friedenspflicht, vertragliche Regelungen zugunsten Dritter (§ 328 BGB), nämlich zugunsten der Mitglieder der Vertragsparteien, enthalten (BAG AP Nr. 2 zu § 1 TVG Friedenspflicht); zumindest entfaltet die Friedenspflicht Schutzwirkungen zugunsten Dritter.

### 2. Durchführungspflicht

**861** Aus dem Sinn des Tarifvertrags folgt die Pflicht einer jeden Partei, für die tatsächliche Durchführung der Tarifvertragsbestimmungen zu sorgen. Während es bei der Friedenspflicht um ein Kampfverbot geht, umfasst die Durchführungspflicht das Gebot, alles für die Umsetzung des Tarifvertrages zu tun (BAG AP Internationales Privatrecht, Arbeitsrecht Nr. 29). Der *Inhalt dieser Pflicht* besteht einmal darin, alles zu *unterlassen*, was die Vertragserfüllung gefährden würde, und zum anderen beim Verbandstarif darin, auf die Mitglieder *einzuwirken*, sich tarifkonform zu verhalten (vgl. BAG NZA 1992, 321). Beim *Haustarifvertrag* ist der Arbeitgeber der Gewerkschaft gegenüber direkt verpflichtet, die Tarifnormen einzuhalten.

Der Verbandstarif verpflichtet die Tarifvertragspartei dagegen nicht, in jedem Einzelfall der Verletzung tariflich gestalteter Arbeitsverhältnisse einzuschreiten, sondern nur dann, wenn kollektive Interessen berührt werden.

Beispiele: Bei einer einmaligen untertariflichen Entlohnung eines tarifgebundenen Arbeitnehmers kann die Gewerkschaft vom Arbeitgeberverband nicht verlangen, dass dieser auf sein Mitglied einwirkt, den Tariflohn zu zahlen. Wenn der Arbeitgeber die Gewerkschaftsmitglieder aber regelmäßig untertariflich bezahlt (**Fall h**), dann ist der Verband wegen dieser Störung der tariflichen Ordnung zum Einschreiten verpflichtet; er muss mit Mitteln des Verbandsrechts gegen das Mitglied vorgehen, schuldet jedoch – sofern nicht anders vereinbart – nicht den Erfolg seiner Einwirkung.

Zur Durchsetzung des Einwirkungsanspruchs hat das BAG zunächst nur eine Feststellungsklage (BAG DB 1988, 1171), später dann auch die *Leistungsklage* zugelassen (BAG NZA 1992, 846), obwohl dem Verband die Mittel der Einwirkung nicht vorgeschrieben werden können. Zulässig ist auch eine Verbindung von Feststellungsklage (Auslegung des Tarifvertrages) und einer Einwirkungsklage (BAG NZA-RR 2011, 365).

### V. Beendigung des Tarifvertrags

**Schrifttum:** *Bender*, Der Wegfall der Geschäftsgrundlage bei arbeitsrechtlichen Kollektivverträgen am Beispiel des Tarifvertrags und des Sozialplans, 2005; *Kast/Freihube*, Die fristlose Kündigung von (Haus-) Tarifverträgen, BB 2003, 956; *Wank*, Kündigung und Wegfall der Geschäftsgrundlage bei Tarifverträgen, in: Festschrift Schaub, 1998, S. 761.

**862** Tarifverträge werden in der Regel befristet oder mit einer Mindestlaufzeit geschlossen. Wie alle befristeten Verträge sind sie während der Frist nur aus wichtigem Grund (§ 314 BGB) kündbar (BAG AP Nr. 4 zu § 1 TVG Friedenspflicht).

Selbstverständlich steht es den Tarifparteien frei, auch einen befristeten Tarifvertrag während seiner Laufzeit einvernehmlich aufzuheben oder zu verändern (§ 311 Abs. 1 BGB). Unbefristet abgeschlossene Tarifverträge, die keine ausdrückliche Möglichkeit zur ordentlichen Kündigung vorsehen, sind analog zu § 77 Abs. 5 BetrVG mit einer Frist von drei Monaten kündbar (BAG NZA 1997, 1234).

An die Wirksamkeit einer außerordentlichen Kündigung werden von der Rspr. sehr hohe Anforderungen gestellt (vgl. BAG NZA 1998, 1008). Versuche, im Falle von Konjunkturschwankungen außerordentliche Kündigungen durchzusetzen, waren bislang nicht erfolgreich. Wegen des für solche Kündigungen geltenden „ultima-ratio"-Gedankens muss die kündigungswillige Partei zunächst alle in Betracht kommenden milderen Mittel ausgeschöpft haben. Sie hat daher ggf. eine Nachverhandlungsobliegenheit (BAG NZA 1997, 830). Eine Kündigung wegen Pflichtverletzung setzt eine vorherige Abmahnung voraus (§ 314 Abs. 2 BGB). Diese Grundsätze dürfen nicht durch den Rückgriff auf das Institut der Störung der Geschäftsgrundlage (§ 313 BGB) umgangen werden: Mit Art. 9 Abs. 3 GG wäre es nicht vereinbar, könnte der Richter die Inhalte des Tarifvertrags bestimmen (BAG NZA-RR 2013, 542 Rdnr. 36; HWK/Henssler, § 1 TVG Rdnr. 35).

**863**

# Kapitel 10: **Das Arbeitskampfrecht**

**Schrifttum:** *Auktor,* Die Reichweite der Arbeitskampfrisikolehre bei Mitverursachung des Arbeitsausfalls durch den Arbeitgeber, RdA 2003, 23; *Berg,* Arbeitskampf(recht) vor neuen Herausforderungen?, RdA 2019, 110.; *Brox/Rüthers,* Arbeitskampfrecht, 2. Aufl., 1982; *Henssler,* Arbeitskampf in Deutschland – Wie geht es weiter? Brauchen wir ein Arbeitskampfgesetzbuch? ZfA 2010, 397; *Jacobs/Modi,* Die gesetzliche Nachbesserung des § 4a Abs. 2 Satz 2 TVG als Sargnagel des Tarifeinheitsgesetzes?, Festschrift Moll, 2019, S. 301; *Kissel,* Arbeitskampfrecht, 2002; *Kittner,* Arbeitskampf – Geschichte, Recht, Gegenwart, 2005; *Melot de Beauregard,* Die Rechtsprechung zum Arbeitskampfrecht in den Jahren 2016–2018, NZA-RR 2019, 625; *Otto,* Arbeitskampf- und Schlichtungsrecht, 2006; *Picker,* Arbeitskampfrecht und Gesamtrechtsordnung, DB 1989, Beil. 16; *Rieble,* Arbeitsniederlegung zur Standorterhaltung, RdA 2005, 200; *Rüthers,* Arbeitskampf in einer veränderten Wirtschafts- und Arbeitswelt, NZA 2010, 6; *Schaub,* Arbeitsrechts-Handbuch, 18. Aufl., 2019; *Scholz,* Verfassungsrechtliche Grundlagen des Arbeitskampfrechts, ZfA 1990, 377; *Schubert,* Europäische Grundfreiheiten und nationales Arbeitskampfrecht im Konflikt, zugleich eine Besprechung der Entscheidungen des EuGH vom 11.12.2007 Rs. C-438/05-Viking und vom 18.12.2007 Rs. C-341/05-Laval, RdA 2008, 289.

**Fälle:**

864  a) Die Belegschaft möchte die Entlassung eines unbeliebten Vorgesetzten durchsetzen und verlangt zu diesem Zweck vom Betriebsrat die Ausrufung eines Streiks. Wäre der Streik rechtmäßig?

b) Eine Gewerkschaft beabsichtigt, die Forderung nach einem „besseren Betriebsverfassungsgesetz" durch Arbeitsniederlegung in den Betrieben nachdrücklich geltend zu machen. Ist die Forderung zulässig?

c) Die Beamten wollen während der Arbeitszeit eine halbe Stunde lang gegen eine geplante Kürzung ihrer Besoldung demonstrieren; eine Gewerkschaft ruft zum Streik gegen die Erhöhung des Renteneintrittsalters auf 67 auf. Rechtmäßigkeit der Streiks?

d) Ein Unternehmen kündigt an, seine Produktion ins Ausland zu verlagern. Daraufhin ruft eine tarifzuständige Gewerkschaft zu Streiks auf, um den Standort in Deutschland zu halten; alternativ will sie verlängerte Kündigungsfristen und Abfindungen erstreiken. Sind die Ziele zulässig?

e) Infolge Konjunkturrückgangs hält ein Arbeitgeberverband eine Senkung der Tariflöhne für gerechtfertigt. Als die Gewerkschaft sich darauf nicht einlassen will und auf einem normalen Auslaufen des Tarifvertrags beharrt, droht der Arbeitgeberverband mit einer Aussperrung zur Durchsetzung der erstrebten Tarifänderung. Zu Recht?

f) In einem Tarifgebiet werden von der Gewerkschaft Schwerpunktstreiks durchgeführt, die 25 % aller Arbeitnehmer erfassen. Der Arbeitgeberverband erklärt daraufhin eine bundesweite Aussperrung aller Arbeitnehmer, weil eine teilweise Aussperrung zu Wettbewerbsverzerrungen führe. War die Aussperrung rechtmäßig?

g) Trotz eines vertraglich vereinbarten Wettbewerbsverbots führt ein Arbeitnehmer während eines Streiks, an dem er teilnimmt, Arbeiten in der Branche seines Arbeitgebers aus. Er meint, dazu sei er berechtigt, weil während des Arbeitskampfes der ganze Arbeitsvertrag ruhe. Stimmt das?

h) Vor Beginn eines Stahlstreiks vereinbaren Arbeitgeberverband und Gewerkschaft einen Notdienst, um eine Stilllegung der Hochöfen zu vermeiden. Der Arbeitnehmer A wird danach zum Notdienst eingeteilt. Er aber möchte viel lieber streiken. Darf er das?

i) Im Fall a haben die Arbeitnehmer des Betriebes die Arbeit niedergelegt. Der Arbeitgeber klagt den ihm dadurch entstandenen Schaden von 1.000.000,– Euro gegen drei Arbeitnehmer, die den Streik organisiert haben, ein. Außerdem kündigt er ihre Arbeitsverträge. Ist der Arbeitgeber im Recht?

j) Ein Arbeitgeber, dessen Betrieb teilweise bestreikt wird, sperrt arbeitswillige Arbeitnehmer rechtmäßig aus. Dadurch kann er seinen Lieferverpflichtungen gegenüber seinem Kunden K nicht nachkommen. K verlangt Vertragserfüllung, hilfsweise Schadensersatz wegen Nichterfüllung. Besteht der Anspruch?

Das Arbeitskampfrecht ist eng mit dem Tarifvertragsrecht verknüpft. Der Tarifvertrag ist das wichtigste Gestaltungsinstrument zur Regelung der kollektiven Arbeitsbedingungen. Die Tarifautonomie kann ihre Aufgabe nur erfüllen, wenn ein Lösungsinstrument für solche Konfliktlagen vorhanden ist, in denen die Tarifparteien sich nicht einigen können. Dieses Instrument ist der Arbeitskampf. Arbeitskampf ist „Preiskampf" am Arbeitsmarkt. Als solcher ist er auch verfassungsrechtlich geschützt. **865**

Gesondert behandelt wird das Arbeitskampfrecht im kirchlichen Arbeitsrecht. Dort ist im Allgemeinen das Arbeitskampfrecht ausgeschlossen und durch den sog. „Dritten Weg" ersetzt (BAG NZA 2013, 448). Nach diesem werden die Arbeitsbedingungen durch eine paritätisch besetzte Kommission ausgehandelt (siehe dazu Grzeszick, NZA 2013, 1377). **866**

Der auch nach der Rspr. des BVerfG (BVerfGE 84, 212; 88, 103) von der Verfassung gewährleisteten Arbeitskampffreiheit der Sozialpartner entspricht ein Verbot staatlicher Zwangsschlichtung. Der Staat hat sich aller hoheitlichen Eingriffe in laufende, rechtmäßig geführte Arbeitskämpfe zu enthalten (Schaub, Arbeitsrechts-Handbuch, § 191 Rdnr. 34; Otto, § 20 Rdnr. 10). Eine Ausnahme gilt nach überwiegender Auffassung dort, wo die Fortführung des Arbeitskampfes überragend wichtige Gemeinschaftsgüter konkret gefährden würde (Nachweise bei Otto, § 20 Rdnr. 10, 14; a. A. Berg/Kocher/Schumann, Tarifvertragsgesetz und Arbeitskampfrecht, Teil 3, Rdnr. 157 ff.). **867**

Der Arbeitskampf wird als Mittel zum Abschluss von Tarifverträgen geschützt, er ist also ein „Hilfsinstrument" zur Verwirklichung der Tarifautonomie. Diese funktionale Verknüpfung zwischen Tarifautonomie und Arbeitskampf ist für das zutreffende Verständnis der Arbeitskampfgarantie entscheidend. Die tarifautonome Gestaltung der Arbeits- und Wirtschaftsbedingungen kann nur funktionieren, wenn die Tarifpartner notfalls durch Arbeitskampfmaßnahmen Druck und Gegendruck ausüben können, um die andere Seite zu einer Einigung zu zwingen. **868**

Der von gewerkschaftsnaher Seite vorgetragenen Argumentation, bei Art. 9 Abs. 3 GG handele es sich um ein Grundrecht, das allein der „Emanzipation" der Arbeitnehmer diene und somit ein Recht auf Aussperrung nicht enthalten könne, wurde vom BVerfG (BVerfGE 88, 103; 92, 365) eine Absage erteilt. An der verfassungsrechtlichen Gewährleistung der Abwehraussperrung kann seither kein Zweifel bestehen. Inwieweit auch andere Formen der Aussperrung geschützt sind, hat das **869**

BVerfG dagegen ausdrücklich offen gelassen. Völlig unbestritten ist, dass sich sowohl Arbeitgeber als auch Arbeitnehmer auf Art. 9 Abs. 3 GG berufen können.

## I. Begriff und Arten des Arbeitskampfes
### 1. Begriff

870 Der Begriff des Arbeitskampfes ist gesetzlich nicht definiert. Nach übereinstimmender Auffassung spricht man von einem Arbeitskampf, wenn von der Arbeitgeber- oder Arbeitnehmerseite kollektive Maßnahmen zur Störung der Arbeitsbeziehungen ergriffen werden, die die *Gegenseite zielgerichtet unter Druck* setzen soll, um sie verhandlungsbereit zu machen. Aus zivilrechtlicher Sicht handelt es sich um eine vorsätzliche Schädigung des Vertragspartners durch gezielten Vertragsbruch mit dem Zweck, Druck auf den Vertragspartner auszuüben.

871 a) *Kampfparteien* eines Arbeitskampfes sind *Arbeitgeberverbände* und *Arbeitgeber* einerseits sowie *Gewerkschaften* und *Arbeitnehmer* andererseits.

Deshalb liegt kein Arbeitskampf vor z. B. beim Schulstreik (Schulverweigerung durch Schüler, meist verbunden mit Demonstrationen während der Unterrichtszeit, zur Durchsetzung politischer Ziele; „Fridays for Future"), beim Vorlesungsstreik (Kampf der Studierenden gegen Universitätsverwaltung oder Landesregierung), beim Ärztestreik (Kampf der niedergelassenen (!) Ärzte gegen die Krankenkassen).

872 (1) In der Regel stehen sich im Arbeitskampf *Arbeitgeberverbände* und *Gewerkschaften* gegenüber, weil sie tariffähig sind (§ 2 TVG; Rdnr. 785 ff.) und es beim Arbeitskampf meist darum geht, günstigere Tarifvertragsbestimmungen zu erreichen.

Selbst wenn auf der Arbeitnehmerseite keine Gewerkschaft steht, sondern etwa die Belegschaft oder ein Teil der Belegschaft die Arbeit niederlegt („wilder Streik"), so liegt gleichwohl ein Arbeitskampf vor. Denn für den Begriff des Arbeitskampfes ist es unerheblich, ob der Kampf im Einzelfall rechtmäßig oder rechtswidrig ist.

873 (2) Auch ein *einzelner Arbeitgeber* kann aktive oder passive Partei eines Arbeitskampfes sein. Der kollektive Charakter der Kampfmaßnahme folgt daraus, dass auf der Gegenseite mehrere Arbeitnehmer beteiligt sind. Häufig wird der Kampf um den Abschluss eines Tarifvertrags gehen, dessen Partei ein einzelner Arbeitgeber sein soll (§ 2 Abs. 1 TVG; Firmentarifvertrag; Rdnr. 836).

Dagegen kann ein einzelner Arbeitnehmer nicht Partei eines Arbeitskampfes sein, weil es an einer kollektiven Kampfmaßnahme fehlt. Allerdings handelt es sich um einen Arbeitskampf, wenn etwa ein Arbeitnehmer in einer Schlüsselposition aufgrund eines kollektiven Kampfbeschlusses der Gewerkschaft als Einziger die Arbeit niederlegt in der Erwartung, dass aufgrund seiner Arbeitsniederlegung auch für weitere Arbeitnehmer die Beschäftigungsmöglichkeit entfällt.

874 b) *Kampfmittel* ist *jede kollektive Maßnahme zur Störung der Arbeitsbeziehungen.* Zu den Kampfmaßnahmen gehören vor allem die Nicht- oder Schlechtleistung der Arbeitnehmer („Streik") und die Nichtannahme der Leistung durch den oder die Arbeitgeber („Aussperrung"). Auch ein bloß wirtschaftlicher oder nur psychologischer Druck wird als Kampfmittel angesehen, sofern dadurch die Arbeitsbeziehungen gestört werden.

875 c) *Kampfziel* ist es, den Adressaten unter Ausübung von Druck unmittelbar oder mittelbar zu einem bestimmten Verhalten zu veranlassen, in der Regel den Ab-

schluss einer Tarifvereinbarung. Notwendig ist dies allerdings nicht. So spricht man von einem Arbeitskampf auch, wenn ein anderes (z. B. politisches) Ziel angestrebt wird. Auf die Art des Kampfziels kommt es also bei der Begriffsbestimmung nicht an. Über die Rechtmäßigkeit des Kampfes ist damit freilich noch nichts ausgesagt. Nach deutschem, im Ausland vielfach nicht geteiltem Verständnis ist der Arbeitskampf lediglich ein Hilfsinstrument zur Umsetzung der Tarifautonomie, setzt also ein tariflich regelbares Ziel voraus.

## 2. Arten

**876** Wichtigste Formen des Arbeitskampfes sind Streik und Aussperrung sowie die kollektive Ausübung von Individualrechten (ausführlich Berg/Kocher/Schumann, Tarifvertragsgesetz und Arbeitskampfrecht, Teil 3, Rdnr. 180 ff., 292 ff.).

a) Auf Seiten der Arbeitnehmer ist der *Streik* (von „to strike work") die von einer Mehrzahl von Arbeitnehmern planmäßig und gemeinsam durchgeführte Arbeitseinstellung zur Erreichung eines Zieles; die Arbeitseinstellung erfolgt ohne Einverständnis des Arbeitgebers und ohne vorherige Kündigung. Das individuelle Streikrecht befugt den Arbeitnehmer dazu, dass Arbeitsverhältnis einseitig zu suspendieren; folglich entfällt während eines rechtmäßigen Streiks der Anspruch des Arbeitgebers auf die Arbeitsleistung. Allerdings verliert der Arbeitnehmer durch die Streikteilnahme auch den Anspruch auf seinen Arbeitslohn.

**877** Beispiele: Fernbleiben von der Arbeitsstelle, Sitzstreik, Bummelstreik, verabredete Krankmeldungen („go sick" oder „sick out"), „Dienst nach Vorschrift" (= bewusst übertriebene Beachtung von Ordnungs- oder Sicherheitsvorschriften).

Wichtige Arten des Streiks sind: der (gewerkschaftlich) organisierte Streik, der wilde Streik (= nicht von der Gewerkschaft geleitet), der Warnstreik (= von vornherein auf eine kurze Dauer beschränkt), der Wechselstreik (Gewerkschaft tauscht betroffene Unternehmen häufig aus), der Wellenstreik (= flexibler Streik, bei dem der Arbeitgeber vorher nicht weiß, wann wie viele Arbeitnehmer streiken werden. Ziel ist es, eine schnelle Reaktion des Arbeitgebers auf die Kampfmaßnahme zu erschweren; der Flächenstreik (= sämtliche Arbeitnehmer eines Tarifgebietes legen die Arbeit nieder); der Schwerpunktstreik (= nur die Arbeitnehmer einzelner Unternehmen, Betriebe oder Abteilungen legen die Arbeit nieder); der Demonstrationsstreik (= zur Demonstration und nicht zur Erzwingung einer bestimmten tariflichen Regelung), der Unterstützungsstreik (= zur Unterstützung eines anderen Streiks, des Hauptstreiks), der politische Streik (= wegen einer politischen Forderung), der kalte Streik (= [isolierte] Androhung von Streikmaßnahmen).

**878** b) Auf Seiten der Arbeitgeber ist die Aussperrung („lock out") die von einem oder mehreren Arbeitgebern planmäßig erfolgte Arbeitsausschließung zur Erreichung eines Zieles; die Arbeitsausschließung erfolgt ohne Einverständnis der Arbeitnehmer und ohne vorherige Kündigung.

Beispiele: Absperrung vom Arbeitsplatz, Verhinderung der Erbringung der Arbeitsleistung etwa durch Abschalten des Stromes.

Nach der Rspr. des BAG (BAG NZA 1999, 550; 1999, 552; 2012, 995, 996) verfügt der Arbeitgeber über verschiedene Möglichkeiten, um auf einen Streik zu reagieren:

**879** (1) Echte Kampfmaßnahme ist die *suspendierende Aussperrung*. Sie bedarf einer ausdrücklichen Erklärung und geht mit einer Suspendierung der Verpflichtung zur Lohnzahlung einher. Das Ausschlussrecht des Arbeitgebers umfasst somit die Befugnis, die geschuldete Beschäftigung und das geschuldete Arbeitsentgelt einseitig zu suspendieren. Neben der suspendierenden Aussperrung gibt es die sog. *lösende Aussperrung*. Sie zielt auf eine Beendigung der betreffenden Arbeitsverhältnisse (vgl. nur Kissel Arbeitskampfrecht § 51 Rn. 1 f.). Zur Unterscheidung *Angriffsaussperrung* und *Abwehraussperrung* vgl. Rdnr. 906 ff..

(2) Jedem bestreikten Arbeitgeber ist ferner die *Stilllegung* des gesamten Betriebes erlaubt. Die Stilllegungsentscheidung bedarf keiner Begründung und ist an keine besondere Voraussetzung gekoppelt. Als Folge entfallen die Entgeltansprüche auch der arbeitsbereiten Arbeitnehmer, selbst wenn deren Beschäftigung für ihn „an sich" durchaus möglich und zumutbar wäre (BAG NZA 2012, 995, 996; vgl. auch Rdnr. 936). Das Recht ist für den Arbeitgeber nur scheinbar vorteilhaft, denn warum sollte der Arbeitgeber die arbeitsbereiten Mitarbeiter aussperren, wenn er für sie Beschäftigungsmöglichkeiten hat und er mit ihrer Beschäftigung den ihm durch den Streik zugefügten Schaden reduzieren könnte? Im Ergebnis ist es die Lizenz zur Selbstschädigung.

(3) Schließlich kann sich der Arbeitgeber auf die *Grundsätze des Arbeitskampfrisikos* (Rdnr. 461) berufen und die Beschäftigung nur solcher Arbeitnehmer ablehnen, hinsichtlich derer die Beschäftigungsmöglichkeit aufgrund des Streiks entfallen ist. Diese Arbeitnehmer verlieren nach § 326 Abs. 1 BGB ihren Lohnanspruch; sie tragen mit anderen Worten das Entgeltrisiko.

(4) Außerdem kann der Arbeitgeber gezielt *Streikbrecher* auf den bestreikten Arbeitsplätzen einsetzen, entweder durch Versetzung von Arbeitnehmern aus einem sich nicht vom Streik betroffenen Betrieb(steil) in den bestreikten Betrieb(steil) oder auch durch (ggf. befristete) Neueinstellungen (zum Verbot Leiharbeitnehmer als Ersatz für streikende Arbeitnehmer einzusetzen vgl. Rdnr. 900).

**880** (5) In der Praxis haben jüngst die früher umstrittenen *Streikbruchprämien* an Bedeutung gewonnen. Hierbei handelt es sich um Sonderzuwendungen an Arbeitnehmer, die sich nicht am Arbeitskampf beteiligen. Die dieser Art der Zuwendung eigene Ungleichbehandlung von streikenden und nichtstreikenden Arbeitnehmern ist nach der Rspr. aus arbeitskampfrechtlichen Gründen gerechtfertigt (BAG NZA 2019, 100). Solche Prämien sind der Höhe nach nicht beschränkt. Entscheidend ist für das BAG, dass die Gewerkschaft mit einer Rotation der Streikenden reagieren und damit das Arbeitgeberkonzept konterkarieren kann. Die rotierend Streikenden können ihren Lohnausfall durch die Prämien kompensieren, die sie während ihrer partiellen Arbeit erhalten, so dass die Streikbruchprämie ein zweischneidiges Schwert ist.

Die Varianten (1) und (2) sind als „Druckausübung durch Selbstschädigung" – insbesondere für Arbeitgeber, die in einer scharfen Wettbewerbssituation stehen – unternehmerisch unsinnig und dürften heute allenfalls in Extremfällen noch ein ernsthaft zu erwägendes Mittel darstellen.

**881** c) Unter der *kollektiven Ausübung von Individualrechten* versteht man die *Massenkündigung* und die *kollektive Ausübung eines Zurückbehaltungsrechts* gem. § 273 BGB. Dadurch kann die Gegenseite ebenso unter Druck gesetzt werden wie durch Streik oder Aussperrung. Ob es sich hierbei um echte Arbeitskampfmittel handelt, ist im Schrifttum umstritten (vgl. nur Otto § 11 Rdnr. 50 ff. bzw. Rdnr. 33 ff.). Das BAG unterscheidet gemeinsam ausgeübte Zurückbehaltungsrechte deutlich von Arbeitskampfmaßnahmen (BAG NJW 1964, 883, 884). Nichtsdestoweniger kann die kollektive

Ausübung individueller Rechte ein Arbeitskampfmittel darstellen (BAG NZA 2005, 43). Eine Gewerkschaft verletzt daher ihre *Friedenspflicht*, wenn sie bei laufendem Tarifvertrag ihrem Änderungsverlangen dadurch Nachdruck verleiht, dass sie ihre Mitglieder zu Massenkündigungen oder Widersprüchen gegen einen Betriebsübergang (Rdnr. 704 ff.) aufruft und die entsprechende Kampagne organisiert.

d) Als weitere Formen des Arbeitskampfes sind erprobt worden:

**(1) Betriebsbesetzungen.** Die Arbeitnehmer begnügen sich nicht mit der kollektiven Verweigerung der Arbeit, sondern halten gegen den Willen des Arbeitgebers die Betriebsgebäude und die Arbeitsplätze („Sitzstreik") besetzt. Das Ziel kann die Verhinderung der Produktion sein, aber auch darin bestehen, die Veräußerung, die Übernahme durch einen Erwerber oder den Abbau von Betriebsmitteln zu verhindern. **882**

**(2) Absperrungen (Betriebsblockaden) und Streikposten.** Die Arbeitnehmer verhindern durch die Blockade der Ein- und Ausgänge von Betrieben den Zu- und Abtransport von Rohstoffen, Fertigprodukten oder den Zugang von „Streikbrechern". Aufgrund der Radikalisierung des Arbeitskampfes, die als Folge dieser einschneidenden Kampfmaßnahmen eintritt, werden sie heute kaum praktiziert (vgl. unter Rdnr. 927 zur Unzulässigkeit). **883**

Abzugrenzen von Betriebsblockaden ist das Einwirken von Streikenden und Gewerkschaftsvertretern auf (arbeitswillige) Mitarbeiter vor dem Eingang des Arbeitgebers und das Auffordern zur Streikbeteiligung. Aufgabe von Streikposten ist es, Arbeitswillige zu überzeugen, sich am Streik zu beteiligen. Dies hat allerdings ausschließlich mit Argumenten zu erfolgen und nicht durch den Einsatz von Gewalt. Problematisch sind Streikpostenketten (englisch picketing), die für Streikbrecher zu einem Spießrutenlauf ausarten können. Das BAG hat jüngst anlässlich des Einsatzes von Streikposten der Gewerkschaft verdi in einem gegen Amazon gerichteten Streik hervorgehoben, dass das Streikrecht die Befugnis umfasse, „die zur Arbeitsniederlegung aufgerufenen Arbeitnehmer unmittelbar vor Betreten des Betriebes anzusprechen, um sie für die Teilnahme am Streik zu gewinnen." Der Gewerkschaft ist es grundsätzlich auch nicht untersagt, solche Arbeitskampfmaßnahmen auf dem Betriebsgelände des Arbeitgebers (hier: Firmenparkplatz von Amazon) durchzuführen (BAG NZA 2019, 402).

**(3) Flash-Mob.** Gewerkschaften rufen Dritte dazu auf, in öffentlich zugänglichen Betrieben durch gleichgeschaltete Handlungen kurzfristig und überraschend betriebliche Abläufe zu stören (etwa durch Befüllen von Einkaufswagen ohne Kaufabsicht oder durch gleichzeitigen Kauf von Cent-Artikeln; dazu BAG NZA 2009, 1347 und Rüthers/Höpfner, JZ 2010, 261; vgl. Rdnr. 928). **884**

**(4) Boykott.** Eher selten angewandtes Kampfmittel, auf den Abbruch, die Einschränkung oder die Verweigerung der Aufnahme von Rechtsbeziehungen gerichtete Maßnahme. Teilweise werden nur die eigenen geschäftlichen Kontakte zum Kampfgegner abgebrochen oder es werden auch Dritte zum Abbruch der Geschäftsbeziehungen aufgefordert (zur grundsätzlichen Zulässigkeit: BAG NJW 1977, 318). **885**

## II. Rechtmäßigkeit des Arbeitskampfes

**Schrifttum:** *Berg*, Arbeitskampf(recht) vor neuen Herausforderungen?, RdA 2019, 110.; *Giesen/Kersten*, Der Arbeitskampf in der digitalisierten Arbeitswelt, NZA 2018, 1.; *Hens-*

*sler*, Die neue Rolle der Gewerkschaften bei Restrukturierungen und Massenentlassungen, in: Festschrift Wank, 2014, S. 137; *Katerndahl*, Das Beamtenstreikverbot vor dem Bundesverfassungsgericht, Festschrift Moll, 2019, S. 339; *Melot de Beauregard*, Die Rechtsprechung zum Arbeitskampfrecht in den Jahren 2016–2018, NZA-RR 2019, 625; *Ricken*, Der Sozialplantarifvertrag als zulässiges Arbeitskampfziel, ZfA 2008, 283; *Rieble*, Arbeitsniederlegung zur Standorterhaltung, RdA 2005, 200; *ders.*, Flash-Mob – Ein neues Arbeitskampfmittel?, NZA 2008, 796; *Rudkowski*, Zulässigkeit von Streikmobilisierungsmaßnahmen auf einem Firmenparkplatz, RdA 2019, 308; *Rüthers*, Der Abbau des „ultima ratio"-Gebotes im Arbeitskampfrecht durch das Bundesarbeitsgericht, DB 1990, 113; *Rüthers/Höpfner*, Flashmob-Aktionen im Arbeitskampf, JZ 2010, 261; *Schiefer/Worzalla*, Unzulässige Streiks um Tarifsozialpläne, DB 2006, 46; *Schneider/Sittard*, Unverhältnismäßigkeit des Ärztestreiks, Eine Auseinandersetzung mit den Grenzen des Streikrechts, DÖD 2006, 244.

## 886    1. Rechtsgrundlagen

Eine gesetzliche Regelung des Arbeitskampfrechts existiert nicht. Die Rechtmäßigkeit eines Arbeitskampfes richtet sich nach den von der Rspr. und der Wissenschaft auf der Grundlage des Verfassungsrechts und weiterer (mittelbarer) einfachgesetzlicher Vorgaben entwickelten Grundsätzen.

Daneben kennt das internationale Recht Regelungen, die teils mittelbar teils unmittelbar auch auf das deutsche Recht ausstrahlen. Während das Recht der IAO kein Streikrecht garantiert, sieht Art. 6 Abs. 4 ESC (zur inländischen Bedeutung Rdnr. 97 f.) eine Streikrechtsgewährleistung vor und zwar ohne Beschränkung auf Kampfmaßnahmen zum Abschluss eines Tarifvertrages. Inländische Wirkungen entfaltet über den Grundsatz der völkerrechtsfreundlichen Auslegung jedenfalls Art. 11 Abs. 1 EMRK; er gewährleistet kollektive Maßnahmen, sieht aber in Abs. 2 weitgehende Rechtfertigungsmöglichkeiten für nationale Beschränkungen vor. Der AEUV nimmt in Art. 153 Abs. 5 das Arbeitskampfrecht ausdrücklich von der europäischen Gesetzgebungskompetenz aus. Ähnlich wie im nationalen Recht das BVerfG auf der Grundlage des Art 9 Abs. 3 GG wirkt aber auch der EuGH auf der Grundlage der Europäischen Grundrechte als europäischer „Ersatzgesetzgeber". Von Bedeutung ist insoweit, dass in Art. 6 Abs. 1 AEUV i. V. m. Art. 28 GR-Charta ein eigenes Grundrecht auf kollektive Maßnahmen verankert ist, dass gegen die Grundfreiheiten abzuwägen ist (Rdnr. 931).

### 2. Verfassungsrechtliche und tarifrechtliche Grenzen des Arbeitskampfes

887 Arbeitskämpfe sind nach allgemeinen zivilrechtlichen Grundprinzipen als vorsätzliche Schädigung des Vertragspartners durch vorsätzlichen Vertragsbruch zu qualifizieren und damit an sich rechtswidrig. Ihre Zulässigkeit muss sich folglich im Einzelfall aus höherrangigen bzw. spezielleren Wertungen ergeben, wobei mangels unmittelbarer gesetzlicher Regelung im Wesentlichen nur die Verfassung in Betracht kommt. Ausgangspunkt für die an Streik und Aussperrung zu stellenden Voraussetzungen ist somit die Regelung in Art. 9 Abs. 3 GG. Ungeachtet des sehr allgemein gehaltenen Wortlauts dieser Verfassungsnorm („arbeitsrechtliche Wundertüte"), lassen sich aus ihr in einer kaskadenartigen Argumentation doch recht präzise Grundsätze herleiten: Aus der in Art. 9 Abs. 3 GG unmittelbar garantierten Freiheit der Bildung bzw. Gründung von Koalitionen ist zunächst in einem ersten Schritt (1) eine Garantie der Betätigungsmöglichkeiten der Koalitionen herzuleiten. Gewährleistet ist damit zugleich als Kernelement (2) die Tarifautonomie als staatsfreie Regelung der Arbeits-

und Wirtschaftsbedingungen durch die Verbände. Zieht sich aber der Staat aus diesem zentralen Bereich der Arbeitsrechtsordnung zurück, so muss er den Tarifpartnern für den Fall gescheiterter Verhandlungen (3) ein geeignetes Konfliktlösungsinstrument zur Verfügung stellen, den Arbeitskampf. Damit sind sowohl Streik als auch Aussperrung grundsätzlich verfassungsrechtlich abgesichert (Kampfmittelgarantie). Dieses Konfliktlösungsinstrument muss zugleich so beschaffen sein, dass ausgewogene „faire" Ergebnisse sichergestellt sind, im Interesse der Richtigkeitsgewähr des Tarifvertrages also keine Seite hilflos dem übermäßigen Druck des Verhandlungspartners ausgesetzt ist. Daraus ergibt sich (4) das Gebot der Kampfparität (Rdnr. 898) als zentrale Vorgabe für die Rechtmäßigkeit einer Kampfmaßnahme. Aus der mit (1–4) verbundenen Dienstfunktion des Arbeitskampfes als Hilfsinstrument der Tarifautonomie folgt zugleich, dass (5) nach deutschem Recht das Kampfziel zwingend der Abschluss eines Tarifvertrags sein muss. Deshalb darf (6) ein Arbeitskampf nur zwischen tariffähigen Parteien um ein tariflich regelbares Ziel geführt werden (Rdnr. 888 ff.). Andernfalls ist der Arbeitskampf *tarifgesetzwidrig*. Abgesehen davon kann der Arbeitskampf auch *tarifvertragswidrig* sein; das ist dann der Fall, wenn der Kampf gegen einen bestehenden Tarifvertrag, besonders gegen die Friedenspflicht (Rdnr. 728), verstößt.

a) Nur *tariffähige Parteien* dürfen Arbeitskämpfe führen. Tariffähig sind Gewerkschaften, einzelne Arbeitgeber und Arbeitgebervereinigungen sowie Spitzenorganisationen (§ 2 TVG; Rdnr. 786 ff.). Ein Streik kann also nur dann rechtmäßig sein, wenn er von einer Gewerkschaft geführt wird. Allerdings brauchen die streikenden Arbeitnehmer der Gewerkschaft nicht anzugehören. Es gilt der arbeitskampfrechtliche Grundsatz der Einheit der Belegschaft.

**888**

Der nicht von einer Gewerkschaft getragene (= wilde) Streik ist rechtswidrig, weil der Angreifer nicht Partei eines Tarifvertrags sein kann (§ 2 Abs. 1 TVG; BAG AP Nr. 32 zu Art. 9 GG Arbeitskampf; a. A. Zachert, AuR 2001, 401). Übernimmt die Gewerkschaft einen wilden Streik durch Erklärung gegenüber dem Kampfgegner, so wird er nach Auffassung des BAG (a. a. O.) rückwirkend rechtmäßig, sofern die weiteren Rechtmäßigkeitsvoraussetzungen vorliegen. Der vom Betriebsrat ausgerufene Streik im **Fall a** ist schon mangels Tariffähigkeit des Betriebsrats rechtswidrig.

Die Beschränkung auf tariffähige Parteien und tariflich regelbare Ziele ist nicht unumstritten, da Art. 6 Nr. 4 der Europäischen Sozialcharta und Art. 11 EMRK eine vergleichbare Rechtmäßigkeitsvoraussetzung nicht kennen; die Auswirkungen sind bislang nicht geklärt (dazu Katerndahl, Tarifverhandlung und Streik als Menschenrechte, 2017; ErfK/Linsenmaier, Art. 9 GG Rdnr. 105; Bepler, in: Festschrift Wissmann, 2005, S. 97, 107 ff.).

b) Nur um *tariflich regelbare Ziele* darf ein Arbeitskampf geführt werden. **889**

(1) Kampfziel muss der *Abschluss eines Tarifvertrags* sein. Deshalb sind folgende Arbeitskämpfe nicht bzw. nur unter besonderen Voraussetzungen rechtmäßig:

(a) Mit einem *politischen Arbeitskampf* wird eine Forderung an eine staatliche Instanz (Parlament, Regierung, Gericht) gestellt und keine tarifvertragliche Regelung erstrebt (**Fall b**).

(b) Bei einem *Demonstrationsarbeitskampf* soll eine bestimmte Ansicht zu einer aktuellen Frage (z. B. zu einem politischen Ereignis, zu einer Maßnahme der Gegenseite) besonders eindringlich zum Ausdruck gebracht und nicht ein Tarifvertrag erkämpft werden (die beiden Arbeitskämpfe in **Fall c** sind schon deshalb rechtswidrig).

(c) Der *Unterstützungsarbeitskampf* wird zur Unterstützung eines anderen Arbeitskampfes, des Hauptarbeitskampfes, geführt. Die Kämpfenden erstreben kein eigenes tarifliches Kampfziel, sondern wollen nur ihre Solidarität mit der kämpfenden Partei des Hauptkampfes bekunden. Unter diesem Gesichtspunkt handelt es sich praktisch um einen Demonstrationsarbeitskampf. Weil der unmittelbar Kampfbetroffene den Kämpfenden nicht das gewähren kann, was die Kämpfenden des Hauptkampfes von ihrem Gegner verlangen, also ein Vermeiden schädigender Folgen durch eigenes Nachgeben überhaupt nicht möglich wäre, galt ein solcher auch „Sympathie- oder Solidaritätsstreik" genannter Arbeitskampf lange als unzulässig (so noch BAG NZA 1985, 504; 1988, 474; Einzelh.: Brox/Rüthers, Arbeitskampfrecht, Rdnr. 142 ff.; Otto spricht sogar von „wirtschaftlicher Geiselnahme", für deren Anerkennung kein Grund bestehe: § 10 Rdnr. 39). Ausnahmsweise sollte sich die Rechtmäßigkeit eines Unterstützungsstreiks nur in Konzernkonstellationen ergeben können, in denen die Belegschaften einzelner Konzerngesellschaften für sich genommen keine hinreichende Durchsetzungskraft gegenüber der wirtschaftlichen Einheit des Gesamtkonzerns haben. Allerdings soll in der Regel mit einem solchen Unterstützungsstreik Druck ausgeübt werden, der jedenfalls mittelbar auch den Gegner des Hauptarbeitskampfes treffen soll. Hauptziel ist also regelmäßig die Einflussnahme auf den Hauptarbeitskampf. Damit liegt jedenfalls ein mittelbarer Tarifbezug vor (vgl. zuletzt BVerfG NJW 2018, 2695, 2701). Das BAG hat daher seine frühere Rspr. grundlegend geändert und das Verhältnis von Regel und Ausnahme umgekehrt (BAG NZA 2007, 1055 m. Anm. Wank). Unterstützungsarbeitskämpfe sind danach als grnds. zulässig anzusehen, soweit sie nicht zur Unterstützung des Hauptarbeitskampfs ungeeignet, unnötig und unangemessen erscheinen. Maßgeblich bleibt weiterhin der Verhältnismäßigkeitsgrundsatz.

**890** Das BAG hat hierzu verschiedene Prüfkriterien entwickelt, die gegeneinander abzuwägen sind: die Rechtmäßigkeit des Hauptarbeitskampfs, die Nähe oder Ferne des Unterstützungsstreiks gegenüber dem Hauptarbeitskampf, die wirtschaftliche Verflochtenheit der Adressaten des Hauptarbeitskampfes und des Unterstützungsstreiks, die Neutralität oder Einmischung des Arbeitgebers des Unterstützungsstreiks, die Identität der Gewerkschaft sowie Dauer und Umfang des Unterstützungsstreiks. Ein Unterstützungsstreik darf in seiner Bedeutung und Gewichtung jedoch stets nur den Hauptstreik unterstützen, gleich kleiner „Nadelstiche" (LAG BaWü NZA 2009, 631; zur Unverhältnismäßigkeit eines Unterstützungsstreiks ArbG Frankfurt NZA 2012, 579).

In jedem Fall sollte im Ergebnis nicht unbeachtet bleiben, dass der Streikgegner durch einen Unterstützungsstreik mit Kampfschäden überzogen wird, auf deren Abwendung er keinen Einfluss hat. Damit wird der *„ultima ratio"*-Grundsatz verletzt (vgl. dazu Rdnr. 912). Solche Schäden sind nur gerechtfertigt, wenn der tarifbezogene Arbeitskampf zwischen den beiden kämpfenden Tarifparteien nach Ausschöpfung aller Verhandlungsmöglichkeiten und einem Schlichtungsversuch als letztes Mittel unvermeidbar ist. Die Tarifgrenzen bilden daher in der Regel die Schranken zulässiger Arbeitskämpfe. Wird dieser Grundsatz aufgegeben, besteht die Gefahr, dass punktuelle oder regionale Arbeitskämpfe nach den strategischen Überlegungen einer Tarifpartei über Tarifgrenzen hinweg und unter Verstoß gegen bestehende Friedenspflichten zur bundesweiten „Sozialschlacht" ausgedehnt werden können (Rüthers, NZA 2010, 6, 12).

**891** (d) Ein (befristeter) *Warnarbeitskampf* soll der Gegenseite die Entschlossenheit zeigen, für bestimmte Forderungen notfalls auch einen unbefristeten Arbeitskampf zu führen. Charakteristisch für den Warnstreik ist die besondere Streiktaktik, eine Vielzahl von Betrieben zu unterschiedlichen Tageszeiten kurzzeitig mit geringem Einsatz und Aufwand zu bestreiken, um Kampfbereitschaft deutlich zu machen (BAG NZA 2018, 1081, 1086). Das BAG stellt klar, dass der Arbeitgeber während laufender Tarifverhandlungen stets mit Warnstreiks rechnen muss (Grundlegend BAG NZA 1988, 846), Durch den Warnstreik kommt ebenso wie bei jedem anderen Streik zum Ausdruck, dass die Versuche druckfreier Verhandlungen als gescheitert angesehen werden. Das „*ultima ratio*"-Prinzip steht der Zulässigkeit daher nicht grundsätzlich entgegen (s. Rdnr. 914). Soll mit dem Kampf jedoch kein Tarifvertrag erreicht werden, fehlt es schon deshalb an der Rechtmäßigkeit.

(2) Ist Kampfziel der Abschluss eines Tarifvertrags, so muss weiter geprüft werden, ob die von der Kampfpartei erhobene Forderung überhaupt *in einem Tarifvertrag zulässigerweise geregelt werden kann*. Die Grenzen der Regelungsmacht der Tarifvertragsparteien werden vornehmlich durch die Verfassung und das Tarifvertragsgesetz gezogen. **892**

(a) Der erstrebte Inhalt des Tarifvertrags darf nicht gegen höherrangiges Recht verstoßen, ansonsten ist der deshalb geführte Arbeitskampf rechtswidrig. Dabei ist die mittelbare Wirkung der Grundrechte zu beachten (vgl. Rdnr. 659). **893**

Beispiele: Im Tarifvertrag sollen für Männer und Frauen unterschiedliche Löhne bei gleicher Arbeit festgelegt werden (Art. 3 Abs. 2 GG; vgl. BAG AP Nr. 111 zu Art. 3 GG); Kinderzulagen sollen nach ehelicher und nichtehelicher Geburt differenziert werden (Art. 6 Abs. 5 GG; vgl. BAG AP Nr. 77 zu Art. 3 GG); Organisationsklauseln und Tarifausschlussklauseln im Tarifvertrag verstoßen gegen die negative Koalitionsfreiheit (Art. 9 Abs. 3 GG; Rdnr. 639 ff.); Lohnverwendungsabreden über den unpfändbaren Teil der Arbeitsvergütung (wonach die Arbeitnehmer etwa einen Teil des Lohnes zu sparen haben) sind unzulässig. Gleiches gilt für Rationalisierungsverbote in einem Verbandstarifvertrag, die in die unternehmerische Entscheidungsfreiheit eingreifen. Ein Streik darf nicht das Ziel verfolgen, das „Ob" einer unternehmerischen Entscheidung (z. B. Standortverlagerung ins Ausland) zu verhindern. Dies wäre mit Art. 12, 14 GG nicht zu vereinbaren. Der in **Fall d** zur Verhinderung der Standortverlagerung geführte Streik ist daher rechtswidrig; tariflich regelbar sind hingegen Regelungen zur sozialen Abfederung einer Standortverlagerung. Solange die unternehmerische Entscheidung nicht faktisch blockiert wird, sind entsprechende Streiks zulässig. Dabei werden jedoch nach BAG Rechtsprechung die erhobenen Forderungen ihrer Höhe nach nicht kontrolliert (BAG NZA 2007, 987). Im Ergebnis führt dies zu einer Entwertung der durch Art. 12 GG geschützten Unternehmerfreiheit. Die §§ 111 ff. BetrVG stehen nach Auffassung des BAG einer Regelungsbefugnis der Tarifvertragsparteien für Abfindungen und Kompensationsleistungen bei Betriebsänderungen nicht entgegen. Auch ein bereits bestehender, mit dem Betriebsrat verhandelter Sozialplan soll Arbeitskampfmaßnahmen nicht ausschließen (BAG NZA 2007, 987, vgl. hierzu Henssler, in: Festschrift Richardi, 2007, S. 553; Schiefer/Worzalla, DB 2006, 46).

Um welches (tariflich regelbare) Ziel eine Gewerkschaft den Arbeitskampf führt, ergibt sich grundsätzlich aus dem Streikbeschluss. Ausnahmsweise kann das Gericht im Rahmen des § 286 ZPO auch andere Verlautbarungen der Gewerkschaft berücksichtigen. Ergibt sich danach, dass sich die Gewerkschaft im Ergebnis gegen durch Art. 12 GG geschützte unternehmerische Entscheidungen richtet, etwa eine Betriebsschließung oder eine Umstrukturierung, so ist der Arbeitskampf rechtswidrig. Zum Kernbereich unternehmerischer Entscheidungsfreiheit (Art. 12 Abs. 1 GG), die dem Koalitionsrecht des Art. 9 Abs. 3 GG entzogen ist, gehört auch die Entscheidung, einen neuen Standort aufzubauen und dort Personal zu **894** anderen Bedingungen zu beschäftigen. Damit war der Streik der Gewerkschaft VC gegen ein entsprechendes Konzept der Deutschen Lufthansa AG rechtswidrig (LAG Hessen NZA 2015, 1337).

**895** (b) Schranken der Vereinbarungsbefugnis der Tarifparteien und damit Schranken der Arbeitskampffreiheit können sich auch aus dem *Tarifvertragsgesetz* und sonstigen *zwingenden Gesetzen* ergeben.

Beispiele: Die Anrechnungsklausel (Rdnr. 816) im Tarifvertrag verstößt gegen das Günstigkeitsprinzip (§ 4 Abs. 3 TVG). Es liegt nicht in der Macht der Tarifparteien, Effektivgarantieklauseln zu vereinbaren (Rdnr. 693). Dagegen soll eine tarifliche Regelung der Arbeitszeit im Einzelhandel nicht gegen wettbewerbsrechtliche Normen verstoßen (BAG NZA 1989, 969).

Neben normativen sind auch schuldrechtliche Regelungen des Tarifvertrags erkämpfbar, allerdings nur, soweit eine Regelung der „Arbeits- und Wirtschaftsbedingungen" angestrebt wird (vgl. Däubler, Arbeitskampfrecht, § 13 Rdnr. 12). Ist das nicht der Fall, sind Gewerkschaften und Arbeitgeber zwar berechtigt, freiwillige Vereinbarungen zu treffen; einen Arbeitskampf dürfen sie deshalb aber nicht führen.

**896** c) Der Arbeitskampf ist tarifvertragswidrig, wenn er gegen die *Friedenspflicht* (Rdnr. 856 ff.) verstößt. Es ist der Sinn des Tarifvertrags, Arbeitskämpfe um die im Vertrag geregelten Fragen zu verhindern. Wegen der Friedensfunktion des Tarifvertrags sind die Tarifparteien verpflichtet, während der Geltungsdauer des Tarifvertrags jede Kampfmaßnahme zur Änderung des Vertragsinhalts zu unterlassen (**Fall e**) sowie auf Mitglieder einzuwirken, die von sich aus einen (unzulässigen) Arbeitskampf durchführen (vgl. Rdnr. 856).

Welche Kampfmaßnahmen wegen der Friedenspflicht verboten sind, ist aus der getroffenen Vereinbarung zu entnehmen. Sofern vertraglich nichts Besonderes geregelt ist, verstoßen bloße Vorbereitungshandlungen (z. B. verbandsinterne Willensbildung wie Urabstimmung) nicht gegen die Friedenspflicht, wenn dadurch der Arbeitsvollzug nicht gestört wird (str., a. A. noch BAG AP Nr. 2 zu § 1 TVG Friedenspflicht).

### 3. Allgemeine Grundsätze rechtmäßiger Kampfführung und Staatsneutralität

**897** Der Arbeitskampf tariffähiger Parteien um den Abschluss eines neuen Tarifvertrags mit zulässigem Inhalt ist nur dann rechtmäßig, wenn auch das Gebot der Kampfparität und das Verhältnismäßigkeitsgebot eingehalten werden (vgl. HWK/Hergenröder, Art. 9 GG Rdnr. 166 ff.).

**898** a) **Gebot der Kampfparität und Staatsneutralität.** Das Gebot der Kampfparität (Waffengleichheit) soll zwischen den Tarifparteien ein hinreichendes Verhandlungs- und Kampfgleichgewicht gewährleisten. Nur wenn sich annähernd gleichstarke Parteien gegenüberstehen, die in etwa die gleiche Chance haben, auf den Vertragsinhalt Einfluss zu nehmen, ist ein angemessener Interessenausgleich möglich. Ohne Kampfparität kann es kein funktionsfähiges Tarifsystem geben, die Herleitung der Kampfmittelgarantie aus der Garantie der Tarifautonomie ließe sich nicht rechtfertigen. Das BAG hat die abstrakten Voraussetzungen, die der Grundsatz der Kampfparität an eine Arbeitskampfmaßnahme stellt, in der „Flashmob"-Entscheidung zutreffend beschrieben: „Funktionsfähig ist die Tarifautonomie nur, solange ein ungefähres Gleichgewicht (Parität) besteht. Unvereinbar mit Art. 9 Abs. 3 GG ist daher eine Ausgestaltung, wenn sie dazu führt, dass die Verhandlungsfähigkeit einer Tarifvertragspartei bei Tarifauseinandersetzungen einschließlich der Fähigkeit, einen wirksamen Arbeitskampf zu führen, nicht mehr gewahrt ist oder ihre koalitionsmäßige Betätigung weitergehend beschränkt wird, als es zum Ausgleich der beiderseitigen Grundrechtspositionen erforderlich ist." (BAG NZA 2009, 1347). Praktische Bedeutung gewinnt das Paritätsprinzip in der Rspr. des BAG zum Arbeitskampfrisiko (BAG NJW 1981, 937), zum Mitbestimmungsrecht des Betriebsrates während eines Arbeitskampfs (vgl. Rdnr. 931) und zu den Grenzen des Aussperrungsrechts (BAG NJW 1980, 1642; NZA 1985, 537; NZA 1992, 39).

**899** (1) Dem Staat ist es wegen der durch Art. 9 Abs. 3 GG gewährleisteten Tarifautonomie untersagt, eine Kampfpartei zu begünstigen. Der Grundsatz staatlicher Neutralität im Arbeitskampf (§§ 160 Abs. 1 Satz 1; 100 SGB III; Rdnr. 940, 972) ergänzt das Gebot der Kampfparität.

**900** In der Privatwirtschaft ist der Einsatz von *Streikbrechern* als Ersatzarbeitnehmer zulässig (vgl. Otto, § 12 Rdnr. 29 ff.). Problematisch ist der Einsatz von Leiharbeitnehmern. Nach der Reform des AÜG enthält § 11 Abs. 5 Satz 1 das Verbot, Leiharbeitnehmer einzusetzen, wenn der Entleiherbetrieb unmittelbar durch einen Arbeitskampf betroffen ist. Nach § 11 Abs. 5 Satz 3 AÜG steht Leiharbeitskräften im Fall eines Arbeitskampfs im Betrieb außerdem nach wie vor ein Leistungsverweigerungsrecht zu. Das Streikbrecherverbot für Leiharbeitnehmer wird in der Literatur teilweise sehr kritisch beurteilt (zusammenfassend ErfK/Wank, § 11 AÜG, Rdnr. 21). Angesichts der Urteile des BAG zu Unterstützungsstreiks und Flashmobs werden Verstöße gegen das Gebot der Arbeitskampfparität und gegen die staatliche Neutralitätspflicht (Henssler, RdA 2016, 18, 24; Thüsing, NZA 2015, 1478; Löw/Ubber, BB 2015, 3125; Wank, RdA 2017, 100; Franzen, RdA 2015, 141; *Willemsen/Mehrens*, NZA 2015, 897; a. A. *Deinert*, RdA 2017, 65) sowie gegen die Berufsfreiheit und die Koalitionsfreiheit der Leiharbeitnehmer diskutiert (Bauer/Haußmann, NZA 2016, 803; Rieble, FS Wank, 2014, 475; Boemke, ZfA 2017, 1; a. A. Klein/Leist, SR 2017, 31). Das BVerfG hat den Erlass einer einstweiligen Anordnung zur Außervollzugsetzung des „Streikbrecherverbots" für Leiharbeitnehmer jüngst abgelehnt (BVerfG Beschl. vom 12.2.2019 – 1 BvR 842/17). Allerdings wird eine Verletzung der Koalitionsfreiheit des Arbeitgebers sowie der beruflichen und wirtschaftlichen Betätigungsfreiheit nicht von vornherein offensichtlich ausgeschlossen.

Bei Arbeitskämpfen im Bereich der privatisierten Bundesunternehmen Deutsche Post und Deutsche Bahn wäre es denkbar, Beamte auf den Arbeitsplätzen rechtmäßig streikender Arbeitnehmer einzusetzen (Blattner, BB 2015, 2037). Da Arbeitnehmern ein Streikrecht zusteht, Beamten hingegen nicht, bedarf dies nach Auffassung des BVerfG (BVerfGE 88, 103) einer speziellen gesetzlichen Grundlage, die bisher fehlt. Dienstbereite Beamte dürfen aber eingesetzt werden, denn sofern der Beamte dem Einsatz nicht widerspricht, fehlt es an einem besonderen Privileg des Beamte beschäftigenden Arbeitgebers (ArbG Bonn 26.5.2015 – 3 Ga 18/15, BeckRS 2015, 70087).

**901** Der *Paritätsbegriff* ist gesetzlich nicht festgelegt. Nach h. M. ist das reale (materielle) Kräfteverhältnis der Kampfparteien entscheidend (vgl. BAG AP Nr. 64, 65 zu Art. 9 GG Arbeitskampf). Dabei kommt es nicht auf alle Einzelheiten und näheren Umstände des konkreten Arbeitskampfes an. Maßgeblich ist eine längerfristige, typisierende Beurteilung im Sinne eines abstrakt materiellen Gleichgewichts.

**902** Auch im Bereich des *öffentlichen Dienstes* wird das Streikrecht der Arbeiter und Angestellten heute allgemein anerkannt und grundsätzlich unter denselben Voraussetzungen wie in der Privatwirtschaft als zulässig angesehen (wegweisend BVerfGE 88, 103: „Wegen ihrer Unterlegenheit sind sie dabei auch auf das Druckmittel des Arbeitskampfs angewiesen. Soweit der Staat von der Möglichkeit Gebrauch macht, Arbeitskräfte auf privatrechtlicher Basis als Arbeitnehmer zu beschäftigen, unterliegt er dem Arbeitsrecht, dessen notwendiger Bestandteil eine kollektive Interessenwahrnehmung ist."). Über die allgemeinen Zulässigkeitsvoraussetzungen einer Streikteilnahme hinaus unterliegen Arbeitnehmer im Öffentlichen Dienst daher im Grundsatz keinen Einschränkungen. Solche können sich jedoch aus kollidierenden Grundrechten oder anderen Rechten von Verfassungsrang ergeben. In manchen Bereichen des öffentlichen Dienstes kann die Gemeinwohlbindung daher besondere Zurückhaltung und das Einrichten spezieller Notdienste erforderlich machen (zu Arbeitskämpfen von Beamten vgl. Rdnr. 904).

**903** Nach der umstrittenen Auffassung des BAG (NZA 2003, 734 m. w. Nachw. auch zur Gegenauffassung) ist ein Streik nicht allein deshalb rechtswidrig, weil gegenüber einem verbandsangehörigen Arbeitgeber ein *Firmentarifvertrag* erzwungen werden soll. Dies soll sogar dann gelten, wenn der Arbeitgeber gegenüber seinem Verband satzungsmäßig verpflichtet ist, keinen Firmentarifvertrag abzuschließen. Erkennbar abschließende verbandstarifliche Bestimmungen stehen aber während der tarifvertraglichen Laufzeit grundsätzlich der streikweisen Durchsetzung einer weitergehenden Regelung in einem Firmentarifvertrag mit einem verbandsangehörigen Arbeitgeber entgegen. Der verbandsangehörige Arbeitgeber ist nämlich durch die sich aus den Verbandstarifverträgen ergebende Friedenspflicht gegen einen Streik geschützt (Rdnr. 896, 961), der auf den Abschluss von Firmentarifverträgen über dieselbe Regelungsmaterie gerichtet ist.

**904** (2) Für den *Streik* ist die Kampfparität im Übrigen wenig bedeutsam. Da das BAG (AP Nr. 65 zu Art. 9 GG Arbeitskampf) von einer in der Regel anzunehmenden Unterlegenheit der Gewerkschaften bei Tarifverhandlungen ausgeht, wird dem Streik zur Erzwingung zulässiger Kampfziele durch das Paritätsgebot keine besondere Grenze gesetzt.

**905** In diesem Zusammenhang ist der sog. „kalte Streik" als problematisch anzusehen (Bayreuther, NZA 2013, 704, 707). Hierbei wird bereits die Streikankündigung (isoliert) als Arbeitskampfmaßnahme genutzt. So kann die Androhung von Streikmaßnahmen insbesondere bei Verkehrs- und Logistikbetrieben zu erheblichen wirtschaftlichen Einbußen führen, da Kunden und Unternehmen vorsorglich Alternativen in Anspruch nehmen könnten. Neben der wohl zu bejahenden Frage, ob tatsächlich bereits eine Arbeitskampfmaßnahme vorliegt, stellt sich vor dem Hintergrund der Kampfparität die Problematik eines Schadens auf Unternehmensseite, dem mangels Belastung der Unterstützungskassen kein Risiko der Gewerkschaft gegenübersteht. Darüber hinaus könnte der Mangel an Verteidigungsmöglichkeiten auf Seiten des Arbeitgebers das notwendige Kampfgleichgewicht aufheben (dazu Henssler, in: Festschrift Wank, 2014, S. 137; Höpfner, in: Latzel/Picker, Neue Arbeitswelt, S. 115, 140.). Das BAG geht davon aus, dass – wie bei einem Streik – auch schon der Aufruf zu Arbeitsniederlegungen unmittelbar in das Recht des zu bestreikenden Arbeitgebers an seinem eingerichteten und ausgeübten Gewerbebetrieb eingreifen kann. Dies verpflichte bei Rechtswidrigkeit der Kampfmaßnahme und bei schuldhaftem Handeln zum Schadensersatz nach § 823 BGB gegenüber dem Kampfgegner. Das Gericht differenziert jedoch zwischen Streik und Streikankündigung (BAG NZA 2016, 179) und verneint ausdrücklich den Eingriff in den eingerichteten und ausgeübten Gewerbebetrieb betroffener Dritter, da es sich bei dem schuldrechtlichen

Teil eines Tarifvertrags regelmäßig nicht um einen Vertrag mit Schutzwirkung zugunsten Dritter handele. Problematisch dürfte in diesem Zusammenhang außerdem sein, dass die Kampfparteien vor Beginn einer Arbeitskampfmaßnahme dem jeweilgen Gegner den Kampfbeschluss bekannt zu geben haben. Die Gewerkschaften sind damit sogar zur Streikankündigung verpflichtet (BAG NZA 2012, 1372, Rdnr. 39 m. w. N.).

Im Ergebnis stellt sich damit die Frage, ob zumindest verlangt werden kann, dass die Gewerkschaft die angekündigten Arbeitskampfmaßnahmen auch ernsthaft plant. Ein Zwang, den angekündigten Streik auch tatsächlich durchzuführen, wäre dagegen wohl kontraproduktiv. Das BAG hat in dem von ihm entschiedenen Fall die Schadensersatzklage im Ergebnis abgewiesen.

(3) Bei der *Aussperrung* ist zu differenzieren: **906**

(a) Eine *Angriffsaussperrung* (Beginn des Arbeitskampfes durch die Aussperrung) ist nach richtiger Ansicht ausgehend vom Paritätsgrundsatz nicht schlechthin als unzulässig anzusehen (BAG (GS) AP Nr. 43 zu Art. 9 GG Arbeitskampf). Bei einschneidenden Rezessionen darf es der Arbeitgeberseite nicht verwehrt sein, durch Angriffsaussperrungen den Abbau tariflicher Leistungen zu erreichen. Ohne dieses Kampfmittel wäre es den Arbeitgebern kaum möglich, die Gewerkschaften zu entsprechenden Tarifvereinbarungen zu bewegen. Nach der „Quoten-Rechtsprechung" des BAG (Rdnr. 918 f.) zur Abwehraussperrung erscheint gleichwohl zweifelhaft, ob das BAG auch heute noch eine Angriffsaussperrung zulassen würde. Solche Arbeitskämpfe werden in normalen Zeiten ohnehin nicht praktiziert, da sie einer Selbstschädigung der Arbeitgeber gleichkommen. Regelmäßig wird der Arbeitskampf von der Arbeitnehmerseite eröffnet.

(b) Eine *Abwehraussperrung* (Aussperrung als Reaktion auf Arbeitskampfmaßnahmen der Arbeitnehmer) ist immer dann rechtmäßig, wenn ohne ihren Einsatz das Kräftegleichgewicht der Tarifparteien gefährdet oder gar beseitigt würde. Ein Ungleichgewicht kann durch eine besondere Kampftaktik der Gewerkschaft entstehen. So könnten die im Arbeitgeberverband organisierten Arbeitgeber, gegen welche Teil- oder Schwerpunktstreiks geführt werden, wegen ihrer Konkurrenz zu anderen Verbandsmitgliedern genötigt sein, den Streikforderungen schnell nachzugeben. Deshalb muss es dem Arbeitgeberverband gestattet sein, zur Erhaltung der Arbeitgebersolidarität und des Kräftegleichgewichts zum Mittel der Abwehraussperrung zu greifen (BVerfGE 84, 212; BAG AP Nr. 64, 65 zu Art. 9 GG Arbeitskampf; **Fall f**). Nichtig ist gem. Art. 31 GG das Aussperrungsverbot des Art. 29 Abs. 5 der Hessischen Verfassung, weil es dem Tarifrecht des Bundes widerspricht (BAG NZA 1988, 775 – zum Umfang der Abwehraussperrung: Rdnr. 918). **907**

(4) Der Grundsatz der Kampfparität ist auch bei der sachgerechten *Verteilung des Arbeitskampfrisikos* zu beachten. Das wirkt sich nach der Rechtsprechung insbesondere auf den Lohnzahlungsanspruch der Arbeitnehmer (Rdnr. 461, 996 ff.) und die Beteiligungsrechte des Betriebsrats während des Arbeitskampfes (Rdnr. 969) aus. **908**

**b) Gebot der Verhältnismäßigkeit.** Ein Arbeitskampf greift nicht nur in die Rechte der unmittelbaren Gegenspieler ein, sondern belastet unter Umständen auch Dritte und die Allgemeinheit. Deshalb sind solche Kampfmaßnahmen verboten, die zur Erreichung des Kampfzieles nicht geeignet bzw. nicht erforderlich sind oder außer Verhältnis zum erstrebten Ziel stehen. Das BAG versteht die Ver- **909**

hältnismäßigkeitsprüfung in seiner jüngeren Rspr. allerdings nur noch als Evidenzkontrolle. Nach den in der Entscheidung zum Unterstützungsstreik (BAG AP Nr. 173 zu Art. 9 GG Arbeitskampf mit Anm. Wank) aufgestellten Grundsätzen ist eine Arbeitskampfmaßnahme erst dann rechtswidrig, wenn sie bezogen auf das Kampfziel offensichtlich ungeeignet, offensichtlich nicht erforderlich oder unangemessen ist. Von der verfassungsrechtlichen Verhältnismäßigkeitsprüfung mit ihren drei Elementen der Geeignetheit, Erforderlichkeit und Angemessenheit verbleibt nach dieser Rspr, nur noch die Prüfung des dritten Teilbereichs. Allerdings steht das BAG insoweit auf dem Standpunkt, dass der Umfang der Streikforderungen einer Gewerkschaft, die auf ein tariflich regelbares Ziel gerichtet sind, unter keinen Umständen einer gerichtlichen Übermaßkontrolle unterliege (NZA 2007, 987 Rn. 100). Mit diesem Verzicht auf eine Überprüfung der Höhe der Streikforderungen beschränkt das BAG die gerichtliche Kontrolle auch mit Blick auf das genannte dritte Element der Angemessenheit. Begründet wird dieser Kontrollverzicht mit dem Hinweis, dass die Tarifforderungen für den Kampfgegner nicht verbindlich seien, denn typischerweise gebe es keine Aussicht auf eine uneingeschränkte Umsetzung eines Streikziels. Im Ergebnis tritt damit an die Stelle der durch den verfassungsrechtlichen Verhältnismäßigkeitsgrundsatz gebotenen Einzelfallabwägung eine reine Missbrauchskontrolle (Henssler, in: Festschrift Wank, 2014, S. 137).

**910** Die Grenze zur Unzulässigkeit ist nach der Rspr. erst dann überschritten, wenn es des *Kampfmittels „offensichtlich"* nicht bedarf, weil beispielsweise die Gegenseite ohnehin zur Bewilligung der Forderungen bereit ist oder weil die den Hauptkampf führende Gewerkschaft die Unterstützung eindeutig zurückweist (BAG NZA 2007, 1055). Auch insoweit handelt es sich um *Fälle des Rechtsmissbrauchs* (so ausdrücklich BAG NZA 2007, 1055; Berg/Kocher/Schumann, *Tarifvertragsgesetz und Arbeitskampfrecht*, Teil 3, Rdnr. 140).

**911** (1) Ist das Kampfziel auf dem *Rechtsweg* zu erreichen, hat der Gerichtsschutz Vorrang vor der Selbsthilfe durch Arbeitskampf.

Beispiele: Der Streit um die Auslegung einer Bestimmung des Tarifvertrags ist durch die Gerichte, nicht durch einen Arbeitskampf zu entscheiden. – Im **Fall a** hätte der Betriebsrat, bei entsprechender Sachlage den in § 104 BetrVG vorgesehenen Weg einschlagen können. Eine Abwehraussperrung gegen einen rechtswidrigen Angriffsstreik ist nicht durch Notwehr gerechtfertigt; die Arbeitgeberseite hat die Möglichkeit, neben der Verweigerung der Entgeltzahlung, auf Unterlassung zu klagen und vor allem den Erlass einer einstweiligen Verfügung zu beantragen (Brox, JA 1982, 221, 225; ErfK/Linsenmaier, Art. 9 GG, Rdnr. 245 m. w. N.; a. A. noch BAG (GS) AP Nr. 43 zu Art. 9 GG Arbeitskampf).

**912** (2) Nach dem *„ultima-ratio"-Grundsatz* ist ein Arbeitskampf erst dann zulässig, wenn zuvor alle zumutbaren Möglichkeiten einer friedlichen Einigung ausgeschöpft worden sind. Ein Mittel zur friedlichen Streitbeilegung sind Schlichtungsverfahren. Diese bestehen in Deutschland für alle Wirtschaftszweige, und zwar entweder aufgrund von gesetzlichen (Schaub, Arbeitsrechts-Handbuch, § 191 Rdnr. 38 ff.) oder tariflich vereinbarten, verbandlichen Schlichtungsregelungen. Der Gewerkschaft kommt hier jedoch nach der Rechtsprechung des BAG eine Einschätzungsprärogative zu: Es genügt, wenn sie *nach einer Verhandlung mit der Arbeitgeberseite* zu dem Ergebnis kommt, ein „druckfreies Verhandeln" bringe keinen Fortschritt (BAG AP Nr. 108 zu Art. 9 GG Arbeitskampf). Es bedarf daher auch nicht mehr zwingend der vorherigen Durchführung eines Schlichtungsverfahrens oder einer Urabstimmung (m. w. N. Däubler, Arbeitskampfrecht, § 14 Rdnr. 9). Dasselbe gilt erst recht dann, wenn die Arbeitgeberseite Verhandlungen überhaupt ablehnt. Das Ultima-Ratio-Prinzip ist nach der Rspr. daher nur noch dann als verletzt anzusehen, wenn kein einziger Verhandlungsversuch unternommen wurde.

**913** Die vom Großen Senat ursprünglich noch geforderte Durchführung eines Schlichtungsverfahrens als Zulässigkeitsvoraussetzung für einen Arbeitskampf (BAG (GS) AP Nr. 43 zu Art. 9 GG Arbeitskampf), hat der 1. Senat des BAG im Rahmen seiner „Warnstreikrechtsprechung" (BAG NZA 1984, 393; 1988, 846) ohne sachliche Auseinandersetzung aufgegeben. Zwar trifft es zu, dass der Warnstreik im Vergleich zum Erzwingungsstreik ein milderes Mittel sein kann. Schlichtungsversuche wären aber im Vergleich zu jeder Form des Arbeitskampfes mildere Mittel (vgl. Otto, § 7 Rdnr. 12 ff.).

**914** Kurzfristige *Warnstreiks* können nach Auffassung des BAG als milder Druck auf die Arbeitgeberseite dazu beitragen, den Tarifabschluss zu beschleunigen (AP Nr. 51 zu Art. 9 GG Arbeitskampf mit krit. Anm. Rüthers). Das soll auch dann gelten, wenn nach einem bestimmten Plan täglich wechselnde Unternehmen kurzfristig bestreikt werden („Neue Beweglichkeit"; BAG NZA 1984, 393; 1988, 846; AP Nr. 83 zu Art. 9 GG Arbeitskampf). Auch wenn kurzfristige Warnstreiks während laufender, offiziell noch nicht gescheiterter Tarifverhandlungen durchgeführt werden, soll dies nicht gegen den „ultima-ratio"-Grundsatz verstoßen. In der Einleitung von Arbeitskampfmaßnahmen liege die freie und nicht nachprüfbare Entscheidung der Tarifvertragspartei, dass sie die Verhandlungsmöglichkeiten ohne begleitende Arbeitskampfmaßnahmen als ausgeschöpft ansieht (BAG NZA 1988, 846).

**915** Auf die früher erforderliche ausdrückliche Erklärung des „Scheiterns der Verhandlungen" wird damit verzichtet. Sie soll in der Eröffnung der Streiks – konkludent – liegen. Der Übergang vom Verhandeln zum Kämpfen ist fließend. Beides kann (soll?) parallel laufen. Der Kampfgegner kann nicht mehr erkennen, wann frühestens rechtmäßige Kampfmaßnahmen beginnen. In der Praxis hat die Rspr. dazu geführt, dass die Arbeitgeberseite gegenüber Warnstreiks rechtlos gestellt ist, da eine gerichtliche Überprüfung der Entscheidung über die Einleitung der Kampfmaßnahme nicht in Betracht kommt.
Die Entscheidungspraxis des BAG beruht auf einer Fehlinterpretation des „ultima-ratio"-Gebotes (vgl. Rüthers, DB 1990, 113, 118 ff.). Der Grund für die Notwendigkeit der formellen Erklärung des Scheiterns der Verhandlungen besteht gerade darin, dass die Verhandlungsbereitschaft sich als innere Tatsache einer Überprüfung entzieht, die überdies in der Tat zu einer Tarifzensur führen könnte. Die formelle Erklärung macht vielmehr eine derartige Überprüfung überflüssig, indem sie das Ende der kampffreien Verhandlungsphase deutlich markiert, so dass zugleich der Beginn von Arbeitskampfmaßnahmen für den Gegner vorhersehbar wird.

**916** Wird dagegen ein Arbeitskampf ohne eine in der Verbandssatzung (den Arbeitskampfrichtlinien) vorgeschriebene Urabstimmung durchgeführt, so ist der „ultima-ratio"-Grundsatz nicht verletzt. Denn die Verpflichtung zur Urabstimmung besteht gegenüber dem eigenen Verband nach Verbandsrecht und nicht gegenüber dem Kampfgegner.

**917** (3) Kampfmaßnahmen dürfen nicht außer Verhältnis zum erstrebten Ziel stehen *(Verhältnismäßigkeit im engeren Sinne)*.
Stets unverhältnismäßig ist die Existenzvernichtung des Gegners. Die Fortführung der Arbeit muss nach Beendigung des Arbeitskampfs möglich bleiben (BAG NJW 1982, 283; NZA 1993, 809). Der Grundsatz der Verhältnismäßigkeit ist ferner für den Umfang der Abwehraussperrung von Bedeutung (vgl. BAG NZA 1993, 39, 40). Nach Ansicht des BAG (zuletzt BAG NZA 1985, 537, 538 f.) ist die Aus-

sperrung auf das umkämpfte Tarifgebiet zu begrenzen; eine bundesweite und unbefristete Abwehraussperrung ist unzulässig.

**918** Darüber hinaus sind nach Meinung des BAG für die Aussperrung (AP Nr. 64 zu Art. 9 GG Arbeitskampf; kritisch dazu Brox/Rüthers, Arbeitskampfrecht, Rdnr. 208 ff.) folgende quantitative Schranken (die Quoten beziehen sich jeweils auf die Arbeitnehmer des umkämpften Tarifgebietes; mittelbar betroffene Arbeitnehmer zählen nicht) einzuhalten:

|  | Streik | Aussperrung |
|---|---|---|
| I. Stufe | Weniger als 25 % der Arbeitnehmer | Bis maximal weitere 25 % dürfen ausgesperrt werden |
| II. Stufe | Mehr als 25 % | Bis maximal 50 % |
| III. Stufe | Mehr als 50 % | Keine Aussperrung zulässig |

Hinter dieser Quotenrspr. steht der Gedanke, dass eine Begrenzung des Streiks das Kräfteverhältnis zugunsten der Arbeitnehmer verschieben kann, da die Gewerkschaften bei Teilstreiks (z. B. begrenzt auf wenige wichtige Unternehmen) nur geringere Unterstützungsgelder (Rdnr. 934) an ihre Mitglieder zahlen müssen, die Arbeitgeberseite wirtschaftlich aber stark betroffen sein kann.

Im **Fall f** ist nach der Quotenrspr. die bundesweite Aussperrung aller Arbeitnehmer rechtswidrig.

**919** Die pauschale Quotenregelung des BAG ist problematisch. Sie verkennt ökonomisch nicht teilbare Marktzusammenhänge. So kann etwa die Magazin- oder Illustriertenpresse in der Bundesrepublik nicht teilweise (zu 25 %) ausgesperrt werden, ohne dass wettbewerbsbezogene Marktanteile erheblich und nachhaltig verändert werden. Die Rspr. hat die Kampfparität beeinträchtigt. Die Abwehraussperrung der Arbeitgeber ist als Kampfmittel seither kaum noch einsetzbar. Das BAG hat allerdings – wenige Jahre nach dieser Grundsatzentscheidung – das Verhältnis von streikenden und von der Aussperrung betroffenen Arbeitnehmern nur noch als ein Indiz für die Beurteilung der Erforderlichkeit einer Abwehraussperrung herangezogen (BAG NZA 1985, 537, 539 f.). Weitergehenden Anlass seine Rspr. zu überprüfen hatte es mangels zur Entscheidung vorgelegter Fälle bislang nicht. Bei Arbeitskämpfen, die auf den Abschluss eines Firmentarifvertrages gerichtet sind, gilt die Quotenrspr. ohnehin nicht (Gamillscheg, Kollektives Arbeitsrecht, S. 1144).

**920** (4) Die Kampfparteien müssen das *Gebot fairer Kampfführung* beachten. Es gilt für die gesamte Durchführung des Arbeitskampfes. Aus dem Fairnessgebot ergeben sich eine ganze Reihe von Verhaltenspflichten. So bestehen etwa während des Streiks Verpflichtungen zur Durchführung von Erhaltungs- und Notstandsarbeiten (wegweisend BAG NJW 1982, 2835). Umgesetzt wird die Verpflichtung zur Erbringung von Notstandsarbeiten durch Abschluss einer Notdienstvereinbarung (vgl. Brox/Rüthers, Arbeitskampfrecht, Rdnr. 293). Im Übrigen müssen die Kampfparteien Arbeitskampfmaßnahmen als solche erkennbar machen, um dem Gegner eigene Reaktionen zu ermöglichen. Der Angegriffene muss feststellen können, von welcher Maßnahme er betroffen ist, um angemessene Gegenmaßnahmen ergreifen zu können (BAG NZA 2009, 1347, 1352).

Beispiele: Eine „verdeckte Kampfführung" durch unberechtigtes Krankmelden („sick out") verhindert, dass der Kampfgegner entsprechende Gegenmaßnahmen treffen kann (vgl.

BGHZ 70, 277); deshalb ist das Gebot fairer Kampfführung verletzt. Gegen dieses Gebot wird auch verstoßen, wenn eine Kampfpartei es ablehnt, die erforderlichen Erhaltungsarbeiten zu organisieren. Ferner muss die Gegenseite erkennen können, ob sie es mit einer zulässigen oder unzulässigen Arbeitskampfmaßnahme zu tun hat. So muss für sie zum Beispiel der von der Rspr. geforderte Streik- oder Aussperrungsbeschluss erkennbar sein (BAG NZA 1996, 389). Hierfür reichen bereits die Verteilung eines Flugblattes mit Streikaufruf im Betrieb (BAG NZA 2012, 1372, 1376) oder eine öffentliche Verlautbarung, die tatsächlich zur Kenntnis des Kampfgegners gelangt, aus (BAG NJW 1997, 1799, 1800).

**921** Arbeitskämpfe betreffen in einer verflochtenen Industriegesellschaft mit ihren Schadensfolgen nicht nur die Kampfgegner, sondern auch Dritte und die Allgemeinheit. Die Kampfparteien sind verpflichtet, darauf zu achten, dass die von ihnen verursachten Schäden nicht außer Verhältnis zur Hilfsfunktion des Arbeitskampfrechts in der Tarifautonomie (Rdnr. 754) stehen (BAG (GS) AP Nr. 43 zu Art. 9 GG Arbeitskampf; BVerfGE 84, 212). Sie haben also vorhersehbare Übermaßschäden zu vermeiden (Beauregard, Tarif- und Arbeitskampfrecht für die Praxis, S. 159, 469 ff.). Das gilt sowohl im Verhältnis der Kampfparteien untereinander wie auch gegenüber Dritten und der Allgemeinheit.

**922** Deshalb sind Arbeitskämpfe in Bereichen, die der notwendigen Daseinsvorsorge dienen (sog. lebensnotwendige Betriebe), an besonders strenge Rechtmäßigkeitsmerkmale gebunden. Das gilt insbesondere in solchen Betrieben, die der Sicherstellung der Versorgung der Bevölkerung mit lebensnotwendigen Diensten und Gütern dienen (etwa Energieversorgungsunternehmen oder solche, die der Gesundheitsversorgung oder Pflege dienen – LAG Hamm, Urt. v. 13.7.2015 – 12 SaGa 21/15, BeckRS 2015, 72659). Hier können Arbeitskämpfe wegen des hohen Rangs der kollidierenden Rechtsgüter sogar generell unzulässig oder nur sehr eingeschränkt rechtmäßig sein (zum Ärztestreik im Jahr 2006 vgl. Schneider/Sittard, DÖD 2006, 244). Auch bei der Regelung der Tarifeinheit in § 4a TVG ist dieser besonderen Situation bedauerlicherweise nur unzureichend Rechnung getragen worden (kritisch Henssler, ZfW 2015, 55, 60).

### 4. Besondere gesetzliche Kampfverbote

**923** Der Einsatz der Kampfmittel und die Art der Kampfführung dürfen nicht gegen gesetzliche Vorschriften verstoßen.

a) Gegen die *Verfassung* verstößt ein Arbeitskampf, der auf staatliche Organe oder auf Abgeordnete einzuwirken versucht (vgl. Art. 20 Abs. 2, Abs. 3, 38 Abs. 1 Satz 2 GG); sie sollen ihre Entscheidungen unabhängig von äußerem Druck treffen.

Deshalb sind die Kampfmaßnahmen in den **Fällen b** und **c** auch aus diesem Grunde rechtswidrig.

Die selektive Aussperrung nur von Gewerkschaftsmitgliedern ist wegen Verstoßes gegen den durch Art. 9 Abs. 3 Satz 2 GG garantierten Koalitionsbestandsschutz (Rdnr. 758) rechtswidrig (vgl. BAG AP Nr. 66 zu Art. 9 GG Arbeitskampf).

Ließe man eine Differenzierung nach der Gewerkschaftszugehörigkeit zu, könnten dadurch Arbeitnehmer veranlasst werden, aus der Gewerkschaft auszutreten oder erst gar nicht in sie einzutreten.

**924** b) Das *öffentliche Dienstrecht* verbietet Beamten, Richtern und Soldaten jeden Arbeitskampf; ein Streikrecht widerspräche den hergebrachten Grundsätzen des Berufsbeamtentums (vgl. Art. 33 Abs. 5 GG). Dementsprechend ist auch eine Aussperrung dieser Personen durch den öffentlich-rechtlichen Dienstherrn nach geltendem Recht unzulässig. Die Dienstverhältnisse werden durch Gesetz und Verwaltungsakt, nicht durch Tarif- und Arbeitsvertrag gestaltet. Streiks beamteter Lehrer sind daher rechtswidrig. In jüngerer Zeit wird freilich angezweifelt, ob diese Beschränkung mit Art. 11 Abs. 1 EMRK vereinbar ist. Das BVerwG steht auf dem Standpunkt, dass den Vorgaben des Art. 11 EMRK nicht durch eine konventionskonforme Auslegung des Art. 33 Abs. 5 GG, sondern nur durch den Gesetzgeber Rechnung getragen werden kann (BVerwG NZA 2014, 616; BVerwG NZA 2015, 505; dazu Hufen, JuS 2016, 88). Das BVerfG hat indes in seiner lang ersehnten Entscheidung im Jahr 2018 das Beamtenstreikverbot in Deutschland weiterhin uneingeschränkt für zulässig erachtet (BVerfG NJW 2018, 2695). Die Karlsruher Richter gehen vor allem wegen der Aufteilung des öffentlichen Dienstes in Beamte und Tarifangestellte von keiner Konfliktlage aus (allerdings enthält Art. 11 EMRK keine derartige Unterscheidung zwischen verschiedenen Beschäftigtenkategorien in der Staatsverwaltung, außerdem hat der EGMR dies in seiner Entscheidung v. 21.4.2015 – 45892/09 – *ER.N. E./Spanien* bereits als unzureichend eingestuft). Damit bleibt nun eine Überprüfung der nationalen Rechtslage in Straßburg abzuwarten und das beamtenrechtliche Streikverbot trotz Kollision mit der EMRK vorerst weiterhin gültig.

Das Kampfverbot gilt für alle Formen der Arbeitsverweigerung, also auch für jeden Warn- und Demonstrationsstreik (**Fall c**). Eine kollektive Leistungsminderung (z. B. Dienst nach Vorschrift) ist demgemäß ebenfalls rechtswidrig.

**925** c) Das *Betriebsverfassungsrecht* erklärt Maßnahmen des Arbeitskampfes zwischen Arbeitgeber und Betriebsrat für unzulässig (§ 74 Abs. 2 Satz 1 BetrVG; Rdnr. 984). Dieses betriebliche Kampfverbot gilt für Tarifparteien nicht.

Auf betrieblicher Ebene ist der Einsatz von Kampfmitteln nicht erforderlich. Die Betriebspartner können sich bei Konflikten an die Einigungsstelle (z. B. §§ 87 Abs. 2, 91, 94 Abs. 1, 112 Abs. 4 BetrVG; Rdnr. 1000 ff.) oder an das Arbeitsgericht (z. B. §§ 98 Abs. 5, 103 Abs. 2, 104 BetrVG) wenden. Der im **Fall a** geplante Streik wäre aus verschiedenen Gründen rechtswidrig: Der Betriebsrat ist nicht tariffähig; es geht nicht um ein tariflich regelbares Ziel; Kämpfe zwischen Betriebsrat und Arbeitgeber verstoßen gegen § 74 Abs. 2 Satz 1 BetrVG; der Rechtsweg steht zur Durchsetzung des Zieles offen (§ 104 BetrVG).

**926** d) Gegen das *Strafrecht* verstoßen z. B. Nötigungen und Körperverletzungen der Arbeitswilligen durch Streikposten. Sofern solche strafbaren Handlungen in den Kampfplan der Kampfleitung aufgenommen worden sind, machen sie den – sonst rechtmäßigen – Arbeitskampf zu einem insgesamt rechtswidrigen. Dagegen berühren Exzesshandlungen einzelner Arbeitnehmer anlässlich des Arbeitskampfes dessen Rechtmäßigkeit nicht.

**927** e) Unzulässig ist die vereinzelt praktizierte Arbeitskampfform der „Betriebsbesetzung" (Rdnr. 887). Sie verletzt das Eigentums- und Hausrecht des Arbeitgebers (§ 123 StGB). Soweit sie die Fortsetzung der betrieblichen Tätigkeit durch arbeitswillige Arbeitnehmer verhindern soll, greift sie unzulässig in die Entscheidungsfreiheit Dritter ein, sich nicht am Arbeitskampf zu beteiligen (vgl. BAG NZA 1988, 846, 850; Schaub, Arbeitsrechts-Handbuch, § 192 Rdnr. 52). Ebenfalls unzulässig sind Betriebsblockaden (Rdnr. 752), die Personen oder Fahrzeuge am Betreten oder Verlassen des Betriebsgeländes hindern sollen (BAG NZA 1988, 884). Sie stellen i. d. Regel eine strafbare Nötigung (§ 240 StGB), immer aber eine Besitzstörung des Arbeitgebers und verbotene Eigenmacht (§§ 858 ff. BGB) dar. Immerhin hat das BAG jüngst klargestellt, dass ein Arbeitgeber auch solche Mobilisierungsaktionen der streikführenden Gewerkschaft hinzunehmen hat, die „angesichts der konkreten örtlichen Verhältnisse, ein kommunikatives Einwirken auf die zur Arbeit erscheinenden, arbeitswilligen Arbeitnehmer ausschließlich im Bereich des zentralen Personaleingangs unter Inanspruchnahme des Mitarbeiterparkplatzes" beinhaltet (BAG NZA 2019, 402).

f) Das BAG hat sog. *Flash-Mob-Aktionen* gebilligt und die Verwirklichung des Straftatbestands des Hausfriedensbruchs gem. § 123 StGB typischerweise verneint (BAG NZA 2009, 1347, abl. Anm. Rüthers/Höpfner, JZ 2010, 261; s. Rdnr. 888). Zwar handele es sich hierbei um einen Eingriff in den eingerichteten und ausgeübten Gewerbebetrieb, dieser sei jedoch durch Art. 9 Abs. 3 GG gerechtfertigt, weil dem Arbeitgeber wirksame Verteidigungsmittel, wie etwa die vorübergehende Betriebsschließung, zur Verfügung stünden. Damit hat das BAG die paritätische Ausgestaltung der Tarifautonomie beseitigt. Die Teilnehmer von Flash-Mob-Aktionen sind für den Arbeitgeber eine anonyme, nicht identifizierbare Volksmenge. Der Begriff des Kampfgegners (Tarifpartei) wird dadurch aufgelöst. Anders als die zuvor anerkannten Arbeitskampfmittel greift der Flash-Mob unabhängig von der eigenen Stärke der Koalition und kommt ohne das Element der Selbstschädigung aus. Gleichwohl hat das BVerfG die Verfassungsbeschwerde gegen die Flash-Mob-Entscheidung abgewiesen (BVerfG NZA 2014, 493). Die Betriebsstilllegung ist demgegenüber kein komplementäres Gegenmittel, weil sich der Arbeitgeber damit nur dem Druck der Gewerkschaften beugt. **928**

g) Die Rechtmäßigkeit eines *Boykotts* hängt davon ab, wozu konkret aufgefordert wird. Boykottmaßnahmen und damit der Boykottaufruf stellen gegenüber dem Boykottierten nicht ohne weiteres eine widerrechtliche Handlung (Drohung) dar, da Boykottmaßnahmen zu den rechtlich zulässigen Arbeitskampfmitteln gehören (BAG NJW 1977, 318). Wird der Dritte zu einem Vertragsbruch aufgefordert, so ist der Boykottaufruf jedoch rechtswidrig (Otto, § 11 Rdnr. 27). Beschränkt sich der Boykottaufruf hingegen lediglich auf die Aufforderung von einem Vertragsabschluss mit einem bestimmten Arbeitgeber abzusehen, sprich von der „negativen Vertragsfreiheit" Gebrauch zu machen, fehlt es an einer Verletzung arbeitsvertraglicher Pflichten. Der Boykottaufruf ist rechtmäßig (*Otto*, § 11 Rdnr. 30). **929**

h) Die spontane, aber (ersichtlich) koordinierte, *massenhafte Krankmeldung* („go sick") ist kein zulässiges Arbeitskampfmittel (BGH NJW 1978, 816). Die wirtschaftlichen Folgen solcher Maßnahmen können für den Arbeitgeber weitreichend sein. Kündigt ein Arbeitgeber etwa überraschend Umstrukturierungspläne an und führt die Belegschaft daraufhin einen rechtswidrigen „wilden Streik" durch, so handelt es sich nach Auffassung des EuGH nicht um „außergewöhnliche Umstände", die ein Luftfahrtunternehmen von der Pflicht zu Ausgleichszahlungen an die betroffenen Fluggäste entbinden (EuGH NJW 2018, 1592). **930**

i) Die nationale Arbeitskampfrechtsprechung muss sich heute nicht mehr nur an Art. 9 Abs. 3 GG, sondern auch an europarechtlichen Grundsätzen messen lassen (Rdnr. 886). Zwar hat die EU nach Art. 153 Abs. 5 AEUV auf dem Gebiet des Arbeitskampfrechts keine Regelungskompetenz. Gleichwohl hat der EuGH in seinen Entscheidungen Laval und Viking Line (EuGH NZA 2008, 124, 129 bzw. 159, 167) arbeitskampfrechtliche Fragen angesprochen. Art. 153 Abs. 5 AEUV wurde dabei nicht verletzt, da die Grundfreiheiten stets auch dort wirken, wo die Gesetz- **931** gebungskompetenz ausschließlich beim nationalen Gesetzgeber liegt. Der EuGH betont, dass die Grundfreiheiten aus Art. 45, 49, 56 AEUV nicht nur für staatliche Maßnahmen, sondern auch für Regelwerke gelten, die unselbstständige und selbstständige Tätigkeiten bzw. Dienstleistungen kollektiv regeln (ebenso Ganten, Die Drittwirkung der Grundfreiheiten, 2000, S. 94 ff.; Groeben/Schwarze/Tiedje, AEUV, Bd. 1, 7. Aufl., 2015, Art. 49 AEUV Rdnr. 148 ff.; Reich, EuZW 2007, 391, 392). Alle Maßnahmen der Gewerkschaften, die die Ausübung der Niederlassungsfreiheit oder Dienstleistungsfreiheit durch die Arbeitgeber behindern oder unattraktiv machen, sind danach als Beschränkungen des Art. 49 AEUV zu werten. Die Beschränkungen können aber gerechtfertigt sein, wenn sie aus zwingenden Gründen des Allgemeininteresses erfolgen, geeignet sind, die Verwirklichung des mit ihnen verfolgten Zieles zu gewährleisten, und nicht über das hinausgehen, was zur Erreichung dieses Zieles erforderlich ist. Das gilt erst recht, wenn die Gemeinwohlbelange, wie im Falle des durch Art. 6 Abs. 1 AEUV i. V. m. Art. 28 GR-Charta kodifizierten Grundrechts auf kollektive Maßnahmen sogar grundrechtlich abgesichert sind. Im Rahmen einer Verhältnismäßigkeitsprüfung sind damit die Grundfreiheiten des Arbeitgebers und das Grundrecht der Arbeitnehmer auf kollektive Maßnahmen (Arbeitskampf) gegeneinander abzuwägen, so dass sich weitgehend deckungsgleiche Ergebnisse wie bei einer Grundrechtsprüfung nach der deutschen Verfassung ergeben werden.

### III. Folgen des Arbeitskampfes

**932** Streik und Aussperrung haben Folgen für den kampfbeteiligten Arbeitgeber und Arbeitnehmer (Rdnr. 933 ff.), für die kämpfenden Verbände (Rdnr. 954 ff.) sowie für Drittbetroffene (Rdnr. 964 ff.).

#### 1. Folgen des Arbeitskampfes für die kampfbeteiligten Arbeitgeber und Arbeitnehmer

**933** Welche Folgen sich aus einem Arbeitskampf für die kampfbeteiligten Arbeitgeber und Arbeitnehmer ergeben, hängt davon ab, ob der Arbeitskampf selbst rechtmäßig oder rechtswidrig ist.

**934** a) **Folgen des rechtmäßigen Arbeitskampfes.** (1) Die Teilnahme des Arbeitnehmers an einem *rechtmäßigen Streik* bewirkt eine Suspendierung der Arbeitspflicht (Schaub, Arbeitsrechts-Handbuch, § 194 Rdnr. 2 ff.; Brox, JA 1980, 628). Alle Arbeitnehmer (auch die Außenseiter) sind wegen der verfassungsrechtlichen Garantie des rechtmäßigen Arbeitskampfes ohne vorherige Kündigung des Arbeitsvertrags zur Streikteilnahme berechtigt. Die Nichterfüllung der arbeitsvertraglichen Leistungspflicht durch den Arbeitnehmer begründet deshalb weder einen vertraglichen noch einen deliktischen Anspruch des Arbeitgebers. Andererseits hat der Arbeitnehmer, der seine Arbeitsleistung nicht erbringt, auch keinen Anspruch auf die Vergütung (vgl. § 326 Abs. 1 Satz 1 BGB). Die gewerkschaftsangehörigen Arbeitnehmer erhalten für diese Zeit von der Gewerkschaft nach Maßgabe der jeweiligen Satzung ein sog. Streikgeld, das häufig nur ca. 2/3, teilweise aber auch ein volles Nettomonatseinkommen ersetzt – bei einigen Gewerkschaften wird eine derartige Unterstützung auch bei Aussperrungen gewährt.

**935** Der Arbeitgeber ist nicht berechtigt, das Arbeitsverhältnis allein wegen der Streikteilnahme zu kündigen. Ist aber der Arbeitsplatz des Streikenden etwa infolge einer Betriebsumstellung oder einer Rationalisierungsmaßnahme weggefallen, ist eine Kündigung unter Beachtung des KSchG (Rdnr. 541 ff.) möglich.

**936** Nach der Rspr. des BAG (NZA 1994, 1097; 1995, 958) ist der Arbeitgeber berechtigt, einen teilweise bestreikten Betrieb oder Betriebsteil für die Dauer des Streiks ganz stillzulegen (Rdnr. 878). Dort tätige, arbeitswillige Arbeitnehmer verlieren dadurch ihren Lohnanspruch. Die Stilllegung wird vom BAG nicht als Arbeitskampfmittel eingestuft, da der Arbeitgeber sich dem Arbeitskampf nur beuge (BAG NZA 1996, 209). Eines besonderen Beschlusses (analog zum Aussperrungsbeschluss) bedürfe es deshalb nicht (dazu Fischer/Rüthers, Anm. zu BAG EzA Art. 9 GG Arbeitskampf Nr. 115). Von ihren Wirkungen ähnelt die Betriebsstilllegung stark der Abwehraussperrung (vgl. Berg/Kocher/Schumann, Tarifvertragsgesetz und Arbeitskampfrecht, Teil 3, Rdnr. 316).

Aus der „Wellenstreik"- (Rdnr. 876) und Stilllegungsrechtsprechung des BAG haben sich Rechtsfragen bei der Beurteilung des Lohnrisikos und der Grenzen des neuen Kampfmittels der Arbeitgeberseite ergeben. Problematisch ist insbesondere die Frage, ob der Arbeitgeber bei einem Wellenstreik die Arbeitnehmer sofort wieder beschäftigen muss, wenn sie ihre Arbeitsleistung wieder anbieten, der Arbeitgeber aber mit einer Ersatzmannschaft die Produktion gesichert hat. Das BAG hat dies zu Recht abgelehnt (vgl. BAG NZA 1999, 550 = RdA 1999, 404 ff. mit Anm. Fischer). Abwehrmaßnahmen des Arbeitgebers müssen bei Wellenstreiks nicht auf die für ihn unvorhersehbare Dauer der Streiks beschränkt werden. Können also Arbeitnehmer im Schichtbetrieb für den Rest einer Schicht nicht mehr beschäftigt werden, so verlieren sie insoweit ihren Lohnanspruch.

**937** Da der Streik nicht zu einer Beendigung (Lösung) des Arbeitsverhältnisses führt und nur die arbeitsvertraglichen Hauptpflichten ruhen, bleiben die sonstigen Ansprüche und Pflichten der Arbeitsvertragsparteien, insbesondere die wechselseitigen Schutzpflichten bestehen.

So hat der Arbeitgeber weiterhin z. B. die Pflicht, Sorge für die Sachen des Arbeitnehmers zu tragen, die sich üblicherweise an der Arbeitsstätte befinden. Der Arbeitnehmer ist trotz des Streiks z. B. zur Unterlassung von unwahren und schädigenden Behauptungen sowie zur Einhaltung eines Wettbewerbsverbots verpflichtet (**Fall g**).

**938** Trotz der Rechtmäßigkeit des Streiks und der Suspendierung der Arbeitspflicht sind die Arbeitnehmer verpflichtet, notwendige *Erhaltungsarbeiten* durchzuführen; denn es liegt im Interesse aller Beteiligten, dass die Produktionsmittel nicht endgültig vernichtet werden (vgl. BAG AP Nr. 74 zu Art. 9 GG Arbeitskampf). Der zu Erhaltungsarbeiten eingeteilte Arbeitnehmer muss diese wegen seiner aus dem Arbeitsvertrag folgenden Pflicht zur Rücksichtnahme auf den Vertragspartner verrichten (Rdnr. 253 ff.). Die Pflicht wird durch einen rechtmäßigen Streik nicht suspendiert.

Im **Fall h** ist der zum Notdienst eingeteilte (Rdnr. 956) A zur Arbeitsleistung verpflichtet; er hat Anspruch auf den Lohn. Erbringt er die Arbeitsleistung nicht, verletzt er den Arbeitsvertrag.

**939** Mit dem Ende des Arbeitskampfes leben die ruhenden vertraglichen Hauptpflichten wieder auf. Der Arbeitnehmer hat also einen Anspruch auf Weiterbeschäftigung, ohne dass ein neuer Arbeitsvertrag abgeschlossen werden muss.

**940** Während der Teilnahme an einem Streik ruht der Anspruch des Arbeitnehmers auf Zahlung von Arbeitslosengeld bis zur Beendigung des Arbeitskampfes (§ 160 Abs. 2 SGB III). Dadurch soll verhindert werden, dass die Kampfparität zwischen den Tarifvertragsparteien (Rdnr. 897 ff.) durch Gewährung von Lohnersatzleistungen zugunsten der Arbeitnehmer verändert wird. Die Vorschrift ist Ausprägung der staatlichen Neutralität, war verfassungsrechtlich aber umstritten (vgl. BVerfGE 92, 365 zur Vorgängernorm § 116 AFG).

**941** (2) Die *rechtmäßige Aussperrung* führt – wie der rechtmäßige Streik – zur Suspendierung der Hauptleistungspflichten. Eine (die Arbeitsverhältnisse) lösende Aussperrung ist ausgeschlossen. Die kampfweise Lösung der Arbeitsverhältnisse widerspricht dem Zweck des Arbeitskampfes, durch einen Tarifvertrag auf den Inhalt der (fortbestehenden) Arbeitsverträge einzuwirken. Anders sah dies das BAG im Jahr 1971 (BAG AP Nr. 1, 43 zu Art. 9 GG Arbeitskampf). Hiernach soll eine Aussperrung mit lösender Wirkung ausnahmsweise zulässig sein und dem Arbeitnehmer nach Beendigung des Arbeitskampfes einen Wiedereinstellungsanspruch nach billigem Ermessen zustehen. Ob diese Entscheidung den heutigen Rechtsansichten des Gerichts noch entspricht, erscheint allerdings zweifelhaft. Auch bei einer (Angriffs-)Aussperrung besteht eine Pflicht zu notwendigen Erhaltungsarbeiten. Ein Anspruch auf Arbeitslosengeld ist ebenfalls nicht gegeben.

**942 b) Folgen des rechtswidrigen Arbeitskampfes.** (1) Die Teilnahme des Arbeitnehmers an einem *rechtswidrigen Streik* führt nicht zur Suspendierung der Arbeitspflicht. Rechtswidrige Kampfmaßnahmen werden von der Rechtsordnung nicht privilegiert. Der streikende Arbeitnehmer verletzt seine Arbeitspflicht.

**943** (a) Der Arbeitgeber hat gegen den Arbeitnehmer den vertraglichen *Anspruch auf die Arbeitsleistung*, der mit einer Leistungsklage und einem Antrag auf Erlass einer einstweiligen Verfügung (§§ 935, 940 ZPO) durchgesetzt werden kann (vgl. aber Rdnr. 275 f.). Dem streikenden Arbeitnehmer steht kein Lohnanspruch zu (§ 326 Abs. 1 Satz 1 BGB).

**944** (b) Ein *Schadensersatzanspruch* des Arbeitgebers gegen den Arbeitnehmer kann wegen Vertragsverletzung und wegen unerlaubter Handlung begründet sein (ausführl. Zielke, BB 2005, 1274).

Schadensersatzpflichtig wegen *vertraglicher Pflichtverletzung* ist der Arbeitnehmer nach §§ 280 ff. BGB, wenn er seiner Arbeitspflicht schuldhaft (vorsätzlich oder fahrlässig) nicht nachgekommen ist. War der Arbeitnehmer der irrigen Ansicht, die Arbeitsverweigerung sei gerechtfertigt, so kommt es darauf an, ob dieser Rechtsirrtum unverschuldet war oder auf Fahrlässigkeit beruhte. Regelmäßig ist vom Arbeitnehmer zu verlangen, dass er sich hinreichend über die Rechtmäßigkeit des Streiks informiert, bevor er die Arbeit niederlegt (BAG AP Nr. 32 zu Art. 9 GG Arbeitskampf). Bei einem wilden Streik wird man eher einen fahrlässigen Rechtsirrtum des daran teilnehmenden (und damit schuldhaft handelnden; **Fall i**) Arbeitnehmers annehmen können als bei der Teilnahme an einem gewerkschaftlich organisierten Streik (vgl. BAG AP Nr. 78 zu Art. 9 GG Arbeitskampf).

**945** Das BAG geht noch im Jahr 1958 von einer gesamtschuldnerischen Haftung aller streikenden Arbeitnehmer wegen Vertragsverletzung für den durch den Streik entstandenen Schaden aus (vgl. BAG AP Nr. 3 zu § 1 TVG Friedenspflicht; **Fall i**). Anders wird dies jedoch mehrheitlich im aktuellen Schrifttum gesehen (vgl. Berg/Kocher/Schumann, Tarifvertragsgesetz und Arbeitskampfrecht, Teil 3, Rdnr. 288; Otto, § 15 Rdnr. 43; Schaub Arbeitsrechts-Handbuch, § 194 Rdnr. 48). Gesamtschuldverhältnisse entstehen nur durch Rechtsgeschäft oder kraft Gesetzes. Vertragliche Vereinbarungen, wonach der Arbeitnehmer bei gemeinschaftlicher Schadensverursachung auf Ersatz des gesamten Schadens haftet, sind schwer vorstellbar. Auch die Entstehung von Gesamtschuldverhältnissen kraft Gesetzes im Rahmen von Arbeitsverhältnissen dürfte eher schwierig sein. In jedem Fall stellt die Kausalitätsprüfung ein kaum überwindbares Problem dar. Auch § 830 BGB setzt eine unerlaubte Handlung im Sinne der §§ 823 ff. BGB voraus. Eine analoge Anwendung kommt nicht in Betracht. Hierfür besteht keine Grundlage – insbesondere liegt keine „Lücke" im Vertragsrecht vor. Überdies ist die gesamtschuldnerische Haftung Ausdruck der besonderen Missbilligung unerlaubter Handlungen durch die Rechtsordnung.

Entsteht durch die gemeinschaftliche Arbeitsniederlegung ein Schaden bei dem Arbeitgeber, soll eine vertragliche Haftung des einzelnen Arbeitnehmers daher nur für den Teil, für den sein *Verhalten kausal* war, in Betracht kommen (Däubler, Arbeitskampfrecht, § 22, Rdnr. 28). Bei einem deliktischen Verhalten (fahrlässiger rechtswidriger Eingriff in den eingerichteten und ausgeübten Gewerbebetrieb oder das Eigentumsrecht des Arbeitgebers) greift dagegen § 840 BGB (Rdnr. 947).

Eine Schadensersatzpflicht wegen *unerlaubter Handlung* ergibt sich im Falle einer Eigentumsverletzung oder einer Verletzung des Rechts am eingerichteten und ausgeübten Gewerbebetrieb der h. M. zufolge aus § 823 Abs. 1 BGB (BAG AP Nr. 2 zu Art. 9 GG Arbeitskampf; BGHZ 59, 30, 35; Brox, JA 1980, 628, 632). Außerdem kommen Schadensersatzansprüche aus §§ 823 Abs. 2, 826 BGB in Betracht. **946**

(c) Der rechtswidrige Streik des Arbeitnehmers kann den Arbeitgeber zu einer außerordentlichen *Kündigung* aus wichtigem Grund (§ 626 BGB; Rdnr. 613 ff.) oder zu einer ordentlichen Kündigung (vgl. § 1 Abs. 2 Satz 1 KSchG) in Form der verhaltensbedingten Kündigung (Rdnr. 564 ff.) berechtigen (BAG NZA 1984, 34, 35 m. w. Nachw.). Da es sich beim Streik um eine Störung im Leistungsbereich handelt, muss der Arbeitgeber in der Regel vorher eine Abmahnung aussprechen (BAG NJW 1977, 918, 919; Rdnr. 569 ff.). Dem Arbeitnehmer muss auf diese Weise sein arbeitsvertragswidriges Verhalten vor Augen geführt werden, um ihn zur Arbeitsaufnahme zu bewegen. **947**

Grundsätzlich ist der Arbeitgeber auch berechtigt, nicht allen, sondern nur einzelnen der am rechtswidrigen Streik beteiligten Arbeitnehmer zu kündigen (selektive Kampfkündigung; vgl. BAG AP Nr. 41 zu Art. 9 GG Arbeitskampf; Rdnr. 326). Sonst würde der Arbeitgeber vor die Alternative gestellt, allen Arbeitnehmern, bei denen die Kündigungsvoraussetzungen vorliegen, oder gar keinem zu kündigen. Außerdem gilt der Gleichbehandlungsgrundsatz bei den stets individuell gelagerten Kündigungen allgemein nicht (BAG NJW 1970, 486; Rdnr. 326 – a. A. teilweise in der Literatur m. w. N. Däubler, Arbeitskampfrecht, § 22, Rdnr. 59 ff.). Die Auswahl der zu Kündigenden darf allerdings nicht willkürlich erfolgen. Als sachlicher Grund für eine Differenzierung ist etwa die herausgehobene Kampfbeteiligung eines Arbeitnehmers (z. B. Anstiftung oder Organisation des Streiks – „Rädelsführer") anzuerkennen (**Fall i**). **948**

(2) Durch eine *rechtswidrige Aussperrung* werden – wie bei einem rechtswidrigen Streik – die Hauptleistungspflichten aus dem Arbeitsvertrag nicht suspendiert. **949**

(a) Der rechtswidrig ausgesperrte Arbeitnehmer hat *Anspruch auf den Arbeitslohn*, da der Arbeitgeber sich im Annahmeverzug befindet (§§ 615 Satz 1, 293 ff. BGB), ohne dass der Arbeitnehmer noch ein – tatsächliches oder wörtliches – Arbeitsangebot abgeben müsste. **950**

(b) Der *Anspruch auf vertragsgemäße Beschäftigung* fällt bei einer rechtswidrigen Aussperrung nicht weg. **951**

952 (c) Ein *Schadensersatzanspruch* kann sich aus Vertrag (§§ 280 ff. BGB) und aus Delikt ergeben. In der Praxis spielen diese Ansprüche nur eine geringe Rolle, da es angesichts des fortbestehenden Lohnanspruchs regelmäßig an einem Schaden fehlt.

953 (d) Neben einer ordentlichen kommt eine außerordentliche *Kündigung* durch den Arbeitnehmer gem. § 626 BGB in Betracht. Die rechtswidrige Aussperrung stellt eine schwere Vertragsverletzung des Arbeitgebers dar, die für den Arbeitnehmer in der Regel die Fortsetzung des Arbeitsverhältnisses unzumutbar erscheinen lässt.

Bei einer außerordentlichen Kündigung hat der rechtswidrig ausgesperrte Arbeitnehmer nach § 628 Abs. 2 BGB einen Anspruch auf Ersatz des durch die Aufhebung des Arbeitsvertrags entstandenen Schadens.

## 2. Folgen des Arbeitskampfes für die kämpfenden Verbände

954 Die Folgen des Streiks und der Aussperrung für die kämpfenden Verbände richten sich ebenfalls danach, ob der Arbeitskampf rechtmäßig oder rechtswidrig ist.

955 a) **Folgen des rechtmäßigen Arbeitskampfes.** Bei einem rechtmäßigen Streik und einer rechtmäßigen Aussperrung bestehen für beide Kampfparteien Organisations- und Unterstützungspflichten. Außerdem hat jede Partei darauf zu achten, dass sie selbst und ihre kämpfenden Mitglieder die allgemeinen Kampfgrenzen nicht überschreiten (vgl. Brox, JA 1981, 74).

956 (1) Die *Pflicht zur Organisation von Erhaltungsarbeiten* ergibt sich für die Kampfparteien aus dem Grundsatz der Verhältnismäßigkeit (Rdnr. 909 ff.). Der Umfang der Erhaltungsarbeiten und die Auswahl der Arbeitnehmer sind von den Kampfparteien gemeinsam festzulegen (BAG NZA 1995, 958). Regelmäßig arbeiten Arbeitgeber und Betriebsrat einen Einsatzplan aus, der von den Kampfparteien gebilligt wird.

957 (2) Jeden Verband trifft die aus dem Gebot der Verhältnismäßigkeit folgende *Pflicht zur Beachtung der allgemeinen Kampfgrenzen.* Diese hat nicht nur der Verband selbst einzuhalten. Er muss vielmehr auch das Kampfverhalten seiner Mitglieder beobachten und gegebenenfalls mäßigend auf diese einwirken. Notfalls hat der Verband durch verbandsinterne Sanktionen (z. B. Entziehung der Unterstützung, Verbandsstrafen bis zum Ausschluss) darauf hinzuwirken, dass die Kampfgrenzen eingehalten werden.

958 (3) Als *Unterstützungspflicht* bezeichnet man die aufgrund der Satzung bestehende vereinsrechtliche Pflicht des Verbandes gegenüber seinen Mitgliedern, diese beim Arbeitskampf finanziell zu unterstützen. Die Gewerkschaften zahlen ihren Mitgliedern zum Ausgleich des Einkommensverlustes Streik- und Aussperrungsunterstützung (Rdnr. 934). Die Arbeitgeberverbände unterstützen ihre Mitglieder bei kurzfristigen Zahlungsschwierigkeiten durch finanzielle Zuwendungen. Einzelheiten ergeben sich aus der Satzung und den Arbeitskampfrichtlinien des jeweiligen Verbandes.

959 b) **Folgen des rechtswidrigen Arbeitskampfes.** (1) Ist der *Streik* rechtswidrig, weil die Gewerkschaft damit gegen den Tarifvertrag verstößt, kommen für die andere Tarifvertragspartei ein Anspruch auf Erfüllung des Tarifvertrags und ein Schadensersatzanspruch wegen Verletzung des Tarifvertrags in Betracht. Außer-

dem können der Vertragspartei ein Leistungsverweigerungsrecht und ein Recht zur fristlosen Kündigung des Tarifvertrags zustehen.

Auch wenn ein Tarifvertrag fehlt, kann gegen die Gewerkschaft ein Schadensersatz- sowie ein Unterlassungs- und Beseitigungsanspruch bestehen.

(a) Ein *Anspruch auf Erfüllung des Tarifvertrags* ist gegeben, wenn die Kampfmaßnahme der Gewerkschaft gegen einen bestehenden Tarifvertrag verstößt. Die Tarifvertragspartei kann von der Gewerkschaft die Einhaltung der tariflichen Friedenspflicht (Rdnr. 856 ff.) verlangen. **960**

Bei einer Kampfbeteiligung der Gewerkschaft steht dem Tarifpartner ein Unterlassungsanspruch zu. Der Gewerkschaft kann ferner verboten werden, die rechtswidrige Kampfmaßnahme (z.B. durch Auszahlung von Streikgeldern) zu unterstützen. Ist die Gewerkschaft nicht am Streik beteiligt, ist sie dennoch verpflichtet, mit allen zumutbaren Mitteln auf ihre Mitglieder einzuwirken, dass diese ihre Arbeitspflicht erfüllen bzw. unzulässige Arbeitskampfmaßnahmen unterlassen. Diese Einwirkungspflicht ist eine Nebenpflicht aus der im schuldrechtlichen Teil des Tarifvertrages verankerten Friedenspflicht.

(b) *Schadensersatzansprüche* gegen die Gewerkschaft können sich aus §§ 280 ff. BGB und aus §§ 823 ff. BGB ergeben. Dies setzt jedoch Verschulden voraus. Nach der BAG Rechtsprechung muss nicht jedes rechtswidrige Verhalten zugleich schuldhaft sein (BAG NZA 2012, 1372). Um unzumutbare Haftungsrisiken zu vermeiden, soll ein rechtswidriger, aber maßvoller Streik dann nicht schuldhaft geführt worden sein, soweit für den Streik beachtliche Gründe sprechen und keine andere Möglichkeit zur Klärung der Rechtslage bereitstand. **961**

Nach §§ 280 ff. BGB ist die Gewerkschaft dem gegnerischen Arbeitgeberverband zum Schadensersatz verpflichtet, wenn sie gegen die tarifliche Friedenspflicht verstoßen hat. Gläubiger des Schadensersatzanspruchs können auch die Mitglieder des Arbeitgeberverbandes sein, da es sich bei der Friedenspflicht um eine vertragliche Verpflichtung mit Schutzwirkung für die Verbandsmitglieder handelt (BAG NZA 2003, 734; a. A. Otto § 15 Rdnr. 4; näheres Rdnr. 859 f.). Auf Drittbetroffene bezieht sich diese Schutzwirkung allerdings in der Regel nicht (BAG NZA 2016, 1543).

Eine Haftung aus *unerlaubter Handlung* ist besonders dann bedeutsam, wenn kein Tarifvertrag besteht. Ein Anspruch des einzelnen Arbeitgebers wird sich häufig aus § 823 Abs. 1 BGB wegen Eingriffs in das Recht am eingerichteten und ausgeübten Gewerbebetrieb (Brox/Walker, BS, § 45 Rdnr. 18 ff.) herleiten lassen (z. B. bei einer gewerkschaftlich veranlassten Betriebsblockade; BAG NZA 1988, 884; 1989, 475). Ein eigener deliktischer Anspruch des Arbeitgeberverbandes kommt dann in Betracht, wenn man ein Recht der Koalition auf Dasein und Betätigung als sonstiges Recht anerkennt; regelmäßig scheidet aber eine solche Rechtsgutverletzung aus, weil sich der Kampf der Gewerkschaft nicht gezielt gegen die Existenz oder die Betätigung der Koalition richtet. **962**

Für eine Haftung aus § 823 Abs. 2 BGB kommen als Schutzgesetze z. B. § 74 Abs. 2 Satz 1 BetrVG sowie die Straftatbestände der Nötigung und Erpressung (§§ 240, 253 StGB) in Betracht. **963**

Die Gewerkschaft hat für deliktische Handlungen ihrer Organe (§ 31 BGB; Brox/Walker, AT, Rdnr. 746, 774a) und ihrer Verrichtungsgehilfen, z. B. Streikposten (§ 831 BGB; Brox/Walker, BS, § 48 Rdnr. 3 ff.) einzustehen.

(2) Bei einer rechtswidrigen *Aussperrung* entsprechen die Rechtsfolgen für die kämpfenden Verbände denen beim rechtswidrigen Streik.

### 3. Folgen des Arbeitskampfes für Drittbetroffene

**964** Auch kampfunbeteiligte Dritte, also solche, die nicht unmittelbar in den Arbeitskampf durch Streik oder Aussperrung einbezogen sind, die aber von den *Fernwirkungen* eines andernorts geführten Arbeitskampfs in der Aufrechterhaltung des Betriebsablaufs beeinflusst werden, können durch Arbeitskampfmaßnahmen betroffen sein und folglich Ansprüche gegen die Kampfbeteiligten haben (vgl. Otto, § 16). So können Schäden bei Zulieferbetrieben und abnehmenden Unternehmen oder etwa bei in die Transportketten eingebundenen Dienstleistern entstehen.

**a) Ansprüche des kampfunbeteiligten Unternehmers gegen seinen kämpfenden Vertragspartner.** Streik und Aussperrung führen oftmals zu Leistungsstörungen in den Verträgen, die ein kampfbeteiligter Arbeitgeber als Unternehmer mit anderen Unternehmen geschlossen hat. Die geschuldete Leistung kann infolge der Kampfteilnahme nicht rechtzeitig oder überhaupt nicht erbracht werden.

**965** (1) Bei der Beteiligung an einem *rechtmäßigen* Arbeitskampf darf der Unternehmer keinem Schadensersatzanspruch wegen Verzuges oder Nichterfüllung ausgesetzt sein, wenn das Ausbleiben der Leistung auf der Kampfbeteiligung beruht. Würde man anders entscheiden, so widerspräche dies dem in Art. 9 Abs. 3 GG garantierten Recht, die Arbeits- und Wirtschaftsbedingungen im Rahmen der Tarifautonomie auch durch Teilnahme an einem rechtmäßigen Arbeitskampf zu gestalten. Deshalb ist die bestehende Kollision zwischen der Pflicht zur Erfüllung des einzelnen Vertrags einerseits und dem Recht zur Gestaltung der Arbeits- und Wirtschaftsbedingungen durch Arbeitskampf andererseits zugunsten des kollektiven Arbeitsrechts zu entscheiden (Einzelh.: Brox/Rüthers, Arbeitskampfrecht, Rdnr. 383 f.; zu **Fall j**).

Wegen der Rechtmäßigkeit des Arbeitskampfes scheiden auch deliktische Ansprüche aus.

**966** (2) Beteiligt sich ein Vertragspartner selbst an einem *rechtswidrigen* Arbeitskampf, so haftet er nach allgemeinen Grundsätzen wegen von ihm zu vertretender Vertragsverletzung (§§ 280 ff. BGB). Privilegiert ist nur der rechtmäßige Arbeitskampf.

Beruht eine Leistungsstörung darauf, dass die Arbeitnehmer des Vertragspartners diesen rechtswidrig bestreiken, so muss der Vertragspartner sich dieses schuldhafte Verhalten seiner Arbeitnehmer nach h. M. nicht gem. § 278 BGB zurechnen lassen (vgl. Löwisch, AcP 174 (1974), 202, 251).

**967** **b) Ansprüche des kampfunbeteiligten Unternehmers gegen kampfführende Verbände und sonstige Dritte.** Ein kampfunbeteiligter Unternehmer kann dadurch Schäden erleiden, dass er nicht produzieren kann, weil z. B. sein Zulieferer bestreikt wird. Schadensersatzansprüche gegen die den Streik führende Gewerkschaft und gegen die Streikenden sind mangels vertraglicher Beziehungen nur aus §§ 823 ff. BGB herzuleiten. Sie setzen die Rechtswidrigkeit des Arbeitskampfes voraus. Als sonstiges Recht nach § 823 Abs. 1 BGB kommt das Recht am eingerichteten und ausgeübten Gewerbebetrieb (Recht am Unternehmen) in Betracht.

Regelmäßig wird es jedoch an einem unmittelbaren, betriebsbezogenen Eingriff in den Gewerbebetrieb des kampfunbeteiligten Unternehmers fehlen. Die Kämpfenden wollen den Kampfgegner treffen, nicht aber die gewerbliche Tätigkeit des Unbeteiligten einschränken, so auch das BAG (BAG NZA 2016, 179 – den von einem Streik der Fluglotsen betroffenen

Luftverkehrsgesellschaften stehen gegen die streikführende Gewerkschaft keine Schadensersatzansprüche wegen ausgefallener, verspäteter oder umgeleiteter Flüge zu). Das Recht der Flugunternehmen am eingerichteten und ausgeübten Gewerbebetrieb als sonstiges Recht i. S. d. § 823 Abs. 1 BGB sei nicht verletzt, weil mit dem gegen den Betrieb der Deutschen Flugsicherung (DFS) gerichteten Streik kein Eingriff in die Gewerbebetriebe der Luftverkehrsunternehmen verbunden gewesen sei.

**c) Ansprüche des kampfunbeteiligten Arbeitnehmers gegen kämpfende Verbände oder sonstige Dritte.** Ein kampfunbeteiligter Arbeitnehmer kann seinen Arbeitsplatz verlieren, weil sein Arbeitgeber – etwa wegen eines Arbeitskampfes im Zuliefererbetrieb – in Schwierigkeiten geraten ist und seinen Betrieb einschränken oder stilllegen muss.

Da der Arbeitnehmer zu den Kämpfenden nicht in Vertragsbeziehungen steht, bleibt auch hier nur ein deliktischer Anspruch. Bei § 823 Abs. 1 BGB käme eine Verletzung des Rechts am Arbeitsplatz in Betracht.

Aber auch hier wird § 823 Abs. 1 BGB regelmäßig ausscheiden, weil die Kämpfenden nicht darauf abzielen, Arbeitsplätze unbeteiligter Arbeitnehmer zu vernichten.

**d) Lohnansprüche des kampfunbeteiligten Arbeitnehmers gegen seinen Arbeitgeber.** Durch einen Arbeitskampf können auch unbeteiligte Arbeitnehmer beschäftigungslos werden. Es fragt sich daher, ob bei einem solchen arbeitskampfbedingten Arbeitsausfall der Lohnanspruch bestehen bleibt.

(1) Das *Lohnrisiko* bei *streikbedingten* Arbeitsausfällen ist wie folgt zu verteilen (vgl. Schaub/Treber, Arbeitsrechts-Handbuch, 17. Aufl., 2019, § 194 Rdnr. 20 ff.):

Keinen Lohnanspruch erhalten die nicht streikenden Arbeitnehmer, die durch den Streik beschäftigungslos sind und dem bestreikten Betrieb oder einem anderen Betrieb innerhalb des umkämpften Tarifgebiets angehören.

Dieses Ergebnis ist meist mit der Betriebsrisikolehre (HWK/Hergenröder, Art. 9 GG Rdnr. 215 ff.) und mit Sphärengesichtspunkten begründet worden (vgl. RGZ 106, 272). Der streikbedingte Arbeitsausfall sollte zu Lasten der Arbeitnehmer gehen, weil beim Streik die Ursache der Leistungsstörung in der Sphäre der Arbeitnehmerschaft liege. In der neueren Rspr. des BAG (AP Nr. 70 zu Art. 9 GG Arbeitskampf) wird nunmehr maßgebend der Paritätsgrundsatz herangezogen. Die Kampfstellung der bestreikten Arbeitgeber würde vor allem beim Teil- oder Schwerpunktstreik erheblich geschwächt, wenn die Arbeitgeber zur Lohnzahlung an die beschäftigungslos gewordenen Arbeitnehmer verpflichtet wären (vgl. zur Entwicklung der Rspr. über das Betriebsrisiko im Arbeitskampf Fischer/Rüthers, Anm. zu EzA Art. 9 GG Arbeitskampf Nr. 115).

Der Rspr. des BAG zufolge soll der Arbeitgeber einen bestreikten Betrieb oder Betriebsteil im Umfang des gewerkschaftlichen Streikbeschlusses stets stilllegen können. Dies habe zur Folge, dass die Rechte und Pflichten aus dem Arbeitsverhältnis suspendiert werden und arbeitswillige Arbeitnehmer ihren Lohnanspruch auch dann verlieren, wenn ihre Beschäftigung möglich und zumutbar ist (vgl. BAG NZA 1994, 1097; 1996, 214; zum Stilllegungsrecht Fischer/Rüthers, Anm. zu EzA Art. 9 GG Arbeitskampf Nr. 115; HWK/Hergenröder, Art. 9 GG Rdnr. 211 ff.). Dies geht über die allgemeinen Grundsätze des Arbeitskampfrisikos hinaus, wonach bei einer Beschäftigungsmöglichkeit arbeitsbereiter Arbeitnehmer deren Entgeltanspruch nicht entfallen würde (vgl. BAG NZA 1994, 1097). Der Arbeitgeber kann sich aber, wenn er den Betrieb nicht stilllegt, dann auf das Arbeitskampfrisiko berufen, wenn sich etwa bei sog. Wellenstreiks seine Abwehrmaßnahmen (z. B. Produktionskürzungen, Einsatz von Aushilfskräften und Fremdvergabe von Arbeiten) nicht ohne Weiteres so begrenzen lassen, dass sie sich nur während der Dauer der einzelnen Kurzstreiks auswirken. Können Arbeitnehmer aus diesem Grunde für den Rest einer laufenden Schicht nicht mehr beschäftigt werden, so verlieren sie insoweit nach den Grundsätzen des Arbeitskampfrisikos ihren Lohnanspruch, wenn dem Arbeitgeber eine andere Planung unmöglich oder unzumutbar war (BAG NZA 1997, 393; vgl. Rdnr. 936).

**972** Nach wie vor nicht abschließend geklärt ist, ob bei streikbedingten Arbeitsausfällen in fremden, außerhalb des Tarifgebiets liegenden Betrieben die Arbeitnehmer ebenfalls das Lohnrisiko zu tragen haben (bejahend z. B. Seiter, DB 1981, 578, 580 f.; verneinend z. B. Dütz, DB 1979, Beil. 14, 11). Das BAG (AP Nr. 70 zu Art. 9 GG Arbeitskampf) meint, das Lohnrisiko sei von diesen Arbeitnehmern nur dann zu tragen, wenn die Fernwirkungen des Arbeitskampfes sonst zu einer Störung des Kräftegleichgewichts führen könnten.

§ 160 Abs. 3 Satz 1 SGB III nennt die Voraussetzungen, unter denen der Anspruch eines mittelbar betroffenen, am Arbeitskampf nicht beteiligten Arbeitnehmers auf Arbeitslosengeld ausgeschlossen ist (vgl. Rdnr. 798). Ausschlaggebend ist danach, ob der Arbeitnehmer zumindest mittelbar von dem Ergebnis des fremden Arbeitskampfes profitiert (Beispiel: Arbeitskampf um einen Pilottarifvertrag). Die Vorschrift enthält mit dem Partizipationsgedanken eine überzeugende gesetzliche Wertentscheidung, die auch bei der Verteilung des Lohnrisikos berücksichtigt werden sollte (MünchKomm/Henssler, § 615 BGB Rdnr. 118 f.). Danach verlieren die Arbeitnehmer nur dann ihren Lohnanspruch, wenn damit zu rechnen ist, dass der in dem fremden Tarifgebiet erstreikte Tarifvertrag auch in dem Tarifgebiet, in dem der Arbeitnehmer tätig ist, übernommen wird.

**973** (2) Die wegen einer rechtmäßigen *Abwehraussperrung* beschäftigungslosen Arbeitnehmer haben keinen Lohnanspruch. Das folgt aus dem Grundsatz der Kampfparität, wonach eine Abwehraussperrung nur zulässig ist, wenn durch die Kampfführung von der Gewerkschaft ein Kräfteungleichgewicht hervorgerufen worden ist. Wegen der Störung der Kampfparität durch die Arbeitnehmerseite hat diese auch das Lohnrisiko zu tragen.

Bei einer *Angriffsaussperrung* behalten die kampfbedingt beschäftigungslosen, aber nicht ausgesperrten Arbeitnehmer desselben Betriebes und anderer Betriebe im selben Tarifgebiet ihre Lohnansprüche.

Spezielle Probleme der Verteilung des Entgeltrisikos im Arbeitskampf können aus dem Recht des Arbeitgebers zur Stilllegung nicht bestreikter Betriebe oder Betriebsteile entstehen (BAG NZA 1997, 393; 1998, 896; 1999, 550; Auktor, RdA 2003, 23).

### 4. Arbeitskampf und Mitbestimmung des Betriebsrats

**974** Der Arbeitskampf bedeutet für die „vertrauensvolle Zusammenarbeit" (§ 2 Abs. 1 BetrVG) zwischen dem Arbeitgeber und dem (meist gewerkschaftlich organisierten) Betriebsrat eine besondere Herausforderung. Beide tragen Verantwortung dafür, dass die betriebliche Tätigkeit nach dem Ende des Arbeitskampfes möglichst ungestört fortgesetzt werden kann.

Das Betriebsratsamt mit seinen Rechten und Pflichten besteht auch im Arbeitskampf fort. Das gilt auch für diejenigen Mitglieder des Betriebsrats, die sich in ihrer Stellung als Arbeitnehmer am Arbeitskampf aktiv beteiligen. Der Betriebsrat als solcher darf sich am Arbeitskampf allerdings nicht beteiligen (s. Rdnr. 1053).

**975** Auch die Mitbestimmungsrechte des Betriebsrats bestehen im Grundsatz fort, soweit ihre Ausübung keinen Einfluss auf den Verlauf des Arbeitskampfes hat (BAG AP Nr. 70 zu Art. 9 GG Arbeitskampf; NZA 1988, 549; 2004, 223 st. Rspr.). Das gilt zwar im Grundsatz auch für Unterrichtungsansprüche aus § 80 Abs. 2 Satz 1

BetrVG (BAG NZA 2004, 223), allerdings nur, soweit dadurch das Kampfgleichgewicht nicht gefährdet wird. Der Arbeitskampf kann sogar zusätzliche kollektive Regelungen erforderlich machen, an deren Zustandekommen der Betriebsrat mitzuwirken hat, etwa bei der Vorbereitung und Durchführung eines „Notdienstes" für Erhaltungsarbeiten, Sicherung des Betriebsgeländes, Notdienstausweise, Auswahl des Notdienstpersonals etc. (vgl. Gaumann, NZA 2001, 245 mit zweifelhaftem Ergebnis).

Keine Mitbestimmungsrechte des Betriebsrats bestehen bei Maßnahmen, die der Arbeitgeber zur Abwendung von Arbeitskampffolgen ergreift und bei denen die Beteiligung des Betriebsrats eine Beeinträchtigung der Kampfparität (BAG NZA 2004, 223) oder eine Verletzung der Neutralitätspflicht durch den Betriebsrat bedeuten würde. So ist etwa die Anordnung von Kurzarbeit oder Überstunden (BAG AP Nr. 63 zu Art. 9 GG Arbeitskampf; zuletzt BAG NZA 2018, 1081 – zu den Voraussetzungen der Mitbestimmungsbeschränkung bei der Anordnung von Mehrarbeit) im Arbeitskampf, die Ausgabe besonderer Werksausweise (BAG NZA 1987, 355 = AP Nr. 93 zu Art. 9 GG Arbeitskampf m. Anm. Rüthers/Henssler) oder die Einstellung von arbeitswilligen Ersatzkräften mitbestimmungsfrei. Bei der Ausgestaltung der Kurzarbeit kann das anders sein (BAG AP Nr. 70, 71 zu Art. 9 GG Arbeitskampf).

## Kapitel 11: Das Recht der betrieblichen Mitbestimmung

977 Die gesetzlichen Regelungen über eine Mitwirkung und Mitbestimmung der Arbeitnehmer in Betrieb und Unternehmen sind als Verwirklichung des verfassungsrechtlichen Bekenntnisses zum sozialen Rechtsstaat zu verstehen (Art. 20 Abs. 1, 28 Abs. 1 Satz 1 GG). Sie stellen daher keine Enteignung, sondern eine inhaltliche Schranke des Eigentums dar (Art. 14 Abs. 1 Satz 2 GG; vgl. BVerfGE 50, 290). Von besonderer Bedeutung sind für die betriebliche Mitbestimmung das Betriebsverfassungsgesetz (BetrVG) sowie das Sprecherausschussgesetz (SprAuG). Die von der betrieblichen Mitbestimmung zu unterscheidende Unternehmensmitbestimmung richtet sich vor allem nach dem Mitbestimmungsgesetz (MitbestG), dem Drittelbeteiligungsgesetz (DrittelbG) sowie dem Montan-Mitbestimmungsgesetz (Montan-MitbestG).

Das BetrVG regelt die Verfassung des Betriebs mit der Organisation der verschiedenen Arbeitnehmervertretungen und ihren vielfältigen Aufgaben, Rechten und Pflichten. Den Arbeitnehmern wird so die Möglichkeit eingeräumt, auf der unmittelbaren Betriebsebene soziale, personelle und wirtschaftliche Angelegenheiten mitzugestalten. Die Mitbestimmungsgesetze enthalten dagegen Vorschriften zur Unternehmensverfassung; sie regeln die Beteiligung der Arbeitnehmer in Organen von Kapitalgesellschaften (vgl. Rdnr. 1194 ff.).

978 Die gesetzlichen Mitbestimmungsregelungen in Deutschland haben nach Umfang und Intensität in den vergleichbaren Industrieländern kaum Parallelen. Es gibt zwar ausgeprägte Mitbestimmungsmodelle in einigen europäischen Staaten, wie den Niederlanden, Dänemark, Österreich, Schweden sowie Polen und Tschechien, nirgends aber in vergleichbarer Intensität auf mehreren Ebenen. Weltweit hat kein demokratisch gewähltes Vertretungsorgan der Arbeitnehmer derart weitreichende Mitbestimmungsrechte wie der deutsche Betriebsrat und ebenfalls in keinem Staat weltweit haben die Arbeitnehmer auch nur annähernd derart weitgehende Beteiligungsrechte in den Unternehmensorganen wie in Deutschland. Die große Mehrheit der Staaten liegt sogar weit hinter den deutschen Arbeitnehmerrechten zurück. Das deutsche Modell ist in erster Linie ein Ergebnis der deutschen National- und Sozialgeschichte im 20. Jahrhundert. Seine Entstehung und sein Ausbau gehen auf die Epochen jeweils nach den beiden verlorenen Weltkriegen zurück.

979 In Ausführung des Art. 165 der Weimarer Reichsverfassung ergingen 1920 das Betriebsrätegesetz und 1922 das Gesetz über die Entsendung von Betriebsratsmitgliedern in den Aufsichtsrat. 1946 führte die britische Besatzungsmacht neben dem Kontrollratsgesetz zur Betriebsverfassung ein voll paritätisches Mitbestimmungsmodell in den Aufsichtsräten für die Kohle- und Stahlindustrie ein. Diese war damals der Schwerpunkt der industriellen Produktion. Zusätzlich wurde der

Personalvorstand („Arbeitsdirektor") maßgeblich von den Gewerkschaftsvertretern im Aufsichtsrat bestellt. Die Regelung fand die Unterstützung der Besatzungsmächte, deren Ziel es u. a. war, in Deutschland eine Wiederholung der Aufrüstung, wie sie nach 1933 im Bereich der Schwerindustrie stattgefunden hatte, für die Zukunft auch durch die Mitsprache der Gewerkschaften und der Arbeitnehmer zu erschweren.

Diese „Montan-Mitbestimmung" wurde vom Deutschen Bundestag am 21. Mai 1951 – nach heftigen innenpolitischen Auseinandersetzungen und bei akuter Androhung eines Generalstreiks für den Fall der Ablehnung – im „Montan-Mitbestimmungsgesetz" für die Bundesrepublik verankert.

1952 folgte dann das erste Betriebsverfassungsgesetz für die Bundesrepublik, ebenfalls nach heftigen innenpolitischen Debatten über den Umfang der Mitbestimmungsrechte der Arbeitnehmer im Aufsichtsrat, die dort für die Nichtmontangesellschaften in der abgemilderten Form der sog. Drittelparität im Aufsichtsrat der Kapitalgesellschaften verankert wurden.

Die Mitbestimmung in Deutschland ist also aus den katastrophalen Notsituationen nach den beiden Systemwechseln, Wirtschafts- und Währungszusammenbrüchen 1918 und 1945 entstanden. Sie war die Antwort der Gesetzgebung auf die Erfahrungen aus den gescheiterten Systemen. Daneben spielte die gemeinsame Überzeugung der Arbeitnehmer- und Arbeitgeberverbände eine Rolle, dass ein Aufstieg Deutschlands aus dem wirtschaftlichen und sozialen Elend nach den Zusammenbrüchen nur durch gemeinsame Anstrengungen und nur unter Vermeidung großer Interessenkonflikte im Arbeitsleben möglich sei. Schließlich bedeutete die Einführung weitgehender Mitbestimmungsbefugnisse und die daraus folgende Zusammenarbeit der Arbeitnehmer, Betriebsräte und Gewerkschaften mit der Arbeitgeberseite auch eine Absage an die Klassenkampftheorie des Marxismus-Leninismus, also eine Abwehrstrategie gegenüber kommunistischen Revolutionshoffnungen. Bis heute ist das Prinzip „Co-Management statt Klassenkampf" ein Markenzeichen der deutschen Arbeitsrechtsordnung.

Das deutsche Mitbestimmungssystem ist mehrgliedrig zusammengesetzt. Mitwirkung und Mitbestimmung der Arbeitnehmer finden auf verschiedenen Ebenen statt:
- in der Betriebsverfassung durch zahlreiche, teils erzwingbare und damit „paritätische" Mitbestimmungsrechte des Betriebsrats; auf Unternehmensebene können diese Rechte durch Gesamt- und Konzernbetriebsräte wahrgenommen werden;
- auf der Ebene der Unternehmensmitbestimmung durch Arbeitnehmervertreter in den Aufsichtsräten der Kapitalgesellschaften mit mehr als 500 Beschäftigten (s. dazu unten Rdnr. 1209 ff.);
- auf der Tarifebene durch den gleichberechtigten („paritätischen") Einfluss der Gewerkschaften auf die tarifvertragliche Regelung der kollektiven Mindestarbeitsbedingungen (s. Rdnr. 775 ff.);
- auf der gesamtwirtschaftlichen und politischen Ebene durch den Einfluss der Gewerkschaften und ihre Mitwirkung an der Gesetzgebung (regelmäßige Anhörungsverfahren bei allen relevanten Gesetzgebungsvorhaben), in der Arbeits- und Sozialgerichtsbarkeit, in der Sozialversicherung sowie in zahlreichen Beiräten, Aufsichts- und Beratungsgremien aller Art (z. B. Rundfunkräten).

**982** Diese mehrschichtigen Mitbestimmungsebenen sind gesetzlich verschieden organisiert, wirken aber in der realen Funktionsweise ähnlich wie ein System kommunizierender Röhren zusammen. Das gilt vor allem für das Zusammenspiel von Mitbestimmungsrechten des Betriebsrats einerseits und der Mitbestimmung durch Arbeitnehmervertreter im Aufsichtsrat andererseits. Diese Mitbestimmungsrechte können „konzertiert" auf bestimmte Materien eingesetzt werden. Ihre konzertierte Nutzung kann zu Kumulationseffekten führen. Dasselbe gilt, wenn die betriebs- und unternehmensverfassungsrechtlichen Mitbestimmungsrechte durch Tarifverträge ergänzt oder erweitert werden. Die Bedeutung der Mitbestimmung in der Wirtschaftsverfassung wird zutreffend nur erfasst, wenn das funktionale Zusammenwirken der verschiedenen Mitbestimmungsebenen berücksichtigt wird.

**983** Die gesetzlich gewährleistete Verankerung der betrieblichen, unternehmensbezogenen und tarifvertraglichen Beteiligung der Belegschaften und der Gewerkschaften an den unternehmerischen Entscheidungen hat in Deutschland das Verhältnis der Arbeitsmarktparteien zueinander auf allen Ebenen verändert. Neben den herkömmlich dominanten Interessengegensätzen (Klassenkampftheorie) kamen zunehmend Interessengemeinsamkeiten der Arbeitnehmer mit „ihrem" Betrieb und Unternehmen (speziell bei zunehmendem internationalem Wettbewerb) zur Geltung. Den Arbeitnehmern wird durch die gesetzlichen Regelungen nicht nur Schutz, sondern auch eine gewisse Teilhabe an dem Unternehmen gewährt. Die in der betrieblichen und unternehmerischen Mitbestimmung praktizierte Zusammenarbeit wirkte sich sehr bald auch auf die übrigen Beziehungsebenen (Tarifautonomie, gesamtwirtschaftliche Ebene) aus. So ist es zu erklären, dass die Bundesrepublik ein Land mit im Vergleich geringen Produktivitätseinbußen durch Arbeitskämpfe ist. Streik und Aussperrungen haben über Jahrzehnte hin erwähnenswert nur noch in wenigen Bereichen (Metall, Druck, Öffentlicher Dienst) stattgefunden. Allerdings wird gerade in jüngerer Zeit von klein- und mittelständischen Unternehmen beklagt, dass die Arbeitgeberverbände dem Druck der Gewerkschaften in Tarifverhandlungen zu schnell nachgeben würden mit der Folge einer zu Lasten der Wettbewerbsfähigkeit gehenden Kostenbelastung.

Die Beteiligung der Arbeitnehmer an den Entscheidungsprozessen durch die verschiedenen Mitbestimmungsregelungen hat Vor- und Nachteile: Sie ist zeit- und kostenaufwendig, hat aber erheblich zur sozialen Befriedung und zur Integration der Arbeitnehmer in die arbeitsteilige moderne Industriegesellschaft beigetragen.

## A. Betriebsverfassung

**984** Die Betriebsverfassung ist die grundlegende Ordnung der betrieblichen Zusammenarbeit von Arbeitgeber und Arbeitnehmern. Die Arbeitnehmer des Betriebs handeln durch verschiedene Organe, insbesondere durch den Betriebsrat, der die Belegschaft repräsentiert. Der Betriebsrat ist an bestimmten Entscheidungen des Arbeitgebers zu beteiligen. Ohne die Normen der betrieblichen Mitbestimmung unterläge die entsprechende Entscheidungsgewalt zumeist allein dem Arbeitgeber als weisungsbefugtem Vertragspartner des Arbeitnehmers.

**985** Die „Betriebsverfassung" ist nach dem verlorenen 1. Weltkrieg in Deutschland erstmals durch das Betriebsrätegesetz von 1920 geregelt worden. Sie war und ist im häufigen Wechsel der politischen Systeme ein wichtiger Bestandteil der jeweiligen „Wirtschaftsverfassung" (Rdnr. 9 f.) und zugleich ein Reflex der jeweiligen Staatsverfassung (Rdnr. 8). So hatten die Weimarer Republik (Betriebsrätegesetz v. 1920), der NS-Staat (Gesetz zur Ordnung der nationalen Arbeit – AOG – v. 1934), die Bundesrepublik (BetrVG 1952, 1972 und 2001) und die DDR (z. B. Arbeitsgesetzbuch 1977) ihre je eigene, systemkonforme Ordnung der Arbeitsbeziehungen in den Betrieben und Unternehmen. Die leitenden Grundsätze und Zielvorgaben („Grundwerte") der Staatsverfassung strahlen notwendig auch auf die Wirtschafts- und die Betriebsverfassung aus.

Die gesetzliche Regelung der betriebsverfassungsrechtlichen Mitbestimmung kann daher vom einfachen Gesetzgeber nicht nach Belieben völlig beseitigt oder grundlegend eingeschränkt werden (BVerfGE 19, 303, 313 f.; 50, 290, 373). Wie bei der Tarifautonomie ist davon auszugehen, dass ein Grundbestand dieser Mitbestimmung der Arbeitnehmer in ihren Betrieben und an ihren Arbeitsplätzen durch Art. 9 Abs. 3 GG und das Sozialstaatsprinzip (Art. 20 Abs. 1, 28 Abs. 1 GG) gewährleistet ist. Selbstverständlich hat der einfache Gesetzgeber aber innerhalb dieses Grundbestandes ein weites Gestaltungsermessen. Dadurch wird die notwendige Anpassungsmöglichkeit an gewandelte technische, wirtschaftliche und gesellschaftliche Verhältnisse gesichert. Zudem hat der Gesetzgeber gerade wegen des verfassungsrechtlichen Schutzes der Tarifautonomie durch Art. 9 Abs. 3 GG zu berücksichtigen, dass mit einer Stärkung des Betriebsrats häufig eine Schwächung der Gewerkschaften verbunden sein kann. Das gilt insbesondere angesichts der derzeitigen Krise des deutschen Tarifsystems. Ausländische Gewerkschaften stehen einer starken betrieblichen Mitbestimmung daher häufig eher ablehnend gegenüber. **986**

Mit der Novellierung des Betriebsverfassungsgesetzes im Jahre 2001 hat Deutschland seine Spitzenstellung in der betriebsverfassungsrechtlichen Mitbestimmung weiter ausgebaut. Freilich bringt die Betriebsverfassung auch erhebliche Kosten mit sich. Hierin dürfte der Hauptgrund dafür liegen, dass die deutsche Betriebsverfassung auch in der Europäischen Union kein Exportschlager geworden ist. **987**

Für eine Gesamtwürdigung gilt es jedoch zweierlei zu bedenken. Bezogen auf die Reform von 2001 ist festzustellen, dass der Gesetzgeber bei aller Stärkung der Arbeitnehmerrechte der unternehmerischen Entscheidung den Vorrang einräumt. Dies zeigt sich insbesondere im damals neu eingefügten § 87 Abs. 1 Nr. 13 BetrVG. Nur die Durchführung der Gruppenarbeit unterliegt der Mitbestimmung, ihre Einführung bleibt dagegen allein Sache des Unternehmers. Zum zweiten hat die betriebliche Mitbestimmung maßgeblich dazu beigetragen, sowohl innerbetriebliche als auch tarifliche Konfliktpotentiale friedlich auszuräumen. Die bis 2020 anhaltende Stärke des deutschen Arbeitsmarktes mit neuen Beschäftigungsrekorden belegt die Vorzüge des partnerschaftlichen Konzeptes. Der gesetzlich vorgeschriebene enge Kontakt zwischen Betriebsräten und Arbeitgebern dient außerdem als ein Frühwarnsystem für sich abzeichnende Konflikte und ermöglicht deren Beilegung im Wege beiderseits akzeptierter Kompromisse. Dies hat sich etwa in der Finanz- und Wirtschaftskrise des Jahres 2008 bewährt, in der sich der deutsche Arbeitsmarkt dank des verantwortungsbewussten Zusammenspiels von Betriebspartnern und Sozialpartnern als sehr robust erwiesen hat. Derzeit ist das deutsche Modell angesichts der COVID-19-Pandemie einer erneuten Bewährungsprobe ausgesetzt. Zugleich steht das gesamte System der Betriebsverfassung vor dem Hintergrund der Digitalrevolution des Arbeitslebens und den damit einhergehenden fluiden Arbeits- und Entscheidungsstrukturen vor neuen Herausforderungen (vgl. Rdnr. 1229 ff.; Günther/Boglmüller, NZA 2015, 1025 ff.; Schwarze, RdA 2019, 115).

## I. Geltungsbereich des BetrVG

**Schrifttum:** *Dzida/Hohenstatt*, Tendenzschutz nur gegenüber Tendenzträgern?, NZA 2004, 1084; *Henssler*, Der leitende Angestellte in Beratungsgesellschaften, in: Festschrift Hromadka, 2008, S. 131; *Hoppe/Marcus*, Tendenzschutz in der Betriebsverfassung, ArbRAktuell 2012, 189; *Kiel/Linsenmeier*, Der Leiharbeitnehmer in der Betriebsverfassung – „Zwei-Komponenten-Lehre" und normzweckorientierte Gesetzesauslegung, RdA 2014, 135; *Richter*, Beteiligungsrechte des Betriebsrats in Tendenzbetrieben, DB 1991, 2661; *Rüthers*, Tendenzschutz und Kirchenautonomie im Arbeitsrecht, NJW 1978, 2066; *Schrader*, Ist der betriebsverfassungsrechtliche Betriebsbegriff noch zeitgemäß?, NZA 2019, 951; *Schulze/Erber*, Beschränkung der betrieblichen Mitbestimmung im Tendenzbetrieb, ArbRAktuell 2019, 169.

**Fälle:**

**988** a) Das Städtische Krankenhaus wird von einer GmbH betrieben, deren alleinige Gesellschafterin die Stadt ist. Die 200 Arbeitnehmer des Krankenhauses sollen bei der Personalratswahl der Stadtverwaltung mitwirken. Ist das BetrVG anzuwenden?

b) Ein Handwerksmeister beschäftigt sechs Arbeitnehmer, von denen zwei noch minderjährig sind, und von Zeit zu Zeit weitere Aushilfskräfte. Die Arbeitnehmer wollen einen Betriebsrat wählen. Wäre ihnen das möglich?

c) Ein Krankenhaus wird von einem kirchlichen Krankenpflegeorden übernommen. Ein Krankenpfleger beantragt zusammen mit zwei Kollegen unter Hinweis auf § 17 Abs. 3 BetrVG beim Arbeitsgericht die Bestellung eines Wahlvorstandes zur Vorbereitung der Betriebsratswahl. Hat er Erfolg?

### 1. Räumlicher Geltungsbereich

**989** Das BetrVG gilt – unabhängig von der Staatsangehörigkeit des Arbeitnehmers oder des Arbeitgebers bzw. unabhängig von dessen (in- oder ausländischer) Rechtsform – für alle *inländischen* Betriebe, sog. *Territorialitätsprinzip* (BAG NZA 2005, 1006, 1009). Soweit Arbeitnehmer kurzfristig in ausländischen Niederlassungen deutscher Unternehmen arbeiten, behalten sie ihre betriebsverfassungsrechtlichen Rechte im Inlandsbetrieb.

### 2. Sachlicher Geltungsbereich

**990** Das BetrVG erfasst Betriebe eines Trägers *privaten Rechts* mit in der Regel mindestens fünf ständigen wahlberechtigten Arbeitnehmern, von denen mindestens drei wählbar sind (§ 1 Abs. 1 Satz 1 BetrVG). Für den Betriebsbegriff selbst fehlt im BetrVG eine Definition. Nach der Rechtsprechung ist als Betrieb i. S. d. BetrVG die organisatorische Einheit anzusehen, innerhalb derer der Unternehmer allein oder zusammen mit seinen Mitarbeitern bestimmte arbeitstechnische Zwecke fortgesetzt verfolgt. Eine organisatorische Einheit liegt vor, wenn die in der Betriebsstätte vorhandenen materiellen und immateriellen Betriebsmittel zusammengefasst, geordnet und gezielt eingesetzt und die menschliche Arbeitskraft von einem einheitlichen Leitungsapparat gesteuert werden (BAG NZA 2017, 1003). Ein Betrieb kann nach dieser flexiblen Definition überall dort angenommen werden, wo die unmittelbare Vertretung einer bestimmbaren Wählerschaft durch den

Betriebsrat als Ansprechpartner gewährleistet (sog. „Arbeitnehmernähe") ist und zugleich ein entscheidungsbefugter Leitungsapparat als Gegenspieler vorhanden ist (sog. „Entscheidungsnähe").

Auch Betriebsteile (§ 4 BetrVG) können als selbstständige Betriebe gelten, soweit sie neben den Voraussetzungen des § 1 Abs. 1 Satz 1 BetrVG räumlich weit vom Hauptbetrieb entfernt oder aber durch Aufgabenbereich und Organisation eigenständig sind. Dies erklärt sich aus der gesetzlichen Zielsetzung, eine effektive Teilhabe der (vor Ort anwesenden) Arbeitnehmer zu gewährleisten (erneut die sog. „Arbeitnehmernähe"; für § 4 Abs. 1 Satz 1 Nr. 1 BetrVG s. BAG NZA 2017, 1282, 1284). Aktives und passives Wahlrecht bestimmen sich nach den §§ 7 f. BetrVG.

**a) Ausgeschlossen ist die Anwendbarkeit des BetrVG in folgenden Fällen:**
(1) Für Verwaltungen und Betriebe eines *Trägers des öffentlichen Rechts* (§ 130 BetrVG) gelten die Personalvertretungsgesetze des Bundes und der Länder (vgl. Rdnr. 1178). Ob eines dieser Gesetze oder das BetrVG eingreift, richtet sich also nicht etwa nach dem verfolgten Zweck, sondern allein nach der Rechtsform des Trägers.

Die GmbH ist eine juristische Person des Privatrechts. Im **Fall a** ist also das BetrVG anzuwenden. Der Umstand, dass eine öffentlich-rechtliche Körperschaft alleinige Gesellschafterin ist und die Gesellschaft dem Gemeinwohl dient, ändert hieran nichts.

(2) *Kleinstbetriebe* sind nicht betriebsratsfähig (vgl. § 1 Abs. 1 Satz 1 BetrVG). In ihnen kann zwar z. B. ein Vertrauensmann gewählt werden; das richtet sich aber nicht nach dem BetrVG, sondern etwa nach den Bestimmungen eines Tarifvertrags, sofern dieser eine entsprechende Regelung enthält. Besteht der Kleinbetrieb jedoch neben einem Hauptbetrieb, ist er trotz seiner organisatorischen Selbstständigkeit dem Hauptbetrieb zuzuordnen (§ 4 Abs. 2 BetrVG). Dies zeigt den Willen des Gesetzgebers, die Bildung von Betriebsräten möglichst nicht am Fehlen der Mindestarbeitnehmerzahl scheitern zu lassen. Als Hauptbetrieb gilt derjenige Betrieb, der den Kleinbetrieb in personellen und sozialen Angelegenheiten beratend unterstützt (BAG NZA 2007, 703).

Im **Fall b** ist kein Betriebsrat zu wählen, da der Betrieb aus nur vier ständigen wahlberechtigten Arbeitnehmern besteht (vgl. § 1 Abs. 1 Satz 1 BetrVG). Die Aushilfskräfte sind keine ständigen Arbeitnehmer; die beiden Minderjährigen sind nicht wahlberechtigt (vgl. § 7 Satz 1 BetrVG). Dagegen sind die Vorschriften über das Mitwirkungs- und Beschwerderecht des Arbeitnehmers (§§ 81 ff. BetrVG) anwendbar, da sie das Bestehen eines Betriebsrats nicht voraussetzen.

Tatsächlich werden auch in kleineren Betrieben, die fünf oder mehr Arbeitnehmer haben, nur sehr selten Betriebsräte gewählt. Die Bürokratisierung der Entscheidungsprozesse wird hier in der Praxis als unnötige Belastung empfunden.

(3) *Religionsgemeinschaften* sowie ihre karitativen und erzieherischen Einrichtungen fallen unbeschadet ihrer Rechtsform nicht unter das BetrVG. Dies ergibt sich für die öffentlich-rechtlich verfassten Kirchen aus § 130 BetrVG, für privatrechtlich organisierte Religionsgemeinschaften aus § 118 Abs. 2 BetrVG. Die Vorschriften sind Ausfluss der verfassungsrechtlich garantierten Autonomie der Kirchen (Art. 140 GG i. V. m. Art. 137 Abs. 3 Satz 1 WRV; vgl. BVerfGE 46, 73; 70, 138, 164). Parallel dazu nimmt auch § 1 Abs. 4 MitbestG Tendenzunternehmen (Rdnr. 993) und Religionsgemeinschaften vom Anwendungsbereich des MitbestG aus.

Das von einem kirchlichen Krankenpflegeorden geführte Krankenhaus (**Fall c**) ist eine karitative Einrichtung der Kirche, so dass kein Betriebsrat zu wählen ist (vgl. BAG NZA 2002, 1409). Anders wäre es, wenn etwa eine Klosterbrauerei betrieben würde.

Die Religionsgemeinschaften haben nach dem Grundgesetz (Art. 140 GG, 137 Abs. 3 Satz 1 WRV) das Recht, sich für ihre kirchlichen Bediensteten eigene arbeitsrechtliche Grundordnungen zu geben. Die Evangelische und die Katholische Kirche haben eigene Mitarbeitervertretungsordnungen geschaffen (vgl. Schaub/Linck, Arbeitsrechts-Handbuch, § 184 Rdnr. 12 ff., 20 ff.), die sich jedoch weitgehend an den Regelungen des BetrVG orientieren. An die Einhaltung dieser Grundordnungen ist der kirchliche Dienstgeber gebunden (dazu BAG NZA 2000, 208 zum Fall einer unwirksamen Kündigung).

**993**  b) **Eingeschränkt anwendbar ist das Gesetz in folgenden Fällen:** (1) Auf *Tendenzbetriebe* finden die Vorschriften des BetrVG insoweit keine Anwendung, als dem die Eigenart des Betriebs oder Unternehmens entgegensteht (§ 118 Abs. 1 BetrVG). Damit soll den Grundrechten des Arbeitgebers (z. B. aus Art. 4, 5 GG) Rechnung getragen werden.

Für das Verständnis der systematischen Bedeutung und Reichweite des § 118 BetrVG ist zu beachten, dass die Vorschrift die darin genannten Grundrechte nicht einschränkt, sondern, wie das BVerfG erneut bestätigt hat, „gegen Beeinträchtigungen durch betriebliche Mitbestimmungsrechte abschirmt". Folglich ist § 118 Abs. 1 BetrVG (mangels eines einschränkenden Charakters) nicht als „Grundrechtsschranke" bspw. für Art. 5 Abs. 2 GG heranzuziehen. Auch eine Auslegung der Norm unter Zuhilfenahme des Sozialstaatsprinzips führt zu keinem anderen Ergebnis. „Soweit für die Auslegung grundrechtsgestaltender Regelungen auch das Sozialstaatsprinzip heranzuziehen ist, darf dies nicht in eine Beschränkung des Grundrechts auf Pressefreiheit umschlagen" (BVerfG NZA 2000, 217 mit Bezug auf BVerfGE 46, 73, 95 und zahlr. Nachw.).

**994**  (a) *Tendenzbetriebe* sind solche Betriebe, die unmittelbar und überwiegend politischen, koalitionspolitischen, konfessionellen, karitativen, erzieherischen, wissenschaftlichen oder künstlerischen Bestimmungen oder Zwecken der Berichterstattung oder Meinungsäußerung dienen (vgl. § 118 Abs. 1 BetrVG).

Beispiele: Politische Partei, Gewerkschaft, Kolpingverein, Rotes Kreuz, Privatschule, Forschungsinstitut, Theater, Zeitungsverlag.

Bei sog. *Mischbetrieben* (z. B. Verlag und Druckerei) kommt es auf die überwiegende Zielsetzung an; dabei sind allein quantitative Gesichtspunkte (z. B. Umsatz, Beschäftigtenzahl) maßgebend (BAG NZA 2006, 1422).

**995**  (b) Tendenzbetriebe sind von der Unternehmensmitbestimmung (§ 1 Abs. 4 MitbestG) und im Wesentlichen von der betrieblichen Mitbestimmung in wirtschaftlichen Angelegenheiten (Rdnr. 1149 ff.) ausgeschlossen. Nur eingeschränkt anwendbar sind die Vorschriften über die Mitbestimmung in sozialen und vor allem in personellen Angelegenheiten, soweit die Maßnahmen Arbeitnehmer betreffen, für deren Tätigkeit die verfolgte Tendenz prägend ist (sog. Tendenzträger; BAG NJOZ 2013, 1891; dazu Dzida/Hohenstatt, NZA 2004, 1084).

Eine Begrenzung der Mitbestimmungsrechte in sozialen Angelegenheiten kommt wegen des zumeist wertneutralen Arbeitsablaufs nur ausnahmsweise in Betracht, z. B. bei der Festlegung des Arbeitsbeginns oder -endes von Redakteuren in Tageszeitungen (§ 87 Abs. 1 Nr. 2 BetrVG; vgl. BAG NZA 1992, 512). Dagegen ist ein Einfluss auf die Tendenzverwirklichung bei Maßnahmen im personellen Bereich häufiger. Will beispielsweise der Zeitungsverleger einen Redakteur einstellen, entlassen oder versetzen, schließt der Tendenzschutz die Mitbestimmungsrechte des Betriebsrats (z. B. gem. §§ 99 Abs. 2, 103 BetrVG) aus; dagegen bleiben bloße Unterrichtungs- und Anhörungsrechte des Betriebsrats bestehen (BAG NZA 2004, 501). Die individualrechtliche Einführung von Standesregeln für Wirtschaftsredakteure fällt nicht unter § 87 Abs. 1 Nr. 1 BetrVG (BAG NZA 2003, 166). In Presseunternehmen können zwischen dem Arbeitgeber und den Redakteuren Redaktionsstatute vereinbart werden, die den Redakteuren oder ihrer gewählten Vertretung Mitbestimmungsrechte in tendenzbezogenen Angelegenheiten einräumen. Nach Meinung des BAG kann ein solches Redaktionsstatut, auch wenn es durch vertragliche Bezugnahme Bestandteil der Arbeitsverhältnisse aller Redakteure geworden ist, nur mit individualvertraglichen Mitteln (Widerrufsvorbehalt, Änderungsvertrag, Änderungskündigung aller Einzelverträge) abgelöst werden (BAG NZA 2002, 397; kritisch dazu Rüthers, RdA 2002, 360).

(2) Für *Seeschifffahrts- und Luftfahrtunternehmen* sind §§ 114–117 BetrVG zu beachten.

### 3. Persönlicher Geltungsbereich

Das BetrVG regelt die Vertretung der *Arbeitnehmer* einschließlich der zu ihrer Berufsausbildung Beschäftigten (§ 5 Abs. 1 BetrVG). Es knüpft dabei an den im Arbeitsrecht entwickelten Arbeitnehmerbegriff an (Rdnr. 57 ff.).

a) *Keine Arbeitnehmer* im Sinne des BetrVG sind die in § 5 Abs. 2 BetrVG genannten Personen. Diese werden meist nicht aufgrund eines Arbeitsvertrags tätig (z. B. Vorstandsmitglieder einer AG, Geschäftsführer einer GmbH, Gesellschafter einer OHG, Ordensschwestern, Diakonissen; vgl. Rdnr. 47, 61).

Ehegatten, Verwandte und Verschwägerte ersten Grades, die in häuslicher Gemeinschaft mit dem Arbeitgeber leben, sind selbst dann keine Arbeitnehmer im Sinne des BetrVG, wenn ein Arbeitsverhältnis besteht (§ 5 Abs. 2 Nr. 5 BetrVG).

b) Auf *leitende Angestellte* (Rdnr. 60 f.) ist das BetrVG nicht anwendbar, soweit in diesem Gesetz nicht ausdrücklich etwas anderes bestimmt ist (§ 5 Abs. 3 Satz 1 BetrVG; so z. B. §§ 105, 107 Abs. 1 Satz 2 BetrVG). Sie nehmen im Betrieb typischerweise Unternehmeraufgaben mit zum Teil erheblichen eigenen Entscheidungsspielräumen wahr und sind deshalb im Verhältnis zum Betriebsrat eher der Arbeitgeberseite zuzuordnen. Ihre Interessen werden vom Sprecherausschuss wahrgenommen. Regelungen zu diesem Organ finden sich im SprAuG (vgl. dazu unten Rdnr. 1166 ff.), das sich teilweise an die Bestimmungen des BetrVG für den Betriebsrat anlehnt, ohne indes vergleichbar starke Mitspracherechte zu begründen.

(1) Da der *Begriff des leitenden Angestellten* früher zu erheblichen Auslegungsstreitigkeiten geführt hat, ist er in § 5 Abs. 3, 4 BetrVG präzisiert worden. § 5 Abs. 3 Satz 2 BetrVG enthält drei verschiedene Beschreibungen des leitenden Angestellten:

Nach *§ 5 Abs. 3 Satz 2 Nr. 1 BetrVG* zählen solche Beschäftigte zu den leitenden Angestellten, die berechtigt sind, Arbeitnehmer des Betriebs oder einer Betriebsabteilung selbstständig einzustellen und zu entlassen. Die Personalkompetenz muss sich auf ein entsprechend bedeutsames Aufgabengebiet beziehen (BAG NZA 2003, 56; BAG NZA 2008, 664).

Gem. *§ 5 Abs. 3 Satz 2 Nr. 2 BetrVG* gehören zu den leitenden Angestellten die Arbeitnehmer mit Generalvollmacht und solche Prokuristen, die auch im Innenverhältnis zum Arbeitgeber einen nicht nur unbedeutenden Aufgabenbereich wahrnehmen. Erfasst sind daher nur Prokuristen, die von ihrer Prokura in nicht unbedeutendem Umfang Gebrauch machen dürfen, nicht hingegen sog. „Titularprokuristen" (BAG NZA 1995, 747, 749).

**999** Nach der Auffangvorschrift des § 5 Abs. 3 Satz 2 Nr. 3 BetrVG ist es erforderlich, dass der Angestellte „regelmäßig sonstige Aufgaben wahrnimmt, die für den Bestand und die Entwicklung des Unternehmens oder eines Betriebs von Bedeutung sind und deren Erfüllung besondere Erfahrungen und Kenntnisse voraussetzt". Die Befugnisse dürfen sich nicht in Aufsichts- oder Überwachungsfunktionen erschöpfen. Wesentlich ist die Eigenverantwortlichkeit der Tätigkeit: der Angestellte muss also bei der Aufgabenwahrung Entscheidungen entweder im Wesentlichen frei von Weisungen treffen oder zumindest maßgeblich beeinflussen können. Diese Voraussetzung kann auch dann erfüllt sein, wenn der Angestellte insbesondere Rechtsvorschriften, Pläne oder Richtlinien zu beachten oder mit anderen leitenden Angestellten zusammenzuarbeiten hat (zum Ganzen Henssler, in: Festschrift Hromadka, S. 131, 136 ff.).

Bei der Subsumtion unter § 5 Abs. 3 Satz 2 Nr. 3 BetrVG empfiehlt sich ein vierstufiges Prüfungsschema:
1. Wahrnehmung von Aufgaben, die für den Bestand und die Entwicklung des Unternehmens oder eines Betriebs von Bedeutung sind,
2. diese Aufgaben müssen besondere Kenntnisse voraussetzen,
3. sie müssen regelmäßig wahrgenommen werden und
4. bei der Aufgabenerfüllung müssen die Entscheidungen im Wesentlichen frei von Weisungen getroffen oder maßgeblich beeinflusst werden können.

Beispiele: Chefredakteur einer Zeitschrift, Chefpilot, qualifizierte Berater einer Unternehmensberatungsgesellschaft, nicht dagegen jeder Abteilungsleiter.

**1000** Da bei der Auslegung des § 5 Abs. 3 Satz 2 Nr. 3 BetrVG wegen dessen generalklauselartiger Umschreibung des Begriffs des leitenden Angestellten Zweifel auftauchen können, gibt § 5 Abs. 4 BetrVG ergänzende Auslegungsregeln an die Hand; diese sind nur dann heranzuziehen, wenn die Anwendung des § 5 Abs. 3 Satz 2 Nr. 3 BetrVG nicht zu eindeutigen Ergebnissen führt.

Nach § 5 Abs. 4 BetrVG ist im Zweifel leitender Angestellter, wer anlässlich der letzten Wahlen (z. B. des Betriebsrats, Sprecherausschusses) oder durch rechtskräftige gerichtliche Entscheidung den leitenden Angestellten zugeordnet worden ist (Nr. 1), einer Leitungsebene angehört, auf der im Unternehmen überwiegend (= mehr als 50 %) leitende Angestellte vertreten sind (Nr. 2), ein regelmäßiges Jahresarbeitsentgelt erhält, das für leitende Angestellte üblich ist (Nr. 3) oder wer in dem Fall, dass bei Anwendung des Auswahlkriteriums Nr. 3 noch Zweifel geblieben sind, ein regelmäßiges Jahresarbeitsentgelt erhält, welches das Dreifache der Bezugsgröße nach § 18 SGB IV überschreitet (Nr. 4). Die Bezugsgröße stellt auf das Durchschnittsentgelt der rentenversicherten Arbeitnehmer ab. Der Schwellenwert lag 2020 in Westdeutschland bei 114.660,– Euro Jahresentgelt.

**1001** (2) Die *Zuordnung der leitenden Angestellten* ist insbesondere bei Wahlen zum Sprecherausschuss (Rdnr. 1169 f.) und zum Aufsichtsrat (§ 15 Abs. 2 Nr. 2 MitbestG) bedeutsam. Die Feststellung, ob jemand leitender Angestellter ist, muss in einem einfachen Verfahren schnell und ohne große Kosten sowie für die Wahl zum Betriebsrat und zum Sprecherausschuss einheitlich getroffen werden (vgl. § 18a BetrVG).

Im Regelfall sind die Wahlen zum Betriebsrat und zum Sprecherausschuss zeitgleich einzuleiten (§ 13 Abs. 1 BetrVG, § 5 Abs. 1 SprAuG). Beide Wahlvorstände haben sich gegenseitig darüber zu unterrichten, welche Personen sie den leitenden Angestellten zugeordnet haben (§ 18a Abs. 1 Satz 1 BetrVG). Soweit zwischen den Wahlvorständen kein Einvernehmen über die Zuordnung besteht, haben sie in gemeinsamer Sitzung eine Einigung zu versuchen (§ 18a Abs. 1 Satz 2 BetrVG). Kommt eine Einigung nicht zustande, wird ein Vermittler eingeschaltet (§ 18a Abs. 2 Satz 1 BetrVG). Wenn eine Einigung auf die Person des Vermittlers nicht gelingt, schlagen die Wahlvorstände je eine Person als Vermittler vor; durch Los wird entschieden, wer als Vermittler tätig wird (§ 18a Abs. 3 Satz 3 BetrVG). Bei erfolglosem Verständigungsversuch entscheidet der Vermittler nach Beratung mit dem Arbeitgeber (§ 18a Abs. 2 Satz 3 BetrVG). Gem. § 18a Abs. 5 Satz 1 BetrVG wird durch die Zuordnung der Rechtsweg nicht ausgeschlossen. Im Beschlussverfahren (Rdnr. 1297) kann gem. §§ 2a Abs. 1 Nr. 1, 80 ff. ArbGG über den Status als leitender Angestellter entschieden werden.

**1002** c) *Heimarbeiter* (§ 2 HAG) sind keine Arbeitnehmer; sie gelten aber als Arbeitnehmer i. S. d. BetrVG, wenn sie in der Hauptsache für den Betrieb arbeiten (§ 5 Abs. 1 Satz 2 BetrVG). Alle anderen arbeitnehmerähnlichen Personen (Rdnr. 91 ff.) sind dagegen keine Arbeitnehmer i. S. d. BetrVG.

**1003** d) *Leiharbeitnehmer* sind wahlberechtigt, wenn sie länger als drei Monate im Betrieb des Entleihers eingesetzt sind (§ 7 Satz 2 BetrVG). Sie bleiben Arbeitnehmer des Verleihers, sind jedoch nach BAG Rechtsprechung zugleich Arbeitnehmer im Sinne des § 5 Abs. 1 BetrVG im Entleiherbetrieb (BAG NZA 2013, 789, 791). Diese Spaltung beim drittbezogenen Personaleinsatz folgt aus der Erkenntnis, dass die Funktion des Arbeitnehmerbegriffs im jeweiligen betriebsverfassungsrechtlichen Zusammenhang angemessen berücksichtigt werden muss. Nach der früher vom BAG angewendeten sog. *„Zwei-Komponenten-Lehre"* bestand die Problematik, dass Leiharbeitnehmer weder dem Entleiher- noch dem Entsendebetrieb zugeordnet wurden (NZA 2013, 793, 795). Diese Lehre verlangte als Voraussetzung für die Anerkennung der Arbeitnehmereigenschaft neben der Eingliederung in den Betrieb zusätzlich den Abschluss eines Arbeitsvertrages (dazu Kiel/Linsenmeier, RdA 2014, 135). Nach der neueren Rechtsprechung genügt dagegen die Eingliederung in den Betrieb. Dies gilt allerdings nur für das Betriebsverfassungsrecht, nicht also für den im Individualarbeitsrecht maßgeblichen Arbeitnehmerbegriff. Selbst wählbar als Betriebsräte sind die Leiharbeitnehmer im Entleiherbetrieb unter keinen Umständen, also auch nicht bei längerer Entsendung (§ 14 Abs. 2 Satz 1 AÜG). Sie sind berechtigt, die Sprechstunden der Arbeitnehmervertretungen aufzusuchen und an den Betriebs- und Jugendversammlungen im Entleiherbetrieb teilzunehmen.

## II. Träger der Betriebsverfassung

Die wichtigsten Träger der Betriebsverfassung sind neben dem Arbeitgeber (Rdnr. 66) der Betriebsrat (Rdnr. 1005 ff.) und die Betriebsversammlung (Rdnr. 1030 ff.) sowie die Koalitionen (Rdnr. 1040 ff.).

### 1. Betriebsrat

**Schrifttum:** *Annuß,* Das System der Betriebsratsvergütung, NZA 2018, 134; *Anuschek,* Betriebsratswahl, 5. Aufl. 2017; *Bachner,* Die Matrixorganisation in der Betriebsverfassung, NZA 2019, 134; *Diller,* Über die Unmöglichkeit, ein Verfahren nach § 103 BetrVG erfolgreich zu beenden, NZA 2004, 579; *Fündling/Sorber,* Arbeitswelt 4.0 – Benötigt das BetrVG ein Update in Sachen digitalisierte Arbeitsweise des Betriebsrats?, NZA 2017, 552; *Henssler,* Mitbestimmungsrechtliche Folgen grenzüberschreitender Beherrschungsverträge, ZfA 2005, 289; *Richter*, Nach der Betriebsratswahl: In welchem Umfang muss der Arbeitgeber die Schulung von Betriebsratsmitgliedern finanzieren?, BB 2014, 2233; *Rieble*, Delegation an den Gesamt- oder Konzernbetriebsrat, RdA 2005, 26; *ders.*, Die Betriebsratsvergütung, NZA 2008, 276; *Schmitt*, Die Haftung betriebsverfassungsrechtlicher Gremien und ihrer Mitglieder, 2017; *Wirlitsch*, Wann muss der Betriebsrat schweigen?, ArbRAktuell 2010, 415.

**Fälle:**

**1004** a) Ein Betriebsratsmitglied hat die Belegschaft zur Arbeitsniederlegung aufgefordert, um vom Arbeitgeber die Herausgabe bestimmter Unterlagen zu erzwingen. Der Arbeitgeber, der unter diesem Druck die Unterlagen dem Betriebsrat ausgehändigt hat, beantragt beim Arbeitsgericht, den Betriebsrat zu verurteilen, Schadensersatz zu leisten und die Unterlagen wieder herauszugeben. Hat er Erfolg?

b) Der Betriebsrat will für sein Büro eine Computer-Anlage anschaffen und verlangt deshalb vom Arbeitgeber einen Vorschuss von 4500,– Euro. Mit Recht?

c) Weil der Betriebsrat die gegen ihn in der Betriebsversammlung geäußerte Kritik als unbegründet abtut, beschließt die Betriebsversammlung mit großer Mehrheit, der Betriebsrat sei abgesetzt und eine Neuwahl habe stattzufinden. Konnte sie das?

d) Ein Betriebsratsmitglied beantragt Urlaub, um an einer einwöchigen Schulung der Gewerkschaft über Versammlungspraxis und Versammlungsleitung teilzunehmen. Mit Recht?

**1005** a) **Rechtsstellung des Betriebsrats.** Der Betriebsrat ist der gesetzliche Repräsentant der Arbeitnehmer des Betriebs. Die Rechtsstellung des Gremiums und seiner Mitglieder ist in den §§ 7–41 BetrVG geregelt. Mit der Wahrnehmung der Beteiligungsrechte der Arbeitnehmer übt der Betriebsrat ein ihm gesetzlich übertragenes privatrechtliches Ehrenamt aus (vgl. § 37 Abs. 1 BetrVG). Er handelt also nicht als Vertreter im Namen der Arbeitnehmer des Betriebs, sondern im eigenen Namen. An Weisungen einzelner Arbeitnehmer oder der Betriebsversammlung ist er nicht gebunden.

**1006** Der Betriebsrat ist nach verbreiteter Ansicht grundsätzlich weder rechtsfähig noch vermögensfähig. Das Gesetz erkennt ihm jedoch eine betriebsverfassungsrechtliche Teilrechtsfähigkeit zu. So kann er Partei im arbeitsgerichtlichen Beschlussverfahren sein (§§ 10, 80 ff. ArbGG; Rdnr. 1297 ff.) und selbst seine Rechte aus § 80 Abs. 2 BetrVG wahrnehmen oder unter den Voraussetzungen des § 111 Satz 2 BetrVG zu seiner Unterstützung einen Berater hinzuziehen. Außerdem gesteht ihm die Rspr. eine partielle Vermögensfähigkeit zu, allerdings nur, soweit das BetrVG für ihn vermögensrechtliche Ansprüche vorsieht (z. B. § 40 Abs. 1 BetrVG; BAG NZA 2005, 123, 124).

Im **Fall a** ist der Betriebsrat nicht schadensersatzpflichtig, da er grundsätzlich keine Rechtsfähigkeit und kein Vermögen besitzt. Allerdings sind gegen den Betriebsrat solche Zwangsvollstreckungen (vgl. § 85 Abs. 1 ArbGG) möglich, die keine Vermögensfähigkeit voraussetzen (z. B. die Herausgabe einer Sache oder die Unterlassung unwahrer ehrenrühriger Behauptungen).

**1007** Entsprechendes gilt für die Rechtsstellung der weiteren Arbeitnehmervertretungen, die vom Gesetz neben dem Betriebsrat für besondere Fälle vorgesehen sind.

Besteht ein Unternehmen aus mehreren Betrieben mit Betriebsräten, so vertritt der zwingend einzurichtende *Gesamtbetriebsrat* die (betriebsübergreifenden) Belegschaftsinteressen im Unternehmensbereich (§§ 47–53 BetrVG). Er ist zuständig, wenn er von mind. einem Betriebsrat beauftragt wurde oder aber eine überbetriebliche Angelegenheit vorliegt, die nicht durch einzelne Betriebsräte geregelt werden kann (§ 50 BetrVG). Die Zuständigkeit erstreckt sich gem. § 50 Abs. 1 Satz 1 Hs. 2 BetrVG auf betriebsratslose Betriebe des Unternehmens. Ist er zuständig, was jeweils im Einzelfall festzustellen ist, hat er die gleichen Rechte und Pflichten wie der Betriebsrat.

Für einen Konzern (§ 18 Abs. 1 AktG) kann durch Beschlüsse der einzelnen Gesamtbetriebsräte ein *Konzernbetriebsrat* errichtet werden (vgl. §§ 54–59 BetrVG). Dies gilt auch für einen ausländischen Konzern, sofern das herrschende Unternehmen über eine im Inland ansässige (Teil-)Konzernspitze verfügt (BAG NZA 2007, 999). Der Konzernbetriebsrat ist zuständig, wenn er von mind. einem Gesamtbetriebsrat beauftragt wurde oder aber eine Angelegenheit zu regeln ist, die den Konzern bzw. mehrere Konzernunternehmen betrifft und nicht durch die einzelnen Gesamtbetriebsräte innerhalb ihrer Unternehmen geregelt werden kann (§ 58 Abs. 1, 2 Satz 1 BetrVG). Seine Zuständigkeit nach § 58 Abs. 1 BetrVG erstreckt sich auf betriebsrats- und vertretungslose Betriebe oder Unternehmen (Zur Bildung von Gesamt- und Konzernbetriebsräten in internationalen Unternehmen: Röder/Powietzka, DB 2004, 542; Schmitt NZA 2020, 492).

**1008** Schließlich kann für gemeinschaftsweit operierende Unternehmen ein *Europäischer Betriebsrat* eingerichtet werden (vgl. dazu unten Rdnr. 1179 ff.).

Ein Redaktionsstatut für einen Zeitungsverlag, das Mitbestimmungsrechte eines von den Redakteuren gewählten Redaktionsrats nur in tendenzbezogenen Angelegenheiten vorsieht, verstößt nicht gegen das betriebsverfassungsrechtliche Repräsentationsmonopol des Betriebsrats, weil dieser nach § 118 BetrVG insoweit keine Mitbestimmungsrechte hat. Gewährt das zwischen dem Arbeitgeber und den Redakteuren vereinbarte Statut dem Redaktionsrat Mitbestimmungsrechte bei der Bestellung und Abberufung des Chefredakteurs, so ist dies mit Art. 5 Abs. 1 GG vereinbar (BAG NZA 2002, 397; dazu Rüthers, RdA 2002, 360).

**1009** **b) Errichtung des Betriebsrats.** In jedem betriebsratsfähigen Betrieb (vgl. Rdnr. 990 ff.) kann ein Betriebsrat errichtet werden. Der Arbeitgeber ist nicht verpflichtet, für die Durchführung einer Wahl zum Betriebsrat zu sorgen.

Die Vorbereitung und Durchführung der Wahl obliegt dem Wahlvorstand (§ 18 Abs. 1 Satz 1 BetrVG). Dieser wird vom Betriebsrat bestellt (§ 16 Abs. 1 Satz 1 BetrVG). Soweit ein Betriebsrat noch nicht besteht, bestellt der Gesamt- oder der Konzernbetriebsrat den Wahlvorstand (§ 17 Abs. 1 BetrVG). Existieren auch diese Vertretungsorgane nicht oder bleiben sie untätig, so wählen die Arbeitnehmer den Wahlvorstand auf einer Betriebsversammlung (§ 17 Abs. 2, 3 BetrVG), oder er wird auf Antrag vom Arbeitsgericht bestellt (§§ 16 Abs. 2, 17 Abs. 4 BetrVG). Niemand darf die Wahl behindern oder beeinflussen (§§ 20 Abs. 1, Abs. 2, 119 Abs. 1 Nr. 1 BetrVG).

Einzelheiten zur Wahlberechtigung und zur Wählbarkeit, zum Wahlsystem und Wahlverfahren ergeben sich aus §§ 7, 8, 14, 14a BetrVG und den Wahlordnungen. Auch jede im Betrieb vertretene Gewerkschaft kann eigene Wahlvorschläge machen, wozu die Unterzeichnung durch zwei Beauftragte der Gewerkschaft nötig ist; auf diese Weise werden die kleinen Gewerkschaften begünstigt. Eine Tarifzuständigkeit der Gewerkschaft für den Betrieb muss nach Ansicht des BAG nicht bestehen (BAG NZA 2005, 426).

**1010** Bei fehlerhaften Wahlen kommt eine Berichtigung, eine Anfechtung oder die Nichtigkeit der Wahl in Betracht. Die Wahl kann innerhalb von zwei Wochen nach Bekanntgabe des Wahlergebnisses im Beschlussverfahren angefochten werden. Die Anfechtung hat Erfolg, wenn gegen wesentliche Vorschriften über das Wahlrecht, die Wählbarkeit oder das Wahlverfahren verstoßen wurde und keine Berichtigung erfolgt ist, es sei denn, dass durch den Verstoß das Wahlergebnis nicht geändert oder beeinflusst werden konnte (§ 19 BetrVG; § 2a Abs. 1 Nr. 1 ArbGG). Wird der Anfechtung stattgegeben, endet das Amt des Betriebsrats für die Zukunft. Bis dahin vorgenommene Betriebsratshandlungen bleiben wirksam. Ausnahmsweise ist eine Betriebsratswahl sogar nichtig, wenn ein grober und offensichtlicher Verstoß gegen wesentliche gesetzliche Wahlregelungen vorliegt (vgl.

BAG NZA 2000, 1119; Beispiele für Nichtigkeit und Anfechtbarkeit bei HWK/ Reichold, § 19 BetrVG Rdnr. 11, 24. Zum einstweiligen Rechtsschutz: Veit/Wichert, DB 2006, 390). Der in nichtiger Wahl gewählte Betriebsrat hat rechtlich nicht existiert. Seine Handlungen entfalten daher keine Wirksamkeit.

Für *Kleinbetriebe* (5–50 wahlberechtigte Arbeitnehmer) gilt ein vereinfachtes Wahlverfahren, das zwei Betriebsversammlungen (*zweistufiges Verfahren*) erfordert (§ 14a BetrVG). Auf der ersten Betriebsversammlung, die auf Antrag von drei wahlberechtigten Arbeitnehmern oder einer im Betrieb vertretenen Gewerkschaft zustande kommt (§ 17 Abs. 3 BetrVG), wird der Wahlvorstand gewählt (§ 17a BetrVG). Auf der zweiten Versammlung, die eine Woche nach der ersten stattfinden soll, wird sodann der Betriebsrat in geheimer unmittelbarer Wahl gewählt.

**1011** **c) Zusammensetzung des Betriebsrats.** Die jeweils ungerade Zahl der Mitglieder des Betriebsrats richtet sich zwingend nach der Zahl der Arbeitnehmer des Betriebs (§ 9 BetrVG). Auf den ersten beiden Größenstufen ist nur die Zahl der wahlberechtigten Arbeitnehmer, auf der dritten Stufe teils die Zahl der wahlberechtigten, teils die Zahl der betriebsangehörigen Arbeitnehmer zugrunde zu legen. Dies bedeutet, dass auf der dritten Stufe jedenfalls 51 wahlberechtigte Arbeitnehmer vorhanden sein müssen. Ab der vierten Stufe kommt es nur noch auf die Betriebszugehörigkeit an. Nach § 14 Abs. 2 Satz 4 AÜG sind Leiharbeitnehmer im Rahmen von Bestimmungen des BetrVG, die eine bestimmte Anzahl von Arbeitnehmern voraussetzen (etwa des § 9 BetrVG oder des § 38 BetrVG), zu berücksichtigen (BAG NZA 2016, 559).

**1012** Bei der Zusammensetzung des Betriebsrats sollen die Geschlechter sowie Arbeitnehmer der verschiedenen Organisationsbereiche und Beschäftigungsarten entsprechend ihrem zahlenmäßigen Verhältnis berücksichtigt werden (vgl. § 15 BetrVG). Das in der Belegschaft in der Minderheit vertretene Geschlecht muss „mindestens entsprechend seinem zahlenmäßigen Verhältnis im Betriebsrat vertreten sein, wenn dieser aus mehr als drei Mitgliedern besteht" (§ 15 BetrVG; § 5 WahlO). Fehlt es an Kandidaten des in der Minderheit stehenden Geschlechts, so geht der Sitz an das andere Geschlecht (§ 15 Abs. 5 Nr. 5 WahlO). Die Vorschrift ist verfassungsrechtlich problematisch (vgl. Löwisch, NZA 2011, 1075). Sie schränkt das passive Wahlrecht ein, da eine Proporzsicherung nur zu Lasten des Mehrheitsgeschlechts (anders als etwa im Aufsichtsrat, vgl. § 96 Abs. 2 AktG) erfolgt. Der Wert der Stimmen ist ungleich, so dass es auch zu einer Verletzung des aktiven Wahlrechtes kommt. Schließlich führt die Regelung zwangsläufig zu einer Missachtung der Wahlentscheidung des Minderheitengeschlechts. So wird etwa die Wahlentscheidung der Frauen, die einen männlichen Kollegen wählen, schlicht ignoriert, wenn die weiblichen Arbeitnehmerinnen die Minderheit im Betrieb stellen. Das BAG sieht dagegen den Eingriff in den durch Art. 3 Abs. 1 GG gewährleisteten Grundsatz der Wahlrechtsgleichheit aufgrund von Art. 3 Abs. 2 GG als gerechtfertigt an (BAG NZA 2005, 1252 = RdA 2006, 186 m. Anm. Kamanabrou).

**1013** **d) Geschäftsführung des Betriebsrats.** (1) Der Betriebsrat wählt aus seiner Mitte den *Vorsitzenden* und dessen Stellvertreter (vgl. § 26 Abs. 1 BetrVG). Der Vorsitzende beruft die Sitzungen des Betriebsrats ein, setzt die Tagesordnung fest und leitet die Verhandlung (§ 29 Abs. 2 Satz 1–3 BetrVG). Er vertritt den Betriebsrat im Rahmen der gefassten Beschlüsse und ist zur Entgegennahme von Erklärungen, die dem Betriebsrat gegenüber abzugeben sind, berechtigt (§ 26 Abs. 2 Satz 2

BetrVG). Es handelt sich bei dieser Form der Stellvertretung um eine Vertretung in der Erklärung – im Gegensatz zu einer Vertretung im Willen (BAG NJW 1982, 69). Der Vorsitzende hat deshalb nur im Rahmen der gefassten Beschlüsse Vertretungsmacht (BAG NZA 2016, 1140, 1142).

Dementsprechend laufen auch die Fristen für die Anhörung des Betriebsrats zu einer Kündigung (§ 102 Abs. 2 BetrVG) erst ab der Zustellung der Unterlagen an den Vorsitzenden bzw. im Falle dessen Verhinderung an den Stellvertreter (vgl. Rdnr. 1142). Sind allerdings sowohl der Vorsitzende als auch der Stellvertreter verhindert und hat der Betriebsrat keine Vorkehrungen für diesen Fall getroffen, so darf der Arbeitgeber grundsätzlich gegenüber jedem Betriebsratsmitglied Erklärungen an den Betriebsrat abgeben.

(2) Ein Betriebsrat, der aus neun oder mehr Mitgliedern besteht, hat einen *Betriebsausschuss* zu bilden (§ 27 Abs. 1 BetrVG). Dieser führt die laufenden Geschäfte des Betriebsrats; ihm können vom Betriebsrat auch Aufgaben zur selbstständigen Erledigung – mit Ausnahme des Abschlusses von Betriebsvereinbarungen – übertragen werden (§ 27 Abs. 2 BetrVG). **1014**

Der Betriebsausschuss besteht aus dem Betriebsratsvorsitzenden und dessen Stellvertreter sowie weiteren Mitgliedern, deren Zahl sich nach der Größe des Betriebsrats bestimmt (§ 27 BetrVG). Diese werden vom Betriebsrat in geheimer Wahl nach den Grundsätzen der Verhältniswahl gewählt (§ 27 Abs. 1 Satz 3 BetrVG); dadurch soll verhindert werden, dass eine nur knappe Mehrheit im Betriebsrat in der Lage ist, Vertreter von Minderheiten weitgehend oder ganz von der Ausschussarbeit auszuschließen (BT-Drucks. 11/2503, S. 24; BAG NZA 1992, 989, 991). Der Betriebsrat kann weitere Ausschüsse zur Erledigung bestimmter Aufgaben bilden (§ 28 BetrVG), was in größeren Unternehmen ganz üblich ist. **1015**

(3) Die Entscheidungen des Betriebsrats werden in Sitzungen getroffen (§ 29 BetrVG). Die Betriebsratssitzungen sind nicht öffentlich und finden als Präsenzsitzungen in der Regel während der Arbeitszeit statt (§ 30 BetrVG). Im Zuge der COVID-19 Krise wurden auch virtuelle Sitzungen und Beschlussfassungen zugelassen (dazu Fühlrott/Fischer, NZA 2020, 490). **1016**

Der Arbeitgeber ist vom Zeitpunkt der Sitzung vorher zu verständigen (§ 30 Satz 3 BetrVG). Ein Teilnahmerecht hat er nur in Ausnahmefällen (vgl. § 29 Abs. 4 Satz 1 BetrVG); dann kann er auch einen Vertreter seines Arbeitgeberverbandes hinzuziehen (§ 29 Abs. 4 Satz 2 BetrVG). Der Beauftragte einer im Betriebsrat vertretenen Gewerkschaft darf an der Sitzung beratend teilnehmen, wenn ein Viertel der Mitglieder oder der Mehrheit einer Gruppe des Betriebsrats die beantragt (§ 31 BetrVG). Der Beauftragte einer im Betrieb, aber nicht im Betriebsrat vertretenen Gewerkschaft hat dagegen kein Teilnahmerecht (BAG NZA 1990, 660).

Die Willensbildung des Betriebsrats erfolgt durch *Beschluss* (§ 33 BetrVG). Der Betriebsrat ist nur beschlussfähig, wenn mindestens die Hälfte der Mitglieder an der Beschlussfassung teilnimmt (§ 33 Abs. 2 BetrVG); zeitweilig verhinderte Betriebsratsmitglieder werden durch die gem. § 25 Abs. 2 BetrVG zu bestimmenden Ersatzmitglieder vertreten (§ 25 Abs. 1 Satz 2 BetrVG). Die Beschlüsse werden in der Regel mit der Mehrheit der Stimmen der anwesenden Mitglieder gefasst (§ 33 Abs. 1 Satz 1 BetrVG). Sie sind nur dann wirksam, wenn die Mitglieder des Betriebsrats (oder im Verhinderungsfall deren Ersatzmitglieder, § 29 Abs. 2 Satz 6 BetrVG) vom Vorsitzenden rechtzeitig unter Mitteilung der Tagesordnung geladen worden sind (§ 29 Abs. 2 Satz 3 BetrVG; zur Heilung von Verfahrensfehlern BAG NZA 2014, 551).

Ein Beschluss des Betriebsrats kann im Beschlussverfahren (Rdnr. 1297 ff.) oder als Vorfrage im Urteilsverfahren (Rdnr. 1277 ff.) auf seine Rechtswirksamkeit, nicht aber auf seine Zweckmäßigkeit überprüft werden.

**1017** (4) Die durch die Betriebsratstätigkeit entstehenden *Kosten* trägt allein der Arbeitgeber (§§ 40, 51 Abs. 1 Satz 1, 59 Abs. 1 BetrVG). Beiträge von Arbeitnehmern und freiwillige Leistungen Dritter (z. B. einer Gewerkschaft, einer politischen Partei) für Zwecke des Betriebsrats sind verboten (sog. Umlageverbot, § 41 BetrVG).

Nach § 40 Abs. 2 BetrVG ist der Arbeitgeber namentlich zur Bereitstellung der erforderlichen Räume, der sachlichen Mittel (z. B. Aktenschrank, Fachliteratur, Personalcomputer, Informations- und Kommunikationstechnik, wozu nach BAG NZA 2016, 1033 grundsätzlich auch die Einrichtung eines Internetanschlusses ohne personalisierte Anmeldung sowie die Teilhabe am E-Mail-Verkehr gehört) sowie des Büropersonals verpflichtet (BAG NZA 2005, 1010). Darüber hinaus hat er alle Kosten zu ersetzen, die der Betriebsrat unter Beachtung des Grundsatzes der Verhältnismäßigkeit zur Durchführung seiner Arbeit für erforderlich halten durfte (BAG NZA 2005, 1010).

Dazu gehören auch Aufwendungen, die der gerichtlichen Durchsetzung von Rechten des Betriebsrats und seiner Mitglieder dienen. Soweit der Betriebsrat bei verständiger Würdigung der konkreten Umstände des Einzelfalles die Hinzuziehung eines Rechtsanwalts für notwendig erachten durfte, muss der Arbeitgeber die entstehenden Kosten tragen (BAG NZA 2005, 168).

Der Betriebsrat ist berechtigt, für die ihm entstehenden Aufwendungen vom Arbeitgeber einen angemessenen Vorschuss zu verlangen (vgl. § 669 BGB; Richardi/Thüsing, BetrVG, § 40 Rdnr. 44 m. w. Nachw.; **Fall b**). Er kann auch die Freistellung von eingegangenen Verbindlichkeiten beanspruchen (BAG NZA 1990, 233). Die „intellektuelle Waffengleichheit" zwischen Betriebsrat und Arbeitgeber soll gewährleistet werden.

**1018** e) **Amtszeit des Betriebsrats.** Die *regelmäßige* Amtszeit des Betriebsrats als Gremium beträgt vier Jahre (§ 21 Satz 1 BetrVG). Ausnahmsweise kann es zu einer vorzeitigen Beendigung kommen, z. B. durch *Rücktritt des Betriebsrats* (vgl. § 13 Abs. 2 Nr. 3 BetrVG), erfolgreiche Anfechtung *der Betriebsratswahl* (vgl. § 13 Abs. 2 Nr. 4, § 19 BetrVG), *Auflösung des Betriebsrats* oder *Ausschluss einzelner Mitglieder* (vgl. § 13 Abs. 2 Nr. 5, § 23 Abs. 1 BetrVG).

Die Auflösung des Betriebsrats kann nur durch das Arbeitsgericht und nicht etwa durch Abwahl oder Absetzung seitens der Arbeitnehmer des Betriebs oder der Betriebsversammlung erfolgen (**Fall c**). Antragsberechtigt sind ein Viertel der wahlberechtigten Arbeitnehmer, der Arbeitgeber oder eine im Betrieb vertretene Gewerkschaft (§ 23 Abs. 1 Satz 1 BetrVG). Die Auflösung setzt eine grobe Verletzung von gesetzlichen Pflichten des Betriebsrats voraus. Beispiele: Nichtbestellung eines Vorsitzenden, Nichteinberufung einer notwendigen Betriebsversammlung, Verstöße gegen das Gebot vertrauensvoller Zusammenarbeit zwischen Arbeitgeber und Betriebsrat.

**1019** Für die Spaltung oder Zusammenlegung von Betrieben sieht § 21a BetrVG Übergangsmandate vor, bis ein neuer Betriebsrat gewählt worden ist. Das gilt auch, wenn die Spaltung oder Zusammenlegung Folge einer Betriebsveräußerung oder Umwandlung nach dem Umwandlungsgesetz ist (§ 21a Abs. 3 BetrVG). Wird ein Betrieb durch Stilllegung, Spaltung oder Zusammenlegung aufgelöst, so bleibt der Betriebsrat solange im Amt, wie es die Wahrnehmung der Mitwirkungs- und Mitbestimmungsrechte bei der Betriebsauflösung erfordert („Restmandat" nach § 21b BetrVG). So will der Gesetzgeber bei Umstrukturierungen betriebsratslose Zeiten verhindern. Die Abgrenzung beider Mandate (d. h. Rest- und Übergangsmandat) sowohl zueinander als auch zum regulären Mandat des § 21 BetrVG kann schwierig sein. So kann es bspw. bei der Eingliederung eines Betriebs in einen größeren Betrieb zu einem Nebeneinander von Restmandat (des Betriebsrats des eingegliederten kleineren Betriebs) und Übergangsmandat (des Betriebsrats des größeren Betriebs) kommen (str.). Behält der größere Betrieb seine Identität, ist auch der Fortbestand des regulären Mandats denkbar.

**f) Rechtsstellung des Betriebsratsmitglieds.** (1) Das Amt des Betriebsratsmitglieds ist ein *unentgeltliches Ehrenamt* (§ 37 Abs. 1 BetrVG). Der Betriebsrat erhält „nur" seine vertraglich vereinbarte Vergütung (Lohnausfallprinzip). Das gilt sowohl für freigestellte als auch für nicht oder teilfreigestellte Betriebsratsmitglieder. Die Betriebsratstätigkeit ist keine Arbeitsleistung, die besonders zu vergüten wäre. Das Unentgeltlichkeitsprinzip des § 37 Abs. 1 BetrVG soll die Unabhängigkeit der Amtsträger gewährleisten. Das gesetzliche Begünstigungsverbot wird freilich in der Praxis häufig verletzt. Betriebsräte erhalten insbesondere in Großunternehmen eine Vergütung, die für sie im Rahmen ihrer normalen beruflichen Karriere unerreichbar gewesen wäre. Gerechtfertigt wird dies mit der Überlegung, dass der dem Betriebsrat gegenüberstehende Verhandlungspartner – also das Management des Arbeitgebers – dieselbe betriebliche Verantwortung für das Gelingen von mitbestimmten Maßnahmen hat. Daher müsse sich auch die Vergütung des Betriebsrats an derjenigen des Managements orientieren. Dieses rechtspolitisch plausible Argument (Schweibert/Buse, NZA 2007, 1080, 1083) entspricht allerdings nicht der zwingenden Wertung des Gesetzgebers (vgl. Annuß, NZA 2018, 134). Im Gegenteil verdeutlicht die Ausklammerung der leitenden Angestellten aus der Betriebsverfassung, dass die Betriebsräte gerade nicht, auch nicht vergütungsmäßig, auf der Ebene dieser Gruppe der Mitarbeiter stehen sollen. Keine Lösung kann es daher sein, dass sich ein Betriebsrat auf eine Stelle eines leitenden Angestellten bewirbt, und seine grundsätzliche Befähigung für diese Position dann als Rechtfertigung genutzt wird, um ihm die auf dieser Stelle übliche Vergütung nun als Betriebsrat zuzubilligen. **1020**

Das Betriebsratsmitglied soll vergütungsrechtlich aus seiner Amtstätigkeit weder Vorteile (z. B. verdeckte Zusatzvergütungen) noch Nachteile (z. B. geringeres Arbeitsentgelt, Beschäftigung mit einer unterwertigen Tätigkeit) haben. § 37 Abs. 2, 4 und 5 BetrVG konkretisieren für den Bereich der Vergütung das allgemeine Benachteiligungs- und Begünstigungsverbot des § 78 Satz 2 BetrVG. Bei freigestellten Mitgliedern richtet sich die Gehaltsentwicklung nach derjenigen von Vergleichspersonen (§ 37 Abs. 4 BetrVG; dazu BAG NZA 2018, 1012, 1014). Das Bevorzugungsverbot schließt es aus, einem Betriebsratsvorsitzenden für besonderes Engagement einen Bonus zu gewähren. Wohl aber kann und muss der Betriebsrat von einem Bonusprogramm profitieren, das den Vergleichspersonen zu Gute kommt. **1021**

Das Betriebsratsmitglied ist von seiner beruflichen Tätigkeit ohne Minderung des Arbeitsentgelts zu befreien, wenn und soweit es nach Umfang und Art des Betriebs zur ordnungsgemäßen Durchführung seiner Aufgaben erforderlich ist (§ 37 Abs. 2 BetrVG). Tatbestandliche Voraussetzung ist die Erfüllung von Betriebsratsaufgaben und die Erforderlichkeit der Inanspruchnahme von Arbeitszeit. Die Erforderlichkeit der Arbeitsversäumnis kann sich entweder unmittelbar aus dem Gesetz (etwa die Teilnahme an den Betriebsratssitzungen) oder aus den Umständen ergeben (etwa die Teilnahme eines Mitglieds an einem durch den Betriebsrat angestrengten Beschlussverfahren). § 37 Abs. 2 BetrVG begründet gesetzessystematisch keinen eigenen Vergütungsanspruch, sondern sichert den arbeitsvertraglichen Anspruch, indem er dem Arbeitgeber den Einwand des nicht erfüllten Vertrages versagt. Der Arbeitsbefreiung nach § 37 Abs. 2 BetrVG muss der Arbeitgeber nicht **1022** zustimmen; führt das Betriebsratsmitglied kurzfristig Betriebsratstätigkeiten während seiner Arbeitszeit aus, so hat es sich jedoch grundsätzlich für diese Zeit beim Arbeitgeber abzumelden (NZA 2012, 47, 48); für betriebsbedingte Betriebsratstätigkeit außerhalb der Arbeitszeit ist ihm eine entsprechende Arbeitsbefreiung zu gewähren (§ 37 Abs. 3 Satz 1 BetrVG). Sofern die entsprechende Arbeitsbefreiung aus ebenfalls betriebsbedingten Gründen vor Ablauf eines Monats nicht gewährt werden kann, wandelt sich der Befreiungsanspruch ausnahmsweise in einen Vergütungsanspruch um (§ 37 Abs. 3 Satz 3 BetrVG). In Betrieben mit mindestens 200 Arbeitnehmern hat eine nach der Beschäftigtenzahl gestaffelte (Teil-) Freistellung einzelner Betriebsratsmitglieder von der (gesamten) beruflichen Tätigkeit zu erfolgen (§ 38 BetrVG). Die Erforderlichkeit der Inanspruchnahme von Arbeitszeit wird dann durch das Gesetz unwiderleglich vermutet.

Auch in Betrieben mit weniger als 200 Arbeitnehmern kann ausnahmsweise eine (Teil-) Freistellung in Betracht kommen, wenn dies zur ordnungsgemäßen Durchführung der Betriebsratsaufgaben erforderlich ist (BAG NZA 1992, 414).

**1023** Das Benachteiligungs- und Begünstigungsverbot des § 78 Satz 2 BetrVG verbietet zur Gewährleistung einer unabhängigen und unparteiischen Amtsführung, jede Besser- oder Schlechterstellung des Betriebsratsmitglieds, welche aufgrund seiner Tätigkeit im betriebsverfassungsrechtlichen Gremium erbracht wird. Rechtsgeschäfte, die gegen das Benachteiligungs- und Begünstigungsverbot verstoßen, sind gem. § 134 BGB nichtig. Das ohne Rechtsgrund Geleistete kann bereicherungsrechtlich trotz § 817 Satz 2 BGB zurückgefordert werden (BAG NZA 2018, 528; a. A. DKKW/Wedde Rn. 7). Es liegt allerdings keine unzulässige Begünstigung im Sinne des Gesetzes vor, wenn ein Betriebsratsmitglied durch einen im Zuge einer kündigungsrechtlichen Auseinandersetzung abgeschlossenen Aufhebungsvertrag besonders attraktive finanzielle Konditionen erhält. Diese Begünstigung beruht regelmäßig auf dem besonderen Kündigungsschutz des Betriebsratsmitglieds nach § 15 Abs. 1 KSchG, § 103 BetrVG, der seine Rechtsposition gegenüber anderen Arbeitnehmern ohne vergleichbaren Sonderkündigungsschutz erheblich verbessert (BAG NZA 2018, 1019).

**1024** (2) Das Betriebsratsmitglied hat einen Anspruch auf *Freistellung zur Teilnahme an Schulungs- und Bildungsveranstaltungen* (§ 37 Abs. 6 und Abs. 7 BetrVG). Zwei verschiedene Fälle sind zu unterscheiden:

**1025** (a) § 37 Abs. 6 BetrVG setzt eine Veranstaltung voraus, welche die *für die Betriebsratsarbeit erforderlichen Kenntnisse* vermittelt (dazu Wank/Maties, NZA 2005, 1033). Diese müssen unter Berücksichtigung der konkreten Situation im Betrieb und des vorhandenen Wissensstandes der Betriebsratsmitglieder benötigt werden, damit der Betriebsrat seine derzeitigen und künftigen Aufgaben sachgerecht wahrnehmen kann (BAG NZA 2011, 813, 814 f.).

Die Erforderlichkeit bestimmt im Einzelfall auch den zulässigen Inhalt (z. B. nähere Kenntnisse im Betriebsverfassungs-, nicht im Steuerrecht) und die Dauer der Schulung (Einzelh.: Fitting/Engels/Schmidt/Trebinger/Linsenmaier, BetrVG, § 37 Rdnr. 138 ff., 171 ff.).

Liegen die Voraussetzungen des § 37 Abs. 6 BetrVG vor, hat der Betriebsrat als Träger des Freistellungsanspruchs einen Beschluss (BAG, NZA 1987, 643, 643) darüber zu fassen, welches Betriebsratsmitglied an der Schulungsveranstaltung teilnimmt. An dieses Betriebsratsmitglied hat der Arbeitgeber gem. § 37 Abs. 2, 3 BetrVG das Arbeitsentgelt fortzuzahlen. Alle übrigen Kosten der Teilnahme (z. B.

Fahrt, Verpflegung und Übernachtungskosten sowie Lehrgangsgebühren) sind vom Arbeitgeber gem. § 40 Abs. 1 BetrVG zu tragen, sofern sie erforderlich waren (BAGNZA 2015, 632). Der Anspruch auf Freizeitausgleich gem. §§ 37 Abs. 6 Satz 2 i. V. m. 37 Abs. 3 Satz 1 BetrVG umfasst nicht nur die reinen Schulungszeiten, sondern kann auch die anfallenden Pausen und Reisezeiten erfassen (BAG NZA 2005, 936, 938). Grundsätzlich soll der freigestellte Arbeitnehmer nicht besser oder schlechter gestellt werden als ein vergleichbarer nicht freigestellter Arbeitnehmer (BT-Drucks. 14/5741, S. 41).

(b) Nach § 37 Abs. 7 BetrVG kann jedes einzelne Betriebsratsmitglied während seiner regelmäßig vierjährigen Amtszeit die Gewährung eines bezahlten *Bildungsurlaubs* von insgesamt drei (bei neuen Mitgliedern vier) Wochen zur *Teilnahme an einer* von der obersten Arbeitsbehörde des Landes *als geeignet anerkannten* (Schulungs- und Bildungs-)*Veranstaltung* verlangen. Anders als bei § 37 Abs. 6 BetrVG, der einen vom Kollektivanspruch abgeleiteten Individualanspruch begründet, handelt es sich bei § 37 Abs. 7 BetrVG um einen Individualanspruch des einzelnen Betriebsratsmitglieds. **1026**

Im Unterschied zu § 37 Abs. 6 BetrVG, der einen unmittelbaren Zusammenhang der Schulung mit der Betriebsratstätigkeit voraussetzt, reicht es bei § 37 Abs. 7 BetrVG, dass die vermittelten Kenntnisse der Betriebsratstätigkeit im weiten Sinne dienlich und förderlich sind (vgl. BAG NZA 1994, 517, 520). Das ist im **Fall d** zu bejahen.

Der Arbeitgeber hat auch hier das Arbeitsentgelt fortzuzahlen (§ 37 Abs. 7 Satz 1 BetrVG: „bezahlte" Freistellung); er muss aber – anders als bei § 37 Abs. 6 BetrVG – nicht die sonstigen Kosten gem. § 40 Abs. 1 BetrVG erstatten (BAG AP Nr. 6 zu § 37 BetrVG 1972).

(3) Verschiedene *Schutzbestimmungen* sollen der beeinträchtigungsfreien Tätigkeit der Betriebsratsmitglieder dienen. Diese dürfen in ihrer Tätigkeit nicht gestört oder behindert und wegen ihrer Tätigkeit nicht benachteiligt oder begünstigt werden (§ 78 BetrVG; zur Strafbarkeit: § 119 Abs. 1 Nr. 2, 3 BetrVG). Vor allem genießen die Mitglieder des Betriebsrats einen besonderen Versetzungs- und Kündigungsschutz (vgl. § 103 BetrVG; § 78a Abs. 1, 2 BetrVG; Rdnr. 526, 614). **1027**

(4) Die Mitglieder und Ersatzmitglieder des Betriebsrats unterliegen (auch nach ihrem Ausscheiden) einer besonderen *Geheimhaltungspflicht* (§§ 79 Abs. 1 Satz 1, 2, 99 Abs. 1 Satz 3 BetrVG). Betriebs- oder Geschäftsgeheimnisse, die ihnen wegen ihrer Zugehörigkeit zum Betriebsrat bekannt geworden sind, dürfen sie nicht offenbaren und nicht verwerten. Gegenüber anderen Mitgliedern des Betriebsrats besteht diese Verpflichtung nicht (§ 79 Abs. 1 Satz 3 BetrVG). **1028**

Geheimhaltungsbedürftig sind alle nicht offenkundigen, nur einem begrenzten Personenkreis bekannten Tatsachen, die nach dem Willen des Betriebsinhabers aufgrund eines berechtigten wirtschaftlichen Interesses geheim gehalten werden sollen (BAG NZA 1988, 63, 63).

(5) Die *Mitgliedschaft* im Betriebsrat *erlischt* u. a. durch Niederlegung des Amtes, Beendigung des Arbeitsverhältnisses und Ausschluss aus dem Betriebsrat (§ 24 Abs. 1 Nr. 2, 3, 5 BetrVG). In diesen Fällen rückt ein Ersatzmitglied nach (§ 25 Abs. 1 Satz 1, Abs. 2 BetrVG). **1029**

## 2. Betriebsversammlung

**Fälle:**

**1030** a) Während des Wahlkampfes soll ein Minister auf Wunsch des Betriebsrats in der Betriebsversammlung über Fragen der Sozialpolitik sprechen. Der Arbeitgeber widerspricht dem Plan. Wäre eine Einladung zulässig?

b) Der Arbeitnehmer N macht während einer Betriebsversammlung Weihnachtseinkäufe und verlangt später für die Zeit der Versammlung seinen Stundenlohn. Hat er einen Anspruch?

Die Betriebsversammlung besteht aus den Arbeitnehmern des Betriebs (§ 42 Abs. 1 Satz 1 BetrVG). Teilnahmeberechtigt sind ferner der Arbeitgeber (§ 43 Abs. 2 BetrVG), Beauftragte der im Betrieb vertretenen Gewerkschaften und ein Beauftragter des Arbeitgeberverbandes, dem der Arbeitgeber angehört (§ 46 Abs. 1 BetrVG).

Die Betriebsversammlung ist nicht öffentlich (§ 42 Abs. 1 Satz 2 BetrVG). Die Zulassung außenstehender Personen ist deshalb nur im Ausnahmefall erlaubt, wenn ein sachlicher Grund vorliegt.

**1031** a) **Zweck der Betriebsversammlung.** Die Betriebsversammlung dient vor allem der *Information der Arbeitnehmer*. Deshalb hat der Betriebsrat auf den regelmäßigen Betriebsversammlungen einen Tätigkeitsbericht zu erstatten (§ 43 Abs. 1 Satz 1 BetrVG). Der Arbeitgeber (oder sein Vertreter) hat mindestens einmal in jedem Jahr über das Personal- und Sozialwesen, über die Förderung der Gleichstellung der Geschlechter im Betrieb, die Vereinbarkeit von Familie und Erwerbstätigkeit, die Integration der ausländischen Arbeitnehmer sowie über die wirtschaftliche Lage und Entwicklung des Betriebs zu berichten (§ 43 Abs. 2 Satz 3 BetrVG).

Zum zulässigen *Themenbereich* gehören Angelegenheiten, die den konkreten Betrieb oder seine Arbeitnehmer unmittelbar betreffen; darunter fallen auch Angelegenheiten tarifpolitischer, sozialpolitischer, umweltpolitischer und wirtschaftlicher Art, sofern sie unmittelbar betriebsbezogen sind (§ 45 Satz 1 BetrVG). Durch den Hinweis auf § 74 Abs. 2 BetrVG wird klargestellt, dass keine Fragen behandelt werden dürfen, die den Betriebsfrieden beeinträchtigen oder parteipolitischer Art sind.

Selbst wenn das Thema eines eingeladenen Referenten an sich zulässig wäre und den Betriebsfrieden nicht beeinträchtigte, so liegt doch eine unzulässige parteipolitische Betätigung vor, wenn ein Politiker während des Wahlkampfes in einer Betriebsversammlung spricht (**Fall a**; vgl. BAG AP Nr. 1 zu § 42 BetrVG 1972). Das trifft bei Auftritten von Regierungsmitgliedern in Wahlkampfzeiten regelmäßig zu. Im Streitfall kann der Arbeitgeber das Arbeitsgericht anrufen, das im Beschlussverfahren über die Zulässigkeit des Referats entscheidet (§ 2a Abs. 1 Nr. 1, Abs. 2 ArbGG).

**1032** Die Betriebsversammlung kann dem Betriebsrat Anträge unterbreiten und zu dessen Beschlüssen Stellung nehmen (§ 45 Satz 2 BetrVG). Sie ist dem Betriebsrat nicht übergeordnet; insbesondere ist sie nicht befugt, ihm bindende Weisungen zu erteilen; sie kann nur Anregungen geben.

**1033** b) **Arten der Betriebsversammlung und Vergütungspflicht.** (1) Die *ordentliche* Betriebsversammlung ist in jedem Kalendervierteljahr vom Betriebsrat einzuberufen (Einzelh.: § 43 Abs. 1 BetrVG). Sie findet regelmäßig während der Arbeitszeit statt. Die Teilnahme ist in jedem Fall wie Arbeitszeit zu vergüten, also auch dann, wenn die Betriebsversammlung ausnahmsweise außerhalb der üblichen Arbeitszeit stattfindet (§ 44 Abs. 1 Satz 2, 3 BetrVG).

Nach der Rspr. des BAG besteht die Pflicht zur Vergütung unabhängig davon, ob der Arbeitnehmer für die Zeit der Teilnahme schon Urlaubsentgelt, Kurzarbeiter- oder Elterngeld bezieht. Auch bei ordnungsgemäßer Abhaltung einer Betriebsversammlung während eines Streiks sollen die teilnehmenden Arbeitnehmer einen Vergütungsanspruch haben (BAG NZA 1987, 853); dieser Anspruch besteht aber jedenfalls dann nicht, wenn auf der Betriebsversammlung Streikthemen behandelt werden.

Im **Fall b** hat N keinen Lohnanspruch für die Zeit der Betriebsversammlung, da er weder gearbeitet noch an der Versammlung teilgenommen hat. Selbst wenn er während der Zeit der Versammlung hätte arbeiten wollen, dies jedoch aufgrund der Teilnahme anderer Arbeitnehmer an der Betriebsversammlung unmöglich geworden wäre, hätte er dennoch keinen Lohnanspruch. Denn der Arbeitgeber befindet sich nicht im Annahmeverzug (§ 615 BGB), wenn er wegen der gesetzlichen Pflicht, eine Betriebsversammlung während der Arbeitszeit abhalten zu lassen, den Arbeitnehmer nicht beschäftigen kann (str.; a.A. Fitting/Engels/Schmidt/Trebinger/Linsenmaier, BetrVG, § 44 Rdnr. 35). Der Annahmeverzug ist hingegen zu bejahen, wenn der Arbeitgeber von der angebotenen Arbeitsleistung des Arbeitnehmers keinen Gebrauch macht, obwohl er ihn während der Betriebsversammlung hätte beschäftigen können.

**1034** (2) Eine *außerordentliche* Betriebsversammlung kann vom Betriebsrat einberufen werden, wenn dieser es für erforderlich hält. Sie ist auf Wunsch des Arbeitgebers oder von mindestens einem Viertel der wahlberechtigten Arbeitnehmer einzuberufen (§ 43 Abs. 3 Satz 1 BetrVG) und findet grundsätzlich außerhalb der Arbeitszeit statt (§ 44 Abs. 2 Satz 1 BetrVG). Ein Anspruch auf Vergütung besteht nicht. Wird die Betriebsversammlung allerdings im Einvernehmen mit dem Arbeitgeber während der Arbeitszeit abgehalten, besteht ein Vergütungsanspruch (§ 44 Abs. 2 Satz 2 BetrVG). Das gilt auch, wenn die Betriebsversammlung auf Wunsch des Arbeitgebers stattfindet (§ 44 Abs. 1 Satz 1, 2 BetrVG).

**1035** (3) Auf *Antrag einer im Betrieb vertretenen Gewerkschaft* muss der Betriebsrat eine ordentliche Betriebsversammlung einberufen, wenn im vergangenen Kalenderhalbjahr keine Versammlung stattgefunden hat (§ 43 Abs. 4 BetrVG).

### 3. Sonstige Träger der Betriebsverfassung

**1036** In Unternehmen mit in der Regel mehr als 100 ständig beschäftigten Arbeitnehmern muss vom Betriebsrat oder Gesamtbetriebsrat ein *Wirtschaftsausschuss* eingesetzt werden (vgl. §§ 106 ff. BetrVG; Rdnr. 1150 ff.). Der Wirtschaftsausschuss ist ein Hilfsorgan des Betriebsrats, welches vor allem der Information und Beratung bzgl. der wirtschaftlichen Lage des Unternehmens dient.

**1037** In Betrieben mit mehr als 100 Arbeitnehmern kann der Betriebsrat mit der Mehrheit seiner Mitglieder bestimmte Aufgaben auf *Arbeitsgruppen* (vgl. dazu Blanke, RdA 2003, 140 ff.) der Belegschaft übertragen, sofern diese Aufgaben im Zusammenhang mit der Tätigkeit der Gruppenmitglieder stehen (§ 28a BetrVG). Die Arbeitsgruppe kann im Rahmen der ihr übertragenen Aufgaben Vereinbarungen mit dem Arbeitgeber treffen.

**1038** Die *Jugend- und Auszubildendenvertretung* (§§ 60–71 BetrVG), die *Gesamt-Jugend- und Auszubildenden-Vertretung* (§§ 72 f. BetrVG), die *Schwerbehindertenvertretung* (§ 32 BetrVG, § 94 SGB IX) und die *Gesamtschwerbehindertenvertretung* (§ 52 BetrVG, § 94 Satz 1 SGB IX) nehmen die Belange dieser besonderen Arbeitnehmergruppen wahr. Die Schwerbehindertenvertretung kann an allen Sitzungen des Betriebsrats und der Ausschüsse nach §§ 27, 28, 106 BetrVG, sowie an den Sitzungen des Arbeitsschutzausschusses beratend teilnehmen (§ 32 BetrVG, § 95 Abs. 4 Satz 1 SGB IX).

**1039** § 3 Abs. 1 Nr. 1–3 BetrVG bietet weitere Optionen bei der Gestaltung der Arbeitnehmervertretungen. Durch Tarifvertrag, unter Beachtung des Tarifvorrangs auch durch Betriebsvereinbarung (vgl. § 3 Abs. 2 BetrVG, kritisch Reichold, NZA 2001, 857, 859 f.), können unternehmenseinheitliche Betriebsräte bzw. ein Betriebsrat für mehrere Betriebe oder Spartenbetriebsräte (vgl. Friese, RdA 2003, 92) gebildet werden. § 3 Abs. 1 Nr. 3 BetrVG erlaubt unter Anknüpfung an besondere Betriebs-, Unternehmens- oder Konzernorganisationen weitere Vertretungsstrukturen. § 3 Abs. 1 Nr. 4, 5 BetrVG ermöglicht die zusätzliche Einrichtung von Gremien und Arbeitnehmervertretungen, die im Gegensatz zu den nach Nr. 1–3 gebildeten Vertretungen aber keine Mitbestimmungsorgane, sondern lediglich „Hilfselemente" zur Optimierung der Betriebsratsarbeit sind. Die in § 3 Abs. 1 BetrVG aufgeführten Tatbestände sind abschließend (BAG NZA 2005, 895). Aktuell werden aus rechtspolitischer Sicht Erweiterungen diskutiert, um auch neuartigen Organisationsformen, etwa Matrixstrukturen, besser Rechnung tragen zu können.

### 4. Koalitionen in der Betriebsverfassung

**Schrifttum:** *Edenfeld*, Das Zutrittsrecht betriebsfremder Gewerkschaftsvertreter zwecks Mitgliederwerbung im Betrieb, SAE 2007, 97; *Hopfner/Schrock*, Die Gewerkschaften im elektronischen Netzwerk des Arbeitgebers, DB 2004, 1558; *Klebe/Wedde*, Gewerkschaftsrechte auch per E-Mail und Intranet?, AuR 2000, 401; *Klosterkemper*, Das Zugangsrecht der Gewerkschaften zum Betrieb, 1980; *Krause*, Gewerkschaften und Betriebsräte zwischen Kooperation und Konfrontation, RdA 2009, 129; *Salamon/Hoppe*, Gewerkschaftsrechte im Betrieb (Teil 1), ArbRAktuell 2013, 618.

**Fälle:**
**1040** a) Die Gewerkschaft will einen Beauftragten in den Betrieb des Arbeitgebers G schicken, weil sie Anhaltspunkte dafür hat, dass ein Betriebsratsmitglied seine Pflichten verletzt hat. G verweigert den Zutritt. Hat die Gewerkschaft einen Anspruch auf Zutritt?

b) Die Gewerkschaft möchte im Betrieb des G durch Betriebsangehörige und ihren nicht dort beschäftigten Beauftragten Flugblätter zur Betriebsratswahl verteilen lassen. Darf der Arbeitgeber das ablehnen?

Die Koalitionen (Rdnr. 739 ff.) können auch im Betrieb bestimmte Funktionen übernehmen und dabei insbesondere ihre Mitglieder vertreten. Die rechtliche Grundlage für eine solche innerbetriebliche Tätigkeit der Gewerkschaften ist eine zweifache. Sie ergibt sich zum einen aus den im BetrVG den Gewerkschaften eingeräumten Rechten, zum anderen aus der Wahrnehmung der in Art. 9 Abs. 3 GG verbrieften Koalitionsrechte. Damit nehmen zwei Instanzen im Betrieb die Repräsentation von Arbeitnehmerinteressen war. Dies kann zu Spannungen führen, wenn diese Interessen vom Betriebsrat anders definiert werden als von der Gewerkschaft.

**1041** Nach der Vorstellung des BetrVG sollen die im Betrieb vertretenen Gewerkschaften und Arbeitgebervereinigungen mit Arbeitgeber und Betriebsrat aber *zusammenwirken* (§ 2 Abs. 1 BetrVG).

Eine Gewerkschaft ist dann im Betrieb vertreten, wenn mindestens ein Arbeitnehmer des Betriebs dieser Gewerkschaft angehört, der nicht zu den leitenden Angestellten i. S. des § 5 Abs. 3 BetrVG zählt (BAG NZA 1993, 134).

Zur Wahrnehmung ihrer Aufgaben und Rechte, die vornehmlich der *Unterstützung* und *Kontrolle* der Organe der Betriebsverfassung dienen, räumt das BetrVG den im Betrieb vertretenen Gewerkschaften die Möglichkeit ein, einen Beauftragten nach Unterrichtung des Arbeitgebers in den Betrieb zu schicken (§ 2 Abs. 2 BetrVG).

Beispiele für Rechte der Gewerkschaften: Erzwingung einer Betriebsratswahl (§§ 16 Abs. 2, 17 Abs. 2, Abs. 3 BetrVG) oder einer Betriebsversammlung (§ 43 Abs. 4 BetrVG); Wahlvorschläge zur Betriebsratswahl (§ 14 Abs. 5, Abs. 8 BetrVG); Wahlanfechtung (§ 19 Abs. 2 Satz 1 BetrVG); Teilnahme an Sitzungen (§§ 31, 46 Abs. 1 Satz 1 BetrVG); Antrag auf Ausschluss eines Mitglieds aus dem Betriebsrat oder auf Auflösung des Betriebsrats (§ 23 Abs. 1 Satz 1 BetrVG); Antrag, dem Arbeitgeber aufzugeben, eine Handlung zu unterlassen, zu dulden oder vorzunehmen (§ 23 Abs. 3 BetrVG). Den *Arbeitgeberverbänden* stehen hingegen im Wesentlichen nur Rechte auf Teilnahme an Sitzungen der Organe der Betriebsverfassung zu.

Dieses *Zugangsrecht* der Gewerkschaften begrenzt in verfassungsrechtlich zulässiger Weise das Hausrecht des Arbeitgebers (BVerfG AP Nr. 3 zu § 2 BetrVG 1972); ausnahmsweise kann der Zutritt zum Betrieb verweigert werden, wenn ihm unumgängliche Notwendigkeiten des Betriebsablaufs, zwingende Sicherheitsvorschriften oder der Schutz von Betriebsgeheimnissen entgegenstehen (§ 2 Abs. 2 BetrVG). **1042**

Im **Fall a** ist ein Zugangsrecht der Gewerkschaft zu bejahen, wenn sie konkrete Anhaltspunkte für Verfehlungen des Betriebsratsmitglieds hat, die zu einem Ausschlussantrag nach § 23 Abs. 1 Satz 1 BetrVG führen können (str.; wie hier: Richardi/Richardi/Maschmann, BetrVG, § 2 Rdnr. 109 m. Nachw. auch zur Gegenansicht). Dagegen kann das Verlangen der Gewerkschaft, einer bestimmten Person den Zutritt zu gestatten, rechtsmissbräuchlich sein, wenn diese Person den Arbeitgeber bei einem früheren Besuch grob beleidigt hat.

Die betriebsverfassungsrechtlichen Befugnisse der Gewerkschaften sind nicht abschließend. Nach § 2 Abs. 3 BetrVG bleiben die allgemeinen Aufgaben der Koalitionen ausdrücklich unberührt. Da eine einfach-gesetzliche Regelung der Koalitionsaufgaben fehlt, ist Art. 9 Abs. 3 GG in seiner Konkretisierung durch die Rspr. maßgebend. Es geht dabei vor allem um Mitglieder- und Wahlwerbung sowie Information und Betreuung von Mitgliedern im Betrieb. **1043**

Das BVerfG hat über den nur die Koalitions*bildung* im Sinne einer Gründungsfreiheit betreffenden Wortlaut des Art. 9 Abs. 3 GG hinaus auch diese koalitionsspezifischen *Betätigungen* der Gewerkschaften unter den Grundrechtsschutz des Art. 9 Abs. 3 GG gestellt (BVerfGE 93, 352). Im Gegensatz zur Gründungsfreiheit ist die Betätigungsfreiheit allerdings – wie auch die Materialien über die Beratungen über das GG bestätigen – nicht schrankenlos gewährleistet. Vielmehr bedarf es der parallelen Entwicklung einer „Schrankendogmatik" für Art. 9 Abs. 3 GG (dazu Henssler, ZfA 1998, 1 ff.). Während das BVerfG früher die Betätigungsgarantie nur in einem „Kernbereich" anerkannte, wendet es nunmehr den Verhältnismäßigkeitsgrundsatz an. Das bedeutet, dass der Schutz nicht für alle Koalitionstätigkeiten von gleicher Intensität ist. Je „koalitionsspezifischer", d. h. wichtiger eine Betätigung für die verfassungsrechtlichen Aufgaben der Gewerkschaft ist, umso stärker ist der Grundrechtsschutz. **1044**

Auch die Betätigungsfreiheit der Gewerkschaften im Betrieb ist somit nicht schrankenlos gewährleistet. Der einfache Gesetzgeber hat – wie bei der Tarifautonomie, der Unternehmensmitbestimmung und dem Arbeitskampfrecht – ein weites Gestaltungsermessen. Einschränkungen sind zulässig, wenn sie zum Schutz anderer Rechtsgüter geboten sind (BVerfGE 93, 352; BAG NZA 2005, 592). Anerkannt ist das Recht der Gewerkschaften, in den Betrieben (auch durch betriebsfremde Beauftragte BAG NZA 2006, 798) zu werben und die Belegschaftsmitglie- **1045** der zu informieren (vgl. Rdnr. 758 ff.). Es folgt unmittelbar aus Art. 9 Abs. 3 GG (BVerfGE 93, 352).

**1046** Zulässig ist nach diesen Grundsätzen etwa das Anbringen von Werbeplakaten am „Schwarzen Brett". Erforderlich ist jeweils eine Abwägung mit entgegenstehenden Arbeitgeberrechten, also dessen Eigentum (Art. 14 GG) und seinem Hausrecht. Zu beachten ist ferner der Grundsatz der Gegnerunabhängigkeit (Rdnr. 745) sowie die Koalitionsfreiheit nicht- oder anders organisierter Arbeitnehmer. Von aktueller Relevanz ist die Frage nach dem Anspruch der Gewerkschaften auf Nutzung des betrieblichen Intranets oder der E-Mail-Accounts der Arbeitnehmer als Ausformung ihres Zugangsrechts (vgl. HWK/Gaul, § 2 BetrVG Rdnr. 14; Hopfner/Schrock, DB 2004, 1558 m. w. Nachw.). Zulässig ist es, Arbeitnehmer mit ihrer betrieblichen E-Mailadresse anzuschreiben (BAG NZA 2009, 615; dazu auch Arnold/Wiese, NZA 2009, 716), Streikaufrufe im Intranet sind dagegen nicht erlaubt (BAG NZA 2014, 319). Zu berücksichtigende Belange des Arbeitgebers sind dessen Interesse an einem störungsfreien Arbeitsablauf sowie die Wahrung des Betriebsfriedens (BAG NZA 2010, 1365, 1368).

Häufig werden gewerkschaftliche Vertrauensleute im Betrieb tätig. Sie genießen den Schutz des Art. 9 Abs. 3 GG; jedoch besteht kein Anspruch gegen den Arbeitgeber, die Wahl der Vertrauensleute im Betrieb abhalten zu lassen (BAG AP Nr. 28 zu Art. 9 GG).

### 5. Arbeitnehmer in der Betriebsverfassung

**1047** Individuelle Rechte der Arbeitnehmer in der Betriebsverfassung sind in den §§ 81–86a BetrVG geregelt. Vorgesehen sind Informationsrechte (§ 81; vgl. auch §§ 43 Abs. 2 Satz 3; 110 BetrVG), Anhörungs- und Erörterungsrechte (§§ 81, 82 BetrVG), Einsichtsrechte in die über ihn geführten Personalakten (§ 83 BetrVG) und ein Beschwerderecht sowie das dazugehörige Beschwerdeverfahren (§§ 84–86 BetrVG) und Vorschlagsrechte (§ 86a BetrVG) der Arbeitnehmer.

**1048** Die Rechtsstellung des Einzelarbeitnehmers in der Betriebsverfassung ist eher schwach ausgebaut. Das ist unter mehreren Aspekten problematisch. Die starke Stellung der Betriebsverfassungsorgane (Arbeitgeber und Betriebsrat) gibt ihnen bei Interessenkonflikten, die gegenüber einzelnen Arbeitnehmern entstehen können, eine Übermachtposition. Diese wird durch die individuellen Rechte der einzelnen Arbeitnehmer nicht ausbalanciert.

Jeder Arbeitnehmer hat ein elementares Interesse an allen Fragen und Maßnahmen, welche die Ausgestaltung seines Arbeitsplatzes, seiner Arbeitsumgebung und der künftigen Entwicklung dieses Arbeitsbereichs betreffen. Der Wandel der Betriebsorganisation und der Produktionsformen hat in vielen Betrieben zu einer Dezentralisierung der Hierarchie geführt. Die Eigenverantwortung und das Autonomiebewusstsein der Einzelnen und kleinerer Einheiten (Arbeitsgruppen, Produktionsteams etc.) sind gestiegen (Rdnr. 1244 ff.). Eine zeitgemäße Ordnung der betrieblichen Mitbestimmung muss den aktuellen betrieblichen Organisations- und Verantwortungsstrukturen Rechnung tragen. Das entspricht auch den Grundsätzen der Subsidiarität, der Selbstbestimmung und der freien Entfaltung der Arbeitnehmerpersönlichkeiten, die in § 75 Abs. 2 BetrVG als ein Leitprinzip der Betriebsverfassung verankert sind.

**1049** Der Gesetzgeber hat dieses Anliegen bei der letzten großen Reform des BetrVG 2001 durch die Verankerung eines Vorschlagsrechtes der Arbeitnehmer in § 86a BetrVG nur zaghaft aufgegriffen (vgl. Wiese, NZA 2006, 1, 3). Danach kann jeder

Arbeitnehmer dem Betriebsrat Themen zur Beratung vorschlagen. Wird ein solcher Vorschlag von 5 % der Belegschaft unterstützt, so muss der Betriebsrat diesen innerhalb von zwei Monaten auf die Tagesordnung seiner Sitzung setzen. Allerdings steht die weitere Behandlung des Vorschlags im Belieben des Betriebsrats.

## III. Allgemeine Grundsätze und die Formen der Zusammenarbeit
### 1. Allgemeine Grundsätze

**Schrifttum:** *Franzen,* Die Freiheit der Arbeitnehmer zur Selbstbestimmung nach dem neuen BetrVG, ZfA 2001, 423; *Freckmann/Koller-van Delden,* Vertrauensvolle Zusammenarbeit zwischen Arbeitgeber und Betriebsrat – hehres Ziel oder zu praktizierende Wirklichkeit?, BB 2006, 490; *Lücke,* Die Betriebsverfassung in Zeiten der DS-GVO, NZA 2019, 658; *Pfrogner,* Unterlassungsanspruch des Arbeitgebers gegen den Betriebsrat, RdA 2016, 161; *R. Weber,* Der Anwendungsbereich des Grundsatzes der vertrauensvollen Zusammenarbeit gemäß § 2 Abs. 1 BetrVG, ZfA 1991, 187.

**Fälle:**
a) Die Gewerkschaft beantragt nach § 23 Abs. 1 BetrVG beim Arbeitsgericht den Ausschluss des Betriebsratsmitglieds X, weil mit diesem im Betriebsrat eine vertrauensvolle Zusammenarbeit nicht möglich sei, da X nicht organisiert sei und immer „querschieße". Wird X ausgeschlossen?

b) Während eines Streiks will der Arbeitgeber den Betriebsrat, dessen Mitglieder überwiegend der streikenden Gewerkschaft angehören, nicht an den Entscheidungen beteiligen. Darf er das?

c) Auf Vorschlag einiger Arbeitnehmer, die an den Essgewohnheiten ausländischer Kollegen Anstoß nehmen, will der Arbeitgeber eine besondere Ausländerkantine einrichten. Der Betriebsrat hat dagegen Bedenken. Zu Recht?

d) Der Arbeitgeber will eine neue Flaschenfüllanlage anschaffen. Wegen der zu befürchtenden Lärmbelästigung möchte der Betriebsrat einen Sachverständigen dazu hören. Hat der Betriebsrat ein solches Recht?

**a) Grundsatz der vertrauensvollen Zusammenarbeit.** Nach § 2 Abs. 1 BetrVG haben Arbeitgeber und Betriebsrat vertrauensvoll zum Wohl der Arbeitnehmer und des Betriebs zusammenzuarbeiten; die Zusammenarbeit soll sich in gegenseitiger Ehrlichkeit und Offenheit vollziehen. Diese „Magna Charta" der Betriebsverfassung wird durch etliche Vorschriften konkretisiert (z. B. §§ 74, 80 BetrVG). Auch die Einhaltung der Geheimhaltungsvorschriften (§§ 79, 99 Abs. 1 Satz 3 BetrVG) gehört dazu. Die Betriebspartner müssen den ernsten Willen zu einer Einigung über strittige Fragen haben; deshalb sollen sie mindestens einmal im Monat zu einer Besprechung zusammentreten (§ 74 Abs. 1 BetrVG). Ausnahmsweise kann das Gebot vertrauensvoller Zusammenarbeit zu einer Verwirkung der Mitbestimmungsrechte des Betriebsrats führen (zu den Voraussetzungen s. BAG NZA-RR 2008, 469, 473 f.; weitere Einzelheiten bei Henssler, in FS 100 Jahre Betriebsverfassung, 2020, S. 173 ff.).

Das Gebot vertrauensvoller Zusammenarbeit gilt nicht im Verhältnis der Betriebsratsmitglieder zueinander (BAG AP Nr. 8 zu § 23 BetrVG; **Fall a**, es liegt keine Pflichtverletzung vor); andernfalls gäbe es keinen Minderheitenschutz im Betriebsrat.

**1052** **b) Grundsatz der betriebsverfassungsrechtlichen Friedenspflicht.** Die Betriebspartner haben die Pflicht zur Wahrung des Betriebsfriedens (§ 74 Abs. 2 Satz 2 BetrVG). Daraus folgt:

(1) Jede *parteipolitische Betätigung* im Betrieb ist zu *unterlassen* (§ 74 Abs. 2 Satz 3 BetrVG). Allgemeinpolitische Äußerungen sind dem Betriebsrat dagegen erlaubt, wobei die Grenzziehung fließend ist. Der Arbeitgeber hat nach der fragwürdigen aktuellen Rspr. des BAG bei Verstößen keinen Unterlassungsanspruch gegen den Betriebsrat, sondern nur die Möglichkeit, nach § 256 Abs. 1 ZPO die Rechtswidrigkeit feststellen bzw. nach § 23 Abs. 1 BetrVG den Betriebsrat auflösen zu lassen (BAG NZA 2010, 1133, 1135 f.; krit. Bauer/Willemsen, NZA 2010, 1089; Pfrogner, RdA 2016, 161). Eine Feststellung nach § 256 Abs. 1 ZPO ist erst für ein späteres Verfahren nach § 23 Abs. 1 BetrVG wegen erneuter Pflichtverletzung von Bedeutung.

Beispiele: Werbung für oder gegen eine politische Partei oder Gruppierung durch Flugblätter, Aufkleber, Rede eines Politikers in der Betriebsversammlung (Rdnr. 1031), Unterschriftensammlung. Zulässig ist dagegen die Behandlung von Angelegenheiten tarif-, sozial- oder wirtschaftspolitischer Art, die den Betrieb oder seine Arbeitnehmer unmittelbar betreffen (§ 74 Abs. 2 Satz 3 BetrVG).

**1053** (2) *Maßnahmen des Arbeitskampfes* zwischen Arbeitgeber und Betriebsrat sind in Ausprägung des allgemeinen Gebots der vertrauensvollen Zusammenarbeit *unzulässig* (§ 74 Abs. 2 Satz 1 BetrVG). Zwischen den Betriebspartnern bestehende Streitigkeiten sind in dem dafür vorgesehenen Verfahren (Rdnr. 1075 ff.) und nicht mit Mitteln des Arbeitskampfes auszutragen. Allerdings werden Arbeitskämpfe tariffähiger Parteien (Rdnr. 888 ff.) von dem Verbot nicht berührt. Jedoch darf der Betriebsrat als Organ der Betriebsverfassung sich in keiner Weise an tariflichen Arbeitskämpfen beteiligen. Das einzelne Betriebsratsmitglied darf also nur in seiner Rolle als Arbeitnehmer in gleicher Weise wie andere Belegschaftsmitglieder am Arbeitskampf teilnehmen (Einzelh.: Brox/Rüthers, Arbeitskampfrecht, Rdnr. 406 ff.).

Der Verstoß gegen das betriebliche Kampfverbot stellt eine grobe Pflichtverletzung im Sinne des § 23 Abs. 1 Satz 1 BetrVG dar.

Obwohl bei einem rechtmäßigen Arbeitskampf die Arbeitspflicht der Arbeitnehmer suspendiert ist (Rdnr. 934), bleibt das Betriebsratsamt bestehen (**Fall b**). Auch im Arbeitskampf ist eine Zusammenarbeit von Arbeitgeber und Betriebsrat notwendig. Allerdings können sich aus dem Grundsatz der Kampfparität (Rdnr. 898) im Einzelfall Einschränkungen der Rechte des Betriebsrats bei arbeitskampfbedingten Maßnahmen des Arbeitgebers (z. B. bei der Einführung von Kurzarbeit) ergeben (vgl. Rdnr. 974 ff.; BAG NZA 2018, 1081, 1084; Brox/Rüthers, Arbeitskampfrecht, Rdnr. 437 ff.).

**1054** **c) Grundsätze für die Behandlung der Betriebsangehörigen.** Der Betriebsrat hat darüber zu wachen, dass alle im Betrieb tätigen Personen – also nicht nur die Arbeitnehmer – nach den Grundsätzen von Recht und Billigkeit behandelt werden; insbesondere hat er jeder Ungleichbehandlung und Diskriminierung entgegenzuwirken (§ 75 Abs. 1 BetrVG; **Fall c**, so wäre eine Ausländerkantine unzulässig). Mit Inkrafttreten des AGG wurden die Diskriminierungstatbestände an die Terminologie des § 1 AGG angepasst.

Nach § 75 Abs. 2 BetrVG haben die Betriebspartner die freie Entfaltung der Persönlichkeit der Beschäftigten zu schützen und zu fördern. Dieser Grundsatz verbietet es dem Arbeitgeber und dem Betriebsrat, von den Arbeitnehmern Verhaltensweisen zu verlangen, die als Eingriff in ihre Persönlichkeitsrechte oder als Hindernis für ihre Persönlichkeitsentwicklung anzusehen sind und einer Rechtfertigung entbehren (vgl. zu den Voraussetzungen BAG NZA 2004, 1278, 1280).

**d) Allgemeine Aufgaben des Betriebsrats.** Nach § 80 Abs. 1 BetrVG hat der Betriebsrat umfangreiche allgemeine Aufgaben wahrzunehmen. Dazu gehören u. a. die Überwachung der Durchführung aller zugunsten der Arbeitnehmer geltenden Normen (z. B. des Bundesdatenschutzgesetzes; BAG NZA 1987, 747 oder der §§ 305 ff. BGB in Bezug auf die Vereinbarkeit von Arbeitsverträgen mit dem AGB-Recht; BAG NZA 2006, 553) die Beantragung und Erörterung der dem Betrieb und der Belegschaft dienenden Maßnahmen beim Arbeitgeber sowie die Förderung besonders schutzwürdiger Personen wie Schwerbehinderte, ältere Arbeitnehmer und Ausländer (**Fall c**)).

Sofern kein spezielles Beteiligungsrecht besteht (Rdnr. 1279 ff.), ist der Betriebsrat gem. § 80 Abs. 2 Satz 1 BetrVG zur Durchführung aller ihm nach dem BetrVG obliegenden Aufgaben vom Arbeitgeber rechtzeitig und umfassend zu unterrichten. Dadurch soll der Betriebsrat in die Lage versetzt werden, selbst zu prüfen, ob sich für ihn weitere Aufgaben ergeben, die sein Tätigwerden erfordern (BAG NZA 1989, 932). Auf Verlangen sind ihm alle erforderlichen Unterlagen zur Verfügung zu stellen (§ 80 Abs. 2 Satz 2 Hs. 1 BetrVG). Im Rahmen dieses umfassenden Informationsrechts ist der Betriebsausschuss (§ 27 BetrVG) oder ein nach § 28 BetrVG gebildeter Ausschuss berechtigt, in die Bruttolohn- und Gehaltslisten Einblick zu nehmen (§ 80 Abs. 2 Satz 2 Hs. 2 BetrVG); in kleineren Betrieben ohne die genannten Ausschüsse steht das Recht auf Einsichtnahme dem Betriebsratsvorsitzenden oder einem von ihm beauftragten anderen Betriebsratsmitglied zu. Problematisch erscheint das Zugriffsbegehren auf elektronische Daten. Unterlagen gem. § 80 Abs. 2 Satz 2 Hs. 2 BetrVG haben einen feststehenden Inhalt und sind Veränderungen – auch nachträglicher Art – nicht zugänglich. Dies soll dem Arbeitgeber die Prüfung ermöglichen, ob die Unterlagen Angaben beinhalten, die für die Aufgaben des Betriebsrates nicht benötigt werden (BAG NZA 2012, 342, 345). Bei einem dauerhaften elektronischen Zugriff unterliegen die Unterlagen jedoch einer dynamischen Veränderung und der Gefahr, Angaben zu enthalten, die dem Betriebsrat nicht zu Kenntnis gelangen sollen.

Zur Durchführung seiner Aufgaben kann der Betriebsrat nach näherer Vereinbarung mit dem Arbeitgeber (dazu BAG NZA 1989, 936) auf dessen Kosten auch Sachverständige hinzuziehen (§§ 80 Abs. 3, 40 Abs. 1 BetrVG; **Fall d**). Dazu zählen insbesondere Rechtsanwälte als juristische Berater.

## 2. Formen der Zusammenarbeit

**Schrifttum:** *Creutzfeldt,* Die konkludente Vereinbarung einer „Betriebsvereinbarungsoffenheit" von Arbeitsverträgen, NZA 2018, 1111; *Fischer,* Die tarifwidrige Betriebsvereinbarung, 1998; *Franzen,* Betriebsvereinbarung: Alternative zu Tarifvertrag und Arbeitsvertrag, NZA Beilage zu Heft 3, 2006, 107; *Hänlein,* Die Legitimation betrieblicher Rechtsetzung, RdA 2003, 26; *Henssler,* Die Entscheidungskompetenz der betriebsverfassungsrechtlichen Einigungsstelle in Rechtsfragen, RdA 1991, 268; *Linsenmaier,* Normsetzung der Betriebsparteien und Individualrechte der Arbeitnehmer, RdA 2008, 1; *ders.,* Arbeitsvertrag und Betriebsvereinbarung – Kompetenz und Konkurrenz, RdA 2014, 336; *Preis/Ulber,* Die Rechtskontrolle von Betriebsvereinbarungen, RdA 2013, 211; *Reichold,* Regelungskompetenz und Normwirkung von Betriebs- und Dienstvereinbarungen, ZTR 2016, 295; *Schwarze,* Das Risiko der Betriebsverfassungswidrigkeit, RdA 2019, 1; *Walter-*

*mann,* „Umfassende Regelungskompetenz" der Betriebsparteien zur Gestaltung durch Betriebsvereinbarung? RdA 2007, 257.

**Fälle:**

**1057** a) Arbeitgeber und Betriebsrat planen eine Betriebsvereinbarung, in der auch die Ruhegehaltsbezüge der leitenden Angestellten festgelegt und Bezüge der bereits im Ruhestand befindlichen Betriebsangehörigen gekürzt werden sollen. Außerdem sollen künftig abzuschließende Arbeitsverträge der Schriftform bedürfen. Wäre solch eine Betriebsvereinbarung möglich?

b) Arbeitgeber G und der Betriebsrat vereinbaren für die Betriebsangehörigen eine betriebliche Lohnordnung, die höhere Löhne als der Tarifvertrag vorsieht. G will nur Tariflöhne zahlen. Welchen Lohn muss er zahlen?

c) Die Abfindung ausscheidender Arbeitnehmer ist in einem Sozialplan geregelt, obwohl ein Tarifvertrag solche Abfindungsregelungen enthält. Ist der Sozialplan gültig?

d) Wegen eines Fußballspiels vereinbaren Arbeitgeber G und der Betriebsrat mündlich die Verkürzung der Arbeitszeit an dem betreffenden Tag um eine Stunde unter Weitergewährung des Lohnes. G will sich nicht daran halten, weil die Betriebsvereinbarung formungültig sei. Hat die Vereinbarung bestand?

e) Wegen Fahrplanänderung bei der Bahn möchte der Betriebsrat den Beginn der Arbeit von 7 auf 7.15 Uhr verlegt wissen. Weil der Arbeitgeber sich auf nichts einlässt, ruft der Betriebsrat das Arbeitsgericht an. Wird der Betriebsrat Erfolg haben?

**1058** Die Zusammenarbeit zwischen Arbeitgeber und Betriebsrat soll möglichst zu einer Einigung führen. Dabei kann es sich um eine Betriebsvereinbarung (Rdnr. 1059 ff.) oder um eine Regelungsabrede (Betriebsabsprache; Rdnr. 1070 ff.) handeln. Die Betriebsvereinbarung begründet unmittelbar Rechte und Pflichten zwischen dem Arbeitgeber und den Arbeitnehmern, wohingegen die Regelungsabrede nur Rechte zwischen den Betriebspartnern erzeugt. Bei Meinungsverschiedenheiten kommt eine Entscheidung der betrieblichen Einigungsstelle oder des Arbeitsgerichts in Betracht (Rdnr. 1075 ff.).

**1059** a) **Betriebsvereinbarung.** Die Betriebsvereinbarung wird zwischen Arbeitgeber und Betriebsrat schriftlich für den Betrieb getroffen und enthält Normen, die auf die Arbeitsverhältnisse einwirken (vgl. § 77 Abs. 2, 4 BetrVG). Es besteht eine Reihe von Parallelen zum Tarifvertrag (Rdnr. 797 ff.):

**1060** (1) Die Betriebsvereinbarung entsteht – wie der Tarifvertrag – durch *übereinstimmende Erklärungen,* die der *Schriftform* bedürfen (§ 77 Abs. 2 BetrVG). *Parteien* der Betriebsvereinbarung sind *Arbeitgeber und Betriebsrat* (anders beim Tarifvertrag: Rdnr. 785 ff.).

**1061** (2) Es handelt sich um einen Normenvertrag. Die Betriebsvereinbarung wirkt *unmittelbar und zwingend* auf die Arbeitsverhältnisse ein (§ 77 Abs. 4 Satz 1 BetrVG; zum Tarifvertrag: Rdnr. 804 ff.). Während die Normen des Tarifvertrags grundsätzlich nur zwischen den beiderseits Tarifgebundenen gelten (Rdnr. 829 ff.), werden durch die Normen der Betriebsvereinbarung alle Arbeitsverhältnisse zwischen dem Arbeitgeber und den Arbeitnehmern des Betriebs erfasst. Jedoch sind die Regelungsbefugnisse der Betriebsparteien grds. auf die materiellen und formellen Arbeitsbedingungen begrenzt. So kann z. B. das außerbetriebliche Verhalten der Arbeitnehmer nicht Gegenstand einer Betriebsvereinbarung sein (BAG NZA 2007, 462, 464).

Die Normen der Betriebsvereinbarung gelten nicht für leitende Angestellte, da diese durch den Betriebsrat nicht repräsentiert werden (§ 5 Abs. 3, 4 BetrVG; **Fall a**); für sie können Richtlinien gem. § 28 Abs. 1 SprAuG vereinbart werden (Rdnr. 1176). Bereits im Ruhestand befindliche Mitarbeiter sind keine Arbeitnehmer des Betriebs mehr; deshalb können ihre Ruhegelder, die der Arbeitgeber aufgrund einer Betriebsvereinbarung gewährt, nicht durch eine spätere Betriebsvereinbarung gekürzt werden (BAG NZA 1989, 522).

Wie der Tarifvertrag (Rdnr. 798 ff.) kann die Betriebsvereinbarung Inhaltsnormen, Betriebsnormen und betriebsverfassungsrechtliche Normen enthalten.

Dagegen können Abschlussnormen (z. B. Formvorschrift; **Fall a**) nicht unmittelbar auf die Begründung des Arbeitsverhältnisses einwirken, weil der Vertragspartner des Arbeitgebers noch nicht Betriebsangehöriger ist und auf ihn daher eine Betriebsvereinbarung keine Anwendung findet.

(3) Das *Günstigkeitsprinzip* (Rdnr. 807 ff.) und das *Unverbrüchlichkeitsprinzip* (Rdnr. 819 ff.) gelten auch bei der Betriebsvereinbarung (§ 4 Abs. 3 TVG analog; § 77 Abs. 4 Satz 2–4 BetrVG). **1062**

Beispiele: Der in einer Betriebsvereinbarung enthaltenen Zulagenregelung geht die Regelung im Arbeitsvertrag vor, wenn sie ein höheres Entgelt festlegt. Ein Verzicht auf Rechte, die in einer Betriebsvereinbarung enthalten sind, ist nur mit Zustimmung des Betriebsrats wirksam (§ 77 Abs. 4 Satz 2 BetrVG).

Besondere Probleme entstehen bei sog. *ablösenden* Betriebsvereinbarungen, wenn **1063** diese Ansprüche, die durch Einzelvertrag, arbeitsvertragliche Einheitsregelung oder Gesamtzusage begründet worden sind, schmälern oder beseitigen sollen. Nach der Rspr. des BAG ([GS] NZA 1987, 168) können solche Ansprüche, die auf einer vom Arbeitgeber in Kraft gesetzten Einheitsregelung oder auf Gesamtzusagen beruhen, in Einzelheiten geschmälert werden, wenn die Neuregelung insgesamt unter kollektiver Beurteilung (d. h. insgesamt für die Belegschaft und nicht nur für den einzelnen Arbeitnehmer) nicht ungünstiger ist (sog. kollektives Günstigkeitsprinzip).

Im Übrigen ist eine insgesamt ungünstigere Betriebsvereinbarung nur dann möglich, wenn ein Widerrufsvorbehalt besteht oder der Arbeitgeber einen Wegfall der Geschäftsgrundlage i. S. v. § 313 BGB nachweisen kann. Nach der aktuellen heftig und sogar innerhalb des BAG umstrittenen höchstrichterlichen Rechtsprechung soll ein (konkludenter) Vorbehalt zugunsten negativer kollektivrechtlicher Abänderungen, die sog. „Betriebsvereinbarungsoffenheit", genügen (vgl. insbesondere BAG NZA 2013, 916; dazu ErfK/Kania § 77 Rdnr. 79 ff., der davon ausgeht, dass damit die Rspr. zum kollektiven Günstigkeitsprinzip überholt ist). Die Mehrzahl der Senate des BAG geht in der Annahme der Betriebsvereinbarungsoffenheit mit guten Gründen sehr weit. So sei die konkludente Vereinbarung der Betriebsvereinbarungsoffenheit stets anzunehmen, wenn der zu ändernde Vertragsgegenstand in AGB enthalten sei und kollektiven Bezug habe (BAG NZA 2013, 916; NZA 2019, 1065, 1071 ff.; krit. nur der 4. Senat: BAG NZA 2018, 1273; Creutzfeld, NZA 2018, 1111). Der Arbeitgeber mache durch die Verwendung von AGB deutlich, dass im Betrieb einheitliche Bedingungen herrschen sollen. Das damit zum Ausdruck gebrachte Interesse der Angleichung spreche entscheidend gegen eine betriebsvereinbarungsfeste Gestaltung, zumal ansonsten notwendige Anpassungen und Vereinheitlichungen faktisch unmöglich seien. Erfasst sind von der Betriebsvereinbarungsoffenheit aufgrund des kollektiven Bezugs vor allem Gesamtzusagen, betriebliche Einheitsregelungen und Zusagen aufgrund betrieblicher Übung.

**1064** Die Betriebsparteien sind beim Abschluss der Betriebsvereinbarungen stets zur Wahrung der grundrechtlich geschützten Rechte und damit auch zur Wahrung des Verhältnismäßigkeitsgrundsatzes verpflichtet (BAG NZA 2019, 1065, 1073), so dass es nicht zu sachwidrigen Belastungen der Arbeitnehmer kommen kann.

**1065** (4) Besonderheiten gelten für das *Verhältnis zwischen Betriebsvereinbarung und Tarifvertrag* (Rdnr. 142 f.; siehe hierzu ErfK/Kania, § 77 Rdnr. 43 ff.). Nach § 77 Abs. 3 Satz 1 BetrVG können Arbeitsbedingungen, die durch Tarifvertrag geregelt sind oder üblicherweise geregelt werden, nicht Gegenstand einer Betriebsvereinbarung sein. Diese absolute Sperrwirkung der Vorschrift soll den verfassungsrechtlich abgesicherten Vorrang der Tarifautonomie sicherstellen. Deshalb gilt im Verhältnis von Betriebsvereinbarung zum Tarifvertrag auch nicht das Günstigkeitsprinzip (**Fall b**). Anderenfalls bestünde die Gefahr, dass der Betriebsrat zur beitragsfreien Ersatzgewerkschaft mutieren und das gesamte Tarifsystem Schaden leiden könnte.

Zu den Arbeitsbedingungen gehören alle Angelegenheiten, die Inhalt eines Arbeitsvertrags sein können. Selbst wenn zurzeit kein Lohntarifvertrag besteht, scheidet eine Betriebsvereinbarung über Löhne aus, wenn der Lohn üblicherweise durch Tarifvertrag geregelt wird. Sind aber z. B. Schmutzzulagen bisher nie im Tarifvertrag vereinbart worden, bleibt insoweit Raum für eine Betriebsvereinbarung. Auch dann, wenn die Tarifvertragsparteien trotz tariflicher Regelung den Betriebspartnern gem. § 77 Abs. 3 Satz 2 BetrVG die Regelungsbefugnis einräumen, ist eine entsprechende Betriebsvereinbarung möglich (z. B. hinsichtlich der individuellen wöchentlichen Arbeitszeit der Arbeitnehmer und ihrer zeitlichen Lage; BAG NZA 1987, 779); in solchen Fällen geht eine günstigere Betriebsvereinbarung dem Tarifvertrag vor (Rdnr. 143).

Der Sozialplan (Rdnr. 1161) hat zwar die Wirkung einer Betriebsvereinbarung; jedoch ist § 77 Abs. 3 BetrVG auf ihn nicht anwendbar (§ 112 Abs. 1 Satz 3, 4 BetrVG). Deshalb ist im **Fall c** der Sozialplan gültig, sofern er die Tarifregelung nicht unterschreitet.

**1066** Für die in § 87 Abs. 1 BetrVG geregelten Tatbestände (Rdnr. 1087 ff.) ergibt sich eine Begrenzung der Regelungsbefugnis der Betriebspartner allein aus dem Eingangssatz des § 87 Abs. 1 BetrVG, also nur dann, wenn in dem Bereich tatsächlich ein Tarifvertrag besteht. Eine lediglich übliche tarifliche Regelung i. S. d. § 77 Abs. 3 Satz 1 BetrVG schließt dagegen (wegen des Vorrangs des § 87 Abs. 1 Eingangssatz BetrVG) den Abschluss einer Betriebsvereinbarung nicht aus (sog. Vorrangtheorie, BAG (GS) NZA 1992, 749, 752; a. A. sog. Zwei-Schranken-Theorie, z. B. GK-BetrVG/Kreutz, § 77 Rdnr. 158). § 87 Abs. 1 BetrVG ist also die gegenüber § 77 Abs. 3 BetrVG vorrangige Spezialnorm. Ein nur nachwirkender Tarifvertrag verdrängt im Bereich des § 87 BetrVG die Betriebsvereinbarung nicht.

**1067** (5) Betriebsvereinbarungen können, wenn nichts anderes vereinbart ist, mit einer Frist von drei Monaten ohne Angabe von Gründen (BAG NZA 2005, 128) gekündigt werden (§ 77 Abs. 5 BetrVG). Das gilt auch für solche über eine betriebliche Altersversorgung. Hier können jedoch die Grundsätze des Vertrauensschutzes und der Verhältnismäßigkeit die Kündigungswirkungen begrenzen (BAG NZA 2000, 498). Soll die Kündbarkeit einer Betriebsvereinbarung ausgeschlossen werden, so muss dies deutlich zum Ausdruck kommen (BAG NZA 2002, 575).

Ist eine Betriebsvereinbarung z. B. durch Zeitablauf, Aufhebungsvertrag oder durch Kündigung abgelaufen, so stellt sich – wie beim Tarifvertrag (Rdnr. 826 f.) – die Frage der *Nachwirkung*. Hier ist zwischen der erzwingbaren und der freiwilligen Betriebsvereinbarung zu unterscheiden.

**1068** (a) Eine *erzwingbare* Betriebsvereinbarung regelt eine Angelegenheit, in der ein Spruch der Einigungsstelle die Einigung zwischen Arbeitgeber und Betriebsrat ersetzen kann (Hauptbeispiele: Fälle des § 87 BetrVG). In diesen Fällen wirkt die Betriebsvereinbarung – wie der Tarifvertrag (Rdnr. 826) – weiter, bis sie durch eine andere Abmachung ersetzt wird (§ 77 Abs. 6 BetrVG). Die Nachwirkung ist aber abdingbar.

(b) Eine *freiwillige*, also eine nicht durch einen Spruch der Einigungsstelle ersetzbare Betriebsvereinbarung entfaltet nach ihrem Ablauf keine Nachwirkung (BAG NZA 2008, 774, 776). Ebenso wie bei der erzwingbaren Betriebsvereinbarung die Nachwirkung abdingbar ist, kann bei der freiwilligen Betriebsvereinbarung die Nachwirkung vereinbart werden.

Beispiele: Übertarifliches Weihnachts- oder Urlaubsgeld, übertarifliche Jahressonderzahlung sowie die Fälle des § 88 BetrVG.

(c) Schwierigkeiten ergeben sich bei der rechtlichen Beurteilung von teilmitbestimmten Betriebsvereinbarungen, die also sowohl mitbestimmungspflichtige als auch sonstige Regelungen enthalten. Betriebsvereinbarungen mit teils erzwingbaren, teils freiwilligen Regelungen wirken grundsätzlich nur hinsichtlich der Gegenstände nach, die der zwingenden Mitbestimmung unterfallen (BAG NZA 1993, 229). Dies setzt voraus, dass sich die Betriebsvereinbarung sinnvoll in einen nachwirkenden und einen nachwirkungslosen Teil aufspalten lässt. Andernfalls entfaltet zur Sicherung der Mitbestimmung die gesamte Betriebsvereinbarung Nachwirkung. Im Falle der Kündigung „teilmitbestimmter" Betriebsvereinbarungen über freiwillige Leistungen des Arbeitgebers hängt die Nachwirkung nach § 77 Abs. 6 BetrVG davon ab, ob durch die Kündigung die freiwilligen Leistungen vollständig und ersatzlos beseitigt werden sollen (BAG NZA 2008, 1426, 1428). In einem solchen Fall entfaltet die gekündigte Betriebsvereinbarung keine Nachwirkung, da keine Mittel verbleiben, bei deren Verteilung der Betriebsrat nach § 87 Abs. 1 Nr. 10 BetrVG mitzubestimmen hätte. Sinn der Nachwirkung nach § 77 Abs. 6 BetrVG ist – zumindest auch – die kontinuierliche Wahrung betriebsverfassungsrechtlicher Mitbestimmungsrechte (BAG NZA 1995, 1010, 1013). Sind solche nicht betroffen, bedarf es der Nachwirkung nicht. **1069**

**b) Regelungsabrede.** Viele Vereinbarungen zwischen Arbeitgeber und Betriebsrat werden mündlich getroffen; sie können schon deshalb keine Betriebsvereinbarung im Sinne von § 77 BetrVG sein. Man bezeichnet sie als betriebliche *Einigungen, Regelungsabreden oder Betriebsabsprachen*. Die Regelungsabrede wirkt – im Unterschied zur Betriebsvereinbarung – nicht normativ auf die Arbeitsverträge ein. Sie bedürfen daher stets der einzelvertraglichen Umsetzung. Außerdem kann im Einzelvertrag auch etwas anderes vereinbart werden. Durch die Regelungsabrede entstehen nur schuldrechtliche Pflichten der Betriebspartner. Regelungsabreden kommen in verschiedenen Erscheinungsformen vor: **1070**

So können Vereinbarungen über organisatorische Fragen der Betriebsverfassung (z. B. über Zeit und Ort der Sprechstunde) getroffen werden; hier bedarf es keiner Betriebsvereinbarung, da nur der Arbeitgeber und der Betriebsrat – nicht aber die Arbeitnehmer des Betriebs – verpflichtet werden sollen. **1071**

Einigen sich Arbeitgeber und Betriebsrat über eine mitbestimmungspflichtige Maßnahme, die nur einen Einzelfall betrifft (z. B. Zuweisung einer Werkmietwohnung), ist keine Betriebsvereinbarung erforderlich, da durch die Einigung in die Rechte anderer Betriebsangehöriger nicht eingegriffen wird.

Bei freiwilligen Einigungen in sozialen Angelegenheiten ist eine Betriebsvereinbarung nicht zwingend vorgeschrieben (vgl. § 88 BetrVG). Arbeitgeber und Betriebsrat sind deshalb z. B. befugt, Ruhegehaltsregelungen durch formlose Vereinbarung zu treffen. In die Arbeitsverhältnisse kann aber mangels normativer Wirkung der **1072**

Regelungsabrede nicht zum Nachteil der Arbeitnehmer eingegriffen werden. Es bedarf stets einer Transformation in die einzelnen Arbeitsverträge, die eventuell auch durch eine Änderungskündigung erfolgen kann.

**1073** Betrifft die Regelungsabrede Gegenstände, für die eine zwingende Mitbestimmung vorgeschrieben ist (z. B. Arbeitszeit, § 87 Abs. 1 Nr. 2, 3 BetrVG), kommt es nach h. M. darauf an, ob sich die allgemeine Maßnahme im Rahmen des Direktionsrechts hält oder nicht. Ist das zu bejahen, bedarf es keiner normativen Gestaltung der Arbeitsverhältnisse durch eine Betriebsvereinbarung, da bereits eine individualvertragliche Befugnis des Arbeitgebers besteht. Dann ist aber zu prüfen, ob der Betriebsrat das zwingende Mitbestimmungsrecht im Wege formloser Einigung ausüben durfte.

Im **Fall d** ist die formlose Vereinbarung nicht Inhalt der Arbeitsverträge geworden. Es fehlt insofern an einer individualvertraglichen Umsetzung. Der Arbeitgeber ist aber gegenüber dem Betriebsrat verpflichtet, die getroffene Abmachung einzuhalten.

**1074** Schließlich kommt eine Regelungsabrede in Betracht, wenn wegen des Tarifvorrangs nach § 77 Abs. 3 BetrVG (Rdnr. 1065) eine Betriebsvereinbarung unzulässig ist (BAG NZA 1999, 887; a. A. Richardi/Richardi, BetrVG, § 77 Rn. 310 ff.). Eine solche Regelungsabrede oder eine arbeitsvertragliche Einheitsregelung verstoßen nicht gegen § 77 Abs. 3 BetrVG. Wegen der fehlenden normativen Wirkung kann sie die Arbeitsverhältnisse nicht unmittelbar gestalten. Eine Konkurrenz zum Vorrang des Tarifvertrags, wie sie § 77 Abs. 3 BetrVG voraussetzt, besteht daher nicht. Bei einer unwirksamen Betriebsvereinbarung ist zu prüfen, ob eine Umdeutung (§ 140 BGB; Brox/Walker, AT, Rdnr. 365 ff.) in eine Regelungsabrede in Betracht kommt (zu **Fall b**; vgl. BAG NZA 2018, 871, 874).

Anders als eine Betriebsvereinbarung entfaltet eine Regelungsabrede keine Nachwirkung nach § 77 Abs. 6 BetrVG. Das gilt auch dann, wenn die Regelungsabrede einen mitbestimmungspflichtigen Sachverhalt betrifft (BAG NZA 2019, 1651).

**1075** **c) Spruch der Einigungsstelle.** Kommt es in den Fällen der erzwingbaren Mitbestimmung nicht zu einer Einigung (Rdnr. 1067; **Fall e**), kann die betriebliche Einigungsstelle von jeder der Betriebsparteien angerufen werden. Deren Spruch ersetzt die Einigung (vgl. § 87 Abs. 2 BetrVG). Es handelt sich also um eine Zwangsschlichtung.

Die Einigungsstelle ist eine (ständige oder für den Einzelfall gebildete) Einrichtung des Betriebs (§ 76 Abs. 1 BetrVG). Sie ist von der Arbeitgeber- und von der Betriebsratsseite paritätisch mit in der Regel jeweils zwei Beisitzern besetzt und hat einen unparteiischen Vorsitzenden, auf dessen Person sich beide Seiten einigen; andernfalls bestellt ihn das Arbeitsgericht, das im Streitfall auch über die Zahl der Beisitzer entscheidet (§ 76 Abs. 2 Satz 2, 3 BetrVG, § 98 ArbGG). Die Beschlüsse der Einigungsstelle werden nach vorangegangener mündlicher Beratung mit Stimmenmehrheit gefasst, wobei der Vorsitzende sich bei der ersten Abstimmung der Stimme zu enthalten hat (§ 76 Abs. 3 Satz 2, 3 BetrVG). Die Beschlüsse sind schriftlich niederzulegen, vom Vorsitzenden zu unterschreiben und den Betriebspartnern zuzuleiten (§ 76 Abs. 3 Satz 4 BetrVG). Die Kosten der Einigungsstelle trägt der Arbeitgeber. Betriebsangehörige Beisitzer erhalten für ihre Tätigkeit keine Vergütung, wohl aber Ersatz von Auslagen und Verdienstausfall. Die anderen Beisitzer und der Vorsitzende haben einen Vergütungsanspruch gegen den Arbeitgeber (Einzelh.: § 76a BetrVG). Kommt zwischen dem Vorsitzenden und dem Arbeitgeber keine Einigung über die Höhe des Vergütungsanspruchs zustande, bestimmt sie der Vorsitzende nach billigem Ermessen selbst (§§ 315 Abs. 1, 316 BGB).

**1076** Die Zuständigkeit der Einigungsstelle ist in vielen Einzelvorschriften festgelegt (Aufzählung bei Fitting/Engels/Schmidt/Trebinger/Linsenmaier, BetrVG, § 76 Rdnr. 96). Bei den vor die Einigungsstelle gebrachten Verfahren geht es grundsätzlich um Regelungsstreitigkeiten (Ausnahmen: bspw. § 109 BetrVG), also um Ermessensentscheidungen, und nicht um Rechtsfragen (bspw. der Streit über das (Nicht-)Bestehen eines Mitbestimmungsrechts), über die das Arbeitsgericht zu entscheiden hat (Ausnahmen: bspw. § 76 Abs. 2 Satz 2, 3 BetrVG; zum Ganzen Henssler, RdA 1992, 268).

Im **Fall e** ist die betriebliche Einigungsstelle zur Entscheidung anzurufen und nicht das Arbeitsgericht (§ 87 Abs. 1 Nr. 2, Abs. 2 BetrVG; Rdnr. 1091 f.). Das Arbeitsgericht wäre nicht in der Lage, die gewünschte Ermessensentscheidung zu fällen. Jedoch ist die Rechtmäßigkeit des Spruchs der Einigungsstelle gerichtlich überprüfbar; die Überschreitung der Grenzen des Ermessens kann vom Arbeitgeber oder Betriebsrat binnen einer Frist von zwei Wochen (nach Zuleitung des Spruchs) beim Arbeitsgericht geltend gemacht werden, das im Beschlussverfahren entscheidet (§ 76 Abs. 5 Satz 4 BetrVG, § 2a Abs. 1 Nr. 1 ArbGG).

**1077** Gestritten wird über die Frage, ob ein ungeschriebener Anspruch des Betriebsrats gegen den Arbeitgeber besteht, der diesen verpflichtet, mitbestimmungspflichtige Maßnahmen zu unterlassen, bis ein Mitbestimmungsverfahren durchgeführt wurde (dazu Rdnr. 1116). Im Bereich des § 87 Abs. 1 BetrVG wird das bejaht (BAG NZA 1997, 274; GK-BetrVG/Oetker, § 23 Rdnr. 172 ff. m. w. Nachw.), während das BAG im Rahmen der personellen und wirtschaftlichen Angelegenheiten diese Frage bislang offen lässt. Führt der Arbeitgeber dennoch die Maßnahme durch, ist an einen Beseitigungsanspruch des Betriebsrats zu denken.

### 3. Sanktionen

**1078** Verletzt der Betriebsrat oder eines seiner Mitglieder grob eine gesetzliche Pflicht, kann durch arbeitsgerichtlichen Beschluss der Betriebsrat aufgelöst bzw. das Mitglied aus dem Betriebsrat ausgeschlossen werden (§ 23 Abs. 1 BetrVG). Verletzt der Arbeitgeber eine betriebsverfassungsrechtliche Pflicht, kann der Betriebsrat oder eine im Betrieb vertretene Gewerkschaft beim Arbeitsgericht beantragen, dem Arbeitgeber aufzugeben, eine Handlung vorzunehmen, zu unterlassen, bzw. zu dulden (§ 23 Abs. 3 Satz 1 BetrVG). Verstößt der Arbeitgeber gegen eine ihm so auferlegte Verpflichtung, so kann das arbeitsgerichtliche Vollstreckungsverfahren eingeleitet werden (§ 23 Abs. 3 Satz 2–5 BetrVG). Darüber hinaus sanktionieren die §§ 119 ff. BetrVG die Verletzung betriebsverfassungsrechtlicher Pflichten.

## IV. Beteiligungsrechte des Betriebsrats

**1079** Die Beteiligungsrechte des Betriebsrats sind verschieden stark ausgestaltet. Sie sind in sozialen (Rdnr. 1084 ff.), personellen (Rdnr. 1120 ff.) und wirtschaftlichen (Rdnr. 1149 ff.) Angelegenheiten bedeutsam.

### 1. Stufen der Beteiligungsrechte

**1080** Die Beteiligungsrechte des Betriebsrats sind abgestuft geregelt:

a) Auf der untersten Stufe steht das *Informations- oder Unterrichtungsrecht* (vgl. z. B. §§ 80 Abs. 2 Satz 1, 85 Abs. 3 Satz 1, 89 Abs. 4, Abs. 5, 90, 92 Abs. 1, 99 Abs. 1 Satz 1 Halbs. 1, 100 Abs. 2, 105, 108 Abs. 5, 110 BetrVG). Über die gesetzlich geregelten Fälle hinaus können sich aus dem Gebot vertrauensvoller Zusammenarbeit (§§ 2 Abs. 1, 74 Abs. 1, Abs. 2 BetrVG) auch in anderen Fällen Unterrichtungsansprüche ergeben.

Zur Informationsbefugnis gehören ein Fragerecht des Betriebsrats und eine entsprechende Erläuterungspflicht des Arbeitgebers. Das Informationsrecht ist häufig die Vorstufe für eine weitergehende Mitwirkung des Betriebsrats (vgl. z. B. §§ 92 Abs. 1, 99 Abs. 1 Satz 1 Halbs. 2, 111 Satz 1 BetrVG).

**1081** b) Die nächst höhere Art der Beteiligung ist das *Mitspracherecht.* Den Arbeitgeber trifft danach die Verpflichtung, den Betriebsrat anzuhören (z. B. § 102 Abs. 1 BetrVG) oder die Angelegenheit mit ihm zu beraten, d. h. den Verhandlungsgegenstand ernsthaft zu erörtern (z. B. §§ 89, 90, 92 Abs. 1 Satz 2, 92a Abs. 2 Satz 1, 96 Abs. 1, 97, 111 Satz 1 BetrVG). Dem Betriebsrat kann auch ein Vorschlagsrecht zustehen (z. B. §§ 92 Abs. 2, 96 Abs. 1 Satz 3 BetrVG).

In diesen Fällen wirkt der Betriebsrat zwar an der zu treffenden Entscheidung mit, er kann den Arbeitgeber jedoch lediglich überzeugen, nicht dagegen „überstimmen". Die Entscheidungsfreiheit des Arbeitgebers bleibt unberührt (vgl. jedoch §§ 23 Abs. 3, 119 Abs. 1 Nr. 2 BetrVG).

**1082** c) Eine weitere Form der Beteiligung bilden die *Widerspruchs- und Zustimmungsverweigerungsrechte.* Der Betriebsrat kann etwa einer ordentlichen Kündigung gem. § 102 Abs. 3 BetrVG widersprechen. Der Widerspruch beeinflusst nicht die Wirksamkeit der Kündigung, er führt lediglich zu einem Anspruch des Arbeitnehmers auf vorübergehende Weiterbeschäftigung gem. § 102 Abs. 5 BetrVG. Bei personellen Einzelmaßnahmen nach § 99 BetrVG kann der Betriebsrat hingegen in den Fällen des § 99 Abs. 2 BetrVG seine Zustimmung verweigern und damit die beabsichtige Maßnahme unterbinden (Ausnahme in den Fällen des §§ 99 Abs. 4, 100 BetrVG).

**1083** d) Die stärkste Form der Beteiligung des Betriebsrats besteht im erzwingbaren *Mitbestimmungsrecht.* In mitbestimmungspflichtigen Angelegenheiten (vgl. z. B. §§ 87, 91 Satz 1 BetrVG) steht dem Betriebsrat grundsätzlich das Recht zu, die Einführung einer bestimmten Regelung zu verlangen (sog. Initiativrecht; vgl. Rdnr. 1087). Arbeitgeber und Betriebsrat können die Entscheidung nur gemeinsam treffen; es besteht also ein Einigungszwang.

Kommt es zu keiner Einigung, hat die in Rede stehende Maßnahme zu unterbleiben. Jedoch können der Arbeitgeber oder der Betriebsrat die Einigungsstelle anrufen (§ 76 BetrVG), deren Spruch die Einigung ersetzt (vgl. § 87 Abs. 2 BetrVG; Rdnr. 1075 ff.).

Durch das Mitbestimmungsrecht des Betriebsrats werden Grundrechte des Arbeitgebers (z. B. aus Art. 12, 14 GG) nicht verletzt (BVerfG NJW 1986, 1601). Die Betriebsparteien können Mitbestimmungsrechte des Betriebsrats durch formlose Betriebsabsprachen, sog. Regelungsabreden (Rdnr. 1070), erweitern (Beispiel: Mitbestimmungsrecht bei der Anrechnung von Tariferhöhungen auf übertarifliche Zulagen). Durch eine solche Abrede wird die rechtliche Gestaltungsmacht des Arbeitgebers im Verhältnis zu den Arbeitnehmern nicht begrenzt (BAG NZA 2002, 342).

## 2. Beteiligung in sozialen Angelegenheiten

**Schrifttum:** *Annuß,* Entgeltmitbestimmung und Arbeitsvertrag, RdA 2014, 193; *Brors,* Mitbestimmung des Betriebsrats bei der Dokumentation der Arbeitszeit vor und nach der CCOO-Entscheidung des EuGH, NZA 2019, 1176; *Dahl/Brink,* Die Mitbestimmung des Betriebsrats bei der Einführung und Anwendung technischer Einrichtungen in der Praxis, NZA 2018, 1231; *Joussen,* Der Verzicht des Betriebsrats auf seine Mitbestimmungsrechte, RdA 2005, 31; *Oberberg/Hien,* Gefahr oder Gefährdung? – Mitbestimmung des Betriebsrats im Gesundheitsschutz, NZA 2018, 18; *Pohl,* Mitbestimmung des Betriebsrats gemäß § 87 I Nr. 1 BetrVG, 2006; *Richardi,* Mitbestimmung bei der Entgeltgestaltung, NZA-Beilage 2014, 155; *Wiebauer,* Das vertragsrechtliche Fundament der Theorie der Wirksamkeitsvoraussetzung, RdA 2013, 364; *ders.,* Die Mitbestimmung des Betriebsrats bei Gefährdungsbeurteilung und Arbeitsschutzmaßnahmen, RdA 2019, 41; *Wiese,* Individuum und Kollektiv im Betriebsverfassungsrecht, NZA 2006, 1; *ders.,* Zur notwendigen Mitbestimmung des Betriebsrats in sozialen Angelegenheiten – Brüche in der Rechtsprechung des Bundesarbeitsgerichts, Festschrift Adomeit 2008, S. 839.

**Fälle:**
a) Der Arbeitgeber G führt, ohne den Betriebsrat zu fragen, bargeldlose Lohnzahlung ein. Der Arbeitnehmer N, der dem G seine Kontonummer mitgeteilt hat, verlangt nochmalige Zahlung des Januarlohnes, weil seine Lebensabschnittsgefährtin den überwiesenen Lohn abgehoben hat und damit verschwunden ist. Hat N Aussicht auf Erfolg?

b) Der Betriebsrat verlangt die Errichtung einer Werkskantine, was der Arbeitgeber ablehnt. Kann der Betriebsrat die Errichtung erzwingen?

c) Der Arbeitgeber hat eine Werksbibliothek eingerichtet. Der Betriebsrat will bei der Aufstellung einer Benutzungsordnung mitbestimmen. Besteht ein solches Recht?

d) Der Tarifvertrag sieht die Zahlung eines Erschwerniszuschlags vor; die Festlegung der zuschlagspflichtigen Arbeiten soll den Betriebspartnern überlassen bleiben. Der Betriebsrat fordert den Abschluss einer Betriebsvereinbarung über einen Staubzuschlag. Ist die Forderung berechtigt?

In sozialen Angelegenheiten enthält § 87 BetrVG eine Reihe von Tatbeständen, für die eine zwingende (notwendige, obligatorische) Mitbestimmung vorgeschrieben wird; in diesen Fällen ist eine Einigung zwischen Arbeitgeber und Betriebsrat oder ihre Ersetzung durch einen Spruch der Einigungsstelle (§ 87 Abs. 2 BetrVG) erforderlich, damit die betreffende Maßnahme durchgeführt werden darf (vgl. Rdnr. 1112 ff.). Darüber hinaus gibt das Gesetz die Möglichkeit einer freiwilligen Mitbestimmung (vgl. § 88 BetrVG; Rdnr. 1119).

**a) Zwingende Mitbestimmung.** (1) Negative Voraussetzung der zwingenden Mitbestimmung ist, dass *„eine gesetzliche oder tarifliche Regelung nicht besteht"* (§ 87 Abs. 1 BetrVG). Existiert eine derartige zwingende Regelung, hat der Arbeitgeber keinen Regelungsspielraum, so dass auch ein Mitbestimmungsrecht ausscheidet. Dies gilt auch, wenn der Regelungsspielraum durch Verwaltungsakt eingeschränkt wurde (BAG NZA 2013, 913, 914). Bei einer nachgiebigen Norm wie z. B. § 107 GewO ist Raum für eine Mitbestimmung (in **Fall a** liegt damit ein Verstoß gegen Mitbestimmungsrechte vor, s. **Rdnr. 1095, 1114**).

Gesetzesbestimmungen, die eine Mitbestimmung ausschließen, finden sich vor allem im Recht des Arbeitsschutzes und der Berufsausbildung. Viele gesetzliche Vorschriften (z. B. ArbZG, MuSchG) enthalten allerdings nur Mindestarbeitsbedingungen und können daher zugunsten der Arbeitnehmer auch durch eine Betriebsvereinbarung abgedungen werden.

Tarifliche Bestimmungen über Angelegenheiten, die der Mitbestimmung unterliegen, sind häufiger. So enthalten Tarifverträge oft Regelungen etwa über Kurzarbeit, Überstunden, Lohngestaltung, Sozialeinrichtungen. Allerdings schließt eine Tarifnorm das Mitbestimmungsrecht nur dann aus, wenn sie selbst die Angelegenheit abschließend und zwingend regelt (BAG NZA 1992, 749). Wird dem Arbeitgeber tarifvertraglich lediglich ein einseitiges Bestimmungsrecht eingeräumt, hat der Betriebsrat bei der Umsetzung mitzubestimmen, da nach dem Zweck des § 87 BetrVG die Arbeitnehmer an den sie betreffenden Entscheidungen gleichberechtigt teilhaben sollen (BAG NZA 1989, 887). Die tarifliche Regelung muss m. a. W. die Schutzfunktion des § 87 BetrVG erfüllen, um das zwingende Mitbestimmungsrecht verdrängen zu können.

**1086** Auch der Weg über eine freiwillige Betriebsvereinbarung ist verwehrt, wenn diese Vereinbarung „Arbeitsentgelte oder sonstige Arbeitsbedingungen" i. S. d. § 77 Abs. 3 Satz 1 BetrVG betrifft, die durch Tarifvertrag geregelt sind oder üblicherweise geregelt werden (vgl. BAG NZA 1996, 948 = RdA 1996, 319; Rdnr. 992). Während im Bereich der erzwingbaren Mitbestimmung somit nur ein tatsächlich bestehender Tarifvertrag eine betriebliche Regelung verhindert, steht außerhalb dieses Bereiches schon die bloße Tarifüblichkeit einer Betriebsvereinbarung entgegen. Nach der herrschenden Meinung gilt die Regelungssperre des § 77 Abs. 3 BetrVG auch für nicht tarifgebundene Arbeitgeber (BAG NZA 2006, 383 = RdA 2006, 312 m. Anm. Waas). Der Vorrang eines bestehenden Tarifvertrages gilt also absolut gegenüber jeder Betriebsvereinbarung. Er wird in der Praxis allerdings häufig durch formlose betriebliche Regelungsabreden und arbeitsvertragliche Einheitsregelungen unterlaufen. Das Mitbestimmungsrecht aus § 87 BetrVG entfällt schon dann, wenn eine tarifliche Regelung nur kraft arbeitsvertraglicher Bezugnahme gilt (BAG NZA 2012, 513).

**1087** (2) Grundsätzlich besteht in allen Fällen des § 87 BetrVG ein *Initiativrecht des Betriebsrats* (vgl. BAG RdA 1975, 143; s. aber Rdnr. 1096 ff.). Dieser kann also selbst eine erstrebte Regelung herbeiführen, sie notfalls durch Anrufung der Einigungsstelle erzwingen.

Beispiel: So kann der Betriebsrat die Einführung von Kurzarbeit (§ 87 Abs. 1 Nr. 3 BetrVG) initiieren, um den Ausspruch betriebsbedingter Kündigungen durch den Arbeitgeber zu vermeiden. In Ausnahmefällen ist die Initiativbefugnis bei einzelnen Mitbestimmungstatbeständen aus systematischen und teleologischen Gründen zu beschränken (so bei § 87 Abs. 1 Nr. 6 oder Nr. 10 BetrVG, str., s. hierzu BAG NZA 1990, 322).

**1088** (3) Die in § 87 Abs. 1 Nr. 1–13 BetrVG aufgeführten *Tatbestände* enthalten Regelungen über die betriebliche Ordnung, die Arbeitszeit, die Vergütung sowie Bestimmungen über Gesundheitsschutz, Sozialeinrichtungen und das betriebliche Vorschlagswesen. Im Einzelnen geht es um folgende Angelegenheiten:

**1089** – *Nr. 1: Fragen der Ordnung des Betriebs und des Verhaltens der Arbeitnehmer im Betrieb.* Damit ist die Gestaltung des Zusammenlebens und Zusammenwirkens der Arbeitnehmer im Betrieb gemeint, nicht dagegen die Weisung im Einzelfall. Was in Zeiten ohne Mitbestimmung allein vom Arbeitgeber in einer Arbeits- oder Betriebsordnung bestimmt wurde, bedarf jetzt der Zustimmung des Betriebsrats; dadurch soll eine gleichberechtigte Teilhabe der Arbeitnehmerschaft an der Ausgestaltung der innerbetrieblichen Ordnung sichergestellt werden. Zu unterscheiden ist dabei zwischen dem mitbestimmungsfreien Arbeitsverhalten einerseits und dem mitbestimmungspflichtigen Ordnungsverhalten andererseits (BAG NZA 2012, 685, 686).

Beispiele zum Ordnungsverhalten: Vorschriften über An, Ab- und Krankmeldung; Einführung von Stechuhren, Torkontrollen, Leibesvisitationen; Regeln über Kleiderablage und Tragen von Dienstbekleidung; Abstellen von Fahrzeugen und Aufbewahrung mitgebrachter Sachen; Rauch- und Alkoholverbot; Anordnungen über die Telefonbenutzung (bei Dienst-, Privatgesprächen); das Radiohören im Betrieb.

Auch die Einführung sog. Ethikrichtlinien kann mitbestimmungspflichtig sein (Rdnr. 257). Dies lässt sich jedoch nicht einheitlich für das gesamte Regelwerk beurteilen. Vielmehr muss für jeden einzelnen Bestandteil überprüft werden, ob § 87 Abs. 1 BetrVG einschlägig ist (BAG NZA 2008, 1248).

Mitbestimmungsfrei sind dagegen solche Anordnungen des Arbeitgebers, welche die arbeitsvertraglich begründete Pflicht zur ordnungsgemäßen Arbeitsleistung nur wiederholen oder aber näher konkretisieren. **1090**
Beispiele zum Arbeitsverhalten: Rauchverbot für Tankwarte (vgl. Henssler, SAE 1990, 343, 344); das Verbot der Privatnutzung von im Eigentum des Arbeitgebers stehenden Smartphones (BAG NZA 2018, 50).

– Nr. 2: *Beginn und Ende der täglichen Arbeitszeit einschließlich der Pausen sowie Verteilung der Arbeitszeit auf die einzelnen Wochentage.* Während die *Dauer* der Arbeitszeit sich aus Gesetz, Tarifvertrag oder Einzelarbeitsvertrag ergibt, ist die *Lage* der Arbeitszeit mitbestimmungspflichtig. Dadurch soll den Arbeitnehmern ermöglicht werden, ihre Interessen bei der Lage der Arbeitszeit zur Geltung zu bringen; denn durch den Beginn und das Ende der täglichen Arbeitszeit wird festgelegt, welche Zeiten den Arbeitnehmern für die Gestaltung des Privatlebens zur Verfügung stehen. Das Mitbestimmungsrecht gilt für eine dauernde Regelung, aber auch für die Regelung eines vorübergehenden Zustandes, nicht dagegen für die Festlegung der Arbeitszeit eines einzelnen Arbeitnehmers. **1091**

Beispiele: Einführung und Abbau von Schichtarbeit – einschließlich der Erstellung des Schicht- und Dienstplans sowie der Zuordnung der einzelnen Arbeitnehmer zu einem mitbestimmten Dienstplan, (BAG NZA 2018, 191, 192), der Umstellung etwa von einem Drei- auf ein Zweischichtsystem sowie der Umsetzung betroffener Arbeitnehmer von einer Schicht in eine andere – und von gleitender Arbeitszeit (einschließlich der Festlegung der Kernarbeitszeit und der Gleitspannen); Bestimmung der Rahmenbedingungen bei KAPOVAZ (Rdnr. 88); Gewährung von Freizeitausgleich; Verteilung der wöchentlichen Arbeitszeit von Teilzeitbeschäftigten auf die einzelnen Wochentage und Verteilung der wöchentlichen Arbeitszeit von Vollzeitbeschäftigten auf eine Fünf-Tage-Woche in einem an sechs Wochentagen geöffneten Betrieb; Entscheidung, ob an einem Karnevalsdienstag gearbeitet werden soll. Die Festlegung von Reisezeiten ohne Arbeitsleistung unterliegt dagegen nicht der Mitbestimmung (BAG NZA 2007, 458). **1092**

– Nr. 3: *Vorübergehende Verkürzung oder Verlängerung der betriebsüblichen Arbeitszeit.* Hier geht es um die Dauer der Arbeitszeit. Der Arbeitgeber soll befugt sein, die Arbeitszeit vorübergehend aus besonderem Anlass unter Abweichung vom Tarif- oder Arbeitsvertrag für einen kollektiven Teil der Belegschaft zu ändern. Dazu bedarf er zwecks Wahrung der Interessen der Arbeitnehmer der Zustimmung des Betriebsrats; diese kann wegen zu erwartender Eilfälle sogar im Voraus erteilt werden (BAG RdA 1982, 321). **1093**

Betriebsübliche Arbeitszeit ist der vom einzelnen Arbeitnehmer regelmäßig geschuldete zeitliche Umfang der Arbeitsleistung (BAG NZA 2007, 818). Obwohl die Anwendbarkeit des § 87 Abs. 1 Nr. 3 BetrVG einen kollektiven Tatbestand voraussetzt, greift das Mitbestimmungsrecht auch bei einer Veränderung der individuellen Arbeitszeit ein, sofern sie betrieblich veranlasst ist. Beispiele: Einführung von Kurzarbeit (z. B. wegen Auftragsmangels, Reparaturarbeiten; BAG AP Nr. 1 zu § 87 BetrVG 1972 Kurzarbeit; Rdnr. 247 ff.) und von Überstunden (z. B. wegen vermehrten Auftragseingangs, Reparaturarbeiten; BAG AP Nr. 4 zu § 87 BetrVG 1972 – Arbeitszeit; Rdnr. 246). Dagegen sind die Aufhebung der Kurzarbeit und die Rückkehr zur betrieblichen Arbeitszeit nicht mitbestimmungspflichtig (BAG AP Nr. 2 zu § 87 BetrVG 1972 Arbeitszeit; a. A. GK-BetrVG/Wiese/Gutzeit, § 87 Rdnr. 390). Zu den Besonderheiten der Mitbestimmung bei der Einführung von Kurzarbeit aufgrund von arbeitskampfbedingten Betriebsstörungen vgl. Brox/Rüthers, Arbeitskampfrecht, Rdnr. 452 ff. sowie BAG NZA 2004, 223. Eine tariflich festgelegte Jahresarbeitszeit ist nicht notwendig gleichbedeutend mit der „betriebsüblichen Arbeitszeit" nach § 87 Abs. 1 Nr. 3 BetrVG. Das Überschreiten der Jahresarbeitszeit löst also nicht das Mitbestimmungsrecht nach dieser Vorschrift aus (BAG AP Nr. 93 zu § 87 BetrVG 1972 Arbeitszeit). Gleiches gilt für die Frage nach der monetären Abgeltung geleisteter Überstunden (BAG NZA 2018, 115, 116 ff.).

**1094** – *Nr. 4: Zeit, Ort und Art der Auszahlung der Arbeitsentgelte.* Zum Arbeitsentgelt zählen alle vom Arbeitgeber im Rahmen des Arbeitsverhältnisses zu erbringenden Vergütungsleistungen. Die Zeit der Auszahlung betrifft den Zeitpunkt der Auszahlung (Tag, Stunde), aber auch den Zeitabschnitt (Woche, Monat), in dem gezahlt wird, bzw., ob vor oder nach Erbringung der Arbeitsleistung bezahlt wird. Beim Ort der Zahlung geht es insbesondere darum, ob die Auszahlung innerhalb oder außerhalb des Betriebs erfolgt. Die Art der Zahlung spielt bei der bargeldlosen Zahlung (durch Scheck, Überweisung auf ein Konto) eine Rolle.

Im **Fall a** bedarf der Arbeitgeber zur Einführung der bargeldlosen Lohnzahlung der Zustimmung des Betriebsrats. Meist wird eine Betriebsvereinbarung geschlossen, die auch regelt, wer die Kosten für die Überweisung sowie der Kontenführung zu zahlen hat. Verlangt werden kann vom Arbeitgeber aber nur, den Arbeitnehmer so zu stellen, wie er bei Barzahlung stehen würde. Dann muss der Arbeitgeber die Kosten für die Überweisung und für die einmalige Abhebung sowie einen entsprechenden Anteil an den Kontoführungsgebühren zahlen. Siehe auch Rdnr. 1111.

**1095** – *Nr. 5: Aufstellung allgemeiner Urlaubsgrundsätze und des Urlaubsplans sowie die Festsetzung der zeitlichen Lage des Urlaubs für einzelne Arbeitnehmer, wenn zwischen dem Arbeitgeber und den beteiligten Arbeitnehmern kein Einverständnis erzielt wird.* Dadurch soll sichergestellt werden, dass die Urlaubswünsche der einzelnen Arbeitnehmer und die betrieblichen Interessen an der Aufrechterhaltung eines geordneten Arbeitsablaufs sinnvoll aufeinander abgestimmt werden. § 87 Abs. 1 Nr. 5 BetrVG erfasst nicht nur den Erholungsurlaub, sondern jede Art von (bezahlter oder unbezahlter) Freistellung. Das Mitbestimmungsrecht erstreckt sich daher auch auf die Gewährung von Bildungsurlaub nach den Weiterbildungsgesetzen der Länder (BAG NZA 2003, 171). Dagegen sind die Dauer des Urlaubs und die Zahlung des Urlaubsentgelts nicht mitbestimmungspflichtig; sie ergeben sich aus dem BUrlG, Tarif- oder Arbeitsvertrag.

Die allgemeinen Urlaubsgrundsätze betreffen generelle Regeln, z. B. über Betriebsferien, Rücksichtnahme auf schulpflichtige Kinder und den berufstätigen Ehegatten sowie über die Urlaubsvertretung.

Der Urlaubsplan verteilt den Urlaub der Arbeitnehmer auf das jeweilige Kalenderjahr.

Während die Urlaubsgrundsätze und der Urlaubsplan kollektive Regelungen enthalten, betrifft die Urlaubsfestsetzung für den einzelnen Arbeitnehmer die Bestimmung der zeitlichen Lage des Urlaubs im konkreten Einzelfall. Voraussetzung dafür ist, dass der Arbeitgeber und der Arbeitnehmer darüber kein Einverständnis erzielen, weil z. B. der Arbeitgeber die Gewährung des Urlaubs zu der gewünschten Zeit aus betrieblichen Gründen ablehnt oder mehrere Arbeitnehmer zur selben Zeit Urlaub haben wollen und ein ordnungsgemäßer Arbeitsablauf nicht mehr gewährleistet ist. § 87 Abs. 1 Nr. 5 BetrVG stellt daher – ebenso wie Nr. 9 – eine Ausnahme zu dem Grundsatz dar, dass ein Mitbestimmungsrecht nach § 87 Abs. 1 BetrVG einen kollektiven Tatbestand voraussetzt (HWK/Clemenz, § 87 BetrVG Rdnr. 3).

**1096** – *Nr. 6: Einführung und Anwendung technischer Einrichtungen, die dazu bestimmt sind, das Verhalten oder die Leistung der Arbeitnehmer zu überwachen.* Der Arbeitnehmer soll davor geschützt werden, dass durch Verwendung anonymer Kontrolleinrichtungen in seinen Persönlichkeitsbereich eingegriffen wird. Deshalb soll die Vorschrift nach der vielfach kritisierten Rspr. des BAG nicht nur dann anwendbar sein, wenn der Arbeitgeber die Überwachung (ausschließlich oder überwiegend) bezweckt, sondern schon dann, wenn die technische Einrichtung – wie etwa bei einem Fahrtenschreiber (BAG AP Nr. 3 zu § 87 BetrVG 1972 Überwachung) – zur Überwachung objektiv und unmittelbar geeignet ist. Unerheblich ist, ob der Arbeitgeber die erzeugten und gespeicherten Daten tatsächlich auswertet. Mit diesem extensiven Verständnis geht die Gefahr eines Ausuferns des Mitbestimmungstatbestandes einher, weil schon der Einsatz von Standardsoftware, etwa MS Excel, zum Eingreifen des Mitbestimmungstatbestands führen kann, mit der Folge, dass bei jedem Update der Betriebsrat erneut zu beteiligen ist.

Im Zuge der Digitalisierung der Arbeitswelt nehmen die technischen Möglichkeiten zur Überwachung von Arbeitnehmern immer weiter zu, so dass das Mitbestimmungsrecht nach Nr. 6 in seiner (extensiven) Auslegung stetig an Bedeutung gewinnt (vgl. die Einrichtung einer Facebook-Seite mit möglichen Besucher-Beiträgen zur Mitarbeiterbewertung, BAG NZA 2017, 657, 660 ff.). Rechtstatsächlich erweist sich das Mitbestimmungsrecht gerade bei der Einführung und dem regelmäßigen Update von allgegenwärtigen Software-Programmen als Hemmschuh der digitalisierten Arbeitswelt (vgl. Hanau, NJW 2016, 2613, 2615).

Weitere Beispiele: Filmkamera (BAG NZA 2008, 1187), Multimomentkamera (= Kamera, die in Abständen Bilder von Arbeitsplätzen macht; BAG AP Nr. 1 zu § 87 BetrVG 1972 Überwachung), Telefonabhöranlage, Telefondatenerfassung (BAG NZA 1986, 643), Produktograph (= Schreiber über die Maschinenausnutzung). Bildschirmarbeitsplätze, die an einer EDV-Anlage angeschlossen sind, fallen unter die Mitbestimmung, wenn Werte über die Leistung oder das Verhalten der Arbeitnehmer tatsächlich gespeichert werden (sog. Keylogger, vgl. BAG NZA 2017, 3258). **1097**

Mitbestimmungspflichtig ist auch die Erhebung von Leistungsdaten einer überschaubaren Gruppe, wenn der so ausgeübte Überwachungsdruck auf den einzelnen Arbeitnehmer durchschlägt (BAG NZA 1986, 488). Schließlich besteht ein Mitbestimmungsrecht, wenn in einem Personalinformationssystem auf einzelne Arbeitnehmer bezogene Aussagen über krankheitsbedingte Fehlzeiten, attestfreie Krankheitszeiten und unentschuldigte Fehlzeiten erarbeitet werden; denn es handelt sich um Aussagen über ein mögliches Verhalten des Arbeitnehmers (BAG NZA 1986, 526). Bei der Speicherung personenbezogener Daten (Art. 4 Nr. 1 DSGVO) ist die Datensicherung zu gewährleisten (vgl. Art. 32 DSGVO i. V. m. § 26 Abs. 5 BDSG).

Nicht unter § 87 Abs. 1 Nr. 6 BetrVG fallen einmal solche Maßnahmen, die gesetzlich vorgeschrieben sind (§ 87 Abs. 1 Eingangssatz BetrVG), zum anderen solche Einrichtungen, die nicht über das Verhalten der Arbeitnehmer, sondern nur über die Maschine Auskunft geben, und schließlich solche Maßnahmen, die nicht als technisch bezeichnet werden können. **1098**

Beispiele: Der Fahrtenschreiber ist für Lastwagen und Omnibusse gesetzlich vorgeschrieben (§ 57a StVZO). Warnlampen, Druckmesser, Drehzahlmesser kontrollieren nur die Maschine. Berichte der Arbeitnehmer über ihre Tätigkeit oder Arbeitszeit, schriftliche Aufzeichnungen über Telefongespräche fallen nicht unter eine selbsttätige Überwachung.

Da sich das Mitbestimmungsrecht des Betriebsrats in den Fällen des § 87 Abs. 1 Nr. 6 BetrVG auf eine Abwehrfunktion gegenüber der Einführung bestimmter technischer Kontrolleinrichtungen beschränkt, kann der Betriebsrat nicht selbst die Einführung solcher Anlagen verlangen (Fitting/Engels/Schmidt/Trebinger/Linsenmaier, BetrVG, § 87 Rdnr. 251); er muss auch nicht zustimmen, wenn eine Überwachungseinrichtung wieder abgeschafft werden soll.

**1099** – Nr. 7: *Regelungen über die Verhütung von Arbeitsunfällen und Berufskrankheiten sowie über den Gesundheitsschutz im Rahmen der gesetzlichen Vorschriften oder der Unfallverhütungsvorschriften.* Der Anwendungsbereich für Nr. 7 ist trotz der großen Bedeutung des Arbeits- und Gesundheitsschutzes gering, weil das dichte Netz der öffentlich-rechtlichen Arbeitsschutzvorschriften kaum Raum für Regelungen der Betriebspartner lässt. Soweit die ArbStättV vom 29.7.1980 (BGBl. I, S. 1071), die zu ihr ergangene ArbStättR sowie die vielfältigen Unfallverhütungsvorschriften der Berufsgenossenschaften, die ihre Rechtsgrundlage in § 15 SGB VII finden, bestimmte Maßnahmen zwingend anordnen, besteht kein Mitbestimmungsrecht (§ 87 Abs. 1 Eingangssatz BetrVG). Raum für die Mitbestimmung ist damit nur dort, wo es um die Art und Weise der Durchführung öffentlich-rechtlicher Vorschriften geht; es müssen also ausfüllungsbedürftige Rahmenvorschriften vorhanden sein (BAG NZA 2004, 1175). Auch Generalklauseln können nach der Rspr. Rahmenvorschriften i. S. des § 87 Abs. 1 Nr. 7 BetrVG sein, sofern es sich um eine konkrete Gefährdung i. S. v. § 5 Abs. 1 ArbSchG handelt (BAG NZA 2017, 1132). Ausfüllungsbedürftige Rahmenvorschriften im ArbSchG sind etwa § 3 Abs. 2 ArbSchG mit der Verpflichtung zum Aufbau einer Sicherheitsorganisation (BAG NZA 2014, 855). Mitzubestimmen hat der Betriebsrat nach Nr. 7 auch bei der Entscheidung des Arbeitgebers darüber, ob ein Ausgleich für Nachtarbeit nach § 6 Abs. 5 ArbZG durch bezahlte freie Tage oder durch einen angemessenen Entgeltzuschlag zu gewähren ist (BAG NZA 2012, 513).

**1100** Mitbestimmungsrechte ergeben sich auch aus anderen Gesetzen. So enthält das Gesetz über Betriebsärzte, Sicherheitsingenieure und andere Fachkräfte für Arbeitssicherheit (ASiG) eine Vorschrift über die Mitbestimmung bei Bestellung und Abberufung von Betriebsärzten und Fachkräften für Arbeitssicherheit (§ 9 Abs. 3 ASiG; dazu BAG NZA 1989, 60).

Außerdem sieht § 89 BetrVG freiwillige Betriebsvereinbarungen über zusätzliche Maßnahmen zur Verhütung von Arbeitsunfällen und Gesundheitsschädigungen vor. Dem Arbeits- und Gesundheitsschutz dienen auch die Beteiligungsrechte des Betriebsrats bei der Gestaltung von Arbeitsplatz, Arbeitsablauf und Arbeitsumgebung (§§ 90 f. BetrVG).

**1100a** – Nr. 8: *Form, Ausgestaltung und Verwaltung von Sozialeinrichtungen, deren Wirkungsbereich auf den Betrieb, das Unternehmen oder den Konzern beschränkt ist.* Dieses Mitbestimmungsrecht soll – ähnlich wie das Mitbestimmungsrecht nach § 87 Abs. 1 Nr. 10 BetrVG – die innerbetriebliche Verteilungsgerechtigkeit sichern. Die Sozialeinrichtungen bezwecken, den Arbeitnehmern und ihren Angehörigen zusätzliche soziale Vorteile zu gewähren. Es muss sich dabei um ein zweckgebundenes Sondervermögen von bestimmter Dauer handeln, das einer Verwaltung bedarf (BAG AP Nr. 5 zu § 87 BetrVG 1972 Lohngestaltung).

Beispiele: Kantine (BAG NZA 2001, 462; bei Regelungen der Nutzung einer Kantine kommt zudem ein Mitbestimmungsrecht aus § 87 Abs. 1 Nr. 1 BetrVG in Betracht), Sportanlage, Bücherei, Lehrlingsheim, Erholungsheim, Kindertagesstätte (BAG NZA 2009, 562), Unterstützungskasse (BAG NZA 1992, 949).

Nicht unter § 87 Abs. 1 Nr. 8 BetrVG fallen dagegen z. B. Selbsthilfeeinrichtungen der Arbeitnehmer, da dafür keine Leistungen des Arbeitgebers erbracht werden. Unanwendbar ist die Vorschrift auch bei der Unterhaltung einer Werkbuslinie, wenn der Arbeitgeber sie nicht mit eigenen Fahrzeugen und eigenem Personal betreibt, sondern sie Dritten gegen Zahlung eines Entgelts überlässt. Keine Sozialeinrichtung liegt auch bei der Vergabe von Arbeitgeberdarlehen vor, weil es an einer Institutionalisierung fehlt und eine Verwaltung nicht erforderlich ist; jedoch kann ein Mitbestimmungsrecht gem. § 87 Abs. 1 Nr. 10 BetrVG bestehen.

**1101** Mitbestimmungspflichtig sind die Form (z. B. GmbH, Stiftung, nichtrechtsfähiger Verein), die Ausgestaltung (z. B. Regelung des Benutzerkreises, Aufstellung einer Benutzungsordnung; **Fall c**, so dass ein Mitbestimmungsrecht besteht) und die Verwaltung (z. B. Geschäftsführung und innerbetriebliche Organisation).

Dagegen ist die „Dotierung" mitbestimmungsfrei. Der Arbeitgeber entscheidet also allein über die Errichtung und über die Beendigung der Sozialeinrichtungen (BAG AP Nr. 1 zu § 87 BetrVG 1972 Werkmietwohnungen; **Fall b**).

Der Arbeitgeber ist in seiner Entscheidung auch frei darin, in welcher Höhe er Zuschüsse zur Sozialeinrichtung erbringen will. Deshalb steht dem Betriebsrat nicht das Recht zu, für die Einrichtung etwa eine Ausgestaltung zu verlangen, die den Dotierungsrahmen übersteigt.

**1102** *— Nr. 9: Zuweisung und Kündigung von Wohnräumen, die den Arbeitnehmern mit Rücksicht auf das Bestehen eines Arbeitsverhältnisses vermietet werden, sowie die allgemeine Festlegung der Nutzungsbedingungen.* Dadurch soll dem gesteigerten Schutzbedürfnis des einzelnen Arbeitnehmers Rechnung getragen werden, welcher über die normalen arbeitsrechtlichen Bindungen hinaus bei der Gestaltung eines wesentlichen Teils seines außerdienstlichen Lebensbereichs vom Arbeitgeber abhängig ist; daneben soll sichergestellt werden, dass die kollektiven Interessen der Belegschaft an einer gerechten Auswahl der Mieter und an einer sachgerechten Gestaltung der Mietbedingungen gebührend berücksichtigt werden.

§ 87 Abs. 1 Nr. 9 BetrVG erfasst nur die Werkmietwohnung (vgl. §§ 576 f. BGB). Darunter versteht man eine Wohnung, die vom Arbeitgeber an den Arbeitnehmer mit Rücksicht auf das Arbeitsverhältnis (entgeltlich oder unentgeltlich) überlassen wird; es reicht ein einzelner Raum aus, sofern er zum Wohnen (Schlafen) bestimmt und geeignet ist (auch Zweibettzimmer in einem möblierten Wohnheim; vgl. BAG AP Nr. 3 zu § 87 BetrVG 1972 Werkmietwohnungen).

**1103** Mitbestimmungspflichtig ist einmal die allgemeine Festlegung der Nutzungsbedingungen. Dazu gehören etwa die Hausordnung, der Mustermietvertrag, aber auch die Grundsätze für die Mietzinsbildung. Allerdings darf dabei der Dotierungsrahmen nicht überschritten werden; denn die Dotierung ist auch hier allein Sache des Arbeitgebers. Bei der Zuweisung und Kündigung von Wohnraum handelt es sich um die Mitbestimmung im konkreten Einzelfall. Die Zuweisung betrifft die Auswahl des Begünstigten, nicht jedoch den Abschluss des Mietvertrags; deshalb ist der Mietvertrag auch ohne Zustimmung des Betriebsrats bei der Zuweisung wirksam (zu den Rechtsfolgen: GK-BetrVG/Wiese/Gutzeit, § 87 Rdnr. 810; Fitting/Engels/Schmidt/Trebinger/Linsenmaier, BetrVG, § 87 Rdnr. 393). Dagegen ist die Kündigung des Mietvertrags ohne Zustimmung des Betriebsrats unwirksam.

Von der Kündigung des Mietvertrags ist die Kündigung des Arbeitsvertrags zu unterscheiden. Ist das Arbeitsverhältnis durch Kündigung oder aus einem anderen Grunde beendet worden, muss der Betriebsrat die Möglichkeit haben, im Interesse anderer Arbeitnehmer die Beendigung des Mietverhältnisses durchzusetzen; deshalb wird auch nach Beendigung des Arbeitsverhältnisses ein Mitbestimmungs- und Initiativrecht bei der Kündigung des Mietverhältnisses bejaht (str.; vgl. Richardi/Richardi, BetrVG, § 87 Rdnr. 727 m. w. N.).

**1104** *— Nr. 10: Fragen der betrieblichen Lohngestaltung, insbesondere die Aufstellung von Entlohnungsgrundsätzen und die Einführung und Anwendung von neuen Entlohnungsmethoden sowie deren Änderung.* Über dieses praktisch sehr bedeutsame Mitbestimmungsrecht soll der Arbeitnehmer vor einer einseitig an den Interessen des Arbeitgebers orientierten oder gar willkürlichen Lohngestaltung geschützt sowie die Angemessenheit und Durchsichtigkeit des innerbetrieblichen Lohngefüges gewährleistet werden (BAG NZA 2009, 502, 504). Die betriebliche Lohngestaltung betrifft nicht die Höhe des Lohnes; diese ergibt sich regelmäßig aus dem einschlägigen Tarifvertrag, dessen Vorrang zu beachten ist (vgl. § 87 Abs. 1 Eingangssatz, § 77 Abs. 3 Satz 1 BetrVG). Nur soweit der Tarifvertrag eine ergänzende Betriebsvereinbarung zulässt (so im **Fall d**, so dass ein Mitbestimmungsrecht besteht) oder der Tarifvertrag gar nicht eingreift, weil es sich um übertarifliche Zulagen oder um außertarifliche Angestellte (sog. AT-Angestellte) handelt, kommt eine Mitbestimmung in Betracht. Ist die konkrete Höhe einer mit Zustimmung des Betriebsrats eingeführten Zulage in das Ermessen des Arbeitgebers gestellt, scheidet ein Mitbestimmungsrecht nach § 87 Abs. 1 Nr. 10 BetrVG aus, da es sich bei der Ermessensausübung nicht um einen Entlohnungsgrundsatz handelt (BAG NZA 2018, 44, 46). Ausgeklammert vom Mitbestimmungsrecht bleibt außerdem die individuelle Lohngestaltung, also eine Regelung, die mit Rücksicht auf ein konkretes Arbeitsverhältnis getroffen wird. § 87 Abs. 1 Nr. 10 BetrVG setzt m.a.W. einen kollektiven Tatbestand voraus.

**1105** Der Arbeitgeber entscheidet zunächst allein darüber, ob und welchem Personenkreis er etwa außertarifliche Zulagen gewährt. Der Mitbestimmung unterliegt dann die Abgrenzung des Personenkreises nach generellen Merkmalen, um die innerbetriebliche Lohngerechtigkeit sicherzustellen. Mitbestimmungspflichtig sind somit nur die Aufstellung und die Veränderung der Verteilungsgrundsätze (BAG NZA 2017, 661). Bei einer Kürzung des Zulagevolumens durch den Arbeitgeber besteht kein Mitbestimmungsrecht. Nach Ansicht des Großen Senats des BAG hat der Betriebsrat aber mitzubestimmen, wenn die beabsichtigte Kürzung der Zulagen zu einer Änderung der Verteilungsgrundsätze führt und für eine anderweitige Regelung ein Spielraum verbleibt; dieser besteht jedoch nicht, wenn das Zulagevolumen völlig aufgezehrt wird oder eine vollständige und gleichmäßige Kürzung erfolgt (BAG NZA 1992, 749; dazu kritisch: Richardi, NZA 1992, 961).

**1106** Zum Lohn gehören nicht nur die eigentlichen Arbeitsentgelte, sondern alle Leistungen des Arbeitgebers mit Entgeltcharakter, also z.B. auch Sachleistungen. Selbst Ruhegeldansprüche, die sich gegen den Arbeitgeber richten, fallen als „Soziallohn" unter § 87 Abs. 1 Nr. 10 BetrVG (BAG AP Nr. 1–3 zu § 87 BetrVG 1972 Altersversorgung); denn auch sie haben Entgelt- und keinen reinen Fürsorgecharakter. Dagegen gehört eine Aufwandsentschädigung (z.B. Reisekosten, Kosten der Benutzung eines privaten Pkw für Dienstfahrten) nicht zum Lohn (BAG NZA 1987, 30).

Unter Entlohnungsgrundsätzen versteht man das System, nach dem das Arbeitsentgelt bemessen werden soll (vgl. BAG AP Nr. 1 zu § 87 BetrVG 1972 Provision). Beispiele: Zeitlohn (Rdnr. 322), Akkordlohn (Rdnr. 323; BAG NZA 1988, 320), Provisionen (Rdnr. 328, 333; BAG NZA 1989, 109), Prämien (Rdnr. 328; BAG NZA 1987, 568), Zulagen. Ein Mitbestimmungsrecht besteht auch bei der Festlegung des Verhältnisses der genannten Entgeltbestandteile zueinander (z.B. Grundgehalt, Provision und Prämie; BAG NZA 1989, 479). Entlohnungsmethoden sind die technischen Verfahren, mit denen das gewählte Entlohnungssystem durchgeführt wird (BAG AP Nr. 1 zu § 87 BetrVG 1972 Provision). Beispiele: Arbeitsbewertungsmethoden wie Refa, Bédaux- oder MTM-System (Rdnr. 324). Auch die Einführung der heute beliebten Zielvereinbarungen fällt unter § 87 Abs. 1 Nr. 10 BetrVG. Zwar kann der Arbeitgeber frei den Dotierungsrahmen und auch die verfolgten Ziele festlegen. Das Beteiligungsrecht des Betriebsrates umfasst aber die Frage, ob überhaupt ein variables Vergütungssystem eingeführt werden soll sowie das Verhältnis der Entgeltbestandteile Grundgehalt und Bonus zueinander.

Verletzt der Arbeitgeber dieses Mitbestimmungsrecht bei der Änderung einer im Betrieb geltenden Vergütungsordnung, so gilt die alte Regelung weiter (BAG NZA 2017, 1346, 1347). Das kann bei Neueinstellungen zu höheren als den vertraglich vereinbarten Vergütungsansprüchen führen (BAG NZA 2003, 570). Der Arbeitnehmer muss sich die auf der Grundlage von mitbestimmungswidrigen Entlohnungsgrundsätzen erbrachten Entgeltleistungen, auf den zu erfüllenden vertraglichen Entgeltanspruch jedoch anrechnen lassen (BAG NZA 2017, 1346, 1349).

**– Nr. 11: *Festsetzung der Akkord- und Prämiensätze und vergleichbarer leistungsbezogener Entgelte, einschließlich der Geldfaktoren*.** § 87 Abs. 1 Nr. 11 BetrVG dient dem Schutz der Arbeitnehmer vor Belastungen, die bei leistungsbezogenen Tätigkeiten entstehen können. Gewährleistet werden soll, dass die vom Arbeitnehmer erwartete Zusatzleistung sachgerecht bewertet wird und in einem angemessenen Verhältnis zum erzielbaren Mehrverdienst steht (HWK/Clemenz, § 87 BetrVG Rdnr. 200). Unter die leistungsbezogenen Entgelte fallen alle Regelungen, bei denen zwischen Leistung und Entgelt eine unmittelbare Beziehung besteht, so dass der Arbeitnehmer in der Lage ist, das Leistungsergebnis und damit das Entgelt zu beeinflussen. Erfasst werden neben Akkord- und Prämienlöhnen all jene Vergütungsformen, bei denen eine Leistung des Arbeitnehmers mit einer Bezugs- oder Normalleistung verglichen wird und bei denen sich die Höhe der Vergütung unmittelbar nach dem Verhältnis der Leistung des Arbeitnehmers zur Bezugsleistung bemisst. Provisionszahlungen und Gratifikationen, die zwar zur Mitarbeitermotivation, aber ohne einen konkreten Bezug zur individuellen Arbeitsleistung ausgezahlt werden, fallen somit nicht unter § 87 Abs. 1 Nr. 11 BetrVG. Gleiches gilt für Gewinn- und Ergebnisbeteiligungen, die nicht auf der Arbeitsleistung des Arbeitnehmers, sondern auf der Leistung des ganzen Unternehmens beruhen. Bei Zielvereinbarungen kommt nach BAG NZA 2004, 936 ein Mitbestimmungsrecht nach § 87 Abs. 1 Nr. 11 BetrVG in Betracht (dazu Rieble/Gistel, BB 2004, 2462, 2463). Sachgerecht erscheint eine Differenzierung zwischen Zielvereinbarungen, die ausschließlich auf quantitativ messbaren Parametern beruhen (Nr. 11 einschlägig) und solchen, die eine qualitative Bewertung des Arbeitgebers voraussetzen (kein Mitbestimmungsrecht nach Nr. 11).

Beim Akkordlohn unterliegen der Zeit- und der Geldfaktor (Rdnr. 322 f.) der Mitbestimmung. Zur Bestimmung des Zeitfaktors sind verschiedene Maßnahmen, wie etwa Zeitaufnahmen und Auswahl von Versuchspersonen, erforderlich. Bei dem Geldfaktor geht es um die Festsetzung des Akkordrichtsatzes (Rdnr. 326). Das BAG (vgl. BAG AP Nr. 3 zu § 87 BetrVG 1972 Prämie; AP Nr. 8 zu § 87 BetrVG 1972 Prämie) interpretiert die Erwähnung der Geldfaktoren im Mitbestimmungstatbestand der Nr. 11 dahingehend, dass der Betriebsrat auch über die Lohnhöhe mitbestimmen könne. Damit geht das Mitbestimmungsrecht aus Nr. 11 deutlich über Nr. 10 hinaus.

Beim Prämienlohn wird – im Gegensatz zum Akkordlohn – nicht nur auf die Leistungsmengen, sondern auch auf andere Bezugsgrößen abgestellt (z. B. Prämie für Güte, Nutzung von Maschine und Material; Rdnr. 328). Mitbestimmungspflichtig sind z. B. die Prämienart, die Bezugsgröße, der Verteilungsschlüssel.

**– Nr. 12: *Grundsätze über das betriebliche Vorschlagswesen*.** Zweck des Mitbestimmungsrechts ist es, das Verfahren zur Behandlung betrieblicher Verbesserungsvorschläge für den Arbeitnehmer durchschaubar zu machen. Damit dient es zugleich der Entfaltung der Persönlichkeit des Arbeitnehmers (§ 75 Abs. 2 BetrVG), indem dieser zur Gestaltung der Arbeit und der Fortentwicklung des betrieblichen Ablaufs motiviert wird. Darunter fallen alle Methoden der Anregung, Sammlung und Bewertung von Vorschlägen der Arbeitnehmer zur Vereinfachung oder Verbesserung der betrieblichen Arbeit.

Die Mitbestimmung erfasst etwa die Organisation (z. B. Bildung von Prüfungsausschüssen, BAG NZA 2004, 994; Festlegung der teilnahmeberechtigten Personen) und Aufstellung der Grundsätze für die Bewertung und Prämierung. Nicht mitbestimmungspflichtig sind jedoch die Bewertung und Prämierung im Einzelfall sowie die Höhe der Prämie und die Durchführung des Vorschlags.

Das Gesagte gilt nicht für Erfindungen, die unter das ArbNErfG (Rdnr. 391) fallen; dieses Gesetz lässt keinen Raum für eine Mitbestimmung (§ 87 Abs. 1 Eingangssatz BetrVG).

**1110** – Nr. 13: *Gruppenarbeit*. Mitbestimmungspflichtig als „soziale Angelegenheit" sind auch „Grundsätze über die Durchführung von Gruppenarbeit". Gruppenarbeit ist gegeben, wenn eine Gruppe von Arbeitnehmern ihr übertragene Aufgaben „im Wesentlichen eigenverantwortlich erledigt" (§ 87 Abs. 1 Nr. 13 BetrVG); d. h. es muss sich um „teilautonome Gruppenarbeit" handeln. Das Mitbestimmungsrecht soll die Selbstständigkeit der Arbeitnehmer bei der Ausgestaltung der Gruppenarbeit fördern sowie der Überforderung und Ausgrenzung leistungsschwächerer Arbeitnehmer entgegenwirken (Schaub/Koch, Arbeitsrechts-Handbuch, § 235 Rn. 126). Die Einführung oder Beendigung von Gruppenarbeit ist ebenso wenig mitbestimmungspflichtig, wie die Ausgestaltung als teilautonome Gruppenarbeit. Zudem ist die Mitbestimmung auf die Grundsätze beschränkt; Einzelmaßnahmen werden also nicht erfasst (Blanke, RdA 2003, 140 ff.).

**1111** (4) Der persönliche Anwendungsbereich der Mitbestimmungsrechte des § 87 Abs. 1 BetrVG bezieht sich grds. gem. § 5 Abs. 1 BetrVG auf alle Arbeitnehmer des Betriebs. Ausnahmsweise können sich die Rechte aus § 87 Abs. 1 BetrVG auch auf Leiharbeitnehmer erstrecken, wenn die Leiharbeitnehmer zusätzlich in die Organisation des Entleiherbetriebs eingegliedert sind und dort dem Weisungsrecht des Entleihers unterstehen (BAG NZA 2017, 269, 271). Die Erstreckung auf Leiharbeitnehmer wurde für § 87 Abs. 1 Nr. 2 BetrVG bejaht (BAG NZA 2017, 1542). Nr. 1, 6, 7 und 8 dürften ebenfalls anwendbar sein (ausfl. ErfK/Kania, § 87 BetrVG Rn. 5).

**1112** (5) Führt der Arbeitgeber eine mitbestimmungspflichtige Maßnahme durch, obwohl es zwischen ihm und dem Betriebsrat zu keiner Einigung gekommen und diese auch nicht durch den Spruch der Einigungsstelle ersetzt worden ist (§ 87 Abs. 2 BetrVG), so stellt sich die vom Gesetz nicht beantwortete Frage nach den *Rechtsfolgen*.

**1113** Die von der h. M. befürwortete Theorie der Wirksamkeitsvoraussetzung geht davon aus, dass belastende Maßnahmen des Arbeitgebers ohne Zustimmung des Betriebsrats unwirksam sind (BAG NZA 2004, 852, 856; Fitting/Engels/Schmidt/Trebinger/Linsenmaier, BetrVG, § 87 Rdnr. 599 ff.; Wolter, RdA 2006, 137 ff.) Nach der von einer Mindermeinung vertretenen Theorie der erzwingbaren Mitbestimmung soll dagegen die Mitbestimmung nicht notwendige Wirksamkeitsvoraussetzung, sondern nur erzwingbar sein (vgl. Richardt/Richardi, BetrVG, § 87 Rdnr. 104 ff.). Die Theorie der Wirksamkeitsvoraussetzung führt vielfach zu vernünftigen Ergebnissen. Verlegt etwa der Arbeitgeber einseitig den Arbeitsbeginn von 7 Uhr auf 6.30 Uhr, so verletzen die Arbeitnehmer ihre Arbeitspflicht nicht, wenn sie erst ab 7 Uhr arbeiten.

Ändert der Arbeitgeber ohne vorherige Beteiligung des Betriebsrats die Verteilungsgrundsätze für die Gewährung über- oder außertariflicher Zulagen, indem er anlässlich einer Tariflohnerhöhung die bislang gezahlten Zulagen nur bei bestimmten Arbeitnehmergruppen kürzt, sind Anrechnung oder Widerruf der Zulagen gegenüber diesen Arbeitnehmern unwirksam (BAG NZA 1992, 749). Konnten allerdings bestimmte Arbeitnehmer bislang keine Zahlung von Zulagen verlangen, kann sich für sie aus der Verletzung des Mitbestimmungsrechts gem. § 87 Abs. 1 Nr. 10 BetrVG kein individualrechtlicher Anspruch auf Gewährung einer Zulage ergeben (BAG NZA 1992, 225).

**1114** Die Unwirksamkeit der Maßnahme ist aber dann nicht interessengerecht, wenn Belange dritter Personen oder Belange des Arbeitnehmers entgegenstehen; ausnahmsweise können auch überwiegende Belange des Arbeitgebers für die Wirksamkeit sprechen. Insoweit wird die Theorie der Wirksamkeitsvoraussetzung ergänzt durch eine „Theorie der relativen Unwirksamkeit" (vgl. BAG (GS) NZA 1987, 168).

Beispiele: Schließt der Arbeitgeber mit einem Dritten einen Pachtvertrag über die Werkskantine, muss dieser Vertrag auch dann wirksam sein, wenn der Betriebsrat nicht beteiligt worden ist. Haben Arbeitnehmer Überstunden geleistet, darf der Arbeitgeber die Bezahlung nicht deshalb ablehnen, weil der Betriebsrat nicht zugestimmt hat. Im **Fall a** hat der Arbeitgeber zwar das Mitbestimmungsrecht des Betriebsrats missachtet, als er die bargeldlose Lohnzahlung einführte; er hat aber den Lohnanspruch des Arbeitnehmers erfüllt, da er mit dessen Einverständnis den Lohn überwies. Deshalb braucht er nicht noch einmal zu leisten.

**1115** Verletzt der Arbeitgeber die Rechte des Betriebsrats im Rahmen des § 87 BetrVG, so stehen dem Betriebsrat verschiedene Möglichkeiten zur Durchsetzung seiner Rechtsposition zur Verfügung. Er hat zunächst die Möglichkeit, nach allgemeinen Grundsätzen ein Beschlussverfahren (Rdnr. 1297 ff.) einzuleiten. Rechtskräftige Beschlüsse eines Arbeitsgerichts sind über § 85 Abs. 1 ArbGG vollstreckbar und auch der Erlass einstweiliger Verfügungen ist gem. § 85 Abs. 2 ArbGG möglich. Weiterhin hat der Betriebsrat nach § 23 Abs. 3 BetrVG einen eigenständigen Unterlassungsanspruch bei schweren Verstößen des Arbeitgebers gegen das Betriebsverfassungsgesetz.

**1116** Ob daneben auch noch ein allgemeiner betriebsverfassungsrechtlicher Unterlassungsanspruch besteht, ist heute weitgehend geklärt. Der 1. Senat des BAG vertrat lange die Auffassung, § 23 Abs. 3 BetrVG enthalte eine abschließende Regelung (vgl. AP Nr. 2 zu § 23 BetrVG 1972 = EzA § 23 BetrVG 1972 Nr. 9 mit zust. Anm. Rüthers/Henssler). Der 6. Senat des BAG erkannte dagegen zumindest bei Verstößen gegen § 87 Abs. 1 BetrVG einen eigenständigen Unterlassungsanspruch an (BAG NZA 1985, 783). Der 1. Senat hat sich schließlich dieser Ansicht angeschlossen. § 23 Abs. 3 BetrVG sei nicht abschließend, vielmehr müsse bei Verstößen gegen § 87 Abs. 1 BetrVG ein – unmittelbar dieser Norm zu entnehmender – Unterlassungsanspruch des Betriebsrats bejaht werden (vgl. auch Rdnr. 1077). Bei Verstößen gegen andere Normen des Betriebsverfassungsgesetzes hänge ein solcher Anspruch vom Einzelfall ab (BAG NZA 1995, 40, 42). Eine selbstständige Anspruchsgrundlage nennt das BAG nicht, sondern verweist darauf, dass aus § 2 BetrVG eine dem vertraglich begründeten Schuldverhältnis vergleichbare Lage folge. Insoweit scheint das BAG als Anspruchsgrundlage das „Betriebsverhältnis" in Verbindung mit dem Mitbestimmungsrecht des § 87 Abs. 1 BetrVG anzusehen (BAG NZA 2005, 1372, 1374; zu Recht kritisch Richardi, NZA 1995, 8).

**1117 b) Arbeits- und betriebsrechtlicher Umweltschutz.** Die Pflicht des Betriebsrats, sich dafür einzusetzen, dass die Vorschriften über den Arbeitsschutz und die Unfallverhütung im Betrieb sowie über den betrieblichen Umweltschutz durchgeführt werden, ist durch die Neufassung des § 89 BetrVG besonders hervorgehoben worden (dazu Reichel/Meyer, RdA 2003, 101 ff.). Der Betriebsrat hat gegenüber dem Arbeitgeber in diesen Fragen umfassende Informations-, Beratungs- und Beteiligungsrechte. Zu beachten ist dabei, dass es nur um betrieblichen Umweltschutz geht (vgl. Wiese, BB 2002, 674 ff.). Der Betriebsrat hat also kein „generelles umweltpolitisches Mandat zugunsten Dritter oder der Allgemeinheit" (BT-Drucks. 14/5741, S. 48).

**1118 c) Beschäftigungssicherung.** Zum erweiterten Aufgabenbereich des Betriebsrats gehört auch die Sicherung und Förderung der Beschäftigung *im* Betrieb (§ 92a BetrVG). Er kann dazu dem Arbeitgeber Vorschläge machen (flexible Gestaltung der Arbeitszeit, Teilzeitarbeit, Altersteilzeit, veränderte Arbeitsorganisation, Qualifizierung der Arbeitnehmer u. Ä.). Der Arbeitgeber ist verpflichtet, darüber mit dem Betriebsrat zu beraten und eine Ablehnung zu begründen. Unmittelbare Rechtswirkungen für das Arbeitsverhältnis entfaltet § 92a BetrVG hingegen nicht (BAG NZA 2007, 552).

**1119 d) Freiwillige Mitbestimmung.** In sozialen Angelegenheiten besteht eine umfassende Regelungszuständigkeit des Betriebsrats, der in allen einschlägigen Fragen Betriebsvereinbarungen mit dem Arbeitgeber treffen kann. Die in § 88 BetrVG aufgeführten Fälle sind nur beispielhaft genannt („insbesondere"), also nicht abschließend. Da eine Anrufung der Einigungsstelle außerhalb von § 87 BetrVG nur im beiderseitigen Einvernehmen möglich ist (§ 76 Abs. 6 BetrVG), kann der Abschluss solcher Betriebsvereinbarungen nicht erzwungen werden.

Für die Betriebsvereinbarung ist auch hier die von § 77 Abs. 3 BetrVG gezogene Grenze zu beachten (Rdnr. 142, 1065).

### 3. Beteiligung in personellen Angelegenheiten

**Schrifttum:** *Bachner,* Die Matrixorganisation in der Betriebsverfassung, NZA 2019 134; *Besgen,* Die Auswirkungen des AGG auf das Betriebsverfassungsrecht, BB 2007, 213; *Däubler,* Betriebliche Weiterbildung als Mitbestimmungsproblem, BB 2000, 1190; *Günther/Boglmüller,* Einführung agiler Arbeitsmethoden – Risiken des Einsatzes von Fremdpersonal sowie betriebliche Mitbestimmung, NZA 2019, 417; *Henssler,* Fremdpersonaleinsatz durch On-Site-Werkverträge und Arbeitnehmerüberlassung – offenen Fragen und Anwendungsprobleme des neuen Rechts, RdA 2017, 83; *Lingemann/Steinhauser,* Betriebsverfassungsrechtliche Einstellungen im entgrenzten Betrieb, NZA 2020, 87; *Rieble,* Erweiterte Mitbestimmung in personellen Angelegenheiten, NZA Sonderheft 2001, 46; *Sandmann/Schmitt-Rolfes,* Arbeitsrechtliche Probleme der Arbeitnehmerweiterbildung, ZfA 2002, 295; *Wybitul/Böhm,* Beteiligung des Betriebsrats bei Ermittlungen durch Unternehmen, RdA 2011, 362.

**Fälle:**

**1120** a) Der Arbeitgeber G will den X einstellen. Der Betriebsrat widerspricht sofort schriftlich, weil X als unverträglicher Schläger bekannt sei. Was kann G tun?

b) Im Fall a hat G dennoch X eingestellt. Der Betriebsrat will die Beschäftigung des X verhindern. Kann er das?

c) Im Fall a ist G auf X als hoch qualifizierte Fachkraft sofort und dringend angewiesen. Welche Möglichkeit hat er?

d) Der Arbeitgeber G kündigt dem Arbeitnehmer N wegen Auftragsmangels fristgemäß. Um Auseinandersetzungen aus dem Wege zu gehen, informiert er den Betriebsrat vor der Kündigung nicht. Ist die Kündigung wirksam?

e) Im Fall d macht der vor der Kündigung informierte Betriebsrat geltend, statt des alten Familienvaters N solle G lieber einen jungen Mann entlassen; im Übrigen könne N auch auf einem bestimmten freien Arbeitsplatz in einer anderen Abteilung eingesetzt werden. G kündigt dennoch dem N. Folgen?

Bei den personellen Angelegenheiten unterscheidet das Gesetz zwischen den allgemeinen personellen Angelegenheiten (Rdnr. 1120 ff.), Maßnahmen der Berufsbildung (Rdnr. 1114) und den personellen Einzelmaßnahmen, zu denen insbesondere die Einstellung (Rdnr. 1126 ff.) und die Kündigung (Rdnr. 1138 ff.) zählen.

**a) Beteiligung bei allgemeinen personellen Angelegenheiten.** Im Vorfeld personeller Entscheidungen hat der Arbeitgeber den Betriebsrat über die *Personalplanung* zu unterrichten und mit ihm zu beraten; dieser kann selbst Vorschläge machen, es bestehen jedoch keine erzwingbaren Mitbestimmungsrechte (§ 92 BetrVG). Der Betriebsrat kann verlangen, dass zu besetzende *Arbeitsplätze innerhalb des Betriebs ausgeschrieben* werden (§ 93 BetrVG). Dabei kann schon eine nicht unerhebliche Erhöhung der Arbeitszeit von zehn Stunden auf mehr als einen Monat die Ausschreibungspflicht auslösen (BAG NZA-RR 2009, 260). Die Pflicht zur internen Ausschreibung nach § 93 BetrVG besteht nach der Rspr. des BAG auch dann, wenn die freie Stelle dauerhaft mit Leiharbeitnehmern besetzt werden soll (BAG NZA 2014, 214, 215).

Hat der Arbeitgeber die verlangte betriebsinterne Ausschreibung unterlassen oder in ihr höhere als die letztlich verlangten Anforderungen an mögliche Bewerber gestellt (BAG NZA 1988, 551), kann der Betriebsrat die Zustimmung zur Einstellung verweigern (§ 99 Abs. 2 Nr. 5 BetrVG; Rdnr. 1132).

**1121**

Ein Mitbestimmungsrecht hat der Betriebsrat bei der Aufstellung von *Personalfragebögen* und von *allgemeinen Beurteilungsgrundsätzen* (§ 94 BetrVG). Die Entscheidung, ob solche Fragebögen verwendet oder Grundsätze aufgestellt werden, ist selbst nicht mitbestimmungspflichtig; erst wenn der Arbeitgeber sich dazu entschlossen hat, setzt das Mitbestimmungsrecht ein. Dadurch soll präventiv die Persönlichkeitssphäre des Bewerbers geschützt (BAG NZA 2018, 380, 384) bzw. eine objektive Beurteilung der Leistungsfähigkeit erreicht werden. Damit das Mitbestimmungsrecht nicht umgangen werden kann, hat der Betriebsrat auch mitzubestimmen, wenn in Formulararbeitsverträgen persönliche Angaben verlangt werden (§ 94 Abs. 2 BetrVG). Bei fehlender Einigung entscheidet die Einigungsstelle (§ 94 Abs. 1 Satz 2 BetrVG).

**1122**

Immer ist darauf zu achten, dass die gestellten Fragen auch zulässig sind (vgl. Rdnr. 191 ff.). Überschreitet die Einigungsstelle die Grenzen ihres Ermessens (z. B. durch Billigung unzulässiger Fragen), kann binnen zwei Wochen das Arbeitsgericht angerufen werden (§ 76 Abs. 5 Satz 4 BetrVG).

Ein Mitbestimmungsrecht steht dem Betriebsrat auch bei den Richtlinien über die personelle Auswahl bei Einstellungen, Versetzungen, Umgruppierungen und Kündigungen zu (*Auswahlrichtlinien;* § 95 BetrVG; vgl. Rdnr. 1126 ff.). Diese Richtlinien sollen nicht die Entscheidung des Arbeitgebers ersetzen, sondern diese an objektive Kriterien binden.

**1123**

Kein Mitbestimmungsrecht besteht also bei der Auswahl unter mehreren Bewerbern; mitbestimmungspflichtig sind nur die Kriterien (z. B. Maßstäbe und Methoden der Auswahl, Intelligenztests, psychologische Tests).

**1124** b) **Beteiligung bei der Berufsbildung.** Arbeitgeber und Betriebsrat haben die Berufsbildung (Ausbildung, Fortbildung, Umschulung) zu fördern (§ 96 BetrVG) und über Einrichtungen und Maßnahmen der Berufsbildung zu beraten (§ 97 Abs. 1 BetrVG). Führen Maßnahmen des Arbeitgebers zu Änderungen der Tätigkeit von Arbeitnehmern und reichen in der Folge deren Kenntnisse und Fähigkeiten zur Erfüllung ihrer Aufgaben nicht mehr aus, so hat der Betriebsrat bei Maßnahmen der betrieblichen Berufsbildung, die deshalb eingeführt werden, ein erzwingbares Mitbestimmungsrecht. Kommt es zu keiner Einigung, so entscheidet die Einigungsstelle verbindlich (§ 97 Abs. 2 BetrVG).

Bei der Durchführung von betrieblichen Bildungsmaßnahmen steht dem Betriebsrat ein Mitbestimmungsrecht zu (§ 98 Abs. 1 BetrVG). Er kann Vorschläge machen, wer daran teilnehmen soll (§ 98 Abs. 3 BetrVG). Kommt darüber keine Einigung mit dem Arbeitgeber zustande, entscheidet die Einigungsstelle (§ 98 Abs. 4 BetrVG); sie hat Auswahlkriterien aufzustellen und danach die vorgeschlagenen Teilnehmer zu berufen (BAG NZA 1988, 401).

**1125** Da das Gelingen einer Bildungsmaßnahme maßgeblich von den Ausbildern abhängt, kann der Betriebsrat der Bestellung einer solchen Person widersprechen oder deren Abberufung verlangen, wenn die Person nicht geeignet ist oder ihre Aufgaben vernachlässigt (§ 98 Abs. 2 BetrVG). Beim Streit zwischen Arbeitgeber und Betriebsrat entscheidet das Arbeitsgericht (§ 98 Abs. 5 BetrVG).

c) **Beteiligung bei Einstellung, Eingruppierung, Umgruppierung und Versetzung.** Das zentrale Beteiligungsrecht des Betriebsrats in personellen Angelegenheiten ist in § 99 BetrVG verortet. Die Regelung zählt neben § 87 BetrVG zu den Kernvorschriften des Betriebsverfassungsrechts.

**1126** (1) *Voraussetzungen.* In Unternehmen mit in der Regel mehr als zwanzig wahlberechtigten Arbeitnehmern ist der Betriebsrat vor jeder Einstellung, Eingruppierung, Umgruppierung und Versetzung zu beteiligen (§ 99 BetrVG).

Unter einer *Einstellung* ist die tatsächliche Beschäftigung von Personen im Betrieb zu verstehen. Denn erst die Eingliederung und nicht schon der Abschluss des Arbeitsverhältnisses berührt die durch den Betriebsrat zu schützenden Interessen der schon Beschäftigten. Dies gilt auch für den kurzfristigen Einsatz von Leiharbeitnehmern (BAG NZA, 2011, 871, 872). Soweit jedoch mit Abschluss des Arbeitsvertrags alle wesentlichen Arbeitgeberentscheidungen bereits gefallen sind, kann eine nach dem Abschluss des Vertrags erbetene Zustimmung des Betriebsrates zu spät i. S. des § 99 Abs. 1 BetrVG sein. In diesem Falle könnten Verhandlungen keine Änderungen mehr bzgl. des Arbeitsverhältnisses erzielen. Der Betriebsrat ist in diesen Fällen zwar rechtlich nicht gehindert, seine Zustimmung zur geplanten Beschäftigung zu verweigern. Er wird jedoch mit Rücksicht auf das von ihm zu wahrende Wohl des Betriebs und des einzustellenden, bereits vertraglich gebundenen Arbeitnehmers von einem gegebenen Zustimmungsverweigerungsrecht häufig keinen Gebrauch machen. Damit würde die Effektivität des Beteiligungsrechts aber erheblich geschwächt, so dass grundsätzlich schon bei Abschluss des Vertrags eine entsprechende Zustimmung des Betriebsrats einzuholen ist (vgl. BAG NZA 1992, 1141; Rdnr. 186).

**1127** Keine Einstellung liegt vor, wenn eine Kündigung zurückgenommen und die Beschäftigung ohne Unterbrechung fortgesetzt wird. Als Einstellung ist aber grundsätzlich die Verlängerung bzw. Entfristung eines befristeten oder bedingten Arbeitsverhältnisses anzusehen, weil der betroffene Arbeitnehmer in diesen Fällen länger als zunächst vorgesehen im Betrieb verbleiben soll und gerade damit besondere Folgen für die Belegschaft verbunden sein können (BAG NZA 1991, 150). Gleiches gilt für die dauerhafte Umwandlung einer Teilzeitstelle in eine Vollzeitstelle (BAG NZA 2005, 945; dazu Hunold, NZA 2005, 910 ff.; BAG NZA 2007, 1240). Die Übernahme erwerbsfähiger Hilfsbedürftiger im Sinne des § 16 d SGB II (sog. „Ein-Euro-Jobber") erfüllt in der Regel ebenfalls die Voraussetzungen einer Einstellung (BAG NZA 2008, 244).

Ob im Einsatz von Arbeitnehmern fremder Firmen eine Einstellung zu sehen ist, hängt von den Umständen des Einzelfalls ab. Fällt der Personaleinsatz in den Anwendungsbereich des AÜG (Rdnr. 74 f.), bestimmt § 14 Abs. 3 Satz 1 AÜG, dass der Betriebsrat des aufnehmenden Betriebs nach § 99 BetrVG zu beteiligen ist. Dies gilt jedoch erst für den konkreten Einsatz des Leiharbeitnehmers im Entleiherbetrieb, die Aufnahme in einen Stellenpool stellt eine Einstellung nur in Aussicht und begründet daher noch kein Mitbestimmungsrecht (BAG NZA 2008, 603). Allerdings können Arbeitnehmer fremder Firmen auch aufgrund von Dienst- oder Werkverträgen (z. B. Bewachung, Reinigung, Wartung und Reparatur von Maschinen) im Betrieb tätig werden. Erbringen sie eine bestimmte von sonstigen betrieblichen Funktionen trennbare Leistung und trifft der entsendende Unternehmer weiterhin die für ein Arbeitsverhältnis typischen Entscheidungen über den Arbeitseinsatz nach Zeit und Ort, liegt keine Einstellung in den Betrieb des Werkbestellers vor (BAG NZA 2017, 525; Henssler RdA 2017, 83, 99 f.).

Aktuell kontrovers diskutierte Fragen ergeben sich, wenn in Matrixstrukturen einem Vorgesetzten aus einem anderen Unternehmen Weisungsrechte gegenüber den an sich „fremden" Beschäftigten zukommen. Nach Auffassung des BAG verlangt die für eine Einstellung i. S. v. § 99 BetrVG notwendige Eingliederung nicht, dass der betroffene Arbeitnehmer seine Arbeiten auf dem Betriebsgelände oder innerhalb der Betriebsräume verrichtet. Maßgebend sei vielmehr, ob der Arbeitgeber mithilfe des Arbeitnehmers den arbeitstechnischen Zweck des Betriebs durch weisungsgebundene Tätigkeit verwirklicht (BAG NZA 2019, 1288, 1290 Rdnr. 16). Wird also ein Arbeitnehmer, der seinen Dienstsitz in einem bestimmten Betrieb des Unternehmens hat und dort regelmäßig tätig ist, zum Vorgesetzten von unternehmensangehörigen Arbeitnehmern ernannt, die in einem anderen Betrieb arbeiten, und verwirklicht er durch die Wahrnehmung dieser Führungsaufgaben (auch) den arbeitstechnischen Zweck dieses anderen Betriebs, liegt eine „Einstellung" vor. Als Folge kann eine Führungskraft in mehreren Betrieben eingestellt sein, so dass es zu einer wenig praxisnahen Multiplizierung von Beteiligungsrechten (auch bei der Kündigung einer solchen Führungskraft) kommt (dazu Lingemann/Steinhauser, NZA 2020, 87).

**1128** *Eingruppierung* ist die erstmalige (meist bei der Einstellung erfolgende) Festsetzung der für die Arbeitnehmer geltenden Lohn- oder Gehaltsgruppe.

Das Entgeltschema kann auf einem Tarifvertrag, einer Betriebsvereinbarung oder einer betrieblichen Übung, aber auch auf einer vom Arbeitgeber einseitig geschaffenen betrieblichen Vergütungsordnung beruhen (vgl. BAG NZA 1986, 536). Dagegen besteht bei einer Bestimmung der Vergütung in einem Individualarbeitsvertrag kein Beteiligungsrecht des Betriebsrats (vgl. BAG NZA 1989, 518, 521).

Widerspricht der Betriebsrat der Eingruppierung eines Arbeitnehmers, so hindert das nicht dessen Einstellung; allerdings kann der Betriebsrat vom Arbeitgeber eine gebotene, bislang unterlassene Eingruppierung verlangen (dazu BAG NZA 1989, 518).

**1129** Bei einer *Umgruppierung* handelt es sich um die Überführung des Arbeitnehmers in eine andere Lohn- oder Gehaltsgruppe.

Beispiele: Höher- oder Herabstufung wegen Änderung der Tätigkeit oder der Vergütungsgruppen, aber auch die Berichtigung einer falschen Eingruppierung (BAG NZA 1990, 699). Bei einer „Ausgruppierung" aus einer betrieblichen Vergütungsordnung besteht ein Mitbestimmungsrecht nur dann, wenn ein weiteres Vergütungssystem vorhanden ist, in das der Arbeitnehmer eingruppiert wird (BAG NZA 2005, 367).

Ein- und Umgruppierung sind keine Maßnahmen der Rechtsgestaltung, sondern der Rechtsanwendung. Das Mitbestimmungsrecht des Betriebsrats beschränkt sich daher auf eine Rechtmäßigkeitskontrolle, für Zweckmäßigkeitserwägungen bleibt kein Raum (s. hierzu BAG NZA 2007, 47).

**1130** *Versetzung* im Sinne des BetrVG ist die Zuweisung eines anderen Arbeitsbereichs (kennzeichnende Gesichtspunkte finden sich in § 81 Abs. 1 Satz 1 BetrVG), die voraussichtlich die Dauer von einem Monat übersteigt oder die – bei kürzerer Dauer – mit einer erheblichen Änderung der Umstände verbunden ist, unter denen die Arbeit zu leisten ist (beachte die Legaldefinition in § 95 Abs. 3 Satz 1 BetrVG!). Die Zuweisung eines anderen Arbeitsplatzes liegt dann vor, wenn der Arbeitnehmer einen neuen Arbeitsplatz erhält und sich dadurch der Inhalt oder das Gesamtbild seiner Tätigkeit ändert (BAG NZA-RR 2007, 581, 583). Selbst wenn der Arbeitgeber sich individualrechtlich im Rahmen seines Weisungsrechts (Rdnr. 156 ff.) hält (z. B. bei der Zuweisung eines anderen Arbeitsortes), kann darin eine Versetzung i. S. des § 95 Abs. 3 BetrVG liegen (BAG NZA 1989, 438; BAG NZA-RR 2008, 353). Eine Suspendierung oder Freistellung von der Arbeit stellt hingegen keine Versetzung im Sinne des Gesetzes dar (BAG NZA 2015, 762).

**1131** Dass gerade die Zuweisung eines anderen Arbeitsortes bei Arbeitnehmern, die bislang ständig an einem bestimmten Arbeitsplatz beschäftigt waren, betriebsverfassungsrechtlich als Versetzung anzusehen ist, ergibt sich aus § 95 Abs. 3 Satz 2 BetrVG. Wenn danach z. B. für Monteure und Außendienstmitarbeiter wegen der ständig wechselnden Einsatzorte jede Neubestimmung des konkreten Arbeitsplatzes nicht als Versetzung anzusehen ist, folgt daraus im Umkehrschluss, dass im Übrigen bei Änderungen des Arbeitsortes meist von einer Versetzung i. S. des § 95 Abs. 3 Satz 1 BetrVG auszugehen ist.

Auch bei erheblichen Veränderungen der Arbeitsaufgabe und Verantwortung sowie der Art der Tätigkeit und ihrer Einordnung in den betrieblichen Ablauf (vgl. § 81 Abs. 1 Satz 1 BetrVG) kann betriebsverfassungsrechtlich eine Versetzung gegeben sein (vgl. BAG NZA 1989, 438).

Hingegen stellt die Veränderung der Lage und Dauer der Arbeitszeit regelmäßig keine Versetzung dar, weil damit keine Änderung des Inhalts der Arbeitsaufgabe verbunden ist; im Übrigen können die Interessen der betroffenen Arbeitnehmer im Rahmen des § 87 Abs. 1 Nr. 2 u. 3 BetrVG hinreichend geltend gemacht werden (BAG NZA 1991, 601, 603: Umsetzung von Normal- in Wechselschicht; BAG NZA 1992, 180, 181: Veränderung der Wochenarbeitszeit Teilzeitbeschäftigter mit variabler Arbeitszeit).

Für die Versetzung von betriebsverfassungsrechtlichen Funktionsträgern gilt § 103 Abs. 3 BetrVG (vgl. Rdnr. 614).

**1131a** (2) *Unterrichtungspflicht des Arbeitgebers.* Vor jeder der genannten Maßnahmen hat der Arbeitgeber den Betriebsrat mündlich oder schriftlich umfassend zu unterrichten (§ 99 Abs. 1 Satz 1 BetrVG). Der Betriebsrat muss aufgrund der mitgeteilten Tatsachen beurteilen können, ob eine der in Abs. 2 genannten Zustimmungsverweigerungsgründe vorliegt (BAG NZA 2017, 662). Der Arbeitgeber muss ihm deshalb vor allem die Personalien und Bewerbungsunterlagen sämtlicher (also auch der für die beabsichtigte Einstellung, Ein-, Umgruppierung oder Versetzung nicht vorgesehenen) Bewerber zugänglich machen (vgl. BAG NZA 2006, 111); hierzu zählen auch vom Arbeitgeber selbst erstellte Unterlagen, wie Aufzeichnungen über Testergebnisse und Einstellungsprüfungen (BAG NZA 2008, 1139). Bei Einschaltung eines Personalberatungsunternehmens zwecks Vorschlags geeigneter Bewerber (jedoch ohne Schaltung einer Stellenanzeige für das Unternehmen) soll sich der Anspruch allerdings auf die von diesem Unternehmen genannten Bewerber beschränken (BAG NZA 2015, 311, 314).

Der Arbeitgeber hat den Betriebsrat bei Einstellungen oder Versetzungen auch über den vorgesehenen Arbeitsplatz und die Eingruppierung sowie über die sonstigen Auswirkungen der geplanten Maßnahme zu informieren (vgl. § 99 Abs. 1 Satz 2 BetrVG). Zwar muss der Betriebsrat nicht über die Einzelheiten des Arbeitsvertrags in Kenntnis gesetzt werden (BAG NZA 2011, 527, 529 f.), wohl aber über grundlegende Fragen wie die befristete oder unbefristete Einstellung (BAG NZA 1989, 518, 519).

Eine Frist für die Unterrichtung besteht nicht; jedoch wird der Arbeitgeber gut daran tun, eine Wochenfrist vor der Maßnahme einzuhalten, da der Betriebsrat innerhalb einer Woche widersprechen kann (§ 99 Abs. 3 BetrVG; Rdnr. 1132).

(3) *Zustimmungsbedürftigkeit der Maßnahme:* Der Arbeitgeber hat die Zustimmung des Betriebsrats zu der geplanten Maßnahme einzuholen (§ 99 Abs. 1 Satz 1 BetrVG).

**1132**

(a) Teilt der Betriebsrat nicht innerhalb einer Woche nach Unterrichtung durch den Arbeitgeber diesem schriftlich (ein rechtzeitig eingehendes Telefax reicht aus; BAG NZA 2003, 226) die Verweigerung der Zustimmung mit, so gilt die Zustimmung als erteilt (§ 99 Abs. 3 Satz 2 BetrVG). Eine Vereinbarung, nach der die Zustimmung als verweigert gilt, soweit diese nicht ausdrücklich erklärt wird, geht über die Regelungskompetenz der Parteien hinaus (BAG NZA 2010, 112, 115).

Entscheidend für den Fristbeginn ist der Zugang der Unterrichtung beim Betriebsrat; dieser Tag wird dabei nicht mitgerechnet (§ 187 Abs. 1 BGB). Allerdings beginnt die Wochenfrist erst dann zu laufen, wenn der Arbeitgeber den Betriebsrat vollständig gem. § 99 Abs. 1 Satz 1, 2 BetrVG informiert hat (BAG NZA 1986, 490). Betriebsrat und Arbeitgeber können die Frist des § 99 Abs. 3 BetrVG einvernehmlich verlängern, nicht aber verkürzen (BAG NZA 2017, 194). Hält der Betriebsrat die Unterrichtung für unzulänglich, muss er den Arbeitgeber darauf hinweisen, wenn er die Zustimmungsfiktion vermeiden will (BAG NZA 1989, 639).

(b) Will der Betriebsrat die Zustimmung verweigern, muss er dies innerhalb einer Woche nach der (ordnungsgemäßen) Unterrichtung durch den Arbeitgeber diesem schriftlich (die Textform des § 126b BGB genügt) unter Angabe von Gründen mitteilen (§ 99 Abs. 3 Satz 1 BetrVG). An die Begründung sind keine hohen Anforderungen zu stellen; allerdings muss das Vorbringen des Betriebsrats es als möglich erscheinen lassen, dass einer der in § 99 Abs. 2 BetrVG genannten Tatbestände vorliegt (BAG NZA 1988, 176).

Die *Zustimmung* kann nur *aus bestimmten Gründen verweigert* werden (vgl. § 99 Abs. 2 BetrVG):

**1133**

*Nr. 1:* Einstellung unter Verstoß gegen eine Rechtsnorm (z. B. Abschlussverbot in Gesetz, Tarifvertrag oder Betriebsvereinbarung; s. hierzu BAG NZA 2008, 832; vgl. Rdnr. 176), eine gerichtliche Entscheidung (z. B. Berufsverbot) oder eine behördliche Anordnung (z. B. Verbot der Einstellung durch das Gewerbeaufsichtsamt oder eine fehlende Erlaubnis zur Arbeitnehmerüberlassung).

*Nr. 2:* Verletzung einer Auswahlrichtlinie i. S. des § 95 BetrVG (z. B. Fehlen einer durch die Einstellungsrichtlinien geforderten Voraussetzung; Rdnr. 1123).

*Nr. 3:* Besorgnis der Benachteiligung anderer im Betrieb beschäftigter Arbeitnehmer durch Kündigung (vgl. BAG NZA 1988, 625) oder durch sonstige Beeinträchtigungen ihrer rechtlichen oder tatsächlichen Stellung (BAG NZA 1989, 937).

*Nr. 4:* Benachteiligung des von der personellen Maßnahme unmittelbar betroffenen Arbeitnehmers (z. B. Versetzung auf einen Arbeitsplatz mit schlechteren Arbeitsbedingungen; das gilt aber nicht, wenn der Arbeitnehmer sich frei für die Einzelmaßnahme entscheidet BAG NZA 2014, 156, 161).

*Nr. 5:* Unterlassung einer betrieblichen Ausschreibung nach § 93 BetrVG (Rdnr. 1122).

*Nr. 6:* Besorgnis der Störung des Betriebsfriedens durch gesetzwidriges Verhalten (z. B. Straftaten gegenüber Arbeitskollegen; **Fall a**) oder durch grobe Verletzung der in § 75 Abs. 1 BetrVG enthaltenen Grundsätze (Rdnr. 1054; vgl. BAG NZA 2005, 775).

Arbeitgeber und Betriebsrat können im Rahmen der ihnen durch § 88 BetrVG zugesprochenen Möglichkeit zur Erweiterung der betriebsverfassungsrechtlichen Beteiligungsrechte, die Zustimmungsverweigerungsrechte des Betriebsrats über die Fälle des § 99 Abs. 2 BetrVG hinaus erweitern. Der Betriebsrat darf jedoch nicht generell von der Pflicht zur Nennung konkreter Zustimmungsverweigerungsgründe befreit werden, da damit zugleich die Abschaffung des gesetzlich zwingend geregelten Verfahrens nach § 99 Abs. 3 Satz 1 BetrVG einherginge (BAG NZA 2017, 194, 198).

**1134** (4) *Folgen der ordnungsgemäßen Verweigerung der Zustimmung:* Der Arbeitgeber hat die geplante Maßnahme einstweilen zu unterlassen (Ausnahme: § 100 BetrVG; Rdnr. 1132). Bei verweigerter Zustimmung zu einer Einstellung besteht ein Beschäftigungsverbot, selbst wenn der Arbeitsvertrag bereits geschlossen wurde (vgl. Rdnr. 1136).

(a) Will der Arbeitgeber trotz Widerspruchs die Maßnahme durchführen, so muss er beim Arbeitsgericht beantragen, die Zustimmung zu ersetzen (§ 99 Abs. 4 BetrVG; **Fall a**). Der Betriebsrat kann in diesem sog. Zustimmungsersetzungsverfahren keine neuen Zustimmungsverweigerungsgründe mehr nachschieben (BAG AP Nr. 90 zu § 1 TVG Tarifverträge: Einzelhandel, unter 3.).

**1135** (b) Nimmt der Arbeitgeber trotz Widerspruchs des Betriebsrats und ohne Ersetzung der Zustimmung durch das Arbeitsgericht die geplante Maßnahme vor, so kann der Betriebsrat beim Arbeitsgericht beantragen, dem Arbeitgeber aufzugeben, die Maßnahme aufzuheben (§ 101 Satz 1 BetrVG; **Fall b**). Aufgrund der speziellen Regelung des § 101 BetrVG besteht bei bereits vollzogenen Verstößen gegen § 99 BetrVG kein allgemeiner Unterlassungsanspruch des Betriebsrats.

Hebt dann der Arbeitgeber trotz einer rechtskräftigen gerichtlichen Entscheidung die personelle Maßnahme nicht auf, wird er dazu auf Antrag des Betriebsrats durch die gerichtliche Festsetzung von Zwangsgeld angehalten (§ 101 Satz 2, 3 BetrVG).

**1136** (c) Gesetzlich nicht geregelt ist der *Einfluss der fehlenden Zustimmung auf den Einzelarbeitsvertrag.* Ein gegen den Widerspruch des Betriebsrats abgeschlossener Arbeitsvertrag ist wirksam (BAG NZA 2001, 893, 896; Fitting/Engels/Schmidt/Trebinger/Linsenmaier, BetrVG, § 99 Rdnr. 278 m. w. Nachw.; **Fall b**). Ein Durchschlagen auf die individualrechtliche Ebene wird man nur dann annehmen können, wenn der Schutzzweck des verletzten Mitbestimmungsrechts die individualrechtliche Unwirksamkeit zwingend erfordert (BAG NZA 2001, 893, 896;

NZA 2010, 1235). Der Arbeitgeber, der den Arbeitnehmer mangels Zustimmung nicht beschäftigen kann, ist berechtigt, dem Arbeitnehmer aus betriebsbedingten Gründen fristgerecht zu kündigen. Dies gilt wiederum nicht, wenn der Arbeitgeber bewusst von der Beteiligung des Betriebsrats abgesehen hat. Außerdem kommen Schadensersatzansprüche aus § 311 Abs. 2 BGB in Betracht (Ersatz des Vertrauensschadens), wenn der Arbeitgeber beim Vertragsschluss nicht auf die fehlende Zustimmung hingewiesen hat.

Ebenso ist auch eine Ein- und Umgruppierung ohne Zustimmung des Betriebsrats gegenüber dem Arbeitnehmer nicht unwirksam; dieser kann durch das Arbeitsgericht klären lassen, zu welcher Vergütungsgruppe er gehört. Einer Versetzung braucht der Arbeitnehmer nicht Folge zu leisten, wenn der Betriebsrat widersprochen hat; § 99 Abs. 2 Nr. 4 BetrVG dient auch dem Schutz des betroffenen Arbeitnehmers. Dieser Zweck verlangt bei einer Versetzung des Arbeitnehmers durch Weisung des Arbeitgebers somit grds. die Unwirksamkeit der Einzelmaßnahme (BAG NZA 2010, 1235). Allerdings darf der Arbeitgeber sich nicht auf die mangelnde Zustimmung des Betriebsrats berufen, wenn durch die Versetzung die Stellung des Arbeitnehmers verbessert worden ist. Hier ist der Schutzzweck nicht betroffen.

(5) *Vorläufige Maßnahme:* Wenn es aus sachlichen Gründen dringend erforderlich ist („Eilfall"), kann der Arbeitgeber die Maßnahme vorläufig durchführen, bevor der Betriebsrat sich geäußert oder wenn er die Zustimmung verweigert hat (§ 100 Abs. 1 Satz 1 BetrVG; **Fall c**). Der Arbeitgeber hat den Betriebsrat unverzüglich von der vorläufigen Maßnahme zu unterrichten (§ 100 Abs. 2 Satz 1 BetrVG). **1137**

Der Betriebsrat muss, sofern er einen Eilfall bestreitet, den Arbeitgeber hiervon unverzüglich in Kenntnis setzen. Will dieser die vorläufige Maßnahme aufrechterhalten, hat er dann innerhalb von drei Kalendertagen das Arbeitsgericht anzurufen (§ 100 Abs. 2 Satz 2, 3 BetrVG).

In dem Beschlussverfahren geht es einmal um die Ersetzung der Zustimmung des Betriebsrats und zum anderen um die Feststellung, dass die Maßnahme aus sachlichen Gründen dringend erforderlich war. Wird die Zustimmung durch eine rechtskräftige Entscheidung ersetzt, kann der Arbeitgeber die personelle Maßnahme durchführen; über den Feststellungsantrag braucht dann nicht mehr entschieden zu werden (BAG NZA 1989, 183). Wird die Zustimmung des Betriebsrats dagegen nicht ersetzt oder wird der Feststellungsantrag zurückgewiesen, endet die vorläufige Maßnahme mit Ablauf von zwei Wochen nach Rechtskraft der Entscheidung; sie darf nicht mehr aufrechterhalten werden (§ 100 Abs. 3 BetrVG). Die Beschäftigung eines gleichwohl eingestellten Arbeitnehmers ist rechtlich unmöglich (vgl. Rdnr. 1136).

**d) Beteiligung bei der Kündigung.** (1) Vor jeder (ordentlichen, außerordentlichen, Änderungs-) Kündigung durch den Arbeitgeber ist der Betriebsrat zu hören; ihm sind die Kündigungsgründe mitzuteilen. Eine *ohne Anhörung des Betriebsrats ausgesprochene Kündigung* ist *unwirksam* (§ 102 Abs. 1 BetrVG). Ziel der Vorschrift ist ein präventiver Kündigungsschutz. **1138**

Im **Fall d** ist die Kündigung unwirksam. Unabhängig davon, ob das KSchG eingreift, muss N seit dem 1.1.2004 in jedem Fall die in § 4 Satz 1 KSchG bestimmte Dreiwochenfrist beachten (Rdnr. 603 f.).

Auch eine zwar erfolgte, aber *unzureichende Anhörung* des Betriebsrats führt zur Unwirksamkeit der Kündigung. Das ist der Fall, wenn der Arbeitgeber den Betriebsrat nicht vollständig über alle für die Kündigung bedeutsamen Umstände unterrichtet hat. Erforderlich sind (schriftliche oder mündliche) Angaben über die Person des Arbeitnehmers (z. B. Alter, Betriebszugehörigkeit, Familienstand), die Art der Kündigung, den Kündigungstermin sowie die Kündigungsgründe. Da- **1139** bei darf sich der Arbeitgeber grundsätzlich nicht auf bloße Werturteile oder stichwortartige Angaben beschränken.

Ausnahmsweise reicht eine pauschale Umschreibung der Kündigungsgründe aus, wenn der Arbeitgeber eine ordentliche Kündigung in den ersten sechs Monaten des Bestehens des Arbeitsverhältnisses und damit außerhalb des Anwendungsbereichs des KSchG (vgl. § 1 Abs. 1 KSchG; vgl. Rdnr. 550) nicht mit konkreten Tatsachen belegen kann (BAG NZA 2013, 1412).

**1140** Der Arbeitgeber muss, soweit nicht der Betriebsrat bereits über die erforderliche Kenntnis verfügt, alle konkreten Umstände des Einzelfalls darlegen, die ihn veranlasst haben, eine Kündigung auszusprechen. Die Angaben müssen so genau und umfassend sein, dass sich der Betriebsrat ohne zusätzliche eigene Nachforschungen ein Bild machen und sich über eine Stellungnahme zur beabsichtigten Kündigung schlüssig werden kann. Maßgeblich sind dabei diejenigen Gründe, die nach der subjektiven Sicht des Arbeitgebers die Kündigung rechtfertigen und für seinen Kündigungsentschluss entscheidend waren (sog. *Grundsatz der subjektiven Determinierung*, BAG NZA 2005, 523).

Beispiele: Bei einer Kündigung wegen häufiger Kurzerkrankungen (Rdnr. 4560) hat der Arbeitgeber u. a. Angaben über die bisherigen Fehlzeiten, die angestellte Zukunftsprognose und die erhebliche Beeinträchtigung der betrieblichen Interessen zu machen.

Bei einer verhaltensbedingten Kündigung (Rdnr. 564 ff.) hat er alle Vorfälle, die er zum Anlass für die Kündigung nehmen will, genau zu umschreiben und gegebenenfalls auch mitzuteilen, dass und wie oft er den Arbeitnehmer in der Vergangenheit bereits wegen vergleichbarer Vorwürfe abgemahnt hat. Will der Arbeitgeber die Kündigung in erster Linie oder vorsorglich auf den Verdacht einer Verfehlung stützen (Verdachtskündigung; Rdnr. 649 ff.), muss er das dem Betriebsrat ausdrücklich mitteilen und die Umstände benennen, aus denen er nach Anhörung des betroffenen Arbeitnehmers den dringenden Tatverdacht herleitet.

Bei einer betriebsbedingten Kündigung (Rdnr. 577 ff.) hat der Arbeitgeber die außer- oder innerbetrieblichen Gründe mit ihren Auswirkungen auf den Arbeitsplatz des einzelnen Arbeitnehmers näher zu erläutern. Ferner müssen dem Betriebsrat auch ohne ein entsprechendes Verlangen die Gründe für die soziale Auswahl des betroffenen Arbeitnehmers mitgeteilt werden (NZA 2007, 798, 801). Angaben zur fehlenden Weiterbeschäftigungsmöglichkeit muss der Arbeitgeber hingegen nur machen, wenn der Betriebsrat ihm zuvor einen konkreten Arbeitsplatz für eine Weiterbeschäftigung benannt hat (BAG NZA 2000, 761).

Zur Anhörung beim Nachschieben von Gründen: Rdnr. 504, 539, 643.

**1141** Ob *Mängel bei der Beschlussfassung* des Betriebsrats auch die Anhörung mangelhaft machen, ist zweifelhaft. Jedenfalls braucht der Arbeitgeber sich solche Mängel nicht entgegenhalten zu lassen, die in der Sphäre des Betriebsrats liegen und dem Arbeitgeber nicht bekannt sind (BAG NZA 2003, 927). Nach der zutreffenden Ansicht des BAG führt auch die Kenntnis des Arbeitgebers von Verfahrensfehlern nicht zur Unwirksamkeit der Anhörung, weil der Arbeitgeber keine rechtlichen Einwirkungsmöglichkeiten auf die Beschlussfassung hat (BAG NZA 2003, 927).

**1142** (2) *Rechte des Betriebsrats:*

(a) Der Betriebsrat kann dem Arbeitgeber seine *Bedenken mitteilen*. Die Frist beträgt bei einer geplanten ordentlichen Kündigung eine Woche; äußert der Betriebsrat sich in dieser Frist nicht, gilt seine Zustimmung zur Kündigung als erteilt (§ 102 Abs. 2 Satz 1, 2 BetrVG).

Da die außerordentliche Kündigung des Arbeitgebers fristgebunden ist (§ 626 Abs. 2 BGB; vgl. Rdnr. 617), beträgt die Äußerungsfrist für den Betriebsrat in einem solchen Falle nur drei Tage (§ 102 Abs. 2 Satz 3 BetrVG).

Die genannten Fristen laufen erst ab dem Zeitpunkt der Zuleitung der erforderlichen Unterlagen an den Vorsitzenden des Betriebsrats (vgl. § 26 Abs. 2 Satz 2 BetrVG, dazu Rdnr. 1013). Andere Betriebsratsmitglieder, denen der Arbeitgeber Unterlagen aushändigt, treten lediglich als Erklärungsbote auf, so dass der Zugang erst zum Zeitpunkt der Weiterleitung an den empfangszuständigen Vorsitzenden erfolgt.

Eine vor Ablauf der genannten Fristen ausgesprochene Kündigung ist nur dann wirksam, wenn der Betriebsrat sich vorher abschließend geäußert hat; er muss eindeutig zu erkennen gegeben haben, dass er keine weitere Erörterung des Falles wünscht (BAG NZA 1988, 137).

(b) Ein *Widerspruchsrecht* steht dem Betriebsrat bei der ordentlichen Kündigung innerhalb der Wochenfrist zu. Der Widerspruch kann nur auf bestimmte, in § 102 Abs. 3 BetrVG abschließend aufgeführte Gründe gestützt werden: **1143**

- Keine oder unzureichende Berücksichtigung sozialer Gesichtspunkte bei der Auswahl des zu kündigenden Arbeitnehmers (Rdnr. 586 ff.; **Fall e**).
- Verstoß gegen bestehende Auswahlrichtlinien für Kündigungen (z. B. keine Berücksichtigung der Dauer der Betriebszugehörigkeit und des Lebensalters; Rdnr. 1121).
- Möglichkeit der Weiterbeschäftigung auf einem anderen freien Arbeitsplatz im selben Betrieb oder in einem anderen Betrieb des Unternehmens (**Fall e**), nach zumutbaren Umschulungs- oder Fortbildungsmaßnahmen (Rdnr. 1124) oder unter geänderten Arbeitsbedingungen, mit denen der Arbeitnehmer einverstanden ist.

(c) Betriebliche oder tarifvertragliche Erweiterung der Mitbestimmung **1144**
Nach § 102 Abs. 6 BetrVG können Arbeitgeber und Betriebsrat vereinbaren, dass Kündigungen der *Zustimmung* des Betriebsrats bedürfen. Eine *tarifvertragliche* Erweiterung der Mitbestimmung des Betriebsrats ist im Gesetz nicht vorgesehen (§ 3 BetrVG). Gleichwohl akzeptiert das BAG solche Regelungen auch im Tarifvertrag (BAG NZA 2001, 271, 273). Es sieht darin keinen Verstoß gegen Art. 12 oder 14 Abs. 1 GG zu Lasten des Arbeitgebers. Wegen der Einheit der Betriebsverfassung ist § 3 BetrVG entgegen dem BAG eng auszulegen. In jedem Fall wäre ein durch Arbeitskampf erzwungener Tarifvertrag mit dem Grundgesetz unvereinbar. Eine individualvertragliche Erweiterung der Mitbestimmung ist dagegen auch nach der Rspr. unzulässig (BAG NZA 2009, 915).

(3) *Recht des Arbeitgebers:* Trotz des Widerspruchs des Betriebsrats kann der Arbeitgeber dem Arbeitnehmer die Kündigung aussprechen; in diesem Fall hat er eine Abschrift der Stellungnahme des Betriebsrats dem Arbeitnehmer zuzuleiten (§ 102 Abs. 4 BetrVG). **1145**

Zu beachten ist, dass bei einer außerordentlichen Kündigung eines Betriebsratsmitglieds oder eines anderen betriebsverfassungsrechtlichen Funktionsträgers die Zustimmung des Betriebsrats erforderlich ist (§ 103 Abs. 1 BetrVG; Rdnr. 614).

(4) *Rechte des Arbeitnehmers:* **1146**

(a) Der gekündigte Arbeitnehmer hat die Möglichkeit, binnen drei Wochen *Kündigungsschutzklage* zu erheben; diese kann auf die in § 1 Abs. 2 Satz 1 KSchG genannten Gründe und zusätzlich darauf gestützt werden, dass die Kündigung sozial ungerechtfertigt sei, weil einer der in § 102 Abs. 3 BetrVG genannten Widerspruchsgründe vorliege und der Betriebsrat deshalb fristgerecht widersprochen habe (§ 1 Abs. 2 Satz 2 KSchG; Rdnr. 584).

**1147** (b) Der ordnungsgemäße Widerspruch des Betriebsrats beeinträchtigt zwar nicht die Wirksamkeit der Kündigung. Der Arbeitnehmer hat in diesem Fall aber ein *Recht auf Weiterbeschäftigung*, wenn er Kündigungsschutzklage erhebt (§ 102 Abs. 5 Satz 1 BetrVG; dazu Schrader/Straube, RdA 2006, 98 ff.). In bestimmten Fällen kann der Arbeitgeber den Erlass einer einstweiligen Verfügung des Inhalts beantragen, von der Weiterbeschäftigungspflicht entbunden zu werden (§ 102 Abs. 5 Satz 2 BetrVG). Zum Weiterbeschäftigungsanspruch in betriebsratslosen Betrieben vgl. Rdnr. 584.

**1148** (c) Eine besondere Art der Beteiligung des Betriebsrats sieht § 104 BetrVG vor. Während regelmäßig personelle Einzelmaßnahmen auf einer Initiative des Arbeitgebers beruhen, kann der Betriebsrat nach § 104 BetrVG die Versetzung oder Entlassung eines Arbeitnehmers verlangen, wenn dieser den Betriebsfrieden wiederholt und ernstlich gestört hat. Wegen § 5 Abs. 2 BetrVG gilt dies nicht für leitende Angestellte (LAG Nürnberg NZA-RR 2002, 524).

### 4. Beteiligung in wirtschaftlichen Angelegenheiten

**Schrifttum:** *Fauser/Nacken*, Die Sicherung des Unterrichtungs- und Beratungsanspruchs des Betriebsrats aus §§ 111, 112 BetrVG, NZA 2006, 1136; *Göpfert/Krieger*, Wann ist die Anrufung der Einigungsstelle bei Interessenausgleichs- und Sozialplanverhandlungen zulässig?, NZA 2005, 254; *Krieger/Terhorst*, Absprachen zwischen Arbeitgeber und Betriebsrat über künftige Betriebsänderungen, NZA 2014, 689; *Moll*, Betriebsübergang und Betriebsänderung, RdA 2003, 129; *Röder/Gebert*, Technologischer Wandel und Betriebsänderung – Bringen Industrie 4.0 und E-Mobilität den „Qualifizierungssozialplan"?; *Schubert*, Der Unternehmensbegriff im Rahmen der Mitbestimmung in wirtschaftlichen Angelegenheiten, ZfA 2004, 253; *Thüsing*, Beteiligungsrechte von Wirtschaftsausschuss und Betriebsrat bei Unternehmensübernahme, ZIP 2008, 106.

**Fälle:**

**1149** a) Der Arbeitgeber G und der Betriebsrat haben sich über das Ausmaß und den Zeitpunkt einer Betriebsänderung schriftlich geeinigt. Als G dem Arbeitnehmer N kündigt, macht dieser geltend, nach der getroffenen Absprache solle sein Arbeitsplatz erst ein halbes Jahr später wegfallen. Ist die Kündigung wirksam?

b) Im Fall a wartet G das halbe Jahr ab und meint nun, das Arbeitsverhältnis sei ohne Kündigung beendet, weil das im Sozialplan so festgelegt sei. Ist das Arbeitsverhältnis beendet?

c) Der Arbeitgeber G hat ohne Mitwirkung des Betriebsrats einen wesentlichen Betriebsteil verlegt und deswegen dem N gekündigt. Dieser verlangt von G eine Abfindung (§ 113 BetrVG). Hat er einen Anspruch?

In wirtschaftlichen Angelegenheiten gibt es – abgesehen von der Mitbestimmung der Arbeitnehmer in den Gesellschaftsorganen des Unternehmens (Rdnr. 1196 ff.) – die Beteiligung des Wirtschaftsausschusses (Rdnr. 1150) und die Beteiligung des Betriebsrats bei Betriebsänderungen (Rdnr. 1151 ff.). Die zu wahrende unternehmerische Entscheidungsfreiheit des Arbeitgebers begrenzt die Beteiligung in diesem Bereich stärker als in sozialen und personellen Angelegenheiten.

**1150** **a) Beteiligung des Wirtschaftsausschusses.** Im Interesse einer vertrauensvollen Zusammenarbeit zwischen Unternehmer und Betriebsrat ist in allen Unternehmen mit in der Regel mehr als 100 ständig beschäftigten Arbeitnehmern ein Wirtschaftsausschuss zu bilden (§ 106 Abs. 1 Satz 1 BetrVG; Ausnahme: § 118 Abs. 1 Satz 2, Abs. 2 BetrVG).

Diesen Ausschuss hat der Unternehmer unter Vorlage der erforderlichen Unterlagen rechtzeitig und umfassend über die wirtschaftlichen Angelegenheiten zu *unterrichten* sowie diese mit dem Ausschuss zu *beraten* (§ 106 Abs. 1 Satz 2, Abs. 2 BetrVG). Den Jahresabschluss muss er dem Wirtschaftsausschuss unter Beteiligung des Betriebsrats erläutern (§ 108 Abs. 5 BetrVG). Zusammen mit dem Wirtschaftsausschuss und dem Betriebsrat hat der Unternehmer in Unternehmen mit in der Regel mehr als 1000 Arbeitnehmern vierteljährlich die Belegschaft über die wirtschaftliche Lage und Entwicklung des Unternehmens zu unterrichten (§ 110 BetrVG). Wegen der Unterrichtungspflicht des Wirtschaftsausschusses nach § 108 Abs. 4 BetrVG im Verhältnis zum Betriebsrat ist er ein „Hilfsorgan des Betriebsrats" (BAG NZA 2005, 311, 312). Daraus erklärt sich auch die gesetzlich vorgesehene Möglichkeit, die Aufgaben des Wirtschaftsausschusses auf einen besonderen Ausschuss des Betriebsrats (§ 28 BetrVG) oder des Gesamtbetriebsrats (§ 51 Abs. 1 BetrVG) zu übertragen.

Was zu den wirtschaftlichen Angelegenheiten gehört, wird in § 106 Abs. 3 BetrVG beispielhaft aufgeführt. Streitigkeiten über das Vorliegen einer wirtschaftlichen Angelegenheit betreffen die Zuständigkeit des Wirtschaftsausschusses und sind durch das Arbeitsgericht zu entscheiden (§ 2a Abs. 1 Nr. 1 ArbGG). Bei Meinungsverschiedenheiten über Art, Umfang und Zeitpunkt der Auskunftserteilung entscheidet die Einigungsstelle, deren gerichtlich nur begrenzt nachprüfbarer (BAG NZA 1990, 150) Spruch die Einigung zwischen Arbeitgeber und Betriebsrat ersetzt (§ 109 BetrVG).

**b) Beteiligung des Betriebsrats bei Betriebsänderungen.** (1) Zur Sicherung der sozialen Stellung der Arbeitnehmer hat der Betriebsrat in Unternehmen (ohne Rücksicht auf die Betriebsgröße) mit in der Regel mehr als 20 wahlberechtigten Arbeitnehmern Beteiligungsrechte bei geplanten *Betriebsänderungen*, die wesentliche Nachteile für die Belegschaft oder erhebliche Teile von ihr haben können (§§ 111–113 BetrVG). Ob erhebliche Teile der Belegschaft betroffen sind, soll sich nach den Zahlenwerten des § 17 Abs. 1 KSchG richten. Sind in dem Betrieb jedoch weniger als 21 Arbeitnehmer beschäftigt, so müssen nach dem BAG mindestens sechs betroffen sein (BAG NZA 2011, 466). Als Betriebsänderung gelten die in § 111 Satz 3 BetrVG genannten fünf Fallgruppen:

Umstritten ist, ob diese Aufzählung abschließend ist und ob in den genannten Fallgruppen das Vorliegen wesentlicher Nachteile geprüft werden muss oder unwiderleglich vermutet wird (so BAG AP Nr. 11 zu § 111 BetrVG 1972).

(a) Der Betriebsrat ist bei der Stilllegung und Einschränkung des ganzen Betriebs oder wesentlicher Betriebsteile zu beteiligen (§ 111 Satz 3 Nr. 1 BetrVG). Eine Betriebsänderung in Form der Stilllegung besteht in der Aufgabe des Betriebszwecks unter gleichzeitiger Auflösung der Betriebsorganisation für unbestimmte, nicht nur vorübergehende Zeit. Ihre Umsetzung erfolgt, sobald der Unternehmer unumkehrbare Maßnahmen zur Auflösung der betrieblichen Organisation ergreift und damit vollendete Tatsachen schafft (BAG NZA 2017, 1618, 1621). Es kommt nicht auf die Gründe für eine solche Unternehmerentscheidung an.

Bei einer Einschränkung wird der Betriebszweck zwar weiterverfolgt, die Leistung der Betriebsanlagen aber herabgesetzt (z. B. durch die Abschaffung bestimmter Maschinen).

Will der Arbeitgeber in beträchtlichem Umfang Arbeitnehmer entlassen, geht das BAG von einer Betriebseinschränkung aus, auch wenn die sächlichen Betriebsmittel beibehalten worden sind. Ob ein erheblicher Personalabbau vorliegt, soll sich nach den in § 17 Abs. 1 KSchG genannten Zahlen richten; in Großbetrieben mit mehr als 600 Beschäftigten müssen jedoch mindestens 5 % der Gesamtbelegschaft betroffen sein (vgl. BAG NZA 2006, 932 sowie die Übersicht bei HWK/Hohenstatt/Willemsen, § 111 BetrVG Rdnr. 29).

**1153** (b) Eine beteiligungspflichtige Verlegung des ganzen Betriebs oder wesentlicher Betriebsteile (§ 111 Satz 3 Nr. 2 BetrVG) liegt bei jeder nicht unwesentlichen Veränderung der örtlichen Lage vor, z. B. bei einer Verlagerung vom Zentrum an den Stadtrand oder in eine andere Ortschaft.

**1154** (c) Eine Betriebsänderung in Form des Zusammenschlusses mit anderen Betrieben (§ 111 Satz 3 Nr. 3 BetrVG) kann in der Weise erfolgen, dass aus bislang mehreren Betrieben ein neuer Betrieb gebildet wird oder ein existierender Betrieb einen anderen, der zugleich seine Selbstständigkeit verliert, aufnimmt. Die ebenfalls erfasste Spaltung führt zum Verlust der Betriebsidentität. Es entstehen mehrere betriebliche Einheiten.

**1155** (d) Grundlegende Änderungen der Betriebsorganisation, des Betriebszwecks oder der Betriebsanlagen (§ 111 Satz 3 Nr. 4 BetrVG) lösen ebenfalls Beteiligungsrechte des Betriebsrats aus.

Beispiele: Bestimmte Abteilungen werden in ihrer Anzahl oder ihrem Aufbau verändert (z. B. Umwandlung der Zuständigkeiten und Verantwortung; siehe dazu BAG NZA 2008, 957, 959), wesentliche Betriebsteile werden organisatorisch ausgegliedert.

Die Produktion wird umgestellt, der Gegenstand der Betriebstätigkeit wird ein anderer (etwa Übergang von der Motorrad- zur Fahrradherstellung).

Völlig neue Maschinen werden eingesetzt oder neue technische Produktionsverfahren eingeführt; darunter kann auch der Einsatz von EDV-Systemen fallen (BAG AP Nr. 10 zu § 111 BetrVG 1972).

**1156** (e) Die Einführung grundlegend neuer Arbeitsmethoden oder Fertigungsverfahren (§ 111 Satz 3 Nr. 5 BetrVG) ist z. B. gegeben, wenn der Arbeitgeber von der Einzel- zur Serienanfertigung oder von der Fließband- zur Gruppenarbeit übergeht. Die Einführung agiler Matrixstrukturen kann die Einführung neuer Arbeitsmethoden darstellen, wenn sie sich auf den betrieblichen Ablauf in erheblicher Weise auswirkt, d. h. einschneidende Änderungen der Betriebsabläufe, der Arbeitsweise bzw. der Arbeitsbedingungen mit sich bringt (Bachner, NZA 2019, 134).

**1157** (2) Wegen der Komplexität der Materien kann der Betriebsrat in Unternehmen mit mehr als 300 Arbeitnehmern zu seiner Unterstützung auf Kosten des Arbeitgebers (§ 40 Abs. 1 BetrVG) sachverständige Berater hinzuziehen (§ 111 Satz 2 BetrVG). Anders als im Fall des § 80 Abs. 3 BetrVG bedarf es für die Beauftragung des Beraters keines vorherigen Einvernehmens mit dem Arbeitgeber.

**1158** (3) In allen diesen Fällen sind die *Beteiligungsrechte* des Betriebsrats verschieden stark ausgestaltet:

(a) *Unterrichtungs- und Beratungsrechte:* Der Unternehmer hat den Betriebsrat über die vorgesehenen Maßnahmen rechtzeitig und umfassend zu unterrichten und mit ihm die geplanten Betriebsänderungen zu beraten (§ 111 Satz 1 BetrVG). Die Unterrichtung muss zum frühestmöglichen Zeitpunkt erfolgen, so dass die Entscheidungsmöglichkeiten noch gegeben sind und der Betriebsrat sich mit den Problemen eingehend befassen kann. Der Unternehmer muss den Betriebsrat aber nicht an sämtlichen Vorüberlegungen partizipieren lassen. Ziel der Beratungen ist der Abschluss eines Interessenausgleichs (Rdnr. 1159) und eines Sozialplans (Rdnr. 1161).

(b) *Mitwirkungsrechte beim Interessenausgleich:* Unternehmer und Betriebsrat müssen den Versuch unternehmen, einen Interessenausgleich (§ 112 Abs. 1 Satz 1 BetrVG) zu erreichen. Dabei geht es darum, ob, wann und wie die Betriebsänderung durchgeführt wird. Kommt es zu einem solchen Interessenausgleich, so ist das Vereinbarte schriftlich niederzulegen sowie vom Unternehmer und vom Betriebsrat zu unterschreiben (§ 112 Abs. 1 Satz 1 BetrVG).

Der Interessenausgleich hat nicht die Wirkung einer Betriebsvereinbarung. Der einzelne Arbeitnehmer kann daraus keine Rechte herleiten; er hat aber die Möglichkeit, nach § 113 Abs. 1 BetrVG (Rdnr. 1163) Ansprüche gegenüber dem Arbeitgeber geltend zu machen (**Fall a**).

Kommt ein Interessenausgleich nicht zustande, kann der Unternehmer oder der Betriebsrat den Vorstand (bzw. den beauftragten Bediensteten) der Bundesagentur für Arbeit um Vermittlung ersuchen (§ 112 Abs. 2 Satz 1 BetrVG). Geschieht das nicht oder bleibt der Vermittlungsversuch ergebnislos, besteht die Möglichkeit, die Einigungsstelle anzurufen (§ 112 Abs. 2 Satz 2 BetrVG). Die Einigungsstelle kann hinsichtlich eines Interessenausgleichs nur auf eine Einigung hinwirken; ihr Spruch ist nicht verbindlich. Für den Betriebsrat besteht somit nur ein Mitwirkungs- und kein echtes Mitbestimmungsrecht.

Da das Gesetz keine Höchstdauer bestimmt, ist die Dauer des Interessenausgleichsverfahrens unsicher. Der Arbeitgeber muss den Betriebsrat zu Beratungen über den Interessenausgleich auffordern und ihm eine der geplanten Betriebsänderung entsprechende angemessene Frist setzen. Lässt dieser die Frist verstreichen, ohne selbst die Einigungsstelle anzurufen, so muss der Arbeitgeber von sich aus die Einigungsstelle anrufen (BAG NZA 2007, 1296, 1300; ErfK/Kania, §§ 112/112a BetrVG Rdnr. 8).

(c) *Mitbestimmungsrecht beim Sozialplan:* Die Entscheidung über das „Ob" einer Betriebsänderung liegt nach dem Gesetz wegen ihrer Zugehörigkeit zur Unternehmensorganisation allein beim Arbeitgeber. Sie fällt also nicht unter die Mitbestimmung des Betriebsrats. Bezüglich der sozialen Auswirkungen dieser Entscheidung steht dem Betriebsrat dagegen ein erzwingbares Mitbestimmungsrecht zu. Unternehmer und Betriebsrat haben sich zwecks Ausgleichs oder Milderung der wirtschaftlichen Nachteile der Betriebsänderung für die Arbeitnehmer darum zu bemühen, einen Sozialplan aufzustellen, in dem etwa Abfindungszahlungen bei einem Ausscheiden oder ein Lohnausgleich bei Versetzungen festgelegt werden (vgl. BAG NZA 2005, 997, 998).

Einigen sich Arbeitgeber und Betriebsrat, so ist der Sozialplan schriftlich niederzulegen und zu unterschreiben (§ 112 Abs. 1 Satz 2, 1 BetrVG). Der Sozialplan hat die Wirkung einer Betriebsvereinbarung (§ 112 Abs. 1 Satz 3 BetrVG), ohne dass der Tarifvorbehalt des § 77 Abs. 3 BetrVG greift (§ 112 Abs. 1 Satz 4 BetrVG).

Der Sozialplan ersetzt aber nicht die Kündigung der Arbeitsverhältnisse; der Kündigungsschutz kann dem einzelnen Arbeitnehmer (auch durch eine Abfindungsregelung) nicht genommen werden (**Fall b**). Von aktuellem Interesse ist die Frage, inwiefern Sozialpläne eine nach Lebensalter und Betriebszugehörigkeit gestaffelte Abfindungsregelung enthalten dürfen. Nach Auffassung des BAG ist eine solche Altersdifferenzierung von § 10 Satz 3 Nr. 6 AGG gedeckt (BAG NZA 2009, 849).

Kommt eine Einigung über den Sozialplan nicht zustande, so entscheidet die Einigungsstelle. Dabei hat sie einerseits die sozialen Belange der betroffenen Arbeitnehmer und andererseits die wirtschaftliche Vertretbarkeit für das Unternehmen zu beachten (§ 112 Abs. 5 BetrVG). Der Spruch der Einigungsstelle über den Sozialplan ersetzt – anders als beim Interessenausgleich – die Einigung (§ 112 Abs. 4 BetrVG). Insoweit besteht also ein erzwingbares Mitbestimmungsrecht (zur Zulässigkeit von sog. Firmentarifsozialplänen s. Rdnr. 893).

Die genannten Regelungen über die Erzwingbarkeit eines Sozialplans sind bei einer Betriebsänderung, die allein in der Entlassung von Arbeitnehmern besteht, nur unter den besonderen Voraussetzungen des § 112a Abs. 1 BetrVG anzuwenden. Auf Betriebe eines Unternehmens in den ersten vier Jahren nach der Gründung des Unternehmens (BAG NZA 2007, 106) sind § 112 Abs. 4, 5 BetrVG grundsätzlich unanwendbar (§ 112a Abs. 2 BetrVG); der Arbeitgeber soll in der schwierigen Aufbauphase von dem Risiko befreit werden, im Falle des Scheiterns mit Sozialplanverpflichtungen belastet zu werden.

**1163** (4) Einen *Nachteilsausgleich* kann der einzelne Arbeitnehmer verlangen, wenn der Unternehmer von einem vereinbarten Interessenausgleich ohne zwingenden Grund abweicht (§ 113 Abs. 1, 2 BetrVG). Ist ein Arbeitnehmer infolgedessen entlassen worden, steht ihm ein Abfindungsanspruch zu, dessen Höhe sich nach § 10 KSchG richtet (§ 113 Abs. 1 BetrVG). Die in § 1a Abs. 2 KSchG festgelegte Höhe des gesetzlichen Abfindungsanspruchs nach § 1a Abs. 1 KSchG kann wegen der hierin ausgedrückten Wertung als Berechnungsgrundlage beim Nachteilsausgleich herangezogen werden (BAG NZA 2018, 464, 468). Unter Entlassungen fallen nicht nur Kündigungen durch den Arbeitgeber, sondern auch von ihm veranlasste Eigenkündigungen des Arbeitnehmers bzw. Aufhebungsverträge (BAG NZA 2004, 440, 442). Einem Arbeitnehmer, der zwar nicht entlassen worden ist, der aber (etwa durch Versetzung oder Umsetzung) wirtschaftliche Nachteile erleidet, hat der Unternehmer diese Nachteile bis zu einem Zeitraum von zwölf Monaten auszugleichen (§ 113 Abs. 2 BetrVG).

**1164** Schließlich besteht ein Anspruch auf Nachteilsausgleich, wenn der Arbeitgeber eine Betriebsänderung durchführt, ohne einen Interessenausgleich mit dem Betriebsrat ausreichend versucht zu haben (vgl. BAG NZA 2002, 992), sofern infolgedessen Arbeitnehmer entlassen werden oder andere wirtschaftliche Nachteile erleiden (§ 113 Abs. 3 Satz 1 BetrVG; **Fall c**).

Auf einen so schon entstandenen Nachteilsausgleichsanspruch kann der Arbeitnehmer auch ohne Zustimmung des Betriebsrats wirksam verzichten (BAG NZA 2004, 440).

**1165** Alle genannten Ausgleichsansprüche greifen nur, wenn ein Interessenausgleich in Frage steht. Erfüllt der Arbeitgeber die Verpflichtungen aus einem Sozialplan nicht, kann jeder betroffene Arbeitnehmer (nicht aber der Betriebsrat für diesen, BAG NZA 1990, 441) seine Rechte gerichtlich geltend machen. Sein Rechtsanspruch auf die dort vereinbarten Leistungen ergibt sich aus §§ 112 Abs. 1 Satz 3, 77 Abs. 4 BetrVG. Wurde ein Sozialplan überhaupt noch nicht vereinbart, kann der Betriebsrat – auch im Nachhinein – dessen Aufstellung verlangen und gegebenenfalls über die Anrufung der Einigungsstelle erzwingen (Rdnr. 1161).

Stehen einem Arbeitnehmer sowohl aus einem Sozialplan als auch aus einem Nachteilsausgleich Abfindungsleistungen zu, sind die Forderungen aus dem Sozialplan auf die Nachteilsausgleichsforderung anzurechnen (BAG NZA 2007, 1296).

## V. Betriebsverfassungsrechtliche Mitbestimmung außerhalb des BetrVG

### 1. Sprecherausschussgesetz

**Schrifttum:** *Fuhlrott*, Die rechtliche Stellung leitender Angestellter, ArbRAktuell 2011, 55; *Kort*, Grenzen des Zugriffs des Sprecherausschusses auf Personaldaten leitender Angestellter, NZA-RR 2015, 113; *Medla*, Befugnisse und Rechte von Sprecherausschüssen im Rahmen des § 613a BGB, in: Festschrift Leinemann, 2006, S. 243 ff.; *Sieg*, Leiten ohne zu leiden – Das Sprecherausschussgesetz in der betrieblichen Praxis, in: Festschrift Richardi, 2007, S. 777 ff.

**Fälle:**
a) Eine im Betrieb vertretene Gewerkschaft beantragt beim Sprecherausschuss unter Hinweis auf § 43 Abs. 4 BetrVG, der analog anzuwenden sei, die Einberufung einer Versammlung der leitenden Angestellten. Der Sprecherausschuss lehnt den Antrag ab. Mit Recht?

b) Der Arbeitgeber G kündigt dem leitenden Arbeitnehmer X und stellt stattdessen den Y ein. Den Sprecherausschuss informiert er bewusst nicht. Wer kann etwas dagegen unternehmen?

c) Der Arbeitgeber G hat mit dem Sprecherausschuss eine Richtlinie über Erfolgsbeteiligungen der leitenden Angestellten im Betrieb schriftlich vereinbart. Später möchte er in Arbeitsverträgen mit einzelnen leitenden Angestellten von der Richtlinie zuungunsten der Arbeitnehmer abweichen. Möglich?

Das Gesetz über Sprecherausschüsse der leitenden Angestellten (Sprecherausschussgesetz – SprAuG) gibt den leitenden Angestellten (Rdnr. 60, 996) im Betrieb eine eigene gesetzliche Interessenvertretung; damit soll der besonderen Rolle der leitenden Angestellten im Betrieb und der Tatsache Rechnung getragen werden, dass sich zuvor schon viele derartige Ausschüsse auf freiwilliger Grundlage gebildet hatten. Vorbild waren in vielfacher Hinsicht die Bestimmungen des BetrVG. Gem. § 1 Abs. 3 SprAuG gilt das Gesetz nur für Betriebe der Privatwirtschaft. Auf Religionsgemeinschaften und deren karitative und erzieherische Einrichtungen findet es keine Anwendung.

**a) Funktion des Sprecherausschusses.** Der Sprecherausschuss ist der gesetzliche Repräsentant der leitenden Angestellten des Betriebs; er vertritt deren Belange (§ 25 Abs. 1 Satz 1 SprAuG). Er ist zwar nicht rechtsfähig, kann aber Partei im arbeitsgerichtlichen Beschlussverfahren sein (§§ 10, 80 ff. ArbGG; Rdnr. 1298).

Auf Unternehmensebene ist bei Bestehen mehrerer Sprecherausschüsse zwingend ein Gesamtsprecherausschuss zu errichten (§§ 16 ff. SprAuG), während für einen Konzern fakultativ ein Konzernsprecherausschuss gebildet werden kann (§§ 21 ff. SprAuG).

Die Zusammenarbeit mit dem Betriebsrat soll durch die Einräumung eines gegenseitigen Teilnahmerechts an den jeweiligen Sitzungen sowie durch eine jährlich stattfindende gemeinsame Sitzung gestärkt werden (§ 2 Abs. 2 SprAuG). Berühren Vereinbarungen zwischen Betriebsrat und Arbeitgeber Interessen der leitenden Angestellten (bspw. die Aufstellung eines Urlaubsplans), ist der Sprecherausschuss zu der Angelegenheit rechtzeitig anzuhören (§ 2 Abs. 1 SprAuG).

**b) Errichtung und Zusammensetzung des Sprecherausschusses.** (1) *Errichtung:* In Betrieben mit in der Regel mindestens zehn leitenden Angestellten werden (Betriebs-)Sprecherausschüsse gewählt (§ 1 Abs. 1 SprAuG). Wenn zu einem Unternehmen wenigstens ein Betrieb mit zehn leitenden Angestellten gehört, wählen die leitenden Angestellten aus Betrieben mit weniger als zehn leitenden Angestellten dessen Sprecherausschuss mit. Hat ein Unternehmen mehrere Betriebe mit zehn leitenden Angestellten, werden die leitenden Angestellten aus Betrieben mit weniger als zehn leitenden Angestellten dem räumlich nächstgelegenen sprecherausschussfähigen Betrieb für die Wahl zugeordnet (§ 1 Abs. 2 SprAuG). Die Sprecherausschüsse vertreten dann auch die Interessen der leitenden Angestellten, die sie mitgewählt haben (§ 25 Abs. 1 Satz 1 SprAuG). Durch diese Regelung soll erreicht werden, dass kein leitender Angestellter des Unternehmens ohne Vertretung bleibt.

Der Sprecherausschuss wird in geheimer und unmittelbarer Wahl gewählt. Die Wahlen sollen zeitgleich mit den regelmäßigen Betriebsratswahlen alle vier Jahre stattfinden (§ 5 Abs. 1 SprAuG). In einer Versammlung der leitenden Angestellten wird von der Mehrheit ein Wahlvorstand gewählt; sofern ein Sprecherausschuss besteht, bestellt er vor Ablauf seiner Amtszeit einen Wahlvorstand (§ 7 Abs. 1, 2 SprAuG). Dieser hat die Wahl unverzüglich einzuleiten, durchzuführen, das Ergebnis festzustellen und bekannt zu geben (§ 7 Abs. 4 SprAuG).

**1170** (2) *Zusammensetzung:* Die – jeweils ungerade – Zahl der Mitglieder des Sprecherausschusses richtet sich nach der Zahl der im jeweiligen Betrieb tätigen leitenden Angestellten; dabei sollen Männer und Frauen entsprechend ihrem zahlenmäßigen Verhältnis vertreten sein (§ 4 Abs. 2 SprAuG).

**1171** c) **Geschäftsführung, Aufgaben und Beteiligungsrechte des Sprecherausschusses.** (1) Die Regeln über die *Geschäftsführung* des Sprecherausschusses (§§ 11–14 SprAuG) sind den Bestimmungen des BetrVG nachgebildet (vgl. Rdnr. 1013 ff.).

An den Sitzungen des Sprecherausschusses nimmt der Arbeitgeber teil, sofern sie auf sein Verlangen anberaumt sind oder er zu ihnen ausdrücklich eingeladen ist (§ 12 Abs. 4 SprAuG). Für die Geschäftsführung hat der Arbeitgeber die erforderlichen Mittel zur Verfügung zu stellen.

**1172** (2) Der Sprecherausschuss hat vor allem folgende *Aufgaben:*

(a) Er soll einmal im Kalenderjahr eine *Versammlung der leitenden Angestellten einberufen* und in ihr einen *Tätigkeitsbericht erstatten* (§ 15 Abs. 1 Satz 1 SprAuG). Er muss eine solche Versammlung einberufen, wenn der Arbeitgeber oder ein Viertel der leitenden Angestellten es beantragen; eine im Betrieb vertretene Gewerkschaft ist nicht antragsbefugt (vgl. § 15 Abs. 1 Satz 2 SprAuG; zu **Fall a**).

**1173** (b) Der Sprecherausschuss hat mit dem Arbeitgeber *vertrauensvoll zusammenzuarbeiten* (§ 2 Abs. 1 Satz 1 SprAuG); ihn trifft eine *Friedenspflicht* (§ 2 Abs. 4 SprAuG). § 2 Abs. 1 SprAuG entspricht im Wesentlichen der Vorschrift des § 2 Abs. 1 BetrVG, weshalb die zu dieser Norm entwickelten Grundsätze entsprechend herangezogen werden können.

**1174** (c) Der Sprecherausschuss hat mit dem Arbeitgeber *darüber zu wachen, dass alle leitenden Angestellten nach Recht und Billigkeit behandelt werden* (§ 27 Abs. 1 SprAuG). § 27 Abs. 1 SprAuG wurde mit der Einführung des AGG – ebenso wie § 75 Abs. 2 BetrVG – an die Benachteiligungsmerkmale des AGG angepasst.

**1175** (3) *Beteiligungsrechte* des Sprecherausschusses

(a) Echte Mitbestimmungsrechte (Rdnr. 1083) gewährt das Gesetz dem Sprecherausschuss nicht, jedoch stehen ihm eine Reihe von *Unterrichtungs- und Beratungsrechten* zu. Das gilt vor allem für die Änderung allgemeiner Arbeitsbedingungen, die Einführung oder Änderung allgemeiner Beurteilungsgrundsätze sowie für die wirtschaftlichen Angelegenheiten des Betriebs und Unternehmens (§§ 30, 32 SprAuG).

Auch bei personellen Maßnahmen ist der Sprecherausschuss zu beteiligen. So ist ihm eine beabsichtigte Einstellung oder personelle Veränderung eines leitenden Angestellten rechtzeitig mitzuteilen (§ 31 SprAuG). Vor jeder Kündigung eines leitenden Angestellten ist der Sprecherausschuss zu hören (§ 31 Abs. 2 Satz 1 SprAuG). Ein Widerspruchsrecht des Sprecherausschusses, das entsprechend der Regelung in § 102 Abs. 5 Satz 1 BetrVG einen Weiterbeschäftigungsanspruch des leitenden Angestellten zur Folge hätte, kennt das SprAuG nicht.

Im **Fall b** kann gegen die Einstellung des Y nichts unternommen werden, weil § 31 Abs. 1 SprAuG keine Rechtsfolge bei Verletzung der Mitteilungspflicht vorsieht. G hat ordnungswidrig gehandelt, weshalb eine Geldbuße verhängt werden kann (§ 36 SprAuG). Dagegen ist die Kündigung des X ohne Anhörung des Sprecherausschusses unwirksam (§ 31 Abs. 2 Satz 3 SprAuG); das kann X im Kündigungsrechtsstreit mit G geltend machen.

(b) Mit dem Arbeitgeber kann der Sprecherausschuss *Richtlinien schriftlich vereinbaren*, die den Inhalt, den Abschluss oder die Beendigung von Arbeitsverhältnissen der leitenden Angestellten betreffen (§ 28 Abs. 1 SprAuG). Sie sind nicht kraft Gesetzes zwingend, so dass im Einzelarbeitsvertrag mit einem leitenden Angestellten auch zu dessen Ungunsten davon abgewichen werden kann. Zu einer unmittelbaren und zwingenden Wirkung, die derjenigen einer Betriebsvereinbarung (Rdnr. 141, 1059 ff.) entspricht, kommt es nur, soweit dies zwischen Arbeitgeber und Sprecherausschuss vereinbart ist (§ 28 Abs. 2 Satz 1 SprAuG). In diesem Fall sind abweichende Regelungen nur zugunsten des leitenden Angestellten zulässig (§ 28 Abs. 2 Satz 2 SprAuG); das Günstigkeitsprinzip (Rdnr. 807 ff.; Rdnr. 140, 142) ist hier also – anders als für eine Betriebsvereinbarung – ausdrücklich geregelt.

Im **Fall c** kann G von der Richtlinie abweichen, sofern keine unmittelbare und zwingende Wirkung vereinbart worden ist. Selbst wenn eine solche Vereinbarung getroffen worden sein sollte, wäre ein Verzicht mit Zustimmung des Sprecherausschusses zulässig (§ 28 Abs. 2 Satz 3 SprAuG). Jedenfalls kommt eine Kündigung mit einer Frist von drei Monaten in Betracht, sofern nichts anderes vereinbart ist (§ 28 Abs. 2 Satz 4 SprAuG).

d) **Rechtsstellung der Mitglieder des Sprecherausschusses.** Die Mitglieder des Sprecherausschusses dürfen *in der Ausübung ihrer Tätigkeit nicht gestört oder behindert* und wegen ihrer Tätigkeit weder benachteiligt noch begünstigt werden (§ 2 Abs. 3 SprAuG). Sie sind von ihrer beruflichen Tätigkeit ohne Minderung des Arbeitsentgelts zu befreien, wenn und soweit es zur Durchführung ihrer Aufgaben erforderlich ist (§ 14 Abs. 1 SprAuG). Anders als Betriebsratsmitglieder (§ 15 KSchG; § 103 BetrVG) genießen sie aber keinen besonderen Kündigungsschutz. Ihre *Pflicht zur Geheimhaltung von Betriebs- oder Geschäftsgeheimnissen*, die ihnen wegen ihrer Zugehörigkeit zum Sprecherausschuss bekannt geworden sind, entspricht derjenigen der Betriebsratsmitglieder; sie dürfen diese Geheimnisse weder offenbaren noch verwerten (§ 29 SprAuG). Die *Mitgliedschaft im Sprecherausschuss erlischt*, wenn das Arbeitsverhältnis des leitenden Angestellten endet oder dieser aus dem Sprecherausschuss ausgeschlossen wird (§ 9 SprAuG).

## 2. Personalvertretungsrecht

**Schrifttum:** *Müller/F. Preis,* Arbeitsrecht im öffentlichen Dienst, 7. Aufl., 2009, Rdnr. 192 ff.; *Richardi/Dörner/Weber,* Personalvertretungsrecht, 4. Aufl., 2012; *von Roetteken,* Rechtsprechung zum Personalvertretungsrecht zwischen 2001 und 2005, NZA-RR

2006, 225; *Schulte,* Personalvertretungsrecht geht anders – wichtige Unterschiede zum Mitbestimmungsverfahren im BetrVG, ArbRB 2006, 48.

**1178** Für Beschäftigte im öffentlichen Dienst gilt das BetrVG nicht (§ 130 BetrVG). Deren Beteiligungsrechte richten sich nach den Personalvertretungsgesetzen des Bundes (BPersVG) und der Länder. Nach der bundesgesetzlichen Regelung kann die Personalvertretung (Personalräte, Bezirkspersonalräte, Gesamtpersonalräte, §§ 12, 53, 55 BPersVG) im Rahmen ihrer Aufgaben (§ 68 BPersVG) schriftliche Dienstvereinbarungen (§ 73 BPersVG) oder aber Dienstabsprachen treffen. Sie entsprechen in ihrer Wirkung der Betriebsvereinbarung bzw. der Regelungsabrede. Die Beteiligungsrechte, die denen des BetrVG ähneln, lassen sich qualitativ in Mitwirkungs- und Mitbestimmungsrechte unterteilen (§§ 75 ff. BPersVG). Zur Durchsetzung der Mitbestimmungsrechte bei nicht erfolgter Einigung in einer Angelegenheit, die der Mitbestimmung unterliegt, kennt auch das BPersVG den Gang zur Einigungsstelle (§§ 69 Abs. 4, 71 BPersVG).

## B. Europäische Betriebsverfassung

**Schrifttum:** *Blanke/Hayen/Kunz/Carlson,* Europäische Betriebsräte-Gesetz, 3. Aufl., 2019; *Buchmann/Melot de Beauregard,* Die neue Richtlinie über Europäische Betriebsräte, BB 2009, 1417; *Franzen,* EU-Erweiterung und Europäische Betriebsräte, BB 2004, 938; *Giesen,* Merkwürdiges Übergangsrecht bei der Reform des Europäischen Betriebsrats, NZA 2009, 1174; *Junker,* Neues zum Europäischen Betriebsrat, RdA 2002, 32; *Lelley/Feindura,* Beteiligung des Europäischen Betriebsrats bei grenzüberschreitender Betriebsänderung, DB 2014, 2771; *Preis/Sagan,* Europäisches Arbeitsrecht, 2. Aufl., 2019; *Rehberg,* Die kollisionsrechtliche Behandlung „europäischer Betriebsvereinbarungen", NZA 2013, 73; *Rose/Blanke,* Die zeitliche Koordinierung der Informations- und Konsultationsansprüche Europäischer Betriebsräte und nationaler Interessenvertretungen bei grenzübergreifenden Umstrukturierungsmaßnahmen, RdA 2008, 65; *Sadowski/Kühne,* Der Europäische Betriebsrat, in: Festschrift Birk, 2008, S. 771; *Thüsing/Forst,* Europäische Betriebsräte-Richtlinie: Neuerungen und Umsetzungserfordernisse, NZA 2009, 408.

**1179** **Fall:** Das Unternehmen A beschäftigt am Stammsitz in Konstanz 850 Arbeitnehmer. Es betreibt in Frankreich Vertriebs- und Serviceeinheiten mit 145 Arbeitnehmern. In Liechtenstein sitzt das Finanzzentrum, in dem 6 Arbeitnehmer arbeiten. Kann ein Europäischer Betriebsrat gebildet werden?

Neben die nationale Betriebsverfassung des BetrVG stellt das Europäische Betriebsräte-Gesetz (EBRG) als zusätzliche Form der Beteiligungsrechte der Belegschaft ein grenzüberschreitendes Unterrichtungs- und Anhörungsverfahren für gemeinschaftsweit operierende Unternehmen und Unternehmensgruppen.

### I. Entstehungsgeschichte und Zweck des EBRG

**1180** Durch das Europäische Betriebsräte-Gesetz vom 28.10.1996 (BGBl. I, S. 1548 u. 2022) wurde die Richtlinie 94/45/EG vom 22.9.1994 über die Errichtung eines Europäischen Betriebsrats (EBR) oder die Schaffung eines Verfahrens zur Unterrichtung und Anhörung der Arbeitnehmer ins deutsche Recht umgesetzt. Das EBRG soll die Durchsetzung des Rechts der Arbeitnehmer auf grenzüberschreitende Anhörung und Unterrichtung in gemeinschaftsweit operierenden Unternehmen und Unternehmensgruppen verbessern. Der EBR stellt keine eigenständige vierte Ebene über den Einzel, Gesamt- und Konzernbetriebsräten des BetrVG dar. Er soll nur die Interessenvertretung auf nationaler Ebene für grenzüberschreitende Angelegenheiten effektiver gestalten. Er ist somit lediglich ein Hilfsorgan der nationalen Betriebsverfassung (vgl. Oetker, DB 1996, Beil. 10, 6).

Allerdings schreibt das EBRG die Einrichtung eines gemeinschaftsweiten Unterrichtungs- und Anhörungsverfahrens nicht zwingend vor. Es liegt in der Autonomie von Unternehmensleitung und Arbeitnehmern, die Initiative zur Einsetzung und Ausgestaltung eines Unterrichtungs- und Anhörungsverfahrens zu ergreifen. Sofern weder Arbeitnehmer- noch Arbeitgeberseite initiativ werden, gibt es trotz des apodiktischen Wortlautes des § 1 Abs. 1 EBRG keinen Europäischen Betriebsrat.

## II. Geltungsbereich des EBRG

### 1. Räumlicher Anwendungsbereich

Das Gesetz gilt nur für gemeinschaftsweit tätige Unternehmen (§§ 2 Abs. 1, 3 Abs. 1 EBRG) und Unternehmensgruppen (§§ 2 Abs. 1, 3 Abs. 2 i. V. m. § 6 EBRG) mit (Haupt-) Sitz in Deutschland, wobei sich mindestens zwei Betriebe bzw. Unternehmen in unterschiedlichen Staaten befinden müssen. Relevante Mitgliedstaaten sind nach § 2 Abs. 3 des Gesetzes nicht nur die Staaten der EU, sondern auch die anderen Vertragsstaaten des Europäischen Wirtschaftsraums (Island, Liechtenstein und Norwegen).

Im obigen **Fall** ist daher das EBRG insoweit anwendbar. Das Unternehmen A ist durch die Betriebe in Deutschland, Frankreich und Liechtenstein gemeinschaftsweit tätig i. S. des § 2 Abs. 1 EBRG. Weitere Voraussetzung ist, dass A unter den sachlichen und persönlichen Anwendungsbereich des EBRG fällt.

Unternehmen oder Unternehmensgruppen mit einem Hauptsitz außerhalb des EWR werden vom EBRG unter den Voraussetzungen des § 2 Abs. 2 EBRG erfasst (zu Informationsrechten innerhalb der Unternehmensgruppe vgl. den Fall „Kühne & Nagel" EuGH NZA 2004, 160 = RdA 2004, 307 m. Anm. Giesen).

### 2. Sachlicher und persönlicher Anwendungsbereich

Das Gesetz ist auf Unternehmen und Unternehmensgruppen aller Rechtsformen anwendbar, die in den Mitgliedstaaten mindestens 1.000 Arbeitnehmer beschäftigen, davon in mindestens zwei Mitgliedstaaten jeweils mindestens 150 Arbeitnehmer (vgl. § 3 EBRG). Die Berechnung der durchschnittlichen Arbeitnehmerzahlen ergibt sich nach § 4 EBRG aus § 5 Abs. 1 BetrVG (vgl. Rdnr. 996 ff.). Grundsätzlich gilt das Gesetz auch für Tendenzunternehmen; für sie sind die Anhörungs- und Unterrichtungsrechte jedoch eingeschränkt (§ 31 EBRG).

Im obigen **Fall** ist daher im Ergebnis das EBRG nicht anwendbar. Zwar hat das Unternehmen mit 1001 Beschäftigten die erste Voraussetzung des § 3 Abs. 1 EBRG erfüllt, jedoch wird der zweite Schwellenwert des § 3 Abs. 1 EBRG von mindestens 150 Arbeitnehmern nur vom Stammsitz in Konstanz, und damit entgegen § 3 Abs. 1 EBRG nur in einem Mitgliedstaat überschritten.

Auf der Arbeitgeberseite ist die sog. „zentrale Leitung" Gesprächs- und Verhandlungspartner der Arbeitnehmer. Gemeint ist die in der Entscheidungshierarchie höchste Leitungsebene des Unternehmens, der die Vertretung und Geschäftsführung obliegt, also beispielsweise der Vorstand bei einer Aktiengesellschaft oder die Geschäftsführung bei einer GmbH. Auf der Arbeitnehmerseite ist nach den

§§ 8 ff. EBRG ein besonderes Verhandlungsgremium zu bilden, das die Verhandlungen über den Abschluss einer Vereinbarung zur Unterrichtung und Anhörung führt. Wenn die Vereinbarung die Einrichtung eines EBR vorsieht, wird dieser Träger der Europäischen Betriebsverfassung.

### III. Bildung des Europäischen Betriebsrats

#### 1. Der EBR kraft Vereinbarung

**1184** Grundsätzlich sind freiwillige Vereinbarungen im Sinne der §§ 17 ff. EBRG über die Einrichtung eines EBR bzw. über ein Verfahren zur Unterrichtung und Anhörung zwischen der zentralen Leitung und dem zu bildenden besonderen Verhandlungsgremium abzuschließen. Um beurteilen zu können, ob die Voraussetzungen für die Anwendbarkeit des Gesetzes in ihrem Unternehmen oder in ihrer Unternehmensgruppe gegeben sind, steht der Arbeitnehmerseite gem. § 5 EBRG ein Auskunftsanspruch gegen die „zentrale Leitung" zu (vgl. zur Reichweite dieses Anspruchs EuGH NZA 2004, 160 = RdA 2004, 307 m. Anm. Giesen). Um diesem nachzukommen ist die Leitung eines jeden Unternehmens sowie die zentrale Leitung ausdrücklich verpflichtet, die Informationen umfassend zu erheben und zur Verfügung zu stellen § 5 Abs. 1, Abs. 3 EBRG.

Das besondere Verhandlungsgremium wird auf Antrag von mindestens 100 Arbeitnehmern oder ihrer Vertreter aus mindestens zwei Betrieben oder Unternehmen aus verschiedenen Mitgliedstaaten oder auf Initiative der zentralen Leitung gebildet (§ 9 EBRG). Wird keine Seite aktiv, gibt es keinen EBR und kein alternatives Verfahren. Besetzt wird der EBR anteilig nach der Verteilung der Arbeitnehmer auf die Mitgliedstaaten (pro angefangene 10 % ein EBR Mitglied; Einzelh.: § 10 EBRG). Die Bestellung der deutschen Vertreter obliegt grundsätzlich dem Gesamt- oder Konzernbetriebsrat, subsidiär dem einzelnen Betriebsrat (§ 11 EBRG). Besteht keine Arbeitnehmervertretung, so muss zunächst ein Betriebsrat gewählt werden, damit die betroffenen Arbeitnehmer an den EBR-Verhandlungen teilnehmen dürfen.

**1185** Zentrale Leitung und besonderes Verhandlungsgremium haben bei ihrer freiwilligen Vereinbarung über die grenzüberschreitende Unterrichtung und Anhörung der Arbeitnehmer nach § 17 EBRG einen sehr weiten Gestaltungsspielraum. Die für den gesetzlichen EBR geltenden Vorschriften (§§ 21 ff. EBRG) sind für sie nicht verbindlich. Sie sind insbesondere frei, zu entscheiden, ob sie eine grenzüberschreitende Unterrichtung und Anhörung durch die Errichtung eines zentralen EBR oder mehrerer Europäischer Betriebsräte (§ 18 EBRG) oder aber durch ein dezentrales Verfahrenssystem (§ 19 EBRG) verwirklichen wollen. In jedem Fall muss die Vereinbarung alle in den Mitgliedstaaten beschäftigten Arbeitnehmer erfassen. EBR, die bereits vor dem Inkrafttreten des Gesetzes am 22.9.1996 aufgrund der Richtlinie eingeführt wurden, bleiben nach der Übergangsvorschrift des § 41 EBRG aufrecht erhalten.

#### 2. Der EBR kraft Gesetzes

**1186** Ein einziger, zentraler Europäischer Betriebsrat kraft Gesetzes ist nach dem gesetzlichen Modell zu errichten, wenn die zentrale Leitung die Aufnahme von Verhandlungen innerhalb von sechs Monaten nach Antragstellung der Arbeitnehmer verweigert, wenn es innerhalb von drei Jahren nach Beginn der Verhandlungen zu keinem Abschluss einer freiwilligen Vereinbarung gekommen ist oder wenn die zentrale Leitung und das gemeinsame Verhandlungsgremium gemeinsam das vorzeitige Scheitern der Verhandlungen erklären (§ 21 Abs. 1 Satz 2 EBRG). Es handelt sich um eine Auffangregelung für den rechtspolitisch an sich unerwünschten Fall, dass die Verhandlungslösung zu keiner Einigung führt.

Die Arbeitnehmervertreter im Besonderen Verhandlungsgremium können sich auch gegen jede Vereinbarung eines grenzüberschreitenden Unterrichtungs- und Anhörungsverfahrens aussprechen. Beschließen sie mit zwei Drittel der Stimmen, die Verhandlungen mit der zentralen Leitung nicht zu eröffnen oder die bereits laufenden Verhandlungen abzubrechen, verhindert ein solcher Beschluss einen EBR oder ein alternatives Verfahren und zieht regelmäßig eine Wartefrist nach sich (vgl. § 15 EBRG).

## IV. Struktur und Aufgaben des gesetzlichen Europäischen Betriebsrats

### 1. Zusammensetzung und innere Ordnung

Die Zusammensetzung des gesetzlichen EBR ähnelt derjenigen des besonderen Verhandlungsgremiums:

§ 22 EBRG schreibt zunächst eine Repräsentation jedes Mitgliedstaats durch mindestens einen EBR-Sitz vor. Sind mehr als 10 % der Gesamtanzahl der Arbeitnehmer in dem jeweiligen Mitgliedstaat beschäftigt, kommt pro 10 % ein weiterer Sitz hinzu. Die zentrale Leitung muss alle zwei Jahre prüfen, ob der EBR noch diesen Grundsätzen entsprechend zusammengesetzt ist (§ 32 EBRG). Die Bestellung der Arbeitnehmervertreter erfolgt durch betriebsverfassungsrechtliche Gremien, die auch für die Wahl der Mitglieder des besonderen Verhandlungsgremiums zuständig sind (§ 23 EBRG). Der EBR ist eine Dauereinrichtung und hat daher keine Amtszeit. Die Dauer der Mitgliedschaft im EBR beträgt nach § 32 Abs. 1 EBRG vier Jahre, wenn sie nicht durch Abberufung oder aus anderen Gründen, z. B. Beendigung des Arbeitsverhältnisses oder Aufgabe des Amtes, vorzeitig endet. Für die Überprüfung der ordnungsgemäßen Wahl der inländischen Vertreter des EBR sind die Arbeitsgerichte auch dann zuständig, wenn der EBR außerhalb der Bundesrepublik Deutschland ansässig ist (BAG NZA 2007, 1375, 1377).

Die innere Ordnung des EBR ist in den §§ 25 ff. EBRG geregelt.

In der konstituierenden Sitzung wählt der EBR aus seiner Mitte einen Vorsitzenden und dessen Stellvertreter. Ihnen obliegt die Vertretung des EBR nach außen (§ 25 EBRG). Die durch die Bildung und Tätigkeit des EBR entstehenden Kosten – auch für einen Sachverständigen – hat die zentrale Leitung zu tragen (§ 39 EBRG). Gewerkschaftsbeauftragte können zu den Sitzungen des Europäischen Betriebsrats und des Ausschusses als Sachverständige hinzugezogen werden, soweit dies in der EBR-Vereinbarung vorgesehen ist oder im Einzelfall erforderlich ist. Einer generellen Hinzuziehung steht die Nichtöffentlichkeit der Sitzungen gem. § 27 Abs. 1 Satz 5 EBRG entgegen (LAG Baden-Württemberg v. 23.12.2014 – 11 TaBV 6/14, BeckRS 2015, 69902).

### 2. Zuständigkeit und Mitwirkungsrechte

Gem. § 1 Abs. 2 EBRG ist der EBR nur in Angelegenheiten zuständig, die mindestens zwei Betriebe oder zwei Unternehmen in verschiedenen Mitgliedstaaten oder die das gemeinschaftsweit tätige Unternehmen oder die gemeinschaftsweit tätige Unternehmensgruppe insgesamt betreffen. Dabei hat er nur das Recht auf rechtzeitige Unterrichtung (nun legaldefiniert in § 1 Abs. 4 EBRG) und Anhörung. Die letztgenannte in § 1 Abs. 5 EBRG ebenfalls legaldefinierte Beteiligungsform geht über das Anhörungsrecht nach dem BetrVG hinaus und ähnelt eher der betriebsverfassungsrechtlichen Beratung (dazu Rdnr. 1117, 1158 ff.). Sie muss so frühzeitig erfolgen, dass die Arbeitnehmervertreter auf die Beschlussfassung der zentralen Leitung wirksam Einfluss nehmen können (Hohenstatt/Kröpelin/Bertke, NZA 2011, 1313, 1315).

Gleichwohl bleibt die zentrale Leitung – nach der Beteiligung des EBR – in ihrer Entscheidung frei; die Rechte des EBR sind also lediglich als Beratungs- und Mitwirkungsrechte, nicht als zwingende Mitbestimmungsrechte ausgestaltet.

**1190** **a) Jährliche Unterrichtung und Anhörung.** Nach § 29 EBRG ist die zentrale Leitung verpflichtet, den EBR einmal im Kalenderjahr über die Entwicklung der Geschäftslage und die Perspektiven des gemeinschaftsweit tätigen Unternehmens oder der Unternehmensgruppe zu unterrichten und anzuhören. Die in einem Katalog zusammengefassten Aufgaben umfassen in etwa die wirtschaftlichen Angelegenheiten des Wirtschaftsausschusses (§ 106 Abs. 3 BetrVG), Betriebsänderungen i. S. v. § 111 BetrVG und Massenentlassungen (§ 17 Abs. 1 KSchG).

**1191** **b) Unterrichtung und Anhörung bei außergewöhnlichen Umständen.** Nach § 30 EBRG ist die zentrale Leitung zusätzlich verpflichtet, bei außergewöhnlichen Umständen oder Entscheidungen, die erhebliche Auswirkungen auf die Interessen der Arbeitnehmer haben, den EBR *rechtzeitig* zu unterrichten und ihn auf Verlangen auch anzuhören. In europaweit tätigen Unternehmen und Unternehmensgruppen bestehen danach etwa vor der Durchführung von Betriebsstilllegungen Unterrichtungs- und Anhörungsrechte. Eine Verletzung dieser Rechte begründet aber keinen Unterlassungsanspruch bezüglich der Durchführung der beabsichtigten Betriebsstilllegung (LAG Köln BB 2012, 197 m. Anm. Wolff/Heckelmann).

**1192** **c) Unterrichtung der örtlichen Arbeitnehmervertreter.** Der Europäische Betriebsrat oder der ihn vertretende Ausschuss haben gem. § 36 EBRG die Pflicht, im Anschluss an die Unterrichtung bzw. Anhörung der zentralen Leitung den örtlichen Arbeitnehmervertretern, oder, wenn es diese nicht gibt, den Arbeitnehmern der Betriebe und Unternehmen darüber zu berichten.

## V. Grundsätze der Zusammenarbeit und Schutzbestimmungen

**1193** In den §§ 34 ff. EBRG werden in enger Anlehnung an das BetrVG die Grundsätze der Zusammenarbeit und der Schutz der Arbeitnehmervertreter in den Gremien des EBRG geregelt. Dabei gelten die Normen für jede Art von länderübergreifender Unterrichtung und Anhörung, unabhängig davon, ob das Verfahren freiwillig oder kraft Gesetzes eingerichtet worden ist.

Zentrale Leitung und EBR oder die Träger alternativer Verfahren werden in § 34 EBRG verpflichtet, zum Wohle der Arbeitnehmer und des Unternehmens oder der Unternehmensgruppe vertrauensvoll zusammenzuarbeiten. Keine Unterrichtungspflicht besteht in solchen Angelegenheiten, durch deren Offenlegung Betriebs- und Geschäftsgeheimnisse gefährdet werden (§ 35 Abs. 1 EBRG). Solche Geheimnisse, die im Rahmen der Mitwirkung nach dem EBRG bekannt geworden und zusätzlich von der zentralen Leitung ausdrücklich als geheimhaltungsbedürftig bezeichnet worden sind, unterliegen einem Offenbarungs- und Verwertungsverbot (§ 35 Abs. 2 Satz 1 EBRG).

Die inländischen Arbeitnehmervertreter, die auf der Grundlage des EBRG tätig werden, genießen nach dem 2011 reformierten § 40 EBRG Entgelt- und Tätigkeitsschutz, Schutz vor Behinderungen und Benachteiligungen sowie Kündigungsschutz. Inländische Arbeitnehmervertreter haben nunmehr auch einen Anspruch auf bezahlte Freistellung für Schulungs- und Bildungsveranstaltungen gleichermaßen wie ein Betriebsrat (zu den europarechtlichen Grundlagen in Art. 10 Abs. 4 EBR-RL n. F.: Thüsing/Forst, NZA 2009, 408, 410; Funke, DB 2009, 564, 566). Dabei sollte jedoch bedacht werden, dass der Schulungsbedarf ggf. schon durch Fortbildungen als (deutscher) Betriebsrat erfüllt wurde. Die Schutzbestimmungen werden durch die Straf- und Bußgeldvorschriften der §§ 42 ff. EBRG flankiert.

# Kapitel 12: Unternehmensmitbestimmung

**Schrifttum:** *Bayer*, Die Erosion der deutschen Mitbestimmung, NJW 2016, 1930; *Behme*, Die deutsche Mitbestimmung vor dem EuGH – Was bisher geschah und wie es weitergeht, EuZA 2016, 411; *Düwell*, Leiharbeitnehmer zählen bei Schwellenwerten, BB 2019, 2615; *Habersack/Henssler*, Mitbestimmungsrecht, 4. Aufl., 2018; *Henssler*, Die Zukunft der deutschen Unternehmensmitbestimmung im europäischen Rechtsrahmen, ZfA 2018, 174; *ders.*, Die Unternehmensmitbestimmung, in: Festschrift 50 Jahre BGH, 2000, S. 387 ff.; *ders.*, Bewegung in der deutschen Unternehmensmitbestimmung, RdA 2005, 330; *ders.*, Erfahrungen und Reformbedarf bei der SE – Mitbestimmungsrechtliche Reformvorschläge, ZHR 173 (2009), 222; *Junker*, Unternehmensmitbestimmung in Deutschland, ZfA 2005, 1; *Krause*, Die Mitbestimmung der Arbeitnehmer in der Europäischen Gesellschaft (SE), BB 2005, 1221; *Merkt*, Unternehmensmitbestimmung für ausländische Gesellschaften?, ZIP 2011, 1237; *Oetker*, Unternehmensmitbestimmung in der rechtspolitischen Diskussion – Ein Zwischenbericht, RdA 2005, 338; *ders.*, Unternehmerische Mitbestimmung kraft Vereinbarung in der Europäischen Gesellschaft (SE), in: Festschrift Konzen, 2006, S. 635; *Ott/Goette*, Zur Frage der Berücksichtigung von im Ausland beschäftigten Arbeitnehmern bei Ermittlung der mitbestimmungsrechtlichen Schwellenwerte, NZG 2018, 281; *Walk/Burger*, Konzernmitbestimmung ohne Konzern? Zur Reichweite des § 5 Abs. 3 MitbestG, RdA 2009, 373; *Wißmann/Kleinsorge/Schubert*, Mitbestimmungsrecht, 5. Aufl., 2017.

## A. Begriff und Entwicklung

Die Mitbestimmung in der Unternehmensverfassung bedeutet eine Beteiligung der Arbeitnehmer an der Leitung des Unternehmens, indem dessen Organe auch mit Arbeitnehmervertretern besetzt werden. Die Arbeitnehmer werden mittelbar an der unternehmerischen Planung und Entscheidung beteiligt. Mitbestimmt sind die Entscheidungen des Aufsichtsrats, dessen Mitglieder zum Teil von der Belegschaft gewählt werden. Die Einführung dieses gesellschaftsrechtlichen Kontrollorgans, die für Aktiengesellschaften zwingend gesellschaftsrechtlich vorgeschrieben ist, wird für weitere Gesellschaftsformen erst durch die verschiedenen Mitbestimmungsgesetze erzwungen. Im Gegensatz zur Betriebsverfassung erfolgt die Mitbestimmung in unterschiedlichen Organen (Betriebs- zu Aufsichtsrat) und auf unterschiedlichen Ebenen (Betrieb zu Unternehmen).

**1194**

Die Unternehmensmitbestimmung hat ihre historischen Wurzeln im Betriebsräterecht der Weimarer Republik (vgl. bereits Rdnr. 978 ff.). Damals erhielten in den Kapitalgesellschaften die Betriebsräte das Recht, ein bis zwei Vertreter in die Aufsichtsräte zu entsenden. Die Arbeitnehmer waren so erstmals durch umfassende

**1195**

Informations-, Anhörungs- und Mitspracherechte an den Leitungsentscheidungen größerer Unternehmen beteiligt. Dieser Ansatz der Unternehmensmitbestimmung wurde in der Bundesrepublik in differenzierter Form erheblich weiterentwickelt, und zwar für kleinere Kapitalgesellschaften nach dem – zum 1.7.2004 durch das DrittelbG abgelösten – BetrVG 1952 (1/3 Arbeitnehmervertreter im Aufsichtsrat), für den sog. Montan-Bereich (Kohle und Stahl) nach dem Montan-MitbestG von 1951 mit vielfachen späteren Modifikationen (volle paritätische Mitbestimmung) und für alle Kapitalgesellschaften mit mehr als 2000 Arbeitnehmern nach dem Mitbestimmungsgesetz von 1976. Daneben enthält auch das Aktiengesetz, welches die eigentlichen Regelungen über den Aufsichtsrat enthält, mitbestimmungsrelevante Vorschriften (vgl. bspw. § 96 AktG). Das Recht der Unternehmensmitbestimmung steht der Wirkung nach im Schnittstellenbereich von Arbeitsrecht und Gesellschaftsrecht. Im Kern handelt es sich allerdings um Unternehmensverfassungsrecht, da es die Zusammensetzung und die Befugnisse eines Gesellschaftsorgans regelt.

## B. Betroffene Unternehmen

**1196** Die Unternehmensmitbestimmung ist nicht zwingend für alle Unternehmen vorgeschrieben. Vielmehr hängt die Anwendbarkeit der einzelnen Gesetze von der Rechtsform und der Größe der Unternehmen ab. Im Unterschied zur betrieblichen Mitbestimmung ist die Unternehmensmitbestimmung deshalb nicht rechtsformneutral. Ausgenommen von der Mitbestimmung sind sog. Tendenzbetriebe (vgl. § 1 Abs. 2 DrittelbG, § 1 Abs. 4 MitbestG), grundsätzlich auch Gesellschaften in ausländischer Rechtsform. Ausländische Gesellschaften, die in Deutschland lediglich rechtlich unselbstständige Betriebe bzw. Zweigniederlassungen unterhalten, werden von den deutschen Mitbestimmungsgesetzen anerkanntermaßen nicht erfasst (Territorialitätsprinzip). Ausländische Gesellschaften, die ihren tatsächlichen Verwaltungssitz nach Deutschland verlegen, unterfallen nach h. M. ebenfalls nicht dem MitbestG. Unabhängig von der Frage, ob IPR-rechtlich die Sitz- oder Gründungstheorie Anwendung findet, sind jedenfalls die Voraussetzungen des § 1 Abs. 1 MitbestG bzw. § 1 Abs. 1 DrittelbG nicht erfüllt (ausführlich Habersack/Henssler/Habersack, § 1 MitbestG Rdnr. 6a ff., § 1 DrittelbG Rn. 5). Eine analoge Anwendung ist mangels Regelungslücke abzulehnen (Henssler, in: Gedächtnisschrift Heinze, 2005, S. 333, 349). Zur Sicherung der Arbeitnehmer-Mitbestimmungsrechte bei einer grenzüberschreitenden Verschmelzung gilt ergänzend das Gesetz über die Mitbestimmung der Arbeitnehmer bei einer grenzüberschreitenden Verschmelzung (MgVG) vom 21.12.2006 (vgl. dazu Nagel, NZG 2007, 57 ff.).

**1197** Die einzelnen Gesetze der Unternehmensmitbestimmung kommen – mit Ausnahme der auf europäischen Richtlinien beruhenden Gesetze (vgl. Rdnr. 1221) – ab einer gewissen Unternehmensgröße zur Anwendung. Die Unternehmensgröße wird dabei anhand eines Schwellenwertes bestimmt, der auf die Anzahl der in der Regel beschäftigten Arbeitnehmer im Unternehmen abstellt (vgl. § 3 Abs. 1 DrittelbG, § 3 Abs. 1 MitbestG, § 1 Abs. 2 Montan-MitbestG). Der Arbeitnehmerstatus bestimmt sich grundsätzlich nach dem Arbeitnehmerbegriff des § 5 BetrVG (vgl. Rdnr. 996), allerdings bezieht § 3 Abs. 1 Satz 1 Nr. 2 MitbestG in Abweichung von § 5 Abs. 3 BetrVG auch die leitenden Angestellten mit ein. Das DrittelbG schließt die leitenden Angestellten dagegen – wenig konsequent – in § 3 Abs. 1 DrittelbG explizit aus.

Insgesamt wenig konsistente Sonderregelungen gelten für Zeitarbeitnehmer. Gemäß § 14 Abs. 2 Satz 5 AÜG sind sie im Entleiherunternehmen bei den für die Anwendbarkeit der Mitbestimmungsgesetze vorgesehenen gesetzlichen Schwellenwerten zu berücksichtigen, wenn ihre Einsatzdauer sechs Monate überschreitet (§ 14 Abs. 2 Satz 6 AÜG). Die Einsatzdauer nach § 14 Abs. 2 Satz 6 AÜG ist nicht personenbezogen zu verstehen, vielmehr ist auf die durch Zeitarbeitnehmer regelmäßig besetzten Arbeitsplätze abzustellen (BGH NZA 2019, 1232, 1233 ff.). Maßgeblich ist, ob das Unternehmen während eines Jahres über die Dauer von mehr als sechs Monaten Arbeitsplätze mit Leiharbeitnehmern besetzt, unabhängig davon, ob es sich dabei um den Einsatz bestimmter oder wechselnder Leiharbeitnehmer handelt und ob die Leiharbeitnehmer auf demselben oder auf verschiedenen Arbeitsplätzen eingesetzt werden.

Den auf der Grundlage des AÜG entsandten Arbeitnehmern steht nach einer dreimonatigen Beschäftigung beim Entleiher ein aktives Wahlrecht zu (§§ 10 Abs. 2 Satz 2, 18 Satz 2 MitbestG i. V. m. § 7 Satz 2 BetrVG), das neben ihr Wahlrecht bei ihrem Arbeitgeber (Zeitarbeitsunternehmen) tritt. Eine eigene Wählbarkeit im Sinne des passiven Wahlrechts wird ihnen dagegen aufgrund ihres nur vorübergehenden Einsatzes nicht gewährt (§ 14 Abs. 2 Satz 1 AÜG).

**Fälle:**
a) Der Angestellte einer Aktiengesellschaft, die ein Warenhaus betreibt, möchte einen Arbeitnehmervertreter in den Aufsichtsrat entsenden. Spielt es eine Rolle, ob 501, mehr als 1000 oder mehr als 2000 Arbeitnehmer beschäftigt werden?
b) Im Fall a betreibt die Aktiengesellschaft eine Zeche. Diesmal soll ein Arbeitnehmervertreter in den Vorstand entsandt werden.

## C. Mitbestimmung nach dem Mitbestimmungsgesetz 1976

### I. Allgemeines

Für jede Aktiengesellschaft, Kommanditgesellschaft auf Aktien und GmbH, die regelmäßig mehr als 2000 Arbeitnehmer beschäftigt, gilt das MitbestG 1976 (§ 1 Abs. 1 MitbestG; **Fall a**: Warenhaus mit über 2000 Arbeitnehmern). Sonderregelungen gelten für die GmbH und Co. KG, bei der die von der KG beschäftigten Arbeitnehmer der Komplementär-GmbH für die Berechnung des Schwellenwertes und die Durchführung des Wahlverfahrens zugerechnet werden (§ 4 MitbestG). Die in konzernverbundenen Unternehmen (Tochtergesellschaften) beschäftigten Arbeitnehmer werden nach § 5 MitbestG bei der Berechnung der Schwellenwerte dem herrschenden Konzernunternehmen zugerechnet und wählen außerdem die Arbeitnehmervertreter im Aufsichtsrat der Konzernholding mit. Die Regelung verhindert, dass die Anwendung des MitbestG durch Aufspaltung eines Unternehmens in Gesellschaften mit jeweils weniger als 2001 Arbeitnehmer vermieden wird. Die Mitbestimmungsregelungen des DrittelbG, des Montan-MitbestG und des MitbestErgG werden durch das MitbestG nicht berührt (§ 1 Abs. 2, 3 MitbestG).

Ist die Konzernspitze nicht in einer der in § 1 Abs. 1 MitbestG genannten Rechtsformen verfasst oder befindet sich ihr Sitz im Ausland, so muss der Aufsichtsrat nach § 5 Abs. 3 MitbestG bei dem der Konzernleitung am nächsten stehenden und unter den Anwendungsbereich des Mitbestimmungsgesetzes fallenden Unternehmen gebildet werden, sofern die Konzernleitung über dieses Unternehmen andere Konzerngesellschaften beherrscht. Dabei soll unerheblich sein, ob dieses Unternehmen eigene Leitungsbefugnisse gegenüber den Untergesellschaften ausübt (OLG Frankfurt am Main, DB 2008, 1032; eingehend Walk/Burger, RdA 2009, 373; a. A. Henssler, ZfA 2005, 289).

**1200** § 3 MitbestG verweist für den Arbeitnehmerbegriff auf das BetrVG. Als „Arbeitnehmer" im Sinne des MitbestG werden von der h. M. nur die Arbeitnehmer solcher Betriebe angesehen, die im Inland liegen (LG Düsseldorf DB 1979, 1451; Krause, ZIP 2015, 636; Habersack/Henssler-Habersack, § 5 MitbestG Rdnr. 55). Nach dem „Territorialitätsprinzip" soll sich die deutsche Sozialordnung nicht auf das Hoheitsgebiet anderer Staaten erstrecken können (Däubler, RabelsZ 1975, 444, 446). Dieses restriktive Verständnis entspricht auch den Gesetzesmaterialien (BT-Drucks. 7/4845, S. 4; dazu Winter/Marx/De Decker, NZA 2015, 1111, 1113). Die Folge ist grds., dass nur in Deutschland beschäftigte Arbeitnehmer die Aufsichtsratsmitglieder der Arbeitnehmer einer AG wählen können, nur sie sind auch als Delegierte wählbar und können Mitglieder des Aufsichtsrats ihrer Arbeitgeberin werden. Die Wahlrechtsvorschriften des MitbestG sind nach Ansicht des EuGH (NZA, 2017, 1000) dennoch nicht unionsrechtswidrig. In der vom KG Berlin (NZG 2015, 1311) vorgelegten Rechtssache Erzberger/TUI AG legte der EuGH Art. 45 AEUV (Freizügigkeit der Arbeitnehmer) dahin aus, dass er der deutschen Regelung nicht entgegensteht, wonach im Inland beschäftigte Arbeitnehmer das aktive und passive Wahlrecht verlieren, wenn sie zu einer in einem anderen Mitgliedstaat ansässigen Tochtergesellschaft wechseln. Die Entscheidungsgründe lassen darauf schließen, dass die Auslegung auch für die Berechnung der Schwellenwerte Geltung beansprucht.

**1201** Der EuGH hob in seiner Entscheidung hervor, dass es im konkreten Fall um rechtlich selbstständige Tochtergesellschaften des TUI-Konzerns mit Sitz im Ausland ging. Die Beurteilung von Arbeitnehmern deutscher mitbestimmter Gesellschaften, die in rechtlich unselbstständigen Zweigniederlassungen in einem anderen Mitgliedstaat beschäftigt sind, bleibt damit europarechtlich weiterhin ungeklärt. In unionsrechtskonformer Auslegung muss diesen Arbeitnehmern de lege lata sowohl das aktive als auch das passive Wahlrecht zuerkannt werden (ausfl. Habersack/Henssler/Henssler, § 3 MitbestG Rdnr. 54a; konkrete Reformvorschläge bei Henssler, ZfA 2018, 174, 187 ff.). Die Berücksichtigung der im EU-Ausland beschäftigten Arbeitnehmer führt im Ergebnis dazu, dass eine größere Zahl von Unternehmen und Konzernen unter die Schwellenwerte des deutschen Mitbestimmungsrechts fallen. Allerdings dürfte die Zahl der in unselbstständigen ausländischen Zweigniederlassungen beschäftigten Arbeitnehmer überschaubar sein.

## II. Zusammensetzung und Organisation des Aufsichtsrats

**1202** In den erfassten Unternehmen muss ein Aufsichtsrat gebildet werden, falls ein solcher nicht, wie in der AG, bereits gesellschaftsrechtlich vorgeschrieben ist (für die nichtmitbestimmte GmbH ist die Bildung eines Aufsichtsrats gem. § 52

GmbHG nur fakultativ, es kann also zu einer Strukturveränderung als Folge der Mitbestimmung kommen). Die Aufsichtsräte der dem MitbestG unterfallenden Unternehmen setzen sich je zur Hälfte aus Vertretern der Anteilseigner und der Arbeitnehmer zusammen (§ 7 Abs. 1 MitbestG). Alle Aufsichtsratsmitglieder sind – unabhängig von ihrer Bestellung als Arbeitnehmer- oder Arbeitgebervertreter – gleichberechtigt und üben ihr Amt eigenverantwortlich, d. h. ohne Bindungen an Weisungen, aus.

Der Aufsichtsrat besteht aus 12, 16 oder 20 Mitgliedern (§ 7 Abs. 1 MitbestG). Von den danach sechs, acht oder zehn Aufsichtsratsmitgliedern der Arbeitnehmer müssen vier, sechs oder sieben Arbeitnehmer des Unternehmens sein; die restlichen Arbeitnehmervertreter sind Vertreter von Gewerkschaften (§ 7 Abs. 2 MitbestG), für die den Gewerkschaften das Vorschlagsrecht zusteht (§ 16 MitbestG). In Unternehmen mit in der Regel mehr als 8000 Arbeitnehmern werden die Aufsichtsratsmitglieder der Arbeitnehmer durch Delegierte, in Unternehmen mit weniger Arbeitnehmern unmittelbar von den Arbeitnehmern gewählt, sofern diese nicht die Wahl durch Delegierte beschließen (§§ 9 ff. MitbestG). Wählbar ist jeder Arbeitnehmer, der das 18. Lebensjahr vollendet hat, mind. ein Jahr dem Unternehmen angehört und in den Betriebsrat gewählt werden kann (§ 7 Abs. 3 Satz 1 MitbestG). Die Aufsichtsratsmitglieder der Anteilseigner werden bei der AG durch die Hauptversammlung, bei einer GmbH durch die Gesellschafterversammlung gewählt (vgl. § 8 MitbestG). Bei börsennotierten Gesellschaften, für die das Mitbestimmungsgesetz, das Montan-Mitbestimmungsgesetz oder das Mitbestimmungsergänzungsgesetz gilt, soll sich der Aufsichtsrat gem. § 96 Abs. 2 AktG grundsätzlich zu mind. 30 % aus Frauen und zu mind. 30 % aus Männern zusammensetzen.

**1203**

Der Aufsichtsratsvorsitzende und sein Stellvertreter müssen mit einer 2/3-Mehrheit aus der Mitte des Aufsichtsrats gewählt werden (§ 27 Abs. 1 MitbestG). Wird diese Mehrheit nicht erreicht, wählen die Aufsichtsratsmitglieder der Anteilseigner den Vorsitzenden, die Mitglieder der Arbeitnehmer den Stellvertreter mit jeweils einfacher Mehrheit der abgegebenen Stimmen (§ 27 Abs. 2 MitbestG). Von Bedeutung ist diese Entscheidungsbefugnis der Anteilseigner, weil der Aufsichtsratsvorsitzende in Patt-Situationen bei einer Wiederholung der Abstimmung ein sog. Zweitstimmrecht hat. Bei erneuter Stimmengleichheit entscheidet somit die Stimme des Vorsitzenden (§§ 29 Abs. 2, 31 Abs. 4 MitbestG). Damit bleibt ein gewisses Übergewicht der Anteilseignerseite. In der Praxis ist ein Rückgriff auf das Zweitstimmrecht des Aufsichtsratsvorsitzenden allerdings äußerst unpopulär.

**1204**

### III. Die Befugnisse des mitbestimmten Aufsichtsrates

Die Kompetenzen des Aufsichtsrats sind im MitbestG nur mittelbar angesprochen. Sie ergeben sich im Einzelnen aus dem AktG sowie aus der Satzung bzw. dem Gesellschaftsvertrag, soweit das Gesetz Raum für vertragliche Regelungen lässt. Aufgrund der zahlreichen in das MitbestG aufgenommenen Verweisungen, vor allem in §§ 6 Abs. 2, 25 Abs. 1, 28, 31 MitbestG, gelten die Zuständigkeitsvorschriften des AktG auch für die weiteren vom MitbestG erfassten Rechtsformen. Das AktG gestaltet den Aufsichtsrat in § 111 nicht als Geschäftsführungs-, sondern als Kontroll- und Überwachungsorgan aus. Der Aufsichtsrat ist zur Wahrung des Unternehmensinteresses verpflichtet. Die Mitglieder des zur gesetzlichen Vertretung des Unternehmens befugten Organs (Vorstand der Aktiengesellschaft, Geschäftsführer der GmbH) werden gem. § 84 AktG vom Aufsichtsrat bestellt. Diesem Organ gehört als gleichberechtigtes Mitglied auch ein Arbeitsdirektor (§ 33

**1205**

MitbestG) an. Der „Arbeitsdirektor" nach dem MitbestG ist, anders als im Montanbereich (vgl. insbesondere § 13 Abs. 1 Satz 2 Montan-MitbestG), ein Vorstandsmitglied wie jedes andere, der Arbeitnehmerseite steht bei seiner Bestellung also kein Vetorecht zu. In der Praxis handelt es sich freilich aufgrund von Paketabsprachen im Aufsichtsrat häufig um ein ehemaliges Mitglied des Konzern- bzw. Gesamtbetriebsrats oder um einen Gewerkschaftsfunktionär.

Das Bestellungsverfahren ist in §§ 31, 27 Abs. 3 MitbestG außerordentlich kompliziert geregelt. Da der Gesetzgeber mögliche Konflikte über Personalentscheidungen vorhersah, hat er in § 27 Abs. 3 MitbestG für Meinungsverschiedenheiten über die personelle Besetzung der Unternehmensleitung einen speziellen („Schlichtungs"-) Ausschuss vorgesehen. Daraus ergeben sich in Verbindung der §§ 31 und 27 Abs. 3 MitbestG vier mögliche Verfahrensstufen. In der Praxis könnte das zu unnötigen Belastungen der Zusammenarbeit in Vorstand und Aufsichtsrat führen. Bestellungsbeschlüsse des Aufsichtsrats nach § 31 MitbestG werden daher in aller Regel so vorbereitet, dass im Aufsichtsrat bei der ersten Beschlussfassung ausreichende Mehrheiten zustande kommen.

**1206** Im Gegensatz zur Montan-Mitbestimmung regelt das MitbestG 1976 keine volle Parität. Es hat zwischen der „Drittelparität" des damals einschlägigen BetrVG 1952 und der Vollparität des Montan-MitbestG von 1951 einen Mittelweg gewählt. Die Absage an die volle Parität liegt vor allem im Zweitstimmrecht des Aufsichtsrats-Vorsitzenden in Pattsituationen, wenn Stimmengleichheit im Aufsichtsrat besteht. Damit haben die Anteilseignervertreter in allen strategisch wichtigen Fragen den „Stichentscheid". Noch eindeutiger wird diese Situation in der GmbH, weil dort die Gesellschafter die Geschäftsleitung auch in Einzelfragen der täglichen Geschäftsführung anweisen und damit das Kontrollrecht des Aufsichtsrats faktisch konterkarieren können (dazu Henssler, GmbHR 2004, 321).

**1207** Auf die Verfassungsbeschwerde einiger Unternehmen und Arbeitgeberverbände hat das BVerfG (E 50, 290) die Vereinbarkeit des MitbestG 1976 mit der Verfassung, insbesondere mit den Grundrechten aus Art. 9 Abs. 3, 12 und 14 GG überprüft und in einer ausführlich begründeten Entscheidung die Verfassungsmäßigkeit des Gesetzes bejaht. Dabei hat es die im Gesetz angelegten Beeinträchtigungen der Eigentumsrechte aus der Besonderheit des Unternehmenseigentums und vor allem damit gerechtfertigt, dass die Eigentumsgarantie des Art. 14 GG durch den Bestellmodus für den Aufsichtsratsvorsitzenden und durch dessen Zweitstimmrecht gewährleistet sei. Diese Verfahrensregelungen würden der Anteilseignerseite letztlich die Möglichkeit geben, sich durchzusetzen. Damit wird inzident die Verfassungsmäßigkeit einer vollparitätischen Mitbestimmung – also ohne den Stichentscheid der Unternehmenseigentümer – in Frage gestellt.

Als Konsequenz begegnet die Montanmitbestimmung nach dem Gesetz von 1951, das damals unter der Drohung des DGB mit einem Generalstreik vom Bundestag beschlossen wurde, verfassungsrechtlichen Bedenken (ErfK/Oetker, Einl. Montan-MitbestG Rdnr. 5 f. m. w. Nachw.). Neben der Verletzung des vom BVerfG betonten Letztentscheidungsrechts der Anteilseignervertreter kann in der Ungleichbehandlung der Montanunternehmen gegenüber den übrigen Branchen, für die das MitbestG 1976 gilt, ein Verstoß gegen Art. 3 GG gesehen werden. Das Problem hat durch den rapiden Niedergang der Montanindustrie an Bedeutung verloren. Insgesamt scheint das Schicksal der Montanmitbestimmung die These von Karl Marx zu bestätigen, dass ökonomische Gesetze langfristig wirksamer sind als staatliche.

**1208** In der Unternehmenspraxis ist der mitbestimmte Aufsichtsrat zur Beurkundungsstelle von Entscheidungen geworden, die vor den Sitzungen vom Vorsitzenden oder vom Präsidium des Aufsichtsrats mit den Anteilseignern und den Arbeitnehmervertretern abgestimmt wurden. Die sachlichen Argumente und Meinungen werden in separaten Sitzungen der jeweiligen Bänke vor den offiziellen Aufsichtsratssitzungen geklärt.

## D. Mitbestimmung nach dem Drittelbeteiligungsgesetz

**1209** Von der Mitbestimmung nach dem DrittelbG (BGBl. I, S. 974 ff.) werden insbesondere alle Aktiengesellschaften, Kommanditgesellschaften auf Aktien, Gesellschaften mit beschränkter Haftung und Genossenschaften erfasst, wenn sie mehr als 500 Arbeitnehmer beschäftigen. Der Aufsichtsrat einer Kapitalgesellschaft muss nach dem DrittelbG zu einem Drittel aus Arbeitnehmervertretern bestehen, die von den Arbeitnehmern gewählt und dann ohne Mitwirkung des Wahlorgans der Gesellschaft in den Aufsichtsrat entsandt werden. Die Arbeitnehmer haben demgemäß keine wirkliche Machtstellung im Aufsichtsrat, da sie in der Minderheit sind. Eine Vertretung der Arbeitnehmer in der Unternehmensleitung (Vorstand, Geschäftsführer) sieht das DrittelbG nicht vor (**Fall a:** Warenhaus mit 501 Arbeitnehmern, das DrittelbG findet Anwendung). Von Bedeutung ist die Mitbestimmung gleichwohl, weil sie den Arbeitnehmervertretern den gleichen Informationszugang gewährt, wie den Vertretern der Anteilseigner.

**1210** Im Gegensatz zum MitbestG kennt das DrittelbG keine Sonderregelung für die GmbH & Co KG. Sie bleibt damit als Personengesellschaft mitbestimmungsfrei. Auch eine Zurechnung der Arbeitnehmer von Tochtergesellschaften für die Berechnung des Schwellenwertes von 501 Beschäftigten kennt das DrittelbG nur sehr eingeschränkt, nämlich nur für den Vertragskonzern bei Abschluss eines Beherrschungsvertrages und die Eingliederung (§ 2 Abs. 2 DrittelbG). Anders als nach § 5 MitbestG erfolgt im faktischen Konzern bei bloßer Mehrheitsbeteiligung keine Zurechnung. Die Anwendbarkeit des DrittelbG kann damit durch Aufteilung des Unternehmens auf Gesellschaften mit weniger als 500 Beschäftigten vermieden werden. Ist der Schwellenwerte dagegen bei einem herrschenden Unternehmen i. S. v. § 18 AktG überschritten, nehmen an der Wahl zum Aufsichtsrat auch alle Arbeitnehmer von konzernverbundenen Unternehmen teil. Ein weiterer gravierender Unterschied besteht für die Rechtsform der GmbH darin, dass abweichend vom MitbestG in § 1 Abs. 1 Nr. 3 DrittelbG eine Verweisung auf die in § 84 Abs. 1 Satz 1 AktG verankerte Kompetenz des Aufsichtsrats zur Bestellung der Mitglieder des Leitungsorgans fehlt. Diese wichtige Befugnis ist dem drittelparitätisch besetzten GmbH-Aufsichtsrat damit nicht übertragen, eine weitere gravierende Schwächung der Arbeitnehmer-Vertreter. Die Geschäftsführer dieser Gesellschaft werden entsprechend der allgemeinen Regelung in § 46 Nr. 5 GmbHG durch die Gesellschafterversammlung bestimmt.

**1211** Das Wahlverfahren beruht auf dem Prinzip der Belegschaftswahl: Die Aufsichtsratsmitglieder der Arbeitnehmer werden von den Belegschaften gewählt. Wahlvorschläge können von den Betriebsräten und einer Mindestzahl wahlberechtigter Arbeitnehmer (§ 6 Abs. 2 DrittelbG: 10 %, mindestens 100 Arbeitnehmer) gemacht werden. Den Gewerkschaften steht kein Vorschlagsrecht zu, jedoch können gem. § 4 DrittelbG in Aufsichtsräte, denen drei oder mehr Arbeitnehmervertreter angehören, auch nicht im Unternehmen beschäftigte Gewerkschaftsvertreter gewählt werden. Eine Delegiertenwahl kennt das DrittelbG nicht, die Aufsichtsratsmitglieder werden unmittelbar von den Arbeitnehmern nach den Grundsätzen der Mehrheitswahl gewählt.

**1212** Eine weitere bemerkenswerte Besonderheit des DrittelbG ist die vollständige Ausklammerung der leitenden Angestellten. Da sie nach § 3 DrittelbG nicht als Arbeitnehmer angesehen werden, steht ihnen bei den Aufsichtsratswahlen kein aktives Wahlrecht zu. Wählbar sind sie nur für solche Sitze, die auch von Externen besetzt werden könnten.

### E. Mitbestimmung in der Montanindustrie

**1213** Das Montan-MitbestG ist ein Kind der Entflechtung der Montanbranche durch die Alliierten nach dem Ende des Zweiten Weltkriegs. Eine gewichtige praktische Bedeutung kommt dem Gesetz heute nicht mehr zu. Nach dem Montan-MitbestG von 1951 haben die Arbeitnehmer ein Mitbestimmungsrecht in Aktiengesellschaften und Gesellschaften mit beschränkter Haftung, wenn es sich um Unternehmen der Montanindustrie mit in der Regel mehr als 1000 Arbeitnehmern handelt. Der überwiegende Unternehmenszweck muss in der Förderung von Kohle oder Eisenerz, in der Aufbereitung der Kohle (Verkokung, Verschwelung oder Brikettierung) oder in der Eisen- und Stahlerzeugung liegen (Einzelh.: § 1 Abs. 1 Montan-MitbestG).

**1214** Neben dem Montan-MitbestG von 1951 erließ der Gesetzgeber für solche („Holding"-) Gesellschaften, die selbst keine Montanunternehmen waren, aber einen Konzern beherrschten, zu dem Montanunternehmen gehörten, 1956 ein Montan-Mitbestimmungsergänzungsgesetz. Mit diesem Gesetz und seinen zahlreichen, auf Drängen des DGB erlassenen Neufassungen wollte der Gesetzgeber – dem Rückgang der Montanindustrie in Deutschland Rechnung tragend – die Montan-Mitbestimmung in den Holdinggesellschaften sichern. Die letzte Neufassung von 1988 wurde vom BVerfG (BVerfGE 99, 367 = RdA 1999, 389 m. Anm. Raiser) teilweise für verfassungswidrig erklärt, so dass es eine Montanholding nicht mehr gibt. Ob die Änderung des Montan-Mitbestimmungsergänzungsgesetzes – insbesondere dessen § 3 – vom 1.7.2004 zur Verfassungsmäßigkeit führte, wird bezweifelt (Huke/Prinz, BB 2004, 2633, 2638).

**1215** In der Montanindustrie sind die Aufsichtsräte paritätisch zusammengesetzt. Sie haben 11, 15 oder 21 Mitglieder (§§ 4 Abs. 1 Satz 1, 9 Montan-MitbestG). Davon entfallen je fünf, sieben bzw. zehn Aufsichtsratsmitglieder auf die Anteilseigner und die Arbeitnehmerschaft (§ 4 Abs. 1 Satz 2 Montan-MitbestG). Zur Vermeidung von Pattsituationen bei der Beschlussfassung gehört dem Aufsichtsrat ein neutrales Mitglied, der sog. 11., 15. oder 21. Mann, an (§ 4 Abs. 1 lit. c Montan-MitbestG). Die Wahl der Arbeitnehmervertreter für den Aufsichtsrat erfolgt nach einem komplizierten Verfahren (§ 6 Montan-MitbestG).

**1216** Anders als das DrittelbG sieht das Montan-MitbestG auch eine Vertretung der Arbeitnehmer im Vorstand bzw. in der Geschäftsführung durch den sog. Arbeitsdirektor vor (§ 13 Montan-MitbestG; **Fall b**). Er ist gleichberechtigtes Mitglied des zur gesetzlichen Vertretung berufenen Gesellschaftsorgans und hat insbesondere die wirtschaftlichen und sozialen Interessen der Belegschaft zu wahren. Die Bestellung des Arbeitsdirektors durch den Aufsichtsrat kann nicht gegen die Stimmen der Mehrheit der Arbeitnehmer im Aufsichtsrat erfolgen (anders nach § 33 MitbestG, vgl. Rdnr. 1199 ff.).

Im **Fall b** ist nur dann ein Arbeitsdirektor zu wählen, wenn in der Regel mehr als 1000 Arbeitnehmer beschäftigt werden (§ 1 Abs. 2 Montan-MitbestG).

## F. Mitbestimmung in der Europäischen Aktiengesellschaft (SE)

Das jahrzehntelange Ringen um die Europäische Aktiengesellschaft (deren amtliche Kurzbezeichnung SE sich von ihrer lateinischen Bezeichnung *Societas Europaea* herleitet) hat sehr deutlich gemacht, dass das deutsche Modell der paritätischen Unternehmensmitbestimmung bis heute für alle anderen Industriestaaten nicht akzeptabel ist. Nur über einen aus deutscher Sicht letztlich unbefriedigenden Kompromiss konnte die Einführung dieser neuen supranationalen Gesellschaftsform schließlich sichergestellt werden.

Die SE ist eine supranationale Gesellschaftsform, die nicht originär und zwingend einer bestimmten Form der Unternehmensmitbestimmung unterliegt. Eine Primärgründung dieser Gesellschaftsform (davon zu unterscheiden ist die sog. Sekundärgründung als Tochtergesellschaft einer bereits bestehenden SE) kann nur durch bereits bestehende Gesellschaften erfolgen, wobei sich das Mitbestimmungsmodell nach der am weitesten reichenden Mitbestimmungsform in den Gründungsgesellschaften richtet. Das Mitbestimmungsregime ist folglich immer nur ein von den Gründungsgesellschaften abgeleitetes und damit variables, kein originär europarechtliches Regime. Da an der Gründung einer SE mit Sitz in Deutschland fast zwangsläufig eine deutsche Gesellschaft beteiligt ist, werden die hierzulande ansässigen Gesellschaften in größeren Zusammenschlüssen häufig eine Form einer Unternehmensmitbestimmung aufweisen. Nur wenn die deutsche Gründungsgesellschaft weniger als 501 Arbeitnehmer hat, ist in solchen Konstellationen grundsätzlich eine mitbestimmungsfreie SE denkbar. Die Wahl der Rechtsform setzt einen grenzüberschreitenden Bezug voraus, der bereits zum Gründungszeitpunkt durch Beteiligung von Gründungsgesellschaften aus unterschiedlichen EU-Mitgliedstaaten vorliegen muss.

Eine Besonderheit der SE ist die Wahlfreiheit bei dem gesellschaftsrechtlichen Aufbau. Die Gesellschaft kann entweder in einem dualistischen System aus Aufsichts- und Leitungsorgan oder einem (aus dem angelsächsischen Rechtskreis bekannten) monistischen System mit nur einem Verwaltungsorgan organisiert werden. Die Festlegung des Modells erfolgt in der Satzung. Die Arbeitnehmermitbestimmung ist in beiden Führungsstrukturen zu gewährleisten.

### I. Rechtsquellen

Hinsichtlich der Rechtsquellen, auf denen die SE beruht, gilt es mehrfach zu unterscheiden einerseits zwischen Rechtsquellen auf der Ebene der Europäischen Gemeinschaft und solchen der jeweiligen Mitgliedstaaten sowie andererseits zwischen Rechtsquellen, die ihre gesellschaftsrechtliche Ausgestaltung betreffen und solchen, welche die Beteiligung der Arbeitnehmer in ihren Gremien regeln. Eine etwas unübersichtlich komplexe Gesetzesgestaltung ergibt sich daraus, dass entgegen den ursprünglichen Planungen nur eine Teilharmonisierung des Rechts als

Minimalkonsens erreicht wurde, die nationalen Gesetze daher verschiedene bewusst offen gelassene Regelungen des europäischen Rechts konkretisieren müssen.

**1221** Auf Ebene der Europäischen Gemeinschaft gibt es zwei Rechtsquellen: (1.) Die SE-Verordnung, welche unmittelbar gilt, jedoch keine vollständige Regelung trifft, sondern für nicht normierte Bereiche auf das Recht des Sitzstaats der SE verweist. Parallel dazu besteht die SE-Richtlinie, welche die Beteiligung der Arbeitnehmer normiert, aber durch nationale Umsetzungsgesetze in geltendes Recht umgesetzt werden muss. Auf Ebene der Bundesrepublik Deutschland steht dem europäischen Gesamtpaket aus SE-Verordnung und SE-Richtlinie das Gesetz zur Einführung der Europäischen Gesellschaft (SEEG vom 22. Dezember 2004, BGBl. I, S. 3675) gegenüber, das (1.) mit Artikel 1 das SE-Ausführungsgesetz (SEAG) sowie (2.) mit Artikel 2 das SE-Beteiligungsgesetz (SEBG) einführt. Die gesellschaftsrechtliche Ausgestaltung ergibt sich damit aus der SE-VO und dem SEAG, die Arbeitnehmermitbestimmung ist hingegen in der SE-RL und dem SEBG geregelt.

## II. Arbeitnehmerbeteiligung

**1222** Die Regelung der Arbeitnehmerbeteiligung in den Gesellschaftsorganen ist der SE-Richtlinie vorbehalten, die in Deutschland durch das SE-Beteiligungsgesetz (SEBG) umgesetzt wurde. Nach dem SEBG ist bei der Gründung einer SE ein besonderes Verhandlungsgremium (BVG) zu bilden (§§ 4 ff. SEBG). Die Gründung einer SE setzt zwingend Verhandlungen über die Mitwirkung der Arbeitnehmer zwischen der Unternehmensleitung und jenem Verhandlungsgremium voraus. Ohne vorausgehende Verhandlungen erfolgt keine Eintragung der Gesellschaft. Die Zusammensetzung des BVG folgt gem. §§ 5 und 7 SEBG einem besonderen Proporz, der zum einen die beteiligten Mitgliedstaaten und zum anderen die an der Gründung der Europäischen Gesellschaft beteiligten Gesellschaften berücksichtigt.

**1223** Dem BVG kommt die Aufgabe zu, mit der Unternehmensleitung eine schriftliche Vereinbarung über die Beteiligung der Arbeitnehmer in der SE abzuschließen, welche einen bestimmten Katalog an Punkten beinhalten soll (sog. *Vorrang der Verhandlungslösung*). Dem Gremium stehen verschiedene Handlungsmöglichkeiten offen. Es kann mit qualifizierter Mehrheit von der Aufnahme von Verhandlungen absehen oder diese abbrechen (§ 16 SEBG). In diesem unrealistischen Szenario bliebe die SE mitbestimmungsfrei. Wurden die Verhandlungen aufgenommen, kommt aber innerhalb von grundsätzlich sechs Monaten keine Vereinbarung zustande, gelten die Verhandlungen als gescheitert. Es greift dann im Sinne einer Auffangregelung ein gesetzliches Modell der Mitbestimmung, das sich grundsätzlich an dem am weitesten gehenden zuvor praktizierten Konzept der Arbeitnehmerbeteiligung orientiert (das sog. *Vorher-Nachher-Prinzip*; vgl. zum Ganzen Henssler, in: Festschrift Ulmer, 2003, S. 193 ff.). Die Auffangregelung in den §§ 22 bis 44 SEBG ist unterteilt in Regelungen hinsichtlich der betrieblichen (§§ 22 ff. SEBG, SE-Betriebsrat kraft Gesetzes) und der unternehmerischen (§§ 34 ff. SEBG, Mitbestimmung kraft Gesetzes) Mitbestimmung der Arbeitnehmer.

**1224** Gehört eine mitbestimmungspflichtige, deutsche Gesellschaft zu den Gründungsgesellschaften, wird daher das deutsche Modell der Arbeitnehmermitbestimmung in der SE in aller Regel fortgeführt werden müssen. Gleichwohl erweist sich die

Rechtsform der SE auch für deutsche Großunternehmen als attraktiv, wie die Umwandlung von börsennotierten Gesellschaften wie der Allianz AG, der BASF AG, der MAN AG und der Fresenius AG in eine solche Gesellschaftsform zeigt. Die SE bietet u. a. die Möglichkeit, eine Verkleinerung des Aufsichtsrats durchzusetzen, der für Großunternehmen im Anwendungsbereich des MitbestG mit 20 Mitgliedern überdimensioniert sein kann (vgl. § 7 Abs. 1 MitbestG; dazu Henssler, RdA 2005, 330; ders., ZHR 173 (2009), 222). Zugleich verbleibt für mitbestimmungsfrei gegründete Unternehmen die Möglichkeit des organischen Wachstums über die Schwellenwerte der Mitbestimmungsgesetze. Die Gesellschaft bleibt in solchen Konstellationen mitbestimmungsfrei.

**1225** Ähnlich ausgestaltet wie die Mitbestimmung in der SE ist die Mitbestimmung in der Europäischen Genossenschaft SCE (Societas Cooperativa Europaea), einer weiteren supranationalen Rechtsform, die vom europäischen Gesetzgeber eingeführt wurde. Einschlägig ist her als nationales Transformationsgesetz anstelle des SEBG das SCEBG.

## G. Mitbestimmung bei grenzüberschreitenden Verschmelzungen (MgVG)

**1226** Die Aktivitäten des Europäischen Gesetzgebers haben Deutschland 2006 ein weiteres Mitbestimmungsgesetz beschert, nämlich das MgVG, das Gesetz über die Mitbestimmung bei grenzüberschreitenden Verschmelzungen vom 21. Dezember 2006 (BGBl. I S. 3332). Mit der Richtlinie 2005/56/EG (ABl. EU Nr. L 310 S. 1) hat der europäische Gesetzgeber Vorgaben für grenzüberschreitende Verschmelzungen von nationalen Gesellschaften in Kraft gesetzt, wobei in Art. 16 der Richtlinie auch die mitbestimmungsrechtlichen Folgen solcher Umwandlungen geregelt wurden. Die mitbestimmungsrechtliche Regelung greift in weitem Umfang auf das in einem langen Gesetzgebungsverfahren für die SE entwickelte Kompromissmodell zurück. Mit dem MgVG hat der deutsche Gesetzgeber Art. 16 der Verschmelzungsrichtlinie in nationales Recht transformiert.

**1227** Der Anwendungsbereich des MgVG beschränkt sich auf den Fall einer sog. Hineinverschmelzung einer ausländischen Gesellschaft auf eine deutsche Kapitalgesellschaft. Grundsätzlich gilt in solchen Fällen das deutsche Mitbestimmungsrecht, da die aus der Verschmelzung hervorgehende Gesellschaft eine deutsche Rechtsform hat, sie damit von §§ 1 Abs. 1 MitbestG, 1 Abs. 1 DrittelbG erfasst wird. Ist keine der an der Verschmelzung beteiligten Gesellschaften mitbestimmt und bleibt auch nach der Verschmelzung die Belegschaftszahl unter 500 Mitarbeitern, ergeben sich demnach keine mitbestimmungsrechtlichen Fragen. Von dem Grundsatz der Geltung des deutschen Mitbestimmungsrechts sieht § 5 MgVG allerdings für drei Konstellationen Ausnahmen vor:
- eine der beteiligten Gesellschaften ist mitbestimmt und hat mehr als 500 Arbeitnehmer,
- das deutsche Mitbestimmungsrecht sieht eine geringere Beteiligungsquote für die Arbeitnehmer vor als sie in einer der Gründungsgesellschaften galt,
- das deutsche Mitbestimmungsrecht sieht geringere Mitbestimmungsrechte für die Arbeitnehmer vor als sie in einer der Gründungsgesellschaften galten.

Die Voraussetzungen sind nicht kumulativ zu verstehen, es genügt, wenn eine der Voraussetzungen erfüllt ist.

**1228** Ist eine der drei Fallkonstellationen einschlägig, so greift das von der SE bekannte Verhandlungsverfahren. Die Unternehmensleitung hat also mit dem Besonderen Verhandlungsgremium das Mitbestimmungsmodell auszuhandeln. Mit dem MgVG hat der deutsche Gesetzgeber somit verdeckt die Verhandlungslösung in das deutsche Gesellschaftsrecht eingeführt. Eine deutsche AG oder GmbH kann ihr Mitbestimmungsmodell nunmehr mit der Belegschaft aushandeln. Hierfür genügt die Verschmelzung einer ausländischen Tochtergesellschaft auf das deutsche mitbestimmte Mutterunternehmen. Nicht paritätisch mitbestimmte deutsche Kapitalgesellschaften mit mehr als 2.000 Arbeitnehmern sind nunmehr also denkbar! Ob sich solche Ziele der Unternehmensleitung durchsetzen lassen, hängt freilich von der Belegschaft ab. Ohne Gegenleistung des Unternehmens wird es in der Praxis keine Modifikation der Mitbestimmung geben. Gleichwohl ist die größere Flexibilität zu begrüßen.

# Kapitel 13: Digitalisierung der Arbeitswelt

**Schrifttum:** *Henssler/Pickenhahn*, Digitalisierung der Arbeitswelt, in: Kunz/Henssler/Brand/Nebeling, Praxis des Arbeitsrechts, 6. Aufl., 2018, Teil 15; *Henssler*, Die Reform des Arbeitszeitrechts – Herausforderung der 19. Legislaturperiode, in: Festschrift für Wilhelm Moll, 2019, S. 233 ff.; *Krause*, Digitalisierung der Arbeitswelt – Herausforderungen und Regelungsbedarf, Gutachten B zum 71. Deutschen Juristentag, München 2016; *ders.*, Digitalisierung der Arbeitswelt – Herausforderungen und Regelungsbedarf, NZA 2016, 1004; *Meyer-Michaelis*, Rechtliche Rahmenbedingungen von Crowdworking, DB 2016, S. 2543 ff.; *Preis*, Heimarbeit, Home Office, Global Office – das alte Heimarbeitsrecht als neuer Leitstern für die digitale Arbeitswelt? SR-Sonderausgabe zur AuR 2017, S. 173 ff.; *Selzer*, Crowdworking, in: Husemann/Wietfeld (Hrsg.) 5. Assistententagung im Arbeitsrecht, Zwischen Theorie und Praxis – Herausforderungen des Arbeitsrechts: Dokumentation der 5. Assistententagung im Arbeitsrecht, Baden-Baden 2015; *Waltermann*, Digital statt analog: Zur Zukunftsfähigkeit des Arbeitsrechts, RdA 2019, 94.

## A. Einleitung

**Fälle:** 1229

a) R betreibt eine Internetplattform und führt unter anderem für Markenhersteller Kontrollen der Warenpräsentation im Einzelhandel durch. Die Aufträge werden auf der Grundlage einer Nutzungsvereinbarung und einer App über die „Crowd" vergeben. Eine App-Funktion zeigt A Aufträge in einem von ihm selbst gewählten Umkreis von 50 Kilometern an. Bei Übernahme ist ein Auftrag regelmäßig innerhalb von zwei Stunden nach gewissen Vorgaben abzuarbeiten. Ein einmal angenommener Auftrag steht zwar unter einer Zeitvorgabe, er kann aber ohne Konsequenzen abgebrochen werden. Nach den AGB besteht weder eine Verpflichtung zur Annahme eines Auftrags durch den Crowdworker, noch umgekehrt eine Verpflichtung für den Auftraggeber (R), Aufträge anzubieten, außerdem soll die Aufgabendurchführung des Crowdworkers weisungsfrei und damit selbstständig erfolgen.

A macht nach Feierabend und an arbeitsfreien Tagen Fotos in Märkten, um sie zur Überprüfung der jeweiligen Warenpräsentation an die Internetplattform weiterzuleiten. Er verdient innerhalb eines Monats (Zeitaufwand 20 Stunden/Woche) durchschnittlich 1.800,– Euro.

Nach sieben Monaten kündigt R den Nutzungsvertrag mit A. A ist der Auffassung, zwischen ihm und R bestehe ein Arbeitsverhältnis, welches R nicht ohne soziale Rechtfertigung nach § 1 Abs. 2 KSchG kündigen könne.

b) Arbeitnehmerin B arbeitet an einem Arbeitstag bis 16 Uhr, weil sie dann ihren Sohn von der Kita abholen muss. Wenn ihr Sohn im Bett ist und Haushaltstätigkeiten erledigt sind, arbeitet B noch bis 23 Uhr ihr E-Mail-Postfach ab. Am nächsten Tag beginnt ihr Arbeitstag mit einer Besprechung um 9 Uhr. Ist eine solche Aufteilung der Arbeitszeit gesetzlich zulässig?

c) Arbeitnehmer C ist genervt von den langen Fahrzeiten zur Arbeit in den Wintermonaten. Als IT-Programmierer kann er seine Arbeit genauso gut von Zuhause am Laptop verrichten, weswegen er in den Wintermonaten zwei Tage in der Woche Zuhause arbeiten möchte. Hat er einen Anspruch?

**1230** Die Digitalisierung der Arbeitswelt stellt das Arbeitsrecht vor neue Herausforderungen, mit denen sich aktuell eine Vielzahl von Publikationen, Konferenzen und Seminaren befasst. Neben der Automatisierung von Arbeitsprozessen lassen neue Informations- und Kommunikationstechnologien (IKT) Berufe verschwinden, neue entstehen und führen zu einem verstärkten Anpassungsbedarf der Qualifizierung der Mitarbeiter. Zugleich ermöglichen neue IKT bereits heute eine zeitliche sowie räumliche Freiheit, die im letzten Jahrhundert noch nicht vorstellbar war. Agiles Projektmanagement ist nicht nur aus der IT-Branche nicht mehr wegzudenken. Der stark auf Eigenmotivation selbstbestimmter Arbeitnehmer setzende Ansatz steht im Kontrast zum klassischen fremdbestimmten Bild des Arbeitnehmers. Die Optimierung der Arbeitsbedingungen des durch die Digitalisierung wachsenden Kreises an sog. Wissensarbeitern, deren Tätigkeit sich durch eine starke Autonomie sowie Komplexität und Neuartigkeit der Aufgabenbewältigung auszeichnet, verdient die Aufmerksamkeit von Arbeitsrechtswissenschaft und Rechtspolitik (Henssler/Pickenhahn Teil 15 in Kunz/Henssler/Brand/Nebeling, Praxis des Arbeitsrechts, 6. Aufl., 2018).

**1231** Die Konflikte zwischen dem nur zögerlich angepassten, weitgehend statischen Recht und der sich ständig wandelnden Praxis führen zu zahlreichen Problemfeldern. Das BMAS hat 2016 mit seinem Weißbuch „Arbeiten 4.0" einen ersten Versuch der Bündelung und Konkretisierung notwendiger Maßnahmen unternommen (abrufbar auf der Seite des BMAS, www.bmas.de; Stellungnahmen und aktuelle Beiträge zum Dialogprozess auch unter www.arbeitenviernull.de). Es hat als Spannungsfelder den Wandel von Branchen und Tätigkeiten, neue Erwerbsformen, Big Data, zeit- und ortflexibles Arbeiten sowie Umbrüche in der Unternehmensorganisation identifiziert.

**1232** Die Digitalisierung hat neue Formen der Beschäftigung durch Auslagerung von Arbeiten über Internetplattformen entstehen lassen. Laut dem „Crowdworking Monitor" des Bundesarbeitsministeriums (BMAS) arbeiteten rund 4,8 Prozent der wahlberechtigten Bevölkerung in Deutschland 2018 als Crowdworker. Bei dem überwiegenden Teil stellt Crowdwork (derzeit) allerdings nur eine nebenberufliche Tätigkeit dar. Erkenntnisse über Zahlen, Umsatz oder Beschäftigungsdauer zum „Crowdwork" werden erst seit wenigen Jahren erhoben. Ein immenses Wachstum der Mitgliederzahlen sowie des Umsatzvolumens von entsprechenden Internetplattformen ist aber bereits heute erkennbar. Neben zunehmenden Schwierigkeiten der Abgrenzung von abhängiger und selbstständiger Beschäftigung stellt die zunehmende Entgrenzung der Arbeit auch traditionelle Arbeitnehmerschutzvorschriften, insbesondere das zu rigide ArbZG in Frage.

**1233** Neben der zeitlichen und örtlichen Entgrenzung der Arbeit gehen mit der Digitalisierung neue Möglichkeiten der digitalen Überwachung der Arbeitsleistung einher. Hierbei stellen sich nicht nur datenschutzrechtliche Abwägungsfragen, sondern auch Fragen nach der Reichweite der betrieblichen Mitbestimmung.

## B. Besonders betroffene Bereiche

### I. Neue Erwerbsformen („Crowdwork")

#### 1. Phänomen des Crowdwork

Im Mittelpunkt der Diskussion um neue Erwerbsformen steht das sog. Crowdwork. Crowdwork bezeichnet die Vergabe von bestimmten Arbeiten durch den Auftraggeber (Crowdsourcer) an eine üblicherweise unbestimmte Menge von Menschen (Crowd) via Internetplattformen. Entgegen dem ersten Anschein umfasst der Begriff innerhalb der genannten Definition sehr unterschiedliche Phänomene. Schwierigkeiten ergeben sich auch daraus, dass der Begriff nicht einheitlich verwendet wird. Während der Begriff häufig auf plattformvermittelte Arbeiten, die ortsunabhängig erbracht werden, beschränkt wird (sog. Cloudwork bzw. Crowdwork im engeren Sinne), werden andererseits auch ortsabhängige Arbeiten (Gigwork), die über Plattformen vermittelt werden, terminologisch miterfasst (Crowdwork im weiteren Sinne). 1234

Die Rechtsbeziehungen sind durch Dreiecksverhältnisse gekennzeichnet, dabei sind die Geschäftsmodelle sehr unterschiedlich, so dass auch die Rolle der Plattformen divergiert. Einige Plattformen stellen lediglich die technische Infrastruktur bereit und beschränken sich auf die Rolle des Vermittlers. In einem solchen Fall schließt die Plattform nur Nutzungsvereinbarungen mit den einzelnen Beteiligten, zwischen denen dann unmittelbar ein konkretes Vertragsverhältnis geschlossen wird (Direct Crowdwork). Andere Plattformen sind selbst Vertragspartner auch im konkreten Leistungsverhältnis zwischen Plattform und Crowdworker, so dass das Vertragsverhältnis „über Eck" abläuft. In diesen Fällen besteht kein „direktes" Vertragsverhältnis zwischen Crowdsourcern und Crowdworkern (Indirect Crowdwork).

Beispiele für Cloudwork: Datenkategorisierungen, Transkription von Audio-Aufnahmen, Plagiatsprüfungen, Content-Erstellung, Recherche-Arbeiten (Kontrolle von Warenpräsentationen), Tagging (Verschlagwortung, Kategorisierung etc.), Produktdatenpflege, Call Center Tätigkeiten, Programmiertätigkeiten sowie Design von Logos, Werbung. 1235

Wenn es sich um Kleinstaufgaben handelt, die in Kürze via Smartphone erledigt werden können (sog. Microtasks), wird häufig auch von Clickwork gesprochen.

Beispiele für Gigwork (ein „gig" ist ein bezahlter Auftritt als Musiker): Putzdienste, Lieferdienste, Fahrdienstleistungen, Handwerkerleistungen.

#### 2. Arbeitsrechtliche Einordnung

Für die arbeitsrechtliche Einordnung ist entscheidend, ob der jeweilige Crowdworker in einem persönlichen Abhängigkeitsverhältnis steht (§ 611a BGB; Rdnr. 49). Eine pauschale Einordnung von Arbeiten, die über Internetplattformen angeboten werden, verbietet sich aufgrund der Vielfalt der Geschäftsmodelle sowie der unverzichtbaren Gesamtabwägung der Einzelfallumstände. Ein neuer oder modifizierter Arbeitnehmerbegriff für Crowdworker existiert nicht, auch wenn eine besondere Schutzbedürftigkeit dieser Personengruppe hervorgehoben wird (LAG Hessen 14.2.2019 – 10 Ta 350/18, NZA-RR 2019, 505). 1236

Grundsätzlich ist auch bei den vielfältigen Formen der Plattformarbeit danach zu unterscheiden, zwischen welchen Personen tatsächlich ein Vertragsverhältnis besteht und welchen Rechtscharakter die Vertragsbeziehung im Einzelfall aufweist, insbesondere ob sie von einer Weisungsbindung geprägt ist. Ohne Bedeutung ist, dass die Plattformen in ihren AGB regelmäßig von einer selbstständigen

Tätigkeit ausgehen. Die Feststellung der Vertragsstrukturen wird durch die Mehrzahl der Beteiligten sowie die Vielzahl der Vertragsverhältnisse erschwert. Hinsichtlich der Vertragsverhältnisse ist zwischen den vorgeschalteten Nutzungsverhältnissen als den jeweils mit der Plattform abgeschlossenen Rahmenvereinbarungen und den konkreten Auftragsverhältnissen zu unterscheiden, die entweder ebenfalls mit der Plattform oder direkt zwischen Crowdworker und Crowdsourcer zustande kommen. Während im Bereich der ortsunabhängigen Leistungserbringungen (Crowdwork im engeren Sinne) in der Regel kein Kontakt zwischen Crowdworker und Crowdsourcer besteht und das Auftragsverhältnis entsprechend dem Nutzungsverhältnis allein mit der Plattform abgeschlossen wird, sind die Modelle im Bereich des Gigwork unterschiedlich ausgestaltet.

**1237** Die Tätigkeit des überwiegenden Teils der Crowdworker, die ortsunabhängige Leistungen erbringen (Cloudwork), ist weder durch feste Vorgaben hinsichtlich Arbeitszeit, Arbeitsort und Arbeitsweise noch durch eine Eingliederung in eine Betriebsorganisation oder den Betriebsablauf der Plattform gekennzeichnet. Allein die Nutzung einer Internetplattform und die zugrunde liegende Nutzungsvereinbarung verpflichten nicht zur Leistung fremdbestimmter Arbeit (LAG München NZA 2020, 316). Ob die einzelnen Aufträge als (befristete) Arbeitsverhältnisse anzusehen sind, hängt von den konkreten Umständen des Einzelfalls ab. Erlauben Plattformen den Crowdworkern sogar, nach Auftragserteilung den Auftrag ohne Konsequenzen abzubrechen bzw. den Bearbeitungszeitraum verstreichen zu lassen, spricht dies gegen ein Arbeitsverhältnis (offenlassend LAG München NZA 2020, 316).

**1238** Im Bereich der ortsabhängigen Leistungserbringung (Gigwork) liegt es näher, neben einem Arbeitsverhältnis zur Plattform auch ein Arbeitsverhältnis zum Crowdsourcer in Betracht zu ziehen, da in diesen Fällen häufiger die Plattform nur als Vermittler auftritt. Allerdings können auch hier keine pauschalen Aussagen getroffen werden. Tendenziell gegen die Arbeitnehmereigenschaft spricht es, wenn die geschäftliche Beziehung nur wenige Tage andauern soll und eine Eingliederung in den Geschäftsbetrieb des Auftraggebers nicht stattfindet (LAG Hessen, NZA-RR 2019, 505 Rn. 17). Die Vorgabe des Ortes der Leistungserbringung weist ebenfalls nicht unmittelbar und zwingend auf eine Weisungsabhängigkeit hin (BAG NZA-RR 2016, 344). Nur wenn über die zwangsläufig mit der Tätigkeit verbundenen zeitlichen und örtlichen Rahmenbedingungen hinaus weitere Vorgaben gemacht werden, kann eine arbeitsrechtlich relevante Weisungsbindung angenommen werden, so etwa wenn die Plattform den Arbeitsprozess detailliert bestimmt (z. B. durch Vorgabe an einen Lieferfahrer, welche Strecke er zu nehmen hat).

**1239** In **Fall a** wird das Geschäftsmodell des R in Form des Indirect Crowdwork betrieben. Sowohl Nutzungsvereinbarung als auch konkrete Auftragsverhältnisse laufen über die Plattform. Die Nutzungsvereinbarung kann mangels Verpflichtung zur Arbeitsleistung nicht als Arbeitsverhältnis eingeordnet werden. Ob die einzelnen Aufträge als Arbeitsverträge einzuordnen sind, ist anhand einer Gesamtbetrachtung aller Umstände zu ermitteln (§ 611a Abs. 1 S. 5 BGB). Zwar wird in den AGB darauf hingewiesen, dass der Crowdworker weisungsunabhängig sei. Zeigt sich bei der tatsächlichen Durchführung des Vertragsverhältnisses aber eine faktische Weisungsabhängigkeit, kommt es auf die Bezeichnung nicht an (§ 611a Abs. 1 S. 6 BGB). Im Fall a ist A allerdings weder zeitlich noch örtlich gebunden, sondern kann den Radius seiner Aufträge neu einstellen. Gegen eine Weisungsabhängigkeit sprechen ferner die fehlende Eingliederung in die Arbeitsorganisation des R sowie der Verzicht auf eine Leistungspflicht des A.

## 3. Crowdworker als arbeitnehmerähnliche Person oder Heimarbeiter?

Aufgrund der in der Regel abzulehnenden Arbeitnehmereigenschaft wird die Einordnung von Crowdworkern als arbeitnehmerähnliche Person (Rdnr. 91) diskutiert. Tritt die Plattform lediglich als Vermittler auf, kann die bloße Gewährung einer Verdienstmöglichkeit selbst keine wirtschaftliche Abhängigkeit begründen (BAGE 121, 304). Für die notwendige wirtschaftliche Abhängigkeit wäre es erforderlich, dass das jeweils bezogene Einkommen einen entscheidenden Anteil (mehr als 50 %) des Einkommens des Crowdworkers ausmacht. Im Verhältnis zu den Crowdsourcern scheitert eine wirtschaftliche Abhängigkeit regelmäßig an der nur vorübergehenden Tätigkeit und dem Umstand, dass Aufträge regelmäßig für eine Vielzahl von Crowdsourcern erledigt werden (Krause, DJT 2016, B 105; Däubler/Klebe, NZA 2015, 1032, 1036). In Betracht zu ziehen ist ein wirtschaftliches Abhängigkeitsverhältnis zur Plattform allerdings, wenn der Crowdworker hauptberuflich und überwiegend nur für eine Plattform tätig ist und diese nicht nur als Vermittler auftritt. **1240**

In **Fall a** könnte aufgrund des beachtlichen Einkommens von 1.800,– Euro aus der Tätigkeit für R eine wirtschaftliche Abhängigkeit immerhin erwogen werden. Ausschlaggebend ist die Höhe des sonst erzielten Einkommens. Auch in diesem Fall wäre R aber nicht verpflichtet, A weitere Aufträge zu erteilen, da weder das Kündigungsschutzgesetz noch andere besondere Kündigungsschutzvorschriften auf arbeitnehmerähnliche Personen Anwendung finden.

In jüngerer Zeit wird auch die Einordnung als Heimarbeiter i. S. d. § 2 Abs. 1 HAG diskutiert, um den Crowdworkern noch einen etwas stärkeren Schutz zukommen zu lassen als bei Einordnung als arbeitnehmerähnliche Person. **1241**

Heimarbeiter gem. § 2 Abs. 1 HAG ist, wer im Auftrag eines Dritten von zu Hause arbeitet, und das Ergebnis dem Auftraggeber überlässt. Das eher unbekannte Heimarbeitsgesetz erfreut sich im Rahmen der Plattformarbeit neuer Beliebtheit. Seit der BAG-Entscheidung zum IT-Programmierer (BAG NZA 2016, 1453) wird dem traditionell auf Weber am heimischen Webstuhl oder Hut- und Bürstenmacher zugeschnittene Gesetz, das 2016 nur noch rund 27.600 Beschäftige umfasste, hohes Potenzial zugesprochen (Deinert, RdA 2018, 359; Preis, SR 2017, 173). Der 9. Senat des BAG hatte in einem atypisch gelagerten Fall (der IT-Spezialist war ehemaliger Arbeitnehmer des Auftraggebers, für den er anschließend jahrelang Aufträge erfüllt hatte) die Arbeitnehmereigenschaft eines von Zuhause arbeitenden IT-Programmierers abgelehnt, ihm aber den Schutz des HAG zugesprochen (BAG NZA 2016, 1453). Auch höherqualifizierte Tätigkeiten könnten in Heimarbeit wahrgenommen werden. Die Entscheidung hat einen Streit darüber ausgelöst, ob alle Crowdworker im engeren Sinne (Cloudworker), die von zu Hause bzw. in selbst gewählter Betriebsstätte arbeiten, nunmehr unter das HAG fallen (Giesen/Kersten, Arbeit 4.0, 2017, S. 110). Kritiker zweifeln, dass das Auftragsvergabesystem des Crowdwork demjenigen der klassischen Heimarbeit vergleichbar ist (Brose, NZS 2017, 7; Krause, Gutachten B, DJT 2016, B 105). Während die Heimarbeit auf eine gewisse Dauer angelegt sei, wird dies für das Crowdwork bezweifelt. Die Einordnung als Heimarbeiter würde dazu führen, dass Crowdworker in allen Zweigen der Sozialversicherung versicherungspflichtig und vom BetrVG erfasst wären.

In **Fall a** liegt eine Einordnung von A als Heimarbeiter i. S. d. § 2 Abs. 1 HAG wenig nahe (a. A. vertretbar). Er arbeitet nicht von Zuhause aus, könnte daher allenfalls durch die App-Funktion, die Aufträge im Umkreis von 50 Kilometern anzeigt, aus einer selbst gewählten **1242**

Betriebsstätte arbeiten. Insgesamt erscheint zweifelhaft, ob das Auftragsvergabesystem der Heimarbeit mit dem der Internetplattform vergleichbar ist. Während das HAG auf eine unmittelbare Auftragsverteilung durch den Auftraggeber ausgerichtet ist, sucht sich der Crowdworker die für ihn passenden Aufträge aus einer Fülle von Angeboten aus, die von R einem breiten Personenkreis in der „Crowd" präsentiert werden.

Zudem müsste die Tätigkeit auf eine gewisse Dauer angelegt sein. A ist zwar über mehrere Monate für R tätig, jedoch handelt es sich bei den einzelnen Aufträgen um Microjobs, die in kürzester Zeit erledigt werden können. Auch hier zeigt sich, dass das HAG für den Regelfall der Crowdwork nicht passt.

**1243** Das BMAS hat bereits 2016 in seinem Weißbuch „Arbeiten 4.0" spezifische Regeln für Crowdworker, orientiert am Vorbild des Heimarbeitsgesetzes sowie eine Einbeziehung von (Solo-)Selbstständigen in die gesetzliche Rentenversicherung als erstrebenswerte Reformoptionen benannt (Weißbuch „Arbeiten 4.0", 2016, S. 175 f). Während ein Gesetzesentwurf für eine Altersvorsorgepflicht für alle Selbstständigen und damit auch für selbstständige Crowdworker konkret in Planung ist (Koalitionsvertrag 2018–2021, S. 93), wird ein weitergehendes Erfordernis der (arbeitsrechtlichen) Regulierung der Plattformarbeit noch geprüft. Eine angemessene sozialversicherungsrechtliche Absicherung der Soloselbstständigen, wie sie etwa Österreich bereits seit einiger Zeit kennt, ist in der Tat überfällig. Die Folgen der Corona-Epidemie haben dies erneut eindrucksvoll gezeigt.

Eine schlichte Erstreckung des HAG wäre dagegen kein geeigneter Anknüpfungspunkt für eine gesetzliche Regelung de lege ferenda. Schon der antiquierte Begriff „Heimarbeit" passt von vornherein nicht auf die neuen Erwerbsformen, die sich aktuell entwickeln. Auch erscheint sehr zweifelhaft, ob sich das Schutzkonzept auf die neuen Erwerbsformen 1:1 übertragen lässt. Stattdessen sollte ein eigenständiges allgemeines „Gesetz über die Rechtsbeziehungen der arbeitnehmerähnlichen Selbstständigen" geschaffen werden, in dem die für notwendig erachteten Schutzregelungen neu austariert werden.

## II. Entgrenzung von Arbeitszeit und Arbeitsort

**1244** Ein weiterer Schwerpunkt der Diskussion um ein Arbeitsrecht 4.0 bildet die Entgrenzung von Arbeitszeit und Arbeitsort. Ein zunehmender Bedarf nach einer Flexibilisierung der Arbeitszeit wird nicht nur von Arbeitgeberseite, sondern zunehmend auch von Arbeitnehmern geäußert. Die konkreten Bedürfnisse gehen dabei naturgemäß weit auseinander. Während sich die Unternehmen einen flexibleren Personaleinsatz erhoffen, möchte die Arbeitnehmerseite eine selbstbestimmtere Verteilung der Arbeitszeit, um Beruf und Familie bzw. allgemein Beruf- und Privatleben besser miteinander vereinbaren zu können.

Nicht nur für Großunternehmen, sondern auch für viele Unternehmen des Mittelstandes ist es Gang und Gäbe, flexible Arbeitszeitmodelle wie Gleitzeit, Arbeitszeitkonten sowie Vertrauensarbeitszeit anzubieten. Zu erwarten ist, dass die Arbeit im „Home Office" (Telearbeit oder Mobile Arbeit), die sich schon jetzt wachsender Beliebtheit erfreut, als Folge der Erfahrungen während der Corona-Krise zu einem festen Bestandteil des Arbeitslebens wird.

### 1. Arbeitszeitflexibilisierung

**1245** Grds. bieten die bereits bestehenden Arbeitszeitmodelle, die sich innerhalb der Grenzen des ArbZG entwickelt haben, den Arbeitsmarktparteien einen erheblichen Gestaltungsspielraum. Allerdings wird vermehrt gefordert, die feste Begrenzung der Arbeitszeit durch die tägliche Höchstarbeitszeit von acht Stunden (bzw.

bis zu zehn Stunden, wenn innerhalb eines Zeitraumes von sechs Monaten durchschnittlich acht Stunden gearbeitet werden) und die tägliche Ruhezeit von elf Stunden (§§ 3, 5 Abs. 1 ArbZG, Rdnr. 238 ff.) aufzubrechen. Derzeit sind zwar Abweichungen nach den §§ 5 Abs. 2, 3 und 7 ArbZG möglich. Das ArbZG nimmt zudem die in § 18 Abs. 1 ArbZG genannten Personengruppen, insbesondere die leitenden Angestellten von seinem Anwendungsbereich aus. Aufgrund der vermehrten Arbeit über Laptop, Tablets und Smartphones sollen Ruhezeitkürzungen sowie tägliche Arbeitszeiten über 10 Stunden zugelassen werden, wenn sie im Interesse des Arbeitnehmers erfolgen (zum Diskussionsstand s. Henssler, FS Wilhelm Moll, S. 233 ff.).

**a) Arbeitszeit und ständige Erreichbarkeit.** Der Suche nach neuer Abweichungsmöglichkeit vom gesetzlichen Regelfall des Acht-Stunden-Tages vorgeschaltet ist die Frage, was als Arbeitszeit anzusehen ist. Als Arbeitszeit zählen nach der Rechtsprechung neben der „aktiven Arbeit" (Vollarbeit) auch die Arbeitsbereitschaft („Zeit wacher Aufmerksamkeit im Zustand der Entspannung"), der Bereitschaftsdienst (Arbeitnehmer hält sich an einer vom Arbeitgeber bestimmten Stelle – innerhalb oder außerhalb des Betriebs – auf und wird bei Bedarf zu einem Arbeitseinsatz gerufen) und Zeiten der tatsächlichen Inanspruchnahme bei Rufbereitschaft (jederzeitige Bereitschaft, die Arbeit in Kürze aufzunehmen ohne Bindung an einen Aufenthaltsort, eingehend zu den Facetten der Arbeitszeit). Zeiten, in denen der Arbeitnehmer nicht in Anspruch genommen wird (passive/inaktive Zeiten der Rufbereitschaft), zählen hingegen zur Ruhezeit (EuGH NZA 2000, 1227; NZA 2003, 1019; Wank, RdA 2014, 285).

**1246**

Diskutiert wird wie die ständige Erreichbarkeit außerhalb der üblichen Arbeitszeiten über Smartphones, Tablets und Laptops arbeitszeitrechtlich einzuordnen ist. Anders als bei der klassischen Rufbereitschaft muss der Arbeitnehmer in diesem Fall für die Aufnahme seiner Tätigkeit nicht den Betrieb des Arbeitgebers aufsuchen. Überwiegend wird die ständige Erreichbarkeit aber als Variante der Rufbereitschaft angesehen und damit nur dann als Arbeitszeit eingeordnet, wenn es zur tatsächlichen Inanspruchnahme kommt (Krause, Gutachten B 71. DJT 2016, B 38). Eine Verdichtung zum Bereitschaftsdienst mit der Folge der vollständigen Anrechnung auch der „inaktiven Zeiten" als Arbeitszeit ist nur im Einzelfall anzunehmen, wenn dem Arbeitnehmer ausdrücklich eine generelle Pflicht zur sofortigen Erledigung nach Kontaktaufnahme auferlegt wird, die den Arbeitnehmer faktisch ans „Home Office" als Aufenthaltsort bindet (Kramer, IT-Arbeitsrecht, B. Rdnr. 884) oder eine derart ständige Inanspruchnahme praktiziert wird, dass es dem Arbeitnehmer faktisch unmöglich ist, auch nur ansatzweise seinen persönlichen und sozialen Interessen nachzugehen.

**1247**

Bei Arbeiten über mobile Informations- und Kommunikationstechnologien kommt es häufig zu Konflikten mit der elfstündigen Ruhezeit, da jede Arbeitsaufnahme die elfstündige Ruhezeit nicht nur unterbricht, sondern auch einen Neubeginn auslöst.

**1248**

In **Fall b** hat B um 16 Uhr aufgehört zu arbeiten, so dass die Ruhezeit zu diesem Zeitpunkt begann. Grds. wären bis 9 Uhr morgens weit über elf Stunden vergangen, so dass die Mindestruhezeit des § 5 I ArbZG eingehalten wäre. Allerdings wurde die Ruhezeit durch die Arbeit in den Abendstunden unterbrochen. Erst ab 23 Uhr begann die Ruhezeit neu zu laufen, so dass B unter Einhaltung der Mindestruhezeit erst wieder um 10 Uhr morgens die Arbeit aufnehmen durfte.

**1249** Dem Problem des Neubeginns der elfstündigen Ruhezeit bei jeder Unterbrechung wollen Teile des Schrifttums durch eine teleologische Reduktion des § 5 Abs. 1 ArbZG begegnen. „Kurzzeitige" Unterbrechungen sollen keinen Neubeginn der elfstündigen Ruhezeit bewirken (Giesen/Kersten, Arbeit 4.0, 2018, S. 102; Jacobs, NZA 2016, 733, 736). Eine teleologische Reduktion wird allerdings überwiegend mangels handhabbarer Abgrenzungskriterien sowie Vereinbarkeit mit unionsrechtlichen Vorgaben abgelehnt (Krause, DJT 2016, B 42 m.w.N.). Hier ist der europäische Gesetzgeber gefordert, eine zeitgemäße Lösung zu präsentieren.

**1250** **b) Gefährdung moderner Arbeitszeitmodelle durch Arbeitszeiterfassung?**
Breite Aufmerksamkeit hat europaweit das Urteil des EuGH von Mai 2019 (EuGH NZA 2019, 683) gefunden, in dem das Gericht den Mitgliedstaaten aufgegeben hat, die Arbeitgeber zu verpflichten, ein objektives, verlässliches und zugängliches System einzuführen, mit dem die von jedem Arbeitnehmer geleistete tägliche Arbeitszeit gemessen werden kann. In der Praxis besteht die Sorge, dass etablierte Arbeitszeitmodelle, wie die Vertrauensarbeitszeit, nunmehr in Frage gestellt werden könnten. Statt mehr Raum für flexible und eigenverantwortliche Arbeitszeitgestaltung zu geben, blockiere die Entscheidung zeitgemäße Arbeitszeitmodelle. Bisher gilt in Deutschland eine Aufzeichnungspflicht lediglich für die über die tägliche Arbeitszeit von acht Stunden hinausgehende Arbeitszeit (§ 16 Abs. 2 ArbZG). Die Entscheidung hat im Schrifttum eine Kontroverse über ihre Reichweite und den Handlungsbedarf für den deutschen Gesetzgeber ausgelöst. Während dem Urteil teilweise eine Arbeitgeberpflicht entnommen wird, alle Arbeitszeiten aufzuzeichnen, wollen andere aus der Entscheidung lediglich eine Pflicht zur Bereitstellung eines geeigneten Erfassungssystems ableiten (offen Thüsing/Flink/Jänsch, ZfA 2019, 456). Unabhängig von der Beantwortung dieser Frage kann der Arbeitgeber seine Aufzeichnungspflicht jedenfalls bei Vertrauensarbeitszeit weiterhin auf den Arbeitnehmer übertragen (Höpfner/Daum RdA 2019, 270; Heuschmid, NJW 2019, 1853, 1854; Reinhard, NZA 2019, 1313, 1315; Schrader, NZA 2019, 1035, 1038). Anderenfalls wäre die Arbeit im Home Office überhaupt nicht mehr sinnvoll umsetzbar.

### 2. Arbeitsortflexibilisierung (Mobile Office)

**1251** Eng verknüpft mit den neuen Möglichkeiten der Arbeitszeitflexibilisierung ist die der Flexibilisierung des Arbeitsortes. Zwar wird die klassische Telearbeit (Arbeit von Zuhause, auch als Home Office bezeichnet) bereits seit langem praktiziert und stellt damit keine Neuheit dar. Indes haben sich mit der steigenden Leistungsfähigkeit von IKT die Rahmenbedingungen verändert. Insbesondere wird das klassische Home Office mit einem fest eingerichteten Bildschirmarbeitsplatz vermehrt abgelöst durch die freie Wahl des Arbeitsortes (Mobile Arbeit), bei der der Arbeitnehmer nicht nur von Zuhause, sondern an jedem Ort (z.B. auch im Lieblingscafé) arbeiten darf.

**1252** Ein gesetzlicher Anspruch auf Telearbeit oder Mobile Arbeit besteht in Deutschland bisher nicht. Jedoch gibt es aktuell im BMAS Pläne, einen solchen Anspruch einzuführen (zu Plänen eines „rechtlichen Rahmens" für die Mobile Arbeit s. bereits Koalitionsvertrag CDU, CSU und SPD 2018–2021, S. 41 f.). Die Arbeit außerhalb der Betriebsstätte kann grds. nur in Absprache mit dem Arbeitgeber erfolgen. Auch die in vielen Unternehmen bereits geschlossenen Betriebsvereinbarungen geben regelmäßig keinen individuellen Rechtsanspruch, sondern regeln die

Rahmenbedingungen zur individuellen Vereinbarung. Ein Rechtsanspruch kann sich in Ausnahmefällen in Verbindung mit dem Gleichbehandlungsgrundsatz ergeben, soweit allen anderen vergleichbaren Arbeitnehmern die Arbeit von zu Hause gewährt wird (vgl. LAG München 21.5.2015 3 Sa 68/15; LAG Köln 22.6.1994 – 2 Sa 1087/93).

Auch wenn die Art der Arbeit nicht die Notwendigkeit mit sich bringt, den Betrieb aufsuchen zu müssen, hat C in **Fall c.** keinen Rechtsanspruch auf eine teilweise Arbeit von Zuhause aus. Er muss sich daher mit seinem Arbeitgeber einigen.

# Kapitel 14: Die Arbeitsgerichtsbarkeit

**Schrifttum:** *Francken,* Das Gesetz für Förderung der Mediation und das arbeitsgerichtliche Verfahren, NZA 2012, 836; *Helml,* Taktisches Vorgehen im Arbeitsgerichtsprozess, JuS 2014, 227; *Henssler/Deckenbrock,* Das neue Mediationsgesetz: Mediation ist und bleibt Anwaltssache!, DB 2012, 159; *Höland/Buchwald/Krausbeck,* Ehrenamtliche Richterinnen und Richter in der Arbeitsgerichtsbarkeit – Erkenntnisse aus der Forschung in Deutschland, Frankreich und Großbritannien, AuR 2018, 404; *Kerwer,* Die Arbeitsgerichtsbarkeit, JuS 1999, 250; *Krasshöfer-Pidde/Molkenbur,* Der Rechtsweg zu den Gerichten für Arbeitssachen im Urteilsverfahren, NZA 1991, 623; *Linsenmaier,* Von Lyon nach Erfurt – Zur Geschichte der deutschen Arbeitsgerichtsbarkeit, NZA 2004, 401; *Schwab/Wildschütz/Heege,* Disharmonien zwischen ZPO und ArbGG, NZA 2003, 999; *Stagat,* Der Rechtsweg des GmbH-Geschäftsführers zum Arbeitsgericht – Änderung der Rechtsprechung und Folgen für die Praxis, NZA 2015, 193; *Stenslik,* Schwerpunktbereich – Arbeitsrecht: Die Klagefrist im arbeitsgerichtlichen Bestandsschutzverfahren, JuS 2011, 15; *Tiedemann,* Die Änderungen im ArbGG durch das sog. Tarifautonomiestärkungsgesetz, ArbRB 2014, 385.

**Fälle:**

**1253** a) Der Arbeitgeber, der seinen Prokuristen P wegen eines unerlaubten Griffs in die Ladenkasse fristlos entlassen hat, möchte einen Schadensersatzanspruch aus unerlaubter Handlung in Höhe von 6.500,- Euro gegen P geltend machen. Vor welchem Gericht soll er klagen, wenn beide Parteien sich auf die Zuständigkeit des Landgerichts Köln geeinigt haben?

b) Der Arbeitnehmervertreter im Aufsichtsrat soll aus wichtigem Grund abberufen werden. Welches Gericht ist dafür zuständig?

c) Nachdem im Fall a die Klage vor dem Arbeitsgericht Köln erhoben worden ist, möchte der Arbeitgeber in demselben Prozess den Vater des P als selbstschuldnerischen Bürgen (für die Verbindlichkeiten des P) verklagen und außerdem den P zur Räumung der ihm überlassenen Wohnung verurteilen lassen.

d) Der Gläubiger G des Arbeitnehmers hat dessen Lohnanspruch gegen den Arbeitgeber pfänden und sich zur Einziehung überweisen lassen. Da der Arbeitgeber nicht zahlt, möchte G ihn auf Zahlung verklagen. G will sich ans Amtsgericht und nicht ans Arbeitsgericht wenden, weil er kein Arbeitnehmer sei.

e) Der Betriebsrat klagt gegen den Arbeitgeber auf Zahlung von 300,- Euro, da er zu diesem Preis Büromaterial für die Betriebsratsarbeit gekauft habe. In welchem Verfahren wird entschieden?

## I. Aufbau der Arbeitsgerichtsbarkeit

**1254** Die gegenüber der Zivilgerichtsbarkeit selbstständige Arbeitsgerichtsbarkeit (vgl. Art. 95 Abs. 1 GG) heutiger Prägung nahm ihren Ausgang mit dem am 28.6.1890 verabschiedeten Gewerbegerichtsgesetz. Ziel dieser gesonderten Gerichtsbarkeit ist es, für den Bereich der arbeitsrechtlichen Streitigkeiten ein angemessenes, insbesondere den Arbeitnehmerbedürfnissen (bspw. schnell, kostengünstig) angepasstes Verfahren bereitzustellen. Die Gerichtsbarkeit in Arbeitssachen wird durch die Arbeitsgerichte, die Landesarbeitsgerichte und das Bundesarbeitsgericht ausgeübt (§ 1 ArbGG).

### 1. Arbeitsgericht

Das Arbeitsgericht besteht aus Kammern, die mit einem Berufsrichter als Vorsitzendem und je einem ehrenamtlichen Richter aus Kreisen der Arbeitnehmer und der Arbeitgeber besetzt sind (§ 16 Abs. 2 ArbGG). Es ist gemäß § 8 Abs. 1 ArbGG für alle Arbeitssachen in erster Instanz ohne Rücksicht auf den Streitwert zuständig, sofern durch Gesetz nichts anderes bestimmt ist (vgl. Rdnr. 1256 f.). **1255**

### 2. Landesarbeitsgericht

Das Landesarbeitsgericht besteht ebenfalls aus Kammern, welche wie die der Arbeitsgerichte besetzt sind (§ 35 Abs. 2 ArbGG). Es ist als zweite Instanz für Berufungen gegen Urteile und Beschwerden gegen Beschlüsse der ersten Instanz zuständig (§ 8 Abs. 2, 4 ArbGG). Als erste Instanz entscheidet es über die Verfahren zur Feststellung der Tariffähigkeit bzw. Tarifzuständigkeit (§§ 2a Abs. 1 Nr. 4, 97 Abs. 2 ArbGG) sowie über die Verfahren zur Entscheidung über die Wirksamkeit der Allgemeinverbindlicherklärung eines Tarifvertrags nach § 5 TVG bzw. einer Rechtsverordnung nach §§ 7, 7a AEntG, § 3a Abs. 2 AÜG (§§ 2a Abs. 1 Nr. 5, 98 Abs. 2 ArbGG). **1256**

### 3. Bundesarbeitsgericht

Das Bundesarbeitsgericht in Erfurt (§ 40 Abs. 1 ArbGG) besteht aus zehn Senaten, die in der Besetzung mit je einem Vorsitzenden, zwei berufsrichterlichen Beisitzern und je einem ehrenamtlichen Richter aus den Kreisen der Arbeitnehmer und der Arbeitgeber tätig werden (§ 41 Abs. 2 ArbGG). Es entscheidet als dritte Instanz über Rechtsmittel gegen Entscheidungen der zweiten Instanz (§§ 8 Abs. 5, 72, 72a, 72b, 77, 92, 92a, 92b ArbGG), als zweite Instanz über (Sprung-)Revisionen gegen Urteile eines Arbeitsgerichts (§ 76 ArbGG) sowie im ersten und letzten Rechtszug über den Sonderfall des § 240 Abs. 1 Nr. 5 SGB IX. **1257**

Der Große Senat des BAG hat für die Rechtsfortbildung und die „Ersatzgesetzgebung" im Arbeitsrecht (Richterrecht) eine herausragende Bedeutung, weil das Parlament aus unterschiedlichen Gründen im Arbeitsrecht oft untätig bleibt (vgl. Rdnr. 20 ff.). **1258**

Der Große Senat beim BAG besteht aus dem Präsidenten, je einem Berufsrichter der Senate, denen der Präsident nicht vorsitzt und je drei ehrenamtlichen Richtern aus den Kreisen der Arbeitnehmer und der Arbeitgeber (§ 45 Abs. 5 ArbGG). Er *muss* von einem Senat des BAG angerufen werden, wenn dieser von der Entscheidung eines anderen Senats oder des Großen Senats abweichen will (§ 45 Abs. 2 ArbGG). Gleiches gilt in einer Frage von grundsätzlicher Bedeutung, wenn die Fortbildung des Rechts oder die Sicherung einer einheitlichen Rechtsprechung eine Entscheidung des Großen Senats erfordern (§ 45 Abs. 4 ArbGG). Der Wortlaut („kann") legt es zwar nahe, die Vorlage gem. Abs. 4 in das Ermessen des Senats zu legen. Ein Vorlageermessen stellt jedoch einen Verstoß gegen das Verfassungsgebot des gesetzlichen Richters gem. Art. 101 Abs. 1 Satz 2 GG dar. In Anlehnung an die Entscheidung des BVerfG zur vergleichbaren Vorschrift des § 554b ZPO a. F. (Revisionsannahme) ist § 45 Abs. 4 ArbGG daher verfassungskonform dahingehend auszulegen, dass Rechtsfragen von grundsätzlicher **1259**

Bedeutung zwingend vorzulegen sind (Rüthers/Höpfner, JZ 2010, 261, 264; von der Verfassungswidrigkeit der Vorschrift ausgehend HWK/*Treber*, § 45 ArbGG, Rdnr. 9 f.).
Der Große Senat ist „gesetzlicher Richter" im Sinne von Art. 101 Abs. 1 Satz 2 GG. Verletzt ein Senat die gesetzliche Vorlageverpflichtung, entzieht er den Parteien den gesetzlichen Richter und begründet somit einen Verfassungsverstoß. Nach der (zweifelhaften) Rechtsprechung des BVerfG sind allerdings nur *willkürliche* Verstöße gegen Vorlagepflichten mit der Verfassungsbeschwerde angreifbar, wobei das Gericht an das Vorliegen von Willkür hohe Voraussetzungen stellt (st. Rspr. seit BVerfGE 3, 359, 365; krit. Rüthers/Bakker, ZfA 1992, 199, 200; Höpfner, NZA 2008, 91, 94).

## II. Zuständigkeit der Gerichte für Arbeitssachen

### 1. Sachliche Zuständigkeit

**1260** a) **Ausschließliche Zuständigkeit.** Das Gesetz bestimmt in den §§ 2 Abs. 1, 2a Abs. 1 ArbGG enumerativ eine ausschließliche Zuständigkeit der Gerichte für Arbeitssachen; „ausschließlich" bedeutet, dass die gesetzliche Regelung nicht durch Parteivereinbarung oder im Wege rügeloser Einlassung (§§ 38, 39 ZPO) abgeändert werden kann.
(1) Nach § 2 Abs. 1 ArbGG entscheiden die Arbeitsgerichte ausschließlich vor allem über die folgenden Streitigkeiten im *Urteilsverfahren* (Rdnr. 1277 ff.):

**1261** (a) *Bürgerliche Rechtsstreitigkeiten zwischen Arbeitnehmern und Arbeitgebern* aus dem Arbeitsverhältnis und aus unerlaubten Handlungen, soweit diese mit dem Arbeitsverhältnis im Zusammenhang stehen (§ 2 Abs. 1 Nr. 3 ArbGG).
Beispiele: Lohnzahlung, Wirksamkeit der Kündigung, Ersatz von Vorstellungskosten, Zahlung des betrieblichen Ruhegeldes.
Dies sind die häufigsten Verfahren, die bei den Arbeitsgerichten anhängig werden. Unter ihnen rangierten die Kündigungsschutzprozesse lange Zeit weit vorn, bevor sie in der zweiten Dekade des 21. Jahrhundert aufgrund der Stärke des deutschen Arbeitsmarktes abnahmen. Zu befürchten ist, dass als Folge der Corona-Krise betriebsbedingte Kündigungen wieder an Bedeutung gewinnen. Der Arbeitnehmerbegriff in § 2 Abs. 1 Nr. 3–5 ArbGG richtet sich nach allgemeinen arbeitsrechtlichen Merkmalen (Rdnr. 57 ff.); § 5 ArbGG stellt die Zuständigkeit der Arbeitsgerichte aber auch für Rechtsstreitigkeiten von arbeitnehmerähnlichen Personen fest.
Im **Fall a** handelt es sich um eine Rechtsstreitigkeit zwischen Arbeitgeber und Arbeitnehmer. P ist als Prokurist Arbeitnehmer. Der geltend gemachte Anspruch aus unerlaubter Handlung steht im Zusammenhang mit dem inzwischen beendeten Arbeitsverhältnis. Demnach ist das Arbeitsgericht ausschließlich zuständig. Die Vereinbarung einer anderen Zuständigkeit ändert daran nichts.
Die Zuständigkeit des Arbeitsgerichts ist auch gegeben, wenn der Arbeitnehmer Ansprüche aus unerlaubter Handlung gegen die Geschäftsführung juristischer Personen geltend macht (BAG NZA 1997, 115). § 2 Abs. 1 Nr. 3 lit. d ArbGG ist hiernach analog anzuwenden, da bei juristischen Personen die Organe die Arbeitgeberfunktionen ausüben.
Soweit das ArbGG eine Streitigkeit mit oder zwischen *Arbeitnehmern* voraussetzt, ist die Arbeitnehmereigenschaft grundsätzlich schon bei der Zuständigkeit des Gerichts zu prüfen. Etwas anders gilt nur in den sog. *sic-non-Fällen*, wenn von der Arbeitnehmerstellung der Prozesspartei zugleich die Begründetheit der Klage abhängt (dazu Rdnr. 1314). Um einen sic-non-Fall handelt es sich, wenn der geltend gemachte Anspruch lediglich auf eine arbeitsrechtliche Anspruchsgrundlage (z. B. § 1 KSchG) gestützt werden kann. In diesen Konstellationen hängt von der Bejahung der Arbeitnehmereigenschaft sowohl die Rechtswegzuständigkeit als auch die Begründetheit ab. Das BAG (NZA 1996, 1005) hält bei sic-non-Fällen die bloße Rechtsansicht des Klägers, er sei Arbeitnehmer, für ausreichend zur Annahme der Rechtswegzuständigkeit. Hintergrund ist, dass der Rechtsstreit bei Verneinung der Zuständigkeit des

Arbeitsgerichts an die ordentliche Gerichtsbarkeit verwiesen werden müsste. Dies ergibt aber prozessökonomisch wenig Sinn, da die Klage mangels Arbeitnehmereigenschaft auch dort keinen Erfolg haben kann. Anders ist dies bei den sog. *aut-aut-Fällen* (sowohl arbeitsrechtliche als auch rechtswegfremde Anspruchsgrundlage, die sich aber gegenseitig ausschließen) oder den *et-et-Fällen* (ebenso wie aut-aut, aber die Anspruchsgrundlagen schließen sich nicht aus). Hier muss die Arbeitnehmereigenschaft bereits im Rahmen der Zulässigkeit geprüft werden. Vgl. dazu ausführl. HWK/Ziemann, § 48 ArbGG Rdnr. 24 ff.

(b) *Bürgerliche Rechtsstreitigkeiten zwischen Arbeitnehmern* aus gemeinsamer Arbeit und aus unerlaubten Handlungen, soweit diese mit dem Arbeitsverhältnis im Zusammenhang stehen (§ 2 Abs. 1 Nr. 9 ArbGG). **1262**

Beispiele: Streit unter den Mitgliedern einer Arbeitsgruppe über die Verteilung des Lohnes; Schadensersatzanspruch gegen einen Arbeitskollegen wegen einer Schlägerei beim Betriebsausflug.

(c) *Bürgerliche Rechtsstreitigkeiten zwischen Tarifvertragsparteien* oder zwischen diesen und Dritten aus Tarifverträgen oder über das Bestehen von Tarifverträgen sowie aus unerlaubten Handlungen, sofern diese Arbeitskampfmaßnahmen sind oder die Vereinigungsfreiheit berühren (§ 2 Abs. 1 Nr. 1, 2 ArbGG). In allen Konstellationen muss wenigstens eine Prozesspartei tariffähig (§ 2 TVG; Rdnr. 786 ff.) sein. **1263**

Beispiele: Rechtsstreit über das Unterlassen von Streikaufrufen, die Auslegung einer Klausel des Tarifvertrags, den Schadensersatzanspruch wegen rechtswidrigen Streiks, das Zutrittsrecht der Gewerkschaft zum Betrieb. Dagegen ist für den Streit zwischen einer Tarifpartei und ihrem Mitglied das ordentliche Gericht zuständig, da Grundlage des Streits nicht der Tarifvertrag, sondern das Vereinsrecht ist.

(2) Nach § 2a Abs. 1 ArbGG entscheiden die Arbeitsgerichte ferner ausschließlich über die folgenden Angelegenheiten im *Beschlussverfahren* (Rdnr. 1297 ff.): **1264**

(a) *Angelegenheiten aus dem BetrVG* (§ 2a Abs. 1 Nr. 1 ArbGG). Ausgenommen ist die Verhängung von Strafen oder Geldbußen (§§ 119 ff. BetrVG), für die das ordentliche Gericht zuständig ist.

Beispiele: Streit über die Zulässigkeit der Errichtung eines Betriebsrats oder dessen Zusammensetzung; die vom Arbeitgeber zu tragenden Kosten der Betriebsratsarbeit; die Rechtmäßigkeit eines Spruchs der Einigungsstelle.

(b) *Angelegenheiten aus dem SprAuG* (§ 2a Abs. 1 Nr. 2 ArbGG). Ausgenommen ist auch hier die Verhängung von Strafen oder Geldbußen (§§ 34 ff. SprAuG). **1265**

(c) *Mitbestimmungsrechtliche Angelegenheiten aus dem MitbestG* (Rdnr. 1199 ff.) *und dem DrittelbG* (Rdnr. 1209), soweit sie die *Wahl oder die Abberufung von Arbeitnehmervertretern* im Aufsichtsrat betreffen (§ 2a Abs. 1 Nr. 3 ArbGG). **1266**

Beispiele: Streit über die Dauer der Wahl, das Wahlergebnis, die Wahlanfechtung. Nicht hierher gehört die Abberufung eines Aufsichtsratsmitglieds aus wichtigem Grund, für die das ordentliche Gericht zuständig ist (§ 103 Abs. 3 AktG; § 2a Abs. 1 Nr. 3 ArbGG; **Fall b**), weil es sich um eine gesellschaftsrechtliche Streitigkeit handelt. Ferner fallen nicht unter § 2a ArbGG der Streit über die Zusammensetzung des Aufsichtsrats einer Aktiengesellschaft (vgl. §§ 98 f. AktG) sowie der Streit über die Rechte und Pflichten des Aufsichtsratsmitglieds (ordentliches Gericht).

(d) Entscheidungen über die *Tariffähigkeit* (Rdnr. 786 ff.) und die *Tarifzuständigkeit* (Rdnr. 796) einer Vereinigung (§ 2a Abs. 1 Nr. 4 ArbGG). **1267**

**1268** (e) Entscheidungen über die Wirksamkeit einer Allgemeinverbindlicherklärung nach § 5 TVG, einer Rechtsverordnung nach § 7 oder § 7a AEntG und einer Rechtsverordnung nach § 3a Abs. 2 AÜG (§ 2a Abs. 1 Nr. 5 ArbGG).

**1269** (3) Die ausschließliche arbeitsgerichtliche Zuständigkeit kann durch einen Schiedsvertrag nur für die in § 101 ArbGG genannten seltenen Fälle (z. B. Bühnenkünstler, Schiffsbesatzungen) ausgeschlossen werden (§ 4 ArbGG). Schiedsgerichte spielen damit – anders als in zivilrechtlichen Streitigkeiten – im Arbeitsrecht nur eine völlig untergeordnete Rolle.

**1270** b) **Nichtausschließliche (= fakultative) Zuständigkeit.** In zwei Fällen können nichtarbeitsrechtliche Streitigkeiten, für welche die ordentlichen Gerichte zuständig sind, auch bei den Arbeitsgerichten anhängig gemacht werden:

(1) Streitigkeiten zwischen juristischen Personen des Privatrechts und ihren kraft Gesetzes vertretungsberechtigten Organen (z. B. Vorstandsmitglied einer Aktiengesellschaft, Geschäftsführer einer GmbH) gehören vor die ordentlichen Gerichte, weil das Mitglied des Vertretungsorgans kein Arbeitnehmer ist (§ 5 Abs. 1 Satz 3 ArbGG). Dennoch kann eine Entscheidung durch die Arbeitsgerichte zweckmäßig sein, insbesondere sind die Kosten geringer und die Wahrscheinlichkeit, einen Vergleich zu schließen, erhöht. Erforderlich für die Zuständigkeit des Arbeitsgerichts ist eine entsprechende Vereinbarung der Prozessparteien (§ 2 Abs. 4 ArbGG). Wird ein Geschäftsführer abberufen, behauptet er jedoch, Arbeitnehmer zu sein (sog. sic-non-Fall, vgl. Rdnr. 1261), kann er nach neuer Rechtsprechung auch dann vor dem Arbeitsgericht klagen, wenn ihm die Abberufung im Moment der Klageerhebung noch nicht zugegangen und sie damit noch nicht wirksam ist, obwohl er dann formal noch unter § 5 Abs. 1 Satz 3 ArbGG fällt. Die Arbeitgeberseite soll nicht durch zeitliches Hinausschieben der Abberufung den für sie oftmals günstigeren Rechtsweg zu den ordentlichen Gerichten herbeiführen können (BAG NZA 2015, 60).

**1271** (2) Streitigkeiten können dann vor das Arbeitsgericht gebracht werden, wenn sie mit einem bereits beim Arbeitsgericht anhängigen Streit in rechtlichem oder unmittelbar wirtschaftlichem Zusammenhang stehen und für diesen keine ausschließliche Zuständigkeit eines anderen Gerichts gegeben ist (sog. Zusammenhangsklage; § 2 Abs. 3 ArbGG).

Im **Fall c** besteht ein solcher Zusammenhang zwischen dem Schadensersatzanspruch gegen P und dem Anspruch aus der Bürgschaft gegen den Vater. Mangelnde Personenidentität steht einer solchen Klage nicht entgegen. Streitigkeiten über Wohnraum sind aber ausschließlich den Amtsgerichten zugewiesen (§ 23 Nr. 2a GVG; **Fall c**). Auch den Streit wegen der Erfindung eines Arbeitnehmers entscheidet nicht das Arbeitsgericht, sondern die fachkundigere Kammer für Patentsachen, (§ 39 Abs. 1 ArbNErfG) und zwar selbst dann, wenn eine arbeitsrechtliche Streitigkeit anhängig ist und mit dieser ein Zusammenhang besteht.

**1272** c) **Zuständigkeit bei Rechtsnachfolge.** An der in §§ 2, 2a ArbGG geregelten Zuständigkeit ändert sich gem. § 3 ArbGG nichts dadurch, dass der Rechtsstreit durch einen Rechtsnachfolger (z. B. bei Gläubigerwechsel durch Abtretung, Erbfolge) oder durch eine Person geführt wird, die kraft Gesetzes anstelle des sachlich Berechtigten oder Verpflichteten hierzu befugt ist (= Prozessstandschafter, bspw. der Insolvenzverwalter).

Im **Fall d** ist nach §§ 2 Abs. 1 Nr. 3 a; 3 ArbGG das Arbeitsgericht zuständig, denn der Pfändungspfandgläubiger G will die Forderung des Arbeitnehmers gegen den Arbeitgeber geltend machen.

**d) Vorfragenkompetenz.** Das Arbeitsgericht kann gem. §§ 48 Abs. 1 ArbGG, 17 Abs. 2 GVG auch rechtswegfremde Vorfragen mitentscheiden. Für eine Aufrechnung mit einer rechtswegfremden Gegenforderung soll dies allerdings nicht gelten (BAG NZA 2008, 843; 2001, 1158).

**2. Örtliche Zuständigkeit**

Für die Frage, welches Arbeitsgericht örtlich zuständig ist, muss zwischen dem Urteilsverfahren (§§ 46 ff. ArbGG; Rdnr. 1277 ff.) und dem Beschlussverfahren (§§ 80 ff. ArbGG; Rdnr. 1297 ff.) unterschieden werden.

Für das Urteilsverfahren gelten über § 46 Abs. 2 Satz 1 ArbGG grundsätzlich die Zuständigkeitsregeln der §§ 12 ff. ZPO (insbesondere § 29 ZPO). Ausnahmen dazu regeln § 48 Abs. 1a ArbGG, der insbesondere jenen Arbeitnehmern helfen soll, die ihre Tätigkeit nicht am Firmensitz verrichten, sowie § 48 Abs. 2 ArbGG für Zuständigkeitsfestlegungen durch die Tarifvertragsparteien.

Für das Beschlussverfahren sieht § 82 ArbGG eine ausschließliche örtliche Zuständigkeit des Arbeitsgerichts vor, in dessen Bezirk der Betrieb liegt bzw. das Unternehmen seinen Sitz hat.

Mit den internationalen und örtlichen Zuständigkeitsregeln der sog. Brüssel Ia-VO (EU-Verordnung Nr. 1215/2012; im folgenden VO) wird es regelmäßig keine Konflikte geben. Zuständig ist nach Art. 21 Abs. 1 lit. b) VO das Gericht des gewöhnlichen Arbeitsortes des Arbeitnehmers bzw. der Einstellungsniederlassung. Das dürfte regelmäßig auch der Erfüllungsort i. S. § 29 ZPO sein. Von Art. 21 Abs. 1 lit. b) VO abweichende Vereinbarungen sind nur in den Grenzen des Art. 23 VO zulässig, eine rügelose Einlassung hingegen ist stets möglich (Art. 26 VO).

**3. Folgen der Anrufung eines unzuständigen Gerichts**

Ist der Rechtsweg unzulässig oder fehlt dem angerufenen Gericht die sachliche oder örtliche Zuständigkeit, spricht das Gericht dies nach Anhörung der Parteien von Amts wegen aus und verweist den Rechtsstreit zugleich bindend an das zuständige Gericht des zulässigen Rechtsweges (§ 48 Abs. 1 ArbGG i. V. m. § 17a Abs. 2 GVG). Auch ein rechtskräftiger Verweisungsbeschluss, der nicht hätte ergehen dürfen, ist grundsätzlich einer weiteren Überprüfung entzogen. Nur bei krassen Rechtsverletzungen kommt eine Durchbrechung der gesetzlichen Bindungswirkung ausnahmsweise in Betracht (BAG NZA 2016, 446). Der Beschluss, der ohne mündliche Verhandlung ergehen kann, muss, sofern er nicht lediglich die örtliche Zuständigkeit zum Gegenstand hat, durch die Kammer gefasst werden (Einzelh.: § 48 Abs. 1 ArbGG i. V. m. §§ 17–17b GVG).

**III. Urteilsverfahren**

Das Arbeitsgerichtsgesetz normiert zwei grundlegend verschiedene Verfahrensarten, nämlich

- das Urteilsverfahren (§§ 2, 46 ff. ArbGG; Rdnr. 1277 ff.) und
- das Beschlussverfahren (§§ 2a, 80 ff. ArbGG; Rdnr. 1297 ff.).

In ihnen werden entsprechend der Zuständigkeitsverteilung in den §§ 2 und 2a ArbGG unterschiedliche Gegenstände nach entsprechend verschiedenen Verfahrensregeln behandelt. Wer seine Rechte vor den Arbeitsgerichten geltend machen will, muss also die dafür zutreffende Verfahrensart wählen. Wählt der Kläger oder Antragsteller die falsche Verfahrensart, so hat das angerufene Gericht im Rahmen der Zulässigkeitsprüfung die Rechtssache in die zulässige Verfahrensart überzuleiten (§§ 48 ArbGG, 17a GVG, 281 ZPO).

Das Urteilsverfahren betrifft die in § 2 Abs. 1–4 ArbGG bezeichneten bürgerlichen Rechtsstreitigkeiten (§§ 2 Abs. 5, 46 Abs. 1 ArbGG). Für dieses Verfahren gelten weitgehend die Vorschriften der ZPO (vgl. §§ 46 Abs. 2, 64 Abs. 6, 72 Abs. 5 ArbGG).

Folgende Besonderheiten des arbeitsgerichtlichen Urteilsverfahrens seien genannt:

### 1. Partei- und Prozessfähigkeit sowie Prozessführungsbefugnis

**1278** a) *Parteifähigkeit* ist die Fähigkeit, Subjekt eines Prozessrechtsverhältnisses (vor allem Kläger oder Beklagter) zu sein. Parteifähig ist, wer rechtsfähig ist (§ 50 Abs. 1 ZPO). Gewerkschaften sind häufig nicht eingetragene Vereine (§ 54 BGB). Im arbeitsgerichtlichen Verfahren sind sie gem. § 10 ArbGG in jedem Fall parteifähig, wenn sie tariffähig (Rdnr. 786 ff.) sind. Durch die Rspr. des BGH zur Rechtsfähigkeit der (Außen-)GbR (BGHZ 146, 341) ist diese Problematik auch für den Zivilprozess – für den es an einer § 10 ArbGG entsprechenden Regelung fehlt – entschärft worden, da nun konsequenterweise auch nicht eingetragene Vereine rechtsfähig und damit auch parteifähig sind. § 54 BGB verweist für das Recht des nicht eingetragenen Vereins auf das Recht der BGB-Gesellschaft (§§ 705 ff. BGB).

Der Betriebsrat ist im Urteilsverfahren nicht parteifähig. Klagen und verklagt werden kann nur das einzelne Betriebsratsmitglied (vgl. aber Rdnr. 1297 für das Beschlussverfahren).

**1279** b) *Prozessfähigkeit* ist die Fähigkeit, selbst oder durch einen selbst bestellten Vertreter im Prozess wirksam handeln zu können. Diese prozessuale Handlungsfähigkeit deckt sich mit der Geschäftsfähigkeit (§§ 51 Abs. 1, 52 ZPO). Eine Person ist insoweit prozessfähig, als sie sich durch Verträge verpflichten kann. Der minderjährige Arbeitgeber kann unter den Voraussetzungen des § 112 BGB (Rdnr. 183), der minderjährige Arbeitnehmer unter denen des § 113 BGB (Rdnr. 184) prozessfähig sein.

**1280** c) *Prozessführungsbefugnis* ist das Recht einer Partei, einen Prozess im eigenen Namen zu führen. Es steht regelmäßig dem Inhaber des streitigen Rechts zu. Ausnahmsweise kann jemand auch die Befugnis haben, über ein fremdes Recht im eigenen Namen einen Prozess zu führen (sog. Prozessstandschaft, vgl. Rdnr. 1272).

### 2. Postulationsfähigkeit

**1281** Postulationsfähigkeit ist die Fähigkeit, dem prozessualen Handeln die rechtserhebliche Form zu geben. Es geht darum, ob die (prozessfähige) Partei die prozessuale Handlung (z. B. Klageerhebung, Stellung eines Antrages) selbst vornehmen kann oder ob sie von einer anderen Person (Rechtsanwalt) vorgenommen werden muss.

**1282** a) Vor den *Arbeitsgerichten* (also in erster Instanz) sind die Parteien selbst postulationsfähig; sie können den Rechtsstreit selbst führen oder sich vertreten lassen (§ 11 Abs. 1 Satz 1 ArbGG). Die Vertretung durch Rechtsanwälte ist möglich (§ 11 Abs. 2 Satz 1 ArbGG; zur Beiordnung eines Rechtsanwalts vgl. § 11a ArbGG). Die

Parteien können sich auch durch einen Verbandsvertreter (Vertreter von tariffähigen Gewerkschaften, der Rechtsschutz-GmbH des DGB, von Arbeitgeberverbänden oder Spitzenverbänden) oder durch einen Vertreter von selbstständigen Vereinigungen von Arbeitnehmern mit sozial- oder berufspolitischer Zwecksetzung vertreten lassen (§ 11 Abs. 2 Satz 2 Nr. 3, 4 ArbGG, z. B. nicht tariffähige Gewerkschaften). Überdies kommt nach § 11 Abs. 2 Satz 2 Nr. 2 ArbGG auch eine Prozessvertretung durch volljährige Familienangehörige sowie durch Personen mit Befähigung zum Richteramt und Streitgenossen in Betracht, wenn die Vertretung nicht im Zusammenhang mit einer entgeltlichen Tätigkeit steht.

b) Vor den *Landesarbeitsgerichten* und vor dem *Bundesarbeitsgericht* müssen die Parteien sich durch einen bei einem deutschen Gericht zugelassenen Rechtsanwalt oder einen Verbandsvertreter vertreten lassen (§ 11 Abs. 4 Satz 1–3 ArbGG).

### 3. Verfahrensablauf und Urteil

Gegenüber dem Zivilprozess sind folgende Besonderheiten hervorzuheben: **1283**

a) Die *Einlassungsfrist* (zwischen Klagezustellung und erstem Termin) braucht zum Zwecke der Beschleunigung nur eine Woche zu betragen (§ 47 Abs. 1 ArbGG).

b) Die mündliche Verhandlung beginnt mit einer *Güteverhandlung* (§ 54 ArbGG; **1284** ähnlich seit 2001 auch die Regelung im Zivilprozess, vgl. § 278 Abs. 2–5 ZPO). Dabei hat der Vorsitzende das gesamte Streitverhältnis unter freier Würdigung aller Umstände mit den Parteien zum Zweck einer gütlichen Einigung zu erörtern. Die Güteverhandlung soll in Kündigungsverfahren, die vorrangig zu erledigen sind, binnen zwei Wochen nach Klageerhebung stattfinden (§ 61a Abs. 1, 2 ArbGG). Nach § 54 Abs. 6 ArbGG kann der Vorsitzende die Parteien für die Güteverhandlung sowie deren Fortsetzung auch an einen hierfür bestimmten und nicht entscheidungsbefugten Richter (Güterichter) verweisen, der für die Konfliktbeilegung auch die Methoden der Mediation einsetzen darf. Im Rahmen des am 26.7.2012 in Kraft getretenen Gesetzes zur Förderung der Mediation und anderer Verfahren der außergerichtlichen Konfliktbeilegung (BGBl. 2012 I, S. 1577ff.) wurde damit auch für das Arbeitsgerichtsgesetz die Mediation auf eine gesetzliche Grundlage gestellt (dazu Francken, NZA 2012, 836).

c) Die *mündliche* Verhandlung ist zwingend vorgeschrieben; ein schriftliches Ver- **1285** fahren ist ausgeschlossen (§ 46 Abs. 2 Satz 2 ArbGG). Eine Ausnahme gilt zum einen gem. §§ 46 Abs. 2 Satz 2 ArbGG, 128 Abs. 3 ZPO, wenn nur noch über die Kosten zu entscheiden ist. Zum anderen können die Parteien auch außerhalb der mündlichen Verhandlung einen schriftlichen Vergleich nach § 278 Abs. 6 ZPO abschließen.

d) Das *Urteil* soll grundsätzlich noch im Verhandlungstermin verkündet werden. **1286** Nur wenn das nicht möglich ist, kommt ein baldiger Verkündungstermin in Betracht (§ 60 Abs. 1 ArbGG).

Beim *Inhalt des Urteils* sind folgende Besonderheiten zu beachten:

(1) Der *Wert des Streitgegenstandes* wird im Urteil festgesetzt (§ 61 Abs. 1 ArbGG). Für die Streitwertberechnung ist bei Klagen über das Bestehen oder Nichtbestehen eines Arbeitsverhältnisses oder die Kündigung höchstens das Arbeitsentgelt für ein Vierteljahr maßgebend (§ 42 Abs. 2 Satz 1 GKG).

**1287** (2) *Nicht* erforderlich ist ein Ausspruch über die *vorläufige Vollstreckbarkeit*, da die erst- und zweitinstanzlichen Urteile schon von Gesetzes wegen vorläufig vollstreckbar sind (§§ 62 Abs. 1, 64 Abs. 7 ArbGG; vgl. ausführlich Rdnr. 1295 f.).

**1288** (3) Eine *Rechtsmittelbelehrung* müssen alle mit einem befristeten Rechtsmittel anfechtbaren Entscheidungen enthalten (§ 9 Abs. 5 Satz 1 ArbGG). Wenn ein Rechtsmittel nicht gegeben ist, ist eine entsprechende Belehrung zu erteilen (§ 9 Abs. 5 Satz 2 ArbGG). Unterbleibt eine Rechtsmittelbelehrung im Urteil oder ist sie unrichtig, beginnt die Rechtsmittelfrist nicht; das Rechtsmittel ist dann grundsätzlich innerhalb eines Jahres nach Zustellung des Urteils zulässig (§ 9 Abs. 5 Satz 3, 4 ArbGG).

**1289** e) Gem. §§ 330 f. ZPO i. V. m. § 46 Abs. 2 Satz 1 ArbGG kann auch im arbeitsgerichtlichen Verfahren ein *Versäumnisurteil* erlassen werden, wenn eine Partei im Termin zur mündlichen Verhandlung nicht erscheint. Dagegen kann die säumige Partei Einspruch erheben. Abweichend von § 339 ZPO beträgt die *Einspruchsfrist* im Interesse der Verfahrensbeschleunigung jedoch nur eine Woche (§ 59 ArbGG).

**1290** f) Für die *Kostentragung* gelten gem. § 46 Abs. 2 ArbGG die §§ 91 ff. ZPO sinngemäß. Der Umfang der Kosten richtet sich nach § 12 ArbGG sowie dem Gerichtskostengesetz (GKG). Dabei gibt es arbeitsgerichtliche Besonderheiten. So wird im Urteilsverfahren kein Kostenvorschuss erhoben (§ 11 GKG). Zudem sind die erstinstanzlichen außergerichtlichen Kosten der obsiegenden Partei von der unterliegenden Partei nicht zu ersetzen (§ 12a Abs. 1 Satz 1 ArbGG).

Diese Regelung soll das Kostenrisiko des Klägers verringern, da er nicht zu befürchten braucht, dem obsiegenden Beklagten dessen (Anwalts-)Kosten ersetzen zu müssen. Die Vorschrift benachteiligt allerdings den siegreichen Kläger, da er seine außergerichtlichen Kosten nicht erstattet bekommt.

### 4. Rechtsmittel

**1291** a) Die *Berufung* gegen ein Urteil des Arbeitsgerichts in vermögensrechtlichen Streitigkeiten ist nur unter den Voraussetzungen des § 64 Abs. 1, 2 ArbGG zulässig. Dies ist insbesondere der Fall, wenn der Wert des Beschwerdegegenstandes 600,– Euro übersteigt oder wenn die Berufung im Urteil des Arbeitsgerichts zugelassen worden ist (§ 64 Abs. 2 ArbGG). Der Wert des Beschwerdegegenstands ist nicht mit dem Streitwert zu verwechseln; er bezeichnet den Betrag, um den sich der Berufungskläger im Berufungsverfahren verbessern möchte. Die Voraussetzungen, unter denen die Berufung zuzulassen ist, sind in § 64 Abs. 3 ArbGG aufgeführt. Eine solche Entscheidung ist in den Urteilstenor aufzunehmen (§ 64 Abs. 3a ArbGG). Das Landesarbeitsgericht ist an die Zulassung gebunden (§ 64 Abs. 4 ArbGG). Lässt das Arbeitsgericht die Berufung nicht zu, gibt es hiergegen kein Rechtsmittel, wie sich aus dem Fehlen einer § 72a ArbGG entsprechenden Regelung ergibt. Für die Berufung gelten im Wesentlichen die Vorschriften der ZPO über die Berufung entsprechend (§ 64 Abs. 6 Satz 1 ArbGG).

**1292** b) Die *Revision* an das Bundesarbeitsgericht gegen ein Urteil des Landesarbeitsgerichts oder des Arbeitsgerichts ist nur zulässig, soweit die urteilenden Gerichte sie zugelassen haben (§§ 72 Abs. 1, 76 ArbGG; sog. *Zulassungsrevision*). Zuzulassen ist sie unter den Voraussetzungen der §§ 72 Abs. 2 bzw. 76 Abs. 2 ArbGG. Durch das Anhörungsrügengesetz vom 9.12.2004 sind die Zulassungsgründe nicht unerheblich erweitert worden. Neben die bisher schon mögliche Zulassung wegen Grundsatzbedeutung oder Divergenz (§ 72 Abs. 2 Nr. 1 und 2 ArbGG) sind die Zulassungsgründe des § 72 Abs. 2 Nr. 3 ArbGG getreten. Die Revision ist nunmehr auch bei Vorliegen eines der absoluten Revisionsgründe des § 547 Nr. 1–5 ZPO oder bei einer entscheidungserheblichen Verletzung des Anspruchs auf rechtliches Gehör (Art. 103 Abs. 1 GG) zuzulassen. Die Nichtzulassung der Revision durch das Landesarbeitsgericht kann unter den Voraussetzungen des § 72a ArbGG, der durch das Anhörungsrügengesetz auf sämtliche Zulassungsgründe erweitert wurde, durch eine *Nichtzulassungsbeschwerde* angefochten werden. Neben der Grundsatz- und der Divergenzbeschwerde ist daher nun auch eine Verfahrensbeschwerde möglich. Nach § 72a Abs. 6 ArbGG muss bei erfolgreicher Nichtzulassungsbeschwerde keine zusätzliche Revision mehr eingelegt werden, das Beschwerdeverfahren wird vielmehr als Revisionsverfahren fortgesetzt.

Das Verfahren vor dem BAG richtet sich im Wesentlichen nach den Normen über die Revision in der ZPO (§ 72 Abs. 5 ArbGG).

c) § 78a ArbGG enthält einen ebenfalls durch das Anhörungsrügengesetz geschaffenen besonderen Rechtsbehelf bei Verletzung des Grundsatzes des rechtlichen Gehörs (sog. Anhörungsrüge), wenn die Entscheidung des Gerichts unanfechtbar ist (Gravenhorst, NZA 2005, 24 ff.). § 72b ArbGG sieht zudem nunmehr eine sofortige Beschwerde bei verspäteter Absetzung eines Berufungsurteils vor. **1293**

### 5. Ausschluss von Urkunden- und Wechselprozess

Keine Anwendung finden die Vorschriften über den *Urkunden- und Wechselprozess* (§ 46 Abs. 2 Satz 2 ArbGG; §§ 592–605a ZPO). Damit soll insbesondere der beklagte Arbeitnehmer vor einem zu schnellen Urteil und damit vor dem Zwang zu Vorleistungen geschützt werden, die sich schließlich als ungerechtfertigt herausstellen. **1294**

### 6. Zwangsvollstreckung

Bei der Zwangsvollstreckung aus Urteilen der Gerichte für Arbeitssachen gelten nach § 62 Abs. 2 ArbGG grundsätzlich die §§ 704 ff. ZPO. Vollstreckungsgericht ist also grundsätzlich das Amtsgericht (§ 764 Abs. 1 ZPO), ausnahmsweise das Arbeitsgericht als Prozessgericht (§§ 887 f., 890 ZPO). Da es sich im Fall der §§ 887 f. ZPO um Verurteilungen zur Vornahme einer Handlung handelt, ist § 61 Abs. 2 Satz 2 ArbGG zu beachten. Wird im Urteil für den Fall der Nichtvornahme der Handlung eine Entschädigung festgesetzt, ist die Vollstreckung nach den §§ 887, 888 ZPO ausgeschlossen (§ 62 Abs. 2 Satz 1, 2 ArbGG). **1295**

Abweichend von der ZPO ist jedes erst- und zweitinstanzliche Urteil kraft Gesetzes vorläufig vollstreckbar (§§ 62 Abs. 1, 64 Abs. 7 ArbGG). Es bedarf dazu also keines Ausspruchs der vorläufigen Vollstreckbarkeit im Urteilstenor. Die vorläufige Vollstreckbarkeit darf auch nicht von einer Sicherheitsleistung abhängig gemacht werden. Schließlich ist eine Einstellung der Zwangsvollstreckung gegen Sicherheitsleistung ausgeschlossen.

Durch diese Regelung soll der Schuldner davon abgehalten werden, zwecks Verzögerung der Vollstreckung Rechtsmittel einzulegen, und der Gläubiger soll möglichst schnell die Erfüllung des zuerkannten Anspruchs erreichen können.

Ausnahmsweise hat das Gericht auf Antrag des Beklagten die vorläufige Vollstreckbarkeit im Urteil auszuschließen, wenn er glaubhaft macht, dass die Vollstreckung ihm einen nicht zu ersetzenden Nachteil bringen würde (§ 62 Abs. 1 Satz 2 **1296**

ArbGG). Das ist dann der Fall, wenn die Wirkungen der Vollstreckung nicht mehr rückgängig gemacht werden können.

Wird einer Klage auf Lohnzahlung stattgegeben, lautet das Urteil in der Regel auf den Bruttolohnbetrag. Diesen schuldet der Arbeitgeber und nicht nur den Nettobetrag, der vom Vollstreckungsorgan nicht bestimmt werden könnte. Der Gerichtsvollzieher vollstreckt also in Höhe des titulierten Bruttobetrages. Der Arbeitgeber hat aber die Möglichkeit, die Zahlung der Lohnsteuer und der Sozialversicherungsbeiträge durch Quittung, Einzahlungs- oder Überweisungsnachweis eines Kreditinstitutes entsprechend § 775 Nr. 4, 5 ZPO nachzuweisen, so dass dann nur in Höhe des verbleibenden (Netto-)Betrages vollstreckt wird.

## IV. Beschlussverfahren

**1297** Das Beschlussverfahren (§§ 80 ff. ArbGG) betrifft die in § 2a Abs. 1 ArbGG (Rdnr. 1264 ff.) genannten Fälle. Es ist gegenüber dem Urteilsverfahren ein eigenständiges Verfahren, das Parallelen zur freiwilligen Gerichtsbarkeit aufweist. Im Beschlussverfahren ermittelt das Gericht den Sachverhalt im Rahmen der gestellten Anträge von Amts wegen (§ 83 Abs. 1 Satz 1 ArbGG); es gilt also im Gegensatz zum Urteilsverfahren der Untersuchungsgrundsatz. Dieser Grundsatz wird allerdings dadurch eingeschränkt, dass die am Verfahren Beteiligten an der Aufklärung des Sachverhalts mitzuwirken haben (§ 83 Abs. 1 Satz 2 ArbGG). Trotz des Amtsermittlungsgrundsatzes bleiben die Beteiligten Herren des Verfahrens. Es ist ihnen unbenommen, einen Vergleich zu schließen oder das Verfahren für erledigt zu erklären (§ 83a Abs. 1, 2 ArbGG). Auch im Beschlussverfahren geht es um Rechtsfragen und nicht um Regelungsstreitigkeiten, wie sie etwa die Einigungsstelle (Rdnr. 1075 ff.) zu entscheiden hat.

Im **Fall e** wird über den Anspruch im Beschlussverfahren entschieden, da es sich um eine Angelegenheit aus dem BetrVG (§ 40 Abs. 1 BetrVG) handelt (Rdnr. 1264).

### 1. Beteiligten- und Prozessfähigkeit sowie Antragsbefugnis

**1298** a) *Beteiligtenfähigkeit* ist die Fähigkeit, im Beschlussverfahren Beteiligter zu sein (näher zum Begriff im Unterschied zur „Parteifähigkeit" Rdnr. 1093). Diese Fähigkeit kommt denen zu, die im Urteilsverfahren parteifähig sind (Rdnr. 1278). Darüber hinaus können u. a. die im BetrVG, dem DrittelbG (Rdnr. 1209), im SprAuG, im MitbestG und im SEBG vorgesehenen Stellen Beteiligte sein (§ 10 ArbGG).

Beispiele: (Gesamt-)Betriebsrat, (Gesamt-)Jugend- und Auszubildendenvertretung, Wirtschaftsausschuss, Betriebsratsausschüsse, Sprecherausschuss für leitende Angestellte (vgl. § 83 Abs. 3 ArbGG).

**1299** b) Der Betriebsrat ist selbst nicht *prozessfähig*, also fähig, im Beschlussverfahren wirksam zu handeln. Er wird durch seinen Vorsitzenden (im Verhinderungsfalle durch dessen Stellvertreter) vertreten.

Der Vorsitzende vertritt den Betriebsrat im Rahmen der von diesem gefassten Beschlüsse (§ 26 Abs. 2 Satz 1 BetrVG). Infolgedessen darf er im Verfahren Erklärungen mit Wirkung für und gegen den Betriebsrat nur dann abgeben, wenn ein entsprechender Betriebsratsbeschluss vorliegt.

**1300** c) *Antragsbefugnis* ist das Recht, als Antragsteller im Beschlussverfahren Befugnisse geltend zu machen; sie entspricht der Prozessführungsbefugnis im Urteilsverfahren (Rdnr. 1280). Durch dieses Erfordernis sollen Popularanträge vermieden werden. So können einzelne Mitglieder des Betriebsrats gegenüber dem Betriebsrat in einer Binnenstreitigkeit die Unwirksamkeit eines Beschlusses oder die Rechtswidrigkeit dessen Handelns nicht unabhängig von einem Eingriff in eigene betriebsverfassungsrechtliche Rechte geltend machen (BAG NZA 2016, 1350).

## 2. Postulationsfähigkeit

Die Postulationsfähigkeit (Rdnr. 1281) richtet sich danach, in welcher Instanz das Beschlussverfahren schwebt:

a) Für die *erste Instanz* gilt das für das Urteilsverfahren in erster Instanz Gesagte entsprechend (§§ 80 Abs. 2, 11 Abs. 1 ArbGG).

b) In der *zweiten Instanz* muss die Beschwerdeschrift von einem Rechtsanwalt oder einem Verbandsvertreter unterzeichnet werden (§ 89 Abs. 1 ArbGG).

c) In der *dritten Instanz* müssen die Rechtsbeschwerdeschrift und die Rechtsbeschwerdebegründung von einem Rechtsanwalt unterzeichnet werden (§ 94 Abs. 1 ArbGG).

## 3. Verfahrensablauf und Entscheidung

Folgende Besonderheiten gegenüber dem Urteilsverfahren sind hervorzuheben:

a) Das Verfahren wird nur auf *Antrag* eingeleitet (§ 81 Abs. 1 ArbGG). Er entspricht der Klage im Urteilsverfahren.

b) An die Stelle der Prozessparteien (Kläger und Beklagter) treten die *Beteiligten*. Das sind nicht nur Antragsteller und Antragsgegner, sondern alle, die durch das Verfahren betroffen sind. § 83 Abs. 3 ArbGG nennt (neben anderen) den Arbeitgeber, die Arbeitnehmer und die Stellen, die nach dem BetrVG, dem DrittelbG (Rdnr. 1209), dem SprAuG, dem MitbestG und nach den dazu ergangenen Rechtsverordnungen im Einzelfall beteiligt sind. Auch der einzelne Arbeitnehmer kann dann Beteiligter sein, wenn seine Belange unmittelbar berührt werden (z. B. § 103 Abs. 2 Satz 2 BetrVG). Die Frage, wer im Einzelfall Beteiligter ist, hat deshalb Bedeutung, weil alle Beteiligten anzuhören sind (§ 83 Abs. 3 ArbGG); es liegt ein Verfahrensmangel vor, wenn einer von ihnen nicht angehört worden ist.

c) An die Stelle des Verhandlungstermins tritt ein *Anhörungstermin (Erörterungstermin)* vor der Kammer (§ 83 Abs. 4 ArbGG). Ein Güteverfahren kann nach Ermessen des Vorsitzenden vorgeschaltet werden (§ 80 Abs. 2 Satz 2 ArbGG). Ein Versäumnisverfahren gibt es nicht.

d) Die Entscheidung erfolgt nicht durch Urteil, sondern durch *Beschluss* (§ 84 ArbGG). Dieser enthält keine Kostenentscheidung, denn Gerichtskosten werden im Beschlussverfahren nicht erhoben (§ 2 Abs. 2 GKG i. V. m. § 2a ArbGG). Die Erstattung außergerichtlicher Kosten richtet sich nach materiell-rechtlichen Vorschriften.

So sind die dem Betriebsrat entstandenen Kosten, sofern sie unter § 40 Abs. 1 BetrVG fallen, vom Arbeitgeber zu tragen (Rdnr. 1017, 1025 f.).

e) § 100 ArbGG sieht für die Entscheidung über die Zahl der Beisitzer und die Person des Vorsitzenden der Einigungsstelle (§ 76 Abs. 2 Satz 2 und 3 BetrVG) ein beschleunigtes Verfahren vor. Beschleunigend soll insoweit auch die Übertragung der Entscheidungskompetenz allein auf den Vorsitzenden (und eben nicht auf die Kammer) wirken.

## 4. Rechtsmittel

**1307** a) Gegen den Beschluss des Arbeitsgerichts findet die *Beschwerde* an das Landesarbeitsgericht statt (§ 87 Abs. 1 ArbGG). Die meisten Vorschriften über das Berufungsverfahren sind entsprechend anwendbar (§ 87 Abs. 2 ArbGG).

b) Gegen den Beschluss des Landesarbeitsgerichts gibt es die *Rechtsbeschwerde* an das Bundesarbeitsgericht, falls sie vom Landesarbeitsgericht zugelassen worden ist oder das Bundesarbeitsgericht sie auf eine Nichtzulassungsbeschwerde hin zulässt (Einzelh.: §§ 92 ff. ArbGG).

Gegen einen das Verfahren beendenden Beschluss kann unter bestimmten Voraussetzungen auch die Sprungrechtsbeschwerde (§ 96a ArbGG) eingelegt werden. Nicht verfahrensbeendende Beschlüsse des Arbeitsgerichts sind nach §§ 83 Abs. 5, 78 ArbGG, 567 ff. ZPO anzufechten. Gegen entsprechende Beschlüsse des Landesarbeitsgerichts ist keine Beschwerde vorgesehen (§ 90 Abs. 3 ArbGG).

Die durch § 78a ArbGG normierte Anhörungsrüge ist auch im Beschlussverfahren möglich (§ 78a Abs. 8 ArbGG). Auch die sonstigen Neuerungen durch das Anhörungsrügengesetz (vgl. Rdnr. 1292 f.) sind ebenso für das Beschlussverfahren in die §§ 92a und 92b sowie 93 Abs. 1 ArbGG übernommen worden.

## 5. Zwangsvollstreckung

**1308** Nach der Grundregel des § 85 Abs. 1 Satz 1 ArbGG kann aus einem rechtskräftigen Beschluss des Arbeitsgerichts vollstreckt werden. Das Achte Buch der ZPO ist anwendbar (§ 85 Abs. 1 Satz 3 ArbGG). Allerdings kommt nach § 85 Abs. 1 Satz 2 ArbGG eine vorläufige Vollstreckbarkeit in Betracht, wenn der Beschluss in einer vermögensrechtlichen Streitigkeit (etwa über Kosten einer Tätigkeit, von Sachmitteln) ergeht; dann greift die Regelung wie beim Urteil gem. § 62 ArbGG (Rdnr. 1295) ein.

Auch die einstweilige Verfügung ist nach Maßgabe des § 85 Abs. 2 ArbGG möglich.

Ist der Arbeitgeber in bestimmten Fällen (§§ 23 Abs. 3, 98 Abs. 5, 101, 104 BetrVG) zur Vornahme oder Unterlassung einer Handlung verurteilt, scheidet eine Festsetzung von Ordnungs- oder Zwangshaft aus (§ 85 Abs. 1 Satz 3 ArbGG).

# Kapitel 15: Der Aufbau bei der Lösung eines arbeitsrechtlichen Falles

**Fälle:**

a) Beim Arbeitsgericht Köln geht eine Klage des A gegen die X-GmbH ein, wonach „die Vergütung für die im Monat Juni 2019 geleistete Arbeit" verlangt wird. **1309**
Was prüft der Richter?
In der mündlichen Verhandlung stellt der Kläger den Antrag, die Beklagte zur Zahlung von 3.500,- Euro zu verurteilen. Er macht geltend, die Höhe des Lohnes ergebe sich aus dem für ihn maßgebenden Metalltarifvertrag.
Der Beklagte trägt vor, der Tariflohn scheide schon deshalb aus, weil der Kläger nicht Mitglied der IG Metall sei; im Übrigen sei der Anspruch auch bereits verfallen. Ganz abgesehen davon sei die eingeklagte Vergütung schon längst bezahlt.
Der Kläger bestreitet alles.
Wer gewinnt den Prozess?

b) Mit der am 6.7.2019 beim Arbeitsgericht eingegangenen Klage des A gegen die X-GmbH begehrt der Kläger unter Hinweis auf das beigefügte Kündigungsschreiben, „dass das mir durch das Schreiben zugefügte Unrecht beseitigt werden möge, da ich sehr an meinem Arbeitsplatz hänge, zumal ich dort schon mehrere Jahre arbeite und fast alle 100 Arbeitskollegen persönlich kenne."
In dem Schreiben der beklagten X-GmbH vom 1.7.2019 heißt es u. a.:
„Hiermit kündigen wir Ihnen fristlos, weil Sie am 8.6.2019 auf der Arbeitsstelle den Vorarbeiter Meier grundlos mit einer Zange niedergeschlagen haben, so dass dieser zwei Wochen arbeitsunfähig war.
Hilfsweise sprechen wir Ihnen eine ordentliche Kündigung aus, weil Sie sich außerdem schon mehrfach mit Arbeitskollegen geprügelt haben.
Der Betriebsrat ist von den geplanten Kündigungen am 9.6.2019 in Kenntnis gesetzt worden; er hat sich nicht geäußert."
Der Kläger erklärt dazu: „Ich gebe zu, dass ich den Meier geschlagen habe. Aber er hat mich gehänselt. Weitere Prügeleien habe ich nicht begangen."

- Welche Überlegungen stellt der Richter an?
- Unterstellt, die Klage des A hätte Erfolg: Kann er Nachzahlung der Vergütung für die Monate des Kündigungsschutzprozesses verlangen, auch wenn er in dieser Zeit nicht gearbeitet hat? Spielt es eine Rolle, dass A in dieser Zeit bei der Y-GmbH eine vergleichbare Arbeit für 70 % seiner bisherigen Vergütung hätte annehmen können?

c) Im Fall a verlangt der Kläger, die Beklagte außerdem zur Zahlung von 1.000,- Euro zu verurteilen, da ihm Kosten in dieser Höhe dadurch entstanden seien, dass er als Betriebsratsmitglied an einem Kurs über das Thema „Rechte und Pflichten des Betriebsrats" teilgenommen habe. Die beklagte Arbeitgeberin macht geltend, die Teilnahme des Klägers an dem Kurs sei nicht sinnvoll gewesen, da der Kläger bereits drei Monate nach dem Kurs in den vorzeitigen Ruhestand getreten und deshalb aus dem Betriebsrat ausgeschieden sei.

Bei der Lösung eines arbeitsrechtlichen Falles ist zunächst zwischen dem Urteilsverfahren (Rdnr. 1277 ff.) und dem Beschlussverfahren (Rdnr. 1297 ff.) zu unterscheiden. **1310**

Im Urteilsverfahren kann es sich um eine Leistungsklage (z. B. auf Zahlung von Lohn oder Schadensersatz, Herausgabe von Arbeitspapieren, Erteilung eines Zeugnisses, Entfernung einer Abmahnung aus der Personalakte), aber auch um eine Feststellungsklage (z. B. über das Bestehen oder Nichtbestehen eines Arbeitsverhältnisses) handeln. Ein besonderer und häufig vorkommender Fall der Feststellungsklage ist die Kündigungsschutzklage.

**1311** Das Beschlussverfahren ist ein gegenüber dem Urteilsverfahren eigenständiges Verfahren für Angelegenheiten u. a. aus dem Betriebsverfassungs-, dem Sprecherausschuss- und dem Mitbestimmungsgesetz sowie für die Entscheidung über die Tariffähigkeit und Tarifzuständigkeit einer Vereinigung.

**1312** Im Folgenden sollen Aufbauhinweise für die Prüfung arbeitsrechtlicher Fälle gegeben werden. Dabei ist zu beachten, dass im zu lösenden Einzelfall jeweils nur diejenigen Punkte zu erörtern sind, die Anlass zur Prüfung geben. Überflüssige Erörterungen sind falsch. Fehlt eine prozessuale Einkleidung und ist lediglich die materielle Rechtslage zu prüfen, sind ausschließlich die nachfolgenden Anmerkungen zur Begründetheit heranzuziehen. Die jeweiligen Stichworte können auch zur Selbstkontrolle genutzt werden (Was fällt mir zu diesem Stichwort ein? Kann ich aus dem Kopf die einschlägigen Vorschriften nennen? Ggf. sogar Rechtsprechung? Falls nicht: Kann ich beim Zurückblättern zur jeweils angegebenen Randnummer die am Anfang des Kapitels genannten Fälle lösen?).

## A. Urteilsverfahren

### I. Lohnzahlungsklage

#### 1. Prüfung der Zulässigkeit

**1313** a) Die *Zulässigkeit des Rechtsweges* sowie die *sachliche* und *örtliche Zuständigkeit* sind anhand des § 2 ArbGG (Rdnr. 1260 ff.), des § 48 Abs. 1 ArbGG, des § 48 Abs. 1a ArbGG (Rdnr. 1274) und des § 46 Abs. 2 Satz 1 ArbGG i. V. m. §§ 12 ff. ZPO zu prüfen.

Im **Fall a** ist das Arbeitsgericht zuständig, wenn der geltend gemachte Anspruch sich aus dem Arbeitsverhältnis der Parteien ergibt (§ 2 Abs. 1 Nr. 3a ArbGG). Das angerufene Arbeitsgericht hat also zu prüfen, ob dem geltend gemachten Anspruch ein Arbeitsverhältnis (Rdnr. 36 ff.) zugrunde liegt. Sollte es sich bei dem Vertrag nicht um einen Arbeitsvertrag, sondern etwa um einen selbstständigen Dienstvertrag oder einen Werkvertrag handeln, ist der eingeschlagene Rechtsweg unzulässig. Dies hat das Arbeitsgericht nach Anhörung der Parteien durch Beschluss auszusprechen und den Rechtsstreit zugleich an das zuständige Gericht des zulässigen Rechtsweges (etwa an das Amtsgericht Köln) zu verweisen (§ 48 Abs. 1 ArbGG i. V. m. § 17a Abs. 2 Satz 1 GVG; Rdnr. 1276).

**1314** Nach der Rspr. des BAG (NZA 1996, 1005) ist eine Zuständigkeit der Arbeitsgerichte jedoch auch in den sog. *sic-non-Fällen* gegeben, wenn also von der Arbeitnehmerstellung der Prozesspartei auch die Begründetheit der Klage abhängt. Die bloße Rechtsansicht des Klägers, er stehe in einem Arbeitsverhältnis, wird im Rahmen der Zulässigkeit für ausreichend gehalten. Ist der Kläger kein Arbeitnehmer, ist die Klage in diesem Fall als unbegründet, nicht als unzulässig abzuweisen (vgl. Rdnr. 1261).

**1315** b) Die *Parteifähigkeit* der Prozessparteien deckt sich mit der Rechtsfähigkeit (§ 46 Abs. 2 ArbGG i. V. m. § 50 Abs. 1 ZPO; Rdnr. 1278). Die Partei muss also Träger von Rechten und Pflichten sein können; demnach sind natürliche und juristische Personen sowie rechtsfähige Personengesellschaften parteifähig. Aber auch Gewerkschaften, Arbeitgebervereinigungen und Zusammenschlüsse solcher Verbände sind, selbst wenn sie nicht eingetragene Vereine sind, parteifähig (§ 10 ArbGG).

Im **Fall a** bestehen hinsichtlich der Parteifähigkeit keine Bedenken; deshalb ist dieser Punkt im Gutachten nicht zu erörtern.

c) Die *Prozessfähigkeit* der Prozessparteien deckt sich mit der Geschäftsfähigkeit (§ 46 Abs. 2 Satz 1 ArbGG i. V. m. §§ 51 Abs. 1, 52 ZPO; Rdnr. 1279). Demnach müssen eine natürliche Person, die geschäftsunfähig oder minderjährig ist, und eine juristische Person im Prozess durch ihren gesetzlichen Vertreter vertreten werden. **1316**

Im **Fall a** wird die GmbH gemäß § 35 Abs. 1 Satz 1 GmbHG durch ihren Geschäftsführer vertreten. Ist der Kläger minderjährig und sollten die Voraussetzungen von § 113 BGB (Rdnr. 1279) nicht gegeben sein, ist seine Vertretung durch seinen gesetzlichen Vertreter (Eltern, Vormund) geboten.

d) Die *Postulationsfähigkeit* ist bei einem Rechtsstreit vor dem Arbeitsgericht nicht besonders zu prüfen, da in dieser Instanz jede Partei selbst postulationsfähig ist (Rdnr. 1281 f.). Im Falle einer Prozessvertretung durch Gewerkschaft oder Arbeitgeberverband (§ 11 Abs. 2 Satz 2 Nr. 3, 4 ArbGG) ist jedoch zu beachten, dass nach dem Rechtsdienstleistungsgesetz (RDG) nicht mehr ein Arbeitgeber- oder Gewerkschaftsvertreter als natürliche Person, sondern unmittelbar die Gewerkschaft oder Arbeitgebervereinigung bevollmächtigt werden sollen. **1317**

e) Der *Klageantrag* muss bestimmt sein (§ 46 Abs. 2 Satz 1 ArbGG i. V. m. § 253 Abs. 2 Nr. 2, § 495 ZPO). Das erfordert bei einer Zahlungsklage regelmäßig die Angabe des ziffernmäßigen Geldbetrages; wenn nämlich das der Klage stattgebende Urteil den genauen Betrag nicht nennt, weiß das Vollstreckungsorgan (z. B. der Gerichtsvollzieher; vgl. Rdnr. 1295 f.) nicht, in welcher Höhe zu vollstrecken ist. Bei Lohnzahlungsklagen ist grundsätzlich der Bruttolohn einzuklagen, denn es ist nicht Sache des Arbeitsgerichts, die Höhe der Abzüge (Lohnsteuer, Sozialversicherungsbeiträge) festzustellen, um den Nettolohn zu ermitteln. Dennoch erhält der Arbeitnehmer im Ergebnis nur den Nettolohn, da der Arbeitgeber im Falle des Unterliegens Lohnsteuer und Sozialversicherungsbeiträge unmittelbar an das Finanzamt bzw. den Sozialversicherungsträger abführen muss. Zur Zwangsvollstreckung vgl. Rdnr. 1295. Nur, wenn dem Arbeitnehmer bekannt ist, dass der Arbeitgeber Beiträge und Steuern bezahlt hat, ist die Klage auf den Nettobetrag zu richten. **1318**

Auch Verzugszinsen können vom Bruttobetrag verlangt werden (BAG NZA 2001, 1195). Ein Antrag, mit dem – entsprechend § 288 Abs. 1 Satz 2 BGB – Zinsen in einer bestimmten Höhe über dem Basiszinssatz verlangt werden, ist ausreichend bestimmt (BAG NZA 2003, 567).

*Nicht zur Zulässigkeit* der Klage gehören Anträge auf Kostenentscheidung und auf Erklärung der vorläufigen Vollstreckbarkeit. Einen Antrag auf Verurteilung zur Tragung der Kosten braucht der Kläger nicht zu stellen; die Kostenentscheidung ergeht von Amts wegen (§ 308 Abs. 2 ZPO). **1319**

Auch ein Antrag, das Urteil für vorläufig vollstreckbar zu erklären, ist nicht erforderlich. Ohnehin ist das Urteil des Arbeitsgerichts regelmäßig ohne einen solchen Ausspruch vorläufig vollstreckbar (§ 62 Abs. 1 Satz 1 ArbGG).

## 2. Prüfung der Begründetheit

**1320** Anspruchsgrundlage für einen Lohnanspruch ist der Arbeitsvertrag i. V. m. § 611a Abs. 2 BGB. Danach ist der Arbeitgeber dem Arbeitnehmer zur Zahlung des vereinbarten Lohnes verpflichtet. Voraussetzung ist also das Bestehen eines Arbeitsvertrags.

**1321** a) **Abschluss eines Arbeitsvertrags (Rdnr. 172 ff.).** (1) Ist ein *Vertragsangebot* (§ 145 BGB) wirksam abgegeben und dem anderen Teil wirksam zugegangen (§§ 130 ff. BGB)?

**1322** (2) Ist die *Annahmeerklärung* (vgl. §§ 146 ff. BGB) wirksam abgegeben und dem Antragenden wirksam zugegangen?
Zu (1) und (2): Bei Abgabe der Willenserklärungen durch einen Vertreter:
War Vertretungsmacht gegeben (§ 164 BGB)?
War für den Vertragspartner erkennbar, dass der Erklärende im Namen des Vertretenen handelt (§ 164 BGB)?

**1323** (3) Stimmen beide Willenserklärungen inhaltlich (insbesondere hinsichtlich der zu leistenden Arbeit und hinsichtlich der Arbeitsvergütung) überein?
Bei fehlender Vereinbarung der Lohnhöhe: Soll der übliche Lohn (§ 612 Abs. 2 BGB) oder der Tariflohn zu zahlen sein?

Beweislast für das Zustandekommen eines Arbeitsvertrags: Wer sich auf das Zustandekommen eines Arbeitsvertrags beruft (bei der Lohnklage: der Arbeitnehmer), muss die genannten Tatsachen behaupten und bei Bestreiten auch beweisen, da das Bestehen eines Arbeitsvertrages eine für ihn günstige Tatsache ist.

**1324** b) **Keine Nichtigkeit einer der beiden Willenserklärungen (Rdnr. 163 ff.).**
(1) War jeder der beiden Vertragsschließenden *geschäftsfähig* (§§ 104 ff. BGB)?
Bei mangelnder Geschäftsfähigkeit: Wurde die nicht geschäftsfähige Vertragspartei durch ihren gesetzlichen Vertreter (Eltern, Vormund) wirksam vertreten? War eine vormundschaftsgerichtliche Genehmigung erforderlich und ist sie erteilt worden (Rdnr. 185)?
Bei Minderjährigkeit einer Vertragspartei: Hat der gesetzliche Vertreter ihrer Willenserklärung vorher oder nachher zugestimmt?
Bei Minderjährigkeit des Arbeitgebers: Ist er von seinem gesetzlichen Vertreter mit Genehmigung des Vormundschaftsgerichts zum selbstständigen Betrieb des Erwerbsgeschäfts ermächtigt worden (§ 112 BGB; Rdnr. 183)?
Bei Minderjährigkeit des Arbeitnehmers: Ist er von seinem gesetzlichen Vertreter zum Abschluss eines Arbeitsvertrags der vorliegenden Art ermächtigt worden (§ 113 BGB; Rdnr. 184)?

(2) Wenn für eine der beiden Willenserklärungen oder für beide (ausnahmsweise etwa durch Tarifvertrag) eine *Form* vorgeschrieben ist (§§ 125 ff. BGB; Rdnr. 179 f.): Wurde diese Form eingehalten? Falls nein, welche Folge soll das nach Auslegung des Tarifvertrags haben? Ein Verstoß gegen das NachwG hat für die Wirksamkeit des Arbeitsvertrages keine Konsequenzen.

(3) Ist der Vertrag wegen *Sittenwidrigkeit* nichtig? (§ 138 BGB; Rdnr. 189)

**1325** (4) Liegt ein *Verstoß gegen ein gesetzliches Verbot* vor (§ 134 BGB; Rdnr. 176)?

Insbesondere: Steht ein gesetzliches Abschlussverbot (Rdnr. 176) oder ein solches aus einem Tarifvertrag oder einer Betriebsvereinbarung (Rdnr. 176; 1061) der Gültigkeit des Arbeitsvertrags entgegen?

(5) Ist der Arbeitsvertrag deshalb nichtig, weil ein rechtserheblicher *Willensmangel*, eine arglistige Täuschung oder eine widerrechtliche *Drohung* vorlag und deshalb die Anfechtung wirksam erklärt worden ist (§§ 119, 123, 142 Abs. 1 BGB; Rdnr. 190 ff.)?

(6) Bei Nichtigkeit des Arbeitsvertrags: Besteht *ein fehlerhaftes Arbeitsverhältnis* (Rdnr. 203 f.)?

(7) *Keinen Einfluss* auf die Wirksamkeit des Arbeitsvertrags hat das Fehlen der Zustimmung des Betriebsrats zu der Einstellung (§ 99 Abs. 1 Satz 1 BetrVG; vgl. Rdnr. 1136). Deshalb braucht das Vorliegen einer solchen Zustimmung bei der Frage, ob ein wirksamer Arbeitsvertrag gegeben ist, nicht geprüft zu werden. Der Umstand, dass die Einstellung aufgrund des Beschäftigungsverbotes durch Kündigung beendet werden muss, ist vorliegend ohne Bedeutung.

Beweislast zur Nichtigkeit des Arbeitsvertrags: Wer sich auf das Vorliegen eines Nichtigkeitsgrundes beruft (bei der Lohnklage: der Arbeitgeber), muss die Tatsachen, die für eine Nichtigkeit sprechen, darlegen und notfalls auch beweisen.

**c) Ermittlung der Höhe des Lohnes.** Die Höhe des Lohnes kann sich aus dem Arbeitsvertrag, einem Tarifvertrag und (ausnahmsweise, etwa bei einer tarifvertraglichen Öffnungsklausel, § 77 Abs. 3 BetrVG) aus einer Betriebsvereinbarung ergeben (Rdnr. 1061 ff.). **1326**

(1) Im *Arbeitsvertrag* kann die Höhe des Lohnes festgelegt sein. Ist das nicht der Fall, gilt die übliche Vergütung als vereinbart (§ 612 Abs. 2 BGB).

Beispiel: Wäre im **Fall a** mangels kongruenter Tarifbindung der Vertragsparteien kein Tarifvertrag anwendbar oder gäbe es keinen Tarifvertrag, wäre die übliche Vergütung zu ermitteln, da dem Arbeitsvertrag selbst keine Vergütung zu entnehmen ist.

Der vertraglich vereinbarte Lohn kommt aber dann nicht in Betracht, wenn ein Tarifvertrag (bzw. ausnahmsweise eine Betriebsvereinbarung) eingreift und die darin festgelegte Lohnhöhe für den Arbeitnehmer günstiger ist als das sich aus dem Arbeitsvertrag ergebende Entgelt.

(2) Bei der Frage, ob die Höhe des Lohnes aus einem *Tarifvertrag* zu entnehmen ist, muss geprüft werden: **1327**

(a) Besteht ein Tarifvertrag?
- Liegen inhaltlich übereinstimmende Willenserklärungen von mindestens zwei Tarifvertragsparteien vor (§§ 145 f. BGB; Rdnr. 780 ff.)?
- Ist die Schriftform des Vertrags eingehalten (§ 1 Abs. 2 TVG; Rdnr. 783)?
- Sind die abschließenden Parteien tariffähig und auch tarifzuständig (§ 2 TVG; Rdnr. 786 ff., 796)?

(b) Ist der Tarifvertrag gültig (Rdnr. 124)?
- Ist er mit zwingendem Gesetzesrecht vereinbar und steht die Normanwendung durch die Gerichte mit den grundrechtlichen Freiheits- und Gleichheitsrechten im Einklang?
- Steht seiner Wirksamkeit weder § 134 noch § 138 BGB entgegen?

- Ist er nicht nach § 4a Abs. 1 TVG gemäß dem Grundsatz der Tarifeinheit durch den Tarifvertrag einer Mehrheitsgewerkschaft verdrängt worden (Rdnr. 851)?

(c) Findet der Tarifvertrag nach seinem fachlichen, personellen und räumlichen Anwendungsbereich auf das Arbeitsverhältnis Anwendung (Rdnr. 804 ff.)?

**1328**
- Sind die Parteien des Arbeitsvertrags kongruent tarifgebunden (§ 3 TVG; Rdnr. 829 ff.)?
- Ist der Arbeitgeber selbst Tarifvertragspartei oder Mitglied des Arbeitgeberverbandes, der Partei des Tarifvertrags ist, und gehört der Arbeitnehmer einer Gewerkschaft an, die Partei des Tarifvertrags ist (§ 4 TVG; Rdnr. 829 ff.)?

Der Fall, dass eine einseitige Tarifgebundenheit des Arbeitgebers ausreicht (§ 3 Abs. 2 TVG; Rdnr. 837), scheidet bei einer Lohnzahlungsklage aus, weil § 3 Abs. 2 TVG nur für betriebliche und betriebsverfassungsrechtliche Fragen gilt.

**1329**
- Wenn entweder der Arbeitnehmer oder der Arbeitgeber nicht tarifgebunden ist:
  - Findet ein Tarifvertrag auf das Arbeitsverhältnis Anwendung, weil er für *allgemein verbindlich* erklärt worden ist (§ 5 Abs. 4 TVG; Rdnr. 838 ff.)?
  - Wird das Arbeitsverhältnis vom (räumlichen, zeitlichen, fachlichen) *Geltungsbereich* des allgemein verbindlichen Tarifvertrags erfasst (§ 4 Abs. 1 Satz 1 TVG; Rdnr. 844 ff.)?
- Wenn ein allgemein verbindlicher Tarifvertrag das Arbeitsverhältnis nicht erfasst:
  - Sind die tariflichen Bestimmungen (ganz oder teilweise) durch eine entsprechende *Bezugnahme im Einzelarbeitsvertrag* zum Inhalt des Arbeitsvertrags geworden (Rdnr. 841 f.)?

**1330** (d) Selbst, wenn der Tarifvertrag das Einzelarbeitsverhältnis erfasst, greifen seine Normen *in zwei Fällen nicht* ein:
- Sieht der Tarifvertrag vor, dass eine *zugunsten des Arbeitgebers* vom Tarifvertrag *abweichende Bestimmung des Arbeitsvertrags zulässig* sein soll („Öffnungsklausel", § 4 Abs. 3 TVG; Rdnr. 806)?
- Ist die im Arbeitsvertrag getroffene Abmachung *für den Arbeitnehmer günstiger* als die Tarifnorm (§ 4 Abs. 3 TVG; Rdnr. 807 ff.)?

Im **Fall a** ergibt sich aus dem Metalltarifvertrag der Lohnanspruch von 3.500,– Euro. Kann der Kläger nicht beweisen, dass er Mitglied der IG Metall ist, steht ihm der Tariflohn von 3.500,– Euro nur dann zu, wenn der fachlich einschlägige Tarifvertrag für allgemein verbindlich erklärt oder seine Geltung im Arbeitsvertrag mit der X-GmbH vereinbart wurde (Bezugnahmeklausel im Arbeitsvertrag). Gegebenenfalls kann sich ein Anspruch aus einer betrieblichen Übung (Rdnr. 151 f.) ergeben, wenn der Arbeitgeber bereits seit längerer Zeit trotz fehlender Tarifbindung die tariflichen Arbeitsbedingungen gewährt. Eine dynamische Bindung an Tarifverträge kann aber auf diese Weise nicht entstehen.

**1331** (3) Bei der Bestimmung der Lohnhöhe in einer *Betriebsvereinbarung* ist vor allem zu fragen:
- Sind die Arbeitsentgelte durch einen Tarifvertrag geregelt oder werden sie üblicherweise durch Tarifvertrag geregelt (§ 77 Abs. 3 Satz 1 BetrVG; Rdnr. 1065)?
- Bejahendenfalls: Wird im Tarifvertrag ein Abschluss ergänzender Betriebsvereinbarungen zugelassen (§ 77 Abs. 3 Satz 2 BetrVG; Rdnr. 1065)?
- Wenn danach eine Betriebsvereinbarung über die Lohnhöhe ausnahmsweise zulässig ist:

- Ist eine solche Vereinbarung zwischen Arbeitgeber und Betriebsrat wirksam (schriftlich) geschlossen worden (§ 77 Abs. 2 BetrVG, Rdnr. 1060)?
- Ist die im Arbeitsvertrag getroffene Regelung günstiger als die Betriebsvereinbarung oder aber von dieser zugelassen (§ 4 Abs. 3 TVG analog; Rdnr. 1062)?

Das Günstigkeitsprinzip gilt nicht im Verhältnis von Betriebsvereinbarung zum Tarifvertrag. Ist eine Materie durch einen Tarifvertrag geregelt oder wird sie üblicherweise durch einen Tarifvertrag geregelt, ist eine Betriebsvereinbarung unzulässig. Lässt der Tarifvertrag eine Regelung durch Betriebsvereinbarung ohne Einschränkung zu, ist davon auszugehen, dass diese Vereinbarung nach dem Willen der Tarifparteien auch dann vorgehen soll, wenn sie ungünstiger als die tarifliche Regelung ist. Etwas anderes gilt nur, wenn der Tarifvertrag für den Arbeitnehmer ungünstigere Absprachen in einer Betriebsvereinbarung ausdrücklich ausschließt (§ 77 Abs. 3 BetrVG; Rdnr. 1065).

**d) Keine rechtsvernichtenden Einreden.** Dem Anspruch des klagenden Arbeitnehmers dürfen keine rechtsvernichtenden („peremptorischen") Einreden entgegenstehen; diese vernichten den bereits entstandenen Lohnanspruch (anders die aufschiebenden („dilatorischen") Einreden wie § 273 BGB oder § 320 BGB; Rdnr. 412 f.).

Folgende Fragen kommen in Betracht:
- Ist die Lohnforderung bereits erfüllt oder der geschuldete Betrag hinterlegt worden (§ 362 Abs. 1 BGB; §§ 372 ff., 378 BGB)?
- Ist gegenüber der Lohnforderung mit einer Gegenforderung wirksam aufgerechnet worden (§§ 387 ff. BGB; beachte das Aufrechnungsverbot des § 394 BGB i. V. m. §§ 850 ff. ZPO)?
- Hat der Kläger dem Beklagten die Lohnforderung durch Vertrag erlassen (§ 397 Abs. 1 BGB)?
- Wenn es sich um einen Verzicht auf einen Tariflohn handelt: Haben die Tarifvertragsparteien zugestimmt (vgl. § 4 Abs. 4 Satz 1 TVG; Rdnr. 819 f.)?
- Ist der Anspruch dadurch erloschen, dass eine Verfallfrist für die Geltendmachung tariflicher Lohnansprüche im Tarifvertrag vereinbart worden und diese Frist bereits abgelaufen ist (§ 4 Abs. 4 Satz 3 TVG; Rdnr. 823 ff.)?

Die tarifliche Verfallklausel ist vom Gericht – anders als bei der Verjährungseinrede – auch dann zu beachten, wenn der Beklagte sich im Prozess nicht darauf beruft.

Im **Fall a** muss der Beklagte bei Bestreiten des Klägers die Erfüllung beweisen.

Er trägt auch die Beweislast dafür, dass eine Verfallfrist – z. B. von drei Monaten nach Beendigung des Arbeitsverhältnisses – besteht und diese Frist bereits verstrichen ist.

Ergibt die Auslegung des Tarifvertrags, dass die Verfallklausel (wie in der Regel) sich nicht nur auf die tariflichen, sondern auch auf alle Ansprüche aus dem Arbeitsverhältnis beziehen soll und die Verfallzeit abgelaufen ist, dann ist die Klage unschlüssig und daher abzuweisen. Geht man vorliegend vom Vorbringen des Klägers aus, dann ist der Tarifvertrag anzuwenden, so dass der Lohnanspruch jedenfalls wegen Ablaufs der Verfallfrist erloschen ist. Es kommt dann nicht mehr auf eine Beweisaufnahme zum Vorbringen des Beklagten über die bereits erfolgte Zahlung an. Der Kläger könnte dieses für ihn missliche Ergebnis nur vermeiden, wenn er die Lohnforderung zumindest hilfsweise nicht auf den Tarifvertrag, sondern auf eine Lohnvereinbarung oder mangels einer solchen auf § 612 Abs. 2 BGB stützte und außerdem die tarifliche Ausschlussfrist insoweit nicht einschlägig wäre.

**e) Keine Verjährung.** Insbesondere: Ist der Lohnanspruch bereits verjährt und hat der Beklagte die Verjährungseinrede geltend gemacht (§ 214 BGB)?

Der Lohnanspruch verjährt in drei Jahren; die Frist beginnt mit dem Ende des Jahres, in dem der Anspruch entstanden ist und der Gläubiger von den anspruchsbegründenden Umständen und der Person des Schuldners Kenntnis erlangt oder (ohne grobe Fahrlässigkeit) erlangen müsste, §§ 195, 199 Abs. 1 BGB, spätestens aber nach zehn Jahren, § 199 Abs. 4 BGB.

Im **Fall a** darf die Verjährung nicht geprüft werden, da der Beklagte sie nicht geltend gemacht hat. Abgesehen davon war der Anspruch bei Klageerhebung noch nicht verjährt.

## II. Kündigungsschutzklage

### 1. Prüfung der Zulässigkeit

**1334** a) Die Fragen der *Zulässigkeit des Rechtswegs,* der *Zuständigkeit* des angerufenen Gerichts sowie der *Partei-, Prozess-* und *Postulationsfähigkeit* sind wie bei der Lohnzahlungsklage (Rdnr. 1313 ff.) zu beantworten.

**1335** b) Auch bei der Kündigungsschutzklage muss ein *bestimmter Klageantrag* gestellt werden (§ 46 Abs. 2 Satz 1 ArbGG i. V. m. §§ 253 Abs. 2 Nr. 2, 495 Abs. 1 ZPO). Fehlt es an einem solchen Antrag, muss der Richter den Kläger veranlassen, einen sachdienlichen Antrag zu stellen (§ 139 Abs. 1 Satz 2 ZPO).

Folgende Klageanträge kommen in Betracht:

**1336** (1) „Es wird festgestellt, dass das Arbeitsverhältnis der Parteien durch die Kündigung des Beklagten vom ... nicht aufgelöst worden ist." Streitgegenstand ist nicht der Fortbestand des Arbeitsverhältnisses, sondern die Wirksamkeit der konkreten Kündigung (sog. punktueller Streitgegenstandsbegriff). Dieser Antrag ist zu stellen, wenn sich die Wirksamkeit einer Kündigung nach § 4 Satz 1 KSchG beurteilt. Da die Anrufung des Arbeitsgerichts nunmehr nach § 23 Abs. 1 Satz 2 und 3 KSchG i. V. m. § 4 Satz 1 KSchG in fast allen Fällen nach § 7 KSchG Voraussetzung für die Rechtsunwirksamkeit einer Kündigung ist, ist dieser Antrag regelmäßig der zutreffende Antrag. Eine Ausnahme besteht im Wesentlichen nur noch für den Fall, dass die Kündigung nicht schriftlich erfolgt, nicht zugegangen (beides ergibt sich aus dem Wortlaut des § 4 Satz 1 KSchG) oder dem Arbeitgeber nicht zurechenbar (str.) ist.

**1337** Das gem. § 256 Abs. 1 ZPO erforderliche Feststellungsinteresse ist nicht besonders zu prüfen, da § 4 Satz 1 KSchG ausdrücklich eine Feststellungsklage vorsieht; diese muss erhoben werden, damit die Kündigung nicht als von Anfang an wirksam gilt (§ 7 KSchG; Rdnr. 603).

Im **Fall b** will der Kläger erkennbar die Kündigung aus wichtigem Grund und auch die hilfsweise ausgesprochene ordentliche Kündigung angreifen, um damit zu erreichen, dass das Arbeitsverhältnis bestehen bleibt. Deshalb wird das Gericht anregen, einen Feststellungsantrag gem. § 4 Satz 1 KSchG zu stellen.

**1338** (2) „Es wird festgestellt, dass das Arbeitsverhältnis der Parteien über den ... hinaus fortbesteht." Hierbei handelt es sich um die allgemeine Feststellungsklage nach § 256 Abs. 1 ZPO, die dann in Betracht kommt, wenn § 4 Satz 1 KSchG nicht einschlägig ist, also insbesondere bei einer nicht schriftlichen Kündigung. Streitgegenstand ist der Fortbestand des Arbeitsverhältnisses im Zeitpunkt der letzten mündlichen Verhandlung. Nach § 256 Abs. 1 ZPO ist für die Zulässigkeit der Klage ein besonderes Feststellungsinteresse erforderlich. Das ist jedoch regelmäßig zu bejahen, da der Kläger ein rechtliches Interesse an alsbaldiger Feststellung hat, ob das Rechtsverhältnis, nämlich das Arbeitsverhältnis, fortbesteht oder durch die

Kündigung des Beklagten aufgelöst worden ist. Die bloße Feststellung, dass das Arbeitsverhältnis durch die Kündigung nicht aufgelöst worden ist, reicht nicht, da hiermit kein Bestehen eines Rechtsverhältnisses i. S. d. § 256 ZPO festgestellt werden würde.

Im **Fall b** wäre dem Kläger zu einem allgemeinen Feststellungsantrag zu raten gewesen, wenn die Kündigung nicht schriftlich erfolgt wäre.

(3) „Es wird festgestellt, dass das Arbeitsverhältnis der Parteien durch die Kündigung des Beklagten vom ... nicht beendet worden ist, sondern über den ... hinaus fortbesteht" (sog. Schleppnetzantrag). Hier handelt es sich um eine Kombination der beiden zuvor genannten Klageanträge. Der erste ist der nach § 4 Satz 1 KSchG vorgesehene Antrag, bei dem die Prüfung eines besonderen Feststellungsinteresses nicht erforderlich ist. Dagegen ist der zweite Antrag nach § 256 Abs. 1 ZPO zu beurteilen, setzt also ein besonderes Feststellungsinteresse voraus. Das ist zu verneinen, wenn der Kläger nur die Kündigung des Beklagten angreift und der Fortbestand des Arbeitsverhältnisses nur von der Wirkung dieser Kündigung abhängt. Sofern aber nach dem Zugang dieser Kündigung noch ein weiterer Grund für die Beendigung des Arbeitsverhältnisses (z. B. weitere Kündigung, Aufhebungsvertrag) entstanden und seine Wirkung auf das Arbeitsverhältnis unter den Parteien streitig ist, ist ein Feststellungsinteresse für den Zusatz „sondern über den ... hinaus besteht" zu bejahen. Eine erneute Kündigung während des Prozesses muss im Falle einer von ihm erhobenen Feststellungsklage nach § 256 Abs. 1 ZPO vom Arbeitnehmer nicht in der Drei-Wochen-Frist des § 4 Satz 1 KSchG angegriffen werden. Der Arbeitgeber ist nach Sinn und Zweck des § 4 KSchG hinreichend gewarnt, dass der Arbeitnehmer sich gegen alle weiteren Kündigungen wenden will, so dass die Einhaltung der Drei-Wochen-Frist für die Einführung der konkreten Kündigung in den Prozess reine Förmelei wäre. Der Arbeitnehmer kann die neue Kündigung daher in entsprechender Anwendung des § 6 KSchG bis zum Schluss der letzten mündlichen Verhandlung in den Prozess einführen, ohne dass die Fiktionswirkung des § 7 KSchG eintritt (BAG NZA 1997, 844, 845).

(4) „Es wird festgestellt, dass die Kündigung des Beklagten vom ... unwirksam ist". Dieser Wortlaut entspricht weder § 4 Satz 1 KSchG noch § 256 Abs. 1 ZPO. Aus dem Klagevorbringen ist im Einzelfall zu ermitteln, ob eine Klage gem. § 4 Satz 1 KSchG oder eine allgemeine Feststellungsklage gem. § 256 Abs. 1 ZPO vorliegt. Nach dem Ergebnis dieser Prüfung wird das Gericht gemäß § 139 Abs. 1 Satz 2 ZPO eine Fassung des Klageantrages nach (1) oder (2) anregen.

(5) Bei der Klage gegen eine *Änderungskündigung* richtet sich der Klageantrag danach, wie der Arbeitnehmer auf die Kündigung reagiert (Rdnr. 653 ff.).

(a) Lehnt er das Änderungsangebot des Arbeitgebers ab und erhebt er die Kündigungsschutzklage, richtet sich der Klageantrag nach dem oben Gesagten.

(b) Nimmt der Arbeitnehmer das Änderungsangebot unter dem Vorbehalt an, dass die Änderung der Arbeitsbedingungen nicht sozial ungerechtfertigt ist (§ 2 Satz 1 KSchG), und erhebt er eine sog. Änderungsschutzklage, so lautet der Klageantrag gem. § 4 Satz 2 KSchG: „Es wird festgestellt, dass die Änderung der Arbeitsbedingungen sozial ungerechtfertigt oder aus anderen Gründen rechtsunwirksam ist." Wird die Änderungskündigung aus anderen Gründen für rechtsunwirksam gehalten, ist der Klageantrag entsprechend zu modifizieren.

## 2. Prüfung der Begründetheit bei Ausspruch einer ordentlichen Kündigung

**1342** Bei der materiell-rechtlichen Überprüfung einer ordentlichen Kündigung können sich folgende Fragen stellen:

### a) Kündigungserklärung

**1343** (1) *Eindeutige Erklärung*
Liegt eine Erklärung vor, aus der sich ein für den Erklärungsempfänger eindeutig erkennbarer Wille des Erklärenden ergibt, das Arbeitsverhältnis durch ordentliche Kündigung zu beenden (Rdnr. 501 f.)?

(2) *Wirksame Abgabe der Kündigungserklärung*
- (a) Geschäftsfähigkeit des Erklärenden?
- (b) Erklärung ohne unzulässige Bedingung (Rdnr. 501 ff.)?
- (c) Bei Erklärung durch einen Vertreter des Kündigenden (Rdnr. 511):
  - Vorliegen der Vertretungsmacht (beachte §§ 174, 180 BGB)?
  - Erkennbarkeit des Handelns im Namen des Vertretenen für den Erklärungsempfänger?
- (d) Einhaltung der für die Kündigungserklärung nach § 623 BGB vorgeschriebenen Form (Rdnr. 500)?
- (e) Ausnahmsweise (und nur bei arbeitgeberseitiger Kündigung) vorgeschriebene Angabe des Kündigungsgrundes (Rdnr. 504 ff.)?

(3) Wirksamer Zugang der Kündigungserklärung

- Ist die Kündigungserklärung dem Arbeitnehmer zugegangen (§§ 130 ff. BGB; Rdnr. 507 f.)?
- Wann (bei Urlaub des Arbeitnehmers, bei Empfang über Mittelsperson wie Empfangsbote, Empfangsvertreter) ist die Kündigung zugegangen?

(Die Antwort auf die Frage ist wichtig für die Beurteilung, ob der Kündigende die Kündigungsfrist eingehalten hat und ob der Kläger innerhalb der von § 4 KSchG vorgeschriebenen drei Wochen nach Zugang die Klage erhoben hat).

**1344** **b) Einhaltung der Kündigungsfrist.** Kündigungsfristen können sich aus dem Gesetz (insbes. § 622 BGB), Tarif- oder Arbeitsvertrag ergeben. Die Nichteinhaltung einer Kündigungsfrist führt allerdings i. d. R. nicht zur Unwirksamkeit der Kündigung, sondern zieht den Lauf der richtigen Kündigungsfrist nach sich (Umdeutung, § 140 BGB), so dass die Kündigung zum nächstzulässigen Zeitpunkt wirksam wird.

### c) Keine sachlichen und personellen Ausschlussgründe

**1345** (1) *Sachliche Ausschlussgründe*
- § 134 BGB
- § 138 BGB
- § 612a BGB (Rdnr. 368)
  Insbesondere i. R. von § 138 und § 612a BGB sind die europarechtlichen Gleichbehandlungsgebote zu berücksichtigen. Nur wenn man § 2 Abs. 4 AGG für europarechtswidrig hält, ist die Kündigung unmittelbar an § 7 AGG zu messen (Rdnr. 599 f.).
- § 613a Abs. 4 Satz 1 BGB (Rdnr. 721 f.)
- § 242 BGB gewährleistet in Kleinbetrieben einen Mindestschutz (Rdnr. 549).

(2) *Personelle Ausschlussgründe (Besonderer Kündigungsschutz) z. B.:*
- § 17 Abs. 1 Satz 1 MuSchG (Rdnr. 529). Hat die zuständige Behörde die Kündigung ausnahmsweise für zulässig erklärt?
- § 18 BEEG (Rdnr. 530)
- § 22 Abs. 2 Nr. 1 BBiG (Rdnr. 525)
- § 168 SGB IX (Rdnr. 531 ff.)
- § 15 Abs. 1 KSchG (Rdnr. 526).

(3) *Anzeigepflicht bei Massenentlassung (§§ 17f. KSchG; Rdnr. 534ff.)*
Unterbleibt eine wirksame Anzeige, führt dies nach der Junk-Rspr. des EuGH (NJW 2005, 1099) zur Unwirksamkeit der Kündigung des einzelnen Arbeitnehmers (BAG NZA 2007, 25).

(4) *Kein individual- oder kollektivvertraglicher Ausschluss der Kündigung*

Ist die ordentliche Kündigung durch Tarifvertrag (z. B. nach einer bestimmten Beschäftigungszeit, nach Erreichen eines bestimmten Lebensalters), Betriebsvereinbarung oder Arbeitsvertrag (z. B. bei Befristung, vgl. § 620 BGB) ausgeschlossen? Verstößt die Kündigung gegen eine Kündigungsrichtlinie nach § 95 BetrVG und hat die Arbeitnehmervertretung deshalb der Kündigung fristgerecht widersprochen (Rdnr. 597)? **1346**

**d) Ordnungsgemäße Beteiligung des Betriebsrats (Präventiver Kündigungsschutz).** Ist der Betriebsrat vor der Kündigung des Arbeitnehmers ordnungsgemäß angehört worden (§ 102 Abs. 1 Satz 1 BetrVG; Rdnr. 541 f., 1138 ff.)? Ohne eine solche Anhörung ist die Kündigung unwirksam; § 102 Abs. 1 Satz 3 BetrVG. Entsprechendes gilt nach § 31 Abs. 2 SprAuG bei der Kündigung eines leitenden Angestellten. **1347**

**e) Einhaltung der Klagefrist gem. § 4 KSchG.** Ist die Kündigungsklagefrist gem. § 4 KSchG eingehalten worden? Die Klagefrist ist bei allen Kündigungen zu beachten, unabhängig davon, ob das KSchG im Übrigen anwendbar ist. Nach Ablauf der Klagefrist können Unwirksamkeitsgründe (mit Ausnahme der Verletzung des Schriftformzwangs, des fehlerhaften Zugangs bzw. der mangelnden Zurechenbarkeit [str.]) nicht mehr geltend gemacht werden, die Kündigung gilt als von Anfang an wirksam. § 4 KSchG bezieht sich allerdings nicht auf die Nichteinhaltung der Kündigungsfrist, weil der Arbeitnehmer in einem solchen Fall nicht die Unwirksamkeit der Kündigung, sondern nur den Zeitpunkt ihres Wirksamwerdens festgestellt wissen will (BAG NZA 2006, 791). **1348**

**f) Kündigungsschutz nach dem KSchG.** Bei der *ordentlichen Kündigung* muss ein Kündigungsgrund vorliegen und geprüft werden, wenn folgende Voraussetzungen erfüllt sind: **1349**

(1) *Anwendbarkeit des KSchG* (Rdnr. 548 ff.). **1350**
- Sechsmonatiger Bestand des Arbeitsverhältnisses (§ 1 Abs. 1 KSchG)
- Mehr als 10 Arbeitnehmer im Betrieb des Arbeitgebers (§ 23 Abs. 1 Satz 3 KSchG)
- Greift für einzelne Arbeitnehmer der Schutz für Altverträge aus § 23 Abs. 1 Satz 2 KSchG?

(2) *Soziale Rechtfertigung* der Kündigung. Ein Kündigungsgrund ist gegeben, wenn die Kündigung sozial gerechtfertigt ist (§ 1 Abs. 2, 3 KSchG). Nach § 1 Abs. 2 **1351**

Satz 1 KSchG kommen drei Fallgruppen für die soziale Rechtfertigung in Betracht (Rdnr. 558 ff.):

**1352** (a) *Personenbedingte Kündigung (Rdnr. 559 ff.):*

(aa) Liegen Gründe in der Person des Arbeitnehmers vor (etwa mangelnde körperliche oder geistige Eignung), die eine Erreichung des Vertragszwecks auf längere Sicht unmöglich machen?

(bb) Ist die Kündigung bei verständiger Würdigung in Abwägung der Interessen der Vertragsparteien und des Betriebes unter Berücksichtigung einer Prognose der künftigen Entwicklung billigenswert und angemessen? Das ist der Fall, wenn es durch die Gründe in der Person des Arbeitnehmers zur Beeinträchtigung betrieblicher oder vertraglicher Interessen kommt, dies auch in Zukunft zu erwarten ist (Negativprognose) und keine milderen Mittel (bei steuerbarem Verhalten – z. B. bei Bereitschaft zu einem Alkoholentzug – ggf. eine Abmahnung) als die Kündigung zur Verfügung stehen („ultima-ratio"-Prinzip). Ferner muss eine umfassende Interessenabwägung erfolgen.

**1353** (cc) Beim häufigsten Fall der personenbedingten Kündigung, nämlich der *Krankheit*, kommt der negativen Prognose besondere Bedeutung zu. Das BAG hat hierzu verschiedene Fallgruppen entwickelt (HWK/Thies, § 1 KSchG Rdnr. 136 ff.).

Bei der krankheitsbedingten Kündigung ist im Rahmen der Verhältnismäßigkeitsprüfung auch zu fragen, ob ein betriebliches Eingliederungsmanagement i. S. d. § 167 Abs. 2 SGB IX durchgeführt wurde. Ist dies unterblieben, folgt daraus zwar noch nicht die Unwirksamkeit der Kündigung, der Arbeitgeber muss dann jedoch im Prozess darlegen, dass eine zumutbare Beschäftigung des erkrankten Arbeitnehmers nicht möglich war (BAG DB 2010, 1015).

**1354** (b) *Verhaltensbedingte Kündigung (Rdnr. 564 ff.):*

Sind solche im Verhalten des Arbeitnehmers liegenden Umstände gegeben, die bei verständiger Würdigung in Abwägung der Interessen der Vertragsparteien und des Betriebes die Kündigung als billigenswert und angemessen erscheinen lassen? Zu erfolgen hat eine dreistufige Prüfung:

(aa) (Schuldhafte) Verletzung von Vertragspflichten?
(bb) Verhältnismäßigkeit/„Ultima-ratio"-Prinzip (insbes. Abmahnung)
(cc) Überwiegen im Rahmen der erforderlichen umfassenden Interessenabwägung die Belange des Arbeitgebers?

zu (aa) Handelt es sich um eine oder mehrere (regelmäßig schuldhafte) Verletzungen von (wirksam vereinbarten) Vertragspflichten? Welche? Hat der Arbeitnehmer durch sein Verhalten (welches?) gegenüber dem Arbeitgeber oder den Arbeitnehmern die betriebliche Ordnung gestört? Hat das beanstandete außerdienstliche Verhalten (welches?) negative Auswirkungen auf das Arbeitsverhältnis oder den Betrieb? Besteht eine Wiederholungsgefahr (Negativprognose; str., vgl. Rdnr. 555)?

zu (bb): Ist der Arbeitnehmer klar und deutlich abgemahnt (Rdnr. 569 ff.) worden? Von einer Abmahnung kann ausnahmsweise dann abgesehen werden, wenn die einmalige Verfehlung des Arbeitnehmers derart schwer wiegt, dass eine Fortsetzung des Arbeitsverhältnisses wegen der vollständigen Zerstörung des Vertrauensverhältnisses ausgeschlossen ist, oder wenn die Abmahnung ihren Zweck nicht erfüllen kann, weil bspw. der Arbeitnehmer sein Verhalten erklärtermaßen nicht ändern will.

zu (cc) Interessenabwägung im Einzelfall:

Interessen des Arbeitgebers: Etwa Erhaltung der Funktionsfähigkeit des Betriebes (nicht aber die Abschreckung der Restbelegschaft), Vermeidung von Vermögensschäden, Schutz der Arbeitskollegen, insbesondere Wiederholungsgefahr.

Interessen des Arbeitnehmers: Etwa Art und Häufigkeit der Taten des Arbeitnehmers, Alter, Dauer der Betriebszugehörigkeit, bisheriges Verhalten, insbesondere Möglichkeit der Versetzung im Betrieb mit der Chance, dass die bisher begangenen Taten sich dann nicht wiederholen.

Im **Fall b** kann für die Entscheidung des Gerichts wichtig sein, ob und wie es zu den Prügeleien gekommen ist, ob Kollegen des Klägers sie provoziert oder gar begonnen haben, welche Auswirkungen die Taten des Klägers auf die von ihm angegriffenen Kollegen und auf den Betrieb haben. Wenn man von entsprechenden Abmahnungen ausgehen kann, bleibt zu prüfen, ob eine Versetzung an einen anderen Arbeitsplatz in Betracht kommt, an dem (handgreifliche) Streitigkeiten nicht zu erwarten sind.

(c) *Betriebsbedingte Kündigung (Rdnr. 577ff.):*                                      **1355**

Sind dringende betriebliche Erfordernisse gegeben, die einer Weiterbeschäftigung des Arbeitnehmers entgegenstehen? Erforderlich ist eine Diskrepanz zwischen Personalbestand und Personalbedarf.

(aa) Kündigungsbegründende Unternehmerentscheidung:                                   **1356**

- Welcher außerbetriebliche Grund (etwa Auftragsmangel, Umsatz- oder Gewinnrückgang) oder welcher innerbetriebliche Grund (z. B. Rationalisierungsmaßnahme, Änderung der Produktion) lag vor und welche Entscheidung hat der Arbeitgeber getroffen, um dem veränderten Arbeitsbedarf Rechnung zu tragen?
- Die Entscheidung zu bestimmten betrieblich-organisatorischen Maßnahmen ist eine freie Unternehmerentscheidung und vom Arbeitsgericht nicht zu überprüfen. Nur dann, wenn geltend gemacht wird, die Maßnahme sei offensichtlich unsachlich, unvernünftig oder willkürlich (z. B. um eine sonst unzulässige Kündigung auf diesem Wege möglich zu machen), hat das Gericht zu klären, ob ein Missbrauch des Ermessens vorliegt; die Beweislast trifft insoweit den Arbeitnehmer.
- Führt die Unternehmerentscheidung aller Voraussicht nach zum Wegfall des Arbeitsplatzes bei Ablauf der Kündigungsfrist (Prognose)? Der Arbeitgeber muss im Einzelnen – und nicht nur schlagwortartig – darlegen und bei Bestreiten des Arbeitnehmers beweisen, dass der geltend gemachte Grund vorlag (insbesondere darf nicht „vorsorglich" gekündigt werden, wenn noch gar nicht feststeht, ob der Grund, bspw. eine Umstrukturierung, vorliegen wird) und welche Auswirkungen dieser auf den Arbeitsplatz hatte.

(bb) Verhältnismäßigkeit/„Ultima-Ratio"-Prinzip:                                       **1357**

- Hätte die Kündigung durch andere (welche?) Maßnahmen vermieden werden können (Der Arbeitnehmer hat die Maßnahmen zu benennen, der Arbeitgeber sie zu widerlegen; str.)?

- Konnte der Arbeitnehmer auf einen anderen (freien und gleichwertigen) Arbeitsplatz im Betrieb/Unternehmen versetzt werden? Der Arbeitgeber hat zu      **1358**

behaupten und notfalls zu beweisen, dass eine anderweitige Beschäftigung des Arbeitnehmers nicht möglich ist. Demgegenüber hat der Arbeitnehmer darzutun, wie er sich seine anderweitige Beschäftigung vorstellt. Dann ist es Sache des Arbeitgebers, die Gründe dafür vorzubringen und evtl. zu beweisen, dass eine solche Beschäftigungsmöglichkeit nicht besteht.
- Merke: Liegen dringende betriebliche Erfordernisse vor, so ist eine Interessenabwägung nicht (!) mehr vorzunehmen!

**1359** (cc) Soziale Auswahl:
- Einbeziehung aller Arbeitnehmer des Betriebs auf horizontal vergleichbaren Arbeitsplätzen in die soziale Auswahl?
- Hat der Arbeitgeber bei der Auswahl des von ihm gekündigten Arbeitnehmers aus dem Kreis der vergleichbaren Arbeitnehmer die vier in § 1 Abs. 3 Satz 1 KSchG genannten sozialen Gesichtspunkte nicht oder nicht ausreichend berücksichtigt oder hat er bei der Kündigung den sozialstärksten Arbeitnehmer (= der auf den Arbeitsplatz am wenigsten angewiesen ist) ermittelt (Zur Behauptungs- und Beweislast: Rdnr. 583)?
- Hat der Arbeitgeber in berechtigter Weise bestimmte Arbeitnehmer aus der sozialen Auswahl ausgenommen, weil es sich um Leistungsträger handelt oder um eine ausgewogene Personalstruktur zu sichern (§ 1 Abs. 3 Satz 2 KSchG; s. Rdnr. 592 ff.)?
- Sind die sozialen Gesichtspunkte nach § 1 Abs. 3 Satz 1 KSchG in einem Tarifvertrag oder einer Richtlinie nach BetrVG oder BPersVG grob fehlerhaft gewichtet (§ 1 Abs. 4 KSchG; vgl. Rdnr. 595)?
- Ist die soziale Auswahl, die einer anlässlich eines Sozialplans erstellten Namensliste zugrunde liegt, grob fehlerhaft (§ 1 Abs. 5 KSchG; dazu Rdnr. 596)?

**1360** (3) Ergibt die bisherige Prüfung, dass die Kündigungsschutzklage begründet ist, weil das Arbeitsverhältnis durch die Kündigung wegen fehlender sozialer Rechtfertigung weder fristlos noch fristgemäß aufgelöst worden ist, besteht das Arbeitsverhältnis unverändert fort. Dennoch kann das Arbeitsgericht auf entsprechenden Antrag einer der beiden Parteien durch Gestaltungsurteil das *Arbeitsverhältnis auflösen* und den Arbeitgeber zur Zahlung einer angemessenen Abfindung verurteilen (Einzelh.: §§ 9 f. KSchG; Rdnr. 665 ff.). Dies gilt nicht bei der Rechtsunwirksamkeit der Kündigung aus anderen Gründen (MünchKomm/Hergenröder, § 13 KSchG Rdnr. 64).

### 3. Prüfung der Begründetheit bei Ausspruch einer außerordentlichen Kündigung

Hier können sich folgende Fragen stellen:

**1361** a) **Kündigungserklärung.** Zur Prüfung kann auf die Ausführungen zur ordentlichen Kündigung verwiesen werden.

**1362** b) **Beachtung besonderer Zustimmungserfordernisse.** Die außerordentliche Kündigung ist nicht ausschließbar, da etwas Unzumutbares niemandem abverlangt werden kann. Jedoch kennt das Gesetz verschiedene Zustimmungserfordernisse bzw. knüpft die Wirksamkeit an eine Zulässigkeitserklärung:
- § 17 Abs. 2 Satz 1 MuSchG (Rdnr. 614). Hat die zuständige Behörde die Kündigung für zulässig erklärt?

- § 18 BEEG (Rdnr. 614)
- §§ 168, 174 SGB IX (Rdnr. 614)
- Bei außerordentlicher Kündigung eines Betriebsratsmitglieds oder eines anderen Amtsträgers: Hat der Betriebsrat der Kündigung zugestimmt oder ist die Zustimmung vom Arbeitsgericht ersetzt worden (§ 103 BetrVG; Rdnr. 615)?

**c) Keine allgemeinen zivilrechtlichen Unwirksamkeitsgründe, z. B. Sittenwidrigkeit (§ 138 BGB); Verstoß gegen ein gesetzliches Verbot (§ 134 BGB).**

**d) Ordnungsgemäße Beteiligung des Betriebsrats.** Ist der Betriebsrat vor der Kündigung des Arbeitnehmers ordnungsgemäß gehört worden (§ 102 Abs. 1 Satz 1 BetrVG; Rdnr. 619)? Kurze Frist (3 Tage) beachten!

**e) Einhaltung der Klagefrist gem. § 4 KSchG.** Auch bei jeder außerordentlichen Kündigung ist nach § 13 KSchG die *Kündigungsklagefrist gem. § 4 KSchG zu beachten, obwohl das KSchG im Übrigen nicht eingreift* (Rdnr. 620).

**f) Kündigungsgrund.** Die *außerordentliche Kündigung* setzt einen *wichtigen Grund* i. S. d. § 626 Abs. 1 BGB voraus (Rdnr. 621 ff.).

Rspr. und h. L. ermitteln das Vorliegen eines wichtigen Grundes in zwei Prüfungsschritten (vgl. BAG NZA 2015, 294; 2013, 319; 2006, 1033; Schaub/Linck, Arbeitsrechts-Handbuch, § 127 Rdnr. 40 ff.):

- Zunächst ist zu klären, ob der Sachverhalt *an sich geeignet ist*, einen wichtigen Grund zur Kündigung abzugeben.
- Ist das zu bejahen, so soll in einem weiteren Schritt eine umfassende Abwägung der Interessen der Beteiligten unter Berücksichtigung des Verhältnismäßigkeitsprinzips durchgeführt werden. Diese Interessenabwägung muss zu dem Ergebnis führen, dass dem Kündigenden die Fortsetzung des Arbeitsverhältnisses bis zum Ablauf der Kündigungsfrist nicht zugemutet werden kann.

Ein wichtiger Grund wird gesetzlich nicht mehr angenommen, wenn die *Kündigungserklärungsfrist* von zwei Wochen nach Kenntnis des Kündigungsgrundes nicht eingehalten worden ist (§ 626 Abs. 2 Satz 1 BGB; Rdnr. 639 ff.).

Im **Fall b** ist diese Frist nicht eingehalten, da sie bereits bei Abfassung des Kündigungsbriefes und damit erst recht im Zeitpunkt des Zugangs des Briefes beim Kläger verstrichen war. Deshalb wird unwiderleglich vermutet, dass der genannte Grund nicht mehr zur außerordentlichen Kündigung herangezogen werden kann. Damit ist es unerheblich, ob der vorgebrachte Sachverhalt überhaupt einen wichtigen Grund darstellt.

**g) Folgen bei Unwirksamkeit der außerordentlichen Kündigung.** Ist die außerordentliche Kündigung unwirksam, ist zu prüfen, ob die Kündigung als ordentliche Erfolg hat. Zunächst ist zu erörtern, ob der Arbeitgeber vorsorglich („hilfsweise" für den Fall, dass er mit der außerordentlichen Kündigung sein Ziel, das Arbeitsverhältnis sofort zu beenden, nicht erreicht) eine ordentliche Kündigung ausgesprochen hat.

Ist eine solche hilfsweise Kündigung nicht ausdrücklich erklärt worden, ist zu untersuchen, ob die (unwirksame) außerordentliche Kündigung gem. § 140 BGB in eine ordentliche umgedeutet werden kann (Rdnr. 645 f.). Voraussetzung ist aber, dass der Betriebsrat auch zur (hilfsweisen) ordentlichen Kündigung gehört und die Wochenfrist des § 102 Abs. 2 Satz 1 BetrVG beachtet wurde.

In jedem Fall ist die außerordentliche vor der ordentlichen Kündigung zu prüfen. Denn der Kündigende will primär die für ihn günstigere außerordentliche Kündigung, und nur für den Fall, dass sie nicht durchgreift, will er sich mit der ordentlichen Kündigung begnügen.

### 4. Folgen bei Begründetheit der Klage

**1369** a) **Fortbestand des Arbeitsverhältnisses; Auflösung durch Gestaltungsurteil.** Ergibt die bisherige Prüfung, dass die Kündigungsschutzklage begründet ist, weil das Arbeitsverhältnis durch die Kündigung wegen fehlender sozialer Rechtfertigung weder fristlos noch fristgemäß aufgelöst worden ist, besteht das Arbeitsverhältnis unverändert fort. Dennoch kann das Arbeitsgericht auf entsprechenden Antrag einer der beiden Parteien durch Gestaltungsurteil das Arbeitsverhältnis auflösen und den Arbeitgeber zur Zahlung einer angemessenen Abfindung verurteilen (Einzelh.: §§ 9 f. KSchG; Rdnr. 665 ff.). Dies gilt nicht bei der Rechtsunwirksamkeit der Kündigung aus anderen Gründen (MünchKomm/Hergenröder, § 13 KSchG Rdnr. 64).

**1370** Besonderheit: Bei Unwirksamkeit der außerordentlichen Kündigung steht nur dem Arbeitnehmer (und nicht dem Arbeitgeber!) das Recht zu, den Antrag auf Auflösung und Zahlung der Abfindung zu stellen (§ 13 Abs. 1 Satz 3 KSchG; Rdnr. 668.).

**1371** b) **Anspruch auf Annahmeverzugslohn.** Bei erfolgreicher Kündigungsschutzklage kann dem Arbeitnehmer außerdem ein Anspruch auf Annahmeverzugslohn für die Zeit des Kündigungsschutzprozesses aus dem Arbeitsvertrag i. V. m. §§ 611a Abs. 2, 615 Satz 1 BGB zustehen (Rdnr. 664).

**1372** (1) *Bestehendes Arbeitsverhältnis?*
Durch eine unwirksame Kündigung wird das Arbeitsverhältnis nicht beendet; es bestand damit auch im fraglichen Zeitraum des Kündigungsschutzprozesses und besteht fort.

**1373** (2) *Annahmeverzug des Arbeitgebers?*
Die Voraussetzungen des Annahmeverzugs bestimmen sich nach den §§ 293 ff. BGB (vgl. Rdnr. 449 ff.):
- *Erfüllbarer Anspruch des Arbeitgebers?*
- *Leistungsfähigkeit und Leistungsbereitschaft (§ 297 BGB)?*
- *Angebot des Schuldners* zur Erbringung der Arbeitsleistung (§ 293 BGB)? Nach der Rspr. des BAG ist zumindest im Fall einer unberechtigten Kündigung ein Angebot des Arbeitnehmers nach § 296 BGB entbehrlich.
- *Keine Annahme des Arbeitgebers (§ 293 BGB)?* Nichtannahme ist jedes Verhalten, das den Erfüllungseintritt verhindert. Ein Verschulden des Arbeitgebers ist nicht erforderlich.

**1374** (3) *Rechtsfolge*
Der Arbeitnehmer ist berechtigt, die Vergütung für die infolge des Annahmeverzugs seines Arbeitgebers nicht geleistete Arbeit zu verlangen (Lohnausfallprinzip). Zur Nachleistung seiner Arbeit ist er hingegen nicht verpflichtet, vgl. § 615 Satz 1 BGB a. E.

Im Fall **b** ist A daher berechtigt, die Vergütung für die Zeit des Kündigungsschutzprozesses zu verlangen. Gemäß § 11 KSchG (lex specialis zu § 615 Satz 2

BGB) hat A sich jedoch dasjenige anrechnen zu lassen, was er anderweitig verdient bzw. zu verdienen böswillig unterlassen oder infolge Arbeitslosigkeit an öffentlich-rechtlichen Leistungen erhalten hat. Böswilligkeit setzt voraus, dass der Arbeitnehmer trotz Kenntnis und Zumutbarkeit die Aufnahme der Arbeit vorsätzlich unterlassen hat. Eine Schädigungsabsicht ist nicht erforderlich (BAG NZA 2006, 314). A kann daher lediglich 30 % seiner Vergütung von der X-GmbH verlangen.

## B. Beschlussverfahren

### I. Prüfung der Zulässigkeit

a) Die *sachliche und örtliche Zuständigkeit* ergibt sich aus § 2a und § 82 ArbGG. Danach ist das Arbeitsgericht, in dessen Bezirk der Betrieb liegt, zuständig. **1375**

b) Die besondere *Verfahrensart* des Beschlussverfahrens muss beachtet werden, wenn es sich um einen der in dem umfangreichen (zuletzt mehrfach ergänzten) Katalog des § 2a ArbGG (lesen!) aufgeführten Verfahrensgegenstände handelt. Im Wesentlichen sind dort kollektivarbeitsrechtliche Streitigkeiten (Betriebsverfassung, Unternehmensmitbestimmung und gewisse tarifrechtliche Streitigkeiten) aufgeführt. **1376**

Die Prüfung, ob eine arbeitsgerichtliche Streitigkeit im Urteils- oder im Beschlussverfahren zu behandeln ist, hat von Amts wegen zu erfolgen. Beide Verfahren schließen sich gegenseitig aus.

Wird ein Lohnanspruch geltend gemacht (**Fall a**), handelt es sich um einen Anspruch aus dem Arbeitsverhältnis (§ 2 Abs. 1 Nr. 3a ArbGG), so dass im Urteilsverfahren zu entscheiden ist. Das gilt auch dann, wenn der Arbeitnehmer den Lohn für einen Zeitraum verlangt, in dem er als Betriebsratsmitglied an einer Schulungsveranstaltung (§ 37 Abs. 6 BetrVG) teilgenommen und deshalb nicht gearbeitet hat. **1377**

Macht der Arbeitnehmer einen Anspruch auf Ersatz der Kosten geltend, die ihm als Betriebsratsmitglied durch Teilnahme an einem Schulungskurs (§ 37 Abs. 6 BetrVG) entstanden sind (**Fall c**), handelt es sich um einen Anspruch, der sich aus der Tätigkeit als Mitglied des Betriebsrats ergibt (§ 40 BetrVG), so dass gemäß § 2a Abs. 1 Nr. 1 ArbGG im Beschlussverfahren zu entscheiden ist. Das gilt nicht nur dann, wenn der Betriebsrat einen Anspruch gem. § 40 BetrVG gegen den Arbeitgeber erhebt, sondern auch, wenn das einzelne Betriebsratsmitglied ihm entstandene Kosten vom Arbeitgeber ersetzt verlangt. Selbst wenn dieser Anspruch an einen Dritten (z.B. an die Gewerkschaft) abgetreten worden ist, muss über den Anspruch im Beschlussverfahren entschieden werden. **1378**

Im **Fall c** gehört der Anspruch auf Kostenersatz in das Beschlussverfahren. Da er im Urteilsverfahren geltend gemacht worden ist, muss die Klage insoweit als unzulässig abgewiesen werden. Wenn der Kläger jedoch (auf einen Hinweis des Gerichts) einen entsprechenden Antrag stellt, wird das Gericht das Verfahren hinsichtlich der Kostenerstattung von dem übrigen Verfahren abtrennen und in das Beschlussverfahren überleiten.

c) Die *Beteiligtenfähigkeit* (Rdnr. 1298) entspricht der Parteifähigkeit im Urteilsverfahren (Rdnr. 1278; Einzelh.: § 10 ArbGG). Anstelle der Parteien gibt es im Beschlussverfahren Beteiligte. Zur Beteiligung befugt sind nicht nur der Antragsteller (entsprechend dem Kläger im Urteilsverfahren) und der Antragsgegner **1379** (entsprechend dem Beklagten), sondern alle, die durch die begehrte Entscheidung in ihrer Rechtsposition unmittelbar betroffen werden können.

Im **Fall c** sind der Arbeitnehmer als Antragsteller, die Arbeitgeberin als Antragsgegnerin sowie der Betriebsrat am Verfahren zu beteiligen und zum Anhörungstermin vor der Kammer des Arbeitsgerichts zu laden (§ 83 Abs. 3 ArbGG).

**1380** d) Für die *Prozessfähigkeit* und die *Postulationsfähigkeit* gilt das für das Urteilsverfahren Gesagte entsprechend (§ 80 Abs. 2 ArbGG; Rdnr. 1316 f., 1279, 1281 f.). Die *Antragsbefugnis* entspricht der Prozessführungsbefugnis im Urteilsverfahren (Rdnr. 1280).

**1381** e) Zulässig ist das Beschlussverfahren nur, wenn vom Antragsteller ein bestimmter *Antrag* gestellt wird (Dispositionsmaxime, § 81 Abs. 1 ArbGG). Wie beim Urteilsverfahren kann es sich auch hier um einen Leistungsantrag (z. B. Zahlung eines bestimmten Geldbetrages; **Fall c**), einen Feststellungsantrag (z. B. Feststellung des Bestehens oder Nichtbestehens eines Mitbestimmungsrechts des Betriebsrats zu einer bestimmten Maßnahme) oder einen Gestaltungsantrag (z. B. Ersetzung der Zustimmung des Betriebsrats zur fristlosen Kündigung eines Betriebsratsmitglieds) handeln.

Im **Fall c** wird der Antragsteller etwa beantragen, das Gericht möge der Arbeitgeberin aufgeben, an ihn einen Betrag von 1.000,- Euro zu zahlen. Ein Antrag auf Entscheidung über die Kostentragungspflicht und über eine vorläufige Vollstreckbarkeit scheidet aus, weil der Beschluss keine Nebenentscheidungen enthält (Rdnr. 1305).

## II. Prüfung der Begründetheit

**1382** An die Prüfung der Zulässigkeit schließt sich – in Abhängigkeit vom jeweiligen Streitgegenstand – die Prüfung der materiellen Rechtslage an.

So trägt nach § 40 Abs. 1 BetrVG der Arbeitgeber die durch die Tätigkeit des Betriebsrats entstandenen Kosten (**Fall c**; Rdnr. 1017). Der Anspruch auf Kostenersatz kann nicht nur dem Betriebsrat, sondern auch dem einzelnen Betriebsratsmitglied zustehen, wenn ihm solche Kosten entstanden sind.

**1383** Voraussetzung ist, dass die Kosten im Zusammenhang mit einer Tätigkeit entstanden sind, die objektiv der Durchführung von Aufgaben des Betriebsrats dient. Dazu gehören Schulungs- und Bildungs-veranstaltungen, welche die Kenntnisse vermitteln, die für die Betriebsratsarbeit erforderlich sind (vgl. § 37 Abs. 6 BetrVG).

**1384** Die Kostentragungspflicht umfasst nur die notwendigen Kosten (z. B. für Fahrt, Unterkunft, Verpflegung), wobei auch der Grundsatz der Verhältnismäßigkeit zu beachten ist.

Im **Fall c** bestehen gegen die Geeignetheit des Schulungskurses vom Thema her keine Bedenken. Auch vom Arbeitgeber ist nichts vorgebracht worden, was gegen die Gestaltung im Einzelnen spräche. Zweifelhaft ist der Anspruch jedoch wegen der Teilnahme des Antragstellers an der Veranstaltung. Hier kann von Bedeutung sein, dass – wie der Antragsgegner vorgetragen hat – der Antragsteller schon nach kurzer Zeit aus dem Betriebsrat ausgeschieden ist (Konnte der Betriebsrat das vorhersehen?). Vor allem aber ist von Amts wegen zu ermitteln, wie lange der Antragsteller schon Betriebsratsmitglied war, ob er früher bereits an einem ähnlichen Kurs teilgenommen oder sich die in der Veranstaltung vermittelten Kenntnisse auf andere Weise angeeignet hat.

# Stichwortverzeichnis

Die Zahlen verweisen auf die Randnummern des Buches.

## A
Abfindung 665, 671
- Auflösungsurteil 665
- außerordentliche Kündigung 668
- Höhe 669
- Kündigungsschutzklage 665
- leitender Angestellter 667
Abfindungsanspruch
- nach KSchG 671
Abfindungsanspruch bei Klageverzicht
- Bedeutung 674
Abmahnung 309, 569 ff., 633
- Anspruch auf Entfernung 575
- außerordentliche Kündigung 633
- Befugnis 574
- Entbehrlichkeit 572
- Frist 574
- Funktionen 569
- Interessenabwägung 576
- Mitbestimmung 574
- Negativprognose 571
- Rechtsnatur 573
- Tarifvertrag 863
- ultima-ratio-Prinzip 569
- Verhältnis zur Kündigung 574
- Verhältnismäßigkeitsprinzip 569
- Verwirkung 574
Abrechnung des Arbeitsentgelts 340
Abschlussgebot 175
Abschlussnorm
- Tarifvertrag 799
Abschlussverbot 176
Absperrungen 883
Abstandsklausel 754
Abtretung 301
- Lohnforderung 343
Abwerbung 257
AGB-Kontrolle 205 f., 208
Agentur für Arbeit 534, 536, 726
Akkordlohn 278, 322 f., 326
Aktiengesellschaft
- Vorstandsmitglieder 61
Allgemeine Geschäftsbedingungen 205 f., 208
- Änderungsvorbehalt 213
- Anrechnungsvorbehalt 207, 214
- Anwendbarkeit im Arbeitsrecht 205, 209
- arbeitsrechtliche Besonderheiten 206, 209
- arbeitsvertragliche Einheitsregelung 145, 147
- Aufrechnungsverbot 344
- Ausgleichsquittung 217, 341
- Auslegung 209
- Ausschlussfristen 215, 824
- Betriebsvereinbarung 209
- Bezugnahmeklausel 208 f.
- blue-pencil-Test 210, 216
- Einbeziehung 206
- ergänzende Vertragsauslegung 210
- Freiwilligkeitsvorbehalt 213
- geltungserhaltende Reduktion 210
- Hauptleistungspflicht 208 f.
- Individualabrede 209
- Inhaltskontrolle 209, 212 f., 215
- Kurzarbeitsklauseln 209
- Prüfungsaufbau 209
- Schriftformvereinbarung 217
- Stichtagsklauseln 211
- Tarifvertrag 209
- überraschende Klauseln 209
- Unwirksamkeit 210
- Vertragsstrafe 207, 212, 306
- Verzicht auf Kündigungsschutzklage 217
- Vorliegen 209
- Widerrufsvorbehalt 214
- Zugangserfordernisse 508
- Zugangsfiktion 508
Allgemeiner Kündigungsschutz 542, 599
- Anwendungsbereich 548, 550
Allgemeines Gleichbehandlungsgesetz 173, 220, 349
- Allgemeines Persönlichkeitsrecht 378
- Altersversorgung 400
- Beschwerderecht 349, 408
- Beweislastverteilung 221
- Einstellungsanspruch 220
- Entschädigung 220
- Leistungsverweigerungsrecht 349, 413
- Maßnahmen und Pflichten des Arbeitgebers 349
- Schadensersatz 220
- Verhältnis zur Kündigung 599 ff.
Allgemeines Lebensrisiko 286
Allgemeines Persönlichkeitsrecht 220, 223, 378 f., 416

## Stichwortverzeichnis

Allgemeinverbindlicherklärung 777, 838 ff., 845
- Funktion 840
- negative Koalitionsfreiheit 752
- Rechtsnatur 838
- Rechtsweg 839
- Rechtswegzuständigkeit 1268
- Voraussetzungen 839
- Zuständigkeit 839

Altersgrenzen 700
Altersteilzeit 87
Altersversorgung 392 f.
- Arten der – 393
- Bedeutung 392
- Erlöschen 403 ff.
- Rechtsgrund 397 f.
- Sicherung 401

AMS-Entscheidung 115
Änderung des Arbeitsvertrags 234, 658
Änderungskündigung 233 f., 250, 503, 580, 584, 653, 659, 826
- Bedingung 654
- Begriff 653
- Betriebs- und Wirtschaftsrisiko 460
- betriebsbedingte 656
- Form 654
- Klagefrist 658
- Kündigungsschutzklage 658
- soziale Rechtfertigung 656
- überflüssige 653
- und Teilkündigung 655
- Vorbehalt bei Annahme 659

Änderungsvorbehalt 653
Anfechtung 190 ff., 681
- AGG-Merkmale 193, 196, 198
- arglistige Täuschung 191 f.
- Ausschluss 190
- Behinderung 198
- Gründe 190
- Rechtsfolgen 199 ff.
- Schwangerschaft 195
- Schwerbehinderte 198
- Teilanfechtung 202
- verkehrswesentliche Eigenschaft 190

Angestellte
- Abgrenzung zu Arbeitnehmern 57
- Bedeutung der Abgrenzung 58
- Differenzierung 59
- leitende – 60 f., 667

Anhörung des Betriebsrats 538
- Anhörungsfrist 641, 646
- außerordentliche Kündigung 619
- bei Betriebsübergang 722
- Hemmung der Kündigungsfrist 641
- Kündigung 619

Anlasskündigung 447
Annahmeverzug 160, 227, 247, 388, 413, 449 f.
- bei Krankheit 451
- bei Kündigung 449, 664
- Betriebsrisiko 455
- Entbehrlichkeit des Angebots 451
- Voraussetzungen 449 f.

Anspruch auf Arbeitsleistung
- Übertragbarkeit 229

Antidiskriminierungsrichtlinien 349
Anwesenheitsprämie 332
Anzeige gegen Arbeitgeber 267
Anzeigepflicht 256
Arbeit auf Abruf 88
Arbeit 4.0 *siehe Digitalisierung der Arbeitswelt*

Arbeitgeber 18
- Begriff 63
- juristische Person 63
- Pflichten bei Beendigung des Arbeitsverhältnisses 726
- Tod des – 230, 703

Arbeitgeberverband 773
- Bedeutung 740
- Businesseurope 774
- Industrieverbandsprinzip 773, 796, 847
- Tariffähigkeit 787, 790

Arbeitnehmer 18
- Arbeitspflicht 225 ff.
- Arten von 62
- Begriff 36, 57
- Bergleute 62
- Beteiligung an Unternehmen 321
- Erfindung 391
- i. S. d. Betriebsverfassungsgesetz (BetrVG) 996
- i. S. d. Betriebsverfassungsgesetz BetrVG 1048
- kaufmännische – 62
- kirchlicher Dienst 62
- Krankheit 433
- Nichtleistung 279
- Pflichten bei Beendigung des Arbeitsverhältnisses 736
- Pflichten des – 224 ff.
- Schiffsbesatzungen 62
- Schlechtleistung 278, 280
- Tod des – 228
- Verbraucher 205, 679
- Vorleistungspflicht 277
- Weiterbildung 489

Arbeitnehmerähnliche Person 52
- Begriff 91
- Franchisenehmer 97

# Stichwortverzeichnis

- freier Mitarbeiter 96
- Handelsvertreter 95
- Heimarbeiter und Hausgewerbetreibende 93

Arbeitnehmerentsendegesetz 166 f., 840
Arbeitnehmererfindung 391
- Rechtswegzuständigkeit 1271

Arbeitnehmerüberlassung 75
Arbeitsausfall 433, 449
Arbeitsbereitschaft 242, 244
Arbeitserlaubnis 627
Arbeitsgerichtsbarkeit 16 f., 35, 1253 ff.
- Antragsbefugnis 1300
- Aufbau 1254 ff.
- ausschließliche Zuständigkeit 1260 ff.
- Beschlussverfahren 1264 ff., 1275, 1297 ff., 1310 f.
- Beteiligtenfähigkeit 1298
- Bundesarbeitsgericht 1257 ff.
- Entscheidung 1305 f.
- fakultative Zuständigkeit 1270 f.
- internationale Zuständigkeitsregeln 1275
- örtliche Zuständigkeit 1274 f.
- Parteifähigkeit 1278
- Postulationsfähigkeit 1281 f., 1301
- Prozessfähigkeit 1279, 1299
- Prozessführungsbefugnis 1280
- Rechtsmittel 1291 ff., 1307
- Rechtsnachfolge 1272
- Rolle 16, 21
- sachliche Zuständigkeit 1260 ff.
- Schiedsvertrag 1269
- Urkunden- und Wechselprozess 1294
- Urteil 1286 ff.
- Urteilsverfahren 1260 ff., 1274, 1277 ff., 1310
- Verfahrensablauf 1283 ff., 1302 ff.
- Verweisungsbeschluss 1276
- Vorfragenkompetenz 1273
- Zuständigkeit 1260 ff.
- Zwangsvollstreckung 1295 f., 1308

Arbeitsgesetzbuch 123
Arbeitsgruppe 82
Arbeitskampf 8, 759, 761
- Beamte 924
- Begriff 870
- Betriebsverfassungsrecht 925, 974
- Daseinsvorsorge 922
- Drittbetroffene 964
- Entgeltanspruch 879, 934, 943, 950, 969, 973
- Erhaltungsarbeiten 938, 956
- Exzesshandlungen 926
- Fernwirkungen 972
- Folgen 932
- Formen 876
- Friedenspflicht 856 ff.
- Gebot fairer Kampfführung 920
- Grundsätze 887
- Hauptpflichten 937
- Kampfmittel 874
- Kampfparität 898, 940
- Kampfparteien 871, 873
- Kampfverbot 923
- Kampfziel 875, 889
- Kündigung 935, 947, 953
- Lohnrisiko 970
- Mitbestimmung 974, 983
- nicht verbandsangehöriger Arbeitgeber 756
- Rechtmäßigkeit 886
- Rechtswegzuständigkeit 1263
- Schadensersatzanspruch 944, 952, 959, 961, 965, 968
- Stilllegung 879, 936
- Streikbruchprämie 880
- ultima-ratio-Prinzip 912
- Verhältnismäßigkeit 909
- Zwangsschlichtung 867

Arbeitskampfbereitschaft 790
Arbeitskampffreiheit 9, 867
- Schranken 895

Arbeitskampfrecht 865
- gesetzliche Regelung 886

Arbeitskampfrisiko 461, 879
Arbeitskollisionsrecht 161 ff.
- Eingriffsnorm 164
- Mitbestimmung 165
- Tarifvertrag 166
- Zuständigkeit 170

Arbeitsleistung 226
- Art der – 231 f.
- Fixschuldcharakter 277, 279
- Nachholung 428
- Ort der – 233
- Unmöglichkeit 228, 277, 279, 428
- Verurteilung 275
- Verzögerung 277
- vorübergehende Verhinderung des Arbeitnehmers 430

Arbeitslosengeld
- Arbeitsbescheinigung 735
- Arbeitskampf 940
- Sperrzeiten 678
- und Abfindungszahlung 670

Arbeitsortflexibilisierung 1251
Arbeitspapiere 735
Arbeitspflicht 225 ff.
- Änderung der – 232
- Übertragbarkeit 227 f.

443

## Stichwortverzeichnis

– Vererbbarkeit 228
Arbeitsrecht 2 f.
– Begriff 2 ff.
– der europäischen Union 104 ff.
– Geschichte 6 f., 19
– internationales 99 ff.
– kirchliches 866
– Rechtsquellen 22
– Völkerrecht 100 ff.
Arbeitsschutz 375, 377
Arbeitsunfähigkeit 435
– Entgeltfortzahlung 445
Arbeitsunfähigkeit bei Krankheit 433
Arbeitsunfähigkeitsbescheinigung 442
Arbeitsunfall 419 f., 422
Arbeitsverhältnis 36 ff.
– Arbeitsvertrag 39
– auflösend bedingt 682
– Auflösung durch Gericht 665
– Beendigung 496 ff.
– Beendigungsgrund 676
– Befristung 682
– Begründung 171 ff.
– Betriebsübergang 704
– Dienstvertrag 43
– Invollzugsetzung 201
– keine Beendigungsgründe 702
– Lehre vom fehlerhaften – 199 ff.
– mittelbares 80 f.
– Parteien des – 39
– persönliche Abhängigkeit 49 f., 52 f.
– privatrechtlicher Vertrag 39
– Tod des Arbeitgebers 703
– wirtschaftliche Abhängigkeit 52, 91
Arbeitsverhinderung 430
Arbeitsvertrag 11, 18, 37, 329
– Abschluss 172 ff.
– Abschlussgebot 175
– Angabe des Kündigungsgrunds 506
– arbeitsvertragliche Einheitsregelung 147
– Beschäftigungspflicht 388, 411
– betriebliche Übung 151, 155
– Bezugnahmeklausel 841 f.
– Bündnis für Arbeit 812
– Form 177
– Geschäftsfähigkeit 183 f., 203 f.
– invitatio ad offerendum 172
– Kündigungsverbot 537
– Loyalitätsobliegenheit 259
– Mängel 187, 189 f.
– Mitteilung an Sprecherausschuss 186
– Nichtigkeit 187, 189 f.
– Stellvertretung 185
– Vergütung 172
– Weisungsrecht 156

– Zustimmung des Betriebsrats 186
– zwingender Inhalt 128
Arbeitsvertragliche Einheitsregelung 145 ff.
– Bündnis für Arbeit 812
Arbeitsvertragsgesetz 20, 123
Arbeitszeit 235 ff.
– Arbeitsbereitschaft 242, 244
– Bereitschaftsdienst 242 f.
– Betriebsvereinbarung 239 f.
– Höchstdauer 238, 241
– international 235 f.
– Mehrarbeit 241
– Rufbereitschaft 242, 244
– Tarifvertrag 239, 245
– Überstunden 241
Arbeitszeitflexibilisierung 1245
– Arbeitszeiterfassung 1250
Arbeitszeitgesetz 238, 266
Arbeitszeugnis 728
Aufhebungsvertrag 677
– Anfechtung 678
– Form 677
– Rücktrittsrecht 679
– und Arbeitslosengeld 678
– Widerrufsrecht 679
Auflösend bedingte Arbeitsverhältnisse 682
Auflösung des Arbeitsverhältnisses 665, 694, 699
– Bedingung 694
Auflösungsurteil 665, 699
Aufrechnung 278
– Zurückbehaltungsrecht 344
Aufrechnungsverbot 344
Aufsichtsrat
– Rechtswegzuständigkeit 1266
Auftrag 44
Auftragsübernahme 709
Aufwendungsersatz 222, 382, 417
– Schäden 417 f.
Ausbildungsverhältnis 69 f.
– Jugend- und Auszubildendenvertretung 615
Auskunftserteilung 734
Ausland
– Erkrankung im Ausland 441
Ausschlussfrist 215, 639
– außerordentliche Kündigung 639
– Beginn der – 640
Ausschreibung
– Benachteiligungsverbot 173
Außendienstmitarbeiter 627
Außerordentliche Kündigung 612
– Abfindung 668
– Abmahnung 633
– Angabe des Grundes 618

**Stichwortverzeichnis**

- Auflösungsurteil 668
- Ausschluss und Erschwernis 614
- Ausschlussfrist 639
- Bagatellgrenze 629
- befristetes Arbeitsverhältnis 693
- Beteiligung des Betriebsrats 619
- betriebsbedingte 624
- Betriebsratsmitglieder 615
- Drohung mit – 678
- Druckkündigung 652
- Geltendmachung der Unwirksamkeit 661
- Interessenabwägung 630
- Jugend- und Auszubildendenvertretung 615
- Klagefrist 620
- Krankheit 626
- Kündigungserklärung 618
- Kündigungsgrund 621
- Kündigungsschutz bei Elternzeit 614
- Methodik 622
- mildere Mittel 633
- Mutterschutz 614
- personenbedingte 624
- Pflichtverletzung des Arbeitgebers 425, 621
- Pflichtverletzung des Arbeitnehmers 621
- Schadensersatz wegen Auflösungsverschulden 647
- Schwerbehinderte 614, 642
- sinnentleertes Arbeitsverhältnis 626
- Sprecherausschussmitglieder 619
- Straftat 628
- Umdeutung in ordentliche Kündigung 645
- Unabdingbarkeit 617
- unkündbare Arbeitnehmer 626, 637
- Verdachtskündigung 649
- verhaltensbedingte 624
- Verhältnismäßigkeit 633
- Vermögensdelikt 628
- Verzeihung 644
- Verzicht 644
- Zumutbarkeitsprüfung 632

Aussperrung 750, 876, 906, 918, 923, 941, 949
- Abwehraussperrung 907, 917, 973
- Angriffsaussperrung 906, 973
- lösende – 941
- verfassungsrechtliche Gewährleistung 869

Auswahlrichtlinie 595, 597
Auszubildender
- Krankheit 434
Aut-aut-Fälle 1261

**B**
Bedeutung 740
Bedingtes Arbeitsverhältnis 694
Bedingung
- Änderungskündigung 654
Beendigung des Arbeitsverhältnisses 496 ff., 676, 702
- Altersgrenze 700
Beendigungsnorm
- Tarifvertrag 800
Beerdigungskosten 420
Befristung des Arbeitsverhältnisses 83, 682
- Ende 693
- Erprobung 90
- Form 683
- kalendermäßige 684
- Kündigung 691
- Missbrauchskontrolle 692
- Probezeit 519
- Rechtsfolgen 691
- Sachgrundbefristung 687
- sachgrundlose 684
- Schriftform 683
- zweckbedingte 690
Befristungsgrund
- Altersgrenzen 700
- Arbeitslosigkeit und Alter 688
- Ärzte in der Weiterbildung 682
- Elternzeit 682
- Gründung eines Unternehmens 688
- Regelaltersgrenze 700
- wissenschaftliches Personal 682
Befristungskontrollklage 691
Behinderung 198, 355
Benachteiligungsverbot 23, 220, 347 f., 362
- Altersversorgung 400
- Kontrahierungszwang 173
- Kündigungsfrist 515
Bereitschaftsdienst 242 f.
- Vergütung 243
Berufsausbildungsverhältnis 69 f., 520
- Kündigung 70, 520, 618
- Probezeit 70, 520
Berufsfreiheit 136
Beschäftigtendatenschutz 383
Beschäftigungsanspruch
- bei gekündigtem Arbeitsverhältnis 675
Beschäftigungspflicht 388, 411
Beschäftigungsrisiko 696
Beschäftigungsverbot
- Mutterschutz 466
Beschlussverfahren 1297 ff., 1310 f., 1375 ff.
- Begründetheit 1382 ff.
- Zulässigkeit 1375 ff.
Beschwerderecht des Arbeitnehmers 408

445

## Stichwortverzeichnis

Besonderer Kündigungsschutz 524 ff., 549, 599
Bestandsschutz 632, 712
Bestechlichkeit 263
Betretungsrecht der Gewerkschaft
– Rechtswegzuständigkeit 1263
Betrieb
– Begriff 64 f.
– Zusammenschluss 1154
Betrieblich veranlasste Tätigkeit 286, 300
Betriebliche Übung 151, 155, 329
– Altersversorgung 400
– Anfechtung 154
– Beseitigung 155
– doppelte Schriftformklausel 154
– Freiwilligkeitsvorbehalt 153
– Herleitung 151
– negative 155
– Schriftformklausel 182
– Vertragstheorie 151
– Vertrauenstheorie 152
Betriebs- und Wirtschaftsrisiko
– Abdingbarkeit 464
– tarifliche Bestimmungen 464
Betriebsänderung 535, 724
Betriebsauflösung 723
Betriebsausschuss 1014
Betriebsbedingte Kündigung 577 ff.
– Abfindungsanspruch 547
– Anlass 577
– Austauschkündigung 577
– Auswahlrichtlinie 595, 597
– Betriebsänderung 581
– Beweislast 583
– Gründe 578
– Interessenausgleich 596
– Sozialauswahl 586 f., 589
– ultima-ratio-Prinzip 584
– Umschulung 585
– unternehmerische Entscheidung 579 f., 582
– Weiterbeschäftigungsmöglichkeit 585
– Wiedereinstellungsanspruch 598
Betriebsbesetzung 882
Betriebsbuße 307 ff.
– Kritik 307
– Rechtsgrundlage 308
Betriebsfrieden 133, 257, 565, 625
Betriebsgeheimnisse 257, 262, 736
Betriebsgericht 307, 310
Betriebsinhaberwechsel 704
Betriebsmittelarme Betriebe 708
Betriebsnachfolge 704
Betriebsnorm
– Tarifvertrag 801, 837

Betriebsrat 65
– Amtszeit 1018
– Anhörung bei Kündigung 619, 641
– Arbeitsgruppen 1037
– Arbeitskampf 1053
– Aufgaben 1055
– Auflösung 1018
– Beschlussfassung 1016, 1141
– Beschlussverfahren 1115
– Beteiligungsrechte 1079, 1158
– Diskriminierung 1054
– Errichtung 1009
– -fähig 991
– Friedenspflicht 1052
– Gesamtbetriebsrat 67
– in der Umstrukturierung 1019
– Informationsrecht 1080
– Initiativrecht 1087
– Kosten 1017
– Kündigung 1138
– Massenentlassung 534
– Mitbestimmungsrecht 1083
– Mitspracherecht 1081
– Parteifähigkeit 1278
– parteipolitische Betätigung 1052
– Pflichtverletzung 1078
– Prozessfähigkeit 1299
– Rechtsstellung 1005
– Religionsgemeinschaften 992
– Sachverständiger 1157
– -sitzungen 1016
– soziale Angelegenheiten 1084
– Tagesordnung 1013
– Tendenzbetriebe 993 f.
– Umdeutung der Kündigung 646
– Unterlassungsanspruch 1115
– vertrauensvolle Zusammenarbeit 1051
– Vorsitzender 1013
– Wahl 1009
– Wirtschaftsausschuss 67
– Zusammensetzung 1011
– Zustimmung bei Kündigung 616
Betriebsratsmitglied
– Arbeitsfreistellung 493
– außerordentliche Kündigung 615
– Bildungsurlaub 1026
– Ersatzmitglieder 1016
– Fortbildung 1025
– Freistellung 1022, 1024, 1026
– Geheimhaltungspflicht 1028
– Kündigungsschutz 526, 615
– Rechtsstellung 1020
– Schutzbestimmungen 1027
Betriebsratswahl
– Fehler 1010

446

## Stichwortverzeichnis

– Minderheiten 1012
– Wahlverfahren 1010
Betriebsrisiko 247, 454, 456
Betriebsrisikolehre 970
Betriebsstilllegung 627, 723
– Annahmeverzug 459
Betriebsstörung 464
Betriebsteil 704, 990
Betriebstreue 329, 332
Betriebsübergang 230, 704, 833 ff., 842
– Fortführung und Unterbrechung 711
– Gründe 705
– Insolvenz 715
– kollektivrechtliche Folgen 719
– Kündigung wegen – 721
– Rechtsfolgen 716
– Übernahmen innerhalb der öffentlichen Verwaltung 713
– Widerspruchsrecht des Arbeitnehmers 718
– wirtschaftliche Einheit 705
– Zuordnung der Beschäftigten 717
Betriebsunterbrechung 627
Betriebsvereinbarung 33, 314, 329, 1059
– ablösende 1063
– Altersversorgung 398
– Angabe des Kündigungsgrunds 506
– Auswahlrichtlinie 595
– Bündnis für Arbeit 812
– Dauer der Arbeitszeit 240
– dispositiv 141
– Einigungsstelle 1068, 1075, 1119
– erzwingbare 1068
– freiwillige 1068
– Frist 1067
– Günstigkeitsprinzip 1062
– Kündigungsverbot 537
– Kurzarbeit 248
– Lage der Arbeitszeit 240 f.
– Nachwirkung 1068
– Regelungssperre 1086
– teilmitbestimmte 1069
– unmittelbare Wirkung 141
– Unverbrüchlichkeitsprinzip 1062
– Urlaubsgeld 476
– Verhältnis zum Tarifvertrag 1065
– Wirkung 1061
– zwingende Wirkung 141
Betriebsvereinbarungsoffenheit 150, 1063
Betriebsverfassung 11, 13, 33, 65
– europäische 1180
– individuelle Rechte 1047
– Koalitionen 1040
Betriebsverfassungsgesetz
– persönlicher Geltungsbereich 996

– räumlicher Geltungsbereich 989
– Rechtswegzuständigkeit 1264
– sachlicher Geltungsbereich 990
Betriebsverfassungsrechtliche Normen 802, 837
Betriebsverfassungsrechtlicher Unterlassungsanspruch 1116
Betriebsverlegung 233
Betriebsverpachtung 712
Betriebsversammlung 1030
– außerordentliche 1034
– ordentliche 1033
– Zweck 1031
Betriebszugehörigkeit 329
Beweislastumkehr 282
Beweiswert
– Arbeitsunfähigkeitsbescheinigung 443
Bewerbung 174
Bewerbungsunterlagen 223
Bezugnahmeklausel 248, 515, 740, 760, 841 f.
– Differenzierungsklausel 755
Bildungsurlaub 489
Bindung des Arbeitnehmers an den Betrieb 272
Boni 328, 334
Branchentarifvertrag 847
Brüssel Ia-Verordnung 170
Bundesarbeitsgericht 1257 ff.
– Großer Senat 1258 f.
– Postulationsfähigkeit 1282
– Rechtsbeschwerde 1307
– Revision 1292
Bündnis für Arbeit 537, 766, 812

**C**
CGZP 794
Compliance 256
Coronavirus-Pandemie 232, 247, 430, 458, 1243
Crowdwork 1234
– Arbeitnehmerähnliche Person 1240
– Arbeitnehmereigenschaft 1236
– Cloudwork 1237
– Gigwork 1238
– Heimarbeitsrecht 1241
Culpa in contrahendo 219 f., 222

**D**
Deliktische Haftung 220
Deputat 321
Dienste höherer Art 246
Dienstvertrag 43
– selbstständiger 49
Dienstwagen 321

447

## Stichwortverzeichnis

Differenzierungsklausel 754
Digitalisierung der Arbeitswelt 1230
Direktionsrecht 653
Direktionsrecht des Arbeitgebers 156 f., 159, 231 f., 234
Diskriminierung 347 f., 362
– Alter 357 f., 590
– befristet Beschäftigte 364
– Behinderung 355
– Betriebsverfassung 1054
– Entschädigung 360
– ethnische Herkunft 356
– Geschlecht 350 ff.
– Gewerkschaftszugehörigkeit 362 f.
– Kündigung 599 ff.
– mittelbare 351 ff.
– positive 354
– Rasse 356
– Religion 357
– Schadensersatz 360
– Schwangerschaft 353
– sexuelle Identität 357
– Staatsangehörigkeit 356
– Streikbruchprämie 363
– Teilzeitbeschäftigte 352, 364
– wegen des Geschlechts 23
– Weltanschauung 357
Drittwirkung der Grundrechte 8, 129, 134, 350, 376
Druckkündigung 415, 652

### E

Eilverfahren 276
Ein-Euro-Job 42
Einfaches Zeugnis 728
Eingliederung 53
Eingriffsnorm 164
Einheit der Belegschaft 888
Einstellung
– Mitteilung an Sprecherausschuss 186
– Zustimmung des Betriebsrats 186
Einstweilige Verfügung 276, 475
Elterngeld 469
Elternzeit 353, 530
– Anspruchsvoraussetzungen 469
– Befristungsgrund 682
– Kündigung 614
– Kündigungsschutz 614
Entgeltfortzahlung 331
– Annahmeverzug 449
– Arbeitsunfähigkeit 445
– bei Verschulden Dritter 448
– in gekündigtem Arbeitsverhältnis 447
– Krankheit 433
– nach Kündigung 494

– personenbedingte Kündigung 561
– vorübergehende Verhinderung 430
Entgeltrisiko
– Arbeitskampf 879, 973
Entgeltschutz 25, 328
Erfindung
– durch Arbeitnehmer 391
Erfüllungsanspruch 275
Erfüllungsgehilfe 414
Erfüllungsort 338
Ergänzende Vertragsauslegung 301
Erholungsurlaub 471
– Dauer 473
– Zweck 471
Erreichen des Renteneintrittsalters
– Befristungsgrund 682
Erziehungsurlaub 331
Et-et-Fälle 1261
Ethikrichtlinie 257
Europäische Menschenrechtskonvention 102 f.
Europäische Sozialcharta 102 f.
Europäische Union 105 ff.
Europäischer Gerichtshof 108
Europarat 102
Existenzminimum 342

### F

Familienangehörige 41
Fehlzeiten
– Auswirkungen auf Gratifikationsanspruch 446
– Entgeltfortzahlung 446
Feiertag
– Arbeitsfreistellung 492
– Entgeltfortzahlung 433, 492
Fernwirkung des Arbeitskampfes 461
Feststellungsklage 659, 661, 691, 1310
– Änderungskündigung 659
Firmentarifvertrag 836, 861
Fixschuldcharakter der Arbeitsleistung 277, 413
Flash-Mob 884, 928
Form 187
– Änderungskündigung 654
– Arbeitsvertrag 177
– Aufhebungsvertrag 677
– auflösende Bedingung 178, 694
– Ausbildung 177
– Befristung 178, 683, 687, 691
– Geltendmachung der Unwirksamkeit einer nicht schriftlichen Kündigung 620
– Leiharbeit 177
– Schriftformklausel 180
– tarifvertraglich vorgesehen 179

# Stichwortverzeichnis

– Wettbewerbsverbot 737
Fortbildung 272
Fragerecht des Arbeitgebers 191 f., 194
Franchise 38, 56, 97
Francovich-Entscheidung 115
Freie Mitarbeit 38, 52, 96
Freistellungsanspruch 300 f., 303, 305
– zur Berufsschule 494
– zur Stellensuche 494, 727
Freiwilliger Dienst bei der Bundeswehr 698
Freiwilligkeitsvorbehalt 213
– AGB-Kontrolle 153
Friedenspflicht 896
Fristlose Kündigung 425, 444, 612, 646
Funktionsnachfolge 709
Fürsorgepflicht 254, 300, 374 ff.
– Aufhebungsvertrag 678
– Auskunftserteilung 734
– Wiedereinstellungsanspruch 598
– Zwischenzeugnis 728

## G

Gefahrgeneigte Tätigkeit 284 f., 287
Geheimnisverrat 267
Gehorsamspflicht 253
Geldakkord 323, 325
Geldlohn 320
Gemeinsame Einrichtungen der Tarifvertragsparteien 803, 837 f.
Gesamtbetriebsrat 67
– Rechtsstellung 1007
Gesamtschuld 303, 424
Gesamtschuldner 720
Gesamtzusage 146, 399
Geschäftsfähigkeit 183 f., 187, 203 f., 337, 523
– Prozessfähigkeit 1279
Geschäftsführer
– einer GmbH 61
Geschäftsgeheimnisse 736
Gesellschaftsvertrag 46
Gesetzesrecht
– dispositiv 139
– einseitig zwingend 137
– tarifdispositiv 138
– zwingend 137
Gestaltungsurteil 665
– Auflösung des Arbeitsverhältnisses 665
Gesundheitsschutz 26
Gewerkschaft 31, 767, 769 f.
– Ausschließungsrecht 772
– Berufsverbandsprinzip 770, 796
– Betätigungsfreiheit 1044
– Christliche Gewerkschaften 788
– Einheitsgewerkschaft 767

– Europäischer Gewerkschaftsbund 774
– Haftung 771
– Industrieverbandsprinzip 767, 769, 796, 847
– Koalitionsfreiheit 31, 754
– Organisationsgrad 740
– Parteifähigkeit 771, 1278
– Rechtsfähigkeit 771
– Rechtsstellung 771
– Richtungsgewerkschaft 767
– soziale Mächtigkeit 788
– Spartengewerkschaft 768
– Stellung im Betrieb 1041
– Tariffähigkeit 787 f., 790
– Verein 771
– Werbung 762
– Zugangsrecht zum Betrieb 762, 1042
Gewerkschaftszugehörigkeit
– Fragerecht des Arbeitgebers 838
Gewissensfreiheit 132, 559
Gleichbehandlungsgrundsatz, allgemeiner arbeitsrechtlicher 329, 365 ff.
– Altersversorgung 400
– Anwendungsvoraussetzungen 370
– Herleitung 365
– Kollektivbezug 367
– Kündigungen 369
– Rechtsfolgen 371, 373, 410
– Topftheorie 373
– Vertragsfreiheit 366
– Weisungsrecht 368
Gleichstellungsabrede 842
Gleichstellungsbeauftragte 173
Gleitzeit 238
Gratifikation 328 f., 446
Grobe Fahrlässigkeit 438, 440
Grundlohn 327
Grundrechte 130, 132
Grundrechte-Charta 105, 543
Grundsatz der subjektiven Determinierung 1140
Gruppenarbeitsverhältnis 82
Günstigkeitsprinzip 32, 140 f., 143, 149, 404, 777, 807 ff., 816, 850, 1062
– Günstigkeitsvergleich 809 f.
– kollektives 149
– Vergleichsgegenstand 810 ff.
– Vergleichsmaßstab 814 f.

## H

Haftung des Arbeitgebers
– nach Betriebsübergang 720
– wegen fehlerhaften Zeugnisses 732
Haftungsausschluss 420 ff.

449

## Stichwortverzeichnis

Haftungsprivilegierung des Arbeitnehmers 281, 283 f., 418
- Abdingbarkeit 298
- arbeitnehmerähnliche Personen 288
- Begründung 283
- betrieblich veranlasste Tätigkeit 286, 300
- Deliktsrecht 294
- Freistellungsanspruch 300 f., 303, 305
- gefahrgeneigte Tätigkeit 284 f., 287
- Gesamtschuld 303
- Grad des Verschuldens 290
- gröbste Fahrlässigkeit 293
- Herleitung 284
- Insolvenz des Arbeitgebers 301
- Leiharbeit 288
- leitende Angestellte 288
- Mankohaftung 297 f.
- Missverhältnis 292
- Organe einer Gesellschaft 288
- Personenschäden 296, 305
- Prüfungsstandort 289
- Rechtsfolgen 290
- Schädigung Dritter 299 ff.
- Versicherung 291, 304
Handelsvertreter 95
Handlungsgehilfe 51, 265, 333, 339
Handlungspflichten 256
Hartz-Gesetze 76
Hausgewerbetreibender 93
Heimarbeiter 93
Herausgabepflicht 264
Höchstarbeitszeit 238, 241
Höchstbefristung 700
Home-Office *siehe Arbeitsortflexibilisierung*

### I
Individualrechte 815
- kollektive Ausübung 876, 881
Inhaltsnorm
- Tarifvertrag 798
Innerbetrieblicher Schadensausgleich 283 f., 418
Innung 787
Insolvenz 627, 715, 724
- Kündigung 627
Insolvenz des Arbeitgebers 301, 345, 409
Integrationsamt 614
Interessenabwägung 576, 630
Interessenausgleich 596, 724, 1159
- Einigungsstelle 1160
- Nachteilsausgleich 1163
Interessenwahrungspflicht 255
Internationale Arbeitsorganisation 100 f.
- Übereinkommen 101
Internationales Privatrecht 161 ff.

Internetnutzung, private 258
Investivlohn 321

### J
Job-Sharing 89
Jugend- und Auszubildendenvertretung 1038
- außerordentliche Kündigung 615
- Kündigungsschutz 526
- Weiterbeschäftigung 526
Jugendarbeitsschutz 69, 71
Junk-Entscheidung 107 f., 534

### K
Kalendermäßige Befristung 684
Kampfparität 461, 777
KAPOVAZ 88
Karenzentschädigung 737
Karitative, erzieherische u. religiöse Einrichtungen 47
Kaufmännische Angestellte 737
Kettenarbeitsverträge 685
Kettenbefristungen 692
Kilometergeld 417
Kinderarbeit 71
- Leistungssport 71
Kirchensteuer 336
Kirchlicher Dienst 259, 568
Klagefrist
- Änderungskündigung 658
- außerordentliche Kündigung 620
- Kündigungsschutzklage 661
Klageverzicht 671
- Abfindung 671
Kleinstbetrieb 991
Koalition
- Arbeits- und Wirtschaftsbedingungen 744
- Bedeutung 740
- Begriff 741 ff.
- Berufsverbandsprinzip 852
- Bestandsschutz 758
- dauerhaft 743
- demokratische Willensbildung 747
- freiwillig 742
- Gegnerfreiheit 745
- Industrieverbandsprinzip 847, 852
- Kündigungsfrist 755
- soziale Mächtigkeit 748
- Tariffähigkeit 787 f., 790
- Tarifwilligkeit 787
- Tarifzuständigkeit 796
- Weisungsfreiheit 746
Koalitionsfreiheit 8, 362, 749 ff., 854
- Abstandsklausel 754

## Stichwortverzeichnis

- Arbeitskampf 761
- Außenseiter 754
- Aussperrung 761
- Differenzierungsklausel 754
- Doppelgrundrecht 749, 758
- individuelle 750 ff.
- Koalitionsbetätigungsfreiheit 759
- Koalitionspluralität 763
- kollektive 758 ff.
- Mitgliederwerbung 762
- negative 752 ff., 830, 832 f., 838, 893
- Organisationsklausel 754
- politische Wahlwerbung 759
- positive 750, 838
- Rechtsschutz 766
- Schranken 764
- Spannenklausel 754
- Streik 761
- Tarifausschlussklausel 754
- Tarifautonomie 760
- Tarifzensur 760
- unmittelbare Drittwirkung 749, 766

Koalitionsrecht 739 ff.
Kollektive Maßnahme 874
Kollektives Günstigkeitsprinzip 149
Kollektivvereinbarung 19, 124
- Abschlussgebot 175
- Abschlussverbot 176

Konkretisierung der Arbeitspflicht 159
Konkurrenzklauseln 737
Konkurrenzverbot 265, 737
Konzernbetriebsrat
- Rechtsstellung 1007

Korruption 263
Krankenversicherung
- Krankengeld 430, 434

Krankheit 331
- Anzeigepflicht 439
- außerordentliche Kündigung 444
- Begriff 435
- Entgeltfortzahlung 433
- im Ausland 441
- im Urlaub 471
- personenbedingte Kündigung 560 ff.
- persönliche Arbeitsverhinderung 433
- Teilarbeitsfähigkeit 437

Kreditschädigung 257
Kücükdeveci-Entscheidung 107 f., 359, 513
Kündigung 308, 311
- Änderungskündigung 437, 503, 580, 584, 653
- Anhörung des Betriebsrats 619, 641, 1138
- Anhörung des Sprecherausschusses 619
- Arbeitskampf 935
- Ausschlussfrist 639
- außerordentliche – 425, 612, 723
- Bedingung 501 ff.
- bei befristeten Arbeitsverhältnissen 691
- bei Pflichtverletzung des Arbeitgebers 621
- bei Pflichtverletzung des Arbeitnehmers 444, 621
- betriebsbedingte – 460, 577 ff., 721 f.
- Betriebsrat 526
- Betriebsratsanhörung 538
- Diskriminierung 525
- Druckkündigung 415, 652
- Einschreiben 508
- Einspruch beim Betriebsrat 609
- Elternzeit 530, 607
- Erklärung 499 ff.
- Freikündigen 526, 585
- Frist 512 ff.
- fristlose – 425, 444, 612, 723
- Geltendmachung der Unwirksamkeit 661
- Grundprinzipien 633
- Insolvenz 724
- Interessenabwägung 556 f., 560, 576
- Jugend- und Auszubildendenvertretung 526
- Klagefrist 603, 605 f.
- Low Performer 577
- Massenentlassung 534 ff., 604
- mildere Mittel 633
- Mitglied des Sprecherausschusses 527
- Mutterschutz 529, 607
- ordentliche – 444, 497 ff., 693
- personenbedingte – 559 ff., 700
- persönliche Ausschlussgründe 525
- Prognoseprinzip 555, 560, 563, 571, 623
- prozessuale Fragen 660
- Prüfverfahren 553 ff., 563
- Schriftform 603
- Schwangerschaft 607
- Schwerbehinderte 531 ff., 607
- Sozialauswahl 557
- soziale Rechtfertigung 552 ff.
- Sprecherausschussanhörung 538
- Teilkündigung 655
- ultima-ratio-Prinzip 556, 563, 569, 584
- Umdeutung 645
- Verbot 523 f.
- Verdachtskündigung 649
- vereinbarte Unkündbarkeit 537
- Vergeltungskündigung 525
- verhaltensbedingte – 444, 564 f., 567
- Verhältnis zum AGG 599 ff.
- Verhältnismäßigkeitsprinzip 556, 569
- Verschulden des Prozessvertreters 609, 611

451

## Stichwortverzeichnis

- Vertreter 511
- vor Arbeitsaufnahme 521
- wegen Betriebsstillegung 723
- wegen Betriebsübergang 721
- Widerspruch des Betriebsrats 675, 1145
- Wiedereinsetzung in den vorigen Stand 510, 607 f., 611
- Wirksamkeitsfiktion 603, 608
- zur Unzeit 523

Kündigungserklärung 499 ff., 618
- Bestimmtheit 501
- elektronische Form 500
- Empfangsbote 507
- Kündigungsgrund 500, 504 ff.
- Schriftform 500, 508
- Vertreter 511
- Zugang 507 f., 661
- Zugangsvereitelung 509

Kündigungsfrist 512 ff.
- gesetzliche 513
- Kündigungsschutzklage 604
- Probezeit 519
- vereinbarte 514 f., 517
- vorübergehende Aushilfe 518

Kündigungsgrund 558 ff., 618, 643
- absoluter 628
- Bagatellgrenze 629
- Nachschieben von – 643
- vereinbarter 617

Kündigungsschutz 27
- Abfindungsmodell 546 f.
- Bestandsschutzprinzip 546 f.
- Betriebsratsmitglieder 615
- Entwicklung 543
- individueller 541 ff.
- Kleinstbetriebe 549
- leitende Angestellte 551
- Rechtspolitische Bewertung 546 f.
- Statistik 544

Kündigungsschutzklage 603, 658, 660, 1310, 1334 ff.
- Änderungskündigung 658
- Begründetheit 1342 f.
- nachträgliche Zulassung 672
- Zulässigkeit 1334 ff.

Kündigungsverbot 523 f.
- vereinbartes 537

Kurzarbeit 83, 247 ff., 536
- Anordnung 247
- Arbeitsvertrag 250
- Betriebsvereinbarung 249
- Bezugnahmeklausel 248
- Existenzbedrohung für den Betrieb 460
- Mitbestimmung 250
- Sinn und Zweck 251

- Tarifvertrag 248
- Vereinbarung 247
- Vergütung 250

Kurzarbeitergeld 251, 460

## L

Lehre vom fehlerhaften Arbeitsverhältnis 199 ff.
Leiharbeit 74, 76, 229
Leistungsklage 1310
Leistungsstörungsrecht 279
Leistungsverweigerungsrecht 132
Leistungsverzögerung 277
Leitende Angestellte 997, 1061
- Abfindung 667
- Anhörung bei Kündigung 619
- Auflösung des Arbeitsverhältnisses 667
- Kündigung 538
- Kündigungsschutz 551, 667
- Sprecherausschuss 144
- Tantieme 334

Lohnfortzahlung 433
Lohnminderung 278
Lohnrisiko 456, 970, 973
Lohnsicherung 342 ff.
Lohnsteuer 336
Lohnsteuerbescheinigung 735
Lohnzahlung 336 ff.
- Abrechnung 340
- Ausschlussfristen 664
- Quittung 341
- Verjährung 664
- Verweigerung 277 f.
- während des Kündigungsschutzprozesses 664

Lohnzahlungsklage 409, 1313 ff.
- Begründetheit 1320 ff.
- Zulässigkeit 1313 ff.

Lohnzuschlag 327 ff.
Low Performer 565
Loyalitätsobliegenheit 568, 751
Loyalitätspflicht 751

## M

Mangold-Entscheidung 107 f., 357 f., 513
Mankohaftung 297 f.
- vertragliche 298
Massenentlassung 534 ff.
- Kurzarbeit 536
Massenkündigung 881
Maßregelungsverbot 362
Mehrarbeit 241, 335
Meinungsfreiheit 133
Minderjähriger Arbeitgeber 183
Minderjähriger Arbeitnehmer 184

**Stichwortverzeichnis**

Mindestkündigungsfristen 617
Mindestlohn 25, 314
Mindesturlaub 471
Missbrauchskontrolle 692
– von Kettenbefristungen 692
Mitbestimmung 11, 13, 19, 33, 158, 977
– Abmahnung 574
– Akkordlohn 278, 1107
– Änderungen der Betriebsorganisation 1155
– Anhörung 1138
– Arbeitsentgelt 320, 1094
– Arbeitskampf 983
– Arbeitsverhalten 1090
– Arbeitszeit 237, 240, 1091, 1093
– Berufsbildung 1124
– Beschäftigungssicherung 1118
– Beschränkung durch Tarifvertrag 802
– Betriebsänderung 535, 1151
– Drittelbeteiligungsgesetz (DrittelbG) 34
– Eingruppierung 1128
– Einschränkung 1152
– Einstellung 1126
– Erweiterung der – 1083, 1144
– Erweiterung durch Tarifvertrag 802
– erzwingbare 1162
– freiwillige 1119
– Gruppenarbeit 1110
– Kurzarbeit 250
– Lage der Arbeitszeit 246
– Lohngestaltung 322, 1104
– Ordnungsverhalten 1089
– Personalfragebogen 191
– personelle Angelegenheiten 1120
– Ruhegehalt 397
– soziale 995, 1084
– Sozialeinrichtungen 1100a
– Sozialplan 581, 1161
– Sozialstaatsprinzip 986
– Stilllegung 1152
– Taschenkontrollen 379
– Überblick 981
– Überwachung 1096
– Umweltschutz 1117
– Unternehmensmitbestimmung *siehe Unternehmensmitbestimmung*
– Unterrichtungspflicht 1131a, 1150
– Urlaub 1095
– Urlaubsplan 474
– Verbesserungsvorschläge 1109
– Verhalten 1089
– Verlegung 1153
– Versetzung 1130
– Videoüberwachung 379
– vorläufige Maßnahme 1137

– wirtschaftliche Angelegenheiten 1149
– Wohnraum 1102
– Zahlungsort 338
– Zahlungszeit 339
– Zusammensetzung des Aufsichtsrats 802
– Zustimmung 1132
– Zustimmungsersetzungsverfahren 1134
– zwingende 1085
Mobbing 378, 416
Mutterschaftsgeld 353
Mutterschutz 466, 529
– Kündigung 614

**N**
Nachschieben von Kündigungsgründen 505, 539, 643
– Ausschlussfrist 643
– Betriebsratsanhörung 539
Nachweisgesetz 177, 245
Nachweisrichtlinie 245
Nachwirkung
– Allgemeinverbindlicherklärung 827
– Tarifvertragsnormen 826 f., 832
– Verbandsaustritt 827
Naturallohn 321
Nebenpflichten des Arbeitnehmers 133, 252 ff., 309, 444
Nebentätigkeit 72 f.
Nebentätigkeitsverbot 266
Nichtigkeit
– Arbeitsvertrag 187, 189 f.
Nichtleistung der Arbeit 279, 426
Normalzeit 324

**O**
Offenbarungspflicht des Arbeitnehmers 191
Öffentl.-rechtl. Dienst- u. Treueverhältnis 40
Öffentl.-rechtl. Gewaltverhältnis 39
Öffnungsklausel 140 f.
Ordentliche Kündigung 497 ff.
Ordnungsgeld 275
Ordnungshaft 275
Organisationsklausel 754
Ort der Arbeitsleistung 233
– Betriebsverlegung 233
OT-Mitgliedschaft 830
Outsourcing 54, 627

**P**
Paritätsgrundsatz 970
Parkplatz 381
Personalchef 60
Personalfragebogen 223
Personenbedingte Kündigung 559 ff.
– außerdienstliches Verhalten 567

453

## Stichwortverzeichnis

- Umschulung 562
- Weiterbeschäftigungsmöglichkeit 562
Persönliche Arbeitsleistung 697
Pfändung 301, 343
Pfändungsschutz 328
Pflegezeitgesetz 495
Pflichten des Arbeitgebers 312, 320, 374 ff., 726
- Geltung des MiLoG für Entgeltschutzansprüche 313
Pflichten des Arbeitnehmers 224 ff., 736
Pflichtverletzung des Arbeitgebers 407 ff.
Pflichtverletzung des Arbeitnehmers 273 ff., 279
- verhaltensbedingte Kündigung 564 f., 567
Plattformarbeit *siehe Crowdwork*
Politische Betätigung außerhalb des Betriebs 261
Potestativbedingung 502, 654
Prämie 328
Privatautonomie 18 f., 777, 807
Privatisierungen 713
Probearbeitsverhältnis 90
Probezeit 90, 519
Prognoseprinzip 555, 571, 623, 633, 636, 666
Prokurist 60
Provision 328, 333, 655
Prozessstandschaft 1272, 1280

### Q
Qualifiziertes Zeugnis 728
Quittung 341
Quotenrechtsprechung 918

### R
Recht zur Lüge 192
Rechtmäßiges Alternativverhalten 279
Rechtsnormen des Tarifvertrages 719
- Betriebsübergang 719
Rechtspolitik 15 ff.
Rechtsquellen
- des nationalen Arbeitsrechts 122 ff.
- des Unionsrechts 110 f., 113
- Rangordnung 125, 149
- Verhältnis 128 ff.
Rechtssicherheit 622
Regelungsabrede 1070
- Bündnis für Arbeit 812
Religionsfreiheit 132, 376
Renteneintrittsalter 700
Reprivatisierungen 713
Richterrecht 20 ff., 126 f., 544, 1258
Richtlinien (EU) 106, 114, 117 ff.
Risikotypischer Begleitschaden 300

Rom II-Verordnung 162
Rom I-Verordnung 162 ff.
Rücksichtnahmepflicht 254, 262, 265
Rückzahlungsklausel 272, 329 f.
Rufbereitschaft 242, 244
Ruhegeld 630, 716
Rundfunkfreiheit 52

### S
Sachgrundbefristung 687
Sachgrundlose Befristung 686
- Abweichung durch Tarifvertrag 686
- Verlängerung 684
- Vorbeschäftigungsverbot 686
Schadensabwendungspflicht 256
Schadensersatz 219, 227, 262, 279 ff., 360, 414 ff.
- Angabe des Kündigungsgrunds 504
- betrieblich veranlasste Tätigkeit 286, 300
- Beweislast 282
- Deliktsrecht 415
- Freistellungsanspruch 300 f., 303, 305
- Gefährdungshaftung 417 f.
- gefahrgeneigte Tätigkeit 284 f., 287
- Gesamtschuld 303
- Haftung des Arbeitgebers 414 ff.
- Haftung des Arbeitnehmers 279 ff.
- Haftungsprivilegierung des Arbeitnehmers 281, 283 f., 418
- Mankohaftung 297 f.
- Mitverschulden 418
- Mobbing 416
- Nichtleistung 279
- Personenschaden 419 ff.
- Recht am Arbeitsplatz 415
- risikotypischer Begleitschaden 300
- Rückstufungsschaden 418
- Schädigung Dritter 299 ff.
- Schlechtleistung 280
- Schmerzensgeld 424
- und Entgeltfortzahlung 448
- Verletzung der Mitteilungspflicht 618
- Verschuldensmaßstab 281
- Vertretenmüssen 414
- wegen Auflösungsverschuldens (bei fristloser Kündigung) 425, 647
Scheinselbstständigkeit 38, 54 f.
Schlechtleistung 278, 280
Schmähkritik 133
Schmiergeld 264
Schmutzzulage 327, 417
Schriftformklausel 180
- betriebliche Übung 182
- doppelte 182
- einfache 182

## Stichwortverzeichnis

– qualifiziert 182
Schutzfrist 466
Schutzpflichten des Arbeitgebers 374 ff., 409
Schwangerschaft 190, 195, 466
Schwarzarbeit 73, 188
Schwerbehinderte 175, 198, 493
 – Einstellung 23
 – Kündigung 614, 642
 – Kündigungsschutz 198
 – Vertrauensperson 493
Schwerbehindertenschutz 531 ff.
Schwerbehindertenvertretung 1038
Schwerbehinderung 355
Selbstbeurlaubung 474
Sic-non-Fälle 1261, 1270
Sinnentleertes Arbeitsverhältnis 624
Sittenwidrigkeit 187, 189, 204, 264, 523
SOKA-BAU 803
Solange-Rechtsprechung 107
Solidaritätszuschlag 336
Sonderurlaub 487
Sondervergütung 213, 327 ff.
Sonderzuwendung mit Mischcharakter 329 f.
Sozialauswahl 586 f., 589, 657
 – bei Änderungskündigung 657
 – Kriterien 589
 – Leistungsträger 592 f.
 – Personalstruktur 594
 – Vergleichsgruppe 587
 – Ziel 586
Sozialbindung des Eigentums 136
Soziale Mächtigkeit 748, 788
Sozialer Dialog (EU) 120
Sozialplan 1161
 – Einigungsstelle 1162
 – Rechtsanspruch 1165
Sozialstaat 10
Sozialstaatsprinzip 129, 136, 543
Sozialversicherungsbeitrag 336, 380
Spannenklausel 754
Spesenbetrug 645
Sphärentheorie 463
Spitzenorganisation 769, 773, 792, 839
Sportliche Betätigung 261
Sprecherausschuss 144, 997, 1167
 – Anhörung bei Kündigung 619
 – Beteiligungsrechte 1175
 – Errichtung 1169
 – Geschäftsführung 1171
 – Kündigung 527, 538
 – Zusammensetzung 1170
Stellensuche
 – Bezahlung und Freistellung 727

– Freizeitanspruch 727
Stichtagsregelung 329 f.
Strafbare Handlungen 625
Straftat 650
Streik 413, 876
 – Betriebsbesetzung 927
 – Betriebsblockaden 927
 – Demonstrationsstreik 877
 – Flächenstreik 877
 – Flash-Mob *siehe* Flash-Mob
 – Friedenspflicht 856 ff.
 – kalter 877, 905
 – nicht verbandsangehöriger Arbeitgeber 756
 – politischer 877
 – Rechtswegzuständigkeit 1263
 – rechtswidriger 942
 – Schwerpunktstreik 877
 – Unterstützungsstreik 877, 889
 – Warnstreik 877, 914
 – Wechselstreik 877
 – Wellenstreik 877, 936
 – wilder 872, 888, 944
Stückakkord 323
Suspendierung der Arbeitspflicht 934

**T**
Tantieme 328, 334
Tarifausschlussklausel 754
Tarifautonomie 8 f., 11, 13, 142, 461, 759 f., 765 f., 865
Tarifeinheit 763, 850, 853
Tarifeinheitsgesetz 854
Tariffähigkeit 786 ff., 888
 – Arbeitskampfbereitschaft 790
 – einzelner Arbeitgeber 791
 – Rechtswegzuständigkeit 1267
 – soziale Mächtigkeit 748
 – Spitzenorganisation 792
 – Tarifgemeinschaft 793, 795
Tarifgebundenheit 828 ff.
 – Allgemeinverbindlicherklärung 845
 – Betriebsübergang 833 ff.
 – Ende 831
 – OT-Mitgliedschaft 830
Tarifgemeinschaft 793, 795
Tarifkonkurrenz 850
Tarifnormerstreckung 168, 844
Tarifpluralität 763, 796, 850 f.
Tarifrecht
 – dispositiv 140
 – zwingend 140
Tarifregister 783
Tarifvertrag 30 f., 314, 329, 775 ff.
 – Abkürzung der Verjährungsfrist 825

455

# Stichwortverzeichnis

- Abschlussnormen 799
- AGB-Kontrolle 760
- Allgemeinverbindlicherklärung 168, 777, 838 ff.
- Altersversorgung 398
- Angabe des Kündigungsgrunds 506
- Anrechnungsklausel 816
- Auslandsberührung 166
- Ausschlussfristen 823 f.
- Außenseiter 777, 801, 838
- Auswahlrichtlinie 595
- Beendigung 862 f.
- Beendigungsnormen 800
- Besitzstandsklausel 818
- Betriebsnormen 801, 837
- betriebsverfassungsrechtliche Normen 802, 837
- Bezugnahmeklausel 841 f.
- Definition 776
- Durchführungspflicht 861
- Effektivklausel 817
- Eingruppierung 848
- Form 783
- Fortgeltung 831 f.
- Friedenspflicht 856 ff.
- Funktionen 776
- Geltungsbereich 844 ff.
- gemeinsame Einrichtungen 803, 837 f.
- Gemeinwohlbindung 765
- Günstigkeitsprinzip 777, 807 ff.
- Inhaltsnormen 798
- Kündigungsfrist für Arbeitsverträge 517
- Kündigungsverbot 537
- Kurzarbeit 536
- Kurzarbeitsklausel 248
- Mitgliedschaft im Arbeitgeberverband 756
- Nachwirkung 826 f., 832
- Nichtigkeit 781
- normative Bestimmungen 797 ff.
- Öffnungsklauseln 806
- Parteien 780
- Rechtsverordnung 168, 840
- Rechtswegzuständigkeit 1263
- Regelungsmacht 778
- Richtigkeitsgewähr 777
- Rückwirkung 846
- schuldrechtlicher Teil 855 ff.
- Sperrwirkung 142
- Stellvertretung 784
- Tarifbindung 828 ff.
- Tarifeinheit 850, 853
- Tarifkonkurrenz 850
- Tarifpluralität 850 f.
- Teilnichtigkeit 782
- Tendenzbetrieb 805
- und übertarifliche Leistungen 816 ff.
- unmittelbare Wirkung 140, 804, 826
- Unverbrüchlichkeit 819 ff.
- Verbreitung 777
- Verdienstsicherungsklausel 818
- Verfügungen des Arbeitnehmers 821
- Verkündung 783
- Vertrag mit Schutzwirkung zugunsten Dritter 860
- Vertrag zugunsten Dritter 855, 860
- Vertragsschluss 780 ff.
- Vertrauensschutz 781
- Verwirkung 822
- Verzicht 820
- zwingende Wirkung 31, 140, 805, 826

Tarifvertragsnormen
- Nachwirkung 653

Tarifvertragsparteien 785 ff.
- Blitzaustritt 829
- Blitzwechsel 830
- Grundrechtsbindung 779
- Pflichten 955
- Regelungsmacht 892
- Schadensersatzanspruch 959

Tarifvertragsrecht 775 ff.
Tarifwilligkeit 787
Tarifzensur 760
Tarifzuständigkeit 786, 796
- Rechtswegzuständigkeit 1267

Teilkündigung 655
Teilnichtigkeit 137, 188, 241, 373
Teilurlaub 472
Teilzeit- und Befristungsgesetz (TzBfG) 682
Teilzeitarbeitsverhältnis 83 ff., 332
- Anspruch auf – 85 f.
- Begriff 84
- Sinn und Zweck 83

Tendenzbetrieb 259, 261, 568, 805, 993
Territorialitätsprinzip 989
Theorie der erzwingbaren Mitbestimmung 1113
Theorie der Wirksamkeitsvoraussetzung 1113
Tod des Arbeitgebers 230, 703
Tod des Arbeitnehmers 697
Topftheorie 373
Transparenzgebot 213
Transparenzkontrolle 208
Treuegeld 329
Treuepflicht 253 f.
Trucksystem 19

# Stichwortverzeichnis

**U**
Überarbeit 245 f., 335
– Dienste höherer Art 246
– Vergütung 246
Überstunden 241, 245
Überwachungspflicht 256
Ultima-ratio-Prinzip 556, 569, 584, 633, 636
Umdeutung 645
Umgehung des Kündigungsschutzgesetzes (KSchG) 677
Unentschuldigtes Fehlen 645
Unerlaubte Handlung 448
– und Entgeltfortzahlung 448
Unfallverhütungsvorschriften 438
Unfallversicherung 336, 419 f., 422
Unkündbare Arbeitnehmer 637
Unkündbarkeit 537, 637
Unmöglichkeit
– Arbeitsleistung 228, 277, 279, 428, 455
Unterhaltspflicht 343
Unterlassungspflichten 257, 259, 261
Unternehmen
– Begriff 64
Unternehmensmitbestimmung 1194, 1217
– Drittelbeteiligungsgesetz (DrittelbG) 1209
– Grenzüberschreitende Verschmelzungen (MgVG) 1226
– Mitbestimmungsgesetz (MitbestG) 1213
– Montanindustrie 1213
– SE 1217
Unternehmerische Entscheidung
– gerichtliche Kontrolle 579 f., 582
– Missbrauch 581
Unternehmerrisiko 696
Unterstützungsarbeitskampf 889
Urlaub 471
– Abgeltung 471
– Arbeitsplatzwechsel 473
– Berechnung 473
– Bildungsurlaub 489
– Dauer 473
– Erholungsurlaub 471
– Erlöschen des Urlaubsanspruchs 479
– Erwerbstätigkeit im 477
– Festlegung des Urlaubszeitraums 475
– Gewährung 474
– individualvertragliche Regelung 473
– Pflicht zur Gewährung 390, 471
– Sonderurlaub 473, 487
– Sonn- und Feiertage 492
– tarifliche Regelung 473
– Übertragung 475
– Übertragungszeitraum 475, 479
– Urlaubsabgeltung 482

– Urlaubsentgelt 476
– Urlaubsgeld 476
– Wartezeit 472
– Weiterbildung 489
– zur Stellensuche 494
– Zweck 477
Urlaubsabgeltung
– Beendigung des Arbeitsverhältnisses 482
– bei Tod des Arbeitnehmers 482
– individualvertragliche Vereinbarung 485
– tarifliche Vereinbarung 485
Urlaubsentgelt 476
Urlaubsgeld 213, 476
Urlaubsplan 474
Urteil auf Arbeitsleistung 275
Urteil im Kündigungsschutzprozess 663
Urteilsverfahren 1277 ff., 1310, 1313 ff.

**V**
Verbandstarif 829 ff., 861
Verbotsgesetz 187, 204, 238
Verbraucher 205, 679
Verdachtskündigung 649
Verdienstsicherungsklausel 326
Verfrühungsschaden 279
Vergütung 314, 320 f.
– übliche 314
Vergütungspflicht 227
Verhaltensbedingte Kündigung 564 f., 567
– Abmahnung 569 ff.
– außerdienstliches Verhalten 567
– Tendenzbetrieb 568
Verhältnismäßigkeit 633
Verhältnismäßigkeitsprinzip 556, 569
– im Kündigungsrecht 633
Verjährung
– Lohnzahlung 664
Verlängerung des Arbeitsverhältnisses 684
Verordnungen (EU) 106, 111, 113
Verringerung der Arbeitszeit 85 f.
Verschulden 431
– Arbeitsausfall 431
– außerordentliche Kündigung 624
– Krankheit 438
Verschwiegenheitspflicht 262, 736
Versetzung
– Arbeitnehmer 234
Vertrag zugunsten Dritter 229
Vertragsanbahnung 219 f., 222
Vertragsfreiheit 18 f., 23 f., 366
Vertragsstrafe 306, 516
Vertrauensperson der Schwerbehinderten 493
Verweigerung der Lohnzahlung 277 f.

457

## Stichwortverzeichnis

Verzeihung
- außerordentliche Kündigung 644

Verzicht
- außerordentliche Kündigung 644

Videoüberwachung 379
Vorbeschäftigungsverbot 686
Vorläufiger Rechtsschutz 276
Vorleistungspflicht des Arbeitnehmers 277
Vorstellungskosten 222

### W

Waffengleichheit 777
Wartezeit
- Urlaub 472

Wegegeld 327
Wegeunfall 423
Weihnachtsgeld 146, 153, 213, 329, 332, 364, 804
Weisung des Arbeitgebers 559
Weisungsgebundenheit 50, 53
Weisungsrecht des Arbeitgebers 156 f., 159, 172, 231 f., 234, 253, 368
- Annahmeverzug 160
- billiges Ermessen 158
- Grundrechte des Arbeitnehmers 158
- Konkretisierung der Arbeitspflicht 159
- Leistungsverweigerungsrecht 158, 160
- Maßregelungsverbot 368
- Mitbestimmung 158

Weiterbeschäftigung
- Vereinbarung 675, 683

Weiterbeschäftigungsanspruch 675
- allgemeiner 675
- betriebsverfassungsrechtlicher 675
- Kündigungsschutzklage 675

Weiterbeschäftigungsmöglichkeit 693
Weiterbildung 489
- Entgeltfortzahlung 491
- Freistellungsverfahren 491
- Voraussetzungen 490

Werkvertrag 45, 79, 278
Wettbewerbsklausel 738
Wettbewerbsverbot 265, 737
- Karenzentschädigung 737
- Klausel 738
- nach Beendigung des Arbeitsverhältnisses 737
- Schriftform 737

Whistleblowing 256, 267, 269, 271, 565, 625

Wichtiger Grund
- außerordentliche Kündigung 621
- Bagatellgrenze 629
- Entwendung einer geringwertigen Sache 629
- Interessenabwägung 630

Widerrufsrecht 653, 678
Widerrufsvorbehalt 214, 653
Widerspruch des Betriebsrats gegen die Kündigung
- Weiterbeschäftigung 675

Wiedereinsetzung in den vorigen Stand 510
Wiedereinstellungsanspruch 175, 598, 693
- bei befristeten Arbeitsverhältnissen 693
- Verdachtskündigung 651

Wirtschaftsausschuss 67, 1036, 1149
Wirtschaftsordnung 9 f., 15, 28
Wirtschaftsrisiko 247, 454
Wissenschaftszeitvertragsgesetz 682
Wucher 189

### Z

Zahlungsort 338
Zahlungszeit 339
Zeitablauf 682
Zeitakkord 324
Zeitarbeit 74 f., 77
Zeitlohn 322
Zeugnis 728
- Berichtigungsanspruch 731
- Beurteilung 730
- einfaches – 728
- qualifiziertes – 728
- Schadensersatz 732
- Verwirkung 733
- Zwischenzeugnis 728

Zeugnissprache 730
Zitiergebot 684
Zölibatsklausel 134
Zugang
- Kündigungserklärung 645, 659, 661, 668

Zugangsvereitelung 509
Zulage 328, 335
Zurückbehaltungsrecht 277, 344, 412 f.
Zusammenhangsklage 1271
Zuständigkeit des Arbeitsgerichts 170
Zustimmung des Betriebsrats 615, 646, 689
Zwangsvollstreckung 275, 343
Zweckbedingte Befristung 683, 690
Zweiwochenfrist des § 626 BGB 639
Zwischenzeugnis 728